夜航船

文白对照经典全译

【一】

【明】张岱 著

杨四平 杨柏林 译

贵州出版集团
贵州人民出版社

图书在版编目（CIP）数据

夜航船 /（明）张岱著；杨四平，杨柏林译 .—贵阳：贵州人民出版社，2020.5

ISBN 978-7-221-15991-5

Ⅰ.①夜… Ⅱ.①张… ②杨… ③杨… Ⅲ.①笔记－中国－明代 ②中国历史－史料－明代 Ⅳ.①K248.066

中国版本图书馆 CIP 数据核字（2020）第 066213 号

书　　名	夜航船
著　　者	张　岱
译　　者	杨四平　杨柏林
责任编辑	黄　伟　孟豫筑
出版发行	贵州出版集团　贵州人民出版社有限公司
制　　版	北京大观世纪文化传媒有限公司
印　　刷	三河市天润建兴印务有限公司
开　　本	710毫米×1000毫米　1/32
印　　张	41.25
字　　数	960千字
版　　次	2020年5月第1版　2021年5月第5次印刷
标准书号	ISBN 978-7-221-15991-5
定　　价	168.00元（全四册）

（贵州人民出版社图书凡印装错误可向承印厂调换）

出版说明

张岱，据其《琅嬛文集》中《自为墓志铭》所记，出生于明朝万历丁酉八月二十五日卯时，即公元1597年，卒年无确切记载。字宗子，又字石公，号陶庵、蝶庵、古剑老人、古剑陶庵、古剑陶庵老人、古剑蝶庵老人，晚年号六休居士，浙江山阴（今浙江绍兴）人，祖籍四川绵竹（故自称“蜀人”），明末清初著名文学家。

张岱出身官僚家庭，年轻时科举未中，遂绝意仕途，以读书治学为志业。明朝灭亡后，不愿与统治者为伍，避居山中，著有《琅嬛文集》《陶庵梦忆》《西湖梦寻》《三不朽图赞》《夜航船》等书。

《夜航船》在张岱繁富的著述中别具一格，是一部体量不大的百科全书，大凡天文地理、礼仪制度、三教九流、人伦政事、鸟兽花木、风俗传说，应有尽有。全书共分为二十类，四千多个条目，涉及面非常广泛。其中的条目大多是张岱广泛涉猎各种典籍严加采撷，又经过自己的加工，同时又遵循了严谨的求实精神，这对我们了解浩若烟海的古代典籍有很大的帮助。尤其难能可贵的是，张岱在搜罗前代异闻、典章文献的同时，适当地采撷了一些不为正史所采纳的轶闻趣事，为明代历史的研究提供了丰富的旁证材料。如在《天文部·日月》“命咏新月”一条中所载的朱元璋见其太孙（建文帝）长了个扁脑袋，朱元璋开玩笑地称之为“半边月”。有一次朱元璋看到太子和太孙都在眼前，看到皓月当空，于是让太子和太孙即席各赋诗一首，朱元璋看了他们的诗后很不满意，因为在朱元璋这位开国皇帝的眼里，“虽然未得团圆相，也有清光遍九州”、“影落江湖里，蛟龙未敢吞”这样的诗句有不少书生气，后人便用“未得团圆”、“影落江湖”来影射建文帝逊国、明成祖朱棣篡位的史事。另外，《夜航船》所选条目大多精当有趣，不失为异化的小品文，读来使人兴致盎然，对于丰富我们的古代文化知识也不无助益。

几百年来，《夜航船》由于仅有抄本流传，并不为大众所熟知。1987年浙江古籍出版社出版了刘耀林先生的整理本，该书以天一阁所藏观术斋抄本（此抄本后来被收入上海古籍出版社《续修四库全书》）为底本进行整理。自此《夜航船》一书才广泛流布。2012年中华书局出版了由李小龙先生根据《续修四库全书》本整理的标点本。以上两书对于《夜航船》的流传起到了极大的推动作用。本书选用翻译底本即为刘耀林先生校注本，改正了浙古社本的一些排印及标点错误，同时也参考了中华书局本的标点成果。在此谨致谢忱。对于两书内容有疑问的地方又覆核了《续修四库全书》影印观术斋抄本。

另外，需要说明的是，由于古今用字的习惯存在很大的差异，有些词语的书写用字古今往往不同，如原文“蛾嵋”，今作“峨眉”，一般各从其习惯写法，不作统一。又如原文“句践”“刘凖”等，根据名从主人以及尊重原书的原则，不写作“勾践”“刘准”等。再如“作”“做”，“其他”“其它”，“著”“着”，“仓惶”，“清冽”等用法与现代汉语有异同，凡底本不误者不作改动。为了尽量忠实于原文，一般采取直译的原则，少数地方直译表述不够周全时也间或采用意译的方法。由于整理者的水平有限，译文一定还有不够严密或错误的地方，请读者指正。

夜航船

总目录

目录

[原文] 序

天下学问，惟夜航船中最难对付。盖村夫俗子，其学问皆预先备办，如瀛洲十八学士、云台二十八将之类，稍差其姓名，辄掩口笑之。彼盖不知十八学士、二十八将，虽失记其姓名，实无害于学问文理，而反谓错落一人，则可耻孰甚。故道听途说，只办口头数十个名氏，便为博学才子矣。余因想吾八越，惟余姚风俗，后生小子，无不读书，及至二十无成，然后习为手艺。故凡百工贱业，其《性理》《纲鉴》，皆全部烂熟，偶问及一事，则人名、官爵、年号、地方枚举之，未尝少错。学问之富，真是两脚书厨，而其无益于文理考校，与彼目不识丁之人无以异也。或曰:"信如此言，则古人姓名总不必记忆矣。"余曰:"不然。姓名有不关于文理，不记不妨，如八元、八恺、厨、俊、顾、及之类是也。有关于文理者，不可不记，如四岳、三老、臧榖、徐夫人之类是也。"

昔有一僧人，与一士子同宿夜航船。士子高谈阔论，僧畏慑，拳足而寝。僧人听其语有破绽，乃曰:"请问相公，澹台灭明是一个人、两个人？"士子曰:"是两个人。"僧曰:"这等尧舜是一个人、两个人？"士子曰:"自然是一个人！"僧乃笑曰:"这等说起来，且待小僧伸伸脚。"余所记载，皆眼前极肤浅之事，吾辈聊且记取，但勿使僧人伸脚则可已矣。故即命其名曰《夜航船》。

古剑陶庵老人张岱书

[译文] 序

天底下的各种学问，只有在夜晚航行的船只中遇到的问题最难以应付。因为那些夜航船中的村夫和俗人们的学问都是提前做了准备的，比如瀛洲十八学士、云台二十八将之类的，若有人稍微说错他们的姓名，（那些村夫俗人）就会捂着嘴嘲笑。因为他们不知道即使记错了十八学士、二十八将的名字，对于学问的文辞义理也并无影响，他们却反认为，记错或落下一个名字就可耻得很。所以他们道听途说，仅仅口头记住几十个名字，便觉得自己是博学的才子了。我于是想到我们浙江，只有余姚有这样的风俗，晚辈孩童，没有不读书的，但是到了二十多岁还一事无成，这便会去学习一门手艺（作为谋生的手段）。所以很多操持低贱营生的人都能够把《性理大全》《通鉴纲目》背诵得烂熟于心，偶然被问到一件事，无论是人名、官职、年号，还是地理方位，都能够一一列举出来，没有一点错误。这些人学问渊博，真的就像是长着两只脚的书柜，但是对于文辞义理的考订校勘并没有什么帮助，和那些目不识丁的人没有什么区别。有人说："确实如此的话，那么古人的姓名都不必去记忆了。"我说："不是这样。有的姓名与文辞义理无关，不记得也无妨碍，像八元、八恺、厨、俊、顾、及之类。对于那些与文辞义理相关的，则不能不记下来，比如四岳、三老、臧穀、徐夫人之类的。"

曾经有一位和尚与一个读书人同在一条夜晚航行的船上过夜。这个读书人高谈阔论，和尚听了之后很是畏服，蜷缩着脚躺着听。和尚听到读书人的谈话有疏漏，于是说：“请问相公，澹台灭明是一个人还是两个人？”读书人说：“是两个人。”和尚说：“那尧舜是一个人还是两个人？”读书人说：“当然是一个人！”和尚于是笑着说：“要这么说的话，姑且让小僧我伸伸脚吧。”我所记录的都是眼前看到的极为肤浅的事情，我们姑且记住这个教训，只是不要让和尚伸脚就可以了。所以把这本书命名为《夜航船》。

古剑陶庵老人张岱书

卷一　天文部

象纬

九天　东方苍天，南方炎天，西方浩天，北方玄天，东北旻天，西北幽天，西南朱天，东南阳天，中央钧天。

日、月、星谓之三光。日、月合金、木、水、火、土五星谓之七政，又谓之七曜。日月所止舍，一日更七次，谓之七襄。

［译文］　东方是苍天，南方是炎天，西方是浩天，北方是玄天，东北是旻天，西北是幽天，西南是朱天，东南是阳天，中央是钧天。

太阳、月亮、星星合称为“三光”。太阳、月亮同金星、木星、水星、火星、土星合称为“七政”，又称作“七曜”。太阳月亮所停留的地方，一天之内改变七次，称作“七襄”。

二十八宿　东方七宿：角，木蛟；亢，金龙；氐，土貉；房，日兔；心，月狐；尾，火虎；箕，水豹。北方七宿：斗，木獬；牛，金牛；女，土蝠；虚，日鼠；危，月燕；室，火猪；壁，水貐。西方七宿：奎，木狼；娄，金狗；胃，土雉；昴，日鸡；毕，月乌；觜，火猴；参，水猿。南方七宿：井，木犴；鬼，金羊；柳，土獐；星，日马；张，月鹿；翼，火蛇；轸，水蚓。

［译文］　东方是青龙七宿，包括：角，木蛟；亢，金龙；氐，土貉；房，日兔；心，月狐；尾，火虎；箕，水豹。北方是玄武七宿，包括：斗，木獬；牛，金牛；女，土蝠；虚，日鼠；危，月燕；室，火猪；壁，水貐。西方是白虎七宿，包括：奎，木狼；娄，金狗；胃，土

雉；昴，日鸡；毕，月乌；觜，火猴；参，水猿。南方是朱雀七宿，包括：井，木犴；鬼，金羊；柳，土獐；星，日马；张，月鹿；翼，火蛇；轸，水蚓。

分野 角亢氐：郑，兖州。房心：宋，豫州。尾箕：燕，幽州。斗牛女：吴，扬州。虚危：齐，青州。室壁：卫，并州。奎娄胃：鲁，徐州。昴毕：赵，冀州。觜参：晋，益州。井鬼：秦，雍州。柳星张：周，三河。翼轸：楚，荆州。

［译文］ 角、亢、氐三星在地面上对应的国家是郑国，对应的州是兖州。房、心二星对应的国家是宋国，对应的州是豫州。尾、箕二星对应的国家是燕国，对应的州是幽州。斗、牛、女三星对应的国家是吴国，对应的州是扬州。虚、危两个星对应的国家是齐国，对应的州是青州。室、壁二星对应的国家是卫国，对应的州是并州。奎、娄、胃三星对应的国家是鲁国，对应的州是徐州。昴、毕二星对应的国家是赵国，对应的州是冀州。觜、参二星对应的国家是晋国，对应的州是益州。井、鬼二星对应的国家是秦国，对应的州是雍州。柳、星、张三星对应的国家是周国，对应的州是三河州。翼、轸二星对应的国家是楚国，对应的州是荆州。

纳音五行 甲子乙丑海中金，丙寅丁卯炉中火，戊辰己巳大林木，庚午辛未路旁土，壬申癸酉剑锋金，甲戌乙亥山头火，丙子丁丑涧下水，戊寅己卯城头土，庚辰辛巳金蜡金，壬午癸未杨柳木，甲申乙酉泉中水，丙戌丁亥屋上土，戊子己丑霹雳火，庚寅辛卯松柏木，壬辰癸巳长流水，甲午乙未沙中金，丙申丁酉山下火，戊戌己亥平地水，庚子辛丑壁上土，壬寅癸卯金箔金，甲辰乙巳覆灯火，丙午丁未天河水，戊申己酉大驿土，庚戌辛亥钗钏金，壬子癸丑桑柘木，甲寅乙卯大溪水，丙辰丁巳沙中土，戊午己未天上火，庚申辛酉石榴木，壬戌癸亥大海水。

天裂阳不足，地动阴有余。

梁太清二年六月，天裂于西北，长十尺，阔二丈，光出如电，声若雷。

唐中和三年，浙西天鸣，声如转磨，无云而雨。无形有声，谓之妖鼓；无云而雨，谓之天泣。

［译文］　天干与地支各有五行，天干与地支配合后会变成新的五行，称为“纳音五行”。甲子乙丑，取象为海中金；丙寅丁卯，取象为炉中火；戊辰己巳，取象为大林木；庚午辛未，取象为路旁土；壬申癸酉，取象为剑锋金；甲戌乙亥，取象为山头火；丙子丁丑，取象为涧下水；戊寅己卯，取象为城头土；庚辰辛巳，取象为金蜡金；壬午癸未，取象为杨柳木；甲申乙酉，取象为泉中水；丙戌丁亥，取象为屋上土；戊子己丑，取象为霹雳火；庚寅辛卯，取象为松柏木；壬辰癸巳，取象为长流水；甲午乙未，取象为沙中金；丙申丁酉，取象为山下火；戊戌己亥，取象为平地水；庚子辛丑，取象为壁上土；壬寅癸卯，取象为金箔金；甲辰乙巳，取象为覆灯火；丙午丁未，取象为天河水；戊申己酉，取象为大驿土;庚戌辛亥，取象为钗钏金;壬子癸丑，取象为桑柘木；甲寅乙卯，取象为大溪水；丙辰丁巳，取象为沙中土；戊午己未，取象为天上火；庚申辛酉，取象为石榴木；壬戌癸亥，取象为大海水。

电闪雷鸣是因为天的阳气不足，地震山摇是因为地的阴气过盛。

南朝梁太清二年（公元548年）六月，天在西北方向裂开，裂缝十尺长，两丈宽，光柱如电闪，响声如雷鸣。

唐中和三年（公元883年），浙西地区天上响起雷鸣声，就像推磨的声音，天上无云，却下起了大雨。若无形状却有声发出，称为“妖鼓”；无云密布却下起大雨，被称为“天泣”。

忧天坠 《列子》：杞国有人常忧天坠，身无所寄，至废寝食。比人心多过虑，犹如杞人忧天。

［译文］《列子》书中记载：杞国有一个人经常忧虑天会塌下来，自己的身体将无处可藏，忧虑到寝食皆废的地步。后来比喻人忧虑太多，就像是杞人忧天一样。

三才 天、地、人谓之三才。混沌之气，轻清为天，重浊为地。天为阳，地为阴。人禀阴阳之气，生生不息，与天地参，故曰三才。

［译文］天、地、人被称为“三才”。元气轻盈清澈的部分向上浮升而形成了天，厚重混浊的部分凝结在下面便形成了地。天是阳，地是阴。人被天地赋予了阴阳之气，不断地生长繁殖，和天地并列，所以称“三才”。

回天 天者，君象；回者，言挽回君心也。唐太宗欲修洛阳宫，张玄素谏，止之。魏徵曰：“张公有回天之力。”

［译文］天，是君主的象征；回，就是要直言进谏，挽回或改变皇帝的想法。唐太宗想要修筑洛阳宫，张玄素进谏，制止了这件事。魏徵说：“张公有回天之力。”

戴天 《礼记》：君父之仇，不共戴天。兄弟之仇，不反兵革。交游之仇，不与同国。

[译文]《礼记》上说:“国君以及父亲的仇人,和仇人不共戴天。兄弟的仇人,随时携带兵器在身准备报仇。对于朋友的仇人,不和他同住一国。”

补天　女娲氏炼石补天。

[译文]　女娲氏锻炼五色石修补天空的漏洞。

如天　《通鉴》:帝尧其仁如天,其智如神,就之如日,望之如云。

[译文]《资治通鉴》记载:帝尧,他的仁德宽广如天,他的智慧聪颖如神,靠近他如太阳般炫目,远望他如云霞般灿烂。

补天浴日之功　宋赵鼎疏曰:顷者陛下遣张浚出使川陕,国势百倍于今,浚有补天浴日之功,陛下有砺河之誓,终致物议以被窜逐。臣无浚之功,而当此重任,去朝廷远,恐好恶是非,行复纷纷于聪明之下矣。

[译文]　宋代的赵鼎给皇帝上疏说:“先前陛下派遣张浚出使川陕地区,当时国势能力是现在的百倍,张浚有女娲补天和羲和浴日一样的功勋,陛下也曾有砺山带河的誓约,但最终张浚还是因为众人的非议而被放逐。我没有张浚那样的大功,现在却担当这样的重任,远离朝廷,深恐别人对我的好恶与是非,将又塞满您的耳目了。”

二天　后汉苏章为冀州刺史,行部。有故人清河守,赃奸,章至,设酒叙欢。守曰:“人皆有一天,我独有二天。”章曰:“今日与故人饮,私恩也;明日冀州按事,公法也。”遂正其罪。

[译文]　东汉时期,苏章做了冀州刺史,巡行所属郡县,考核部下

的政绩。有一位老朋友正做清河太守，贪赃枉法，苏章到清河后，朋友设宴叙旧欢饮。这位老朋友说：“普通人头上只有一个天，而我却有二重天。”苏章说：“今天与老朋友饮酒，是私人的交情；明天到冀州办案，那是公家的法令。”于是就对他依法治罪。

焚香祝天　后唐明宗登极之年，每于宫中焚香祝天，曰：“某，胡人，因乱为众所推，愿天早生圣人，为生民主。”

［译文］　后唐明宗李嗣源登基那年，常常在宫中焚燃香火，向天祷告，说：“我，是一个胡人，因为战乱被大家推举做皇帝，德不配位，希望上天早些让圣人降生，来代替我做百姓的领袖。”

威侮五行　《通鉴》：帝启立，有扈氏无道，威侮五行，怠弃三正，启征之，大战于甘，灭之。

［译文］《资治通鉴》记载：帝王夏启即位，有扈氏不行正道，对上天不敬，懈怠弃用国家历法，于是夏启率领军队讨伐他，在甘这个地方大战有扈氏并灭掉了他的部落。

五星会天　《通鉴》：颛顼作历，以孟春之月为元。是岁正月朔旦立春，五星会于天，历营室。

［译文］《资治通鉴》记载：帝颛顼制作历法，把春季的第一个月当作一年的开始。这一年的正月初一立春，五星在天空汇聚，经过了营室星。

五星聚奎　宋太祖乾德五年，五星聚于奎。初，窦俨与卢多逊、杨徽之，周显德中同为谏官。俨善推步星历，尝曰：“丁卯岁五星聚奎，自此天下始太平。二拾遗见之，俨不与也。”

[译文] 宋太祖赵匡胤乾德五年（公元967年），五星在奎星这里汇聚。当初，窦俨和卢多逊、杨徽之，在后周显德年间同时做谏官。窦俨擅长天文历法的推算，他曾经说：“丁卯年五星在奎星汇聚，从此天下太平无事。你们两位拾遗大人可以见到这种盛况，可惜我见不到了。”

五星斗明 神宗万历四十七年，五星斗于东方，杜松、刘铤全军战没于浑河及马家寨等处。

[译文] 明神宗万历四十七年（公元1619年），五星在东方的天空形成斗的形状，杜松、刘铤率领的部队在浑河以及马家寨等处全部覆没。

日 月

东隅，日出之地；**桑榆**，日入之地。日拂扶桑，谓之及时。日经细柳，谓之过时。

[译文] 东隅，是太阳出现的地方；桑榆，是太阳落下的地方。太阳拂过扶桑的树梢上升时，叫作“及时”。太阳经过细柳时，叫作“过时”。

龙䝿 《天文志》：日月会于龙䝿尾。䝿音斗。

《广雅》：日初出为旭，日昕曰晞，日温曰煦。日在午曰亭午，在未曰昳，日晚曰旰，日将落曰晡。

《天官书》曰：日月薄蚀，日月之交。月行黄道，而日为掩，则日食，是曰阴胜阳，其变重。月行在望，与日冲，月入于暗之内，则月食，是曰阳胜阴，其变轻。圣人扶阳而尊君，曰："日，君道也。"于其食，谨书而备戒之，日食为失德，月食为失刑。

［译文］《天文志》记载：太阳、月亮在龙豗之尾交会。豗读作斗。

《广雅》上说：太阳露出微光叫"旭"，太阳刚刚出来叫"晞"，太阳出来人感到温暖叫"煦"。太阳在正南叫"亭午"，太阳在向西倾斜叫"昳"，傍晚时分的太阳叫"旰"，太阳快要落下时叫"晡"。

《天官书》记载：太阳和月亮互相迫近引起日食和月食，这是因为太阳月亮相交的原因。月亮沿黄道运行，太阳被月亮遮住，就会发生日食，这就叫作阴胜于阳，是严重的天象变化。月亮运行于望日（即阴历每月的十五），和太阳正对，月亮就会进入黑暗之中，这时就会发生月食，这就叫作阳胜于阴，是比较轻微的天象变化。古代圣贤顺应阳气而尊奉君主，说"太阳，是君王之道"。在发生日食的时候，臣子会谨慎地记录下来以便劝诫君王，发生日食表明君王德行出现了危机，发生月食表明国家刑法出现了问题。

日落九乌　乌最难射。一日而落九乌，言羿之善射也。后以为羿射落九日，非是。

［译文］　乌鸦最难用箭射落。一天之内能够射死九只乌鸦，是说后羿擅长射箭而已。后世的人们认为后羿射掉了九个太阳，这是不对的。

向日取火　阳燧以铜为之，形如镜，向日则火生，以艾承之则得火。

［译文］ 阳燧是用铜做成的，形状像镜子一样，对着太阳照便能产生火，用艾绒接连着阳燧便可以得到火。

夸父追日　《列子》：夸父不量力，欲追日影，逐之于旸谷之际，渴欲得饮。赴河饮不足，将北走大泽中，道渴而死。

［译文］《列子》上说，夸父不自量力，想要去追逐太阳的影子，一直追到旸谷的边上，口渴难耐想要喝水，奔跑到黄河边，喝完了黄河水还嫌不够，想向北方走到大泽里去，在半路上就渴死了。

鲁戈返日　鲁阳公与韩构战，战酣日暮，援戈挥之，日返三舍。又：虞公与夏战，日欲落，以剑指日，日返不落。

［译文］ 鲁阳公和韩构交战，打得正激烈，太阳就要落山了，鲁阳公手引长戈向太阳挥动，太阳便向后退了三座星宿的距离。另外，虞公和夏军交战，太阳将要落山，虞公用宝剑指着太阳，太阳退了回去没有西落。

白虹贯日　荆轲入秦刺秦皇，燕太子丹送之易水上，精诚格天，白虹贯日。

［译文］ 荆轲奔赴秦国刺杀秦始皇，燕国的太子丹到易水边上送别他，真诚的心意感动上天，使得白色长虹穿日而过。（古人认为这种奇异的天晕现象出现预示着人间将有非常之事发生。）

田夫献曝　《列子》：宋国有田夫曝日而背暖，顾谓其妻曰："负日之暄，人莫知其美者，以献吾君，必有重赏。"人皆笑之。

［译文］《列子》上说，宋国有个农夫晒太阳，感到背上很暖和，于是回头对他妻子说："晒太阳这么温暖的事情，没有人知道它的

美妙，如果把这个方法进献给我们的君王，一定会得到厚重的赏赐。”大家听了都嘲笑他。

白驹过隙 《魏豹传》：人生易老，如白驹过隙。（白驹，日影也。）

［译文］《汉书·魏豹传》上说：人的一生很容易老去，日影就如白色的骏马飞快地驰过缝隙一样。白驹，指的是太阳的影子。

黄绵袄 冬月之日，有“黄绵袄”之称。

［译文］ 冬天的太阳，有“黄绵袄”的叫法。

薄蚀朒朓 薄，无光也。蚀，亏缺也。朔见东方曰朒，晦见西方曰朓。（朒音肉。朓音挑。）

朏未成明，魄始成魄。月初三则生明也，月十六则生魄也。

［译文］ 薄，指没有亮光。蚀，说的是亏缺不全。每月的初一在东方看到的月亮叫朒，月末一日在西方见到的月亮叫朓。（朒音肉。朓音挑。）

每月初三的月亮，还不是很明亮，月亮有魄时才有光亮。每月初三便产生亮光，每月十六便产生魄。

翟天师 乾祐间尝于江岸玩月，或问：“此中何所有？”翟笑曰：“可随吾指观之。”俄见月规半天，琼楼玉宇烂然，数息间，不复见矣。

尹思遣儿视月中有物，知兵乱。

《淮南子》：日出于旸谷，浴于咸池，拂于扶桑，是谓晨明。登于扶桑，爰始将行，是谓朏明。至于曲阿，是谓朝明。临于曾泉，是谓早食。次于桑野，是谓晏食。臻于衡阳，是谓禺中。对于昆吾，是谓正中。靡于鸟次，是谓小迁。至于悲谷，是谓晡时。回于女纪，是谓大迁。经于虞渊，是谓高舂。顿于连石，是谓下舂。至于悲泉，爰止羲和，爰息六螭，是谓悬车。薄于虞泉，是谓黄昏。沦于蒙谷，是谓定昏。日入崦嵫，经细柳入虞泉之汜，曙于蒙谷之浦，垂景在树端，谓之桑榆。

《汉书》：新垣平文帝时，上言日当再中，臣以候知之。居顷之，日果再中。

《释名》：月，阙也。言满则复阙也。晦，灰也。月死而灰，月光尽似之也。朔，苏也。月死后苏生也。弦，月半之名也。其形一旁曲，一旁直，若张弓弦也。望，月满之名也。日在东，月在西，遥相望也。

［译文］ 东汉乾祐年间，翟天师曾在长江岸边观赏月亮，有人问："这月亮里面有什么东西？"翟天师笑着回答说："你可以顺着我的手指来观看。"过了一会儿看到半圆的月亮升到半空，里面的琼楼玉宇光彩熠熠，呼吸之间，就再也看不到了。

尹思让儿子看月亮里有东西出现，通过这种现象推知将有兵乱。

《淮南子》上说：太阳在旸谷出现，在咸池洗浴，拂过扶桑树升上天空，这就叫作晨明。太阳登上扶桑树梢，便开始出发前行，这叫作朏明。升到了曲阿，叫作朝明。靠近曾泉，叫作早食。停留在桑野，叫作晏食。到达衡阳，叫作禺中。和昆吾正对的时候，叫作正中。落到鸟次，叫作小迁。到达悲谷，叫作晡时。到达女纪，叫作大迁。经过虞渊，叫作高舂。停留在连石，叫作下舂。到达悲泉，就让羲和停止驾驭，让驾车的六龙休息，这就叫作悬车。靠近虞泉，叫作黄昏。在蒙谷沉落，叫作定昏。太阳落入崦嵫山，经过细柳，进入虞泉的岸边，照亮蒙谷的水边，日影反照在树梢，这就叫作桑榆。

《汉书》记载：新垣平在汉文帝时，上疏说太阳会再次处于中天，他通过观测而得知会发生这种情形。过了不久，太阳果然再次处于中天。

《释名》上说：月的意思是残缺。是说月亮变圆之后又残缺。晦，意思是灰暗。月亮被全部遮盖之后变得灰暗，月光也变得暗淡。朔，意思是复苏。月亮全部被遮盖之后死而复苏。弦，是月亮露出一半时的名字，它的形状一边弯曲，一边笔直，像拉开弦的弓。望，是满月时的名字。太阳在东方，月亮在西方，远远相望。

蟾蜍　月中三足物也。王充《论衡》：羿请不死之药于西王母，其妻嫦娥窃之奔月，是为蟾蜍。

［译文］　蟾蜍是月亮里面长着三只脚的动物。东汉王充的《论衡》中记载：后羿向西王母求得长生不老之药，他的妻子嫦娥偷吃了，飞到了月亮上，这就是蟾蜍。

月桂　《酉阳杂俎》：月桂高五百丈，有一人常伐之，树创随合。其人姓吴名刚，西河人，学仙有过，谪令伐桂。桂下有玉兔杵药。

［译文］　《酉阳杂俎》记载：月桂树有五百丈高，有一个人常常砍伐它，砍开的树的创口随即愈合。这个人叫吴刚，是西河人，因为学仙时犯了过错，被贬到这里砍伐桂树。桂树下面有玉兔在捣药。

爱日　言子爱父母，当如爱日之诚。

［译文］　说的是孩子热爱父母就应该像热爱太阳那样虔诚。

日光摩荡　周主遣赵匡胤率兵御辽北汉，癸卯发汴京。苗训，善观天文，见日下复有一日，黑光摩荡者久之，指示楚昭辅曰：“此天命也。”是夕，次陈桥，遂有黄袍加身之变。

［译文］五代时期后周的皇上派遣赵匡胤率领军队抵御辽国和北汉，癸卯从汴京出发。苗训，擅长观测天象，他看到太阳下面还有一个太阳，黑色的光芒摩擦荡漾了很久，于是他指着这个天象给楚昭辅看，并说：“这是天命啊。”这天晚上，赵匡胤的军队驻扎在陈桥，于是就有了“黄袍加身”的政变。

日为太阳之精　《广雅》：阳精外发，故日以昼明。羲和，日御也。日中有金乌。《通鉴》：太昊有圣象，日月之明。

［译文］《广雅》上说：太阳的精华向外散发，所以太阳在白天显得很明亮。羲和，是驾驭太阳的车夫。太阳里面有金色的乌鸦。《资治通鉴》记载：上古时期的太昊氏有圣人的形象，像太阳月亮一样明亮。

日出而作　尧时有老人，含哺鼓腹，击壤而歌，曰：“日出而作，日入而息；凿井而饮，耕田而食，帝力何有于我哉？”

［译文］帝尧的时候有位老人，吃饱饭鼓着肚子，用手打击着土地唱着歌：“太阳出来去劳作，太阳落下就休息；渴了凿井舀水喝，自己种地有粮吃，帝王的威力对我来说有什么呢？”

日亡乃亡　桀尝自言：“吾有天下，如天之有日；日亡，吾乃亡耳！”

［译文］夏桀曾经说过：“我拥有天下，就像苍天拥有太阳一样；太阳灭亡，我才会灭亡呢！”

如冬夏之日　夏日烈，冬日温。赵盾为人，严而可畏，故比如夏日。赵衰为人，和而可爱，故比如冬日。

[译文]　夏天太阳酷热，冬天太阳温暖。赵国的大臣赵盾为人有威严，让人感到可畏，所以被比作夏天的太阳。而他的父亲赵衰，为人和气而可亲，所以被比作冬天的太阳。

东隅桑榆　冯异大破赤眉，光武降书劳之曰："始虽垂翅回溪，终能奋翼渑池，可谓失之东隅，收之桑榆。"

[译文]　冯异大破赤眉军，东汉光武帝下诏书慰劳他说："你开始虽然在回溪折损了军队，最终却能够在渑池奋力杀敌，可以说是早上错过，傍晚补过。"

蜀犬吠日　柳文：庸、蜀之南，恒雨少日，日出则群犬吠之。

[译文]　柳宗元的文章里说：四川地区的南边经常下雨少有晴天，太阳出来时，家家户户的狗就会狂叫。

日食在晦　汉建武七年三月晦，日食，诏上书不得言圣。郑兴上疏曰："顷年日食，每多在晦。先时而合，皆月行疾也。日君象，月臣象。君亢急，则臣促迫，故月行疾。"时帝躬勤政事，颇伤严急，故兴奏及之。

[译文]　汉代建武七年（公元31年）三月最后一日，发生了日食，皇帝下诏书说臣子上疏时，文中不得用"圣"字。郑兴上疏说："近些年的日食，大多在月末最后一天。太阳月亮在历法计算的时间之前会和，都是因为月亮运行过快的原因。太阳是君主的象征，月亮是臣子的象征。君主若过于严苛急进，那么臣子就会严苛急进，所以月亮运行得过快了。"当时皇帝才亲身勤于处理政事，

稍微有些严苛急进，所以郑兴上奏提到这件事。

太阴 《史记》:“太阴之精上为月。”《淮南子》:“月御曰望舒，亦曰纤阿，中有玉兔。”

[译文] 《史记》上说:“太阴的精华上升到天上就成了月亮。”《淮南子》记载:“月亮的车夫叫望舒，又叫纤阿，月亮里面有玉兔。”

瑶光贯月 《通鉴》:昌意娶蜀山氏之女曰女枢，感瑶光贯月之祥，生颛顼高阳氏于若水。

[译文] 《资治通鉴》记载:昌意迎娶了蜀山氏的女儿女枢，因看到瑶光穿过月亮的祥瑞现象而有所感应，就受孕在若水生下了颛顼高阳。

月食五星 崇祯十一年四月己酉夜，荧惑去月仅七八寸，至晓逆行，尾八度掩于月，丁卯退至尾，初度渐入心宿。杨嗣昌上疏言:“古今变异，月食五星，史不绝书，然亦观其时。昔汉元帝建武二十三年，月食火星，明年呼韩单于款五原塞。明帝永平二年，月食火星，皇后马氏德冠后宫，明年图画功臣于云台。唐宪宗元和七年，月食荧惑。明年兴师，连年兵败。今者月食火星，犹幸在尾，内则阴宫，外则阴国。皇上修德召和，必有灾而不害者。”然实考嗣昌所引年月俱谬。

[译文] 崇祯十一年（公元1638年）四月己酉的晚上，火星距离月亮仅有七八寸远，到了天亮时分，在天空反向运行，尾宿被月亮掩盖住了八次，丁卯日退回到了尾宿的位置，第一次慢慢地进入心宿。杨嗣昌向皇帝上疏说:“古往今来的各种天象变异，月亮吞没五大行星，史书上有多次记载，但是也要看它发生的时间。以前

汉光武帝建武二十三年（公元47年）的时候，月亮吞没了火星，第二年呼韩单于在五元塞归顺求和。明帝永平二年（公元59年），月亮吞没了火星，皇后马氏的品德位居后宫第一，第二年在云台绘制了功臣们的画像。唐宪宗元和七年（公元812年），月亮吞没火星，第二年发动军队征战，但却连年打败仗。现在月亮吞没了火星，尚且值得庆幸的是它只在尾宿，对内会使后宫不利，对外则会对国家不利。皇上您内修德行、彰显和平，即使有灾祸发生也不会有什么大的损害。”但是我考察杨嗣昌所引用的文献年月发现都是错误的。

论月　徐穉，年九岁，尝月下戏，人语之曰：“若令月中无物，当极明耶？”穉曰：“不然。譬如人眼中有瞳子，无此必不明。”

[译文]　徐穉九岁的时候曾经在月亮下面玩耍，有人对他说：“假使月亮中没有东西的话，应该会极其明亮了吧？”徐穉说：“不是这样的。就像人眼中有瞳孔一样，没有了瞳孔，眼睛一定不会明亮。”

如月之初　后汉黄琬，祖父琼，为太尉，以日食状闻。太后诏问所食多少，琼对未知所况。琬年七岁，时在旁，曰：“何不言日食之余，如月之初。”琼大惊，即以其言对。

[译文]　东汉时期的黄琬，他的祖父叫黄琼，做太尉的官职，把发生日食的情况报告给了皇帝。太后下诏书问他太阳被遮住了多少，黄琼回答说不知道具体的情况。黄琬那年正七岁，当时在祖父身旁，说：“为什么不说日食所剩就如同每月初一的月亮呢！”黄琼非常惊奇，于是就用孙子的话做了回答。

赋初一夜月　苏福八岁时，赋《初一夜月》诗，云："气朔盈虚又一初，嫦娥底事半分无。却于无处分明有，恰似先天太极图。"

［译文］苏福八岁的时候，曾作一首《初一夜月》的诗，说："阴阳变化，盈虚消长，又到了初一的日子，嫦娥到底是什么样子，还是一点也不清楚。可是我又明明看到了月亮的影子，就好像《先天太极图》。"

吴牛喘月　《风俗通》：吴牛苦于日，故见月而喘。

［译文］《风俗通》上说：吴地的水牛因为常年在太阳下劳作，看见太阳就害怕，所以看到月亮就怕得直喘气。

命咏新月　明太祖见太孙顶颅侧，乃曰："半边月儿。"一夕，太子、太孙侍，太祖命咏新月。懿文云："昨夜严滩失钓钩，何人移上碧云头？虽然未得团圆相，也有清光遍九州。"太孙云："谁将玉指甲，掐破碧天痕；影落江湖里，蛟龙未敢吞。"太祖谓"未得团圆""影落江湖"，皆非吉兆。

［译文］明太祖朱元璋看到皇太孙的头骨有些歪，就说："像半边的月亮。"一天晚上，太子、太孙在旁边侍奉太祖，太祖让大家写诗吟咏新月。懿文太子作诗说："昨夜严陵滩边丢失了钓鱼钩，是谁把它放到了碧蓝的天边呢？虽然没有团团圆圆的样子，但是它的清丽的光辉也能照遍九州。"太孙作诗说："是谁用白玉般的指甲掐破了碧蓝的天空，留下一道痕迹，这道疤痕落到江湖里，连蛟龙也不敢来吞食。"太祖说"未得团圆""影落江湖"都不是好兆头。

星

北斗七星 第一天枢，第二璇，第三玑，第四权，第五玉衡，第六开阳，第七瑶光。第一至第四为魁，第五至第七为杓，合之为斗。按《道藏经》：七星，一贪狼，二巨门，三禄存，四文曲，五廉贞，六武曲，七破军，堪舆家用此。

斗柄东，则天下皆春;斗柄南，则天下皆夏;斗柄西，则天下皆秋;斗柄北，则天下皆冬。

《史记》：中宫、文昌下六星，两两相比，名曰三能。台，三台。色齐，君臣和；不齐，为乖戾。

【译文】 北斗七星依次称作：天枢、璇、玑、权、玉衡、开阳、瑶光。第一颗至第四颗合称为“魁”，第五颗至第七颗合称为“杓”，七颗总称为“斗”。根据《道藏经》记载，北斗七星，一叫贪狼，二叫巨门，三叫禄存，四叫文曲，五叫廉贞，六叫武曲，七叫破军，堪舆家使用这种称谓。

北斗星的斗柄指向东方，则地上是春天；北斗星的斗柄指向南方，则地上是夏天；北斗星的斗柄指向西方，则地上是秋天；北斗星的斗柄指向北方，则地上是冬天。

《史记》记载：中宫、文昌下面的六颗星，两两相对，名字叫“三能”。台，三台。这几颗星亮度一致，则君主和臣子的关系融洽；若亮度不一致，则君主与臣子的关系较为紧张。

泰阶六符 泰阶，三台也。每台二星，凡六星。符，六星之符验也。三台，乃天之三阶。经曰：泰阶者，天之三阶也。上阶为天子，中阶为诸侯、公卿，下阶为士、庶人。

【译文】 泰阶即是三台。每一台有两颗星，一共六颗星。符，说的是六颗星的应验征兆。三台，是天空中的三个台阶。经书上说，泰阶，是天空中的三个台阶。上阶代表着天子，中阶代表着诸侯和公卿，下阶代表士子和庶人。

景星　形如半月，王者政教无私，则景星见。

[译文]　景星的形状像半个月亮的样子，如果君王的政治教化大公无私，那么景星就会出现。

始影琯朗　女星旁一小星，名始影，妇女于夏至夜候而祭之，得好颜色。始影南，并肩一星，名琯朗，男子于冬至夜候而祭之，得好智慧。

[译文]　女星旁边有一颗较小的星，名字叫始影，妇女如果在夏至日的晚上等它出现后祭拜它，就会得到美丽的面容。始影星的南边，和它并列的一颗星叫琯朗，如果男子在冬至日的晚上等它出现并祭拜它，就会获得智慧。

参商　高辛氏二子，长阏伯，次沉实，自相争斗。帝乃迁长于商丘，主商，昏见；迁次于大夏，主参，晓见。二星永不相见。

[译文]　帝高辛氏有两个儿子，大儿子叫阏伯，二儿子叫沉实，两人互相打斗。高辛氏于是就让大儿子迁徙到商丘，掌管商星，晚上才出来；让二儿子迁徙到大夏，掌管参星，早上出现。两颗星星永远不能够相见。

长庚　即太白金星，朝见东方，曰启明；夕见西方，曰长庚。太白经天，太白阴星见，昼当伏，昼见即为经天；若经天，则天下草昧，人更主，是谓乱纪，人民流亡。

应劭曰:“上阶上星为男主，下星为女主；中阶上星为三公，下星为卿大夫；下阶上星为上士，下星为庶人。三阶平则天下太平，三阶不平则百姓不宁，故曰六符。”

《晋志》：角二星，为天阙，闰其间天门也，其内天庭也。故黄道经其中，七曜之所行。左角为理，主刑；右角为将，主兵。亢四星，天子内朝，天下之礼法也，亦为疏庙主疾疫。氐四星，为天根，王者之宿宫，又为后妃之府，将有淫欲之事，氐先动。房四星为明堂，天子布政之室也，亦四辅也。又为四表，中间为天衢，亦为天关，黄道之所经也。七曜繇乎天衢，则天下和平，亦天驷，为天马，主车驾，亦曰天厩，又主开闭为蓄藏之所由。又北小星为钩，钤键天之管钥，明而近房，天下同心。心三星，天王正位也。中星曰明堂，天子位为大辰，主天下之赏罚。前星为太子，后星为庶子。尾九星，后宫之长，亦为九子，色欲均明，大小相承，则后宫有叙。箕四星，为天津，后宫后妃之府，一曰天箕，主八风，凡日月宿在箕东壁翼者，风起北方，又主口舌。南斗六星，天庙也，为丞相太宰之位，酌量政事之宜，褒贤进良，禀受爵禄，又主兵。牵牛六星，天之关梁，主牺牲。其北二星，一曰即路，一曰聚火。又曰：上一星主道路，次二星主关梁，次三星主南越。须女四星，天之少府也，妇女之位，主布帛裁置、嫁娶。虚二星，冢宰之象也，主邑居庙堂祭祀之事，又主风云死丧。危三星，主天府，天市架屋动，则土功起。营室二星，为太庙天子之宫也，主土功事。东壁二星，主文章，天下图书之秘府。西方奎十六星，天之武库也，主以兵禁。暴、娄二星，亦为天狱，主苑牧牺牲供给郊祀。胃三星，天之厨藏，五谷之仓也，又名大梁，主仓廪。昴七星，天之耳目也，主西右，又为旄头，胡星也，又主丧，主狱。昴、毕间二星，为天衢，三光之道也，主伺候关梁。毕八星，状如掩兔之毕，主边兵，主弋猎，又主刑罚。觜巂三星，在参之右角，如鼎足形，主天之关，又为三军之候。参七星，白兽之体。中三星横列者，三将军也。南方东井八星，天之南门，黄道所经，为天之亭侯，主水衡事舆。鬼五星，天之目也，主视明察奸谋。中央一星，曰积尸，摇动失色则病疾。柳八星，天之厨宰，主尚食和滋味。昴七星，一曰天都，主衣裳文绣。张六星，主珍宝宗庙之用，及衣服天厨饮食赏赉之事。翼二十二星，为天子之乐府，又主夷狄远宾负海之客，明则礼乐兴，四夷来宾。轸四星，为冢宰辅臣也，主车骑足用，亦主风，有军出入，皆占于轸。

［译文］ 长庚就是太白金星，早上在东方出现，叫作启明星；晚上在西方出现，叫作长庚。太白金星，属于阴星，白天应当隐藏起来，白天出现就叫作经天；如果出现经天的天象，则天底下就要发生大的灾乱，老百姓就要更换新的君主，这就叫乱纪，百姓就会流离失所。

应劭说：“三阶的六颗星中，上阶的上面那颗星代表男性的君王，下边的星代表女性的皇后；中阶上边的星代表三公，下边的星代表卿大夫；下阶上边的星代表上等士人，下边的星代表黎民百姓。三阶持平则天下太平，三阶不平则百姓不得安宁，所以这六颗星叫六符。”

《晋志》中记载：角宿的两颗叫天阙即“天关”，中间叫天门，里面就是天庭。太阳运行的黄道经过这里，是日月及五星运行的轨道。左角的星为理，主管刑法；右角的星为将，主管军事。亢星有四颗，是天子的内朝，主管天下的礼法，也叫疏庙，还主管疾病和瘟疫。氐宿有四颗，是上天之根本，象征君王的寝宫，也是后妃的居所，如果有淫乱之事发生，氐星就会先动。房宿有四颗，叫作明堂，就是天子颁布政令的屋子，叫四辅，也叫四表，中间是上天的大路，也是天关，是太阳运行轨道所经过的道路。七曜经由上天的大路，那么天下就平安。又称天驷，也就是天马，主管君王的车驾，也叫天厩，也主管开闭，是收藏必经之地。北面的小星叫钩钤，是房宿的关键，也是天体的关键，当它明亮而且接近房宿时，就天下齐心。心宿有三颗，是天子最靠近中央的位置。中间的星叫明堂，是天子的位置，就是大辰，主掌天下的奖罚。前边一颗星代表太子，后边一颗代表庶子。尾宿包含有九颗星，是代表后宫的星宿，也叫九子，如果颜色均匀明亮，大小相称，后宫就长幼有序。箕宿有四颗，是天河的渡口，也是后宫和后妃的居所，一个叫天箕，主掌来自八方的风，如果太阳、月亮在箕、东壁、翼停留时，大风就会从北方吹起。还主掌言语的事情。南斗有六颗星，也叫天庙，是丞相和太宰的所在，掌管裁夺国政是否合理，褒奖、举荐贤德之人，授予爵位和俸禄，又主管军事。牵牛星有六颗，是天的关口与津梁，主掌祭祀所用的牺牲供品。它北边有两颗星，一个叫即路，一个叫聚火。另有一种说法：上面的一颗星主掌道路，接下来的两颗星主掌关隘与桥梁，最后面的三颗星主管南越地区。须女星有四颗，是天上的少府，代表妇女的位置，主掌织布、裁缝与结婚嫁娶。虚星有两颗，是统领百官的家畜，主掌里巷起居和庙堂上的祭祀，也主管死亡和丧事。危宿有三颗，主管天府与天街的房屋营造，危星动就代表有破土动工的事要发生。营室有两颗星，是太庙天子的宫殿，主管建筑营造。东壁有两颗星，主掌文章学问，是天下收藏图书的秘府。西方的奎星有十六颗，是上天收藏兵器的仓库，主掌用武力来治理暴行的事情。娄宿有三颗，代表上天的监狱，主掌苑囿、牧场及祭品，用来供给对天地的祭祀。

胃宿有三颗，是上天的厨室和仓储之所，是五谷的仓储地，又叫大梁，主管贮藏米谷的仓库。昴宿有七颗，是上天的耳目，主管西方，又称作旄头，是胡人的星宿，又主掌丧事及刑狱。昴星、毕星之间是天街，是日月星运行的通道，主管关隘与渡口。毕宿有八颗，形状像捕兔的带柄的小网，主掌边事和狩猎，还主管刑罚。觜星有三颗，分别在参星的右边，好像鼎的三只脚的形状，主管天上的关口，除此之外，也可以作为军队的侦察兵。参宿有七颗星，好像白色野兽的身体。中间有横着排列的三颗星，称作三将军。南方的东井宿有八颗星，是上天的南大门，太阳运行要经过此处，它是上天的亭侯，主掌水利之类的事务。鬼星有五颗，是上天的眼睛，主掌审视查验诡计与阴谋。中央有一颗星，叫积尸星，这颗星闪烁或变暗就可能代表疾病将要发生。柳宿有八颗星，是天上的厨师，主管君王的饮膳，调和五味。昴宿有七颗星，又称作“天都”，主掌衣服和彩绣。张宿有六颗星，主管珍宝以及宗庙祭祀所使用的器物和服饰，还有天上厨师的饮食和赏赐。翼宿有二十二颗星，是上天的音乐机关，又主管四方蛮夷的远客，如果这颗星明亮就表明礼乐昌盛，四境之民就会臣服。轸宿有四颗星，代表统领宰相之类的大臣，主掌车辆和马匹的使用，也主管风，如果有军队出战，都要对着轸宿占卜吉凶与否。

荧惑守心　荧惑，火星也。守心，谓行经心度，住而不过也。宋景公时，荧惑守心。公问子韦，对曰：“祸当君，可移之相。”公曰：“相，吾辅也。不可！”曰：“移之民。”曰：“民死，吾谁与为君？”曰：“移之岁。”曰：“岁饥则民死。”子韦曰：“君有至德之言三，荧惑必三徙。”果徙三舍。

［译文］　荧惑是指火星。守心的意思是火星经过心宿时停止不再向

前。宋景公时，遇到过一次荧惑守心的天象。宋景公问子韦这是什么意思，子韦回答:“这是代表上天给予君王的灾祸，但是可以转移到宰相身上。”宋景公说:“宰相是我的辅弼重臣，不可以!”子韦又说:“也可以转移给百姓。”宋景公说:“百姓要死了，我做谁的君主呢!”子韦再说:“转移给收成吧。”宋景公说:“收成不好，百姓就会饿死。”子韦说:“君主说了三遍至高德行的话，火星一定会迁徙三次。”后来果然火星移动了三座星宿的距离。

岁星　木星也。所居之国为福，所对之国为凶。福主丰稔，凶主饥荒。一曰：岁星所在之国，有称兵伐之者必败。

[译文]　岁星就是木星。它会给所停留的国家带来福分，也会给相对的国家带来祸事。福分带来丰收，祸事预示饥荒。还有一种说法是，岁星所停留的国家，如果出兵征战，一定会大败而回。

彗星　曰长星，亦曰欃枪。芒角四射者曰孛，芒角长如帚曰彗，极长者曰蚩尤旗。

[译文]　彗星叫长星，又叫欃枪。光芒四射的叫作孛，光芒长长的像扫把的叫彗，特别长的叫蚩尤旗。

金星　一月移一宫，木星一岁移一宫，水星一月移一宫，火星两月移一宫，土星二十八月移一宫。

[译文]　金星每月移动一宫的距离，木星一年移动一宫的距离，水星一个月移动一宫的距离，火星两个月移动一宫的距离，土星二十八月移动一宫的距离。

客星犯牛斗　有人居海上，每年八月，见浮槎到岸，乃赍粮，乘之。至一处，见妇人织机，其夫牵牛饮水次。问：“此是何处？”答曰：“归问严君平。”君平曰：“是日客星犯牛斗，即尔至处。”

［译文］ 有一个人住在海边，每一年的八月，都会看到一只木筏漂到岸边，有一次，他就带上干粮坐上了木筏。到了一个地方，看到有一位妇女和织布机，她的丈夫正牵着牛在水边喝水。这个人就问：“这是什么地方？”那人回答说：“你回去问问成都的严君平就知道了。”这个人回来之后去请教严君平，严君平说：“那一天有客星冲犯牛宿和斗宿，就是你所到的地方。”

问使者何日发 汉和帝时，遣使者二人，微行至蜀。李郃为郡侯吏，出酒共饮，问曰：“君来时，知二使者以何日发行？”二人怪问其故，郃曰：“见有二使星入益部耳。”自此名著。

［译文］ 东汉和帝的时候，皇上派二位使者，悄悄地来到蜀地。李郃作为郡侯的属吏，拿出美酒和他们一块儿喝，问他们说：“你们二位来的时候，知道两位使者什么时候出发吗？”二人感到奇怪，就问他原因，李郃说：“看到两个代表使者的星星进入到了益州的分野。”从这以后李郃名声大著。

五星奎聚 宋乾德五年三月，五星聚于奎。初，窦俨与卢多逊、杨徽之，周显德中同为谏官，俨善推步星历，尝曰：“丁卯岁五星聚奎，自此天下始太平。二拾遗见之，俨不与也。”吕氏中曰：“奎星固太平之象，而实重启斯文之兆也。文治精华，已露于斯矣。”

［译文］ 宋太祖乾德五年（公元967年），五星在奎星这里汇聚。当初，窦俨和卢多逊、杨徽之，在后周显德年间同时做谏官。窦俨擅长天文历法的推算，他曾经说：“丁卯年五星在奎星汇聚，从此天下太平无事。你们两位拾遗大人可以见到这种盛况，可惜我见不到

了。”吕中说：“奎星固然是彰显太平的天象，但事实上还是重新开启文化的先兆啊。本朝文治的精华，已经在这里显露出来了。”

德星 颍川陈寔、荀淑，俱率子弟宴集一堂。太史奏德星聚颍，五百里内必有贤人会合。

［译文］ 颍川的陈寔、荀淑都带着子弟们欢宴雅集于一堂。太史上奏皇帝说，德星在颍川会聚，五百里内一定有贤德的人聚会。

客星犯御座 光武引严光入内，论道旧故，相对累日。因共偃卧，光以足加帝腹上。明日，太史奏客星犯御座甚急。帝笑曰：“朕与故人严子陵共卧耳。”

［译文］ 东汉光武帝延请严光进入内殿，和他叙旧，对坐交谈了好几天。两人同躺在一张床上，严光把脚放在了光武帝的肚子上。第二天，太史上奏说客星侵犯帝星，非常危急。光武帝笑着说：“我与老朋友严子陵同床共眠而已。”

晨星 刘禹锡曰：“落落如晨星之相望。”谓故人寥落，如早晨之星，甚稀少也。

［译文］ 刘禹锡说：“稀稀拉拉的就像是早晨的星星互相对望。”说的是老朋友很多都去世了，像早上的星星，非常稀少了。

望星星降 何讽于书中得一发卷，规四寸许，如环而无端，用力绝之，两头滴水。方士曰：“此名脉望，蠹鱼三食神仙字，则化为此。夜持规向天中望星，星立降，可求丹服食也。”

［译文］ 何讽在书本里得到一卷头发一样的东西，大约有四寸宽，像玉环但却没有头，用力想要拉断它，两头滴下水滴。方士说：

“这种东西叫脉望，蠹鱼在书里吃三次有关神仙的词，就会变成脉望。在夜里拿着它对着天远望星星，星星马上就会落下来，你就可以向它求取仙丹来吃了。”

吞坠星　五代汤悦，自少颖悟。尝见飞星堕水盘中，掬而吞之，文思日丽。仕南唐，拜相。凡书檄制诰，皆出其手。

［译文］　五代时期的汤悦，从小就很聪明，悟性高。他曾经看到飞落的星星坠落到水盘里面，用双手捧起来吃掉了，因而他的文采一天天地变得华丽起来。到南唐做官，被授予宰相的官职。凡是诏书檄文都出自他的手笔。

上应列宿　馆陶公主为子求郎，不许，赐钱十万缗。汉明帝谓群臣曰:“郎官上应列宿，出宰百里，苟非其人，则民受其殃。”

［译文］　馆陶公主替她儿子向皇帝求取郎官的职位，皇帝不答应，赐给她铜钱十万缗。汉明帝对众位大臣说:“郎官在天上有对应的星宿，出京做官要管理方圆百里的区域，如果不是合适的人选，那么人民就要遭殃。”

文曲犯帝座　明景清，建文中为御史大夫。文皇即位，清独委蛇侍朝，文皇颇疑之。时星者奏文曲犯帝座甚急，色赤。是日，清衣绯入。遂收清，得所带剑，不屈死，死后精灵犹见。

［译文］　明朝的景清，在建文皇帝时期做御史大夫。文皇帝成祖即位以后，只有景清一个人顺从侍奉皇上，成祖对他颇有些疑心。当时负责观测天象的官员上奏说文曲星冲犯帝星，非常危急，颜色呈深红色。这一天，景清穿着绯红色的官服进宫。于是成祖就派人抓住了他，在他身上找到了他所携带的宝剑，景清最终没有

屈服，死掉了，在他死后，他的鬼魂还常常出现。

星长竟天　唐天祐二年，彗星长竟天。宋徽宗五年，有星孛于西方，长竟天。明成化七年，彗星见。正德元年，彗星见，参井侵太微垣。万历四十六年，东方有白气，长竟天，其占为彗象，辽阳震报相踵。天启元年，土星逆入井宿。

[译文]　唐朝天祐二年（公元905年），彗星出现，长度横跨整个天空。宋徽宗崇宁五年（公元1106年）有颗光芒四射的彗星出现在西方的天空，长度也横贯天空。明成化七年（公元1471年），彗星出现。正德元年（公元1506年），彗星再次出现，参星、井星冲犯太微星。万历四十六年（公元1618年），东方天空出现白色的气体，长度横贯天空，占卜后知道是彗星的天象，辽阳一带地震的报告接踵而至。天启元年（公元1621年），土星逆向运行进入井宿。

星飞星陨　宋徽宗元年正月朔，流星自西南入尾抵距星，其光烛地。是夕，有赤气起东北，亘西方，中出白气二，将散，复有黑气在旁。任伯雨言：时方孟春，而赤气起于暮夜之幽，以天道人事推之，此宫禁阴谋下干上之证也。散而为白，而白主兵，此夷狄窃发之证也。明成化二十三年，有飞星流，光芒烛地。正德元年，陨星如雨。崇祯十七年，星入月中。占曰："国破君亡。"

[译文]　宋徽宗建中靖国元年（公元1101年）正月初一，有流星从西南方向进入尾宿并到达尾宿的距星，它的光芒照耀大地。这天晚上，有红色的气流从东北方升起，横贯西方天空，中间冒出两股白色气流，将要消失的时候，旁边又有黑色气体出现。任伯雨说："当时正值早春，却有红色的气体出现在幽暗深夜，从天道与人事两方面来推断，这是宫廷里有人谋逆的预兆。红色气体消散

为白色，而白色意味着战争，这是异族偷偷起兵的先兆。”明成化二十三年（公元1487年），有飞星像流水一样，光芒照亮大地。正德元年（公元1506年），流星如雨般倾泻。崇祯十七年（公元1644年），有星宿冲犯月亮。占卜的结果是“国家破灭，君主死亡”。

风风神名封十八姨，又名冯异 云云神名云将

八风　八节之风，立春条风（赦小过，出稽留），春分明庶风（正封疆，修田畴），立夏清明风（出币帛，礼诸侯），夏至景风（辩大将，封有功），立秋凉风（报土功，祀四郊），秋分阊阖风（解悬垂，琴瑟不张），立冬不周风（修宫室，完边城），冬至广汉风（诛有罪，断大刑）。

［译文］　八风，指的是八个节气到来时吹的风。立春时称作条风（赦免小的过错，释放狱中滞留的犯人）；春分时称作明庶风（核正封疆，修理田地）；立夏时称作清明风（拿出钱物帛布与诸侯为礼）；夏至时称作景风（宜论功行赏）；立秋时称作凉风（汇报收获成果，在四郊祭祀）；秋分时称作阊阖风（解下挂在墙上的乐器，把琴瑟都收藏起来）；立冬时称作不周风（修缮宫室房屋，维护边地城池）；冬至时称作广汉风（诛杀有罪的人）。

四时风　郎仁宝曰：春之风，自下升上，纸鸢因之以起。夏之风，横行空中，故树杪多风声。秋之风，自上而下，木叶因之以陨。冬之风，著土而行，是以吼地而生寒。

［译文］　郎仁宝说：春天的风从下向上吹，纸鸢一类的风筝因此可以凭借春风飞起来；夏天的风在空中横行吹动，所以能听到树梢的风声；秋天的风从上向下吹，树叶因此而飘落；冬天的风紧紧

贴着大地吹动，所以大地发出吼声并生出寒气。

少女风 管辂过清河，倪太守以天旱为忧。辂曰："树上已有少女微风，树间已有阳鸟和鸣。其雨至矣。"果如其言。

［译文］ 有一个名叫管辂的方士路过清河，清河倪太守正在为天旱而发愁。管辂说："树尖已有少女微风，树间也有阳鸟在相互鸣叫，大概雨就要来到了。"果然就像他说的那样。

飓风 《岭表录》：飓风之作，多在初秋，作则海潮溢，俗谓之飓母风。

［译文］《岭表录》中记载：飓风的兴起，多发生在初秋时期，发作时海潮向岸边流溢，俗语叫它为"飓母风"。

石尤风 石氏女为尤郎妇。尤为商远出，妻阻之，不从。郎出不归，石病且死，曰："吾恨不能阻郎行。后有商贾远行者，吾当作大风以阻之。"自后行旅遇逆风，曰："此石尤风也。"

［译文］ 石家女嫁给姓尤的男子做妻子。尤郎远行去经商，妻子劝阻他，他不听。丈夫一去不返，石氏病得将要死了，说："我很遗憾自己没能阻止丈夫外出远行。以后再有商人出门远行，我死后当变作大风阻止他远行。"从此以后在外远行的人遇到大风，就说："这是'石尤风'啊。"

羊角风 《庄子》："大鹏起于北溟，而徙南溟也，抟扶摇羊角而上者九万里。"宋熙宁间，武城有旋风如羊角，拔木，官舍卷入云中，人民坠地死。

《尔雅》：南方谓之凯风，东方谓之谷风，北方谓之凉风，西方谓之泰风。焚轮谓之颓，扶摇谓之猋。风与火为庉。回风为飘。日出而风谓之暴。风而雨为霾。阴日风为曀。猛风曰飏，凉风曰飀，微风曰飕，小风曰颼。

［译文］《庄子》书中说："大鹏从北海起飞，要迁徙到南海去，乘着羊角一样的旋风向上飞了九万里。"宋代熙宁年间，武城刮起了像羊角一样的旋风，大风拔起树木，官府的屋子也被卷吹到空中，有百姓被卷到半空然后又摔到地上死掉了。

《尔雅》中说：南风称为"凯风"，东风称为"谷风"，北风称为"凉风"，西风称为"泰风"。龙卷风称为"颓"，旋风称为"猋"。风助威火势称为"庉"。回风称为"飘"。日出时的风称为"暴"。风雨相接称为"霾"。阴天的风称为"曀"。猛风称为"飏"，凉风称为"飀"，微风称为"飕"，小风称为"颼"。

花信风　唐徐师川诗云："一百五日寒食雨，二十四番花信风。"《岁时记》曰："一月二气六候，自小寒至谷雨。四月八气二十四候，每候五日，以一花之风信应之。"

［译文］宋代徐师川有诗句："一百五日寒食雨，二十四番花信风。"《岁时记》中说：一个月包含两个节气以及六个节候，从小寒到谷雨，共有四个月八个节气二十四个节候，每个节候的时间是五天，用伴随花期而来的信风和它一一对应。

泰山云　《公羊传》：泰山之云，触石而起，肤寸而合，不崇朝而雨天下。

［译文］《公羊传》记载：泰山的云彩接触到石头就会兴起，空中的细微的云气聚集在一起，不一会儿雨就布满天下。

卿云　若云非云，若烟非烟，郁郁纷纷，萧索轮菌，谓之庆云。王者德至于山陵，则卿云出。《春秋繁露》:“人君修德，则矞云见。”云五色为卿，三色为矞。

［译文］　像云又不是云，像烟又不是烟，云气浓盛，萧索盘曲，这就叫作“庆云”。君王的仁德惠及高山，卿云就会出现。《春秋繁露》上说:“君主修养自己的德行，矞云就会出现。”含有五种色彩的云叫作“卿”，三种颜色的叫作“矞”。

沆瀣　夜半清气从北方起者，谓之沆瀣。

［译文］　半夜里从北方升起的清气，叫作“沆瀣”。

神瀵　《列子》言:神瀵即《易》所谓山泽气相蒸，云兴而为雨也。陈希夷诗:“倏尔火轮煎地脉，愕然神瀵涌山椒。”

［译文］《列子》中说:“神瀵”就是《易经》里所说的山泽云气蒸腾，云彩兴起而成为雨。陈希夷的诗句里说:“倏尔火轮煎地脉，愕然神瀵涌山椒。”

白云孤飞　狄仁杰尝赴并州法掾，登太行山，见白云孤飞，泣曰:“吾亲舍其下。”

［译文］　狄仁杰曾经奔赴并州做法掾小吏，登上太行山，看到有白云孤独地飘过，于是流着眼泪说:“我的父母住在那白云之下啊！”

五色云　宋韩琦弱冠及第，方传胪，时太史奏:“五色云现。”出入将相，为一代名臣。

［译文］　宋代的韩琦二十岁就考中了进士，在殿试宣布考中名单的

时候，当时的太史官上奏说："五色祥云出现在天空。"后来韩琦出将入相，成为一代名臣。

风 天地之使也，大块之噫气，阴阳之怒而为风也。《洛神赋》：屏翳收风。屏翳，风师也，又名飞廉；飞廉，神禽，即箕主也。又曰："箕主簸扬，能致风雨。"

【译文】风是天地的使者，大地的呼吸，阴阳二气相互激荡就成了风。《洛神赋》中有"屏翳收风"的句子。"屏翳"是指掌管风的神仙，又叫作飞廉。飞廉，是一种神奇的鸟，就是箕宿。又有人说："箕宿主掌阴阳大气，能使风雨出现。"

风霾 明天启间，魏阉肆毒，风霾旱魃，赤地千里，京师地震，火灾焚烧，震压死伤甚惨。崇祯十七年正月朔，大风霾。占曰："风从乾起主暴。"兵破城。三月丙申，大风霾，昼晦。

【译文】明朝天启年间，魏忠贤党羽肆意虐待百姓，大风、阴霾、大旱频繁发生，京城发生地震，火灾焚烧，因地震导致房屋倒塌而压死很多人。崇祯十七年（公元1644年）正月初一，大风和阴霾出现。占卜的人说："风从乾卦起，是有暴乱的征兆。"后来敌军攻破北京城。三月丙申日，大风加上阴霾，白天如同黑夜一样昏暗。

风木悲 《春秋》：皋鱼宦游列国，归而母卒，泣曰："树欲静而风不息，子欲养而亲不在。"遂自刎死。

【译文】《春秋》记载：皋鱼周游历各国做官，回到家的时候母亲去世了。他哭着说："树欲静而风不息，子欲养而亲不在。"说完就自杀而死。

歌南风之诗　大舜弹五弦之琴，歌南风之诗，曰:“南风之熏兮，可以解吾民之愠兮；南风之时兮，可以阜吾民之财兮。”

[译文]　舜帝弹着五弦琴，唱着《南风》的诗篇:“温暖的南风啊，可以解除人民的忧愁；及时的南风啊，可以增添人民的财富啊。”

占风知赦　汉河内张成善风角，推占当赦，教子杀人。司隶李膺督促收捕，既而逢宥获免，膺愈愤疾，竟按杀之。

[译文]　汉代河内的张成擅长用风角占卜。有一次他推算出朝廷要有大赦天下了，就让儿子去杀人。司隶李膺督促捉拿归案，张成的儿子很快就遇到大赦天下而免于惩罚。李膺气愤异常，执意按照法律把他处决了。

祭风破操　操连船舰于赤壁，周瑜用黄盖火攻之策。时隆冬无东南风，诸葛孔明筑坛而祭，应期风至，大破曹兵。

[译文]　曹操在赤壁作战时把舰船都连接在一起，周瑜采用黄盖火攻的计策。当时正值隆冬季节，没有东南风，诸葛孔明修建祭坛向天祈祷，到了日子东南风到来，于是大破曹操的军队。

云霞　云，山川之气也。日旁彩云名霞，东西二方赤色，亦曰霞。《易经》:“云从龙，风从虎。”孔子曰:“于我如浮云。”

[译文]　云是山川的气息聚合而成。太阳旁边的彩云叫作霞，东西两个方向的红云，也叫作霞。《易经》里说:“云从龙，风从虎。”孔子说:“富贵对我来说就像浮云一样。”

云出无心 陶词："云无心而出岫。"

［译文］陶渊明《归去来兮辞》中有诗句说："白云悠闲地从山洞中飘出。"

占云 二至、二分，望云色以卜岁之丰凶水旱。

［译文］夏至、冬至和春分、秋分，观测云彩的颜色可以来推算一年的收成好坏和水灾旱灾。

行云 楚襄王游于高唐，梦一女曰："妾在巫山之阳，高丘之上，朝为行云，暮为行雨。"此旦视之，如其言。

［译文］楚襄王在高唐巡游，梦到一个女子说："我在巫山的南面，高丘的上面，早晨变成流行的云彩，晚上变成雨水。"到了早上一看，果然和她说的一样。

落霞 王勃《滕王阁赋》："落霞与孤鹜齐飞。"后一士子夜泊江中，闻水中吟，此士曰："何不云'落霞孤鹜齐飞，秋水长天一色'。"鬼遂绝。

［译文］王勃《滕王阁序》中有"落霞与孤鹜齐飞"的句子。后来一个士子在江中船上夜宿，听到水中有人吟诵这篇赋，士子说："为何不说'落霞孤鹜齐飞，秋水长天一色'？"水鬼就远去了。

飓风覆舟 《岭表录》：飓风之作，多在初秋，作则海潮溢，俗谓之飓母风。明正德七年，"流贼"刘大等舟至通州狼山，遇飓风大作，舟覆，"贼"尽死。

［译文］《岭表录》中说：飓风大多在初秋兴起，风起则海潮汹溢向海边，俗话叫"飓母风"。明正德七年（公元1512年），流窜的贼寇

刘大等人乘船到通州的狼山，正好遇到飓风，将船掀翻，贼寇全都被淹死了。

雨雨神名滂滜本郎，雨师名萍翳

商羊舞　齐有一足鸟，舞于殿前。齐侯问于孔子，孔子曰："此鸟名商羊。儿童有谣曰：'天将大雨，商羊鼓舞。'是为大雨之兆。"后果然。

［译文］　齐国有一只脚的怪鸟，在宫殿前起舞。齐侯就问孔子这是什么征兆，孔子说："这种鸟名叫商羊。有童谣说：'天空将要下雨的时候，商羊就会翩翩起舞。'这是天要下大雨的预兆。"后来果然如孔子所说的这样，下起了大雨。

石燕飞《湘州记》：零陵山有石燕，遇风雨则起飞舞，雨止还为石。

［译文］《湘州记》中说：零陵山上有石燕，遇到刮风下雨的天气就会飘飞舞动，雨停后又变化为石头。

洗兵雨　武王伐纣，风霁而乘以大雨。散宜生谏曰："非妖与？"武王曰："非也，天洗兵也。"

［译文］　周武王讨伐商纣王，大风停歇后又开始下大雨。散宜生向武王进谏说："这不是妖吗？"武王说："不是，这是上天在为我们洗刷兵器啊。"

雨工　唐柳毅过洞庭，见女子牧羊道畔，怪而问之。女曰：“非羊也。此雨工雷霆之类也。”遂为女致书龙宫，妻毅以女。今为洞庭君。

［译文］　唐代有个叫柳毅的人路过洞庭湖，看见有一位女子在路边放羊，感到很奇怪，就问她。女子说：“这不是羊，是雨工和雷霆之类的东西。”于是柳毅替女子到龙宫传送书信。后来龙王把女儿嫁给柳毅做妻子。现在柳毅做了洞庭湖的仙君。

蜥蜴致雨　关中求雨，寻蜥蜴十数，置瓮中，童男女咒曰：“蜥蜴蜥蜴，兴云吐雾，致雨滂沱，放汝归去。”宋咸平时用此法祷雨，屡验。

于小春月内雨为液雨。时雨为澍雨。雨雪杂下为雨汁。

［译文］　关中地区祈求下雨时，要找十数条蜥蜴，放在瓮中，让童男童女念咒语说：“蜥蜴啊蜥蜴，兴起云彩吞吐云雾。请来滂沱大雨，就放你回去。”宋代咸平年间用这个办法求雨，每次都很灵验。

在小春月内下的雨叫“液雨”。应时而下的雨叫“澍雨”。雨雪夹杂而下的叫“雨汁”。

御史雨　唐平原有冤狱，天久不雨。颜真卿为御史，按行部邑决狱而雨，号“御史雨”。

［译文］　唐代平原地区有冤枉的案件，老天很久不下雨。颜真卿任御史时，巡行各县，重新决断案件后就下了雨，百姓称之为“御史雨”。

随车雨　宋陈戬知处州，时大旱，公下车，雨遂沾足，人谓之随车雨。

[译文] 宋代的陈戬出任处州知州的时候，当时正大旱，陈戬刚一到任，雨就沾湿了双脚，人们称之为“随车雨”。

三年不雨 于公，东海郡决曹，决狱平恕。海州孝妇少寡，无子，姑欲嫁之，不肯。姑自经。姑女诬告孝妇，捕治，狱成。于公以为冤，太守竟杀之，郡中三年苦旱。后守听于公言，徒步往祭，立雨。

[译文] 于公是汉代东海郡的决曹吏，审判案件公平宽仁。海州有一个孝顺的妇女，年轻时就守了寡，没有儿子，婆婆想让她再嫁，她不答应。婆婆怕拖累她，于是就上吊自杀了。婆婆的女儿诬告孝妇谋杀婆婆，官府把孝妇捕来审理，定好了罪。于公认为这是一件冤案，但太守最终处决了她，于是东海郡三年都发生大旱。后来太守听从了于公的建议，步行去祭奠孝妇，马上就下了雨。

侍郎雨 正统九年，浙江台宁等府久旱，民多疾疫。上遣礼部右侍郎王英，赍香帛往祀南镇。英至绍兴，大雨，水深二尺。祭祀之夕，雨止见星。次日，又大雨，田野沾足。人皆曰：“此侍郎雨也。”

[译文] 明代正统九年（公元1444年），浙江台州、宁波等府大旱了很长时间，很多百姓感染了疾病。皇帝派遣礼部右侍郎王英带着香纸和布帛到南镇去祭祀。王英到了绍兴，下起了大雨，水深达二尺。祭祀的当天晚上，雨停了，天上可以见到星星。第二天，又下大雨，田野润泽。人们都说：“这是侍郎雨。”

雨雹如斗　汉方储，官太常。永元中郊祀，储言且有天变，宜更择日，上不从。已而风日晴畅。郊还，责其欺罔，因饮鸩死。须臾，而雹大如斗，死者千计。上使召储，无及矣。

[译文] 汉代有叫方储的人，做太常官，永元年间郊祀的时候，方储认为天象将有变化，应该另选吉日，皇帝不听。在这之后，风和日丽，皇上郊祀回来，指责他有欺君之罪，于是让他饮鸩酒而死。过了一会儿，天降下斗一样大的冰雹，死了上千人。皇帝叫人召唤方储，但已经来不及了。

冒雨剪韭　郭林宗友人夜至，冒雨剪韭作炊饼。杜诗："夜雨剪春韭"。

[译文] 郭林宗的朋友晚上来拜访，郭林宗冒雨去剪韭菜来做炊饼待客。杜甫诗中就有"在下雨的夜里割剪春韭"的句子。

雨粟雨金钱　仓颉造字成，天雨粟，鬼夜哭。大禹时，天雨金三日。翁仲儒家极贫，天雨金十饼，称巨富。熊衮至孝，父母死，不能葬，呼天号泣，天雨钱十万，以终其葬事。

[译文] 仓颉造好了汉字，天上降下粟米，有鬼在夜里哭泣。大禹时，天上下了三天黄金。翁仲儒家里非常贫困，上天给他下了十块金饼，就成为巨富之家。熊衮是非常孝顺的人，他的父母死了，没钱下葬，他对着苍天大声哭泣，天上下了十万铜钱，来让他办成父母的丧礼。

雨　《大戴经》云：天地积阴，温则为雨。雹，雨冰也，盛阳雨水温暖，阴气胁之不相入，则转而为雹。

[译文]《大戴经》中说：天地间聚集阴气，空气升温就会下雨。冰

雹，是下落的冰块，在烈日下雨水温度升高，而阴气与它不能相容，就会转变为冰雹。

毕星好雨　月行西南入于毕，则多雨。《易》曰：“云行雨施，品物流行。”俗云：“雨三日以往为霖。”小雨曰霡霂，大雨曰霶霈，久雨为霪雨，亦曰天漏。

[译文]　月亮向西南运行进入毕宿，就多雨水。《易经》里说：云行雨施，品物流形。俗话说：雨下三天以上就叫作霖。小雨叫霡霂，大雨叫霶霈，时间太长的雨叫霪雨，也叫天漏。

祷雨　汤有七年之旱，太史占之曰：“当以人祷。”汤曰：“吾所为请雨者，民也。若以人祷，吾请自当。”遂斋戒，剪发断爪，素车白马，身婴白茅，以为牺牲，祷于桑林之野，以六事自责曰：“政不节欤？民失职欤？宫室崇欤？女谒盛欤？苞苴行欤？谗夫昌欤？”言未已，大雨，方数千里。

[译文]　商汤时持续七年大旱，太史占卜后说：“应当以活人祭祀求雨。”商汤说：我祈求下雨的原因就是为了人民。如果以活人祭祀求雨，就请允许我来献祭吧。于是斋戒，剪发、剪指甲，坐白马拉的没有装饰的车子，身缠绕着白茅，充当祭品，在桑林的野外祈祷，以六件事来自责说：“是我政事不够节制吗？是我让人民流离吗？是我的宫室太奢靡了吗？是后宫女子太多了吗？是贿赂盛行吗？是谄媚小人得势了吗？”话没说完，天降大雨，方圆数千里得到滋润。

霖雨放宫人　宋开宝五年，大雨，河决。太祖谓宰相曰：“霖雨不止，得非时政所阙。朕恐掖庭幽闭者众。”因告谕后宫：“有愿归其家者，具以情言。”得百名，悉厚赐遣之。

［译文］　宋太祖开宝五年（公元972年），大雨导致黄河决堤。太祖对宰相说：“大雨不停，难道是时政有失误？我恐怕是因为后宫被束缚的女子太多了。”于是给后宫下诏谕：“有愿离开后宫回自己家的，以实情相告。”有一百宫女，都得到厚重的赏赐后出宫。

上图得雨　宋神宗七年，大旱，岁饥，征敛苛急，流民扶携塞道，羸疾无完衣，或茹木实草根，至身被锁械，而负瓦揭木，卖以偿官，累累不绝。监安上门郑侠乃绘所见为图，发马递上之言：“陛下亲臣图，以行臣之言，一日不雨，乞斩臣，以正欺君之罪。”帝见图长叹，寝不能寐。翌旦，命罢新法十八事。民闻之，欢呼相贺。是日，大雨，远近沾洽。

［译文］　宋神宗熙宁七年（公元1074年），天下大旱，年成不好导致饥荒，官府征税严苛而急切，流亡的人民扶老携幼，充满道路，瘦弱多病，衣不蔽体，有的人吃树木的果实及草根充饥，身披枷锁，拆掉房子，背负砖瓦梁木来抵官税的累累不绝。监安上门郑侠就把看到的民情绘制成图，快马送给皇帝，说：“陛下若能亲见微臣所绘民情图，并按小臣所说的来做，一天之内要是不下雨，请将我斩首，以此惩罚我的欺君之罪。”神宗看图长叹，夜不能眠。第二天早上，下令废除新法里的十八件法条。百姓听到这件事，都欢喜地呼叫着互相庆贺。这一天，下了大雨，京城远近的雨水都很充足。

商霖　宋徽宗时，蔡京久盗国柄，中外怨疾。商英能立异同，更称为贤，帝因人望而相之。时久旱，彗星中天，商英受命。是夕，彗不见。明日，雨。帝喜书“商霖”二字赐之。

［译文］ 宋徽宗时，蔡京窃取国家大权很长时间，朝廷内外怨恨痛恨。张商英不阿附蔡京，被人称为贤人，皇上因为他的威望让他做了宰相。当时天下大旱已经很长时间，彗星出现在天的中央。张商英受命为相。当天晚上，彗星就消失了。第二天，下了大雨。皇上高兴地写了“商霖”二字赐给他。

兵道雨 明蔡懋德以参政备兵真定。天久旱，尺寸土皆焦。懋德祷雨辄应，属邑民争迎之。祷所至即雨，民欢呼曰“兵道雨”。

［译文］ 明代的蔡懋德以参政的身份在真定率兵驻守。长时间干旱，每寸土地都像烧焦了一样。蔡懋德一求雨，天就能下雨，他管辖的百姓争相迎请他，所到之处祈祷就能下雨，百姓叫它“兵道雨”。

大雹示警 周孝王命秦非子主马于汧、渭之间，马大蕃息，王封为附庸之君，邑于秦，使续伯益后。其日大雨雹，牛马死，江汉俱冻。明天启二年，大雨雹着屋，瓦碛俱碎，禾稼多伤。

［译文］ 周孝王命令秦非子在汧水和渭水之间养马，马大量繁殖，周孝王就封他为附、庸两地的君主，把秦地作为食邑，让他做伯益的继承人。那天就下了大冰雹，所养的牛马很多都死掉了，长江和汉水也都上冻了。

明天启二年（公元1622年），大冰雹砸在屋子上，房屋的瓦片和石片都被砸碎，庄稼很多受到损伤。

雨血 元顺帝二年正月朔，雨血于汴梁，著衣皆赤。

［译文］ 元顺帝元统二年（公元1334年）正月初一，汴梁城里落下血红色的雨，沾在衣服上衣服都变成红色了。

雷雷神名丰隆**电**电神名缺列　**虹霓**一名挈贰，一名天弓，一名蝃蝀

雷候　仲春之月，雷乃发声，始电。蛰虫咸动，启户始出。仲秋之月，雷始收声，蛰虫坏户。《传》曰：雷八月入地百八十日。

［译文］农历二月，雷神开始发出响动，开始有闪电。冬眠的虫子都开始活动，打开洞穴从里面出来。八月，雷神收起声响，虫子用土堵塞洞穴。《易传》中说：雷神从八月进入地下一百八十天。

闻雷造墓　三国王裒父仪，以直言忤司马昭，见杀。裒终身未尝西向而坐，示不臣晋也。庐墓悲号，流涕著树，树为之枯。读《诗》至"哀哀父母"则三复呜咽，门人辄废《蓼莪》。母存日，畏雷，殁后，每雷震，即造墓，曰："裒在此。"

［译文］三国时王裒的父亲王仪，因为直言忤逆了司马昭而被杀。王裒因为这件事一生不面向西坐，来表明不做晋朝的臣子。他在墓旁的草屋守墓时悲伤地号哭，眼泪流到树上，树都枯死了。读《诗经》时读到"哀哀父母"一句时就不停地哭泣，他的弟子们也不再读《蓼莪》这一篇诗。他母亲在世的时候害怕听到雷声，母亲死后，每当打雷，他都到母亲墓前说："儿子王裒在这里。"

霹雳破倚柱　《世说》：夏侯玄尝倚柱读书，时暴雨，霹雳破所倚柱，衣服焦然，神色无变，读书如故。与《晋纪》诸葛诞事相同。

［译文］《世说新语》中说：夏侯玄曾靠着柱子读书，当时天降暴雨，霹雳击坏了他所倚靠的柱子，衣服都被烧焦了，他却神情脸色毫

不改变，依然像先前那样读书。这件事和《晋纪》所记载诸葛诞的事迹相同。

电光照郊 《世纪》：神农氏之末少昊氏娶附宝，见大电光绕北斗枢星照郊，感附宝孕，二十月生黄帝于寿丘。

[译文]《世纪》中说：神农氏的后代少昊氏娶附宝为妻，附宝看到明亮的闪电光绕着北斗枢星照亮郊野，便有感应而怀孕，二十个月后在寿丘生下了黄帝。

雷电遽散 《南唐书》：陆昭符，金陵人，保大中为常州刺史。一日，坐厅事，雷雨猝至，电光如金蛇绕案，吏卒皆震仆，昭符神色自若，抚案叱之，雷电遽散。得铁索，重百斤，徐命举索纳库中。

[译文]《南唐书》中说：陆昭符是金陵人，开宝年间做常州刺史。有一天，他坐在衙门处理政事，忽然之间雷雨交加，闪电像金蛇一样围绕着桌子，身旁的小吏及士卒都被震翻到地上。而陆昭符神情面容如先前一样，手扶着桌子喝斥它，雷电随即就消散了。看到一个大铁绳子，重有百斤，陆昭符从容地命令手下把铁绳子收到了府库中。

赤虹化玉 孔子作《春秋》，制《孝经》，书成，告备于天，天乃决郁起白雾摩地，赤虹自上而下，化为黄玉，长者三尺，上有刻文，孔子拜而受之。

[译文] 孔子编撰《春秋》和写作《孝经》。书完成后，向上天报告完成情况。于是上天向上升起浓厚的白雾垂到地面，红色的长虹从天而降，变成一块黄玉，有三尺长，上面刻有文字，孔子向天

叩拜后领受了它。

天投蜺 汉灵帝时，有黑气堕温德殿中，大如车盖，隆起奋迅，五色，有头，体长十余丈，形貌如龙。上问蔡邕，对曰:“所谓天投蜺也，不见足尾，不得称龙。”占曰:“天子内惑女色，外无忠臣，兵革将起。”

[译文] 汉灵帝时，有黑色的气流降入温德殿里，像车盖一样大，飞翔得迅疾，有五种色彩，有头，身长十多丈，外观像龙一样。皇上问蔡邕，蔡邕回答说:“这就是所说的天投蜺啊，如果没有看到爪子和尾巴，就不能称之为龙。”负责占卜的人说:“天子在后宫受女色诱惑，在朝廷没有忠臣，将会有战争发生。”

雷州雷 雷州英灵冈，相传雷出于此。《国史补》:雷州春夏多雷，秋日则伏地中，其状如彘，或取而食之。又府城西南有雷公庙，每岁乡人造雷鼓雷车送入庙中，或以鱼彘同食者，立有霆震。

[译文] 雷州有地方叫英灵冈，传说雷就诞生在这里。《唐国史补》中说:雷州春夏之间多有雷发生，秋天就潜伏地下，它的形状像猪，有的人抓取它来吃。另外，府城西南有一座雷公庙，每年乡村里的人都制造雷鼓雷车送到庙里面。有人拿鱼肉和猪肉一起吃，马上就会打雷。

感雷精 《论衡》曰:“子路感雷精而生，故好事。”

[译文] 《论衡》中说:“子路是受雷精感应而出生的，所以喜欢生事。”

雷神 曹州泽中有雷神，龙身而人颊，鼓其腹则鸣。《史记》:“舜渔于雷泽。”即此。

[译文] 曹州的沼泽中有雷神，长着龙的形体人的面容，敲它的肚子就会鸣叫。《史记》记载：“舜渔于雷泽。”说的就是这个地方。

占虹霓诗 彭友信以贡至京师，遇上微行，占《虹霓》诗二句云：“谁把青红线两条，和云和雨系天腰。”命友信续之，应声曰：“玉皇昨夜銮舆出，万里长空驾彩桥。”上大悦，问其籍，命翌晨候于竹桥，同入朝。友信如言，候久不至，遂入朝。上召问故，以实对。上曰：“此秀才有学有行。”遂授北平布政使。

[译文] 彭友信因为参加贡举到京师去，遇到皇帝微服私访。皇帝随口吟出《虹霓》诗二句：“谁把青红线两条，和云和雨系天腰。”让彭友信接着吟诗，彭友信应声吟道：“玉皇昨夜銮舆出，万里长空驾彩桥。”皇帝非常高兴，就问他的籍贯，命令他第二天早上在竹桥等候，一块进宫上朝。彭友信按照命令在那里等候，等了很久也没有等到，于是就独自上朝去了。皇帝召见他问他为何不等到和皇帝一块儿来，他据实回答。皇帝说：“这个秀才既有学识又有品行。”于是授予他北平布政使的官职。

雷神名 雷，阴阳薄动，生物者也。又黔雷，天上造化神名。电，雷光也，阴阳激耀也。霹雳，雷之急激者。闪电曰雷鞭。唐诗：“雷车电作鞭。”又电神，名列缺。《思玄赋》：“列缺烨其照夜。”

[译文] 雷是阴阳二气激荡震动而产生的可以繁衍万物的神。另外，黔雷是天上主管大自然的神。电是雷的光芒，阴阳相激而产生。霹雳是雷中激烈的一种。闪电又叫作雷鞭。唐诗有“雷车电作鞭”的句子。另外，电神的名字又叫“列缺”。《思玄赋》中有

“列缺晔其照夜”的句子。

律令 《资暇录》：律令是雷边捷鬼，善走，与雷相疾连，故符咒云：“急急如律令。”

[译文] 《资暇录》中说：律令是雷神身边行动敏捷的小鬼，擅长奔跑，跟着雷神相关联，所以念符咒时说：“急急如律令。”

阿香 《搜神记》：永和中，有人暮宿道旁女子家。夜半闻小儿呼：“阿香！官唤汝推雷车。”急骤雷雨。明日视宿家，乃一新冢。

[译文] 《搜神记》中说：汉朝永和年间，有人夜宿路边一个女子家。半夜听到有小孩叫：“阿香，官府叫你去推雷车。”突然间就下起了雷雨。第二天看投宿的地方，原来竟是一座新坟。

谢仙 《国史》：祥符中，岳州玉仙观为天火所焚，惟留一柱，有“谢仙火”三字，倒书而刻之。何仙姑云：“谢仙，雷部，司掌火。”

[译文] 《国史》中说：大中祥符年间，岳州玉仙观被天火烧掉，只留下来一根柱子，有“谢仙火”三个字，倒过来写刻在上边。何仙姑说：“谢仙，属于雷部，掌管天火。”

雷震而生 陈时，雷州民陈氏获一卵，围及尺余，携归。忽一日，雷震而开，生子，有文在手，曰“雷州”。及长，名文玉，后拜本州刺史，多惠政。没而灵异，立庙以祀。

[译文] 陈朝时，雷州姓陈的人得到一只蛋，周长有一尺多，就拿了回家。忽然有一天，天上打雷，这枚蛋被震裂开，生出一个孩子，手上有“雷州”两个字。长大以后，取名叫文玉，后来被授

予本州刺史的职位，做了很多造福百姓的事。死后也很灵验，百姓就立祠庙来祭祀他。

霹雳斗 齐神武道逢雷雨，前有浮图一所，使薛孤延视之。未至三十步，震烧浮图。薛大声喝杀，绕浮图走，火遂灭。及还，须发皆焦。

[译文] 齐神武帝高欢（东魏宰相，其子高洋称帝后尊其为神武皇帝）在路上遇到雷雨，前边有一所寺院，让手下薛孤延去探察。还没走三十步，雷电就将寺院烧着了，薛孤延大声喊叫，绕寺院奔走，大火才熄灭。等他回来时，胡子和头发都被烧焦了。

雷同 《论语谶》：雷震百里，声相附也，谓言语之符合，如闻雷声之相同也。

[译文] 《论语谶》中说：雷震的声音可以传至百里，它的声音都是一样的，现在说言语一致，就好像听到同样的雷声一样。

冬月必雷 《隋史》：马湖府西，万岁征西南夷过此，镌“雷番山”三字于石。山中草有毒，经过头畜，必笼其口，行人亦必缄默，若或高声，虽冬月必有雷震之应。

[译文] 《隋史》记载：马湖府西边，皇帝征伐西南蛮夷的时候曾经过这里，在石头上刻了“雷番山”三个字。山里的草有毒，经过的牲畜一定要罩住嘴，行人也必须紧闭其口，如果有人大声说话，哪怕是冬天也会有雷声响起。

暴雷震死 商武乙无道，为偶人，谓之天神。与博不胜，而戮之。为革囊盛血，仰射之，谓之射天。猎于河渭之间，暴雷震死。

[译文] 商朝武乙不修政道，制作木偶人，叫它天神。和木偶搏斗不能取胜，就把木偶砍了。还用皮革做袋子装满血液，用箭向上射，说是在射天。后来他到黄河与渭河之间打猎，被大雷震死。

假雷击人 《广舆记》：铅山人某，常悦东邻妇某氏，挑之，不从。值其夫寝疾，天大雷雨，乃著花衣为两翼，跃入邻家，奋铁椎杀之，仍跃而出。妇以其夫真遭雷击也。服除，其人遣媒求娶。妇因改适，伉俪甚笃。一日，妇检箱箧，得所谓花衣两翼者，怪其异制。其人笑曰："当年若非此衣，安得汝为妻！"因叙事始末。妇亦佯笑。俟其出，抱衣诉官，论绞。绞之日，雷大发，身首异处，若肢裂者。

[译文]《广舆记》中说：铅山有个人，平常喜欢看邻居的妻子某氏，挑逗她，女子没有服从。正好女子的丈夫卧病在床，趁着天降雷雨，此人就穿着花衣并戴上两个翅膀，跳进邻居家，用铁椎把女子的丈夫杀死了，然后仍然从墙上跳跃而出。女子以为她丈夫真的被雷击死了。等到服丧期满，这个男子派媒人说亲，女子就改嫁了他，夫妻感情很好。一天，妻子翻检箱子，看到那件花衣和两个翅膀，觉得奇怪。此人笑着说："当年要不是这件衣服，怎么能娶你为妻呢！"于是说了事情经过。女子也假装着笑。等他出门之后，女子就抱着花衣到官府告状，此人被判处绞刑。执行绞刑那天，天上响起巨雷的声音，他的身体和头颅分为两处，好像被肢解一样。

虹霓 虹，蝃蝀也。阴气起而阳气不应则为虹。又音绛，亦螮蝀也。《诗经》："蝃蝀在东。"霓，屈虹也。《说文》：阴气也。通作

"蜺"。《天文志》:"抱珥虹蜺"。一云雄曰虹,雌曰霓。沈约《郊居赋》:"雌霓连蜷"。《西京赋》:"直蝃蝀以高居。"又朝西暮东,东晴西雨。

[译文] 虹,是蝃蝀。阴气升起而阳气无法匹敌就会形成虹。又念作"绛",也就是"螮蝀"。《诗经》有"螮蝀在东"的句子。霓,是弯曲的虹。《说文解字》说:"霓虹是阴气。"通作"蜺"。《汉书·天文志》记载有"抱珥虹蜺"的句子。又有人说雄的叫虹,雌的叫霓。沈约《郊居赋》中说"雌霓连蜷"。《西京赋》中也说"直螮蝀以高居"。又说早上在西边,晚上在东边,在东边就预示着晴天,在西边就预示着雨天。

虹绕虹临 《通鉴》:太昊之母履巨人迹,意有动,虹且绕之,因娠而生帝于成纪。少昊,黄帝之子,母曰"嫘祖",感大星如虹,下临华渚之祥而生。

[译文] 《资治通鉴》记载太昊氏的母亲脚踩巨人的足迹,心中一动,彩虹就缠绕着她,因此怀孕后在成纪生下了太昊氏。少昊是黄帝的儿子,他的母亲叫"嫘祖",有霓虹一样的大星,向下降落到华渚岸边,嫘祖感应祥瑞生下了少昊。

雪 雪神名滕六 霜 霜神名青女

滕六降雪 唐萧志忠为晋州刺史,欲出猎,有樵者见群兽,哀请于九冥使者(山神)。使者曰:"若令滕六降雪,巽二起风,则使君不出矣。"天未明,风雪大作,萧果不出。

《韩诗外传》:“凡草木花多五出，雪花独六出。”阴极之数，立春则五出矣。雪花曰霙。

[译文] 唐代萧志忠担任晋州刺史时，有一天想要外出打猎，有砍柴的人看见一群野兽，正向山神苦苦哀求。山神说:“如果能够让滕六神降雪，巽二神刮风，那么刺史大人就不会出来打猎了。”天还没亮，风雪大作，萧志忠果然没法出去打猎了。

《韩诗外传》中说:“凡是草木的花大多是五瓣，只有雪花是六瓣。”这是阴气最盛的数字，在立春那天就变成五瓣了。雪花也叫霙。

柳絮因风 晋谢太傅大雪家宴，子女侍坐。公曰:“白雪纷纷何所似？”兄子朗曰:“撒盐空中差可拟。”兄女道韫曰:“不若柳絮因风起。”公大称赏。

[译文] 东晋太傅谢安在大雪时摆家宴，子侄辈都在边上侍坐。谢安说:“纷纷扬扬的白雪像什么？”兄长的儿子谢朗说:“撒盐空中差可拟。”兄长的女儿谢道韫则说:“不若柳絮因风起。”谢安大为赞赏。

雪水烹茶 宋陶榖得党家姬，遇雪，取雪水烹茶，请姬曰:“党家亦知此味否？”姬曰:“彼武夫安有此？但知于锦帐中饮羊羔酒耳。”公为一笑。

[译文] 宋代陶榖得到一个党太尉家的姬妾。遇到下雪天，陶榖煮雪水烹茶，问那位姬妾说:“党太尉也有此雅好吗？”姬妾说:“他那样的武夫哪里有这种雅兴？就只知道在锦帐里喝羊羔酒罢了。”陶榖为之一笑。

欲仙去 越人王冕，当天大雪，赤脚登炉峰，四顾大呼曰:“天地皆白玉合成，使人心胆澄澈，便欲仙去！”

[译文] 吴越人王冕，在大雪天赤脚登上香炉峰，向四边远望着大声呼喊：“天地都是白玉做成，让人心胆澄澈明净，想要升仙而去！”

剡溪雪 王子猷居山阴，于雪夜棹小舟往剡溪访戴安道，未到门而返。仆问之，答曰：“乘兴而来，兴尽而返，何必见戴？”

[译文] 王徽之（字子猷）住在山阴（绍兴），在下着大雪的夜晚划着小船去剡溪拜访朋友戴安道，还没到门口就决定返回。仆人问他什么原因，他回答说：“乘兴而来，兴尽而返，为什么一定要见到戴安道呢？”

卧雪 袁安遇大雪，闭门僵卧。洛阳令行部，见民家皆除雪出。至安门，无行迹。疑安已死，急令人除雪入户，见安僵卧。问安何以不出。安曰：“大雪人皆饿，不宜干人。”令贤之，举为孝廉。

[译文] 袁安遇到大雪天，就会关起门来躺到床上。洛阳长官到下面巡查时，见每户人家都出来铲雪。到袁安门前，却没有任何动静。怀疑袁安已经死了，忙让人铲雪后进入屋门，却见袁安在床上睡觉。问袁安为什么不出门铲雪，袁安说：“大雪的天，大家都很饥饿，不适合去别人家寻求帮助。”洛阳令认为他是个贤良的人，就荐举他做了孝廉。

嚼梅咽雪 铁脚道人，尝爱赤脚走雪中，兴发则朗诵《南华·秋水篇》，嚼梅花满口，和雪咽之，曰：“吾欲寒香沁入心骨。”

[译文] 铁脚道人曾经喜欢光着脚在雪地行走，兴致大发就朗诵

《庄子·秋水篇》，并且满口嚼着梅花，就着雪咽下去，说："我想让雪的寒气和梅花的香气深入我的身心骨髓。"

神仙中人　晋王恭尝披鹤氅涉雪而行，孟旭见之，曰："此真神仙中人也。"

[译文] 晋朝的王恭曾经披着羽毛制成的袍子踏雪而行，孟旭看见他，说："这真是神仙一样的人啊。"

大雪践约　环州蕃部奴讹者，素倔强，未尝出谒郡守。闻种世衡至，出迎。世衡约明日造其帐。是夕大雪，深三尺。左右曰："地险不可往！"世衡曰："吾方结诸羌以信，讵可失期？"遂缘险而入。奴讹讶曰："公乃不疑我耶！"率部落罗拜听命。

[译文] 环州有个部落首领叫奴讹，素来脾气倔强，从不拜见环州的太守。听说种世衡到环州来，就出来迎接。种世衡约定第二天到他帐中。当天晚上下了大雪，有三尺深。部下人都说："路上危险，不能去啊。"种世衡说："我正要以信义来结交胡人，怎么能够失信呢？"于是沿着险路进入。奴讹惊讶地说："您竟然一点都不怀疑我！"于是率领部落的人叩拜并听从种世衡的命令。

雪夜入蔡州　李愬乘雪夜入蔡州，搅乱鹅鸭池，及军声达于吴元济卧榻，仓卒惊起，围而擒之。

[译文] 李愬趁着雪夜率兵攻入蔡州，惊扰鹅鸭池，等到行军的声音传到吴元济床边，吴元济忽然之间被惊起，李愬已经围住并擒拿住了他。

踏雪寻梅　孟浩然情怀旷达，常冒雪骑驴寻梅，曰："吾诗思在灞桥风雪中驴背上。”

［译文］ 孟浩然胸襟旷达，常常冒着大雪骑着毛驴探寻梅花，他说：“我的诗歌灵感都是在灞桥风雪之中的驴背上获得的。”

雪 《大戴经》云：天地积阴，寒则为雪。《氾胜之书》：雪为五谷之精。又云“冬雪兆丰年”。故冬雪为瑞雪。诗有“为瑞不宜多”之句。

［译文］《大戴经》里说：天地阴气聚集，天气寒冷的时候阴气就会变成雪。《氾胜之书》上说：雪是五谷的精华。又说“冬雪兆丰年”。所以冬雪叫作“瑞雪”，诗中也有“为瑞不宜多”的句子。

啮雪咽毡 苏武持节使匈奴。幽武大窖中，啮雪咽毡，数日不死，匈奴神之。

［译文］ 汉代苏武手拿汉朝的节杖出使匈奴。匈奴人把苏武幽禁在大地窖里，由于饥饿，苏武就着雪吃毛毡，很多天都没有被饿死，匈奴人认为他很神异。

映雪读书 孙康家贫，好学，尝于冬夜映雪读书。

［译文］ 孙康家庭贫困，但是喜欢学习，曾在冬天的晚上对着雪光读书。

雪夜幸普家 宋太祖数微行过功臣家。一日大雪，伺夜，普意太祖不出。久之，闻叩门声，普亟出，太祖立风雪中。

［译文］ 宋太祖多次微服私访功臣的家。一天降大雪，到了夜里，赵普揣测宋太祖今天应该不会出门。过了很久，听到敲门声，赵普急忙出门，太祖站在门外的风雪中。

霜　露之所结也。《大戴礼》云：霜露阴阳之气，阴气盛则凝而为霜。《易》曰："履霜坚冰至。"《诗》："岐节贯秋霜。"

[译文]　霜是露水凝结而成的。《大戴礼记》记载说：霜和露都由阴阳之气形成，阴气旺盛则凝结成霜。《易经》有"履霜坚冰至"的句子，《诗经》也有"岐节贯秋霜"的句子。

五月降霜　《白帖》：邹衍事燕惠王，尽忠。左右谮之，王系之狱。衍仰天而哭，五月为之降霜。

[译文]《白帖》里说：邹衍侍奉燕惠王，竭尽忠心。但燕惠王身边的人诋毁他，于是燕惠王把他抓到监狱。邹衍仰天大哭，上天在炎夏五月为他降了霜以示冤屈。

露露一名天乳，一名天酒　雾　冰

花露　杨太真每宿酒初消，多苦肺热。凌晨，至后苑，傍花口吸花露以润肺。

[译文]　杨贵妃常因为早上残酒刚刚消解，引起肺热而感到痛苦。凌晨时分到后苑，凑到花朵边上吸吮花露来润肺。

仙人掌露　汉武帝建柏梁台，高五十丈，以铜柱置仙人掌，擎玉盘，以承云表之露，和玉屑服之，以求仙也。

[译文]　汉武帝建造柏梁台，有五十丈高，在铜柱上安置了仙人的手掌，举着玉盘，承接云里落下的露水，就着玉屑一起服食，以

求修炼成仙。

露 夜气著物为露。《玉篇》曰:“天之津液,下所润万物也。”

[译文] 夜晚的水汽附着在物体上就变成了露水。《玉篇》中说:“这是上天的津液,下降到人间来滋润万物。”

雾 地气上,天不应也。《元命苞》曰:“阴阳乱为雾,气蒙冒覆地之物。”

[译文] 地上的阴气上升,无法到达天空。《元命苞》上说:阴阳之气紊乱而形成雾,成了覆盖大地的东西。

冰 冬水所结。天寒地冻,则水凝结而坚也。

[译文] 冬天的水凝结成冰。天气寒冷,大地冰冻的时候,水就凝结而变得坚硬。

甘露 梁诏,贵县人,以孝名,有甘露著松树上。后为广东提刑干官。苏轼询知状,为署其斋曰“甘露”,林曰“瑞松”,其读书处曰“薰风”。

[译文] 梁诏是贵县人,凭借孝顺父母而闻名,他的孝心致使甘露凝结在松树上。后来担任广东提刑官。苏轼打听后得知这个情况,为他的住处题名“甘露”,为他的松林题名“瑞松”,为他读书的地方题名“薰风”。

作十里雾 神农氏世衰,诸侯相侵伐,炎帝榆罔,弗能征。轩辕修德治兵,以征不享。与蚩尤战于涿鹿,蚩尤作雾十里,以迷轩辕,乃以指南车擒杀之。

[译文] 神农氏后世衰落，诸侯之间相互攻击，炎帝和榆罔都不能征讨他们。轩辕黄帝砥砺德行整治军队，以讨伐不来朝见天子的诸侯。黄帝与蚩尤在涿鹿大战，蚩尤兴起方圆十里的大雾，想以此让轩辕迷路，轩辕黄帝凭借指南车指明方向，抓住并杀掉了蚩尤。

伐冰之家 卿大夫以上丧祭，用冰者也。

[译文] 卿大夫以上的官员在丧事祭奠时用冰。

冰人冰泮 晋令狐策梦立冰上，与冰下人语。索统占之，曰："为阳语阴，媒介事也。当为人作媒，冰泮成婚。"后太守田豹，为子求张嘉贞女，使策为媒，果于仲春成婚。故今称媒人亦曰"冰人"。《诗经》曰："迨其冰泮。"

[译文] 晋国的令狐策梦见自己站在冰上，与冰下的人说话。（晋朝著名的占卜专家）索统占卜之后说："阳间的人和阴间的人通话，这是媒介的事务。你将会为人做媒，在冰融化时就可以成婚。"后来太守田豹为他的儿子求娶张嘉贞的女儿，让令狐策做媒，果然在仲春时举行婚礼。所以现在称媒人也叫"冰人"。《诗经》中说："等到冰块融化。"

冰生于水 《荀子》："冰生于水而寒于水。"比后进之过于先生也。

[译文] 《荀子》中说："冰从水变化而来却比水更寒冷。"这句话用来比喻学生超过了他的老师。

冰山 唐杨国忠为右相，或劝陕郡进士张彖谒国忠，曰："见之，富贵立可图。"彖曰："君辈倚杨右相若泰山，吾以为冰山耳。若皎日既出，君辈得无失所恃乎？”遂隐居嵩山。

［译文］ 唐代杨国忠担任右丞相职务，有人劝陕郡的进士张彖去拜见杨国忠，说：“你如果能拜见他，富贵就可以马上得到。”张彖说：“你们好像依靠泰山一样依靠杨右丞相，我却觉得他是座冰山啊。若太阳一出，你们恐怕就会失去依靠了吧？”于是就到嵩山隐居去了。

冰柱 明正德十年，文安县一日河水忽僵立，风色甚寒，冻结为柱，高围俱五丈，中空而旁穴。数日，流贼过县，乡民走入穴中避之，赖以保全者，何啻百万！

［译文］ 明朝正德十年（公元1515年），文安县有一天河水忽然立起来，寒风凛冽，河水被冻结成柱子状，高度和长度都有五丈长，中间是空的，旁边有小洞。几天后，流寇剽略经过文安县，百姓都到跑到这个洞穴中躲避贼寇，依赖这个地方保全性命的岂止百万人啊！

时令

律吕 六律属阳，十一月黄钟，正月太簇，三月姑洗，五月蕤宾，七月夷则，九月无射。六吕属阴，十二月大吕，二月夹钟，四月仲吕，六月林钟，八月南宫，十月应钟。

［译文］ 六律属于阳性，十一月称为“黄钟”，正月称为“太簇”，三月称为“姑洗”，五月称为“蕤宾”，七月称为“夷则”，九月称为“无射”。六吕属于阴性，十二月称为“大吕”，二月称为

“夹钟”，四月称为“仲吕”，六月称为“林钟”，八月称为“南吕”，十月称为“应钟”。

十干 甲曰阏逢，乙曰旃蒙，丙曰柔兆，丁曰彊圉，戊曰著雍，己曰屠维，庚曰上章，辛曰重光，壬曰玄黓，癸曰昭阳。

［译文］ 甲称为“阏逢”，乙称为“旃蒙”，丙称为“柔兆”，丁称为“彊圉”，戊称为“著雍”，己称为“屠维”，庚称为“上章”，辛称为“重光”，壬称为“玄黓”，癸称为“昭阳”。

十二支 子曰困敦，丑曰赤奋，寅曰摄提，卯曰单阏，辰曰执徐，巳曰大荒落，午曰敦牂，未曰协洽，申曰涒滩，酉曰作噩，戌曰阉茂，亥曰大渊献。

［译文］ 子称为“困敦”，丑称为“赤奋”，寅称为“摄提”，卯称为“单阏”，辰称为“执徐”，巳称为“大荒落”，午称为“敦牂”，未称为“协洽”，申称为“涒滩”，酉称为“作噩”，戌称为“阉茂”，亥称为“大渊献”。

十二少 子鼠无胆，丑牛无上齿，寅虎无颈，卯兔无唇，辰龙无耳，巳蛇无足，午马无下齿，未羊无瞳，申猴无脾，酉鸡无外肾，戌狗无胃，亥猪无筋。鼠前四爪、后五爪，虎五爪，龙五爪，马单蹄，猴五爪，狗五爪，故属阳。牛两爪，兔缺唇，蛇双舌，羊分蹄，四爪，鸡四爪，猪四爪，故属阴。

三春曰陬月、如月、宿月。三夏曰余月、皋月、旦月。三秋曰相月、壮月、玄月。三冬曰阳月、辜月、涂月。

［译文］ 子鼠没有胆子，丑牛没有上颚的牙齿，寅虎没有脖子，卯兔没有嘴唇，辰龙没有耳朵，巳蛇没有脚，午马没有下颚的牙

齿，未羊没有瞳仁，申猴没有脾脏，酉鸡没有外肾，戌狗没有胃，亥猪没有筋。老鼠前面四爪、后五爪，虎五爪，龙五爪，马蹄是单瓣的，猴五爪，狗五爪，所以属于阳性。牛两爪，兔缺了嘴唇，蛇的舌头是双叉的，羊蹄是两瓣的，共四瓣，鸡四爪，猪四爪，所以属于阴性。

三春是指“陬月”“如月”宿月”。三夏是指“余月”“皋月”“且月”。三秋是指“相月”“壮月”“玄月”。三冬分别叫“阳月”“辜月”“徐月”。

节水　正月解冻水，二月白苹水，三月桃花水，四月瓜蔓水，五月麦黄水，六月山矾水，七月豆花水，八月荻苗水，九月霜降水，十月复槽水，十一月走凌水，十二月感凌水。

伏羲始立八节，周公始定二十四节，以合二十四气。

[译文]　正月称作“解冻水”，二月称作“白苹水”，三月称作“桃花水”，四月称作“瓜蔓水”，五月称作“麦黄水”，六月称作“山矾水”，七月称作“豆花水”，八月称作“荻苗水”，九月称作“霜降水”，十月称作“复槽水”，十一月称作“走凌水”，十二月称作“感凌水”。

伏羲开创了八个节段，到周公才定为二十四节段，与二十四气相对应。

节气　立春正月节，雨水正月中；惊蛰二月节，春分二月中；清明三月节，谷雨三月中；立夏四月节，小满四月中；芒种五月节，夏至五月中;小暑六月节，大暑六月中;立秋七月节，处暑七月中；白露八月节，秋分八月中；寒露九月节，霜降九月中；立冬十月节，小雪十月中；大雪十一月节，冬至十一月中；小寒十二月节，大寒十二月中。

[译文]　立春称作正月节，雨水称作正月中；惊蛰称作二月节，春分称作二月中；清明称作三月节，谷雨称作三月中；立夏称作四月节，小满称作四月中；芒种称作五月节，夏至称作五月中；小暑称作六月节，大暑称作六月中，立秋称作七月节，处暑称作七月中；白露称作八月节，秋分称作八月中，寒露称作九月节，霜降称作九月中；立冬称作十月节，小雪称作十月中，大雪称作十一月节，冬至称作十一月中；小寒称作十二月节，大寒称作十二月中。

改岁　唐虞纪岁曰载，夏改载曰岁，商改岁曰祀，周改祀曰年，秦改年曰遂。

[译文]　唐虞时用以记录年代的叫“载”，夏朝改“载”称“岁”，商朝改“岁”称“祀”，周朝改“祀”称“年”，秦朝改“年”称“遂”。

百六阳九　《历律志》：凡四千六百一十七岁为一元。一元之中有中元、下元。九度，阳厄五、阴厄四。初入元，百六岁有阳厄，故曰百六阳九。

[译文]《律历志》记载：四千六百一十七岁合称为一元。一元里分为上元、中元、下元。一元中有九次灾难，阳灾五次，阴灾四次。刚刚进入一元后，过一百零六年就会有阳灾，所以叫“百六阳九”。

甲子　尧元年至万历元年癸酉，三千九百六十二年，六十七甲子。

[译文]　从尧帝的元年到万历元年（公元1573年）癸酉，共计

三千九百六十二年，总共六十七个甲子。

上元 洪武十七年甲子为中元，正统九年甲子为下元，洪治十七年甲子为上元。嘉靖四十三年甲子为中元。天启四年甲子为下元。

[译文] 洪武十七年（公元1384年）甲子为中元，正统九年（公元1444年）甲子为下元。弘治十七年（公元1504年）甲子为上元。嘉靖四十三年（公元1564年）甲子为中元。天启四年（公元1624年）甲子为下元。

浃旬浃辰 十日则天干一周，故曰浃旬。十二月则地支一周，故曰浃辰。

[译文] 每十天天干循环一次，所以把十天叫作“浃旬”。每十二天地支循环一次，所以把十二天叫作“浃辰”。

三余 谓冬者岁之余，夜者日之余，雨者月之余。魏董遇以三余读书。

五夜即五更，分甲乙丙丁戊也。故三更谓之丙夜。

[译文] 冬天是一年的余数，晚上是白天的余数，下雨是晴天的余数。魏国的董遇就利用这“三余”的时间来读书。

五夜就是“五更”，分为甲、乙、丙、丁、戊五个时间节段。所以“三更”也称作“丙夜”。

月忌 俗以初五、十四、廿三为月忌，盖三日乃河图数之中宫五数也。五为君象，故庶民不敢用之。

[译文] 民间风俗以每月初五、十四、二十三为“月忌”，缘于这三个日子正是《河图》里的“中宫五数”。五是君王的象征，所以

普通百姓不敢用这三天办理重大事务。

闰月　冬至后余一日，则闰正月；余二日，则闰二月；余十二日，则闰十二月；若十三日，则不闰矣。

［译文］冬至以后余下一天，下一年就会闰正月；余下两天，就会闰二月；余下十二天，就会闰十二月；若余下十三天，就不用设置闰月。

四离四绝　春分、秋分、冬至、夏至前一日，谓之四离。立春、立夏、立秋、立冬前一日，谓之四绝。

［译文］春分、秋分、冬至、夏至四个节气的前一天，称作“四离”。立春、立夏、立秋、立冬四节气的前一天，叫“四绝”。

大往亡　立春后六日，惊蛰后十三日，清明后二十日，立夏后七日，芒种后十五日，小暑后二十三日，立秋后八日，白露后十七日，寒露后二十三日，立冬后九日，大雪后十九日，小寒后二十六日，谓“往亡”。

［译文］立春过后的第六天，惊蛰过后的第十三天，清明过后的第二十天，立夏过后的第七天，芒种过后的第十五天，小暑过后的第二十三天，立秋过后的第八天，白露过后的第十七天，寒露过后的第二十三天，立冬过后的第九天，大雪过后的第十九天，小寒过后的第二十六天，都被称之为“往亡”（不吉利的日子）。

百忌日　甲不开仓，乙不栽植，丙不修灶，丁不剃头，戊不受田，己不破券，庚不经络，辛不合酱，壬不决水，癸不词讼。子不问卜，丑不冠带，寅不祭祀，卯不穿井，辰不哭泣，巳不远行，午不苫盖，未不服药，申不安床，酉不会客，戌不吃狗，亥不嫁娶。

[译文] 每逢甲日不打开粮仓，每逢乙日不栽种苗木，每逢丙日不修灶台，每逢丁日不剃头，每逢戊日不买卖田地，每逢己日不花钱，每逢庚日不看病，每逢辛日不做酱，每逢壬日不浇水，每逢癸日不诉讼。每逢子日不算卦，每逢丑日不任职，每逢寅日不祭祀，每逢卯日不打井，每逢辰日不哭泣，每逢巳日不远行，每逢午日不维修，每逢未日不吃药，每逢申日不安床，每逢酉日不会客，每逢戌日不吃狗肉，每逢亥日不嫁娶。

改火 燧人掌火。春取榆柳之火，夏取枣杏之火，秋取柞楢之火，冬取槐檀之火。

[译文] 燧人氏掌管用火。春天就取榆树、柳树生火，夏天取枣树、杏树生火，秋天取柞树、楢树生火，冬天取槐树、檀树生火。

五行分旺 东方乘震而司春，其帝太皞，其神句芒，其日甲乙。甲乙属木，水旺于春，其色青，故春曰青帝。南方居离而司夏，其帝炎帝，其神祝融，其日丙丁。丙丁属火，火旺于夏，其色赤，故夏曰赤帝。西方当兑而司秋，其帝少皞，其神蓐收，其日庚辛。庚辛属金，金旺于秋，其色白，故秋曰白帝。北方乘坎而司冬，其帝颛顼，其神玄冥，其日壬癸。壬癸属水，水旺于冬，其色黑，故冬曰黑帝。中央属土，黄帝乘权，其日为戊己。戊己属土，土旺于四时，其色黄。

[译文] 东方处于八卦的震位，主掌春季，所属的帝王是太皞，所属的神灵是句芒，它的日子属于甲、乙。甲、乙属木，春天树木旺盛，所以它的颜色是青的，因此称春天为“青帝”。南方处于

八卦的离位，主掌夏季，所属的帝王就是炎帝，所属的神灵是祝融，那段时间属于丙、丁。丙、丁属火，夏天火旺盛，对应的颜色是赤色的，因此称夏天为“赤帝”。西方处于八卦的兑位，主掌秋季，所属的帝王名叫少皞，所属的神灵叫蓐收，那段时间属于庚、辛。庚、辛属金，秋天金旺盛，它的颜色是白的，因此称秋天叫“白帝”。北方处于八卦的坎位，主掌冬天，所属的帝王名叫颛顼，所属的神灵叫玄冥，那段时间属于壬、癸。壬、癸属水，冬天水旺盛，它的颜色是黑的，因而称冬天为“黑帝”。中央属土，黄帝处于权位，其时间为戊、己，戊、己属土，四时土皆旺盛，它的颜色是黄的。

天时长短　每年小满后，累日而进，积三十日为夏至，而一阴生，天时渐短。小寒后累日而进，积三十日为冬至，而一阳生，日晷初长。《周礼》注：冬至日在牵牛，景长一丈二尺，夏至日在东井，景长五寸。

［译文］每年小满以后，日子逐日积累向前推进，累积三十天就到了夏至，这时“一阴”显现，白天开始变短。小寒后日子逐日积累向前推进，累积三十天就到了冬至，这时“一阳”显现，白天开始变长。《周礼》上说：冬至时太阳在牵牛宿，日影的长度为一丈二尺，夏至时太阳在东井宿，日影的长度为五寸。

玉烛　《尔雅》：“四时和谓之玉烛。”谓言道光照也。

［译文］《尔雅》上说：“四时调和叫作玉烛。”就是说像有白玉的光照耀一样。

月分三浣　上旬曰上浣，中旬曰中浣，下旬曰下浣。浣，沐浴也。古制：朝臣十日一给假，一月三给，为浣沐之期。

[译文] 上旬称作上浣，中旬称作中浣，下旬称作下浣。浣就是沐浴。古代的制度，朝中大臣十天放一次假，一月共三次，是让臣子回去沐浴休息的假期。

朝三暮四 《庄子》：狙公养狙，曰："与若茅栗也，朝三暮四。"众狙皆怒。又曰："朝四暮三。"众狙皆喜。

[译文] 《庄子》中说，狙公养了许多猴子，对猴子说："给你们橡子和栗子吃，早上三颗晚上四颗。"猴子们都非常生气。他又说："那就早上四颗晚上三颗。"猴子们听了都很高兴。

寒岁燠年 东周懦弱，政失之舒，故衰周无寒岁。嬴氏凶残，政失之急，故暴秦无燠年。

[译文] 东周时朝廷怯懦软弱，政事失之宽松，所以衰落的周朝天气不寒冷。秦朝为政凶恶残暴，政事失之严苛，所以暴虐的秦朝没有温暖的年份。

当惜分阴 《晋书》：陶侃曰："大禹圣人，乃惜寸阴。至于凡人，当惜分阴，无使日月其除也。"

[译文] 《晋书》记载：陶侃说："大禹是圣人，尚且珍惜每一寸光阴，至于凡人，就应当珍惜每分光阴，不要让时间白白流逝。"

春

邹律回春 刘向《别录》：燕有寒谷，黍稷不生，邹衍吹律，暖气乃至，草木皆生。

[译文] 刘向《别录》记载：燕国地区有叫寒谷的地方，黍稷等农作物都无法生长，邹衍吹响乐器使大地回暖，温暖的气息才到这里来，草木都开始滋生。

端月 《索隐》曰：秦二世三年正月，以避秦始皇讳，改名端月，至汉始易。

[译文] 《史记索隐》说：秦二世三年的正月，因为要避秦始皇的名讳，所以把正月改名为“端月”，到汉代才又改回来。

立春 楚俗立春日，门贴宜春字。唐人立春日作春饼，生菜号春盘。

[译文] 楚地的风俗，在立春日那一天，人们要在门外贴“宜春”两字。唐代人在立春日那天做春饼、生菜，叫作“春盘”。

元日 伏羲置元日。汉武置岁元、月元、时元。

[译文] 伏羲设置了元日。汉武帝设置了岁元、月元和时元。

贺正 汉高祖十月定秦，遂为岁首。七年，长乐宫成，制群臣朝贺仪，改用夏正。建寅之月，则元日贺，始高祖。

[译文] 汉高祖在十月份平定秦军，于是把每年十月定为一年的开始。汉高祖七年（公元前200年），长乐宫建成，制定了群臣向皇帝朝拜庆贺的礼仪，改用夏朝的历法，即以每年的正月为一年的

开始。建寅之月就是把正月作为一年的开始，正月初一恭贺新年，始自汉高祖。

元日至八日 东方朔占曰：正月元日至八日，一鸡，二犬，三豕，四羊，五马，六牛，七人，八谷。其日晴明，主所生之物繁衍，阴雨则夭折。

[译文] 东方朔占卜说：正月初一到初八，第一天代表鸡日，第二天狗日，第三天猪日，第四天羊日，第五天马日，第六天牛日，第七天人日，第八天谷日。那一天如果晴朗，预示那天所代表的东西会顺利生长，如果那一天是阴雨就表示无法成活。

人日 宋富郑公于正月七日朝见，真宗劳之曰："今日卿至，可谓人日。"

[译文] 宋代郑国公富弼在正月初七那天去朝拜皇帝，宋真宗慰劳他说："今天你来了，可真是所谓'人日'了。"

天庆节 宋真宗以正月三日为天庆节。

[译文] 宋真宗把正月初三定为"天庆节"。

造华胜 晋人日造华胜相遗，剪彩缕金插鬓。

[译文] 晋朝时期在正月初七人日这天互相赠送花形首饰"华胜"，并裁剪彩纸和金丝插在鬓角上做装饰。

悬羊磔鸡 元旦县官悬羊头于门，又磔鸡覆之。草木萌动，羊啮百草，鸡啄五谷，杀之以助生气也。

[译文] 元旦那天政府官员在城门上悬挂羊头，又把鸡肉剁碎盖住

羊头。春天小草树木将要萌发生长，但羊会啃吃各种草木，鸡会啄食五谷，所以要杀掉它们来助长草木的生机。

桃符　黄帝于元旦立桃板，门上画神荼、郁垒。尧时献重明鸟如鸡。国人利宝鸡，户上悬苇索，插符。三代异尚，夏插茭苇，即今插芝麻秸。殷螺首以谨闭塞也，一名椒图。周桃梗。

[译文]　黄帝在元旦那天在门口树立起桃木板，在门上绘画神荼、郁垒二神的图像。尧帝时有人进献重明鸟，看上去就像鸡的样子。国都的人们都非常珍爱这只鸡，门上悬挂苇草绳索，再插上桃符。上古尧舜禹三代所崇尚的事物是不同的：夏代插茭苇，就是如同现在在门上插芝麻秆。商代装饰成田螺的样子来谨慎地堵塞住门户，又叫“椒图”；周代用桃树枝。

屠苏酒　屠苏，庵名。汉时有人居草庵造酒，除夕以药囊浸酒中，辟除百病，故元日饮之。其饮法：先少者，后老者。以少者得岁，故先之；老者失岁，故后之。

[译文]　屠苏是一个草庵的名字。汉代有一个人住在草庵中酿酒，除夕之夜把药囊浸泡在酒里面，可以祛除百病，所以在元日饮用。喝这种酒的方法是：年轻人先喝，老年人再喝。因为年轻人又长大了一岁，所以先喝；而老年人却又失去了一岁，所以后喝。

椒觞　元日取椒置酒中饮之，谓之椒觞。以椒为玉衡星精，服之令人却老。

[译文]　初一日拿花椒放在酒里泡着喝，叫作“椒觞”，因为古人把花椒当作玉衡星精，服食花椒可让人推迟衰老。

迎春 周制迎春。唐中宗制迎春彩花。

[译文] 周朝制度规定了迎春仪式。唐中宗设计了迎春仪式上用的彩花。

五辛盘 元日取五木煎汤沐浴，令人至老发黑。道家谓青木香为五香，亦云五木。庾诗："聊倾柏叶酒，试奠五辛盘。"

[译文] 初一日时用五种取火的木柴烧水洗浴，可以使人的头发直到老都是黑色的。道家称青木香为五香，也叫五木。庾信有诗说："聊倾柏叶酒，试奠五辛盘。"

火城 元日晓漏前，宰州三司金吾以桦烛数百炬，拥马前后如城，谓之火城。

[译文] 初一的天亮以前，州府官吏及卫队以桦木皮卷成数百个火炬，车马前呼后拥如同城墙一样紧密，被叫作"火城"。

元夕放灯 以正月十五天官生日放天灯，七月十五水官生日放河灯，十月十五地官生日放街灯。宋太宗淳化元年六月丙午诏，罢中元、下元两夜灯。

[译文] 古人在正月十五天官的生日时放天灯，七月十五水官的生日时放河灯。十月十五地官的生日时放街灯。宋太宗淳化元年（公元990年）六月丙午降下诏书，取消了中元、下元两夜放灯的习俗。

买灯 上元张灯，止三夜，其十七、十八，始于钱镠王，入贡疏买两夜灯。乾德五年正月有诏："上元张灯，旧止三夜。朝廷无事，区宇乂安，方当年谷之丰登，宜纵士民之行乐。其令开封府更放十七、十八两夜灯。”

[译文] 上元节只允许三个晚上布置花灯，正月十七、十八两天可以继续布置花灯始于吴越王钱镠，他曾向朝廷进贡上疏，买到继续赏灯两晚的许可。乾德五年（公元967年）正月朝廷下诏：“以前上元节只允许三个晚上布置花灯。现今朝廷没有重要的事务，天下安定，正值五谷丰登，应该让士人百姓行乐。希望让开封府在十七、十八两夜接着放灯。”

广陵灯 唐玄宗元夕与天师叶静能登虹桥，往广陵看灯。士女望见，以为神仙。帝敕伶人奏《霓裳曲》。数日后，广陵果奏其事。

[译文] 唐玄宗元在正月十五元宵夜与天师叶静能登上虹桥，前往广陵看花灯。民间男女都看见了他，还以为是神仙下凡。玄宗命令乐师演奏《霓裳羽衣曲》。几天后，广陵果然上奏了这件事。

踏歌入云 唐睿宗于安福门外作灯树，高二十丈，宫女千数，并长安少妇千余人，衣锦绣，于灯轮下踏歌三日，令朝士作歌，以纪其胜。歌中有“踏歌声调入云中”之句。

[译文] 唐睿宗在长安城安福门外制作了一棵花灯树，高达二十丈，让上千个宫女和长安城里的少妇总共一千多人，穿上锦绣做的衣服，在花树的灯光下歌舞三天，还令朝廷的文士写文章，来记录这一件盛事。歌中有“踏歌声调入云中”的句子。

金吾不禁 《西京杂记》：“西都京城街衢，有执金吾晓夜传呼，以禁止夜行，惟正月十五敕金吾弛禁，前后各一日，谓之放夜。”

[译文]《西京杂记》中说：西京长安城的大街上，有皇帝的警卫执

金吾日夜宣告，禁止在夜晚外出，只有在正月十五及前后各一天让执金吾解除禁令，称作“放夜”。

卯刚　正月卯日，佩卯刚辟邪。唐制：正月下旬送穷，晦日湔裳。

［译文］　正月的卯日，佩戴“卯刚”用来辟邪。唐代制度：在正月的下旬要送穷，月末最后一天洗衣服。

卜紫姑　紫姑，人家侍妾，为大妇所杀，置之厕中。后人作其形于厕，元夕迎之，能占农事及桑叶贵贱。

［译文］　紫姑，是一户人家的侍妾，被正妻杀死，尸体放置在了茅厕中。后来人们在茅厕里放置她的画像，元宵夜里把她迎出来，借此能够推测庄稼的收成及桑叶的贵贱。

青藜照读　元夕人皆游赏，独刘向在天禄阁校书。太乙真人以青藜杖燃火照之。

［译文］　正月十五元宵夜人们都外出游玩观赏花灯，只有刘向在天禄阁校勘经书。太乙真人以青藜杖做火把为他照明。

耗磨日　正月十六日谓之耗磨日，人皆饮酒，官司不令开库。

［译文］　正月十六叫作“耗磨日”，这一天人们都可以喝酒，官府不允许在这天打开库房。

天穿日　正月二十日为天穿，以红彩系饼饵投屋上，谓之补天。

［译文］　正月二十日叫“天穿日”，用红彩绳拴着饼饵扔到屋顶上，称之为“补天”。

水湄度厄　元日至晦日，士女悉湔裳，酹酒于水湄，以为度厄雨。

［译文］　初一到三十，男女都洗衣服，并在水边喝酒，人们认为这样做可以度过灾祸。

雨水　前此为霜为雪，水气凝结。立春后，天气下降，当为雨水。

［译文］　雨水之前的降霜降雪，都是水汽凝结而成。立春后，天上的水汽下落，应该就形成了雨水。

中和节　唐李泌以二月朔为中和节，以青囊盛百谷瓜果种相问遗，酿宜春酒，祭句芒神，百官进农书。

［译文］　唐代的李泌把二月初一取名中和节，用黑色的布袋盛装百谷和瓜果的种子互相问候馈赠，酿造“宜春酒”祭祀句芒神，百官在这一天向朝廷进献与农业相关的书籍。

磔鸡　魏文帝制，春分磔鸡，祀厉殃。

［译文］　魏文帝规定：春分这天杀鸡来祭祀厉殃。

花朝　二月十二日谓之花朝。俗传是日为百花生日。徐文长考是十五日，谓的确不差。东京以是日为扑蝶会。

［译文］　二月十二日叫花朝节。民间传说这天是百花的生日。徐文长通过考证说花朝节是在十五日，说的确实不错。东京汴梁这天是扑蝶会。

勾龙　《左传》：共工氏有子曰勾龙，能平水土。故祀以为社神，于仲春祭之。

清明万物齐于巽。巽，洁也，齐也。清明取洁齐之义。

[译文]《左传》记载：共工氏有个儿子叫勾龙，会治水利。所以祭祀时把他当作社神，在仲春日祭祀他。

清明节这天万物都朝东南方向看。“巽”就是清洁整齐的意思。清明取的就是万物全部得到净化的意思。

谷雨 言滋五谷之雨也。

[译文] 谷雨说的是滋润五谷的雨。

清明取火 唐制，清明取火以赐近臣。韩翃诗：“日暮汉宫传蜡烛，轻烟散入五侯家。”

[译文] 唐代规定，清明节时把火种赐给皇帝的近臣。韩翃的诗有“日暮汉宫传蜡烛，轻烟散入五侯家”的句子。

探春 《天宝遗事》：都人士女，至春时，郊外为探春之宴。

[译文]《天宝遗事》记载：京城的男男女女，春天到来的时候在郊外举行名为“探春”的宴席。

飞英会 范蜀公居许，作“长啸堂”，前有荼蘼，花时宴客，有花落酒杯中，饮以大白，举座无遗，谓飞英会。

[译文] 范蜀公住在许昌的时候，修筑了“长啸堂”，堂前有荼蘼，荼蘼开花时宴请宾客，有花朵落到了谁的酒杯中，谁就要喝一大杯酒，满座的人没有遗漏地都喝了酒，叫作飞英会。

斗花 长安春时，盛于游赏。士女斗花，栽插以奇，多者为胜。皆用多金市名花，以备春时之斗。

［译文］ 长安春天到来的时候，外出游玩观赏春景的人很多。男男女女都喜欢比赛斗花，栽种珍稀的品种，以栽种最多的为胜出者。所以大家都用重金买名花，以备春天斗花时使用。

花茵 开元时，学士许慎，春日宴客花圃，不张幄设座，使童仆聚落花铺坐下，曰："吾自有花茵。"

［译文］ 开元年间，大学士许慎，春天的时候在花园宴请宾客，没有张设帷帐设置座位，仅仅让童仆把落花聚拢铺在座位下边，说："我有花做的垫子。"

移春槛 开元中，富家至春时，以各花植木槛中，下设轮脚，挽以彩缅，所至牵引，以供观赏，号移春槛。

［译文］ 开元年间，有钱人家到春天的时候，把各种花木种在木槛里面，下边装上轮子，再用彩色的丝带挽在上面，拉着到各处供人观赏，号称"移春槛"。

护花铃 宁王春时纫红丝为绳，缀金铃，系花梢。有鸟雀翔集，则令园吏掣铃索以惊之，号护花铃。

［译文］ 宁王春天时把红色的丝线连接成长绳子，上面系着铜铃铛，绑在花树的枝杈上。有鸟类飞到花树上时，就让管理花园的仆人晃着系了铃铛的绳子把它们惊吓走，号称"护花铃"。

治聋酒 《石林诗话》：世言，社日饮酒治耳聋。五代李涛，有《春社从李昉求酒》诗："社公今日没心情，为乞治聋酒一瓶。"

［译文］《石林诗话》上说：世间传说，在社日那天喝酒可以治疗耳聋。五代时的李涛，有一首《春社从李昉求酒》诗说："社公今日

没心情，为乞治聋酒一瓶。”

罢社 汉王修年七岁，母以社日亡。来岁社，修哭之哀，邻父老皆为之罢社。

[译文] 汉朝的王修七岁时，母亲在社日那天亡故，第二年的社日，王修哭得非常哀痛，邻居的父老乡亲为他停止了社日的活动。

禁火 《十六国春秋》：石勒下令寒食不许禁火。后有冰雹之异，徐元曰：“介子推帝乡之神也，历代所尊，未宜替也。”勒从之，令并州复寒食如故。

[译文]《十六国春秋》记载：石勒下命令，不许百姓在寒食节禁火。后来有下冰雹的异常天象发生，徐元说：“介子推是天界的神仙啊，历代都备受尊奉，不应该改换寒食禁火的习俗。”石勒听从了他的话，下令让并州百姓寒食节时像以前那样做。

寒食 冬至后一百六日谓之寒食，以介子推是日焚死，晋文公禁火而志痛也。

[译文] 冬至后第一百零六日称作寒食节，是因为介子推在这一天被烧死，晋文公禁火来纪念对他去世的痛惜之情。

雕卵 周制，季春雕卵斗鸡子，始为寒食戏。

[译文] 周代规定：春天三月，比赛在鸡蛋上雕刻花纹，是寒食节游戏的开始。

秋千舞 玄宗制，寒食秋千舞。

[译文] 唐玄宗时规定，寒食节表演秋千舞。

出祭　后唐庄宗制，寒食出祭。

[译文]　后唐的庄宗皇帝时规定，寒食节要出来祭祀。

拜墓　唐制，清明拔河戏，踏青士大夫拜墓。

[译文]　唐代制度，清明时玩拔河的游戏，去郊外踏青的士大夫官员要祭拜祖墓。

上巳　洛阳上巳日，妇女以荠花蘸油，祝而洒之水上，若成龙凤花卉之状则吉，曰油花卜。

[译文]　洛阳在上巳日的时候，妇女们用荠菜花蘸油，祷告着洒在水上面，如果能够洒成龙凤花的形状，则寓意吉祥，这叫“油花卜”。

祓禊　起于汉成帝。三月上巳日，官民皆祓禊于东流水上。禊者，洁也，于水上盥洁之也。巳者，止也，邪疾已去，祈介祉也。

[译文]　祓禊的习俗是在汉成帝时兴起的，三月的上巳那天，各府官员和人民百姓都在向东流的水边进行祓禊的活动。禊，是清洁的意思，就是说在水边清洁自己的身体。巳，是停止的意思，祛除疾病，祈求福运。

踏青　三月上巳，赐宴曲江，都人于江头禊饮，践踏青草，曰踏青，侍臣于是日进踏青履。王通叟诗：“结伴踏青归去好，平头鞋子小双鸾。”

[译文]　三月上巳那天，皇帝在曲江赏赐酒宴，京城百姓在江边洗浴、喝酒，脚踩到青草上叫作踏青，侍奉皇帝起居的官员在这一

天向皇上奉上踏青的鞋子。王通叟诗中说:“结伴踏青归去好，平头鞋子小双鸾。”

柳圈 唐制，上巳祓禊，赐侍臣细柳圈，云:“带之免虿毒瘟疫。”今小儿清明戴柳圈，本此。

周公制，上巳女巫禊于水上。郑制，上巳溱洧祓除，秉兰招魂续魄。

[译文] 唐代的制度规定，上巳日举行祓禊活动，要赏赐给侍从之臣柳枝做的花环，说:“戴上它可以祛除一切虫毒和瘟疫的侵袭。”现在小孩子在清明节时戴柳枝做的花环，源于这里。

周公规定，上巳日女巫要在水边进行修禊活动。郑国规定，上巳日这天在溱、洧河边举行祛灾的祭祀，拿着兰花为死去的人招魂续魄。

流觞 兰亭流觞曲水，不始于兰亭。周公卜洛邑，因流水以泛酒，故诗曰:“羽觞随波。”

[译文] 曲水流觞的典故并不是始从兰亭之会才有的。周公在洛邑定居时，就曾利用流动的水来送酒，所以《诗经》中有“羽觞随波”的句子。

观灯赐钞 永乐十年元宵，赐文武群臣宴，听臣民赴午门外观鳌山三日，遂岁以为常。时尚书夏元吉侍母观鳌山，上命之。命中官赍钞二百锭，即其家赐之，曰:“以为贤母欢也。”

[译文] 永乐十年（公元1412年）的元宵节，皇上赐给文武大臣宴席，任由官员百姓到午门外观看三天鳌山，于是每年称为常例。当时尚书夏元吉侍奉母亲参观鳌山，皇帝让太监带二百锭钱白银到夏

元吉家去赏赐给他，并对他说："把这赏赐给你，讨你贤德的母亲开心。"

社无定期　一云春分后戊日为春社，秋分后戊日为秋社。春社燕来，秋社燕去。一云立春立秋后第五戊为社日。

[译文]　一种说法是春分后的戊日是春社，秋分后的戊日是秋社。春社时燕子飞来，秋社时燕子离开。另一说法是立春、立秋后的第五个戊日才是社日。

梅花点额　刘宋寿阳公主，人日卧含章殿檐下，梅花点额上，愈媚。因仿之，而贴梅花钿。

[译文]　南朝刘宋的寿阳公主在人日的时候躺在含章殿的房檐下，梅花飘落在她的额头上，使她显得愈发妩媚。人们因此仿效她，于是开始贴起了"梅花钿"。

桑叶贵贱　三月十六晴则贵，阴雨则贱。谚曰："三月十六暗䨴䨴，桑叶载去又载来。"

[译文]　三月十六那天如果天气晴朗，桑叶就会很贵，若是天阴下雨就会很便宜。谚语说："三月十六暗䨴䨴，桑叶载去又载来。"

夏

天祺节　宋真宗以四月一日为天祺节。

[译文]　宋真宗把四月一日定为天祺节。

麦秋 《月令》：麦秋至。蔡邕章句曰：百谷各以生为春，熟为秋。故麦以夏为秋。

[译文]《礼记·月令》上说：麦子的秋天到了。蔡邕的注释说：百谷都把出生当作春天，把成熟当作秋天。所以麦子以夏为秋。

浴佛 王钦若于四月八日作放生会。《荆楚岁时记》：四月八日建斋，作龙华会，浴佛。

[译文] 王钦若在四月八日举行放生大会。《荆楚岁时记》记载：四月八日（据说是释迦牟尼的生日）要斋戒，举行龙华会，用伴有香料的水灌洗佛像。

小满 四月中小满后，阴一日生一分，积三十分，而成一昼，为夏至。四月乾之终，谓之满者，言阴气自此而生发也。又孟夏万物生长稍得盈满，故云小满。

[译文] 四月中旬小满以后，阴气每天生长一分，累积三十分，就是一个白天，就到了夏至日。四月是“乾”的终了，叫“满”的原因，是说阴气从这时开始的。又有一说，初夏的时候万物生长，都稍稍变得充盈丰满，所以叫“小满”。

黴黰 一作霉黰。俗云：早间芒种晚间黴。又云：夏至落雨主重黴，小暑落雨主三黴。

[译文] 黴黰又写作“霉黰”。俗语说：早间芒种晚间黴。又说：夏至落雨主重黴，小暑落雨主三黴。

躏柳 五月五日，士人于郊野或演武场走马较射，谓之躏柳。

[译文] 五月五日，士大夫们在郊野或演武场跑马比赛射箭，叫作“蹦柳”。

制百药　午日午时，斗柄正掩五鬼，于此时制百药，无不灵验。

[译文] 端午的午时，北斗星的斗柄正好遮盖着鬼宿五颗星，这个时候配制各种药材，没有不灵验的。

采艾　师旷制，五日采艾占病。齐景公制，五日百索悬臂及钗头符。

[译文] 师旷发明，五月五日采集艾草治病。齐景公规定，五月五日在胳臂上悬挂绳索和戴钗头符。

续命缕　午日以五彩丝系臂上，谓之续命缕，辟兵及鬼，令人不病。

[译文] 端午时用五彩的丝线绑在胳膊上，叫作“续命缕”，可以避开兵祸和鬼怪，让人不会生病。

角黍　屈原午日投汨罗，楚人以竹筒贮米，投水祭之。有欧回者见三闾大夫，曰：“君所祭物，多为蛟龙所夺，须裹以楝树叶，五彩丝缚之，可免龙患。”故后人制为角黍。一曰唐天宝中，宫中五日造粉团角食，以小角弓射之，中者方食，故曰角黍。

[译文] 屈原在端午日跳进汨罗江，楚地的人用竹筒装上米，扔到水里祭祀他。有个叫欧回的人，看到三闾大夫屈原，屈原说：“您扔到水里的祭品，多数被蛟龙抢夺走了，要用楝树叶裹住，再用五色的彩线系住，可以避免被蛟龙抢去的麻烦。”所以后人按他说的方法做成角黍。一种说法是：唐代天宝年间，宫中端午日做

粉团角食，然后用小角弓去射击它，射中的人才可以吃，所以叫“角黍”。

竞渡 屈原以五日死，楚人以舟楫拯之，谓之竞渡。又曰：五日投角黍以祭屈原，恐为蛟龙所夺，故为龙舟以逐之。

[译文] 屈原在端午日投水而死，楚地的人用船搭救他，叫“竞渡”。又有一种说法：端午日往水中投粽子祭祀屈原，恐怕粽子被蛟龙抢走，所以制造龙舟来驱逐它。

五瑞 端阳日以石榴、葵花、菖蒲、艾叶、黄栀花插瓶中，谓之五瑞，辟除不祥。

[译文] 端午日把石榴、葵花、菖蒲、艾叶、黄栀花插在花瓶里，叫作“五瑞”，可以祛除不吉利的事物。

五毒 蛇、虎、蜈蚣、蝎、蟾蜍，谓之五毒。官家或绘之宫扇，或织之袍缎，午日服用之，以辟瘟气。

[译文] 蛇、虎、蜈蚣、蝎、蟾蜍，被称作“五毒”。做官的人家有的把它们画到宫扇上，有人把它们织在袍缎上，端午日服用它，用以躲避瘟气。

赐枭羹 《郊祀志》：汉令郡国进枭鸟，五日为羹，赐百官，以恶鸟故食之，以辟诸恶也。

[译文] 《汉书·郊祀志》记载：汉代朝廷命令郡国进献猫头鹰，端午日那天把它做成羹汤，分赐给文武百官，因为猫头鹰是恶鸟，所以把它吃掉，来祛除不祥。

浴兰汤 五月五日蓄兰为汤以沐浴。《楚辞·离骚》:“浴兰汤兮沐芳华。”

[译文] 五月五日用蓄积兰花烧成热水用来洗澡。《楚辞·离骚》中有“浴兰汤兮沐芳华”的句子。

天贶节 宋祥符四年,诏六月六日天书再降,为天贶节。

[译文] 宋大中祥符四年(公元1011年),皇帝下诏书说六月六日上天两次下降天书,所以这天被称为“天贶节”。

夏至数九 一九和二九,扇子不离手;三九二十七,饮水甜如蜜;四九三十六,拭汗如出浴;五九四十五,头带黄叶舞;六九五十四,乘凉入佛寺;七九六十三,床头寻被单;八九七十二,思量盖夹被;九九八十一,家家打炭墼。

[译文] 一九和二九,扇子不离手;三九二十七,饮水甜如蜜;四九三十六,拭汗如出浴;五九四十五,头戴黄叶舞;六九五十四,乘凉入佛寺;七九六十三,床头寻被单;八九七十二,思量盖夹被;九九八十一,家家打炭墼。

赐肉 《汉书》:伏日诏赐诸郎肉,东方朔拔剑割肉,谓其同官曰:“伏日宜早归,请受赐。”即怀肉而去。

[译文] 《汉书》记载:伏天皇帝下诏书赐肉给诸位郎官,东方朔拔出宝剑割下一块肉,对他的同僚说:“伏天应该早些回家,请允许我先接受赏赐。”于是就把肉揣到怀里离开了。

三伏 立春、立夏、立冬皆以相生而代。至于立秋,以金代火。金畏火,故至庚日必伏。盖庚者金也。夏至后第三庚为初伏,四庚为中伏，立秋后初庚为末伏。秦穆公于是日进辟恶饼。

[译文] 立春、立夏、立冬都是以五行相生而互相接替。至于立秋，却是金代替火。金害怕火，所以到庚日一定隐藏起来。因为庚代表金。夏至后的第三个庚日是初伏，第四个庚日是中伏，立秋后第一个庚日是末伏。秦穆公在这一天吃“辟恶饼”。

天中节 《提要录》:“端午为天中节。”又曰蒲节，以是日用菖蒲泛酒故耳。

[译文] 《提要录》记载:“端午是天中节。”又叫作蒲节，因为这一天用菖蒲泡酒，所以如此。

竹醉日 五月十日为竹醉日。是日移竹易活。又三伏内斫竹则不蛀。

[译文] 五月十日是竹醉日。在这一天移栽竹子容易成活。另外，三伏天砍伐的竹子不会被虫蛀。

秋

一叶知秋 《淮南子》:“一叶落而天下知秋。”古诗:“梧桐一叶落，天下尽知秋。”

[译文] 《淮南子》中说：一片叶子落下就知道天下都到了秋天了。古诗中也说“梧桐一叶落，天下尽知秋”。

鹊桥 《淮南子》：七月七夕，乌鹊填河成桥，以渡织女，谓与牛郎相会也。

［译文］《淮南子》中说：七月初七夜晚，鹊鸟在银河上搭成桥，来让织女渡过银河与牛郎相会。

得金梭　蔡州丁氏女精于女工，每七夕祷以酒果，忽见流星坠筵中。明日，瓜上得金梭。自是巧思益进。

［译文］蔡州有个姓丁的女子擅长女红，每年七月初七就用美酒和瓜果来向神仙祈祷。有一年忽然看见有流星落到桌上。第二天，在瓜果上得到了一支金梭。从这以后，她构思巧妙的女红更加精致了。

晒衣　七月七日，诸阮庭中晒衣，无非锦绣。阮咸以长竿摽大布犊鼻裈于上，曰："未能免俗，聊复尔尔。"

［译文］七月七日，阮氏家人在院子里晾晒衣服，全部都是锦绣绸缎做的衣服。阮咸用长竿子把粗布袍挑在上面，说："我也不能免俗，姑且和大家一起晒晒吧。"

晒书　郝隆，七月七日，见富家皆晒曝衣锦，郝隆乃出日中仰卧。人问其故，曰："我晒腹中书耳。"

［译文］七月初七的时候，郝隆看到有钱人家都在晾晒华丽的衣服，就从家里出来在太阳下面仰躺着。有人问他为何这么做，他说："我在晒我肚子里的书啊。"

乞巧　唐玄宗以七夕牛女相会，命宫中作高台，陈瓜果于上。宫人暗中以七孔针引彩线穿之，以乞天巧，穿过者以为得巧。又以蜘蛛纳小金盒中，至晓，开视蛛丝之稀密，又为得巧之多寡。

［译文］ 唐玄宗因为七夕牛郎织女要相会，就命令宫人在皇宫中搭起高台，在上面陈列瓜果。让宫女暗中用七孔针穿着彩线串起来，以此来向老天乞求可以让女子们心灵手巧，能穿过去的人就视为得到了“巧手”。还把蜘蛛放在小金盒里，到天亮打开看蜘蛛吐的丝的疏密，来确定求到“巧”的多少。

化生 七夕，以蜡作婴儿，浮水中以为戏，为妇人生子之祥，谓之化生。

［译文］ 七夕之夜，用蜡做成婴儿的形状，漂放在水中用来嬉戏，以求生育能够顺利，叫作化生。

吉庆花 薛瑶英，于七月七日剪轻彩，作连理花千余朵，以阳起石染之，当午散于庭中，随风而上，遍空中，如五色云霞，久之方散，谓之渡河吉庆花，藉以乞巧。

［译文］ 薛瑶英在七月初七裁剪颜色淡雅的彩绸，制成一千多朵连理花，用阳起石染上颜色，当到中午的时候散放在院子，随着风向上飘满空中，像是五彩云霞，很久才散去，叫作“渡河吉庆花”，借此来乞巧。

摩睺罗 泥孩儿也。有极巧饰以金珠者，七夕用以馈送，以作天仙送子之祥。

［译文］ 摩睺罗就是泥塑的娃娃。有的用金珠来装饰做得非常巧妙，七夕节用来赠送别人，来作为“天仙送子”的祥瑞。

盂兰会 目连尊者见其母落饿鬼道，以钵盛饭飨之，入口即成灰炭，目连白佛求救。佛于七月十五日设兰盆大会，焰口咒食，其母乃得脱饿鬼之苦。

［译文］目连尊者看见自己的母亲落入饿鬼道，就用钵盛饭给她吃，但饭一送进嘴就变成了灰炭。目连尊者向佛祖求救。佛祖在七月十五日开设盂兰盆大会，给饿鬼念经施舍食物，目连尊者的母亲才得以脱离饿鬼道苦难。

处暑　处，上声，止也，息也。谓暑气将于此时止息之也。白露，秋属金；白，金色也。

［译文］处，读音为上声亦即现在的第三声，是停息的意思。说的是暑热之气将从这个时候停息。白露，秋天在五行中属金；白对应五行中金色。

天炙　八月一日以朱墨点小儿额，谓之天炙，以厌疫。八月望日，广陵曲江观涛。

［译文］八月初一用朱砂在小孩的额头上点个点，叫“天炙”，以此来驱赶瘟疫。八月十五日，在广陵的曲江可以观赏海涛。

游月宫　开元二年八月十五夜，明皇与天师申元之游月宫，及至，见大府，榜曰“广寒清虚之府”，翠色冷光相射，极寒，不可少留。前见素娥十余人，皆皓衣，乘白鸾，笑舞于广寒大桂树之下，音乐清丽。明皇制《霓裳羽衣曲》以记之。一说叶静能，一说罗公远，事凡三见。

［译文］开元二年（公元 714 年）八月十五的晚上，唐明皇与天师申元之到月宫游玩。到了月宫，看见一座很高达壮观的府邸，门头书写着“广寒清虚之府”。那儿非常寒冷，不能长时间停留。在大门前看到十多个女子，都穿着白色的衣服，乘坐着白色的鸾

鸟，笑着在广寒宫的大桂树下面跳舞，音乐清亮。唐玄宗谱写了《霓裳羽衣曲》来纪念这件事。一种说法是叶静能，一种说法是罗公远，这件事共出现过三次。

登峰玩月 赵知微有道术。中秋积阴不解，众惜良辰。知微曰：“可惜酒肴，登天柱峰玩月。”既出门，天色开霁。及登峰，月色如昼，会饮至月落方归。下山则凄风苦雨，阴晦如故。

[译文] 赵知微有仙术。中秋节晚上，集聚的阴云一直不散，众人都很惋惜不能赏玩这个良辰美景。赵知微说：“我们可以拿着酒菜，登天柱峰去赏月。”出门后，果然阴云散去。等登上山峰，看到月色明亮如同白天一样，一起喝酒直到月亮西落才回去。下山时发现山下依然风雨凄凄，天气还像之前一样阴沉沉的。

中秋无月 俗云：“云掩中秋月，雨打上元灯。”二者皆煞风景之事，故对举言之，非连属语，以卜上元之灯也。今人多误。

[译文] 俗话说：“云掩中秋月，雨打上元灯。”这两种都是很煞风景的事情，所以把它们对举着说出来，并不是其中有因果关系，用中秋的月来预测上元节的天气。现在很多人都误解了这句话。

重阳 九为阳数，其日与月并应，故曰重阳。汉宫人贾佩兰九日食饵，饮菊花酒，长寿。

[译文] 九是阳数，月和日的数字都是九的话，就叫作“重阳”。汉代官女贾佩兰在初九这天吃药饵，喝菊花酒，得以长寿。

登高 费长房语桓景曰：“九月九日，汝家有大灾，急作绛袋，盛茱萸系臂上，登高山，饮菊花酒，此祸可消。”景如其言，举家登山。至夕还，鸡犬皆暴死。长房曰:“代之矣。”令人登高，本此。

［译文］ 费长房对桓景说:“九月九日，你们家有大祸临身，赶快做一些绛红色的袋子，装上茱萸捆在胳膊上，登上高山，喝菊花酒，这场祸事就可以消除。”桓景按照他的话去做了，全家登山。到晚上回来，家里的鸡和狗都已经突然死亡。费长房说:“它们代替你们受难了。”现在人们也在重阳节登高，都源于此。

落帽 孟嘉为桓温参军，重九日宴姑孰龙山，风吹落帽。温敕左右勿言，良久取之还，令孙盛作文嘲之。

［译文］ 孟嘉担任桓温的参军，九月初九那天在姑孰龙山参加宴会，风吹落了他的帽子。桓温命令左右的人不要告诉他，过了很久取回来给他，还让孙盛写了篇文章嘲弄他。

白衣送酒 陶潜九月九日无酒，宅边有菊，采之盈把，坐其侧。久而望见白衣人至，乃王弘送酒使也，就便酌酒，大醉而归。

［译文］ 陶渊明在九月九日没酒可以喝，自己房子边栽有菊花，采了一满把，坐在旁边。过了很久望见有一个穿白衣服的人到来，原来是王弘派人送酒来了。于是立刻倒酒，喝得大醉才回家。

游戏马台 宋武帝为宋公时，在彭城，九月九日游项羽戏马台。今相仍为故事。

［译文］ 宋武帝刘裕还是做宋公的时候，居住在彭城，九月九日重阳节游览传说中的项羽戏马台。现在人们沿袭了这一旧例。

茱萸酒 汉武帝宫人，九月九日皆饮茱萸菊花酒，令人长寿。

[译文] 汉武帝时期的宫女们，九月九日都要饮用茱萸花泡的酒，据说可以使人长寿。

观涛 风俗：八月望日，广陵曲江观涛；浙江于十八日看戏潮。

[译文] 民间习俗，八月十五日的时候，人们要到广陵曲江那观看长江的浪涛；浙江人在十八日观看水手在潮水中戏耍。

九日开杜鹃 唐周宝镇润州，知鹤林寺杜鹃花奇绝，谓殷七七曰："可使顷刻开花，副重九乎？"殷曰："诺。"及九日，果烂熳如春，宝游赏后，花忽不见。

[译文] 唐代的周宝镇守润州，了解到鹤林寺的杜鹃花极其奇妙，就对殷七七说："可以让它们马上开花，来应一下重阳节的景吗？"殷七七说："好的。"到了重阳节那天，果然花开得绚烂如春天一般，周宝游玩观赏过后，杜鹃花都不见了。

九日飞升汉张陵 在富川山修道，晋永和九年九月九日，登白霞山飞升，惟遗丹灶药臼于山下。

[译文] 汉代的张陵在富川山修仙，晋代永和九年（公元343年）的重阳节，登上白霞山成仙飞升，只在山下留下了炼丹的火灶坑。

冬

十月朝 宋制，十月朔拜暮，有司进暖炭，民间作暖炉会。

[译文] 宋代规定，十月初一要上坟祭拜祖墓，主事的官吏要向皇

宫进献木炭，民间要开暖炉会。

亚岁　魏晋冬至日受万国百僚称贺，少杀其仪，亚于岁朝，故曰亚岁。

[译文]　魏晋时期在冬至日那天接受各国和百官的朝贺，仪式比元旦的岁朝仪式略简单一些，所以称为“亚岁”。

日长一线　魏晋宫中女工刺绣，以线揆日长短，冬至后比常添一线之功，故曰日长一线。

[译文]　魏晋皇宫中的女织工刺绣，都用线来测量时日的长短，冬至以后每天比往常要加一线的工夫，所以叫“日长一线”。

冬至数九　一九和二九，相唤不出手。三九二十七，笆头吹觱篥。四九三十六，夜眠如露宿。五九四十五，太阳开门户。六九五十四，笆头抽嫩刺。七九六十三，破絮担头担。八九七十二，黄狗相阳地。九九八十一，犁耙一齐出。

[译文]　一九和二九的时候，相唤不出手。三九二十七，笆头吹觱篥。四九三十六，夜眠如露宿。五九四十五，太阳开门户。六九五十四，笆头抽嫩刺。七九六十三，破絮担头担。八九七十二，黄狗相阳地。九九八十一，犁耙一齐出。

嘉平节　秦人以十二月为嘉平节，民间以酒果馈遗，谓之节礼。

[译文]　秦朝时的人把十二月称为嘉平节，民间用美酒和果脯互相馈赠，叫作“节礼”。

腊八粥　宋制，十二月八日浴佛，送七宝五味粥，谓之腊八粥。

[译文] 宋代规定，十二月初八要灌洗佛像的时候，要给寺庙送七宝五味粥，称为“腊八粥”。

傩神逐疫 颛顼氏有三子亡而为疫鬼，一居江中为疟鬼，一居山谷为魍魉，一匿人家室隅中惊小儿。于是除夕制为傩神，赤帻玄衣朱裳，蒙以熊皮，执戈持盾以逐之，其祟乃绝。

[译文] 颛顼氏有三个儿子死后化为散布瘟疫的鬼魅，一个住在江中成为疟鬼，一个住在山谷里成为魍魉，一个藏在人家房子的角落吓唬小孩。于是要在除夕夜的时候制作傩神，穿上红色帽子、黑色的上衣、红色的裤子，用熊皮盖着头，拿着戈、盾之类的兵器四处驱逐，这些鬼怪就不见了。

土牛 周公制土牛，以纳音设色，出城外丑地送寒。今于立春日前迎春，设太岁土牛像，以送寒气。

[译文] 周公制作了土牛，根据五行和音律相配合并涂上颜色，到城外的“丑”的方向送走严寒。现在都在立春之前迎春，设置太岁和土牛的画像，来送走寒气。

神荼郁垒 黄帝时，有兄弟二人，名神荼、郁垒，能执鬼除疫。后世祀以为神。

[译文] 黄帝的时候，有兄弟两个人，名叫神荼和郁垒，能抓捕鬼魂祛除疾病，后世把他们奉为神来祭祀。

爆竹 上古西方深山中有恶鬼，长丈余，名山魈，人犯之即病寒热，畏爆竹声。除夕，人以竹烧火中，毕剥有声，则惊走。今人代以火炮。

[译文] 上古时代，在西方的深山中有恶鬼，长一丈多，名字叫山魈，若有人冒犯它就会得寒热病，但它害怕爆竹的声音。所以除夕夜的时候，人们把竹子放在火里烧，发出噼里啪啦的声音，它就会被惊吓逃跑。现在人们用鞭炮代替竹子了。

粎盆 除夕，各家于街心烧火，杂以爆竹，谓之粎（音松）盆。视其火色明暗，以卜来岁禨祥。

[译文] 除夕夜，各家各户都在街心烧火，中间夹杂着放爆竹，叫作“粎盆”。通过看火光的明暗来预测来年的吉凶。

商陆火 裴度除夕围炉守岁叹老，迨晓不寐，炉中商陆火凡数添之。

[译文] 裴度除夕夜围着火炉守岁的时候，叹息自己已经年老，直到天亮都睡不着觉，炉中的商陆火共添加了好多次。

祭诗文 贾岛常于岁除，取一年所作诗文，以酒脯祭之，曰：“劳吾精神，以此补之。”

[译文] 贾岛经常在除夕的时候，取出一年所写的诗文，用酒肉来祭祀它们，说：“消耗我的精神的这些东西，要用酒肉来补充补充。”

火炬照田 吴中村落，除夕燃火炬，缚长竿杪以照田，烂然盈野，以祈来岁之熟。

[译文] 吴地的乡村，除夕夜燃起火炬，绑在长竿头上照着田野，野外遍地都光明灿烂，用这来祈祷来年的丰收。

卖痴呆 吴俗分岁罢，小儿绕街呼叫："卖汝痴，卖汝呆，谁来买？"

[译文] 吴地风俗在守岁之后，小孩子绕着街大声喊叫着："把傻卖给你，把笨卖给你，谁来买？"

火山 隋炀帝于除夜设火山数十座，用沉香木根，每一山焚沉香数车，火光暗则以甲煎沃之，焰起数丈，香闻十数里，尝一夜用沉香二百余乘，甲煎二百余石。

[译文] 隋炀帝在除夕夜设立了数十座用沉香木的树根制成的火山，每一座山要烧好几车沉香木，如果火光暗就用甲煎浇灌，火焰会腾起数丈，香气在十几里外都可以闻，曾经一夜烧掉二百多车沉香，二百多石甲煎。

历律

定气运 黄帝受《河图》，始设灵台。羲和占日，常仪占月，车区占星气，伶伦造律吕，大挠作甲子，隶首造算数。容成总六术，以定气运。

[译文] 黄帝得到《河图》，才修造灵台。羲和用太阳进行占卜，常仪用月亮进行占卜，车区用星气进行占卜，伶伦创制律吕占卜，大挠创制了甲子占卜，隶首创制了算数占卜。容成总结上面的六种方法，用来判定气运。

历纪 少昊使玄鸟氏司分，伯赵氏司至，青鸟氏司起，丹鸟氏司闭，颛顼受之，以孟春建寅为元，始为历宗。尧使羲仲叔主春夏，和仲叔主秋冬，以闰月正四时，始为历纪。

［译文］ 帝少昊让玄鸟氏掌管春分和秋分，让伯赵氏掌管夏至和冬至，青鸟氏掌管立春和立夏，丹鸟氏掌管立秋和立冬，帝颛顼承袭了这个方法，以初春的第一个月为一年的开始，成为历法的开创者。尧帝让羲仲叔掌管春夏，和仲叔掌管秋冬，再用闰月来调整四时变化，才开始有了历纪。

历元　黄帝始为历元，起辛卯，高阳氏起乙卯。舜用戊午，夏用丙寅，殷用甲寅，周用丁巳，秦用乙卯。汉作太初历元以丁丑。夏、商、周以三统改正朔。三代而下，造历者各有增创，如太初起之以律，而候气于黄钟，太衍符之以《易》，而较数于分秒，授时准之以晷，而测验于仪象。

［译文］ 黄帝开始制定历法的起点，始于辛卯，高阳氏始于乙卯，舜帝始于戊午，夏代始于丙寅，殷商始于甲寅，周帝始于丁巳，秦朝始于乙卯。汉代制作《太初历》以丁丑作为历元。夏、商、周各以自己的历法改变前朝的正朔。三代以后，制造历法的人各有增益开创，比如《太初历》以音律开始，并用黄钟区分节气；《大衍历》符合《易经》，并精确到了分秒；《授时历》以日晷作为标准，并用仪象来验证。

造历　黄帝迎日推筴，尧闰月成岁。舜在璇玑玉衡。三代历无定法，周秦闰余乖次。刘歆造《三统历》，而是非始定。东汉李梵造《四分历》，而仪式方备。刘洪造《乾象历》，始悟月行迟速。魏黄初间始以日食课其疏密。杨伟造《景初历》，始立交食起亏术。又何承天造《元嘉历》，始悟朔望及弦皆定大小余，及以晷影验气。又祖冲之造《大明历》，始悟太阳岁次之数极，不动之处一度余。又张子信始悟日月交道有表里，五星有迟速留逆。又张胄玄造《大业历》，始立五星入气加减法，及日应食不食术。刘焯造《七曜历》，始悟日行有盈缩，及立推黄道月道。又傅仁均造《戊寅元历》，颇采旧历，始用定制。又李淳风造《麟德历》，始为总法，用进朔以避晦晨月见。又一行造《大衍历》，始以朔有四大三小，定九服轨满交食之异，及创立岁星差合术。又徐昂造《宣明历》，始悟日食有气刻时三差。又边冈崇《玄历》，始立相减相乘法，以求黄道月道。又王朴《钦天历》，始变五星法，迟留逆行，舒亟有渐。又周琮造《明天历》，始悟日法积年自然之数。又姚舜辅造《纪元历》，始悟食甚泛余差数。以上计千一百八十二年。创法有三家，汉洛下闳（洛姓，下闳名）始取法黄钟律数创历（律容一龠，积八十一寸，则一日之分也）。唐僧一行（姓张名遂）始改从大易蓍策数修历（本易大衍以四十九分为算）。晋虞喜始立岁次，以五十年退一度。何承天为太过进之。刘焯取二家中数折之。至元郭守敬始测景验气，积六十年奇退一度，始定差法。

［译文］ 黄帝用蓍草推算节气，尧帝设置闰月调和四季。舜帝用璇玑玉衡观察日月星辰的运行。三代没有固定的历法，周秦的闰月、余分错乱无序。刘歆编制《三统历》，才辨别了历法的对错。东汉李梵制作《四分历》，历法才完备。刘洪编制《乾象历》，才知道月亮运行的快慢。魏国黄初年间开始用日食检查历法的疏密程度。杨伟编制《景初历》，才开始认识日食、月食的规律。何承天编制《元嘉历》，才知道朔、望和弦月都可决定大余和小余（大余是日，小余是分），以及用日晷的影子核验节气。祖冲之制作《大明历》，才知道太阳运行每年有较小的误差，北极星离它不动点有一度的距离。又因为张子信才知道日月运行轨道有里外的

区别，五大行星运行有快慢和顺逆。张胄玄编制《大业历》，才开始建立五星计入节气的加减法，以及“太阳应该食不食的标准”。刘焯编制《七曜历》，才知道太阳运行有进有退，以及建立推测太阳和月亮轨迹的法则。傅仁均编制《戊寅元历》，大量采用旧的历法，开始运用确定朔日的方法。李淳风编制《麟德历》，综合以前的各种历法用进朔的方法来避免每月最后一天早上可以看到月亮的错误。唐僧一行编制《大衍历》，才会因朔而设四个大月加三个小月来确定所有运行轨道交食的差异，并创立岁星差合术。徐昂制作《宣明历》，才知道日食有气差、刻差、时差等三差。边冈崇编制《玄历》，才建立了相减相乘法，用以推求太阳和月亮的运行轨迹。王朴的《饮天历》，才改变五星法，迟留、逆行、舒缓、急迫就有了法则。周琮编制《明天历》，才知道以天数来积得年数。姚舜辅编制《纪元历》，才明白食甚泛余的误差数。以上共计一千一百八十二年，制作历法有三家：汉代的洛下闳开始按照黄钟律数创制历律；唐代僧人一行（张璲）才开始改从《易》中的蓍策之数来修订历法；晋朝虞喜才开始创立岁次，五十年退一度。何承天认为退得太多又进了一些。而刘焯则把这两家的数值做了折中。到元代的郭守敬才知道测太阳景长验证节气，积六十年有余可一退一度，才定下了“差法”。

改历　按自黄帝讫秦末凡六改，汉高讫汉末凡五改，隋文讫隋末凡十三改，唐高讫周末凡十六改，宋太祖讫宋末凡十八改，金熙宗讫元末凡三改。而法，西汉莫善于太初；东汉莫善于四分；由魏至隋莫善于皇极。在唐则称大衍，在五代则称钦天。至元授时，郭守敬立仪测验，较古精密。

[译文] 从黄帝到秦末总共六次更改历法，汉高祖到汉末改历共有五次，隋文帝到隋末改历共有十三次，唐高祖到后周末改历共有十六次，宋太祖到宋末改历共有十八次，金熙宗到元末改历共有三次。但以历法来说，西汉最好的历法莫过于《太初历》；东汉最好的莫过于《四分历》；由魏至隋最好的莫过于《皇极历》。在唐代最好的是《大衍历》，在五代最好的是《钦天历》。到元代是《授时历》，郭守敬用仪器测验，比古代更为精密。

仪象 黄帝命成容作盖天，舜察玑衡（以璇为玑，用以转动为玑，以玉为管。横置其中为衡）。颛顼始为浑仪，尧复之，浑仪遭秦灭。洛下闳始复经营运仪，鲜于妄人又度之。耿寿昌始铸为象。张衡仪始为内规外规。李淳风仪表里三重。洛下闳为员仪，梁令瓒为游仪，郭守敬为简仪、仰仪。后汉有铜仪，后魏有铁仪，李淳风有木浑仪，唐明皇有水浑天。张衡始造候风地动仪（形似樽，外有八龙衔丸，震则机发，吐丸下，蟾蜍承之）。伏羲始作土圭测影，伊尹作水准，得日晷辨方向。黄帝始为刻漏，夏商宣其制为漏箭。宋燕肃作水秤，周公始分更点。宋太祖闻陈抟怕五更头之言，始去前后二点。

[译文] 黄帝命令成容制作盖天仪，舜用玑衡开始观察天象（以璇玉石做玑，用作转动的轴，再用玉石作管，横着放在中间作为观察仪器）。帝颛顼开始制作浑天仪，帝尧帝复原了这种仪器，后来浑天仪被秦人毁掉。洛下闳开始再次制作运行仪，鲜于妄人又制作了测量的仪器，耿寿昌开始铸造为有形象的仪器。张衡的浑天仪开始制作内规和外规。李淳风的浑天仪里外有三层。洛下闳制作了圆形的浑天仪，梁令瓒制作游仪，郭守敬制作简仪和仰仪。后汉有铜做的仪器，后魏有铁做的仪器，李淳风有木浑仪，唐明皇有水仪。张衡制作出候风地动仪（外形像酒樽，外有八龙衔丸，如果有地震，地动仪里的机

关就会发动，龙就把弹丸吐出，下边的蟾蜍接着）。伏羲最早开始制作土圭来观测日影，伊尹制作了水准仪，用日晷来辨别方向。黄帝最早制作刻漏的计时器，夏、商两代发扬光大，制作了漏箭。宋代的燕肃制作了水秤。周公最早区分晚上的更点。宋太祖因听到陈抟怕寒在五更头的预言，就去掉前后两个更点。

卷二　地理部

疆域

九州 人皇氏兄弟九人，分天下为九州，梁、兖、青、徐、荆、雍、冀、豫、扬是也。至舜时，以冀、青地广，分冀东恒山之地为并州，分东北之医无闾之地为幽州，又分青之东北为登州，共成十二州。

[译文] 人皇氏有兄弟九人，把天下分为九个州：分别是梁州、兖州、青州、徐州、荆州、雍州、冀州、豫州、扬州。到舜帝的时候，因为冀州、青州面积太大，就把冀州东部恒山的土地分出来，成为并州，把冀州东北医无闾那片地方分出成为幽州，再把青州东北分出成为登州，共成十二州。

历代方舆 商九州，周亦九州。秦分天下为三十六郡，汉分天下为十三部。三国蜀制巴蜀，置二州。吴北据江、南尽海，置五州。魏据中原，置十二州。晋制十九州。唐分十道，玄宗分十五道。宋分二十三路，元置十二省，又分天下为二十三道。明分两直隶、十三省。

[译文] 商朝有九州，周朝也有九州。秦朝把天下分为三十六个郡，汉朝把天下分为十三个部。三国时蜀国统治巴、蜀两地，设置了两个州；吴国在北边抵长江、向南延伸到大海，设置了五个州。魏国占据中原地区，设置了十二个州；晋代设置了十九个州。唐代分天下为十道，唐玄宗又分为十五道。宋代分成二十三路，元代设置了十二个省，又把天下分为二十三道。明代划分为两个直

隶、十三个省。

吴越疆界　钱镠王以苏州平望为界，据浙闽，共一十四州。古扬州所辖之地，南直隶、浙江、福建、广东、广西、江西，凡六省。古会稽所辖之地，浙江除温、台，九府：杭、嘉、湖、处、宁、绍、金、衢、严；福建除福州，七府：漳、泉、汀、兴、建、延、邵；南直隶苏、松、常、镇四府，共二十府。会稽郡驻匝苏州府。

[译文]　钱镠王以苏州的平望为边界，占据浙江和福建，共十四个州。古扬州所管辖的地方包括南直隶、浙江、福建、广东、广西、江西，共六个省。古会稽所辖之地是浙江除温州、台州之外的九个府，即杭州、嘉兴、湖州、处州、宁波、绍兴、金华、衢州、严州；福建除福州之外的七个府，即漳州、泉州、汀州、兴化、建宁、延平、邵武；还有南直隶的苏州、松江、常州、镇江四个府，共二十个府。会稽郡的所在地是苏州府。

二周　镐京为西周，洛阳为东周。

[译文]　西周建都镐京，东周建都洛阳。

两都　前汉都长安，曰西都；东汉都洛阳，曰东都。

[译文]　西汉建都长安，称为西都；东汉建都洛阳，称为东都。

蜀三都　成都、新都、广都。

[译文]　蜀地三都是成都、新都、广都。

魏五都　魏因汉祚都洛阳，以谯为先人本国，许昌为汉之所居，长安为西京之遗迹，邺为王业之本基，故号五都。

[译文] 魏承袭汉代基业建都洛阳，因为谯郡是曹魏祖先所居的地方，许昌是汉献帝居住的地方，长安作为西汉京都的遗迹，邺下为曹魏王业的根本，所以合起来号称五都。

三辅 长安以京兆、冯翊、扶风为三辅。宋都汴梁，以郑州、滑州、汝州为三辅。

[译文] 长安把京兆、冯翔、扶风作为三辅。宋代建都汴梁，以郑州、滑州、汝州为三辅。

三亳 曹州考城县曰北亳，西京谷熟县曰南亳，西京偃师县曰西亳。

[译文] 曹州的考城县叫北亳，西京的谷熟县叫南亳，西京的堰师县叫作西亳。

三吴 苏州曰东吴，润州曰中吴，湖州曰西吴。

[译文] 苏州称为东吴，润州称为中吴，湖州称为西吴。

三楚 江陵曰南楚，徐州曰西楚，苏州曰东楚。

[译文] 江陵叫南楚，徐州叫西楚，苏州叫东楚。

三齐 临淄曰东齐，博阳曰济北，蓬州即墨曰胶东。

[译文] 临淄称为东齐，博阳称为济北，蓬州的即墨称为胶东。

三蜀 成都为蜀都，汉高分置汉广，汉武分置犍为。

[译文] 成都是蜀都，汉高祖时又分设了汉广，汉武帝时增设了

犍为。

三晋 赵都邯郸，魏都大梁，韩都郑，三家皆晋卿，故曰三晋。

［译文］赵国建都邯郸，魏国建都大梁，韩国建都郑，赵、魏、韩三家国君以前都是晋国的上卿，所以这三国也叫三晋。

三秦 章邯都废丘，司马欣都栎阳，董翳都高奴，三人皆秦降将，项羽分关中地以王之，曰三秦。

［译文］章邯建都废丘，司马欣建都栎阳，董翳建都高奴，这三个人都是秦朝的降将，项羽把他们封在关中故地称王，叫作三秦。

三虢 太阳曰北虢，荥阳曰东虢，雍州曰西虢。

［译文］太阳叫北虢，荥阳叫东虢，雍州叫西虢。

三越 吴越杭州，闽越福州，南越广州。

［译文］吴越的中心在杭州，闽越的中心在福州，南越的中心在广州。

三巴 渝州为巴中，绵州为巴西，归夔、鱼复、云安为巴东。

［译文］渝州称为巴中，绵州称为巴西，归夔、鱼腹、云安称作巴东。

三湘 曰湘乡，曰湘潭，曰湘原，在湖南，属潭州。

［译文］三湘就是湘乡、湘潭、湘原，都在湖南，属于潭州。

三河 周都曰河南，商都曰河内，尧都曰河东。

【译文】周代的首都在河南，商代的首都在河内，尧帝的首都在河东。

四京　开封曰东京，河内曰西京，应天曰南京，大名曰北京。

【译文】开封叫东京，河内叫西京，应天叫南京，大名叫北京。

四辅　唐都长安，以同州、华州、岐州、蒲州为四辅。

【译文】唐朝建都长安，把同州、华州、岐州、蒲州当作四辅。

四川　成都为西川，潼州为东川，利州为北川，夔州为南川。

【译文】成都是西川，潼州是东川，利州是北川，夔州是南川。

五服　《禹贡》：五服，曰甸服、侯服、绥服、要服、荒服，每服五百里，计二千五百里。

【译文】《禹贡》中说：五服，是甸服、侯服、绥服、要服、荒服，每服广五百里，共计二千五百里。

九服　周九服，曰侯服、甸服、男服、采服、卫服、蛮服、夷服、镇服、藩服，谓之服者，责以服事天子为职也。

【译文】周代有九服，叫作侯服、甸服、男服、采服、卫服、蛮服、夷服、镇服、藩服。叫“服”的原因是要以服侍天子为自己的职责。

百二山河　秦地险固，二万人，足当诸侯百万人，故曰百二山河。

【译文】秦国所处的地方险要坚固，两万兵士，就足以抵挡关东诸侯的百万士兵，所以叫作“百二山河”。

九边 明朝设以限华夷。洪武初设重镇六，曰宣府，曰大同，曰甘肃，曰辽东，曰延绥，曰宁夏；永乐初增设蓟州；正统间又增榆林、固原，是为九边。

［译文］ 明朝设置边界来隔开中国和外族。洪武初年的时候设立六个军事重地，即宣府、大同、甘肃、辽东、延绥、宁夏；永乐初年的时候又增设了蓟州；正统年间又增设了榆林、固原，这就是九边。

六关 直隶三关，曰居庸，曰紫荆，曰倒马。山西三关，曰雁门，曰宁武，曰偏头。

［译文］ 直隶地方的三关，即居庸关、紫荆关、倒马关。山西三关，即雁门关、宁武关、偏头关。

陶唐九州 冀州，《禹贡》：帝都之地三面距河，时盖黄河由冀入海也。《释名》：冀州，其地有险有易，乱则冀治，弱则冀强，荒则冀丰也。《春秋元命苞》曰：昴毕之间为天街，散为冀州，分为赵国，立为常山。

兖州，《禹贡》：济河惟兖州。谓东南据济，西北距河，盖冀之东南也。《元命苞》曰：五星流为兖州。兖之言端也，言阳精端，其气纤杀，分为郑国。

青州，《禹贡》：海岱惟青州。谓东北距海，西南距岱，又在兖之东也。《释名》：青州在东，取生物而青也。《元命苞》曰：虚危之精，流为青州，分为齐国，立为莱山。

徐州，《禹贡》：海岱及淮惟徐州。谓东至海，北至岱，南至淮，又在青州之南也。《元命苞》曰：天弓星司弓弩，流为徐州，别为鲁国。徐之为舒也，言阴牧内雨，安详也。

扬州，《禹贡》：淮海惟扬州。谓北至淮，东南至海。又曰："江南之气躁劲，厥性轻扬也。"《元命苞》曰：牵牛流为扬州，分为越国，立为扬山。

荆州，《禹贡》：荆及衡阳惟荆州。谓北距南条前山，南包衡山之阳，盖在扬州之西，而豫州之西南也。《释名》：荆，警也。南蛮数为寇逆，言当警备之也。《元命苞》曰：轸星散为荆州，分为楚国。

豫州，《禹贡》：荆河惟豫州。谓西南至南条荆山，北距大河，盖在冀州之南，荆州之北，徐、兖之西也。《元命苞》曰：钩钤星别为豫州。言地在九州之中，所在常安豫也。

梁州，《禹贡》：华阳黑水惟梁州。谓东距华山之南，西距黑水，盖在雍州之南，荆州之西也。以西方属金，其气强梁，故曰梁州。当夏殷，为蛮夷之国，至周始并入雍州。

雍州，《禹贡》：黑水西河惟雍州。谓西距黑水，东距西河，盖在冀州之西，梁州之北。《太康地记》：雍州并得梁州之地，西北之位，阳所不及，阴气雍阏，故取名焉。《元命苞》曰：东井鬼星，散为雍州，分为秦国。

[译文]　冀州，《禹贡》中说：冀州三面都挨着河，因为当时黄河经由冀州流入大海。《释名》中说：冀州这个地方既有险要的地方，也有平坦的地方，遇到混乱则希望能够安宁，遇到衰弱就希望能够强盛，遇到荒年就希望能够丰收。《春秋元命苞》中说：昴毕二星之间叫天街，散开为冀州，分野为赵国，标志为常山。

兖州，《禹贡》中说：济水与黄河之间有兖州。意思是它东南枕着济水，西北靠着黄河，大约属于冀州的东南方向。《春秋元命苞》

说：五星流为兖州。“兖”就是“祥瑞”的意思，是说阳气精纯，气候温软，分野在郑国。

青州，《禹贡》中说：大海和泰山之间是青州。是说它东北临海，西南靠着泰山，位于兖州的东部。《释名》中说：青州在东边，万物生长为青色，所以称为青州。《春秋元命苞》中说：虚星与危星的精气流到地上就是青州，分野是齐国，莱山为标志。

徐州，《禹贡》说：大海、泰山到淮水之间就是徐州。意思是说它东临大海，北抵泰山，南距淮水，在青州的南面。《春秋元命苞》中说：天弓星掌管弓弩，对应徐州，分野在鲁国。“徐”就是“舒张”的意思，说的是北面可以放牧，而内地多雨，安定祥和的意思。

扬州，《禹贡》中说：淮水周围就是扬州。说的是北抵淮水，东南直到大海的地方。又说：江南的民风暴躁强悍，其地人民的性格就浮躁。《春秋元命苞》中说:牵牛星指向的是扬州，分野是越国，标志为扬山。

荆州，《禹贡》中说：荆山到衡阳之间就是荆州。说的是北抵南条前山，南边包括衡山的南麓，在扬州的西方，豫州的西南。《释名》中说：荆，就是警的意思。南方的蛮族常常叛乱，所以说要警惕、戒备他们。《春秋元命苞》说：轸星分散为荆州，分野在楚国。

豫州，《禹贡》说：荆山与黄河之间是豫州。西南到南条荆山，北边临着黄河，大约在冀州的南边，荆州的北边，徐州和兖州的西边。《春秋元命苞》中说：钩星、钤星分为豫州。说的是它的地理位置在九州的中心，这个地方一般比较安定。

梁州，《禹贡》中说:华山南麓到黑水之间是梁州。东到华山南麓，西到黑水，大约在雍州的南边，荆州的西边。因为西方属金，民风剽悍，所以叫梁州。在夏朝和商朝时，还是蛮夷之地，到周朝才并进了雍州。

雍州，《禹贡》中说：黑水、西河之间是雍州。西到黑水，东到西河，大致在冀州的西边，梁州的北边。《太康地记》中说：雍州包括了梁州的土地，西北的方位，阳气较弱，阴气太多而比较拥堵，所以取名雍州。《春秋元命苞》中说：东边的井星和鬼星，分散为雍州，分野在秦国。

虞十二州　九州之外，分设并州，则盖冀之东北毉无间之余地也。《元命苞》曰：营室星流为并州，分为郑国，立为朋山。并之言诚也。精全及并，其气勇抗。诚，信也。

幽州，即冀东恒山诸地，盖在北幽昧之地也。《元命苞》曰：箕星散为幽州，分为燕国。

营州，即青之东北、辽东等处。《释名》：齐卫之地，于天文属营室，故取其名。盖舜为冀、青地广而分之也。

[译文]　在九州之外，又分设了并州，大概是在冀州东北医无间之外的地方。《春秋元命苞》中说：营室星流向地面指向并州，分野在郑国，标志是朋山。并是诚的意思。精气与心交合，所以民风勇敢正直。诚就是诚信的意思。

幽州，指的是冀州东部恒山等地，大约是因为在北部幽昧之地。《春秋元命苞》中说：箕星分散为幽州，分野在燕国。

营州，就是青州的东北和辽东等地。《释名》中说：齐国与卫国一带，在天文上属于营室星，所以取名营州。这是舜帝因为冀州、青州地方太大而分出来的。

周九州　东南曰扬州，其山镇曰会稽，其薮泽曰具区，其川三江，其浸五湖（彭蠡、洞庭、青草、太湖、丹阳也），其利金锡竹箭，其民二男五女（盖通以一州之民计之，二分为男，五分为女也），其畜鸟兽，其谷宜稻。

正南曰荆州，其山镇曰衡山，其薮泽曰云梦，其川江汉，其浸颍湛，其利丹银齿革，其民一男二女，其畜鸟兽，其谷宜稻。

河南曰豫州，其山镇曰华山，其薮泽曰圃田，其川荥雒，其浸波溠（音诈），其利材漆丝枲，其民二男二女，其畜宜六扰（鸡、豚、犬、马、牛、羊也），其谷宜五种（稻、黍、稷、麦、菽也）。

正东曰青州，其山镇曰沂山，其薮泽曰望诸，其川淮泗，其浸沂沭，其利蒲鱼，其民二男二女，其畜鸡狗，其谷宜稻麦。

河东曰兖州，其山镇曰泰山，其薮泽曰大野，其川河泲，其浸卢维，其利蒲鱼，其民三男三女，其畜六扰，其谷宜四种。

正西曰雍州，其山镇曰岳山，其薮泽曰弦蒲（在汧阳），其川泾汭，其浸渭洛，其利玉石，其民三男二女，其畜宜牛马，其谷宜黍稷。

东北曰幽州，其山镇曰毉无闾（辽东），其薮泽曰貕养（在莱阳），其川河泲，其浸菑时（莱芜般阳），其利鱼盐，其民一男三女，其畜牛马羊豕，其谷宜黍麦稻。

河内曰冀州，其山镇曰霍山，其薮泽曰扬纡，其川漳，其浸汾潞（汾出汾阳，潞出归德），其利松柏，其民五男三女，其畜牛羊，其谷宜黍稷。

正北曰并州，其山镇曰恒山，其薮泽曰昭余邪（在鄔），其川虖池呕夷，其浸涞易，其利布泉，其民二男三女，其畜牛马犬豕羊，其谷宜五种。

［译文］ 中原的东南方叫扬州，这里的名山叫会稽，大泽叫具区，大河叫三江，大湖有五湖（彭蠡湖、洞庭湖、青草湖、太湖、丹阳湖），盛

产金、锡和竹箭，这里的居民二男五女（大概是以本州的所有居民来计算，二分是男性，五分是女性），这里适合豢养鸟兽，适宜种植水稻。

正南方叫荆州，这里的名山是衡山，大泽叫云梦，河流有长江、汉江，大湖有颍湖、湛湖，盛产丹银、骨制品和毛皮，居民一分为男、二分为女，适合养殖鸟兽，农作物适宜种水稻。

黄河以南叫豫州，这里的大山叫华山，大泽叫圃田，河流有荥水和雒水，湖叫波湖、溠（读作诈）湖，盛产木材、生漆、丝织品和木制品，这里居民二分为男、二分为女，适宜养殖"六扰（鸡、猪、狗、马、牛、羊六种动物），适宜种植五种农作物（水稻、小米、高粱、小麦、大豆）。

正东叫青州，这里的大山叫沂山，大泽叫望诸，河流有淮水和泗水，大湖是沂湖、沭湖，盛产席子和鱼类，这里居民二分为男，二分为女，可以养鸡和狗，适宜种水稻和小麦。

黄河以东叫兖州，这里的大山叫泰山，大泽叫大野，河流有河、泲水，大湖是卢湖和维湖，盛产席子和鱼类，这里居民三分为男，三分为女，也可以养殖"六扰"，农作物适宜四种。

正西叫雍州，这里的大山叫岳山，大泽叫弦蒲（在沂阳），河流有泾河、汭河，大湖是渭湖、洛湖，盛产玉石，这里居民三分为男，二分为女，可以养牛和马，适宜种植小米和高粱。

东北叫幽州，这里的大山叫医无闾（在辽东），大泽叫貕养（在莱阳），河流有黄河和泲水，大湖是菑湖和时湖（在莱芜），盛产鱼类和食盐，这里居民一分为男、三分为女，可以养牛、马、羊、猪，农作物适宜种植小米、小麦和水稻。

黄河的北部叫冀州，这里的大山叫霍山，大泽叫扬纡，河流有漳河，大湖是汾湖、潞湖（汾湖出自汾阳，潞湖出自归德），盛产松树和柏树，这里居民五分为男，三分为女，可以养牛、羊，农作物适宜种小米和高粱。

正北的地方是并州，这里的名山是恒山，大泽是昭余邪（在邬这个地方），河流有虖池河、呕夷河，大湖是涞湖、易湖，这里的人擅长贸易，每户人家都各得其利。居民二分为男，三分为女，可以养牛、马、狗、猪、羊，适宜种植五谷。

秦三十六郡　始皇初并天下，罢诸侯，置守尉，遂分天下为三十六郡，每郡置一守、一丞、两尉以典之。郡名曰内史、三川、河东、南阳、南郡、九江、鄣郡、会稽、颍川、砀郡、泗水、薛郡、东郡、琅琊、齐郡、上谷、渔阳、北平、辽西、辽东、代郡、巨鹿、邯郸、上党、太原、云中、九原、雁门、上郡、陇西、北地、汉中、巴郡、蜀郡、黔中、长沙。后又置闽中、南海、桂林、象郡四郡。凡四十郡。

[译文]　秦始皇刚统一天下时，撤销了原来的诸侯国，设置了守尉，于是把天下分成三十六个郡，每郡设置一个郡守、一个郡丞、两个郡尉来治理本地。三十六郡分别是：内史郡、三川郡、河东郡、南阳郡、南郡、九江郡、鄣郡、会稽郡、颍川郡、砀郡、泗水郡、薛郡、东郡、琅琊郡、齐郡、上谷郡、渔阳郡、北平郡、辽西郡、辽东郡、代郡、巨鹿郡、邯郸郡、上党郡、太原郡、云中郡、九原郡、雁门郡、上郡、陇西郡、北地郡、汉中郡、巴郡、蜀郡、黔中郡、长沙郡。后来又增设了闽中郡、南海郡、桂林郡、象郡四个郡。总共四十个郡。

汉十三部　汉分天下为十三部，每部置刺史，领天下郡国一百三。司隶校尉（领京兆、扶风、冯翊、弘农、河东、河内、河南七郡）。豫州刺史（领颍川、汝南、沛郡、梁国、鲁国五郡）。冀州刺史（领魏郡、巨鹿、常山、清河、广平、真定、中山、信都、河间、赵国十郡)。兖州刺史(领陈留、东郡、山阳、济阴、泰山、城阳、东平七郡)。徐州刺史(领琅琊、东海、临淮、泗水、楚国五郡)。青州刺史(领平原、千乘、济南、齐郡、北海、东莱、胶东、高密、菑川九郡)。荆州刺史(领南阳、南郡、江夏、桂阳、武陵、零陵、广陵、长沙八郡)。扬州刺史(领镇江、九江、会稽、丹阳、豫章、六安六郡)。益州刺史(领汉中、广汉、巴郡、蜀郡、犍为、越巂、牂牁、益州八郡)。凉州刺史(领安定、北城、陇西、武威、金城、天水、武都、长掖、酒泉、敦煌十郡)。并州刺史(领太原、上党、上郡、西河、朔方、五原、云中、定襄、雁门九郡)。幽州刺史(领涿郡、渤海、代郡、上谷、渔阳、北平、辽西、辽东、广阳、乐浪、玄菟十一郡)。交州刺史(领海南、郁林、苍梧、交趾、合蒲、九真、日南七郡)。

[译文] 汉朝把天下分为十三部，在每个部设置刺史，来统领天下一百零三个郡国。

司隶校尉(统领京兆、扶风、冯翊、弘农、河东、河内、河南七个郡)。豫州刺史(统领颍川、妆南、沛郡、梁国、鲁国五郡)。冀州刺史(统领魏郡、巨鹿、常山、清河、广平、真定、中山、信都、河间、赵国十郡)。兖州刺史(统领陈留、东郡、山阳、济阴、泰山、城阳、东平七郡)。徐州刺史(统领琅琊、东海、临淮、泗水、楚国五郡)。青州刺史(统领平原、千乘、济南、齐郡、北海、东莱、胶东、高密、菑川九郡)。荆州刺史(统领南阳、南郡、江夏、桂阳、武陵、零陵、广陵、长沙八郡)。扬州刺史(统领镇江、九江、会稽、丹阳、豫章、六安六郡)。益州刺史(统领汉中、广汉、巴郡、蜀郡、犍为、越巂、牂牁、益州八郡)。凉州刺史(统领安定、北城、陇西、武威、金城、天水、武都、长掖、酒泉、敦煌十郡)。并州刺史(统领太原、上党、上郡、西河、朔方、五原、云中、定襄、雁门九郡)。幽州刺史(统领涿郡、渤海、代郡、上谷、渔阳、北平、辽西、辽东、广阳、乐浪、玄菟十一郡)。交州刺史(统领海南、郁林、苍梧、交趾、合蒲、九真、日南七郡)。

三国州郡　蜀汉全制巴蜀，置二郡，曰益州(成都)、曰梁州(汉中），有郡二十。先主初置九郡，曰巴东、曰巴西、曰梓潼、曰河阳、曰文山、曰汉嘉、曰朱提、曰云南、曰涪陵，并得旧汉，曰巴郡、曰广汉、曰犍为、曰牂牁、曰越巂、曰益州、曰汉中、曰永昌、曰南安、曰武都。

孙吴北据江南尽海，置州五，曰交州（安南）、曰广州（南海）、曰荆州（江陵）、曰郢州（江夏）、曰扬州（丹阳）。孙权置临贺、武昌、朱压、新安、卢陵五郡。孙亮又置临川、临海、衡阳、湘东四郡。孙休又置天门、建平、合浦三郡。孙皓置始安、始兴、邵陵、安成、新昌、武平、九德、吴兴、平阳、桂林、荥阳十一郡。因立宜阳一郡，并汉十八郡，共四十三郡。

魏据中原，有州十二，曰司隶（河南）、曰豫州（谯）、曰荆州（襄阳）、曰兖州（武威）、曰青州（临淄）、曰徐州（彭城）、曰凉州（天水）、曰秦州（上邽）、曰冀州（代郡）、曰幽州（范阳）、曰并州（晋阳）、曰扬州（寿春）。

［译文］ 蜀汉统治整个巴蜀地区，设置两个大郡，一是益州（成都）、一是梁州（汉中），另有二十个小郡。先主刘备最初设置了九个郡，即巴东、巴西、梓潼、河阳、文山、汉嘉、朱提、云南、涪陵，又兼并了以前的汉中，巴郡、广汉、犍为、牂牁、越巂、益州、汉中、永昌、南安、武都。

孙吴北临长江，向南一直到人海，设置了五个州，即交州（安南）、广州（南海）、荆州（江陵）、郢州（江夏）、扬州（丹阳）。孙权又设置了临贺、武昌、朱压、新安、卢陵五个郡。孙亮又设置临川、临海、衡阳、湘东四个郡。孙休又设置了天门、建平、合浦三个郡。孙皓设置了始安、始兴、邵陵、安成、新昌、武平、九德、吴兴、平阳、桂林、荥阳十一个郡。又新立一个宜阳郡，合并汉朝原来的十八个郡，共四十三个郡。

魏国占据中原，共有十二个州，即司隶（河南）、豫州（谯）、荆州（襄阳）、兖州（昌邑）、青州（临淄）、徐州（彭城）、凉州（天水）、秦州（上邽）、冀州（代郡）、幽州（范阳）、并州（晋阳）、扬州（寿春）。

晋十九州　曰司州（河南）、曰兖州（濮阳）、曰豫州（项城）、曰冀州（赵郡）、曰并州（晋阳）、曰青州（临淄）、曰徐州（彭城）、曰荆州（江陵）、曰扬州（初寿春，后建业）、曰雍州（京兆）、曰秦州（上邽）、曰益州（成都）、曰梁州（南郑）、曰宁州（云南）、曰幽州（范阳）、曰平州（昌黎）、曰交州（番禺）、曰凉州（武威）。

[译文]　分别是司州（河南）、兖州（濮阳）、豫州（项城）、冀州（赵郡）、并州（晋阳）、青州（临淄）、徐州（彭城）、荆州（江陵）、扬州（初寿春，后建业）、雍州（京兆）、秦州（上邽）、益州（成都）、梁州（南郑）、宁州（云南）、幽州（范阳）、平州（昌黎）、交州（番禺）、凉州（武威）。

唐十道　自晋藩阴败，复南北分争，州郡割裂，宋、齐、梁、陈狃于江左，隋氏虽能混一，而享祚不长。至唐太宗肇造区夏，并有州郡，始因山以形便，分天下为十道，曰关内、曰河南、曰河东、曰河北、曰山南、曰陇右、曰淮南、曰江南、曰剑南、曰岭南。贞观十五年大酺，凡州府三百五十八。玄宗开元初，又分为十五道，曰京畿（西京）、曰都畿（东都）、曰关内（京官遥领）、曰河南（陈留）、曰河北（魏郡）、曰陇右（西平）、曰山南东（襄阳）、曰山南西（汉中）、曰江南东（吴郡）、曰江南西（豫章）、曰剑南（蜀郡）、曰淮南（广陵）、曰黔中（贵州）、曰岭南（南海）。

[译文]　自从晋朝在荡阴战败后，南北分裂争夺，州郡也被不同的势力割据占领，而宋、齐、梁、陈四朝都只能偏安江南。隋朝虽然统一，但国运不长。到唐太宗再造华夏，合并其他州郡，依山

河形势之利，把天下分为十道，即关内道、河南道、河东道、河北道、山南道、陇右道、淮南道、江南道、剑南道、岭南道。贞观十五年大规模欢庆，共有三百五十八个州府。唐玄宗开元初年，又重分为十五道，分别是京畿（西京）、都畿（东都）、关内（京官遥领）、河南（陈留）、河北（魏郡）、陇右（西平）、山南东（襄阳）、山南西（汉中）、江南东（吴郡）、江南西（豫章）、剑南（蜀郡）、淮南（广陵）、黔中（贵州）、岭南（南海）。

宋二十三路 太宗分天下为十五路，至仁宗又分为二十三路，曰京东东路、京东西路，曰京西南路、京西北路，曰河北东路、河北西路，曰陕西路，曰秦凤路，曰河东路，曰淮南东路、淮南西路，曰两浙路，曰江南东路、江南西路，曰荆湖南路、荆湖北路，曰成都路，曰梓州路，曰利州路，曰夔州路，曰福建路，曰广南东路、广南西路。

[译文] 宋太宗分天下为十五路，到了宋仁宗又分为二十三路，即京东东路、京东西路，京西南路、京西北路，河北东路、河北西路，陕西路，秦凤路，河东路，淮南东路、淮南西路，两浙路，江南东路、江南西路，荆湖南路、荆湖北路，成都路，梓州路，利州路，夔州路，福建路，广南东路、广南西路。

元十二省 元建中书省十二，辖天下州郡，曰都省（治腹里路）、曰河南行省（汴梁）、曰湖广行省（武昌）、曰浙江行省（杭州）、曰江西行省（龙兴）、曰陕西行省（京兆）、曰四川行省（成都）、曰云南行省（中庆）、曰辽阳行省（辽东）、曰镇东行省（高丽）、曰甘肃行省（甘州）、曰岭北行省（和州）。又分天下为二十二道。

[译文] 元代设置了十二个中书省，统治天下的州郡，即都省（治所

在腹里路)、河南行省（治所在汴梁)、湖广行省（治所在武昌)、江浙行省（治所在杭州)、江西行省（治所在龙兴)、陕西行省（治所在京兆)、四川行省（治所在成都)、云南行省（治所在中庆)、辽阳行省（治所在辽东)、镇东行省（治所在高丽)、甘肃行省（治所在甘州)、岭北行省（治所在和州)。又把天下分为二十二道。

明两直隶十三省　北直隶八府，十七州，一百一十六县，赋六十万一千。(北京在顺天）南直隶十四府，十七州，九十六县，赋五百九十九五万千。(南京在应天）河南八府，十州，九十六县，赋二百四十一万四千。(省城在开封）陕西八府，二十二州，九十五县，赋一百九十二万九千。(省城在西安）山东六府，十五州，八十九县，赋二百八十五万一千。(省城在济南）湖广十五府，十六州，一百零七县，赋二百十六万七千。(省城在武昌）浙江十一府，一州，七十五县，赋二百五十一万。(省城在杭州）江西十三府，一州，七十七县，赋二百五十二万八千。(省城在南昌）福建八府，五十七县，赋一百一十万一千。(省城在福州）山西五府，二十州，七十八县，赋二百二十七万四千。(省城在太原）四川八府，二十州，一百零七县，赋一百二十万六千。(省城在成都）广东十府，八州，七十五县，赋一百一万七千。(省城在广州）广西十一府，四十七州，五十三县，赋四十三万一千。(省城在桂林）云南十四府，四十一州，三十县，赋一十四万。(省城在云南）贵州八府，六州，六县，赋四万七千。(省城在贵阳)

[译文]　北直隶共有八个府，十七个州，一百一十六个县，人口共六十万一千户（北京在顺天)。南直隶共有十四个府，十七个州，九十六个县，人口共有五百九十九万五千户（南京在应天)。河南八个府，十个州，九十六个县，人口共有二百四十一万四千

户（省城在开封）。陕西八个府，二十二个州，九十五个县，人口共有一百九十二万九千户（省城在西安）。山东六个府，十五个州，八十九个县，人口共有二百八十五万一千户（省城在济南）。湖广十五个府，十六个州，一百零七个县，人口共有二百一十六万七千户（省城在武昌）。浙江十一个府，一个州，七十五个县，人口共有二百五十一万户（省城在杭州）。江西十三个府，一个州，七十七个县，人口共有二百五十二万八千户（省城在南昌）。福建八个府，五十七个县，人口共有一百一十万一千户（省城在福州）。山西五个府，二十个州，七十八个县，人口共有二百二十七万四千户（省城在太原）。四川八个府，二十个州，一百零七个县，人口共有一百二十万六千户（省城在成都）。广东十个府，八个州，七十五个县，人口共有一百零一万七千户（省城在广州）。广西十一个府，四十七个州，五十三个县，人口共有四十三万一千户（省城在桂林）。云南十四个府，四十一个州，三十个县，人口共有十四万（省城在云南）。贵州八个府，六个州，六个县，人口有四万七千户（省城在贵阳）。

建都

伏羲都陈（今河南陈州）。神农亦都陈，或曰曲阜（今山东曲阜县）。黄帝都涿鹿（今顺天府涿州），少昊都曲阜。颛顼都帝丘（今山东濮州）。帝喾都亳（今河南偃师县）。帝尧都平阳（今山西平阳县）。虞舜都蒲阪（今平阳蒲州）。夏禹都安邑（今平阳夏县）。商汤都亳。

周都丰镐（今陕西长安县，是谓关中）。周平王迁洛阳（今河南洛阳县）。秦都咸阳（今西安府咸阳县）。汉都洛阳，因娄敬说，西迁长安。东汉都洛阳。魏因汉祚，亦都洛阳。蜀汉都成都（今四川成都府）。吴初居镇江，都武昌（今湖广武昌府），后迁建业（今南直应天府）。西晋都洛阳。东晋都建业，元帝东渡，避愍帝讳，改名建康。宋、齐、梁、陈俱都建康。元魏初居云中（今大同府怀仁县），后迁洛阳。

北齐都邺（今河南彰德府）。西魏都长安关中。后周都长安。隋都长安，炀帝以巡幸，徙都洛阳。唐都长安。梁都汴（今河南开封府）。后唐、石晋、汉、周、宋俱都汴。南宋都临安（今杭州府）。元都大都（今顺天府）。明都建康，永乐迁于北平，即元之大都也。

［译文］ 伏羲在陈建都（今河南陈州）。神农也在陈建都，有的说是曲阜（今山东曲阜县）。黄帝在涿鹿建都（今顺天府涿州），少昊在曲阜建都。颛顼在帝丘建都（今山东濮州）。帝喾在亳建都（今河南偃师县）。帝尧在平阳建都（今山西平阳县）。虞舜在蒲阪建都（今平阳蒲州）。夏禹在安邑建都（今平阳夏县）。商汤在亳建都。

周在丰镐建都（今陕西长安县，就是关中）。周平王迁都洛阳（今河南洛阳县）。秦在咸阳建都（今西安府咸阳县）。汉在洛阳建都，听从娄敬的建议，向西迁到长安。东汉在洛阳建都。魏承袭汉朝的国运，也在洛阳建都。蜀汉在成都建都（今四川成都府）。吴最初治所镇江，在武昌建都（今湖广武昌府），后来迁到建业（现在的南直应天府）。西晋在洛阳建都。东晋在建业建都，元帝东渡的时候，避愍帝的名讳，改名为建康。宋、齐、梁、陈在建康建都。元魏最初盘踞在云中（今大同府怀仁县），后来迁都洛阳。

北齐在邺建都（今河南彰德府）。西魏在长安关中建都。后周在长安建都。隋在长安建都，炀帝因为巡游便捷，迁都到洛阳。唐在长安建都。梁在汴梁建都（今河南开封府）。后唐、石晋、后汉、后周、宋都在汴京建都。南宋在临安建都（今杭州府）。元在大都建都（今顺天府）。明在建康建都，永乐皇帝迁都北平，就是元朝的大都。

地名

萑苻（音完蒲。郑地）。龙兑（兑音夺。赵地）。连穀（穀音斛。楚地）。方与（音防预。赵地）。番易（音婆阳。楚地）。曲逆（逆音遇。汉邑。陈平封曲逆侯）。虔亭（虔音逞。吴兴有虔亭）。蓨人（蓨数瓦切。县在上党）。越嶲（嶲音髓。郡府，在蜀地）。阌乡（阌音文。县名，在虢）。盩厔（音周质。在西安。水曲曰盩，山曲曰厔）。鄜（音孚。在陕西延安府）。毌丘（毌音贯。地在济阳南）。祋栩（音兔户。在冯翊）。朐䏰（音瞿门。本虫名，巴郡多此虫。因为邑名）。酂（酂在南阳，篹在沛国，二地音不同。萧何封侯）。缑氏（缑音沟。山名、邑名，本义剑头缠丝）。牂牁（音臧柯。郡名）。允吾（音铅牙。谷名。在陇西）。裴（音肥，邑名）。须句（须音渠。地在鲁东平）。㭖氏（音权精，又宜音。县名）。令支（音零岐。县名）。郫（音埤。一在晋，一在成都）。不其（其音箕）。祝其（其音基）。敦煌（音屯黄。郡名）。冤句（音冤勾。在曹州。今废）。临朐（朐音渠。县名。在山东）。令居（令音连。邑名）。虑虒（音卢夷。县名）。罕幵（音罕牵。羌地）。取虑（音趋闾。县名。在临淮）。黑尿（音眉拟）。禚（音灼。齐地）。句窳（冥上声。鲁邑）。枹罕（音夫谦。县名）。郪城（郪音资。齐地）。鄄城（鄄音绢。卫地）。射洪（音石红。县名）。崞（音郭。县名）。先零（零音连）。沭阳（沭音术。县名）。虒祈（音思奇。地名）。窦丘（窦音胜。鲁地）。句绎（音勾亦。邾地）。盱眙（音虚宜。县名）。都庞（庞音龙。邑名）。繁畤（畤音止。邑名）。澶渊（澶音禅。今开州）。槜李（槜音醉。在嘉兴）。郎疃（疃音枕）。犍为（犍音乾。蜀郡名）。床穰（床音糜）。台犹（音仇由。邑名）。毋掇（音无拙。县属益州）。泊罗（泊音博。县名）。虹县（虹音降）。苴芊（音斜米)。徙(音斯。邑名)。岢岚(音可娄。州名。近太原)。唐县(唐音疾。县名。在清河)。祊(音崩。郑地)。渑池(渑音免。县在河南)。袲(音侈,上声。宋地)。趡(翠,上声。鲁地)。夫童(童音中)。儋州(儋音丹)。酅(尸圭切。邑在齐东)。蒍(其寄切)。宁母(音宁某。鲁地)。鄠杜(音户古。汉陂令县,属凤翔)。郪丘(郪音西。齐地)。虚朾(音区汀。宋地)。禝郤(郤音求。地名)。僰邛(僰音匐。地名。在犍为)。鄬(于轨切。郑地)。狸脤(音剎蜃)。邿(音诗。鲁地)。皋(由去声。郑地)。橐皋(皋,章夜切。在淮南)。涪(音浮。州名。在重庆府)。叶县(叶音涉)。泷水(泷音商。县名)。朱提(音殊时。邑名)。承阳(承音蒸)。余汗(汗音干)。番禾(番音盘)。栎阳(栎音约。邑名)。平舆(舆音玉)。郯城(音谈。县名)。沙羡(羡音夷)。莲勺(莲音辇。邑名)。不羹(音郎。邑名)。堵阳(堵音者。邑名)。渑淄(音承脂。县名)。沁(音倩。山西沁州)。新淦(淦音干。县名)。隆虑(音林闾。邑名)。霅川(霅音靸。湖州)。阳夏(夏音贯)。睢州(睢音虽)。会稽(会音贵。邑名)。

[译文]　萑苻(读作完蒲。郑国地名)。龙兑(兑读音夺。赵国地名)。连谷(谷读作斛。楚国地名)。方与(音防预。赵国地名)。番易(读作婆阳。楚地)。曲逆(逆读作遇。汉代的邑名。陈平被封曲逆侯)。虔亭(虔读作逞。吴兴有虔亭)。葰人(葰的读音是数瓦的反切。治所在上党)。越嶲(嶲读作髓。郡府,位于蜀地)。阌乡(阌读作文。县名,在虢国)。盩厔(读作周质。在西安。水弯曲叫盩,山弯曲叫厔)。鄜(读作孚。在陕西延安府)。毌丘(毌读作贯。在济阳南)。祋栩(音读作兔户。在冯翊)。朐䏰(读作瞿门。本来是虫的名称,巴郡有很多这种虫。所以用作邑名)。酂(酂在南阳,篹在沛国,二地读音不同。是萧何封侯的地方)。缑氏(缑读作沟。山名、邑名,本来的意思是剑头缠丝)。牂牁(读作臧柯。郡名)。允吾(读作铅牙。谷名。在陇西)。棐(读作肥,邑名)。须句(须读作渠。地在鲁国东平)。栎氏(读作权精,又读作宜。县名)。令支(读作零歧。县名)。郫(读作埤。一个在晋,一个在成都)。不其(其读作箕)。祝其(其读作基)。

敦煌（读作屯黄。郡名）。冤句（读作冤勾。在曹州。现在已经被废置）。临朐（朐读作渠。县名。在山东）。令居（令读作连。邑名）。虑虒（读作卢夷。县名）。罕幵（读作罕牵。羌的地名）。取虑（读作趋间。县名。在临淮）。黑尿（读作眉拟）。祥（读作灼。齐国地名）。句鼆（冥读第三声即上声。鲁邑）。枹罕（读作夫谦。县名）。戬城（戬读作资。齐国地名）。鄄城（鄄读作绢。卫国地名）。射洪（读作石红。县名）。崞（读作郭。县名）。先零（零读作连）。沭阳（沭读作术。县名）。虒祈（读作思奇。地名）。窭（窭读作胜。鲁国地名）。句绎（读作勾亦。邾地）。盱眙（读作虚宜。县名）。都庞（庞读作龙。邑名）。繁畤（畤读作止。邑名）。澶渊（澶读作禅。现在的开州）。槜李（槜读作醉。在嘉兴）。郎暲（暲读作枕）。犍为（犍读作乾。蜀郡名）。庥穰（庥读作糜）。厹犹（读作仇由。邑名）。毋掇（读作无拙。县属于益州）。泊罗（泊读作博。县名）。虹县（虹读作降）。苴芊（读作斜米）。徙（读作斯。邑名）。岢岚（读作可婪。州名。接近太原）。厝县（厝读作疾。县名。在清河）。祊（读作崩。郑国地名）。渑池（渑读作免。县在河南）。袲（读作侈，读第三声即上声。宋国地名）。趡（翠，读第三声即上声。鲁国地名）。夫童（童读作中）。儋州（儋读作丹）。酅（读作尸圭的反切。邑在齐东）。蔇（读作其寄的反切）。宁母（读作宁某。鲁国地名）。鄠杜（读作户古。汉代的陂令县，属于凤翔）。郪丘（郪读作西。齐国地名）。虚朾（读作区汀。宋国地名）。禓朹（朹读作求。地名）。僰邛（僰读作匐。地名。在犍为）。鄬（读作于轨的反切。郑国地名）。狸脤（读作刹蜃）。邿（读作诗。鲁国地名）。皋（由的第四声即去声。郑国地名）。橐皋（皋，读作章夜的反切。在淮南）。涪（读作浮。州名。在重庆府）。叶县（叶读作涉）。泷水（泷独奏商。县名）。朱提（读作殊时。邑名）。承阳（承读作蒸）。余汗（汗读作干）。番禾（番读作盘）。栎阳（栎读作约。邑名）。平舆（舆读作玉）。郯城（读作谈。县名）。沙羡（羡读作夷）。莲勺（莲读作辇。邑名）。不羹（读作郎。邑名）。堵阳（堵读作者。邑名）。渑淄（读作承脂。县名）。沁（读作倩。山西沁州）。新淦（淦读作干。县名）。隆虑（读作林间。邑名）。雩川（雩读作鞍。

湖州）。阳夏（夏贾）。睢州（睢读作虽）。会稽（会读作贵。邑名）。

山水异名 昆仑一名昆岑。君山一名娲宫。武当一名篸岭。普陀一名梅岑。青城一名天谷。大复一名胎簪。衡山一名芝冈。齐云一名白岳。东海一名岱渊。

［译文］ 昆仑又称作昆岑。君山又称作娲宫。武当又称作篸岭。普陀又称作梅岑。青城又称作天谷。大复又称作胎簪。衡山又称作芝冈。齐云又称作白岳。东海又称作岱渊。

古迹

赤县神州 《古今通论》：东南方五千里，名曰赤县神州，中有和美乡，方三千里，五岳之城，帝王之宅，圣贤所居也。

［译文］《古今通论》上说：东南方圆五千里的地方，名字叫赤县神州，里面有个和美乡，方圆三千里，有五岳那么高的城池，是帝王的宅院，圣贤居住的地方。

枌榆社 汉高帝祷丰枌榆社，帝之故乡也。高帝以丰沛为其汤沐之邑，令世世无有所予。

［译文］ 汉高祖刘邦在枌榆社向上天祷告，这里是汉高祖的故乡。汉高祖把丰沛作为他的私人的食邑，让世世代代不交赋税。

新丰 太上皇居深宫，以生平所好，皆贩徒少年、酤酒卖饼、斗鸡蹴鞠之辈，今皆无此，故怏怏不乐。高祖乃作新丰，移旧乡里。命匠人胡宽悉仿其衢巷门间，士女老幼相携路首，各认其门而入。放牛羊鸡犬于通途，亦各识其家。上皇大悦。

［译文］ 刘邦的父亲太上皇帝居住在深深的宫苑里面，因为平生所结交的都是小贩青年人、卖酒卖饼的、玩斗鸡的、踢球的，现在身边没有这样的人，所以闷闷不乐。汉高祖就建了“新丰”，把以前故乡的所有人、物全部迁来。命匠人胡宽完全仿照原来的街道门户制作，故乡的男女老少一起来到村口，各自寻找自己的家进去。把牛羊鸡犬放在街路上，它们也都认识自己的家。太上皇非常高兴。

洋川 洋川者，戚夫人之所生处也，高祖得而罢之。夫人思慕本乡，追求洋川。高帝为驿致长安，蠲复其乡，更名曰县。又故目其地为洋川，用表夫人诞载之休祥也。

［译文］ 洋川是戚夫人出生的地方，汉高祖得天下后撤销了这个地方。后来戚夫人思念故乡，请求恢复洋川的旧名。汉高祖为此专门设置从洋川直到长安的驿站，又恢复了这个地方，并改为县，又叫那个地方为洋川，以表彰诞生并养育戚夫人的地方。

桑梓地 祖父植桑梓以遗其子孙，子孙思其祖泽，不忍剪伐。故《诗》曰：“维桑维梓，必恭敬止。”

汉寿在四川保宁府广元县。汉封关公为汉寿亭侯，即此地。后人称寿亭侯者误。

［译文］ 祖父辈种植桑树梓树留给子孙后代，子孙思念其祖父辈的恩泽，不忍心砍伐。所以《诗经》上说：“对于那些祖父辈留下来的桑树梓树，一定要恭恭敬敬。”

汉寿在四川保宁府广元县境内。东汉的时候关羽被封为汉寿亭侯，说的就是这个地方。后人称之为“寿亭侯”是错误的。

度索寻橦　度索，以绳索相引而度也。寻橦者，植两木于两岸，以绳贯其中，上有一木筒，所谓橦也。人缚橦上，以手缘索而进，以达彼岸，有人解之，所谓寻橦也。

[译文]　度索，是用绳索在两边拉直，从一边滑到另一边。寻橦，就是在两岸固定两块木头，用绳索连接，上边有一个木筒，就是所说的橦，然后把人绑在橦上，人抓住绳索前行，从而到达彼岸，再有人帮忙解下绳索，这就是寻橦。

井陉道　韩信与张耳将兵击赵，李左军说赵王曰:“井陉道险，车不得方轨，骑不能成列。愿假臣三万人，从间道绝其辎重，两将之头可致之麾下。”

[译文]　韩信和张耳带兵攻打赵国，李左军对赵王说:“井陉这个地方道路险要，战车不能够并行，骑兵不能够成列。希望您借给我三万士兵，从小路断绝对方的辎重物资，我就可以把对方两位将领的人头送到您的军旗下面。”

九折坡　汉王阳为益州牧，至九折坡，叹曰:“奉先人遗体，奈何数乘此险！”后王尊至此，曰:“此非王阳所畏处耶？”乃叱其御，历险而上。后人以王阳不失为孝子，王尊不失为忠臣。

[译文]　汉代的王阳担任益州长官的时候，一次到了九折坡，叹息着说:“承受先人的血脉，为何多次来到这个险要的地方！”后来王尊到了此处，说:“这不是王阳畏惧的地方吗？”于是就呵斥着他的马，冒险登上去。后人认为王阳不失为一个孝子，王尊不失为一个忠臣。

赤地青野　地空无物曰赤地。野无人民无禾稻曰青野。

［译文］　地上空空没有东西叫作“赤地”。郊野没有人民百姓，没有禾苗庄稼叫作“青野”。

息壤　古地名，有二：一在荆州；一在永州，地中不可犯畚锸，犯者立死。

［译文］　息壤是古代的地名，一共有两个：一个在荆州，一个在永州。地上不能够动土建房，违犯的人会立刻死去。

解池盐　不必煎煮。居人疏地为畦，决水灌其中，俟南风起，此盐即成。故大舜歌曰：“南风之时兮，可以阜吾民之财兮。”

［译文］　解池盐不必通过煎煮得盐，这里的人把地分割成小块，把水灌入地块中，等南风吹起，地上就凝结成盐。所以大舜歌里唱到：“南风吹起的时候，可以让我的民众增加财富啊。”

保俶塔　钱忠懿王名俶，入朝，恐其羁留，作塔以保之。称名，尊天子也。今误作“保叔”，不知者遂有“保叔缘何不保夫”之句。

［译文］　钱忠懿王的名字叫俶，入朝觐见的时候，害怕被朝廷扣留，所以就建造了一座塔来保佑他。直呼他的名字的原因是为了表示对天子的敬重。现在误作“保叔”，不了解这个情况的人就有了“保叔为何不保夫”的笑话。

沩汭（音规芮）　河东有二泉，南流曰沩，北流曰汭。《尚书》：“釐降二女于沩汭。”

[译文] 河东有两眼泉，向南流去的叫沩，向北流去的叫汭。《尚书》上说："尧帝把娥皇、女英二女嫁到了沩汭之间。"

孔林 自泰山发脉，石骨走二百里，至曲阜结穴，洙泗二水会于其前，孔林数百亩，筑城围之。城以外皆孔氏子孙，围绕列葬，三千年来，未尝易处。南门正对峄山，石羊石虎皆低小，埋土中。伯鱼墓，孔子所葬，南面居中，前有享堂，堂右横去数十武，为宣圣墓。墓坐一小阜，右有小屋三楹，上书"子贡庐墓处"。墓前近案，对一小山，其前即葬子思父子孙三墓，所隔不远，马鬣之封不用石砌，土堆而已。林中树以千数，惟一楷木老本，有石碑刻"子贡手植楷"，其下小楷生植甚繁。此外合抱之树皆异种，鲁人世世无能辨其名者，盖孔子弟子异国人，皆持其国中树来种者。林以内不生荆棘，并无刺人之草。

[译文] 从泰山生发，石骨绵延二百里，到曲阜停下，洙泗两条河在它前面汇合。孔林占地几百亩，修筑城墙把它围了起来。城墙外都是孔家的子孙，围着城墙排列埋葬，三千年来，从未换过地方。南门正对峄山，山上的石羊、石虎都矮小，埋在土中。孔鲤的墓是孔子建造的，面向南面，在正中间，前边有祭堂；祭堂右边横着过去数十步，就是孔子墓，墓坐落在一个小丘上，右边有三间小屋，上面写着"子贡庐墓处"；墓前靠近祭案，对着一个小山，小山前埋葬着子思父、子、孙三代墓，隔得不远，坟墓使用简单的马鬣封上，没有用石头堆砌，只用土堆。孔林中有上千株大树，只有一株古老的楷木，旁边的石碑刻着"子贡手植楷"几个字，树下的小楷树生长得很茂盛。除此外合抱粗的树都是奇异的树种，鲁地的人世世代代都不认得这些树，大概是因为孔子的弟子来自各个不同的国家，都拿自己国家的树来种植。孔林里

不生荆棘，也没有扎人的野草。

土著（音着） 言着土地而有常居者，非流寓迁徙之人也。今人误读为注。

［译文］ 说的是挨着土地并且常住在此地的人，不是那些流亡迁徙来的人。现在的人把“著”误读成“注”的音。

雒邑 汉光武定居洛邑。汉以火德王，忌水，故去水而加佳，改洛为雒。后魏以土德王，以水得土，而流土得水而柔，故又除佳加水。

［译文］ 东汉光武帝定都于洛邑。汉朝因为属火德而得到天下，忌讳水，所以去掉“水”而加上“佳”，改“洛”字为“雒”。后来魏国五行属土得到天下，因为水得到土就可以流动，土得到水就肥沃，所以又去掉“佳”加上“水”，改为“洛”了。

京观 谓高丘如京；观，阙形也。古人杀贼，战捷陈尸，必筑京观，以为藏尸之地。古之战场所在有之。

［译文］ 京观是说高大如京一样的丘陵；观，是指城门两边高台的形状。古人杀敌，如果打了胜仗，就一定会建“京观”，作为埋藏尸体的地方。古战场所在地往往都有京观。

玉门关 汉班超久在绝域，年老思归，上书曰：“臣不愿到酒泉郡，但愿生入玉门关。”

［译文］ 汉代的班超在西域待了很长时间，年老的时候思念家乡想要回去，就向皇帝上书说：“我不奢望能够回到酒泉郡，只希望能够活着进入玉门关就满足了。”

雁门关　在大同府马邑县。北雁入塞，必衔芦一根，掷之关门，然后飞入，如纳税然，芦柴堆积如山。设有芦政主事，岁进芦银以万计。

[译文]　雁门关在大同府马邑县。北边的大雁进入塞上，一定会用嘴衔着一根芦枝，在关门那投下，就像过关纳税一样，所以关门那里芦枝堆积如山。雁门关设置有芦政主事的官员，每年向朝廷进献上万的芦银。

叀国　扬州漕河东岸有墓表，题曰："叀国公墓道。"叀音虔，与夏字相类，少一发笔，下作"又"，行人遂误为夏国公。盖明顾公玉之封号，赐地葬此也。

[译文]　扬州的漕河东岸有一通墓表，上面题写着"叀国公墓道。"叀读作虔，与夏字相似，少了一笔撇，下面写作"又"，路过的人于是误认为是夏国公。大概是明朝顾玉的封号，朝廷赐予的墓地埋葬到这个地方了。

鱼米之地　唐田澄《蜀城》诗："地富鱼为米。"故称沃土为鱼米之地。

[译文]　唐代田澄的《蜀城》诗里有一句："地富鱼为米。"所以把有着肥沃土地的地方称为"鱼米之乡"。

漏泽园　创始于宋元丰间，立为埋葬之所，取泽及枯骨，不使有遗漏之义也。明初，令民间立义冢。天顺四年，令郡县皆置漏泽园。

[译文]　漏泽园创始于宋朝的元丰年间，设立为埋葬死人的地方，

意思是恩泽惠及死者，不至于被遗忘。明代初年的时候，朝廷命令民间设立义冢。天顺四年，朝廷让全国郡县都设置漏泽园。

瓯亭（音欧亭） 汉将澄封瓯亭侯。今溧阳有瓯山。

[译文] 瓯亭（音欧亭），汉代的蒋澄被封为瓯亭侯。现在的溧阳有瓯山。

鬼门关 在交趾南。其地多瘴疠，去者罕得生还。谚曰："鬼门关，十去九不还。"

[译文] 鬼门关在交趾的南面。那个地方多有瘴疠之气，到那去的人很少能够活着回来。谚语说："鬼门关，十去九不还。"

铁瓮城 在镇江，孙权所筑。邗沟，在扬州，夫差所开。

[译文] 铁瓮城在镇江，为三国时吴国的孙权所建造。邗沟，在扬州，是吴国的夫差命人开掘。

女阳亭 在崇德县。勾践入吴时，夫人产女于此亭。及吴灭后，乃名女阳，更就李为女儿乡。

[译文] 女阳亭在崇德县。勾践进入吴国的时候，他的夫人在这座亭子这里生下一个女儿。等到吴国灭亡后，就更名为女阳，把就李唤作"女儿乡"。

崖州为大 宋丁谓贬崖州司户，常语客曰："天下州郡孰为大？"客曰："京师也。"谓曰："朝廷宰相今为崖州司户，则惟崖州为大也。"

[译文] 宋代的丁谓被贬成崖州司户，曾经对客人说："天下的州郡

哪个最大？”客人说：“京城吧。”丁谓说：“朝廷的宰相现在做崖州的司户，那么当然是崖州最大了。”

戒石铭　宋高宗绍兴二年六月，颁黄庭坚所书戒石铭于州县，令刻石，文曰：“尔俸尔禄，民膏民脂。下民易虐，上天难欺。”

［译文］　宋高宗绍兴二年（公元1132年）六月，朝廷给各州县颁布黄庭坚所写的戒石铭，命令刻在石碑上，文辞内容是：“尔俸尔禄，民膏民脂。下民易虐，上天难欺。”

悲田院　《唐会要》曰：开元五年，宋璟、苏颋请建“悲田院”，使乞儿养病，给以廪食。亦曰“贫子院”。

［译文］《唐会要》记载：开元五年（公元717年）的时候，宋璟、苏颋请求建造“悲田院”，用来让乞丐养病，并且发给粮食。也叫作“贫子院”。

筑城　周公筑洛阳城，公孙鞅筑咸阳城，伍员筑苏城。范蠡筑越城，张仪筑成都城，萧何筑长安城，孙权筑建康城、泗州城，王审知筑福州城，钱镠筑杭城。

［译文］　周公修筑了洛阳城，公孙鞅修筑了咸阳城，伍员修筑了苏城。范蠡修筑了越城，张仪修筑了成都城，萧何修筑了长安城，孙权修筑了建康城、泗州城，王审知修筑了福州城，钱镠修筑了杭城。

长城　燕始城上谷至辽东。赵始城雁门至灵州。秦始皇补筑，始名长城。北齐文宣帝复筑长城。汉武帝复筑辽东城。

［译文］　燕国最初修筑了上谷到辽东的长城。赵国最初修筑了雁门

到灵州的长城。秦始皇补充修筑其余的部分，才叫作长城。北齐的文宣帝又修筑了长城。汉武帝再次修筑了辽东的长城。

开险 司马错开巴蜀，秦昭王开义渠，赵武灵王开代、楼烦、白羊，燕惠王开辽东，秦始皇开朔方，汉彭吴开秽貊，唐蒙开邛僰、夜郎、牂牁、越隽，庄助开东瓯、西越，卫青开阴山。

［译文］ 司马错开拓巴蜀之地，秦昭王开拓了义渠，赵武灵王开拓了代、楼烦、白羊这些地方，燕惠王开拓了辽东，秦始皇开拓了朔方，汉彭吴开拓了秽貊，唐蒙开拓了邛僰、夜郎、牂牁、越隽等地，庄助开拓了东瓯、西越，卫青开拓了阴山。

胜国 灭人之国曰胜国，言为我所胜之国也。左氏曰:“胜国者，绝其社稷，有其土地。”

［译文］ 灭掉别的国家叫作胜国，说的是我们所战胜的国家。《左传》上说:“胜国，灭绝他的国家，占有他的土地。”

支无祁 大禹治水，至桐柏山，获水兽，名支无祁，形似猕猴，力逾九象，人不可视。乃命庚辰锁于龟山之下，淮水乃安。唐永泰初，有渔人入水，见大铁索，锁一青猿，昏睡不醒，涎沫腥秽，不可近。

［译文］ 大禹治水，到了桐柏山，捕获了一只水兽，名字叫“支无祁”，外貌像猕猴，力气大得超过九头大象，人不敢看它。大禹命庚辰把它锁在龟山脚下，于是淮水才平静了。唐代永泰初年，有个渔人下水，看到一个大铁索，锁着一只青猿，正昏睡不醒，它的涎水腥臭难闻，不可靠近。

雷峰塔　在钱塘西湖净寺前南屏之支麓也，昔有雷就者居之，故名。上有塔，遭回禄，今存其残塔半株。

[译文]　雷峰塔在钱塘西湖的净慈寺前南屏山的分支上。从前有个叫雷就的人住在这里，所以叫这个名字。山上有塔，曾经遭遇火灾，现在仅存半截残塔。

雪窦　在奉化县。唐时雪窦禅师居之，鸟窠衣褶，寂然不动。

[译文]　雪窦在奉化县。唐代时雪窦禅师住在鸟巢里，衣服的褶子一动不动。

岳林寺　在奉化。布袋和尚道场，其钵盂佛迹尚在。

[译文]　岳林寺在奉化县，是布袋和尚的道场，他的钵、盂等遗迹现在都还在这里。

虎丘　吴王阖闾死，治葬，穿土为川，积壤为丘，铜棺三重，以黄金珠玉为凫雁。葬三月，金精上腾为白虎，蹲踞山顶，因名虎丘。

[译文]　吴王阖闾死后，为他治理丧事，挖掘河道，挖出的土积成小山，做了三层的铜棺，用黄金、珠玉雕成野鸡大雁来装饰。埋葬三月后，金精上腾变成白虎，蹲踞在山顶，所以叫“虎丘”。

坑儒谷　在临潼。秦始皇密令冬月种瓜于骊山谷中，温处皆熟。诏博士诸生说之。前后七百人，言人人殊，则皆使往视，因伏机陷之，后人号“坑儒谷”。

[译文]　在临潼，秦始皇秘密下令冬天在骊山山谷种瓜，附近有地热的地方瓜就熟了，然后下诏让博士诸生解释这一现象。前后

七百人，每个人的解释都不同。最后让这些人都去实地观看，趁机设下机关把这些人都埋在谷里，后人称之为“坑儒谷”。

鹤林寺 在润州，有马素塔。米元章爱其松石深秀，誓以来生为寺伽蓝，呵护名胜。公没时，鹤林伽蓝无故自倒。里人知公欲践夙愿，遂塑其像于寺之左偏。

[译文] 鹤林寺在润州，里面有马素塔。米芾喜欢这里的松林与山石的深幽秀丽，发愿来生要成为寺庙里的伽蓝，守护这里的名胜。他去世时，鹤林寺的伽蓝塑像无缘无故倒了。寺庙里的人就知道是米芾要实现自己的夙愿，就在鹤林寺的左边为他塑了像。

祖堂 在应天府治南。唐法融和尚得道于此，为南宗第一祖师，在山房禅定，有百鸟献花，故又名献花岩。

[译文] 在应天府的治所南面。唐代的法融和尚在这里悟道，是佛教南宗的第一位祖师。他在山房坐禅入定的时候，有百鸟来敬献鲜花，所以又叫“献花岩”。

雨花台 梁武帝时，有云光法师讲经于此，天花乱坠，故名雨花。

[译文] 梁武帝的时候，有一个云光法师在这里讲解佛经，天降花瓣散乱飘落，所以取名为“雨花台”。

飞来峰 在杭州虎林山之前。晋时西僧叹曰:“此是天竺国灵鹫山之小岭，不知何日飞来？”因名之飞来峰。

[译文] 在杭州虎林山前面。晋朝时西方来的僧人来到这里长叹

说:“这是天竺国灵鹫山上的小山岭，不知道什么时候飞到这里来了？”因此取名叫“飞来峰”。

躲婆弄　在绍兴蕺山下，王右军居此。有老妪鬻扇，右军为题其扇，媪有愠色。及出，人竞买之。他日，媪又持扇乞书，右军避去。故其下有题扇桥、躲婆弄。

［译文］ 在绍兴的蕺山下边，王羲之曾经居住在这里。有老妇人卖扇子，王羲之在她一把扇子上题了字，老妇人脸上显得很不高兴。等她出去卖扇的时候，有人看到后争相来买扇子。后来一天，老妇人又拿着扇子来请求题扇，王羲之就躲起来了。所以绍兴的蕺山下有“题扇桥”和“躲婆弄”。

笔飞楼　在蕺山之麓。王右军于此写《黄庭经》，笔从空中飞去。今其地有笔飞楼址。

［译文］ 笔飞楼在蕺山的脚下。王羲之曾经在这里书写《黄庭经》，然后毛笔往空中飞走了。现在这里还有“笔飞楼”的旧址。

樵风径　在会稽平水。汉郑弘少时采薪，得一遗箭。顷之，有老人觅箭，还之，问弘何欲，弘知其神人，答曰:“常患若耶溪载薪为难，愿朝南风，暮北风。”后果如其言。

［译文］ 樵风径在会稽的平水。汉代郑弘小时候去砍柴，得到一支别人丢下的箭。过一会儿，有老人来找箭，郑弘还给了他。老人问郑弘有什么愿望，郑弘了解到他是位神仙，就说:“我常担忧若耶溪运载木柴很困难，希望早上有南风，晚上有北风，可以顺利漂运木柴。”后来果然如其所愿。

雷门　即绍兴府城之五云门。《会稽志》：雷门上有大鼓，声闻洛阳。后鼓破，有二鹳从鼓中飞出，声遂不远。

[译文]　雷门就是绍兴府的五云门。《会稽志》中说：雷门上有一面大鼓，鼓声可以传到洛阳。后来鼓皮破了，有两只鹳鸟从鼓中飞出来，鼓声就传不远了。

兰渚　在绍兴府城南二十五里。晋永和九年上巳日，王右军与谢安、孙绰、许询辈四十一人会此修禊事。今传有流觞曲水、兰亭故址。

[译文]　在绍兴府城南边二十五里。东晋永和九年（公元343年）的上巳日那天，王羲之和谢安、孙绰、许询等四十一人在这里聚会、修禊。现在还遗存有曲水流觞和兰亭的遗址。

西陵　在萧山。一名固陵。范蠡治兵于此，言可固守，因名。

[译文]　在萧山，又叫固陵。范蠡曾在这里练兵，据说这里坚固易守，所以取名为固陵。

箪醪河　在绍兴府治南。勾践行师日，有献壶浆者，跪而受之，取覆上流水中，命士卒乘流而饮。人百其勇，一战遂有吴国，因以名之。

[译文]　在绍兴府治所的西边。越王勾践出兵那天，有人举着水壶进献，勾践跪下接受，然后倒在河的上游，命令兵士们到河边来喝水。此后，士兵都比原来勇敢百倍，一举就消灭了吴国，因为这个原因来称呼它。

浴龙河　在绍兴西门外。宋理宗与弟芮，少时同浴于河。鄞人余天锡卧舟中，梦二龙负舟，起视之，则二小儿缘舟戏。问之，知是宗室，遂与史弥远言其异，卒嗣帝位。

[译文] 浴龙河在绍兴城的西门外。宋理宗和弟弟赵芮小时候曾一块儿在这条河里洗澡。鄞县人余天锡躺在小船上，梦见有两条龙背负着大船，起来往河里看，就看到两个小孩子在船边玩耍。余天锡就问他们，了解到是皇室的人，于是和史弥远谈论他所梦到的奇异的梦境，后来理宗最终继承了帝位。

沉酿堰　在山阴柯山之前。郑弘应举赴洛，亲友饯于此，以钱投水，依价量水饮之，各醉而去。

[译文] 在山阴柯山的前面。郑弘赶赴洛阳去应试的时候，亲戚朋友在这里给他饯别，把铜钱投入水中，按扔钱的多少分配喝酒的量，大家喝醉后才离开。

曹娥碑　在曹娥江浒。汉上虞令度尚所立，尚弟子邯郸淳所撰，蔡邕题“黄绢幼妇外孙齑臼”，隐“绝妙好辞”四字。魏武问杨修曰:“解否？”修曰:“解。”魏武曰:“卿勿言。”行三十里始悟，乃叹曰:“吾不如卿三十里。”（按：魏武不曾过钱塘，所见碑应是拓本。）

[译文] 曹娥碑在曹娥江的岸边。此碑是汉朝的上虞令度尚所竖立，由度尚的弟子邯郸淳撰写，蔡邕在上面题写了“黄绢幼妇外孙齑臼”，谜底是“绝妙好辞”四个字。魏武帝曹操问杨修说:“你知道这是什么意思吗？”杨修回答说:“知道。”魏武帝说:“你先不要说出来。”往前走了三十里路才明白，于是感叹道:“我比你慢了三十里路的工夫。”（魏武帝未曾到过钱塘，他所看到的碑文应该是拓本。）

钱塘　梁开平四年，钱武肃王始筑捍海塘，在候潮门外，潮水昼夜冲击，版筑不就。王命强弩数百以射潮头，潮水东击西陵，海塘遂就。

[译文] 后梁开平四年（公元910年），钱武肃王开始修建防海的海塘，地址在候潮门外，潮水日夜冲击着工事，使得无法完成版筑修墙的工程。钱武肃王命令几百个人用强弩射击潮头，潮水因而向东拍击西陵，海塘工程终于完工。

桃源 晋时有渔人乘舟捕鱼，缘溪行，忘路远近，见洞口桃花，舍舟入。其中土地开朗，民居稠杂，鸡犬桑麻，怡然自乐。渔人惊问，云是先世避秦来此，遂与外隔。问今是何世，不知有汉，无论魏晋。渔人出，乃属曰："不足为外人道也。"

[译文] 晋朝的时候有个捕鱼的人驾着小船捕鱼，沿着溪水前行，忘记了路程的远近，看到山洞口的桃花，下船进入山洞。山洞里土地平坦，房屋稠密交错，养着鸡和狗，种着桑树和麻，大家都很快乐。鱼人惊奇地问他们，他们说是先辈为了躲避秦朝的苛政而来到此地，就和外界隔绝。他们问现在是什么朝代，不知道有汉朝，更不用说魏晋了。渔人从里面出来的时候，里面的人嘱咐他说："这里的情况不必对外面的人说。"

牛渚矶 在姑孰。水深不可测。相传其卜多怪物，温峤燃犀角照之，须臾，见水族奇形怪状，有乘车马、着赤衣者。是夜，峤梦一人谓曰："与君幽明道隔，何事相窘？"峤觉而恶之。未几，以齿疾拔齿，中风而卒。

杜宇始凿巫峡，汉武帝凿曲江，张九龄凿梅岭。秦始皇厌天子气掘淮流，西入江（《禹贡》：东入海），始名秦淮。隋炀帝东游，穿河，自京口至余杭。六朝自云阳凿运河，径至建康，始复禹通渠故道，穿通济渠，为后世通漕转运。

[译文] 在姑孰（今当涂）。此处江水深不可测。传说这儿的水下有很多怪物，温峤点燃犀角往下看，一会儿工夫，看到奇形怪状的水族，有的乘着白马，穿着红色的衣服。这天晚上，温峤梦到一个人对他说："我们和您阴阳两隔，为什么您来做出让我们窘迫的事情？"温峤听到之后觉得难受，不久就因为牙疼，拔牙的时候中了风就死掉了。

古代蜀地的国王杜宇最初开凿巫峡，汉武帝开凿了曲江，张九龄开凿了梅岭。秦始皇要消除别的地方的天子之气而开掘了淮水，使之向西流入长江（《禹贡》里说：向东流入大海），这里才开始叫作秦淮。隋炀帝往东巡游，穿过黄河，从京口到余杭。六朝的时候从云阳开凿的运河直通到建康，才恢复了大禹疏通的旧河道，开凿了通济渠，成为后世通漕转运的河道。

泰山 泰山上有金箧玉策，能知人年寿修短。汉武帝探策得十八，倒读曰八十。后寿果八十。

[译文] 泰山上有金箱子装着玉制的占卜签条，能够测知人的寿命的长短。汉武帝抽签得了一个"十八"的签条，倒过来读就是八十。后来果然活到了八十岁。

八咏楼 在金华府府治西南，即沈约玄畅楼也。宋守冯伉更今名。

[译文] 在金华府治所的西南方，就是沈约的玄畅楼。宋代的金华太守冯伉改为现在的名字。

古蜀国 今成都府。蜀之先，自黄帝子曰昌意，娶蜀山氏女，生帝喾，乃封其支度于蜀。历夏商，始称王，首名蚕丛，次曰柏灌，次曰鱼凫。

［译文］ 就是现在的成都府。蜀地的先祖，从黄帝的儿子昌意开始，迎娶了蜀山氏的女儿，生下了帝喾，就把蜀山氏的分支子孙封在蜀国。经过夏朝和商朝，才开始称王，第一个王叫蚕丛，第二个王叫柏灌，第三个王叫鱼凫。

八阵图 在新都牟弥镇。孔明八阵图凡三：在夔州者六十有四，方阵法也；在牟弥者一百二十有八，当头阵法也；在棋盘市者二百五十有六，下营法也。（又：沔之定军山下亦有之，夜常闻金鼓声。）

［译文］ 在新都的牟弥镇。诸葛亮的八阵图共有三个地方：处在夔州的有六十四阵，属于方阵法；在牟弥的有一百二十八阵，是当头阵法；在棋盘市的有二百五十六阵，属于下营法。（又：沔水的定军山下也有，在夜里常常可以听到鸣金敲鼓的声音。）

神女庙 在巫山。楚襄王游于高唐，梦一妇人曰："妾在巫山之阳，高丘之阻，朝为行云，暮为行雨。"比旦视之，如其言，遂立庙。

［译文］ 在巫山上。楚襄王曾在高唐巡游，梦到一个妇女说："我在巫山的南面，高丘的上面，早上化为浮云，傍晚化为阵雨。"到了早上去看，果然和她说的一样，于是给她立了一座庙。

华表柱 辽阳城内鼓楼东，昔丁令威家此，学道得仙，化鹤来归，止华表柱，以咮画表，云："有鸟有鸟丁令威，去家千岁今始归，城郭虽是人民非，何不学仙冢累累。"

［译文］ 在辽阳城内的鼓楼东边，以前的丁令威曾在此安家，修习道术成仙，变化成一只仙鹤飞回来，栖息在华表的柱子上，用嘴

在上面写字：“有一只鸟啊叫丁令威，离家千年现在回，城郭虽然依旧，人民都已不再，为何不学仙，死后一个个都化成坟堆。”

麦饭亭　在滹沱河上，冯异进光武麦饭处。无蒌亭在饶阳，冯异进豆粥处。

［译文］　位于滹沱河边，这是冯异给光武帝刘秀进献麦子饭的地方。无蒌亭位于饶阳，是冯异给光武帝进献豆粥的地方。

柏人城　在唐山。汉高祖过此，欲宿，心动，问县何名。曰：“柏人。”高祖曰：“柏人者，迫于人也。”不宿而去。

［译文］　位于唐山。汉高祖刘邦经过此处，想要在这里留宿，心中忽然悸动，就问这是什么县。有人回答说：“这是柏人县。”高祖说：“柏人，意思是有迫于人啊。”于是没有留宿就离开了。

孟姜石　山海卫长城北，石上有妇人迹，相传为秦时孟姜女寻夫之地。

［译文］　山海卫长城的北边，石头上有一个妇女的遗迹，传说是秦朝时孟姜女寻找她丈夫的地方。

九层台　《太平》按《说苑》：晋献公筑九层台，其臣荀息谏曰：“臣能累十二棋子如卵于上。”公曰：“危哉。”遂止。其役遗址尚存。

［译文］《太平御览》中引用《说苑》：晋献公修筑九层高的露台，他的臣子荀息进谏说：“我能够在鸡蛋上摞十二颗棋子。”晋献公说：“太危险了。”于是停止了工程。这个工程的遗址现在还在。

虒祁宫　在曲沃。《左传》：晋作虒祁宫，而诸侯畔，谓此。卫灵公之晋，晋平公置酒于虒祁，令师涓奏靡靡之乐。师旷曰:“此必得之濮上，乃亡国之声也，不可听！”

[译文] 位于曲沃。《左传》记载：晋国修造虒祁宫，这时候诸侯发生叛乱，说的就是这里。卫灵公到晋国去的时候，晋平公在虒祁为他设宴席，让师涓演奏柔和优美的乐曲。师况说:“这首乐曲一定是从濮水边上采到的，这是亡国之音啊，不可以听。”

三冈四镇 俱在大同应州。赵霸冈在城东，黄花冈在城西，护驾冈在城南。安边镇在城东，大罗镇在城南，司马镇在城西，神武镇在城北。元好问诗:“南北东西俱是名，三冈四镇护全城。”

[译文] 都在大同应州。赵霸冈在应州城的东边，黄花冈在应州城的西边，护驾冈在应州城的南边。安边镇在应州城的东边，大罗镇在应州城的南边，司马镇在应州城的西边，神武镇在应州城的北边。元好问诗:“南北东西俱是名，三冈四镇护全城。”

桑林 在阳城。汤有七年之旱，祷雨于此，至今多桑。

[译文] 在阳城。商汤的时候遇到过七年的大旱，在这个地方求过雨，直到现在仍有很多桑树。

天绘亭 在平乐府治。一日，郡守欲易名，忽从土中得片石，云:“予择胜得此亭，名曰天绘。后某年月日，当有俗子易名清晖者。”遂已。

[译文] 在平乐府的治所。有一天，郡守想要给这个亭子换个名字，忽然从土中挖出一片石头，上面写着:“我选取好地方建了这所亭子，命名叫天绘亭。以后的某年某月某日，会有一个俗人把这座亭子的名字换成清晖亭。”于是就停止了换名字。

洛阳桥　在泉州府城东北，跨洛阳江，一名万安桥。郡守蔡襄建，长三百六十丈，广丈有五尺。先是海渡岁溺死者无算，襄欲垒石为梁，虑潮漫，不可以人力胜。乃遗檄海神，遣一吏往。吏酣饮，睡于海厓，半日潮落而醒，则文书已易封矣。归呈襄，启之，惟一“醋”字。襄悟曰:“神其令我廿一日酉时兴工乎?”至期，潮果退舍。凡八日夕而功成，费金钱一千四百万。

[译文]　位于泉州府城东北，横跨洛阳江，又叫作万安桥。这座桥是郡守蔡襄建造的，有三百六十丈长，一丈五尺宽。在此之前，每年渡海溺水被淹死的人不计其数，蔡襄想要垒砌石头作为桥梁，考虑到潮水会漫过石头，不能够凭借人力胜过海潮。于是给海神写了一篇檄文，派了一个小吏送了过去。小吏喝了很多酒，就在海边睡着了，睡了半天被落潮惊醒，发现装檄文的信封已经被更换了。回来送给蔡襄，打开一看，只有一个“醋”字。蔡襄领悟到:“难道海神是让我二十一日酉时动工吗?”到了那天，海潮果然退去。他们赶快筑桥，共八个日夜而完工，花了金钱一千四百万。

社仓　在崇安。宋乾道中，县大饥，朱文公请于郡，得粟六百石赈给之，秋成，民偿粟于官，因乞留里中立社仓，夏贷冬收，以为常规。文公自作记。后请颁其法于天下。

[译文]　位于崇安。宋代乾道年间，崇安县遭遇了大饥荒，朱熹向郡守求助，得到六百石赈灾的粮食。秋收过后，百姓把粮食还给官府。朱熹趁机请求把还回的粮食留在这里，并设立社仓，夏天可以把粮食借给百姓，冬天再收回来，并将之立为常规。朱熹自己作文章记述此事。后来又请求朝廷将这个办法颁行天下。

五羊城 即广州府城。初有五仙人骑五色羊至此，故名。

[译文] 就是广州府城，起初有五位仙人骑着五色羊来到这里，所以取这个名字。

梅花村 罗浮飞云峰侧。赵师雄，一日薄暮，于林间见美人淡妆素服，行且近。师雄与语，芳香袭人，因扣酒家共饮。少顷，一绿衣童来，且歌且舞。师雄醉而卧。久之，东方已白，视大梅树下，翠羽啾啾，参横月落，但惆怅而已。

[译文] 在罗浮山的飞云峰旁边。一天傍晚，赵师雄在树林木中看到一位淡妆素服的美女走近他。赵师雄与她说话，闻到芳香袭人，于是去酒家一起饮酒。过了一会儿，来了一个绿衣童子，边唱边舞。赵师雄喝醉躺下就睡。过了很久，东方的天已经发白，赵师雄发现一棵大梅树下有一只翠鸟还在叽叽喳喳地鸣叫，而参星横斜，月亮也已经落下，心中颇为惆怅。

滕王阁 南昌府城章江门上。唐高宗子元婴封滕王时建。都督阎伯屿重九宴宾僚于阁，欲夸其婿吴子章才，令宿构序。时王勃省父经此与宴。阎请众宾序，至勃不辞。阎恚甚，密令吏得句即报，至“落霞秋水”句，叹曰：“此天才也！”其婿惭而退。

[译文] 在南昌府城的章江门上。唐高宗的儿子李元婴被封滕王时所建造。都督阎伯屿重阳节那天在滕王阁里宴请宾客，想要炫耀女婿吴子章的才华，就让他事先写好一篇序文。当时王勃要去探望父亲，正好经过此地参加了宴会。阎伯屿请众位宾客写一篇序，到王勃面前他竟然毫不客气。阎伯屿非常生气，偷偷让手下小吏听到内容就报给他听，到“落霞秋水”句的时候，感叹道：

“这人真是个天才啊！”他的女婿惭愧地退了出去。

岳阳楼　岳州西门，滕子京建楼，范希文记，苏子美书，邵竦篆，称四绝。

［译文］　位于岳州城的西门，是滕子京建造的岳阳楼，范仲淹写的《岳阳楼记》，苏舜钦书写的文章，邵竦篆写的匾额，被称为“四绝”。

巴丘山　岳州府城南。羿屠巴蛇于洞庭，积骨为丘，故名。

［译文］　位于岳州府城的南边。据说羿在洞庭湖杀了巴蛇，骨头积累成小山丘，所以叫这个名字。

山川

九山　会稽山、衡山、华山、沂山、岱山、岳山、毉无间山、霍山、恒山。

［译文］　分别是会稽山、衡山、华山、沂山、岱山、岳山、毉无间山、霍山、恒山。

九泽　大陆泽、雷夏泽、彭蠡泽、云梦泽、震泽、菏泽、孟潴泽、滎泽、具区泽。

［译文］　分别是大陆泽、雷夏泽、彭蠡泽、云梦泽、震泽、菏泽、孟潴泽、滎泽、具区泽。

五岳 东岳泰山，山东济南府泰安州。南岳衡山，湖广衡州府衡山县。中岳嵩山，河南河南府登封县。西岳华山，陕西西安府华阴县。北岳恒山，山西大同府浑源县。

［译文］东岳泰山，位于山东济南府泰安州。南岳衡山，位于湖广衡州府衡山县。中岳嵩山，位于河南河南府登封县。西岳华山，位于陕西西安府华阴县。北岳恒山，位于山西大同府浑源县。

九河 曰徒骇、曰太史、曰马颊、曰覆釜、曰胡苏、曰简、曰洁、曰钩盘、曰鬲津。

［译文］分别是徒骇、太史、马颊、覆釜、胡苏、简、洁、钩盘、鬲津。

五镇 东镇沂山，东安公在沂州。南镇会稽山，永兴公在绍兴。中镇霍山，应圣公在晋州。西镇吴山，成德公在陇州。北镇醫无闾山，广宁公在营州。

［译文］东镇沂山，被封为东安公，在沂州。南镇会稽山，被封为永兴公，在绍兴。中镇霍山，被封为应圣公，在晋州。西镇吴山，被封为成德公，在陇州。北镇醫无闾山，被封为广宁公，在营州。

五湖 一洞庭，二青草，三鄱阳，四丹阳，五太湖。一曰五湖者，太湖之别名也，一名震泽，一名笠泽。

四渎者，江、淮、河、汉是也。禹平水土，名曰四渎。《礼记》：天子祭天下名山、大川：五岳视三公；四渎视诸侯。

［译文］一是洞庭，二是青草，三是鄱阳，四是丹阳，五是太湖。一种说法是，五湖是太湖的别名，又叫作震泽，也叫笠泽。

四渎，说的是长江、淮河、黄河、汉水。大禹治水的时候，把它们命名为四渎。《礼记》上说：“天子祭祀天下的名山大川：五岳的爵位等同于三公；四渎的爵位等同于诸侯。”

四海 天地四方，皆海水相通，九戎、八蛮、九夷、八狄，形类不同，总而言之，谓之四海。渤澥者，又东海之别支也。

[译文] 天地四方，都有海水环绕相通，四方的边界分别是九戎、八蛮、九夷、八狄，种类虽然不一样，总体来说叫作“四海”。渤澥，是东海的一个部分。

三岛 东海之尽谓之沧海，其中有蓬莱、方丈、瀛州三神山，金银为宫阙，神仙所居。

[译文] 东海的尽头叫作沧海，它上面有蓬莱、方丈、瀛州三座神山，有金银做的宫殿，是神仙居住的地方。

五山 渤海之东有大壑，名归墟，其中有岱舆、员峤、方壶、瀛州、蓬莱五山。

[译文] 渤海的东面有一条巨大的沟壑，名字叫作归墟，它里面有岱舆、员峤、方壶、瀛州、蓬莱五座山。

三江 三江者，松江、娄江、东江也。其分流处，曰三江口。

[译文] 三江，说的是松江、娄江、东江。它的分流的地方叫作三江口。

三泖 在松江府。俗传近山泾者为上泖，近泖桥者为中泖，自泖桥而上萦绕百余里曰长泖，是谓三泖。

[译文] 位于松江府。民间传说靠近山泾的地方叫上泖，靠近泖桥的叫中泖，从泖桥往上弯弯曲曲的一百余里叫作长泖，这就是三泖。

昆仑山 在西番。山极高峻，积雪至夏不消，延亘五百余里，黄河经其南。

[译文] 位于西番。昆仑山高峻，上面积聚的白雪到夏天也不消融，绵延五百多里地，黄河从它的南边流过。

黄河 在西番。其水从地涌出，百余泓，东北汇为大泽。又东流为赤宾河，合忽兰诸河，始名黄河。从东北至陕西、兰州，始入中国。元招讨使都实始穷河源。

[译文] 位于西番。这个地方的水从地面涌出来，有一百多条水流，向东北汇聚成大泽。又向东流称为赤宾河，与忽兰等河流汇合后，才叫作黄河。往东北方向流到陕西、兰州，才流进中原。元代的招讨使都实最早探索到黄河的源头。

华山 韩昌黎夏日登华山之岭，顾见其险绝，恐栗，度不可下，据崖大哭，掷遗书为诀。华阴令搭木架数层，给其醉，以毡裹缒下之。

[译文] 韩愈在夏天的时候登上华山，回头看到华山险峻绝峭，心中害怕，觉得可能下不来，靠在山崖边大声痛哭，写了遗书扔到山下。华阴令搭建了好几层木架，诓骗他喝醉酒，用毛毡裹着他把他缒了下去。

匡庐山 在南康府。周时匡裕兄弟七人结庐隐此，故名。志中言有二胜，开元漱玉亭、栖贤三峡桥，内有白鹿洞，为朱晦庵读书处。今另设学校，以教习诸生。

[译文] 位于南康府。周朝的时候匡裕兄弟七人在这儿造房子隐居，所以叫这个名字。《庐山志》中说庐山有二处胜地，分别是开元漱玉亭、栖贤三峡桥，里面有白鹿洞，是朱熹读书的地方。现在这里另外开设了书院来教授学生。

武夷山　在崇安。高峰三十有六，道书第十六洞天，当有神人降此，自称武夷君。又《列仙传》：篯铿二子，长曰武，次曰夷，故名。

[译文] 位于崇安。有三十六座高峰，道书中说的第十六洞天，会有神仙在此降临，自称为武夷君。另外，《列仙传》中说：篯铿有两个儿子，大的叫武，二的叫夷，所以这样命名。

龙虎山　在贵溪。两石峙，如龙昂虎踞，即上清宫也。世为张道陵所居，上有壁鲁洞，即天师得异书处。

[译文] 位于贵溪。两块大石头相对着，像龙盘虎踞一样，就是上清宫。世世代代作为张天师的居处，上面有壁鲁洞，就是张天师获得天书的地方。

㩲务（音权旄）**山**　在柏人城之东北。《尚书》言舜纳于大麓，迅雷风烈，弗迷。即此。

[译文] 位于柏人城的东北方向。《尚书》上说舜被派往大山里，大风雷雨，却没有迷路。说的就是这里。

华不注（不音夫，与“跗”同。）　言此山孤秀，如花跗之注于水也。

《九域志》云：大明湖望华不注山，如在水中。

[译文] （不读作夫，和“跗”的读音相同。）说的是这座山挺拔秀丽，像花瓣在水中矗立一样。《元丰九域志》上说：从大明湖眺望华不注山，就像在水中一样。

白岳山 在休宁县。一名齐云，岩上有石钟楼、石鼓楼、香炉峰、烛台峰，皆奇景。上供玄帝像，云是百鸟衔泥所塑，灵应异常，人称小武当。时时有王灵官响山鞭，声如霹雳。

[译文] 位于休宁县。又叫作齐云，山上有石钟楼、石鼓楼、香炉峰、烛台峰，都是奇特的景致。在上面供奉着玄帝的画像，据说是百鸟用嘴衔的泥塑成的，非常灵验，人们称之为“小武当”。不时能够听到王灵官挥响山鞭的声音，如同霹雳一样。

镇江三山 一曰北固，一曰金山，一曰焦山。焦山者，汉末隐士焦光隐此，故名。上有《瘗鹤铭》，陶隐居所书，雷火断之，今坠江岸。

[译文] 一个叫北固，一个叫金山，一个叫焦山。焦山，是汉代末年隐士焦光隐居的地方，所以这样命名。上面有《瘗鹤铭》，是陶弘景所书写，被雷劈断，现在坠落在江边。

八公山 在寿州。淮南王安与宾客八公修炼于此。谢玄陈兵淝水，苻坚望见八公山草木，风声鹤唳，皆为晋兵。

[译文] 位于寿州。淮南王刘安和宾客八公在这个地方修仙。谢玄在淝水布阵，苻坚看到八公山上的草木，听见风吹动和鹤鸣叫的声音，都以为是晋朝的军队。

天童山　在鄞县。晋僧义兴卓锡于此，有童子给役薪水，久之辞去，曰:“吾太白神也，上帝命侍左右。”言讫不见。遂名太白山，又名天童山。

[译文]　位于鄞县。晋代的僧人义兴在这里驻锡，有一个童子为他砍柴打水，过了很久告辞离去，说:“我是太白金星，天帝命令我来服侍您。”说完就不见了。于是命名此山为太白山，又叫天童山。

招宝山　在定海。天气晴朗，朝鲜、日本诸国，一望可见。山中有棋子坪，以白饭撒之得白子，以黑豆撒之得黑子。

[译文]　位于定海。天气晴朗的时候，朝鲜、日本各国，一看就可以看见。山中有个棋子坪，用米饭撒到上面就成为白棋子，用黑豆撒到上面就成为黑棋子。

翁洲山　在定海。徐偃王所居。勾践欲封夫差于甬东，即此地也。唐开元中置翁洲县。

[译文]　位于定海。是徐堰王居住的地方。勾践想要把夫差封在甬东，就是这个地方。唐代开元年间设置了翁洲县。

鸡鸣山　在应天府东，旧名鸡笼山。雷次宗开馆于此，齐高宗常就次宗受《左氏春秋》。

[译文]　位于应天府的东边，以前名叫鸡笼山。雷次宗曾经在这里开馆讲学，齐高宗也常到这里听雷次宗讲解《左氏春秋》。

牛首山　在祖堂之北，上有二峰相对，如牛角，故名。晋王导曰:“此天阙也。”又名天阙山。

[译文] 在祖堂的北边，山上有两座峰相对着，像牛的两只角，因此得名。东晋的王导说:“这就是天门啊。”所以又叫天阙山。

摄山 在应天府治东北。产摄生草。上有千佛岩、栖霞寺，即明僧绍舍宅。

[译文] 位于应天府东北方向。出产摄生草。山上有千佛岩、栖霞寺，是明朝僧绍的住宅。

茅山 在句容，初名句曲山。茅君得道于此，更今名。上有三峰，三茅君各占其一，谓之三茅峰。三峰之北，曰玉晨观，即所谓金陵地肺也。

[译文] 位于句容，起初叫句曲山。三茅真君在这里修道成仙，就改成现在这个名字。山上有三座山峰，三位茅君各占一个，称为三茅峰。三座山峰的北边，叫玉晨观，就是人们所说的“金陵地肺”。

莫愁湖 三山门外。昔有妓卢莫愁家此，故名。

[译文] 在三山门外。从前有个叫卢莫愁的妓女在这里安家，因此得名。

天台山 上应台星高一万八千丈，周八百里，从昙花亭麓视石梁瀑布，如在天半上。有琼台玉阙诸景，旧名金庭洞天。

[译文] 这座山对应天上的台星，高一万八千丈，方圆八百里，从昙花亭的山脚看石梁瀑布，像在半天上。有琼台、玉阙等景观，从前名叫金庭洞天。

天姥山　在浙之新昌县。李太白梦游天姥，即此。近产茶，名天姥茶。

［译文］ 位于浙江新昌县。李白梦游天姥，说的就是这里。这里附近出产茶叶，叫天姥茶。

文公山　在尤溪。朱晦庵父松，为尤溪尉，任满，假馆于郑氏。建炎庚戌九月，朱子生，所对二山，草木繁密，野烧焚之，山形露出“文公”二字。

［译文］ 位于尤溪。朱熹的父亲朱松曾做过尤溪县尉，任职期满，借了郑家的屋子住。建炎三年（公元1129年）九月，朱熹出生，屋子所对的两座山本来草木茂盛，忽然有野火烧起来，山上显现出“文公”两个字。

云谷山　在建阳。群峰上蟠，中阜下踞，虽当晴昼，白云坌入，则咫尺不可辨。朱文公作草堂其中，榜曰“晦庵”。

［译文］ 位于建阳。高大的山峰在上面盘绕，中等的山峰雄踞在下面，即使在晴朗的白天，有白云吹入山中，在咫尺之间也看不清东西。朱熹在山中建了一个草堂，在草堂的匾上题了“晦庵”两个字。

钟山　在分宜。晋时，雨后有大钟从山峡流出，验其铭，乃秦时所造，故名钟山。后有渔人，山下得一铎，摇之，声如霹雳，山岳动摇。渔人惧，沉之水。或曰：此秦始皇驱山铎也。

［译文］ 位于分宜。晋朝的时候，一次大雨过后从山峡里流出一口大钟，检视上面的铭文，是秦朝时铸造的，所以取名钟山。后来有打渔人在山下捡到一个铎铃，摇动它，发出霹雳一样的声音，

山摇地动。渔人很害怕，把它沉到了水里。有人说：这就是秦始皇的驱山铎啊。

寒石山 唐寒山、拾得二僧居此。丰干和尚谓闾丘太守曰："寒山、拾得，是文殊、普贤后身。"太守往谒之，二人笑曰："丰干饶舌。"遂隐入石中，不复出。

[译文] 唐代的寒山、拾得两位僧人在这里居住。丰干和尚对闾丘太守说："寒山、拾得二人是文殊菩萨和普贤菩萨的转世。"太守就到山里拜见，寒山、拾得两个人笑着说："这个丰干真是多嘴。"说着就躲到群石中，不再出来了。

石镜山 在临安。有圆石如镜，钱镠少时照之，冠冕俨然王者。唐昭宗封为衣锦山。镠常于此宴故老，木石皆披锦绣。

[译文] 位于临安。有圆圆的石头像镜子一样，钱镠小时候把它当镜子照，看见自己的帽子衣服就像是君王一般。唐昭宗封此山为衣锦山。钱镠常在这里宴请他的老朋友，这里的树木与石头都被披上锦绣。

宛委山 在会稽禹穴之前。上有石匮，大禹发之，得赤珪如日，碧珪如月，长一尺二寸。又传禹治水毕，藏金简玉字之书于此。

[译文] 在会稽山的禹穴之前。上面有石洞，大禹打开它，得到一块太阳一样的红色玉珪，还有一个碧绿的玉珪，像月亮一样，有一尺二寸长。传说大禹治水结束，就在这里藏了一本金作书页、玉镶文字的书。

宝山 一名攒宫。在会稽县东南。宋高、孝、光、宁、理、度六陵在焉。元妖僧杨琏真伽发诸陵，唐珏潜收陵骨，瘗于兰亭山之冬青树下，陵骨得以无恙，独理宗头大如斗，不敢更换，元人取作溺器。我太祖得之沙漠，复归本陵，有石碑记其事。

[译文] 又叫攒宫。在会稽县东南。宋高宗、孝宗、光宗、宁宗、理宗、度宗六位帝王的陵墓都在这里。元朝的妖僧杨琏真伽打开了这些陵墓，唐珏暗中收藏陵墓中的尸骨，埋在兰亭山的冬青树下，陵墓中的骨头才没有被毁坏。只有宋理宗的头如斗一样大，不敢偷偷更换，被元朝人拿去当尿器。我朝太祖从沙漠里找到，又放回到他的陵墓里，有石碑记载了这件事情。

越城中八山 卧龙、蕺山、火珠、白马、蛾眉、鲍郎、彭山、怪山。更有黄琢山，在华严寺后，人不及知。蛾眉山，在轩亭北首民居之内，今指土谷寺神桌下小石为蛾眉山者，非是。怪山在府治东南，《水经注》云:是山自琅琊东武海中一夕飞来，居民怪之，故曰怪山。上有灵鳗井，鳗大如柱，能致风雨。越王筑台其上，有观云气。

[译文] 分别是卧龙、蕺山、火珠、白马、峨眉、鲍郎、彭山、怪山。此外还有黄琢山，在华严寺的后面，没有人知道。峨眉山，在轩亭北边的百姓住宅里，现在把土谷寺神桌下面的小石头指为峨眉山，这是不对的。怪山在府治的东南，《水经注》中说：这座山是一天晚上从琅琊东武海里飞来的，这里的居民觉得很奇怪，所以取名叫“怪山”。山上有灵鳗井，井中的鳗鱼大得像柱子一样，能呼风唤雨。越王在山上筑有高台，用来观察天象。

尾闾 台州宁海县东，海中水湍急，陷为大涡者十余处，百凡浮物，近之则溺。

[译文] 位于台州宁海县东部，海中水流湍急，海面上有十多处沉陷为大漩涡，凡是漂浮的东西到这个地方，靠近它时就会沉下去。

瓠子河 汉武帝元光三年，河决顿丘，复决濮阳，瓠子泛郡十六，发卒数万人塞瓠子河。天子自临决河，沉白马玉璧于河，筑室其上，名防宣宫。

[译文] 汉武帝元光三年（公元前132年），瓠子河在顿丘决堤，又在濮阳决口，瓠子河泛滥淹没了十六个郡，朝廷征发数万士兵去堵塞瓠子河。天子亲身到了决堤的地方，把白马玉璧沉到河中，在河边修建了一间屋子，叫作“防宣宫”。

钱塘潮 朝夕两至，初三日起水，二十日落水。每月十八潮大，八月十八潮尤大。有候潮歌曰：“午未未未申，寅卯卯辰辰，巳巳巳午午，朔望一般轮。”

[译文] 钱塘潮早晚两次到来，每月的初三涨潮，二十日的时候落潮。每月十八的时候潮水汹涌浩大，八月十八尤其浩大。有一首候潮歌说：“午未未未申，寅卯卯辰辰，巳巳巳午午，朔望一般轮。”

磻溪 在凤翔府宝鸡县。吕望钓此，得一鱼，腹有璜玉，文曰：“周受命，吕氏佐。”今石上隐隐见两膝痕。

[译文] 位于凤翔府宝鸡县。吕望在这个地方垂钓，钓到一条鱼，鱼肚子里有一块璜玉，上面的文字说：“周受命，吕氏佐。”现在石头上可以隐隐看到两条小腿的痕迹。

滟滪堆 在瞿唐峡口。有孤石，冬出水二十余丈，夏即没入土。

人云:“滟滪大如象，瞿唐不可上；滟滪大如马，瞿唐不可下。”以为水候。庾子舆奉父榇还巴东，至瞿唐，水壮。子舆哀号，峡水骤退，舟得安行。人为之语曰:“滟滪如幞本不通，瞿唐水退为庾公。”

[译文] 位于瞿塘峡口。有一块大石头，冬天的时候露出水面二十多丈高，夏天时就藏进土中。人们说:“滟滪大如象，瞿塘不可上；滟滪大如马，瞿塘不可下。”把这作为水的征候。庾子舆迁移父亲的灵柩回巴东，到瞿塘峡的时候，水势浩大，庾子舆悲伤地号泣，瞿塘峡的水立刻就退了下去，船只得以安全通过。有人说这件事:“滟滪如幞本不通，瞿塘水退为庾公。”

长江三峡 瞿唐峡与归峡、巫山峡，世称三峡，连亘七百里，重岩叠障，隐蔽天日，非亭午、夜分，不见日月。《水经》云杜宇所凿。

[译文] 瞿塘峡与归峡、巫山峡，世人称之为三峡，连绵七百里长，层层的高山，遮蔽天日，不是正午或半夜的时候，就不能看见太阳月亮。《水经注》中说是杜宇开凿的。

烂柯山 衢州府城南。一名石室。道书谓青霞第八洞天。晋樵者王质入山，见二童子弈，质置斧而观。童子与质一物，如枣核，食之不饥。局终，示质曰:“汝斧柯烂矣。”质归家，已百岁矣。

[译文] 位于衢州府城的南边。又叫作石室。道书中说它是青霞第八洞天。晋朝的王质进山，看到两个小孩子下棋，王质就放下斧子在旁观看。小孩给了王质一个像枣核一样的东西，吃了之后不感到饥饿。一局下完，给王质看斧头说:“你的斧柄已经腐朽了。”王质回到家，已经过去了一百年了。

江郎山 在江山。世传江氏兄弟三人登其巅，化为石，故名。山顶有池，产碧莲、金鲫。

[译文] 位于江山。民间传说江氏兄弟三个人登到这座山的山顶，化为石头，以此得名。山顶有大水池，出产绿色的莲花、金色的鲫鱼。

金华山 府城北。金星与婺女星争华，故名。又名长山，周三百六十余里，其最胜者曰金华洞，道书第三十六洞天。

[译文] 位于金华城的北边。金星和婺女星争光，因此得名。又叫作长山，方圆三百六十多里，此山最有名的景观是金华洞，道书上说它是第三十六洞天。

四明山 在余姚县。高三万八千丈，周二百一十里，由鄞小溪入，则称东四明；由余姚白水入，则称西四明；由奉化雪窦入，则直谓之四明。道经第九洞天也。峰凡二百八十有二，中有峰曰芙蓉，有汉隶刻石上，曰“四明山心”。其右有石窗。

[译文] 位于余姚县。有三万八千丈高，方圆二百一十里，从鄞县的小溪进入，称为东四明；从余姚的白水进入，称为西四明；从奉化的雪窦进入，直接称为四明。道书上说这是第九洞天。总共有二百八十二座山峰，其中有座芙蓉峰，用汉代的隶书在石头上刻着：四明山心。在它的右边有石头的窗户。

天水池 在重庆江津县。邑人春月游此，竞于池中摸石祈嗣，得石者生男，得瓦者生女，颇验。

[译文] 位于重庆江津县。乡人春月的时候来此游玩，竞相在水池

中摸石头祈求得到后代，摸到石头的能够生个男孩，摸到瓦片的能生女孩，颇为灵验。

大瀼水　在奉节县。杜甫诗“瀼东瀼西一万家”，即此。郡人龙澄，尝于瀼中见一石盒，探取之，获玉印五，文字非世间篆籀。忽有神人诧曰：“玉印乃上帝所宝，昔授禹治水，水治复藏名山大川。今守护不谨耳！可亟投元处。”澄如其言。后登上第。

［译文］　位于奉节县。杜甫的诗句“瀼东瀼西一万家”，说的就是这个地方。郡里有人叫龙澄，曾经在瀼水中看到一个石头做的盒子，伸手取出来，得到五枚玉印，上面的文字不是世间常见的大小篆。忽然间有神人惊奇地说：“这些玉印是上帝的宝物，以前授予大禹治理水患，水患之后又被藏到名山大川中。现在没有好好守护，又使它显露了出来。请马上放回原处。”龙澄按他说的做了。后来科举考试以较高的成绩考中。

牛心山　龙安府城之东。梁李龙迁葬此。武后时凿断山脉。玄宗幸蜀，有老人苏垣奏：龙州牛山，国之祖墓，今日蒙尘，乃则天掘凿所致也。玄宗命刺史修筑如旧。未几，诛禄山。

［译文］　位于龙安府城的东边。南朝梁代的李龙迁到此处安葬。武则天在位的时候挖断了山脉。玄宗逃到蜀地的时候，有位老人苏垣上奏说：龙州牛山是我国的祖坟，现在陛下您蒙尘经过这里，是因为武则天挖断了山脉所致。玄宗命令当地的刺史修复回原状。不久，朝廷就诛杀了安禄山。

峨眉山　眉州城南，来自岷山，连冈叠障，延袤三百余里，至此突起三峰，其二峰对峙，宛若蛾眉。

[译文] 位于梅州城南边，源自岷山，山峦重重叠叠，绵延三百里地，到这突然耸立起三座山峰，其中两座山峰相对着，就像女人的两条眉毛一样。

磨针溪 彭山象耳山下，相传李白读书山中，学未成，弃去。过是溪，逢老媪方磨铁杵，白问故，媪曰:“欲作针耳。”白感其言，遂卒业。

[译文] 位于彭山的象耳山下边，传说李白在山中读书时，学业未成，就想放弃离开。路过这条小溪的时候，遇到一个老婆婆正在磨一根铁棒，李白问她磨这个做什么，老太婆回答说:“想要磨成一根针。”李白有感于她的话，于是完成了学业。

长白山 在开原东北千余里。横亘千里，其巅有潭，周八十里，深不可测，南流为鸭绿江，北流为混同江。

[译文] 位于开原东北一千多里。山势绵延有一千里，山顶有水潭，方圆八十里，潭水深不可测，这个潭的水向南流的就是鸭绿江，向北流的就是混同江。

太行山 怀庆府城北。王烈入山，忽闻山北雷声，往视之，裂开数百丈，石间一孔径尺，中有青泥流出，烈取抟即坚凝，气味如香粳饭。

[译文] 位于怀庆府城北。王烈进山，忽然听到山的北边有雷声，去观看，只见山体裂开几百丈，石头中有个直径一尺的大洞，孔中有青泥流出，王烈取了一把泥，泥立刻就凝固了，气味像是香米饭。

神农涧　在温县。神农采药至此，以杖画地，遂成涧。

［译文］　位于温县。神农到这里采药时，用手杖在地上画了一道，于是就变成了这条山涧。

卧龙岗　南阳府城西南。即诸葛亮躬耕处，有三顾桥。

［译文］　位于南阳府城的西南方向。这里就是诸葛亮隐居耕种的地方，这里有一座三顾桥。

丹水　在内乡县。《抱朴子》云:水有丹鱼，先夏至十日，夜伺之，鱼皆浮水，赤光如火，取其血涂足，可步行水上。

［译文］　位于内乡县。《抱朴子》里说：丹水中有一种红鱼，在夏至前十日时，晚上暗中等候，这种鱼就会浮出水面，身上的红光像火一样，把这种鱼的血涂在脚上，就可以在水上行走。

天中山　汝宁府城北。在天地之中，故名。自古考日影测分数，莫正于此。

［译文］　在汝宁府城的北边。因为山在天地的中间，因此得名。从古代测量日影的长度分数，没有比这里更精确的了。

金龙池　在平阳府城西南。晋永嘉中，有韩媪偶拾一巨卵，归育之，得婴儿，字曰“橛”，方四岁，刘渊筑平阳城不就，募能城者。橛因变为蛇，令媪举灰志其后，曰:“凭灰筑城，城可立就。”果然，渊怪之，遂投入山穴间，露尾数寸，忽有泉涌出，成此池。

［译文］　位于平阳府城的西南面。晋代永嘉年间，有位姓韩的婆婆偶然捡到一枚巨卵，拿回家孵育它，孵出一个婴儿，起名叫橛。

韩橛四岁，汉国的皇帝刘渊修筑平阳城，但总修不成，于是招募会修城的人。韩橛就变成大蛇，让韩婆婆跟在他后边撒灰做标志，说:“依着灰做的标志来修筑城墙，可以立即建成。”后来果然建成了，刘渊觉得很奇怪，就把韩橛放到山间的洞穴里，韩橛进入洞穴后只露几寸长的尾巴，忽然就有泉水涌出来，就成了这个金龙池。

五台山　在五台县。五峰高出云汉，文殊师利所居。曰“清凉山”，即此。

[译文]　位于五台县。这里有五座山峰高出云天，是文殊师利菩萨所居住的地方。所谓的清凉山，就是指的这里。

尼山　曲阜接泗水邹县界。颜氏祷此，而孔子生。记云:“颜氏升之谷，草木之叶皆上起；降之谷，草木之叶皆下垂。”

[译文]　位于曲阜，接壤着泗水和邹县的地界。孔子的母亲颜氏在这里祈祷，就生下孔子。《尼山书院记》中说:“颜氏从这个山谷上去，树和草的叶子都向上翻起；下了山谷，树和草的叶子都垂了下来。”

雷泽　在曹州。泽中有雷神，龙身而人颊，鼓其腹则鸣。《史记》:“舜渔于雷泽。”即此。

[译文]　位于曹州。雷泽中有一位雷神，长着龙的身体人的面孔，拍它的肚子会有雷鸣。《史记》中说:“舜帝在雷泽捕鱼。”说的就是这里。

鸣犊河　在高唐。孔子将西见赵简子，闻杀窦鸣犊，临河而叹。

因名。

［译文］ 位于高唐。孔子将向西行去拜见晋国大臣赵简子，到达河边时听说赵简子杀了窦鸣犊，孔子就对着河水叹息，因此得名。

濮水 濮州上有庄周钓台。昔师延为纣作靡靡之乐。武王伐纣，师延自投濮水而死。后卫灵公夜止濮上，闻鼓琴声，召师涓听之。师涓曰："此亡国之音也。"

［译文］ 濮州之上有庄周的钓鱼台。从前乐工师延为殷纣王创作柔和优美的音乐，周武王讨伐纣王时，师延跳进濮水自杀，后来卫灵公晚上在濮上住宿，听到弹琴的声音，让乐工师涓来听，师涓说："这就是亡国之音啊！"

牛山 临淄。齐景公登牛山，流涕曰："美哉国乎！若何去此而死也？"艾孔、梁丘据皆从而泣，晏子独笑。公问故，对曰："使贤者不死，则太公、桓公常守之矣。勇者不死，则庄公、灵公常守之矣，吾君安得此位乎？至于君独欲常守，是不仁也。二子从而泣，是谄谀也。见此二者，臣所以窃笑。"公举觞自罚、罚二臣者。

［译文］ 位于临淄。齐景公登上牛山，流着泪说："多么美丽的国家啊，我为何会放弃这一切而死去呢？"艾孔、梁丘据都跟着齐景公一起哭泣，只有晏子一个人在一边笑。齐景公问他原因，他回答说："假使贤明的人都不死，那我们的太公和桓公就可以一直当国君来治理齐国了。假使勇敢的人永远不死，那我们的庄公和灵公就可以一直当国君来守卫齐国了。您怎么能做成国君呢？至于您想要一直当国君独占齐国，这是不仁德的。那两个陪着您一起

哭的，是谄媚的。看到不仁的君王和谄媚的臣子，这是我笑的原因啊。”齐景公听了后就自罚了一杯酒，同时也罚艾孔、梁丘据两人各一杯酒。

愚公谷 临淄愚公山之北。齐桓公逐鹿至此，问一老父:“何以名愚公谷？”对曰:“臣畜牸牛生犊，卖犊而买驹。少年谓牛不能生马，遂持驹去。邻人以臣为愚，故名。”

［译文］ 位于临淄愚公山的北面。齐桓公追赶一头鹿追到了这里，问一个老人:“这里为什么叫愚公谷？”老人回答说:“我养了一头母牛，生了一头小牛犊，我把牛犊卖掉买了一头小马驹。有个少年人说母牛不可能生马驹，就把小马驹牵走了。邻近的人们都认为我很愚蠢，所以就取了这个名字。”

九华山 青阳，旧名九子山。李白谓“九峰似莲华”，乃更今名。刘梦得尝爱终南、太华，以为此外无奇；爱女几、荆山，以为此外无秀。及见九华，深悔前言之失也。

［译文］ 位于青阳，以前叫九子山。李白有诗句“九峰似莲华”，就改为现在这个名字。刘禹锡曾经非常喜欢终南山和太华山，认为除这两座山外就没有更雄奇的山了；也喜欢女几山和荆山，认为除此之外就没有更秀丽的山了。等到看到九华山之后，深感后悔自己先前说过的话。

禹祁山 姑苏城西，相传禹导吴江以泄具区，会诸侯于此。

［译文］ 在姑苏城西，相传大禹当年疏导吴江的水泄入具区泽，在这里会盟诸侯。

洞庭山 姑苏城西太湖中，一名包山，道书第九洞天。苏子美记："有峰七十二，惟洞庭称雄。"

[译文] 在姑苏城西的太湖里，又叫包山，是道书所说的第九洞天。苏舜钦说："这里有七十二座高峰，只有洞庭山称得上雄伟。"

孔望山 海州。孔子问官于郯子，尝登此望海。

[译文] 位于海州。孔子向郯子请教古代官制时，曾登上这座山眺望大海。

夹谷山 在赣榆。即孔子会齐侯处。

[译文] 位于赣榆。这就是孔子会见齐国国君之处。

硕项湖 在安东。秦时童谣云："城门有血，当陷没。"有老姆忧惧，每旦往视。门者知其故，以血涂门，姆见之，即走。须臾，大水至，城果陷。高齐时，湖尝涸，城址尚存。

[译文] 位于安东。秦朝时有童谣说："城门上面如果有血迹，这座城当会陷落下去。"有位老婆婆很担心害怕，每天早上都去城门察看。守门人知道这件事后，就用血涂在门上，老太婆看见后赶快往城外跑。不一会儿，大水就来了，城池果然被水淹没而变成了湖。北齐时，湖水曾经干涸过，城池的遗址尚且还在。

龙穴山 六安上有张龙公祠，记云：张路斯颍上人，仕唐为宣城令，生九子，尝语其妻曰："吾龙也。蓼人郑祥远亦龙也，据吾池。屡与之战，不胜，明日取决，令吾子射系鬣以青绢者郑也，绛绢者吾也。"子遂射中青绢者，郑怒，投合肥西山死。即今龙穴。

[译文] 六安有一座张龙公祠堂，碑记上说：张路斯，是颍上人，在唐代做官至宣城县令，生了九个儿子，有一天对他妻子说："我其实是一条龙。蓼地的郑祥远也是龙，他占据了我的龙池。我多次与他交战，却没有胜利，明天我们要决战，让我儿子去射那个在龙头上系着青色绢带的，那个就是郑祥远，而系绛红色绢带的是我。"他的儿子就用箭射中了系青色绢带的龙，郑祥远大怒，逃到合肥的西山后死去了。那里就是现在的龙穴。

巢湖　合肥。世传江水暴涨，沟有巨鱼万斤，三日而死，合郡食之。独一姥不食。忽遇老叟，曰："此吾子也。汝不食其肉。吾可亡报耶？东门石龟目赤，城当陷。"姥日往窥之。有稚子戏以朱傅龟目。姥见，急登山，而城陷，周四百余里。

[译文] 位于合肥，传说有一回江水暴涨，河里有一条上万斤的大鱼，三天后死了，全郡的人都来吃鱼肉。只有一个老婆婆不吃。她忽然就遇到一位老人，告诉她："这条鱼是我的儿子。你不吃他的肉，我难道会不报答你吗？城东门石龟的眼睛要是变红了，这座城就要被水淹没了。"老婆婆每天都去偷偷地看。有小孩恶作剧，用红颜色把石龟的眼睛涂红。老太婆一见，立刻跑到山上，城池果然被水淹没了，方圆有四百多里。

滇池　云南府城南。一名昆明池，周五百余里，产千叶莲。《史记》："滇水源广末狭，有水倒流，故曰滇。"

[译文] 位于云南府的城南。又叫作昆明池，方圆五百多里，出产千叶莲。《史记》中说："滇水的源头宽广而末端狭窄，有的水会倒流，所以叫滇。"

金马山 云南府城东，世传金马隐现于上。往西则碧鸡山，峰峦秀拔，为诸山长。俯瞰滇池，一碧万顷。汉宣帝时，方士言益州有金马碧鸡可祭祷而致，乃遣王褒入蜀。

［译文］ 位于云南府城东边，传说山上有金马隐隐出现。往西是碧鸡山，峰峦秀丽挺拔，是群山之首。山上俯瞰滇池，碧波万顷。汉宣帝的时候，有方士说益州有金马和碧鸡，祭祀祈祷就能获得，宣帝于是就派王褒来到蜀地。

大庾岭 南雄府城北。一名梅岭。张九龄开凿成路，行者便之。上有云封寺、白猿洞。卢多逊南迁岭上，憩一酒家，问其姓，妪曰："我中州仕族，有子为宰相卢多逊挟私窜以死。我且寓此岭，候其来。"多逊仓皇避去。

［译文］ 在南雄府城的北边，又叫梅岭。张九龄开凿大山修成道路，行人认为很方便。山上有云封寺、白猿洞。卢多逊被贬官到岭上，在一个酒家休息，问店主姓名，店主老婆婆说："我家是中土大族，我儿子因为与宰相卢多逊有私怨，贬官而死。我暂时借住在这座岭上，专等卢多逊到来。"卢多逊听后仓皇逃走。

罗浮山 在博罗。高三千六百丈，周三百余里，岭十五，峰四百三十二，洞八，大小石楼三，登之可望海。又有璇房瑶宫七十二所。《南越志》：罗浮第三十一岭半是巨竹，皆七八围，节长丈二，叶似芭蕉，谓之龙葱竹。

［译文］ 位于博罗。有三千六百丈高，方圆三百多里，有十五座山岭，四百三十二个山峰，八个山洞，有大小三个石楼，登上石楼就可以见到海。又有七十二所神仙所住的璇房瑶宫。《南越志》中说：罗浮山第三十一岭上长着一半的大竹子，都有七八围粗，

每个竹节有一丈二长，叶子像芭蕉，叫作龙葱竹。

鳄溪 在潮州府城东。一名恶溪。溪有鳄鱼，身黄色，四足，修尾，状如鼍，举止�疾，口森锯齿，往往为人害。鹿行崖上。群鳄鸣吼，鹿怖坠岸，鳄即蚕食。

[译文] 在潮州府城的东边。又叫恶溪。溪里有鳄鱼，身体黄色，四条腿，长尾巴，形似鼍龙，行动非常迅疾，嘴中密布着锯一样的牙齿，常常给人带来灾祸。鹿在山崖上行走，群鳄大声吼叫，鹿会因惊怖而掉下山崖，鳄鱼立刻把它一点点吃掉。

石钟山 在湖口。下临深潭，微风鼓浪，水石相搏，响若洪钟。苏轼尝泛舟醉此。

[译文] 位于湖口。下边挨着深潭，微风卷起波浪，水打在石头上，声音像洪大钟声一样。苏轼曾经在这里泛舟，喝得大醉。

麻姑山 在建昌府城西。上有瀑布、龙岩、丹霞洞、碧莲池，皆奇境也。周四百余里，中多平地可耕。道书三十六洞天之一。麻姑修炼于此。

[译文] 位于建昌府城的西边。山上有瀑布、龙岩、丹霞洞、碧莲池，都是奇景。方圆四百多里，中间有很多平地可以耕种。道书上说是三十六洞天之一。麻姑曾在这里修炼。

曲江池 西安府城东南。汉武帝凿，每赐宴臣僚于此，池备彩舟，惟宰相学士登焉。宋子京尝夜饮曲江，偶寒，命取半臂，十余宠各送一枚，子京恐有去取，不敢服，冒寒而归。

[译文] 在西安府城的东南方。汉武帝时开凿，常常在这里与群臣

饮宴，水面上备有彩绘的船只，但只有宰相和博学士可以上船。宋子京曾有一天晚上在曲江喝酒，觉得有些冷，让人取出半袖衫穿上，他的十来个宠妾各送来一件，宋子京担心因取舍得罪人，不敢穿，顶着寒风回了家。

岐山　一名天柱山。《禹贡》：导汧及岐。太王邑于岐山之下，文王时凤鸣岐山，皆此。

[译文]　又叫作天柱山，《禹贡》中说：疏导汧水通到岐山。周太王在岐山下修筑了城池，周文王时有凤凰在岐山鸣叫，说的都是这里。

君子津　大同。古东胜州界上。汉桓帝时，有大贾赍金至，死此，津长埋之。贾子寻父丧至，悉还其金。帝闻之曰："君子也。"遂以名津。

[译文]　位于大同。古代东胜神州的地界。汉桓帝的时候，有个大商人带着金钱死在这里，当地的长官把他埋到了这个地方。商人的儿子到这里寻找父亲，长官把商人的金钱全部还给他儿子。皇帝听到后说："你真是个是君子啊！"就用君子命名这个渡口。

柳毅井　在君山。唐柳毅下第归，至泾阳，道遇牧羊妇，泣曰："妾洞庭君小女，嫁泾川次郎，为婢所谮，见黜至此，敢寄尺牍。洞庭之阴有大橘树，击树三，当有应者。"毅如其言。忽见一叟引至灵虚殿，取书以进。洞庭君泣曰："老夫之罪。"顷之，有赤龙拥一红妆至，即寄书女也。宴毅碧云宫，洞庭君弟钱唐君曰："泾阳嫠妇欲托高义为姻。"毅不敢当，辞去。后再娶卢氏，即龙女也。

[译文] 位于君山。唐代的柳毅科举考试失败回乡，到泾阳的时候，在路上遇到一个放羊的女子，她哭着说："我是洞庭龙王的小女儿，嫁给泾川龙王的次子为妻，却被侍婢诽谤，被贬斥到这里，请先生替我寄封信。洞庭湖的南边有一棵大橘树，敲击树三下，就会有人开门。"柳毅照她的话去做了，忽然见一个老者，把他领入灵虚殿，取了信进去。洞庭龙王看信后哭着说："这是我的罪责啊！"过了一会儿，有一条红色的龙带着一个女子来了，那女子就是寄信的女子。洞庭龙王在碧云宫宴请柳毅。洞庭龙王的弟弟钱塘龙王说："泾阳龙的寡妇想托付给您这样的高人义士。"柳毅不敢接受，告辞而去。后来他续娶了卢氏女，就是那个龙女。

泉石

八功德水 一清、二冷、三香、四柔、五甘、六净、七不噎、八除病。北京西山、南京灵谷，皆取此义。

[译文] 一清、二冷、三香、四柔、五甘、六净、七不噎、八除病。北京的西山、南京的灵谷，都是取的这个意思。

斟溪 在连州。一日十溢十竭。

[译文] 位于连州。一天之内十次满溢十次枯竭。

潮泉 在安宁州。一日三溢三竭。

[译文] 位于安宁州。一天之内三次满溢三次枯竭。

漏勺　在贵阳城外。一日百盈百涸，应铜壶漏刻。

［译文］　位于贵阳城外。一天之内一百次满溢一百次枯竭，可以照应铜壶的漏刻。

中泠泉　在扬子江心。李德裕为相，有奉使者至金陵，命置中泠水一壶。其人忘却。至石头城，乃汲以献李。饮之，曰："此颇似石头城下水。"其人谢过，不敢隐。

［译文］　位于扬子江的江心。李德裕做宰相的时候，有奉命出使的人到南京，李德裕让他到中泠泉打一壶水。那个使者忘记了。到了石头城，就打了一壶水献给李德裕。李德裕喝了之后说："这个水颇像是石头城下的水。"使者道歉，不敢隐瞒。

惠山泉　在无锡县锡山。旧名九龙山，有泉出石穴。陆羽品之，谓天下第二泉。

［译文］　位于无锡县的锡山。以前叫作九龙山，有泉水从石洞里流出。陆羽品尝之后，叫它"天下第二泉"。

趵突泉　在济南。平地上水趵起数尺，看水者以水之高下，卜其休咎。

［译文］　位于济南。平地上的泉水可以冲起好几尺高，看泉水的人根据水的高低来占卜事情的好坏。

范公泉　在青州府。范仲淹知青州，有惠政，溪侧忽涌醴泉，遂以范公名之。今医家汲水丸药，号青州白丸子。

［译文］　位于青州府。范仲淹掌管青州的时候，有惠民的政绩，溪

水的旁边忽然涌出甘甜的泉水，于是就以范仲淹的名字命名这眼泉水。现在医生打这里的水制作药丸，号称“青州白丸子”。

妒女泉　在并州。妇女不得靓妆彩服，至其地必致风雨。

［译文］　位于并州。妇女不能化靓丽的妆容穿彩色的服饰，不然的话，到这里来一定会招致风雨。

阿井水　在东阿县。以黑驴皮，取其水煎成膏，即名“阿胶”。

［译文］　位于东阿县。用黑驴的皮，汲取这口井里的水熬成膏状物，就叫作“阿胶”。

虎跑泉　在钱塘。唐元和十四年，性空大师栖禅其中，以无水欲去。有二虎跑山出泉甘洌，乃建虎跑寺。观泉者，僧为举梵呗，泉即觱沸而出。

［译文］　位于钱塘。唐代元和十四年（公元 819 年）的时候，性空大师在这里坐禅，因为此地没有水源，想要离开。有两只老虎在山上刨地，山上喷出甘洌的泉水，就在这修建了虎跑寺。若有人来这里观看泉水，僧人就唱起经文，泉水就喷涌而出。

六一泉　在孤山之南。宋元祐六年，东坡与会勤上人同哭欧阳公处也。勤上人讲堂初构，劂地得泉，东坡为作泉铭。以两人皆列欧公门下，此泉方出，适哭公讣，名以六一，犹见公也。参寥泉在智果寺。东坡泉在昌县。醉翁亭侧，亦有六一泉。

［译文］　位于孤山的南边。宋朝元祐六年（公元 1081 年）时，苏轼和会勤上人一起在这里哭悼欧阳修。会勤上人才修筑的讲堂，挖土的时候涌出一股泉水，苏轼为他写了一首泉铭。因为他们二人都是

出自欧阳修门下，这股泉水刚刚喷出的时候就收到了欧阳修去世的消息，用“六一”来命名，见到泉水仿佛就像见到了欧阳修一样。参寥泉在智果寺。东坡泉在昌县。醉翁亭的旁边，也有一汪泉水叫“六一泉”。

夜合石　新昌东北洞山寺水口，有二石，高丈余，土人言：二石夜间常合为一。

［译文］ 新昌东北方向洞山寺出水口，有两块石头，有一丈多高，当地人说：两块石头在夜里经常合二为一。

热石　临武有热石，状如常石，而气如炽炭，置物其上立焦。

［译文］ 临武有会发热的石头，形状和普通的石头一样，但是它散发出来热气和烧着的木炭一样，把东西放到上面马上就被烧焦。

松化石　松树至五百年，一夜风雷化为石质，其树皮松节，毫忽不爽。唐道士马自然指延真观松，当化为石，一夕果化。

［译文］ 松树长到五百岁时，某天晚上伴着雷电就会变化成石质的，它的外皮和斑节，一点也没有变化。唐代的道士马自然指着延真观的松树说，当会化为石质，一天晚上果然就变成了石质的。

望夫石　武昌山有石，状如人。俗传贞妇之夫从役远征，妇携子送至此，立望其夫而死，尸化为石。

［译文］ 武昌山上有块石头，形状像人一样。传说有一位贞洁的妇女的丈夫从军远征，女子带着孩子送到这个地方，站着目送她的丈夫，死后，尸体化成了石头。

醒酒石 唐李文饶于平泉庄，聚天下珍木怪石，有醒酒石，尤所钟爱。其属子孙曰："以平泉庄一木一石与人者，非吾子孙也。"后其孙延古守祖训，与张全义争此石，卒为所杀。

［译文］ 唐代的李德裕（字文饶）在平泉庄，聚集了天下珍贵的木材和怪石，其中有一块醒酒石，特别喜欢。他对子孙说："把平泉庄的一木一石给人的，就不是我的子孙。"后来他的孙子李延古恪守祖训，和张全义争夺这块醒酒石，最终被杀害。

赤心石 武后时争献祥瑞。洛滨居民，有得石而剖之中赤者，献于后，曰："是石有赤心。"李昭德曰："此石有赤心，其余岂皆谋反也！"

［译文］ 武则天的时候，各地争着进献祥瑞的事物。洛水边上有人得到一块破开中间是红色心的石头，献给了武则天，说："这块石头有红心。"李昭德说："这块石头有红心，别的石头难道都想谋反吗？"

十九泉 在严滩钓台下。陆羽品天下泉味，谓此泉当居第十九。

［译文］ 位于严滩的钓鱼台下边。陆羽品评天下泉水的味道，说这口泉排第十九。

一指石 在桐庐县缀岩谷间，以指抵之则动，故名。

［译文］ 位于桐庐县的缀岩谷中，用手指碰一下就会动，因此得名。

鱼石 涪州江心有石，上刻双鱼，每鱼三十六鳞，旁有石秤石斗，现则岁丰。

［译文］ 涪州江心有一种石头，上面刻着两条鱼，每条鱼有三十六

片鱼鳞，旁边有石秤石斗，出现的时候就会有好收成。

龙井　在汤阴。相传孙登尝寓此。岁旱，农夫祷于龙洞，得雨。登曰:“此病龙雨也，安能苏禾稼乎？”嗅之果腥秽。龙时背生疽，变一老翁，求登治，曰:“痊当有报。”不数日，大雨，见石中裂开一井，其水湛然，即龙穿此以报也。

[译文]　位于汤阴。传说孙登曾经在此居住。有一年天下大旱，有农夫在龙洞祷告，天就下了雨。孙登说:“这是病龙下的雨，怎么能救活庄稼？”农夫用鼻子闻了闻，果然有腥臭味。当时龙背上长了疮，变成一个老翁，请求孙登治疗，说:“治好之后一定报答你。”过了没几天，下了大雨，孙登看到石头中裂开了一口井，井水碧绿，这是这条龙打的一口井来报答孙登的。

温泉　在汝州城西者，武后尝幸此。其侧又有冷泉。顺天府汤山下有泉，四时常温，浴之愈疾。遵化亦有汤泉。阜平有二泉，一温一冷。云南安宁温泉，色如碧玉，可鉴毛发。骊山西绣岭下有温泉。

[译文]　位于汝州城西的温泉，武则天曾经到这里来过。旁边又有一眼冷泉。顺天府汤山下有一眼泉，一年四季都是温水，在里面洗浴疾病就会痊愈。遵化也有温泉。阜平有两眼泉，一个是温水，一个是冷水。云南安宁的温泉，水的颜色像碧玉一样，人的毛发都可以照出来。骊山西绣岭下边也有温泉。

玉泉　在玉泉山下。泉出石罅间，因凿石为螭头，泉从螭口出，鸣若杂珮，色若素练，味极甘美，潴而为池，广可三丈，流于西湖，遂为燕山八景之一。

【译文】 位于玉泉山下。泉水从石缝间流出，于是把石头造成龙头的样子，泉水从龙口流出，声音像乱玉碰撞，颜色像白色的丝绸，味道甜美，积聚成大水池，大约三丈宽，流入西湖，于是成为燕山八景之一。

神农井 在长子羊头山，即神农得佳谷处。

【译文】 位于长子羊头山，就是神农得到佳谷的地方。

杜康泉 舜祠东庑下，康汲此以酿酒。或以中冷水及惠山泉称之，一升重二十四铢，是泉较轻一铢。

【译文】 位于舜祠东边的屋檐下，杜康曾在这打水酿酒。有人将中冷泉和惠山泉的水拿来称重，一升重二十四铢，而这儿的泉水要比它们轻一铢。

金鸡石 建德草堂寺之北，罗隐常过此，戏题曰："金鸡不向五更啼。"石遂迸裂，有鸡飞鸣而去。

【译文】 在建德草堂寺的北边，罗隐曾经过这里，开玩笑题写道："金鸡不向五更啼。"石头于是崩裂，有一只鸡鸣叫着飞了出去。

玉乳泉 丹阳刘伯刍，论此水为天下第四泉。

【译文】 丹阳的刘伯刍，认为这里的泉水为天下第四。

绿珠井 在博白双角山下，梁氏女绿珠生此。汲饮者产女必丽色。容县有杨妃井，因妃生此而名。郁林有司命井，甘淡半之，可给阛境。

【译文】 位于博白双角山下，一个姓梁的女子在这里生下绿珠。在这里打水喝，生下的女儿一定会容貌美丽。容县有一口杨妃井，因为杨贵妃出生在这里而得名。郁林有一口司命井，一半甜一半淡，可以供给整个境内的百姓。

龙焙泉　建宁凤凰山下。一名御泉。宋时取此水造茶入贡。

[译文]　在建宁凤凰山下，又叫作“御泉”。宋朝的时候汲取这里的泉水制造茶叶进贡朝廷。

仁义石　建阳二石对立，左曰仁，右曰义。

[译文]　建阳有两块石头相对矗立，左边的叫“仁”，右边的叫“义”。

一滴泉　在广信南岩。泉自石窦中出，四时不竭。宋朱熹诗有：“一窍有灵通地脉，平空无雨滴天浆。”

[译文]　位于广信南岩。泉水从石洞中流出，四季不会枯竭。宋代的朱熹有诗句说：“一窍有灵通地脉，平空无雨滴天浆。”

谷帘泉　南康府城西。泉水如帘，布岩而下者三十余派。陆羽品其味为天下第一。

[译文]　在南康府城的西边。泉水像帘幕一样，从岩石上分流三十多处。陆羽品评泉水的味道为天下第一。

玉女洞　盩厔洞有飞泉，甘且冽。苏轼过此，汲两瓶去。恐后复取为从者所绐，乃破竹作券，使寺僧藏之，以为往来之信，戏曰“调水符”。

[译文]　盩厔洞里面有飞出的泉水，甘甜清冽。苏轼经过此处，打

了两瓶水离开。担心以后再取水时被仆人欺骗，于是就把竹子分成两半作为符券，让庙里的和尚收藏起来，作为往来的信物，戏称为“调水符”。

画山石 宁州石上有文，灿然若战马状，无异画图。故名。

[译文] 宁州有一种石头，上面有纹理，俨然像战马的模样，跟画的没有什么区别，因此得名。

山鸡石 宝鸡陈仓山下有石，似山鸡状，晨鸣山巅，声闻三十里。

[译文] 宝鸡的陈仓山下有一种石头，形状像山鸡，早晨在山顶打鸣，声音在三十里之外可以听到。

石泉 井陉有石泉，隋妙阳公主久疾，浴此遂愈。

[译文] 井陉有一眼石泉，隋朝的妙阳公主病了很久，在这里洗浴后病就痊愈了。

瀑布泉 庐州开先寺。李白诗:“挂流三百丈，喷壑数十里。”

[译文] 位于庐州的开先寺。李白有诗说:“挂流三百丈，喷壑数十里。”

醴泉 在新喻。黄庭坚尝饮此，叹曰:“惜陆鸿渐辈不及知也。”题曰“醴泉”。

[译文] 位于新喻。黄庭坚曾经喝过这里的泉水，叹息着说:“可惜陆羽等这些人不知道这眼泉水。”题名“醴泉”。

卓锡泉 在大庾岭。唐僧卢能被众僧夺衣钵，追至大庾岭，渴甚。能以锡卓石，泉涌清甘，众骇而退。

[译文] 位于在大庾岭。唐代僧人卢能（六祖惠能）被众僧追赶抢夺五祖传给他的衣钵，追到大庾岭时，非常口渴。惠能把锡杖立在石上，石上涌出了清澈甘甜的泉水。众人惊骇而退去。

愈痞泉 鹤庆府城东南，有温泉。每三月，郡人有痞疾者浴此即愈。

[译文] 位于鹤庆府城东南方，这里有温泉。每年的三月，郡里的人如有得胸腹郁结成块的疾病的，在这里洗浴后就能痊愈。

景致

泰山四观 日观，鸡一鸣，见日始欲出，长三丈所。秦观，望见长安。吴观，望见会稽。周观，望见齐西北。

[译文] 日观，鸡一打鸣，可以见到太阳开始上升，高三丈多；秦观，可以望见长安城；吴观，可以望见会稽；周观，可以望见齐国西北。

燕山八景 蓟门飞雨、瑶岛春阴、太液秋风、卢沟晓月、居庸叠翠、玉泉垂虹、道陵夕照、西山晴雪。

[译文] 分别是蓟门飞雨、瑶岛春阴、太液秋风、卢沟晓月、居庸叠翠、玉泉垂虹、道陵夕照、西山晴雪。

关中八景 辋川烟雨、渭城朝云、骊城晚照、灞桥风雪、杜曲春游、咸阳晚渡、蓝水飞琼、终南叠翠。

［译文］ 分别是辋川烟雨、渭城朝云、骊城晚照、灞桥风雪、杜曲春游、咸阳晚渡、蓝水飞琼、终南叠翠。

桃源八景 桃川仙隐、白马云涛、绿萝晴昼、梅溪烟雨、浔阳古寺、楚山春晓、沅江夜月、童坊晓渡。

［译文］ 分别是桃川仙隐、白马云涛、绿萝晴昼、梅溪烟雨、浔阳古寺、楚山春晓、沅江夜月、童坊晓渡。

姑孰十咏 姑孰溪、丹阳湖、谢公宅、凌敲台、桓公井、慈母竹、望夫石、牛渚矶、灵墟山、天门山。

［译文］ 分别是姑孰溪、丹阳湖、谢公宅、凌敲台、桓公井、慈母竹、望夫石、牛渚矶、灵墟山、天门山。

潇湘八景 烟寺晚钟、沧江夜雨、平沙落雁、远浦归帆、洞庭秋月、渔村夕照、山市晴岚、江天暮雪。

［译文］ 分别是烟寺晚钟、沧江夜雨、平沙落雁、远浦归帆、洞庭秋月、渔村夕照、山市晴岚、江天暮雪。

越州十景 秦望观海、炉峰看雪、兰亭修禊、禹穴探奇、土城习舞、镜湖泛月、怪山瞻云、吼山云石、云门竹筏、汤闸秋涛。

［译文］ 分别是秦望观海、炉峰看雪、兰亭修禊、禹穴探奇、土城习舞、镜湖泛月、怪山瞻云、吼山云石、云门竹筏、汤闸秋涛。

西湖十景 两峰插云、三潭印月、断桥残雪、南屏晚钟、苏堤春晓、麯院荷风、柳浪闻莺、雷峰夕照、平湖秋月、花港观鱼。

［译文］ 分别是两峰插云、三潭印月、断桥残雪、南屏晚钟、苏堤

春晓、曲院荷风、柳浪闻莺、雷峰夕照、平湖秋月、花港观鱼。

雁荡山　顶有一湖，春雁归时，尝宿于此。内有七十七峰，在温州乐清县。谢康乐剔隐搜奇，足迹所不能到。至宋祥符，造玉清宫，伐木至此，乃始知名。

[译文]　山顶有一个湖泊，春天大雁飞来时，曾经停宿在这里。里面有七十七座山峰，地处温州乐清县。谢康乐尽管能索隐搜奇，但足迹也没有到过这里。到了宋代大中祥符年间，为建造玉清宫，到山中采伐木材，这里才开始为人所知。

大龙湫　雁荡山西，有谷曰大龙湫，瀑布自绝壁泻下，高五千丈，随风旋转，变态百出。更有峰曰小龙湫，从岩洞中飞流而下，高三千丈。

[译文]　位于雁荡山的西边，有个山谷叫大龙湫，瀑布从绝壁上倾泻而下，有五千丈高，随风翻转，变化的姿态千千万万。还有一处山峰叫小龙湫，瀑布从岩石洞中飞流而下，有三千丈高。

玉甑峰　在乐清。峰峦奇巇，岩洞棱层，莹白如玉，世称白玉洞天。

[译文]　位于乐清。山峦奇绝，岩洞里石棱层层叠叠，但洁白如玉，世人称为“白玉洞天”。

嵊浦　在嵊县剡溪，近画图山。会稽三赋“嵊县溪山入画图”，即此。

[译文]　位于嵊县剡溪，临近画图山。《会稽三赋》中有“嵊县溪山入画图”，指的就是这里。

海市 登州海中，有云气如楼台殿阁、城郭人民、车马往来之状，谓之海市。苏轼知登州，被召将去，以不见海市为恨，祷于海神，次日遂见。

［译文］ 在登州的海中，有云气像楼台殿阁、城市人民、车马往来的状况，这就叫海市。苏轼任登州知府时，被朝廷征召将要离开，为再也看不到海市而遗憾，他就向海神祈祷，第二天就看到了。

瓯江 在温州府城北。东至盘石村，会于海洋，是曰瓯江。常有蜃气结为楼台城橹，忽为旗帜甲马锦幔。

［译文］ 位于温州城的北边。东到盘石村，最后向东流入海洋，这条江就叫瓯江。经常有蜃气结成楼台、城市和船只的形状，忽然又变为旗帜、甲马和锦幔的样子。

山市 在淄州焕山。相传嘉靖二十三年，县令张其辉过之，天将明，忽见山上城堞翼然，楼阁巍焕，俄有人物往来，与海市无异。

［译文］ 位于淄州焕山。传说嘉靖二十三年的时候，县令张其辉路过这里，天快要亮的时候，忽然看到焕山上的像鸟的翅膀一样的垛口，亭台楼阁高大耀眼，不久，有人来人往，就像海市蜃楼一样。

神灯 余姚龙泉山，当春夏烟雨晦冥，见神灯一二盏，忽然化为几千万盏，燃山熠谷，数时方灭。

［译文］ 位于余姚的龙泉山，在春季或夏季烟雨昏暗的时候，就可以看到有一二盏神灯，忽然幻化出几千万盏，好像把山谷都要点

燃似的，几时辰后才会熄灭。

火井 在阿速州。烟来火出。投以竹木则焚。邛有火井，以外火投之，生焰，光照数里。

[译文] 位于阿速州。有烟进去，就会有火出来。把竹子、木头扔进去就会烧起来。邛地也有火井，把火把之类的东西扔进去，里面就会生出火焰，火光照耀好几里地。

山灯 四川蓬州，现凡五处。初不过三四点，渐至数十，在蓬山者尤异，土人呼为圣灯。彭山北平山亦夜见五色神灯。

[译文] 位于四川蓬州，现在共有五处。刚开始的时候不超过三四点光亮，渐渐亮起到几十点，在蓬山上的尤其独特，当地人称之为圣灯。彭山、北平山在夜晚也能见到五色神灯。

商山 商州。即四皓隐处，一名商洛山。开元时，高太素避居山中，建六逍遥馆，曰晴夏晚云、中秋午月、冬日初出、春雪未融、暑簟清风、夜阶急雨。

[译文] 位于商州。就是汉代商山四皓隐居的地方，又叫商洛山。唐代开元年间，高太素在山中隐居，建了六个逍遥馆，分别叫：晴夏晚云、中秋午月、冬日初出、春雪未融、暑簟清风、夜阶急雨。

唤鱼潭 青神中岩，即诺距罗尊者道场，上有唤鱼潭，客至抚掌，鱼辄群出。

[译文] 在青神中岩，是诺距罗尊者的道场，上面有唤鱼潭，客人在潭边一拍手，鱼就会成群出现。

山庄　崇仁浮石岩，三岩鼎立，中贯一溪，可容舫。宋尚书何异辟为山庄，表其胜迹五十余所，题曰“三山小隐”。理宗书“衮庵”二大字赐之，异揭于方壶室。洪迈有记。

【译文】崇仁县有浮石岩，三块岩石鼎足而立，中间贯穿一条小溪，小溪可以容纳一条小船。宋代的尚书何异在这里修建山庄，发掘出有名的古迹五十多所，题名叫“三山小隐”。宋理宗亲自写了“衮庵”两个大字赐给他，何异把它高挂在方壶室。洪迈写过一篇《浮石山庄记》。

八镜台　在赣州府城上。东望七闽，南眺五岭。苏轼赋诗八章。

【译文】位于赣州府城上边。向东眺望七闽，向南眺望五岭。苏轼曾为它写了八首诗。

辋川别业　蓝田宋之问建，后为王维庄。辋水通竹洲花坞，日与裴秀才迪，浮舟赋诗，斋中惟茶铛、酒臼、经案、绳床而已。为关中八景之一。

【译文】辋川别业是蓝田宋之问所建造，后来成为王维的庄园。辋川水流与竹洲的华坞相通，王维每天与秀才裴迪，驾着小舟写诗，屋子里只有茶铛、酒臼、经案、绳床等物品。是关中八景之一。

逍遥别业　骊山鹦鹉谷，韦嗣立建。中宗尝幸此，封为逍遥公。上赋诗勒石，令从臣应制。张说序云：“丘壑夔龙，衣冠巢许。”

【译文】骊山的鹦鹉谷，是韦嗣立所建造。唐中宗曾经到这里来，封他为逍遥公。中宗皇帝写诗并刻在了石头上，让跟随去的臣子唱和。张说在诗集的序言里说：“丘壑夔龙，衣冠巢许。”

涅川八景 雪溪春涨、龙潭飞雨、楞伽晓月、静福寒林、巾峰远眺、秀岩滴翠、圭峰墓霭、岩湖叠巘。

［译文］ 分别是雪溪春涨、龙潭飞雨、楞伽晓月、静福寒林、巾峰远眺、秀岩滴翠、圭峰墓霭、岩湖叠巘。

卷三　人物部

卷三 人物部

帝王附后妃、太子、公主

天皇始称皇，伏羲始称帝，夏、商、周始称王。神农，母安登感天而生，始称天子。文王始称世子。秦始皇始尊父庄襄王为太上皇。周制称王妃为王后。秦称皇帝，遂称皇后。汉武帝始尊祖母窦为太皇太后。魏称诸王母为太妃。晋元帝始称生母为皇太妃。

［译文］天皇始称为“皇”，伏羲始称为“帝”，夏、商、周三代始称为“王”。神农的母亲安登与上天感应而生下了神农，始称为“天子”。周文王始称“世子”。秦始皇开始尊称他的父亲秦庄襄王为“太上皇”。周朝制度称君王之妻子为“王后”；秦朝开始称“皇帝”，于是称王后为“皇后”。汉武帝始尊其祖母窦氏为“太皇太后”。魏称各位王子的母亲为“太妃”。晋元帝始称生母为“皇太妃”。

当宁　《礼记》：天子当宁而立。诸公东面，诸侯西面曰朝。宁，门屏间。

［译文］《礼记》上说：天子面对“宁”这个地方站立，公卿面向东，诸侯面向西，这叫作“朝宁”。宁，指门屏之间的位置。

皇帝　古或称皇或称帝。秦始皇自谓德过三王，功高五帝，乃更号曰皇帝。命曰制，令曰诏，自称曰朕。（古者称朕，上下共之。咎繇与帝言称朕；屈原曰“朕皇考”。至秦独以为尊。）

[译文] 古代有的称为“皇”有的称为“帝”。秦始皇自认为德行超过三王，功劳高过五帝，于是改尊号叫“皇帝”。其诰命叫作“制”，政令叫作“诏”，自称为“朕”。上古“朕”字，上下都可以用。咎繇与皇帝说话自称“朕”；屈原在《离骚》里说“朕皇考”。到秦朝就只有皇帝可以用来自称。

山呼 汉武帝登嵩山，帝与左右吏卒咸闻呼万岁者三。后人袭之，遂名“山呼”。

[译文] 汉武帝登上嵩山，武帝与身边的吏卒都听到有人高喊三遍“万岁”。后人沿用这个称呼，于是就叫作“山呼”。

大宝 圣人之大宝曰位。何以守位，曰仁。

[译文] 圣人的至宝是帝位。用什么来守住帝位呢？靠仁德。

神器 天下者，神明之器也。《王命论》曰：神器有命，不可以智力求。

[译文] 天下是神明之器。《王命论》中说：神器由天命授予，不能够用智慧和力量来求得。

龙飞 新主登极曰龙飞，取《易经》“飞龙在天，利见大人”。盖乾九五为君位，故云。《华林集》：“位以龙飞，文以虎变。”

[译文] 新皇帝登基称为龙飞，是选取《易经》中“飞龙在天，利见大人”的意思。因为乾卦九五被认为是“君位”，所以这样说。《华林集》说：“位以龙飞，文以虎变。”

虎拜 群臣觐君曰虎拜。《诗经》：“虎拜稽首，天子万寿。”谓召穆公虎既拜，受王命之辞，而祝天子以万寿也。

[译文] 群臣觐见君王叫“虎拜”。《诗经》里有“虎拜稽首，天子万寿”的句子，是说召穆公（召虎）下拜，接受周宣王的命令，且祝天子万寿无疆。

如丝如纶 《礼记》：“王言如丝，其出如纶。”注：纶，绶也。言王言始出之，小如丝；群臣举之，若绶之大。故皇帝之言谓之纶音。皇后之命又曰懿旨，懿，美也。

[译文] 《礼记》中有“王言如丝，其出如纶”的句子。注释说：纶，就是绶带。是说君王的话刚说出来，是如同丝线般的小事，但群臣去执行，就当作绶带那样的大事。所以皇帝的话就叫作“纶音”。皇后之命令又叫“懿旨”，懿，就是美的意思。

元首 《书经》：“元首明哉，股肱良哉。”言君乃臣之元首，臣乃君之股肱，君明则臣自良。

[译文] 《尚书》里有“元首明哉，股肱良哉”的句子。是说君王是臣子的元首，臣子是君王的左膀右臂，君王贤明则臣子也自然贤良。

麟趾龙种 《诗经》：“麟之趾，振振公子。”唐诗：“元师归龙种。”俱誉宗藩也。

[译文] 《诗经》中说：“麟之趾，振振公子。”唐诗说：“元师归龙种。”都是赞誉皇室及诸侯的话。

玉牒 帝胄之谱名玉牒。韩文：“明德镂白玉之牒。”又宗人府曰玉牒所。

[译文] 帝王的家谱叫作“玉牒”。韩愈的文章里说：“明德镂白玉

之牒。”另外，宗人府被称为玉牒所。

邦贞国贰 《礼记》:“一人元良，万邦之贞。”太子之谓也。高允曰:“太子，国之储贰。”

[译文]《礼记》中说:“一人元良，万邦之贞。”这是说的太子。北魏大臣高允曾说:“太子，国之储贰。”

日重光 崔豹《古今注》:汉明帝为太子时，乐人歌《诗》四章以赞美之，其一日重光，其二月重轮，其三星重辉，其四海重润。

[译文] 崔豹的《古今注》记载:汉明帝做太子的时候，乐师们唱了四章《诗经》的诗篇来赞美他，第一章是日重光，第二章是月重轮，第三章是星重辉，第四章是海重润。

逍遥晚岁 《唐书》:高祖谓裴寂曰:“公为宗臣，我为太上皇，逍遥晚岁，不亦善乎?”

[译文]《唐书》记载:唐高祖对裴寂说:“你是我皇室的大臣，我是太上皇，逍遥地安度晚年，不也是很好的吗?”

女中尧舜 高琼赞宋宣仁太后曰:“笃生圣后，女中尧舜。”

[译文] 北宋的高琼称赞宣仁太后说:“上天独厚于您这样非同寻常的圣明之后，可以说是女中尧舜了。”

县公主 汉制:皇女皆封县公主，诸王女皆封乡亭公主，承王女、宗女者封仪宾、封郡马。

[译文] 皇帝的女儿都被封为县公主，各位诸侯王的女儿都被封为乡亭公主，娶诸侯、宗室之女的人称为仪宾、郡马。

官家 李侍读仲容侍真宗饮，命饮巨觥。仲容曰："告官家免巨觥。"上问："卿之称朕何谓官家？"对曰："五帝官天下，三王家天下，兼三五之德，故称官家。"

［译文］ 李仲容担任侍读官的时候曾陪伴宋真宗喝酒，真宗命他喝一大杯。李仲容说："告请官家免去这一大杯吧。"真宗问："你为什么要称我为官家呢？"李仲容回答说："五帝官天下，三王家天下，陛下您兼有三皇五帝的美德，因此称您为官家。"

县官 《霍光传》称天子为县官。

［译文］ 司马迁《史记·霍光传》称天子为县官。

华祝 尧观于华，华封人曰："嘻！请祝圣人多富、多寿、多男子。"

［译文］ 尧帝到华地去视察，华地的封疆之官说："啊！请允许我祝您多富、多寿、多子孙！"

陛下 陛，阶也。天子必有近臣，执兵器陈于陛侧，以戒不虞。谓之陛下者，群臣与天子言，不敢指斥天子，故呼在陛下者而告之，因卑达尊之义也。上书亦如之。

［译文］ 陛是指台阶。天子一定有近侍之臣，在台阶两侧手拿兵器列阵，以戒备意外的事情发生。陛下，是群臣对天子的称呼，因不敢直接指称天子，所以呼叫在台阶下边站立的臣子转告，这是让下人传达信息给位尊之人的意思。向皇帝上书也是这样。

乘箓握符 《东都赋》曰："圣王握乾符，阐坤珍，披皇图，稽帝文。"乾符，赤伏符箓也。坤珍，洛书也。皇图，图谶也。帝文，天文也。

[译文]《东都赋》说:“圣王握乾符，阐坤珍，披皇图，稽帝文。”乾符，是帝王得自上天的符瑞；坤珍，指的是洛书；皇图，是指河图；帝文，是上天降下的文书。

行在 蔡邕《独断》谓天子以天下为家，车舆所至之处，皆曰行在。谓行幸之所在也。

[译文] 蔡邕的《独断》认为天子以天下为家，车驾所至之处，都称为“行在”，是帝王行幸之所在的意思。

天潢 《曹固表》:“王孙公子，疏派天潢，宜亲宗室，强干弱枝。”

[译文]《曹固表》中说:“王孙公子，人数极多，应该亲近宗室，强干弱枝。”

警跸 唐太宗即位，数骑射，孙伏伽谏曰:“天子禁卫九重，出也警，入也跸。”警，戒肃也。跸，清道也。

[译文] 唐太宗即位之后，多次外出骑马射箭，孙伏伽进谏说:“天子有九重禁卫，出宫要有‘警’，入宫也有‘跸’。”警是戒严的意思，跸是清道禁止人行的意思。

璇宫椒房 帝少昊母星娥处于璇宫，以椒涂壁，取其温和，以辟恶气。一曰取椒实繁衍之义。

黄帝立四妃，夏增三三，为九嫔；殷增三九，为二十七世妇；周增九九，为八十一御妻。魏明帝置淑妃，宋武帝置贵妃，隋炀帝置德妃，唐置贤妃，汉武帝置婕妤，汉元帝置昭仪，汉光武置贵人，晋武帝置才人。

[译文] 帝少昊的母亲星娥在璇宫居住，以花椒来涂饰墙壁，因其性温和，可以辟除臭恶之气。另一种说法是花椒籽有繁衍昌盛的意思。

黄帝立有四个妃子，夏朝增设三三，就有九个嫔妃；商朝增设为三九，就有二十七个世妇；周代又增设九九，就有八十一个御妻。魏明帝又增设淑妃，宋武帝增设贵妃，隋炀帝增设德妃，唐代增设贤妃，汉武帝设置婕妤，汉元帝设置昭仪，汉光武设置贵人，晋武帝设置才人。

前星　《晋书·天文志》："心三星，天王正位也。中星曰明堂，天子位。前星为太子，后星为庶子。"

[译文]《晋书·天文志》记载："心宿有三颗星，是天王的正位。中间的星叫明堂，象征天子之位；前面的星象征太子，后面的星象征庶子。"

少海　《山海经》："元皋之上，南望幼海。"注：幼海，即少海也。天子比大海，太子比少海。

[译文]《山海经》记载："元皋之上，南望幼海。"注释说：幼海，就是少海。天子可比作大海，太子可比作少海。

青宫　东明山有宫，青石为墙，门有银榜，以青石碧镂，题曰"天地长男之宫"。故太子名青宫，又曰东宫。

[译文]　东明山上有一座宫殿，用青石垒成墙，门上有银榜，用青石镂刻成字，题名是"天地长男之宫"。所以太子的宫殿叫作"青宫"，又叫作"东宫"。

公主 天子嫁女，不亲主婚，命同姓诸侯主之，故称公主。若诸侯，则自主之，故称翁主。娶公主者，曰尚。娶翁主者，曰承。

周始称公主，汉始称姊妹长公主，武帝始称姑太长公主，唐宪宗始称王女县主，睿宗始封女代国。秦以后始称尚主，舅姑下于妇。王珪始制坐受妇礼。魏始拜尚主者驸马。驸马都尉本汉武帝置，掌御马。

[译文] 天子嫁女儿，不亲自去主婚，让同姓的诸侯来主婚，所以称天子之女为“公主”。如果是诸侯的女儿结婚，就自已主持，所以称为“翁主”。娶公主的人，叫作“尚”。娶翁主的人，叫作“承”。

周代始称公主，汉代始称皇帝的姊妹为长公主，汉武帝始称其姑为大长公主，唐宪宗始称诸王的女儿为县主，唐睿宗始封给女儿代国。秦朝以后才开始叫尚主，公婆都要下堂来拜见儿媳，王珪开始制定让公婆坐受儿媳拜见的礼仪。魏国开始给娶到公主的人以驸马的官衔。而驸马都尉这个官本为汉武帝所设置，负责掌管御马。

女官 周始制女史，佐内治。汉制女官十四等，数百人。唐设六局、二十四司，官九十人，女史五十余人。

[译文] 周代开始设置女官，辅佐治理内宫。汉代规定女官有十四等，好几百人。唐代设六局、二十四司，有女官九十人，女史五十多人。

宗室 周公始置中士奠世系。唐玄宗始诏李衢、林宝撰玉牒百十卷。宋真宗始崇皇属籍。

周始建宗盟，选宗中之长为正。唐宗室始期亲加皇属，外任不著姓。宋神宗始换授，始外官加姓，始诏宗室应举。

［译文］ 周公始设中士，以编制世代谱系。从唐玄宗开始下令让李衢、林宝撰作玉牒一百一十卷。宋真宗开始尊崇皇家属籍。周代开始建立同宗之盟，选取同宗中的长者为宗正。唐代宗室开始把已经过数代的宗亲也当作皇家血统，外任的官员不用皇室的姓氏。宋神宗开始根据才能大小任命官职，外任官始加皇室的姓氏，开始允许皇家宗室参加科举考试。

五行迭王　太昊配木，以木德王天下，色尚青。炎帝配火，以火德王天下，色尚赤。黄帝配土，以土德王天下，色尚黄。少昊配金，以金德王天下，色尚白。颛顼配水，以水德王天下，色尚黑。

［译文］ 太昊氏配以木，以木德而得到天下，崇尚青色；炎帝配以火，以火德而得天下，崇尚红色；黄帝配以土，以土德而得天下，崇尚黄色；少昊氏配以金，以金德而得天下，崇尚白色；帝颛顼配以水，以水德而得天下，崇尚黑色。

建元　古者只有纪年，未有年号。汉武帝建元元年，后王年号盖始于此。帝王改元亦未曾有。秦惠文十四年更为元年，是为改元之始。黄帝始制国号加有字，汉加大字。汉文帝始制年号用一字，武帝始用二字。

［译文］ 古代只有纪年，没有年号。汉武帝建元元年，后来皇帝年号大概从此开始。帝王亦未曾有过改元，秦惠文王十四年改为元年，这是改元的开始。黄帝开始在国号前边加一个“有”字，汉代加一个“大”字。汉文帝开始年号只用一字，汉武帝开始用两字。

国祚　五帝：伏羲一百一十五年。神农一百四十年，传七世，共三百七十五年。黄帝一百年。少昊（皞）八十四年。颛顼七十八年，帝喾七十年。帝挚九年。帝尧七十二年。帝舜六十一年。

三王：夏禹十七世，共四百五十八年。商汤二十八世，共六百四十四年。周三十七世，共八百七十三年。

秦三世，共三十九年。

西汉十一世，共二百三十一年。东汉十四世，共一百九十六年。蜀汉二世，共四十四年。

晋四世，共五十二年。东晋十一世，共一百五年。前五代共一百六十九年。

唐二十世，共二百九十年。后五代共五十六年。

北宋九世，共一百六十八年。南宋九世，共一百五十五年。

元十世，共八十九年。

[译文]　五帝：伏羲一百一十五年。神农一百四十年，传了七世，共三百七十五年。黄帝一百年。少昊（皞）八十四年。颛顼七十八年，帝喾七十年。帝挚九年。帝尧七十二年。帝舜六十一年。

三王：夏禹十七世，一共四百五十八年。商汤二十八世，一共六百四十四年。周三十七世，一共八百七十三年。

秦三世，一共三十九年。

西汉十一世，　共二百三十一年。东汉十四世，一共一百九十六年。蜀汉二世，一共四十四年。

晋四世，一共五十二年。东晋十一世，一共一百零五年。前面五代一共一百六十九年。

唐二十世，一共二百九十年。后面五代一共五十六年。

北宋九世，一共一百六十八年。南宋九世，一共一百五十五年。

元十世，一共八十九年。

皇明国祚 洪武三十一年，建文四年，永乐二十二年，洪熙一年，宣德十年，正统十四年，景泰八年，天顺八年，成化二十三年，弘治十八年，正德十六年，嘉靖四十五年，隆庆六年，万历四十八年，天启七年，崇祯十七年，共二百八十二年。历朝御讳太祖（元璋），惠宗（允炆），成祖（棣），仁宗（高炽），宣宗（瞻基），英宗（祁镇），景帝（祁钰），宪宗（见济），孝宗（祐樘），武宗（厚照），世宗（厚熜），穆宗（载垕），神宗（翊钧），光宗（常洛），悊宗（由校），思宗（由检）。

［译文］ 洪武共有三十一年，建文共有四年，永乐共有二十二年，洪熙仅一年，宣德共有十年，正统共有十四年，景泰共有八年，天顺共有八年，成化共有二十三年，弘治共有十八年，正德共有十六年，嘉靖共有四十五年，隆庆共有六年，万历共有四十八年，天启共有七年，崇祯共有十七年，一共二百八十二年。历朝御名太祖（朱元璋），惠宗（朱允炆），成祖（朱棣），仁宗（朱高炽），宣宗（朱瞻基），英宗（朱祁镇），景帝（朱祁钰），宪宗（朱见济），孝宗（朱祐樘），武宗（朱厚照），世宗（朱厚熜），穆宗（朱载垕），神宗（朱翊钧），光宗（朱常洛），悊宗（朱由校），思宗（朱由检）。

前五代 南朝宋刘裕八世，历六十年。齐萧道成七世，历二十三年。梁萧衍四世，历五十七年。后梁萧詧（昭明太子之子）三世，历三十三年。隋杨坚四世，历三十九年。北朝元魏拓跋珪十二世，历一百四十九年。西魏拓跋修四世，历二十四年。东魏拓跋善见一世，历十七年。北齐高洋（魏丞相高欢之子）五世，历二十九年。后周宇文觉（魏冢宰宇文泰之子）五世，历二十六年。

［译文］ 南朝宋刘裕传了八世，共六十年。齐萧道成传了七世，共二十三年。梁萧衍传了四世，共五十七年。后梁萧詧（昭明太子的儿

子）传了三世，共三十三年。隋杨坚传了四世，共三十九年。北朝元魏拓跋珪传了十二世，共一百四十九年。西魏拓跋修传了四世，共二十四年。东魏拓跋善见仅一世，共十七年。北齐高洋（魏丞相高欢的儿子）传了五世，共二十九年。后周宇文觉（魏冢宰宇文泰的儿子）传了五世，共二十六年。

后五代　梁朱温二世，历十七年。后唐李存勖（本姓朱邪氏，沙陀人，先世事唐，赐姓李）四世，历十四年。后晋石敬塘二世，历十一年。后汉刘暠初名知远，三世，历四年。北汉刘崇，高祖之弟四世，历三十年。后周郭威，邢州人，传内侄柴荣，三世，历十年。

[译文]　梁朱温传了二世，共十七年。后唐李存勖（本来姓朱邪氏，是沙陀人，先祖侍奉唐朝，被赐姓李）传了四世，共十四年。后晋石敬瑭传了二世，共十一年。后汉刘暠最初名字叫刘知远，传了三世，共四年。北汉刘崇，高祖的弟弟传了四世，共三十年。后周郭威，是邢州人，传位给内侄柴荣，传了三世，共十年。

五胡乱华　汉刘渊，匈奴人也。后赵石勒，武乡羯人也。后秦姚弋仲，赤亭羌人也。前秦苻洪，氐人也。后燕慕容垂，鲜卑人也。总曰“五胡乱华”。

蜀汉之继东汉，非特名义而已，实炎祚之正统也。按《异苑》记：蜀有火井，汉室之盛则赫炽。桓灵之际火势渐微，孔明窥而复盛。至景曜元年，人以烛投之而灭，其年蜀并于魏，是亦一征也。

[译文]　后汉的刘渊，是匈奴人；后赵的石勒，是武乡羯人；后秦的姚弋仲，是赤亭羌人；前秦的苻洪，是氐人；后燕的慕容垂，是鲜卑人。统称为“五胡乱华”。

蜀汉继承东汉，不只是名义上继承，实为以火德而得天下的正统。据《异苑》记载：蜀地有火井，汉室兴盛火势就旺盛，汉桓帝、汉灵帝之时火势渐渐衰微，诸葛亮来看过之后复又变得兴盛起来。到景耀元年（公元258年）的时候，有人往井中扔蜡烛，井中的火就灭了，这一年蜀国亦被魏国吞并，这也是一个征兆啊。

年号　西汉武帝建元、元光、元朔、元狩、元鼎、大初、征和、后元　昭帝始元、元凤、元平　宣帝本始、地节、元康、神爵、五凤、甘露、黄龙　元帝初元、永先、建昭、竟宁　成帝建始、河平、阳朔、鸿嘉、永始、元延、绥和　哀帝建平、元寿　平帝元始　孺子婴居摄、初始　东汉光武建武、中元　明帝永平　章帝建初、元和、章和　和帝永元、元兴　殇帝延平　安帝永初、元初、永宁、建光、延光　顺帝永建、阳嘉、永和、汉安、建康　冲帝永嘉　质帝本初　桓帝建和、和平、元嘉、永兴、永寿、延熹、永康　灵帝建宁、熹平、光和、中平　献帝初平、兴平、建安　后汉昭烈帝章武　后帝建兴、延熙、景曜、炎兴

西晋武帝泰始、咸宁、泰康　惠帝永熙、元康、永康、永宁、太安、永兴、光熙　怀帝永嘉　愍帝建兴　东晋元帝建武、大兴、永昌　明帝太宁　成帝咸和、咸康　康帝建元　穆帝永和、升平　哀帝隆和、兴宁　帝奕太和　简文帝咸安　孝武帝宁康、太元　安帝隆安、元兴、义熙　恭帝元熙

南北朝　宋武帝永初　少帝景平　文帝元嘉　孝武帝孝建、大明　废帝景和　明帝泰始、泰豫　苍梧王元徽　顺帝昇明　齐高帝建元　武帝永明　明帝建武　东昏侯中兴　梁武帝天监、普通、大通、中大通、大同、中大同、太清　简文帝大宝　元帝承圣　敬帝绍泰、太平　陈武帝永定　文帝天嘉、天康　临海王光大　宣帝太建　后主至德、祯明

隋代　隋文帝开皇、仁寿　炀帝大业　恭帝义宁

唐代　唐高祖武德　太宗贞观　高宗永徽、显庆、龙朔、麟德、乾封、总章、咸亨、上元、仪凤、调露、永隆、开曜、永淳、弘道　中宗嗣圣、神龙、景隆　睿

宗景云、太极　玄宗开元、天宝　肃宗至德、乾元、上元、宝应　代宗广德、永泰、大历　德宗建中、兴元　顺宗永贞　宪宗元和　穆宗长庆　敬宗宝历　文宗太和、开成　武宗会昌　宣宗太中　懿宗咸通　僖宗乾符、广明、中和、光启、文德　昭宗龙纪、大顺、景福、乾宁、光化、天复、天佑　昭宣帝天祐

后五代　梁太祖开平、乾化　均王贞明、龙德　唐庄宗同光　明宗天成、长兴　闵帝应顺　潞王清泰　晋高祖天福　齐王开运　汉高祖乾祐　隐帝乾祐　周太祖广顺　世宗显德　恭帝显德

宋太祖乾德、开宝　太宗太平兴国、雍熙、端拱、淳化、至道　真宗咸平、景德、大中祥符、天禧、乾兴　仁宗天圣、明道、景祐、宝元、康定、庆历　英宗治平　神宗熙宁　哲宗元祐、绍圣、元符　徽宗建中靖国、崇宁、大观、政和、重和、宣和　钦宗靖康　南宋高宗建炎、绍兴　孝宗隆兴、乾道、淳熙　光宗绍熙　宁宗庆元、嘉泰、开熙、嘉定　理宗宝庆、绍定、端平、嘉熙、淳祐、开庆、景定　度宗咸淳　恭宗德祐　端宗景炎　帝昺祥兴

元世祖至元　成宗元贞、大德　武宗至大　仁宗皇庆、延佑　英宗至治　泰定帝泰定、致和　明宗天历　文宗天历、至顺　顺帝元统、至元、至正

［译文］　西汉武帝建元、元光、元朔、元狩、元鼎、大初、征和、后元　昭帝始元、元凤、元平　宣帝本始、地节、元康、神爵、五凤、甘露、黄龙　元帝初元、永先、建昭、竟宁　成帝建始、河平、阳朔、鸿嘉、永始、元延、绥和　哀帝建平、元寿　平帝元始　孺子婴居摄、初始　东汉光武建武、中元　明帝永平、章帝、建初、元和、章和　和帝永元、元兴　殇帝延平　安帝永初、元初、永宁、建光、延光　顺帝永建、阳嘉、永和、汉安、建康　冲帝永嘉　质帝本初　桓帝建和、和平、元嘉、永兴、永寿、延熹、永康　灵帝建宁、熹平、光和、中平　献帝初平、兴平、建安　后汉昭烈帝章武　后帝建兴、延熙、景曜、炎兴。西晋武帝泰始、咸宁、泰康　惠帝永熙、元康、永康、永宁、太安、永兴、光熙　怀帝永嘉　愍帝建兴　东晋元帝建武、大兴、永昌　明帝太宁　成帝咸

和、咸康 康帝建元 穆帝永和、升平 哀帝隆和、兴宁 帝奕太和 简文帝咸安 孝武帝宁康、太元 安帝隆安、元兴、义熙 恭帝元熙

南北朝 宋武帝永初 少帝景平 文帝元嘉 孝武帝孝建、大明 废帝景和 明帝泰始、泰豫 苍梧王元徽 顺帝昇明 齐高帝建元 武帝永明 明帝建武 东昏侯中兴 梁武帝天监、普通、大通、中大通、大同、中大同、太清 简文帝大宝 元帝承圣 敬帝绍泰、太平 陈武帝永定 文帝天嘉、天康 临海王光大 宣帝太建 后主至德、祯明

隋代 隋文帝开皇、仁寿 炀帝大业 恭帝义宁

唐代 唐高祖武德 太宗贞观 高宗永徽、显庆、龙朔、麟德、乾封、总章、咸亨、上元、仪凤、调露、永隆、开曜、永淳、弘道 中宗嗣圣、神龙、景隆 睿宗景云、太极 玄宗开元、天宝 肃宗至德、乾元、上元、宝应 代宗广德、永泰、大历 德宗建中、兴元 顺宗永贞 宪宗元和 穆宗长庆 敬宗宝历 文宗太和、开成 武宗会昌 宣宗太中 懿宗咸通 僖宗乾符、广明、中和、光启、文德 昭宗龙纪、大顺、景福、乾宁、光化、天复、天佑 昭宣帝天祐

后五代 梁太祖开平、乾化 均王贞明、龙德 唐庄宗同光 明宗天成、长兴 闵帝应顺 潞王清泰 晋高祖天福 齐王开运 汉高祖乾祐 隐帝乾祐 周太祖广顺 世宗显德 恭帝显德

宋太祖乾德、开宝 太宗太平兴国、雍熙、端拱、淳化、至道 真宗咸平、景德、大中祥符、天禧、乾兴 仁宗天圣、明道、景祐、宝元、康定、庆历 英宗治平 神宗熙宁 哲宗元祐、绍圣、元符 徽宗建中靖国、崇宁、大观、政和、重和、宣和 钦宗靖康 南宋高宗建炎、绍兴 孝宗隆兴、乾道、淳熙 光宗绍熙 宁宗庆元、嘉泰、开熙、嘉定 理宗宝庆、绍定、端平、嘉熙、淳祐、开庆、景定 度宗咸淳 恭宗德祐 端宗景炎 帝昺祥兴

元世祖至元 成宗元贞、大德 武宗至大 仁宗皇庆、延佑 英宗至治 泰定帝泰定、致和 明宗天历 文宗天历、至顺 顺帝元统、至元、至正

陵寝 盘古青县 女娲阌乡 伏羲陈州 神农曲阜 黄帝中都 少昊曲阜 颛顼高阳 帝喾滑县 高阳氏东昌 华胥氏蓝田 帝尧东平 帝舜永州 大禹会稽 夏太康太康 成汤偃师 太甲济南 殷中宗内黄 商高宗西华 周文武成康咸阳 威烈王河南 昭王少室 秦始皇骊山 汉高祖长陵咸阳 文帝西安 武帝兴平 景帝咸阳 宣帝长安 光武原陵孟津 明帝洛阳 照烈成都 隋文武功 晋元帝江宁 晋十一帝陵上元 吴大帝钟山 吴景帝太平 齐高武明丹阳 梁武简文丹阳 陈文帝武功 陈高祖高要 隋炀帝扬州 唐高祖三原 太宗九嵕山 宪宗满城 宣宗景阳 中宗偃师 西魏武帝富平 石勒顺德 宋太祖昌陵 太宗熙陵 真宗定陵 仁宗照陵，俱巩县 南宋高、孝、光、宁、理、度会稽 宋三陵钦陵、庆陵、安陵，保定 宋端宗厓山 徽宗五国城 辽太祖宁远卫

明洪武皇帝孝陵，江宁 永乐长陵 洪熙献陵 宣德景陵 正统裕陵 成化茂陵 弘治泰陵 正德康陵 嘉靖永陵 隆庆昭陵 万历庆陵 泰昌定陵 天启德陵 崇祯思陵，俱顺天天寿山 建文君自滇还，迎入南内，号老佛，卒葬西山。碑曰“天下大师之墓”。

[译文] 盘古青县 女娲阌乡 伏羲陈州 神农曲阜 黄帝中都 少昊曲阜 颛顼高阳 帝喾滑县 高阳氏东昌 华胥氏蓝田 帝尧东平 帝舜永州 大禹会稽 夏太康太康 成汤偃师 太甲济南 殷中宗内黄 商高宗西华 周文武成康咸阳 威烈王河南 昭王少室 秦始皇骊山 汉高祖长陵咸阳 文帝西安 武帝兴平 景帝咸阳 宣帝长安 光武原陵孟津 明帝洛阳 照烈成都 隋文武功 晋元帝江宁 晋十一帝陵上元 吴大帝钟山 吴景帝太平 齐高武明丹阳 梁武简文丹阳 陈文帝武功 陈高祖高要 隋炀帝扬州 唐高祖三原 太宗九嵕山 宪宗满城 宣宗景阳 中宗偃师 西魏武帝富平 石勒顺德 宋太祖昌陵 太

宗熙陵　真宗定陵　仁宗照陵，俱巩县　南宋高、孝、光、宁、理、度会稽　宋三陵钦陵、庆陵、安陵，保定　宋端宗厓山　徽宗五国城　辽太祖宁远卫

明洪武皇帝孝陵，江宁　永乐长陵　洪熙献陵　宣德景陵　正统裕陵　成化茂陵　弘治泰陵　正德康陵　嘉靖永陵　隆庆昭陵　万历庆陵　泰昌定陵　天启德陵　崇祯思陵，俱顺天天寿山　建文君自滇还，迎入南内，号老佛，卒葬西山。碑曰“天下大师之墓”。

仪制

黄屋左纛　黄屋，黄盖也。左纛，以牦牛尾为旗纛，列之左也。

［译文］　黄屋，指的是皇帝的车驾。左纛，是用牦牛尾做的旗帜，排列在左边。

羽葆　聚五采羽为幢，建于车上，天子之仪卫也。

［译文］　集聚五种彩色的羽毛作为幢式的旗帜，放在车驾上面，这是皇帝的仪仗。

九旗　画日月曰常，画蛟龙曰旂。通帛曰旃，杂帛曰物。画熊虎曰旗，画鸟隼曰旟，画龟龙曰旐。金羽曰旞，析羽曰旌。

［译文］　画日月的旗帜叫作“常”，画蛟龙的旗帜叫作“旂”，整个一色的旗帜叫作“旃”，有多种颜色的旗帜叫“物”，画熊虎的旗帜叫“旗”，画飞禽的旗帜叫“旟”，画龟龙的旗帜叫“旐”，用完整羽毛做成的旗帜叫“旞”，穗状的彩色羽毛做的旗

子叫“旌”。

卤簿 车驾出行，羽仪导护，谓之卤簿。卤，大盾也，所以捍蔽，部位之次，皆着之于簿。五兵盾在外，余兵在内。以大盾领一部之人，故名卤簿。

［译文］ 帝王车驾出行时，有像鸟的羽翼一样的仪仗队引导保护，叫作卤簿。卤，就是大盾牌，用来捍卫与遮蔽，仪仗的位置与次序，都会记录在文件上。五个士兵持盾在外围，其余的士兵在内侧，用大盾来指挥一部的人。所以叫作“卤簿”。

髦头 武祖问髦头之义，彭权对曰：“《秦纪》云：国有奇怪，触山截水，无不崩溃，惟畏髦头。故使武士服之，卫至尊也。”

［译文］ 晋武帝问髦头有什么含义，彭权回答说：“《史记·秦本纪》记载说，国都中有一种怪物，能触山截水，没有不为它所害的事物，唯独害怕髦头。所以让武士穿戴髦头来保卫天子。”

传国玺 秦始皇以卞和玉制传国玺，命李斯篆文。其文曰：“受命于天，既寿永昌。”相传卞和玉制为三印，一传国玺，一天师印，一茅山道士印。

［译文］ 秦始皇用卞和进献的玉石制作了传国玉玺，命令李斯撰写铭文。铭文内容是：“受命于天，既寿永昌。”传说卞和进献的玉石共被做成了三个印章，一个是传国玉玺，一个是张天师印，一个是茅山道士印。

十二章 日、月、星、辰、山龙、华虫六者绘之于衣，宗彝、藻、火、粉米、黼、黻绣之于裳，所谓十二章也。华虫，雉也。

宗彝，虎蜼。藻，水草。黼，若斧形，取其断也。黻，为两巳相背，取其辨也。

[译文] 日、月、星、辰、山龙、华虫，这六种东西被画在上衣上，宗彝、藻、火、粉米、黼、黻这六种事物被绣在下衣上，就是所说的十二章。华虫，说的是山鸡。宗彝，指的是绣虎和长尾猿。藻，指的是水草。黼，像斧子的形状，取它可以断绝的含义。黻，意思是两个“巳”字相背，取的是它能够辨别的含义。

皇后六服　袆衣（袆音挥。色玄，刻绘为翚。从王祭先王之服。翚亦音辉）揄狄（揄音遥。色青，刻绘为揄。从王祭先公之服）阙狄（色赤。刻绘为之。从王祭群小祀之服）鞠衣（色黄。告桑之服）展衣（色白。以礼见王及宾客之服）褖衣（色黑。进御见王之服）。

[译文] 袆衣（袆读作挥。黑色，上面刻画着五彩的野山鸡。是跟随天子祭祀先王时用的服装。翚也读作辉）揄狄（揄读作遥。青色，上面刻画着野山鸡。是跟随天子祭祀先公时用的服装）阙狄（红色。上面刻画着野山鸡。是跟随天子祭祀川林山泽时用的服装）鞠衣（黄色。是祭祀蚕桑时用的服装）展衣（白色。是用以正式场合拜见君王及接见宾客时的礼服）褖衣（黑色。拜见君王的礼服）。

九门　天子一关门，二远郊门，三近郊门，四城门，五皋门，六库门，七雉门，八应门，九路门。

[译文] 天子皇宫有九门。一是关门，二是远郊门，三是近郊门，四是城门，五是皋门，六是库门，七是雉门，八是应门，九是路门。

丹墀　《西京赋》曰：“右平左墄，青琐丹墀。”注：天子赤墀列为九级，中分左右，有齿介之，右则平之，令辇得上阶也。

[译文]《西京赋》里说："右平左墄，青琐丹墀。"注释说：天子有九层红色的台阶，从中间分开来表示左右，有齿状物作为边界，右边的台阶是平的，可以使辇车升到上面。

尺一 天子诏曰尺一。汉制：简一尺一寸。中行说教匈奴以尺二简报汉。

[译文] 天子的诏书叫作尺一。汉代规定：竹简长度为一尺一寸。西汉太监中行教唆匈奴给汉朝回信用一尺二寸的木简来示威。

金根车 天子所乘之车曰金根，驾六马。有五色安车，有五色立车，各一，皆驾四马，是为五时副车。

[译文] 天子所乘坐的车子叫作金根，有六匹马驾车。有五色坐乘用的车，有五色立乘用的车，各一辆，都驾着四匹马，这就是作为随从的五时副车。

鹤禁 太子所居之宫，白鹤守之，凡人不得辄入，故曰鹤禁。

[译文] 太子所居住的宫殿，有白鹤守卫着，普通人不能够随便进入，所以称为鹤禁。

九府圜法 圜法，即钱法也。天子九府，曰泉府、大府、王府、内府、外府、天府、职内、职金、职币，皆掌钱帛之府也。

[译文] 圜法就是指的铸钱的制度。天子有九府，分别叫泉府、大府、王府、内府、外府、天府、职内、职金、职币，都是掌管钱帛的府库。

五库 天子五库，曰车库、兵库、祭器库、乐器库、宴器库。

[译文] 天子有五库，分别是车库、兵库、祭器库、乐器库、宴器库。

黼扆　天子坐则黼扆列在后，如背负之也。黼扆，形如屏风，画斧而无柄，设而不用，取金斧断割之义。

[译文] 天子坐下，就会有黼扆在身后排列，就像在身后背着一样。黼扆的形状如同屏风，上面有斧形的花纹，但没有斧柄，指有斧而不用，取金斧可断开、切割的意思。

象魏　宫门双阙悬法象，其状巍然高大，曰象魏。

[译文] 宫门两侧的高台悬挂圣贤图像，其形状巍然高大，叫作“象魏”。

列土分茅　天子大社，以五色土为坛，封诸侯，各以其色与之，帱以黄土（黄取王者覆被四方之义），苴以白茅（白茅取其洁也），归而立社，谓之列土分茅。

[译文] 天子设立的祭祀的地方，用五色土做成祭坛，分封诸侯时，分别授予与其相应的颜色的土，用黄土覆盖，（“黄”取君王恩德泽被四方的意思）用白茅包裹着（用白茅取其洁净），诸侯归国后立于祭祀的地方，叫作“列土分茅”。

枫宸　汉宫殿前多植枫树，故曰枫宸。一名紫宸。

[译文] 汉代的宫殿前面栽种有很多枫树，所以叫作“枫宸”。也叫作“紫宸”。

罘罳（音环思）　注：罘罳，伏思也。君退至内廷，思维机务，故曰罘罳。

【译文】 罘罳（读作环思）注：罘罳，是低头思考的意思。君王退朝后到后宫，思考军机要务，所以叫作“罘罳”。

金马 汉武帝得大宛马，以铜铸其像，立于署门，名金马门。《扬雄传》：“历金马，上玉堂。”金马，翰林官称玉堂金马。

【译文】 汉武帝得到大宛马，用铜铸造了马的形象，立在署门外，叫作金马门。《扬雄传》记载：“历金马，上玉堂。”翰林官被称为“玉堂金马”。

黄牛白腹 公孙述废铜钱置铁钱。蜀中童谣曰：“黄牛白腹，五铢当复。”言王莽称黄，述自号白。五铢，汉钱也。言天下当复还刘氏。

【译文】 公孙述下令废弃了铜钱换为铁钱。蜀地的童谣唱道：“黄牛白腹，五铢当复。”说的是王莽自称是黄帝的子孙，公孙述号称为白帝的子孙。五铢钱，是汉代的货币，意思是天下将会还给刘氏。

两观 古者帝王每门树两观于其前，所以标表宫门也。其上可居，登之可以观远，故谓之观。

【译文】 古代帝王在每个宫门前竖立两个“观”，用来作为宫门的标志。观上面可以站立，登上去可以眺望远方，所以叫作“观”。

琼林、大盈 唐德宗起琼林、大盈等库，以储私钱。陆贽谏，不听。后朱泚之乱，罄于兵火。

【译文】 唐德宗兴建琼林、大盈等仓库来储藏自己的私人财产。陆贽进谏劝阻，德宗不接受。后来在朱泚的叛乱中被火烧毁。

泽宫 天子习射之地。泽，取择贤之义也。

[译文] 是天子练习射箭的地方。泽，寓意择取贤德人才的意思。

水晶宫 大秦国中有五宫殿，皆以水晶为柱，故名水晶宫。

[译文] 大秦国中有五座宫殿，都是用水晶做柱子，所以叫作“水晶宫”。

桥门 汉明帝幸辟雍，冠带缙绅之人，环桥门而观者，以亿万计。

[译文] 汉明帝驾临太学，当官的士大夫围着桥门（太学的大门）观看的有数十万人。

虎闱 晋武帝临辟雍，立国子监以育士庶，名之曰虎闱，又名虎观。

[译文] 晋武帝驾临太学，建立国子监来教育官民子弟，被称作“虎闱”，又叫作“虎观”。

石渠 汉施雠，甘露中拜博士，与五经诸儒，论异同于石渠阁。

[译文] 汉代的施雠，甘露年间被任命为博士，和通晓五经的诸位儒生在石渠阁讨论经文经义的异同。

凤诏 后赵石季龙，置戏马观，观上安诏书，用五色纸，衔于木凤口而颁行之。凤五色漆画，味脚皆用金。

[译文] 后赵的皇帝石季龙，修造了戏马观，观上放置诏书，用五色纸书写，含在木雕凤凰的口中发布出来。凤凰是用五种颜色的漆彩描绘，嘴和脚都用金色的漆绘制。

紫泥 阶州武都紫水有泥，其色紫而粘，贡之，用封玺书，故诏诰曰紫泥封。

[译文] 阶州武都有一条紫水河，水中的泥呈紫色，而且有黏性，进贡朝廷，用来密封诏书，所以诏、诰之类的文书都叫作“紫泥封”。

黄麻 敕书旧用白纸，唐高宗以白纸多蠹，改用黄麻。拜除将相，其制书皆用黄麻。黄麻者，以黄蘖染纸，取其辟蠹也。

[译文] 皇帝的诏书以前用白纸，唐高宗时因为白纸容易被虫蛀，改用黄麻纸。任命将相等官职的诏书都用黄麻纸书写。黄麻纸是用黄蘖染过的纸，可以避免虫蛀。

内官 成周始为寺人。秦始皇初立中车府，置令。魏文帝置殿中制监。隋置内侍省，始以监为太监，加少监、监正。秦六局，置尚衣、尚冠等官。

[译文] 周成王时开始设置寺人。秦始皇最先设置中车府，并设中车府令。魏文帝设置殿中制监。隋代设置内侍省，开始称监为太监，增加少监和监正。秦朝有六局，设尚衣、尚冠等官职。

仪仗 神农始为仪仗，秦汉始为导护，五代始为宫中导从。黄帝制钺，秦始皇改为镗（即斧）。晋武帝制干枪，元帝加仪刀、仪镗、斑剑。

黄帝制麾、制曲盖。吕尚制华盖。黄帝始警跸。周制鸣鞭。黄帝制旗，天子出，大牙建于前。周制：树旗表门。陶穀始备岳渎、日星、龙象、大神诸旗。

尧始制车驾，周改鸾驾。

晋文公制左右虞侯掖驾。汉武帝佽飞驾前。周公始制属车悬豹尾。唐始加豹尾于卤簿。

周公置记里鼓车。隋文帝制行漏车。秦始皇兼车服始饰器为金根车，上施华盖相风鸟，制辟恶车前导，更定大驾、法驾。周制：步辇以人组挽。秦始皇去其轮为舆，以人荷。汉制后宫羊车以人牵。宋制檐子以竿牵。汉制皇屋。宋制棕榈屋，即逍遥车。

汉武帝制十二障扇。唐玄宗制上殿索扇，阎则先奏，以宦官升陛执扇。

[译文] 神农氏最先设置仪仗队，秦、汉开始有导护，五代开始设宫中导从。黄帝设置钺，秦始皇改设置镗（即指斧子）。晋武帝设置了干枪，晋元帝增设仪刀、仪镗、斑剑。

黄帝设置了麾和曲盖。吕尚设置了华盖。黄帝时才有警诫清道。周朝设置鸣鞭开道。黄帝设置了旗帜，天子出行，旗杆上装饰有象牙的大旗放在最前面。周朝制定：竖立大旗作为大门。陶穀开始制定岳渎、日星、龙象、大神等旗帜。

尧帝开始制定帝王车驾，周代改鸾驾。

晋文公制定左右虞侯扶持车架的制度。汉武帝让掌管弋射的武官佽飞走在车驾前面。周公开始让属车悬挂豹尾。唐代开始在仪仗队中增加豹尾。

周公设置标记里程的鼓车。隋文帝设置漏壶计时的行漏车。秦始皇对车制与服饰都加以修饰而成为金根车，上有华盖及辨别风向的相风乌，并制定辟恶车引路，又设置大驾和法驾。周代规定：辇车要以一队人来牵引。秦始皇弃轮子而成轿，用人来抬。汉代规定：后宫羊车用人牵引。宋代规定：制作檐子车，用长竿来抬。汉代设置天子所乘皇屋车。宋代设置棕榈屋，就是逍遥车。汉武帝设置十二面障扇。唐玄宗始制定上殿时要打着宫扇，阎则先奏请让宦官上台执扇。

戒不虞 《汉官仪》：属车八十一乘，作三行。《尚书》："御史乘之。"最后一乘悬豹尾于竿，豹尾过后，执金吾方罢屯解围，所以戒不虞也。

[译文] 《汉官仪》记载："天子的从属车有八十一辆，排作三列。《尚书》记载："御史乘坐。"最后面的一辆车要在旗杆上悬挂豹尾，豹尾通过后，担任警卫的执金吾才撤兵，来防备意外之事发生。

名臣

六佐 伏羲六佐：金提主化俗，鸟鸣主建福，视嘿主灾恶，纪通主中职，仲起主陵陆，阳侯主江海。

[译文] 伏羲有六位辅佐大臣：金提主管化俗，鸟鸣主管建福，视嘿主管灾恶，纪通主管中职，仲起主管陵陆，阳侯主管江海。

六相 轩辕六相：风后、力牧、太山、稽、常先、大鸿。得六相而天下治。

[译文] 轩辕黄帝有六相：风后、力牧、太山、稽、常先、大鸿。得到这六相天下就会大治。

八元（元善也） 高辛氏有才子八人：伯奋、仲堪、叔献、季仲、伯虎、仲熊、叔豹、季狸，天下之民谓之八元。

[译文] 高辛氏生了八个有才能的儿子：伯奋、仲堪、叔献、季仲、伯虎、仲熊、叔豹、季狸，天下的人民称之为“八元”。

八恺（恺和也） 高阳氏有才子八人：苍舒、隤敳（音皑）、梼戭（音稠演）、大临、龙降、庭坚、仲容、叔达，天下谓之八恺。

[译文] 高阳氏有八个有才能的儿子：苍舒、隤敳（读作皑）、梼戭（读作稠演）、大临、龙降、庭坚、仲容、叔达，天下的人民称之为“八恺”。

四凶 帝鸿氏有不才子曰浑沌（即驩兜），少昊氏有不才子曰穷奇（即共工），颛顼氏有不才子曰梼杌（即鲧），缙云氏有不才子曰饕餮（即三苗），谓之四凶。

[译文] 帝鸿氏有不成材的儿子叫浑沌（即驩兜），少昊氏有不成材的儿子叫穷奇（即共工），颛顼氏有不成材的儿子叫梼杌（即鲧），缙云氏有不成材的儿子叫饕餮（即三苗），天下人称他们为“四凶”。

五臣 舜有臣五人，禹、稷、契、皋陶、伯益。

[译文] 舜有贤臣五人，分别是禹、稷、契、皋陶、伯益。

九官 舜命九官，禹、契、稷、伯益、皋陶、夔、龙、垂、伯夷。

[译文] 帝舜任命九位贤德的人做官，分别是禹、契、稷、伯益、皋陶、夔、龙、垂、伯夷。

十乱 武王有乱臣十人，太公望、周公旦、召公奭、毕公高、闳夭、散宜生、南公适、荣公、太颠、邑姜。

[译文] 周武王有善于治理乱世的大臣，分别是太公望、周公旦、

召公奭、毕公高、闳夭、散宜生、南公适、荣公、太颠、邑姜。

八士　周有八士，伯达、伯适、仲突、仲忽、叔夜、叔夏、季随、季騧。

[译文]　周代有八位贤士，分别是伯达、伯适、仲突、仲忽、叔夜、叔夏、季随、季騧。

四皓　东园公（姓辕名秉字宣明）、绮里季（姓朱名晖字文季）、夏黄公（姓崔名廓字少通）、甪里先生（姓周名述字符道），隐于商山，谓之商山四皓。

[译文]　东园公（姓辕，名秉，字宣明）、绮里季（姓朱，名晖，字文季）、夏黄公（姓崔，名廓，字少通）、甪里先生（姓周，名述，字符道），在商山隐居，叫作“商山四皓”。

淮阳一老　汉应曜隐于淮阳，与四皓并征，曜独不至。时人语曰：“商山四皓，不如淮阳一老。”

[译文]　汉代的应曜，在淮水的北边隐居，和商山四皓一块儿被朝廷征召，只有应曜没有应征。当时的人说：“商山四皓，还不如淮阳一老。”

三良　秦子车氏三子，奄息、仲行、鍼虎。秦穆公死，命以为殉，国人为赋《黄鸟》之诗以哀之。

[译文]　秦朝的子车氏有三个儿子，分别是奄息、仲行、鍼虎。秦穆公死的时候，让他们殉葬，国都的民众写了《黄鸟》诗来哀悼他们。

十八元功　汉高祖封功臣十八人，萧何为首，曹参次之，其下张敖、周勃、樊哙、郦商、奚涓、夏侯婴、灌婴、傅宽、靳歙、王陵、陈武、王伋、苏欧、周昌、于护、蛊达。

［译文］　汉高祖封赏了十八位功臣，萧何为第一，曹参为第二，以下分别是张敖、周勃、樊哙、郦商、奚涓、夏侯婴、灌婴、傅宽、靳歙、王陵、陈武、王伋、苏欧、周昌、于护、蛊达。

麒麟阁十一人　汉宣帝以夷狄宾服，思股肱之美，乃图画其人于麒麟阁，共十一人，唯霍光不名，曰大司马、大将军博陆侯姓霍氏。其次张安世、韩增、赵充国、魏相、丙吉、杜延年、刘德、梁丘贺、萧望之、苏武。

［译文］　汉宣帝因周边的少数民族都来朝贡，想到股肱大臣的功业，于是让人在麒麟阁为他们画像，总共十一人，只有霍光不书写名字，只称“大司马、大将军博陆侯姓霍氏”。其次是张安世、韩增、赵充国、魏相、丙吉、杜延年、刘德、梁丘贺、萧望之、苏武。

云台二十八将　汉光武思中兴功臣，乃画二十八将于南宫云台，其位次以邓禹为首，次马成、吴汉、王梁、贾复、陈俊、耿弇、杜茂、寇恂、傅俊、岑彭、坚镡、冯异、王霸、朱祐、任光、祭遵、李忠、景丹、万修、盖延、邳肜、铫期、刘植、耿纯、臧宫、马武、刘隆，后又益以王常、李通、窦融、卓茂，共三十二人。马援以椒房不与。

［译文］　光武帝感念帮助他复兴汉室的功臣，在南宫云台画了二十八个将领的图像，以邓禹为第一，其次是马成、吴汉、王梁、贾复、陈俊、耿弇、杜茂、寇恂、傅俊、岑彭、坚镡、冯

异、王霸、朱祐、任光、祭遵、李忠、景丹、万修、盖延、邳彤、铫期、刘植、耿纯、臧宫、马武、刘隆，后又益以王常、李通、窦融、卓茂，总共三十二人。马援因为贵戚的身份没有被画入。

十八学士 唐高祖以秦王世民功高，令开府置属，秦王乃开馆于宫西，延四方文学之士杜如晦、房玄龄、虞世南、褚亮、姚思廉、李玄道、蔡允恭、薛元敬、颜相时、苏勖、于志宁、苏世长、薛收、李守素、陆德明、孔颖达、盖文达、许敬宗，使库直阎立本图像，预其选者，时人谓之登瀛洲。

[译文] 唐高祖因秦王李世民功勋卓著，就允许他自己开府，设置僚属，秦王在皇宫西边设馆，延揽四方博学的人才，杜如晦、房玄龄、虞世南、褚亮、姚思廉、李玄道、蔡允恭、薛元敬、颜相时、苏勖、于志宁、苏世长、薛收、李守素、陆德明、孔颖达、盖文达、许敬宗等，并让库直阎立本来为他们画像，被选入的人，当时人称为“登瀛洲”。

凌烟阁二十四人 唐太宗图其功臣于凌烟阁，长孙无忌、赵郡王孝恭、杜如晦、魏徵、房玄龄、高士廉、尉迟敬德、李靖、萧瑀、段志玄、刘弘基、屈突通、殷廾山、柴绍、长孙顺德、张亮、侯君集、张公谨、程知节、虞世南、刘政会、唐俭、李世勣、秦叔宝，共二十四人。

[译文] 唐太宗在凌烟阁绘制了功臣的画像，有长孙无忌、赵郡王孝恭、杜如晦、魏徵、房玄龄、高士廉、尉迟敬德、李靖、萧瑀、段志玄、刘弘基、屈突通、殷开山、柴绍、长孙顺德、张亮、侯君集、张公谨、程知节、虞世南、刘政会、唐俭、李世勣、

秦叔宝等，共二十四人。

三君（君者言一世之所宗也） 窦武、陈蕃、刘淑，为三君。

[译文] 窦武、陈蕃、刘淑，被称为三君。

八俊（俊者言一世之英也） 李膺、荀昱、杜密、王畅、刘祐、魏朗、赵典、朱寓，为八俊。

[译文] 李膺、荀昱、杜密、王畅、刘祐、魏朗、赵典、朱寓，被称为“八俊”。

八顾（顾者能以德行引人者也） 郭泰、范滂、尹勋、巴肃、宗慈、夏馥、蔡衍、羊陟，为八顾。

[译文] 郭泰、范滂、尹勋、巴肃、宗慈、夏馥、蔡衍、羊陟，被称为“八顾”。

八及（及者言使人之所追从者也） 张俭、翟超、岑晊、范康、刘表、陈翔、孔昱、檀敷，为八及。

[译文] 张俭、翟超、岑晊、范康、刘表、陈翔、孔昱、檀敷，被称为“八及”。

八厨（厨者能以财救人者也） 度尚、张邈、刘儒、胡毋班、秦周、蕃嚮、王章、王考，为八厨。

[译文] 度尚、张邈、刘儒、胡毋班、秦周、蕃嚮、王章、王考，被称为“八厨”。

八友 齐王之子开西邸延宾客，范云、萧琛、任昉、王融、萧衍、谢朓、沈约、陆倕，并以文学见称，故曰八友。

[译文] 齐王的儿子设置西宫宴请宾客，范云、萧琛、任昉、王融、萧衍、谢朓、沈约、陆倕等人，都是凭借文学才能被称赏，所以被叫作“八友”。

浔阳三隐 周续之入庐山，事远公；刘遗民遁迹匡山；陶渊明不应诏命。人称“浔阳三隐”。

[译文] 周续到庐山去拜慧远为师，刘遗民到匡山隐居，陶渊明不赴朝廷征召，人们称之为“浔阳三隐”。

竹林七贤 嵇康、阮籍、山涛、向秀、刘伶、王戎、阮咸为竹林七贤，日以酣饮为事。颜延之作《五君咏》，独述阮步兵、嵇中散、刘参军、阮始平、向尚侍，而山涛、王戎以贵显被黜。

[译文] 嵇康、阮籍、山涛、向秀、刘伶、王戎、阮咸被称为“竹林七贤”，每天痛饮美酒。颜延之写作《五君咏》，只写了阮籍、嵇康、刘伶、阮咸、向秀，而山涛、王戎因为显贵被排斥在外。

竹溪六逸 李白少有逸才，与鲁中诸生孔巢父、韩准、裴政、张叔明、陶沔，隐于徂徕山，终日沉饮，号竹溪六逸。

[译文] 李白少年时就才华横溢，和鲁地的人如孔巢父、韩准、裴政、张叔明、陶沔一块儿在徂徕山隐居，终日饮酒沉醉，被称为“竹溪六逸”。

虎溪三笑 惠远禅师隐庐山，送客至虎溪即止。一日，送陶渊明、陆静修，与语道合，不觉过虎溪，因大笑。世传《三笑图》。

[译文] 惠远禅师在庐山隐居，送客人时只送到虎溪就止步。有一天，送陶渊明、陆修静二人，三人谈话，志同道合，不知不觉竟走过了虎溪，因而大笑。世传有《三笑图》。

何氏三高　梁何胤二兄求、点，并栖遁世，谓何氏三高。或乘柴车，或蹑草履，恣心所适，致醉而归。时人谓之通隐。

[译文] 梁朝的何胤有两个哥哥叫何求和何点，都去避世归隐，人称何氏三高。他们平时或坐柴车，或穿草鞋，随心所欲，喝醉才归。当时人称他们为“通隐”。

饮中八仙　李白、贺知章、李适之、汝阳王琎、崔宗之、苏晋、张旭、焦遂。杜甫有《饮中八仙歌》。

[译文] 李白、贺知章、李适之、汝阳王琎、崔宗之、苏晋、张旭、焦遂。杜甫有首诗叫《饮中八仙歌》。

荀氏八龙　荀淑，颍川人，有八子，俭、绲（音魂）、靖、焘、汪、爽、肃、敷。县令范康曰：昔高阳氏有才子八人，遂署其里为高阳里。时人号荀氏八龙。

[译文] 荀淑，是颍川人，有八个儿子：荀俭、荀绲（读作魂）、荀靖、荀焘、荀汪、荀爽、荀肃、荀敷。县令范康说：从前高阳氏有八个有才能的儿子，就将其住处叫作“高阳里”。当时人称他们为“荀氏八龙”。

河东三凤　薛元敬与收及族兄德音齐名，世称河东三凤。收为长雏、德音为鸑鷟，元敬年少为鹓雏。

[译文] 薛元敬、薛收与同族兄长薛德音齐名，世称“河东三凤”。

薛收为长雏，德音为鸑鷟，元敬年少为鹓雏。

马氏五常 马良字季常，兄弟五人，并有才名。时人语曰：“马氏五常，白眉最良。”

［译文］ 马良字季常，兄弟共有五人，都有才子之名。当时有人说：“马氏五常，白眉最良。”

香山九老 白乐天、胡杲、吉旼、郑据、刘真台、卢慎、张浑，年俱七十以上。狄兼谟、尹卢贞未及七十，白香山重其品，亦拉入会，日饮于龙门寺。时人称“香山九老”。

［译文］ 白乐天、胡杲、吉旼、郑据、刘真台、卢慎、张浑，都年过七十，狄兼谟、尹卢贞二人没有到七十岁，但白居易尊重他们的人品，也邀他们一起聚会，每日在龙门寺宴饮。当时人称他们为香山九老。

洛社耆英 文潞公慕香山九老，乃集洛中年德高者为耆英会，就资圣院建大厦，曰耆英堂，命闽人郑奂画像其中，共十二人，文彦博、富弼、席汝言、王尚恭、赵丙、刘况、冯行已、楚建中、王谨言、张问、张焘、王拱辰。独司马光年未七十，潞公用香山狄兼谟故事，请温公入社。

［译文］ 潞国公文彦博仰慕唐代的香山九老会，于是就聚集洛阳年高德劭的人做耆英会，在资圣院建造大厅，叫作耆英堂，让福建人郑奂在堂中绘制他们的画像，总共十二人：文彦博、富弼、席汝言、王尚恭、赵丙、刘况、冯行已、楚建中、王谨言、张问、张焘、王拱辰。唯独司马光年龄还不到七十，文潞公引白居易敬重狄兼谟的旧例，邀请司马光入社。

白莲社　远公与十八贤同修净土，以书招渊明。答曰：“弟子嗜酒，许饮即赴矣。”远公许之，遂造焉。勉令入社，渊明攒眉而去。谢灵运求入莲社，远公以灵运心杂，却之。

［译文］　慧远上人和十八贤人一同修净土心法，写信邀请陶渊明。陶渊明说：“我喜欢喝酒，如果允许喝酒我就去。”慧远答应了他，于是就来了。慧远想趁机邀陶渊明加入莲社，陶渊明皱着眉头离开了。但谢灵运恳求入莲社，慧远因谢灵运心思复杂，就拒绝了他。

建安七才子　徐幹、陈琳、阮瑀、应玚、刘桢、孔融、王粲，皆好文章，号建安七才子。

［译文］　徐幹、陈琳、阮瑀、应玚、刘桢、孔融、王粲，都擅长写文章，人称“建安七才子”。

兰亭禊社　王右军兰亭修禊，与孙绰、许询辈四十二人，大会于此。是日不成诗，王大令辈一十六人，各罚酒三觥，如金谷酒数。

［译文］　王羲之与孙绰、许询等四十二人在兰亭举修禊礼，这天王献之等十六人没有写成诗，各被罚酒三大杯，就像金谷园罚酒的杯数。

西园雅集十六人　苏东坡、王晋卿、蔡天启、李端叔、苏子由、黄鲁直、晁无咎、张文潜、郑靖老、秦少游、陈碧虚、王仲至、圆通大师、刘巨潜，李伯时画《西园雅集图》，而米元章书记其上。

［译文］　苏东坡、王晋卿、蔡天启、李端叔、苏子由、黄鲁直、晁

无咎、张文潜、郑靖老、秦少游、陈碧虚、王仲至、圆通大师、刘巨潜，李伯时绘画《西园雅集图》，米芾在画上写了记文。

四杰 唐王勃、杨炯、卢照邻、骆宾王，皆以文章齐名天下，号为四杰。

[译文] 唐代的王勃、杨炯、卢照邻、骆宾王，都因为擅长写文章天下闻名，被人称作“四杰”。

铛脚刺史 唐大鼎守沧州，郑德本守瀛州，贾敦颐守冀州，皆有治名，故河北称为铛脚刺史。

[译文] 唐大鼎做沧州知州，郑德本做瀛洲知州，贾敦颐做冀州知州，都有善于管理的美名，所以河北称他们为“铛脚刺史”。

易水三侠 燕丹送荆轲易水之上，高渐离击筑而歌，宋如意和之。《国策》《史记》俱无如意名。陶靖节《咏荆轲》诗，有“渐离击悲筑，宋意唱高声”，与《水经注》俱有之。

[译文] 燕国太子丹送荆轲到易水的岸边，高渐离击打着竹筑唱着歌，宋如意跟着唱和。《战国策》《史记》都没有记载宋如意的名字。陶渊明《咏荆轲》诗中有“渐离击悲筑，宋意唱高声”，《水经注》中也有。

五马 南齐柳元伯之子五人，皆领五州，五马参差于庭。殷文圭启云：“荀家门内罗列八龙，柳氏庭前参差五马。”

[译文] 南齐的柳元伯的五个儿子，分别做五个州的太守，五辆马车参差错落停在庭院中。殷文圭写文章说：“荀家门内罗列八龙，柳氏庭前参差五马。”

窦氏五龙 宋窦仪字可象，蓟州渔阳人。父禹钧在周为谏议大夫，五子曰仪、俨、侃、偁、僖，相继登科。时人谓之窦氏五龙。又曰燕山五桂。

[译文] 宋代的窦仪，字可象，是蓟州渔阳人。他的父亲窦禹钧在北周曾任谏议大夫，有五个儿子，分别是窦仪、窦俨、窦侃、窦偁、窦僖，相继进士及第。当时人称之为“窦氏五龙”，又称为“燕山五桂”。

汉三杰 张良、韩信、萧何。

[译文] 分别是张良、韩信、萧何。

程门四先生 谢良佐、游酢、吕大临、杨时。

[译文] 分别是谢良佐、游酢、吕大临、杨时。

四贤一不肖 范仲淹、余靖、尹洙、欧阳修，谓之四贤。高若讷谓之一不肖。

[译文] 范仲淹、余靖、尹洙、欧阳修，被称为“四贤”。高若讷被称为“一不肖”。

睢阳五老 宋冯平与杜衍、王焕章、毕世长、朱贯，咸以耆德挂冠，优游桑梓间。暇日宴集，赋诗云：“醉游春圃烟霞暖，吟听秋潭水石寒。”时人谓之“睢阳五老”。

[译文] 宋代的冯平和杜衍、王焕章、毕世长、朱贯，都以年高德劭辞官归隐，优游于故乡。闲暇的时候设宴聚会，赋诗说：“醉游春圃烟霞暖，吟听秋潭水石寒。”当时人称之为“睢阳五老”。

昭勋阁二十四人　宋理宗宝庆二年，图功臣神像于昭勋阁，赵普、曹彬、薛居正、石熙载、潘美、李沆、王旦、李继隆、王曾、吕夷简、曹玮、韩琦、曾公亮、富弼、司马光、韩忠彦、吕颐浩、赵鼎、韩世忠、张浚、陈康伯、史浩、葛邲、赵汝愚，凡二十四人。

［译文］　宋理宗宝庆二年（公元1226年），朝廷在昭勋阁绘制功臣的神像，赵普、曹彬、薛居正、石熙载、潘美、李沆、王旦、李继隆、王曾、吕夷简、曹玮、韩琦、曾公亮、富弼、司马光、韩忠彦、吕颐浩、赵鼎、韩世忠、张浚、陈康伯、史浩、葛邲、赵汝愚，总共二十四个人。

二十四孝　大舜耕田，汉文尝药，曾参啮指，闵损推车，子路负米，董永卖身，剡子鹿乳，江革行佣，陆绩怀橘，山南乳姑，吴猛饱蚊，王祥卧冰，郭巨埋儿，杨香搤虎，寿昌寻母，黔娄尝粪，老莱戏彩，蔡顺拾椹，黄香扇枕，姜诗跃鲤，王裒泣墓，丁兰刻母，孟宗泣竹，庭坚涤皿。

［译文］　大舜耕田，汉文尝药，曾参啮指，闵损推车，子路负米，董永卖身，剡子鹿乳，江革行佣，陆绩怀橘，山南乳姑，吴猛饱蚊，王祥卧冰，郭巨埋儿，杨香搤虎，寿昌寻母，黔娄尝粪，老莱戏彩，蔡顺拾椹，黄香扇枕，姜诗跃鲤，王裒泣墓，丁兰刻母，孟宗泣竹，庭坚涤皿。

三珠树　王勃六岁能文，与兄勔、勮竞爽。杜易简奇之曰："此王氏三珠树也。"勃凡命草，先磨墨数升，引被覆面而卧，忽起书之，不加点窜，人谓之腹稿。

[译文]　王勃六岁能写文章，和兄长王勔、王勮争高下。杜易简很惊奇地说："这是王氏家族的三棵珠玉宝树啊。"王勃凡是写文章的时候，就先磨好几升墨，用被子蒙脸躺下片刻，忽然坐起来就写，文章不加涂改，人们称之为打"腹稿"。

北京三杰　唐富嘉谟与吴少微、魏谷倚者，并负文辞，时称"北京三杰"。天下文章浮俚不竞，独少微、嘉谟本经术，雅厚雄迈，人争慕之。号吴体。

[译文]　唐代富嘉谋、吴少微，以及魏郡人谷倚三人，都有文名，当时人称"北京三杰"（唐代北京指太原）。当时天下文章浮华萎靡，唯独吴少微、富嘉谋本于经典，雅正浑厚、雄然超迈，人们争相仰慕，称之为"吴体"。

五子科第　黄汝楫，方腊犯境，汝楫出财物二万缗，赎被掠士女千人。夜梦神告曰："上帝以汝活人多，赐五子科第。"其后子开、阁、闶、闻、闿，皆登科。

[译文]　黄汝楫，在方腊叛军进犯家乡时，出财物二万缗赎回被劫掠的百姓男女上千人。晚上梦见有神人来告："天帝因你救了很多人，赐你五个儿子进士及第。"后来其子黄开、黄阁、黄闶、黄闻、黄闿，果然都及第了。

四豪　列国赵平原君胜，齐孟尝君田文，楚春申君黄歇，魏信陵君无忌，称"四豪"。

[译文]　战国时的赵国平原君赵胜，齐国孟尝君田文，楚国春申君黄歇，魏国信陵君魏无忌，被称为"四豪"。

张氏五龙 南北朝张镜与严延之邻居，延之每酣饮，喧呼不绝，而镜寂无言声。一日与客谈，延之从篱落取胡床坐，听辞言清远，心服之。谓客曰："彼中有人。"自是不复酣叫。镜兄弟五人俱名士，时号"五龙"。

[译文] 南北朝时，张镜与颜延之是邻居，颜延之每次喝酒的时候，喧哗喊叫不停，而张镜却寂然无声。有一天张镜与客人谈话，颜延之在篱落边的胡床上坐着，听到张镜言谈清雅淡远，心中服气，对客人说："那边有个贤德的人。"从此不再大喊大叫了。张镜兄弟五人都是名士，当时人称"张氏五龙"。

河东三绝 唐徐洪，蒲州司兵参军。时司户韦暠善判，司工李登善书，洪善属辞，号"河东三绝"。

[译文] 唐代的徐洪，担任蒲州的司兵参军。当时司户韦暠擅长判案，司工李登擅长写字，徐洪擅长作文章，他们三人被称为"河东三绝"。

兖州八伯 羊曼，祜从孙，任达嗜酒，与阮放等八人友善，时称阮放为宏伯，郗鉴为方伯，胡毋辅之为达伯，卞壶为裁伯，蔡谟为朗伯，阮孚为诞伯，刘绥为委伯，而曼为踏伯，号"兖州八伯"，又号为"八达"。

[译文] 羊曼是羊祜的从孙，放任不羁，喜欢喝酒，与阮放等八个人友好。当时人称阮放为宏伯，郗鉴为方伯，胡毋辅之为达伯，卞壶为裁伯，蔡谟为朗伯，阮孚为诞伯，刘绥为委伯，而羊曼为踏伯，号称"兖州八伯"，又号称"八达"。

五忠 刘韐，崇安人，其先自京兆徙闽，子孙仕宋，得谥"忠"

者五人，世号“五忠”。刘氏以学士使金，金人留之，自缢。谥忠显。长子子羽官枢密，首荐吴玠、吴璘可大用，中兴战功居多，子羽之力也。

［译文］ 刘韐是福建崇安人，他的先祖从京兆迁徙到福建，子孙后代在宋朝做官，得到含“忠”的谥号的有五人，人称其为“五忠”。刘韐以学士的身份出使金国，金国人强迫他留下来，他上吊而死，谥号是“忠显”。长子刘子羽担任枢密使的官职，首先举荐吴玠、吴璘，认为可以重用，后来两人在中兴之时的战功很多，都是刘子羽的功劳。

九牧林氏　唐林披，官太子詹事。子九人，俱刺史，号“九牧林氏”，而藻、蕴尤知名。

［译文］ 唐代的林披，担任太子詹事的职位。有九个儿子，都做到了刺史的职位，号称“九牧林氏”，而其中林藻、林蕴尤为著名。

八子并通籍　明许进仕至吏部尚书，谥襄毅。子诰南，户部尚书，谥庄敏;赞，大学士，谥文简;论，兵部尚书。其八子并通籍，海内莫京焉。

［译文］ 明代许进官至吏部尚书，死后谥号是“襄毅”。他的儿子许诰南官至户部尚书，死后谥号是“庄敏”；许赞官至大学士，死后谥号是“文简”；许论官至兵部尚书。八个儿子都在朝廷做高官，四海之内没有可以匹敌的了。

一门仕宦　宗资，南阳人，世居宛。一门仕宦，至卿相者三十四人，东汉时无与比者。

［译文］宗资是南阳人，世代居住在宛城。一家人都做官，做到卿相的有三十四人，东汉时无人可和他们相提并论。

附：奸佞大臣

历代奸佞 夏帝启元年，有扈氏无道，威侮五行，怠弃三正。启征之，大战于甘，灭之。

夏帝相权归后羿，为羿所逐。羿臣寒浞杀羿自立，而弑帝相。相后缗，有仍国君之女，方娠，奔归有仍，生少康。夏之旧臣靡举兵杀浞而立少康焉。

周成王幼，周公摄政。管叔、蔡叔、霍叔流言曰："公将不利于孺子。"既而与武庚同反，周公乃作《大诰》，奉王命以讨平之。

［译文］夏启初年的时候，有扈氏昏庸无道，侵侮天道，懈怠正统。夏启征率军讨他，在甘地大战，将其消灭。

夏朝的国君相在位的时候，权力被后羿夺走，并被驱逐。后羿的臣子寒浞又杀了后羿，自立为王，还杀了帝相。相的皇后缗是有仍国国君的女儿，刚刚怀孕，逃回有仍国，生下少康。夏朝旧臣起兵杀死寒浞，立少康为王。

周成王即位时还很幼小，周公暂时代理国政。管叔、蔡叔、霍叔三人传布流言说："周公将做不利于成王的事情。"不久就和武庚一同谋反，周公于是作《大诰》，然后奉成王之命讨伐平息了叛乱。

吴太宰伯嚭受越赂，而许越行成，复谗杀伍员，以亡吴国。

晋大夫魏斯、赵籍、韩虔，三分晋地。田氏伐姜而有齐国，皆周天子坏礼，而宠命之也。

［译文］ 吴国的太宰伯嚭收受越国的贿赂，于是就允许越国和解，又用谗言陷害伍员，导致吴国灭亡。

晋国的大夫魏斯、赵籍、韩虔瓜分晋国的土地。田氏讨伐姜氏占有了齐国，都是因为周天子不遵守礼制，并且宠幸任命他们。

秦李斯请，史官非秦记皆烧之，偶语《诗》《书》者弃市，以古非今者族，所不烧者医药、卜筮、种树之书。若欲有学法令，以吏为师。制曰："可。"遂坑儒四百六十余人。始皇崩于沙丘，赵高与斯诈为遗诏，废死太子扶苏，立胡亥为太子，是为二世。高恃恩专恣，恐斯以为言，族诛斯，而自为丞相。及章邯军败，恐罪其身，乃与其婿咸阳令阎乐，谋弑二世于望夷宫，立子婴为秦王。子婴与其子二人刺杀高，夷其三族。

［译文］ 秦国李斯奏请：史官所藏之书不是秦国的史书都要烧掉，对谈《诗经》与《尚书》的人要砍头，用古代礼法非议朝政的人要灭族，只有讲医药、卜筮、种树的书不必烧毁。若有人想要学习法令，可以把吏作为老师。皇帝批准：可以。于是坑杀儒士四百六十多人。秦始皇在沙丘驾崩，赵高与李斯伪造遗诏，废除并赐死太子扶苏而拥立了胡亥，就是秦二世。赵高仗着有恩于二世就专横跋扈，又怕李斯有不同意见，就诛杀了李斯，自立为丞相。等到章邯兵败，又怕牵连自己，就和他的女婿咸阳令阎乐合谋在望夷宫谋杀了秦二世，拥立子婴为秦王。子婴联合两个儿子刺杀了赵高，诛灭了他的三族。

楚项王将丁公逐窘汉王彭城西，短兵接，汉王急，顾谓丁公曰：

"两贤岂相厄哉！"丁公乃还。汉王即帝位，丁公谒见。帝以徇军中，曰："丁公为项王臣不忠，使项王失天下。"遂斩之。

［译文］ 西楚霸王项羽的大将丁公穷追汉王刘邦，追到彭城的西面，短兵相接，汉王见形势危急，回头对丁公说："我们两位贤人还要相互残杀吗！"丁公就退军回去了。后来汉王登基，丁公来拜见。刘邦将其捆绑在军中游行，说："丁公为项王臣子却不尽忠，而使项王失掉了天下。"于是将其斩首。

汉田蚡为丞相，骄侈极欲，金玉、妇女、狗马、声乐、玩好，不可胜计。入奏事，所言皆听。荐人或起家至二千石，权移人主。上曰："君除吏尽未？吾亦欲除吏。"尝请考工地为宅，武帝曰："君何不遂取武库？"是后乃稍退。

［译文］ 汉代的田蚡做丞相的时候，穷奢极欲，金玉、妇女、狗马、声乐、玩好，这些东西不可胜数。进宫奏事，所说的都被皇帝接受。他所推荐的人有的直接给予二千石的高官厚禄，权力从皇帝那里转移到了他的手中。皇帝说："您要任命的官吏都任命完了吗？我也要任命一些。"他曾经奏请把考工署的地方建成私宅，汉武帝说："您何不直接把国家的武库拿来用呢？"这之后才渐渐收敛了一些。

赵人江充初为赵敬肃王客，得罪亡，诣阙告赵太子阴事。太子坐废，上召充与语，大悦，拜为直指绣衣使者，使督察贵戚。近臣与太子有隙，因言上疾，祟在巫蛊。于是上以充治巫蛊狱。充云："于太子宫得木人尤多，又有帛书，所言不道。"持太子甚急。太子发长乐宫卫卒收捕充等，斩之。太子亦自经。后武帝感田千秋言，族灭充家。

[译文] 赵地人江充当初是赵敬肃王的宾客，后来获罪逃走，于是就到京城告发太子的隐秘之事。太子被废黜，武帝召见江充谈话，非常高兴，授予他直指绣衣使者的官职，让他监督皇亲国戚。武帝的近侍与太子有矛盾，就说皇帝有病，是因为有人下蛊。于是皇帝让江充来查办巫蛊案。江充说："在太子宫里查出许多木人，还有帛书，上面的言论大逆不道。"于是紧急去抓捕太子。太子派遣长乐宫守卫的士兵抓捕了江充等人，斩杀了他们。太子由于害怕也自杀了。后来汉武帝有感于田千秋的话，将江充全族斩杀。

汉昭帝初，左将军上官傑亦受遗诏辅少主，其子安有女，即霍光外孙，安因光欲内之，光以其幼，不听。安遂因帝姊盖长公主内入宫为婕妤，月余立为皇后，于是怨光而德盖主。知燕王旦以帝兄不得立，亦怨望，乃令人诈为燕王上书，欲共执退光。书奏，光不敢入。上召光入，免冠顿首，上曰：将军冠！朕知是书诈也，将军无罪。将军调校尉未十日，燕王何以知之？是时帝年十四，左右皆惊，而上书者果亡。后谋令长公主置酒请光，伏兵格杀之，因废帝。会盖主舍人知其谋以告，捕傑安等族诛之。盖主亦自杀。

[译文] 汉昭帝初年，左将军上官傑也接受汉武帝的遗诏辅佐少主昭帝，他的儿子上官安有个女儿，就是霍光的外孙女，上官安想借助霍光让昭帝娶其女，霍光因她年龄还小，没有听从。上官安却靠昭帝之姐姐盖长公主送她入宫做了婕妤，一个多月后她被立为皇后，于是上官安怨恨霍光而感激盖长公主。知道燕王刘旦因是昭帝之兄却未被立为皇帝而怨恨，就派人假以燕王的名义上书，想要共同逼退霍光。奏书上交，霍光不敢进宫。皇帝召他进殿，霍光进来后脱帽磕头。昭帝说："将军戴上官帽。我知道这封

信是假的，将军您没有罪。将军调选校尉还不到十天，燕王怎么会知道此事呢？”当年昭帝才十四岁，左右臣子听了都很震惊，而且上书的人果然已经逃跑。后来上官安等人又密谋让长公主安排酒宴邀请霍光赴宴，打算埋伏兵士杀掉霍光，趁机废掉昭帝。正好盖长公主的舍人知道这个阴谋并告发了他们，于是逮捕了上官傑、上官安等人并诛杀了全族，盖长公主也自杀了。

汉元帝以史高领尚书事，弘恭、石显典枢机。萧望之等建白，以为宜罢中书宦官，应古不近刑人之义。由是大与高、恭、显忤。恭、显因奏望之与周堪、刘更生朋党，请召致廷尉。上初不允，强而可其奏。望之饮鸩自杀。上闻之惊，拊手曰："曩固疑其不就狱，果然杀吾贤相！”

[译文] 汉元帝用史高兼任尚书事，并让弘恭、石显掌管机密要务。萧望之等人建言说，应该罢免中书宦官，响应自古以来不重用宦官的惯例。因此与史高、弘恭和石显等人相龃龉。弘恭、石显于是就上奏说萧望之与周堪、刘更生结为朋党，请元帝下令把他们交给廷尉来审问。元帝起初不答应，最后勉强才答应了这个奏请。萧望之服毒自杀。元帝听到后大为惊异，惊讶地拍着手说："我先前就怀疑他不肯伏案，果然错杀了我贤德的宰相！”

汉成帝委政王凤，悉封诸舅，王谭、王商、王立、王根、王逢时为列侯。谷永阴欲自托于凤，乃曰："骨肉大臣有申伯之志，无重合安阳博陆之乱。”以推颂之。时上书言灾异之应，多讥切王氏专政所致。上亲问张禹，禹曰："灾变之意，深远难见，新学小生乱道误人。”戴永嘉断曰："王氏代汉，始于杜钦、谷永，成于张禹、孔光，终于刘歆。此数子皆号称儒者，以贤良直谏为名，以通经学古为贤，假托经术，缘饰古义，以售奸邪，以济谀佞，依凭宠禄，以苟富贵，相与误国如此，曾鄙夫小人不若也！”

［译文］ 汉成帝把政事托付给了王凤，并把几位舅舅全都封了官，王谭、王商、王立、王根、王逢当时都是列侯。谷永私下想投靠王凤，就说：“您与皇上有骨肉之亲，又有申伯般的忠心，而没有像重合侯莽通、安阳侯上官傑、博陆侯霍禹那样作乱。”以此来歌颂王凤。当时有人上书说灾害与奇事，大多暗讽是因为王凤专权导致。成帝亲自问张禹，张禹说：“灾害与天变的蕴意，幽深邈远而难以看到，新学的无知小人们胡说误导别人。”戴永嘉断言：“王莽代替刘汉，开始于杜钦、谷永，成事于张禹、孔光，结束于刘歆。这几个人都号称是儒士，有贤良直谏的名声，认为通习典籍、效仿古人是贤德的事情，但却假托经术，修饰古义，达成他们的阴谋，帮助谄媚奸佞的人，凭借恩宠，苟取富贵，共同作出误国之举，连平民百姓也比不如啊。”

汉平帝五年五月，策命安汉公王莽以九锡。十二月，莽因腊日上椒酒，置毒酒中。帝有疾，莽作策请命于泰畤，愿以身代，藏策金縢，置于前殿，敕诸公莫敢言。已而帝崩，群臣纪逡、郇越、郇相、唐林、唐遵、扬雄、谷永、刘歆、孔光等奏太后，请安汉公摄皇帝位，诏曰：“可。”寻即真天子位。定号曰新，僭位十八年，汉兵杀之。

［译文］ 汉平帝五年（公元5年）五月，朝廷册封任命安汉公王莽加九锡之礼。十二月，王莽趁着腊日进献椒酒，并在酒中下毒。平帝有病，王莽作策书在泰畤旁祈祷，愿以自己来代替皇帝生病，把策文藏于金柜，放在前殿，告诫大臣们不要讲话。不久之后，平帝驾崩，纪逡、郇越、郇相、唐林、唐遵、扬雄、谷永、刘歆、

孔光等奏请太后，要请安汉公暂时代理朝政，太后下诏说：“可以。”于是王莽就马上即天子位，改国号叫“新”，僭越占据皇位十八年，最后被汉兵杀死。

汉章帝宠任窦宪，宪以贱直请夺沁水公主田园，寻以争权刺杀都卿侯畅。窦太后使击匈奴赎罪，以致兄弟专权。和帝与中常侍郑众密求故事，勒兵收捕，迫宪自杀。窦氏虽除，而寺人之权从兹盛矣。

[译文] 汉章帝宠爱窦宪，窦宪请求用低价买走沁水公主的庄园，不久又因争权刺杀都卿侯刘畅。窦太后派他带兵征讨匈奴来赎罪，导致窦氏兄弟专权。汉和帝与中常侍郑众秘密商议过去的事情，带兵逮捕窦宪，逼迫其自杀。窦氏虽然除掉了，宦官的权力却从此盛起了。

汉安帝崩，阎太后临朝，欲久专国政。与阎显等定策，立幼年济北惠王子懿，未几，薨。中常侍孙程、王康等十九人，谋迎济阴王即皇帝位，是为顺帝。诛阎显，迁太后，封孙程等皆为列侯，世称十九侯。

[译文] 汉安帝驾崩后，阎太后临朝，想要长久地把持朝政。她和阎显等人制定计策，决定拥立年纪幼小的济北惠王的儿子刘懿为帝，不久，就死了。中常侍孙程、王康等十九人，谋划迎请济阴王登上皇帝的宝座，这就是汉顺帝。登基后，诛杀了阎显，贬斥了太后，并封赏孙程等人为列侯，世人称之为十九侯。

汉顺帝崩，太子炳立，才二岁，梁太后临朝，在位一年。征渤海孝王子缵即位，年八岁，生而聪慧，尝因朝会，目梁冀曰：“此跋扈将军。”冀闻恶之，置毒于煮饼而弑之，在位一年。冀迎蠡吾侯志即帝位，是为桓帝。梁冀一门，前后七侯、三皇氏、六贵人、二大将军，尚公主者三人，其余卿、将、尹、校五十七人。冀专擅威柄，凶恣日积，威行内外，天子拱手，不得有所亲与。桓帝不平，乃与中常侍单超、徐璜等议，诛杀之。封单超等五人为县侯，世谓之五侯。是时梁氏虽除，五侯肆虐，贤人君子忠愤激烈，卒成党锢之祸矣。

［译文］汉顺帝驾崩后，太子刘炳被拥立，才两岁大，梁太后临朝处理政务，刘炳在位一年时间。征召渤海孝王的儿子刘缵即皇帝位，他年仅八岁，但是生下来就很聪明，曾经趁着朝会的时候，看着梁冀说:“这是个飞扬跋扈的将军。”梁冀听到后很厌恶他，在煮饼中放置了毒药毒杀了他，他在位仅一年。接着梁冀迎请了蠡吾侯刘志即皇帝位，这就是汉桓帝。梁冀一家，前后有七人封侯、三位皇后、六位贵人、两个大将军，有三人娶了公主，其余做到卿、将、尹、校官职的有五十七人。梁冀独断专行，越来越凶狠恣意，权倾朝野，天子也束手无策，不能够有自己亲近的大臣。桓帝心中不服，就和中常侍单超、徐璜等谋划诛杀梁冀。封赏单超等五人县侯的爵位，世称五侯。当时梁冀虽然已被铲除，五侯却又开始制造祸乱，贤人君子因为忠诚而对此事义愤非常，最终酿成了朋党之祸。

汉桓帝无子，窦太后立解渎亭侯苌之子宏，是为灵帝。时中常侍曹节、王甫等共相朋结，谄事太后，太后信之。陈蕃、窦武疾焉。会有日食之变，武乃白太后诛曹节等，太后犹豫未忍。曹节召尚书，胁使作诏板，拜王甫为黄门，令持节捕收武等。武不受诏，执蕃送北寺狱杀之。王甫将虎贲、羽林等合千余人围武，武自杀。宦官愈横流毒。缙绅、忠臣、义士骈首就戮。灵帝崩，皇子辩即位，何太后临朝。中军校尉袁绍劝太后兄何进悉诛宦官，进白太后，不听。绍等又为画策，召四方猛将，使并引兵向阙，以胁太后。进然之。召董卓将兵诣京，卓未至，进为中常侍张让等矫诏所杀。袁绍闻进被杀，乃勒兵捕诸宦者，无少长杀尽之。张让势迫，遂将帝与陈留王协出谷门。让投河而死。董卓至，以王为贤，废帝而立陈留王协，是为献帝。董卓擅政，浊乱宫禁，关东州郡皆起兵以讨卓。卓遂迁都以避，乃烧焚宫庙官府，劫迁天子入都长安。司徒王允、司隶校尉黄琬，使吕布诛卓，百姓歌舞于道。

王允欲悉诛卓党，卓部将李傕、郭汜等攻长安，杀王允。杨奉、韩暹奉车驾至雒阳。曹操劫迁于许，挟天子以令诸侯，杖杀伏后，久蓄无君之心，畏于名义，欲学周文王，以欺后世。子丕始篡位，奉汉帝为山阳公，汉室遂亡。

［译文］汉恒帝没有子嗣，窦太后拥立解渎亭侯苌的儿子刘宏登基，这就是汉灵帝。当时中常侍曹节、王甫等人勾结为朋党，谄媚侍奉窦太后，窦太后信任他们。陈蕃、窦武痛恨他们。当时正好发生日食这种异常的天象，窦武就向太后进言诛杀曹节等人，太后犹豫之下不忍心动手。曹节召来尚书，威逼其写下诏书，任命王甫为黄门官，命他拿着符节抓捕窦武等人。窦武不接受诏书，他们就将陈蕃遣送到北寺狱杀了。王甫率领虎贲、羽林军等共计一千多人围剿窦武，窦武自杀。于是宦官愈发横行霸道如同流毒。缙绅、忠臣、义士都连连被杀。灵帝驾崩后，皇太子刘辩即位，何太后临朝听政。中军校尉袁绍劝何太后的哥哥何进将宦官全部诛杀，何进请示太后，太后没有听从。袁绍等人又为何进出谋划策，召唤四方的猛将，让他们带兵赶赴京城，以此来威胁

太后。何进认为很对。便召董卓带兵进京，董卓未至，何进就被中常侍张让等人假托圣旨杀死。袁绍听说何进被杀，带兵搜捕宦官们，不论年龄大小全部杀死。张让看形势紧急，就胁迫皇帝与陈留王刘协从谷门逃出。张让投河而死。董卓到京，认为陈留王很贤明，就废帝而拥立陈留王刘协登基，这就是汉献帝。董卓专权，使宫禁变得污浊混乱，函谷关以东的州郡都起兵讨伐董卓。董卓于是想迁都躲避，就放火焚烧皇宫、宗庙和官府，劫持汉献帝迁都于长安。司徒王允、司隶校尉黄琬，让吕布诛杀董卓，百姓在道路两旁欢舞庆贺。

王允想把董卓一党全部诛杀，董卓部将李傕、郭汜等人攻入长安，杀掉王允。杨奉、韩暹二人侍奉献帝的车驾到洛阳。曹操将献帝劫持并迁到许都，挟持天子号令诸侯，用军杖击杀了伏皇后，他早就存有废除君王的阴谋，害怕名义上无法解释，想学周文王，来骗过后世之人。他的儿子曹丕篡位，奉汉献帝为山阳公，汉朝就此灭亡。

蜀汉宦官黄皓便辟佞慧，后主爱之。初畏董允，不敢为非。允卒，而陈祇代允为侍中。祇与皓相表里，皓始预政。魏司马昭大兴入寇，姜维奏：遣左右车骑张翼、廖化督诸军分护阳安关口，及阴平之桥头，以防未然。黄皓信巫鬼，谓敌终不自致，启帝寝其事，群臣莫知。邓艾果冒阴平险僻而入，汉兵不意魏兵卒至，百姓扰扰。谯周劝帝出降，国遂亡。

［译文］　蜀汉宦官黄皓谄媚狡猾、善于钻营，后主很器重他。开始的时候害怕董允，还不敢为非作歹。董允去世后，陈祇替代董允担任侍中的官职。陈祇和黄皓相为表里，黄皓才开始干预朝政。魏国的司马昭大举兴兵进犯蜀国，姜维上奏：派遣左右车骑张翼、

廖化等军队分兵守护阳安关口，以及阴平的桥头，来防患于未然。黄皓信巫术鬼神，认为敌兵最终不会到来，奏请皇上把这件事情搁置，朝中群臣没有人知道这件事。邓艾冒着阴平险峻偏僻的地势之险入侵蜀国，蜀兵没料到魏兵突然到来，老百姓也忧心忡忡。谯周劝告后主出城投降，于是蜀国就灭亡了。

魏曹爽用何晏、邓飏、丁谧之谋，迁太后于永宁宫，专擅朝政。司马懿称疾，不与政事，阴与其子昭谋诛爽及晏、飏等，而自操国柄。懿卒，以其子师为大将军。师废主芳，迎立高贵乡公髦。师卒，封其弟昭为晋公，加九锡。魏主髦见威权日去，不胜其忿，曰："司马昭之心，路人所知也。吾不能坐受废辱，今日当自出讨之。"遂拔剑升辇，率殿中宿卫、苍头、官僮，鼓噪而出，为昭党贾充、成济刺殒于车下。追废髦为庶人，迎立常道乡公璜为主。昭卒，子炎嗣晋王篡位，奉魏主为陈留王。自懿及炎，其弑逆不道，比操之处献帝尤甚，人谓之"天报"。

［译文］ 魏国的曹爽采用了何晏、邓飏、丁谧的计谋，太后在永宁宫把持朝政。司马懿称病，不参与朝廷政事，却暗地里和他的儿子司马昭谋划诛杀曹爽以及何晏、邓飏等人，自己掌握国家政权。司马懿死后，他的儿子司马师废黜了大将军。司马师废掉了魏主曹芳，迎接拥立了高贵乡公曹髦。司马师死后，他的弟弟司马昭被封为晋公，并加以九锡之礼。魏主曹髦看到威严权力日渐没落，心中非常气愤地说："司马昭的心思，路上的行人都明白啊，我不能徒然接受被废除的耻辱，现在应当亲身去征讨他。"于是拔剑登车，率领宫中的卫兵、仆人和童子，叫喊着冲了出来，被司马昭的党羽贾充、成济刺死落到辇车的下面。追封被废黜的曹髦为庶人。之后迎接拥立了常道乡公曹璜为魏主。司马昭

死后，他的儿子司马炎因袭晋公的爵位并篡夺了皇位，尊奉魏主做陈留王。从司马懿到司马炎，他们弑杀君主，大逆不道，比曹操对待汉献帝更加恶劣，人们把这称作“天报”。

孙吴孙琳废主亮为会稽王，迎立琅琊王休。休殂，侄皓立。皓骄愎残虐，深于桀纣，降于晋，封归命侯。贾充谓皓曰:“闻君在南方凿人目，剥人面皮，此何等刑也？”皓曰:“人臣有弑其君及奸回不忠者，则加此刑耳。”充默然深愧。

[译文]　东吴的孙琳废黜了吴主孙亮为会稽王，迎接拥立了琅琊王孙休。孙休死后，他的侄子孙皓被立。孙皓骄纵刚愎残忍暴虐，比桀纣更甚，向晋国投降，被封为归命侯。贾充对孙皓说:“听说您在南方的时候挖掉人的眼睛，剥掉人的脸皮，这是什么刑罚啊？”孙皓说:“有弑杀君主以及奸宄不忠于主上的臣子，就用这样的刑罚处罚他。”贾充听后沉默不语，心中深深地感到愧疚。

晋世祖后父杨骏交通请谒，势倾内外。世祖崩，惠帝立。贾后凶悍，欲干预政事，而为骏所抑，遂构骏以谋反，杀之，废太后。寻贾后毒杀太子。赵王伦、孙秀等起兵杀后，赵王篡位。齐王冏等起兵讨伦，杀之，乘舆反正。齐王既得志，骄奢擅权，中外失望。河间王颙、成都王颖等，起兵讨齐王冏，杀之，以颖为太弟。河间王将张方废太弟颖，更立豫章王炽为皇太弟，是为怀帝，后为刘聪所执而遇害。

[译文]　晋武帝皇后的父亲杨骏四处结交拜谒，权倾朝廷内外。武帝驾崩后，晋惠帝即位。贾后凶猛强悍，想要干预朝政，但被杨骏压制，于是陷害杨骏谋反，诛杀了他，又废了杨太后。不久之后贾后毒死了太子。赵王司马伦及孙秀等人起兵杀死贾后，赵王

司马伦篡位。齐王司马冏等人起兵讨伐赵王司马伦，并杀死了他，晋惠帝车驾被迎回。齐王司马冏已然志得意满，骄横奢靡、把持朝政，朝内外都感失望。河间王司马颙、成都王司马颖等，起兵讨伐齐王司马冏，并杀了他，封司马颖为皇太弟。河间王将领张方又废除皇太弟司马颖，改立豫章王司马炽为皇太弟，这就是晋怀帝，后来怀帝被刘聪抓住并杀害。

东晋王敦与刘隗、刁协构难，欲除君侧之患。上疏罪状，举兵据石头，吾不复得为盛德事矣。元帝命刁协、刘隗、戴渊帅众攻石头，协、隗俱败。帝令公卿百官诣石头见敦，以敦为丞相，都督中外诸军事。吕猗说敦收周觊、戴渊，杀之，不朝天子，竟还武昌。明帝元年，敦疾甚，司徒导率子弟为发哀，众以为信死，于是腾诏下敦府，列敦罪恶。敦见诏甚怒，而病转笃，不能自将，以兄含帅众五万，奄至江宁。明帝帅诸军袭击，大破之，敦寻卒。敦党悉平。乃发敦瘗出尸，跽而斩之。

［译文］ 东晋的王敦与刘隗、刁协结下仇怨，想要清除君王边上的恶人（即指刘隗、刁协）。上疏指出他们的罪状，起兵占领石头城，说："我再也做不了有盛德的事情了。"晋元帝命令刁协、刘隗、戴渊率兵攻打石头城，刁协、刘隗都战败了。元帝就命公卿百官去石头城拜见王敦，让王敦做丞相，监督中外诸军事。吕猗说服王敦逮捕周觊和戴渊，并杀了他们，没有朝拜元帝，就直接返回了武昌。明帝元年的时候，王敦病得很重，司徒王导率家人子弟发出哀号，众人都认为他的确死了，于是拿诏书到王敦府上，列举王敦的罪状。王敦见到诏书非常愤怒，疾病有所加重，不能亲自带兵，就让兄长王含率兵五万，杀到江宁。晋明帝率诸军袭击王含的军队，大破其军，王敦不久就死掉了，他的同党全部被

平定。于是挖开他的坟墓掘出他的尸，让尸首跪在地上把头斩了下来。

晋成帝二年庾亮以苏峻在历阳终为祸乱，下诏征之。峻不应命，知祖约怨望，与其连兵讨亮。率众至蒋陵，攻青溪，卞壶死之，因风纵火烧台省，亮奔走浔阳。峻兵入台城，府藏一空。温峤、陶侃、郗鉴等起兵讨峻。峻闻四方兵起，逼迁帝于石头。侃等攻峻，杀之，祖约奔后赵。

[译文] 晋成帝二年（公元 326 年），庾亮认为苏峻驻守历阳一定会酿成祸乱，便下诏征召他入朝。苏峻不接受召命，知道祖约也怨恨朝廷，就与他联合发兵讨伐庾亮。率众兵到蒋陵，攻下青溪，卞壶战死。又凭借风力放火烧毁，庾亮逃跑到浔阳。苏峻的部队进入台城，官府的仓库被劫掠一空。温峤、陶侃、郗鉴等人起兵讨伐苏峻。苏峻听闻四方的军队都来讨伐他，就胁迫成帝转移到石头城。陶侃等人俘虏苏峻，杀了他，祖约逃跑到了后赵。

晋帝奕五年，大司马桓温阴蓄不臣之志，尝抚枕叹曰："男子不能流芳百世，亦当遗臭万年。"及枋头之败，威名顿挫，郗超谓温曰："明公不为伊、霍之举者，无以立大威权。"温然之。遂诣建康，宣太后令，废帝奕为东海王，立会稽王昱，是为简文帝。温卒，使弟冲领其众。冲既代温居任，尽忠王室。

[译文] 晋朝太和五年（公元 370 年）的时候，大司马桓温暗藏篡位的野心，曾经拍着枕头叹息说："男儿即使不能流芳百世，也要遗臭万年。"等到在枋头大败，威名顿时受损，郗超对桓温说："您不做伊尹、霍光那样来废立国君的大事，就没办法树立更大的威严权势。"桓温认为他说得对。于是就到建康，宣布太后的命令，

废黜皇帝司马奕为东海王，拥立会稽王司马昱，这就是简文帝。后来桓温死了，让他的弟弟桓冲继承了自己的军队。桓冲代替桓温的职位后，对皇室竭力尽忠。

晋烈宗时，南郡公桓玄负其才地，以雄豪自处。朝廷疑而不用。年二十三，诏拜太子洗马，后出补义兴太守，郁郁不得志，叹曰："父为九州伯，儿为五湖长。"遂弃官归。后篡安帝位，登御坐，而床忽陷，群臣失色。殷仲文曰："将由圣德深厚，地不能载。"玄大悦。后为刘裕破斩之。

［译文］ 晋烈宗的时候，南郡公桓玄对自己的才能很自负，把自己看成是英雄豪杰。朝廷对他有戒心而不加重用。二十三岁时，下诏授予他太子洗马的职位，后来补官外调为义兴太守，桓玄郁郁不得志，感叹说："父亲为九州之首领，儿子不过区区五湖长官罢了。"于是弃官归去。后来他篡晋安帝之位，登上御座的时候，御座忽然塌陷，群臣大惊失色。殷仲文说："可能是圣德过于深厚，大地无法承载的缘故吧。"桓玄非常高兴。后来被刘裕打败并斩杀。

刘宋徐羡之、檀道济等废宋王义符，寻弑之。太子劭弑君义隆。寿寂之弑君业。萧道成弑苍梧王昱，弑顺帝準。

［译文］ 刘宋的徐羡之、檀道济等人废黜宋王刘义符，不久后将他杀害。太子刘劭杀了自己父亲文帝刘义隆。寿寂之弑杀了皇帝刘子业。萧道成弑杀苍梧王刘昱，又弑杀了宋顺帝刘準。

齐西昌侯鸾弑君昭业，迎立昭文，寻复废为海陵王，而自即位，是为明帝。太子宝卷立，为萧衍所弑。

［译文］南齐西昌侯萧鸾弑杀君主萧昭业，迎接拥立了萧昭文，不久又把他废为海陵王，自己即位，这就是齐明帝。太子萧宝卷立为帝，被萧衍所杀。

梁武帝为侯景所饿死。简文帝纲为侯景所弑。世祖绎降魏被弑。敬帝为陈霸先所弑。

［译文］梁武帝萧衍被侯景囚禁活活饿死。梁简文帝萧纲被侯景弑杀。梁元帝萧绎降魏之后仍被弑杀。梁敬帝为陈霸先所弑杀。

隋杨广杀兄谋为皇太子，后弑父坚而自立。后巡狩扬州，天下兵起。内史侍郎虞世基以帝恶闻贼盗，诸郡县有告败求救者，世基辄抑损不以闻。由是盗贼遍海内，陷没郡县，帝皆弗之知也。后为宇文化及所弑。

［译文］隋朝杨广杀死兄长当上皇太子，后来又杀掉父亲杨坚自立为皇帝。后来巡幸扬州的时候，天下义军四起。内史侍郎虞世基因炀帝不喜听到起兵的事情，所以各个郡县凡是有报告战败并请求援救的，虞世基就把消息压下，不告知炀帝。所以起义者遍及国内，攻陷郡县，炀帝全都不知道。后来被宇文化及所杀。

隋晋阳宫监裴寂与晋阳令刘文静等谋，夜醉李渊，以晋阳宫人侍渊，劫渊起兵。

［译文］隋朝晋阳宫的宫监裴寂与晋阳令刘文静等人谋划，晚上将李渊灌醉，让晋阳宫的宫女侍奉李渊，然后胁迫李渊起兵。

唐太宗尝止树下，爱之，宇文士及从而誉之不已。太宗正色曰："魏徵尝劝我远佞人，我不知佞人为谁。意疑是汝，今果不谬！"

唐太宗太子承乾，喜声色田猎，所为奢靡。魏王泰多艺能，有宠于上，潜有夺嫡之志。太子知之，阴养刺客纥干承基等，谋杀魏王泰。会承基坐事系狱，上变，告太子谋反，敕中书门下参鞫之，反形已具，废为庶人，侯君集等皆伏诛。乃立晋王治为皇太子。

［译文］ 唐太宗曾经在树下休息，心中喜欢这棵树，宇文士及跟着他并对这棵树不停地赞美。唐太宗严肃地说："魏徵曾经劝告我要远离奸佞小人，我当时不知道谁是奸佞小人。私下怀疑是你，今天看来果然没错！"

唐太宗的太子李承乾，喜欢音乐美色狩猎，做的都是奢靡之事。魏王李泰很有才能，被太宗宠爱，暗中有夺取皇太子的意图。太子知道后，暗中豢养刺客纥干承基等人，想刺杀魏王李泰。恰逢纥干承基因犯罪入狱，改变主意，向皇上告发太子谋反，太宗命令中书省和门下省一道审讯此案，谋反的证据确凿，太子被废为庶人，侯君集等人都伏法被杀。于是立晋王李治为皇太子。

唐高宗欲立太宗才人武氏为后，褚遂良固执不可。上问于李勣，勣曰："陛下家事，何必更问外人？"许敬宗宣言于朝，曰："田舍翁多收十斛麦，尚欲易妇，况天子立一后，何预诸人事，而妄生异议乎？"遂废王皇后、萧淑妃为庶人，命李勣赍玺绶，册皇后武氏。

［译文］ 唐高宗李治想要册封唐太宗的才人武则天为皇后，褚遂良坚持认为不可以。高宗又问李勣，李勣回答说："这是您的家事，何必要问外人呢？"许敬宗在朝廷上扬言说："田间农夫多收十斛麦子，尚且想要换老婆，何况天子立个皇后，与其他人有什么关系，平白无故地生出这么多议论来？"于是高宗就废掉王皇后、萧淑妃为庶人，让李勣拿着玺印和绶带，册封武则天为皇后。

唐武太后因宗室大臣怨望，欲诛戮威之，乃盛开告密之门。胡人索元礼因告密擢为游击将军，令按制狱。元礼性残忍，推一人，必令引数十百人。又周兴、来俊臣之徒效之，纷纷继起，共撰《罗织经》数千言，教其徒网罗无辜。中外畏此数人甚于虎狼。后周兴罪流岭南，在道为仇家所杀。索元礼为太后杀之，以慰人望。

[译文] 唐代的武则天太后，因为宗室和大臣心中对自己有怨恨之情，就想以杀人来立威，于是大开告密之门。胡人索元礼因为告密有功成为游击将军，让他审讯案件。索元礼生性残忍，审讯一个人，必然让他牵连出几十上百人。又有周兴、来俊臣这样的人仿效他，纷纷相继而起，一起撰写了数千字的《罗织经》，来教唆其党徒网罗无罪的人。朝廷内外的人畏惧这几人比害怕虎狼还要严重。后来周兴获罪被流放岭南，在路上为仇家杀掉。索元礼被太后杀死，以此来安慰人心。

唐侍御史傅游艺，上表请改国号曰周，太后可之。乃御则天楼，赦天下，以唐为周。以豫王旦为皇嗣，赐姓武氏。游艺期年之中，历衣青绿朱紫，时人谓之四时仕宦。

[译文] 唐代侍御史傅游艺，上书奏请朝廷更改国号为“周”，武则天同意了。于是登上则天楼，大赦天下，把“唐”改成了“周”。立豫王李旦为皇太子，赐他姓武。傅游艺在这一年之中，官服的颜色从青到绿，再从朱到紫，九品升至三品，当时人因其官服之色变化就像四季变化一样而称之为“四时仕宦”。

唐杨再思为相，专以取媚。司礼少卿张同休，易之、昌宗之兄也，尝召公卿宴乐，酒酣，戏再思曰："杨内史面似高丽。"再思欣然起为高丽舞，举座大笑。

［译文］ 唐代杨再思任宰相时，专会阿谀奉承。司礼少卿张同休，是张易之、张昌宗的哥哥，曾邀请公卿大夫欢宴享乐，喝醉之后，他对杨再思开玩笑说："杨内史面相像高丽人。"杨再思就欣然而站起为他跳了高丽舞，在座的人都为之大笑。

唐中宗使韦后与武三思双陆，而自居傍，为之点筹，三思遂与后通。武氏之势复振。

唐中宗宴近臣，国子祭酒祝钦明自请作八风舞，摇头转目，备诸丑态。钦明素以儒学著名，卢藏用语人曰："祝公五经扫地矣。"

［译文］ 唐中宗让韦皇后与武三思下双陆游戏，而自己待在他们旁边，为他们数签条，武三思于是就与韦皇后私通，武姓的势力又振兴起来。

唐中宗宴请近臣，国子监祭酒祝钦明主动请求跳八风舞，摇着头，转着眼珠，丑态百出。祝钦明向来以精于儒学而闻名，卢藏用对人说："祝公博通五经的名声扫地了。"

唐杨洄又谮太子瑛、鄂王瑶、光王琚潜构异谋，玄宗召宰相谋之。李林甫对曰："此陛下家事，非臣等所宜预。"上意乃决，废瑛、瑶、琚为庶人，赐死城东驿。大理卿徐峤奏：今岁天下断死刑五十八人，大理狱院由来相传杀气太盛，鸟雀不栖，今有鹊巢其树。于是百官以几致刑措，上表称贺。上归功宰辅，赐李林甫爵。晋国公牛仙客、豳国公范华阳曰："明皇一日杀三子，而李林甫以刑措受赏，谗谀得志，天理灭矣！安得久而不乱乎？"

［译文］ 唐代的杨洄又诬告太子李瑛、鄂王李瑶、光王李琚暗中企

图谋反，唐玄宗召来宰相商量对策。李林甫回答说："这是陛下家事，不是臣子应该参与的。"玄宗于是决定，把李瑛、李瑶、李琚废为庶人，赐死于城东的驿站。大理寺卿徐峤上奏说：今年天下判处死刑的共有五十八人，大理狱院向来相传杀气太重，飞鸟都不停留，现有乌鹊在树上做巢。于是百官以为已经达到用不着刑罚的盛世的程度了，所以上书向皇帝祝贺。玄宗归功于宰相的辅佐，赐给李林甫爵位。晋国公牛仙客、豳国公范华阳说："玄宗皇帝一天杀了三个儿子，而李林甫却因不用刑罚而受到封赏，奸佞小人得志，天理已经不存！怎么能够长久下去而不发生动乱呢？"

唐安禄山为虏所败，张守珪奏请斩之。上惜其才，敕令免官。张九龄固争曰："禄山失律丧师，于法不可不诛。且臣观其貌有反相，不杀必有后患。"上曰："卿勿以王夷甫识石勒，枉害忠良。"竟以为节度使，出入禁中。因请为贵妃儿，颇有丑声闻于外，上不之疑。时委政李林甫，林甫媚事左右，排抑胜己，口有蜜而腹有刀，养成天下之乱。禄山以林甫狡猾逾己，亦畏服之。及杨国忠为相，禄山视之蔑如也。由是有隙。然禄山虽蓄异，以上待之厚，欲俟上晏驾而后作乱。会国忠欲其速反以取信于上，数以事激之，禄山遂反。

[译文] 唐代的安禄山被敌军打败，张守珪奏请玄宗将其斩首。玄宗爱惜他的才能，下令免除安禄山的官职。张九龄坚持争论说："安禄山军队不讲纪律身陷敌手，按照法律不能不杀了他。而且据我观察，他的相貌有反叛之相，不杀他一定会有后患。"玄宗说："你不要模仿王夷甫辨识石勒，白白害了忠良之臣。"最终封安禄山为节度使，可以出入皇宫。安禄山请求成为杨贵妃的干儿

子，二人的丑闻在外颇有传言，玄宗却不怀疑他。当时政事都委托给了李林甫，李林甫谄媚皇上身边的人，排抑才能比自己高的人，口中有蜜而肚里藏刀，造成天下大乱。安禄山因为李林甫比自己更狡猾，也畏惧并顺从他。到了杨国忠做宰相，安禄山对他非常蔑视，因此二人产生仇怨。但是安禄山虽然心存不轨，又因玄宗待他优渥，就想等玄宗驾崩后再谋反。杨国忠却希望他速速谋反而取信于玄宗，于是向唐玄宗告状，多次上书言事激怒了安禄山，于是安禄山就谋反了。

唐肃宗张后，初与李辅国相表里，专权用事。晚年更有隙，欲杀辅国，废太子。内射生使程元振与辅国谋，迁张后于别殿，寻杀之。丁卯上崩，代宗即位，恶李辅国专横，以其有杀张后之功，不欲显诛之。夜遣盗入其第，窃辅国之首及一臂而去。

[译文] 唐肃宗的张皇后，起先与李辅国里应外合，专权朝政。到了晚年，二人产生仇隙，张皇后就想杀掉李辅国，并废除太子。内射生使程元振和李辅国谋划，把张皇后转移到别的宫殿，不久就杀了她。丁卯日肃宗驾崩，唐代宗即位，他厌恶李辅国专权蛮横，但因为他有诛杀张皇后的功劳，不想太显眼地诛杀他。于是夜里派刺客到他的府上，割下他的头颅和一只手臂后就离开了。

唐代宗宠任程元振。吐蕃入寇，元振不以闻，子仪请兵，元振不召见，致上仓卒幸陕州。吐蕃入长安，剽掠府库市里，焚庐舍，京师中萧然一空。上发使征诸道兵，李光弼等皆忌元振居中，莫有至者。中外切齿莫敢言。太常博士柳伉疏其迷国误朝，上以元振有保护功，但削其官爵，放归田里而已。

[译文] 唐代宗宠爱任用宦官程元振。吐蕃兴兵进犯，程元振没有

把这件事告知代宗，郭子仪请求朝廷调兵，程元振也不让皇帝召见他，导致唐代宗后来仓皇逃至陕州。吐蕃军队攻进长安，劫掠朝廷府库和市场民居，焚烧屋舍，京师被劫掠一空。唐代宗派使者到各道征调军队，李光弼等人都忌惮程元振在朝中，无人前来勤王。朝野内外都咬牙切齿却没有敢站出来说话的。太常博士柳伉上疏说他迷惑视听祸乱朝政，而唐代宗因他曾有保护拥立的功劳，只是削去他的官职爵位，只放回老家就算了。

观军容宣慰处置使鱼朝恩，专典禁兵，宠任无比，势倾朝野。上令元载为方略。擒而缢杀之。元载自诛鱼朝恩，上宠用以为中书侍郎，专横无比。寻赐自尽。有司籍载家财，胡椒至八百石，他物称是。

［译文］ 观军容宣慰处置使鱼朝恩，专门执掌禁卫军，因皇帝对他恩宠无比，权倾朝廷内外。代宗让元载来策划方略，捉拿了鱼朝恩并将他吊死。自从元载诛杀鱼朝恩后，唐代宗宠信任用他，让他担任中书侍郎的职务，他专权蛮横无人能比；不久后也被赐自杀。有关部门抄没了元载的家产，仅胡椒就有八百石，其他物品也和胡椒的数量相当。

唐德宗悦卢杞，擢为门下侍郎。杞欲起势立威，引裴延龄为集贤直学士，亲任之。谮杀杨炎，独擅国柄，浊乱朝政，以致有姚令言、朱泚之叛逆。出幸奉天，泚复攻围奉天经月。李怀光倍道入援，败泚于醴泉。泚引兵遁归长安。怀光数与人言卢杞、赵赞、白志贞之奸佞，且曰："吾见上，当请诛之。"杞闻而惧，奏上，诏怀光直引兵屯便桥，与李晟刻期进取长安。怀光自以数千里竭诚赴难，咫尺不得见天子，怏怏引兵去。后上从容与李泌论即位以来宰相，曰："卢杞忠清强介，人言其奸邪，朕殊不觉。"泌曰："此乃杞之所以为奸邪也。倘陛下觉之，岂有建中之乱乎？"

[译文] 唐德宗欣赏卢杞，提拔他担任门下侍郎。卢杞想培养势力建立权威，就召来裴延龄做集贤直学士，并亲自任命他。后来他诬杀杨炎，独自专权，混乱朝政，导致了姚令言、朱泚的叛乱。唐德宗外出驾临奉天，朱泚又围攻奉天一个月。李怀光日夜兼程来援救，在醴泉打败了朱泚。朱泚带兵逃回长安。李怀光多次与人说及卢杞、赵赞、白志贞等人奸佞不法，并且说："我面见皇上，必当奏请杀掉他们。"卢杞听后非常害怕，奏请皇上下诏书让李怀光引兵屯驻便桥，与李晟约定时间进取长安。李怀光从千里外赶来，竭诚尽忠奔赴国难，相隔咫尺却不能够见到天子，怏怏不乐地领兵离开了。后来德宗从容地与李泌谈论他即位以来的宰相，说："卢杞忠心、清廉、坚强、正直，人们都说他奸邪，我一点也不觉得。"李泌说："这正是卢杞的奸邪之处。如果陛下有所觉察，难道会发生建中之乱吗？"

唐宪宗疑李绛、裴度俱朋党，而于李吉甫、程异、皇甫镈则不之疑。盖绛、度数谏，吉甫、异、镈顺从阿谀，而不觉其欺也。范氏曰：汉之党锢始于甘陵二部相讥，而成于太学诸生相誉。唐之朋党始于牛僧孺、李宗闵对策，而成于钱徽之贬。皆由主德不明，君子小人杂进于朝，不分邪正忠谗出黜陟之，而听其自相倾轧，以养成也。

[译文] 唐宪宗怀疑李绛、裴度结为朋党，但是对李吉甫、程异、皇甫镈则不怀疑。大概是因为李绛、裴度多次进谏，李吉甫、程异、皇甫镈都对唐宪宗奉承谄媚，因而没有觉察到欺骗。范祖禹说：汉代党锢之祸开始于甘陵二部互相讥讽，形成于太学生的互

相赞誉。唐代的朋党开始于牛僧孺、李宗闵的谋划计策，形成于钱徽之的被贬。这都是由于君主德行不明，君子和小人在朝廷中鱼龙相杂，没有能够分别奸邪忠奸而一概罢免，任由其互相倾轧，因此造成朋党之祸。

唐穆宗时，李逢吉用事，所亲厚者，张文新、李仲言、李续之、李虞、刘栖楚、姜治及张权舆、程昔范，又有从而附丽之者八人，时人目为八关、十六子。有所求请，先赂关子，后达逢吉，无不得所欲也。

［译文］　唐穆宗时，李逢吉掌权，所亲近重用的人有张文新、李仲言、李续之、李虞、刘栖楚、姜治及张权舆、程昔范等，又有八个追随依附他们的人，当时的人称之为八关、十六子。如有祈求请托之事，首先贿赂关子等人，再经由关子到达李逢吉那里，没有做不成想做的事的。

唐文宗时，李德裕、李宗闵各有朋党，互相济援。上患之，每叹曰："去河北贼易，去朝中朋党难。"

唐文宗九年，初，宋申锡获罪，宦官益横，上内不能堪，与李训、郑注谋诛之。训、注因王守澄以进，先除守澄，则宦官不疑。乃遣中使李好古就第赐鸩，杀之。守澄出葬浐水，郑注请令内臣尽集浐水送葬，因阖门令亲兵斧之，使其无遗。训与其党谋曰："如此事成，则注专有其功，不若先期诛宦者，已而并注去之。"壬戌，上御紫宸殿。韩约奏：左金吾厅事石榴树，夜有甘露。先命宰相两省视之。训还奏非真。上顾仇士良，帅诸宦者往视。至，左仗风吹幕起，见执兵者甚众，诣上告变。训遽呼金吾卫士上殿。宦者扶上升舆，决后殿罘罳，疾趋北出。卫士纵击宦官，死伤者十余人。训知事不济，脱走。士良等命禁兵出，杀金吾吏卒千六百余人、诸司吏民千余人，王涯、贾悚、舒元舆皆收系，斩之。明日，训、注皆被杀，族其家。自是天下事皆决于北司，宰相行文书而已。

［译文］唐文宗时，李德裕、李宗闵各自由自己的朋党，互相帮助声援。文宗认为这是个祸患，常常叹息说“灭掉河北的藩镇容易，灭掉朝廷的朋党很难”。

唐文宗九年，当初，宋申锡获罪，宦官更加骄横，文宗在内宫不能忍受，就与李训、郑注谋划诛杀他们。李训、郑注都是凭借宦官王守澄进入朝廷的，先杀王守澄，宦官们就不会怀疑。于是就派太监李好古到王守澄家赐毒酒，毒死了他。王守澄的尸体要葬于浐水边，郑注请文宗命令宦官都去浐水送葬，趁机关闭大门让亲兵用斧头将他们砍杀，使他们没有一个能存活下来。李训与同党谋划说:“如果这件事做成的话，郑注就独占了这件功劳，不如先把宦官全杀了，然后连郑注一并除去。”壬戌日，文宗驾临紫宸殿。韩约上奏说:“左金吾厅事的石榴树上，晚上降下了甘露。”先让宰相和两省官员去察看。李训回来说不是真的。文宗回头看宦官仇士良，让他领众多宦官去看。仇士良到了那里，左边风吹起帐幕，看到持兵器者众多，于是到皇帝那报告事情有变。李训立即召唤金吾卫士上殿。宦官扶着文宗上轿，跑到后殿门外的守望台上，迅速从北边跑了出来。卫士追击宦官，死伤了十几人。李训知道事情不能成功，脱身逃跑。仇士良等人命令禁军出动，杀金吾卫士一千六百多人、各个部门的官吏与平民一千多人，王涯、贾悚、舒元舆都被逮捕并斩首。第二天，李训、郑注都被杀，灭族。从此天下事都由北司宦官决定，宰相不过发送文书而已。

唐僖宗专事游戏，以宦官田令孜为中尉，政事一委之，呼为阿父。

【译文】　唐僖宗专注于玩游戏，任命宦官田令孜担任中尉，朝政大事全都托付给他，并称他为“阿父”。

唐昭宗以散骑常侍郑綮为礼部侍郎同平章事。綮好诙谐，多为歇后诗，讥嘲时事。上以为有所蕴，命以为相，闻者大惊，堂吏往告之。綮笑曰：“诸君大误，使天下更无人，未至郑綮。”吏曰：“特出圣意。”綮曰：“果如是，奈人笑何？”既而贺客至，綮搔首言曰：“歇后郑五作宰相，时事可知矣！”累让不获，乃视事。未几，致仕去。

唐昭宗二年，王行瑜、韩建将兵犯阙，称韦昭度、李溪作相不合众心，杀昭度、溪于都亮驿。李克用举兵讨行瑜，斩之。

唐昭宗以崔胤为相。胤与上谋诛宦官，宦官惧。中尉刘季述、王仲先等阴谋废立，乃引兵哭入宣化门。季述乃扶上适少阳院，以银挝画地，数上罪数十，锁锢之，矫诏立太子裕。胤密遣人说神策指挥使孙德昭，擒述等斩之，迎上复位。胤以宦官典兵，终为肘腋之患，乃称被密诏命朱全忠以兵入讨。全忠遂发大梁。中尉韩全诲闻之，劫帝幸凤翔。朱全忠进攻凤翔，李茂贞出战，屡败。储峙已竭，上鬻御衣及小皇子衣于市以充食。茂贞请诛韩全诲等，与全忠和，并杀宦官七十余人，奉车驾还长安。复以崔胤同平章事。胤复奏剪宦官之根。朱全忠以兵驱第五可范以下数百人于内侍省，尽杀之。出使者诏所在收捕诛之，止黄衣幼弱三十人，留备洒扫。寻全忠密表崔胤专权，诛之。迁上至洛阳，使蒋玄晖弑昭宗，而立昭宣帝以篡之。

【译文】　唐昭宗任命散骑常侍郑綮担任礼部侍郎同平章事。郑綮喜欢幽默，写了不少歇后诗讽谏政事。昭宗认为内含深意，便任命他为宰相，听到的人大惊，堂上属吏忙去告诉郑綮。郑綮大笑说:“大家都误会了，即使天下再也没有人才，也轮不到我郑綮当宰相。”属吏说:“这确实是圣旨。”郑綮说:“如果真的是这样，被人嘲笑怎么办？”接着祝贺的宾客就到了，郑綮摇着头说:“写歇后诗的郑五都能做宰相，时事如何可想而知了！”多次推辞都未获准，只好上任了。没过多久，就退休离开了朝廷。

唐昭宗二年，王行瑜、韩建领兵进犯京城，声称韦昭度、李溪做宰相不符合大家的心意，在都亭驿杀了韦昭度和李溪。李克用起兵讨伐王行瑜，将他斩首。唐昭宗任命崔胤为宰相。崔胤与昭宗谋划诛杀宦官，宦官畏惧。中尉刘季述、王仲先等人就私下谋划废除皇帝之事，于是就带着兵器哭着进入宣化门。刘季述挟持昭宗去少阳院，用银块在地上做记号，列数昭宗数十条罪行，用锁把昭宗禁锢起来，伪造诏书立太子李裕为皇帝。崔胤秘密派人游说神策军指挥使孙德昭，让他擒拿刘季述等人并斩杀，迎接昭宗再登帝位。崔胤认为让宦官领兵，终究是身旁的祸患，就声称自己有密诏命朱全忠率兵进京讨伐宦官，于是朱全忠从大梁发兵。中尉韩全诲听说后，劫持昭宗跑到凤翔。朱全忠调兵进攻凤翔，李茂贞出来迎战，屡战屡败。这时储藏的物资已经用完了，昭宗只好把自己和小皇子的衣服拿去卖了换取食物。李茂贞请求诛杀韩全诲等人，与朱全忠和解，并杀了七十多个宦官，护卫着皇帝的车驾回到长安，仍以崔胤为宰相。崔胤又奏请要剪除宦官之乱的根源。朱全忠派兵把第五可范以下数百人赶到内侍省，尽数杀光。并派出使者拿着诏书收捕诛杀各地宦官，只留下年老年幼的三十个宦官洒水扫地。不久，朱全忠就秘密上奏说崔胤专权朝政，诛杀了他。并把昭宗迁到了洛阳，接着让蒋玄晖杀了昭宗，拥立昭宣帝，然后又篡位登基。

周太师冯道卒。道少以孝谨知名，唐庄宗世始贵显，自是累朝不离将相、三公、三师之位。为人清俭宽容，人莫测其喜愠，滑稽多智，浮沉取容。尝著《长乐老叙》，自述累朝荣遇之状，人皆以德量推之。

［译文］ 北周太师冯道去世。冯道年少时就以孝顺恭谨而闻名，后唐庄宗时才开始显贵，从那以后每个朝代都任将相、三公、三师之位。为人清廉、俭朴、宽容，别人都猜不透他的喜怒，性情滑稽诙谐且非常智慧，随波逐流曲从讨好。曾经写过《长乐老叙》，自述每一朝得到荣耀恩遇的情况，人们都因为其德行与器量而尊崇他。

周恭帝元年正月，陈桥兵变，拥赵匡胤还汴，自仁和门入。时早朝未罢，闻变，亲军指挥韩通谋率众御之，军校王彦升逐焉。通驰入其第，未及，阖门为彦升所害，妻子俱死。将士拥范质、王溥等至，匡胤流涕而言六军相迫之由，质等未及对，列校罗彦环挺剑厉声曰："我辈无主，今日必得天子。"质等相顾，不知所为。溥降阶先拜，质不得已亦拜，遂奉匡胤入宫，召百官至。晡时班定，犹未有禅诏，翰林承旨陶穀出诸袖中，遂用之，以登极。

［译文］ 周恭帝元年（公元959年）正月，发生了陈桥兵变，部将拥护赵匡胤返回汴梁，从仁和门进城。当时早朝还没有结束，听到兵变，禁军指挥韩通计划率领禁军来抵御，军校王彦升追杀他。韩通跑回自己家，还未到家，全家人都被杀，妻子儿女都死了。将士簇拥着大臣范质、王溥等人来到宫中，赵匡胤流泪诉说六军逼他的原因，范质等人还没来得及回答，列校罗彦环就拿着剑厉声说："我们这些人都没有首领，今天一定得选出一个天子。"范

质等人互相看着，不知怎么办。王溥下台阶先参拜，范质不得已也参拜，于是就奉赵匡胤进宫，召唤百官到宫中。申时，大局已定，但还没有禅位的诏书，翰林承旨陶谷从袖中拿出诏书宣读，于是赵匡胤登基称帝。

宋太宗七年，贬秦王廷美为西京留守。初，昭宣太后遗命太祖传位于太宗。太宗传之廷美以及德昭。及德昭不得其死，德芳相继夭殁，廷美始不自安。柴禹锡因上变以摇之，帝意不决，召赵普谕以太后遗旨。普对曰："太祖已误，陛下岂容再误！"廷美遂得罪。

［译文］ 宋太宗七年，把秦王赵廷美贬为西京留守。起初，昭宣太后立下遗嘱让宋太祖传位给太宗，宋太宗再传给秦王赵廷美，再传给赵德昭。后来赵德昭不得善终，赵德芳也继而病死，秦王赵廷美开始有些不安。柴禹锡乘机上奏说他要谋反，太宗心思动摇，不能做决定，就召见赵普，说到太后的遗旨。赵普答说："太祖已经做错一次了，陛下岂能再错下去！"秦王赵廷美因此获罪。

开宝皇后宋氏崩，群臣不成服。翰林学士王禹偁对客言，后尝母仪天下，当遵用旧礼。坐谤讪，责知滁州。

［译文］ 宋太祖的开宝皇后宋氏驾崩之后，朝廷群臣没有按照皇后的礼制服丧。翰林学士王禹偁对宾客说，宋皇后曾经母仪天下，应当用皇后的丧礼制度发丧。因为这样，王禹偁被判处诽谤讥刺朝廷的罪行，责令外调任滁州知州。

宋真宗之相吕氏曰："景德以前多君子，祥符以后如王钦若之闭门修斋，丁谓之潜结内侍，雷允恭与钱惟演擅权于外，而冯拯、曹利用相与为党，陈尧叟之附和天书，皆小人也。”

［译文］宋真宗时的宰相吕端说：“景德以前的宰相多是君子。祥符以后的像王钦若只知闭门修习斋戒，丁谓暗中交结宦官，雷允恭与钱惟演在外面专擅权柄，冯拯、曹利用互相勾结成为朋党，陈尧叟附和天书，都是小人。”

宋仁宗谓辅臣曰：“王钦若久在政府，观其所为，真奸邪也。”王曾对曰：“钦若与丁谓、林特、陈彭年、刘永珪同恶，时称五鬼，奸邪险伪，诚如圣谕。”

宋仁宗朝，国子监直讲石介以韩琦、范仲淹等同时登用，而欧阳修、蔡襄等并为谏官，夏竦既罢，乃作庆历圣德诗，有曰：“众贤之进，如茅斯拔，大奸之去，如距斯脱。”大奸，指竦也。初，介曾奏记于富弼，责以行伊、周之事。夏竦怨介斥己，欲因是倾弼等。乃使女奴阴习介书，习成，遂改“伊、周”曰“伊、霍”，又伪作介为弼撰废立诏草，飞语上闻。弼与仲淹惧。适闻契丹伐夏，遂请行边。介亦不自安，乃请外，得濮州通判。

［译文］宋仁宗对辅政大臣说：“王钦若在朝任职很久了，看他的所作所为，真是奸邪小人啊。”当时的宰相王曾回答说：“王钦若和丁谓、林特、陈彭年、刘永珪共同作恶，当时人称他们为五鬼，他们的奸邪虚伪，正如陛下所说。”

宋仁宗时，国子监直讲石介因为韩琦、范仲淹等人同时被任用，欧阳修、蔡襄等人同做谏官，夏竦也被罢免后，于是就作庆历圣德诗，诗里说：“众贤之进，如茅斯拔；大奸之去，如距斯脱。”大奸，就是指的夏竦。当初，石介曾奏请富弼，劝他仿效伊尹、周公那样的贤相。夏竦怨恨石介排斥自己，想借这个机会来扳倒富弼等人，便让女仆暗中学习石介的字体，学成后便改“伊、周”为“伊、霍”，还伪造了石介为富弼撰写的废立诏书，流言蜚语传到仁宗耳朵里。富弼与范仲淹很害怕。恰好听说契丹攻打西夏，便上奏请旨去边疆。石介也不心安，也请求外调做官，于是被任为濮州通判。

宋杜衍好荐引贤士，群小咸怨，御史中丞王拱辰之党尤嫉之。衍婿苏舜钦时监进奏院，循前例祀神，以伎乐娱宾。拱辰闻之，欲因是倾衍，乃讽御史鱼周询举劾其事，被斥者十余人，皆知名之士。拱辰喜曰:“吾一网打尽矣。”

[译文] 宋代杜衍喜欢推荐援引贤士，小人们都怨恨他，御史中丞王拱辰一党的人尤为嫉恨他。杜衍的女婿苏舜钦当时监察进奏院，根据以前的惯例祭祀众神，并安排乐妓与歌舞来娱乐宾客。王拱辰听到后，想借这个事情扳倒杜衍，便暗中指使御史鱼周询检举弹劾此事，被罢斥的人有十几人，都是知名之士。王拱辰高兴地说:“我已将他们一网打尽了。”

宋神宗立，制置三司条例司，议行新法，诏陈升之、王安石领其事，以苏辙、吕惠卿检详文字，章惇为条例官，曾布检正中书五房公事。吕诲疏安石十事，苏辙谏青苗法。安石欲止。会京东转运使王广渊乞留本道钱帛贷民获息事，与青苗法合，于是决意行焉。及秀州判官李定被召至京，即谒安石。安石立荐于上。帝问青苗法何如，定曰:“民甚便之。”于是诸言新法不便者，帝皆不听。

宋神宗罢曾公亮。时人有“生老病死苦”之喻，谓安石为生，亮为老，唐介死，富弼议论不合称病，赵抃无如安石何，惟称“苦苦”而已。刘深源曰:“王安石之进始于曾公亮，吕惠卿之进亦始于公亮。盖曾公亮始欲结党以排韩琦，而不知小人易进而难退，变法之祸，公亮可逃其罪耶？”

［译文］ 宋神宗即帝位后，设置了三司条例司，讨论实行新法，诏陈升之、王安石兼管这件事，令苏辙、吕惠卿检定文书，章惇担任条例官，曾布检正中书、五房公事。吕诲上疏劾奏王安石十件事，苏辙进谏要求停止青苗法。王安石想停止推行青苗法。恰逢京东转运使王广渊请求保留本道官府税收的钱帛，贷给平民以获利息的事，正好与青苗法相合，于是决意实行。等到秀州判官李定被召唤回京，立即拜见王安石。王安石立刻把他推荐给神宗。神宗问李定：“青苗法怎么样？”李定说：“老百姓觉得很方便。”于是其他说新法不好的人，神宗都不再听取。

宋神宗罢免曾公亮，当时人有“生老病死苦”的比喻：说王安石是“生”，曾公亮是“老”，唐介是“死”，富弼议论不合时宜，所以称为“病”，赵抃拿王安石没有办法，只能称“苦啊苦啊”而已。刘深源说：“王安石的上台缘于曾公亮，吕惠卿的上台也缘于曾公亮。以为曾公亮开始时想结成朋党来排挤韩琦，却不知道小人招来容易除掉却困难。变法的灾难，曾公亮难道能逃脱罪责吗？”

宋邓绾通判宁州，知王安石得君专政，乃条上时事，且言陛下得伊、周之佐，作青苗、免役等法，民莫不歌舞圣泽成不世之良法。复贴书安石，极颂其美，由是安石力荐于帝，而遂集贤校理，寻为侍御史判司农事。乡人在都者，皆笑且骂。绾曰：“笑骂从他笑骂，好官我还为之。”

［译文］ 宋代的邓绾担任宁州通判，知道王安石得到皇帝信任而能够专擅权柄，于是就上书谈论时事，说“陛下您得到了伊尹、周

公一样的辅佐，创立青苗、免役等新法，人民没有不歌颂陛下的恩泽，促成这非凡的新法”。又把奏书抄给王安石看，极力赞颂新法的美妙，因此王安石也极力把他推荐给神宗，邓绾因此得以成为集贤校理，不久又升为侍御史判司农事。在京城的同乡们，都嘲笑咒骂他。邓绾说：“笑骂听凭他们笑骂，我还是来做我的好官。”

宋王安石子雱，为人栗悍阴刻，无顾忌，性甚敏。未冠，举进士。与父谋曰：“执政子虽不预事，而经筵可处。”安石欲帝知自用，乃以雱所作策论天下事三十余篇达于帝。邓绾、曾布又力荐之。遂召拜为崇政殿说书。一日，安石与程颢语，雱囚首跣足，携妇人冠以出，问：“父所言何事？”曰：“以新法为人所阻，故与程君议之。”雱大言曰：“枭韩琦、富弼之首于市，则法行矣。”安石遽曰：“儿误矣！”

[译文] 宋代王安石的儿子王雱，为人强势彪悍，阴险苛刻，从无顾忌，天性聪慧。还未成年的时候，就已经中了进士。与父亲商量说：“宰相的儿子虽然不能够参预政事，但可以做经筵官。”王安石想让神宗了解并亲自任用王雱，就把王雱写的三十余篇策论文上奏给神宗。邓绾曾布又竭力推荐他。于是就任命他担任崇政殿说书的职位。一天，王安石正与程颢谈话，王雱披散着头发光着脚，拿着女人的冠带出来，问：“父亲说的是什么事？”王安石说：“因为新法有人设阻所以与程君商量。”王雱大言不惭地说：“砍掉韩琦、富弼的人头，新法就可以施行了。”王安石听了立即说：“我儿错了。”

宋知谏院唐坰，奏十二疏论时事，皆留中，不出。坰于百官起居日扣陛请对曰："臣所言皆大臣不法，请一一陈之。"遂大声宣读，几六七十条治要，以安石专作威福，曾布等表里擅权，天下但知惮安石威权，不复知有陛下；文彦博、冯京知而不敢言；王珪、王韶曲事安石，无异厮仆；元绛、薛向、陈绎，安石颐指气使，无异家奴；张璪、李定为安石牙爪，张商英乃安石鹰犬；至诋安石为李林甫、卢杞。神宗屡止之，坰慷慨自若，读已，下殿再拜而退。安石讽阁门纠其渎乱朝仪，贬潮州别驾。

［译文］宋代知谏院唐坰上奏十二篇疏来议论时事，都被扣留在中书省，没有被批复。唐坰就在每五日群臣朝见皇帝那天入朝请求当面陈奏，说："我所说都是大臣不法的事，请允许我一一陈述。"于是就大声宣读，约有六七十条纲要，认为王安石作威作福，曾布等人内外专权，天下只知忌惮王安石的威严权力，已经不再知道有皇帝；文彦博、冯京知道实情而不敢说话；王珪、王韶逢迎王安石，无异于他的仆人；元绛、薛向、陈绎等人，被王安石颐指气使，无异于他的家奴；张璪、李定是王安石的爪牙，张商英是王安石的鹰犬；甚至痛诋王安石为李林甫、卢杞同类的人。神宗多次阻止他，但唐坰慷慨自若，读完后，下殿拜了两拜然后退了下去。王安石让阁门弹劾唐坰亵渎扰乱朝廷礼仪，贬他做了潮州别驾。

宋王安石罢相，知江宁，因荐韩绛、吕惠卿以自代，时号绛为传法沙门，惠卿为护法善神。惠卿既得志，忌安石复用，遂逆闭其途，出安石私书，有"勿令上知"之语，凡可以害安石者，无所不用其智。韩绛颛处中书，事多稽留不决，数与惠卿争论，度不能制，密请帝复用安石。帝从之。安石承命，即倍道而进，七日至汴京，惠卿寻罢。

[译文] 宋代王安石被罢免了宰相，外调掌管江宁，于是推荐了韩绛、吕惠卿来代替自己，当时号称韩绛是传法沙门，吕惠卿为护法善神。吕惠卿上位后，怕王安石再次被重用，就想堵塞王安石复出的道路，于是拿出王安石的私信，里面有“不要让皇上知道”的话，凡是可以拿来陷害王安石的都无所不用其极。当时主掌中书的韩绛善良谨慎，处在中书的位置上，许多事情都迁延长时间得不到解决，他多次和吕惠卿争论，自己估计无法制服他，就秘密奏请神宗重新起用王安石。神宗听从建议。王安石接到君命，就兼程而来，七天就到汴京，吕惠卿不久被罢免。

宋以蔡确参知政事。宰相吴充数为帝言新法不便，欲稍去甚者，确阻之，法遂不变。确善观人主意，与时上下，以王安石谏，居大位，而士大夫交口笑骂，确自以为得计。

[译文] 宋代以蔡确参知政事。宰相吴充多次对神宗说新法很不便利，想撤销掉那些特别不好的新法，蔡确出言阻止，新法就没有改变。蔡确善于观察皇帝的脸色行事，左右逢源。拿王安石的过错进谏，从而得到高位，士大夫们都对他交口笑骂，他却自以为计谋成功不以为意。

宋哲宗亲政，杨畏上疏，乞绍述先政。初，吕大防称畏敢言，且先密约畏助己，竟超迁畏为礼部侍郎。畏首叛大防，上言神宗更法，以垂万世，乞早讲求，以成绍述之道。帝即询以故臣孰可召用。畏即疏章惇、吕惠卿、邓温伯、李清臣等，帝深纳而尽用之。惇遂引其党蔡卞、林希、黄履、来之邵、张商英、周秩、翟思、上官均等居要地，协谋朋奸，报复仇怨，罗织贬谪元祐宰执及刘奉世以下三十人有差，请发司马光、吕公著冢，斫棺暴尸。

帝问许将，将对“非盛德事”，帝乃止。又恐元祐旧臣复起，结内侍郝随为助，媒孽宣仁欲危帝之事，自作诏书，请废宣仁为庶人。皇太后号泣，为帝言曰：“吾日侍崇庆，天日在上，此语曷从出？且帝必如此，亦何有于我！”帝感悟，取惇、卞奏，就烛焚之。明日，再具状坚请，帝曰：“卿等不欲朕入英宗庙乎？”抵其奏于地。

［译文］　宋哲宗亲政之后，杨畏上疏，奏请继承神宗皇帝的新法。先前，吕大防称杨畏敢说真话，先暗中约杨畏以帮助自己，后来杨畏竟被破格提拔为礼部侍郎，第一个背叛吕大防，上书说神宗的变法，可以成为万世的法则，请求早早施行新法，以便成就继承先皇的大道。哲宗就询问旧臣谁可以召唤使用。杨畏就上疏推荐章惇、吕惠卿、邓温伯、李清臣等人，哲宗极为赞同并全部任用了他们。章惇就使其同党蔡卞、林希、黄履、来之邵、张商英、周秩、翟思、上官均等人担任要职，一起结为朋党，报复政敌，罗织罪名贬谪元祐年间宰相执政以及刘奉世以下三十人等，还上书请求挖掘司马光、吕公著的墓，劈棺暴尸。哲宗问许将，许将回答说“这不是圣德之事”，哲宗才停止。他们又怕元祐旧臣东山再起，交结内侍郝随作为援助，编造宣仁高太后要废哲宗的事，擅自下诏，请求把高太后废为庶人。皇太后大哭着对哲宗说：“我每天都侍奉高太后，苍天在上，这话是谁说的？如果皇帝一定要这样的话，也是容不下我了。”哲宗醒悟，取来章惇、蔡卞的奏折，用烛火烧掉了。第二天，他们又再写奏折坚决请旨，哲宗说：“你们是不想让我入英宗的祖庙了吗？”就将其奏折扔到了地上。

宋徽宗复召蔡京为翰林学士。先是供奉官童贯顺承得幸，诣三吴访书画，京谄附之。由是帝属意用京。会韩忠彦与曾布交恶，布谋引京自助，故有是命。寻帝欲相京，邓洵武献《爱莫助图》，言必欲继志述事，非蔡京不可。帝以图示温益，益欣然请相京，而籍异论者。于是善人皆不见容。复追贬元祐党，籍司马光等四十四人官，以京为尚书右仆射。京籍元祐及元符末执宰司马光等、侍从苏轼等、文臣程颢等、武臣王献可等、宦者张士良等百二十人为奸党，请帝书之，刻石于端礼门。又颁蔡京所书党人碑，刻石于州县。

宋徽宗垂意花石，以朱勔领应奉局花石纲。凡士庶之家，一石一木稍堪玩者，即领健卒直入其家，用黄帊覆之，加封识焉，指为御前之物。及发行，必撤屋抉墙以出。人不幸有一物小异，共指为不祥，惟恐芟夷之不早。又篙工柁师倚势贪横，凌轹州县，道路以目。

[译文] 宋徽宗重新征召蔡京做翰林学士。在这之前，供奉官童贯因阿谀奉承皇帝的旨意而受到宠幸，他到江南去为徽宗访求书画，蔡京就巴结依附他。因为这个原因，徽宗有意重用蔡京。恰逢韩忠彦与曾布互相憎恨仇视，曾布计划援引蔡京来帮助自己，所以发布了这个任命。不久徽宗想让蔡京做宰相，邓洵武进献《爱莫助图》，说要继承神宗的遗志施行新法，非蔡京不可。徽宗拿图给温益看，温益欣然建议让蔡京做宰相，并惩办有不同意见的人。于是朝中正直的人都不能被接受。又追究先前犯错的元祐党人并贬斥了他们，罢免了司马光等四十四人的官职，以蔡京为尚书右仆射。蔡京记录元祐中和元符末年的执宰大臣司马光等人、侍从官苏轼等人、文臣程颢等人、武臣王献可等人、宦官张士良共一百二十人为奸党，请徽宗将他们的名字刻石置于端礼门。又颁布了蔡京所写的党人碑文，在各州县刻石颁布。

宋徽宗喜欢奇花异石，让朱勔掌管领应奉局的花石纲。凡是官民的家里，只要有一块石头一根木头稍微值得把玩的，就领着士兵径直闯入家中，用黄布覆盖，再加上封签，当作皇帝的私人物品。等到要运走时，也一定要拆屋推墙搬出来。人们如果不幸而有一件稍微与众不同的的物件，就都会觉得这个东西是个不祥之物，只怕不能早早地毁掉扔走。押送花石纲的篙工柁师也倚仗权势贪污骄横，欺压州县的民众，人民都敢怒而不敢言。

宋中书侍郎林摅于集英殿胪唱贡士姓名，不识甄、盎字。帝笑曰:“卿误耶。”摅不谢而诋同列，御史论黜之。

[译文] 宋代的中书侍郎林摅在集英殿传呼贡士姓名，不认识“甄”字和“盎”字。徽宗笑着说:“你错了！”林摅不谢罪却诋毁同僚，被御史弹劾罢黜。

宋以王黼为少宰，加蔡京子攸开府仪同三司，二人有宠，进见无时，得预宫中秘戏。攸尝劝帝以四海为家，遂数微行。因令苑囿皆仿浙江，为白屋及村居野店，多聚珍禽异兽。都下每秋风静夜，禽兽之声四彻，宛若山林陂泽之间，识者知其不祥之兆。蔡攸权势既与父相轧，由是京、攸各立门户，遂为仇敌。

[译文] 宋代时任命王黼做少宰，加授蔡京的长子蔡攸开府仪同三司，这二人很受宠幸，不时地被召见，于是有机会参与宫内的秘戏。蔡攸曾经劝徽宗可以四海为家，于是徽宗多次微服出访。所以下令仿效浙江风格在京城修建园林，建成普通平房及村居野店，聚集很多的珍禽异兽。京城每到秋风吹起的静夜，禽兽之声响彻四方，如同处在山林湖泽之中，有见识的人知道这是不祥之兆。蔡攸权势既然已与他的父亲蔡京相抗衡，从此二人就各立门

户，成为仇敌。

宋徽宗用童贯为检校司空。贯与黄径臣、卢航表里为奸，进方士林灵素，大兴道教，纷创殿宇，每设大斋，费缗钱数万，谓之千道会。道箓院上章，册帝为教主道君皇帝。贯又荐李良嗣于朝，约女真攻辽，遂至二帝北狩。

［译文］ 宋徽宗任用童贯做检校司空。童贯和黄径臣、卢航里应外合狼狈为奸，推荐方士林灵素，大肆传播道教，建造大量殿宇，每次设立大斋，就花费数万缗，称之为千道会。道箓院还上奏章，要册封徽宗为教主道君皇帝。童贯又推荐李良嗣进朝，邀约女真族出兵攻打辽国，最后终于导致徽、钦二帝被金人掳去北方。

金人奉册宝至，立张邦昌为楚帝，北向拜舞，受册即位。阁门舍人吴革率内亲事官数百人，皆先杀其妻子，焚所居，举义金水门外。范琼诈与合谋，令悉弃兵仗，乃从后袭之，杀百余人，捕革并其子，皆杀之。是日风霾，日昏无光，百官惨沮，邦昌亦变色。唯吴开、莫俦、范琼等欣然，以为有佐命功。

［译文］ 金国使者拿着册封文书到来，让张邦昌做楚帝，张邦昌向北跪拜行礼，接受册封后即位。阁门舍人吴革率领内亲事官数百人，都先杀掉了妻子儿女，焚烧了自己的家，然后在金水门外起义。范琼诈称要和他们一起起义，让他们都先放下兵器，然后竟从后边偷袭了他们，杀了一百多人，抓到了吴革和他的儿子，全部杀掉。那天天空刮起风霾，太阳昏暗无光，百官神情沮丧，张邦昌也脸色大变。只有吴开、莫俦、范琼等人非常高兴，认为自己有辅佐新朝的功劳。

宋高帝闻金粘没喝入天长军，即被甲乘骑驰至瓜州，得小舟渡江，惟护圣军卒数人，及王渊、张浚等从行。汪伯彦、黄潜善方率同列听浮屠克勤说法，或有问边耗者，犹以“不足畏”告之。堂吏大呼曰：“驾已行矣！”二人相顾，仓皇策马南弛，居民争门而出，死者相枕籍，无不怨愤。司农卿黄锷至江上，军士以为左相潜善，骂之曰：“误国误民，皆汝之罪！”锷方辩其非是，而首已断矣。

［译文］宋高宗赵构听说金人粘没喝的军队攻入天长军，立刻披甲上马跑到瓜洲，弄到一只小船渡江，身边只有几个护驾的士兵和王渊、张浚等人随从。汪伯彦、黄潜善正与同僚听克勤禅师讲佛法，有人问边境的消息，仍然用“不值得害怕”来回答。堂吏大喊说：“皇上已经走了！”两人相互对看，慌忙骑上马向南边跑，居民也争着出城门，踩踏而死的人纵横交错地倒在一起，百姓没有不怨恨愤怒的。司农卿黄锷赶到江边，军士以为是左丞相黄潜善，骂他说：“误国误民，都是你的罪过！”黄锷正要辩白是非，但是头已经被砍了下来。

扈从统制苗傅、刘正彦作乱，奉皇子魏国公旉即位，请隆祐太后临朝，尊高宗为睿圣仁孝皇帝，居显宁，大赦，改元。张浚乃草檄声傅、正彦之罪，与韩世忠、张俊、刘光世、吕颐浩合兵进讨。傅等忧恐，不知所为，乃听朱胜非言，率百官请复帝位。勤王师至北阙，苗、刘南走，擒诛之。

［译文］扈从统制苗傅、刘正彦叛乱，拥立皇子魏国公赵旉称帝，请隆祐太后临朝听政，尊奉宋高宗为睿圣仁孝皇帝，居住在显宁，大赦天下，更改年号。张浚撰写檄文声讨苗傅、刘正彦的罪行，与韩世忠、张俊、刘光世、吕颐浩一同起兵前去征讨。苗傅

等人担心害怕，不知道该怎么办，于是听从朱胜非的话，率领百官请高宗复位。勤王大军兵至北门时，苗傅、刘正彦已经南逃，后来被擒获诛杀。

宋高宗以王德为淮西都统制，统刘光世军，郦琼副之。琼、德不相下，列状交讼于都督府及御史台，乃召德还建康。参谋吕祉密奏，乞罢琼兵柄。书吏漏语于琼，怒以众叛降刘豫。祉死之。

[译文] 宋高宗任命王德为淮西都统制，统领刘光世的军队，任命郦琼为副职。郦琼、王德二人却互不相让，都到都督府和御史台递诉状，于是朝廷召唤王德回建康。参谋吕祉秘密上奏，请求削除郦琼的兵权。书吏对郦琼透露了消息，郦琼一怒之下率兵叛变投降了刘豫。吕祉也因为这件事被处死。

宋秦桧同宰执入见，独留不出，言于帝曰："臣僚畏首尾，多持两端，不足与断大事。若陛下决欲讲和，乞专与臣议。"帝许之。三日，桧复留身奏事，复进前说，知帝意不移，遂排赵鼎、刘大中，而一意议和，然犹以群臣为患。中书舍人勾龙如渊为桧谋曰："相公为天下大计，盍不择人为台谏，使尽击去，则事定矣。"桧大喜，即擢如渊，劾异议者。兀术遗桧书曰："汝朝夕以和请，而岳飞方为河北图，必杀飞，使可和。"桧亦以飞不死，终梗和议，己必及祸，故力谋杀之。遂讽张俊、罗汝楫、万俟卨等，矫诏杀飞于大理寺狱。桧居相位凡十九年，劫制君父，倡和误国，一时忠臣良将诛锄略尽。临终犹兴大狱，诬赵汾、张浚、胡寅、胡铨等五十三人谋逆。狱成，而桧病亟，不能书，获释。桧无子，取妻兄王焕孽子熺养之。南省擢熺为进士第一，桧以为嫌，以陈诚之为首，以其策专主和议云。后孙埙修撰实录院，祖、父、孙三世同领史职，前此未之有也。

[译文] 宋代秦桧同宰执大臣觐见皇帝，独自留下不出宫，对高宗说:“臣僚们畏首畏尾，大多首鼠两端，不足以与之论定大事。如果陛下决定想要与金人讲和，希望只与我来商量。”高宗答应了他。三天后，秦桧又留下来单独上奏事情，又把前面的话说了一遍，知道高宗不会改变主意，就排斥赵鼎、刘大中，然后一心议和，但仍担心群臣反对。中书舍人勾龙如渊为秦桧出谋划说:“相公为了天下考虑，为何不选择一些人做谏官，排挤他们离开朝廷，那么大事可成。”秦桧大喜，立即提拔勾龙如渊，弹劾有不同意见的人。金国大将兀术给秦桧写信说:“你一天到晚说要议和，但岳飞却还要图谋攻打河北，一定要杀了岳飞，才能够议和。”秦桧也认为如果岳飞不死，终究还是会阻止和议，自己也会为此受到牵连，于是尽力谋杀岳飞。然后就暗示张俊、罗汝楫、万俟卨等人，假传圣旨在大理寺监狱杀害了岳飞。秦桧在宰相之位总共十九年，挟制帝王，倡导和议而误国，当时忠臣良将几乎全都被他诛杀。临死前还制造冤狱，诬陷赵汾、张浚、胡寅、胡铨等五十三个人谋反。案件被定案，但秦桧病重了，无法写字，这些人被释放。秦桧没有儿子，就收养了他的妻兄王焕的儿子秦熺。南省科考提拔秦熺为第一名进士，秦桧认为这样做有作弊的嫌疑，就把陈诚之作为第一名，因为他的策文专一注重宋金议和。后来他孙子秦埙担任实录院的修撰官，祖、父、孙三代都担任过修史的官职，以前从未出现过。

宋孝宗立，以辛次膺同知枢密院事。初，次膺力谏和议，为秦桧所怒，流落二十年。及帝召为中丞，若成闵之贪饕，汤思退之朋比，叶义问之奸罔，皆为其一时论罢。思退终身比于和议，恐不成，讽右正言尹穑论浚跋扈。张浚请解督府去。朝廷遂决弃地求和之议。太学生张观等七十二人上书论思退奸邪误国，乞斩之以谢天下。诏贬永州，忧惧而死。

[译文] 宋孝宗即位，任用辛次膺同知枢密院事。起先，辛次膺极力进谏劝阻和议，被秦桧迁怒，他被流放了二十年。等到孝宗征召他担任中丞的官职，像成闵的贪污无厌，汤思退的朋比为奸，叶义问的奸诈枉法，都被他的言论所罢免。汤思退终身支持和议，恐怕不能成功，暗示右正言尹穑弹劾上书张浚飞扬跋扈。张浚就请求辞去督府的官职，朝廷也就下定决心要割地求和了。太学生张观等七十二人上书指责汤思退奸邪误国，乞请把他斩首以谢天下。孝宗下诏把他贬到永州，他由于担心害怕就死掉了。

宋宁宗即位，韩侂胄恃定策功，欲窃国柄，谋于京镗，引李沐为左右正言，奏赵如愚以同姓居相位，将不利于社稷，乃出汝愚知福州，朝廷大权悉归侂胄。御史胡纮乞禁伪学之党，侂胄复命沈继祖诬论朱熹十罪，落职罢祠，窜其徒蔡元定于道州。赵师㒓、张釜、程松谄事侂胄，闻者莫不鄙之。侂胄专政十四年，宰执、侍从、台谏、藩阃，皆其门庑之人，天子孤立于上，威行宫省，权震宇内。其嬖妾张、谭、王、陈，皆封郡国夫人，号四夫人。每内宴则与妃嫔杂坐，恃势骄倨，掖庭皆畏之。侂胄力主恢复，以金人欲罪首谋，锐意出师，中外忧惧。侍郎史弥远入对，力陈危迫之势，请诛侂胄以安邦。皇后杨氏素怨侂胄，亦使荣王具疏。帝乃命后兄杨次山与弥远共图之。翼日，侂胄入朝，令殿前司夏震以兵三百，拥侂胄至玉津园侧，殛杀之，枭其首，并苏师旦之首，畀金人，金乃罢兵。

[译文] 宋宁宗即位，韩侂胄倚仗有拥立天子的功劳，图谋窃取国

家政权，向京镗求教，援引李沐来做左右正言，又上奏说赵汝愚以同姓宗室的身份出任宰相，将会对国家不利，于是让赵汝愚出知福州，于是朝廷大权全部归韩侂胄之手。御史胡纮请求下令禁止伪学之党，韩侂胄又命令沈继祖诬陷朱熹十条罪状，将他免职并罢去祠禄官，将其弟子蔡元定流放到道州。赵师羼、张釜、程松谄媚侍奉韩侂胄，知道的人没有不鄙视他们的。韩侂胄专权十四年，宰执大臣、侍从之臣、谏臣、封疆大吏，都是他的门人，皇帝被高高地孤立，而他则威震朝野，权倾天下。他所宠爱的几个妾张、谭、王、陈，都被封为郡国夫人，号称四夫人。每次皇宫内宴他就与妃嫔坐在一块，倚仗权势骄纵倨傲，后宫皆很畏惧他。韩侂胄坚持主张恢复中原旧都，因为金人想要惩罚首谋之人，他就决心要出师，朝廷内外都非常担心害怕。侍郎史弥远入宫应对时，竭力陈述危急之势，请皇帝诛杀韩侂胄以安定国家。皇后杨氏向来怨恨韩侂胄，也让荣王上疏。宁宗就让皇后的哥哥杨次山和史弥远一道策划此事。第二天，韩侂胄入朝，就命殿前司夏震带三百兵士，拥韩侂胄到玉津园旁边，杀了他，割其头，连同苏师旦的头一起送给金人，金人才退兵。

宋史弥远为相，权势熏灼。皇子竑心不能平，尝书于几上，曰："弥远当决配八千里。"弥远闻之，大惧。宁宗有疾，无子，弥远矫诏立沂王嗣子贵诚为皇太子，更名昀。帝崩，白后立昀，称遗诏封竑济阳郡王，出居湖州，寻杀之。弥远用梁成大、莫泽、李知孝为鹰犬，凡忤弥远意者，三人必相继击之。由是名人贤士排斥殆尽，人目为三凶。帝德弥远立己，恩宠终其身焉。

［译文］ 宋代史弥远为宰相，权势熏天。皇子赵竑心中愤愤不平，曾经在书桌上写下"史弥远应当流放到八千里之外"。史弥远知

道了这件事，非常害怕。宁宗有病，没有儿子，史弥远就假传诏书立沂王嗣子赵贵诚为皇太子，更名为赵昀。宁宗驾崩，告诉太后立赵昀为帝，称有宁宗遗诏封赵竑为济阳郡王，外调迁往湖州，不久就杀了他。史弥远用梁成大、莫泽、李知孝为爪牙，凡是忤逆史弥远心意的人，这三个人一定接连攻击他。因此名人贤士被排挤完了，他们被人视为"三凶"。宋理宗对史弥远拥立自己为帝心怀感激，对他恩宠有加直到他去世。

宋理宗用史嵩之开督府，竭国用，而无成功，论者甚众。及以父丧去位，诏起复之。太学生黄恺伯等百四十人上书谏，不报。武学生刘耐知帝向意用嵩之，遂叛诸生而逢迎之。时范钟领相事，讽京尹赵与筹逐游士。诸生闻之，作卷堂文，以辞先圣。嵩之自知不为公论所容，上疏乞终丧制。

[译文] 宋理宗任用史嵩之开督府，耗尽国库钱财，但没有建立功劳，议论此事的人很多。等到他因父亲丧事而离职，朝廷下诏要让他官复原职。太学生黄恺伯等一百四十人上书进谏劝阻，朝廷没有回复。武学生刘耐知道理宗向来属意于史嵩之，就背叛诸生去逢迎史嵩之。当时范钟兼任宰相的事务，暗示京兆尹赵与筹驱逐说客。诸生听到消息，写了罢课文书，来辞别先帝。史嵩之自知不能为舆论所接纳，就上疏乞请让他完成丁忧守丧的礼节。

宋度宗即位，以己为太子贾似道有功，加似道太师，封魏国公。每朝，帝必答拜，称之曰"师臣"而不名，朝臣皆称为周公。诏以十月一朝。时襄樊围急，似道日坐葛岭，起楼台亭榭作"半闲堂"，延羽流，塑像肖己于中，取宫人叶氏及娼尼有美色者为妾，穷奢极欲，日肆淫乐。尝与群妾踞地斗蟋蟀，所狎客戏之曰："此军国重事耶？”又酷嗜宝玩，建多宝阁，一日一登玩，有言边事者，辄加贬斥。丧师失地，殆无虚日，秘不上闻。及鄂州既破，诏似道都督诸路军马，大溃，贬似道于循州安置。监押官会稽尉郑虎臣至建宁开元寺，侍妾尚数十人，虎臣悉屏去之；压其宝玉，撤轿盖，暴行秋日中，令舁轿夫唱杭州歌谑之，窘辱备至。至漳州木绵庵，虎臣讽令自杀，似道不从。虎臣曰：“吾为天下杀似道，虽死何憾！”遂拘似道之子于别室，即厕上拉似道胸，杀之，殡于庵侧。

［译文］ 宋度宗即位，因为贾似道在拥立自己做太子这件事上有功劳，就加授贾似道为太师，封为魏国公。每次上朝，度宗一定对贾似道行答拜礼，称他为“师臣”而不直称他的名字，朝中大臣都尊称他为“周公”。度宗下诏允许他十天上朝一次。当时襄樊被围，十分紧急，贾似道每天坐在葛岭，建起楼台亭榭，称作“半闲堂”，延请道士，在堂中塑造了自己的肖像，纳宫女叶氏和有姿色的淫尼为妾，穷奢极欲，每天放纵淫乐。曾与群妾蹲在地上斗蟋蟀，有一个和他亲近的宾客开玩笑说：“这是军国要事吗？”他还酷爱珍宝玩物，建造了一座多宝阁，每天都要登珍宝上阁楼把玩，若有人说起边疆战事，就对之痛加贬斥。朝廷没有一天不打败仗，他隐瞒着不上报给皇帝。等到鄂州被攻陷，朝廷下诏令贾似道统领各路军马，惨遭大败，就贬他到循州居住。监押官会稽尉郑虎臣到了建宁开元寺，贾似道的侍妾尚且还有数十人，郑虎臣把她们都遣散了；夺了他的珠宝美玉，撤了轿盖，让它在秋天的太阳下暴晒，让轿夫唱杭州歌讥笑他，侮辱到极致。到了漳州木棉庵，郑虎臣劝告他自杀，贾似道不听从。郑虎臣说：“我为全天下人杀了你贾似道，即使获罪死了又有什么遗憾！”于是就把贾似道的儿子关在另外的屋子里，在厕所拽着贾

似道的胸口杀了他，然后埋在了木棉庵的旁边。

元顺帝性柔少断，伯颜、哈麻相继弄权，朝政日紊，遂至于亡。

［译文］ 元顺帝性情优柔寡断，伯颜、哈麻相继把握权力、操持朝政，朝廷政令日渐紊乱，于是终于亡国。

明代奸臣 明洪武朝，胡惟庸、蓝玉；永乐朝，纪纲；正统朝，王振；天顺朝，石亨、石彪、曹吉祥、门达；成化朝，汪直、王越、陈钺、戴缙，成化朝李孜省；弘治朝，李广、杨鹏；正德朝，刘瑾、陆完、江彬、许泰、刘晖、钱宁、张忠、朱泰；嘉靖朝，陶仲文、严嵩、严世蕃、丁汝夔、赵文华、鄢懋卿、罗龙文、仇鸾、陆炳;万历朝，庞保、刘戍;天启朝，魏忠贤、客氏、崔呈秀、田尔耕；崇祯朝，周延儒、袁崇焕、杜勋、马士英。

［译文］ 明洪武朝，胡惟庸、蓝玉；永乐朝，纪纲；正统朝，王振；天顺朝，石亨、石彪、曹吉祥、门达；成化朝，汪直、王越、陈钺、戴缙、李孜省；弘治朝，李广、杨鹏；正德朝，刘瑾、陆完、江彬、许泰、刘晖、钱宁、张忠、朱泰；嘉靖朝，陶仲文、严嵩、严世蕃、丁汝夔、赵文华、鄢懋卿、罗龙文、仇鸾、陆炳；万历朝，庞保、刘戍；天启朝，魏忠贤、客氏、崔呈秀、田尔耕；崇祯朝，周延儒、袁崇焕、杜勋、马士英。

卷四　考古部

卷四　考古部

姓氏

仓颉　姓侯刚氏。（见《古篆文》注）许由，字武仲。（见《庄子》释文）尧，姓伊祁。少昊，名挚，字青阳。帝喾，名夋。成汤，字高密。（见《帝王世纪》）皋陶，字庭坚。孤竹君，姓墨，名台。（见《孔丛子》注）伯夷，名允，一名元，字公信。叔齐，名智，字公达。（见《论语》疏）中子，名仲达。（见周昙咏史诗）彭祖，姓篯音戋，名铿。（见《论语》疏）其子胥余。（见《庄子》司马彪注）老子父，名乾，字元果。（见《前凉录》）老子初生时，名玄禄。（见《玄妙内品》）管叔，名度。（见《史记》注）易牙，名亚。（见孔颖达疏）逢蒙之弟，名鸿超。杨朱之弟，名布。（见《列子》）伯乐，姓孙，名阳。师旷，字子野。（见《庄子》疏）君陈，为周公之子、伯禽之弟。《周书》有《君陈篇》。（见《坊记》注）鬼谷子，姓王，名诩，河南府人。（见《姓氏考》）公孙弘，字次卿。（见邹长蒨书）杜康，字仲宁。（见魏武《短歌行》注）孟轲，字子舆。（见《汉书》并《孔丛子》）又字子居。（见《圣证论》）庄周，字休。（见《列子》注）孙叔敖，名饶。（见《孙叔敖碑》）计然，一名研，一名倪；又姓辛，字子文。（见《史记》索隐）文种，字子禽。（见《吴越春秋》）陈仲子，字子终。（见甫皇谧《高士传》）汉高祖父太公，名煓。（见《后汉书》注）又名煓，字执嘉。（见《帝王世纪》）昭灵后，名含。高祖兄仲，名喜。曾参，字敬伯。申公，名培。（见《史记》注）项伯名缠，字伯。（见《汉书》注）叔孙通，名何。（见《楚汉春秋》）壶关三老，姓令胡，名茂。（见荀悦《汉纪》）杨王孙，名贵。（见《西京杂记》）佽非，亦名荆轲。（见《续博物志》）伏生，名胜，字子贱。（见西汉碑）文翁，名党，字仲翁。（见张崇文《历代小说》）张宗，字诸君。杜茂，字诸公。（见《陈忠传志》）杨子云所称李士元者，名弘。（见《蜀秦宓传》）郑子真，名朴。严君平，名遵。（见王贡《两龚传》注）施延，字君子。（见《后汉书》注）田生，字子春。（见《楚汉春秋》）侯苞，字辅子。（见《论衡》）丁公，名固。（见《楚汉春秋》）卫夫人，名铄，字茂漪。（见《翰墨志》）绿珠，姓梁，白州人。（见《绿珠小传》）吕安，字仲悌。居苗，姓应，玚从弟。（俱见《文选》注）花卿，名惊定。（见《旧唐书》）僧一行，姓张，名璲。（见《续博物志》）窦滔，字连波。（见《武后纪》）神和子，姓屈突，名无为，字无不为，张咏布衣时遇之。（见《张咏传》）失马塞翁，姓李。（见《高谷诗序》）

[译文] 仓颉，姓侯刚氏。（见《古篆文》注）许由，字武仲。（见《庄子》释文）尧，姓伊祁。少昊，名挚，字青阳。帝喾，名夋。成汤，字高密。（见《帝王世纪》）皋陶，字庭坚。孤竹君，姓墨，名台。（见《孔丛子》注）伯夷，名允，又叫作元，字公信。叔齐，名智，字公达。（见《论语》疏）中子，名仲达。（见周昙咏史诗）彭祖，姓篯读作戋，名铿。（见《论语》疏）他的儿子叫胥余。（见《庄子》司马彪注）老子父，名乾，字元果。（见《前凉录》）老子初生时，名字叫玄禄。（见《玄妙内品》）管叔，名度。（见《史记》注）易牙，名亚。（见孔颖达疏）逢蒙之弟，名鸿超。杨朱的弟弟，名布。（见《列子》）伯乐，姓孙，名阳。师旷，字子野。（见《庄子》疏）君陈，是周公的儿子、伯禽的弟弟。《周书》有《君陈篇》。（见《坊记》注）鬼谷子，姓王，名诩，河南府人。（见《姓氏考》）公孙弘，字次卿。（见邹长蒨书）杜康，字仲宁。（见魏武《短歌行》注）孟轲，字子舆。（见《汉书》并《孔丛子》）又字子居。（见《圣证论》）庄周，字休。（见《列子》注）孙叔敖，名饶。（见《孙叔敖碑》）计然，一名研，一名倪；又

姓辛，字子文。（见《史记》索隐）文种，字子禽。（见《吴越春秋》）陈仲子，字子终。（见甫皇谧《高士传》）汉高祖父太公，名湍。（见《后汉书》注）又名煓，字执嘉。（见《帝王世纪》）昭灵后，名含。高祖的哥哥叫仲，名喜。曾参，字敬伯。申公，名培。（见《史记》注）项伯名缠，字伯。（见《汉书》注）叔孙通，名何。（见《楚汉春秋》）壶关三老，姓令胡，名茂。（见荀悦《汉纪》）杨王孙，名贵。（见《西京杂记》）佽非，也叫作荆轲。（见《续博物志》）伏生，名胜，字子贱。（见西汉碑）文翁，名党，字仲翁。（见张崇文《历代小说》）张宗，字诸君。杜茂，字诸公。（见《陈忠传志》）杨子云所叫的李士元，名字叫弘。（见《蜀秦宓传》）郑子真，名朴。严君平，名遵。（见王贡《两龚传》注）施延，字君子。（见《后汉书》注）田生，字子春。（见《楚汉春秋》）侯苞，字辅子。（见《论衡》）丁公，名固。（见《楚汉春秋》）卫夫人，名铄，字茂漪。（见《翰墨志》）绿珠，姓梁，白州人。（见《绿珠小传》）吕安，字仲悌。居苗，姓应，是应玚的堂弟。（俱见《文选》注）花卿，名惊定。（见《旧唐书》）僧一行，姓张，名璲。（见《续博物志》）窦滔，字连波。（见《武后纪》）神和子，姓屈突，名无为，字无不为，张咏没做官时遇到过他。（见《张咏传》）失马塞翁，姓李。（见《高谷诗序》）

辨疑

禹陵　大禹东巡，崩于会稽。现存陵寝，岂有差讹？且史载夏启封其少子无徐于会稽，号曰“於越”，以奉禹祀，则又确确可据。今杨升庵争禹穴在四川，则荒诞极矣。升庵言石泉县之石纽村，石穴深查，人迹不到，得石碑有“禹穴”二字，乃李白所书，取以为证。盖大禹生于四川，所言禹穴者，生禹之穴，非葬禹之穴也。此言可辨千古之疑。

[译文] 大禹往东方巡狩的时候，在会稽驾崩。现存的陵墓，难道有差错？并且史书记载夏启把他的小儿子无徐封到会稽，封号是“於越”，让他来祭祀大禹，则又确凿无疑。现在杨慎争论大禹的墓穴在四川，则荒谬极了。杨慎说在石泉县的石纽村，石洞深幽，人迹罕至，得到一块刻有“禹穴”两字的石碑，是李白所写，拿来作为证据。因为大禹在四川出生，他所说的禹穴，是大禹出生的地方，而不是埋葬大禹的墓穴。这些话可以辨清千年以来的疑问。

“甘罗十二为丞相” 古今大误。《史记》云：甘罗事吕不韦。秦欲使张唐使燕，唐不肯行。罗说而行之，乃使罗于赵。赵王郊迎，割五城以事秦。罗还报秦，封为上卿，不曾为丞相。相秦者是甘罗之祖甘茂。封罗后，遂以茂之田宅赐之。

[译文] “甘罗十二做了丞相”，这句话从古到今都是个大错误。《史记》记载：甘罗侍奉吕不韦。秦国想让张唐出使燕国，张唐不肯去。甘罗说服张唐出使，于是让甘罗出使赵国。赵王在郊外迎接甘罗，并割让五座城池来侍奉秦国。甘罗回秦国复命，被封为上卿，没有做过丞相。做过秦国丞相的是甘罗的祖父甘茂。秦王封赏甘罗之后，就把原来甘茂的田地宅院赐给了他。

共和 幽王既亡，有共伯和者摄行天子事，非二相共和也。（见《姓氏考》）

[译文] 周幽王死后，有个共伯和暂时代理天子的职责，不是指的

召公和周公共同执政。（见于《姓氏考》一书）

子产字子美（见《左传》注）　东坡放鱼诗：“不怕校人欺子美。”注者疑是杜少陵，则误矣。

［译文］　郑国的子产，字子美。（见《左传》注）苏东坡放鱼诗说：“不怕校人欺子美。”作注的人怀疑是指的杜甫，这是错误的。

蒙正住破窑　吕蒙正父龟图与母不合，并蒙正逐之。贫甚，投迹龙门寺僧，凿山岩为龛以居。今传奇谓同妻住破窑，殊为可笑。

［译文］　吕蒙正的父亲吕龟图和母亲不和睦，连吕蒙正一块儿赶了出去。母子非常贫困，就投奔了龙门寺的僧人，在山上挖出一个小石洞来居住。现在的传奇小说说吕蒙正和妻子住在破窑洞里，实在是可笑。

日落九乌　乌最难射。一日而落九乌，言羿之善射也。后以为羿射落九日，非是。

［译文］　乌鸦最难用箭射落。一天之内能够射死九只乌鸦，是说后羿擅长射箭而已。后世的人们认为后羿射掉了九个太阳，这是不对的。

汉寿　在四川保宁府广元县。汉封关公为汉寿亭侯。汉寿，邑名。亭侯，爵名。后人称寿亭侯者，误。

［译文］　在四川保宁府广元县境内。东汉的时候封关羽为汉寿亭侯。汉寿是邑名。亭侯是爵位的名称。后人称之为“寿亭侯”是错误的。

五大夫松　秦始皇登泰山，风雨暴至，避于松树之下，封其树为“五大夫”。五大夫，秦官第九爵。今人有误为五株松者，非也。

[译文]　秦始皇登泰山的时候，风雨突然到来，于是在松树下面避雨，后来把那棵树封为“五大夫”。五大夫，是秦朝官职，属于第九等爵位。现在的人有的误认为是五棵松树，这是不对的。

夏国　扬州漕河东岸有墓表，题曰:“夏国公墓道。”夏音虔，与夏字相类，少一发笔，下作“又”。行人遂误为夏国公。盖明顾公玉之封号，赐地葬此也。

[译文]　扬州的漕河东岸有一通墓表，上面题写着“夏国公墓道。”夏读作虔，与夏字相似，少了一笔撇，下面写作“又”，路过的人于是误认为是夏国公。大概是明朝顾玉的封号，朝廷赐予的墓地埋葬到这个地方了。

饭后钟　王播，字明敭。少孤贫，客游扬之木兰院，寄食僧斋。僧颇厌薄，乃斋罢而后击钟。播怒题诗于壁。今以为吕蒙正事，则非也。

[译文]　王播，字明敭。小时候父母去世，家境贫困，在外游历到了扬州的木兰院，依靠供养寺庙的斋食生活。庙里的和尚对他颇为厌恶鄙视，就在用斋之后敲钟。王播很生气，在墙上题诗。现在的人认为这是吕蒙正的故事，是不对的。

马前覆水　太公望妻马氏，弃夫而去，后见太公富贵求归。命收覆水。今指为朱买臣，非。

[译文]　姜太公的妻子马氏，抛弃了丈夫离开家，后来看到太公富

贵了，请求回来。姜太公让她把泼到地上的水收回来。现在的人认为是朱买臣的故事，这是不对的。

女儿乡　吴败越，句践与夫人入吴，至此产女而名。今误传范蠡进西施于吴，与之通而生女，殊为可笑。

[译文]　吴国打败了越国，勾践和夫人进入吴国的时候，到了这个地方生了一个女儿。现在的人误传为范蠡向吴国进献西施的时候，和她私通而生了一个女儿，实在可笑。

析类

有同时同姓名者　两曾参：一曾参杀人，而致曾子之母投杼。两毛遂：一毛遂堕井，而致平原君之痛哭。

[译文]　两个曾参：一个曾参杀了人，而致使曾子的母亲扔了机杼跳墙而逃。两个毛遂：一个毛遂掉到了井里淹死了，致使平原君痛哭流涕。

异世则两鲁秋胡　列国一鲁秋胡，因妇采桑，调其妻，投水死。汉一鲁秋胡，求聘翟氏女，翟公误传调妻事，以为薄行，而不许婚。俱可笑也。

其次如国师刘秀，以名应图谶，为王莽所杀；而诛王莽者为光武，亦刘秀。莽遣太师安新公王匡，攻更始定国上公王匡，不胜，为所执杀。唐李尚书益与宗人益者，俱赴饮，据上坐。因笑曰："今日两副坐头俱李益。"代宗用韩翃知制诰。宰相以平卢幕府员外及江淮刺史请。上书:“春城无处不飞花,用此韩翃。”而员外得之,事皆奇。

[译文] 春秋战国时期有一个鲁秋胡,调戏了一个采桑的妇女,后来发现竟是他的妻子,结果妻子羞愧而死。汉朝有一个鲁秋胡,求娶翟氏的女儿,翟公误信他是调戏妻子的那个秋胡,认为他轻薄无行,就没有同意这门婚事。都是很可笑的事情。

再如后来的国师刘秀,因为名字照应了预言,而被王莽杀害;而诛杀王莽的汉光武帝,也叫刘秀。王莽派遣太师安新公王匡,去攻打更始定国上公王匡,没有战胜,被对方杀害。唐代的尚书李益和同宗的也叫李益的一块儿去喝酒,坐在尊位。于是笑着说:“今天在座的两个首座都是李益。”唐代宗让韩翃掌管起草诏书的职务,宰相请求任用平卢幕府员外及江淮刺史韩翃。皇帝题写答复:“春城无处不飞花,任用写这首诗的韩翃。”最后员外韩翃竟然得到了这个职位,都是很稀奇的事情。

其他同时者 汉时两韩信,俱高帝时,一封楚王,一封韩王。三邵平:一故秦东陵侯;一为齐王上柱国;一齐相。两恢,俱武帝时,一浩侯;一大行,谋诱匈奴者也。两王臧,武帝朝。一,二年以郎中令自杀;一,六年为太常。两王商,俱成帝外戚。一为丞相、乐昌侯;一为大司马、成都侯。两王章,俱哀帝时,一,河平三年以太仆为右将军,六年复为太常;一,四年以京兆尹直言死。两王崇,俱平帝时,一新甫侯,故丞相嘉子;一大司空、扶平侯。魏两王烈,一字彦方,有隐德;一字长体,有道术。鲁两王浑,一为凉州刺史,系戎之父;一为司徒,系济之父。两王澄,一即济之弟,封侯;一即戎从弟,荆州都督。两孙秀,一吴降将;一赵王伦嬖臣。俱拜骠骑将军,封公。两周抚,一为王敦将;一为彭城内史诛。梁两王琳，一散骑常侍；一德州刺史。唐两李光进，俱代宗朝，一为光弼弟；一为光颜兄。俱蕃将，赐姓，为节度使，封公。唐两李继昭，俱昭宗时，一为孙德昭；一为符道昭。俱赐姓名，降朱梁，为使相。宋两王著，俱太祖时，一以文学典制；一以书学待诏。金两讹可，俱大将。

［译文］汉代有两个韩信，都是高帝时候的人，一个被封为楚王，一个被封为韩王。三个邵平：一个是先前的秦东陵侯；一个是齐王上柱国；一个是齐相。两个刘恢，都是汉武帝时候的人，一个被封浩侯；一个是出家人，谋划劝导匈奴的人。两个王臧，都是汉武帝时的人。一个在汉武帝二年，在郎中令的职位上自杀；一个是汉武帝六年做了太常官。两个王商，都是汉成帝的外戚。一个做丞相、乐昌侯；一个担任大司马、成都侯。两个王章，都是汉哀帝时的人，一个在河平三年以太仆的身份做了右将军，六年又成为太常；一个在汉哀帝四年做京兆尹，因为直言进谏而死。两个王崇，都是汉平帝时的人，一个被封新甫侯，以前的丞相王嘉的儿子；一个做大司空、扶平侯。魏国有两个王烈，一个字彦方，做好事不留名；一个字长体，很有学问。鲁国两个王浑，一个是凉州刺史，是王戎的父亲；一个做司徒，是王济的父亲。两个王澄，一个就是王济的弟弟，被封侯；一个就是王戎的堂弟，做荆州都督。两个孙秀，一个是吴国的降将；一个是赵王孙伦的宠臣。都官拜骠骑将军，被封公爵。两个周抚，一个是王敦手下的大将；一个是彭城内史，被诛杀。梁代两个王琳，一个是散骑常侍；一个是德州刺史。唐代两个李光进，都是唐代宗时候的人，一个是李光弼的弟弟；一个是李光颜的哥哥。都是蕃将，被赐姓李，做节度使，被封公爵。唐代两个李继昭，都是唐昭宗时候的人，一个是孙德昭；一个是符道昭。都被赐姓名，投降后梁，作

为使相。宋代两个王著，都是太祖时候的人，一个以文学典制著名；一个以书法待诏。金朝两个讹可，都是大将。

稍先后者 吴两公子庆忌，一王僚子，一夫差末年将。楚两庄跻，一庄王时大盗；一庄王裔孙，将军，平滇自王者。汉两王莽，一右将军；一大司马，篡位者。两王凤，一大司马、大将军，一更使成国上公。两王谭，一宜春侯，一平阿侯。两徐幹，一都护班超司马，一丞相曹操掾。晋两刘毅，一光禄大夫，一卫将军。两张禹，一丞相，一太傅，俱封侯。两解系，一见《陶璜传》，一自有传。两王铠，一武帝舅，一安帝时丹阳尹。元两伯颜，一太傅淮阳王，一大丞相秦王。两萧钧，一萧鸾子，梁武时中书郎；一萧瑀从子，唐太宗时率更令。

[译文] 吴国两位公子庆忌，一个是王僚的儿子，一个是夫差末年的将领。楚国两个庄跻，一个是庄王时的大盗；一个是庄王的裔孙，将军，平定云南侯自己称王的。汉代两个王莽，一个是右将军；一个是大司马，篡夺帝位。两个王凤，一个是大司马、大将军，一个是更始成国上公。两个王谭，一个是宜春侯，一个是平阿侯。两个徐幹，一个是都护班超司马，一个是丞相曹操的属吏。晋朝两个刘毅，一个是光禄大夫，一个是卫将军。两个张禹，一个是丞相， 个是太傅，都被封侯。两个解系，一个见于《陶璜传》，一个史书有传。两个王铠，一个是晋武帝的舅舅，一个是晋安帝时的丹阳尹。元朝两个伯颜，一个是太傅淮阳王，一个是大丞相秦王。两个萧钧，一个是萧鸾的儿子，梁武时任中书郎；一个是萧瑀的侄子，唐太宗时担任率更令。

异代而相类者 两王肃，曹魏中领军，为魏制礼；元魏尚书令，亦为魏制礼。两王殷，朱梁时者以节度使叛诛；后周太祖时者亦以节度使叛诛。两王彦章，梁大将，为晋擒；吴统军，为楚擒。两王珪，唐侍中；宋左仆射、门下侍郎。两王溥，一唐懿宗时；一周世宗时，俱宰相。仙人有两王乔，其一即子晋也；其一为柏人令，天坠玉棺以葬者。僧有两智永，一梁书僧，一宋画僧。两辨才，一唐藏《兰亭》真本者，一宋与苏子瞻友者。光武时，固始侯李通；魏武时，都亭侯李通。卫大夫王孙贾，齐大夫王孙贾。魏徐邈，字景山，见重武帝，为侍中。晋徐邈，字仙虎，见重武帝，为中书舍人。魏将军张辽；汉兖州刺史张辽，字叔高。汉中郎将江革，梁御史中丞江革。梁李膺为蜀使至郡，武帝悦之，问曰："今李膺何如昔李膺？"晋文公有咎犯，平公有咎犯，善隐任政。晋李密以祖母老辞官，后魏李密以母老习医，又隋李密封蒲山公。则天时王方庆为相；又王方庆领尚药奉御。高宗初张昌宗，为修文馆学士；则天末张昌宗，为春官侍郎。

［译文］　两个王肃，曹魏中领军，为魏国制作礼仪；元魏尚书令，也为魏制作礼仪。两个王殷，后梁时的担任节度使叛乱被诛杀；后周太祖时的也是担任节度使叛乱被诛杀。两个王彦章，梁朝大将，被晋朝抓捕；吴统军，被楚擒。两个王珪，唐代侍中；宋左仆射、门下侍郎。两个王溥，一个是唐懿宗时候的人；一个是周世宗时候的人，都是宰相。仙人有两个王乔，其中一个就是子晋；另外一个是柏人令，上天坠下玉棺埋葬。僧人有两个智永，一个是梁代的书僧，一个是宋代的画僧。两个辨才，一个是唐代收藏《兰亭》真本，一个是宋朝苏轼的朋友。光武帝时，固始侯李通；魏武时，都亭侯李通。卫大夫王孙贾，齐大夫王孙贾。魏徐邈，字景山，被武帝重用，担任侍中。晋徐邈，字仙虎，被武帝重用，担任中书舍人。魏将军张辽；汉兖州刺史张辽，字叔高。

汉中郎将江革，梁御史中丞江革。梁李膺作为蜀地使者到郡，武帝很高兴，问他："现在的李膺比以前的李膺怎么样？"晋文公有咎犯，平公有咎犯，处理政务不露才华。晋代的李密以祖母年老辞官，后魏李密以母亲年老学医，又有隋朝李密被封蒲山公。武则天时王方庆担任相；又王方庆领尚药奉御。高宗初张昌宗，担任修文馆学士；武则天末期张昌宗，为春官侍郎。

父子同名者二人 隋处士罗靖，父亦名靖；魏大将安同，父名屈，子亦名屈。

[译文] 隋朝的处士罗靖，他的父亲也叫罗靖；魏国大将安同，父亲名叫安屈，儿子也叫安屈。

有数世同之字者 王彪之、临之、纳之、淮之、舆之、进之，凡六世；王胡之、茂之、裕之、瓒之、秀之，凡五世；王羲之、献之、靖之、悦之，凡四世；王晏之、昆之、陋之，徐达之、湛之、聿之，凡三世；胡毋辅之、谦之；吴隐之、瞻之；颜悦之、恺之，凡两世；俱仍"之"字。

[译文] 王彪之、临之、纳之、淮之、舆之、进之，共六世；王胡之、茂之、裕之、瓒之、秀之，共五世；王羲之、献之、靖之、悦之，共四世；王晏之、昆之、陋之，徐达之、湛之、聿之，共三世；胡毋辅之、谦之；吴隐之、瞻之；颜悦之、恺之，共两世；都承用了"之"字。

古今事有绝相类者 圣主时投水，人知有卞随务光，而不知有北宫无择。骑青牛，人知有老子，而不知有封达。生空桑，人知有伊尹，而不知有孔子。白鱼入舟，人知有周武王，而不知有宋明帝。河澌永合，人知有汉光武之滹沱，而不知有慕容德之黎阳。凤雏，人知有庞统，而不知有顾邵。献胙加毒，以谗赐死，人知有晋献公子申生，而不知有秦孝文王子西蜀侯恽。思妾令方士致魂，人知汉武之于李夫人，而不知宋武之于殷淑仪。治阿誉闻而阿不治，人知齐宣王之大夫，而不知景公之晏子。梦寐求相，人知高宗之傅说，而不知文王之臧丈人。题壁作龙蛇歌，人知有晋文之介子推，而不知晋文之舟子侨。秦许楚地而背之，人知张仪之于楚怀王，而不知冯章之于楚王。先食不死之药，而以巧言免死，人知方朔之于汉武帝，而不知中射之士之于楚王。倚柱读书，雷震不辍，人知有夏侯玄，而不知有诸葛诞。一字值百金，人知《淮南子》，而不知《公孙子》。妻弃夫，人知朱买臣，而不知太公望。沉江负父，人知孝女曹娥，而不知赵祉女光络。掘地得石椁，人知有滕公，而不知有卫灵飞廉。看竹不问主人，人知有王徽之，而不知有袁粲。获偷侍儿人试文不杀，因以赐之，人知有杨素之于李靖，而不知有蔡兴宗之于孙敬玉。侍儿环执饮馔，人知有王武子，而不知有杨国忠、孙晟。国忠、晟，又俱号肉台盘。羊羹不遍致败，人知华元之于御斟，而不知中山王之于司马子期。乳生湩，人知有元德秀，而不知有李善。彩衣娱亲，人知有老莱，而不知有伯俞。智囊，人知有晁错，而不知有樗里子鲁匡。读《易》至损益而叹，人知有向平，而不知有孔子。佩六国印，人知有苏秦，而不知有栾大。以石为虎，射之没羽，人知有李广、李远，而不知有熊渠子。逐兔堕马，折胁而殂，人知有齐主高演，而不知燕主慕容皝。倒用印，人知有段秀实之阻朱泚，而不知有李崧之安蜀。一日杀二烈，人知有袁绍之于臧洪、陈容，而不知有张敬儿之于边荣、程邕之。能使人主前席，人知有贾谊，而不知有商鞅、苏绰。饮千日酒，至期发冢而醒，人知有刘玄石，而不知有赵英。御屏隔座，人知有汉郑弘第、王伦，而不知有吴纪亮、纪骘。杯中蛇影，人知有乐广，而不知有南皮令应柳乐弓应弩。杀孝妇，大旱三年，人知有前汉之东海，而不知有后汉之上虞。万石君，人知有石奋，而不知有秦袭、张文瓘。留犊事，人知有时苗，而不知有羊偏。食脱粟，人知有公孙弘，而不知有晏婴。钱神论，人知有鲁褒，而不知有胡毋民、成公绥。记半面人，人知有杨愔，而不知有应凤。陈蕃下榻，人知有徐穉，而不知有周球。雪中高卧，人知有袁安，而不知有胡定。梦赠笔，人知有江淹，而不知有王彪之、王珣、纪少瑜、陆倕、李白、和凝、李峤、马裔孙。噀酒救火，人知有栾巴，而不知有樊英、邵信臣、郭宪、佛图澄、武丁。入水戮蛟，人知有周处，而不知有澹台子羽、荆佽飞、丘䜣。羊车游后宫，以盐水洒地，人知有晋武，而不知有宋文。御膳中有发，自数三罪以免死，人知晋平公之庖人，而不知光武之陈正。因病尝粪，人知勾践之于吴夫差，而不知郭弘霸之于魏元忠。以酒赐妒妇，饮之无恙，人知太宗之于房玄龄，而不知庄宗之于任圜。即席尽器饮酒，归而尚醒，称所得器，人知裴弘泰之于裴钧，而不知潘岏之于朱梁太祖。下第献燕诗，座主以明年登第，人知有章孝标，而不知有於化成。刻石高山深谷，人知有杜预，而不知有颜真卿。赐行酒人炙，人知有顾荣，而不知有何逊、阴铿。一箭落双雕，人知有斛律光，而不知有拓跋干、高骈。锦缆事，人知有隋炀，而不知有甘宁。燃脐膏为烛，人知有董卓，而不知有满奋。还带，阴德至相位，人知有裴中令，而不知白中令。少孤门生废《蓼莪》，人知有王裒，而不知有顾欢。发冢，类远祖貌，人知有萧颖士之于鄱阳王，而不知有吴纲之于长沙王。入山，妻二仙女而归，人知有天台之刘晨、阮肇，而不知有剡县之袁相、根硕。因食辨劳薪，人知有荀勖，而不知有师旷。强索妾，人知有孙秀、武承嗣，而不知有阮佃夫。闻鼓角声加敬，人知有范云之于梁武，而不知有到仲举之于陈武。誓墓不仕，人知有王羲之，而不知有何偃。通它心观，人知有国忠师之于大耳三藏，而不知有普寂之于柳中庸。祭赛忘书刀在庙，鲤鱼为送，人知有马当山之王昌龄，而不知有宫亭湖之佑客。弈棋覆局，人知有王粲，而不知有到溉。制千字文，人知有周兴嗣，而不知有萧子范。赠柳妾，人知有韩翃，而不知有李还古。即位御床陷地，人知有桓玄，而不知有侯景。误食澡豆，人知有王敦，而不知有陆畅。殡逆旅书生，人知有王忳，而不知有鲍子都、廖有方。桥神貌丑，以足潜画之，人知有定州之张平子，而不知有忖留神之鲁般。骆驼负水，养鱼军中，人知有宋孙仁祐，而不知有隋虞孝仁。杀负心仆，人知有张咏，而不知有柳开。赐金莲烛归院，人知有苏轼，而不知有王珪。晋平公出言不当，师旷举琴撞之，跌衽宫壁。魏文侯出言不当，师经举琴撞之，中旒溃。（一见《淮南子》，一见刘向《说苑》）燕太后不肯以少子质齐，因陈翠爱子之说而许。赵太后不肯以少子质秦，因左师触龙爱少子之说而许。（一见《赵世家》，一见《战国策》）高齐神武不贵慕容绍宗，以留文襄。唐文皇暂出李勣，以留高宗。（俱见《本纪》）申鸣援桴而进战，为贼杀其父，功成而自杀。赵苞援桴而进战，为贼杀其母，功成而呕血死。（一见《说苑》，一见《后汉书》）医诊脉晋平公，而曰："君之病在膏之下，肓之上。"秦武王示扁鹊病，而曰："君之病在耳之前，目之上。"谓皆以色致也。（一见《左传》，一见《战国策》）东方朔知赤物为怪哉，饮酒十石。李章武知铁斧为厌物，饮血三斗。（一见《搜神记》，一见《酉阳杂俎》）怀素习书数亩芭蕉。郑虔习书数屋柿叶。（俱见《法书录》）孙膑刖足于魏，而为齐师。司马喜刖足于宋，而为中山相。（一见本传，一见《吕氏春秋》）王济以钱千万与王恺赌射八百里牛，一胜而探牛心。尔朱文略以好婢与高归彦赌射千里马，一胜而截马头。（一见《晋书》，一见《北齐书》）鄂千秋明萧何功高，立封侯。公孙戎明樊哙不反，立封二千户。（一见《萧何传》，一见《王莽传》）兖州刺史李恂，郡园小麦、胡麻，悉付从事。扬州刺史费遂，郡园小麦、胡麻，悉付从事。（一见《东观记》，一见谢承《后汉书》）孙权得诸葛恪，而以老桑熟龟精。张华得雷焕，而以老桑辨狐精。（一见《搜神记》，一见《集异志》）汉郭林宗遇雨，巾折角，人遂为折角巾。周独孤信驰马，帽微侧，人遂为侧帽。（一见《后汉书》，一见《北史》）严畯为吴大帝诵《孝经·仲尼居》，张辅、吴昭以为鄙生，请诵《君子之事上章》。陆澄为齐武帝诵《孝经·仲尼居》。王卫军俭以为博而寡要，请诵《君子之事上章》。（一见《吴志》，一见《南齐书》）吴大帝梦人以笔点额，熊循贺以当作主；齐文宣梦人以笔点额，王昙哲贺以为当作主，俱遂即位。（一见吴祚《国统志》，一见《齐书》）魏文帝为王时，梦日堕地，分为三分，己得一分，纳诸怀中。陈文帝微时，梦亦然。后俱为三分之主。（一见《谈薮》，一见《陈本纪》）张茂先白鹦鹉梦为鸷鸟搏。杨太真白鹦鹉亦梦为鸷鸟搏。（一见《异苑》，一见《明皇杂录》）欧阳率更见索靖碑，初看曰："浪得虚名。"次日看，曰："名下定无虚士。"坐卧其下，十日不能去。阎立本见张僧繇画，亦然。（俱见《宣和书画谱》）见客挟姬，杨司空素出见客，挟侍姬红拂，因奔李靖。郭汾阳子仪出见客，亦挟侍姬红绡，因奔崔千牛。（一见《虬髯客传》。一见《昆仑奴传》）饱蚊温席，人知有吴猛，而不知汉时番禺之有罗威。

[译文] 在圣明君主的时代投水自杀的，人们只知道有卞随务光，却不知道还有北宫无择。骑青牛的人，人们只知道有老子，却不知道还有封达。出生在空心的桑树中的，人们只知道有伊尹，却

不知道还有孔子。白鱼掉入舟中的，人们只知道有周武王，却不知道还有宋明帝。河中的再次上冻，人们只知道有汉光武时的滹沱河，却不知道还有慕容德到黎阳时也发生过。凤雏，人们只知道有庞统，却不知道还有顾邵。有人在进献的肉中下毒，自己被诬陷赐死的，人们只知道有晋献公子申生，却不知道还有秦孝文王子西蜀侯恽。想念爱妾让方士找回魂魄的，人们只知道汉武对于李夫人，却不知道还有宋武帝对于殷淑仪。治理东阿出名但是东阿却没有得到治理的，人们只知道齐宣王的大夫，却不知道还有景公时的晏子。做着梦想当宰相的，人们只知道高宗时的传说，却不知道还有文王时的臧丈人。在墙壁上题写龙蛇歌的，人们只知道有晋文公时的介子推，却不知道还有晋文公时的舟子侨。秦国许给楚国土地却背弃了约定的，人们只知道张仪对于楚怀王，却不知道还有冯章对于楚王。先吃掉长生不死的灵药，而以机智的话免于死罪，人们只知道东方朔对于汉武帝是这样，却不知道还有中射之士对于楚王也是这样。倚着柱子读书，雷声震响也不停止，人们只知道有夏侯玄，却不知道还有诸葛诞。一字值百金，人们只知道《淮南子》，却不知道还有《公孙子》。被妻子抛弃的丈夫，人们只知道有朱买臣，却不知道还有太公望。潜入江底把父亲背出来的，人们只知道有孝女曹娥，却不知道还有赵祉的女儿光络。挖地得到石椁的，人们只知道有滕公，却不知道还有卫国的灵飞廉。欣赏竹子不与主人说话的，人们只道有王徽之，却不知道还有袁粲。抓住了偷窃侍女的人却没有杀掉，并且把侍女赐给他的，人们只知道有杨素对于李靖，却不知道还有蔡兴宗对于孙敬玉。侍女围着拿着饮食侍奉用餐的，人们只知道有王武子，却不知道还有杨国忠、孙晟。杨国忠、孙晟，又都被称为肉台盘。羊羹没有被全赐遍而导致打了败仗的，人们只知道华元对于御斟是这样，却不知道还有中山王对于司马子期也是这样。男人流出乳汁，人们只知道有元德秀，却不知道还有李善。身穿鲜艳的衣服讨父母开心，人们只知道有老莱，却不知道还有伯俞。被称为“智囊”的，人们只知道有晁错，却不知道还有樗里子和鲁匡。读《易》读到《损》《益》两卦而发出感叹的，人们只知道有向平，却不知道还有孔子。佩带六国相印，人们只知道有苏秦，却不知道还有栾大。把石头误认为是老虎，把箭射进石头里的，人们只知道有李广、李远，却不知道还有熊渠子。骑马追赶野兔，坠马折断肋骨而死的，人们只知道有齐国国主高演，却不知道还有燕主慕容儁。倒着盖印章，人们只知道有段秀实这样来阻止阻朱泚，却不知道还有李崧这样来平定蜀地。一天之内杀了两个刚烈之士，人们只知道有袁绍对臧洪、陈容，却不知道还有张敬儿对于边荣、程邕之。能让人主向自己移近席子请教的，人们只知道有贾谊，却不知道还有商鞅、苏绰。喝了“千日酒”，到了一千天后挖开坟墓醒来的，人们只知道有刘玄石，却不知道还有赵英。朝见皇帝时用屏风隔开的，人们只知道有汉代的郑弘第、王伦，却不知道还有吴纪亮、纪骘。看到杯子中的蛇的影子的，人们只知道有乐广，却不知道还有南皮令应柳乐弓应弩。冤杀了孝妇，导致大旱三年的，人们只知道有西汉的东海，却不知道还有东汉的上虞。被称为万石君的，人们只知道有石奋，却不知道还有秦袭、张文瓘。乘牛车赴任，离职后把老牛生的小牛留下的，人们只知道有时苗，却不知道还有羊偏。吃糙米的丞相，人们只知道有公孙弘，却不知道还有晏婴。撰写有《钱神论》的，人们只知道有鲁褒，却不知道还有胡毋民、成公绥。半面识人的，人们只知道有杨愔，却不知道还有应凤。能够让陈蕃专门准备坐榻的，人们只知道有徐穉，却不知道还有周球。大雪天高卧不起的，人们只知道有袁安，却不知道还有胡定。梦中被人赠送神笔的，人们只知道有江淹，却不知道还有王彪之、王珣、纪少瑜、陆倕、李白、和凝、李峤、马裔孙。喝酒时把酒喷出来救火的，人们只知道有栾巴，却不知道还有樊英、邵信臣、郭宪、佛图澄、武丁。潜入水中杀蛟龙的，人们只知道有周处，却不知道还有澹台子羽、荆佽飞、丘䜣。乘坐羊车乱跑后宫来选择临幸的妃子，用盐水洒在地上吸引小羊来的，人们只知道有晋武帝，却不知道还有宋文帝。御膳中被发现有头发，自己陈述三条罪状可以免除死罪的，人们只知道晋平公的厨师，却不知道还有汉光武帝的陈正。品尝粪便来推测病情的，人们只知道勾践对于吴王夫差，却不知道还有郭弘霸对于魏元忠。把假毒酒赐给妒妇，喝完之后没有丧命的，人们只知道唐太宗对于房玄龄的夫人是这样，却不知道还有庄宗对于任圜的夫人也是这样。在酒席上把酒器的酒喝干，回到家还保持清醒，用秤称量所得酒器的重量的，人们只知道裴弘泰对于裴钧是这样，却不知道还有潘岏对于后梁太祖朱温也是这样。落第后献燕诗，主考官答应第二年登第的，人们只知道有章孝标，却不知道还有于化成。在高山深谷的石壁上刻字的，人们只知道有杜预，却不知道还有颜真卿。赐给倒酒的仆人烤肉的，人们只知道有顾荣，却不知道还有何逊、阴锷。一箭射下双雕，人们只知道有斛律光，却不知道还有拓跋干、高骈。锦缎做缆绳的，人们只知道有隋炀帝，却不知道还有甘宁。燃肚子的脂肪点灯的，人们只知道有董卓，却不知道还有满奋。归还玉带，积阴德做到宰相的，人们只知道有裴中令，却不知道还有白中令。小时候失去父母后来连门生都不忍心读《蓼莪》的，人们只知道有王裒，却不知道还有顾欢。挖墓，发现自己长得像远祖的模样的，人们只知道有萧颖士对于鄱阳王是这样，却不知道还有吴纲对于长沙王也是这样。进入深山，娶了两个仙女回来的，人们只知道有天台的刘晨、阮肇，却不知道还有剡县的袁相、根硕。因饭菜辨别出做饭用的是陈年木柴的，人们只知道有荀勖，却不知道还有师旷。强娶妻妾的，人们只知道有孙秀、武承嗣，却不知道还有阮佃夫。听到鼓角声心生敬意的，人们只知道有范云对于梁武，却不知道还有到仲举对于陈武。在父母坟前发誓不做官的，人们只知道有王羲之，却不知道还有何偃。通晓天台宗一心三观的，人们只知道有国忠师之对于大耳三藏是这样，却不知道还有普寂对于柳中庸也是这样。祭祀后把书刀忘在庙里，鲤鱼为他送回的，人们只知道有马当山的王昌龄，却不知道还有宫亭湖的佑客。看棋把棋盘弄乱后还能恢复原样的，人们只知道有王粲，却不知道还有到溉。创制《千字文》，人们只知道有周兴嗣，却不知道还有萧子范。赠诗给柳氏妾的，人们只知道有韩翃，却不知道还有李还古。即位时宝座塌陷的，人们只知道有桓玄，却不知道还有侯景。误将洗澡用的豆子吃掉的，人们只知道有王敦，却不知道还有陆畅。埋葬旅馆书生的，人们只知道有王忳，却不知道还有鲍子都、廖有方。看到桥神样貌丑陋，用脚在地上画出来的，人们只知道有定州的张衡，却不知道还有忖留神之于鲁般。骆驼背水，在军中养鱼的，人们只知道有宋孙仁祐，却不知道还有隋虞孝仁。杀掉负心的仆人的，人们只知道有张咏，却不知道还有柳开。被皇帝赐给金莲烛，返回翰林院的，人们只知道有苏轼，却不知道还有王珪。

晋文公说话不合礼节，师旷举琴去敲他，打坏宫殿的墙壁。魏文侯出言不当，师经举琴去撞他，把冠都打坏了。（一见《淮南子》，一见《说苑》）燕太后不肯让小儿子到齐国为人质，因为陈翠爱子的言说而答应；赵太后不肯让小儿子到秦国当人质，因左师触龙说他爱子的话而应允。（一见《史记·赵世家》，一见《战国策》）北齐神武帝高欢不看重慕容绍宗，从而留下了文襄帝高澄；唐太宗让李勣出宫，以此留下高宗李治。（见《本纪》）申鸣擂鼓前进战斗，因为贼人杀了自己的父亲，功成以后就自杀；赵苞擂鼓前进战斗，因为贼人杀了自己的母亲，功成以后吐血而亡。（一见《说苑》，一见《后汉书》）医生给晋平公诊脉，说："您的病在膏肓之间。"秦武王让扁鹊看病，扁鹤说："您的病在耳前目上。"都是说的因为好色而得病。（一见《左传》，一见《战国策》）东方朔知道那种红色的东西叫"怪哉"，它能喝十石酒；李章武知道铁斧是可憎之物，它能饮三斗血。（一见《搜神记》，一见《酉阳杂俎》）怀素练习书法写完了几亩地的芭蕉叶；郑虔练习书法用完了几屋柿子叶。（都见于《法书录》）孙膑被魏国砍了脚，却成为齐国的军师；司马喜被宋国砍了脚，却成为中山国的宰相。（一见《史记》本传，一见《吕氏春秋》）王济拿一千万钱来与王恺比赛射箭，拿叫"八百里"的牛做赌注，赢了就杀牛取心；尔朱文略拿美丽的婢女与高归彦打赌，以千里马为赌注，赢了就砍了马头。（一见《晋书》，一见《北齐书》）鄂千秋知道萧何功劳很高，于是立刻被封了侯；公孙戎知道樊哙不会谋反，于是得以封二千户。（一见《萧何传》，一见《王莽传》）兖州刺史李恂，郡县小麦、胡麻一类的事，全都交给属吏处理；扬州刺史费遂，郡里的小麦、胡麻一类的事，也全都交给属吏处理。（一见《东观记》，一见《后汉书》）孙权任用诸葛恪，从而可用老桑树来蒸熟龟精；张华得到雷焕，从而可用老桑树来辨别狐精。（一见《搜神记》，一见《集异志》）汉代的郭林宗遇雨，把帽巾折角，人们就开始都把帽巾折角；北周的独孤信骑马驰骋，帽子微侧，人人就开始戴侧帽。（一见《后汉书》，一见《北史》）严畯给吴大帝诵读《孝经·仲尼居》，张辅、吴昭认为这是乡野儒生没有学问，所以请求诵读《君子之事上章》；陆澄为齐武帝诵读《孝经·仲尼居》，王俭认为虽然广博却少有精义，因而请求诵读《君子之事上章》。（一见《吴志》，一见《南齐书》）吴大帝梦见有人用笔点了一下他的额头，熊循祝贺他将会做国君；齐文宣帝梦见有人用笔点他的额头，王昙哲也祝贺他将要做国君，他们最后都登了王位。（一见吴祚《国统志》，一见《齐书》）魏文帝还在做魏王的时候，梦见太阳落到地上，变成三份，自己得到一份，放在怀里；陈文帝小时候，也做了这样的梦，后来都成了三分天下中的一国君主。（一见《谈薮》，一见《陈本纪》）张华梦见所养的白鹦鹉被猛禽击杀；杨贵妃也梦见白鹦鹉被猛禽击杀。（一见《异苑》，一见《明皇杂录》）欧阳询看见《索靖碑》，第一次看的时候说“浪得虚名”，第二天再看时说：“盛名之下定无虚士。”坐卧在碑下，十天都不忍离去。阎立本看见张僧繇的画，也是如此。（两事都见于《宣和书画谱》）隋朝的司空杨素接见客人时，带着侍妾红拂，于是红拂跟李靖私奔；唐代汾阳王郭子仪会见客人，也带了侍妾红绡，于是她与崔千牛私奔。（一见《虬髯客传》，一见《昆仑奴传》）让蚊子吃饱血好让父亲安稳睡觉，人们都知道有吴猛，却不知道还有汉朝番禺的罗威。

【二】

【明】张岱 著

杨四平 杨柏林 译

贵州出版集团
贵州人民出版社

目录

卷五　伦类部

卷六　选举部

卷五　伦类部

君臣

在三之义　晋武公伐翼，杀哀侯，止栾子曰："苟无死矣，吾令子为上卿。"辞曰："成闻之：'人生于三，事之如一'。父生之，师教之，君食之。"

［译文］　晋武公讨伐翼国，杀死了翼国的哀侯，劝阻栾子说："如果你不自杀殉国，我让你做上卿。"栾子拒绝说："我曾听说：''人靠这三个人活着，要始终如一地侍奉他们'。这就是父母生养我，老师教育我，君王给我俸禄养活我。"

无忘射钩　管仲将兵遮莒道，射桓公，中带钩。后鲁桎梏管仲送于齐。齐忘其仇以为相。谓桓公曰："愿君无忘射钩，臣无忘槛车。"

［译文］　管仲曾带兵封锁莒地的道，用箭射向齐桓公，射中了衣带上的钩子。后来鲁国用囚车把管仲送到齐国。齐桓公不计前嫌任他为相。管仲对齐桓公说："希望您不要忘射钩之事，而我也不忘记被关在囚车之事。"

前席　贾谊为长沙王傅，文帝征之至。入见，上问鬼神之事，谊具道所以然。至夜半，文帝前席听之。

［译文］　贾谊做长沙王的太傅，汉文帝征召他到京城。入朝觐见，文帝问他关于鬼神的事情，贾谊详细地告诉了汉文帝鬼神的缘由始末。谈到了半夜，文帝把座席凑近倾听。

温树 孔光领尚书事，典枢机十余年，守法度，修政事，不苟合。或问："温室省中树皆何木也？" 光答以他语。其谨密如此。

[译文] 孔光兼任尚书的官职，执掌国家中枢权力十多年，遵守法度，治理政事，从不随便应付。有人问："温室官官署里种的都是什么树木？" 孔光用其他的话搪塞。他的谨慎与细密就像这样。

下车过阙 卫灵公与夫人南子夜坐，闻车声辚辚，至阙而止，过阙复有声。公问为谁，夫人曰："此必蘧伯玉也。妾闻礼下公门，式路马。伯玉，贤大夫也，敬于事上，必不以暗昧废礼。" 视之果然。

[译文] 卫灵公与夫人南子夜里坐在屋子里，听到有辚辚的车声，到大门外就停了下来，过了大门就又响了起来。灵公问南子这是谁，南子说："这必定是蘧伯玉。我听说根据礼法，经过国君的大门时，面对国君的路车要抚轼而过。蘧伯玉是贤良的大夫，侍奉国君恭敬有礼，不会因为晚上的原因而荒废礼节。" 派人一看，果然是蘧伯玉。

枯桑八百 诸葛亮谓后主曰："成都有枯桑八百株，薄田十五顷，子孙衣食自足。臣决不长尺寸，使库有余帛，廪有余粟，以负陛下。"

[译文] 诸葛亮对后主刘禅说："我在成都有八百棵老桑树，十五顷贫瘠的田地，子孙衣食足以自给。臣决不多用公家一点东西，让我家的仓库有多余的布帛，粮仓有多余的粮食，而辜负了陛下的信任。"

醴酒不设 楚元王敬礼穆生，每食必设醴酒。一日不设，穆生曰：“醴酒不设，王意怠矣。”遂去。

［译文］　楚元王以礼敬重穆生，因为穆生不饮酒，每次宴请必会准备甜酒招待他。有天没有准备甜酒，穆生说：“大王不准备甜酒，看来大王待我的心意已经倦怠了。”于是离开了。

一动天文　李泌谓肃宗曰：“臣绝粒无家，禄位与茅土皆非所欲，为陛下运筹帷幄，收复京城，但枕天子膝睡一觉，使有司奏客星犯帝座，一动天文足矣。”

［译文］　李泌对唐肃宗说：“我已经修炼得可以不吃饭，也不需要家室，俸禄地位与封地也都不是我想要的，我为陛下运筹帷幄，收复京城，只求能够枕在陛下的腿上睡一觉，让观测天象的官员报告有客星冲犯帝星座，让天象为我而动一下就满足了。”

封留　张良，其先五世相韩。秦灭韩，良即弃家，求刺客报韩仇，不果。乃佐高帝灭秦。定天下，大封功臣，令良自择万户。良曰：“臣初从帝于留，封留足矣。”寻弃人间事，从赤松子辟谷。吕后强食之，曰：“人生一世间，如白驹过隙，何至自苦如此！”

［译文］　张良的先祖五代人都在韩国为相。秦国灭掉韩国，张良就离开家，寻求刺客为韩国报仇，没有成功。于是辅佐汉高祖灭掉了秦国。平定天下后，汉高祖大行封赏有功之臣，让张良自己选择万户的封地。张良说：“我最开始是在留地跟随陛下，把我封在留地就够了。”不久就抛弃人间俗事，跟从赤松子修炼不吃东西的道术。吕后劝勉他好好吃饭，说：“人生活在世间，如白驹过隙那么快，何必这样苦了自己！”

御手调羹　唐玄宗召李白至见金銮殿，论当世事，奏颂一篇。帝赐食，亲手为调羹。

［译文］ 唐玄宗征召李白到来，在金銮殿上接见了他，谈论当朝国事，李白上奏了一篇颂词。玄宗赐给他食物，并亲手为他调羹。

御手烧梨 唐肃宗常夜召颖王等二弟，同于地炉罽毯上坐。时李泌绝粒，上自烧二梨，手擘之以赐泌。颖王恃恩固求，上不与曰:“汝饱食肉，先生绝粒，何乃争耶？”

［译文］ 唐肃宗曾在有天晚上召见颖王等两个弟弟，共坐在炉边地毯上。当时李泌正修炼辟谷之术，不用吃东西，肃宗亲手烤了两个梨，用手剥开赐给李泌。颖王自恃受宠坚持要赏赐给他，肃宗不给，说:“你已吃饱肉食，而先生饭也不吃，为什么要争呢？”

盐酒同味 崔浩论事，语至中夜，太宗大悦，赐浩缥醪酒十斛，水晶戎盐一两，曰:“朕味卿言，若此盐酒，故与卿同此味也。”

［译文］ 崔浩与唐太宗谈论政事，说到半夜的时候，唐太宗非常高兴，赐给崔浩十斛缥醪酒，一两水晶戎盐，说:“我聆听你的话，如同品味这些盐和酒，所以与你一起品尝这些东西。”

学士归院 唐令狐绹在翰林日，夜入对禁中。宣宗命以乘舆金莲烛送还院，院吏望见，以为天子来，俄传呼云:“学士归院。”

［译文］ 唐代令狐绹在翰林院时，晚上入宫回答皇帝的询问。唐宣宗命令用皇帝轿辇和金莲烛照明送他回翰林院，翰林院的小吏远远看见，以为天子驾临，一会就听传呼的人高喊:“学士归院。”

撤金莲炬 苏轼任翰林，宣仁高太后召见便殿曰:“先帝每见卿奏疏，必曰:‘奇才，奇才！’”因命坐赐茶，撤金莲宝炬送院。

[译文] 苏轼担任翰林学士时，宣仁高太后在便殿召见他说："先帝每次看到你的奏疏，一定会感叹：'奇才，奇才！'"于是请他坐下并赐茶喝，还撤下宫中金莲宝炬送他回翰林院。

登七宝座 唐玄宗于勤政殿，以七宝装成大座，召诸学士讲论古今，胜者升座。张九龄论辩风生，首登此座。

[译文] 唐玄宗在勤政殿，用七种珍宝做成大座位，召见各位学士谈古论今，胜出的可以升坐宝座。张九龄论辩意气风发，第一个坐上宝座。

昼寝加袍 韦绶在翰林，德宗常至其院，韦妃从幸。会绶方寝，学士郑絪欲驰告之，帝不许。时适大寒，帝以妃蜀锦襕袍，覆之而去。

[译文] 韦绶在翰林院时，唐德宗有一次到翰林院去，韦妃跟随着。恰逢韦绶正在睡觉，学士郑絪想跑去告诉韦绶，德宗没有允许。当时正值大寒天气，德宗用韦妃的蜀锦襕袍给韦绶盖上然后离开了。

金箸表直 唐开元时，宋璟为相，朝野归心。时侍御宴，帝以所用金箸赐之，曰："非赐汝箸，以表卿直也。"

[译文] 唐代开元年间，宋璟为宰相，朝廷内外都真心归附。有一次宋璟侍奉唐玄宗用膳，玄宗把自己用的金筷子赏赐给他，说："这不是赐你筷子，而是彰显你的正直。"

药石报之 唐太宗时，中书高季辅上封事，特赐钟乳一剂，曰："卿进药石之言，故以药石报之。"

[译文] 唐太宗的时候，中书高季辅上奏密封的奏章，太宗特地赐给他一剂钟乳石，并说："你的奏章像药石一样，所以用药石来回报你。"

世执贞节 于忠迁散骑常侍，尝因侍宴，宣武赐之剑杖，举酒属忠曰："卿世执贞节，故恒以禁卫相委。昔以卿行忠，赐名曰忠。今以卿才堪御侮，以所御剑杖相锡。"

[译文] 于忠升为散骑常侍，曾经因为侍奉皇帝用餐，宣武帝赐他宝剑权杖，举起酒杯对于忠说："你家世代秉执坚贞的节操，所以把禁卫要职委任给你们。以前因你行为忠贞，给你赐名'忠'字。现在因为你的才能足以抵御外敌，所以把我佩带的宝剑权杖赐给你。"

一门孝友 崔郸缌麻同爨，兄弟六人，至三品。邠、郸、郾凡为礼部五、吏部再，唐兴无有也。居光德里。宣宗曰："郸一门孝友，可为士族法。"因题曰"德星堂"，里为"德星里"，以旌之。

[译文] 崔郸一家四世同堂，兄弟六人，做到三品官。崔邠、崔郸、崔郾三人共计五次担任礼部官员、两次担任吏部官员，唐代建立以来从未有过。住在光德里。唐宣宗说："崔郸一门都孝顺友爱，可以作为士族的榜样。"所以给他家题名为"德星堂"，所居住的里为"德星里"，用来表彰他们。

亲手和药 曹彬疾革，真宗亲问，手为和药，仍赐白金万两。问以从事，答曰："臣无事可言。臣二子璨与玮，材器可取。臣若内举，皆堪为将。"真宗问以优劣，答曰："璨不如玮。"

[译文] 曹彬病重时，宋真宗亲自上门问候，亲手给他调药，又赏

赐给他万两白金。问他后事，曹彬说："我没什么事情要说。臣两子曹璨和曹玮，才能与器识都还可取。如果让我推荐亲人做官，他们都能够充当武将。"真宗又问二人哪个更出色，曹彬回答说："曹璨不如曹玮。"

相门有相　王训年十六，召见文德殿，应对爽彻。梁武帝目送之，曰："可谓相门有相。"

[译文]　王训十六岁的时候，被梁武帝召见到文德殿，回答毫无差错。武帝目送他离去，说："这可谓是宰相之门又出宰相啊。"

有古人风　刘查为东宫舍人，昭明太子以瓠食器赐之，曰："卿有古人风，故遗卿古人之器。"

[译文]　刘查担任东官舍人，昭明太子萧统把瓠做的食器赐给他，说："因为你有古人之风，所以赐你古人所用的器具。"

赐灵寿杖　孔光字子夏，经学尤明，举方正，为谏议大夫。兄弟妻子燕，语不及朝省政事。赐灵寿杖，归老于第。

[译文]　孔光字子夏，明彻经学，被举荐为方正，担任谏议大夫的职位。和兄弟妻子孩子聊天从不涉及朝政。后来，皇上赐其灵寿杖，回家养老。

剪须和药　李勣既忠力，帝谓可托大事。尝暴病疾，医曰："用须灰可治。"帝乃自剪须以和药。及愈，入谢，顿首流血。帝曰："吾为社稷计，何谢为？"

[译文]　李勣对唐太宗忠心而又尽力，唐太宗认为可托付大事给他。一次李勣忽然得了重病，医生说："用胡须烧的灰可治。"唐太宗

就剪下自己的胡须来给他调药。等到病愈，李勣进宫谢恩，磕头磕到流血。唐太宗说："我为国家考虑，何必感谢我？"

赐胡瓶 《汉纪》：李大亮为金州司马，有台史见名鹰，讽大亮献之。大亮密表曰："陛下绝畋猎久矣，使者犹求鹰，信陛下意邪？乃乖昔旨。如其擅求，是使非其才。"太宗报书曰："有臣如此，朕何忧？古人以一言之重订千金，今赐胡瓶一，虽亡千镒，乃朕所自御。"又赐荀悦《汉纪》曰："悦议论深博，极为政之体。公宜绎味之。"

[译文] 《汉纪》李大亮担任金州司马时，有一个监察御史看到此处有名鹰，就劝李大亮进献给朝廷。李大亮秘密上奏说："皇上已经很久不狩猎了，使者还在搜求名鹰，难道真的是陛下的意思吗？如果是，那就有违过去的旨意；若是使者擅自索求，那就是用人不当了。"唐太宗回信说："有这样的大臣，我还有什么忧虑的呢！古人因一言之重而用千金相报。现在我赐给你一个胡瓶，虽不值千金，但却是我自己使用的东西。"又赐了荀悦的《汉纪》，说："荀悦议论精深博大，深得为政之体。你可以仔细体味。"

赐二铭 马燧帝赐《宸扆》《台衡》二铭，以言君臣相成之美，勒石起义堂，帝榜其颜，以宠之。

[译文] 唐德宗赐给马燧《宸扆》《台衡》两篇铭文，来记录君臣相辅相成的美事，将它刻石存放在起义堂，德宗亲题石碑的榜额，来表示对他的荣宠。

诗夺锦袍 宋之问与杨炯分直习艺馆。武后游终南门，诏从臣赋诗。左史东方虬诗先成，后赐锦袍。之问俄顷献，后览之嗟赏，更夺袍以赐之。

［译文］　宋之问与杨炯分别在习艺馆值班。武则天游幸洛阳城南的龙门，诏令随从的大臣赋诗。左史东方虬先写好了诗，武则天赐给他锦袍。宋之问一会儿也献上了诗作，武则天看后大为叹赏，把刚才赐予东方虬的锦袍转赐给了他。

赐玉堂字　淳化中，翰林苏易简献《续翰志》二卷，太宗赐御诗二章，又飞白书“玉堂之署”四字赐之。

［译文］　淳化年间，翰林学士苏易简进献《续翰志》二卷，宋太宗赐给他二首御诗，又用飞白的书法写了“玉堂之署”四个字赐给了他。

赐金龙扇　宋张咏为御史中丞，时真宗令进所著述，帝称善，取所执销金龙扇赐之，曰：“美卿金日献文事。”

［译文］　宋代张咏担任御史中丞的职位，有一次宋真宗让他进献他的著述，真宗看后大为赞赏，将手中的销金龙扇赐给他，说：“以此来褒美你今天进献文章的事情。”

赐酴醾酒　唐李吉甫盛赞天子。李绛曰：“今日西戎内讧，烽燧相接，正陛下求治之时，何得仅以赞颂为言？”帝入谓左右曰：“绛言骨鲠，真宰相也。”遣使赐酴醾酒。

［译文］　唐代李吉甫极力颂扬唐宪宗。李绛说：“现在西戎正在发生内讧，眼看就要打仗，这正是陛下励精图治的时候，为什么只仅仅让称赞您呢？”宪宗回宫后对侍臣说：“李绛说话刚正如骨鲠，是真正的宰相。”派使者赐给他酴醾酒。

用读书人　宋太祖建元，命毋袭旧号，遂命“乾德”。一日，宫中见古镜有“乾德”字，怪问臣下，俱不能知。独窦仪对曰：“昔蜀王有此年号，此必蜀中宫女带来者。”问之果然。上叹曰：“宰相须用读书人。”

［译文］ 宋太祖建立北宋改换年号，下令说不要因袭以前的旧年号，于是改元“乾德”。有一天，在皇宫中发现古镜上有“乾德”二字，觉得奇怪，就询问臣子，都不知道是怎么回事。只有窦仪回答说：“以前蜀王曾用过这个年号，这面镜子必定是蜀地的宫女带来的。”追问之下果然是这样。太祖赞叹说：“宰相还是要用读书人啊。”

朕之裴度 宋庆历中，贝州兵乱，师久无功。参知政事文彦博请行凯旋，上劳之曰：“卿，朕之裴度也。”

［译文］ 宋代庆历年间，贝州军队发生叛乱，讨伐很久也没有战功。参知政事文彦博请求去率兵作战，战胜归来后，宋仁宗犒劳他说：“爱卿，你是我的裴度啊。”（唐时宰相裴度曾率兵平定淮西兵乱）

禁中颇牧 唐毕诚为翰林学士，羌人扰河西，宣宗召访边事，诚论破羌状甚悉。上曰：“颇、牧近在禁中。”

［译文］ 唐代毕诚做翰林学士的时候，羌人搅扰河西之地，唐宣宗召见他并询问边疆战事，毕诚详尽陈述了击破羌敌的计策。宣宗说：“廉颇和李牧这样的人才就近在宫廷里啊。”

朕之汲黯 宋田锡，天性骨鲠，奏经史中治体之要三十篇。真宗手诏褒奖，每见锡，色必矜庄。帝自谓曰：“田锡是朕之汲黯。”

［译文］ 宋代田锡天性刚直，进奏经史中治理国家的重要文章三十篇。宋真宗亲手书写诏书褒奖他，每次见到田锡，面色一定端庄

肃穆。真宗自称:“田锡就是我的汲黯啊。”

巾车之恩　冯异朝京师，光武诏曰:“仓卒芜蒌亭，豆粥滹沱河，麦饭厚恩久不报。”异曰:“臣欲国家无忘河北之难，臣不敢忘巾车之恩。”

[译文]　冯异到京师朝拜，光武帝下诏书说:“仓皇之时你在芜蒌亭进献豆粥，在滹沱河时进献麦饭，这份厚重的恩德这么长时间竟没有报答您。”冯异说:“我希望国家不要忘记河北之难，我也不敢忘记巾车之恩。”

尚书履声　汉郑宗为尚书仆射，数谏，上纳用之。每闻其革履声，曰:“我识郑尚书履声。”

[译文]　汉代郑崇担任尚书仆射的官职，多次进谏，汉哀帝都予以采纳。每次听到他的脚步声，汉哀帝都会说:“我听得出来郑尚书的脚步声。”

软脚酒　唐郭子仪自同州归，代宗诏大臣就宅作软脚局，人出钱三千。

[译文]　唐代郭子仪从同州回京，唐代宗下诏书让大臣前去郭子仪的府邸设宴接风，每人出三千钱。

佐朕致太平　王旦，祐次子，器诚远大，真宗尝目送之曰:“佐朕致太平者，必斯人也。”

[译文]　王旦是王祐的次子，气度见识高远广博，宋真宗曾经目送王旦说:“能够辅佐我使国家太平的，一定是这个人。”

儒与吏不及 明王兴宗初为皂隶，洪武特命为金华知县。李丞相言："隶也，奈何为令？"上曰："兴宗勤而不贪，又善处事，儒与吏不及也，何有于县？"后苏乏守，上曰："莫如兴宗。"用之，有善政。

[译文] 明代的王兴宗开始做衙门的差役，朱元璋特别任命他做金华知县。李丞相说："一个小吏，怎么能够做县令？"太祖说："兴宗勤谨而不贪婪，又善于处理政事，儒生与小吏都比不上他，做个县令有什么？"后来苏州太守空缺，太祖说："没有谁比兴宗更合适。"就任用了王兴宗，政绩卓然。

风度得如否 唐玄宗每访士，必曰："风度得如九龄否？"

[译文] 唐玄宗每次访求贤士，一定会问："他的风度比得上张九龄吗？"

文武魁天下 宋薛奕，兴化人，中武举第一。时同郡徐铎亦冠文科，神宗赐以诗，有"一方文武魁天下，万里英雄入彀中"之句。后于国变死难。

[译文] 宋代的薛奕是兴化人，考中武举第一名。当时同郡人徐铎也考中了文科的第一名，宋神宗把诗赐给他们，有"一方文武魁天下，万里英雄入彀中"的句子。后来在国家变乱中殉难。

奖谕赐食 明王来巡按苏松，奉敕同侍郎周忱考察官吏，制词有请上裁语，来曰："贪官污吏当去，宜即去之。奏请迟留，民益受弊矣。"三杨览奏曰："王来明达治体。"遂易与之。由是贪暴望风引去。有巨珰陈武，奉太后懿旨，散经江南，要索百端，人人畏之。来收其榜，谓与诏书不合，拟劾之。珰哀祈得免。及还，诉于上。上问顾佐曰："苏州巡按为谁？"佐曰："王来。"上曰："记之。"及代还，佐引以奏，上加奖谕，赐食光禄。

[译文] 明代的王来担任苏州和松江两地巡按，奉朝廷命令和侍郎周忱考察官吏的政绩，朝廷命令中有"请朝廷裁夺"的话，王来说："贪官污吏若应当革职的，就当立刻革职。上奏请示会延迟处罚，百姓就更会蒙受弊害。"当时担任台阁重臣的杨荣、杨溥和杨士奇看到奏章后说："王来明达治理之术。"所以就给他下达了新的制令。因此贪污暴虐之人望风而逃。有个有权势的宦官陈武，遵奉太后的命令，在江南举办法会，百般勒索，人人都怕他。王来收了他的文书，说与皇帝诏书不符合，打算审判他。宦官苦苦哀求才得以免罪。等他回朝，告知皇上，皇上问顾佐说："苏州巡按御史是谁？"顾佐回答说："王来。"皇上说："把他记住。"等王来任满回来，顾佐带他面见皇上，皇上专门给予嘉奖，在光禄寺赐宴。

赐金奉祀　汉朱邑官至大司农，卒。天子惜之，曰："朱邑退食自公，无疆外之交，可谓淑人君子。"赐其子黄金百斤奉祀。

[译文] 汉代的朱邑担任大司农的官职，去世后，天子感到痛惜，说："朱邑工作之余操守廉洁，没有四处结交，真是个淑人君子。"赐给他儿子黄金百斤来祭祀他。

有唐忠孝　韩思复儿时，母为语父亡状，呜咽欲死。举茂才高第，家益贫，杜瑾以百绫飨思复，方并日食，而百绫完对不发。累迁襄州刺史，治行名天下。及卒，上手题其碑，曰"有唐忠孝韩长山之墓"。

[译文] 韩思复小时候，母亲告诉他父亲死时的情状，他呜咽痛哭、

伤心欲绝。科考高分得中秀才，家里却更加贫困，杜瑾送他一百匹绸缎来慰问他，他把一天的饭平分到两天吃，而那一百匹绸缎原封未动。后来多次升迁做了襄州刺史，治理的德行名声遍布天下。等到他去世的时候，皇帝亲题墓碑，写了"有唐忠孝韩长山之墓"。

骨格必寿 明宋讷，士至祭酒，严立学规。学录金文徵嗾冢宰余熂移文，以老致仕。及陛辞，上讯知其故，诛熂及文徵，讷居职如故。上恒谓讷骨格必寿，命画工绘其像。年八十余，终于官。上自制文祭之。后每思讷，举为教国子者法。命仍官其子复祖为司业。

[译文] 明代的宋讷，做官至国子监祭酒，严格制定学规。太学的助教金文徵等人嫉妒宋讷，和吏部尚书余熂暗地里设计陷害宋讷，下达文书，以其年纪太大让他退休。辞别皇帝时，朱元璋问知原因，就诛杀了金文徵，而宋讷则仍然像以前那样做国子监祭酒。朱元璋曾说以宋讷的骨相一定会长寿，命令画工画了他的像。八十多岁，在任上死去。朱元璋亲自写文章祭奠他，后来常想到宋讷，把他作为国子监任教者的榜样，并下令让他的儿子宋复祖担任国子监司业的职务。

不避艰险 昭烈与关羽、张飞，寝则同床，恩若兄弟。而稠人广座，侍立终日，随备周旋，不避艰险。

[译文] 昭烈帝刘备与关羽、张飞三人同睡一床，情分如同亲兄弟。但在人多的时候，关羽、张飞二人却整日侍立在刘备身后，跟随刘备四处漂泊，不避艰险。

遂从不去 张良聚少年百人，道遇沛公。良数以《太公兵法》说沛公，沛公善之，尝用其策。良为他人言，皆不省。良曰："沛公殆天授。"故遂从不去。

［译文］ 张良聚集了一百多位青壮年，在路上遇到了刘邦。张良多次用《太公兵法》游说刘邦，刘邦大为赞赏，于是用他的计策。张良曾为别人出谋划策，他们都不明白。张良说："沛公大概是上天授命的人啊。"于是追随刘邦不再离开。

鱼之有水 刘备见诸葛亮于隆中，凡三往而始得，情好日密，关羽、张飞不悦。备解之曰："孤之有孔明，犹鱼之有水也。"

［译文］ 刘备在隆中拜访诸葛亮，共去了三次才得以见到，两人感情甚好，日益密切。关羽和张飞就不高兴了。刘备解释说："我有孔明先生，就好像鱼有了水。"

安刘者必勃 汉高祖疾甚，吕后问曰："陛下百岁后，萧相国即死，令谁可代之？"曰："曹参可。"问其次，曰："王陵可。然陵少戆，陈平可以助之。陈平智有余，然难以独任。周勃重厚少文，然安刘氏者必勃也，可令为太尉。"

［译文］ 汉高祖病重，吕后问："陛下百年之后，相国萧何如果也死了，可让谁取代他的职位呢？"回答说："曹参可以。"又问曹参身后呢？回答说："王陵可以。不过他个性耿直，陈平可以辅助他。不过陈平机智有余，却难以独自担当重任。周勃稳重宽厚没有文饰，那么安定天下的一定是周勃，可以让他做太尉。"

赐周公图 汉武帝以子弗陵年稚，察群臣，唯奉车都尉霍光忠厚，可任大事。乃使黄门画周公负成王朝诸侯以赐光。上病笃，霍光涕泣问曰："如有不讳，谁当嗣者？"上曰："君未谕前画意耶？立少子，君行周公之事。"

[译文] 汉武帝因为他的儿子刘弗陵年龄还小，观察群臣，只有奉车都尉霍光忠诚谨厚，可以托付大事。就让黄门官画周公背负周成王朝见诸侯的图画给赐霍光。武帝病重，霍光哭着问道："万一陛下有意外，谁来继位？"武帝说："你没有明白先前送你那幅画的意思吗？拥立幼子刘弗陵，你做周公辅政的事。"

去襜帷 汉刺史郭贺，官有殊政，明帝赐以三公之服黼黻冕旒，敕行部去襜帷，使百姓见其容服，以章有德。

[译文] 汉代的刺史郭贺，做官政绩突出，汉明帝赐他三公的官服和黼黻礼冠，命令行部去掉马车四周的帷帐，好让百姓观瞻其面貌和衣服，以此表彰有德行的人。

一见如旧友 苻坚自立为秦天王，尚书吕婆楼荐王猛于坚。坚召猛，一见如旧友，语及时事，大悦，自谓如刘玄德之遇孔明也。

[译文] 苻坚自立为秦天王，尚书吕婆楼把王猛荐举给苻坚。苻坚召见王猛，两人一见如故，谈论到当世之事，非常高兴，自称就好像是刘备遇到了诸葛亮一样。

父子

弄璋弄瓦 《诗经》：吉梦维何？维熊维罴。男子之祥，维虺维蛇。女子之祥，乃生男子，载衣之裳，载弄之璋。乃生女子，载衣之裼，载弄之瓦。

［译文］《诗经》里说：吉梦维何？维熊维罴。男子之祥，维虺维蛇。女子之祥，乃生男子，载衣之赏，载弄之璋。乃生女子，载衣之裼，载弄之瓦。

诞日弥月　《诗经》：载生载育，时维后稷，诞弥厥月。

［译文］《诗经》里说：载生载育，时维后稷，诞弥厥月。

岳降　《诗经》：崧高维岳，峻极于天。维岳降神，生甫及申。

［译文］《诗经》里说：崧高维岳，峻极于天。维岳降神，生甫及申。

悬弧设帨　男子生，桑弧蓬矢，以射天地四方，欲其长而有事于四方也。《礼记》：男子生，设弧于左。女子生，设帨于门右。

［译文］　生了男孩，用桑木和蓬草做成弓箭，来射向天地四方，希望他长大后能够志在四方。《礼记》中说：生了男孩子，要在大门左边悬挂弓箭；生了女孩子，在大门右边要悬挂佩巾。

初度　《离骚》云：“皇览揆余初度兮，肇锡余以嘉名。”

［译文］《离骚》里说：“皇览揆余初度兮，肇锡余以嘉名。”

添丁　唐卢仝生子，名添丁。宋贾耘老，子亦名添丁。耘老生子之妾，名双荷叶。

［译文］　唐代的卢仝生了儿子，名字叫“添丁”。宋代的贾耘老生了儿子名字也叫“添丁”。给贾耘老生儿子的侍妾名字叫“双荷叶”。

汤饼会　生子三朝宴客，曰汤饼会。刘禹锡送张盥诗：“尔生始悬弧，我作座上宾。引箸举汤饼，祝词生麒麟。”

［译文］ 生子后第三天宴请宾客，叫作汤饼会。刘禹锡在《送张盥》的诗中说：“尔生始悬弧，我作座上宾。引箸举汤饼，祝词生麒麟。”

拿周 曹彬始生周岁，父母罗百玩之具，名曰晬盘，观其所取以见志。彬左手提戈，右手取印，后果为大将封王。

［译文］ 曹彬出生一周岁的时候，父母罗列上百种玩具，名叫“晬盘”，观察他从中所取之物来预见他以后的志向。只见曹彬左手拿戈矛、右手拿印章，后来果然成了大将军并被封了王。

太白后身 郭祥正母梦李太白，而生祥正，有诗名。梅尧臣曰：“功夫天才如此，真太白后身也。”

［译文］ 郭祥正的母亲做梦梦到李白，生了郭祥正，很有诗名。梅尧臣说：“郭祥正有这样的天才，真是李太白转世啊。”

玉燕投怀 张说梦生。一玉燕飞入怀中，有孕，生说，后为宰相，封燕公。

［译文］ 张说是因为母亲做梦而出生的。他的母亲梦见一只玉燕飞到怀里，随即就有了身孕，生下张说，张说后来成为宰相，被封为燕国公。

九日山神 三衢陈主簿妻，梦一伟人来谒，怪问之，告曰：“吾九日山神也。”已而生子，有异征。因合“九日”二字，名旭。后避庙讳，改升之。神宗朝拜相。

［译文］ 三衢陈主簿的妻子，梦见身材伟岸的人前来拜访，感到很

奇怪，就问他，那人回答说："我是九日山神。"不久就生了个儿子，有特异之相。因为与"九日"二字相合，取名叫作陈旭。后来因为避皇帝庙讳，改为"升之"。神宗时被任命为宰相。

灵凤集身　《南史》：王昙逸母，梦灵凤集身，有孕，又闻腹中啼声。僧宝志曰："生子当如神仙宗伯。"

[译文]《南史》记载：王昙逸的母亲梦见有奇异的凤凰伏聚到身上，于是就有了身孕，又听到肚中有啼哭的声音。宝志和尚说："生了儿子应该会像神仙宗伯一样。"

金凤衔珠　南昌许逊，母梦金凤衔珠堕掌而生。晋初为旌阳令，得异人术，周游江湖，悉斩蛟蜃，除民害。精修山中，年一百三十六。举家飞升。

[译文]　南昌的许逊，他的母亲梦见金色的凤凰口里衔着珍珠落在掌中而生下了他。晋朝初年担任旌阳令，得到异人传授的法术，周游江海湖泊，将蛟龙与蜃精全部斩尽，为民除害。又在山中修道，活了一百三十六岁。后来全家飞升成仙。

授五色珠　宋乐史，母梦异人授五色珠而生。史力学能文，举进士第一，立朝有声，著《太平寰宇记》。

[译文]　宋代的乐史，他的母亲梦到异人送给她五色的珍珠而生下了乐史。乐史学习勤奋能写文章，考中了第一名进士，在朝中有声望，著有《太平寰宇记》。

五日生　田文以五月五日生。其父婴欲弃之，母窃举。及长，谓婴曰："君相齐久矣，齐不加广而私家赀累巨万，门下不见一贤者。文窃怪之。”婴乃礼文，使治家，通宾客。

［译文］ 田文生于五月五日，他的父亲田婴想把他抛弃，母亲偷偷把他养大。到了成年之后，对田婴说：“您做齐国之相已经很久了，齐国的疆域没有变得更加广大而您却集聚了百万私财，门下也没有看见一位贤明的人才。我私下觉得奇怪。”田婴这才以礼相待，让他治理家政，结交宾客。

梦邓禹 宋范祖禹生，母梦一丈夫被金甲，至寝所，曰：“吾汉将邓禹也。”祖禹生，遂以为名。

［译文］ 宋代范祖禹出生时，他的母亲梦见一身披金甲的大丈夫来到她的住处，说：“我是汉朝的大将邓禹。”范祖禹出生，就以“禹”为名。

梦枫生腹 唐张志和母，梦枫生腹上而产志和。母亡，不复仕。自号烟波钓徒。

［译文］ 唐代张志和的母亲，梦见自己的肚子上长出枫树而生下了张志和。母亲死后，张志和不再出仕做官，自号“烟波钓徒”。

电光烛身 宋宗泽母刘，梦天大雷，电烛其身，翌日举泽。少有大志，累功拜副元帅，起兵勤王，大破金兵。

［译文］ 宋代宗泽的母亲刘氏，梦见天空有大雷，电光照亮了身体，第二天就生下了宗泽。宗泽小时候就胸怀大志，多次建立功劳而被授予副元帅的官职，曾起兵救援朝廷，大破金兵。

梦贤人至 谢灵运父不宜子，乃于杜明甫舍寄养。是夕，梦有贤人至。及晓，乃灵运也。武林山有梦儿亭。

[译文] 谢灵运的父亲命中不适合养子，就把他寄养在杜明甫家中。当天晚上，杜明甫梦有贤人来访。等到早晨，才知道是谢灵运。武林山现在还有一座梦儿亭。

右胁生　老子姓李，名耳，字伯阳。谥聃。母怀之八十一岁，从右胁生，因号老子。

[译文] 老子姓李氏，名字叫耳，字伯阳。死后谥号是聃。他的母亲怀孕他八十一年，从右胁生下了他，所以叫老子。

梦虎行月中　滕元发母，梦虎行月中，堕其室，而元发生。九岁能诗。举进士，治边，威行西夏。

[译文] 滕元发的母亲，梦见老虎在月亮中行走，掉落到她家的屋子里，于是就生下了滕元发。九岁就会写诗。后来考中进士，治理边疆，声威行于西夏。

真英物　桓温生，未暮，而温峤见之，曰:“此儿有奇骨。”及闻其声，曰:“真英物也。”父彝以峤所赏，故名温。豪爽有风概，累功进大司马。

[译文] 桓温出生还不到一年，温峤看到他，说:“这个孩子有清奇之相。”等到听见他说话的声音，说:“真是英雄人物啊。”他的父亲桓彝因为孩子被温峤赞赏，所以取名为“温”。后来他果然豪爽有气概，因功勋卓著而被升为大司马。

龟息　李峤母以峤问袁天纲，答曰:“神气清秀，恐不永耳。”请伺峤卧而候其鼻息，乃贺曰:“此龟息也，必贵而寿。”

[译文] 李峤的母亲向袁天纲问儿子面相，他回答说:“神情气质清

丽隽秀，只恐怕活不长。”请求等到李峤入睡时听他鼻子发出的气息，听过就祝贺说：“这是‘龟息’啊，必然显贵且长寿。”

梦长庚 李白母娠时，梦长庚星现，幼名长庚，后改曰白。

[译文] 李白的母亲怀孕的时候，梦见长庚星出现，所以给李白取小名叫“长庚”，后来改名为“白”。

产有异光 虞允文产之日，户外有异光，识者知其为大器。十岁赋诗，多惊人语。

[译文] 虞允文出生那天，门户外有奇异的光芒，懂得这种奇异现象的人知道他将成大器。他十岁写的诗，就常常有惊人之语。

将校有梦 杨玠，璨子，未生时，将校有梦，神自靖州来，号蜀威将军者。暨玠生，貌状如之。袭职，著边功。

[译文] 杨玠是杨璨的儿子，还没有出生的时候，杨璨做梦，梦到有神仙从靖州来，号称蜀威将军。等到杨玠出生后，样貌身材和那位神仙非常相像。后继承杨璨的职位，在边疆上功勋卓著。

钟巫山之秀 扬雄之父寓巫山而生雄，论者为钟十二峰之秀。

[译文] 扬雄的父亲居住在巫山时生了扬雄，大家都说扬雄身上聚有巫山十二峰的秀气。

皆名将相 陈省华官谏议大夫，陈抟尝谓省华曰：“君之子皆名将相也。”后省华谢政家居，三子并衣金紫扶杖。长尧叟，世称贤相；次尧佐，官太子太师；季尧咨，官节度使，善射，世称小由基。

[译文] 陈省华担任谏议大夫时，陈抟曾对陈省华说：“你的儿子都

会成为有名的将相。”后来陈省华退休在家，三个儿子做了高官。长子陈尧叟，世称贤相；次子陈尧佐，担任太子太师；幼子陈尧咨，做了节度使，擅长射箭，世称小由基。

孕灵此子　五代王承肇母崔氏，梦山神牵五色兽逼其衣，遂生承肇。有异僧见而抚之，曰：“老僧所居周公山，佳气减半，乃孕灵此子耶？”后节制洛州，以功名著。

【译文】五代王承肇的母亲崔氏，梦见山神牵五色兽靠近她的衣服，于是生下了王承肇。有个奇怪的和尚看到后抚摸着他，说：“老僧我所居住的周公山，美好的灵气减少了一半，难道是因为孕育了这个孩子的缘故？”后来他管理洛州，以功名著称于世。

父辱子死　彭修年十五，侍父出行，为盗所劫，修拔刀向盗，曰：“父辱子死，汝不畏死耶？”盗惊曰：“童子义士，毋逼之。”遂遁去。

【译文】彭修十五岁时，侍奉父亲外出，被强盗劫持，彭修拔刀对强盗说：“父亲受辱儿子只有以死相拼，难道你们不怕死吗？”强盗大惊说：“这小孩是义士，不能逼迫他。”于是都跑走了。

一子不可纵　刘挚儿时，父居正课以书，朝夕不少间。或谓：“君止一子，独不加恤耶？”居正曰：“正以一子，不可纵也。”

【译文】刘挚小时候，他的父亲刘居正考问功课，早晚都不允许休息。有人说：“你只有一个儿子，应该加以体恤呀？”刘居正说：“正因只有一个儿子，就更不能纵容他了。”

事父犹事君　殷渊刚介多大节，从父宦游，父行事未当，必辩论侃侃。尝言事父犹事君，不以谀诺为恭。后死“闯贼”难。

［译文］ 殷渊刚烈正直而注重大节，跟随父亲外出做官，若父亲行事不当，他就会从容地和父亲辩论。他曾说侍奉父亲如同侍奉君主，不能把谄媚当作恭敬。后来他死于李自成起义。

娶长妻 冯勤祖父偃，长不满七尺，自耻短陋，乃为子伉娶长妻，生勤，八尺三寸。

［译文］ 冯勤的祖父冯偃，身高不到七尺，自己为自己的矮小丑陋感到羞耻，于是为儿子冯伉娶了一个身高修长的妻子，生了冯勤，身高八尺三寸。

一门七业 刘殷有七子，五子各授一经，一子授太史公《史记》，一子授《汉书》，一门之内，七业俱兴。北州之学，殷门为盛。

［译文］ 刘殷家有七个儿子，其中五个儿子分别传授一种经书，一个儿子传授太史公的《史记》，一个儿子传授《汉书》，一家之中，七个儿子的学问都明达昌盛。于是北部州郡的学问，属刘殷家最为繁盛。

胎教 孟子少时，问：“东家杀猪何为？”母曰：“啖汝！”既而悔曰：“吾闻胎教，割不正不食，席不正不坐。今适有知而欺，是教之不信。”乃买猪肉啖之。

［译文］ 孟子小时候问母亲：“东边邻居家杀猪做什么？”母亲答：“给你吃！”说完就后悔地想：“我听胎教之法，肉切得不端正就不吃，席铺得不端正就不坐。今天正是知道欺骗他，这是教他不诚信啊。”于是买了猪肉给他吃。

七子孝廉 赵宣妻杜泰姬生七男，教之曰："中人性情，可上下也。昔西门豹佩韦以自宽，宓子贱佩弦以自急，汝曹念哉！"后七子皆辟孝廉，而元珪、稚珪更以令德著。

[译文] 赵宣的妻子杜泰姬生了七个男孩，教育他们说："中等资质的人的性情，可上可下。从前西门豹佩戴牛皮带自诫要松缓，宓子贱佩带弓弦自诫要紧肃，你们要记住！"后来七子都被征为孝廉，而赵元珪、赵稚珪更以美好的德行著称。

各守一艺 邓禹有子十三人，各守其艺，闺门雍睦。累世宠贵汉庭者，凡百余人。

[译文] 邓禹有十三个儿子，每人保持自己的技艺，全家和睦，数代人受朝廷恩宠而显贵的，共有一百多人。

儿必贵 王珪母李氏尝曰："儿必贵，未知所与游者何人？"适玄龄、如晦造访，母大惊曰："二客皆公辅器，汝贵不疑矣。"

[译文] 王珪的母亲李氏曾经说："我儿子一定能够显名富贵，不知与他交往的都是什么人。"恰逢房玄岭、杜如晦来拜访，王母大惊说："两位客人都是宰相般的气度，你的显贵是不用怀疑的了。"

苏瓌有子 苏颋父瓌同李峤拜相。一日，召二子进见，帝曰："苏瓌有子，李峤无儿。"

[译文] 苏颋的父亲苏瓌与李峤被授予宰相职位。有一天，朝廷召两人之子入朝觐见，皇帝说："苏瓌有儿子，李峤没有儿子。"

是父是子 吕昭知沁州，临行，父老持金相赠。昭曰："吾无刘宠之爱，敢为父老留一钱哉！"却不纳。子旦初第，昭诫之曰："苟酌贪泉，死不歆祀。啮冰茹蘖，是父是子。”

［译文］ 吕昭被授予沁州知州，临走的时候，父老乡亲拿钱赠送给他。吕昭说：“我没有刘宠那样的癖好，岂敢留下父老乡亲的一文钱！”推托着没有接受。他的儿子吕旦刚考中进士，吕昭就告诫他说：“若饮贪泉之水，死后将不会被列入吕氏宗祠。哪怕穷得只能吃糠咽菜，我们还是父子。”

父子四元 伦文叙弘治乙未会元，三子以谅、以训、以诜皆成进士。以谅乡试第一，以训会试第一，以诜殿试第二。父子居四元，为科名盛事。

［译文］ 伦文叙是弘治乙未年的会元，三个儿子伦以谅、伦以训、伦以诜也都考中了进士。伦以谅乡试第一名，伦以训会试第一名，伦以诜殿试第二名。父子四人占据四元，算是科举功名的盛事了。

一如其父 范仲淹知耀、邠二州，皆有善政。赵元昊叛，知永兴军时，称小范老子胸中有数万甲兵。子纯礼，亦知永兴，为政一如其父。

［译文］ 范仲淹管理耀州和邠州，在两地都政绩卓著。西夏赵元昊叛乱，他掌管永兴军，人们称赞他“老子胸中有数万甲兵”。他的儿子范纯礼也曾掌管永兴军，处理政事与他的父亲完全一样。

一褐寄父 邝埜仕副使，尝市一褐寄父。贻书问：何处得此褐，毋以不义污我。家教严，故埜制行最清谨。

［译文］ 邝埜官至副使，曾经买了一件粗布衣服寄给他的父亲。他的父亲回信问：“这衣服从哪里得来？不要用不义之财来玷污我。”

家教谨严，所以邝埜的道德行为最为清廉谨慎。

天上麒麟　杜诗：“徐卿二子生绝奇，感应吉梦相追随。孔子释氏亲抱送，并是天上麒麟儿。”

［译文］杜甫的诗里说：“徐卿二子生绝奇，感应吉梦相追随。孔子释氏亲抱送，并是天上麒麟儿。”

厉人生子　昔有厉人夜半举子，急持灯烛之，盖恐肖己也。

［译文］从前来有个相貌丑陋的人半夜生孩子，急忙举灯照着看孩子，大概是恐怕孩子长得像自己那样丑陋。

三迁　孟子少时，居近墓，乃好为墓间之事。孟母曰：“非所以教吾子也。”乃去。居市廛，孟子又好为贸易之事。母曰：“此非所以教吾子也。”复去。居学宫之傍，孟子乃设俎豆，揖攘进退。孟母曰：“此可以教吾子矣。”遂居之。

［译文］孟子小的时候，住得靠近坟墓，于是喜欢仿效做墓间上坟祭祀的事。孟子的母亲说：“这不是能够教育我儿子的地方。”于是离开。住在集市上，孟子又喜欢做市场贸易的事。孟子的母亲说：“这也不是能够来教育我儿子的地方。”又离开了。住在学校附近，孟子就会设置礼器，学习揖攘进退的礼仪。孟母说：“这里可以用来教育我儿子了。”于是就定居在这个地方了。

和熊胆　柳公绰妻韩氏，常命粉苦参、黄连和熊胆为丸，赐其子仲郢等夜学含之，以资勤苦。

［译文］柳公绰的妻子韩氏，经常把苦参、黄连和熊胆磨碎做成药丸，给她的儿子柳仲郢等人在夜间学习时含在口中，来鼓励他们

勤奋学习。

画荻　欧阳修四岁而孤，母郑氏教之。家贫，乏纸笔，以荻画地学字。后成大儒，官至观文殿大学士。

[译文]　欧阳修四岁的时候死了父亲，母亲郑氏亲自教育他。家里贫穷，缺少纸笔，就用芦秆画在地上学习写字。后来欧阳修成了大儒，官至观文殿大学士。

截髮　陶侃孤贫，孝廉范逵尝过，仓卒无以款待。母湛氏乃截髮以易酒，又撤所卧草荐，锉以喂马。逵见卢江守张夔称之。夔召侃领枞阳令。

[译文]　陶侃家里孤苦贫穷，孝廉范逵曾经来他家里拜访，仓促之间没有东西来招待客人。他的母亲湛氏就剪下假发来换了酒，又拿出睡觉的草席，铡碎了喂马。范逵见到庐江太守张夔时称赞了陶侃。张夔召陶侃来担任枞阳令。

跨灶　灶上有釜，故子过于父，谓之跨灶。盖父与釜同音，借以相喻也。

[译文]　灶上有锅，所以如果儿子才能超过父亲，就称之为“跨灶”。因为父与釜是读音相同，所以借这个词来比喻。

凤毛　宋谢凤子超宗，善文词，作《殷妃诔》。帝叹赏曰:“超宗殊有凤毛。”杜诗:“欲知世掌丝纶美，池上于今有凤毛。”

[译文]　刘宋时谢凤的儿子谢超宗擅长文辞，曾写作《殷妃诔》。皇帝看到后叹赏说:“谢超宗有他父亲那样的才华。”杜甫诗:“欲知世掌丝纶美，池上于今有凤毛。”

双珠 后汉韦康、韦诞俱有时名。孔融语其父端曰："不意双珠近出老蚌。"

［译文］ 后汉时的韦康、韦诞都有当世的名望。孔融对他们的父亲韦端说："一双珍珠竟然生于一个老蚌。"

豚犬 曹操见孙权，叹曰："生儿当如孙仲谋，如刘景升儿子豚犬耳！"

［译文］ 曹操看到孙权，赞叹说："生儿子就应该像孙权那样，刘景升的儿子不过猪狗之辈！"

老牛舐犊 杨彪子修为曹操所杀。操后见彪，曰："何瘦之甚！"曰："愧无日磾先见之明，犹怀老牛舐犊之爱。"操为之改容。

［译文］ 杨彪的儿子杨修被曹操杀害。曹操后来看到杨彪，说："为何瘦成这样？"杨彪说："惭愧于我没有金日磾的先见之明，但仍怀着老牛舐犊一样的爱子之心。"曹操为之动容。

伯道无儿 邓攸字伯道，石勒之乱，挈妻子及弟子绥以逃，度不能两全，乃弃子存侄，后卒绝嗣。时人语曰："皇天无知，使伯道无儿。"

［译文］ 邓攸字伯道，石勒发生叛乱，他带着妻子、儿子和弟弟的儿子邓绥逃跑，估计没办法保全两个孩子，就放弃了自己的儿子而保全了侄子，后来就断了后代。当时人说："皇天无知，让伯道没有了后代。"

萱堂 萱草一名宜男，妊妇佩之即生男。故称母为萱堂。《诗·伯兮》章:“焉得萱草，言树之北。”

[译文] 萱草又叫作宜男，孕妇佩戴了它就会生男孩，所以称母亲为“萱堂”。《诗经·伯兮》里说:“焉得萱草，言树之北。”

椿庭 《庄子》云:“上古有大椿，以八千岁为春，八千岁为秋。”今人称父曰椿庭。

[译文] 《庄子》里说:“上古时有棵大椿树，把八千年当成春天，把八千年当成秋天。”现在人称父亲为椿庭。

乔梓 乔木高而仰，父道也。梓木实而俯，子道也。故称父子曰乔梓。

[译文] 乔木长得高大而需要仰视，象征父亲之道。梓木生出果实而低垂，象征儿子之道。所以把父子叫作“乔梓”。

楂梨 张敷小字楂，父邵小字梨。宋文帝戏之曰:“楂何如梨?”敷曰:“梨是百果之宗，楂何敢比!”

[译文] 张敷的小名叫楂，他的父亲张邵小名叫梨。宋文帝戏说:“山楂和梨相比怎么样?”张敷说:“梨是百果的宗主，山楂怎么敢比!”

菽水承欢 子路曰:“伤哉贫也!生无以为养，死无以为礼也。”孔子曰:“啜菽，饮水，尽其欢，斯之谓孝。”

[译文] 子路说:“贫困真可怜啊!父母活着的时候没法赡养，死去的时候也没法按照礼节祭祀。孔子说:“吃粗粮，喝水，尽量让他们高兴，这就是孝。”

为母杀鸡　后汉茅容，郭林宗访之，留宿。旦日，容杀鸡为馔，林宗以为己设。已而，供奉其母。林宗拜之，曰："卿贤乎哉！"因劝之学，以成其德。

［译文］　东汉的茅容，郭林宗拜访他，留下来住在他家。第二天早上，茅容杀鸡做饭，郭林宗以为为了款待自己，不一会儿，看到茅容把那做好的鸡肉供奉给他的母亲。郭林宗作揖说："你真是贤良之人啊！"于是勉励他学习，来成全他的德行。

自伤未遇　晋赵至年十二，与母道旁看令上任。母曰："汝后能如此不？"至曰："可尔耳。"早闻父耕叱牛声，释书而泣。师问之，曰："自伤未遇，而使老父不免勤苦。"

［译文］　晋朝的赵至十二岁时，和母亲在路边看到县令上任。母亲问："你以后能像这样吗？"赵至说："可以这样。"一次听到父亲耕地吆喝牛的声音，放下书哭泣。老师问他，他回答说："伤悼自己不得志，使老父亲不能免除劳役之苦。"

风木之悲　春秋皋鱼宦游列国，归而亲故，泣曰："树欲静而风不息，子欲养而亲不在！"遂自刎死。

［译文］　春秋时期皋鱼外出到列国求官，回家时发现双亲亡故，他哭着说："树欲静而风不息，子欲养而亲不在！"于是就自刎而死了。

毛义捧檄　毛义以孝行称。府檄至，以义为安阳令。义捧檄而喜动颜色，张奉薄之。后义母亡，遂不仕。奉叹曰："往日之喜，盖为母也。"

［译文］　毛义以有孝顺的德行而被称道。官府的檄文送达，任命毛

义做安阳令。毛义捧着檄文面有喜色，张奉鄙薄他。后来毛义的母亲去世，他就不再做官了。张奉叹息着说："原来那日之所以高兴，只是为了母亲啊。"

为母遗羹 颍考叔为封人，郑庄公赐之食。食舍肉，曰："小人有母，皆尝小人之食矣，未尝君之羹，请以遗之。"

[译文] 颍考叔在边疆做官，郑庄公赐给他食物。他把肉都留了下来，说："我有母亲，尝过我的食物，还没尝过您的食物，请您允许我将它们带给我的母亲。"

倚闾而望 王孙贾事齐闵王，王出走，贾不知其处。其母曰："汝朝出而晚归，则吾倚门而望；汝暮出不归，则吾倚闾而望。汝今事王，王出走，汝不知其处，汝尚何归？"

[译文] 王孙贾侍奉齐闵王，齐闵王出走，王孙贾不知道他在哪里。王孙贾的母亲说："你早出晚归，我就靠在门边等待你；你晚出不归，我就到巷子口等待你。你现在侍奉齐闵王，大王出走，你不知道他的所在，那你怎么还能回来？"

对使伏剑 王陵归汉，项羽取陵母置军中，以招陵。陵母私送使者曰："汉王长者，吾儿毋以老妾故持二心，妾以死送。"遂伏剑而死。

[译文] 王陵归降汉王，项羽把王陵的母亲羁押在军中，以此来招降王陵。王陵的母亲私下对使者说："汉王是位长者，告诉我儿子不要因为我的原因而对汉王有二心，我应该以死相送。"就用剑自杀了。

封还官物　陶侃少为县吏，常监鱼池，以鱼鲊遗母。母封鲊责之，曰:“尔以官物遗我，反增我忧耳！”拒却之。

［译文］　陶侃年轻时曾做县里的小吏，曾经监督鱼塘，拿鱼干来送给母亲。母亲把鱼干封好并责备他，说:“你把公家的东西送给我，反而增加我对你的担忧！”拒绝不受。

勿以母老惧　刘安世除谏官，白母曰:“朝廷使儿居言路，须以身任国，脱有祸谴，如老母何？”母曰:“谏官为天子诤臣，汝父欲为而弗得。汝幸居此，当捐身报主，勿以母老惧流放耳。”

［译文］　刘安世被授予谏官，对母亲说:“朝廷让我做言官，就应该以身报国，若有灾祸或罪愆，老母亲该怎么办？”母亲说:“谏官是天子的诤谏之臣，你父亲想做而没有做成。你有幸居此要位，就应当捐弃自身来报答主上，不要因为母亲年老而怕被流放啊。”

对食悲泣　陆续系洛阳。母往馈食，续对食悲泣。使者问故，曰:“母来不得见耳。”问:“何以知之？”曰:“吾母切肉未尝不方，断葱以寸为度，此必母所飧也。”使者以闻，特赦之。

［译文］　陆续被关押在洛阳。他的母亲给他送饭，陆续对着食物悲伤哭泣，使者问原因，他说母亲来了我却见不到。使者问:“你怎么知道呢？”他回答说:“我母亲切的肉没有不方正的，切葱也都长为一寸，这一定是我母亲送来的。”使者把这件事上报朝廷，朝廷特地赦免了他。

暴得大名　陈婴母，东阳少年杀其令，欲立婴为王。母曰:“吾自为汝家妇，未闻汝先有贵者。今暴得大名，不祥。”婴乃属汉。

[译文] 东阳少年杀了县令，想拥立陈婴称王。他的母亲说:“我自从嫁到你们陈家，从来没有听说过你家先人有大富大贵的。现在突然得到大名，是不祥之兆啊。”于是陈婴就投靠了汉王。

人不可独杀 严延年为河南守，母从东海来，适见报囚，乃大惊，不肯入。延年叩首谢。母曰:“天道神明，人不可独杀。我不意垂老见壮子被刑戮也！”岁余，果败。

[译文] 严延年担任河南太守时，他的母亲从东海来，正赶上处置死囚犯，大为吃惊，不肯进家门。严延年磕头谢罪。他母亲说:“天道有神明，人不可能独杀他人而自己免于被杀。我没想到晚年还要看到壮年之子被处死。”一年多后，严延年果然被处死。

击堕金鱼 陈尧咨秩满归。母问有何异政，对曰:“荆南当孔道，过客以儿善射，莫不叹。”母曰:“忠孝辅国，尔父之训也。尔不能以善化民，顾专卒伍一人之技。”因击以杖，堕其金鱼。

[译文] 陈尧咨做官届满回家，他的母亲问他有什么特别的政绩，他回答说:“荆南之地正对着大道，过客因儿子擅长射箭，没有不称赞的。”他的母亲说:“用忠、孝来辅佐治国，是你父亲的遗训。你不能用善念治理百姓，只专心自己一人之技。”于是用拐杖打他，悬挂在拐杖上的金鱼都被打掉了。

得与李杜齐驱 汉诛党人，诏捕急。范滂白母曰:“仲博孝敬，足供养，滂从龙舒君九原，存亡得所。惟大人割不忍之恩。”母曰:“汝得与李杜齐驱，死亦何恨！令名寿考，可兼致乎？”

[译文] 汉代诛杀党人，朝廷下诏抓捕得很急。范滂对他的母亲说:“仲博很孝敬，足以供养您，我如果能在九泉之下陪伴父亲大

人，活着的死去的人都能各得其所。只是母亲大人要割舍不忍的恩情。”他母亲说：“你能与李膺、杜密并驾齐驱，死了有什么遗憾的！美名高寿，怎能同时得到呢？”

吾知善养　尹焞尝应举，发策有诛元祐诸臣议。焞不对而出，归告其母。母曰：“吾知汝以善养，不知汝以禄养也。”

［译文］　尹焞曾参加科举考试，所发的策论题目中有诛杀元祐诸位大臣的议论。他没有答题就出了考场，回家告诉母亲。他母亲说：“我知道你是用善心来赡养我，而不是用俸禄来赡养我。”

能为滂母　苏轼生十岁，母程氏亲授以书，闻古今成败，辄能领其要。程读《范滂传》，慨然叹息。轼请曰：“轼若为滂，母能许之否？”程曰：“汝能为滂，我独不能为滂母耶？”

［译文］　苏轼十岁时，他的母亲程氏亲自教他读书，听闻古今成败事迹，立刻能领会其中的精义。程氏读到《后汉书·范滂传》，感慨叹息。苏轼恭敬地问：“我若成为范滂那样的人，母亲允许吗？”程氏说：“你能做范滂，我难道就不能做范滂的母亲吗？”

口授古文　虞集母杨氏归虞汲。宋末兵乱，汲挈家奔岭外，无书可携读。母口授集《左传》、欧苏文。卒以文章名世，皆母训也。

［译文］　虞集的母亲杨氏嫁给虞汲。宋代末年兵荒马乱，虞汲带领全家逃往岭外，身边没带可读之书。杨氏给儿子口授《左传》和欧阳修、苏轼的文章，虞集后来因文章著称于世，都是母亲训导的缘故。

得父一绝　唐宋之问父名令文，富文词，且工书。有力绝人，世谓之三绝。后之问以文章显，之悌以骁勇闻，之逊精草隶，各得父一绝。

［译文］ 唐代宋之问的父亲叫宋令文，擅长文辞，而且工于书法，力气过人，世人称之为“三绝”。后来宋之问凭借文章而显名，宋之悌则以骁勇闻名，宋之逊精通草隶，各自继承了他们父亲的一项绝技。

父子谥文 明倪谦与子同入史局，谦终南礼部尚书，子岳终南吏部尚书。父谥文僖，子谥文毅。父子谥文，世以为荣。

［译文］ 明代的倪谦和儿子倪岳一同进入史馆修史，倪谦最终做到南京礼部尚书，倪岳最终做到南京吏部尚书。倪谦的谥号是文僖，倪岳的谥号是文毅。父子的谥号都有“文”字，世人都认为这是一件值得荣耀的事情。

父长号 何遵幼阅范滂母事，告母曰：“儿设为滂，大人能慨然为滂母乎？”母笑而许之。后为工部主事，谏武宗南巡，荷校暴午门外，五日杖死。廷杖日，父铎在里，有乌悲鸣而前，心异之。比闻工部有以言获罪者，父长号曰：“遵其死夫！”已而果然。

［译文］ 何遵小时候读东汉范滂母亲的故事，对母亲说：“若我成为范滂，大人能慨然做范滂的母亲吗？”母亲笑着答应了。后来担任工部主事的官职，因谏阻明武宗南巡，戴枷示众于午门外，五日后被廷杖打死。廷杖那天，父亲何铎在乡里，看到有乌鸦悲鸣，心里感到奇怪。等到听说工部有人因为进言而获罪，父亲大哭着说：“何遵要死了吧！”不久知道了果然是这样。

以屏隔座 三国纪亮与子骘俱仕吴，亮为尚书令，骘为中书令，每朝会，以云母屏隔座，时论荣之。

［译文］三国时的纪亮与子纪骘都在吴国做官，纪亮做尚书令，纪骘做中书令，每次朝会时，就用云母屏风把他们座位隔开，时人认为这是荣耀的事。

教忠　周狐突，晋大夫。怀公时，突子毛及偃从重耳如秦。公执突曰："子来则免。"对曰："子之能仕，父教之忠，古之道也。今臣子从公子亡，若又召之，教之贰也。"卒就死。

［译文］周狐突是晋国的大夫。晋怀公的时候，周狐突的儿子狐毛和狐偃跟随公子重耳到了秦国。晋怀公抓住狐突说："你儿子若回来就免除对你的刑罚。"狐突回答说："儿子能够做官，父亲就要教导他尽忠，古代的道理即是如此。现在我的儿子跟随公子逃亡，若我召回他们，是教其不忠。"最终赴死。

当有五丈夫子　商瞿同年有梁鳣者，年三十，未举子，欲出其妻。瞿曰："未也！吾齿三十八无子，吾母为吾更娶。夫子曰：'无忧也。瞿过四十当有五丈夫子。'果然。吾恐子自晚生，且未必妻过也。"居二年，而梁有子。

［译文］商瞿的同年进士中有个叫梁鳣的，三十岁还没有儿子，就想休了妻子。商瞿说："你这样做不对！我三十八岁时还没有儿子，我母亲想再给我娶一房。我的老师说：'不要担心，商瞿过了四十岁当有五个儿子。'果然是这样。我想你恐怕要晚生儿子，而且不一定是你妻子的过错。"过了两年，梁鳣果然生了儿子。

不如一经　韦玄成，贤之子，与萧望之诸儒辩五经同异于石渠阁。汉元帝朝拜相，守正持重不及父，而文采过之。邹、鲁谚曰:“遗子黄金满籯，不如一经。”

[译文] 韦玄成是韦贤的儿子，与萧望之等儒士在石渠阁论辩五经的异同。汉元帝时曾被授予丞相的职位，坚持正义担当大任比不上他父亲，文采却超过他父亲。邹、鲁两地有谚语说:“遗子黄金满籯，不如一经。”

义继母 齐二子之母，宣王时有死于道者，吏执其二子，兄曰:“我杀之。”弟曰:“非兄也，我杀之。”吏以告王，王召问其母，母泣对曰:“杀其少者。”王问故，母曰:“少者妾之子。长者前妻之子，其父临终，嘱妾善视。今杀兄活弟，是以私废公也。背言忘信，是欺死也。”王高其义，皆赦之。

[译文] 齐宣王时有人死在路上，官吏逮捕了兄弟两个人，哥哥说:“是我杀的。”弟弟说:“不是哥哥，是我杀的。”官吏把这件事报告给了齐宣王，宣王召见这两个少年的母亲，母亲哭着回答说:“那就杀年少的吧。”宣王问原因，母亲回答:“小的是我的儿子。大的是丈夫前妻所生，他父亲临终时嘱咐我善待他。现在若杀死哥哥使弟弟活下来，就是因母子私情而废弃了先前的诺言。背弃诺言忘却信义，是欺骗死去的人啊。”宣王赞赏她的高义，将两个儿子都赦免了。

他日救时宰相 于忠肃父与如兰为方外交。忠肃弥月，如兰赴汤饼之会，摩其顶，曰:“此他日救时宰相也。”

[译文] 明代的忠肃公于谦和如兰是不拘礼法的忘年交。忠肃公于谦刚满月的时候，如兰参加汤饼大会，摸着他的头，说:“这是将来拯救时难的宰相啊。”

墨庄　宋刘式殁，惟遗书数千卷，夫人陈氏指谓诸子曰："此乃父墨庄也。"其后诸子及孙并起高第，为时名臣。

［译文］宋朝的刘式死后，只留下数千卷藏书，夫人陈氏指着书对儿子们说："这是你父亲用墨做成的庄园啊。"后来子孙们都科考名列前茅，成为当时的名臣。

各授一经　宋田阃行高学博，游成均二十年，不遇，浩然归隐。子九人，各授一经，俱登第。时称义方者，必曰田氏。

［译文］宋代的田阃行为高尚、学识渊博，在国子监学习二十年，仕途不得志，毫不留恋地归隐了。有九个儿子，每个人传授一部经书，后来都考中科第。当时称赞教子有方的人，一定会说田氏。

箕裘　《礼记》：良冶之子，必学为裘；良弓之子，必学为箕。

［译文］《礼记》中说：良匠的儿子，想必也能学习补缀皮衣；做良弓的儿子，想必也能学习制作畚箕。

亲导母舆　唐崔邠为太常卿，亲导母舆入太常署，公卿皆避道。

［译文］唐代的崔邠担任太常卿时，亲自引导他母亲的车子进入太常署，公卿都为之让路。

附：各方称谓

蜀人称父曰郎罢。吴人呼父曰箸（音遮），呼祖曰阿爹，又有呼曰公爹。有呼父曰爷（音涯），有呼父曰爸（音霸）。有呼父曰爸（音播）。

辽东人呼父曰阿嘛，母曰峨娘。湖南人呼母曰哎祖。有呼父曰阿叭，母曰阿宜。江淮人呼母曰社。李长吉呼母曰媻。吴人呼母曰媣（音寐）。羌人呼母曰姐。江湖有呼母谓媞（音侍）。青、徐人呼兄曰阿荒。荒，大也。又曰甓（音选）。越人呼兄曰况。楚人呼姊曰媭，呼妹曰媦（音位）。江淮人呼子曰崽（音宰），呼女曰婟（音悟）。又有呼子曰男，女曰媛（音娭）。越人呼子曰婧。吴人呼子曰孖（音牙）。楚人呼妻母曰㚤（音氏）。东齐人呼婿曰倩。呼贱役曰倯。妇人呼夫之兄曰兄公，称夫之姊曰女伀（音中）。呼姊妹之子曰出（音翠）。自称曰姎（音盎），犹称我也。称舅母曰妗。齐人呼姊曰嫛（音稍）。

[译文] 蜀地人称父亲叫郎罢。吴地人称父亲叫箸（读作遮），称祖父为阿爹，又有称为公爹的。有称父亲为爷（读作涯）的，有称父亲叫爸（读作霸）的。有称父亲叫爸（读作播）的。辽东人称父亲叫阿嘛，称母亲叫峨娘。湖南人称母亲叫哎祖。有称父亲叫阿叭的，称母亲叫阿宜的。江淮人称母亲就社。李贺称母亲叫媻。吴地人称母亲叫媣（读作寐）。羌人称母亲叫姐。江湖有称母亲叫媞（读作侍）的。青、徐等地人称兄为阿荒。荒，是大的意思。又叫甓（读作选）。越人称兄为况。楚人称姐姐为媭，称妹妹为媦（读作位）。江淮人对儿子叫崽（读作宰），称女儿为婟（读作悟）。又有称儿子为男，称女儿为媛（读作娭）的。越人称儿子为婧。吴人称子为孖（音牙）。楚人称妻子的母亲为㚤（音氏）。东齐人称女婿为倩。称低贱的差役为倯。妇人称丈夫的哥哥叫兄公，称丈夫的姐姐为女伀（读作中）。称姊妹的儿子为出（读作翠）。称自己为姎（读作盎），相当于称我。称舅母为妗。齐人称姐姐为嫛（读作稍）。

夫妇附妾

举案齐眉 梁鸿至吴，依皋伯通庑下，为人赁舂。妻孟光具食，举案齐眉。伯通异之，曰："彼佣，能使其妻敬之如此，非凡人也。"以礼遇之。

［译文］ 梁鸿来到吴地，寄居在皋伯通家中，为人舂米。他的妻子孟光准备饭菜，把食案举与眉齐，端给丈夫。皋伯通感到惊异，说："这个出苦力的人能使他的妻子这般恭敬，不是一般人。"就以礼相待。

归遗细君 东方朔割肉怀归，武帝问之，曰："归遗细君。"

［译文］ 东方朔将皇帝赐的肉割好后揣在怀里回家，汉武帝问他原因，说："回去给夫人吃。"

糟糠 光武姊湖阳公主新寡，欲下嫁宋弘。帝语弘曰："贵易交，富易妻，人情乎？"弘对曰："贫贱之交不可忘，糟糠之妻不下堂。"帝顾主曰："事不谐矣。"

［译文］ 光武帝的姐姐湖阳公主刚死了丈夫，想要下嫁给宋弘。光武帝对宋弘说："显贵了就换朋友，有钱了就换妻子，这是人之常情吗？"宋弘回答说："贫贱交情不可以忘记，患难之妻不可抛弃。"光武帝回头对公主说："这件事办不成了。"

断机 乐羊子游学，未三月而归，其妻引刀断机，曰："君子寻师，中道而归，何异断斯织乎？"羊子乃发愤卒业。

［译文］ 乐羊子外出游学，不到三个月就回家了，妻子拿刀把织布机上的布割断了说："你去拜师求学，半途而废，与割断这匹布有

什么分别呢？”乐羊子于是发愤读书直至完成学业。

二乔　周瑜从孙策攻皖，得乔公两女，皆有殊色。策自纳大乔，瑜纳小乔。策谓瑜曰：“乔公二女虽流离，得吾二人为婿，亦足为欢。”

［译文］周瑜跟随孙策攻打皖地，得到了乔公两个女儿，都有特别的姿色。孙策娶了大乔，周瑜娶了小乔。孙策对周瑜说：“乔公两女虽因战败而流离失所，但遇到我们这样的夫婿，也足以为欢了。”

有兄之风　孙权妹，刘先主初在荆州，孙权以妹妻之。妹才捷刚猛，有诸兄之风，侍婢百余人，皆执刀侍立。先主每入，心常凛凛。

［译文］刘备当初在荆州，孙权将妹妹嫁给他做妻子。他妹妹才思敏捷又很刚猛，有哥哥的风度，身边丫鬟有一百多人，都拿着刀站立在旁边侍奉。刘备每次进来，心中都很害怕。

妇有四德　许允妇貌丑，允曰：“妇有四德，卿有几德？”妇曰：“妾之所不足者色耳。士有百行，卿有几行？”允曰：“皆备。”妇曰：“君好德不如好色，何谓皆备？”允大惭，礼之终身。

［译文］许允的妻子样貌丑陋，许允说：“女子有德、言、容、功四德，你有几德呢？”他妻子说：“我的不足之处只有容貌而已。士人有百行，你有几行？”许允说：“我都有。”妻子说：“你喜欢德行还不如喜欢容貌，怎么能说百行皆备呢？”许允听了大为惭愧，对妻子终身以礼相待。

执巾栉 《左传》：晋太子圉质于秦，秦妻之，将逃归。嬴氏曰："寡君使婢子执巾栉，以固子也。纵子私归，弃君命也，不敢从。"

［译文］《左传》记载：晋国的太子圉在秦国做人质，秦国嫁宗室女做他的妻子。即将私逃归国时，妻子说："国君让我来侍奉你，是要你定居在秦国。若放你私自归国，那就是违背君命，我不敢听从。"

奉箕帚 单父人吕公好相人，见刘季状貌，异之，曰："仆阅人多矣，无如季相！仆有弱息女，愿为箕帚妾。"

［译文］单父的吕公喜欢给人看面相，看到刘邦身材相貌时，感到奇异，说："我见过很多人，没有人像你这样的！我有一个小女儿，希望能够嫁给你，洒扫侍奉你。"

吾知丧吾妻 刘庭式尝聘乡人女。及登第，女丧明，家且贫甚，乡人不敢复言。或劝改聘，庭式叹曰："心不可负！"卒娶之，生数子。死哭之恸。苏轼时为州守，问曰："哀生于爱，爱生于色。足下爱何从生？哀何从出乎？"庭式曰："吾知丧吾妻而已。"轼深感其言。

［译文］刘庭式曾经与乡人的女儿订婚。等到他考中了进士，女子失明，家中非常贫穷，同乡不敢说这件婚事。有人劝刘庭式毁掉婚约，刘庭式叹息说："我不能做一个负心人！"最终还是娶了她，生了几个儿子。妻子去世，刘庭式哭得非常悲痛。苏轼当时担任本州太守，问他："哀痛之情出于爱意，而爱意出于容貌。你的爱从何而来？哀伤又从何而起？"刘庭式说："我只知道我死了妻子罢了。"苏轼对他的话深为感动。

画眉 张敞为京兆尹，为妇画眉。有司奏闻。上问之，对曰："夫妇之私，有过于此者。”上弗责。

［译文］ 张敞做京兆尹时，为妻子描眉。被官府上报皇帝。皇帝问他这件事，他回答说：“夫妻之间的私事，还有比这个更为隐秘的。”皇帝就没有责罚他。

牛衣对泣 王章家贫无被，卧牛衣中，与妻涕泣。妻怒曰：“京师贵人，谁逾仲卿者，不自激昂，乃反涕泣，何鄙也！”后果之京兆。

［译文］ 王章家里很穷，睡觉没有被子，躺在牛衣中，对着妻子哭泣。妻子生气地说：“京城中的达官贵人，谁的才华能超过你？自己不能够激励昂扬，反而在这里哭泣，多么可耻啊！”后来果然做了京兆尹。

剔目 房玄龄布衣时，病且死，谓妻卢氏曰：“吾病不起，卿年少，不可寡居，善事后人。”卢泣入帷中，剔一目以示信。玄龄疾愈，后入相，礼之终身。

［译文］ 房玄龄还没有做官时，病得快要死了，对妻子卢氏说：“我的病好不了了，你还年轻，不要守寡，好好侍奉别人吧。”卢氏哭着进到帷帐里，剜了一只眼睛来表示对他的忠信。房玄龄病愈，后来被任命为宰相，对妻子终身以礼相待。

织锦回文 窦滔妻苏氏，字若兰，苻坚时滔拜安南将军，镇襄阳，携宠姬赵阳台以行。苏悔恨，因织锦为回文，题诗二百余首，纵横反复皆为文章，名曰《璇玑图》，以寄滔。

［译文］ 窦滔的妻子苏氏，字若兰，苻坚时窦滔被授予安南将军，镇守襄阳，携带宠姬赵阳台同行赴任。苏氏后悔遗憾不能同行，

用锦缎织出回文，共题诗二百多首，竖着读横着读反着读都可成诗，取名叫《璇玑图》，寄赠给了窦滔。

不从别娶　宋黄龟年为侍御史，劾秦桧，遂夺桧职。初，邑簿李朝旌许妻以女。既登第，而朝旌已死，家甚贫，或劝其别娶，不从。

［译文］宋代的黄龟年担任侍御史的职位，弹劾秦桧，于是朝廷削去秦桧的官职。当初，家乡的主簿李朝旌把女儿许配给他做妻子。黄龟年考中进士后，李朝旌已经去世，家中非常贫困，有人劝他另娶他人，他没有答应。

小吏名港　汉庐江小吏焦仲卿妻，为姑所逐，自誓不嫁。其母屡逼之，遂投水死。仲卿闻之，亦自缢。今府境有小吏港，以仲卿名。

［译文］汉代的庐江府小吏焦仲卿的妻子，为婆婆驱逐，发誓不再改嫁。他的母亲多次逼她改嫁，于是投水而死。焦仲卿听到此事，也上吊自杀。现在庐江府内有小吏港，用焦仲卿命名。

相思树　韩凭妻封丘息氏，康王夺之，凭自杀。息与王登台，遂投台下死，遗书于带，愿以尸骨赐凭。王弗听，使人埋之，冢相望也。信宿，有交梓本生于二冢之旁，旬日而枝成连理，鸳鸯栖其上，交颈悲鸣。宋人哀之，号曰相思树。

［译文］韩凭的妻子是封丘的息氏，康王将她夺走，韩凭就自杀了。息氏与康王登上高台，就从高台跳下死掉了，衣带里装有遗书，希望把尸骨赐还给韩凭同葬。康王不允许，让人埋葬了她，和韩凭的坟墓相对。过了两三天，两座坟墓旁边长出了交梓树，不久

枝叶就连到了一起，有鸳鸯在上面栖息，脖子相交悲伤地鸣叫。宋国人都为他们感到悲伤，把这两棵树称为相思树。

知礼 季敬姜，鲁大夫公甫穆伯之妻也。子文伯相鲁，退朝，敬姜方绩，文伯曰："以歜之家，而犹绩乎？"敬姜叹曰："夫民，劳则思，思则善心生；逸则淫，淫则忘善，忘善则恶心生。……吾惧穆伯之绝祀也！"及文伯卒，敬姜朝哭穆伯，暮哭文伯。仲尼闻之，曰："季氏之妇知礼矣！"

［译文］ 季敬姜是鲁国大夫公甫穆伯的妻子。儿子文伯做鲁国国相，退朝时，敬姜正在织布，文伯说："我们的家庭条件，还需要您亲自织布吗？"敬姜叹息说："人，劳苦就会思考，思考就会心生善念；安逸就放纵，放纵就忘了善心，忘记善心就会生出恶心。……我是怕日后无人去祭祀穆伯啊！"等到文伯死时，敬姜早哭穆伯，晚哭文伯。孔子听说了这件事，说："季氏的妻子是个懂礼的人啊！"

作诔 柳下惠卒，门人欲诔之。妻曰："将诔夫子之德耶？则二三子不如妾知之也。"乃作诔。

［译文］ 柳下惠死后，门人弟子想为他写一篇诔文。柳下惠的妻子说："是要表彰夫子的德行吗？那你们不如我更了解他啊。"就自己作了一篇诔文。

谥康 黔娄先生卒，曾西往吊，见其尸覆布被，手足不尽敛。曾西曰："邪引其被则敛矣。"妻曰："邪而有余，不若正而不足。死而邪之，非先生意也。"曾西曰："何以为谥？"妻曰："先生不戚戚于贫贱，不汲汲于富贵，其谥曰康，可乎？"曾西叹曰："惟斯人也，而有斯妇。”

[译文] 黔娄先生去世，曾西前去吊唁，看见黔娄尸体上盖着布被，手脚没有被全盖住。曾西说：“把被子斜着放就都可以盖住了。”黔娄先生的妻子说：“斜着放有余，不如正着而露出手脚。死了还要斜着，不是黔娄先生的愿望啊。”曾西说：“用什么字做谥号呢？”黔娄先生的妻子回答说：“黔娄先生不因贫贱而感到痛苦，不四处奔走以求富贵，谥号叫‘康’，可以吗？”曾西感叹说：“只有这样的人，才会有这样的妻子啊。”

预结贤士　晋大夫伯宗好以直辩凌人，人恶之。妻曰：“危可立待也！何不预结贤士，以州犁托焉。”伯宗乃得毕羊而交之。未几，伯宗以谮死。毕羊送州犁于荆，幸免。

[译文] 晋国的大夫伯宗喜欢直言善辩，把人驳倒，人们都厌恶他。他的妻子说：“灾祸怕是不远了！为什么不提前交结贤士，将儿子伯州犁托付给他人呢？”伯宗就同毕羊结交。没过多久，伯宗果然被诬陷而死，毕羊将伯州犁送到楚国，幸免于难。

柏舟　共姜，卫世子共伯妻。共伯蚤折，父母欲夺而嫁之，以死自誓，作《柏舟》诗。

[译文] 共姜是卫国世子共伯的妻子。共伯早逝，父母想改变她守节的志向让她改嫁，她以死起誓，写《柏舟》一诗。

共隐终身　王霸少与令狐子伯善，后子伯相楚。其子为郡功曹，尝诣霸。霸子耕于野，投耒见客。颜色惭阻。客去，霸卧不起。妻问故，霸曰：“彼子容服都，儿曹有惭色。父子恩深，不觉自失耳。”妻曰：“子伯之贵孰与君之高？奈何忘夙志而惭儿女子乎？”

霸起而笑曰:“有是哉!”遂共隐,终其身。

［译文］ 王霸年少的时候和令狐子伯交好,后来令狐子伯做了楚国国相。他的儿子担任郡县的功曹,一次来拜访王霸。王霸的儿子正在田里耕地,放下农具来见客人。面有惭愧之色。客人离开后,王霸卧床不起,妻子问他原因,他说:“人家儿子穿着打扮都很华美,儿子见之面有惭色。父子情深,我感到是自己的过错。”妻子说:“令狐子伯的富贵与你的高洁相比怎么样?为什么忘了你平日的志向而为儿女惭愧呢?”王霸起身大笑说:“是这样的啊!”于是一起隐居,直到去世。

女宗 鲍苏仕卫三年,而娶外妻。其妻养姑甚谨。其姒曰:“子可以去矣。”答曰:“妇人从一为贞,以顺为正,岂有专夫室之爱为贤哉?”事姑愈谨。宋公表其闾曰“女宗”。

［译文］ 鲍苏在卫国做官三年,就在外另娶了一个妻子。原配妻子奉养婆婆谨慎细心。她的弟媳说:“你可以离开啊。”她回答说:“妇人从一人为贞,恭顺父母为正,哪有以专丈夫之宠而为贤的呢?”侍奉婆婆愈加细心。宋国国君赐她所住之地为“女宗”。

封发 唐贾直言坐事贬岭南。妻董氏名德贞,年甚少。诀曰:“死生未期,汝可亟嫁。”贞不答,引绳束发,封以帛,使直言署曰:“非君手不可解!”直言贬二十年乃还,帛如故。

［译文］ 唐代的贾直言因事获罪被贬到岭南。他的妻子叫董德贞,年纪很小。诀别时贾直言说:“我这一去生死难定,你赶快改嫁吧。”德贞不答话,以头绳扎着头发,用帛封住,让贾直言在上面写名并说:“除了你谁都不可以解开!”贾直言贬官二十年才回来,头上的帛还和以前一样。

受羊埋之 羊舌子好直，不容于晋，去三室之邑。邑人攘羊而遗之，羊舌子不受。妻叔姬曰：“不如受而埋之。”羊舌子曰：“何不飨肸与鲋？”姬曰：“不可。南方有鸟为吉乾，食其子，不择肉，子多不义。今肸与鲋童子也，随大人而化，不可食以不义之肉。”乃盛以瓮，埋垆阴。后攘羊事败，吏发视之，羊尚存。曰：“君子哉！羊舌子不与攘羊矣。”

[译文] 羊舌子喜欢直言，不被晋国所容，于是离开京城。离开的时候邑人偷了只羊赠送给他，他不想接受，他的妻子叔姬说：“不如接受然后埋起来。”羊舌子说：“那为什么不让儿子肸和鲋吃呢？”他妻子说：“不行。南方有一种叫吉乾的鸟，给孩子喂食时，不管肉从何来，它的孩子大多都不仁义。现在肸和鲋还都是孩子，会随着大人的行为而变化，不可以给他们吃不义之肉。”于是把羊装在瓮里，埋在灶台的背面。后来偷羊的事情败露了，官吏打开来察看，羊还在瓮里。说：“真是个君子啊！羊舌子没有和人一块儿偷羊。”

弓工妻 晋繁人之妻也。平公使繁为弓，三年乃成。公引射而不穿一札，将杀之。其妻请见，曰：“妾夫造弓，劳矣！君不能射，反以杀人。妾闻射之道，左手如拒，右手如附；右手发之，左手不知。”公用其言，而射穿七札，立释繁人。

[译文] 晋国繁地一个人的妻子。晋平公让繁地人制造弓箭，三年才做成。平公拉弓射箭，却无法射穿一片铠甲，将要杀掉弓匠。他的妻子请求面见晋平公，说：“我丈夫给您造弓，辛劳至极。国君您不懂射箭，反而因为这个原因要杀人。我听说射箭的方法，左手要如拒，右手要如附;右手放箭，左手不知。”平公按她所说，

果然射穿了七层铠甲，就立刻释放了弓匠。

迎叔隗 晋文公与赵衰子奔狄，狄人隗氏入二女，公纳季隗，以叔隗妻衰，生盾。及反国，文公又以女赵姬妻之，生三子。赵姬请迎盾与其母，衰不敢从。姬曰：“得宠忘旧，安富室而弃贱交，不可。君其迎之。”衰乃迎叔隗与盾于狄。

［译文］ 晋文公重耳与赵衰子逃到狄国，狄国隗氏献上两个女子，重耳娶了季隗，把叔隗嫁给了赵衰，叔隗生下了赵盾。等回到晋国，晋文公又把赵姬嫁给赵衰做妻子，生了三个儿子。赵姬请赵衰把赵盾与他的母亲接回晋国，赵衰不敢听从。赵姬说：“得新宠忘旧好，安住富室而抛弃贫贱之交，不可以这样。你还是把他们接回来吧。”赵衰于是从狄国把叔隗和赵盾接了回来。

提瓮出汲 桓氏字少君，鲍宣就少君父学，父奇其清苦，以女妻之，装送甚盛。宣不悦。少君悉屏去侍从服饰，更布素，与宣共挽鹿车归里。拜帖，即提瓮出汲，修妇道。

［译文］ 桓氏的女儿叫少君，鲍宣曾跟随少君的父亲学习，少君的父亲为鲍宣清苦感到奇异，就把少君嫁给了他，陪送了很多嫁妆。鲍宣不高兴。少君就将侍从与华丽的服饰全部抛弃，穿上素色的布衣，与鲍宣一道拉着鹿车回鲍宣家。拜见公婆后，就提着水瓮出来打水，遵行妇道。

御妻 晏子出，其御之妻从门间窥其夫，意气扬扬自得。既而归，妻请去，曰：“晏子身相齐国，名显诸侯。观其志常有以自下者。子为人御，自以为足，妾是以求去也。”御者乃重自抑。晏子怪而问之，以实对，荐为大夫。

［译文］ 晏子外出，他的车夫的妻子从门缝窥见丈夫扬扬自得。等他回家来，妻子请求离去，说："晏子作为齐国的宰相，名声在诸侯那里显扬。我看他总是很谦卑。你给他驾车，却总显得满足得意，因此我请求离开。"车夫于是努力控制自己。晏子感到奇怪，就问他，他据实回答，后来晏子就推荐他做了大夫。

效少君　马融女适汝南袁隗，礼初成，隗曰："妇奉箕帚则已，何乃珍丽？"对曰："慈亲爱重，不敢违命，君若慕鲍宣之高，妻亦效少君之事。"

［译文］ 马融的女儿嫁给汝南的袁隗，婚礼刚结束，袁隗就说："妻子只是侍奉洒扫罢了，为何要打扮得这样美丽？"妻子回答说："父母爱怜深重，我不敢有违他们的意愿。你如果仰慕鲍宣那样的高行，我也愿意效仿少君的行事。"

破镜　乐昌公主下嫔徐德言。陈亡，德言与主破镜，各分其半。后主为杨素所得，德言寄诗云："镜与人俱去，镜归人未归。"乐昌得诗，悲泣不已。素怆然，召德言还之。

［译文］ 乐昌公主下嫁徐德言。陈朝灭亡后，徐德言与公主打破镜子，各执一半。后来公主被杨素得到，徐德言寄诗说："镜与人俱去，镜归人未归。"乐昌公主看到诗，悲泣不已。杨素也很难过，就召来徐德言，并将公主送还给他。

造庐而吊　杞梁死国事，丧归，齐庄公遇于途，欲吊。其妻曰："君以吾夫之死为有罪，则不敢辱君之吊；如以为无罪，则先人有敝庐在，何吊于途？"公乃造其庐而吊焉。

［译文］ 杞梁为国而死，运送灵柩回家时，在路上遇到了齐庄公，齐

庄公想祭吊他。杞梁的妻子说："国君认为我的丈夫是有罪而死，那就不敢有辱您来祭吊；如果认为他无罪，那么先祖留下的破房子还在，为什么要在半路祭吊呢？"庄公就去了他的家中祭吊。

琴心　司马相如与临邛令善。富人卓王孙闻令有贵客，为具召之。酒酣，令请相如抚琴。时卓王孙女新寡，窃听。相如以琴心挑之，文君遂夜奔，相如与之归成都。

[译文]　司马相如与临邛的县令交好。富人卓王孙听说县令有贵客，就摆了宴席召他来。饮酒尽兴，县令请司马相如弹琴。当时卓王孙的女儿刚死了丈夫，暗自偷听。相如以琴声挑逗其心，卓文君就在夜里跑到司马相如家，相如和她一起回了成都。

白头吟　司马相如将聘茂陵女为妾，卓文君作《白头吟》以自绝，相如感之，乃止。

[译文]　司马相如想娶茂陵女子做妾，卓文君写了《白头吟》与他断绝关系，司马相如很受感动，于是作罢。

妒妇津　刘伯玉妻段氏悍妒，闻其夫诵《洛神赋》，投洛水死。后人名其地为妒妇津。有妇人渡此者，必湿其衣妆。

[译文]　刘伯玉的妻子段氏蛮横且易妒忌，听到丈夫诵读《洛神赋》，就投洛水而死。后人把此地称为妒妇津。如果有女子路过此地，一定会被水打湿衣服。

四畏堂　王文穆作"三畏堂"。夫人悍妒。杨文公戏曰："可改作四畏堂。"公问故，曰："兼畏夫人。"

[译文]　北宋的王钦若修建了"三畏堂"。他的夫人蛮横妒忌。杨亿

就开玩笑说："可改为四畏堂。"王钦若问原因，他说："除了畏天命、畏大人、畏圣人之言外，还有畏夫人嘛。"

狮子吼 陈季常妻柳氏悍妒，客至，或闻诟詈声。坡公诗戏之曰："谁似龙丘居士贤，谈空说有夜不眠。忽闻河东狮子吼，柱杖落手心茫然。"

[译文] 陈季常的妻子柳氏蛮横善妒，有客人来，时常会听到大骂之声。苏轼作诗开玩笑说："谁似龙丘居士贤，谈空说有夜不眠。忽闻河东狮子吼，柱杖落手心茫然。"

恐伤盛德 谢太傅刘夫人性妒，常帷诸妓作乐，太傅暂见，便下帷。太傅索更一开，夫人拒之，曰："恐伤盛德。"

[译文] 太傅谢安的刘夫人性格善妒忌，曾有一次在帷帐中和歌妓们娱乐，谢安一看到，她就放下了帘幕。谢安请她打开，她拒绝了，说："恐怕伤害你美好的德行。"

鸧庚止妒 梁武帝平齐，获侍儿千余，郗后愤恚成疾。左右曰："《山海经》云，食鸧庚止妒。"后食之，妒果减半。

[译文] 梁武帝平定南齐，掳获一千多个宫女，郗皇后由于愤恨而生了病。身边的侍从说："《山海经》中说，吃黄莺可治疗妒忌。"郗皇后吃了，妒忌之心果然减了一半。

炊扊扅 百里奚为秦相，堂上作乐，有浣妇自言知音，援琴歌曰："百里奚，五羊皮，忆别时，烹伏雌，炊扊扅，今当富贵忘我为？"寻问之，乃其妻也。

[译文] 百里奚做秦国丞相，在堂上欣赏音乐。有洗衣服的妇女自

称懂得音乐，拿起琴唱歌：“百里奚，五羊皮。忆别时，烹伏雌。炊扊扅，今当富贵忘我为？”找来问了，竟然是百里奚的妻子。

周姥撰诗 谢太傅欲置伎妾，命兄子往劝夫人，因言《关雎》《螽斯》不妒之诗。夫人问谁为此诗？云是周公。夫人曰：“周公是男子，周姥撰诗，当无是语。”

[译文] 谢安想买歌伎侍妾，让侄子劝说自己的夫人，侄子就说《诗经》中《关雎》《螽斯》都是关于女子不妒的诗篇。夫人问这诗是谁写的，侄子答是周公。夫人说：“周公是男子，如果周姥作诗，就不会写这样的话。”

何由得见 桓温尚南康公主，经年不入其室。一日，温与司马谢奕饮，奕以酒逼温，温逃入主所。奕遂升厅事，引一直兵共饮，曰：“失一老兵，得一老兵，何怪也！”主谓温曰：“君若无狂司马，我何由得见！”

[译文] 桓温娶了南康公主，一年多都没有进入她的房间。一天，桓温与司马谢奕喝酒，谢奕逼着他喝酒，他就逃进了南康公主的房间。谢奕就到大厅里去，叫来一值班兵卒共饮。说：“走了一个老兵，又来一个老兵，有什么奇怪呢！”南康公主对桓温说：“你若没有这样狂放的司马，我怎么能见到你呢！”

羞墓 朱买臣刈薪自给，妻求去，买臣笑曰：“我年五十当富贵。”妻恚曰：“如公等，终饿死沟中耳！”买臣不能留。无何，拜会稽太守，乘传入吴，见故妻从夫治道，载之后车。妻愧死，葬于嘉兴，呼为“羞墓”。方正学有诗云：“青草塘边土一丘，千年埋骨不埋羞，丁宁嘱咐人间妇，自古糟糠合到头。”

［译文］ 朱买臣以砍柴为生，妻子请求离开他，朱买臣笑着说：“我五十岁时就会富贵的。”妻子生气地说：“像你这样的人，终将饿死在水沟中罢了！”朱买臣无法挽留。过了不久，他就被任命为会稽太守，乘马车到吴地，见前妻跟随新丈夫在一起修路，就让他们坐在后边的车子上。妻子羞愧而死，埋葬在嘉兴，名为“羞墓”。方正学有一首诗说：“青草塘边土一丘，千年埋骨不埋羞。丁宁嘱咐人间妇，自古糟糠合到头。”

秋胡挑妻　鲁秋胡娶妻五日，官于陈。后归，见采桑女子，下车挑之，曰：“力田不如逢年，力桑不如见郎。吾有黄金，愿以与子。”妇不受，归。及见其夫，乃挑我者也，遂数胡罪，而沉于河。

［译文］ 鲁国的秋胡娶妻才五天，就到陈地做官。后回乡，看见一个采桑的女子，下车调戏，说：“辛苦种地不如遇到好收成，辛苦养蚕不如嫁给好郎君。我有黄金，希望能送给你。”女子不接受，就回家了。等到看见丈夫，才发现就是调戏自己的人，于是数落他的罪过，而后跳河自杀了。

难做家公　郭汾阳子暧与升平公主诟詈，暧曰：“汝倚父为天子耶？我父薄天子而不为耳！”主入奏，子仪囚暧入待罪。代宗曰：“不哑不聋，难做家公。小儿女闺阃之言弗听。”

［译文］ 汾阳王郭子仪的儿子郭暧与升平公主吵架，郭暧说：“你倚仗父亲是天子吗？我父亲可以做天子只是不愿当罢了！”公主入宫上奏了皇帝，郭子仪把郭暧囚禁起来等候降罪。唐代宗说：“不哑不聋，难做家公，小孩子在屋里面吵架的话就不要听了。”

妒不畏死　唐任环为兵部尚书，太宗赐宫女二人，妻柳氏妒之，欲烂其发使秃。太宗赐酒曰：“饮之立死，不妒不须饮。”柳氏拜敕曰：“诚不如死！”举卮饮尽。太宗谓环曰：“人不畏死，卿其奈何！”二女令别室安置。

［译文］ 唐代的任环担任兵部尚书的官职，唐太宗赐给他两个宫女。他的妻子柳氏妒忌她们，想要弄烂她们的头发让她们变成秃头。太宗赐酒给她说：“这酒喝了立刻就死，你如果不再妒忌那就不用喝。”柳氏下拜接酒说：“那还不如死了！”举起酒杯一饮而尽。太宗对任环说：“有人不怕死，你能怎么办！”让他把那两个宫女安置在别的院子里。

鼓盆 庄子妻死，惠子吊之。庄子方箕踞，鼓盆而歌。惠子曰：“不太甚乎？”庄子曰：“人且僵然寝于巨室，而我且噭噭然随而哭之，自以为不通乎正命，故止之也。”

［译文］ 庄子的妻子死了，惠子来吊唁。庄子正叉腿坐着，敲着瓦盆唱歌。惠子说：“这不是太过分了吗？”庄子说：“她人已经一动不动安眠于天地之间，而我还要在旁跟着噭噭哭泣，自己也觉得命运不通达，所以就停止哭泣了。”

牝鸡司晨 周武王曰：“牝鸡无晨。牝鸡之晨，惟家之索。今商王受，惟妇言是用。”

［译文］ 周武王说：“母鸡不要报晓。母鸡报晓了，就会使家国空乏。现在商纣王却接受这个，只听用妇人的话。”

加公九锡 王导惧内，乃以别馆畜妾。夫人知之，持刀寻讨。导飞辔出门，以左手扳车栏，右手提麈尾柄以打牛，狼狈而前。蔡司徒谟曰：“朝廷欲加公九锡。”王信以为实。蔡曰：“不闻馀物，惟闻短辕犊车，长柄麈尾。”王大羞愧。

［译文］ 王导怕老婆，于是就在别处养小妾。他的夫人知道后，拿刀到处寻找。王导赶快驾车出门，用左手扳着车栏，右手甩着麈尾的柄打牛，狼狈而逃。司徒蔡谟说：“朝廷要给您加九锡之礼。”王导信以为真。蔡漠说：“没听说加别的东西，只听说短辕牛车，长柄麈尾。”王导大为羞愧。

何况老奴 桓温平蜀，以李势妹为妾，妻闻，拔刀袭之。李方梳头，发垂委地，姿貌端丽，乃徐结发，敛手向妻，曰：“国破家亡，无心至此。若能见杀，犹生之年！”神情闲正，辞气凄惋。妻乃掷刀，前抱之曰：“我见犹怜，何况老奴！”遂善视之。

［译文］ 桓温平定蜀地，娶了李势的妹妹做妾，他的妻子听说后，拔刀想杀她。李势的妹妹正在梳头，长发垂到地面上，姿态容貌端庄美丽，于是慢慢扎好头发，垂手对桓温的妻子说：“国破家亡，我无心到这里。若能被你杀掉，也和活着一样。”神情闲淡严正，语气凄苦柔婉。桓温的妻子于是把刀扔下，上前抱住她说：“我看见你都怜惜，何况那个老东西呢！”于是善待她。

如夫人 齐侯好内，多内宠，内嬖如夫人者六人。

［译文］ 齐侯喜爱美色，有很多内宠，内室中待遇如同夫人一样的就有六个。

解白水诗 管仲妾名婧。桓公出游，宁戚扣牛角而高歌。公使管仲迎之，戚曰：“浩浩乎白水。”管仲不知所谓。婧曰：“古有白水之诗，曰：‘浩浩白水，儵儵之鱼，君来召我，我将安居？’此戚之欲仕也。”管仲大悦，以报桓公，遂相齐。

[译文] 管仲的小妾名字叫婧。齐桓公外出游玩，宁戚拍着牛角高声唱歌。桓公让管仲去迎接他，宁戚说:“白水真宽广啊。”管仲不知这是什么意思。他的小妾婧说:“古代有白水诗，说‘浩浩白水，儵儵之鱼。君来召我，我将安居？’这是宁戚想要出来从政啊。”管仲很高兴，报告给齐桓公，于是让宁戚做了齐国的相。

居燕子楼 关盼盼，张建封侍姬也。建封殁，盼盼独居燕子楼十余年。一日，得白乐天和诗，泣曰:“自我公薨，妾非不能死，恐世以我公重色，有从死之妾，而玷公也。”遂快快不食而卒。但吟云:“儿童不识冲天物，漫托青泥污雪毫。”

[译文] 关盼盼是张建封的侍妾。张建封死后，关盼盼在燕子楼独居了十多年。一天，得到白居易所和的诗作，哭着说:“自从我张公去世，我并非不能以死相殉，只害怕世人以为我张公喜欢美色，还有姬妾殉死，从而玷污了他啊。”于是闷闷不乐，绝食而死。只留下两句诗说:“儿童不识冲天物，漫托青泥污雪毫。”

何惜一女 周顗母姓李，字络秀，顗父浚，为安东将军，出猎遇雨，过李氏。会其父兄他出，络秀与一婢具数十人馔，甚精办，而不闻人声。浚怪，使人觇之，独见一女子美甚。浚固求为侍妾。父兄初不许，络秀曰:“门户衰微，何惜一女！”遂许之，生顗及嵩。

[译文] 周顗的母亲姓李，字络秀，周顗的父亲周浚，做安东将军，外出打猎遇到下雨，到李氏家避雨。正好李氏的父亲兄弟有事外出，李络秀和一个婢女准备了几十个人的饭菜，做得很精致，却没有听到厨房嘈杂的人声。周浚感到奇怪，派人查看，只看到一个非常美丽的女子。周浚恳求娶李络秀做侍妾。她的父亲兄弟开

始不答应，李络秀说："家族衰微，何必在乎一个女儿呢！"于是就答应了。后来生下了周颉和周嵩。

抱骨赴水　赵淮妾，长沙人。元将使淮招李廷芝，淮至城下，大呼曰："廷芝，男子死耳，无降也！"将怒杀之，掳其妾。妾伪告将曰："妾夙事赵运使，今死不葬，不忍忘情。愿往埋之，即事公无憾。"乃聚薪焚淮骨，置缶中，自抱骨赴水死。

［译文］　赵淮的侍妾是长沙人。元朝的将领让赵淮招降李廷芝，赵淮到了城下，大声叫道："李廷芝，好男儿死就死，千万不要投降！"元将大怒，就杀了他，并抢走他的侍妾。侍妾假装告诉元将说："我一直侍奉赵运使，现在他死了没能够入土，我不忍旧情。希望去将他埋葬，再侍奉将军就不会留有遗憾了。"于是收集薪火烧了赵淮的尸骨，把骨灰放在罐子里，自己抱着骨灰投水而死。

察妾忧色　袁升五旬无子，往临安置妾。既得妾，察其有忧色，问故。妾曰："吾故赵太守女也，家四川，且贫，母卖妾为归葬计耳。"升即送还，并倾橐以赠。妻曰："君施德如此，何患无子！"次年生韶，为浙西使。孙洪，官郡司马。

［译文］　袁升五十岁还没有儿子，就去临安买妾。买到妾后，观察她面有忧虑之色，问原因。妾说："我是死去的赵太守的女儿，家在四川，家境贫困，母亲把我卖掉是为了回家葬父。"袁升当即把她送了回去，并把家里的钱尽数送给了她。他的妻子说："你这般施行仁德，没有儿子有什么好担心的！"第二年生了袁韶，官至浙西使。孙子袁洪，官拜郡司马。

不如降黄巢　王铎镇渚宫，以拒黄巢，兵渐逼。先是赴任，多带姬妾，夫人不知。忽报夫人离京在道。谓从事曰："黄巢渐以南来，夫人又自北至，旦日情味，何以安处？"幕僚戏曰："不如降了黄巢！"

[译文] 王铎镇守江陵，来抵抗黄巢，黄巢起义军渐渐逼近。在此之前，王铎赴任时，带了很多姬妾，他的夫人不知道。忽然手下报告说夫人已经离开京城赶赴江陵。他对从事说："黄巢从南边逼近，而夫人又从北边赶到，明天的情形，怎样才能平安无事呢？"幕僚开玩笑说："不如投降黄巢！"

讽使出妻　宋夏执中，姊为孝宗后，累官节度。初执中与其微时妻至京，后讽使出之，择配贵族。执中诵宋弘语以对，后遂止。

[译文] 宋代的夏执中，他的姐姐是宋孝宗的皇后，做官多年做到了节度使。起初，夏执中与他没做官时的妻子来到京城，皇后劝他休了妻子，选择权贵家的女子婚配。夏执中就口诵汉代宋弘的话"贫贱之交不敢忘，糟糠之妻不下堂"来应对，皇后就不再说了。

六十未适　南北朝顾协少时，将聘舅女，未成婚，而母亡。免丧后，不复娶。至六十余，此女犹未他适，协义而迎之，卒无嗣。

[译文] 南北朝的顾协小时候，将要和舅舅家的女儿订婚，还未结婚，母亲就过世了。服丧期满后，就不再娶。到六十多岁，此女还未嫁给别人，顾协因其有义就迎娶了她，最终没有后代。

遣妾献诗　陈陶操行高洁，累辟不起。严谍守南昌，欲试之，遣小妾莲花往持，陶竟夕不纳。妾献诗曰："莲花为号玉为腮，珍重尚书遣妾来。处士不生巫峡梦，空劳云雨下阳台。"陶答云："近来诗思清于水，老去风情薄似云。已向升天得门户，锦衾深愧卓文君。”

［译文］　陈陶道德情操很高洁，朝廷多次征召他都没有应征。严谍做南昌太守，想考察他，就派小妾莲花前去侍奉，陈陶一整夜都没让她进门。小妾献诗说：“莲花为号玉为腮，珍重尚书遣妾来。处士不生巫峡梦，空劳云雨下阳台。”陈陶答诗说：“近来诗思清于水，老去风情薄似云。已向升天得门户，锦衾深愧卓文君。”

计赚解后　沈襄父鍊，疏劾严嵩父子，被谪。复诬入白莲邪教，戮之原籍。逮襄部讯，并解其妾。抵山东，起早下于客店，妾密语襄曰：“君至京，必无生理，盍以计脱，以存宗祧。妾拚一死，与之图赖，或得免落奸相之手。”于是绐之，曰：“此地有吏部某为我父同年，在都时曾贷我父三百余金，索来可作路费，亦可以馀者赠尔两人为还乡需，不识可行否？”二差以其有妾为质，去其手刑，易其衣巾。一差守妾于店，一差押之同往。行不一里，其差腹疼登厕，襄逸去。差至所谓吏部家，与襄所言迥异。奔回客店，云襄脱逃，吓妾吐真。妾乃号叫曰：“我夫妻耐苦到此，京师已近，满望事白生还。汝受严氏嘱，潜杀我夫，汝必还我夫尸！我以身殉，决不甘孱弱女流又遭汝之污辱。”闻者酸鼻，告之。当道亦疑为严氏所谋，将妾寄养尼庵，日比二差还尸。拖延二载，严氏败，襄出为父陈冤，恩蒙赠荫。妾亦受封，与襄白首告终。

［译文］　沈襄的父亲沈鍊，上疏弹劾严嵩父子，竟被贬谪。又被诬陷说他加入了白莲邪教，在原籍被杀害。逮捕沈襄来刑部审讯，同时抓了他的小妾。到了山东，清早住在客店，小妾偷偷对沈襄

说："你到京城，一定不会活着，为何不施计脱逃，来存续沈家的香火？我拼却一死，和他们相周旋，你有可能免于落入严嵩之手了。"于是他就诓骗押解的人，说："这里有位吏部官员某某是我父亲的同年好友，在京城的时候曾经借我父亲三百多两银子，可以要回来作为路费，也可以把余下来的赠给你二人作为回乡的盘缠，不知道行不行？"两个差役认为有小妾做人质，就给他去掉了枷锁，换了衣服。一个差役留在店中看守小妾，一个差役押着沈襄一块儿前去。走了不到一里路，那个差役肚疼想要上厕所，沈襄就逃跑了。差役到了所谓的吏部官员家，却与沈襄所说完全不同。立即跑回客店，说沈襄逃跑，恐吓小妾说出实情。小妾就号哭说："我夫妻二人忍耐苦楚到了这里，京城已经近在咫尺，满指望真相大白而得以活着回去。你们受到严氏父子命令，暗中杀死了我丈夫。你们必须还回我丈夫的尸体！我要以身殉我丈夫，决不甘心孱弱女子再遭你们玷污。"听到这些话的人就感到悲痛，于是报告了官府。审案者也怀疑是被严氏谋杀，就将小妾寄养在一个尼庵里，每天等待两个官差还回尸体。拖延了两年，严氏败落，沈襄出来为他的父亲陈冤，受朝廷的恩泽赠给爵位，小妾也受到封赏，与沈襄白头到老。

名分定矣　嘉靖己丑，瑞州孝廉刘义光、廖暹同上公车，皆下第，欲归。廖倩媒买妾，拉刘同往选择，相中一女，下定订期。其女问曰："二位相公何者聘妾？"廖暹戏指刘曰："是这刘相公娶你。"刘亦大笑，女乃对刘肃拜而进。次日备礼往娶，女见仪状大骇，曰："刘君娶我，何以帖出廖某？"媒告以实，女变色曰："作妾虽然微贱，亦关夫妻父子之道，岂可轻指他人以为戏，我已拜刘，名分定矣！"父母婉转再四，誓死不从。廖追悔无及，劝刘纳之。刘力不继，约以下科。后刘正室逝世，娶女为正。

[译文] 嘉靖己丑年间，瑞州的秀才刘文光和廖暹一同参加乡试，都没有考中，想要回家。廖暹请媒人买妾，拉刘文光一起去选择，看中了一个女子，下定礼并约好日期。女子问说："两位相公是哪位要聘妾？"廖暹开玩笑指着刘文光说："是这位刘相公要娶你。"刘文光也大笑。女子就对刘文光恭敬下拜。第二天准备礼物去娶，女子见婚书大为惊讶，说："是刘相公要娶我，为何婚书上写的是廖某的名字？"媒人告知实情，女子脸上变色说："做妾虽然很微贱，但是也关乎夫妻父子之道，怎能轻率地指给他人以为戏言。我已拜过刘相公，名分已经定下了！"父母再三婉言劝说，她誓死不从。廖暹追悔莫及，劝刘文光娶了她。刘文光实力不允许，约好下次科考再来娶。后来刘文光的正室逝世，娶她做了正妻。

各送半臂　宋子京夜饮曲江，偶寒，命取半臂，十余宠各送一枚。子京恐有去取，不敢服，冒寒而归。

[译文] 宋祁一天晚上在曲江喝酒，忽觉寒冷，命人取半袖衣，十来个宠妾各自送来一件。宋祁怕取舍之时得罪人，不敢穿，忍着寒冷回家。

臼中炊釜　江淮王生善卜，有贾客张瞻将归，梦炊臼中。问王生，生曰："君归不见妻矣。臼中炊，无釜也。"瞻归而妻已卒。

[译文] 江淮的王生善于占卜，有个叫张瞻的商人将要回家，梦见在石臼中做饭。来问王生，王生说："你回到家将见不到你的妻子了。在石臼中做饭，是没有锅了。"张瞻回去，果然妻子已经去世了。

覆水难收 姜太公初娶马氏，读书不事产业，马求去。太公封于齐，马求再合。太公取水一盆倾于地，令妇收水，惟得其泥。太公曰："若能离更合，覆水岂难收？"

[译文] 姜太公起初娶了马氏，因为他只读书不事劳作，马氏请求离开。后来姜太公获封于齐地，马氏请求复合。姜太公拿了一盆水泼在地上，让她把水收回，只收得一些泥。姜太公说："如果离开还能再复合，泼出去的水难道还难收回吗？"

婿

红丝 唐郭元振，美丰姿。宰相张嘉贞欲纳为婿，曰："吾五女，各持一丝于幔后。子牵之，得者为妇。"元振牵一红丝，得第三女。

[译文] 唐代的郭元振丰姿秀美。宰相张嘉贞想把他招为女婿，说："我有五个女儿，每人拉一根丝线藏在布幔后面。你来牵丝，牵到的就做你的妻子。"郭元振牵到一根红丝，娶了第三个女儿。

厩中骐骥 《南史》：杜广初为刘景厩卒，及与景语，景大惊曰："久负贤者！"告其妻曰："吾为女求婿二十年，不意厩中有骐骥。"遂以女妻之。

[译文]《南史》记载：杜广当初是刘景马厩中的杂役，一次与刘景谈话，刘景大惊，说："我辜负贤者太久了！"对他妻子说："我为女儿求婿二十年，想不到马厩里就有千里马。"就将女儿嫁给杜

广做妻子。

屏间孔雀 唐高祖皇后窦氏父毅曰:“此女有奇相，不可轻许人。”因画二孔雀于屏，求婿者令射二矢，阴约中目。高祖最后至，各中一目，遂归于帝。

[译文] 唐高祖皇后窦氏的父亲窦毅说:“我这个女儿有特别的面相，不可以随便许配给人。”于是就在屏风上画了两只孔雀，让求婚之人射两箭，都要射中眼睛。高祖李渊最后到，各射中一只眼睛，于是将女儿嫁给了高祖。

玉镜台 晋温峤姑有女，属峤觅婿。峤自有婚意，曰:“但得如峤何如?”姑曰:“何敢希汝比也?”复一日，峤云:“已得婿矣。门第不减峤。”因下玉镜台一枚，姑喜。婚毕，姑女披纱扇，抚撑笑曰:“我固疑是老奴，果如所卜!”

[译文] 晋朝温峤的姑姑有个女儿，嘱咐温峤给她寻个女婿。温峤自己有娶她的意思，就说:“如果能找到一个我这样的怎么样?”姑姑说:“哪里敢指望跟你比啊?”过了一天，温峤说:“已经找到佳婿了。门第不比我差。”就以一枚玉镜台作为定礼，姑姑大喜。婚后，姑姑的女儿打开纱扇，拍手笑着说:“我本来就怀疑是你这老东西，果然如我所料!”

再娶小姨 欧阳公与王拱辰同为萧简肃公婿，欧公先娶其长，拱辰娶其次。后欧公再娶其幼女，故欧公有“旧女婿为新女婿，大姨夫作小姨夫”之戏。

[译文] 欧阳修与王拱辰同为萧奎的女婿，欧阳修先娶了他的大女儿，王拱辰娶了二女儿。后来欧阳修又娶了他的小女儿，因此欧

阳修有“旧女婿为新女婿，大姨夫作小姨夫”的玩笑话。

东床坦腹 郗鉴使门生求婿婚于王导，导东厢下遍观子弟门生，归谓郗曰：“王氏诸子弟，咸自矜持。唯一人，在东床坦腹卧，食胡饼，独若不闻。”鉴曰：“此正佳！”访问，乃羲之，遂妻以女。

［译文］ 郗鉴让门生到王导家挑选女婿和女儿婚配，王导领他到东厢下把王家子弟看了一遍。门生回去对郗鉴说：“王氏子弟们都很矜持。只有一人，在东屋的床上露着肚皮躺着，吃着胡饼，好像他没有听到这件事一样。”郗鉴说：“这正是佳婿！”于是拜访问过，才知道是王羲之，就把女儿嫁给他做妻子。

快婿 后魏刘延明，十四就博士郭瑀学。弟子五百余人，瑀有女选婿，意在延明。设一座，曰：“吾有女，欲觅一快婿，谁坐此者？”延明奋衣坐，曰：“延明其人也。”瑀遂妻之。

［译文］ 后魏的刘延明，十四岁的时候跟着博士郭瑀学习。郭瑀的弟子有五百多人，他有个女儿想要选个女婿，对刘延明有意。他设了一座位，说：“我有个女儿，想找一个满意的女婿，谁能坐在这里呢？”刘延明提起衣服就坐下了，说：“我刘延明就是你要找的那个人。”郭瑀就把女儿嫁给了他。

乘龙 魏黄尚与李元礼俱为司徒，俱娶太尉桓叔元女。时人谓桓叔元女俱乘龙，言得婿如龙也。

［译文］ 魏国的黄尚和李元礼都担任司徒职位，并且都娶了太尉桓叔元的女儿。当时的人说桓叔元的女儿都乘上了龙，是说得婿如龙的意思。

岳丈　青城山为五岳之长，名丈人山，故称妇翁曰岳丈。又云泰山有丈人峰，故称泰山。

［译文］　青城山是五岳之长，又叫丈人山，所以称妻子的父亲为岳丈。又说泰山有丈人峰，所以称岳丈为泰山。

岳公泰水　欧阳永叔常云：今人呼妻父为岳公，以泰山有丈人峰。呼妻母为泰水，不知出何书也。

［译文］　欧阳修曾说："现在人称呼妻子的父亲为岳公，是因为泰山有座丈人峰。称呼妻子的母亲为泰水，不知出自什么书。"

冰清玉润　晋卫玠，妻父乐广，皆有重名。议者以为妇翁冰清，女婿玉润。

［译文］　晋朝的卫玠，他妻子的父亲是乐广，两人都有很高的名声。大家都说岳父像冰一样清秀，女婿像玉一样温润。

天缘　蒙氏有女，欲为择配。女曰："王择配，非天婚也。我欲倒骑牛背，任牛所之，即嫁之。"王从其请。至一委巷，牛侧其角而入，见一樵者，女曰："此吾婿也。"王怒绝女。一日，婿问："首饰是何物？"曰："金也。"婿曰："吾樵处甚多。"载归，皆金砖。王难之曰："汝能作金桥银路，吾当来访。"果作以迎王。王叹曰："信天缘也。"后名其地曰辘角庄。

［译文］　蒙氏有个女儿，想为她选择女婿。女儿说："大王为我选择女婿，不是上天为我择婿。我想倒骑在牛背上，任凭牛走到哪里，就嫁到谁家。"国王听从了她的请求。到了一个曲折的小巷子，牛侧着角进去了，看到一个樵夫，女儿说："这个人就是我的女婿。"国王愤怒地和女儿断绝了关系。一天，女婿问道："首饰

是什么做的？”回答说：“是金子做的。”女婿说：“我砍柴的地方有很多。”用车拉了回来，都是金砖。国王刁难说：“如果你能用金子铺桥用银子铺路，我就来看你们。”樵夫果然用金桥银路迎接国王。国王叹息说：“真是上天的缘分啊。”后给此地取名为辘角庄。

门多长者辙　张负女孙五嫁而夫辄死，平欲娶之。负曰：“平虽贫，门多长者辙。”卒与之。诫曰：“无以贫故，事人不谨。”

[译文]　张负的孙女嫁了五次，丈夫都死了，陈平想迎娶她。张负说：“陈平虽然贫困，但门前多有贤人的车辙。”就把孙女嫁给了他。并告诫说：“勿因为陈平贫困，而不仔细侍奉他。”

佳婿　唐杨於陵补句容主簿，时韩滉节制金陵，杨以属吏谒，滉异之。谓其妻柳氏曰：“夫人欲择佳婿，无有如杨主簿者！”遂以女妻之。

[译文]　唐代的杨於陵补任句容县主簿，当时韩滉正节制金陵，杨於陵以下属官吏的身份拜谒他，韩滉觉得他很奇异。对他的妻子柳氏说：“夫人想要选择佳婿，没有比杨主簿更合适的了！”就将女儿嫁给了他。

翁婿登相府　范文正一见富弼器之，曰：“王佐才也。”适晏元献谓文正曰：“吾一女，烦君为择婿。”文正曰：“必求国士，无如富弼者！”元献妻之。后弼与元献共登相府，盖异观也。

[译文]　范仲淹一看见富弼，就很看重他，说：“这真是王佐之才啊。”正好晏殊对范仲淹说：“我有一个女儿，烦请你帮我挑选一个女婿。”范仲淹说：“如果在一国中最优秀的人物中选择，没有比富弼更合适的了！”晏殊就把女儿嫁给了富弼做妻子。后来富

弼与晏殊同为宰相，也算是奇事了。

此必国夫人　宋马亮知夔州。时吕蒙亨为属吏，子夷简在焉，亮一见，许妻以女。妻怒，亮曰："此必国夫人也。"人服其鉴。

［译文］宋代的马亮担任夔州知府。当时吕蒙亨做他的下属，他的儿子吕夷简也在那里，马亮看到吕夷简，就答应将女儿嫁给他。马亮的妻子大怒。马亮说："女儿日后一定会被封国夫人。"世人都叹服他的识力。

兄弟附子侄

田氏紫荆　田真、田广、田庆兄弟同居，紫荆茂盛。后议分析，树即枯槁。兄弟不复议分，树乃茂盛如故。

［译文］田真、田广、田庆三兄弟同住一处，家里的紫荆树非常茂盛。后来商议分家，树就变枯萎了。兄弟们不再商议分家，树又像从前一样茂盛了起来。

昆玉　陆机陆云兄弟二人，生于华亭，人比之昆冈出玉，因名昆玉。

［译文］陆机、陆云兄弟二人在华亭出生，人们将他们比作昆仑山出产的美玉，因此称他们为"昆玉"。

三间瓦屋　蔡司徒在洛，见陆机兄弟住参佐廨中，三间瓦屋，士龙住东头，士衡住西头。士龙为人文弱可爱，士衡长七尺余，声作钟声，言多慷慨。

[译文] 司徒蔡谟在洛阳，看到陆机兄弟二人住在参佐官员的官署里，共三间瓦屋，陆云住在东头，陆机住在西头。陆云长得文静柔弱，让人喜爱，陆机身高七尺多，声如洪钟，说话慷慨豪爽。

难兄难弟 陈元方子群，陈季方子忠，各论其父功德，争之不能决，咨于太丘，太丘曰："元方难为兄。季方难为弟。"

[译文] 陈元方的儿子陈群，和陈季方的儿子陈忠，各自谈论他们父亲的功劳德行，争论得不能分出高下，就问爷爷陈寔，陈寔说："元方难做兄长，季方难做弟弟，兄弟难分高下。"

手足 袁绍二子谭、尚，父死争立，治兵相攻。王修谓曰："兄弟者，手足也。人将斗，而断其右臂，曰我必胜可乎？"二子不从，为曹操所灭。

[译文] 袁绍的两个儿子袁谭、袁尚，父亲死后争夺父位，率领军队互相攻打。王修对他们说："兄弟，就是手足。人们要打仗，却被砍断右臂，能说我一定胜利吗？"两人不听劝告，被曹操消灭。

折矢 吐谷浑阿柴有子二十人。疾革，令诸子各献一箭，取一箭授其弟慕利延，使折之，利延折之。取十九箭使折之，利延不能折。乃叹曰："孤则易折，众则难摧。若曹识之！"

[译文] 吐谷浑国王阿柴有二十个儿子。病重时，让每个儿子献上一支箭，取一支给他弟弟慕利延，让他折断，慕利延一下子就折断了。再让他取十九支箭折断，慕利延就没法折断了。阿柴于是叹息着说："一支箭很容易折断，多了就难被摧毁。你们记住这句话！"

尺布斗粟　淮南厉王与汉文帝兄弟，徙蜀道死。民谣曰："一尺布，尚可缝，一斗粟，尚可舂，兄弟二人不相容。"

［译文］淮南厉王刘长和汉文帝是兄弟，在流放去蜀地的路上死掉了。民谣说："一尺布，尚可缝，一斗粟，尚可舂，兄弟二人不能相容。"

分痛　宋使晋王有病，太祖亲往视之，自为灼艾，晋王觉痛，太祖亦取艾自灼，以分其痛。

［译文］《宋史》记载：晋王赵光义生了病，宋太祖赵匡胤亲去探望他，并亲自替他艾灸，晋王觉得很痛，太祖就拿艾绒烧自己，来分担弟弟的疼痛。

皆有文名　罗愿兄颢、籲、頔、颂、弟颒，皆有文名，朱熹特称之。

［译文］罗愿的哥哥罗颢、罗籲、罗頔、罗颂，弟弟罗颒，都很有文采，朱熹特别激赏他们。

大小秦　唐秦景通与弟暐，皆精《汉书》，号大秦、小秦。凡治《汉书》者，非出其门，谓无师法。

［译文］唐代的秦景通与弟秦暐，都精通《汉书》，号称大秦、小秦。凡研究《汉书》的人，如果不是出自他们的门下，就被认为没有师法。

束带未竟　刘琎，瓛弟。瓛尝隔壁夜呼之，琎下床著衣立，然后应。兄怪其久，曰："顷束带未竟。"其操立如此。

[译文] 刘琎是刘瓛的弟弟。刘瓛曾在夜里隔着墙壁叫他，刘琎下床穿好衣服端立后才答应。刘瓛奇怪为什么耽误这么久才回答，他说："刚才衣服没穿好。"他的操守就像这样。

龙虎狗 诸葛瑾仕吴，弟亮仕蜀，弟诞任魏。时谓蜀得龙，吴得虎，魏得狗。

[译文] 诸葛瑾在吴国做官，弟弟诸葛亮在蜀国做官，弟弟诸葛诞在魏国做官。当时人们说蜀国得龙，吴国得虎，魏国得狗。

棠棣碑 贾敦颐为洛州司马，洛人为刻碑市旁。弟敦实又为长使，洛人亦为立碑其侧，号"棠棣碑"。

[译文] 贾敦颐担任洛州司马，洛州人在集市旁边为他刻了石碑。后来他的弟弟贾敦实又来洛州做长史，洛州人也在兄贾敦颐的碑旁边为他立碑，号称"棠棣碑"。

三张 晋张载博学，能文章，尝作《剑阁铭》，武帝命镌之剑阁。弟协少有隽才，为河间内史；亢亦娴词赋。时号"三张"。

[译文] 晋代的张载学识渊博，擅长写文章，曾写了一篇《剑阁铭》，晋武帝让人将它刻在剑阁上；他的弟弟张协少年时就才华出众，被授予河间内史；张亢对词赋也很熟悉。当时号称"三张"。

三魏 魏允中南乐人，兵使王元美赏识之。丙子秋试，元美偕同官饮使院，戒阍吏曰："小录至，非魏允中元毋传鼓。"夜半鼓发，相与欢叫。已，与其兄允贞、弟允孚皆举进士。时人号曰"三魏"。

[译文] 魏允中是南乐人，兵备副使王世贞对他很赏识。万历四

年（公元 1576 年）丙子秋试，王世贞与同僚在使院饮酒，告诫守门小吏说："录取名单出来，若不是魏允中考中第一名就不要敲鼓。"到半夜听到鼓声，大家都开心欢呼。不久，和他的哥哥魏允贞、弟弟魏允孚都考中了进士。当时人称他们为"三魏"。

自缚请先季死　王琳年十余岁，父母俱亡。遭乱，乡邻逃窜，惟琳兄弟独守家庐，号泣不去。弟季出，遇赤眉，将杀之。琳自缚，请先季死。"贼"矜而放之。

［译文］　王琳十多岁时，父母都去世了。遭逢丧乱，乡邻都四散逃窜，只有王琳兄弟独自在父母坟墓前的草庐守着，大哭着不肯离开。弟弟王季外出，遇到赤眉军，要杀了他。王琳把自己绑了，请求代替弟弟死。贼人夸奖了他，就放了他们。

时称四皓　徐伯珍少孤贫，以箬叶学书，杜门十九年，淹贯经史，累召不出。兄弟四人俱白首，时称四皓。

［译文］　徐伯珍少年时孤苦贫寒，用竹叶当纸来学习写字。闭门十九年，博通经史，多次征召都没有应征。兄弟四人头发都白了，当时人称为"四皓"。

人所难言　刘正夫官左司谏。徽宗方究蔡邸狱，正夫入对，引淮南"斗粟""尺布"之谣。上意遂解，谓正夫曰："兄弟之间，人所难言。卿能及此，不觉感动。"

［译文］　刘正夫担任左司谏职位。宋徽宗正追问蔡邸的案件，刘正夫入朝奏对，引用汉代淮南王"一尺布，尚可缝。一斗粟，尚可舂，兄弟二人不相容"的民谣。徽宗就理解了情状，对刘正夫说："兄弟之间，外人很难说话。你能理解这层意思，我很为感动。"

俱九岁贡　宋王应辰年九岁，以能诵九经、作《春秋》《语》《孟》义，兼通子史，贡于礼部。后数年，其弟应申亦九岁贡礼部。

［译文］宋代的王应辰九岁时，已经能够通读九经，可以写文章讨论《春秋》《论语》和《孟子》的大义，还精通子部和史部书籍，被贡入礼部参加科举考试。过了几年，他的弟弟王应申也在九岁时被荐举到礼部。

一母所生　吴思逵兄弟六人，先以父名析居。及父卒，泣告其母曰："吾兄弟别处十余年，今多破产。一母所生，忍使苦乐不均耶？"复共居。

［译文］吴思逵有兄弟六人，起初依父亲的意愿分家。等父亲死后，哭着对母亲说："我们兄弟分家各自生活已十多年，现在大多都已破产。一母所生，能忍心让我们贫富不均吗？"就又合为了一家。

金友玉昆　辛攀父奭，尚书郎，兄鉴、旷，弟宝、迅，皆以才识知名。秦雍为之语曰："五龙一门，金友玉昆。"

［译文］辛攀的父亲叫辛奭，担任尚书郎，辛攀的哥哥叫辛鉴、辛旷，弟弟叫辛宝、辛迅，都因有才识而被当世人所知。秦雍给他们说："五龙一门，金友玉昆。"

相煎太急　曹丕欲杀其弟植，植赋诗曰："煮豆燃豆萁，豆在釜中泣，本是同根生，相煎何太急！"

［译文］曹丕想要杀掉他的弟弟曹植，曹植写诗说："煮豆燃豆萁，豆在釜中泣。本是同根生，相煎何太急！"

火攻伯仲　周颢弟嵩，因醉詈其兄，曰："兄才不及弟，横得重名！"然蜡烛投之。颢颜色无忤，徐曰："阿奴火攻，诚出下策。"

［译文］　周颢的弟弟周嵩，因为喝醉酒而骂了自己的哥哥，说："哥哥的才华不及我，却白白取得了大名声！"接着拿着燃烧的火烛扔向周颢，周颢脸色并无不悦，慢慢地说："用火攻之法，实在是下策。"

姜被　后汉姜肱与弟重海、重江各娶，兄弟相恋，不忍别。作一大布被，寝则兄弟与共。人称其友爱。

［译文］　后汉的姜肱与弟弟姜重海、重江各自娶妻成家，兄弟互相恋恋不舍，不忍分别。就做了一床大被子，兄弟几个睡在一起。世人都称赞他们兄弟友爱。

花萼集　李义山兄弟俱以文章著，同为一集，号《李氏花萼集》。

［译文］　李义山兄弟都以文章著称，共同编写了一本文集，叫作《李氏花萼集》。

贾氏三虎　后汉贾彪兄弟三人，并有高名，而彪最优。故天下称之曰："贾氏三虎，阿彪最优。"

［译文］　东汉贾彪有兄弟三人，都有很高的才名，而贾彪名声最为显著。因此天下人都说："贾氏三虎，阿彪最优。"

二惠竞爽　左昭公三年，齐公孙竈卒。晏子曰："惜也！子旗不免，殆哉！二惠竞爽犹可，又弱一个，姜其危哉！"

［译文］《左传·昭公三年》记载说，齐国公孙竈死了。晏子说："可惜啊！他的儿子灾祸难免，惠公的两个儿子公孙灶和子尾都精明

强干，现在走了一个，齐国姜姓就很危险了。”

双璧 陆晔与弟恭之，并有时誉。洛阳令见之，曰：“仆已年老，幸睹双璧。”

［译文］陆晔和他的弟弟陆恭之在当时都有名望。洛阳令看到他们，说：“我已经年老，有幸能够看到你们兄弟双璧。”

佳子弟 王右军少时为从伯敦、导所器，常谓右军曰：“汝是吾家佳子弟，当不减阮主簿。”

［译文］王羲之小时候就被他的伯父王敦、王导看重，王敦曾经对王羲之说：“你是我们王家的佳子弟，不会比阮主簿差。”

吾家麒麟 晋顾和族叔荣，见其总角志气不凡，曰：“此吾家麒麟，兴吾宗者，必此子也。”

［译文］晋朝时顾和的族叔顾荣，见顾和幼年就志气不凡，说：“这是我家的麒麟，能够使我家宗族兴盛的人，一定是这个孩子。”

我家龙文 《北史》：杨愔幼聪慧绝人，其叔奇之，曰：“愔也，将相器。”常语人曰：“此儿驹齿未落，已是我家龙文；更十岁，当求之千里之外。”

［译文］《北史》记载：杨愔小时候就聪慧过人，他的叔叔很惊奇，说：“杨愔，以后有做将相的才器。”曾经对别人说：“这孩子还没换牙，就已经是我家的龙马；再过十年，就应该扬名千里之外了。”

犹子 卢迈进中书侍郎，再娶无子。或劝蓄姬媵，迈曰：“兄弟多子，犹子也，可以主后。”

［译文］ 卢迈升迁为中书侍郎，娶了两位妻子也仍然没有儿子。人劝他买些小妾，卢迈说："兄弟之子，就如自己儿子一样，可以主持身后的祭祀。"

千里驹 苻朗，苻坚从兄之子，坚常称之曰："吾家千里驹也。"

［译文］ 苻朗是苻坚堂兄的儿子，苻坚曾经称赞他说："这是我家的千里马啊。"

乌衣子弟 晋王氏子弟多居乌衣巷，一时贵盛。人称之曰乌衣子弟。

［译文］ 晋代的王氏子弟大多居住在乌衣巷，在某个时期一度富贵兴盛。人们称他们"乌衣子弟"。

小阮 竹林七贤，阮咸为阮籍兄子，故称小阮。

［译文］ 竹林七贤中，阮咸是阮籍哥哥的儿子，所以被称为"小阮"。

大小王 东阳王承出守东阳，多惠政。弟幼亦东阳守。时朱异用事，车马填门。魏郡申英指异门曰："此中辐辏，惟势是趋。不能屈者，大小王东阳耳。"

［译文］ 东阳的王承外调到东阳做太守，多有惠民的政事。他的弟弟王幼也做过东阳太守。当时朱异掌权，门口停满了求见的车马。魏郡的申英指着朱异的家门说："这里车轮聚集，都是趋炎附势的人。不能够使之屈从的，只有大小王东阳罢了。"

臣叔不痴 王湛雅抱隐德，不知者以为痴。兄子济往省，见床头有《周易》，因共谈《易》，剖析精微，出济意外，乃叹曰："家有名士，三十年不知！”武帝尝问济：“卿家痴叔死未？”对曰：“臣叔不痴。”又问：“谁比？”曰：“山涛以下，魏舒以上。”

［译文］王湛向来怀有隐者的德行，不理解他的人就觉得他痴傻。哥哥的儿子王济去看望他，见床头放有《周易》，就一起谈论《周易》，剖断分析精深细致，王济深感意外，长叹说：“家中有这样的名士，我居然三十年都不知道啊！”晋武帝曾问王济：“你家的痴叔叔死了吗？”王济答说：“我家叔叔不痴。”晋武帝又问：“能和谁比呢？”王济回答说：“在山涛之下，魏舒之上。”

芝兰玉树 谢玄为叔父东山所器重。安常谓子侄曰：“子弟亦何豫人事？正欲使之佳。”玄曰：“譬如芝兰玉树，欲使其生于庭阶耳。”

［译文］谢玄被叔叔谢安看重。谢安曾对子侄辈的人说：“后生子弟和我有什么关系？想他们变得更好。”谢玄回答说：“就像芝兰玉树，总想让它们生长在自家庭院里吧。”

屐齿之折 谢太傅与客围棋，俄而谢玄淮上信至，展书毕，摄放床下，了无喜色，下棋如故。客问之，徐答云：“小儿辈遂已破贼。”既罢，还内，过户限，不觉屐齿之折。

［译文］谢安与客人下围棋，不久谢玄从淮河发来的信到了，谢安看完信，放在床下，脸上没有露出一点高兴之色，继续下棋。客人问他，慢慢回答说：“小侄儿已经打败贼人了。”下完棋，返回内室，过门槛时，屐齿碰断也没察觉。

三桂堂 宋王之道刚直，尚风节，与兄之义、之深同科名，颜其堂曰“三桂”。尝梦帝命之曰：“以尔有功，堂录其后。”子十人，仕者九人。

[译文]　宋代的王之道刚烈正直，崇尚风节，和哥哥王之义、王之深同时中举，堂上题名作“三桂”。曾经梦见天帝告诉他说：“因你有功，应录取你的后人。”十个儿子，做官的有九个。

刻鹄类鹜　马援戒其子侄曰：龙伯高敦厚周慎，吾愿汝曹效之。杜季良豪侠好义，吾不愿汝曹效之。效伯高不得，犹为谨敕之士，所谓刻鹄不成，尚类鹜者也。效季良不得，陷为天下轻薄子，所谓画虎不成，反类狗者也。

[译文]　马援告诫子侄辈说：龙伯高为人敦厚谨慎，我希望你们都向他学习。杜季良豪侠好义，我不希望你们仿效他。学习龙伯高不成，仍是谨慎之人，所谓画鹄鸟不成，尚且还像个鸭子；但若仿效杜季良不成，就会被天下人认为是轻薄之人，所谓画虎不成，反而像狗了。

析产取肥　汉许武以二弟晏、普未显，欲使成名，乃析产为三，自取肥田广宅，二弟无后言，人皆称其克让。晏、普并举孝廉，武乃会宗人，泣言析产故，悉以田宅归晏、普，一郡叹服之。

[译文]　汉代的许武因为两个弟弟许晏、许普还没有显扬，就想让他们扬名，就把家产分为三份，自己占有了肥沃的良田和宽敞的住宅，两个弟弟事后没有异议，人们都称赞他们能克己让人。于是许晏和许普被官府举为孝廉，许武于是召集同族人，哭诉分家产的原因，将过去占用的田宅全部还给了许晏和许普，全郡人都赞叹佩服他。

兄弟感泣　何文渊知温州府。民有兄弟争财而讼者，文渊判其状，曰：“只缘花底莺声巧，致使天边雁影分。”兄弟感泣亲睦。

[译文] 何文渊担任温州知府。百姓中有兄弟二人为争夺财产而打官司的，何文渊写判词说："只缘花底莺声巧，致使天边雁影分。"兄弟二人感动落泪，又变得亲近和睦起来。

兄弟争牛 张苌年汝南郡守。有兄弟分一牛争讼不能决者，苌年赐以己牛一头，使均之。于是境中相戒，咸敦敬让。

[译文] 张苌年是汝南太守。有兄弟两人为了分一头牛相互争讼不能了断，张苌年把自己的一头牛送给了他们，让他们能够平均家产。于是辖境内互相传颂，都敦敬礼让。

翕和堂 韩祥与弟补同登进士，俱以德行文章显名。宋理宗书"翕和堂"以赐之。

[译文] 韩祥和弟弟韩补都考中了进士，都以高尚的德行和优美的辞章扬名于世。宋理宗亲自题写了"翕和堂"三字赐给他们。

弟请抵罪 唐陆南金官太子洗马。尝匿卢崇道，捕当重法。弟璧请抵罪，御史怪之。璧曰："母未葬，妹未妇，兄能办之。我生无益，不如死。"御史义之，并免。

[译文] 唐代的陆南金担任太子洗马。曾经藏匿过卢崇道，被捕后应当从重处罚。他的弟弟陆璧请求抵罪，御史感到奇怪。陆璧说："母亲尚未埋葬，妹妹尚未出嫁，兄长可以操持这些事。而我活着也没有益处，不如让我替他去死。"御史认为他很仁义，就把两人都赦免了。

兄惟一子 许荆兄子世，尝报仇杀人，怨者操刃攻之。荆跪曰："世无状，咎在荆。兄惟一子，死则绝嗣，荆愿代之。"怨家曰：

"许掾郡中贤者，吾何敢犯？"遂委去。

［译文］ 许荆的侄子许世，曾经为了报仇而杀了人，仇家拿刀追击他。许荆下跪说："许世无礼，过错在我。哥哥只有一个儿子，死了就断绝了后代，我愿代替他死。"仇家说："许公是郡中贤人，我哪里敢冒犯？"于是就让他们离开了。

急即扑杀　李勣疾，子弟固以药进。勣曰："我山东田夫尔，位极三台，年将八秩，非过分耶？"命置酒奏乐，列子弟，谓弟弼曰："我见房、杜诸公，苦作门户，为后人计，并遭痴儿破家。我有如许豚犬，将付汝；若不率教，急即扑杀。"

［译文］ 李勣生病，子弟坚持要他吃药。李勣说："我不过是山东的一个农夫而已，现在官至三台，也快八十岁了，难道不是很过分吗？"命人摆酒奏乐，召集子弟，对弟弟李弼说："我看到房玄龄、杜如晦诸公，苦苦建立门户，为后人考虑，却被傻儿孙败家。我有这些猪狗样的孩子，将托付给你；如果他们不听你教诲，可以立刻把他们打死。"

叔嫂

戛羹　汉高祖微时至丘嫂家，嫂方食羹，厌叔至，阳云羹尽轑釜。已而视釜有羹，由是怨嫂。后乃封其子为戛羹侯。

［译文］ 汉高祖刘邦没有发迹的时候到大嫂家，大嫂正吃羹汤，讨厌小叔子到来，假称羹汤已经没有了，故意去刮锅。后来刘邦看到锅中还有羹汤，因此埋怨嫂子。后来成为皇帝后就封嫂子的儿

子为戛羹侯。

为叔解围 谢道韫适王凝之。叔献之与客议论，词理屡屈。道韫遣婢白献之，为小郎解围，乃于帐后与客辩议，客愧服而去。

［译文］ 谢道韫嫁给王凝之。小叔子王献之和客人辩论，多次词屈理穷。谢道韫派丫鬟告诉给王献之说，愿意为小叔子解围，于是就在帷帐后面和客人辩论，客人辩论不过愧服离开。

亦食糠覈 陈平家负郭穷巷，以敝席为门。或谓平曰："何食而肥？"嫂曰："亦食糠覈耳，有叔如此，不如无有。"伯闻而逐其妇。

［译文］ 陈平家住在贫穷的陋巷，用破席子当门。有人对陈平说："你吃的什么东西，以致这样肥胖？"陈平的嫂子说："也一样吃糠啊。有这样的小叔子，不如没有。"陈平的哥哥听到这话就将妻子赶走了。

嫂不为炊 苏秦出游，大困而归，妻不下机，嫂不为炊。及为从约长，佩六国相印，秦之妻嫂，俱侧目不敢仰视，俯伏侍取食。秦乃笑谓嫂曰："何前倨而后恭也？"嫂委蛇蒲伏，以面掩地而谢曰："见季子位高而金多也。"

［译文］ 苏秦外出游学，非常困顿地回到家，妻子不离开织机迎接他，嫂子也不做饭给他吃。后来他成为六国合纵的首领，佩戴着六国的相印回来，苏秦的妻子和嫂子都不敢直视他，跪地侍候他吃饭。苏秦笑着问嫂子说："为什么从前倨傲而如今这么恭敬呢？"嫂子像蛇一样匍匐向前，以脸贴地谢罪说："是看见弟弟你高居尊位并且有很多金子啊。"

姊妹

聂政姊　聂政刺韩相侠累，因自皮面抉目，自屠出肠。韩人暴尸购其名。其姊往哭之曰："是轵深井里聂政也。以妾在故，自刑以绝其迹。妾敢畏死以泯贤弟之名！"遂死于政尸之旁。

屈原姊女媭，闻屈原放逐，来归，喻令自宽。乡人冀其见从，因名曰姊归。故《离骚》云："女媭之婵媛兮，申申其詈予。"

[译文]　聂政刺杀了韩国的丞相侠累，然后用刀把自己的脸皮划破，挖出眼珠，挖出肠子。韩国人将他的尸体示众并悬赏他的名字。他的姐姐到尸体旁边哭道："这是轵深井村的聂政啊。因我还活着的缘故，他就毁了自己的面容而隐去痕迹。我岂敢因为怕死而辱没贤弟的名声呢！"于是就在聂政尸体的旁边自杀了。

屈原的姐姐女媭，听说屈原被放逐，回到娘家，让他宽心。乡亲也希望他听从姐姐的话，所以称此地叫"姊归"。因此《离骚》里说："女媭之婵媛兮，申申其詈予。"

李勣姊　唐李勣性友爱，其姊病，尝自为粥，而釜燃辄燎其须。姊戒止之。答曰："姊且疾，而勣且老，虽欲进粥，尚几何？"

[译文]　唐代的李勣性情友爱，他的姐姐生病了，他曾亲自去为姐姐煮粥，烧锅时火把胡须烧了。姐姐劝止他。他回答说："姐姐病了，而且年纪大了，即使想为你煮粥，还能有几回呢？"

班超妹　汉曹寿妻曹大家，闻超在绝域，妹为上书，乃征超还。

[译文]　汉代曹寿的妻子曹大家（班昭），听说哥哥班超身处西域，就给皇帝上书，于是皇帝便征召班超回国。

宋太祖姊 赵匡胤将北征，闻军中欲立点检为天子，走告家人。太祖姊方在厨，引面杖逐之，曰："丈夫临大事，可否当自决。乃来恐吓妇女耶？"太祖即趋出。

[译文] 赵匡胤即将往北边行军，听到军中有人想要拥立自己为天子，就跑去告诉家人。太祖的姐姐正在厨房做饭，抓起擀面杖把他赶了出去，说："男子汉面临大事，能否自己做决定，竟然拿着事来恐吓妇女吗？"太祖立刻跑了出去。

姚广孝姊 姚广孝以靖难功，封荣国公，谒其姊姚婆。姚婆阖门麾出之，曰："做和尚不了，岂是好人？"终拒不见。

[译文] 姚广孝因为平定变乱有功，被封为荣国公，他去拜见姐姐姚婆，姚婆关门赶他走，说："做和尚还做不明白，难道会是一个好人？"最终拒绝而不愿见他。

骆统姊 络统值岁饥减食。姊问故，曰："士大夫糟糠不足，我何心独饱！"姊助粟若干，统一日散尽。

[译文] 骆统遭遇荒年就减少进食，姐姐问他原因，他说："士大夫连糟糠都吃不够，我怎么忍心独自饱食！"姐姐赠送给他一些粮食，骆统一天就把粮食给众人分完了。

李燮姊 李文姬，固女。闻父危，泣曰："李氏灭矣！"密遣弟燮诣父门生王成而告之曰："君执义先公，有古人之节。今以六尺委君，李氏存灭在此矣。"遂变服入徐，而成卖卜于市，阴相往来。比燮赦还，姊相对而恸，因戒之曰："先公正直，为汉忠臣，虽死之日，犹生之年。慎勿以一言加梁氏。"闻者悲感。

[译文] 李文姬是李固的女儿。听到父亲处于危险中，哭着说："李

氏将要灭亡了！”秘密派弟弟李燮去拜见父亲的门生王成，告诉他说：“您曾在我父亲门下坚持道义，有古人的风骨。现在把他托付给您，李氏一族生死存亡就在这里了。”于是将李燮改换衣服进入徐州，而王成也在集市中算卦，暗中往来。等到李燮被赦免回来，姐弟二人相对大哭，姐姐告诫他说：“先父正直，是汉朝的忠臣，虽然死去，还像仍旧活着一样。你要谨慎，千万不要轻议权臣梁冀。”听到的人都悲痛感伤。

季宗妹　季儿者，季宗之妹，任延寿之妻也。延寿怨季宗而阴杀之。赦免，季儿振衣求去。延寿曰：“汝其杀我！”季儿曰：“杀夫不义，事兄之仇亦不义。与子同枕席，而杀吾兄，又纵兄之仇，何面目戴天履地乎？”乃告女曰：“吾义不可留，又无所往。汝善视两弟！”遂自经。

［译文］　季儿是季宗的妹妹，任延寿的妻子。任延寿怨恨季宗而暗中杀了他。被赦免后，季儿整理衣服要求离去。任延寿说：“你杀了我吧！”季儿说：“杀死丈夫是不义，侍奉兄长的仇人也是不义。我与你同床共枕，而你杀了我哥哥，我又放了哥哥的仇人，还有何脸面存活于天地之间呢？”就告诉她的女儿说：“道义上我绝不会留下，又没有地方可去。你要好好照顾两个弟弟。”就自杀了。

师徒　先辈

北面　唐崔日用请武甄言《春秋》疑义，甄条举无留语。日用曰：“吾请北面。”

[译文] 唐朝的崔日用向武甄请教《春秋》书中有疑惑的地方，武甄一一列举毫无保留。崔日用说:“请允许我面向北，拜您为师。”

函丈 《礼》:“若非饮食之客，则布席，席间函丈。”

[译文]《礼记》中说:“如果不是留下吃饭的客人，布置席子的时候，席间要留一丈距离。”

夏楚 夏与榎同，山楸木也。榎形圆，楚形方，以二物为朴，以警其惰慢，使之收敛威仪也。

[译文] “夏”字与“榎”字相通，都是指山楸树。榎木形状是圆的，楚的形状是方的，用这二种树木做打人的用具，以警诫他们的懒惰傲慢，让他们收敛起不当的言行。

解颐 汉匡衡深明经术，诸儒为之语曰:“无说诗，匡鼎来。匡说诗，解人颐。”

[译文] 汉代的匡衡精通经术，儒生们都说:“不要解说《诗经》，等匡衡来说吧；匡衡说《诗经》，能够让人开颜欢笑。”

绛帐 汉马融教授诸生，常有千数，坐高堂，施绛纱帐，前授生徒，后列女乐。

[译文] 汉代的马融教授学生，常常有一千多人听讲，马融坐在高堂之上，四周挂着红色的纱帐，前边教授学生，后边陈列着女乐演奏。

负笈 汉苏章负笈寻师，不远千里。

[译文] 汉代的苏章背着书箱四处拜师求学，不以千里为远。

立雪 游酢、杨时为伊川先生弟子。一日，侍先生侧，先生隐几而卧。二生不敢去，候其寤，则门外雪深尺余矣。

［译文］ 游酢和杨时是伊川先生程颐的弟子。有一天，他们侍奉在伊川先生身边，伊川靠着桌子睡着了。两个学生站着不敢离开，等待老师醒来后，门外的雪已经有一尺多深了。

坐春风中 朱公掞，名光庭，见明道先生于汝州。归语人曰:“光庭在春风中坐了一月。”

［译文］ 朱公掞，名字叫光庭，他在汝州拜见了明道先生程颢。回来后对人说:“我朱光庭在春风中坐了一个月。”

舌耕 汉贾逵通经，来学者不远千里，广有赠献，积粟盈仓。或云:“逵非力耕，乃舌耕也。”

［译文］ 汉代的贾逵精通经典，跟他学习的人不远千里而来，多有馈赠进献，积攒的粟米装满了仓库。有人说:“贾逵并非以力气耕地，而是以舌头耕地啊。”

牧豕 后汉孙期少为诸生，通《京氏易》《古文尚书》。家甚贫，收豕于泽中。学者皆执经垅畔，以追随之。

［译文］ 东汉时的孙期小时候做太学生，精通《京氏易》《古文尚书》。家里很贫穷，曾在大泽中养猪。跟他求学的人就拿着经书到田垄上来追随他。

白首北面 贾琼曰:“文中子十五为人师。陈留王孝逸，先达之傲者矣。然而白首北面，岂以年乎？”

[译文] 贾琼说："文中子王通十五岁时就做了别人的老师。陈留的王孝逸是前辈学者中相当有傲气的。即便是这样长满白发的前辈仍然北面称王通为师，难道在乎年龄吗？"

人师难遭 童子魏照求入事郭林宗，供洒扫。林宗曰："当精义讲书，何来相近？"照曰："经师易获，人师难遭。欲以素丝之质，附近朱蓝。"

[译文] 少年魏照请求侍奉郭林宗，甘愿为他洒扫庭院。郭林宗说："应该精心读书，为何要来这里？"魏照说："讲经书的老师容易获得，教做人的老师却难以遇到。我希望用我这一块白布来亲近您这朱红蓝靛。"

青出于蓝 《荀子》：学不可已。青出于蓝，而青于蓝；冰出于水，而寒于水。

[译文]《荀子》里说：学习不可以停止。青色取之于靛蓝，而比靛蓝更青；冰是水凝结的，而比水更寒冷。

师何常 《北史》：李谧初师事孔璠，后璠还就谧请业。同门生语曰："青城蓝，蓝谢青。师何常？在明经。"

[译文]《北史》记载：李谧最初师从孔璠，后来孔璠回头向李谧请教学问。同门学生说："青色变成靛蓝，靛蓝不如青色。老师哪有一成不变的？关键在于通晓经书。"

一字师 张咏诗云："独恨太平无一事，江南闲杀老尚书。"萧楚才曰："恨字未妥，应改幸字。"咏曰："子，吾一字师也。"

[译文] 张咏有诗句说："独恨太平无一事，江南闲杀老尚书。"萧

楚才对他说：“恨字不够妥帖，应该改为幸字。”张咏说：“您是我的‘一字师’啊。”

东家丘　汉邴原就学于孙崧，崧曰：“子近舍郑君（郑玄），而蹑屩至此，岂以郑为东家丘耶？”原曰：“人各有志，所向不同。君谓仆以郑为东家丘，则君以仆为西家之愚夫矣。”崧谢。（《家语》：孔子西家有愚夫，不识孔子为圣人，乃曰：“彼东家丘，吾知之矣。”）

［译文］汉代的邴原向孙崧求学，孙崧说：“你舍弃身边的郑玄先生不请教，却穿着草鞋来我这里，你把郑先生当‘东家丘’了吗？”邴原说：“每人各有不同的志向，选择也各不相同。先生说我把郑先生当作‘东家丘’，那么先生把我当成西家的蠢人了吧。”孙崧赶忙向邴原道歉。（《孔子家语》记载：孔子家西边有个蠢人，不知孔子是圣人，说：“他是东家的孔丘，我是认识他的。”）

吾道东　汉郑玄事马融，学有得。及辞归，融喟然谓门人曰：“吾道东矣！”

［译文］汉代的郑玄拜马融为师学习，学有所成。等到辞别而回家时，马融感叹着对门人说：“我的大道随他东去了！”

吾道南　宋杨龟山师明道先生。及归，送之出门，谓坐客曰：“吾道南矣。”

［译文］宋代的龟山先生杨时师从明道先生程颢。等他回乡时，程颢送他出门，对在座的客人说：“我的学问随他南去了。”

《易》已东　汉卜宽学《易》于田何，学既有成，宽东归。何喜谓弟子曰：“吾《易》已东矣！”

[译文] 汉代的卜宽在田何那里学习《易》，学成之后，卜宽回到东边的故乡。田何高兴地对弟子说：“我的《易》已经东去了。”

关西夫子 后汉杨震明经博览，为诸儒所宗，号曰：“关西夫子”。

[译文] 东汉的杨震通晓经文、博览群书，被儒士们所推崇，号称“关西夫子”。

南州阙里 兖州曲阜县阙里，孔子所居之地。朱熹居建阳，有考亭，明经论道，诸士子号“南州阙里”。

[译文] 兖州曲阜县阙里，是孔子居住的地方。朱熹居住在建阳，有一座考亭，在那里阐明经义、讨论大道，读书人都称之为“南州阙里”。

教授河汾 晋王通教授于河汾之间，弟子自远至者甚众。累征不起。赵郡李靖、清河房玄龄、巨鹿魏徵，一时王佐之才，皆出其门。

[译文] 晋地人王通在黄河、汾水附近教授学生，有很多从远方来跟他学习的弟子。朝廷多次征召他也不应征。这些学生有赵郡的李靖、清河的房玄龄、巨鹿的魏徵，一代栋梁之材，都出自他的门下。

师友渊源 古人学问必有渊源，杨恽一□迥出当时流辈，则司马迁外甥也。

[译文] 古人学习一定会有师承关系，杨恽的一篇《报孙会宗书》，远远高出当时的同辈，而他正是司马迁的外甥。

吾道之托　黄幹字直卿。朱熹曰："直卿志坚思苦，与之处，甚有益。"遂以女妻之。熹病革，出所著书授幹，曰："吾道之托在此。"

［译文］　黄幹字直卿。朱熹说："黄直卿志向坚定、思想深湛，和他相处，大有益处。"于是把女儿嫁给他做妻子。朱熹病重时，把自己所撰写的著作交给黄幹，说："我的大道托付给你了。"

此吾老友　蔡元定，八岁能诗。及长，登泰山绝顶，日惟啖荠，于书无所不读。朱熹扣其学，大惊曰："此吾老友也，不当在弟子列。"

［译文］　蔡元定八岁的时候就能够写诗。等到长大后，登上泰山顶上，每天他只吃荠菜，对于书没有不读的。朱熹考问他的学识，大惊说："这是我的老朋友啊，不应该在弟子的行列里。"

通家　孔融年十岁，闻李膺有重名，造之。膺问："高明父祖常与仆周旋乎？"融曰："然。先君孔子与君家老子，同德比义而相师友，则融与君累世通家也。"

［译文］　孔融十岁的时候，听说李膺有盛名，就去拜访他。李膺问他："您的父亲、祖父和我曾经有交情吗？"孔融说："是的。先人孔子与您的先人老子，德行仁义相似，互为师友，那么我家与先生家早就是多年的世交了。"

父执　《曲礼》曰："见父之执（执，父同志之友也），不谓之进不敢进，不谓之退不敢退，不问不敢对。"

［译文］　《礼记·曲礼》中说："看到与父亲志同道合的朋友（执，就是父亲相同志向的朋友），不让进前就不敢进前，不让离开就不敢离开，

没有问自己就不敢回答。”

识荆 李白与韩荆州书曰：“白闻天下谈士言曰：生不用封万户侯，但愿一识韩荆州。何令人之景慕至此哉！”

[译文] 李白的《与韩荆州书》中说：“我听到天下的谈士都说：‘生不用封万户侯，但愿一识韩荆州。’为什么能让人仰慕到这种地步呢！”

山斗 韩昌黎以六经之文为诸儒倡。自愈殁后，其学盛行，学者仰之如泰山北斗。

[译文] 韩愈倡导儒生学习六经的文章。自从韩愈逝世以后，他的学说开始盛行，学者都像瞻仰泰山北斗一样仰慕他。

函关紫气 老子将度函谷关，关吏尹喜望见紫气，知有神人来。果见老子骑青牛薄板车过关，喜拜之。老子教喜炼气，授以《道德》五千言。

[译文] 老子将要经过函谷关的时候，守关的小吏尹喜望见空中飘来紫气，知道有神人要来。果然见老子骑着青牛驾着薄板车经过函谷关，尹喜就拜见了他。老子教尹喜锻炼气息，并把五千字的《道德经》传授给了他。

倒屣 蔡邕闻王粲在门，倒屣迎之。粲至，年既幼弱，容貌短小，一座尽惊。邕曰：“此王公孙也，有异才，吾不如也。吾家书籍文章，尽当与之。”

[译文] 蔡邕听说王粲在门外，倒穿了鞋子出来迎接。王粲到了，年龄又小，身体又弱，在座的宾客都很吃惊。蔡邕说：“这位是王公

孙，有非凡的才能，我不如他。我家的书籍文章应该全送给他。”

下榻　徐穉字孺子，豫章人。陈蕃为豫章太守，罕所接见，惟设一榻以待孺子，去则悬之。穉屡荐不仕。郭林宗称为南州高士。

［译文］　徐穉字孺子，是豫章人。陈蕃做豫章太守时，很少接见客人，唯独准备了一张专榻来招待徐穉，徐穉离开后就把榻悬挂起来。徐穉多次被举荐都不外出做官。郭林宗称他为“南州高士”。

御李　李膺性简亢，无所交接。荀爽常谒膺，因为其御，既还，喜曰:“今日乃得御李君。”

［译文］　李膺性格清狂高傲，很少与人交往。荀爽曾经去拜谒李膺，为李膺驾车。回来后，高兴地说:“今天竟然能为李公驾车。”

李郭仙舟　郭泰游洛阳，与河南尹李膺相友善。后归乡里，衣冠送至河上，车骑数千。泰与膺同舟而济，众宾望之，以为神仙。世称“李郭仙舟”。

［译文］　郭泰到洛阳游学，和河南尹李膺交好。后来他回乡的时候，士人把他送到黄河边，有数千辆车马。郭泰与李膺坐一条船过河，众宾客远远望去，以为和神仙一样。世人称之为“李郭仙舟”。

北海樽　孔北海性宽容好客，及退闲职，宾客日盈其门，常叹曰:“座上客常满，樽中酒不空，吾无忧矣。”

［译文］　孔融生性和气好客，等到退到清闲的职位上时，每天宾客满门，他常感慨说:“座上客常满，樽中酒不空，我就没有忧愁了。”

千里命驾　晋吕安服嵇康高致，每一相思，辄千里命驾赴之。

[译文]　晋朝的吕安叹服嵇康高雅的情致，每每思念他时，就不远千里备车前去拜访。

高轩过　李贺，七岁能文，韩愈、皇甫湜过之，贺作《高轩过》诗以谢之。

[译文]　李贺七岁就能够写文章，韩愈、皇甫湜来拜访他，李贺写《高轩过》一诗来感谢他们。

投辖　汉陈遵，每大饮，宾客满堂，辄闭门取客车辖投井中，虽有急，不得去。

[译文]　汉朝的陈遵，每次大摆宴席，宾客满堂时，就关上门将客人的车辖扔到井里，即便有急事，客人也无法离开。

附骥　《公孙述传》：苍蝇之飞不过数步，附托骥尾得以绝群。

[译文]　《公孙述传》记载：苍蝇飞行不过几步远，附着在骏马的尾巴上就能超过同类。

披云　晋卫瓘见乐广，奇之，命子弟造焉，曰："此人，冰壶濯魄，见之莹然，若披云雾而睹青天。"

[译文]　晋朝的卫瓘看到乐广，感到惊奇，就让子弟们去拜访他，说："这个人，如同在冰壶里洗过魂魄一样，看到他感觉一片明亮，就好像拨开云雾而看见青天一般。"

景星凤凰　韩愈遗李勃书曰："朝廷士引领东望，若景星凤凰始见，争先睹之为快。"

[译文] 韩愈给李勃写信说："朝廷的士人伸着脖子向东眺望，就好像瑞星和凤凰刚刚出现，都想抢先看到才觉得痛快。"

鄙吝复萌　汉黄宪，陈蕃尝谓周举曰："旬日间不见黄叔度，鄙吝之私复萌于心矣。"

[译文] （汉朝的黄宪）陈蕃曾经对周举说："我十天半月见不着黄叔度，粗俗鄙吝的私心就又萌发了。"

朋友

莫逆　子祀、子舆、子犁、子来，四人相与语曰："孰知死生存亡之一体者，吾与之友矣。"四人相视而笑，莫逆于心，遂相与为友。

[译文] 子祀、子舆、子犁、子来四个人互相说："谁真正了解死、生、存、亡的一个方面，我就愿意和他交朋友了。"四个人互相看着笑了起来，志同道合，于是相互结为好友。

友道君逆　周宣王将杀其臣杜伯，而非其罪。伯之友左儒争之于王，九复之，而王不听。王曰："汝别君而异友也。"儒曰："君道友逆，则顺君以诛友；友道君逆，则顺友以违君。"王杀杜伯，左儒死。

[译文] 周宣王要杀他的臣子杜伯，但杜伯并没有罪过。杜伯的好友左儒在宣王那里争论，九次进言，但宣王都不听从。宣王说："你违逆君王而对朋友有深情。"左儒说："君王合于大道，朋友逆

于大道，就顺从君王而诛杀朋友；朋友合于大道而君王逆于大道，就顺从朋友而违逆君王。”宣王杀杜伯后，左儒也自杀了。

倾盖 孔子之郯（音谈，国名），遭程子于途，倾盖而语，终日甚相浃洽，顾谓子路曰：“取束帛以赠先生。”

［译文］ 孔子到郯国去，在路上遇到了程子，两个人的车子的伞盖相靠谈论了一整天，非常投机融洽，孔子回头对子路说：“取一束帛来赠给先生。”

雷陈 后汉雷义与陈重为友，义举茂才，让于重，刺史不听。遂佯狂，被发走，不应命。乡里为之语曰：“胶漆虽谓坚，不如雷与陈。”

［译文］ 东汉的雷义与陈重是好朋友，雷义被举荐为茂才，想把茂才让给陈重，刺史不允许。他就假装发狂，披头散发奔跑，不接受举荐。同乡人评价他说：“胶漆虽说坚，不如雷与陈。”

侨札之好 季札见郑子产，如旧相识，与之缟带，子产献纻衣。后称交契者，谓之侨札之好。

［译文］ 季札去求见郑国的子产（公孙侨），一见如故，季札送给子产一条缟带，子产回赠他一件麻衣。后来称呼交情深厚的，叫作“侨札之好”。

杵臼定交 后汉公孙沙穆游太学，无资粮，乃变服客佣，为吴祐赁舂，祐与语，大惊，遂定交于杵臼之间。

［译文］ 东汉公孙沙穆去太学学习，没有盘缠和食物，于是换了衣服给人家干活，被吴祐雇来舂米，吴祐和他交谈，大为惊奇，于

是两人在舂米的杵臼之间结为朋友。

刎颈交　陈馀年少，父事张耳，两人相与为刎颈之交，后乃有隙。

［译文］陈余年轻的时候，像对待父亲一样侍奉张耳，两人互相成为刎颈之交，但后来有了猜忌。

如饮醇醪　程普尝以气凌周瑜，瑜未尝有愠色，承奉愈谨。普自惭，投分于瑜曰：“与公瑾交，若饮醇醪，不觉自醉。”

［译文］程普曾以盛气羞辱周瑜，周瑜从不恼怒，反而对他更加恭谨。程普自觉惭愧，与周瑜定交时说：“和周公瑾交往，就好像喝美酒，不知不觉就喝醉了。”

廉庆　廉范与洛阳庆鸿为刎颈交。时人称曰：“前有管鲍，后有廉庆。”

［译文］廉范与洛阳的庆鸿是刎颈之交的好友。当时的人都说：“前有管鲍，后有廉庆。”

管鲍分金　管仲与鲍叔相友善。仲曰：“吾困时，尝与鲍叔贾，分财则吾多自与，鲍叔不以我为贪，知我贫也。生我者父母，知我者鲍叔也。”

［译文］管仲和鲍叔牙交好。管仲说：“我以前贫困的时候，曾经和鲍叔牙一起做生意，分钱时我就多分给自己一些，鲍叔牙不认为我贪婪，是知道我贫穷啊。生养我的是父母，了解我的人是鲍叔牙啊。”

停云　陶元亮诗叙：“停云，思亲友也。”故称知交谓之停云。

[译文] 陶渊明的《诗叙》说："停云，是写思念亲友的诗歌。"所以后人称知心朋友为"停云"。

旧雨 言旧交也。杜工部云："卧病长安旅次，多雨，寻常车马之客，旧，雨来，新，雨不来。"

[译文] 说的是老朋友。杜甫说："在长安的旅馆卧病，天气多雨，平常驾车骑马的朋友们，老朋友来看我，新朋友没有人来。"

题鳳 嵇康与吕安善。后安来，值康不在，嵇喜延之，不入，题鳳字而去。喜以告康，康曰："鳳字，凡鸟也。"

[译文] 嵇康和吕安交好。后来吕安来拜访，正好嵇康没在家，他的哥哥嵇喜请他进来。吕安没进门，写了一个"鳳"字就离开了。嵇喜告诉嵇康，嵇康说："鳳字，拆开就是凡鳥啊。"

指囷 鲁肃以散财赈穷，结交俊杰。周瑜过肃，并告资粮。肃家有两囷米，各三千斛。肃乃指一囷与瑜，瑜惊异之，遂相与结亲。

[译文] 鲁肃散发家财来赈济穷困的人，结交杰出的人才。周瑜拜访鲁肃，希望得到钱粮支持。鲁肃家有两个仓库的米，各有三千斛。鲁肃于是指着一个谷仓给了周瑜，周瑜非常惊异，就与鲁肃结成亲家。

弹冠结绶 王吉与贡禹为友，萧育与朱博为友，交相荐达。长安人语曰："王贡弹冠，萧朱结绶。"

[译文] 王吉和贡禹是好朋友，萧育与朱博是好朋友，四人互相举荐而得以仕途通达。长安人都说："王贡弹冠，萧朱结绶。"

更相为仆　宋韩亿、李若谷未第时，俱贫。赴试京师，仅有一毡一席，割分之。每出谒，更相为仆。李先登第，韩为负箱，至长社，分钱而别。后韩亦登第。

［译文］　宋代的韩亿、李若谷没有考中进士的时候，都很贫困。到京师去参加考试，只带了一条毛毡和一领席子，就从中间割开，两人分着用。每次要出去拜访，按照顺序互相扮作对方的仆人。李若谷先及第，韩亿为他背箱子，直到长社，设酒饯别。后来韩亿也进士及第。

尔汝交　祢衡逸才飘举，少与孔融作尔汝交。时衡未满二十，而融已五十，敬衡才秀，共结殷勤。

［译文］　祢衡才华超逸飘飞，小时候和孔融是亲密无间的尔汝之交。当时祢衡还不到二十岁，而孔融已经五十岁了，尊敬祢衡的才华出众，结为亲密的朋友。

忘年交　张镫有重名，陆贽年十八，往见，语三日，奇之，称为忘年之交。

［译文］　张镫有很高的声望，陆贽十八岁的时候，前去拜见他。张镫和他说了三天的话，感到惊奇，称为“忘年之交”。

金兰簿　戴弘正每得一密友，则书于简编，焚香以告祖考，号金兰簿。

［译文］　戴弘正每结交一个亲密的朋友，就写在简册上，焚香告诉祖先，叫作“金兰簿”。

三友一龙 华歆与邴原、管宁相善，时号三友为一龙，谓歆为龙头，原为龙腹，宁为龙尾。

［译文］ 华歆和邴原、管宁交好，时人把这三人称作是一条龙，华歆是龙头，邴原是龙肚，管宁是龙尾。

雉坛 五代时，三人为朋，筑坛，以丹鸡、白犬歃血而盟，曰："卿乘车，我戴笠，他日相逢下车揖。我步行，卿乘马，他日相逢马当下。"

［译文］ 五代时期，三个人结为朋友，设立祭坛，用红鸡、白狗的血来立誓，说："卿乘车，我戴笠，后日相逢下车揖。我步行，卿乘马，他日相逢当下马。"

总角之好 孙策曰："公瑾与孤有总角之好，骨肉之分。"

［译文］ 孙策说："周公瑾和我是童年好友，骨肉之亲。"

耐久朋 唐魏元同与裴炎缔交，能保终始。时人号为耐久朋。

［译文］ 唐代的魏元同和裴炎结交，能善始善终。当时的人称之为"耐久朋"。

平生欢 后汉马援与公孙述同里闬相善，以为当握手，欢如平生。

［译文］ 后汉的马援与公孙述是同乡，互相友善，两人认为应该握着手像以前一样开心。

青云交 江淹曰："袁叔明与我，有青云交，非直衔杯酒而已。"

［译文］ 江淹说："袁叔明和我，是青云之交，并非只是酒肉朋友而已。"

班荆　楚声子与伍举相善，遇之郑郊，布荆于地，共食而言也。

［译文］　楚国的声子和伍举关系交好，两人在郑国的郊外相遇，在上地铺了些荆条，一块儿吃饭聊天。

范张鸡黍　范式、张劭为友，春时京师作别，式曰："暮秋当拜尊堂。"至期，劭白母，杀鸡以俟。母曰："巨卿相距千里，前言戏耳。"劭曰："巨卿信士。"言未毕，果至。升堂拜母，尽欢而别。

［译文］　范式、张劭是好友，春天时在京师分别，范式说："深秋时我要去拜见令堂。"到了约定的时间，张劭告诉母亲，杀了鸡等候范式。母亲说："范巨卿相距千里，从前说的是开玩笑的吧。"张劭说："巨卿是诚信的人。"话还没说完，范式果然就到了。上堂拜见张劭的母亲，两人极尽欢愉才分别。

系剑冢树　季札出使过徐，徐君好季札剑，口不敢言。季札知之，使上国，未献。还，至徐。徐君已死，乃解剑系其冢树而去。季札交情，不以生死易念。

［译文］　季札出使路过徐国，徐国国君喜欢季札的佩剑，不好意思说出来。季札知道他的心思，但还要出使别的大国，就没有赠给他。返回时，路过徐国，徐国国君已经死去，季札就解下佩剑挂在国君墓地的树上才离开。季札的交情，不以生死而改变。

生死肉骨　薳子冯曰："吾见申叔夫子，所谓生死而肉骨者也，敢忘报哉！"

［译文］　楚国令尹薳子冯说："我看到申叔豫夫子，他就是那种能让

死人复活白骨生肉的人啊，怎敢忘记报答他呢！”

口头交　孟郊诗：“古人形如兽，皆有大圣德。今人表似人，兽心安可测！虽笑未必和，虽哭未必戚，但结口头交，肚里生荆棘。”

[译文]　孟郊的诗说：“古人形似兽，皆有大圣德。今人表似人，兽心安可测。虽笑未必和，虽哭未必戚。但结口头交，肚里生荆棘。”

交若醴　《庄子》：君子之交淡如水，小人之交甘若醴。群子淡以亲，小人甘以绝。

[译文]《庄子》说：君子之交如水平淡，小人之交甜如甘醴。君子因清淡更加亲密，小人因甘甜而断绝交情。

贫交行　杜诗：“翻手作云覆手雨，纷纷轻薄何须数？君不见管鲍贫时交，此时令人弃如土。”

[译文]　杜甫的诗说：“翻手作云覆手雨，纷纷轻薄何须数。君不见管鲍贫时交，此道今人弃如土。”

面朋面友　颜克志面交如携手，见利即解携而去也。杨子曰：“朋而不心，面朋也；友而不心，面友也。”同类曰朋，同志曰友。

[译文]　颜克志说：“表面的相交就好像是拉着手，看见利益就放开手跑了。”杨雄说：“不交心的朋友，是表面的朋友。”同类人称为“朋”，志同道合的称为“友”。

绝交恶声　燕乐毅书：“古之君子，交绝不出恶声；忠臣去国，不洁其名。”

[译文]　燕国的乐毅上书说：“古代的君子绝交，不会说出恶言；忠

臣离开自己的国家，不会显示自己的节操成就名声。”

五交　刘孝标《广绝交论》，谓势交、论交、穷交、量交、贿交，此五交皆不能恤贫，故绝之也。

［译文］　刘孝标《广绝交论》里说，以权势相交、以谈辩相交、以穷困相交、权衡好处相交、贿赂别人相交，这五种交谊都不能救济贫穷，因此应该与之断绝。

识半面　汉应奉尝诣袁贺，贺闭半户，出半面视奉，奉即去。故与人曾相见者，曰识半面。

［译文］　汉代的应奉曾去拜访袁贺，袁贺关了半扇门，露出半张脸来接待应奉，应奉立即离去，所以与别人曾经见过的就叫作“识半面”。

无逢故人　公孙弘食故人高贺脱粟饭，覆以布被。贺怨曰：“何用故人富贵为？脱粟布被，我自有之。”弘内厨五鼎，外膳一肴，诈也。弘叹曰：“宁逢恶宾，无逢故人。”

［译文］　公孙弘给老朋友高贺吃脱去稻壳的粗米饭，给他盖上粗布被子。高贺说：“要老朋友的富贵有什么用？粗米布被我自己也有。”公孙弘自己用五只鼎吃饭，对外却只有一道菜，是欺骗啊。公孙弘说：“宁可碰到不讲理的宾客，也不要碰到老朋友。”

怀刺漫灭　祢衡尚气刚傲，自荆州北游许都，书一刺怀之，字灭而无所遇。或曰：“何不从陈长使者为达乎？”衡曰：“君使我从屠沽儿辈耶！”

［译文］　祢衡恃才自傲，从荆州向北游历许都，写一张名刺揣在怀

里，字都磨灭了还没有去拜访一个人。有人说："为什么不跟随陈群、司马朗呢？"祢衡说："你是要让我跟随那些杀猪卖酒的小孩子吗！"

负荆请罪 蔺相如为赵上卿，位在廉颇右。颇曰："我见相如，必辱之。"相如望见颇，引车避之。左右以为耻。曰："强秦不敢加兵于赵者，以吾两人耳。今两虎相斗，势不俱生。吾先国家之急而后私仇。"颇闻之，肉袒负荆，至门谢罪。

[译文] 蔺相如担任赵国的上卿，地位在廉颇之上。廉颇说："我见到蔺相如，一定羞辱他。"蔺相如望见廉颇，让车子掉头避开。手下人都认为羞耻。蔺相如说："强秦不敢对赵国用兵，是因为有我们两人。如果两虎争斗，势必不能共存。我是以国家急难为先而以个人私仇为后啊。"廉颇听到，脱去上衣，背着荆条，上门谢罪。

翟公书门 《郑当时传》：翟公为廷尉，宾客填门。及废，门外可设雀罗。后复为廷尉，客欲往，翟公大书其门，曰："一死一生，乃见交情。一贫一富，乃知交态。一贵一贱，交情乃见。"

[译文] 《郑当时传》记载：翟公担任廷尉时，宾客满门。等到被罢免后，门可罗雀。后来又担任廷尉，客人又想去拜访，翟公就在门上写了一幅大字："一死一生，乃见交情。一贫一富，乃知交态。一贵一贱，交情乃见。"

布衣交 李孔修自号抱真子，混迹阛阓，人莫之识。陈献章见之，曰："此非俯首当世人也。"平居冠管宁帽，衣朱深衣，惟攻《周易》。一日，输粮至县，令异其容止，问姓名，不答，第拱手。令叱曰："何物小民，乃拱手耶！"再拱手。令怒，笞之五，竟无言而出。令疑焉。徐得其情，乃大敬礼之。吴延举藩臬于粤，引为布衣交。卒无子，尚书霍韬葬之西樵山。

［译文］李孔修自己取号为"抱真子"，混杂在大众中间，没有人认识他。陈献章看见他的时候说："这不是向当世人低头的人啊。"李孔修平常戴着管宁帽，穿着红色的深衣，读书只读《周易》。一天，到县里送粮食，县令对他的容貌举止感到惊奇，就问他的姓名，他没有回答，只是拱了拱手。县令呵斥他："你这小民是什么东西，竟然敢向我拱手！"他又拱了拱手。县令大怒，让人用竹棍打了他五下，他最终也没有说什么话就出去了。县令对此感到很疑惑，后来渐渐了解到他的情况，于是大为尊敬，并以礼相待。吴延举做广东布政使，与他结为布衣之交。他死后没有儿子，尚书霍韬在把他安葬在了西樵山。

呼字定交　服虔字子慎，善《春秋》。闻崔烈集门人都讲，乃匿姓名，赁诸生作食。每当讲时，窃听。稍共诸生叙其短长。烈疑是虔。明早往，及未寤，便呼："子慎！子慎！"虔不觉惊应，遂定交。

［译文］服虔字子慎，擅长《春秋》。听说崔烈召集门人讲解《春秋》，就隐去姓名，被雇去为听讲的学生做饭。每到讲解时就去偷听。渐渐和学生们讨论一下老师讲解的优劣。崔烈怀疑他就是服虔，第二天早上去找他，趁他还没有睡醒，崔烈就叫："子慎！子慎！"服虔被惊醒后答应，于是结为朋友。

死友　半角哀、左伯桃往楚，道遇雪，度不能俱生，乃并衣与角哀，伯桃入树死。角哀至楚，为大夫，王备礼葬伯桃。角哀自杀以殉。

[译文] 羊角哀、左伯桃二人前往楚国，在路上遇到下雪天，估计不能都活下来，左伯桃就将衣服留给羊角哀，自己躲到树洞里冻死了。羊角哀到了楚国，做了大夫。楚王按照礼仪埋葬了左伯桃，羊角哀自杀为朋友殉葬。

奴婢

纪纲之仆 《左传》：晋侯迎夫人嬴氏以归，秦伯送卫于晋三千人，实纪纲之仆。

[译文]《左传》记载：晋侯迎娶夫人嬴氏回晋国，秦穆公送给晋国侍卫三千人，实际上是作为他们料理各种事务的仆人。

渔童樵青 唐肃宗赠高士张志和奴婢二人，志和配为夫妇，名曰渔童、樵青。人问其故，曰："渔童使捧钓收纶，芦中鼓枻。樵青使刈兰薪桂，竹里煎茶。"

[译文] 唐肃宗赠送给志行高洁的张志和两个奴婢，张志和把他们配为夫妻，取名叫渔童、樵青。人们问他为何这样做，他说："渔童让他拿钓具、收鱼线，在苇中驾船。樵青让她采兰花、伐桂树当柴在竹林里煮茶。"

海山使者 晋陶侃家僮百余人，惟一奴不喜言语，尝默坐。侃一日出郊外，奴执鞭随，胡僧见而惊，礼之曰："海山使者也。"侃异之。至夜，失其所在。

[译文] 晋朝的陶侃有一百多个家僮，只有一个奴仆不爱说话，常常默默地坐着。陶侃有一天到郊外去，奴仆拿着鞭子随从，西域的僧人看到之后大为惊奇，尊敬地说："这是海山使者啊。"陶侃非常奇异。到夜里，奴仆就消失不见了。

读书婢　郑玄家奴婢皆读书，一婢不称指，玄使人曳跪泥中。须臾，一婢问曰："胡为乎泥中？"曰："薄言往愬，逢彼之怒。"

[译文] 郑玄家的奴婢们都会读经书。一次一个丫鬟不符合郑玄的心意，郑玄派人把她拉出去跪在泥里，过了一会儿，另一个丫鬟问她："为什么跪在泥里？"回答说："我前去向他告说，正好遇见他生气。"（以上几句都是《诗经》里的诗句。）

慕其博奥　萧颖士性褊无比，畜一佣仆杜亮，每一决责，便至力殚。亮养创平复，为其指使如故。或劝之去，答曰："岂不知，但慕其博奥，以此恋恋不能去耳。"

[译文] 萧颖士气量非常狭窄，家中养了一个叫杜亮的仆人，每次责罚他，都打到筋疲力尽。杜亮养好伤后，仍然被他像从前那样呼来喝去。有人劝他离开，他回答说："我难道不知道吗？只是仰慕其深沉博学，才恋恋不舍不忍离开啊。"

温公二仆　司马温公家一仆，三十年，止称"君实秀才"。苏学士来谒，闻而教之，明日改称"大参相公"。温公惊问，仆实告。公曰："好一仆被苏东坡教坏了。"温公一日过独乐园，见创一厕屋，问守园者从何得钱。对曰："积游赏者所得。"公曰："何不留以自用？"对曰："只相公不要钱。"

[译文] 温国公司马光家有一个仆人，三十年来，只称司马光为"君

实秀才”。学士苏轼来拜访，听到后教训了他一番，第二天改口叫“大参相公”。司马光很惊讶地问他原因，仆人以实相告。司马光说:“好好的一个仆人被苏东坡教坏了。”司马光有一天经过独乐园，看见新建的一处厕所，就问守园人钱是从哪里来的。回答说:“攒的游赏人给的钱。”司马光说:“为什么不留钱自用？”回答说:“您不要这些钱啊。”

臧获　海岱之间骂奴曰臧，骂婢曰获。盖古无奴婢，犯事者被臧，没入官为奴；妇女逃亡，获得者为婢。

［译文］　山东东边的人骂仆人说“臧”，骂丫鬟说“获”。因为古代没有奴婢，犯法的人被抓后，没入官府成为奴；妇女逃亡的，被人抓获就成为婢。

措大　奴婢之称，有曰断养，有曰苍头，有曰卢儿，有曰奚童，有曰钳奴，有曰措大。措大者，以其能举措大事也。

［译文］　称呼奴婢，有的叫断养，有的叫苍头，有的叫卢儿，有的叫奚童，有的叫钳奴，有的叫措大。措大的意思是指他能办理处置大事。

开阁驱婢　王处仲尝荒恣于色，体为之疲，左右谏之，曰:“吾乃不觉耳。如此甚易。”乃开后阁，悉驱诸婢出，任其所之。

［译文］　王处仲曾经荒淫恣肆于美色，身心萎靡不振，手下人劝止他，他说:“我从前不觉得。既然如此，这样其实也很容易。”于是就打开后阁，将所有婢女都放了出来，听凭她们去哪里。

追婢　阮咸先幸姑家鲜卑婢。及居母丧，姑当远徙，竟将婢去。

咸借客驴，著重服，自追之，累骑而返，曰："人种不可失！"（婢即阮孚之母。）

［译文］ 阮咸先前和姑姑家一个鲜卑族的婢女发生了关系。等到他为母服丧时，姑姑要远迁别处，竟然要把这个婢女也带走。阮咸借了客人的驴子，身穿重孝，亲自追赶她，两个人同乘一头驴子回来。他说："人种可不能丢失！"（这个婢女就是阮孚的母亲。）

银鹿　唐颜真卿家僮名曰银鹿。欧阳公云："银鹿鼎来。"

［译文］ 唐朝的颜真卿有一个家僮名字叫银鹿。欧阳修说："银鹿是鼎的名字。"

便了　汉王子渊名褒，从成都杨惠买夫时，户下有一髯奴，名便了，决卖万五千，与立券，约从百使役。

［译文］ 汉朝时王子渊名字叫褒，从成都杨惠手中买奴仆时，见到一个长着大胡子的奴仆，名字叫便了，商议好卖一万五千钱，与他订立了卖身券，约定从事一百种杂活。

长须赤脚　韩愈寄卢仝诗云："玉川先生洛城里，破屋数间而已矣。一奴长须不裹头，一婢赤脚老无齿。"又东坡云："常呼赤脚婢，雨中撷园蔬。"

［译文］ 韩愈寄给卢仝的诗里说："玉川先生洛城里，破屋数间而已矣。一奴长须不裹头，一婢赤脚老无齿。"苏东坡也有诗说："常呼赤脚婢，雨中撷园蔬。"

掌笺婢　唐潞州节度使薛嵩，有侍婢红线，嵩使掌笺表，号内记室。

［译文］ 唐代潞州节度使薛嵩，有个叫红线的侍婢，薛嵩让她掌管信笺表章，称之为“内记室”。

吹篪婢 后魏河间王有婢曰朝云，善吹篪。诸羌叛，王使朝云假为妪吹篪，羌皆流泪，思乡而去。

［译文］ 后魏河间王有一个婢女叫朝云，擅长吹篪。羌族发动叛乱时，河间王让朝云扮作老妪吹篪，羌人听了都流了眼泪，于是因思乡而纷纷离开。

桃叶 晋王献之爱妾名桃叶，尝渡秦淮口，献之作歌送之。今名曰桃叶渡。（献之有歌曰：桃叶复桃叶，渡江不用楫。但渡无所苦，我自来迎接。）

［译文］ 晋朝的王献之有个爱妾名叫桃叶，曾经过秦淮口的时候，王献之作诗送她。现在这里就叫作桃叶渡。（王献之有诗说：桃叶复桃叶，渡江不用楫。但渡无所苦，我自来迎接。）

雪儿歌 唐李密宠姬名雪儿，每宾客，有辞章奇丽者，付雪儿协律歌之。故号雪儿歌。

［译文］ 唐代的李密有一个宠姬名叫雪儿，每次宴请宾客，有写出绮丽的诗文时，就将它交给雪儿调协音律唱出来，所以号称“雪儿歌”。

绛桃柳枝 韩退之二侍姬，名绛桃、柳枝。退之初出使未归，柳枝窜去，家人追获。及镇州，有云：“别来杨柳街头树，摆乱春风只欲归，惟有小桃园里在，柳花不发侍郎回。”自是专属意绛桃。

［译文］ 韩愈有两个侍姬，名字叫绛桃、柳枝。韩愈先前出使外地，还没有回来，柳枝逃走，被家人追回。到镇州时，韩愈有诗说：

“别来杨柳街头树，摆乱春风只欲飞。惟有小桃园里在，柳花不发侍郎归。”从此就一心喜欢绛桃。

樊素小蛮 白乐天两婢，一名樊素，一名小蛮。有云：“樱桃樊素口，杨柳小蛮腰。”

[译文] 白居易有两个婢女，一个叫樊素，一个叫小蛮。他的诗里说：“樱桃樊素口，杨柳小蛮腰。”

瓦刺辉 明太祖驸马梅殷仆也。谭深、赵曦谋杀驸马，文皇帝杀此二臣，瓦刺辉取心肝以祭驸马，痛哭而殉。

[译文] 瓦刺辉是明太祖的驸马梅殷的仆人。谭深、赵曦二人谋划刺杀了驸马，文皇帝杀了这两个臣子，瓦刺辉挖取了二人的心肝来祭奠驸马，痛哭自杀殉葬。

仆地泼毒酒 卫国主父为周大夫，不归者三年。其妻巫氏与人通。一日，主父回。其妻虑事败，以毒酒饮之，命婢葵枝行酒。葵枝知其谋而忖曰：“从主母而杀主人，不可谓义；受主母托而破其状，则害主母，不可谓忠。”乃故仆于地，而泼其酒。主父反以婢为不敬，而重责之，葵枝受而不怨。

[译文] 卫国的主父做了周天子的大夫，三年都没有回家。他的妻子巫氏和别人私通。有一天，主父回家。他的妻子害怕事情败露，拿出毒酒给他喝，让婢女葵枝给他倒酒。葵枝知道这个阴谋就暗自忖度：“顺从主母去杀了主人，那是不义；受主母之托却揭露她的罪状，就害了主母，那又是不忠。”于是故意摔倒在地，把酒弄洒了。主父反认为婢女对他不敬，而要重责她，葵枝受到责罚却不怨恨主人。

李元苍头 李善，汉李元之苍头也。元尽室疫死，惟孤儿续始生数旬，而资财巨万，诸奴欲谋续，分其财。善潜以续出亡，隐瑕丘界中，亲自乳哺。及长，诉叛奴于官，悉杀之。时钟离意为瑕丘令，上书以闻，光武拜善及续并太子舍人。善还旧里，脱冠解带，扫元墓门修祭，泣数日乃去。

[译文] 李善是汉代李元的仆人。李元家全都感染了瘟疫死掉了，只有孤儿李续刚生下几十天，而有资产财物数以万计，奴仆们想谋害李续，瓜分他的财产。李善暗中带着李续外出逃走，躲藏在瑕丘，亲手把他养育成人。等到李续长大，把叛奴都告到官府，全部被处死。当时钟离意为瑕丘县令，给皇帝上书，光武帝任命李善和李续都做了太子舍人。李善回老家，脱冠解带，为李元清扫墓门并修整祭祀，哭了几天才离开。

定国侍儿 王巩字定国，坐苏轼党，贬宾州。轼临北归，别巩，出侍儿柔奴进酒。轼问柔奴:“岭南应是不好？”柔奴曰:“此心安处，便是吾乡。”轼因作《定风波》一词以赠。

[译文] 王巩字定国，因为受苏轼元祐党人案的连累，被贬到宾州。苏轼将北归的时候，与王巩道别，王巩让自己的侍女柔奴为苏轼进酒。苏轼问柔奴说:“岭南应该不是好地方吧？”柔奴说:“此心安处，便是吾乡。”苏轼为此写了一首《定风波》赠给了她。

卷六　选举部

制科

宾兴　《周礼·地官·大司徒》：以乡三物教万民而宾兴之。一曰六德：智、仁、圣、义、忠、和；二曰六行：孝、友、睦、姻、任、恤；三曰六艺：礼、乐、射、御、书、数。

[译文]《周礼·地官·大司徒》记载：用乡里三个方面的内容教化百姓，荐贤举能。这三方面，一是六德，就是智、仁、圣、义、忠、和；二是六行，就是孝、友、睦、姻、任、恤；三是六艺，就是礼、乐、射、御、书、数。

槐花黄　科举年，举子至八月皆赴科场。时人语曰："槐花黄，举子忙。"

[译文]　每到举行科举的年份，考生到八月都要赶赴考场。当时有俗语说："槐花黄，举子忙。"

棘围　《通典》：礼部阅试之日，严设兵卫，掎棘围之，以防假滥。五代和凝知贡举时，进士喜为喧哗以动主司。主司每放榜，则围之以棘，闭省门，绝人出入。凝撤棘围，开省门，而士皆肃然无哗。所取皆一时英彦，称为得人。

[译文]《通典》记载：礼部主持考试的时候，会派士兵来严格保护，还用棘刺把考场围起来，以防止考生假冒替考或随意进出。五代的和凝掌管科举考试的时候，士子喜欢大声喧哗来引起主考官的注意。主考官公布及第名单的时候就用棘刺把院子围起来，关闭

礼部的大门，禁止闲人出入。和凝后来撤掉了棘围，打开礼部的大门，而士子却肃然寂静、无人喧哗。他所录取的人都是当时的俊才，和凝被称赞善于发现人才。

乡贡进士 唐《选举志》：唐制取士之科，多因隋旧。其大略有二：由学校曰生徒，由州县曰乡贡，皆升于有司而进退之。其科目，有秀才，有明经，有进士。

[译文] 《新唐书·选举志》记载：唐代制定的科举制度，大多是沿袭隋代的旧例。这种制度大体上有两点：由国子监推荐参加科举考试的叫生徒，由州县推荐的叫乡贡，都由主管部门决定考生的进退；考试的科目有秀才、明经、进士三科。

观国之光 《易经·观》：卦六四爻，观国之光。利用宾于王象，曰观国之光，尚宾也。

[译文] 《易经·观卦》中说：六四爻，可以仰观国家的礼乐文化，有利于成为君王的宾客。《象传》说：仰观国家的礼乐文化，是说这个国家尊崇贤士。

试士沿革 汉文帝始取士以策，武帝加问经义，左雄加章奏。武帝始取士以词赋，唐太宗加律判及射。玄宗取士以诗赋，德宗加论及诏诰。宋仁宗始加试经义，时王安石始去声律对偶。哲宗始诏专习经义，始废诗赋。

唐太宗始制乡试会试。宋始定秋乡试，春礼部会试。唐玄宗始移贡举礼部典试。唐初郎官试。宋真宗始诏礼部三年一贡试。

唐中宗始设三场。汉文帝始亲策士。唐武后策问贡士于洛城殿，始殿试。宋太祖始御殿复试。先是武后复试，崔沔后间行之。宋太宗始临轩，宰臣读卷。仁宗始殿试贡士，不黜落。

宋孝宗始进士引射，有陛甲。唐武后始制武举。宋始印给试题。唐高祖始贡院设兵卫，搜衣服、稽察出入棘围。武后始弥封，始糊名。宋真宗始席舍。后唐始禁怀挟。唐玄宗始严乡贯，禁举人冒籍。萧何试学童，诵九千字以上为史。左雄奏年十二通经为童子郎始制童科。汉文帝始纳粟。宋仁宋始置太学三舍。汉武帝始制补博士弟子，称秀才。元魏始制生员。唐高祖始制秀才，州县类考。后魏令公卿子弟入学。唐睿宗令举人下第听入学。

宋开宝六年，因徐士廉诉知举不公，帝御讲武殿复试，亲试自此始。及第人赐绿袍、靴、笏，赐宴赐诗，自兴国二年吕蒙正榜始。分甲次，赐同进士出身，自兴国八年宋白、王世则榜始。唱名自雍熙二年梁灏榜始。封印试卷，自咸平三年始。置誊录、弥封、复考、编排，皆自祥符八年始。

唐制：礼部试举人，夜以三鼓为限。宋率由白昼，不复继烛。

［译文］ 汉文帝开始用写策论的方法选用士人，汉武帝时增加了论述经书疑义的考题，左雄增加了奏章的写作。汉武帝开始用词赋作为选用士人的标准，唐太宗增加了按照法律条文书写判词和射箭的科目。唐玄宗用诗赋来选用士人，唐德宗增加了撰写政论和诏诰文书。宋仁宗开始增加经书文义的考试，到王安石主政时最先取消了声律对偶的内容。宋哲宗下令只考查经义，才废除了诗赋考试。

唐太宗开始创设了乡试和会试的考试制度。宋代开始确定了秋天举行乡试的制度，春天在礼部进行会试。唐玄宗开始把科举考试交由礼部来主持，唐代初年由郎官来主持科举考试。宋真宗开始下诏让礼部每三年举行一次贡试。

唐中宗开始每次考试一共考三场。汉文帝开始亲自考查士子的对策论。唐代的武则天在洛城殿考查贡士的策问，才有了后代的殿试。宋太祖开始在宫内大殿对考生进行复试。在这之前是武则天对考生进行复试，崔沔后来偶尔举行。宋太宗开始不坐正殿而在前殿临轩听宰相和大臣们朗读考卷。宋仁宗开始在正殿举行贡士考试，但殿试考生全部录取，无人落榜。

宋孝宗时开始让进士也要拉弓射箭，宫殿台阶下面站着穿着铠甲的卫士。唐代武则天开始设置武举考试。宋代开始给考生印刷下发试题。唐高祖时开始在贡院安排士兵守卫，搜查考生的衣服，检查出入棘围的人。武则天开始规定密封考卷，并用纸糊住考生的姓名。宋真宗开始让考生在考室铺设席子。后唐开始禁止考生私自挟带书籍。唐玄宗开始严格按照考生的户口籍贯报考，禁止考生假冒籍贯参加考试。萧何考查学童，能背诵九千字以上的可以担任太史。左雄奏请让年满十二岁且能够通晓经义的童子参加考试，开始设置了童科。汉文帝开始规定交纳粟米而进入太学。宋仁宗开始设置太学的三舍法。汉武帝开始设置补博士弟子，称为秀才。后魏开始有了生员。唐高祖开始设置秀才科及州县的考试。后魏时下诏让公卿的子弟进入太学。唐睿宗下诏让落第的举子自由入学。

宋太祖开宝六年（公元973年）时，因为徐士廉上诉称主考官不公平，宋太祖亲自到讲武殿主持复试，皇帝亲自主持考试从此开始。进士及第的人被赐给绿袍、靴子、笏板，并赐酒宴赐御诗，是从太平兴国二年（公元977年）吕蒙正榜开始的。分出甲次，赐予同进士出身，从太平兴国八年（公元983年）的宋白、王世则榜开始。在金殿传唱及第名单是从雍熙二年（公元985年）梁灏榜开始的。密封试卷并加盖印章，是从咸平三年（公元1000年）开始的。设置专人来誊录试卷、密封、复考、编排，都是从大中祥符八年

（公元 1015 年）开始的。

唐代规定：礼部举行科举考试，夜里以三更作为考试结束的时限。宋代则大都在白天举行，不再连续考到晚上。

关节　士子行贿，请求试官，曰关节。明朝杨士奇主试，有柱联曰："场列东西，两道文光齐射斗；帘分内外，一毫关节不通风。"

[译文]　考生向主考官行贿，向主考官请托，叫作"关节"。明朝的杨士奇主持考试，在门柱上贴的对联说："场列东西，两道文光齐射斗；帘分内外，一毫关节不通风。"

甲乙科　汉平帝时，岁课甲科四十人为郎中，乙科二十人为太子舍人，丙科四十人补文学掌故。

[译文]　汉平帝的时候，每年选取甲科四十人授予郎中的官职，乙科二十人授予太子舍人的官职，丙科四十人担任文学掌故。

通籍　举子登科后，禁门中皆有名籍，可恣意出入也。

[译文]　参加考试的举子进士及第后，宫廷的禁门中都有了籍贯和名单，举子就可以随意出入宫禁了。

正奏特奏　科甲为正奏，恩贡为特奏。

[译文]　科举考上的称为"正奏"，皇帝恩赐进士出身的称为"特奏"。

金榜题名　崔实暴卒复生，见冥司列榜，将相金榜，其次银榜，州县小官并是铁榜。今人得第，谓之金榜题名。

[译文]　崔实猝死之后又复活了，他说看到阴间在发榜，将相用金榜，其次是银榜，州县的小官都是铁榜。现在进士及第，就称之

为“金榜题名”。

银袍鹄立 隋唐间试举人，皆以白衣卿相称之，又曰白袍子。试日，引于院中，谓银袍鹄立。

[译文] 隋唐时期参加科举的考生，大家都用“白衣卿相”来称呼他们，又叫“白袍子”。考试的那天，把他们引入试院，称之为“银袍鹄立”。

乡试

天府贤书 《周礼·地官·乡大夫》：三年则大比德行道艺，而兴贤者、能者，乡老及乡大夫以礼礼宾之。厥明，乡老、乡大夫群吏献贤能之书于王，王再拜受之，登于天府。

[译文]《周礼·地官·乡大夫》记载：每三年就举行一次德行道艺的大比试，来举荐贤能。乡老和乡中的大夫按照礼敬宾客的礼节对待他们。第二天早上，乡老和乡中的大夫及群吏把贤能之士的书进献给周天子，天子行两次礼后接受，然后收藏在朝廷的府库中。

鹿鸣宴 《诗·鹿鸣》篇，燕群臣嘉宾之诗也。贡院内编定席舍，试已，长吏以乡饮酒礼，设宾主，陈俎豆，歌《鹿鸣》之诗。

[译文]《诗经·鹿鸣》篇，是天子宴请群臣和嘉宾的诗歌。在贡院里安排好座位，考试结束，长吏举行乡饮酒礼，分设宾主席位，陈列礼器祭器，歌唱《鹿鸣》这首诗。

孝廉　汉制举人皆名孝廉，不由科目始也。曹操亦举孝廉。

[译文]　汉代的制度规定，被推举的人都叫作“孝廉”，“孝廉”的称呼不是由科举考试的科目开始出现的。曹操也曾被推举为孝廉。

破天荒　荆州应试举人，多不成名，为“天荒解”。刘蜕以荆州解及第，时号为“破天荒”。

[译文]　荆州参加考试的士子，大多都不能及第，被称为“天荒解元”。刘蜕是第一个从荆州解元选拔上来而及第的，当时称之为“破天荒”。

郁轮袍　王维善琵琶，岐王使为伶人，引至公主第，独奏新唱，号《郁轮袍》。因献怀中诗，主惊曰：“皆我素所诵习，尝谓是古人佳作，乃子为之耶！”因命更衣，引之客座。召试官至第，遣宫婢传教，作解头及第。

[译文]　王维擅长弹奏琵琶，岐王让他假扮作乐师，带他来到公主的府第，独自演奏新曲《郁轮袍》。趁机献上怀中所带的诗篇，公主读后惊奇地说：“这些诗都是我平时背诵过的，我曾经以为是古人的佳作，原来竟是你写的啊！”于是让王维换了衣服，把他拉到客人的座位上。并召唤主考官前来，派宫女传话给皇帝，让王维作为状元及第。

会试

南宫　唐开元中，谓尚书省为南省，门下、中书为北省。南宫，礼部也。旧以礼部郎中掌省中文翰，谓之南宫舍人。后之赴春榜，曰赴南宫。

[译文] 唐代开元年间，把尚书省称作“南省”，门下省、中书省称为“北省”。“南宫”就是礼部。先前由礼部郎中掌管尚书省的文书，叫作“南宫舍人”。后来称举子赶赴在春天举行的科举考试，也叫“赴南宫”。

知贡举 唐《选举志》：玄宗开元二十四年，考功员外郎李昂与贡举，诋诃进士李权文章，大为权所陵诟。帝以员外郎望轻，遂移贡举于礼部，以侍郎主之，永为例。礼部进士自此始。

[译文]《新唐书·选举志》中记载：唐玄宗开元二十四年（公元736年），考功员外郎李昂掌管主持科举考试，批评进士（唐代称参加进士科考试的士子为进士，与后代不同）李权的文章，反被李权大肆侮辱。玄宗觉得考功员外郎的威望太轻，便把主持科举的职责移交给礼部，由礼部侍郎掌管，自此成为定例。礼部主持进士考试从这时开始。

玉笋班 唐李宗敏知贡举，所取多知名士，世谓之玉笋班。

[译文] 唐代李宗闵主持科举考试，录取的大多是当时知名的人士，世人称之为“玉笋班”。

朱衣点头 欧阳修知贡举，考试阅卷，常觉一朱衣人在座后点头，然后文章入格。始疑传吏，及回视，一无所见，因语同列而三叹。常有句云：“文章自古无凭据，惟愿朱衣暗点头。”

[译文] 欧阳修掌管科举考试，考试结束批阅试卷的时候，常常觉得有个穿红衣服的人在座位后面点头，然后评阅的文章就是合格

的。开始时怀疑是通报消息的小吏，等到回头看时，却什么都看不见，所以把这事告诉同僚，大家都再三惊叹。曾经有诗句说："文章自古无凭据，惟愿朱衣暗点头。"

文无定价　韩昌黎应试《不迁怒、不贰过》题，见黜于陆宣公。翌岁，公复主试，仍命此题。韩复书旧作，一字不易，公大加称赏，擢为第一。

［译文］韩愈参加科举考试时的题目是《不迁怒、不贰过》，被陆贽黜落。第二年，陆贽又主持科举考试，仍是出的这个题目；韩愈把以前的文章又写了一遍，一个字都没有改，陆贽大加赞赏，录取他为第一名。

奏改试期　宋朝科试在八月中，子由忽感寒疾，自料不能及矣。韩魏公知而奏曰："今岁制科之士，惟苏轼、苏辙最有声望。闻其弟辙偶疾，如此人不得就试，甚非众望，须展限以待之。"上许之。直待子由病痊，方引就试，比常例迟至二十日。自后科试并在九月。相国吕徽仲不知其故，东坡乃为吕言之，吕曰："韩忠献之贤如此哉！"

［译文］宋朝的科举考试在八月中举行，苏辙忽然得了风寒，自己估计来不及参加考试了。魏国公韩琦知道后上奏皇帝说："今年参加制科考试的人，只有苏轼、苏辙最有声望。听说苏辙突然病了，如果这个人不能来参加考试，这恐怕不是大家愿意看到的，应该延迟考试日期来等他参加。"皇帝同意了。直到苏辙病好后，才把他叫来参加考试，比往常的日子推迟了二十天。从那以后，科举考试就都在九月举行。相国吕大防不知道这个原因，苏轼就把其中原委告诉了他，吕大防说："韩忠献（韩琦）这样贤

明啊！”

同试走避 二苏初赴制科之召，同就试者甚多。相国韩公偶与客言曰：“二苏在此，而诸人亦敢与之较试，何也？”于是不试而去者十八九。

[译文] 二苏刚去参加制科考试时，一起来参加考试的人很多。相国韩琦偶然和客人谈道：“二苏在这里，这些人竟然还敢和他们较量比试，这是为什么呢？”于是应试者十之八九都放弃考试离开了。

屈居第二 嘉祐二年，欧阳修知贡举，梅尧臣得苏轼《刑赏论》以示修，修惊喜，欲以冠多士，疑门生曾巩所作，乃置第二。

[译文] 嘉祐二年（公元1057年），欧阳修主持科举考试，梅尧臣看到苏轼的《刑赏论》拿给欧阳修看，欧阳修非常惊喜，想把这篇文章评为第一名，因为怀疑是自己的门生曾巩所作，于是放在了第二名。

龙虎榜 唐贞观八年，陆贽主试，欧阳詹举进士，与韩愈、李观、李绛、崔群、王涯、冯宿、庾承宣联第，皆天下名士，时称“龙虎榜”。

[译文] 唐朝贞元八年（公元634年）的时候，陆贽主持科举考试，欧阳詹考中进士，和韩愈、李观、李绛、崔群、王涯、冯宿、庾承宣一起及第，都是天下的名士，当时称之为“龙虎榜”。

殿试

状元　唐武后天授元年二月，策问贡士于洛阳殿前。状元之名，盖自此始。

［译文］唐代武则天天授元年（公元 690 年）二月，在洛阳殿前对参加考试的贡士进行策问考试。状元的称呼，大概就是从这时开始的。

淡墨书名　唐人进士榜必以夜书，书必以淡墨。或曰名第者阴注阳受，以淡墨书，若鬼神之迹也。

［译文］唐代的进士名单一定是在晚上书写的，并且一定用淡墨书写。有人说这是因为及第的人都是在阴间被记录而来阳间享受及第的成果，用淡墨来写，好像是鬼神的笔迹一样。

胪传　集英殿唱第日，皇帝临轩，宰臣进三名卷子，读于御案前，用牙棍点读。宰臣拆视姓名，则曰某人。鸿胪寺承之，以传于阶下，卫士六七人，齐声传其名而呼之，谓之传胪。

［译文］在集英殿传唱及第名单的日子，皇帝会亲自驾临殿内，宰相进献前三名的试卷，在御案前朗读，而且要用象牙签子点读。然后宰相拆开看考生的姓名，并报出这个名字。鸿胪寺就随着报出名字，传到皇宫的台阶下面，台阶下面的六七个卫士齐声传呼这人的名字，这就叫作“传胪”。

糊名　唐初择人以身、言、书、判，六品以下集试，选人皆糊名，令学士考判。

［译文］唐代初期根据外貌、言谈、书法、判词来选择官吏，六品

官以下的任命要集中考试，参加考试的人都要把名字糊上，然后让学士来判阅考卷。

临轩策士 宋熙宁三年，吕公著知贡举，密奏曰："天子临轩策士，用诗赋，非举贤求治之意。令廷试，乞以诏策，咨访治道。"自是上御集英殿亲试，乃用策问。

［译文］ 宋朝熙宁三年（公元1070年），吕公著主持科举考试，秘密上奏说："天子亲自登殿策问士子，如果考查诗赋的话，就违背了选择贤人以求治国的初衷了。希望在殿试的时候能考查士子诏书与策论的撰写，以此咨求治国之道。"从此皇帝驾临集英殿亲自主持考试，便用策问的方式考试。

天门放榜 范仲淹判陈州时，郡守母病，召道士伏坛，奏章终夜不动。至五更，谓守曰："夫人寿有六年。"守问奏章何久，曰："天门放明年春榜，观者骈道，以故稽留。"问状元，曰："姓王，二字名，下一字涂墨，旁注一字，远不可辨。"明春，状元王拱寿，御笔改为拱辰。

［译文］ 范仲淹担任陈州通判的时候，陈州太守的母亲病了，请来道士膜拜祭坛，向天帝上奏章祈福，道士一整夜不动。到了五更，道士对太守说："太夫人还有六年的阳寿。"太守问他为什么进奏章这么长时间，回答说："天门外在张挂明年春天中举的进士名录，观看的人堵满了道路，所以晚了这么久。"问他状元是谁，回答说："姓王，名字有两个字，下边一个字被涂了墨，旁边注了一个字，但离得太远看不清楚。"第二年春放榜，状元是王拱寿，皇帝把他的名字改成了拱辰。

湘灵鼓瑟　钱起宿驿舍，外有人语曰："曲终人不见，江上数峰青。"起识之。及殿试《湘灵鼓瑟》诗，遂赋曰："善鼓云和瑟，常闻帝子灵。冯夷徒自舞，楚客不堪听，雅调凄金石，清音发杳冥。苍梧来暮怨，白芷动芳馨。流水传湘曲，悲风过洞庭。"末联久不属。忽记此二语，足之。试官曰："神句也。"遂中首选。

［译文］　钱起在驿站留宿，听到外面有人说："曲终人不见，江上数峰青。"他起来记下了这两句诗。到参加殿试的时候，题目是《湘灵鼓瑟诗》，他便写道："善鼓云和瑟，常闻帝子灵。冯夷徒自舞，楚客不堪听。雅调凄金石，清音发杳冥。苍梧来暮怨，白芷动芳馨。流水传湘曲，悲风过洞庭。"最后一联用了很长时间也想不出来，忽然想起了这两句诗，就用此补完诗篇。主考官看后说："这真是神句啊。"于是录取钱起为第一名。

志不在温饱　王曾初举进士，省试礼部、廷对皆第一。人或曰："状元中三场，一生吃着不尽。"曾曰："某生平志不在温饱。"

［译文］　王曾最开始参加进士考试，在尚书省礼部、殿试的考试中都取得了第一名。有人说："您三场考试都得第一名，这种荣耀一辈子都吃穿不完。"王曾说："我素来的志向不在穿暖吃饱。"

琼林宴　宋太平兴国八年，宋白等及第，赐宴琼林苑，后遂为定制。又曰自吕蒙正始。

［译文］　宋代太平兴国八年（公元983年），宋白等人进士及第，皇帝在琼林苑赐给酒宴，之后就成为惯例。又有一说这个事情是从吕蒙正开始才有的。

泥金报喜　《天宝遗事》：新及第，以泥金帖子附家书报捷，谓之泥金报喜。

[译文]《天宝遗事》记载：对于刚考中进士的举子，朝廷用泥金封口的帖子附上家信给家里报告考中的消息，叫作“泥金报喜”。

雁塔题名 唐韦肇及第，偶于慈恩寺雁塔上题名，后人效之，遂为故事。自神龙以来，杏林宴后于雁塔题名，同年中推善书者记之。他时有将相，则易朱书。

[译文] 唐代的韦肇进士及第后，偶然在大慈恩寺的大雁塔上题写了自己的名字，后来考中的举子也仿效他在上面题字，于是雁塔题名成了惯例。自从神龙年间以来，在举行过杏林宴后再在大雁塔上题名，同一年考中进士的举子推举擅长书法的题名。以后如果这些人中成了大将或宰相的话，就把字换用朱砂来书写。

曲江宴 曲江在西安府，唐朝秀士登科第者，赐宴曲江。每年三月三日，游人最盛。

[译文] 曲江地处西安府，唐代考中进士的那些德才出众的人，皇帝就在曲江赐给酒宴。每年的三月初三日，来游览的人最多。

蕊榜 世传：大罗天放榜于蕊珠宫，故称蕊榜。

[译文] 世间传说：大罗天在蕊珠宫公布进士及第的榜单，所以称作“蕊榜”。

一榜京官 宋太祖幸西都。张齐贤以布衣献《十策》，语太宗曰：“我到西都得一张齐贤，异时可作宰相。”太宗即位，放进士榜，欲置齐贤高等，而有司落名三甲榜末，上不悦。及注官，一榜尽除京官。

［译文］ 宋太祖赵匡胤巡幸西都洛阳的时候，张齐贤以平民的身份进献了《十策》，太祖对太宗说："我到洛阳得到了一位张齐贤，以后可以让他做宰相。"宋太宗后来登基，发布进士榜单，先要把张齐贤放在前面，而有关部门却把他放在了三甲进士的榜末，太宗很不高兴。等到任命官职时，榜单上的人全都被任命为京官。

夺锦标　唐卢肇、黄颇皆宜兴人，同举乡试，郡守独厚饯颇。明年，肇状元及第归，郡守延肇观竞渡，有诗："向道是龙君不信，果然夺得锦标归。"守大惭。

［译文］ 唐代的卢肇、黄颇都是宜兴人，一块儿参加郡里的乡试，郡守唯独只对黄颇举行了隆重的饯别仪式。第二年，卢肇考中状元回来，郡守邀请卢肇观看龙舟竞渡，卢肇写诗说："向道是龙君不信，果然夺得锦标归。"郡守大为羞惭。

释褐　宋兴国二年，始赐吕蒙正等释褐加袍带。后遂为例。

［译文］ 宋朝太平兴国二年（公元977年），才在任命吕蒙正等人官职时赐予袍子和衣带，后来就成为定例。

烧尾宴　唐士人得第，必展欢宴，谓之烧尾宴，谓鱼化为龙，必烧其尾。

［译文］ 唐代的士子及第后，一定会举行欢宴庆贺及第，叫作"烧尾宴"。说的是鲤鱼变化成龙，一定要让天火烧掉它的尾巴才能真正地变成龙。

赐花　唐懿宗开新第，宴于同江，乃命折花于金盒，令中使驰之宴所，宣口敕曰："便令簪花饮宴。"无不为荣。

［译文］ 唐懿宗在一次科考结束后，在曲江赐给新进士酒宴，便让人在金盒里放上折来的鲜花，派宦官骑马跑到举行宴会的地方，宣布口谕说："让你们头上簪着鲜花痛饮。"进士们没有不感到荣耀的。

红绫饼餤 唐僖宗幸南内兴庆池，泛舟，方食饼餤。时进士在曲江，有闻喜宴。上命御府依人数各赐红绫饼餤。所司以金盒进，上命中官驰以赐。故徐演诗云："莫欺老缺残牙齿，曾吃红绫饼餤来。"

［译文］ 唐僖宗到皇宫南内的兴庆池去，乘着小船正在吃饼时，听说新及第进士正在曲江池参加"闻喜宴"，僖宗命令御厨按照参加宴会进士的人数每人赐予一块红绫馅饼。主管部门用金盒盛饼进呈给僖宗，僖宗就让宦官骑马去赐给他们。所以徐演写诗说："莫欺老缺残牙齿，曾吃红绫饼餤来。"

柳汁染衣 李固行古柳下，闻弹指声曰："吾柳神也，用柳汁染子衣矣。得蓝袍，当以枣糕祀我。"未几，及第。

［译文］ 李固言在老柳树下边散步，听到有弹手指的声音并且说："我是柳神，用柳汁把你的衣服染成蓝色了。你中了进士得到蓝袍，应当用枣糕来祭祀我。"没过多久，李固言就进士及第了。

英雄入彀 唐太宗贞观中私幸端门，见进士缀行而出，喜曰："天下英雄入吾彀中矣！"时人语曰："太宗皇帝真长策，赚得英雄尽白头。"

［译文］ 唐太宗在贞观年间穿着便服来到端门，看到新及第的进士

鱼贯而出，高兴地说："天下的英雄都进到我的手中了！"当时有人说："太宗皇帝真长策，赚得英雄尽白头。"

取青紫 汉夏侯胜曰："士患不明经术耳，经术一明，取青紫，如俯拾地芥耳。"

[译文] 汉代的夏侯胜说："读书人担忧不能通晓经典，只要经典一旦烂熟，担任高官，就像弯腰拾地上的草芥一样容易。"

席帽离身 宋初士子犹袭唐俗，皆曳袍垂带，出则席帽自随。李巽累举不第，乡人曰："李秀才不知恁时席帽离身？"及第后，乃遗乡人诗曰："为报乡闾亲戚道，如今席帽已离身。"

[译文] 宋朝初年的士子还沿袭唐代的风俗，都穿着宽袍垂着长带，出门时就戴着藤席帽子。李巽多次参加科举，都没能够及第，乡里人说："李秀才不知道什么时候才能不再随身携带席帽？"他进士及第后，便送给乡人一首诗说："为报乡闾亲戚道，如今席帽已离身。"

一日看遍长安花 王维登第，得意之甚，有"一日看遍长安花"之句。

[译文] 孟郊进士及第后，非常得意，写有"一日看遍长安花"的诗句。

踏李三 王十朋正榜第一，李三锡副榜第一。时有戏正榜尾者，曰："举头虽不见王十，伸脚犹能踏李三。"

[译文] 王十朋位于正榜的第一名，李三锡位于副榜的第一名。当时有人写诗来开正榜末位进士的玩笑，说："举头虽不见王十，伸

脚犹能踏李三。”

五色云见　韩忠献弱冠举进士，名在第二。方唱名，太史奏曰：“下五色云见。”遂拜右司谏，权知制诰。

［译文］　韩琦（谥号为忠献）二十岁就考中进士，名列第二。正在殿上唱名时，太史官上奏说：“下面有五色的云彩出现。”于是就授予他右司谏的职位，暂时掌管起草诏书的工作。

青钱学士　唐张鷟举制科甲第，员半千称：鷟文辞犹青铜钱，万选万中。时号“青钱学士”。

［译文］　唐代的张鷟在制科考试中取得了甲等的成绩，员半千称赞他说：张鷟的文辞就像青铜钱一样，万选万中。当时人称他为“青钱学士”。

登科谢诗　王寄幼有声场屋间，为李文定客。文定薨于位，章圣临奠，见屏间有诗云：“雁声不到歌楼上，秋色偏欺客路中。”爱之，召见。占对称旨，特许赴殿试。既登科，有谢诗云：“不拜春官为座主，亲逢天子作门生。”

［译文］　王寄少年时便在科场上有名声，他是文靖公李沆的宾客。后来李沆在宰相位上去世，宋真宗亲身去祭奠，看到屏风上有王寄的诗句：“雁声不到歌楼上，秋色偏欺客路中。”非常喜欢这几句诗，便召见了他。王寄的应对真宗很满意，就特别允许他参加殿试。及第之后，王寄有向皇帝答谢的诗说：“不拜春官为座主，亲逢天子作门生。”

读卷贺得士　开庆间，王应麟充读卷官。至第七卷，顿首曰：“是卷古谊若龟鉴，忠肝如铁石，臣敢以得士贺。”遂擢第一，乃文天祥也。

[译文] 南宋开庆年间，王应麟充任读卷官。读到第七份试卷时，叩头说：“这份试卷的义理可以鉴戒，忠肝义胆就像铁石般坚硬，我怎敢不为朝廷得到人才而向您祝贺。”于是把他选拔为第一名，这个人就是文天祥。

门生

春官桃李 唐刘禹锡寄王侍郎放榜诗：“礼闱新榜动长安，九陌人人走马看。一日声名遍天下，满园桃李属春官。”

[译文] 唐代的刘禹锡《寄王侍郎放榜》诗说：“礼闱新榜动长安，九陌人人走马看。一日声名遍天下，满园桃李属春官。”

谢衣钵 《摭言》：状元以下，到主司宅，缀行而立，敛名纸通呈，与主司对拜。执事云：“请状元请名第。第几人，谢衣钵。”“衣钵”，谓与主司名第同者，或与主司先人名第同者，谓之谢衣钵。

[译文]《唐摭言》中说：状元以下新及第进士，到主考官的府邸，排好队站着，有人收取并呈上名片通报，然后与主考官互相行礼。管事的人说：“请状元为自己高中进士而向主考道谢。然后第几名的人，要向主考官谢衣钵。”衣钵，是指及第的名次和主考官及第时名次相同的人，或者与主考官的先人名次相同的人，称之为“谢衣钵”。

传衣钵　范质举进士，主司和凝爱其才，以第十三人登第，谓质曰："君文宜冠多士，屈居第十三者，欲君传老夫衣钵耳。"后和入相，质亦拜相。

［译文］ 范质进士及第，主考官和凝爱惜他的才华，把他列为第十三名进士，他对范质说："你的文章在众人中本来应该得第一名，之所以屈居第十三名，是想让你继承我的衣钵罢了。"后来和凝做了宰相，范质也担任宰相。

沆瀣一气　杜审权知贡举，收卢处权。有戏之者曰："座主审权，门生处权。"祥符二年，崔沆收崔瀣，说者谓："座主门生，沆瀣一气。"

［译文］ 杜审权掌管科举考试，录取了卢处权。有人开玩笑说："座主叫审权，门生叫处权。"乾符二年（公元 875 年）时，崔沆录取了崔瀣，有人说："主考官和门生，沆瀣一气。"

头脑冬烘　郑侍郎薰主试，疑颜标为鲁公之后，擢为状元。及谢主司，知其非是，乃悔误取。时人嘲之曰："主司头脑太冬烘，错认颜标是鲁公。"

［译文］ 侍郎郑薰主持科举考试，怀疑颜标是鲁公颜真卿的后代，便把他提拔为状元。等到考生答谢主考官时，才知道他不是颜真卿的后代，就后悔录取失误。当时人嘲笑他说："主司头脑太冬烘，错认颜标是鲁公。"

好脚迹门生　唐逢吉知贡举，榜未发而拜相，及第士子皆就中书省见座主。时人谓好脚迹门生。

［译文］ 唐代的李逢吉主持科举考试的时候，还没有发榜他便已经

被授予宰相的官职，考中的士子全都到中书省去拜见他。当时人把他们称作“好脚迹门生”。

陆氏荒庄　唐崔群知贡举归，其妻劝令置田。群曰：“予有美庄三十所。”妻曰：“君非陆贽门人乎？君主文柄，约其子不令就试，贽如以君为良田，则陆氏一庄荒矣。”

［译文］ 唐代的崔群主持科举考试回家，他的妻子劝告他购买田产。崔群说：“我有三十座好田庄啊。”妻子说：“你不是陆贽的门生吗？你主持科举考试，限制陆贽的儿子，不让他参加考试，陆贽如果把你当作良田，那陆家的这一处田庄就已经荒芜了。”

门生门下见门生　唐裴皞官仆射，宰相马胤孙、桑维翰皆其所取士。胤孙知贡举，引新进诣皞，皞作诗曰：“门生门下见门生。”世以为荣。维翰尝过皞，皞不迎不送。或问之，曰：“我见桑公于中书，庶僚也；桑公见我于私第，门生也。何送迎之有？”

［译文］ 唐代的裴皞担任仆射的职位，宰相马胤孙、桑维翰都是他主持科举时录取的进士。马胤孙主持科举考试，带着新及第的进士来拜见裴皞，裴皞写诗说：“门生门下见门生。”世人都认为这是很荣耀的事。桑维翰曾拜访裴皞，裴皞既不迎接也不送别。有人问他，他回答说：“如果我在中书省见到桑公，那就是一般的同事；但他到我的私人住所见我，那他就是我的门生。有什么好迎送的呢？”

天子门生　宋赵逵，绍兴中对策当旨，擢第一，独忤秦桧意，外除。帝问逵安在，授校书郎，单车赴阙。关吏迎合桧，搜逵，橐中仅书籍耳。比桧卒，迁起居郎。帝曰：“卿知之乎？始终皆朕自擢。桧一语不及卿，以此信卿不附权贵，真天子门生也。”

［译文］ 宋代的赵逵，在绍兴年间回答皇帝的策问很符合宋高宗的心意，被提拔为第一名，只是因为触犯了秦桧，被任命为地方官员。宋高宗问赵逵在哪里，任命他为校书郎。赵逵乘坐着一辆小车进京，守关的小吏为了迎合秦桧，就对赵逵进行搜查，但行囊中只有书籍。等到秦桧死后，才升为起居郎。宋高宗说：“你知道吗？你的官位始终是我亲自提拔的。秦桧从来没有一句话提到你，因此相信你不阿附权贵，是真正的天子门生啊。”

下第

点额 《三秦记》：龙门跳过者，鱼化为龙；跳不过者，暴腮点额。

［译文］《三秦记》中说：从龙门上跳过去的鱼就会变化成为龙；跳不过去的鱼，头和腮就会撞上石壁。

康了 柳冕应举，多忌，谓“安乐”为“安康”。榜出，令仆探名，报曰：“秀才康了！”

［译文］ 柳冕参加科举考试，他有很多忌讳，比如把“安乐”叫“安康”。放榜那天，他让仆人去探看名次，仆人回来报告说：“秀才康（落与乐读音相同）了！”

曳白 天宝二年，以御史中丞张倚之子奭为第一，议者蜂起。玄宗复试，奭终日不成一字，谓之曳白。

［译文］ 天宝二年，御史中丞张倚的儿子张奭被录取为第一名，大

家都议论纷纷。唐玄宗亲自主持复试，张奭整整一天也没有写出一个字，被大家称为“曳白”。

孙山外　孙山应举，缀名榜末。朋侪以书问山得失，答曰：“解名尽处是孙山，馀人更在孙山外。”

[译文]　孙山参加科举考试，排在录取榜单的最后一名。朋友写信问孙山考得如何，他回答说：“解名尽处是孙山，余人更在孙山外。”

我辈颜厚　刘蕡对策，极得罪宦官。考官冯宿等见蕡策叹服，而畏宦官，不敢收取。榜出，物论嚣然。李郃曰：“刘蕡下第，吾辈登科，能无颜厚？”

[译文]　刘蕡参加策问考试的时候，所说的言论大大得罪了宦官。考官冯宿等人读到他的策论都非常赞叹，但畏惧宦官的威势，不敢录取他。放榜时，人们都担忧地议论。李郃说：“刘蕡落榜，我们这些人却考上了，不觉得可耻吗？”

红勒帛　刘幾屡试第一，好为险怪之语，欧公恶之。场卷有曰：“天地轧，万物茁，圣人发。”欧公曰：“此必刘幾。”批曰：“秀才辣，试官刷。”一大朱笔横抹之，谓红勒帛。后数年，又为御试。考官试“尧舜性仁”赋曰：“静以延年，独高五帝之寿；动而有勇，形为四凶之诛！”公大称赏，及唱名第一，乃刘幾易名刘辉。公愕然久之。

[译文]　刘幾参加考试多次取得第一名，喜欢写险僻怪异的句子，欧阳修讨厌这种文风。考卷中有一篇说：“天地轧，万物茁，圣人发。”欧阳修说：“这肯定是刘幾写的。”就在卷子上批道：“秀才辣，试官刷。”用一枝大朱砂笔横抹了一道，称为红勒帛。过了

几年，欧阳修又主持科举考试，考官出题是《尧舜性仁赋》，有一份卷子说："静以延年，独高五帝之寿；动而有勇，形为四凶之诛！"欧阳修大为称赏，殿上唱名的时候录取为第一名，发现竟然是改名为刘辉的刘幾，欧阳修惊讶了好长时间。

花样不同 卢仝下第出都，逆旅有人嘲之曰："如今花样不同，且自收拾回去。"

[译文] 卢仝落第离开京城，在住客店的时候有人嘲笑他说："现在花样不一样了，还是收拾东西回家去吧。"

倒绷孩儿 苗振第四人及第，召试馆职。晏相曰："宜稍温习熟。"振曰："岂有三十年为老娘而倒绷孩儿者乎？"既试，果不中。公曰："苗君果'倒绷孩儿'矣！"

[译文] 苗振参加科举考试被录取为第四名，朝廷召唤他参加馆职的考试。宰相晏殊说："应该把功课温习得熟一些。"苗振说："哪里有当了三十年接生婆反而把小孩倒着包裹的？"考试结束后，他最终没有考中。晏殊说："苗君果然'倒着包裹小孩'了。"

大器晚成 《老子》云："大器晚成。"汉马援失意，其兄马况谓援曰："汝大器晚成。"

[译文] 《老子》说："大器晚成。"汉代的马援人生不得志，他的哥哥马况对马援说："你是大器晚成啊。"

眼迷日五色 唐李程试《日五色》题，呈卷杨於陵。杨称许当作状元，而榜发无名。杨持卷示主司，主司懊恨，因谋之於陵，擢状元。后李廌为东坡客，坡知贡举，廌下第，东坡送之诗曰："平生漫说古战场，过眼终迷日五色。”

［译文］ 唐代的李程参加科举考试时的题目是《日五色》，他把卷子交给杨於陵。杨於陵称赞他应该会被录取为状元，但发榜时却没有李程的名字。杨於陵拿考卷给主考官看，主考官很懊悔遗憾，便和杨於陵商量，把李程提拔为状元。后来李廌成为苏轼的宾客，苏轼主持科举考试，李廌落榜，苏轼送给他的诗里说："平生漫说古战场，过眼终迷日五色。"

举子过夏 《遁斋闲览》：长安举子，六月后落第者不出京，谓之过夏，多借静坊庙院作文，曰夏课。

［译文］《遁斋闲览》中说：赴长安赶考的举子，六月后落榜的就不离开京城，称之为"过夏"，他们大多在安静的街坊或寺庙里写文章，叫作"夏课"。

文星暗 唐大中间，天官奏云："文星暗，科场当有事。"后经三科皆复试，复多落第。考官皆罚俸。

［译文］ 唐代大中年间，主管观测天象的官员上奏说："文曲星晦暗，科场应该会发生什么事情。"后来三科考试都重新考试，又有很多人没有考中。主持考试的官员都被罚了俸禄。

操毦矂 《国史补》：进士籍而入选，谓之春关。不捷而醉饱，谓之操毦矂。匿名造谤，曰无名子。

［译文］ 李肇的《唐国史补》中说：进士的名字被登记在册，叫作"春关"。落榜而纵情大醉，称之为"操毦矂"。匿名造谣毁谤别人，叫作"无名子"。

傍门户飞 唐元和中，士人下第，多为诗刺试官。独章孝标作《归燕诗》以上庾侍郎，曰:“旧垒危巢泥已落，今年故向社前归。连云大厦无栖处，更傍谁家门户飞?”

[译文] 唐代元和年间，士人落榜后，常写诗来指责考官。只有章孝标写了《归燕诗》来呈给庾侍郎，说:“旧垒危巢泥已落，今年故向社前归。连云大厦无栖处，更傍谁家门户飞?”

荐举

征辟 凡访求遗佚，有诏召之曰征，郡国举擢曰辟。三代官由访举。汉始诏刺史守相得专辟。隋炀帝始州县僚属选举，一由吏部。唐玄宗始文武选，分属吏、兵两部。

[译文] 凡是访求那些被遗漏的贤才，由朝廷下诏书的叫作“征”，由郡国举荐提拔的叫“辟”。三代时的官员由寻访与荐举而来。汉代才由皇帝下诏让刺史、郡守、国相可以举荐官员。隋炀帝开始，州县僚属的选举全部经由吏部铨选。唐玄宗开始把文、武官员的铨选职责分归于吏部和兵部。

劝驾 汉高帝诏曰:“贤士大夫有肯从我游者，吾能尊显之。……其有称明德者，长吏必身劝，为之驾。”

[译文] 汉高祖下诏书说:“贤良的士大夫有愿意追随我的，我能让他变得尊贵。……如果有人被称赞德行明达，地方的长官应当亲自去劝他做官，并为他安排车驾。”

计偕　汉武帝元光五年，诏征吏民有明当世之务，习先圣之术者，县次续食，令与计偕。

[译文]　汉武帝元光五年（公元前130年）的时候，朝廷下诏征集能通晓世务、熟习古代圣人治国之术的，沿途的郡县要供给他们饮食，让他们与郡国计吏一起进京。

鹗荐　后汉祢衡始冠，孔融爱其才，与为友，上表荐之曰："鸷鸟累百，不如一鹗；使衡立朝，必有可观。"

[译文]　东汉的祢衡刚刚成年的时候，孔融爱惜他的才华，和他结为朋友，上表推荐他说："鸷鸟上百，不如一鹗。使祢衡立于朝廷之上，一定有可观之处。"

先容　《邹阳传》："蟠木根柢，轮囷离奇。为万乘器者，以左右为之先容也。"

[译文]《史记·邹阳传》记载："弯曲的树根，弯弯曲曲形状离奇。却受到万乘之君的喜爱，是因为左右之人先给它做了雕饰。"

公门桃李　唐狄仁杰荐张柬之为宰相，又荐夏官侍郎姚崇、监察御史桓彦范、太平州刺史敬晖数人，皆为名臣。或谓仁杰曰："天下桃李尽属公门。"仁杰曰："荐贤为国，非为私也。"

[译文]　唐代的狄仁杰举荐张柬之做宰相，又推荐了夏官侍郎姚崇、监察御史桓彦范、太平州刺史敬晖几个人，都成为名臣。有人对狄仁杰说："天下的好学生都出自您的门下。"狄仁杰说："为国家推荐贤臣，并非是为了我的一己私利。"

药笼中物　元行冲谓狄仁杰曰："下之事上，譬之富家积贮以自资也。脯脂腵胰，以供滋膳；参术芝苓，以防疾病。门下充为味者多矣，愿以小人充备一药石。”仁杰叹曰：“君正吾药笼中物，不可一日无也。”

［译文］ 元行冲对狄仁杰说：“臣子侍奉君王，就好像有钱人家贮藏物资以便于自己使用一样。以脯肉、脂肪、肉干、脊肉用来做成美味的膳食；人参、白术、灵芝、茯苓可以用来防治疾病。您门下可以作为美味的人太多了，小人我只愿能充当其中一味药。”狄仁杰赞叹说：“你正是我药笼中的东西，不能一天没有啊。”

道侧奇宝 韩愈荐樊宗师于袁滋相公书曰：“诚不忍奇宝横弃道侧。”

［译文］ 韩愈举荐樊宗师给袁滋相公，写信说：“实在不忍心看到奇珍异宝被弃置在路边。”

向阳花木 范文正公知杭州，苏麟为属县巡简。城中官弁往往皆获荐，独麟在外邑，未见收录，因公事入府，献诗曰：“近水楼台先得月，向阳花木早为春。”文正见而荐之。

［译文］ 范仲淹担任杭州知府的时候，苏麟是杭州属县的巡检。城中的官员大多得到范仲淹的举荐，只有苏麟一直在外县，所以没被范仲淹推荐。一次因为公事去范府，苏麟献诗说：“近水楼台先得月，向阳花木早为春。”范仲淹见到后就举荐了他。

夹袋 吕蒙正夹袋中有折子，每四方人谒见，必问有何人才。客去，即识之。朝廷求贤，取诸夹袋以应。

［译文］ 吕蒙正的夹袋中藏有折子，每当各地有客人来拜见时，他一定问那里有什么人才。客人走了以后，他便立刻记录下来。朝

廷访求贤才的时候，他就取来夹袋看看折子来回答。

明珠暗投　《邹阳传》：明月之珠，夜光之璧，以投于道，莫不按剑相顾眄，无因而至前也。

[译文]《史记·邹阳传》记载：明月珠、夜光璧扔到路上，看到的人没有不用手握剑左顾右盼，因为那些宝物不会无缘无故来到面前的。

相见之晚　主父偃上书阙下，朝奏，暮召。时徐乐、严安亦俱上书言世务。上召三人，曰："公等安在？何相见之晚也！"

[译文]　主父偃给朝廷上书，早晨上奏，晚上就召见了他。当时徐乐、严安也都上书议论当世事务。皇上召见这三人，说："你们在哪里啊？为什么这么晚才和你们相见呢！"

齿牙余论　《南史》：谢朓好奖予人才。会稽孔闿有才华，未贵时，孔珪尝令草让表以示朓，朓嗟吟良久，手自折简荐之，谓珪曰："士子声名未立，应共奖成，无惜齿牙余论。"

[译文]《南史》记载说：谢朓喜欢奖掖人才。会稽人孔闿有才华，还没有显贵的时候，孔珪曾经让他起草辞让官职的奏章给谢朓看，谢朓吟诵了很久，亲自写信来推荐他，对孔珪说："士人如果声名还未树立，就应当共同奖掖助成他，不要吝惜那点口头的赞誉。"

铅刀一割　晋以谯王永为湘州刺史，行至武昌，敦与之宴，谓永曰："足下雅素佳士，恐非将相才也。"永曰："公未见知耳，铅刀岂无一割之用？"

[译文]　晋朝的时候任命谯王司马永担任湘州刺史。司马永走到武

昌时，王敦和他饮宴，王敦对司马永说：“您向来是一位佳士，恐怕不是做将相的材料。”司马永说：“您还不了解我，铅刀难道就不能用来切一次东西吗？”

四辈督趋 唐《马周传》：中郎将常何言：“臣客马周，忠孝人也。”帝即召之。未至，又遣四辈督趋之。

[译文]《新唐书·马周传》记载：中郎将常何说：“我的门客马周，是一个忠诚孝顺的人。”唐太宗立刻召见了马周。马周还没有到来，太宗又派了四个使者去催促他。

举贤良 汉武帝建元初，始诏天下举贤良方正、直言敢谏之士。又用董仲舒议，令郡县岁举孝廉各一人，限以四科：一曰德行高洁，志节清白；二曰学通行修，经中博士；三曰明习法令，足以决疑，按章复问，文中御史；四曰刚毅多略，遭事不惑，明足决断，材任三辅。县令四科取士，终汉世不变。

[译文] 汉武帝建元初年的时候，开始下诏书让天下的人举荐贤良方正、直言敢谏的士人。又采纳董仲舒的建议，令郡县每年举荐一名孝廉，有四个门类：一是德行高洁，志节清白；二是学问通达、行为修持，是精研经书的博学之士；三是熟悉法令，可以决断疑惑，文章符合史官的要求；四是性格刚毅，多有谋略，遇事不迷惑，明智足以下决断，能够胜任京城三辅的官职。郡县用这四类名目举荐人才，直到汉代灭亡都没有改变。

举茂才 后汉安帝元嘉初，尚书令左雄上言：郡国强仕，自今孝廉年不满四十，不得察举，皆请诣公府，诸生试经学、文吏课笺奏。若有茂才异行，自可不拘年齿。帝从之。

［译文］东汉安帝元嘉初年，尚书令左雄上书说：郡国推举人才做官，从现在开始孝廉不满四十岁，不能被推举，都应该让他们去公府，对儒生考查经学、文吏考查笺表奏疏。如果有出众的才能和德行的人，自然可以不论年龄而任用。安帝听从了他的建议。

滥爵

麒麟楦　唐杨炯每呼朝士为麒麟楦，或问之，炯曰："今之扮麒麟者，必修饰其形，覆之驴上，象貌宛然；及去其皮，还是驴耳。无德而朱紫，何以异是！"

［译文］唐代的杨炯常常称朝堂上的士人为"麒麟楦"，有人问他为什么，杨炯说："现在扮演麒麟的，一定是修饰外貌，覆盖在驴子的身上，外貌看上去很像麒麟；等到把毛皮去掉，却还是驴罢了。没有德行却身居高位者，和这有什么不同呢！"

白版侯　唐武后时，封侯者众，铸印不给，遂有以白版封侯者。

［译文］唐代武则天时，被封侯的人很多，铸造印章都跟不上，于是就用白版代替印章给封侯的人。

斜封官　唐太平公主与安乐等七公主皆开府，而主府官属皆滥用，悉出屠贩，纳资求官，降墨敕，斜封授之，故号斜封官。

［译文］唐代的太平公主与安乐公主等七位公主都成立府署，选置僚属，但公主府署的僚属任用都过滥，大都是出身于屠夫走卒，花钱买官的，于是用墨字的敕令，并斜着封印来给他们授官，所

以称之为“斜封官”。

铜臭 汉灵帝鬻官爵。崔烈进钱五百万为司徒。常问其子钧曰：“吾居三公，外议若何？”钧曰：“大人少有英称，历位卿守，论者但嫌其铜臭耳。”

[译文] 汉灵帝卖官鬻爵。崔烈进献了五百万铜钱就做了司徒，曾经问他的儿子崔钧说：“我位居三公，外边的人有何议论？”崔钧说：“大人小时候便有英名，且此前历任卿大夫、太守等职位，议论的人只是嫌弃您有点铜臭味罢了。”

斗酒博梁州 汉孟沱以一斗葡萄酒遗张让，得梁州刺史。东坡诗云：“伯一斗酒博梁州。”

[译文] 汉代的孟佗送给张让一斗葡萄酒，就得到了凉州刺史的官职。苏轼诗说：“伯一斗酒博梁州。”

烂羊头关内侯 更始刘圣公纳赵萌女为后，委政于萌，日夜饮宴后庭，群小膳夫，滥受美爵。长安人语曰：“灶下养，中郎将。烂羊胃，骑都尉。烂羊头，关内侯。”

[译文] 更始皇帝刘圣公娶了赵萌的女儿做皇后，便把政事委托给赵萌，不分日夜在后宫饮宴，那些小人伙夫，都被随意授予爵位。长安的老百姓说：“灶下养，中郎将。烂羊胃，骑都尉。烂羊头，关内侯。”

貂不足，狗尾续 晋赵王伦篡位，同谋者越阶次，奴隶厮奴，亦加爵位。每会，貂蝉盈座。时人语曰：“貂不足，狗尾续。”

[译文] 西晋的赵王司马伦篡夺皇位，同谋的人都越级升官，连他

们的奴隶厮役，也都被赐给爵位。每到朝会时，满座都是戴着貂蝉冠的人。当时的人说："貂不足，狗尾续。"

弥天太保　更始时，官爵太滥，有弥天太保、遍地司空之称。

[译文]　更始年间，官爵被授予得太泛滥，有"满天都是太保、遍地皆是司空"的说法。

欋椎碗脱　武后时滥用人，时人为之语曰："欋椎侍御史，碗脱校书郎。"四齿杷为欋椎，言用官之滥，如用耙齿椎聚之多。碗，小盂也。碗脱之形模，言个个相似也。

[译文]　武则天时滥授官职，当时有人说："欋椎侍御史，碗脱校书郎。"四齿的铁耙叫作欋椎，是说任命官员太过泛滥，仿佛用耙子的齿聚在一起那么多。碗，是指小盆盂。用碗脱的模型，是说个个都一样。

官制

三公三孤　三公：太师、太傅、太保。三孤：少师、少傅、少保。师，天子所师。傅，傅相天子。保，保护天子。

[译文]　三公，是指太师、太傅、太保，三孤，是指少师、少傅、少保。"师"，是指天子的老师。"傅"，指辅导天子。"保"，指保护天子。

六卿　吏部曰太宰、冢宰，户部曰大司徒，礼部曰大宗伯，工部曰大司空，兵部曰大司马，刑部曰大司寇。

［译文］ 吏部的长官叫太宰、冢宰，户部叫大司徒，礼部叫大宗伯，工部叫大司空，兵部叫大司马，刑部叫大司寇。

六官 吏部曰天官，户部曰地官，礼部曰春官，兵部曰夏官，刑部曰秋官，工部曰冬官。

［译文］ 吏部称为天官，户部称为地官，礼部称为春官，兵部称为夏官，刑部称为秋官，工部称为冬官。

以龙纪官 伏羲以龙纪官：春官曰苍龙，夏官曰赤龙，秋官曰白龙，冬官曰黑龙，中官曰黄龙。

［译文］ 伏羲用“龙”来命名官职：春官叫苍龙，夏官叫赤龙，秋官叫白龙，冬官叫黑龙，中官叫黄龙。

以火纪官 神农以火纪官：春官为大火，夏官为鹑火，秋官为西火，冬官为北火，中官为中火。

［译文］ 神农氏用“火”来命名官职：春官为大火，夏官为鹑火，秋官为西火，冬官为北火，中官为中火。

以云纪官 黄帝始以云纪官：春官曰青云，夏官曰缙云，秋官曰白云，冬官曰黑云，中官曰黄云。

［译文］ 黄帝开始用“云”来命名官职：春官叫青云，夏官叫缙云，秋官叫白云，冬官叫黑云，中官叫黄云。

以鸟纪官 黄帝后以鸟纪官：祝鸠氏为司农，雎鸠氏为司马，司鸠氏为司空，爽鸠氏为司寇，鹘鸠氏为司事。

［译文］黄帝后来用“鸟”来命名官职：祝鸠氏是司农，雎鸠氏是司马，司鸠氏是司空，爽鸠氏是司寇，鹘鸠氏是司事。

以民事纪官　颛顼氏以民事纪官：以少昊之子重为木正，曰勾芒；该为金正，曰蓐收；修熙相代为水正，曰玄冥；炎帝之子为土正，曰勾龙；颛顼之子为火王，曰祝融。勾龙能平水土，后世祀以配社。

［译文］颛顼氏用民事命名官职：让少昊的儿子重担任木政，叫勾芒；该担任金政，叫蓐收；修熙相代担任水政，叫玄冥；炎帝的儿子担任土政，叫勾龙；颛顼的儿子担任火政，叫祝融。勾龙能治水，后世让他和土神一起享受祭祀。

太尉仆射　太尉，秦官也，等于三公，掌兵。左右仆射，亦秦官也，等于六卿。

［译文］太尉是秦朝的官职，等同于三公，掌握兵权。左右仆射也是秦朝的官职，等同于六卿。

九锡　一大辂，玄牡。二驷马，衮冕之服，赤舄副之。三轩，县之乐，六佾之舞。四朱户以居。五纳陛以登。六虎贲之士三百人。七斧钺各一。八彤弓。一彤，矢百。旅弓十，旅矢千。九秬鬯，一卣，珪瓒副之。

［译文］一、天子所乘的大辂，黑色公马。二、八匹马驾车，衮衣、冕冠，配以红色的鞋子。三、家中可以悬挂帝王所用的乐器，观看诸侯所用的六六三十六人跳的六佾之舞。四、居室的门漆成红色。五、修砌专门的台阶登上大殿。六、配备三百人的虎贲卫队。七、帝王所用的斧、钺各一柄。八、红色的弓一张，红

色的箭一百支；黑色的弓十张，黑色的箭一千支。九、奖赏祭祀所用的黑黍和郁金香草酿造的香酒一樽，以及配合香酒祭祀的珪瓒。

勒名钟鼎 《周礼 · 司勋职》:“铸鼎铭勋。”言有功勋者，铸器以铭之也。

[译文] 《周礼 · 司勋职》记载:“铸造大鼎记录功勋。”说的是对于有功勋的人，要铸造鼎器把他记录下来。

纪绩旗常 《周礼》: 王命君牙曰:“惟乃祖乃父，服劳王家，厥有成绩，纪于太常。”太常者，王之旌旗也。有功者书焉，以表显也。

[译文] 《尚书 · 周书》记载，周穆王对君牙说:“你的祖辈和父辈，为王室服务，他们的工作卓有成就，这些功绩都记录在太常上。”太常，就是周王的旌旗。把有功劳的人写在上面，来表彰尊崇他们。

砺山带河 汉高帝定天下，剖符封功臣，刳白马而盟之，封爵之誓曰:“使黄河如带，泰山若砺。国以永存，爰及苗裔。”

[译文] 汉高祖平定天下之后，剖开竹子做成信物，分封功臣，并且杀了白马盟誓，封爵的誓词是:“就算黄河变得像腰带一样细，泰山像磨刀石一样小，只要国家长久存在，就永远会泽被你们的子孙后代。”

丹书铁券 汉高与功臣剖符作誓，丹书铁券，金匮石室，藏之宗庙。

［译文］ 汉高祖与功臣剖开竹子作为信物并起誓，然后用丹砂书写在铁券上，装在金盒石函中，再藏在宗庙里。

尚宝　天子玉玺龙章，王后玉玺凤章，亲王金宝龟钮，勋爵金印麟钮，总兵银印虎钮，布政银印，府州县铜印，御史铁印。

［译文］ 天子的玉玺使用龙形的花纹，皇后的玉玺使用凤凰形状的花纹，亲王的金印使用龟形的印钮，勋爵的金印使用麒麟形的印钮，总兵的银印使用虎形的印钮，布政使用银印，府、州、县官员使用铜印，御史使用铁印。

六部称号　礼部曰祠部、仪部、膳部。户部曰民部、版部、金部、仓部。兵部曰驾部。刑部曰比部。工部曰水部、虞部。此称自唐朝始。

［译文］ 礼部又叫作祠部、仪部、膳部。户部又叫作民部、版部、金部、仓部。兵部又叫作驾部。刑部又叫作比部。工部又叫作水部、虞部。这种称呼是从唐朝开始的。

都御史　左都御史，以其为御史之率，故曰御史大夫。巡抚都御史，以其为宪台之长，故曰御史中丞。

［译文］ 左都御史，因为他是御史的统领，所以称之为御史大夫。巡抚都御史，因为他是宪台的长官，所以称之为御史中丞。

大九卿　六部尚书、都察院、通政、大理寺卿，谓之大九卿。

［译文］ 六部中的尚书、都察院、通政司、大理寺卿，合称为“大九卿”。

小九卿　太常、太仆、光禄、鸿胪、上林苑等卿，翰林院、国子监祭酒、顺天府尹，谓之小九卿。

［译文］　太常寺、太仆寺、光禄寺、鸿胪寺、上林苑等卿，翰林院、国子监祭酒、顺天府尹，合称为“小九卿”。

执金吾　汉武帝改秦中尉，更名曰执金吾。盖吾者，御也。执金刀以御非常者也。又曰：金吾，鸟名，取以辟除恶鸟。

［译文］　汉武帝把秦朝的中尉官改称为执金吾。因为“吾”就是“御”，指手拿金刀防御意外的变故。又有人说：金吾是一种鸟的名字，取这个名字是用来辟除恶鸟，驱逐恶人。

率更令　师古曰：“掌知漏刻，故曰率更。”（率，音律。）

［译文］　颜师古说：“掌管滴漏的刻度并报告时辰，所以叫作率更。”（“率”读作“律”。）

三独坐　光武诏御史中丞与司隶校尉、尚书令会同，并专席而坐，京师号曰“三独坐”。

［译文］　东汉光武帝下诏让御史中丞与司隶校尉、尚书令开朝会，给他们设置专用的座位，京师的人称之为“三独坐”。

三老五更　后汉永平二年，三雍成，拜桓荣为五更。晋某年，天子幸太学，命王祥为三老。三老、五更总是一人，与《尚书》四岳一例。

［译文］　东汉永平二年（公元59年）的时候，辟雍、明堂、灵台被修建好，授予桓荣五更的官职。晋朝的某年，天子驾临太学，任命王祥为三老。三老、五更其实是一个人，与《尚书》里所说的

"四岳"是一样的。

四姓小侯　汉外戚樊、郭、阴、马四姓非列侯，故曰小侯。

［译文］　汉朝的外戚樊、郭、阴、马四姓不是列侯，所以称他们为"小侯"。

诰敕　人臣五品以下，其父母与妻封赠之命曰敕命，其宝用敕命之宝，受封者曰敕封。五品以上，其祖父母、父母与妻封赠之命曰诰命，其宝用诰命之宝，受封者曰诰封。

［译文］　五品以下的臣子，他们的父母和妻子受到朝廷封赠的任命叫作"敕命"，他们的印章要用敕命之宝，受封的人叫作"敕封"。五品以上的臣子，他的祖父母、父母和妻子受到朝廷封赠的任命叫作"诰命"，他们的印章要用诰命之宝，受封的人叫作"诰封"。

封赠　人臣父母与妻生前受封者曰敕封、诰封，人称之曰封君；死后受封者曰敕赠，人称之曰赠君。

［译文］　臣子的父母和妻子生前受君主封赠的叫作"敕封""诰封"，人们称之为"封君"；死后受朝廷加封的叫"敕赠"，人们称他们为"赠君"。

母妻封号　凡品级官员封及其母妻者，正从一品，母妻封一品夫人；正从二品，母妻封夫人；正从三品，母妻封淑人；正从四品，母妻封恭人；正从五品，母妻封宜人；正从六品，母妻封安人；正从七品，母妻封孺人。

［译文］　凡是有品级的官员封赠及他们的母亲、妻子的，品级为正、

从一品的大臣，他们的母亲、妻子封为一品夫人；正、从二品的，他们的母亲、妻子封为夫人；正、从三品的，他们的母亲、妻子封为淑人；正、从四品的，他们的母亲、妻子封为恭人；正、从五品的，他们的母亲、妻子封为宜人；正、从六品的，他们的母亲、妻子封为安人；正、从七品的，他们的母亲、妻子封为孺人。

文官补服　一二仙鹤与锦鸡，三四孔雀云雁飞，五品白鹇惟一样，六七鹭鸶鸂鶒宜，八九品官并杂职，鹌鹑练雀与黄鹂。风宪衙门专执法，特加獬豸迈伦夷。

［译文］　一、二品的官服上绣的分别是仙鹤和锦鸡，三、四品的官服绣的是孔雀和大雁。五品官服只绣一种白鹇鸟，六、七品官服分别绣鹭鸶和鸂鶒。八、九品官服和其他杂职分别绣鹌鹑、练雀和黄鹂。御史监察这种专门执法的部门，特别添加了獬豸的图案。

武官补服　公侯驸马伯，麒麟白泽裘，一二绣狮子，三四虎豹优，五品熊罴俊，六七定为彪，八九是海马，花样有犀牛。

［译文］　公爵、侯爵、驸马、伯爵的官服上绣着麒麟和传说中的神兽白泽。一、二品官服绣着狮子，三、四品官服绣着虎豹。五品官服绣着熊罴，六、七品官服绣着彪。八、九品官服绣着海马，还有绣犀牛的花样的。

文勋阶　文正一品，初授特进荣禄大夫，升授加授俱特进光禄大夫、左右柱国，月俸八十七石。

从一品，初授荣禄大夫，升授加授俱光禄大夫、柱国，月俸七十二石。

正二品，初授资善大夫，升授资政大夫，加授资德大夫、正治上卿，月俸六十一石。

从二品，初授中奉大夫，升授通奉大夫，加授正奉大夫、正治卿，月俸四十八石。

正三品，初授嘉议大夫，升授通议大夫，加授正议大夫、资治尹，月俸三十五石。

从三品，初授亚中大夫，升授正中大夫，加授大中大夫、资治少尹，月俸二十六石。

正四品，初授中顺大夫，升授中宪大夫，加授中议大夫、替治尹，月俸二十四石。

从四品，初授朝列大夫，升授、加授俱朝议大夫、赞治少尹，月俸二十石。

正五品，初授奉议大夫，升授、加授俱奉政大夫、修正庶尹，月俸十六石。

从五品，初授奉训大夫，升授、加授俱奉直大夫、协正庶尹，月俸十四石。

正六品，初授承直郎，升授承德郎，月俸十石。

从六品，初授承务郎，升授儒林郎（儒士出身）、宣德郎（吏员才干出身），月俸八石。

正七品，初授承仕郎，升授文林郎（儒士出身）、宣议郎（吏员才干出身），月俸七石五斗。

从七品，初授从仕郎，升授征仕郎，月俸七石。

正八品，初授迪功郎，升授修职郎，月俸六石六斗。

从八品，初授迪功佐郎，升授修职佐郎，月俸六石。

正九品，初授将仕郎，升授登仕郎，月俸五石五斗。

从九品，初授将仕佐郎，升授登仕佐郎，月俸五石。

未入流，月俸三石。

[译文] 文官正一品，最开始授给特进荣禄大夫的勋阶，以后升授、加授都是特进光禄大夫、左右柱国，每月的俸禄是八十七石。

从一品，最开始授予荣禄大夫，升授、加授都是光禄大夫、柱国，每月的俸禄是七十二石。

正二品，最开始授予资善大夫，升授资政大夫，加授资德大夫、正治上卿，每月的俸禄是六十一石。

从二品，最开始授予中奉大夫，升授通奉大夫，加授正奉大夫、正治卿，每月的俸禄是四十八石。

正三品，最开始授予嘉议大夫，升授通议大夫，加授正议大夫、资治尹，每月的俸禄是三十五石。

从三品，最开始授予亚中大夫，升授正中大夫，加授大中大夫、资治少尹，每月的俸禄是二十六石。

正四品，最开始授予中顺大夫，升授中宪大夫，加授中议大夫、替治尹，每月的俸禄是二十四石。

从四品，最开始授予朝列大夫，升授、加授都是朝议大夫、赞治少尹，每月的俸禄是二十石。

正五品，最开始授予奉议大夫，升授、加授都是奉政大夫、修正庶尹，每月的俸禄是十六石。

从五品，最开始授予奉训大夫，升授、加授都是奉直大夫、协正庶尹，每月的俸禄是十四石。

正六品，最开始授予承直郎，升授承德郎，每月的俸禄是十石。

从六品，最开始授予承务郎，升授儒林郎（以儒士出身的）、宣德郎（以吏员才能出身的），每月的俸禄是八石。

正七品，最开始授予承仕郎，升授文林郎（以儒士出身的）、宣议郎（以吏员才能出身的），每月的俸禄是七石五斗。

从七品，最开始授予从仕郎，升授征仕郎，每月的俸禄是七石。

正八品，最开始授予迪功郎，升授修职郎，每月的俸禄是六石六斗。

从八品，最开始授予迪功佐郎，升授修职佐郎，每月的俸禄是六石。

正九品，最开始授予将仕郎，升授登仕郎，每月的俸禄是五石五斗。

从九品，最开始授将仕佐郎，升授登仕佐郎，每月的俸禄是五石。

未入流的勋阶，每月的俸禄是三石。

武勋阶　正一品，初授特进荣禄大夫，升授、加授俱特进光禄大夫、右柱国。

从一品，初授荣禄大夫，升授、加授俱光禄大夫、柱国。

正二品，初授骠骑将军，升授金吾将军，加授龙虎将军、上护军。

从二品，初授镇国将军，升授定国将军，加授奉国将军、护军。

正三品，初授昭勇将军，升授昭毅将军，加授昭武将军、上轻车都尉。

从三品，初授怀远将军，升授定远将军，加授安远将军、轻车都尉。

正四品，初授明远将军，升授宣威将军，加授广威将军、上骑都尉。

从四品，初授宣武将军，升授显武将军，加授信武将军、中骑都尉。

正五品，初授武德将军，升授武节将军，加骁骑尉。

从五品，初授武备将军，升授武毅将军，加飞骑尉。

正六品，初授昭信校尉，升授承信校尉，加云骑尉。

从六品，初授忠显校尉，升授忠武校尉，加武骑尉。

正七品，初授忠翊校尉，升授忠勇校尉。

从七品，初授毅武校尉，升授修武校尉。

正八品，初授进义校尉，升授保义校尉。

凡月俸俱与文官同。

[译文] 武官正一品，开始授予特进荣禄大夫，升授、加授都是特进光禄大夫、右柱国。

从一品，开始授予荣禄大夫，升授、加授都是光禄大夫、柱国。

正二品，开始授予骠骑将军，升授金吾将军，加授龙虎将军、上护军。

从二品，开始授予镇国将军，升授定国将军，加授奉国将军、护军。

正三品，开始授予昭勇将军，升授昭毅将军，加授昭武将军、上轻车都尉。

从三品，开始授予怀远将军，升授定远将军，加授安远将军、轻车都尉。

正四品，开始授予明远将军，升授宣威将军，加授广威将军、上骑都尉。

从四品，开始授予宣武将军，升授显武将军，加授信武将军、中骑都尉。

正五品，开始授予武德将军，升授武节将军，加骁骑尉。

从五品，开始授予武备将军，升授武毅将军，加飞骑尉。

正六品，开始授予昭信校尉，升授承信校尉，加云骑尉。

从六品，开始授予忠显校尉，升授忠武校尉，加武骑尉。

正七品，开始授予忠翊校尉，升授忠勇校尉。

从七品，开始授予毅武校尉，升授修武校尉。
正八品，开始授予进义校尉，升授保义校尉。
每月的俸禄，武官每级与文官都一样。

品级正从一品 正一品：太师，太傅，太保，宗人令，左右宗正，左右宗人，左右都督。从一品：少师，少傅，少保，太子太师，太子太傅，太子太保，都督同知。

[译文] 正一品的有：太师，太傅，太保，宗人令，左右宗正，左右宗人，左右都督。从一品的有：少师，少傅，少保，太子太师，太子太傅，太子太保，都督同知。

正从二品 正二品：太子少师，太子少傅，太子少保，尚书，都御史，都督佥事，正留守，都指挥使，袭封衍圣公。从二品：布政使，都指挥同知。

[译文] 正二品的有：太子少师，太子少傅，太子少保，尚书，都御史，都督佥事，正留守，都指挥使，袭封的衍圣公。从二品的有：布政使，都指挥同知。

正从三品 正三品：太子宾客，侍郎，副都御史，通政使，大理寺卿，太常寺卿，詹事，府尹，按察使，副留守，都指挥佥事，指挥使。从三品：光禄寺卿，太仆寺卿、行太仆寺卿，苑马寺卿，参政，都转运盐使，留守司指挥同知，宣慰使。

[译文] 正三品的有：太子宾客，侍郎，副都御史，通政使，大理寺卿，太常寺卿，詹事，府尹，按察使，副留守，都指挥佥事，指挥使。从三品的有：光禄寺卿，太仆寺卿、行太仆寺卿，苑马寺卿，参政，都转运盐使，留守司指挥同知，宣慰使。

正从四品 正四品：佥都御史，通政，大理寺少卿，太常寺少卿，太仆少卿，少詹事，鸿胪寺卿，京府丞，按察司副使，行太仆寺少卿，苑马寺少卿，知府，卫指挥佥事，宣慰司同知。从四品：国子监祭酒，布政司参议，盐运司同知，宣慰司副使，宣抚司宣抚。

［译文］ 正四品的有：佥都御史，通政，大理寺少卿，太常寺少卿，太仆少卿，少詹事，鸿胪寺卿，京府丞，按察司副使，行太仆寺少卿，苑马寺少卿，知府，卫指挥佥事，宣慰司同知。从四品的有：国子监祭酒，布政司参议，盐运司同知，宣慰司副使，宣抚司宣抚。

正从五品 正五品：华盖、谨身、武英殿大学士，文渊、东阁、春坊大学士，翰林院学士，庶子，通政司参议，大理寺丞，尚宝司卿，光禄寺少卿，六部郎中，钦天监正，太医院使，京府治中，宗人府经历，上林苑监正，按察司佥事，府同知，王府长史，仪卫，正千户，宣抚司同知。从五品：侍读侍讲学士，谕德，洗马，尚宝、鸿胪少卿，部员外郎，五府经历，知州盐运司副使，盐课提举，卫镇抚，副千户，仪卫，副招讨，宣抚司副使，安抚使安抚。

［译文］ 正五品的有：华盖、谨身、武英殿大学士，文渊、东阁、春坊大学士，翰林院学士，庶子，通政司参议，大理寺丞，尚宝司卿，光禄寺少卿，六部郎中，钦天监正，太医院使，京府治中，宗人府经历，上林苑监正，按察司佥事，府同知，王府长史，仪卫，正千户，宣抚司同知。从五品的有：侍读侍讲学士，谕德，洗马，尚宝、鸿胪少卿，部员外郎，五府经历，知州盐运

司副使，盐课提举，卫镇抚，副千户，仪卫，副招讨，宣抚司副使，安抚使安抚。

正六品 大理寺正，詹事，丞，中允，侍读，侍讲，司业，太常寺丞，尚宝司丞，太仆寺，行太仆寺丞，主事，太医院判，都察院经历，京县知县，府通判，上林苑监副，钦天监副，五官正，兵马指挥，留守司、都司经历，断事，百户，典仗，审理正，神乐观提点，长官司副招讨，宣抚佥事，安抚同知，善世正。从六品：赞善，司直郎，修撰，光禄寺丞、署正，鸿胪寺丞，大理寺副，京府推官，布政司经历、理问，盐运司判官，州同知，盐课司提举，市舶司、河梁副提举，安抚司副使。

[译文] 大理寺正，詹事，丞，中允，侍读，侍讲，司业，太常寺丞，尚宝司丞，太仆寺，行太仆寺丞，主事，太医院判，都察院经历，京县知县，府通判，上林苑监副，钦天监副，五官正，兵马指挥，留守司、都司经历，断事，百户，典仗，审理正，神乐观提点，长官司副招讨，宣抚佥事，安抚同知，善世正。从六品的有：赞善，司直郎，修撰，光禄寺丞、署正，鸿胪寺丞，大理寺副，京府推官，布政司经历、理问，盐运司判官，州同知，盐课司提举，市舶司、河梁副提举，安抚司副使。

正七品 都给事中，监察御史，编修，大理寺评事，行人司正，五府、都察院都事，通政司经历，太常寺博士、典簿，兵马副指挥，营膳司所正，京县丞，府推官，知县，按察司经历，留守司、都司都事、副断事，审理，安抚司佥事，蛮夷长官。从七品：翰林院检讨，左右给事中，中书舍人，行人司副，光禄寺典簿、署丞，詹事府、太仆寺主簿，京府经历，灵台郎，祠祭署奉祀，州判官，盐课司副提举，布政司都事，副理问，盐运司、卫、宣慰、招讨司经历，蛮夷副长官。

［译文］ 都给事中，监察御史，编修，大理寺评事，行人司正，五府、都察院都事，通政司经历，太常寺博士、典簿，兵马副指挥，营膳司所正，京县丞，府推官，知县，按察司经历，留守司、都司都事、副断事，审理，安抚司佥事，蛮夷长官。从七品的有：翰林院检讨，左右给事中，中书舍人，行人司副，光禄寺典簿、署丞，詹事府、太仆寺主簿，京府经历，灵台郎，祠祭署奉祀，州判官，盐课司副提举，布政司都事，副理问，盐运司、卫、宣慰、招讨司经历，蛮夷副长官。

正八品 国子监丞，五经博士，行人，部照磨，通政司知事，京主簿，保章正，御医，协律郎，典牧所提领，营缮所副，大通关宝钞、龙江司提举，卫知事，府经历，县丞，煎盐司提举，按察司知事，宣慰都事，王府典宝、典簿、奉祀、良医、典膳正、纪善，讲经，至灵元符崇真宫灵官。从八品：清纪郎翰林院典籍，国子监助教、典簿、博士，光禄录事、监事，鸿胪寺主簿，京府、运司知事，挈壶正，祠祭署祀丞，布政司照磨，王府典膳、奉祀、典宝、良医副，宣慰司经历，神乐观知观，崇真宫副灵官，左右觉义，玄义。

［译文］ 国子监丞，五经博士，行人，部照磨，通政司知事，京主簿，保章正，御医，协律郎，典牧所提领，营缮所副，大通关宝钞、龙江司提举，卫知事，府经历，县丞，煎盐司提举，按察司知事，宣慰都事，王府典宝、典簿、奉祀、良医、典膳正、纪善，讲经，至灵元符崇真宫灵官。从八品的有：清纪郎翰林院典籍，国子监助教、典簿、博士，光禄录事、监事，鸿胪寺主簿，

京府、运司知事，挈壶正，祠祭署祀丞，布政司照磨，王府典膳、奉祀、典宝、良医副，宣慰司经历，神乐观知观，崇真宫副灵官，左右觉义，玄义。

正九品　校书，侍书，国子监学正，部检校，鸿胪寺署丞，五官监候、司历，营缮所丞，典牧所、会同馆、文思院丞，承运、宝钞广运、广积、赃罚、十字库，颜料、皮作、鞍辔、宝源局、织染所、京府织染局大使，龙江宝钞副提举，府知事，县主簿，长史司主簿、典仪正、典乐，牧监正，茶马大使，赞礼郎，奉銮、宣抚、安抚知事。从九品：侍诏，司谏，通事舍人，正字，詹事府录事，司务，学录，典籍，鸣赞，序班，司晨，漏刻博士，司牧大使，牧监副，圉长，太医院、提举司、盐课司、州所吏目，军储、御马、都督府、门仓、军器局大使，承运、宝钞广运、广积、赃罚、十字库副使，典牧所、会同馆、文思院副使，广盈、太仓银库、太仆寺、京府库、都税、宣课、柴炭司大使，颜料、皮作、鞍辔、宝源局、织染局、京府织染局副使，草场大使，孔、颜、孟子孙教授，按察司检校，府、宣抚司照磨，典仪，副教授，伴读，都司、运司、府、京卫，宣抚、宣慰司学教授，司库司、府仓、杂造、织染司、税库司大使，司狱，巡检，茶马副使，正术，正科，都纲，都纪，太常寺同乐，教坊司韶舞、司乐。

［译文］　校书，侍书，国子监学正，部检校，鸿胪寺署丞，五官监候、司历，营缮所丞，典牧所、会同馆、文思院丞，承运、宝钞广运、广积、赃罚、十字库，颜料、皮作、鞍辔、宝源局、织染所、京府织染局大使，龙江宝钞副提举，府知事，县主簿，长史司主簿、典仪正、典乐，牧监正，茶马大使，赞礼郎，奉銮、宣

抚、安抚知事。从九品：侍诏，司谏，通事舍人，正字，詹事府录事，司务，学录，典籍，鸣赞，序班，司晨，漏刻博士，司牧大使，牧监副，圉长，太医院、提举司、盐课司、州所吏目，军储、御马、都督府、门仓、军器局大使，承运、宝钞广运、广积、赃罚、十字库副使，典牧所、会同馆、文思院副使，广盈、太仓银库、太仆寺、京府库、都税、宣课、柴炭司大使，颜料、皮作、鞍辔、宝源局、织染局、京府织染局副使，草场大使，孔、颜、孟子孙教授，按察司检校，府、宣抚司照磨，典仪，副教授，伴读，都司、运司、府、京卫，宣抚、宣慰司学教授，司库司、府仓、杂造、织染司、税库司大使，司狱，巡检，茶马副使，正术，正科，都纲，都纪，太常寺同乐，教坊司韶舞，司乐。

未入流　孔目，国子监掌馔，学正，教谕，训导，兵马、断事、长官司吏目，司牲、司牧副使，府检校，县典史，军器局、柴炭司副使，递运所大使，驿丞，河泊所闸坝官，关大使，牧监，录事，郡长，提控，案牍，都督府、御马、军储、门仓副使，广盈库、都课、都税、税课司副使，茶盐课司使，府州县卫所仓场大使、副使，盐运司、府卫提举，司所州县库大使、副使，司府州军器、织染、杂造局副使，宣德仓、司竹、铁冶、河州、辽阳、青州府、乐安税课司大使，茶运批验所、巾帽针工局、庆远裕民司大使、副使，司库副使，盐仓、税课、钞纸、印钞、铸印、抽分竹木、惠民金银场、惠民局、水银朱砂场局、生药库、长史司仓、库大使、副使，县杂造局副使，典术，典科，训术，训科，副都纲，都纪，僧正，道正，僧会，道会。

［译文］　孔目，国子监掌馔，学正，教谕，训导，兵马、断事、长

官司吏目，司牲、司牧副使，府检校，县典史，军器局、柴炭司副使，递运所大使，驿丞，河泊所闸坝官，关大使，牧监，录事，郡长，提控，案牍，都督府、御马、军储、门仓副使，广盈库、都课、都税、税课司副使，茶盐课司使，府州县卫所仓场大使、副使，盐运司、府卫提举，司所州县库大使、副使，司府州军器、织染、杂造局副使，宣德仓、司竹、铁冶、河州、辽阳、青州府、乐安税课司大使，茶运批验所、巾帽针工局、庆远裕民司大使、副使，司库副使，盐仓、税课、钞纸、印钞、铸印、抽分竹木、惠民金银场、惠民局、水银朱砂场局、生药库、长史司仓、库大使、副使，县杂造局副使，典术，典科，训术，训科，副都纲，都纪，僧正，道正，僧会，道会。

仕途　隋炀帝始置进士科取士。唐始缙绅必由科目，始重资格。汉二千石满三载，任同产子一人为郎。秦始试吏入仕，汉丙吉、龚胜是也。始纳粟拜爵，始皇因旱蝗，汉武帝沿之。至灵帝时，富者先入钱，贫者赴官倍输。

尧始考功。魏崔亮始限年。汉制久任如古。晋宋始制守宰六期为满。

汉左雄始孝廉核年满四十察举。宋叙官阀，有官年、实年。

后周始制举主连坐。

汉顺帝制，选用不得互官，谓姻家乡里人不交互为官。今隔选。唐太宗制，大功不得连职。今回避。

唐高宗始给告身，即给札。唐武后始设门籍。籍，朝参奏事，待诏官出入，每月一易之。

伊尹始致仕。

汉制，二千石吏予告、赐告。唐制，致仕五品以上表，六品以下转奏。

唐太宗许子弟十九以下父兄随任。宋太祖诏群臣父母迎养。

[译文] 隋炀帝开始设置进士科来选任官员。唐代开始，做官的人必须通过科举考试的科目才行，开始看重资质。汉代做二千石的官职做满三年，可以举荐一个同母所生的兄弟做郎官。秦朝开始让吏参加选拔考试，汉代的丙吉、龚胜就是这样被选拔的。秦始皇因为旱灾和蝗灾开始捐粮授予爵位，汉武帝也沿袭了这种做法。到汉灵帝时，富裕的人交税缴纳现钱，因此贫穷的人交税需要缴纳加倍的粮食。

尧帝开始考核官吏的政绩。魏朝的崔亮开始设置做官的年限。汉代的制度和上古一样，可以任期很久。晋宋开始制定守宰类的官员六年为一期满任。

汉代的左雄开始规定孝廉必须实岁满四十岁方可参加选举。宋代记录官员的年龄，有官年和实年的不同。

后周开始制定了官员犯罪，举荐他的人需要连坐的制度。

汉顺帝时规定，任用官员时不能够交互为官，就是说姻亲的双方不可以在对方的家乡为官，现在叫“隔选”。唐太宗规定，有大功的人也不可以在一起做官，现在叫“回避”。

唐高宗时才开始给官员授予委任状，就是给札。唐代武则天开始设立在宫门前悬挂记名牌。门籍，是为了上朝参奏的事，以及待诏官员的出入，每月换一次。

伊尹开始有了退休制度。

汉代的制度，二千石以上的官吏可以有在官休假的权利，病三月以上者也可以带印绶回家养病。唐代规定，五品以上官员退休要上表奏请，六品以下的官员则由尚书省转奏。

唐太宗时允许十九岁以下的子弟跟随父亲或兄长去上任。宋太祖下诏让群臣把父母接到任职的地方赡养。

宰相 参政下丞相一等

历代置相 颛顼置乐正。黄帝七辅。汤六傅。伏羲置二相。秦献公置左右二卿，称丞相。庄襄王改相国。唐庄宗置丞相兼枢密。唐中宗始置大学士。五代置文明殿大学士，始为宰相兼职，宋真宗置资政殿学士，班翰林上。汉武帝置秘书令，置太史令。汉桓帝置秘书监。唐太宗始置宰相，监修国史。唐德宗始宰相政事，诏迭秉笔。

[译文] 颛顼帝时设置了乐正。黄帝有七人辅佐，分别是风后、天老、五圣、知命、窥纪、地典、力墨（也叫力牧）。商汤时有六傅，分别是太师、太傅、太保、少师、少傅、少保。伏羲设置了两个相。秦献公设置了左右二卿，称为丞相。庄襄王改丞相为相国。唐庄宗设置了丞相兼任枢密。唐中宗开始设置了大学士。五代时设置了文明殿大学士，最初是由宰相兼任，宋真宗时设置了资政殿学士，官阶高于翰林学士。汉武帝时设置了秘书令和太史令。汉桓帝时设置了秘书监。唐太宗时开始由宰相监督修撰国史。唐德宗时开始把宰相所需处理的政事，由多人轮流执笔书写诏书。

通明相 汉翟方进为丞相，智能有余，兼通文法吏事，以儒术缘饰法律，人号通明相。

[译文] 汉代的翟方进担任宰相，智力才能处理政务绰绰有余，同

时通晓法律条文及刑狱事务，他用儒家的学术文饰法律，人们称他为“通明相”。

救时宰相 唐姚崇拜相，问齐澣曰：“予为相，何如管晏？”澣曰：“管晏之法，虽不能施于后世，犹可以终其身。公所为法，随复更之，只可为救时宰相。”

［译文］ 唐代的姚崇被任命为宰相，他问齐澣说：“我做宰相，和管仲、晏婴相比怎么样？”齐澣说：“管仲、晏婴的治国方法，虽然不能在后代施行，但是却能够在他们活着的时候施行。您制定的治国方法，随意更改，只能作为拯救一时的宰相罢了。”

知大体 汉丙吉不问横道死人，而问牛喘。吏谓失问。吉曰：“宰相不亲细事，民斗伤命，则有司存。方今春月牛喘，恐阴阳失调，宰相职司燮理阴阳，是以问之。”人称其知大体。

［译文］ 汉代的丙吉不关心横死道路的人民，却问牛为什么喘气。小吏觉得他问得不合适。丙吉说：“宰相不亲自过问具体的小事情，百姓打斗伤了性命，那有相关部门处理。现在春天耕牛就开始喘气，恐怕是阴阳之气紊乱，宰相的职责是调理天地的阴阳变化，所以才问耕牛喘气的事。”人们称道他识大体。

伴食相 唐卢怀慎为相，自以才能不及姚崇，政事皆推委不与，人讥其为伴食宰相。

［译文］ 唐代的卢怀慎担任宰相，自认为自己的才能赶不上姚崇，便把朝廷政务都推给姚崇，人们讥笑他是“伴食宰相”。

纱笼中人 唐卜者胡芦生，卜筮甚验，李藩常问之，生曰：“公乃纱笼中人。”藩不解所以。后有异僧言：凡宰相，冥司必潜以纱笼护之，恐为异物所扰。藩默喜卜者言，果拜相。

［译文］唐代有一个叫胡芦生的算卦人，占卜非常灵验，李藩曾经向他占卜，胡芦生说：“您是纱笼中的人。”李藩不明白是什么意思。后来有一个神奇的和尚说：凡是宰相，阴间一定会暗中用纱笼罩着保护他，担心他被凶物侵扰。李藩对于胡芦生说的话暗暗感到高兴，后来果然被任命为宰相。

琉璃瓶覆名　五代唐废帝择相，问左右，皆言卢文纪、姚顗有声望。帝因悉书清望官名，纳琉璃瓶中，夜焚香祝天，以箸挟之，得卢文纪，欣然相之。

［译文］五代时后唐的废帝选择宰相，询问身边的人，都说卢文纪、姚顗有很好的名望。废帝写下所有名望美好的官员的名字，放进琉璃瓶中，晚上焚香向上天祷告，然后用筷子夹出来一个纸条，是卢文纪，于是很高兴地任命他做宰相。

金瓯覆名　唐玄宗卜相，皆书其名，纳之金瓯，名曰瓯卜。一日，书崔琳等名，问太子曰：“此宰相名，若谓谁？”太子曰：“非崔琳、卢从愿乎？”上曰：“然。”

［译文］唐玄宗通过占卜来选取宰相，把他们的名字都写下来，放在金盆中，称作“瓯卜”。有一天，写了崔琳等人的名字，问太子说：“这位宰相的名字，你觉得会是谁？”太子回答说：“难道是崔琳、卢从愿吗？”唐玄宗说：“是的。”

枚卜　古天子卜相，必书清望官名，纳金瓯或琉璃瓶中，焚香祝天，以箸挟之，得其名，即拜相，故曰枚卜，又曰瓯卜。

[译文] 古时候的天子占卜求相，一定会书写有美好声望的官员的名字，放在金盆或者琉璃瓶中，焚香向上天祷告，然后用筷子夹取，夹出谁的名字就任命他担任宰相，所以叫作“枚卜”，又叫作“瓯卜”。

鱼头参政　宋鲁宗道为参政，时枢密使曹利用恃权骄横，公屡折之帝前。时贵戚用事者，莫不惮之，称为鱼头参政。

[译文] 宋代的鲁宗道做参知政事，当时的枢密使曹利用倚仗权势骄横跋扈，鲁宗道多次在皇帝面前指出他的问题。当时掌权的皇亲国戚，没有不害怕他的，人们称之为“鱼头参政”。

骰子选　宋丁谓作参政，或率杨文公贺之，谓曰：“骰子选耳，何足道哉！”

[译文] 宋代的丁谓担任参知政事，有人带领杨亿前来祝贺，丁谓说：“不过是投骰子选出来的，有什么值得称道的！”

尚书　部曹　卿寺

古纳言　唐玄宗用牛仙客为尚书，张九龄谏曰：尚书，古之纳言，多用旧相居之。仙客，本河、湟一使典耳，拔升清流，齿班常伯，此官邪也。

[译文] 唐玄宗任用牛仙客担任尚书，张九龄进谏说：“尚书，是古代的纳言，大多选用以前的宰相担任。牛仙客，本来只是河湟地区的一个小吏而已，提拔他做清流官（唐制，吏一般不能转为官，这里牛

仙客以小吏的身份转为尚书，极为特殊），和朝廷近臣同列为官，这是选官的失职啊。”

天之北斗　李固疏：陛下有尚书，犹天之有北斗。北斗为天之喉舌，尚书为陛下之喉舌。

［译文］　李固上疏说：“陛下您拥有尚书，就好比天上有北斗星一样。北斗星是天上的机要重臣，尚书是陛下您的机要重臣。”

六卿　隋文帝始定六部，本汉光武分署六曹。吏曹职起伏羲。汉光武为选部。魏始名吏部，始居诸曹右。户曹职起黄帝。吴始为户部。唐武后始以户部居礼部右。礼曹职起颛顼之秩宗。隋始为礼部。兵刑曹职起黄帝。隋始为兵部、刑部。工曹职起少昊。晋起部。隋始为工部。宋神宗复唐故事，以吏、户、礼、兵、刑、工为次序。

［译文］　隋文帝开始设定六部，是源于东汉光武帝分别设置的六曹。吏曹的职务起源于伏羲。东汉光武帝定为选部。魏国时命名为吏部，开始位居各曹之上。户曹的职务起源于黄帝。吴国开始叫作户部。唐代武则天开始让户部居于礼部之上。礼曹的职务起源于帝颛顼时期的宗庙祭祀官。隋朝开始叫作礼部。兵刑曹的职务起源于黄帝。隋朝时叫作兵部、刑部。工曹的职务起源于少昊。晋朝叫作起部。隋朝时开始叫作工部。宋神宗恢复了唐代旧例，按照吏部、户部、礼部、兵部、刑部、工部为次序。

尚书　秦遣吏至殿中文书，始号尚书。后汉始专席。魏三品，陈加至一品。

［译文］　秦朝委派官吏到朝廷的殿中起草文书，开始称之为尚书。

东汉时才有专门的席位。魏国时尚书的官阶为三品，陈朝时提升为一品。

侍郎 隋炀帝置六曹侍郎。副尚书名始秦。

［译文］ 隋炀帝时设置了六曹侍郎的职务。副尚书的名称开始于秦朝。

郎中 汉置尚书郎，分掌尚书事，名始秦。

［译文］ 汉朝设置了尚书郎的职务，分管尚书的事务，名称起源于秦朝。

员外 隋文帝命尚书六曹增置员外郎，名始汉。

［译文］ 隋文帝下令尚书六曹增设了员外郎，员外郎这个名称开始于汉朝。

主事 隋炀帝置主事副员外郎，名始汉武帝。

［译文］ 隋炀帝设置了主事副员外郎的职务，这两个职务的名称始于汉武帝。

司务 宋置六部司务。

［译文］ 宋代设置了六部司务的职务。

九卿 夏后氏始置九卿。汉设九卿，不以官名，但称九寺。梁武帝始加卿字。后魏始置少卿，以卿为正卿。

［译文］ 夏后氏开始设置了九卿的职务。汉代设置九卿，但是不用作官名，只称为九寺。梁武帝开始加上了“卿”字。后魏时期开

始设置了少卿的职务，把卿称为正卿。

大理寺　黄帝立士师，有虞为士师。夏始称大理。秦置大理正，今卿；置廷尉正，今寺正。魏置少卿。晋武帝置丞。隋炀帝置评事。

[译文]　黄帝设立了士师的职务，虞舜时也叫士师。夏朝开始称为大理。秦朝设置了大理正的职务，就是现在的卿；设置了廷尉正的职务，就是现在的寺正。魏国时期设置了少卿。晋武帝时设置了丞的职务。隋炀帝设置了评事的职务。

太常寺　本周官春官之职。秦称奉常。汉改太常，名始有虞。后汉置卿。秦置丞。魏文帝置博士。汉武帝置郎，置司乐，置协律。隋置郊社署，今天地坛祠祭署。唐置簿。

太仆寺、苑马寺，职始周官，梁置簿，汉置监。

[译文]　太常寺本来是《周礼》中春官的职务。秦朝称为奉常。汉朝改称为太常，太常的名称源于虞舜时。东汉设置了卿的职务。秦朝时设置了丞的职务。魏文帝时设置了博士的职务。汉武帝时设置了郎的职务，同时设置了司乐和协律的职务。隋朝设置了郊社的官署，就是现在的天坛、地坛的祠祭署。唐代设置了簿的职务。太仆寺、苑马寺，这两种职务始于《周礼》，南朝梁代设置了簿的职务，汉朝设置了监。

光禄寺　本秦置，郎中令掌宫掖。汉为光禄勋。梁始改光禄卿。北齐兼膳羞。隋始专掌。唐始署珍羞官，因隋。隋始署大官名，因秦始署良酝，即汉汤官，掌酝，本周官酒正醞人置。

[译文]　光禄寺本来是秦朝设置的，郎中令掌管后宫事务。汉朝叫

光禄勋。南朝梁开始改称为光禄卿。北齐时兼管宫廷的膳食。隋朝时开始专门掌管膳食。唐朝时设置了珍羞官，是沿袭隋朝的旧例。隋朝开始设置了大官名，沿袭了秦朝的良酝署，也就是汉朝的汤官，掌管酿酒，是根据《周礼》中酒正酾人来设置的。

鸿胪寺　汉武帝置大鸿胪，梁武帝除“大”字，本秦典客、周大行人。

[译文] 汉武帝时设置了大鸿胪，南朝的梁武帝去掉了“大”字，源于秦朝的典客以及周朝的大行人的职务。

国子监　周以师氏、保氏教养国子，始名国子。晋武帝始立国子学。隋炀帝始改国子监。汉始定祭酒，衔名本周。隋炀帝置司业并周职。汉武帝置博士，名始秦。晋武帝置教。隋炀帝置丞。北齐高洋置簿。宋神宗置录。

[译文] 周朝用师氏、保氏来教育养护天子的儿子，才被称为“国子”。晋武帝时开始设立了国子学。隋炀帝时开始改称为国子监。汉朝开始设定了国子祭酒，这个官名源于周朝。隋炀帝设置的司业也是源于周朝的职务。汉武帝时设置了博士的职务，这个名称始于秦朝。晋武帝设置了教这个职务。隋炀帝设置了丞的职务。北齐的高洋设置了簿的职务。宋神宗设置了录的职务。

宫詹　学士　翰苑

东宫官　秦始皇置詹事，汉因掌太子家。唐玄宗置少詹事，并辅导东宫。周公置左右庶子。唐高宗置左右谕德、赞善。隋文帝置内允，即中允。北齐置门下、典书二坊。秦始皇置洗马，先导太子。晋始为詹事属官，掌图籍。汉兰台置校书。北齐置正字。

[译文] 秦始皇设置了詹事的职务，汉朝沿袭并让他掌管太子的家事。唐玄宗设置了少詹事的职务，和詹事一起辅佐教导太子。周公设置了左右庶子的职务。唐高宗设置了左右谕德、赞善的职务。隋文帝设置了内允，也就是中允的职务。北齐设置了门下、典书二坊的职务。秦始皇设置了太子洗马的职务，用来教导太子。晋朝开始设置了詹事属官的职务，掌管图书典籍。汉朝的兰台设置了校书的职务。北齐设置了正字的职务。

翰林 伏羲始立史官。唐玄宗置修撰、编修、简讨。宋文帝置学士。后魏置太子侍讲。唐玄宗置侍讲学士、侍读学士、侍讲、侍读、待诏。汉武帝置博士。宋置孔目。

[译文] 伏羲开始设立了史官。唐玄宗设置了修撰、编修、简讨的职务。宋文帝设置了学士的职务。后魏设置了太子侍讲的职务。唐玄宗设置了侍讲学士、侍读学士、侍讲、侍读、待诏等职务。汉武帝设置了博士的职务。宋代设置了孔目的职务。

玉堂 宋苏易简充承旨，多振举翰林故事。太宗为飞白书院颜曰“玉堂”，及以诗赐之。太宗曰：“此永为翰林中一美事。”易简曰：“自有翰林，未有如今日之荣也！”

[译文] 宋代的苏易简充任承旨的官职，对翰林院的旧制多有整顿。宋太宗为飞白书院题写了“玉堂”的匾额，还写了诗歌赐给他们。宋太宗说：“这件事永远是翰林院里的一桩美事。”苏易简说：“自从翰林院设立以来，还未曾有过像今天这么荣耀的事情！”

木天 《类苑》：秘书阁下穹隆高敞，谓之木天。

[译文] 《类苑》记载：秘书阁的屋子高大宽敞，称之为“木天”。

鳌禁 宋公白、贾公黄中，皆先达巨儒，同在鳌禁。

[译文] 宋白和贾黄中都是前辈中的大儒，都在翰林院做官。

内相 唐陆贽博学弘词，入翰林。德宗重其才，呼先生而不名。虽外有宰相主大议，贽常居中参议，号曰“内相”。

[译文] 唐代的陆贽考中博学宏词科，进入翰林院。唐德宗看重他的才华，所以只称呼他为“先生”而不称他的名字。虽然外廷有宰相主持朝堂会议，陆贽往往也在里面参与讨论，当时号称“内相”。

摛文堂 宋真宗政和五年，御书摛文堂榜，赐学士院。

[译文] 宋徽宗政和五年（公元1115年），皇帝亲自题写摛文堂的匾额，赐给了学士院。

五凤齐飞 宋太宗时，贾黄中、宋白、李至、吕蒙正、苏易简，同时拜翰林学士。扈蒙云：“五凤齐飞入翰林。”

[译文] 宋太宗时，贾黄中、宋白、李至、吕蒙正、苏易简五人，同时被任命为翰林学士。扈蒙说：“五只凤凰一块儿飞进了翰林院。”

北门学士 唐刘祎之，少以文词称，迁右弘文馆直学士。上元中，与万元顷等召入禁中，参决政事，时称“北门学士”。

[译文] 唐代的刘祎之，少年的时候就以擅长文辞著称于世，升任右弘文馆直学士。上元年间，他和万元顷等人被召入宫中，参与决断政事，当时人称之为“北门学士”。

八砖学士 唐李程为学士。常规：学士入院，以阶前日影为候。程性懒，日过八砖乃至。时号“八砖学士”。

[译文] 唐代的李程担任翰林学士。按照往常的惯例：翰林学士进入翰林院，要把台阶前的日影作为入院的时限。李程生性疏懒，日影过了八块砖的时候他才到院，当时人称之为“八砖学士”。

谏官

忠言逆耳 沛公见秦宫室之富，欲留居之。樊哙谏曰：“凡此奢丽之物，皆秦所以亡也，公何用焉？愿还灞上。”不听。张良曰：“忠言逆耳利于行。”乃还。

[译文] 沛公刘邦看到秦朝的宫殿富丽堂皇，便想留下居住在这。樊哙进谏说：“这些奢侈华丽的东西，都是导致秦朝灭亡的根源，您为什么还要用它呢？希望您回到灞上的军营居住。”刘邦不听。张良说：“忠言逆耳利于行。”刘邦于是就回去了。

真谏议 萧钧为谏议大夫，永徽中，争盗库财死罪，曰：“囚罪当死，但恐天下谓陛下重货轻法，任喜怒杀人。”帝曰：“真谏议也。”

六科给事中，名始秦，汉置给事黄门，职始秦，置谏大夫，唐分为左右。

【译文】 萧钧担任谏议大夫，永徽年间，有人争辩偷盗国库的财物之人是否该判处死罪，他说："犯人罪当处死，但恐怕天下人会说陛下重财物而轻法律，任由个人的喜怒而胡乱杀人。"皇帝赞叹说："这才是真正的谏议啊。"

六科给事中的名称，始于秦朝，汉代设置了给事黄门的职务，始于秦朝，设置谏议大夫，唐代分为左、右谏议大夫。

真谏官 唐李景伯为谏议。中宗侍宴，命诸臣为回波诗。众皆以谄言媚上。景伯独为箴规语以讽，帝不怿。中书令萧至忠曰："景伯乐不忘规，真谏官也。"

【译文】 唐代的李景伯担任谏议大夫。唐中宗宴饮侍臣，让各位大臣写回波诗助兴。众人都谄媚阿谀皇上。唯独李景伯写了规劝的诗来讽谏，中宗很不高兴。中书令萧至忠说："李景伯在娱乐时也不忘规谏皇帝，这是真正的谏官啊。"

碎首金阶 唐敬宗好游畋，刘栖楚为拾遗，出班苦谏，以额叩龙墀，血流被面。

【译文】 唐敬宗喜欢游玩打猎，刘栖楚担任拾遗官，从朝列里站出来苦苦谏阻，并在宫殿的台阶上叩头，血流满面。

铁补阙 唐乾宁中杨贻德为谏议，正直敢言，不避权幸。人目为"铁补阙"。

【译文】 唐代乾宁年间，杨贻德担任谏议大夫，他为人正直敢说真话，不避权势宠臣。当时人称他为"铁补阙"。

殿上虎 宋刘安世正色立朝，面折廷诤。每犯雷霆之怒，则执简却立，俟天威少霁，复前极论，必得请乃已。人称之曰“殿上虎”。

［译文］ 宋代的刘安世在朝做官神色庄重、态度严肃，经常在朝堂上当面指出皇帝的缺点。每次触怒皇帝，他就拿着笏板退后站立，等皇帝的怒气稍微平息了，便再上前竭力争论，一定要让皇帝同意他的请求才停止。当时人称他为“殿上虎”。

戆章 宋任伯雨性刚鲠，持论劲直。为谏官仅半载，所上一百疏，皆系天下治体，号“戆章”。

［译文］ 宋代的任伯雨性格刚烈耿直，议论坚定正直。担任谏官仅仅半年，上奏的一百道奏疏，都与治理天下的方法有关，当时人称“戆章”。

鲁直 鲁宗道为右正言，风闻弹疏，真宗厌之，自讼罢去。他日上追念其言，御笔题曰“鲁直”。

［译文］ 鲁宗道担任右正言的官职，只要听到有什么风吹草动，就立刻上疏弹劾，宋真宗特别讨厌他，于是鲁宗道感到自责罢官离开。后来真宗回想起他曾经说过的话，亲笔为他题写了“鲁直”二字。

朝阳鸣凤 唐高宗时，自韩瑗、褚遂良死，内外以言为讳。高宗造奉天宫，李善感始上书，极言之。时人谓之朝阳鸣凤。

［译文］ 唐高宗时期，自从韩瑗、褚遂良去世之后，朝廷内外都不敢向皇帝进言。唐高宗建造奉天宫，李善感才上书，极力劝阻。当时人称他为“朝阳鸣凤”。

立仗马　李林甫专权，恐谏官言事，谓之曰:“诸君见立仗马乎？终日无食三品料，及其一鸣辄斥，虽欲勿鸣，其可得乎？”

［译文］ 李林甫独揽大权，担心谏官谈论政事，便对他们说:“大家见过仪仗队中的马吗？整天默不出声，就可以吃到三种食物。如果哪匹马鸣叫了一声，就立即会被牵下去，到了那时，即使想不再鸣叫，还能有机会吗？”

拾齿　宋张霭，太祖方弹雀后苑，霭亟请入奏事。及见，所奏乃常事耳，上怒，霭曰:“窃谓急于弹雀。”上以斧柄撞其齿，齿堕，徐拾之。上曰:“欲讼朕耶？”霭曰:“臣何敢讼陛下？但有史官在耳。”

［译文］ 宋太祖正在后苑拿弹弓打麻雀，张霭着急地请求进宫上奏事务。等到参见了太祖，说的都是一些平常小事，宋太祖非常生气。张霭说:“我认为这些事还是比打麻雀紧急一点。”宋太祖拿仪仗队所用的斧柄打他的牙齿，把牙齿打掉了，张霭慢慢地把牙捡了起来。宋太祖说:“你是想告我吗？”张霭说:“我怎么敢控告陛下您呢？只是有史官在边上记录呢。”

古忠臣　宋邹浩官右正言，极论章惇误国，未报而刘后立。复反，复廷诤，被窜。史谓之古忠臣。浩与阳翟、田画善，初，刘后立，谓人曰:“邹志完不言，可以绝交矣。”浩既得罪，画迎诸途，正色曰:“使志完隐默居京师，遇寒疾不汗，五日死矣，岂独岭海之外能死人哉？”

［译文］ 宋代的邹浩担任右正言的职务，曾极力陈述上奏章惇误国，但奏章还没被回复就又听到册立刘皇后的消息。就又回到朝堂，

再次当廷进谏，因此被贬官。史书说他有古代忠臣的风范。邹浩与阳翟、田画友好，当初册立刘皇后的时候，田画对人说："邹浩如果不进谏，那我们就可以断绝交往了。"邹浩获罪后，田画在路上迎接他，邹浩严肃地说："如果我住在京师默然不语，遇到伤寒这样的病不出汗，五天就会死了，难道只有去岭南海外才能死吗？"

抵家复逮　杨爵言朝廷政事有失人心，而致危乱者五，系狱数年始得释。会复有谏者，上曰："吾固知释爵，妄言者立至矣！"复就逮。时爵抵家方一日，忽锦衣校至，校佯曰："吾便道省公耳。"爵笑曰："吾固知之。"与校同饭，饭已，曰："行乎？"校曰："盍一入为别？"爵立屏间曰："朝廷有旨见逮，吾行矣。"再系狱，逾年乃出。

［译文］　杨爵进言说朝廷的政事不得人心，引发五大祸乱，于是被抓进监狱，过了几年才被释放。恰好又有大臣来进谏，皇帝说："我本来就知道释放杨爵，乱说话的人立刻就会来的！"就又下令去逮捕杨爵。这时杨爵刚刚到家才一天，忽然看到穿着锦衣的校卫来了，校卫假装说："我只是顺路来看看你。"杨爵笑着说："我本来就知道你会来的。"便与校卫一起吃饭，饭后便说："走吧？"军校说："为什么不进去和家人道别一下呢？"杨爵就站在屏风之间说："朝廷下令逮捕我，我要走了。"于是第二次被投入狱中，过了一年才被释放。

为朕家事受楚毒　章纶疏陈修德弭灾十四事。又请复汪后于中宫，以正壶仪；复沂王于东宫，以正国本。诏逮狱，廷杖不死。英宗复辟，叹曰："纶好臣子，为朕家事受楚毒。"拜礼部侍郎。

[译文] 章纶上疏陈述有关修养德行、消弭灾祸的十四件事。又奏请让汪皇后重新回到宫中，来做后宫的表率；恢复沂王东宫太子的身份，以此稳定国家的根本。皇帝下令将他逮捕入狱，接受廷杖之后没有死掉。明英宗复位后，赞叹说："章纶真是个好臣子，为我的家事而受到廷杖的毒打。"于是任命他担任礼部侍郎的职务。

碎朕衣矣 陈禾劾童贯弄权，反复不置，徽宗欲起，禾引帝衣，请毕其奏。衣裾落。帝曰："正言碎朕衣矣！"禾曰："陛下不惜碎衣，臣岂惜碎首以报！"内侍请易衣，帝却之，曰："留以旌直臣。"

[译文] 陈禾弹劾童贯滥用权力，反复不停地向宋徽宗说，宋徽宗想要起身，陈禾拉着徽宗的衣服请求让他把话说完。衣襟都被他扯掉了。徽宗说："正言把我的衣服扯坏了！"陈禾说："陛下如果不吝惜衣服被扯坏，我岂能吝惜粉身碎骨来报答陛下！"内侍请徽宗换件衣服，徽宗拒绝了，说："留着来表彰正直的大臣。"

惮黯威棱 武帝尝曰："甚矣，黯之戆也！""古有社稷臣，黯近之矣。"黯前奏事，帝不冠，不敢见。淮南王谋逆，惮黯威棱，遂寝。

[译文] 汉武帝曾说："汲黯真是戆直得太狠了！""古代有社稷之臣，汲黯已经接近了。"汲黯上前启奏政务，武帝如果没有戴冠冕，就不敢接见他。淮南王想要造反，因为忌惮汲黯的威势，便作罢了。

贲育不能过 唐魏徵，太宗朝谏议大夫，状貌不扬，有胆气，犯颜敢谏，虽上怒甚，而徵神色自若。议者谓贲育不能过。

［译文］ 唐代的魏徵，唐太宗时担任谏议大夫，其貌不扬，但很有胆识，敢于犯颜进谏，唐太宗即使大怒，魏徵却神色不变。议论的人都说古代的勇士孟贲和夏育也不如他。

瓦为油衣　谷那律博洽群书，褚遂良称曰“九经库”。从太宗出猎，遇雨，因问：“油衣若何而不漏耶？”那律曰：“以瓦为之，当不漏。”上嘉其直。

［译文］ 谷那律博览群书，褚遂良称他为“九经库”。一次随唐太宗外出打猎，遇到下雨，唐太宗问：“油布衣要怎样做才能不漏雨呢？”谷那律说：“若是用瓦片来做，应当不会漏雨。”唐太宗赞赏他的耿直。

谪死　陈刚中性慷慨，敢论事。故铨以劾桧贬。刚中启曰：“知无不言，愿借尚方之剑！不遇故去，卿乘下泽之车。”桧怒，遂与张九成同谪，客死，贫不能葬。士论惜之。

［译文］ 陈刚中性格慷慨豪爽，敢于议论政事。胡铨因为弹劾秦桧而被贬谪。陈刚中写给胡铨的贺信说：“知无不言，愿借尚方之剑！不遇明主，不如归隐不仕。”秦桧大怒，就把他和张九成一起贬官，他客死他乡，由于贫穷而无法安葬。当时的士人都为他感到可惜。

小官论大事　曹辅为秘书正字。徽宗多微行，辅上疏极谏。太宰余深曰：“辅小官，何敢言大事？”辅对以“大官不言，故小官言之。官有大小，爱君之心则一”。遂编管郴州。

［译文］ 曹辅担任秘书正字的官职。宋徽宗经常微服出访，曹辅上疏极力劝阻。太宰余深说：“曹辅一个小官，怎么敢妄议国家大

事？”曹辅回答说：“大官不说，所以小官说。官有大小但忠君爱国的心是一样的。”于是获罪被流放到郴州。

忠良鲠直　陈谔负抗直声，举劾权贵无所避。上呼为“大声秀才”。尝忤旨，命坎瘗奉天门外，七日不死，赦还，搏击愈甚。历任中外，所至能其官，终为忌者致贬。上一日问“大声官儿”何在，直署辅导使人得闻过。乃召还，上书“忠良鲠直”四字赐之，示宠异焉。

［译文］　陈谔有刚强正直的名声，检举弹劾从不避权贵。明成祖称他为“大声秀才”。一次忤逆了成祖的旨意，成祖命令把他埋在奉天门外，只露出头，埋了七天还没死，就把他放回来，他对权贵弹劾得更厉害了。他历任朝官和外官，所担任的职务都非常称职，最终被忌惮他的人所贬谪。成祖有次问那个“大声官儿”在哪里，应该让他掌管辅导的职务，让人可以知道自己的过错。于是被召回朝中。成祖亲自写了“忠良鲠直”四个字赐给他，以表示对他的恩宠重视。

直声震天下　海瑞为南平教谕，谒上官，止长揖，曰：“参师席，不可屈膝也。”主户部政，疏谏下狱，直声震天下。

［译文］　海瑞官担任南平县的教谕官，拜见长官的时候，只是作长揖而已，他说：“我的官职是教师，不可以跪拜。”后来主持户部政事，因为上疏进谏而被捕入狱，正直的名声震动天下。

劾严嵩得惨祸　沈錬炼疏劾严嵩父子为奸，窜名白莲教中，僇于边。杨继盛论嵩专权误国五奸十大罪，弃东市。

劾逆珰而受酷刑死者：万璟廷杖死；高攀龙投水死；杨琏、左光斗、周顺昌、缪昌期、周宗建、黄尊素、魏大中被逮，诏狱拷掠死；邹维连谪戍死，俱江浙人。

[译文] 沈炼上疏弹劾严嵩父子做坏事，被诬陷是白莲教的教徒，在边境被斩首。杨继盛上书议论严嵩专权误国的五奸十大罪状，在东市被处死。

弹劾宦官专权而受酷刑死掉的有：万璟被廷杖打死；高攀龙投水死；杨琏、左光斗、周顺昌、缪昌期、周宗建、黄尊素、魏大中被逮捕，下令让监狱拷打致死；邹维连被贬谪流放致死，都是江浙人。

御史

白简　晋傅玄为御史，每有奏劾，或值日暮，捧白简，整簪带，竦诵不休，坐以待旦。贵游慑服，台阁风生。

[译文] 晋代的傅玄担任御史，每次要上奏弹劾，有时正当傍晚时分，他就手捧白简，整理冠带，认真念诵弹劾文，坐在那里等候天亮。达官贵人都因此感到畏惧，朝廷也变得很有生气。

乌台　汉成帝时，御史府列柏树，有野乌数千栖其上，故称乌台，亦称“柏台”。

[译文] 汉成帝的时候，御史府排列种着很多柏树，有几千只野乌鸦在树上栖息，所以御史台又称为“乌台”，也叫作“柏台”。

法冠绣衣　《汉书》：法冠，御史冠也，本楚王冠也。秦灭楚，以其君冠赐御史也。绣衣御史，汉武帝所置。法冠一名“獬豸冠”。

[译文] 《汉书》记载：法冠，就是御史的冠帽，本来是楚王的冠冕。秦国消灭楚国之后，把楚王的冠帽赐给了御史。绣衣御史是汉武帝时设置的。法冠，又叫作“獬豸冠”。

独击鹘 宋王素既升台宪，风力愈劲。尝与同列奏事，上有不怿，众皆引去，素方论列是非，俟得旨，乃退。帝叹曰：“真御史也。”人皆目为“独击鹘”。

[译文] 宋代的王素升任御史之后，气概魄力愈加强劲。曾经和同僚一起进奏政事，皇帝露出不高兴的神色，别人都退下了，王素还在议论是非对错，等到旨意下达，他才退下去。皇帝赞叹说：“这才是真御史啊。”当时人把他叫作“独击鹘”。

石御史 唐刘思立举进士，高宗擢为御史，执法不阿，弹劾权贵，人号“石御史”。

[译文] 唐代的刘思立考中进士后，唐高宗提拔他担任御史的职务。他秉公执法、刚正不阿，敢于弹劾权贵，人们称他为“石御史”。

骢马 后汉桓兴为侍御史，直言无所忌讳。常乘白马，京师惮之，为语曰：“行行且止，避骢马御史。”

[译文] 东汉的桓兴担任侍御史，直言进谏，没有顾忌。经常骑乘一匹白马，京师的官吏都很忌惮他，说：“走走停停，避开骢马御史。”

铁面御史 宋赵抃少孤贫，举进士，及为殿中侍御，弹劾不避权贵，号为“铁面御史”。

［译文］宋代的赵抃少年时孤苦贫寒，后来考中了进士，等到担任殿中侍御时，弹劾官员从不回避权臣贵戚，人们称之为“铁面御史”。

豹直　汉《舆服志》：大驾属车八十一乘，皆尚书台省官所载，最后一乘，侍御史所乘，独悬豹尾，故名“豹直”。

［译文］《汉书·舆服志》中说：帝王车驾的从属车辆有八十一辆，都是尚书台的官员乘坐，而最后一辆是侍御史乘坐的，只有这辆车悬挂着豹尾的装饰，所以称之为“豹直”。

节度胆落　唐敬宗朝，夏州节度使李佑入朝，违诏进奉，御史温造弹之。佑趋出待罪，股栗流汗，谓人曰：“吾夜逾蔡州，擒吴元济，未尝心动，今日胆落于温御史矣。”

［译文］唐敬宗时，夏州的节度使李祐进京朝见皇帝，违背诏令进献财物，御史温造弹劾了他。李祐急忙跑出来等待降罪，两腿发抖，满头大汗，对人说：“我雪夜袭取蔡州，擒拿吴元济，心里都没有这样害怕过，今天却被温御史吓破了胆。”

埋轮当道　后汉张纲为御史。安帝时，遣八使按行风俗，纲独埋其车轮于洛阳都亭，曰：“豺狼当道，安问狐狸？”遂劾大将军梁冀兄弟。

［译文］东汉的张纲担任御史。汉安帝时期，朝廷派遣八个使者巡视各地吏治与民风，唯独张纲在洛阳的都亭把车轮埋了起来，他说：“朝廷豺狼当道，怎么只管那些狐狸？”于是便上奏弹劾了大将军梁冀兄弟。

头轫乘舆　申屠刚，建武初拜侍御史，廷臣畏其鲠直。时陇蜀未平，上欲出游，刚力谏，不听。以头轫乘舆，马不得前。

［译文］　申屠刚，建武初年担任侍御史，朝廷大臣都害怕他的刚正耿直。当时陇、蜀两地还没有被平定，光武帝想要外出巡游，申屠刚极力谏阻，光武帝不听。申屠刚就把头放在车轮前，车马无法前行。

贵戚泥楼　汉李景让为御史大夫，刚直自持，不畏权幸。内臣贵戚有看街楼阁，皆泥之，畏其弹劾。

［译文］　汉代的李景让担任御史大夫，刚正自律，不畏权贵近臣。宦官和外戚重臣如果有临街的楼阁，都用泥墙围上，怕被他弹劾。

劾灯笼锦　宋唐介为御史，劾文彦博知益州日以灯笼锦媚贵妃，致位宰相，请逐彦博。仁宗怒，谪介英州别驾。

［译文］　宋代的唐介担任御史时，弹劾文彦博在当益州知府的时候进献灯笼锦讨好贵妃，从而当上了宰相，请求罢免文彦博。宋仁宗大怒，贬谪唐介做了英州别驾。

炎暑为君寒　唐岑参《送侍御韦思谦》诗曰："闻欲朝金阙，应须拂豸冠。风霜随雁去，炎暑为君寒。"

［译文］　唐代岑参的《送侍御韦思谦》诗中说："闻欲朝金阙，应须拂豸冠。风霜随雁去，炎暑为君寒。"

天变得末减　杨瑄，天顺初为御史，劾曹吉祥、石亨怙宠擅权。后为曹、石文致坐死。将刑，会大风拔木，吹正阳门下马牌于郊外，得末减。子源为五官监候，以占候上言指斥刘瑾。瑾怒曰：

“尔何官，亦学为忠臣乎？”杖而戍之。刘瑾之乱，大臣科道同日勒令致仕四十八人，以其名榜示天下。源之同乡御史熊卓与焉。

［译文］　杨瑄，天顺初年担任御史，弹劾曹吉祥、石亨倚仗恩宠、独掌大权。后来被曹吉祥和石亨罗织罪名陷害处死。将要行刑时，大风拔起树木，把正阳门下的马牌吹到了郊外，得以从轻论罪。他的儿子杨源为五官监候，用占卜物候为由上书指斥宦官刘瑾。刘瑾大怒说：“你是什么官，也学别人来当忠臣吗？”将他杖责后流放边陲。刘瑾祸乱朝政时，大臣及科、道两衙中的官员一天之内被勒令退休的有四十八人，并把他们的名字张榜公示于天下。杨源的同乡御史熊卓也在其中。

使臣

一介行李　《左传》：子员曰：“君有楚命，亦不使一介行李，告于寡君。”

［译文］《左传》记载：晋国的使者子员说：“郑伯眼看着楚王的讨伐，也不派一个使者来告诉我国的君主。”

一乘之使　韩信破赵，欲移兵击燕，武涉说信曰：不如发一乘之使，奉咫尺之书以使燕，燕必从风而靡。

［译文］　韩信攻破赵国，想要转移军队再攻打燕国，武涉对韩信说：“不如先派遣一个使臣，拿着书信出使燕国，燕国一定会望风而降。”

堂堂汉使 苏武使匈奴，匈奴胁武令拜，武不从。以刀临之，武曰：“堂堂汉使，安能屈膝于四夷哉！”

[译文] 苏武出使匈奴时，匈奴胁迫苏武让他下拜，苏武不听从。匈奴人拿刀靠近他，苏武说：“我是堂堂的汉朝使者，怎么能向你们这些蛮夷之人下拜呢！”

埋金还卤 唐杜暹使卤，以金遗暹，固辞。左右曰：“公使绝域，不可失戎心！”乃受焉，阴埋幕下。已出境，乃移文，俾取之，突厥大惊。

[译文] 唐代的杜暹出使突厥，突厥人赠给他黄金，杜暹坚决推辞。侍从们说：“您出使绝域，不可以拒绝突厥人的心意啊！”于是收下了黄金，偷偷埋在帐篷下面。等出了边境，才写信给突厥，请他们取出黄金。突厥人大为惊奇。

口伐可汗 唐突厥攻太原，郑元璹持节往劳。既至，虏以不信咎中国。璹随语折让无所屈。徐乃数其背约，突厥愧赧，引兵还。太宗赐书曰：“知卿口伐可汗，边火息燧。朕何惜金石赐于卿哉！”

[译文] 唐朝时突厥侵犯太原，郑元璹作为使者去安抚突厥。到了以后，突厥人责备唐朝不讲信用，郑元璹对他们的责备应对如流毫无屈服退让。然后从容不迫地数说突厥人违背盟约的事情，突厥人很惭愧，就退兵回去了。唐太宗赐给他书信说：“知道你用口伐可汗，边疆的战事平息。我把你的事迹刻石流传又有什么可吝惜的呢！”

斩楼兰 龟兹、楼兰二国常杀汉使，傅介子谓霍光曰：“楼兰、龟兹反复，不诛无所惩。”霍光使介子行。介子赍金币，以赐外国为名。楼兰王贪汉宝物，求见。介子与饮，陈物示之。王饮醉，介子使壮士刺杀之，谕以“王负汉罪”，遂将王首还诣阙。上嘉其功，封义阳侯。

［译文］ 龟兹、楼兰二国经常杀死汉朝的使节，傅介子对霍光说：“楼兰、龟兹反复无常，不诛杀他们就不能惩戒他们的所作所为。”霍光便让傅介子出使。傅介子带了金币，以颁赐外国为名。楼兰王贪图汉朝的宝物，请求会见傅介子。傅介子和他一起饮酒，把宝物展示给他看。楼兰王喝醉后，傅介子让壮士刺杀了他，并向他们公布楼兰王有负汉廷的罪行，然后带着楼兰王的头颅回朝。皇帝嘉奖他的功劳，封他为义阳侯。

少年状元 宋王拱辰，至和二年聘契丹，见其主于混同江设宴垂钓，每得鱼，必酌酒饮客，亲鼓琵琶侑觞，谓其相曰：“此南朝少年状元也。”

［译文］ 宋代的王拱辰，至和二年（公元1055年）时出使契丹，在混同江拜见了契丹国主。大摆宴席，并在宴席上垂钓，每次钓到鱼，就一定给客人倒酒，还亲自弹琵琶助兴，对契丹的宰相说：“这是南朝的少年状元啊。”

臣不生还 曹利用契丹议和，假崇仪副使奉书以行。真宗曰：“契丹如贪岁币，非国家细事，或求不厌，当以理绝之。”利用答曰：“虏若妄有所求，臣不敢生还。”

［译文］ 曹利用与契丹议和，以崇仪副使的名义拿着诏书前往。宋真宗说：“如果契丹贪婪地索求岁币，不是国家小事，如果索求很多还不能满足，就要以理拒绝他们。”曹利用回答说：“契丹如妄

求，那臣下不敢活着回来。”

执节不屈 张骞以使通大夏，还为校尉，封博望侯。后为将军，使大夏，穷河源。杨子渊骞篇：“张骞、苏武之奉使也，执节没身，不屈王命，虽古之名使，其犹劣诸！”

[译文] 张骞以使节身份访问大夏，回来后担任校尉的职务，被封为博望侯。后来担任将军的官职，再次出使大夏，探寻黄河的源头。《杨子·渊骞篇》中说：“张骞、苏武奉节出使，手执汉朝节杖而被羁押，不辜负君命，即使是古代最著名的使臣，也尚且不如他们啊！”

郡守

使君 京府使君陈尹东郊。汉武帝因更名内史为京兆尹，置丞，置治中。宋太祖置通判推官，本唐节度使，属有推官判官。

[译文] 京都的长官是从君陈在成周担任东郊尹开始的。汉武帝沿袭并把内史改名为京兆尹，设置了丞和治中。宋太祖设置了通判、推官，源于唐代节度使下属有推官、判官。

五马 《遁斋闲览》：汉时朝臣出使以驷马，为太守增一马，故称“五马”。

[译文] 《遁斋闲览》中说：汉代时朝廷臣子出使乘坐四匹马拉的车，做太守的就增加一匹马，所以称郡守为“五马”。

刺史　《唐志》：武德中，改太守曰刺史。天宝中又改刺史曰太守。

[译文]《新唐书·职官志》中说：在武德年间，把太守改为刺史。天宝年间又把刺史改为太守。

郡守　魏文侯始置郡守。秦始皇置郡丞，即今同知。汉置州牧，景帝更太守。宋高宗始称知府，始改唐郡称府。

[译文]　魏文侯时开始设置了郡守的职务。秦始皇时开始设置了郡丞的职务，就是现在的同知。汉代设置了州牧，汉景帝把州牧改称为太守。宋高宗时开始称为知府，才把唐代的郡改称为府。

黄堂　《吴郡志》：吴郡太守所居之堂，乃春申君所居之殿也。数火，涂以雌黄，故曰“黄堂”。

[译文]《吴郡志》中说：吴郡太守所住的地方，本来是战国时楚国春申君的宫殿。因多次失火，于是就在上面涂上雌黄，所以叫作“黄堂”。

驱蚊扇　唐袁光庭典守名郡，有异政。明皇谓宰辅曰：“光庭性逐恶，如扇驱蚊。”

[译文]　唐代的袁光庭出任著名州郡的太守，政绩突出。唐明皇对宰辅大臣说：“袁光庭生性疾恶如仇，就像用扇子驱赶蚊子。”

五袴　汉廉范为蜀郡太守，除火禁，百姓便之，歌曰：“范叔度，来何暮？不禁火，民安作。昔无襦，今五袴。”

[译文]　汉代的廉范担任蜀郡太守，废除了火禁的法令，百姓生活因此方便了很多，他们唱歌说：“范叔度，为何来得这么晚？来了不禁火，人民可以安稳生活。以前无内衣，如今五条裤子穿。”

麦两岐 汉张堪为渔阳太守，击匈奴，开稻田千万顷，劝农，致殷富。百姓歌曰：“桑无附枝，麦秀两岐。张君为政，乐不可支。”

[译文] 汉代的张堪担任渔阳太守时，抗击匈奴，开垦稻田上千万顷，奖劝农耕，使百姓变得殷富起来。百姓唱歌说：“桑树枝条不分叉，麦穗并头齐生长。张君来主政，百姓乐无穷。”

禾同颖 梁柳浑为吴兴太守，嘉禾同颖，一茎两穗。

[译文] 梁朝的柳浑担任吴兴太守时，吴兴长出了两株禾苗同结一穗的嘉禾，还有一株禾苗长了两个稻穗。

水晶灯笼 赵宋张中庸为详州刺史，洞察民伪。民号为“水晶灯笼”。

[译文] 宋朝时张中廉担任详州刺史，能洞察治下民情的真假。人称他为“水晶灯笼”。

照天蜡烛 田元均治成都有声，民有隐恶，辄摘发之。蜀人谓之“照天蜡烛”。

[译文] 田元均治理成都很有政声，民间若藏有罪恶之事，他立刻揭发出来。蜀地的人们称他为“照天蜡烛”。

卖刀买犊 汉龚遂为渤海太守，民有带刀剑者，遂令卖剑买牛，卖刀买犊。

[译文] 汉代的龚遂担任渤海太守时，百姓有喜欢佩带刀剑的，他就让这些人卖掉刀剑买牛来耕种。

独立使君　五代裴侠守河北，入朝，周太祖命独立，曰:“裴侠清慎奉公，为天下之最。有如侠者，与之俱立。”众默然。朝野叹服，号“独立使君”。

[译文]　五代时裴侠镇守河北，进京朝见时，周太祖让他独自站在一处，说:“裴侠是天下最清廉奉公的官员，如果还有与裴侠一样的，请与他站在一起。”众人默然无声。朝廷大臣乡野百姓都赞叹佩服，称他为“独立使君”。

天下长者　汉文帝谓田叔曰:“公知天下长者乎？”田叔请其人。帝曰:“云中太守孟舒是也。”

[译文]　汉文帝对田叔说:“先生知道谁是天下的长者吗？”田叔请问是谁。元帝说:“云中太守孟舒就是啊。”

召父杜母　汉召信臣为南阳太守，兴利除害，吏民信爱，号为“召父”。杜诗亦为南阳守，性节俭，而政治清平。南阳为之语曰:“前有召父，后有杜母。”

[译文]　汉代的召信臣担任南阳太守时，兴善政除恶政，官吏与百姓都对他信任爱戴，称他为“召父”。杜诗也曾担任南阳太守，他生性节俭，为政清静平易。南阳人说:“前有召父，后有杜母。”

愿得耿君　汉耿纯为东郡太守，多善政，盗贼清宁。内召去任，百姓思慕不已。光武驾过东郡，百姓数千随车驾，云:“愿复得耿君。”

[译文]　汉代的耿纯担任东郡太守，多有善政，境内盗贼都不再出没。朝廷要召他离职回朝，百姓都思念不已。光武帝车驾路过东郡，百姓几千人跟随车驾，说:“希望耿君能够回来。”

借寇　汉寇恂为颍川太守，光武召为执金吾。后光武幸颍川，百姓遮道，曰:“愿复借寂君一年。”乃留镇之。

[译文]　汉代的寇恂担任颍川太守，光武帝召他回京担任执金吾的职务。后来光武帝驾临颍川，百姓拦住道路说:“希望能再借寇君一年。”于是让他留下来继续做太守。

魏郡岑君　后汉岑熙为魏郡太守，视事三年，人歌之曰:“我有枳棘，岑君伐之。我有蟊贼，岑君遏之。犬不吠夜，足下生氂。”

[译文]　东汉的岑熙担任魏郡太守，在任三年，人们唱歌说:“我有枳棘，岑君伐之。我有蟊贼，岑君遏之。犬不吠夜，足下生氂。”

平州田君　唐田仁会为平州太守，岁旱，自暴以祈雨，时雨大至，年遂丰登。人歌曰:“父母育我兮田使君，挺精神兮上天闻。”

[译文]　唐代的田仁会任平州太守，有一年天旱，自己在阳光下暴晒求雨，不久天降大雨，于是庄稼大丰收。人们都歌唱说:“父母育我兮田使君，挺精神兮上天闻。”

大小冯君　汉冯立徙西河上郡太守，与兄冯野王相代。民歌之曰:“大冯君，小冯君，兄弟继踵相因循。聪明贤知恩惠民，政如鲁卫德化均，周公康叔犹二君。”

[译文]　汉代的冯立调任西河上郡太守，接替自己的哥哥冯野王。人民歌唱说:“大冯君，小冯君，兄弟继踵相因循。聪明贤知恩惠民，政如鲁卫德化均，周公康叔犹二君。”

二邦争守　宋杜衍知乾州，未期，安抚使察其治行，以公权凤翔。二邦之民争于界上，一曰："此我公也，汝夺之！"一曰："今我公也，汝何有焉？"

［译文］　宋代的杜衍担任乾州知府，还没任满，安抚使考查他的政绩，便让他去担任凤翔知府。两地的百姓就在地界上争夺他，一方说："这是我们的知州，你们怎么要夺去！"另一方说："现在已经是我们的了，你们哪里还有！"

一龟一鹤　宋赵抃任成都，携一龟一鹤以行。其再任也，屏去龟鹤，止一苍头。执事张公裕赠以诗云："马谙旧路行来滑，龟放长沙不共来。"

［译文］　宋代的赵抃去成都赴任，随身携带了一只乌龟和一只鹤。等他第二次到成都赴任时，就没有带龟、鹤，只带一个仆人。执事张公裕给他赠诗说："马谙旧路行来滑，龟放长江不共来。"

卧治淮阳　汉武帝拜汲黯为淮阳太守，黯伏谢不受印。帝曰："君薄淮阳耶？吾以淮阳军民不相得，欲借卿之郡，卧而治之耳。"乃进黯以诸侯相秩，居淮阳。

［译文］　汉武帝任命汲黯做淮阳太守，汲黯拜伏在地，不接受官印。汉武帝说："你是看不上淮阳郡吗？我因为淮阳郡军队和百姓的关系不和睦，想让你到那里，你躺着就可以把那里治理好。"于是给汲黯诸侯相国的俸禄，让他居住在淮阳。

良二千石　汉宣帝曰："庶民所以安其田里，而无叹息愁恨之心者，政平讼理也。与我共此者，其良二千石乎！"

［译文］　汉宣帝说："老百姓之所以能安心地在田地劳作，却没有感叹愁恨的心思，就是因为政治安定、断案合理啊。能与我共同创

造这种祥和的环境的，大概是优秀的郡守吧！”

承流宣化 董仲舒曰：“今之郡守县令，民之师帅，所以承流宣化。”

［译文］ 董仲舒说：“现在的郡守县令，就是百姓的老师和表率，继承古代美好的风尚，宣扬朝廷的政令来教化百姓。”

褰帷 贾琮为冀州刺史行部，升车言曰：“刺史当远听广视，纠察美恶，何可反垂帷幄以自蔽乎？”乃命御者褰帷。

［译文］ 贾琮担任冀州刺史时，要去郡县考核部属的政绩，上了车后他说：“刺史应当高瞻远瞩、听取意见，怎么能反倒垂下帷帐把自己遮住呢？”于是让驾车的人把帷帐打开。

露冕 郭贺为荆州刺史，治有殊政。明帝巡狩，赐以三公之服，敕行部去襜露冕，使百姓见之，以彰有德。

［译文］ 郭贺担任荆州刺史时，政绩突出。汉明帝巡视的时候，赐给他三公之服，并让他巡视州县时把车驾的帘幕拆下来，露出他的冠冕，以便让百姓看到，以此来表彰他的德行。

儿童竹马 郭伋，字细侯。拜并州牧。行部西河，有数百小儿，骑竹马，迎于路次。问曰：“儿曹何来？”对曰：“闻使君到，喜，故来迎耳。”

［译文］ 郭伋，字细侯。被授予并州牧的官职。巡查西河的时候，看到有几百个小孩，骑着竹竿当马在路上迎接他。他问：“你们来干什么？”那些孩子回答说：“听说使君大人到了，我们非常高兴，所以来欢迎你啊。”

河润九里 郭伋为颍川太守，召见，帝劳之曰:“郡得贤能太守，去帝城不远，河润九里，冀京师并受其福也。”

[译文] 郭伋担任颍川太守，被皇帝召见，皇帝慰劳他说:“颍川郡有了贤能的太守，你距离京城不远，就像黄河可以滋润九里宽的土地一样，希望京师也能受到颍川福分。”

虎北渡河 后汉刘琨初为江陵令，县有火灾，琨叩头反风，火随灭。守弘农，虎负子渡河而去。帝嘉之，征为光禄勋，召问:“反风灭火及虎北渡河，行何德政而致此？”琨对曰:“偶然耳。”帝叹曰:“长者之言也！”

[译文] 东汉的刘琨最初担任江陵县令，县里发生火灾，刘琨磕头祈求风能反转方向，于是火随着就熄灭了。做弘农太守的时候，有一只老虎背着小孩渡河。皇帝嘉奖了他，征召他做光禄勋，召见他问道:“‘反风灭火’和‘虎北渡河’，你施行了什么德政可以达到这个效果呢？”刘琨回答说:“这不过是偶然罢了。”皇帝赞叹说:“忠厚长者的话真是谦虚啊！”

别利器 虞诩为朝歌长时，贼数千人攻杀长吏，故旧皆吊。诩曰:“不遇盘根错节，何以别利器乎？”

[译文] 虞诩在担任朝歌长时，有几千个贼人攻击并杀死了长吏，虞诩的老朋友都来慰问他。虞诩说:“如果不是盘根错节的树木，怎能看出来锋利的兵器呢？”

二天 后汉苏章为冀州刺史，有故人为清河令，以赃败，章乃设酒款之。故人喜曰:“人有一天，我独有二天。”章曰:“今夕，苏孺文与故人饮酒，私情也。明日，冀州刺史白奏事，公法也。”遂举正其罪，郡界肃清。

［译文］ 东汉的苏章担任冀州刺史时，有位朋友正担任清河县令，贪污受贿事情败露，苏章摆酒来款待他，老朋友非常高兴地说：“一般人头上只有一个天，只有我有两重天。”苏章说：“今晚我和老朋友喝酒，是私人交情；明天冀州刺史查你的案子，是公法。”于是对他依法治罪，全郡都肃静清平。

治行第一 汉黄霸为颍川太守，户口岁增，治行为天下第一。是时凤凰神雀数集郡国，颍川尤多。赐爵关内侯，黄金百斤。

［译文］ 汉代的黄霸担任颍川太守时，人口每年都有增加，治理的成绩是天下第一。当时凤凰和神雀多次出现在郡国境内，颍川特别多。朝廷赐给他关内侯的爵位，并赏赐他一百斤黄金。

开鉴湖 汉马臻为会稽太守，开鉴湖，得田九千余顷。豪右恶之，告臻开河发掘古冢无数。征下狱，遣官复按，诡称并不见人，云是鬼讼。臻竟被戮。其后越民承河之利，立祠祀之。

［译文］ 汉代的马臻担任会稽太守时，开凿了鉴湖，得到九千多顷的良田。当地的豪强很厌恶他，诬告马臻开河掘了无数的古墓。于是被朝廷下狱，然后派官员来审理，那些人谎称看不到诉讼的人，是鬼来告状的。因此马臻最终被杀掉。此后越地百姓享受鉴湖带来的利益，建立祠庙来祭祀他。

一钱清 后汉刘宠为会稽太守，多善政。将去，父老赍钱送之，曰：“明府下车以来，狗不夜吠，民不识吏。今当迁去，聊为赆送。”宠为选一大钱受之。今号其地曰“钱清”。

［译文］东汉的刘宠担任会稽太守时，多行善政。将要离任时，父老乡亲拿着钱要赠送给他，说："自从您到这里当太守以来，狗在晚上都不叫，百姓不被官吏所侵扰。现在大人要升迁了，姑且用这些钱给您送别吧。"刘宠选了一枚大钱接受了。现在这个地方叫作"钱清"。

鱼弘四尽　梁鱼弘尝语人曰："我为郡守有四尽，水中鱼鳖尽，山中麋鹿尽，田中米谷尽，村中人庶尽。"

［译文］梁代的鱼弘曾经对别人说："我当郡守时有四尽，就是水里鱼鳖被捞尽，山中的麋鹿被猎尽，田中的粮食被吃尽，村中的人民几乎跑尽。"

清恐人知《魏志》：胡质为常山太守，在郡九年，吏民便安，将士用命。子威厉操清白，尝省其父，告归，赐其绢一匹。威跪曰："大人清白，不审于何得此绢？"质曰："是吾俸禄之余。"威乃受之。官至前将军、青州刺史。对武帝曰："臣父清，恐人知；臣清，恐人不知。"

［译文］《三国志·魏书》中说：胡质担任常山太守，在任九年的时间，官吏与百姓之间沟通便利、民心安定，将士也服从命令。他的儿子胡威厉修清廉，一次他去看望他父亲，告别回去时，胡质赐给他一匹绢。胡威跪下说："父亲大人为官清白，不知道从哪里得到这匹绢？"胡质说："这是我余下的俸禄所得。"胡威这才接受。胡威做官做到前将军、青州刺史。他曾对魏武帝曹操说："我父亲的清廉，生怕别人知道；而我的清廉，却生怕别人不知道。"

酌泉赋诗　吴隐之有清操，由晋陵太守转广州刺史。至石门，酌贪泉，赋诗曰："古人云此水，一歃怀千金。试使夷齐饮，终当不易心。"清操不渝，屡被褒饰。子延之为太守，延之弟及子为郡县者，皆以廉慎为门法。

[译文] 吴隐之有清白的操守，由晋陵太守转任广州刺史。到了石门，喝了贪泉的水，并赋诗说："古人云此水，一歃怀千金。试使夷齐饮，终当不易心。"喝过之后，清操不改，多次被朝廷褒奖。他的儿子吴延之担任太守，吴延之的弟弟和儿子在郡县中任职的，都把清廉谨慎作为家风来继承。

常悬蒲鞭 崔祖思仕齐，为青、冀二州刺史，在政清勤，而谦卑下士，常悬一蒲鞭，而未尝用。去任之日，士人思之，为立祠。

[译文] 崔祖思在齐朝做官，担任青、冀二州的刺史，为政清廉勤谨，能礼贤下士，时常悬着一条蒲鞭，但从来没有用过。当他离任的时候，当地士人很怀念他，便为他修立了祠堂祭祀他。

清风远著 崔光伯为北海太守，明帝诏曰："光伯自莅海沂，清风远著，可更用三年，以广风化。"

[译文] 崔光伯担任北海太守，北魏孝明帝下诏说："崔光伯任职以来，清明的风俗教化传播很远，可以再任职三年，以广布风俗教化。"

清廉石见 虞愿，会稽人，为晋安太守。海边有越王石，常隐云雾。相传云清廉太守乃得见，愿往观之，清彻无所隐蔽。

[译文] 虞愿是会稽人，担任晋安太守。海中有一块越王石，常常隐藏在云雾中。相传只有清廉的太守才能看得清楚这块石头，虞愿前往观看这块石头，看得非常清晰，一点也没有被云雾遮

起来。

万石秦氏　后汉秦彭与群从同时为二千石者五人，三辅号曰万石秦氏。迁山阳太守，百姓怀爱，莫有欺犯。转颍守，有凤凰麒麟、嘉禾甘露之瑞，集其郡境。

［译文］　东汉的秦彭与堂兄弟及诸子侄同时有五个人做郡守，京城附近的人因此称他们为万石秦氏。秦彭升任山阳太守，百姓对他非常爱戴，没有人欺枉犯罪。又转任颍川太守，颍川境内出现了凤凰、麒麟、嘉禾、甘露等祥瑞。

得如马使君　马默为登州知府，士民爱戴。其后苏轼起知是郡，父老迎于路，曰："公为政爱民，得如马使君乎？"轼异之。

［译文］　马默担任登州知府，士人百姓都很爱戴他。在他之后是苏轼被起用来担任登州知府，父老乡亲都来到路上迎接，说："大人为政爱民，得如马使君那样吗？"苏轼感到很惊异。

邓侯挽不留　邓攸清和平简，贞正寡欲。授吴郡太守，载米之郡，俸禄无所受，惟饮吴水而已。后去郡，百姓数千人留牵攸船，不得进。吴人歌曰："恍如打五鼓，鸡鸣天欲曙。邓侯挽不留，谢令推不去。"

［译文］　邓攸为人平和简朴、正直少欲。被授予吴郡太守的职务，自己带着粮食赴任，连俸禄都不接受，只喝吴地的水而已。后来离开吴郡的时候，几千老百姓拉着他的船挽留他，船无法前进。吴地的人歌唱说："恍如打五鼓，鸡鸣天欲曙。邓侯挽不留，谢令推不去。"

六驳食兽　张华原兖州刺史，折狱明恕，囹圄一空。先是境内有猛兽为民患，华原下车，甄山中忽有六驳食兽，民害顿除。

［译文］张华原担任兖州刺史，断案非常清明宽仁，因此监狱都空无一人。在此之前，境内有猛兽祸乱百姓，张华原刚一到任，甄山中便忽然出现了专吃怪兽的六驳兽，百姓的祸害得到解除。

虎去蝗散　宋均为九江守。郡多虎暴，民患之。均至，下令曰："勤劳张捕，非忧恤之本也。其务退奸贪，进良善，除一切槛阱！"虎皆渡江而东。时楚沛飞蝗蔽天，入九江界者辄散去。

［译文］宋均担任九江太守。九江郡常有老虎伤人的事件，老百姓很担惊受怕。宋均到任后，下令说："用心思捕捉老虎，这不是体恤百姓的根本办法。关键是要斥退奸邪和贪污的人，进用善良的人，除去一切捕虎的器械和陷阱。"后来老虎都渡过长江向东离开了。当时楚地和沛地发生了蝗灾，漫天遍野，但一飞到九江的边界就立刻飞跑了。

冰上镜中　王觌知苏州，民歌之曰："吏行冰上，人在镜中。"

［译文］王觌担任苏州知府，百姓歌颂他的清廉说："吏在冰上行走，人在镜中漫步。"

民颂守德　陶安为饶州知府，民谣曰："千里榛芜，侯来之初。万姓耕辟，侯去之日。"又曰："湖水悠悠，侯泽之流。湖水有塞，我侯之德。"

［译文］陶安担任饶州知府，当地民间歌谣唱到："千里榛芜，侯来之初。万姓耕辟，侯去之日。"又有民谣说："湖水悠悠，侯泽之流。湖水有塞，我侯之德。"

合浦还珠　孟尝为合浦太守。合浦产珠，居人采珠易米。时二千石贪污，珠徙去。及尝至，廉洁化行，一年，去珠复还。

[译文]　孟尝担任合浦太守。合浦郡盛产珍珠，当地人都采珍珠来换米。之前的太守贪污，珍珠都迁到别处去了。等到孟尝到任，廉洁奉公，施行教化，一年后，迁走的珍珠又重新回来了。

州县附幕、判、丞、簿、尉、吏

知州　宋置知州，名因唐始。舜有州牧。宋太祖置州通判。

[译文]　宋代设置了知州，名称是因袭唐代的称法。舜帝时就有了州牧。宋太祖设置了州通判。

知县　周置县正。秦孝公置县令、丞。唐宣宗始置知县。宋仁宗置县丞。隋炀帝置主簿。

[译文]　周朝设置了县正的官职。秦孝公设置了县令、县丞的官职。唐宣宗时开始设置了知县的官职。宋仁宗设置了县丞的官职。隋炀帝设置了主簿的官职。

上应列宿　后汉馆陶公主为子求郎，不许，赐钱十万缗。明帝谓群臣曰："郎官上应列宿，出宰百里，苟非其人，则民受其殃矣！"

[译文]　东汉的馆陶公主为儿子向皇帝请求郎官的职位，汉明帝没有答应，但赏赐给她十万缗铜钱。明帝对群臣说："郎官与天上的星宿对应，要出朝掌管方圆百里的土地人民，如果不是合适的人

选，那么老百姓就要遭殃！”

凫舄　唐宪宗时，王乔为叶县令，有神术。每朔望朝，帝怪其来速，不见车骑，密令太史伺之。言其临至，有双凫从南飞来，举罗张之，但得双舄。诏尚方视之，则向年所赐尚书履也。

［译文］　唐宪宗时，王乔担任叶县的县令，他有神奇的法术。每月的初一和十五他都来朝见皇帝，皇帝很奇怪他为什么来得这么快，又看不到随他而来的车马，就偷偷让太史暗中观察他。太史说他来时，有一对凫鸟从南边飞来，用罗网将它们捕获了，却是一双鞋子。下诏让专为帝王制造使用物品的尚方署来看，原来是前些年赐给王乔的尚书履。

良令　《韩子》：晋公问赵武曰：“中牟，三国之股肱，邯郸之肩髀也。寡人欲得一良令，其谁可？”武曰：“邢伯可。”

［译文］《韩非子》中说，晋平公问赵武说：“中牟县，是我国的重要地区，也是邯郸的要冲。我想找一个好的县令，谁可以胜任呢？”赵武说：“邢伯（赵武的仇人）可以。”

中牟三异　后汉鲁恭为中牟令，蝗不入境，司徒袁安遣使往察之。值恭息桑阴下，有雉在旁，使者谓小儿曰：“何不捕之？”曰：“雉将雏。”乃语恭曰：“公为政有三异：积德禳灾，一异；仁及禽兽，二异；童子有仁心，三异。”

［译文］　东汉的鲁恭担任中牟县令，蝗虫都不进入他辖管的县境。司徒袁安派使者前去观察，正好碰上鲁恭在桑树下乘凉，当时有一只野鸡在旁边，使者对小孩说：“为什么不去捉住它呢？”小孩回答说：“这只野鸡带着小鸡呢。”使者对鲁恭说：“大人为政有三

异：积德而免灾，这是一异；仁爱施于禽兽，这是二异；小孩也有仁爱之心，这是三异。”

琴堂　宓子贱治单父，喜弹琴，身不下堂而单父治。唐诗云：“百里春风回草野，一轮明月照琴堂。”

[译文] 宓子贱治理单父的时候，很喜欢弹琴，人不走出琴堂，但单父就得到了治理。唐诗说：“百里春风回草野，一轮明月照琴堂。”

花满河阳　潘岳为河阳令，公余值桃李花，人称曰“花满河阳”。

[译文] 潘岳担任河阳县令，公务之余种植桃李花，当时人都说“花满河阳”。

神君　唐乔智明为隆虑令，县民爱之，号为神君。黄浮为童阳令，亦号神君。

[译文] 唐代的乔智明担任隆虑县令，县里的百姓都爱戴他，称他为“神君”。黄浮担任童阳县令，也被称为“神君”。

圣君　晋曹摅补临淄令，纵死囚归家，克日而还，一县叹服，号曰：“圣君”。

[译文] 晋代的曹摅补任为临淄县令，释放死囚回家团聚，然后在约定的日期前再回来服刑，一县人都很感叹佩服，称之为“圣君”。

慈父　唐房谦为长葛令，治为天下第一。百姓号为慈父。擢司马，县民泣曰：“房明府今去，吾属何以生为？”乃立碑颂德。

[译文] 唐代的房谦担任长葛县令，政绩是天下第一。百姓称他为慈爱的父亲。后来升任司马，县民都哭着说："房大人现在要离开我们了，我们这些人怎么生活呢？"于是竖立石碑颂扬他的德行。

陈太丘 汉袁绍问陈元方曰："卿家君在太丘，远近称之，何所履行？"元方曰："强者绥之以德，弱者抚之以仁。"杜诗云："姚公美政谁与俦，不减当年陈太丘。"

[译文] 汉代的袁绍问陈元方说："您父亲担任太丘县令，远近的人都称赞他，他到底都做了什么事呢？"陈元方说："用德行安抚强势的人，用仁德去抚慰柔弱的人。"杜甫的诗说："姚公美政谁与俦，不减当年陈太丘。"

元鲁山 唐元德秀为鲁山令，诚信化人，士夫高其行，称之元鲁山。

[译文] 唐代的元德秀担任鲁山县的县令，以诚实守信的美德教化百姓，士大夫颂扬他的德行，称他为"元鲁山"。

治县谱 齐傅僧绰、子琰并为山阴令，父子并著奇绩。世谓傅氏有治县谱，子孙相传，不以示人。

[译文] 齐朝的傅僧绰和他的儿子傅琰都做过山阴县令，父子二人都留下了很好的政绩。世人都说傅氏有一本名为《治县谱》的书，子孙相传递，不给外人看。

莱公柏 宋寇準知巴东县，手植双柏于县庭，民以比甘棠，谓之莱公柏。

［译文］　宋代的寇准出任巴东县令，亲手在县衙的庭院中种了两棵柏树，当地民众把这比作周公所植的甘棠，称此为“莱公柏”（因为寇准曾被封为莱国公）。

鲁公浦　宋真宗朝，鲁宗道为海盐令，疏治东南旧港口，导海水至邑下，人以为利，号鲁公浦。

［译文］　宋真宗时，鲁宗道担任海盐县令，疏通了东南方的旧港口，引导海水进到城邑之下，百姓认为很便利，称之为“鲁公浦”。

晋阳保障　晋赵简子使尹铎为晋阳，将行，请曰：“以为茧丝乎，抑为保障乎？”简子曰：“保障哉。”

［译文］　晋国的赵简子任命尹铎担任晋阳令，将要启程赴任时，尹铎请示说：“是先征收赋税呢，还是以防卫为先呢？”赵简子说：“防卫为先。”

花迎墨绶　唐岑参《送宇文舍人出宰元城》诗：“县花迎墨绶，关柳拂铜章。别后能为政，相思淇水长。”

［译文］　唐代的岑参所写的《送宇文舍人出宰元城》一诗说：“县花迎墨绶，关柳拂铜章。别后能为政，相思淇水长。”

第一策　刘玄明历建康、山阴令，治每为天下第一。傅翙代之，问玄明曰：“愿闻旧政。”对曰：“作令无他术，惟日食一升米饭而莫饮酒，此第一策也。”

［译文］　刘玄明曾历任建康、山阴两地的县令，政绩常常是天下第一名。傅翙接替他时，问刘玄明说：“希望能听你说说以前处理政事的方法。”刘玄明回答说：“当县令没有别的方法，就是一天吃

一升米饭但不要喝酒，这是最要紧的方法。”

公田种秫　陶潜为彭泽令，县有公田，悉令种秫，曰:“吾常得醉于酒足矣。”

[译文]　陶潜被授任彭泽县令，县里有公田，陶潜都让种上可酿酒的黏米，说:“让我经常有酒喝，我就心满意足了。”

民之父母　王士弘为海宁知县，有惠政，祷甘霖，除虎害。邑人歌曰:“打虎得虎，祈雨得雨。岂弟君子，民之父母。”

[译文]　王士弘担任宁海知县，施行惠民的政策，为民求雨，扫除老虎的危害。当地人唱歌说:“打虎得虎，祈雨得雨。岂弟君子，民之父母。”

辟荒　温县知县沃墅，令民垦辟荒芜，树艺桑枣。百姓歌曰:“田野辟，沃公力。衣食足，沃公育。”

[译文]　温县的知县沃墅，让老百姓开垦荒田，并种植桑树和枣树。百姓歌颂说:“田野辟，沃公力。衣食足，沃公育。”

思我刘君　刘陶，顺阳长，多惠政，以疾免。民思而歌之曰:“悒然不乐，思我刘君。何得复来，安我下民。”

[译文]　刘陶，是顺阳的长官，施政仁惠，因病而请求辞官。百姓怀念他，唱歌赞美他说:“悒然不乐，思我刘君。何得复来，安我下民。”

进秩还治　周健知全州，任满，民诣阙请留，进秩还治。杨士奇赠以诗，有云:“归到清湘三月暮，郊南骑马劝春耕。”

[译文] 周健担任全州的知州，任期届满，民众到朝廷恳请朝廷让他留任，于是朝廷增加了他的俸禄让他继续回到全州任职。杨士奇给他赠诗，有“归到清湘三月暮，郊南骑马劝春耕”的句子。

三善名堂 沈度为余干令，父老以三善名其堂：一曰田无废土，二曰市无游民，三曰狱无宿系。

[译文] 沈度任余干县令，父老乡亲用“三善”来命名他的厅堂：一善是田野没有荒芜的土地，二善是市井中没有无业游民，三善是监狱中没有多年关押的囚犯。

雀鹿之瑞 吴在木知余干，有白雀青鹿之瑞。民歌曰：“吴在木，政严肃，恶者忧羁囚，善者乐化育。鸟有白翎雀，兽有青毛鹿，不见大声急走人，昔之屡空今皆足。”

[译文] 吴在木为余干知县，当地出现白雀、青鹿等祥瑞。民众歌唱说：“吴在木，政严肃。恶者忧羁囚，善者乐化育。鸟有白翎雀，兽有青毛鹿。不见大声急走人，昔之屡空今皆足。”

张侯 张说为德兴令，民颂之曰：“张侯张侯，敷政优游。农乐其业，禾麦有秋。”

[译文] 张说担任德兴的知县，百姓歌颂他说：“张侯张侯，敷政优游。农乐其业，禾麦有秋。”

侯御侯食 何正为萍乡令，民歌之曰：“寇至侯御之，民饥侯食之。”

[译文] 何正担任萍乡知县，百姓歌颂他说：“寇至侯御之，民饥侯食之。”

入幕之宾 晋郗超为桓温参军，谢安、王坦之诣新亭论事，温令超卧帐中听之，风动帐开。安笑曰:“郗生可谓入幕之宾矣。”

［译文］ 晋代的郗超担任桓温的参谋，谢安、王坦之到新亭来讨论国事，桓温让郗超躺在帷幕后偷听，大风吹开了帷幕，谢安笑着说:“郗生真可以说是入幕之宾啊。”

莲花幕 《南史》:王俭用庾果之为卫将军长史，萧沔与俭书曰:“盛府元僚，实难其选；庾景行泛绿水芙蓉，何其丽也！”时人以入俭府为莲花幕。

［译文］《南史》中说:王俭任用庾果之担任卫将军长史，萧沔给王俭写信说:“贵府的属员都很杰出；不过庾杲之（景行）就像泛舟于绿水、靠近芙蓉，太美丽了！”当时人就把人进入王俭的幕府称为“莲花幕”。

解事舍人 唐齐澣，开元初姚崇擢为中书舍人。论驳诏诰，皆援证古谊。朝廷大政，必资之。时号解事舍人。

［译文］ 唐代的齐澣，在开元初年被姚崇提拔担任中书舍人。他所撰写的论、驳、诏、诰等文书，都能够引经据典证明自己的观点。朝廷有大的措施，一定会向他咨询。当时人称之为“解事舍人”。

判决无壅 《南史》:孔凯除长史，醉日居多，而明晓政事，醒时判决，未尝有壅。人曰:“孔公一月二十九日醉，胜世人二十九日醒也。”

［译文］《南史》记载:孔凯被授任长史，喝得大醉的日子较多，但却明晓政务，清醒的时候判决案件，从来没有拖延的。人们都

说："孔公每月醉二十九天，胜过世人清醒二十九天。"

髯参短簿 晋桓温辟王珣为主簿，郗超为参军。超多须髯，珣体短小。人语曰："髯参军，短主簿，能令公喜，能令公怒。"

[译文] 晋代的桓温任命王珣担任主簿，郗超担任参军。郗超胡须很多，王珣体形矮小。当时的人说："髯参军，短主簿。能令公喜，能令公怒。"

沧海遗珠 狄仁杰为汴州参军，以吏诬诉，即讯。黜陟使阎立本异其才，谢曰："仲尼称观过知人。君可谓沧海遗珠矣。"荐授并州法曹参军。高宗幸汾阳宫，道出妒女祠。俗言：盛服过者致风雷之变。更发卒数万，改驰道。仁杰曰："天子之行，风伯清尘，雨师洒道，何妒女避耶！"止其役，帝壮之。出为宁州刺史。

[译文] 狄仁杰担任汴州参军时，因为被下属小吏诬陷，于是被审讯。黜陟使阎立本对他的才能感到非常惊异，向他道歉说："孔子说看一个人的过错就能了解这个人。你真可谓是沧海遗珠啊。"并推荐他担任并州法曹参军。唐高宗驾幸汾阳宫，路过妒女祠。当地民间传说：穿着华丽的服装过这里会导致风雷。因此唐高宗打算派数万民夫新修一条路。狄仁杰进谏说："天子出行，风神清除泥土，雨师降雨清道，为什么要避开妒女呢！"谏止了这次的劳役，高宗赞赏了他，派遣他出任宁州刺史。

亲耕劝农 裘贤通判潮州，为政勤，爱民笃。尝出劝农，释冠带，执农具以耕，其妻馌之。其年大熟，人皆以为劝农所致。

[译文] 裘贤担任潮州通判时，为政勤勉，非常爱护百姓。曾经外出勉励百姓耕种，脱下官服，拿着农具耕种，他的妻子下田给他

送饭。那一年庄稼大丰收，百姓都认为是裘贤劝勉农耕的结果。

不宽不猛　杨玙为高邮判，民颂曰：“为政不宽还不猛，处心无党更无偏。”

[译文]　杨玙担任高邮的通判，百姓歌颂他说：“为政不宽还不猛，处心无党更无偏。”

好官人　杨瑾知华亭，秩满，父老为二旗以饯，题其上曰：“农人不为题诗句，但称一味好官人。”

[译文]　杨瑾担任华亭知县，任期届满，父老乡亲做了两面旗子给他送行，上面题着：“农人不为题诗句，但称一味好官人。”

老吏明　何澥为松江司李，知府王衡赠诗云：“关门共惜寒毡苦，断狱争夸老吏明。”

[译文]　何澥担任松江司李，知府王衡给他赠诗说：“关门共惜寒毡苦，断狱争夸老吏明。”

第一家　陶安字主敬，明太祖留参幕府，尝榜其门曰：“国朝谋略无双士，翰苑文章第一家。”

[译文]　陶安字主敬，明太祖留下他加入幕府，在他家的门上题写榜文：“国朝谋略无双士，翰苑文章第一家。”

筑围堤　王斌，龙阳丞，为民筑堤，无旱潦灾。民歌之曰：“王父母，筑围堤。民乐业，我无饥。”

[译文]　王斌，是龙阳的县丞，为百姓修筑河堤，消除了这里的旱涝灾害。百姓民众歌颂他说：“王父母，筑围堤。民乐业，我

无饥。”

祷神毙虎　王昇，桐城县丞。时黄蘖山虎白昼噬人，昇祷于神，虎忽自毙。

[译文]　王昇是桐城的县丞。当时黄蘖山有老虎白天出来吃人，王昇向神仙祷告，那只老虎忽然就自己死掉了。

余不负丞　唐崔斯立为蓝田丞。始至，喟然曰："丞哉，丞哉！余不负丞，而丞负余。"庭有老槐四行，南墙巨竹千挺，斯立痛扫溉对，树二松，日吟哦其间，有问者，辄对曰："余方有公事，子姑去。"

[译文]　唐代的崔斯立担任蓝田县丞。刚到任时，长叹着说："县丞啊，县丞啊！我不辜负你这个职务，但这个职务却辜负了我啊。"庭院里有四列老槐树，南墙有千棵巨竹，崔斯立清扫干净，并种下两棵松树，每天在这里吟诗作赋。有来询问的人，他就说："我正有公事，你先回去吧。"

替府　裴子羽为下邳令，张晴为县丞，二人俱有声气，而善言语，论事移时。吏人相谓曰："县官甚不和，长官道雨，替府称晴，以此终不得合也。"

[译文]　裴子羽担任下邳县令，张晴担任县丞，两个人想法各不相同，而且也都擅长辩论，于是讨论政事总是用很长时间。属吏之间互相说："咱们县的长官很不和睦，县令说'雨'，县丞说'晴'，因为这样，两人终究是合不到一起去的。"

廉吏重听　汉黄霸为令，许丞年老，病聋，吏白欲逐之，霸曰：

“许丞廉吏，虽老，尚能拜起，重听何妨！”

[译文] 汉代的黄霸做县令，许县丞年龄已经很大了，耳朵也聋了，属吏向黄霸说想把许县丞赶走。黄霸说：“许县丞是非常清廉的官吏，虽然老了，还能跪拜行礼，耳聋又有什么妨碍呢！”

清静无欲 后汉张玄迁陈仓县丞，清静无欲，专心经史。

[译文] 东汉的张玄升任陈仓县的县丞，他却清静无欲，专心于研究经史。

仇香 后汉仇览，陈留人。考城令王涣闻览以德化人，署为主簿。涣谓曰：“主簿得无少鹰鹯之志耶？”览曰：“以为鹰鹯，不如鸾凤。”涣曰：“枳棘非鸾凤所栖，百里岂大贤之路！”

[译文] 东汉的仇览是陈留人。考城县令王涣听说仇览用德行来感化百姓，便奏请他来当主簿。王涣对仇览说：“主簿是不是少了一点鹰鹯威猛的气魄呢？”仇览说：“我认为鹰鹯不如鸾凤。”王涣说：“但荆棘并不是鸾凤的栖息之地，百里小县怎么会是大贤人的出路呢！”

鸿渐之宾 《白氏六帖》：凤栖之位，鸿渐之宾。

[译文]《白氏六帖》中说：凤栖之位，鸿渐之宾。

千里驹 韦元将为郡主簿，杨虔称曰：“韦主簿有长城风，昂昂然千里驹也。”

[译文] 韦元将要担任郡里的主簿，杨虔称赞说：“韦主簿有国家栋梁的风度，仪态昂扬犹如千里驹一样。”

关中三杰　朱光庭调万年主簿，邑人谓之明镜。时程伯淳鄠县簿，张三甫武功簿，与光庭均有才名，故关中号为“三杰”。

[译文]　朱光庭调任万年县主簿，当地人称他为“明镜”。当时程伯淳担任鄠县的主簿，张三甫担任武功县的主簿，他们与朱光庭都有才名，所以关中人称他们为“三杰”。

才拍翰林肩　黄山谷《送谢主簿》诗云：“官栖仇香结，才拍翰林肩。”

[译文]　黄山谷《送谢主簿》一诗中说：“官栖仇香结，才拍翰林肩。”

米易蝗　孙觉为合肥簿，值岁旱，课民捕蝗。觉言民方艰食，捕得蝗若干，官以米易之，捕必尽力。守悦，推其法行之，竟不损禾。

[译文]　孙觉担任合肥主簿，遇上大旱，官府要求民众捕捉蝗虫。孙觉说百姓没有饭吃，捕捉多少蝗虫，官府用米来换，他们一定会尽力捕捉。太守很高兴，就推行了这个办法，最后蝗灾竟然没有过分损害庄稼。

少府　李白《赠瑕丘王少府》，杜甫《赠华阳李少府》。唐朝县尉多称少府。

[译文]　李白的《赠瑕丘王少府》，杜甫的《赠华阳李少府》。唐朝的县尉多被称为少府。

黄绶　唐朝县尉之绶黄色。陈之昂《送齐少府序》：黄绶位轻，而青云望重。

[译文]　唐朝县尉的印绶是黄色的。陈之昂的《送齐少府序》说：

黄色印绶官位轻，但是却有着青云般的声望。

梅仙 西溪梅福为南昌县尉，上疏言事不用，遂弃官，一朝携妻子去九江，不知所终。后为吴门市卒。

[译文] 西溪人梅福担任南昌县尉，上疏进言却不为朝廷采纳，于是弃官离任，一天带着家人离开了九江，不知最后去了哪里。后来成了吴地看守市场大门的小吏。

聪明尉 唐魏奉古为雍丘尉。尝公宴，有客草序五百言。奉古曰:“此旧作也。”朗背诵之。草序者默然。奉古徐笑曰:“适览记之，非旧习也。”由是知名。人号“聪明尉”。

[译文] 唐代的魏奉古担任雍丘县尉。一次官府宴会，有位客人写了一篇五百字的序文。魏奉古说:“这是我以前写的啊。”说完大声背诵一遍。写序的人默不作声。魏奉古从容地笑着说:“这是我刚才看了一遍记下来的，这篇文章不是我的旧作。”因此而知名。人称为“聪明尉”。

铁面少府 宋杨王休，调台州黄岩尉。邑有豪民，武断一方，具得其奸状，白于郡，黥隶他州。闾里欢称为“铁面少府”。

[译文] 宋代的杨王休，调任台州黄岩县尉。当地有一个豪强的富人，横行乡里。杨王休调查清楚了他为非作歹的情况，然后报告给郡里，把这人刺配流放到别的州去了。乡间都欢呼雀跃，称他为“铁面少府”。

五色丝棒 曹操年二十，举孝廉为郎，除洛阳比部尉。入尉廨，缮治四门，造五色棒，悬门左右。犯罪者，不避豪强，皆棒杀之。京师敛迹。

［译文］ 曹操二十岁时，被推举为孝廉而出任郎官，成为洛阳比部尉。到了尉的官舍，就修缮好四门，做了五色木棒，悬在门的左右。对于犯罪的人，不畏惧躲避豪强势力，都用棍棒打杀。京师的豪强都有所收敛。

金滩鸂鶒 唐河南伊阊县前水中，每僚佐有入台省者，先有滩出，石砾金砂。牛僧孺为尉，一日报滩出，有老吏观之曰："此必分司御史。若是西台，当有双鸂鶒至。"僧孺祝曰："既有滩，何惜鸂鶒？"语未竟，一双飞下。不旬日，召拜西台御史。

［译文］ 唐代河南道伊阊县前面的河水里，每当僚佐中将要有入台省做官的，就会先露沙滩，其中的石块都是金砂。牛僧孺任县尉时，一天有人汇报河滩出现，有一个老吏观察之后说："这回肯定是分司御史。如果是朝中的西台御史，应当有一对紫鸳鸯出现。"牛僧孺祈祷说："既然已经露出了金滩，为什么还要吝惜紫鸳鸯呢？"话没说完，就看到有一对紫鸳鸯飞落下来。不过十天，牛僧孺就被朝廷授予西台御史的职务。

郑尉除奸 郑虎臣会稽尉也，解贾似道安置循州，侍妾尚数十人，虎臣悉屏去，夺其宝玉，撤轿盖，暴烈日中，令舁轿夫唱杭州歌谑之，窘辱备至。至漳州木绵庵，虎臣讽令自杀，似道不从。虎臣曰："吾为天下杀此贼，虽死何憾！"遂囚似道子于别室，即厕上拉似道椎杀之。

［译文］ 郑虎臣是会稽县尉，押解贾似道到循州安置，贾似道的侍妾还有几十人，郑虎臣把她们都赶走了，然后夺了他的珍宝珠玉，撤去了轿子上的盖子，让他暴晒在烈日中，并让轿夫唱杭州

地区的歌谣来戏耍他，对他极尽窘迫侮辱。到了漳州的木绵庵，郑虎臣暗示贾似道自杀，贾似道不听从。郑虎臣说:“我为天下人杀此贼，即使死了又有什么遗憾！”于是把贾似道的儿子囚禁在另一间屋子里，在厕所里拉住贾似道用铁椎打死了他。

霹雳手 唐裴琰之为同州司户，年少，刺史李崇义轻之。州中积年旧案数百，崇义促之判决。琰之命吏书数人递纸笔，须臾，剖断毕。崇义惊曰:“公何忍藏锋，以成鄙人之过？”由是大知名。人称霹雳手。

［译文］ 唐代的裴琰之担任同州司户时年纪还小，刺史李崇义轻视他。同州有几百件多年未破的旧案，李崇义催促他判决。裴琰之让几个属吏供应纸笔，须臾之间就将旧案处理完毕。李崇义大吃一惊，说:“先生为何隐藏锋芒，来彰显我的过错？”裴琰之因此名声大著，人们称之为“霹雳手”。

廉自高 刘子敏由御史左迁侯官典史，自署曰:“禄薄俭常足，官卑廉自高。”

［译文］ 刘子敏由御史贬官为侯官典史，自己写诗说:“禄薄俭常足，官卑廉自高。”

刀笔 萧曹出身刀笔。古者用版牍，吏书以刀削书之，故吏称刀笔功名。

［译文］ 萧何、曹参出身刀笔小吏。古代把文章写在木板上，小吏写错字便用刀刻掉，所以把小吏称为“刀笔功名”。

学官

学校　有虞氏始立国学。汉文翁守蜀，起学官，始天下皆立学。后魏文帝始立郡县学。

唐高祖始诏国学立周孔庙。高宗始敕天下皆立庙，特祀孔子，初并祀周公。

舜始制释奠、释采。

魏正始七年，始祀孔子于太学，前此皆祀于阙里释奠。晋武帝始皇太子释奠。隋四仲月上丁释奠。

魏曹芳始以颜子配飨。唐太宗加左丘明等配享。宋神宗加孟子配享。

［译文］　有虞氏开始创立国家学府。汉代的文翁驻守蜀地，建立了学宫，朝廷开始让各地都建立学校。后来魏文帝才开始建立郡县一级的学校。

唐高祖开始下诏在国学设立周公、孔子的祠庙。唐高宗最早下令全天下都建立祠庙，专门祭祀孔子，开始的时候也一起祭周公。

舜最早制定了释奠、释采的礼仪。

魏国正始七年（公元 246 年）的时候，开始在太学祭祀孔子，此前都是在阙里进行释奠仪式。晋武帝最早开始让皇太子来主持释奠仪式。隋朝在每个季度第二个月上旬丁日来举行释奠的仪式。

魏国的曹芳开始让颜回一起在孔庙享受祭祀。唐太宗增加了左丘明等人来享受祭祀。宋神宗增加了孟子来享受祭祀。

儒学　宋神宗各府置教授，掌教诸生，始战国博士祭酒。汉武帝置博士于京师，文学于郡国。及唐太宗诏天下惇师为学官。

［译文］　宋神宗在各个州府设置了教授，负责主管教育诸生，源于

战国时期的博士祭酒。汉武帝在京师设置了博士，在各个郡国设置了文学的职务。等到唐太宗时就下诏天下德行高超、学养深厚的老师作为学官。

取法为则 胡瑗尝为湖州学官，言行而身化之，使诚明者达，昏愚者厉，而顽傲者革。其为法严而信，为道久而尊。自景祐、明道以来，学者有师，惟瑗与孙复、石介三人。庆历四年，建太学于京师，有司请下湖州取瑗教学之法以为则，召为诸生官教授。

［译文］胡瑗曾任湖州学官，用言行以身作则来教化学子，使诚明的人通达，昏愚的人努力，桀骜的人洗心革面。他的规矩严格而诚信，他的道义持久而受尊敬。从景祐、明道以来可以作为学者的老师的人，只有胡瑗与孙复、石介三个人而已。庆历四年（公元1044年）时，朝廷在京师建立了太学，主管的部门请求到湖州去学习胡瑗的教学方法来作为太学的范式，并召胡瑗来担任诸生的学官教授他们。

卷七　政事部

经济

平米价　赵清献公，熙宁中知越州。两浙旱蝗，米价涌贵，饥死者相望。诸州皆榜衢路，立告赏，禁人增米价。公独榜通衢，令有米者增价粜之，于是米商辏集，米价顿贱。

［译文］　清献公赵抃，在熙宁年间担任越州知府。两浙地区发生旱灾和蝗灾，米价高涨，饿死的人随处可见。各州都在大路上贴出告示，告发大米涨价即可受赏，禁止抬高米价。只有赵抃却在大路上贴出告示，让存有米的商人来他这里高价卖出，于是米商聚集到这里，米价顿时降了下来。

禁闭籴　抚州饥，黄震奉命往救荒，但期会富民耆老以某日至。至则大书“闭籴者籍，强籴者斩”八字揭于市，米价遂平。

［译文］　有一年抚州发生饥荒，黄震奉朝廷的命令前去救灾，到抚州以后，他约定土豪乡绅在某日相见。到了之后他写了“囤米不卖的人抄没，强行买米的人斩首”等几个大字，米价就平稳了下来。

但笑佳禾　张全义见田畴美者，辄下马，与僚佐共观之。召田主，劳以酒食，有蚕麦善收者，或亲至其家，呼出老幼，赐以茶彩衣物。民间言张公不喜声伎，独见佳麦良蚕乃笑耳。由是民竞耕蚕，遂成富庶。

［译文］　张全义看到富饶的田地，就下马和下属一起察看，并叫来田地的主人，用酒食来犒劳他。有遇到擅长养蚕和收麦子的，他

就亲自到其家中，叫出一家老少，赐给他们茶叶衣物。民间还说张公不喜美色音乐，只有看到好麦良蚕才会高兴地笑起来。因此百姓竞相耕作、养蚕，于是当地成了富庶的地方。

击鼓剿贼 魏李崇，为兖州刺史。兖旧多劫盗，崇令村置一楼，楼悬鼓，盗发之处，乱击之。旁村始闻者，以一击为节，次二，次三。俄顷之间，声闻百里，皆发人守险，由是贼无不获。

[译文] 北魏的李崇，出任兖州刺史。兖州以前多有盗贼，李崇让每座村子建立一座高高的瞭望楼，楼上悬挂一面大鼓，盗贼出现在村子里，村人就随便击鼓。旁边最早听到鼓声的村子，就击鼓一次，再边上的村子就击鼓两次，再边上的村子就击鼓三次。以此类推，顷刻之间，就可以把消息传到百里之外，听到鼓声的地方就可以派人守卫，因此盗贼没有不被抓捕住的。

断绝扳累 薛简肃公帅蜀，一日置酒大东门外。中有戍卒作乱，既而就擒，都监走白诸公，命只于擒获处斩决。民间以为神断，不然，妄相扳引，受累必多矣。

[译文] 简肃公薛奎镇守蜀地，有一天在大东门外宴饮。其中有一个士兵作乱，立刻被抓了起来，都监跑来向官员们汇报，薛奎命令直接在擒获的地方斩杀。民间认为这是英明的决断，不这样的话，审讯起来就会互相牵扯，会有很多人受到连累。

擢用枢密 都指挥使张旻被旨选兵，下令太峻，兵惧，谋为变。上召二府议之。王旦曰："若罪旻，则自今帅臣何以御众？急捕谋者，则震惊都邑。陛下数欲任旻枢密，今若擢用，使解兵柄，反侧者自安矣。"上曰："王旦善处大事，真宰相也。"

[译文] 都指挥使张旻奉旨挑选士兵，他下的命令过于严苛切峻，士兵们都感到恐惧，谋划叛变。皇帝召来中书省和枢密院讨论这件事。王旦说："如果降罪于张旻，那今后将领还怎么率领军队？立即逮捕谋划叛变的人，又会震惊京城的人。陛下您多次想要任命张旻担任枢密使，现在如果提拔了他，一则解除了他的兵权，二则叛变的人也会感到安全不再谋反。"皇帝说："王旦善于处理大事，是真正的宰相啊。"

分封大国　汉患诸侯强，主父偃谋令诸侯以私恩，自裂地封其子弟，而汉为定其封号。汉有厚恩，而诸侯自分析弱小云。

[译文] 汉朝时朝廷忧虑诸侯国变得太强大，主父偃就出计策，让诸侯可以因私人的恩情把自己的领地分封给后人，而朝廷会为他们确定封号。朝廷对他们有了厚恩，而诸侯也因推恩令而变得弱小了。

征卤封禅　张说以大驾东巡，恐突厥乘间入寇，议加兵备边。召兵部郎中裴光庭谋之。光庭曰："四夷之中，突厥最大，比屡求和亲，而朝廷勿许。今遣一使，征其大臣从封泰山，彼必欣然承命。突厥来，则戎狄君长无不皆来，可以偃旗息鼓，高枕而卧矣。"说曰："善，吾所不及。"即奏行之。

[译文] 张说因为皇帝去泰山举行封禅，担心突厥乘机侵犯，商议要增加兵力巩固边防。召来兵部郎中裴光庭谋划这件事。裴光庭说："四夷之中，突厥最为强大，近来屡屡请求和亲，但是朝廷没有答应。现在派个使臣，请他们一个大臣跟随去泰山封禅，他们一定会高兴地听命。突厥一来，其他戎狄的首领就没有不来的，这样就可以偃旗息鼓、高枕无忧了。"张说说："说得太好了，我比不上你啊。"立刻上奏施行这件事。

预给岁币 契丹奏请岁给外别假钱币。真宗以示王旦。公曰：夷狄贪婪，渐不可长。可于岁给三十万内各借二万，仍谕次年额内除之。契丹得之，大惭。次年，复下有司："契丹所借金帛六万，事微末，依常数与之，以后永不为例。"

［译文］ 契丹奏请每年岁贡之外要再加拨些钱币。宋真宗把奏书给王旦看。王旦说："夷狄贪婪，不能助长他们嚣张的苗头。可以在每年所拨的三十万里借二万给他们，但告诉他们要在第二年的岁币中扣除。"契丹得了钱，感到非常惭愧。到了第二年，朝廷又给有关部门下令说："契丹去年所借的六万金帛，是件小事，依旧按应给的数目给他们，今后永远下不为例。"

责具领状 王阳明既擒宸濠，囚于浙省。时武庙南幸，驻跸留都。中官诱令阳明释濠还江西，俟圣驾亲往擒获，差中贵至浙省谕旨。阳明责中贵具领状，中贵惧，事遂寝。

［译文］ 王阳明捉住了反叛朝廷的朱宸濠，囚禁在浙江省。当时明武宗正在南巡中，停驾在留都南京。宦官暗中让王阳明把朱宸濠放回江西，等待皇帝亲自前往把他擒获，并派了宦官到浙江传达圣旨。王阳明责令宦官写字据，宦官害怕，这事也就搁置了。

竞渡救荒 皇祐二年，吴中大饥。范仲淹领浙西，发粟及募民存饷，为术甚备。吴人喜竞渡，好为佛事。淹乃纵民竞渡，太守日出宴于湖上，自春至夏，居民空巷出游。又召诸佛寺主僧谕之曰："饥岁工价至贱，可以大兴土木之役。"于是诸寺工作并兴。又新仓廒吏舍，日役千夫。两浙大饥，唯杭宴然。

［译文］ 宋仁宗皇祐二年（公元1050年），吴中发生大饥荒。范仲淹正担任杭州太守，开仓放粮赈灾并招募民众以保存粮饷，应变措施

很完备。吴地的人喜欢龙舟竞渡，也喜欢做佛事。范仲淹便让民众任意竞渡，他也每天在湖上宴饮，从春到夏，居民都从家里出来游玩。范仲淹又召来各个佛寺的方丈，对他们说："饥年的工价很便宜，你们可以大兴土木。"于是各个寺院都开始兴建佛殿。此外，官府也翻新了仓库和官舍，每天都要用上千的劳力。因此，两浙都遭受饥荒，只有杭州却安然无恙。

比折除过　韩琦知郓州，京中素多盗，捕法以百日为限，限中不获，抵罪。琦请获他盗者听，比折除过，故盗多获。

［译文］　韩琦担任郓州知府时，城中向来有很多盗贼，缉拿盗贼的法令规定以一百日为时限，到期还没抓获，捕快就要抵罪。韩琦允许抓获其他盗贼来抵销他们的罪责，因此盗贼大多被抓捕归案了。

中官毁券　梅国桢知固安，有中官操豚蹄为飨，请征债于民。国桢曰："今日为君了此。"急牒民至，趋令鬻妻偿贵人债，伪遣人持金买其妻，追与偕入，民夫妇不知也。桢大声语民曰："非尔父母官立刻拆尔夫妻，奈贵人债，义不容缓；但从此分离；终身不复见矣！容尔尽言诀别。"阳为堕泪。民夫妇哀恸难离。中官为之酸楚，竟毁券而去。

［译文］　梅国桢担任固安知府，有宦官拿着猪蹄来请他食用，并请他帮忙向百姓讨债。梅国桢说："今天就为您了结这件事。"就立刻下令把负债的百姓抓了过来，督促他们把妻子卖掉还宦官的钱，并假装让人出钱买他们的妻子，逼令他们的妻子与买家一起走，而负债的夫妇并不知实情。梅国桢大声说："不是你们的父母官要立刻拆散你们夫妇，怎奈你们欠了贵人的钱，情理上也不

能耽误片刻；你们从此分离，一辈子就再也见不到了！允许你们好好说说话道个别吧。”说着就假装掉泪。负债的夫妇哀伤悲恸、难分难舍。宦官也受到感动，最终撕了债券离开了。

宣敕鋤奸 况钟知苏州，初视事，阳为木讷，胥有弊蠹，辄默识之。通判赵忱，肆慢侮钟，亦不之校。既期月，一旦，宣敕召府中胥悉前，大声言：“某日某事窃贿若干，然乎？某日，某如之！”群胥骇服，不敢辩。立掷杀六人，肆诸市。复出属官贪者五人，庸懦者十余人。由是吏民震悚，革心奉命。民称之曰况青天。

[译文] 况钟担任苏州知府，刚刚任职的时候，假装木讷迟钝，属吏作弊贪污，就暗地记了下来。通判赵忱，肆意怠慢侮辱况钟，况钟也不和他计较。过了整整一个月，有一天，忽然命令府中所有的属吏到官府集合，大声说：“某人某日因某事暗中得到若干贿赂，是这样吗？又某日，某人也这样！”所有胥吏都惊惧畏服，不敢辩解。况钟就立即推出去斩杀了六个人，并在闹市示众。又罢免了下属中五个贪污的人和十几个平庸懦弱的人。从此属吏与民众都非常震惊，洗心革面来奉行命令。百姓都称他为“况青天”。

积弊顿革 刘大夏为户部侍郎，理北边粮草。尚书周经谓曰：“仓场告乏，粮草半属京中贵人子弟经营。公素不与此辈合，此行恐不免刚以取祸。”大夏曰：“处天下事以理不以势，定天下事在近不在远，俟至彼图之。”既至，召边上父老日夕讲究，遂得其要领。一日，揭榜通衢曰：“某仓缺几千石，每石给官价若干，封圻内外官民客商之家，但愿告报者，粮自十石以上，草自百束以上，俱准告，虽中贵子弟，不禁也。”不两月，公有余积，民有余财。盖往时来告者，粮必限以千百石，草必限以十万束方准，以至中贵子弟为市包买，以图利息。自大夏此法立，有粮草之家皆自往告报，不必中贵包买足数，然后整告也。几十年积弊，一朝顿革。

［译文］ 刘大夏担任户部侍郎时，管理北方边境的粮草。尚书周经对他说："仓库空虚，但粮草物资大半由京城里的有权势的子弟经营。您和这些人向来不和睦，这回前去恐怕免不了因刚直而惹祸。"刘大夏说："处理天下大事要凭借道理而不是凭借权势，解决天下的事务要到了眼前再应对，而不能还没碰到就踌躇不前。等我到那边再想办法。"到任之后，就召来边地的父老日夜商量讨论，于是便掌握了事情的关键。一天，在大路边张榜公示："某处粮仓缺口有几千石，每石支给官价若干，管辖范围之内所有客商之家，凡有愿意交纳的人，粮限十石以上，草限百束以上，都允许来交纳买卖，就算是权贵的子弟，也不禁止。"不到两个月，官仓积累丰厚有余，而民众也有了闲钱。原因是以前来交纳粮草，粮食要在千百石以上，草要在十万束以上才行，以至于那些权贵的子弟四处收买零散的物资，从中赚取利润。自从刘大夏的新法确立后，有粮草的人家都自己前往交纳，不必等待权贵的子弟买来囤积到一定数量再交纳。几十年积累的弊端，一下子就革除了。

筑墙屋外 许逵为乐陵令，时流寇势炽，逵预筑墙城浚隍，使民各筑墙屋外，高过其檐，仍开墙窦如圭，仅可容人。家令二壮者执刀倏于窦内，其余人各入队伍，设伏巷中，洞开城门。贼至，旗举伏发，贼火无所施，兵无所加，尽擒斩之。自是贼不敢近乐陵境。

［译文］ 许逵担任乐陵县令，当时流寇势力很大，许逵预先修筑城墙并疏浚了护城河，还让民众在自家的屋子外面修筑围墙，比屋檐还要高，墙中间开一个圭形的小洞，仅仅能通过一个人。每家

派两个壮丁拿着刀守在门内，其余的人都编入队伍，埋伏在街巷中，然后打开城门。贼兵到来时就举起旗子，这时伏兵都跳出来，贼人想放火、求援都不可能了，于是都被擒拿处斩了。从此流寇再也不敢靠近乐陵县境了。

承命草制　梁储在内阁时，秦王疏请陕之边地，益其封疆。朱宁、江彬等受其贿，助之请，上许之。兵部及科道执奏不听，大学士杨廷和当草制，引疾不出。上震怒，内臣至阁督促储曰："如皆引疾，孰与事君？"遂承命草上制曰："昔太祖皇帝著令曰：'此土不畀藩封，非吝也！念此土广且饶，藩封得之，多蓄士马，饶富而骄，奸人诱为不轨，不利宗社。'今王请祈恳笃，朕念亲亲，畀地不吝。务得地宜益谨，毋收聚奸人，毋多养士马，毋听奸人劝为不轨，震及边方，危我社稷，是时虽欲保全亲亲，不可得已。王慎之，毋忽！"上览制，骇曰："若是，其可虞，其弗与！"事遂寝。

［译文］梁储在内阁的时候，秦王上疏请求把陕西的边地赐给他，以此来扩大他的封地。朱宁、江彬二人受到秦王的贿赂，也帮助他来一起请求，皇帝答应了。兵部和各科道上奏劝阻，皇帝都没有听从，大学士杨廷和应当草拟诏书，却称病不上朝。皇帝大怒，宦官到内阁督促梁储说："如果都称病，那谁来侍奉君王呢？"于是梁储只好领命为皇上拟写诏书说："以前太祖皇帝曾经下令说：这里的土地不能赏赐给藩王作封地，不是吝惜土地，而是考虑到这里的土地广袤且富饶，藩王得到后，就会蓄养很多兵马，由富饶而变得骄纵，如果有奸人引诱他们图谋不轨，将不利于宗庙社稷。现在秦王诚恳请求，我念及亲人和睦，就没有吝惜这块地方，现在封赏给你。在得到此地后一定更加谨慎，不要聚

集奸人，不要蓄养太多的兵马，不要听奸人的劝诱而图谋不轨，那样震动边疆，危害社稷，到那时我们想再念及亲人和睦就不可能了。秦王请一定谨慎对待，不要疏忽。”武宗看了文书，惊骇地说：“如果这样，这很令人担心啊，还是不要赐给他了。”于是这件事就作罢了。

平定二乱 张佳胤因浙兵减粮，辱巡抚为乱，受命视师两浙。将抵杭，复闻市民因受役不均，聚众焚劫乡绅，有亡赖丁仕卿者为首倡。佳胤促驾曰：“速驱之，尚可离而二也。”到台，召营兵为乱者抚之曰：“汝曹终岁有守卫功，前抚减粮诚误。今市井亡赖亦为乱，彼无他劳，不可以汝曹为例，可为我捕之，功成不独论赎，且有赏也。”众踊跃听命，遂薄乱民，败之，擒捕丁仕卿等，立会诸司讯之，得其挟刃而要金帛者五十余人，皆枭之，余悉放归。于是诸亡赖皆帖然解散。佳胤乃复营兵饷，密廉其倡乱者名，因捕数人曰：“汝为乱首，吾故欲贷汝，天子三尺不贷汝！”遂斩之，因驰使遍赦七营，曰：“乱者已服辜。今以尔有功天子，不欲尽诛。汝当尽力报国！”不五日，二乱平定。

［译文］ 因浙江的士兵被克扣粮饷而侮辱了巡抚犯上作乱，张佳胤接受命令前往两浙视察驻军。将要到达杭州的时候，又听说市民因为分配的劳役不公平而聚众打劫乡绅，由亡命之徒丁仕卿带头。张佳胤催促车驾说：“快点赶车，还可以离间他们双方。”到了军营，召来作乱的士兵抚慰说：“你们一年的时间都在这里守卫，是有功劳的，此前的巡抚克减粮饷的确有错。现在有市井无赖也在作乱，他们又没有别的功劳，不能和你们一样对待，你们可以帮我把他们逮捕了，成功之后不但可以赦免你们这次叛乱的罪过而且还有赏赐。”士兵们都欢欣雀跃听从命令，于是去镇压

叛民，打败了他们，擒获了丁仕卿等人。张佳胤立刻让官府来审讯他们，查出了五十多个拿着武器抢夺钱财的人，全都斩首，剩下的都放了回去。于是这些无赖都服服帖帖地解散了。张佳胤又回到军营发了兵饷，然后秘密查出其中作乱的首领，趁机逮捕了几个人，说:“你们是作乱的头目，我本来想宽恕你们，但天子的法令不能宽恕。”于是将其斩首，然后派使者到军营遍告士兵，说:“作乱的人已经伏法。现在因为你们对朝廷有功，不愿全部都惩罚。你们应竭力报效国家。”不到五天的时间，两场叛乱都被平定了。

转赐将士　李正己为平卢节度使，畏德宗威名，表献钱三十万缗，上欲受之，恐见欺，却之则无辞。崔祐甫请遣使慰劳淄、青将士，因以正己所献钱赐之，使将士人人感上恩；又诸道闻之，知朝廷不重货财。上悦从之，正己大惭服。

［译文］ 李正己担任平卢节度使，因为敬畏唐德宗的威名，上表进献铜钱三十万缗。德宗想接受，又怕被他欺骗，想拒绝但又没有理由。崔祐甫请求派遣使者去慰劳淄、青二州的将士，于是把李正己所进献的铜钱都赐给了他们，让将士们每个人都感激皇上的恩德；而其他节度使听了，也知道朝廷并不看重钱财。唐德宗非常高兴地同意了，李正己听说后感到惭愧又敬服。

一军皆甲　段秀实为邠州都虞候。行营节度郭晞纵士卒为暴，秀实列卒取十七人，断首注槊上，植市门外，一军皆甲。秀实诣军门，曰:“杀一老卒，何甲也？吾戴吾头来矣。”因让晞，晞谢过。邠州由是无祸。

［译文］ 段秀实担任邠州都虞候。行营节度郭晞放纵士兵对百姓施

暴，段秀实派人逮捕了十七个士兵，斩首后把头悬挂在长矛上，竖立在闹市的门外。军队知道后都穿上了铠甲，段秀实前往郭晞的军营，说："杀一个老兵，哪里用得着全军都披上铠甲啊！我把我的头带来了。"然后就责备了郭晞，郭晞听后悔过谢罪。邠州因此没有发生祸乱。

各自言姓名 大将田希鉴附朱泚，泚败。李晟以节度使巡泾州，希鉴郊迎，晟与之并辔而入，道旧甚欢也，希鉴不复疑。晟于伏甲而宴，宴毕，引诸将下堂曰："我与汝曹久别，可各自言姓名。"于是得为乱者三十余人，数其罪，杀之。顾希鉴曰："田郎不得无过。"并立斩。

［译文］ 大将田希鉴依附投靠朱泚，朱泚后来打了败仗。李晟以节度使的身份巡视泾州，田希鉴在郊外迎接，李晟与他并马进城，很高兴地叙旧，田希鉴便不再怀疑李晟。李晟埋伏了兵士后宴请各位将领，酒宴过后，领着各位将领下堂说："我与大家分别的时间长了，请大家自己再报一遍姓名。"于是获知其中有三十多人是叛乱的人，就宣布他们的罪责，斩杀了他们。回头看着田希鉴说："田兄也不能说没有过错。"马上把田希鉴也一起杀了。

为三难 鲜于侁，字子骏。方新法行，诸路骚动。侁奉使九载，独公心处之。苏轼称上不害法、中不伤民、下不废亲为"三难"。司马光当国，除京东转运，曰："子骏，福星也。"

［译文］ 鲜于侁，字子骏。王安石的新法刚刚颁行，引起各地的骚动。鲜于侁奉命做了九年的地方官，唯有他处理政事时能够秉持公平。苏轼称赞他向上不损害法律、中间不劳役人民、向下不伤害亲情，实为"三难"。后来司马光当政，任命他担任京东路转

运使，称赞他说："子骏是福星啊。"

平原自无 史弼为平原相时，举钩党，惟平原独无。诏书前后迫切，从事坐传舍责曰："青州六郡，其五有党，平原何治而得独无？"弼曰："先王疆理天下，画界分境，水土异齐，风俗不同。五郡自有，平原自无，胡可相比？若承望上司，诬陷良善，则平原之人，户可为党，相有死而已，所不能也！"

［译文］ 史弼担任平原相时，正赶上朝廷要求揭发检举朋党，只有平原郡没有检举，朝廷前后多次下诏书催逼他。朝廷派来使者在宾馆责备史弼说："青州六个郡，其中五个都有党人，平原郡是怎么治理的，竟然没有党人？"史弼说："先王分疆治理天下，画出界线分别地域，水土各有不同，风俗也不一样。那五郡只管有，但平原只管无，有什么可比的呢？如果想让我谄媚上司，诬陷好人，那平原郡的人，每户都可以是党人。如果相逼，我不过一死而已，诬陷别人我是做不到的！"

烛奸

责具原状 李靖为岐州刺史，或告其谋反，高宗命一御史案之。御史知其诬罔，请与告事者偕行数驿，诈称失原状，惊惧异常，鞭挞行典，乃祈求告事者别疏一状，比验与原不同，即日还以闻，高祖大惊，告事者伏诛。

［译文］ 李靖担任岐州刺史时，有人诬告他谋反，唐高祖让一位御史前去审理这件事。这位御史知道这是诬告，就请求和告发的人

同行走几个驿站的路，而后他假称把原来的诉状弄丢了，显得非常吃惊害怕，于是鞭打了下属，并让那个告发谋反的人再写一遍诉状，然后与原状对比，果然不同，当天就回京上奏皇帝。唐高祖大吃一惊，而那个诬告的人也被处死。

验火烧尸 张举，为句章令。有妻杀其夫，因放火烧舍，诈称夫死于火，其弟讼之。举乃取猪二口，一杀一活，积薪焚之，察死者口中无灰，活者口中有灰。因验夫口，果无灰，以此鞫之，妻乃服罪。

［译文］ 张举担任句章令。有一个妇女杀了自己的丈夫，然后放火烧了房舍，假称丈夫死于火灾，丈夫的弟弟告发了她。张举就拿了两头猪来，一头杀死一头活着，然后用柴火烧，再检查，发现杀死的猪被烧后嘴里没有灰，而活猪被烧后嘴里有灰。于是检查她的丈夫，发现他的嘴里果然没有灰，用这个证据来审问她，她就认罪了。

市布得盗 周新按察浙江，将到时，道上蝇蚋近马首而聚，使人尾之，得一暴尸，惟小木布记在，取之。及至任，令人市布，屡嫌不佳，别市之，得印志者，鞫之，布主即劫布商贼也。

［译文］ 周新担任浙江按察使，快要到达的时候，在路上看到一匹马的头上聚集着很多苍蝇，就派人尾随这些苍蝇的去向，发现了一具暴露的尸体，尸体上只有一小块布商的木印记，就取了回来。等到任后，让人在市场上买布，多次买来都嫌不好，另外再买，终于买到一匹布上也有同样的一小块印记，然后把店主传来审问，果然就是劫杀那个布商的盗贼。

旋风吹叶 周新坐堂问事，忽旋风吹异叶至前，左右言城中无此木，独一古寺有之，去城差远。新曰：“此必寺僧杀人埋其下也，冤魂告我矣！”发之，得妇尸，僧即款服。

［译文］ 周新坐在大堂上断案，忽然有一阵旋风把一片奇异的叶子吹到他面前，身边的人都说城中没有这样的树木，只有一个古寺里有这种树，但是离城很远。周新说：“这肯定是寺里的僧人杀了人埋在树下，那些冤死的魂魄来告诉我。”就挖开树下的土，果然有一具妇女的尸体，僧人也立刻认罪了。

帷钟辨盗 陈述古令浦城。有失物，莫知为盗者，乃给曰：“某所有钟能辨盗，盗摸则钟自鸣。”阴使人以煤涂而帷之。令囚入摸帷，一囚手无煤，讯之果服。

［译文］ 陈述古担任浦城令。有人丢了东西，却没有办法查出盗贼是谁，陈述古就诓骗说：“我有一口钟能辨别盗贼，如果盗贼摸一下，钟就会鸣响。”然后暗中让人在钟上涂了煤灰并用帷布遮起来。然后让囚犯把手伸进去摸钟，有一个囚犯手上没有煤灰，经过审讯，果然就服罪了。

折芦辨盗 刘宰为泰兴令。民有亡金钗者，唯二仆妇在。讯之，莫肯承。宰命各持芦去，曰：“不盗者，明日芦自若；果盗，明旦则芦长二寸。”明旦视之，则一自若，一去芦二寸矣。讦之，盗遂服。

［译文］ 刘宰担任泰兴令时，有百姓丢了一支金钗，当时只有两个仆妇在场，便讯问她们，没有人肯承认。刘宰让她们各自拿着一支芦管离开，并说：“没有偷东西的，明天芦管不会有变化；如果偷了东西，明早芦管就会变长二寸。”第二天早上再看，一个人的芦管没有变化，而另一个人的却短了二寸。于是责问她，她就

服罪了。

遣妇缚奸　陆云为浚义令，有杀人不得其主者。云囚其妻十许日，密令人尾其后，属曰："其去不远十里，当有男子候之与语，便缚至。"既而果然。问之，乃与妇私通，共杀其夫，闻出狱探消息，惮近县，故远相候耳。一县称为神明。

［译文］　陆云担任浚仪县令时，有人被杀却不能够找到凶手。陆云把被杀者的妻子囚禁了十多天，然后偷偷让人跟在她身后，叮嘱说："她离开后不出十里，应当会有男子等她并同她说话，看到立刻把他抓捕过来。"不一会儿果然抓住了一个人，审问他，原来他与这个妻子私通，一起谋杀了她的丈夫，听到她从监狱出来了就来探听消息，害怕离县城太近，所以在比较远的地方等候。全县的人都称赞陆云神明。

捕僧释冤　元绛摄上元令。有甲与乙被酒相殴，甲归卧，夜为盗断足，妻执乙诣县，而甲已死。绛遣其妻曰："归治而夫丧，乙已服矣。"阴使迹其后，见一僧迎之私语。即捕僧，乃乘机与其妻共杀甲者。

［译文］　元绛兼任上元县令。有甲、乙二人喝醉后斗殴，甲回家睡觉，晚上却被盗贼砍断了脚，他妻子抓着乙来县里告状，而这个时候甲已经死了。元绛对这个妻子说："你先回去为你丈夫办理丧事吧，乙已经服罪了。"暗中派人跟在她后边，看到一个和尚接住她并和她悄悄说话。于是就抓住了和尚，原来他就是和甲的妻子乘机谋杀了甲的人。

井中死人　张昇知润州，有报井中死人者，一妇人往视曰："吾夫也。”昇令其亲邻验之，井深莫可辨。昇曰：“众不能辨，妇人何遂知其为夫？”即付所司鞫之，果其妇与奸夫所谋者。

［译文］ 张昇担任润州知州时，有人报告井中发现有具死尸，一个妇女前去观看后说：“这是我的丈夫啊。”张昇命令她的亲属和邻居来验证，但井太深没人能看清楚。张昇说：“众人都分辨不清，这个妇女怎么就知道是她的丈夫？”就把她交给官府审问，果然是这个妇女和奸夫一起谋害的。

食用左手 王维熙盐城尉，有群饮而毙者，俱不伏罪。脱其械而与饮食，问一人曰：“汝用左手，而死者伤右，尚何拒？”囚无辩，而拟抵。

［译文］ 王惟熙担任盐城县尉时，有一群人一起喝酒，其中一人突然死了，大家都不认罪。王惟熙去掉他们身上的枷锁让给他们东西吃，问其中一个人说：“你用左手吃饭，死者的伤正好在右肋处，你还有什么可抵赖的？”那个囚犯无可争辩，就认罪服法了。

盗首私宰 叶宾知南安，有盗截牛舌，其主以闻。宾阳叱去，阴令屠之。即有首私宰耕牛者，宾曰：“截牛舌者汝也。”果服。

［译文］ 叶宾担任南安的知府，有盗贼割取了一头牛的舌头，牛的主人来官府告状。叶宾假装把他呵斥出去，但暗中却让他回家把牛宰了。立刻就有来告发私宰耕牛的人，叶宾说：“你就是那个偷偷割人家牛舌的人。”那人果然认罪了。

留刀获盗 刘崇龟为广州刺史。有少年泊舟江滨，见一妙姬倚闾，殊不避，少年挑之，曰：“黄昏到宅。”是夕，果启扉待之。少年未至，一盗入扉，姬不知，即身就之。盗疑见执，遂刺姬死，遗刀而逃。少年后至，践其血，仆地，扪之，见死者，急出。明日，其家随血迹至江岸，岸上人云："夜有某客船去矣。"捕者追获，具实吐之，观其刀乃屠家物。崇龟下令曰："某日演武，大飨士，集合境庖丁。"既集，复曰："已晚。留刀于厨。"阴以杀人刀换下。比明，各来请刀，独一屠不认。因诘之，曰："此非某刀，乃某人刀耳。"命擒之，则已窜矣。崇龟以合死之囚代少年，侵夜毙于市。窜者知囚已毙，不一二夕归家，遂就擒服罪。

[译文] 刘崇龟担任广州刺史。有一个少年在江边停船，看到一个美丽的女子倚着门，完全不回避别人，少年挑逗她说："我黄昏时来你家。"当天晚上，那女子果然开门等待他来。少年还没到，一个盗贼进了门，女子不知道是盗贼，便起身来迎接。盗贼以为要被抓，就刺死了女子，留下刀就跑了。少年来到后，踩到血上摔倒在地，摸了一下，发现是个死人，急忙跑出去。第二天，女子的家人沿着血迹追到江边，岸上有人说："夜间有某某的客船离开了。"抓捕的人追上他并逮了回来，他把实情都说了。刘崇龟看这把刀是屠夫用的，就下令说："某某日操练军队，大宴兵士，让境内的厨师都来。"等大家集合后，又说："已经很晚了，请大家把自己的刀放在厨房里吧。"暗中用杀人的刀换了其中一把。到了第二天，大家都来取刀，只有一个屠夫不取，问他，他说"这不是我的刀，是某人的刀。"于是让人去擒拿嫌犯，却已经逃跑了。刘崇龟用死刑犯顶替，夜晚在市场行刑。逃跑的罪犯以为囚犯已经被正法，没过一两天就回家了，于是就被捉拿归案。

命取佛首　程颢为鄠主簿，僧寺有石佛，岁传佛首放光，士民竞往。颢戒曰："俟后现，当取其首。"就观之，光遂止。

[译文] 程颢做鄠县的主簿。寺庙有一尊石佛，有一年传说佛的头

会发出佛光，士人百姓都争相去看。程颢警告他说：“等到以后再放光，就取下你的头。”再去看时，佛光就消失了。

识猴为盗　杨绘知兴元。有盗库缣者，绘迹踪之，不类人所出入。乃呼戏沐猴者，一讯而服。

［译文］杨绘担任兴元知县。有偷盗仓库布匹的人，仔细察看留下的踪迹，不像是人留下的。于是传唤来耍猴的人，一审问就服罪了。

闻哭知奸　国侨，字子产，尝晨出，闻妇人哭，使吏执而讯之，则手绞其夫者也。吏问故，子产曰：“凡人于所亲爱也，始病而忧，临危而惧，已死而哀。今哭夫已死，不哀而惧，是以知其有奸也。”

［译文］国侨字子产，曾有一次早上外出，听到有妇人哭泣，就让捕快抓她来审问，果然是她亲手杀死了丈夫。捕快问原因，子产说：“凡是对于自己所亲爱的人，开始生病时就会忧愁，病危时就会害怕，死后就会哀伤。现在这人的丈夫已经死了，但她的哭声却不是哀伤而是恐惧，因此知道其中一定有奸情。”

河伯娶妇　西门豹为邺令，俗故信巫，岁为河伯娶妇以攫利，选室女以投于河，豹及期往视，指女曰：“丑！烦大巫先报河伯，如其不欲，还当另选美者。”呼吏投巫于河。少顷，曰：“何久不复我？”又投一人往速。群奸惊惧，乞命。从此弊绝。

［译文］西门豹担任邺县令，这里的风俗一向是相信巫师，每年巫师都要为河伯娶妻，以此来谋利，而且要选还未出嫁的女子来扔到河里。西门豹到了娶妻那天前去观看，指着女子说：“这个太丑

了。烦请巫师先去向河伯禀报一下，如果他不想娶这个丑的，就另选个长得漂亮的。”就让属吏把一个巫师扔到了河里。过了一会儿，说：“怎么这么久还没回复我？”又往河里扔了一个人去催促。这时那群巫师害怕了，都请求饶命。从此以后这一弊病就消除了。

哭夫不哀　严遵为扬州行部，闻道旁女子哭，而声不哀，问之，云：“夫遭火死。”遵使舆尸到，令人守之，曰：“当有物往。”更日，有蝇聚头所。遵令披视，铁锥贯顶，乃以淫杀其夫者。

［译文］　严遵担任扬州行部，听到路边有女子哭泣，但哭声却并不感到哀伤，问她，她回答说丈夫遇到火灾被烧死了。严遵让人把尸体抬过来，让人看守着，说：“一定会有东西来的。”过了几天，就有苍蝇聚集在尸体的头部，严遵让人细查尸体，发现有一个铁锥从头顶插了进去，原来是这人的妻子和人偷情而杀死了丈夫。

命七给子　张诛知杭州。有子与婿讼家产者，婿言：舅终，子才三岁，遗书令异日三分付子，婿得其七。诛曰：“汝妇翁，智人也，以七与子，子死矣。”命三给婿，七给子。

［译文］　张诛担任杭州知州。有一家人的儿子与女婿争夺家产打官司，女婿说：“岳父死时，儿子才三岁，立下遗嘱说今后分家把三分给儿子，七分给女婿。”张诛说：“你岳父是个聪明人啊，若把七分给儿子，儿子怕是早已经死了。”于是下令三分给了女婿，七分给了儿子。

怒逮妇人　王克敬为两浙运使，有逮犯私盐者，以一少妇至，克敬怒曰：“岂有逮妇人于百里外，与吏卒杂处者，污教甚矣！”自后不许。著为令。

［译文］ 王克敬担任两浙转运使，有人逮捕贩卖私盐的犯人，同时还抓住一个少妇。王克敬大怒说："怎么能在百里以外逮捕一个女子，让她与官兵杂处在一起，太有污礼教了！"此后就不许这样做，并且把这定为法令。

断丝及鸡 傅琰山阴令，有卖针、卖糖老妪，争团丝诉琰，琰令挂丝于柱，鞭之，微视有铁屑，乃罚卖糖者。又二野父争鸡，问何以饲鸡，一云豆，一云粟。破鸡得粟，罪言豆者。民称傅圣。

［译文］ 傅琰担任山阴县令时，有卖针的和卖糖的老婆婆，为了争一团丝线而向傅琰告状，傅琰命令把丝挂在柱子上，用鞭抽打，仔细看里面有铁屑，于是就惩罚了那个卖糖的人。又有两个村民争鸡，问他们用什么来喂鸡，一个说用豆，一个说用粟。把鸡杀了发现里面有粟，便惩罚了那个说豆的人。百姓称他为傅圣。

老翁儿无影 丙吉知陈留，富翁九十无男，娶邻女，一宿而死，后产一男，其女曰："吾父娶，一宿身亡，此子非吾父之子。"争财久而不决。丙吉云："尝闻老翁儿无影，不耐寒。"其时秋暮，取同岁儿解衣试之，老翁儿独呼寒，日中果无影，遂直其事。

［译文］ 丙吉担任陈留县令时，有一个富翁九十岁了还没有儿子，刚娶了邻居家的女儿，过了夜富翁就死了，后来邻家女儿生下一个男孩。富翁的女儿说："我父亲刚刚娶了她，过一夜就死了，这个孩子肯定不是我父亲的儿子。"于是就和女子争夺财产，很久也没有结果。丙吉说："我曾听说老翁生的儿子没有影子，而且不耐寒。"当时正是暮秋时分，找来几个同岁的孩子脱掉衣服试验，只有老翁的儿子喊冷，而且在太阳底下果然没有影子，于是就弄清了这件事。

断鬼石　石璞，江西副使。时有民娶妇三日，婿与妇往拜岳家。婿先归，妇后，失之，遍索不获。妇翁讼婿杀女，婿不胜榜掠，自诬服。璞犹疑杀人而弃尸，必深怨者为之。彼新婚燕好，胡乃尔尔。夜斋沐焚香，祝曰："此狱关纲常，万一妇与人私，而夫枉死，且受污名，于理安乎？神其以梦示我！"果梦神授一"麥"字。璞曰："此两人夹一人也，狱有归矣！"比明，令械囚待时行刑。囚未出，璞见一童子窥门内，乃令人牵入，曰："尔羽客，胡为至此，得非尔师令侦某囚事耶？"童子大惊，吐实，乃二道士素与妇通，见匿之麦丛中。人因号曰断鬼石。

［译文］　石璞，担任江西副使。当时有一个百姓娶了妻子三天后，女婿和妻子都去拜访岳父家。女婿先回去，妻子后回来，却失踪了，到处找也没有找到。岳父状告女婿杀了自己的女儿，而女婿经不住严刑拷打，便屈打成招。但石璞怀疑杀了人并且抛弃尸体，一定是有深仇大恨的人才做得出来的。这对夫妇新婚燕尔，为什么要这么做呢？晚上便斋戒沐浴，焚香祷告说："这个案子事关纲常名教，万一是这个女子和别人有私情，而她的丈夫却冤枉而死，而且还要承担杀人的污名，在情理上怎么能使人安心！请神人用梦来开示我吧。"果然梦见有神人授给他一个"麥"字。石璞说："这是两个人夹着一个人，看来这个案子有着落了。"第二天，让囚犯戴上枷锁，等待行刑。囚犯还没出来，石璞就看见有个道童往门里面偷看，便让人把他带进来，说："你是个出家修道的人，为什么到这里来，难道是你师父让你来侦察某人被囚禁的事吗？"道童大惊，说了实情。原来有两个道士一直与这个女子私通，现在把她藏在麦田里。人们因此称石璞为"断鬼石"。

视首皮肉 民有利侄之富者，醉而拉杀之于家。其长男与妻相恶，欲借奸名并除之，乃斩妻首，并拉杀之，首以报宫。时知县尹见心迎上司于二十里外，闻报时已三鼓，见心从灯下视其首，一首皮肉上缩，一首不然。即诘之曰:“两人是一时杀否？”答曰:“然。”曰:“妇有子女乎？”曰:“有一女，方数岁。”见心曰:“汝且寄狱，俟旦鞫之。”别发一票，速取某女来。女至，则携入衙，以果食之，好言细问，竟得其情，父子服罪。

［译文］ 有一个觊觎自己侄子家产的人，在自己家里将侄子灌醉后把他杀死了。而他的大儿子和妻子不和睦，就想借这个机会以通奸的名义一块儿除掉她，于是便砍掉了妻子的头，然后也伪装成被勒死的样子，去报官自首。当时的知县尹见心正在二十里外迎接上司，听到报案时已经是三更时分了，尹见心在灯下面察看死者的头颅，一颗头的皮肉已经向上面萎缩，另一颗头却没有向上面萎缩。便诘问自首的人说:“两个人是一起被杀死的吗？”回答说:“是的。”又问说:“你妻子有子女吗？”回答说:“有一个女儿，才几岁。”尹见心说:“你暂且住在监狱里，明天早上我再审问。”然后另发一个传票，立刻把他们的女儿带来。女孩到了，就把她带进衙门，给她糕点吃，温和并仔细地问她，果然知道了真实情况。父子二人全都伏法。

法验女眉及喉 刘鸣谦守杭州，有刘氏女所居浅陋，邻少年张窥其艾，夜跃上楼，穴窗入。女大呼贼，父惊起，邻少年不能脱，执而髡之。少年昆弟号于众曰:“伊父实以女伥而又阱之。”女闻之，拊膺曰:“天乎！辱人至于此。”遂自缢。张乃贿其父金，当谳诉女已承污，特羞奸露耳。鸣谦得女贞烈、父受金状，乃令以法验女眉及喉，实处子。与从事刘公讯治之，张伏法。百姓谣曰：“两刘哲，一刘烈，江河海流合。”

［译文］　刘鸣谦担任杭州太守时，有一个姓刘的女儿住的地方很简陋，邻居有一个姓张的少年偷看到女子长得漂亮，夜里跳上了楼，从窗户跳了进来。女子大喊有贼，她的父亲惊觉而起，邻居少年无法逃走，被抓住剃光了头发。少年的兄弟却对众人说：“那女子的父亲其实是用女儿做诱饵来设陷阱的。”女子听了，捶着胸口说：“天啊，怎么说出这样侮辱人的话。”便上吊自杀了。张家便用钱贿赂刘氏的父亲，让他上状子说女儿已经被玷污了，因羞于奸情败露而自杀。刘鸣谦知道了刘氏女贞洁刚烈和他的父亲接受金钱的情况，便命法医来检查刘氏女儿的眉头与喉咙，知道她仍然是处女。便与从事刘公来审讯这个案子，张氏伏法被诛。百姓有歌谣唱道：“两个姓刘的聪明，一个姓刘的刚烈，大江、大河、大海的水终究要汇合。”

花瓶水杀人　汪待举守郡部。民有饮客者，客醉卧空室中。客夜醉渴，索浆不得，乃取花瓶水饮之。次早启户，客死矣。其家讼之，待举究中所有物，惟瓶中浸旱莲花而已。试以饮死囚，立死，讼乃白。

［译文］　汪待举担任某地太守时，有一个百姓请客人喝酒，客人喝醉后躺在空房中。晚上因喝醉口渴，找不到水喝，就把花瓶里的水喝了。第二天早上主人开门时，发现客人已经死了，客人的家人便状告这一家。汪待举细问屋里所有的物品，只有瓶子中泡着旱莲花。他尝试把瓶中的水拿来给死刑犯喝，喝了马上就死了，于是案子真相大白。

识断

斩乱丝 高洋内明而外晦，众莫能知，独欢异之，曰:“此儿识虑过吾。”时欢欲观诸子意识，使各治乱丝，洋独持刀斩之，曰:“乱者必斩。”

[译文] 高洋内心聪明但外表阴沉，众人没有人了解他，只有高欢觉得他与众人不同，说:“这个孩子见识与智谋都超过了我。”当时高欢想看一下几个儿子的才华，便让每个人解开一团乱丝，只有高洋拿着刀把乱丝斩断了，他说:“乱的东西一定要斩断。”

立破枉狱 陆光祖为浚令。浚才士卢柟被前令枉坐重辟，数十年相沿，以其富不敢为之白。陆至，访实，即日破械出之，然后闻于台使者。使者曰:“此人富有声。”陆曰:“但当问其枉不枉，不当问其富不富。不枉，夷、齐无生理；果枉，陶朱无死法。”使者甚器之。后行取为吏部，黜陟自由，绝不关白台省。

[译文] 陆光祖担任浚县的县令时，浚县的才士卢柟被以前的县令冤枉而判了重刑，几十年来都沿袭这一判决，因为卢柟家里富有，而没人敢为他辩白。陆光祖到任后，查访到实情，当天就拆了枷锁放他出狱，然后再向御史台的使臣报告。使臣说:“这个人是有名的富人啊。”陆光祖说:“只应当问他冤枉不冤枉，不应当问他富裕不富裕。如果不冤枉，就是伯夷、叔齐那样道德高尚的人也得重罚；如果确实冤枉了，就是像陶朱公那么富也不能判定死罪。”使臣听后非常看重他。后来便举荐他到吏部做官，陆光祖到吏部后，对官员的升降都自己做主，从来不向御史台的长官汇报。

即斩叛使　胡兴为赵府长史。汉庶人将反，密使至，赵王大惊，将执奏之。兴曰："彼举事有日矣！何暇奏乎？万一事泄，是趣之叛。"一日尽歼之。汉平，宣庙闻斩使事，曰："吾叔非二心者！"赵遂得免。

[译文]　胡兴担任赵王府的长史。汉王朱高煦将要谋反，秘密派使者联络赵王，赵王非常吃惊，想把使者抓起来交给朝廷。胡兴说："他们起事已经有一段时间了，哪里还有时间上奏朝廷呢？万一事情泄露，那就是促使他们叛变了。"所以便在一天之内把使者全部杀了。汉王叛乱平息后，明宣宗也知道了赵王斩杀使者的事，说："我的叔叔绝不是有二心的人啊！"所以赵王得以免罪。

监国解纷　张说有辨才，能断大议。景云初，帝谓侍臣曰："术家言，五日内有急兵入宫，奈何？"左右莫对。说进曰："此谗谋动东宫耳！陛下若以太子监国，则名分定，奸胆破，蜚语塞矣。"帝如其言，议遂息。

[译文]　张说善于辩论，能决断大事。景云初年，皇帝对侍臣说："方士说，五天之内将会有乱兵闯进皇宫，怎么办？"身边没有人能应答对策。张说进奏说："这种谗言不过是想来危害太子罢了！陛下如果下令让太子监管国事，那么帝位的名分就确定了，而奸人也就被吓破胆子了，流言蜚语自然也就消失了。"皇帝就按照他所说去做，这种议论果然平息了。

断杀不孝　张晋为刑部，时有与父异居而富者，父夜穿垣，子以为盗也，瞯其人，扑杀之，取灯视之，父也。吏议：子杀父，不宜纵；而实拒盗，不知其为父，又不宜诛。狱久不决。晋判曰：

“杀贼可恕，不孝当诛。子有余财，而使父贫为盗，不孝明矣！”竟杀之。

[译文] 张晋在刑部任职时，当时有个和父亲分居的富人，他父亲晚上跳墙进来，儿子以为是盗贼，等到他一进来，就打死了他，拿灯一看却是自己的父亲。官吏说：儿子杀父亲，不应该饶恕；但实际上这是抵抗盗贼，不知道是自己的父亲，又不应该被判罪。所以这件案子很久都没有判决。张晋判决说：“杀贼的事可以饶恕，但不孝却应该受处罚。儿子有这么多财富，却使自己的父亲因贫穷而成为盗贼，很明显是不孝的儿子。”最后就杀了他。

刺酋试药 曹克明有智略，真宗朝累官十州都巡检。酋蛮来献药一器，曰：“此药凡中箭者傅之，创立愈。”克明曰：“何以验之？”曰：“请试鸡犬。”克明曰：“当试以人。”取箭刺酋股而傅以药，酋立死。群酋惭惧而去。

[译文] 曹克明有智慧与谋略，宋真宗时多次升迁而做了十州都巡检。边地的蛮族进献了一瓶药，说：“这种药给有箭伤的人敷上，伤口会立刻痊愈。”曹克明说：“用什么来验证呢？”回答说：“请用鸡和狗来试验。”曹克明说：“应当在人身上试。”便用箭把一个蛮人的大腿刺伤，然后立刻敷了药，那个人马上就死掉了。其他蛮人都惭愧且害怕地离开了。

杖逐桎梏 黄震为广德通判。广德俗有自带枷锁求赦于神者，震见一人，召问之，乃兵也。即令自招其罪，卒曰：“无有。”震曰：“尔罪必多，但不可对人言，故告神求赦耳。”杖而逐之。此风遂绝。

[译文] 黄震担任广德通判。广德有一种风俗，即自己戴着枷锁去

向神祈求赦免罪恶，黄震看到有一个人这样做，召来一问，原来是一个士兵。黄震让他自己说出自己的罪行，士兵说无罪。黄震说："你肯定犯过很多罪，只是无法对别人说，所以请求神灵赦免你。"于是把他打一顿赶走了。从此这种风气就销声匿迹了。

一钱斩吏　张咏在崇阳，一吏自库中出，鬓边一钱，诘之，乃库中钱也。咏命杖之，吏勃然曰："一钱何足道！乃杖我耶？"强项不屈。咏固命杖之。吏曰："尔能杖我，不能杀我。"咏判云："一日一钱，千日千钱，绳锯木断，水滴石穿。"自杖剑下阶斩其首，申府自劾。崇阳人至今传之。

［译文］　张咏在崇阳做官。有一个库吏从府库出来，鬓角上粘着一文钱，责问他后，知道这是府库中的钱。张咏命人打他的板子。库吏勃然大怒地说："一文钱值什么！这也要打我？"强横不屈。张咏坚持行杖刑。库吏说："你能用板子打我，总不能杀了我。"张咏写判词说："一日一钱，千日千钱。绳锯木断，水滴石穿。"就亲自拿着剑下台将他斩首，然后向上级上书检举自己的过失。崇阳人到现在还流传着这个故事。

强项令　董宣为洛阳令，湖阳公主家奴杀人，宣就主车前取杀之。主诉于帝，帝令宣谢主，宣不拜。帝令捺伏，宣以手据地不俯。帝敕曰："强项令去！"

［译文］　董宣担任洛阳令时，湖阳公主的家奴杀了人，董宣就在公主车驾前抓捕了这名家奴并斩杀了他。公主向皇帝告状，皇帝命令董宣向公主谢罪，董宣坚决不肯跪。皇帝让人强按他下跪，董宣用手撑地拒不低头。皇帝只好下令说："强项令，走吧！"

南山判　武后时，李元纮迁雍州司户。太平公主与僧争碾硙，元纮判与僧。长史窦怀贞大惧，促纮改判。纮大署判尾曰:“南山可移，此判终无摇动也。”

[译文]　武则天当政时，李元纮调任雍州司户的职务。太平公主和一个和尚争夺一个水磨，李元纮把水磨判给了和尚。长史窦怀贞非常恐惧，督促李元纮更改判词。李元纮用很大的字在判决书的后面写道:“南山可以移，这道判文绝不可动摇。”

腕可断　唐韩偓，宰相韦贻范母丧，诏还位，偓当草制，言贻范居丧不数月使治事，伤孝子心。学士使马从皓逼偓草之，偓曰:“腕可断，制不可草！”

[译文]　唐代的宰相韦贻范的母亲去世了，朝廷想下诏书让宰相回到朝廷担任原来的职务，韩偓应当草拟诏书，但韩偓认为韦贻范为母居丧没有几个月就让他来处理政事，会伤害了孝子的心意。学士使马从皓逼迫韩偓撰写诏书，韩偓说:“手腕可以折断，诏书决不可写！”

麻出必坏　唐德宗欲相裴延龄，阳城为谏议，曰:“白麻出，我坏之！”恸哭于廷，龄遂不得相。

[译文]　唐德宗想让裴延龄担任宰相，阳城这时担任谏议大夫，说:“任命裴延龄为宰相的白麻纸诏书一出来，我就立刻去撕毁它。”边说边在朝廷上痛哭，裴延龄于是就没有能够做成宰相。

判诛舞文　柳公绰为节度使，行部至乡县，有奸吏舞文诬其县令贪者。县令以公素持法，必杀贪官。公绰判曰:“赃吏犯法法在，奸吏犯法法亡。”竟诛舞文者。

[译文] 柳公绰担任节度使时，到乡县去巡视，有奸猾的小吏玩弄法律条文来诬陷当地县令贪污。县令知道柳公绰向来能够秉公持法，肯定会杀掉贪官。柳公绰判决说："贪官虽然犯法但法还在，奸猾的小吏犯法就没有法了。"最后诛杀了玩弄文字的小吏。

铁船渡海 贾郁性峭直，不能容过。为仙游令，及受代，一吏酗酒，郁怒曰："吾再典此邑，必惩此辈。"吏扬言曰："造铁船渡海也。"郁后复典是邑，吏盗库钱数万，郁判曰："窃铜镪以肥家，非因鼓铸；造铁船而渡海，不假炉锤。"因决杖徙之。

[译文] 贾郁性情耿直，不能容忍别人的过失。担任仙游县令快要离任的时候，有一个下属官吏酗酒，贾郁非常生气地说："我如果再来这里当县令，就一定惩罚他。"这个属吏扬言说："你如能再来任职就像造铁船渡海那样难。"贾郁后来果然又来仙游当县令，而那个属吏还偷了国库数万铜钱，贾郁判决说："你偷铜钱来增加自家的财富，并不是铸造得来；我造铁船来渡海，却不用火炉与铁锤。"于是对他施以杖刑并流放。

其情可原 孙唐卿判陕州，民有母再嫁而死，乃葬父，遂盗母之丧而祔葬之。有司论以法，唐卿曰："是知有孝，不知有法，其情可原。"乃判释之。

[译文] 孙唐卿做陕州的通判时，有个人的母亲再嫁后死了，等到他埋葬父亲时，就偷来母亲的骸骨和父亲葬在一起。有关部门要根据法令判刑，孙唐卿说："这人只知孝道，而不知有法律，他的做法情有可原。"于是就把他放了。

问大姓主名 周纡为洛阳令，下车，先问大姓主名，吏数闾里豪强以对。纡厉声怒曰:“本问贵戚若马、窦等辈,岂能知此卖蔡佣乎?”于是京师肃然。

[译文] 周纡担任洛阳令,刚到任,就先问此地大户人家的名字,小吏细数当地的豪强地主的名字来回答。周纡生气地大声说:“我本来是要问像马援、窦宪这样的贵戚,哪里有时间了解这些卖菜的人呢!”于是京师整肃了很多。

引烛焚诏 李沆为平章,一夕,真宗遣使持手诏欲以刘美人为贵妃,沆对使者引烛焚诏,附奏曰:“但道臣沆以为不可。”其议遂寝。

[译文] 李沆担任宰相时,一天晚上,宋真宗派使者拿着手谕前来,想把刘美人封为贵妃,李沆当着使者的面拿来蜡烛就把诏书烧了,并对使者说:“你就只管对皇上说,李沆认为这件事不可行。”于是这个事情就搁置了。

天何言哉 真宗耻澶渊之盟,听王钦若天书之计,而行封禅。待制孙奭言于帝曰:“以臣愚所闻,天何言哉?岂有书也?”帝默然。

[译文] 宋真宗常常为澶渊之盟感到耻辱,就听从了王钦若的天书的计策,准备去泰山举行封禅之礼,待制孙奭对真宗说:“以我愚笨的见识也可以知道,老天怎么会说话呢?怎么会有天书呢?”宋真宗听了默不作声。

礼宜从厚 李宸妃薨,太后欲以宫人礼治丧于外,吕夷简为首相,奏礼宜从厚。后怒曰:“相公欲离间吾母子耶!”夷简曰:“他日太后不欲全刘氏乎?”时有诏,欲凿宫城垣以出丧。夷简乃谓内侍罗崇勋曰:“宸妃诞育圣躬,而丧不成礼,异日必有受其罪者,莫谓夷简今日不言也。当以后服殓,用水银。”崇勋驰告太后，乃许之。后荆王元俨为帝言："陛下乃李宸妃所生，妃死以非命。"帝因恸号累日，下诏自责，幸洪福寺祭告，易梓宫，亲启视之。妃以水银，故玉色如生，冠服如皇后。帝叹曰："人言其可信哉！"待刘氏加厚。

[译文] 李宸妃死后，刘太后准备以普通宫女的礼仪在宫外治丧，吕夷简当时任首席的宰相，上奏说葬礼应该隆重一些。刘大后大怒说："吕相公您想要挑拨我们母子的关系吗？"吕夷简说："以后太后难道不想保全刘氏家族吗？"当时有皇帝的诏书，想要凿开宫城的城墙来出丧。吕夷简对宦官罗崇勋说："李宸妃生下了当今天子，但丧礼如此简陋没有规矩，将来一定有人要为此承担罪责，到时候不要说我吕夷简没有告知您。现在应当用皇后的礼服来入殓，并用水银来保护尸体不腐烂。"罗崇勋赶快跑回去报告了刘太后，刘太后同意了这件事。后来荆王赵元俨对宋仁宗说："陛下是李宸妃所生，宸妃是死于非命的。"仁宗知道后痛哭了几天，并下诏书责备自己，亲临洪福寺祭祀祷告，更换墓地，亲自打开棺材查看。发现李宸妃的尸体用水银保护得很好，皮肤的颜色就像活着的一样，所穿戴的冠服如同皇后的仪制一般。仁宗长叹说："别人的谣言怎么能相信呢！"于是对待刘氏一族更加亲厚了。

奏留祠庙　张方平判应天府。时司农遵王安石鬻祠庙于民法，方平托刘挚为奏曰："阏伯迁商丘，主祀香火，为国家盛德，所乘历世尊为大祀。微子宋始封之君，开国此地，是本朝受命建业所因。又有双庙，乃唐张巡、许远孤城死贼，能捍大患。今若令承买小人规利，冗亵渎慢，何所不为！岁取微细，实伤国体。欲望留此三庙，以慰邦人崇奉之意。"疏上，帝震怒，批牍尾曰："慢神辱国，无甚于斯！"于是天下祠庙皆得罢卖。

[译文] 张方平担任应天府通判。当时的司农正依照王安石的新法把祠庙卖给民众。张方平托刘挚代他向皇帝上奏说:“阏伯被迁到商丘，主持祭祀香火，是国家的盛德啊，在历朝历代都被尊为大祀。微子，是宋国最早受封的君主，在这里立国，也是本朝受命而建大业的根源。还有双庙，是唐代张巡、许远守卫孤城而死的地方，二人能在安史之乱中为国家捍卫疆土。现在如果让小人买去用以谋求利益，亵渎不敬，什么事都会发生！每年收取一点点税收，但却有伤国家的体面。希望能留下这三座庙，以抚慰国人崇奉圣贤的意愿。”奏疏上达之后，神宗大为愤怒，在奏章后边批语:“亵渎神灵、侮辱国体，没有比这更严重的了！”从此天下的祠庙便不准再卖给百姓了。

收缚诬罔 隽不疑为京兆尹，有男子乘犊车，诣北阙，自谓卫太子。诏列侯公卿以下杂职视。至者莫敢言。不疑后至，叱从吏收缚。曰:“昔蒯聩出奔，辄拒而不纳，《春秋》是之。卫太子得罪先帝，亡不即死，今来自请，此罪人也。”遂送诏狱。上与霍光嘉之，曰:“公卿大臣当用有经术明于大谊者。”验治，得奸诈，坐诬罔不道，要斩。

[译文] 隽不疑担任京兆尹时，有一个男子乘坐牛车，来到皇宫的北门，自称是以前汉武帝的长子卫太子刘据。朝廷下诏让列侯公卿以下百官来验看。但到场的人都不敢说话。隽不疑后到，喝令属吏将他逮捕。说:“春秋时期蒯聩出逃，蒯氏都拒不接纳，《春秋》都赞赏这种做法。卫太子因为得罪先帝，逃跑后没有死掉，现在自己上门请求伏法，这是罪人啊。”于是就把此人逮入监狱。汉昭帝与霍光赞赏了他，说:“公卿大臣还是应当选用熟读经书、深明大义的人啊。”后来仔细审理，果然这个家伙是冒充的，于

是判处欺君罔上的罪名，腰斩了他。

捕脯小龙　程颢为上元主簿，有善政。茅山池有小龙，得见者奉以神，民走若狂。颢捕而脯之。

［译文］程颢担任上元县主簿时，治理效果良好。茅山池中有一条小龙，看到的人都把它奉为神明，百姓像发狂一样都跑去看。程颢把它抓住后制成了肉干。

汰僧为兵　宋胡旦通判昇州。时江南初平，汰李氏所度僧，十减六七。旦曰："彼无田庐可归，将聚而为盗。"乃悉黥为兵。以同时所汰尼僧配之。

［译文］宋代的胡旦担任昇州通判。当时江南刚刚被平定，他让南唐皇帝所剃度的僧人还俗，减少了十分之六七。胡旦说："那些人没有田地和家业，可能会聚集起来成为盗贼。"于是全都给他们身上文身做了记号，让他们去当兵，并把同时还俗的尼姑婚配给他们为妻。

俟面奏　寇天叙以应天府丞摄尹事。时武宗南巡，权嬖鸱张索贿，拂其意，祸且立至。天叙曰："与其行贿改节，不若得罪去官。"凡有所需，直阻之，曰："俟面奏，旨与则与，皆莫谁何！"驻跸九阅月，费且不资，而民不病。

［译文］寇天叙以应天府丞的身份暂代府尹的职务。当时明武宗南巡，权臣与宦官大肆索取贿赂，如果违背了他们的心意，就立刻有大祸临头。寇天叙说："我与其因行贿而改变我的节操，不如获罪而丢掉官职。"所以凡有所求，全都回绝，并说："等我当面启奏皇上，皇上说可以给我就给。"都拿他没办法。皇帝停留了九

个月，耗费极大，但这里的民众却并没有受到太大的影响。

破柱戮奸　李膺拜司隶校尉，时小黄门张让弟朔为野王令，贪残无道，畏膺威严，逃还京师，匿于兄家合柱中。膺知其状，率吏卒破柱取朔，付洛阳狱。受辞毕，即杀之。自此诸黄门常侍皆鞠躬屏气。时朝廷日乱，纲纪颓弛，而膺独持风裁，以声自高，有景仰之者。

[译文] 李膺担任司隶校尉，当时小黄门张让的弟弟张朔担任野王令，贪婪无道，怕李膺的威严，逃回到京城，躲藏在哥哥家里的空心柱子里面。李膺知道了这一情况，率领属吏及士兵来打开柱子逮走了张朔，交付给洛阳监狱。拿到口供后就将他杀了。从此后这些黄门常侍都非常恭谨小心。当时朝纲变得一天天地混乱，法度废弛，只有李膺坚持风纪，以声名自重，有不少人非常景仰他。

清廉

冰壶　杜诗："冰壶玉鉴悬清秋。"姚元崇所作《冰壶》，言其洞彻无瑕，澄空见底。杜诗清廉，有类于是。

[译文] 杜甫的诗说："冰壶玉鉴悬清秋。"姚元崇写了《冰壶》，是说冰壶全身没有一点瑕疵，而且清澈得可以看见壶底。东汉有个叫杜诗的人为官清廉，就像冰壶一样。

斋马　唐冯元叔历浚仪、始平尹，单骑赴任，未常以妻子之官。所乘马，不食民间刍豆。人谓之斋马。

[译文] 唐代的冯元叔历任浚仪、始平的府尹，一个人骑马去赴任，从来不带老婆孩子一起去任所。他所骑的马，也不吃民间供应的粮草。人们都称它为“斋马”。

廉能 《周礼·天官》：以听官府之六计弊群吏之治，一廉善，二廉能，三廉敬，四廉正，五廉法，六廉辨。

[译文]《周礼·天官》中说，从六个方面可以考查官员的治理的成绩：一是考查是否善良，二是考查是否有能力，三是考查对待工作是否恭敬谨慎，四是考查是否正直，五是考查是否依法行事，六是考查能否分辨是非。

冰清衡平 华康直知光化，丰稷知谷城，廉而且平。时人歌之曰：“华光化，丰谷城，清如冰，平如衡。”

[译文] 华康直主管光化，丰稷主管谷城，两人都清廉公允。当时人歌颂他们说：“华光化，丰谷城。清如冰，平如衡。”

釜中生鱼 晋范丹字史云，桓帝时为莱芜长。人歌之曰：“甑中生尘范史云，釜中生鱼范莱芜。”

[译文] 晋代的范丹，字史云，桓帝时担任莱芜的长官。时人歌颂他说：“甑中生尘范史云，釜中生鱼范莱芜。”

留犊 魏时苗，为寿春令。始至官，乘簿笨车、黄牸牛、布被囊。岁余，牛生一犊。及去，留其犊，谓主簿曰：“令来时，本无此犊。犊是淮南所生，故留之。”明交河令叶好文，亦留三犊与贫民为耕。

[译文] 三国时魏国的时苗担任寿春县令。刚到任时，乘坐着粗糙

简陋的小车、驾着黄色的母牛、带着布被的行囊。过了一年多，母牛生了小牛犊。等他离任时，留下了小牛犊，对主簿说:“我来赴任的时候，本来没有这只小牛犊。牛犊是在淮南这里出生的，所以让它留在这里。”明代的交河令叶好文，也曾留下三只牛犊给贫民耕地用。

酹酒还献 后汉张奂，为安定属国都尉。有羌人献金、马者，奂召主簿张祁入，于羌前，以酒酹地曰:“使马如羊，不以入厩；使金如粟，不以入怀。”悉以还之，威化大行。

[译文] 东汉的张奂，担任安定属国的都尉。羌人有来进献金钱和马匹的，张奂召主簿张祁进来，在羌人面前，把酒倒在地上说:“即使马像羊一样多，我也不要它们进入我的马厩；即使金钱像粟米那样多，我也不把它们揣在自己怀里。”把东西全还给了羌人，于是威望教化广泛传播。

食馔一口 北齐彭城王攸自沧州召还，父老相率具馔，曰:“殿下惟饮此乡水，未尝百姓馔，聊献疏薄。”攸食一口。

[译文] 北齐时的彭城王高攸从沧州被皇帝召回还朝，当地百姓一起为他准备了酒菜，说:“殿下您只喝过沧州的水，还没有尝过我们这百姓的饭菜，我们姑且献上这一点粗疏的饭菜。”高攸就吃了一口。

臣心如水 前汉成帝时，郑崇为尚书，好直谏，贵戚多谮之。上责崇曰:“君门如市，何以欲禁绝贵戚？”崇对曰:“臣门如市，臣心如水。”

[译文] 西汉成帝时，郑崇担任尚书，他喜欢直言进谏，贵戚们常

常说他的坏话。成帝责备郑崇说：“你自己也门庭若市，为什么想要禁绝贵戚们的交往呢？”郑崇回答说：“我虽然门庭若市，但我的心却清澈如水。”

清乎尚书之言　后汉钟离意，为尚书令。交趾太守张恢，坐赃伏法，以资物陈于帝前，诏颁赐群臣。意得珠玑，悉以委地。帝怪之，答曰：“孔子忍渴于贪泉，曾参回车于胜母，恶其名也。赃秽之资，诚不敢拜受。”上叹曰：“清乎尚书之言！”

[译文]　东汉的钟离意担任尚书令的职务。交趾太守张恢，因贪赃而服罪，他的财物都被陈列在皇帝面前，皇帝下诏将其分赐给群臣。钟离意得到了珠玑，但都扔在了地上。皇帝觉得奇怪，钟离意说：“孔子忍着口渴，也不愿意饮用贪泉的水，曾参在胜母这个地方驾车返回，都是因为厌恶它们的名字。现在这些都是贪赃的秽物，我实在不敢接受。”皇上感叹说：“尚书的话真是清廉啊！”

乘止一马　朱敬则为卢州刺史，代还，无淮南一物，所乘止一马。

[译文]　朱敬则担任卢州刺史，即将卸任的时候，没有带走淮南的一件东西，只骑了一匹马。

酌水奉饯　隋赵轨为齐州别驾。入朝，父老送之，曰：“公清如水，请酌一杯水以奉饯。”

[译文]　隋代的赵轨担任齐州别驾，离职还朝时，父老乡亲都来给他送行，说：“大人清廉如水，请允许我们饮一杯水来为大人您饯别。”

郁林石　吴陆绩为郁林太守，罢归无装，舟轻不能过海，乃取一大石置舟中以归。人号郁林石。

［译文］ 吴国的陆绩担任郁林太守，罢官回乡时没有什么行李，小船太轻没法在海上航行，就取了一块大石头放在船里回乡。人们称之为“郁林石”。

只谈风月 徐勉迁吏部尚书，常与门人夜集，有为人求官者，勉曰：“今夕只可谈风月，不宜及公事。”

［译文］ 徐勉升任吏部尚书时，曾经和门人晚上宴饮，有门人来为别人求取官职，徐勉说：“今天晚上只谈风月，不宜说公事。”

市肉三斤 海瑞为淳安令，一日，胡总制语三司诸道曰：“昨闻海令市肉三斤矣，可往察之。”乃知为母上寿所需也。

［译文］ 海瑞担任淳安县令。有一天，总督胡宗宪对主管军事、民政、司法的三司官员说：“昨天听说海县令竟然买了三斤肉，大家可以去察看一下。”后来才知道是为了给母亲祝寿才买的。

一文不直 薛大楹主南昌簿，尝标其门曰：“要一文，不直一文。”

［译文］ 薛大楹担任南昌主簿时，曾在大门上写着：“我若要别人一文钱，我就一文钱也不值了。”

原封回赠 吴让知临桂县，不三年，超升庆远知府。南丹诸土官各馈金为贽，让却不受，口占绝句遗之，曰：“贪泉爽酌吾何敢，暮夜怀金岂不知？寄语丹州贤太守，原封回赠莫相疑。”

［译文］ 吴让担任临桂县知县，不出三年，就被破格提拔成庆远知府。庆远府下属南丹县的各少数民族的酋长都来送金钱作为贺礼，吴让拒而不收，随口诵了一首绝句送给他们，说：“贪泉爽酌

吾何敢，暮夜怀金岂不知。寄语丹州贤太守，原封回赠莫相疑。”

书堂自励　陈幼学知湖州，书于堂曰：“受一文枉法钱，幽有鬼神明有禁；行半点亏心事，远在儿孙近在身。”

［译文］　陈幼学担任湖州太守，在大堂上写道：“受一文枉法钱，幽有鬼神明有禁；行半点亏心事，远在儿孙近在身。”

画菜于堂　徐九经令句容，及满去，父老儿稚挽衣泣曰：“公幸训我！”公曰：“惟俭与勤及忍耳。”尝图一菜于堂，题曰：“民不可有此色，士不可无此味。”至是，父老刻所画菜，而书勤俭忍三字于上，曰：“徐公三字经。”

［译文］　徐九经担任句容县令，等到任期已满离任时，父老乡亲和小孩子都拉着他的衣服哭着说：“大人请给我们说几句教诲的话吧。”徐九经说：“只有俭、勤、忍三个字。”他曾经在大堂上画了一棵白菜，在上面题词道：“百姓不能面有菜色，士人不能不知稼穑艰难。”到这时，父老乡亲便把他画的菜刻在碑上，并在上面写了“勤、俭、忍”三个字，称之为“徐公三字经”。

御书褒清　程元凤官拜右丞相兼枢密。御书“清忠儒硕昭光”六字褒之。

［译文］　程元凤被授予右丞相兼枢密使的职务。皇帝亲手写了“清忠儒硕昭光”六个字来褒奖他。

清白太守子　王应麟守徽州，其父㧑尝守是郡，父老曰：“此清白太守子也。”

［译文］　王应麟担任徽州太守，他的父亲王㧑也曾经在这里当太守，

徽州的父老都说:“这就是那个清白太守的儿子啊。”

刘穷　刘玺，龙骧卫人。少业儒，长袭世职，居官廉洁，人呼为“青菜刘”，或呼为“刘穷”。继推总漕运，上识其名，喜曰:“是刘穷耶？可其奏。”

[译文]　刘玺是龙骧卫人。少年时期以儒学为学业，长大后继承了父亲的职位，为官廉洁，人称他为“青菜刘”，也有人称他为“刘穷”。后来担任督漕总兵，皇帝知道他的名字，看到他的奏章就很高兴地说:“是那个刘穷吗？答应他的奏请。”

清化著名　韦谀少好文学，群言秘要之义，无不综览。后仕石季龙，历守七郡，咸以清化著名。

[译文]　韦谀年轻时很喜欢文学，各家的言论和深奥的要旨，没有不贯通的。后来在后赵石季龙的手下做官，在七个郡做过太守，都以清廉而著名。

廉让之间　范柏年初见宋明帝，言及广州贪泉，因问:“卿州复有此水不？”答曰:“梁州惟有文川武乡、廉泉让水。”又问:“卿宅何处？”曰:“臣所居廉让之间。”帝嗟其善答。

[译文]　范柏年第一次拜见宋明帝时，说到广州的贪泉，于是宋明帝问他:“你的州里还有没有这样的水？”范柏年回答说:“梁州只有文川武乡、廉泉让水。”宋明帝又问:“你家在哪里呢？”范柏年回答说:“我就住在廉泉和让水之间。”宋明帝赞叹他的善于应对。

清白遗子孙　郑述祖仕齐，为兖州刺史。其父亦尝为此州。百姓歌之曰:“大郑公，小郑公，相去五十载，风教尚有同。”及病，曰:“一生富贵足矣！以清白之名遗子孙，死无所恨。”

［译文］ 郑述祖在北齐做官，担任兖州刺史。他的父亲也曾担任兖州刺史。百姓歌颂他们说:“大郑公，小郑公，相去五十载，风化还相同。”等到他得了重病时，他说:“我这一生富贵够了！把清白的名声留给子孙，死了也就没有遗憾了。”

清有父风　柳玭，仲郢子，为岭南节度副使。廨中桔熟，既食，乃纳直于官。拜御史大夫，清直有父风。

［译文］ 柳玭是柳仲郢的儿子，担任岭南节度副使。官署里的橘子熟了，他吃了以后，就把橘子钱送到官府里。后来被授予御史大夫的职位，清廉正直有他父亲的风范。

悬鱼　羊续，南阳守。入境，即微服间行，凡令长贪洁，吏民良猾者，皆廉知其状，一郡震竦。府丞以生鱼献，受而悬之庭柱。其后进。妻率子祕入郡舍，不纳，妻怒检室中，惟衾盐菜而已。

［译文］ 羊续是南阳太守。进入南阳境内，就穿着便服，从小道走，境内的县令长官是贪污还是廉洁，属吏和民众是善良还是狡猾，全都清楚了，全郡的人都很震惊。府丞给他送了一些生鱼，他接受后悬挂在庭外的柱子上，以此来杜绝以后的进献。他的妻子带着儿子羊祕来到郡里的官署，他却不接纳，妻子非常生气，检查屋里，只有布被和咸菜罢了。

自控妻驴　宋李若谷赴长社主簿，自控妻驴，故人韩亿为负行李。将入境，谓韩曰:“恐县吏迎至。”箧中止有钱六百，以其半遗韩，相持大哭而别。

［译文］ 宋代的李若谷赴任去做长社的主簿，自己拉着妻子所乘的

驴，老朋友韩亿帮他背着行李。快要进入县境了，对韩亿说："恐怕县吏要来迎接了。"箱子里只有六百个铜钱，便拿出一半赠给韩亿，二人互相拥抱大哭而后分别。

埋羹 王琎，宁波守。操行廉洁，自奉尤俭约。一日，见馔兼鱼肉，大怒，令辍而瘗之，号"埋羹太守"。

［译文］ 王琎是宁波的太守。他的操行廉洁，自己的用度尤其节俭。有一天，看到饭菜中竟然既有鱼又有肉，非常生气，命令停止食用并埋了起来，人们称他"埋羹太守"。

进饼不受 明戴鹏，会稽知县，清慎自守。时军驻四明，鹏往供馈饷。期限严急，率民步行，日晡饥甚，从者进饼，却不受，掬道旁水饮之。

［译文］ 明代的戴鹏，担任会稽知县，清廉谨慎，严格自律。当时有军队在四明驻扎，戴鹏前去供给粮饷。期限紧迫，他率领民众步行前往，日落时非常饿，随从给他拿饼吃，他拒绝了，只捧了路边的水来喝。

仅二竹笼 明轩輗由御史出为按察使，清约自持，四时一布袍，常蔬食。约诸僚友，三日出俸市肉一斤，多不能堪。待故旧，惟一肉，或杀鸡，辄惊曰："轩廉使杀鸡待客矣。"后以都御史致仕。上问曰："昔浙江廉使考满归家，仅二竹笼，是汝乎？"輗顿首谢。

［译文］ 明代的轩輗由御史外调担任按察使，为人清廉节俭，很有操守，一年四季只穿一件布袍，常常只吃蔬菜。他和同僚们约定，三天才拿出俸禄去买一斤肉，再多就无法承受。款待老朋

友，只有一个肉菜，有时会杀只鸡，大家便会非常惊讶地说："轩廉使竟然杀鸡待客了。"后来以都御史的身份退休。皇帝问："以前浙江廉使任满回家的时候，行李只有两个竹笼，是你吗？"轩輗跪拜磕头，表示惭愧。

符青菜　明符验，守常州，不携家，持二敝簏，一童仆，日供惟蔬，人目为"符青菜"。锐意锄强，凡横于乡者，虽窜匿，期必得之，苟奉法而至，亦不深求。岁大旱蝗，日循行督捕。每出，以筐盛米数升、柴数束自给，不劳民供亿。

［译文］明代的符验担任常州太守时，赴任不携带家眷，仅带着两个旧竹筐和一个童仆，每天吃的仅有蔬菜，人称之为"符青菜"。但他决心要锄强扶弱，凡是横行于乡里的人，即使已经逃跑或躲起来了，也一定要抓到。但若是按照法律投案自首的，也不过于深究。有一年大旱，又有蝗灾，每天都按照规定来监督捕蝗虫的情况。每次外出，用筐盛几升米、带几捆木柴以自给，不烦劳百姓供给。

清乃获罪　南北朝沉巑之丹徒令，以清介不通左右被谮，逮系尚方。帝召问，对曰："臣清乃获罪。"帝曰："清何以获罪？"曰："无以奉要人耳。"帝问要人为谁，指曰："此赤衣诸郎皆是。"复任丹徒。

［译文］南北朝的沈巑之担任丹徒县令，因为清廉正直不结交皇帝身边的大臣而被诬陷，被逮捕下狱。皇帝召他问罪，他回答说："我因为清廉而获罪。"皇帝说："清廉怎么会获罪？"回答说："没有什么东西可以进献给朝中要员啊。"皇帝问他要员是谁，他指着四周说："这里穿着红衣服的都是啊。"后来继续担任丹徒县令。

橐无可赠 南北朝刘溉建安太守。故人任昉以诗寄溉，求一衫。溉检中无可赠者，答诗曰:“予衣本百结，闽乡徒八蚕。”

[译文] 南北朝的刘溉担任建安太守。老朋友任昉给刘溉寄来一首诗，向他求赠一件布衫。刘溉发现自己没有什么可以赠的，就回赠一首诗说:“予衣本百结，闽乡徒八蚕。”

不持一砚 包拯知端州。州岁贡砚，必进数倍以遗要人。拯命仅足贡数即已。秩满归，不持一砚。

[译文] 包拯担任端州知州。端州每年向朝廷进贡砚台，还一定要按照进贡朝廷砚台的几倍来赠给朝廷要员。包拯下令每年只交够进贡朝廷的数量就可以了。等他任职期满离开时，没有带走一方砚台。

日唯啖菜 宋姚希得知静江。官署旧以锦为幕，希得曰:“吾起家书生，安用此！”命以布易之。日惟啖菜，一介不妄取也。

[译文] 宋代的姚希得担任静江知府。官署里以前用锦缎来做幕布，姚希得说:“我是从穷书生起家做官的，用这些奢华的东西干什么！”下令用普通的布代替。每天只吃蔬菜，一丝一毫都不随便取用。

命还砧石 宋凌冲令含山，律己甚严，一介不妄取。见归装有一砧石，诧曰:“非吾来时物也。”命还之。

[译文] 宋代的凌冲担任含山县令，严格要求自己，一样东西都不胡乱取用。离任时看到行装里有块捣衣石，非常惊讶，说:“这不是我来时带的东西啊。”就让人还了回去。

毋挠其清　唐蒋沇历长安、咸阳、高陵诸邑令，多卓异声。郭子仪过高陵，戒麾下曰：“蒋贤令供亿，得蔬食足矣，毋挠其清也！”

[译文]　唐代的蒋沇历任长安、咸阳、高陵等地的县令，多有卓越的名声。郭子仪率军路过高陵，告诫其部下说：“蒋贤令来为我军送给养，有蔬菜吃就足够了，不要破坏了他的清名。”

杯水饯公　隋赵轨，齐川别驾。东邻有桑椹落其庭，轨遣拾还之。及被召，父老挥泣送曰：“公清如水，不敢以壶浆相溷，敬持杯水饯公。”轨受而饮之。

[译文]　隋代的赵轨担任齐州别驾。东边的邻居家里有桑葚落到自己的庭院里，赵轨派人拾起来送还给邻家。被朝廷召还时，父老乡亲都哭着送他说：“大人像水一样清，我们不敢用酒浆玷污您的清名，就敬持一杯水来饯别大人吧。”赵轨接过这杯水并喝了它。

挂床去任　三国裴潜，兖州刺史。尝作一胡床，及去任，挂之梁间。人服其介。

[译文]　三国时的裴潜担任兖州刺史。曾经做了一个胡床，等到离任时，就把它挂在了梁上。人们都佩服他的节操。

置瓜不剖　苏琼守清河。先达赵颖献园瓜，琼勉留置梁上，不剖食。人闻受颖瓜，竞献新果，至门，知瓜犹在，相顾而去。

[译文]　苏琼担任清河太守。一个有德行的前辈赵颖给他进献了一个园子里的瓜，苏琼勉强收下但却放在梁上，不切开吃。人们都听说他接受了赵颖的瓜，便竞相去献上新鲜水果，到了门前，才知道那个瓜还在，只好互相看看离开了。

受职

筮仕　《左传》：毕万筮仕于晋，遇屯之比。辛廖占之曰：“吉。”

[译文]《左传》记载：毕万占卜在晋国做官是吉是凶，得到的是屯卦，变为比卦。辛廖解释说：“这是大吉的卦象。”

下车　李白为南昌宰去思碑云：“未下车，人惧之；既下车，人爱之！”

[译文]　李白为南昌宰写的《去思碑》说：“没上任时，大家害怕他；到任后，大家敬爱他。”

瓜期　《左传》：齐侯使连称、管至父戍葵丘，瓜时而往，曰：“及瓜而代。”

[译文]《左传》记载：齐侯让连称、管至父守卫葵丘，瓜熟的时候出发，并且说：“第二年瓜熟的时候让人来替换你们。”

书考　《书经》：三载考绩。三考黜陟幽明。

[译文]《书经》中说：三年要考核官员的政绩。三次考核之后要废黜昏愚，奖拔贤明。

增秩　前汉宣帝曰：“太守吏民之本，数变易则下不安。民知其将久，不可欺罔，乃服从其教化。”故二千石有治绩，辄以玺书勉励，增秩赐金。

[译文]　汉宣帝说：“太守是属吏与百姓的根本，变更次数太多下面就会不安定。民众如果知道这个太守在任时间比较长，那就不会

欺骗他们，也就会服从太守的教化。”所以太守有了政绩，就用诏书来勉励他们，增加俸禄并赏赐金钱。

报政 《史记》：伯禽受封之鲁，三年然后报政。周公曰：“何迟也？”伯禽曰：“变其俗，革其祀丧，三年而后除之，故迟。”太公封于齐，五月而报政。周公曰：“何速也？”曰：“吾简其君臣礼，从其俗也，故速。”

[译文] 《史记》记载：伯禽受封到鲁国，过了三年才向周公汇报政绩。周公说：“为什么汇报得这么晚呢？”伯禽说：“改变他们的风俗，革除他们的祭祀与丧礼中不合礼仪的地方，三年才能去除，所以有些晚了。”姜太公封到齐地，五个月就来汇报政绩。周公说：“为什么这么快呢？”回答说：“我简化君臣之间的礼节，顺从他们的风俗，所以快啊。”

一行作吏 晋嵇叔夜与山巨源书云：“游山泽，观鱼鸟，心甚乐之。一行作吏，此事便废。”

[译文] 晋朝的嵇康（字叔夜）所写的《与山巨源绝交书》中说：“游玩大山深泽，观赏游鱼飞鸟，心里非常快乐。但一做官，这种快乐的事情就没有了。”

穷猿奔林 李充字弘度，尝叹不被遇。殷浩问：“君能屈志百里否？”李答曰：“北门之叹，久已上闻。穷猿奔林，岂暇择木？”遂授剡县。

[译文] 李充字弘度，曾经叹息自己不被人赏识。殷浩问他：“你能委屈自己做主管百里的县令吗？”李充回答说：“我怀才不遇的《北门》之叹，朝廷早就听到了。无处可去的猿猴奔向森林，哪

里还有工夫去选择树木呢？”于是便被授予剡县县令的职位。

有蟹无监州 宋初通判与知州争权，每云：“我是州监！”有钱昆者浙人，嗜蟹，尝求补外郡，曰：“但得有蟹无监州则可。”东坡诗云：“欲向君王乞符竹，但忧无蟹有监州。”

［译文］ 宋代初年，通判和知州争夺权力，往往说：“我是州监！”有一个叫钱昆的浙江人，爱吃螃蟹，曾经要求到外郡去做知州，说：“希望那个地方只有螃蟹而没有监州就行了。”苏轼写诗说：“欲向君王乞符竹，但忧无蟹有监州。”

致仕 遗爱

蜘蛛隐 龚舍仕楚，见飞虫触蜘蛛网而死，叹曰：“仕宦亦人之罗网也。”遂挂冠而去。时号为“蜘蛛隐”。

［译文］ 龚舍在楚国做官，看到有飞虫碰到蛛网而死掉了，就叹息说：“仕途也是给人织成的罗网啊。”于是辞官而去。当时人称之为“蜘蛛隐”。

从赤松子游 张良辞高祖曰：“臣以三寸舌为帝者师，封万户侯，此布衣之极，于愿足矣。愿弃人间事，从赤松子游。”

［译文］ 张良向汉高祖告辞，说：“我以三寸不烂之舌成为帝王的老师，被封为万户侯，这是一般人所能达到的极致了，我的愿望已经满足了。现在我希望能够抛开人间的俗事，跟随神仙赤松子去修行。”

鸱夷子皮　范蠡灭吴，以大名之下难以久居，且勾践可与同患难，不可以同安乐，遂乘轻舟泛湖而去，自号鸱夷子皮。

[译文]　范蠡帮助越王消灭吴国，认为盛名之下难以久处，而且越王勾践可以和他共患难，不可以和他同享乐，所以驾着轻快的小船离开了，自称为“鸱夷子皮”。

东门挂冠　汉逢萌见王莽杀其子，告友人曰：“三纲绝矣！不去，祸将及。”遂挂冠东门而去。

[译文]　汉代的逢萌看见王莽杀了自己的儿子，便告诉朋友说：“伦理纲常都断绝了！如果再不离开，大祸将会降临。”于是把官帽挂在城东门就离去了。

思莼鲈　晋张翰，齐王冏辟为大司马功曹。翰见秋风起，思吴江莼羹鲈脍，叹曰：“人生贵适意，安能羁官数千里！”遂命驾而归。

[译文]　晋朝的张翰，齐王司马冏任命他担任大司马功曹。当秋风吹起时，张翰便思念吴江的莼菜羹和鲈鱼脍，长叹说：“人生一世贵在让自己开心，怎么能被官位羁留在千里之外呢！”于是就坐船回乡了。

二疏归老　汉疏广为太傅，兄子受为少傅。广谓受曰：“吾闻知足不辱，知止不殆，岂若告老，以归骸骨。”即日辞官，上许之。故人设饯东门，观者皆曰：“贤者二大夫！”

[译文]　汉代的疏广官拜太傅，他哥哥的儿子疏受官拜少傅。疏广对疏受说：“我听说懂得满足就不受辱，懂得行止就不会有危险。不如告老还乡，让我们的骸骨能归埋乡土。”于是当天就辞官，

皇帝允许了。老朋友们在东门设宴送别，观看的人都说："这两个大夫真是贤明！"

襆被而出 晋魏舒为尚书郎。时欲沙汰郎官，非其才者罢之。舒曰："我即其人也。"襆被而出。同僚素无清问者咸有愧色。

［译文］ 晋朝的魏舒担任尚书郎。当时要裁撤郎官，没有相应才能的人都要被罢免。魏舒："我就是这样的人啊。"用包裹束了衣被就走了。那些向来没有清廉名声的同僚都感到惭愧。

弃茬席霉 晋文公弃茬席，霉黑。舅犯辞归，言文公弃其卧席之霉黑。舅犯以其弃旧恋新，故辞归。

［译文］ 晋文公扔掉了一领发霉变黑的旧席子，他的舅舅子犯就要辞官回去，说是晋文公抛弃有了霉黑的席子。子犯认为他会喜新厌旧，所以辞官离开。

乞骸骨 汉宣帝朝，丞相韦贤以老病乞骸骨，赐黄金百斤，安车驷马，罢就第。丞相政仕自贤始。

［译文］ 汉宣帝时，丞相韦贤因年老多病而请求退休，朝廷赏赐黄金百斤，并赐给他安车驷马，让他离任回家。丞相退休就是从韦贤开始的。

甘棠 《诗经》："蔽芾甘棠，勿剪勿伐，召伯所茇。"召伯巡行南阳，听政于甘棠。后人思其恩泽，故戒勿剪伐。

［译文］《诗经》里说："蔽芾甘棠，勿剪勿伐，召伯所茇。"召伯往南阳巡行的时候，在甘棠树下处理政事。后人念及他的恩泽，所以告诫人们对甘棠不可剪枝也不要砍伐。

生祠　汉于公决狱，平民立祠生祀之。生祀始此。

［译文］汉代的于定国断案公平公正，百姓在他活着时就立祠来祭祀他。生祠就是从他开始的。

脱靴　唐崔戎自刺史迁官，民拥留抱持，取其靴。今之脱靴始此。

［译文］唐代的崔戎由刺史升官，百姓为了挽留他，都抱住他，并脱了他的靴子不让他走。现在所说的“脱靴”就源于此事。

桐乡　前汉朱邑为桐乡令，病且死，属其子曰：“我故后，吏民必葬我于桐乡。后世子孙奉我，或不如桐乡百姓。”

［译文］西汉的朱邑担任桐乡县令，病得快要死了的时候，对儿子说：“我死后，属吏与百姓一定会把我埋葬在桐乡。后世的子孙祭祀我，可能还不如桐乡的百姓。”

野哭　子产相郑。及卒，国人哭于巷，农夫哭于野，商人罢市而哀，流涕三月，不闻琴瑟之声。

［译文］子产担任郑国的相。他死后，都城的人在街上哀哭他，农夫在田野哭他，商人停了生意哀哭他，国人哭了三个月，听不到琴瑟的声音。

堕泪碑　晋羊祜以清德闻。及死，南州为之罢市，巷哭者声相接，葬于岘山。百姓望其碑者。辄流泪，谓之堕泪碑。

［译文］晋代的羊祜以道德高尚而著称于世。他死的时候，南面的州县为他取消了集市贸易，街巷上的人哭声连成一片。羊祜被埋葬在岘山，百姓看到他的墓碑就流泪，称之为“堕泪碑”。

童不歌谣 秦五羖大夫百里奚卒，秦人巷哭，童子不歌谣，舂者不相杵。

[译文] 秦国的五羖大夫百里奚死时，秦国人在街巷里哭泣，小孩不唱歌谣，舂米的人也不唱号子应和。

下马陵 董仲舒墓在长安，人思其德，过者下马，人谓之下马陵。后世误称虾蟆陵。

[译文] 董仲舒的坟墓在长安，人们思慕他的德行，路过墓地就下马表示敬意，称之为“下马陵”。后世误称为“虾蟆陵”。

扳辕卧辙 汉侯霸为临淮太守，被召，百姓扳辕卧辙，愿留期年，奔送百里。

[译文] 汉代的侯霸担任临淮太守，被朝廷征召，百姓扳着他的车辕，躺在他的车轮前面，希望他能再留任一年，跑着送他上百里的路程。

截镫留鞭 唐姚崇受代日，民吏泣拥马首，截镫留鞭，止其不去。

[译文] 唐代的姚崇离任时，百姓和官吏都哭着抱着马头，拿走马镫，留下马鞭，阻止他，不忍他离开。

众庶从居 魏德深迁贵乡长，为政清静，不严而肃。转馆陶长，既至，老幼如见父母。二县父老争请留之，郡不能决。会使者至，乃断从贵乡。馆陶众庶从而居者数百家。

[译文] 魏德深调任贵乡县长，为政清廉恬静，不用严刑峻法就达到大治。转任馆陶县长，上任之后，男女老少都像见了父母一

样。两个县的父老争相请求把他留下，郡守无法决断。恰逢朝廷的使者到来，就断给了贵乡县，于是馆陶县数百家民众跟随他迁徙到贵乡居住。

与侯同久　柳不华武冈路总管，守境卫民几二十年，民歌之曰："前有公绰，武冈父母。今之郡侯，无乃其后。足我衣食，安我田亩。我子我孙，与侯同久。"

[译文] 元朝时柳不华担任武冈路总管，守卫边境保护百姓将近二十年，民众歌颂他说唐朝时有柳公绰，是武冈民众的父母。现在的郡侯大人，难道就是他的后人？让我们丰衣足食，保卫我们的田亩。希望我的子子孙孙，都能与郡侯一样长长久久。

不犯遗钱　郑棨庐州刺史，黄巢掠淮南，棨移檄请无犯州境，巢为敛兵，州独完。秩满去，遗钱千缗，藏州库。后他盗至，曰："郑使君钱。"不敢犯。

[译文] 郑棨担任庐州刺史时，黄巢劫掠淮南，郑棨给黄巢写檄文请不要侵犯庐州境内，黄巢因为这封信而让士兵收敛一些，因此只有庐州免于劫掠。期满离开时，留下很多钱，收藏在庐州的仓库中。后来有盗贼到这里，说："这是郑使君的钱。"不敢冒犯。

天赐策　何比干，字少卿，汝阴人，汉武帝朝廷尉。时张汤持法严，而比干务平恕，所全活者数千人，淮南号曰"何公"。忽有老妪造门曰："先世有阴德及公之身，又治狱多平反，今天赐策，以广公后。"因出怀中策九百九十枚，曰："子孙佩印符者如此算。"

[译文] 何比干，字少卿，是汝阴人，汉武帝时担任廷尉。当时张汤持法严酷，而何比干则公平宽容，因他得以保全性命的有几千

人，淮南一带称他为“何公”。忽然有一个老太婆来到他的门前说:“你的祖先积有阴德，可保大人一生，现在判案多为人平反，所以上天赐给你策符，让你的后人也受福佑。”于是便从怀中拿出九百九十枚策符，说:“大人的子孙应该有这么多人佩戴官印。”

再任 陶侃再为荆州，黄霸再为颍州，郭伋再为并州，陈蕃再为乐安，寇恂再为河南，耿纯再为东郡。

[译文] 陶侃两次在荆州任职，黄霸两次在颍州任职，郭伋两次在并州任职，陈蕃两次在乐安任职，寇恂两次在河南任职，耿纯两次在东郡任职。

降黜 贪鄙

咄咄书空 晋殷浩被黜，谈咏不辍。虽家人，不见其有流放之感。但终日书空，作“咄咄怪事”四字而已。

[译文] 东晋的殷浩被罢免后，仍然不停地清谈、吟诗；就是家人也看不出他有被流放的样子。只是每天都用手在空中书写“咄咄怪事”四个字。

胡椒八百 唐元载受贿，后事败，有司籍其家，钟乳五百辆，胡椒八百斛，他物不可胜计。

[译文] 唐代的元载受贿，后来事情败露，官府查没他的家产，仅石钟乳就有五百两，胡椒八百斛，其他的财物不计其数。

簠簋不饰　贾谊策："古者大臣有坐不廉则废者，不谓不廉，则曰'簠簋不饰'。"

[译文]　贾谊在《治安策》中说："古代的大臣因为不廉洁而被罢免的，不说不廉，而只是说'簠簋（此为两种盛黍稷稻粱的礼器）不饰'。"

围棋献赂　蜀刺史安重霸，性贪贿。州民有油客邓姓者，资财巨万，重霸召与围棋，令侍立。下子过于筹算，终日不下数十子。邓倦立，且饥馁不堪。次日，又召。或曰："本不为棋，何不献贿？"邓献金三锭，获免。

[译文]　蜀地的刺史安重霸，天性贪图贿赂。州里民众中有一个姓邓的卖油商人，家财巨万，安重霸召唤他下围棋，让他站着下。安重霸故意下得很慢，一天也下不了几十子。邓站得非常疲倦，而且饥饿不堪。第二天，又召他来。有人告诉他说："本来安大人就不是为了下棋，为什么不向他行贿呢？"邓献上了三锭金子，才得以免受折磨。

拔钉钱　五代赵在礼令宋州，贪暴逾制，百姓苦之。后移镇永兴，百姓欣贺曰："拔却眼中钉矣！"在礼闻之，仍求复任宋州，每岁户口，不论主客，俱征钱一千，名曰"拔钉钱"。

[译文]　五代时的赵在礼担任宋州太守，贪婪残暴，超出礼节的底线，百姓深感痛苦。后来调任到永兴，百姓高兴地互相庆贺说："终于把眼中钉拔去了！"赵在礼听到后，又请求朝廷让他再次回宋州任职，每年，境内的人不论户口是否在宋州，都征收一千个铜钱，叫作"拔钉钱"。

捋须钱　南唐张崇帅庐州，所为不法，尝入觐，庐人曰："渠伊想不复来矣！”崇归，计日索“渠伊钱”。明年又入觐，盛有罢府之议，人不敢实指，道路相视，皆捋须相庆。崇归，又征“捋须钱”。

［译文］南唐时的张崇担任庐州长官，所作所为不守法纪。一次入朝觐见，庐州百姓说:“那家伙想必不会再回来了！”张崇回来后，就按天征收“那家伙钱”。第二年又入朝，盛传朝廷正在商议罢免他的官职，民众不敢指名实说，在路上遇见时只是互相对视，都摸胡须来庆祝。张崇回来后，就又征收“摸胡须钱”。

破贼露布 李义甫为相，杨行款白其赃私，诏司刑刘祥道与三司杂讯，除名，流隽州，或作河道元帅。刘祥道破铜山大贼，李义甫露布榜于衢。

［译文］李义府做宰相时，杨行颖告发他贪赃营私，朝廷下诏让司刑刘祥道会同三司审理此案，于是将李义府罢免，并流放到隽州。有人戏作了一篇《河间道元帅。刘祥道破铜山大贼，李义府露布》张贴在大街上。

京师白劫 后魏元修义为吏部尚书，惟事贿赂，官之大小皆有定价。中散大夫高居呼为“京师白劫”。

［译文］后魏的元修义担任吏部尚书时，只知道受贿，官职无论大小都有定价。中散大夫高居称他是“京师白劫”。

卷八　文学部

卷八 文学略

经史

十三经　易经、书经、诗经、春秋、礼记、论语、孝经、尔雅、左传、公羊、穀梁、周礼、仪礼。

伏羲始则龙马作易，神农始即其方列为八卦，帝王为传国之宝。

［译文］　分别是:《易经》《尚书》《诗经》《春秋》《礼记》《论语》《孝经》《尔雅》《左传》《公羊传》《谷梁传》《周礼》《仪礼》。伏羲开始照着黄河所出的龙马神兽背上的图形制作《易经》，神农确定它的方位制成八卦，帝王把它看成是传国宝。

三易　夏易《连山》，其卦首艮；商易《归藏》，其卦首坤;《周易》首乾。伏羲定卦名，文王为彖辞，周公为爻辞，孔子为《十翼》，而易道始备。

［译文］　夏朝的易叫《连山》，它的卦名以艮作为开始；商朝的易叫《归藏》，它的卦名以坤为开始；周朝的易以乾为开始。伏羲氏确定了卦名，文王撰写了彖辞，周公撰写了爻辞，孔子写了《十翼》，易的道理就完备了。

十翼　孔子作《十翼》：上《彖传》一，下《彖传》二，上《爻传》三，下《爻传》四,《文言》五，上《系辞》六，下《系辞》七,《说卦》八,《序卦》九,《杂卦》十。

［译文］　孔子撰写了《十翼》，分别是：第一篇上《彖传》，第二篇下《彖传》，第三篇上《爻传》，第四篇下《爻传》，第五篇《文

言》，第六篇上《系辞》，第七篇下《系辞》，第八篇《说卦》，第九篇《序卦》，第十篇《杂卦》。

洛书 伏羲始则元龟为“洛书”，神农因之始制筮，黄帝因之始制卜。

[译文] 伏羲开始照着大龟背上的纹路制作了《洛书》，神农照着《洛书》制作了蓍草占卜的方法，黄帝用这些方法来进行占卜。

河图 昔武库火，古“河图”始无传。今误以“洛书”为“河图”，以莽时龟文为“洛书”。

商瞿子木始受《易》于孔子。秦失《说卦》三篇，河内女子始得之。

[译文] 以前武库有一次失火，上古的《河图》就失去了传本。现在都误以为《洛书》就是《河图》，还有的认为王莽时的龟文就是《洛书》。

商瞿子木最初在孔子那里学习《易经》。秦朝时遗失了《说卦》三篇文章，黄河北面有个女子又发现了它。

洪范九畴 天锡禹《洪范》九畴。初一曰五行，次二曰敬用五事，次三曰农用八政，次四曰协用五纪，次五曰建用皇极，次六曰乂用三德，次七曰明用稽疑，次八曰念用庶征，次九曰向用五福，威用六极。

[译文] 上天赐给大禹九个治理国家的方法：第一是运用“五行”的法则，第二是恭敬地做好五件事，第三是农用“八政”，第四是合用五种记时的方法，第五是建立运用最高的法则，第六是用“三德”治理国家，第七是明智地占卜解除疑惑，第八是研究各种征

兆，第九是用“五福”劝导人民，用“六极”惩罚有罪的人。

五行　一曰水，二曰火，三曰木，四曰金，五曰土。水曰润下，火曰炎上，木曰曲直，金曰从革，土爰稼穑。润下作咸，炎上作苦，曲直作酸，从革作辛，稼穑作甘。

［译文］　一是水，二是火，三是木，四是金，五是土。水的特性是向下滋润土地，火是向上面燃烧的，木的特性是可以弯曲可以伸直，金的特性是可以顺从变化，土可以用来种植庄稼。向下润泽会使味道变咸，向上会使味道发苦，可弯可直的木有酸味，可变化的金味道辛辣，庄稼的味道甘甜。

五事　一曰貌，二曰言，三曰视，四曰听，五曰思。貌曰恭，言曰从，视曰明，听曰聪，思曰睿。恭作肃，从作乂，明作哲，聪作谋，睿作圣。

［译文］　一是脸色，二是语言，三是眼看，四是倾听，五是思考。脸色要恭敬，语言要顺从，观看要明了，倾听要灵敏，思考要明智。脸色恭敬就会整肃，语言顺从就会振作，观察明了就会贤明，倾听灵敏就会善于决断，思索明智就会变得圣明。

八政　一曰食，二曰货，三曰祀，四曰司空，五曰司徒，六曰司寇，七曰宾，八曰师。

［译文］　一是粮食，二是贸易，三是祭祀，四是主管教化的司空，五是主管户口的司徒，六是主管执法的司寇，七是外交礼宾，八是军队。

五纪　一曰岁，二曰月，三曰日，四曰星辰，五曰历数。

［译文］ 一是年，二是月，三是日，四是星辰，五是历数。

三德 一曰正直，二曰刚克，三曰柔克。平康正直，疆弗友刚克，燮友柔克；沉潜刚克，高明柔克。

［译文］ 一是用正直的方法治理，二是用强硬的手段治理，三是用温和的手法治理。对于温顺的人用正直的方法治理，对于倔强的人用强硬的方法治理，对于和顺可亲的人用温和的方法治理。对于底层的百姓用强硬的方法治理，对于高层的人用温和的方法来治理。

稽疑 稽疑建择立卜筮人，乃命卜筮。曰雨（其兆为水），曰霁（其兆为火），曰蒙（其兆为木），曰驿（其兆为金），曰克（其兆为土），曰贞（内卦为贞），曰悔（外卦为悔）。

［译文］ 决疑要选择善于卜筮的人，让他们用龟甲蓍草占卜。卦象有雨（就是水的征兆），卦象有霁（就是火的征兆），卦象有蒙（就是木的征兆），卦象有驿（是金的征兆），卦象有克（是土的征兆），卦象有贞（内卦就是贞），卦象有悔（外卦就是悔）。

庶征 曰雨、曰旸、曰燠、曰寒、曰风、曰时。五者来备，各以其叙，庶事蕃芜。　、极备凶，一、极无凶。曰休征，曰肃，时雨若；曰乂，时旸若；曰哲，时燠若；曰谋，时寒若；曰圣，时风若。曰咎征，曰狂，恒雨若；曰僭，恒旸若；曰豫，恒燠若；曰急，恒寒若；曰蒙，恒风若。

［译文］ 下雨、晴朗、温暖、寒冷、刮风，这五种事物齐备，各自按照时序出现，草木就能繁盛地生长。其中一种情况太多了，就有凶险；其中一种情况没有，也是凶险。好的征兆是：君王整肃，

如同雨水及时降下；君王清明，就像普照的阳光；君王明哲，就如气候及时温暖；君王有智谋，就如天气适时转冷；君王明识通达，就像和煦的风及时吹过来。不好的征兆是：君王的行为放纵，就像久雨不停；君王办事有舛误，就像久旱不雨；君王办事犹豫拖延，就像持久炎热；君王办事太过峻急，就像天气持久寒冷；君王昏庸蒙昧，就像持久地刮风。

五福　一曰寿，二曰富，三曰康宁，四曰攸好德，五曰考终命。

［译文］　一是长寿，二是富贵，三是健康安宁，四是修养美德，五是终其天年。

六极　一曰凶短折，二曰疾，三曰忧，四曰贫，五曰恶，六曰弱。

［译文］　一是短寿夭折，二是多疾病，三是多忧愁，四是贫穷，五是凶暴，六是衰弱。

三坟五典　三皇之书曰《三坟》，五帝之书曰《五典》。《抱朴子》云:《五典》为笙簧,《三坟》为金玉。少昊、颛顼、高辛、唐、虞之书谓之《五典》。坟，大也。三坟者，山坟、气坟、形坟也。山坟，言君臣、民物、阴阳、兵象。气坟，言归藏、发动、长育、生杀。形坟，言天地、日月、山川、云气，即伏羲、神农、黄帝之书。

［译文］　三皇时的书叫《三坟》，五帝时的书叫《五典》。《抱朴子》中说:《五典》如同高雅的音乐,《三坟》如同黄金美玉。少昊、颛顼、高辛、唐尧、虞舜时的书被称为《五典》。坟，就是“大”的意思。三坟指山坟、气坟、形坟。山坟，说的是君臣、民众财物、阴阳、兵象；气坟，说的是蛰藏、发动、成长、生杀；形坟，

说的是天地、日月、山川、云气。《三坟》就是伏羲、神农、黄帝时的书。

九丘八索　九州之志曰《九丘》，八卦之说曰《八索》。

[译文] 九州的地方志叫作《九丘》，八卦的经义叫《八索》。

金简玉字　大禹登宛委山，发石匮，得金简玉字之书，言治水之要，周行天下。伯益记之为《山海经》。

[译文] 大禹登上宛委山，打开了一个石盒子，得到一册金简玉字的书，讲的是治水的要义，因而能够周行天下去治水。伯益记录下来就成了《山海经》。

六义　《诗经》有六义，一曰风，二曰赋，三曰比，四曰兴，五曰雅，六曰颂。

[译文]《诗经》有六义，一是风，二是赋，三是比，四是兴，五是雅，六是颂。

诗经传　卜商始序《诗》。辕固作传为齐诗。申公作训诂为鲁诗，浮丘伯授。毛苌作故训为毛诗，毛亨授。

[译文] 卜商最早为《诗经》作了序文。齐国的辕固生作注的是《齐诗》。鲁国申公作训诂解释的是《鲁诗》，是浮丘伯所传授给他的。毛苌作训诂的是《毛诗》，是毛亨所传授给他的。

五始　《春秋》义有五始，元者气之始，春者时之始，王者受命之始，正月者政教之始，公即位者有国之始。

[译文]《春秋》的内容包括“五个开始”，“元”是气运的开始，

"春"是时令的开始，"王"是周天子即位的开始，"正月"是国家政治与教化的开始，"公即位"为鲁国国君即位的开始。

三传 《左传》艳而富，其失也诬。《公羊》辨而裁，其失也俗。《穀梁》清而婉，其失也短。

[译文] 《左传》文辞艳丽，纪事丰富，其缺点是有的记录与事实不符合。《公羊传》辨析详细，剪裁得当，缺点是流于粗俗。《谷梁传》清通而婉转，缺点是内容不够充足。

二戴 汉宣帝时，东海后仓善说《礼》于曲台殿，撰《礼》一百八十篇，曰《后氏曲台记》。后仓传于梁国。戴德及德从子圣，乃删后氏记为八十五篇，名《大戴礼》。圣又删《大戴礼》为四十六篇，为《小戴礼》。其后诸儒又加月令、明堂位、乐记三篇，为四十九篇，则今之《礼记》也。

[译文] 汉宣帝时，东海的后仓善于解说《礼》，在曲台殿撰写《礼》书一百八十篇，叫作《后氏曲台记》。后仓传到梁国。戴德和他的侄子戴圣删削《后氏记》成八十五篇，称为《大戴礼》。戴圣又删《大戴礼》为四十六篇，称作《小戴礼》。后来的儒士们又增加了《月令》《明堂位》《乐记》三篇，成了四十九篇，就是现在的《礼记》。

毛诗 荀卿授汉人鲁国毛亨作训诂传以授赵国毛苌。时人以亨为大毛公，苌为小毛公，以二公所传，故名《毛诗》。

[译文] 荀卿把《诗经》传授给鲁国的毛亨作训诂，毛亨又将它授给赵国的毛苌。当时的人把毛亨称为大毛公，称毛苌为小毛公，因《诗经》是二位毛公所传授，所以取名为《毛诗》。

汲冢周书 《束皙传》：晋太康二年，汲县人盗发安鳌王冢，得竹书数十车，蝌蚪文字杂写经书。皙为著作，随宜分析，皆有考证，曰“汲冢周书”。

［译文］《晋书·束皙传》记载：晋朝的太康二年（公元 281 年），汲县有人偷偷发掘了魏安鳌王的坟墓，得到好几十车的竹简，都是用蝌蚪文字书写的经书。束皙当时担任著作郎，就对这批书进行分门别类，都有考证，称之为《汲冢周书》。

乐记 汉文帝始得窦公所献周公《大司乐章》，河间献王与毛生采作《乐记》。

［译文］汉文帝最早得到窦公所进献的周公《大司乐章》，河间献王和毛生挑选书中的内容编成了《乐记》。

漆书 杜林于西州得漆书古文《尚书》一卷。卫宏、徐巡来学，林授于二子，后遂得传。

［译文］杜林在西州得到一卷用漆书写的《古文尚书》。卫宏、徐巡来跟他学习，杜林就把此书传授给了这二人，于是《古文尚书》得以流传。

壁经 鲁恭王坏孔子故宅，欲以为宫，闻壁中琴瑟丝竹之声，得古文《尚书》。武帝乃诏孔安国较定其书。

［译文］鲁恭王刘余拆除了孔子的旧府第，想在原址建造宫殿，听到墙壁中有琴瑟丝竹的声音，打开后就发现了《古文尚书》。汉武帝就下诏让孔安国校定这部书。

断书 孔子断书百篇，鲁恭王始得孔胜所藏于壁，定五十九篇，伏生称为《尚书》。

[译文] 孔子把《书》分为一百篇，鲁恭王刘余最早在孔胜所藏墙壁中发现，定为五十九篇，伏生称之为《尚书》。

石经 汉灵帝熹平四年，蔡邕与大史令单彪等，正定五经，刊石，谓之石本五经。衡阳王钧始细书，为巾箱五经。

[译文] 汉灵帝熹平四年（公元175年），蔡邕和太史令单彪等人校勘订正《五经》，刻在石碑上，称之为石本《五经》。南齐的衡阳王萧钧最早用小字书写，制成巾箱本的《五经》。

集注 《易经》程注、朱注。《诗经》朱注。《书经》朱熹婿蔡沈注。《春秋》今从胡传。《礼记》陈皓注。皓字青莲，以其娶再醮，故不入孔庙。

[译文] 《易经》有程颐的集注本和朱熹的集注本。《诗经》有朱熹的集注本。《书经》有朱熹女婿蔡沈的集注本。《春秋》现在用的是胡安国的注本。《礼记》有陈皓的集注本，陈皓字青莲，因娶再嫁的女子做妻子，所以不被允许进入孔庙祭祀。

武经七书 孙子、吴子、尉缭子、司马兵法、李靖、三略、六韬。

[译文] 分别是:《孙子》《吴子》《尉缭子》《司马兵法》《李卫公兵法》《黄石公三略》《六韬》。

佶屈聱牙 韩愈《进学解》曰:“周诰殷盘，佶屈聱牙;《春秋》谨严;左氏浮夸;《易》奇而法;《诗》正而葩。”

[译文] 韩愈在《进学解》中说:“周书《大诰》与商书《盘庚》，读来都艰深难懂;《春秋》叙述谨慎严格;《左传》行文恣肆浮夸;

《周易》奇特而有法则，《诗经》雅正而华美。”

入室操戈 《郑玄传》：任城何休好《公羊》学，著《公羊墨守》《左氏膏肓》《穀梁废疾》。郑玄乃发《墨守》，针《膏肓》，起《废疾》。休见而叹曰：“康成入吾室，操吾戈，而伐吾乎？”

［译文］《后汉书·郑玄传》记载：任城人何休喜欢研究《公羊》学，写《公羊墨守》《左氏膏肓》《谷梁废疾》等书。郑玄阐发《墨守》的精义，针砭《膏肓》的弊病，提出《废疾》的缺陷。何休见后感叹说：“郑康成是进到我的内室，拿着我的戈来讨伐我啊！”

二十一史 司马迁《史记》、班固《前汉书》、范晔《后汉书》、陈寿《三国志》、唐太宗《晋书》、沈约《宋书》、萧子显《南齐书》、姚思廉《梁书》《陈书》、魏收《北魏书》、李百药《北齐书》、令狐德芬《后周书》、李延寿《南史》(宋、齐、梁、陈)、《北史》(魏、齐、周、隋)、魏徵《隋书》、宋祁、欧阳修《唐书》、欧阳修《五代史》、脱脱《宋史》《辽史》《金史》、宋濂《元史》。

［译文］ 分别是：司马迁的《史记》，班固的《前汉书》，范晔的《后汉书》，陈寿的《三国志》，唐太宗时编撰的《晋书》，沈约的《宋书》，萧子显的《南齐书》，姚思廉的《梁书》《陈书》，魏收的《北魏书》，李百约的《北齐书》，令狐德芬的《后周书》，李延寿的《南史》(宋、齐、梁、陈)、《北史》(魏、齐、周、隋)，魏徵的《隋书》，宋祁、欧阳修的《唐书》，欧阳修的《五代史》，脱脱的《宋史》《辽史》《金史》，宋濂的《元史》。

亥豕 子夏见读史者曰：“晋师伐秦，三豕渡河。”子夏曰：“非也，己亥渡河耳。”问之鲁史，果然。

［译文］ 子夏看见读史的人说："晋国的军队讨伐秦国，三头猪渡过黄河。"子夏说："不对，恐怕不是三豕渡河，而应该是在己亥时过河。"求证于鲁史，果然是这样。

无一字潦草　司马温公作《资治通鉴》，草稿数千余卷，颠倒涂抹，无一字潦草。其行己之度，盖如此。

［译文］ 温国公司马光编写《资治通鉴》时，草稿有几千卷之多，颠倒涂抹，却没有一个字写得潦草敷衍。他对自己行事的规矩，大约也是如此。

瓢史　梁有僧，南渡赍一葫芦，有汉班仲坚《汉书》草稿，宣城太宗萧琛得之，谓之瓢史。

［译文］ 梁朝有一个僧人，南渡长江时携带了一个葫芦，里面有汉代班固撰写的《汉书》草稿，宣城太守萧琛得到了它，称之为《瓢史》。

即坏己作　陈寿好学，善著述。少仕蜀，除著作郎，撰《三国志》。当时夏侯湛等多欲作《魏书》，见寿所著，即坏己作。

［译文］ 陈寿喜欢研究学问，擅长写作。年轻时在蜀国做官，被授予著作郎，撰写了《三国志》。当时夏侯湛等人也想撰写《魏书》，看到陈寿的著作，就销毁了自己所写的著作。

探奇禹穴　太史公曰：迁二十四南游江、淮，上会稽，探禹穴，窥九疑，浮于沅、湘；涉汶、泗，讲业齐、鲁之都，观孔子之遗风，过梁、楚以归，乃细石室之书作《史记》。

［译文］ 太史公司马迁说：我二十四岁就往南游历江、淮地区，登

上会稽山，探险禹穴，观看九嶷山，在沅江、湘江上渡过，跋涉于汶水、泗水，在齐国与鲁国的旧都讲学，观察孔子遗留的风俗，访问梁国、楚国而返回长安，然后在石室的藏书中理出头绪撰作《史记》。

诸子 有一百八十九家故曰百家。

［译文］ 诸子共有一百八十九家，所以称作“百家”。

石勒读史 石勒目不知书，使人读史，闻郦食其请立六国后，曰：“此法当失，何以有天下！”及闻留侯谏，乃曰：“赖有此耳！”

［译文］ 石勒不识字，就让别人读史书给他听，听郦食其请求立六国的后代时，就说：“这个法令是错误的，这怎么会打下天下呢！”等听到留侯张良谏阻，才说：“幸好有张良去劝阻！”

修唐书 宋祁修《唐书》，大雪、添帝幕，燃椽烛，拥炉火，诸妾环侍。方草一传未完，顾侍姬曰：“若辈向见主人有如是否？”一人来自宗室，曰：“我太尉遇此天气，只是拥炉，下幕命歌舞，间以杂剧，引满大醉而已。”祁曰：“自不恶。”乃阁笔掩卷起，遂饮酒达旦。

［译文］ 宋祁撰写《唐书》时，大雪天气，就增添帐幕，点燃粗如椽子的大蜡烛，围着火炉，姬妾们围着伺候。正在起草一个人的传记，还没写完，回头问侍姬说：“你们从前见到的主人有像我这样的吗？”有一个来自宗室的女子，说：“我家太尉遇到这种天气，只知围着炉火而坐，放下帘幕让我们唱歌跳舞，有时还演一演杂剧，倒满酒杯喝得大醉。”宋祁说：“这倒也不错。”于是就放下毛笔合上书起身，喝酒直到天亮。

下酒物　苏子美豪放好饮，在外舅杜祁公家，每夕读书，以一斗酒为率。公密觇之，苏读《汉书·张良传》“与客狙击秦皇帝”，抚案曰：“惜乎击之不中！”遂满饮一大白。又读至“良曰：始臣起下邳，与上会于留，此天以臣赐陛下”，又抚案曰：“君臣相得，难遇如此！”复举一大白。公笑曰：“有如此下酒物，一斗不足多也！”

［译文］　苏舜钦为人豪放、喜欢饮酒。在他岳父祁国公杜衍家中，每天晚上读书，大都要喝一斗酒。杜衍暗中观察，看到他读《汉书·张良传》中“张良与刺客狙击秦始皇”时，拍着桌子叫道：“可惜啊，没有打中！”于是就饮酒满杯。又读到“张良说：最初我在下邳起事，在留县和陛下相会，是上天将我赐给陛下的”，又拍着桌子大叫：“君臣相处，像这样的真是难以遇到啊！”又喝了一大杯。杜衍笑着说：“有这样的下酒菜，一斗酒也不算多呀！”

修史人　李至刚修国史，只服士人衣巾，自称“修史人李至刚”。馆中诸公闻之，大笑，呼为“羞死人李至刚”。

［译文］　李至刚修纂国史，只穿士人的衣服和巾帽，自称为“修史人李至刚”。馆中其他人听了大笑，称他为“羞死人李至刚”。

七十二人传　孔安国撰孔子弟子，七十二人。刘向撰《列仙传》，七十二人。皇甫士安撰《高士传》，亦七十二人。陈长文撰《耆旧》，亦七十二人。

［译文］　孔安国撰写有关孔子弟子的书，列有七十二人。刘向撰写《列仙传》一书，也是七十二人。皇甫士安撰写《高士传》，也是七十二人。陈长文撰写《耆旧传》，也是七十二人。

索米作传 陈寿尝为诸葛武侯书佐，受挞百下；其父亦为武侯所髡，故《蜀志》多诬罔。又丁廙、丁仪有盛名于魏，寿谓其子曰："可觅千斛米见与，当为尊公作一佳传。"丁不与，竟不为立传。

［译文］ 陈寿曾做过武侯诸葛亮的文书官，受过一百杖的刑罚；他的父亲也被诸葛亮剃过光头，因此《三国志·蜀书》里多有诬陷虚假的地方。另外，丁廙、丁仪在魏国享有盛名，陈寿对他们的儿子说："你们弄一千斛米给我，我就为你们的父亲写一篇好的传记。"丁氏后人不给，所以陈寿最终没有给这二人立传。

雷震几 陈子桱作《通鉴续编》，书宋太祖废周主为郑王。雷忽震其几，陈厉声曰："老天便打折陈桱之臂，亦不换矣！"

［译文］ 陈子桱撰写《通鉴续编》，写到宋太祖废黜周世宗为郑王时，忽然有雷打到他的桌子上，陈桱大声说："老天爷你就是打断我陈桱的胳膊，也不会改写的。"

直书枋头 孙盛作《晋春秋》，直书时事。桓温见之，怒谓盛子曰："枋头诚为失利，何至乃如尊公所言！若此史遂行，自是关君门户事。"其子遽拜谢，请改之。时盛年老家居，性愈卞急。诸子乃共号泣稽颡，请为百口计。盛大怒，不许。诸子遂私改之。

［译文］ 孙盛撰作《晋春秋》，秉笔直书当时的事情。桓温看到这部书，愤怒地对孙盛儿子说："枋头一战的确是战败了，但是怎么至于像你父亲所说的那样不堪！若这部史书行于世，就是关系到你们家门户存亡的大事。"孙盛之子立刻下拜谢罪，请他父亲修改。此时孙盛因为年老而居于家中，性格愈加急躁。儿子们都大哭磕头，请他为全家上百口人的性命考虑。孙盛大怒，不答应。儿子们就私下改写了。

为妓詈祖　欧阳永叔为推官时昵一妓，为钱惟演所持，永叔恨之，后作《五代史》，乃诬其祖武肃王重敛民怨。睚眦之隙，累及先人，贤者尚亦不免。

[译文]　欧阳修担任推官的时候，曾经和一个妓女交往亲密，后来这个妓女被钱惟演夺走，欧阳修非常气愤。后来写《五代史》，就诬陷钱惟演的祖父钱武肃王苛捐杂税收得太多而引起百姓怨恨。小小的恩怨，就连累到祖先，贤人也避免不了啊。

心史　郑所南作《心史》，丑元思宋，以铁函重匮沉之古吴智井。至明朝崇祯戊寅凡三百五十六年，而此书始出。

[译文]　郑所南写作《心史》，丑化元朝而怀念宋朝，用很重的铁盒子把书装起来沉于吴地的一口废井里。到明朝崇祯戊寅年共过去了三百五十六年，这本书才得以重现人间。

明不顾刑辟　孙可之曰："为史官者，明不顾刑辟，幽不见鬼怪，若梗避于其间，其书可烧也。"

[译文]　孙可之说："做史官的，在人间不怕直言获罪，在阴间不怕鬼怪，如果写作时回避事实，那他写的书就可以烧掉了。"

五代史韩通无传　苏子瞻问欧阳修曰："五代史可传后也乎？"公曰："修窃于此有善善恶恶之志。"子瞻曰："韩通无传，乌得为善善恶恶乎？"公默然。

[译文]　苏东坡问欧阳修说："你撰写的《五代史》可以流传后世吗？"欧阳修说："我私下认为写作此书时怀有扬善责恶的志愿。"苏东坡说："韩通都没有被立传，哪里能说是扬善责恶呢？"欧阳修默然无语。

赵盾弑君　赵穿弑灵公，宣子未出境而复。太史书曰："赵盾弑其君。"宣子曰："不然。"对曰："子为正卿，亡不越境，反不讨贼，非子而谁？"孔子曰："董狐，古之良史也，书法不隐。"

［译文］　赵穿杀了晋灵公，赵盾还没逃出国境就返回来了。太史董狐在史书上写道："赵盾弑杀了晋国国君。"赵盾说："不是这样啊。"太史董狐说："你是正卿，逃亡却不出国境，回来也不讨伐贼人，杀掉国君的不是你是谁？"孔子说："董狐，是古代的良史啊，记录历史的法则就是绝不隐藏罪恶。"

史评　《晋书》《南北史》《旧唐书》，稗官小说也。《新唐书》，赝古书也。《五代史》，学究史论也。宋元史，烂朝报也。与其为新书之简，不若为《南北史》之繁；与其为《宋史》之繁，不若为《辽史》之简。

［译文］《晋书》《南北史》《旧唐书》，都是野史小说。《新唐书》，是伪造的古书。《五代史》，是学究的史论。《宋史》《元史》，是错乱的朝廷通报而已。与其像《新唐书》样简单，不如像《南北史》那样繁杂一点更好；与其像《宋史》一样繁杂，不如像《辽史》一样简洁一点更好。

书籍

二酉藏书　大西山小西山为轩辕黄帝藏书之所。

［译文］　大西山、小西山是轩辕黄帝藏书的地方。

兰台秘典　汉朝图籍所在，有石渠、石室、延阁、广内，贮之于外府。又有御史中丞居殿中，掌兰台秘典，及麒麟、天禄二阁，藏之于内禁。

【译文】汉朝收藏图书典籍的地方，有石渠、石室、延阁、广内，都是宫外的藏书室。又有御史中丞居于殿中，掌管兰台的秘籍藏书。至于麒麟阁与天禄阁，是宫内的藏书处。

石室紬书　司马迁为太史，紬金匮石室之书。紬，谓缀集之也。以金为匮，以石为室，重缄封之，慎重之至也。

【译文】司马迁担任太史官，紬金匮石室之书。紬，是收集编撰的意思。用金属做匣子，用石头做房屋，层层密封，非常慎重了。

家有赐书　班彪家有赐书，好名之士自远方至，父党扬子云以下，莫不造门。

【译文】班彪家里有皇帝赐给的图书，爱慕声名的士人就从远方赶来，父辈中甚至扬雄等人也都登门造访看书。

南面百城　李谧杜门却扫，绝迹下帷，弃产营书，手自删削。每叹曰:“丈夫拥书万卷，何暇南面百城！”

【译文】李谧杜门谢客，在家读书，变卖家产来购买书籍，并亲手校勘删削。每每叹息说:“大丈夫拥有万卷藏书，哪里用得着封为诸侯掌管百城呢！”

三十乘　晋张华好书，尝徙居，载书三十乘，凡天下奇秘，世所未有者悉在华所。有《博物志》行世。

【译文】晋朝的张华喜欢读书，曾经搬家的时候，装运书籍的车子达到三十辆之多，凡是天下奇异珍稀的书籍，世人没有的都在张华这里。他写有《博物志》一书流传于世。

曹氏书仓 曹曾积书万余卷。及世乱，曾虑书箱散失，乃积石为仓，以藏书籍。世名“曹氏书仓”。

[译文] 曹曾收集藏书有一万多卷。等到世事乱离时，曹曾害怕书籍丢失，就用石头垒成一座仓库来收藏他的书籍，世人称为“曹氏书仓”。

五车书 《庄子》：惠施多方，其书五车。

[译文] 《庄子》中说：惠施学识广博，他的藏书足有五车。

八万卷 齐金楼子聚书四十年，得书八万卷，虽秘书之省，自谓过之。

[译文] 梁元帝萧绎收集书籍有四十年，得到八万卷的藏书，自认为就连朝廷的秘书省也没有他的书多。

三万轴 唐李泌家积书三万轴。韩诗云：“邺侯家多书，架插三万轴，一一悬牙签，新若手未触。”

[译文] 唐朝的李泌家藏书有三万轴。韩愈写诗说：“邺侯家多书，架插三万轴。一一悬牙签，新若手未触。”

黄卷 古人写书，皆用黄纸，以黄蘖染之，驱逐蠹鱼，故曰黄卷。有错字，以雌黄涂之。

[译文] 古人抄书，都用黄纸来写，黄纸用黄蘖染过，可驱逐蠹虫，所以叫黄卷。若写错了字，就用雌黄涂改掉。

杀青　古人写书，以竹为简。新竹有汗，善朽蠹。凡作简者，先于火上炙去其汗，杀其竹青，故又名汗简。

［译文］古人写字时，用竹子做成竹简。新砍伐的竹子里面有汁液，容易腐烂和招致蠹虫。凡是用竹子做竹简，就先在火上烤去里面的汁液，除去竹皮的青色，所以也叫作“汗简”。

铅椠　上古结绳而治。二帝以来，始有简册，以竹为之，而书以漆，或用板以铅画之，故有刀笔铅椠之说。

［译文］上古时期的人用绳子打结来记录事情，尧、舜二帝以来，才有了竹子做的简册，用漆来书写，或用木板，用铅在上面写字，所以有“刀笔铅椠”的说法。

湘帖　古人书卷外必有帖藏之，如今裹袱之类。白乐天尝以文集留庐山草堂，屡亡逸。宋真宗令崇文院写校，包以斑竹帖送寺。

［译文］古人在书卷之外一定会有帖子来保护书卷，就是现在的书衣一类的东西。白居易曾把自己的文集放在庐山草堂，多次丢失。宋真宗让崇文院抄写校正，外面用斑竹帖包裹住送到寺院里面。

四部　唐《经籍志》：玄宗两都各聚书四部，以甲、乙、丙、丁为号；甲，经部，赤牙签；乙，史部，绿牙签；丙，子部，碧牙签；丁，集部，白牙签。

［译文］《旧唐书·经籍志》记载：唐玄宗在长安、洛阳二都内各收集四部图书，以甲、乙、丙、丁来编号。甲，是经部，用红色的象牙签；乙，是史部，用绿色的象牙签；丙，是子部，用碧色的象牙签；丁，是集部，用白色的象牙签。

芸编　芸香草能辟蠹，藏书者用以熏之，故书曰芸编。古诗:“芸叶熏香走蠹鱼。”

［译文］　芸香草能防蠹虫，藏书的人用芸香来熏蒸书籍，所以书也叫作“芸编”。古诗中有“芸叶熏香走蠹鱼”的句子。

书楼孙氏　孙祈六世祖长孺喜藏书，数万余卷置之楼上，人谓之书楼孙氏。

［译文］　孙祈的六世祖孙长孺喜欢收藏图书，收集了几万卷书放在楼上，当时人称他为“书楼孙氏”。

汗牛充栋　陆文通之书，居则充栋，出则汗牛。

［译文］　陆文通的藏书，在家可以装满整个屋子，运输这些书时能把牛累得流汗。

悬国门　吕不韦集《吕氏春秋》成，暴之咸阳市，悬千金其上，能增损一字者予千金。人莫能增损。

［译文］　吕不韦编撰《吕氏春秋》一书完成后，在咸阳闹市展示，并在书的上面悬挂上一千金，能增减一字的人就能获得千金的奖赏。没有人能够对这部书增减文字。

市肆阅书　王充，好博览。家贫无书，常游洛阳市肆，阅所鬻书，一见辄能诵忆，遂博通众流百家之言。著《论衡》八十五篇。

［译文］　王充喜欢博览群书。只是家贫无法买书，就常常在洛阳的书店里观看，仔细阅读那些售卖的书，看过一遍就记住背诵下来，于是就精通诸子百家的学问，写出八十五篇的《论衡》。

帐中秘书 王充作《论衡》，中土未有传者，蔡邕入吴始得之，秘之帐中，以为谈助。后王郎得其书，及还洛下，时人称其才进。曰："不见异人，当得异书。"

[译文] 王充写的《论衡》，中原地区没有传本，蔡邕到了吴地才得到一部，秘藏在帐子里，用作谈资。后来王朗得到了这部书，等到他回到洛阳时，当时人称赞他才华有很大进步，说："不是见到非凡的人，就是见到了非凡的书。"

藏书法 赵子昂书跋云："聚书藏书，良非易事！善观书者，澄神端虑，净几焚香，勿卷脑，勿折角，勿以爪侵字，勿以唾揭幅，勿以作枕，勿以作夹刺，随损随修，随开随掩。后之得吾书者，并奉赠此法。"

[译文] 赵子昂写的跋文中说："收书和藏书，实在不是一件容易的事情！善于读书的人，心境要澄澈，擦干净桌子并焚香而坐，不要卷着书脑，不要把书角弄折，不要用手去摸字，不要用指头沾着唾沫翻书页，不要把书当枕头，不要在书中夹名片，随时损坏随时修理，不看时要及时合上。今后得到我的书的人，一并奉赠给这个藏书的方法。"

等身书 宋贾黄中幼日聪悟过人，父师取书与其身等，令读之，谓之等身书。

[译文] 宋朝的贾黄中小时候聪明过人，他的父亲和老师就取来一堆高度和他一样的书，让他阅读，称之为"等身书"。

蔡邕遗书 蔡琰归自沙漠，曹操问邕遗书，琰曰："父亡，遗书四千余篇，流离涂炭，罔有存者。今所诵忆，裁四百余篇。"因乞给纸笔，真草惟命。于是缮写送入，文无遗误。

［译文］ 蔡文姬从处在沙漠的匈奴人那里回来后，曹操问她父亲蔡邕的藏书在哪里，蔡文姬说："父亲死后，遗书有四千多篇，但是由于流离失所，没有保存下来的。现在我能背诵记忆的只有四百多篇。请给我纸笔让我写下来，要用楷书还是草书由您来决定。"于是蔡文姬写出来送入曹操府中，文章没有遗漏和错误。

嘉则殿 隋炀帝嘉则殿书分三品，有红琉璃、绀琉璃、漆轴之异。殿垂锦幔，绕刻飞仙。帝幸书室，践暗机，则飞仙收幔而上，厨扉自启；帝出，扉闭如初。隋之藏书，计三十七万卷。

［译文］ 隋炀帝嘉则殿的藏书分为三类，分别装饰有红琉璃、绀琉璃、漆轴。嘉则殿四周锦幔低垂，环绕的墙上刻着飞仙。隋炀帝幸临藏书室，脚踩秘密机关，就有飞仙在上面打开锦帐，书架的门也会自动打开；隋炀帝离开后，门就会关上，和先前一样。隋朝政府的藏书，共计有三十七万卷。

补亡书三箧 汉张安世博学。武帝幸河东，亡书三箧，诏问群臣，俱莫能知，惟安世识之，为写原本补入。后帝购求得书，以相较对，并无遗误。

［译文］ 汉代的张安世博学多闻。汉武帝巡幸河东时，丢失了三箱子的图书，下诏询问群臣，没有人知道，只有张安世记得，为汉武帝凭记忆写了补进去。后来汉武帝悬赏得到了那些书，用来和张安世的写本互相校对，竟然没有遗漏和错误。

博洽

舌耕　汉贾逵通经术，门徒来学，不远千里，献粟盈仓。或云，逵非力耕，乃舌耕也。

［译文］汉代的贾逵精通经典，跟他学习的人不远千里而来，多有馈赠进献，积攒的粟米装满了仓库。有人说："贾逵并非以力气耕地，而是以舌头耕地啊。"

书厨　陆澄博览，无所不知，王俭自谓过之。及与语，澄谈及所遗编数百条，皆俭所未睹，乃叹服曰："陆公，书厨也。"

［译文］陆澄博览群书，没有不知道的事情，而王俭自己以为读的书超过了陆澄。等到和陆澄谈话，陆澄谈及自己已经佚失的书籍几百条文字，都是王俭没有看过的，这才叹服地说："陆先生，真是一个书橱啊。"

学府《南史》：梁昭博及古今，人称为学府。

［译文］《南史》记载：梁昭博学，通晓古今，人们称他为"学府"。

人物志　唐李守通晓天下人物臧否，世号肉谱。虞世南曰："昔任彦升通晓经术，世号五经笥。今以守为人物志，可乎！"

［译文］唐朝的李守通晓天下人物的品评，世人称之为"肉谱"。虞世南说："从前任彦升通晓经术，世人称之为'五经笥'。现在把李守素称为'人物志'，应该可以吧！"

九经库　唐谷律耶博通经术，为世所重，号"《九经》库"。又房晖远博闻洽记，学者称为"《五经》库"。

［译文］ 唐朝的谷律耶博览并通晓经义，被世人看重，号称为“《九经》库”。另外，房晖远也广见博闻强记，学者们称他为“《五经》库”。

稽古力 汉桓荣性嗜学，明帝时拜太子太傅，以所赐车马陈于庭，谓诸生曰：“此稽古力也。”

［译文］ 汉朝的桓荣生性喜欢读书学习，明帝的时候被授予太子少傅的职务，他把朝廷赐给他的车马都陈列在院子里，对学生们说：“这就是考察古事而得来的啊。”

柳箧子 唐柳灿迁左拾遗，公卿竞托为笺奏，时誉日富，以其博学，号“柳箧子”。

［译文］ 唐代的柳灿升任为左拾遗，公卿大臣都争相拜托他代写奏章，当时的声誉一天天变得大起来，因为他博学多闻，人称他为“柳箧子”。

五总龟 唐殷践猷博通经典，贺知章称之曰“五总龟”。（龟千岁一总，问无不知，为秘书省学士。）

［译文］ 唐朝的殷践猷博览并精通经书典籍，贺知章称他为“五总龟”。（乌龟一千岁为一总，这一千年中的事情没有不知道的，后来担任秘书省的学士。）

行秘书 唐太宗尝出行，有司请载副书以从。上曰：“不须。虞世南在此，即秘书也。”

［译文］ 唐太宗曾有一次外出，有官员请示要将副书带在车上随行。唐太宗说：“不用。虞世南在这里，他就是我的秘书了。”

八斗才　谢灵运曰："天下才共一石，曹子建独得八斗，我得一斗，自古及今共享一斗。奇才博识，安定继之。"

［译文］ 谢灵运说："全天下的才能共有一石，曹子建一个人占有八斗，我占一斗，从古到今的其他人共同占有一斗。像曹子建那样的奇才以及博闻强识，谁能够来继承呢！"

扪腹藏书　杨玠娶崔季让女，崔富图籍，玠游其精舍，辄览记。既而曰："崔氏书被人盗尽。"崔遽令检之，玠扪其腹曰："已藏之腹笥矣！"

［译文］ 杨玠娶了崔季让的女儿，崔季让家藏书丰富，杨玠在他家书房观看时，边看边记。然后说："崔家的书被人盗光了。"崔季让赶紧让人检查，杨玠摸着自己的肚子说："已经藏在我肚中的书箱里了。"

三万卷书　吴莱好游，尝东出齐鲁，北抵燕赵，每遇胜迹名山，必盘桓许久。尝语人曰："胸中无三万卷书，眼中无天下奇山水，未必能文章；纵能，亦儿女语耳。"

［译文］ 吴莱喜欢到处游历，曾经往东边去到达齐鲁地区，向北抵达燕赵地区，只要遇到名胜与名山，一定会留恋很长时间。他曾经对人说："胸中如果没有三万卷书，眼中也就没有天下的奇山异水，就不会写出好文章；即便写出来，也无非是些小孩子的话罢了。"

了却残书　朱晦翁答陈同文书：奉告老兄，且暮相撺留取间，汉存山里咬菜根，了却几卷残书。

［译文］ 朱晦翁（朱熹）在回给陈同文的信中说："回复老兄，请不要

再怂恿我了，留着我在山里吃点菜根，然后读完几本还没读完的残书吧。”

书淫 刘峻家贫好学，常燎麻炬，从夕达旦，时或昏睡，爇其鬓发，及觉复读，常恐听见不博。闻有异书，必往祈借。崔慰谓之“书淫”。

[译文] 刘峻家境贫困但喜欢学习，经常点着麻油灯，从夜晚读到天亮，有时困了睡着了，烛火烧到了他的头发，醒来后继续读书。常怕见闻不够广博，听到哪里有奇异的书，就一定去恳求相借。崔慰称他为“书淫”。

勤学

帐中灯焰 范仲淹夜读书帐中，帐顶如墨。及贵，夫人以示诸子曰：“尔父少时勤学，灯焰之迹也。”

[译文] 范仲淹晚上在帐中读书，帐子的顶部被灯熏得像墨一样黑。等到他做了高官，他夫人把熏黑的地方指给儿子们看，说：“你们父亲小时候勤学，这是灯焰熏黑的痕迹啊。”

佣作读书 匡衡好学，邑有富民家多书，与之佣作，而不取值，曰：“愿借主人书读耳。”遂博览群书。

[译文] 匡衡喜欢学习，同邑有一家富户家里有很多藏书，匡衡就给他家干活而不要工钱，说：“希望能借主人的书来读罢了。”最终得以博览群书。

带经而锄　倪宽受业于孔安国，时行赁任，带经而锄，力倦，少休息，即起诵读。

［译文］ 倪宽在孔安国那里求学，时常还要去给人打工，经常带着经书去锄地，感到疲倦时，稍微休息一会儿，就起来读书。

燃叶　柳灿，少孤贫，好学，昼采薪给费，夜燃叶读书。

［译文］ 柳灿，小时候就成了孤儿，家境贫困，却非常好学，白天砍柴换取生活费，晚上就点燃树叶来读书。

圆木警枕　司马光常以圆木为警枕，少睡则枕转而觉，即起读书，学无不通。

［译文］ 司马光常常用一根圆木头来做枕头，稍微睡一会儿枕头转动，就醒了过来，立即起床读书，所以他在学问方面没有不通晓的。

穿膝　管宁家贫好学，坐藜床五十余年，未尝箕股，当膝处皆穿。

［译文］ 管宁家境贫困，但喜欢学习，坐在一张粗陋的小床上有五十多年，始终正襟危坐，膝盖处的衣服都被磨穿了。

燃糠自照　顾欢家贫，乡中有学舍，欢壁后倚听，无遗忘者。夕则燃松节读书，或燃糠自照。

［译文］ 顾欢家境贫困，乡里设有学堂，顾欢就靠在后墙上偷听，听过之后就不会遗忘。晚上点燃松枝读书，有时也点燃谷糠来照明。

杜门读书　邢邵，任丘人。少游洛阳，遇雨，乃杜门五日读《汉书》，悉强记无遗。文章典丽，既赡且速，与温子昇齐名。官太常卿，兼中书监、国子监祭酒，朝士荣之。雅性脱略，不以位望自尊，止卧一小室，未尝内宿。自云："尝昼入内阁，为犬所吠。"

［译文］　邢劭是任丘人。年轻时到洛阳游历，遇到下雨，就闭门五日来读《汉书》，都能熟记没有遗漏。写文章典雅华丽，丰赡又快捷，和温子昇齐名。担任太常卿的职务，兼任中书监、国子监祭酒，朝中的士人都认为他极其尊荣。但他却性情洒脱，不因自己位高名重而自大，平常只在一间小房间里休息，并不进官府住宿。他自己说："曾经有一次白天进入内阁，却遭恶狗狂叫。"

著作

字挟风霜　淮南王刘安撰《鸿烈》二十一篇，字字皆挟风霜之气。扬子云以为一出一入，字直百金。

［译文］　淮南王刘安编撰《淮南鸿烈》二十一篇，每个字都包含有风霜般的凌厉之气。扬雄认为，如果能为它增删一字，都价值百金。

月露风云　隋李谔书云："连篇累牍，不出月露之形，积案盈箱，尽是风云之状。"

［译文］　隋朝的李谔上书皇帝说："连篇累牍，不出月露之形；积案盈箱，尽是风云之状。"

文阵雄师　唐苏颋文章思若涌泉，张九龄谓同列曰："苏生之文俊赡无敌，真文阵雄师也。"

［译文］　唐朝的苏颋写文章时才思如泉水涌出一样，张九龄对同僚说："苏生的文章俊美丰赡，没有对手，真是文章阵地上的一支雄师啊。"

词人之冠　唐张九龄七岁能文，太宗时为中书舍人，时号为词人之冠。

［译文］　唐朝的张九龄七岁就能写文章，唐太宗时担任中书舍人的职务，当时号称"词人中的冠冕"。

文章宿老　唐李峤为凤阁舍人，富才思，文册号令多属为之。前与王、杨接迹，中与崔、苏齐名，学者称为文章宿老。

［译文］　唐朝的李峤担任凤阁舍人，富有才思，政府的文书号令大多由他写就。往前与王勃、杨炯相近，中间可与崔安成、苏味道齐名，学者都称他为"文章宿老"。

口吐白凤　汉扬雄作《甘泉赋》，才思豪迈，赋成，梦口吐白凤。

［译文］　汉代的扬雄写作《甘泉赋》，才气思致豪放不羁，赋写成后，梦见自己嘴里吐出一只白色的凤凰。

咽丹篆　唐韩愈少时，梦人与丹篆一卷，强吞之，傍有一人拊掌而笑。觉后胸中如物咽，自是文章日丽。后见孟郊，乃梦中傍笑者。

［译文］　唐朝的韩愈小时候梦见有人给了他一卷篆字的丹书，强行让他吃下去，旁边有一个人拍手大笑。醒来后觉得肚子里好像咽

过东西一样，从此以后文章写得越来越美妙了。后来见到孟郊，才发现就是梦中在旁边大笑的那个人。

锦心绣口 唐李白送弟序曰："弟心肝五脏皆绣口耶？不然，何开口成文，挥毫雾散也。"

[译文] 唐朝的李白在《冬日于龙门送从弟京兆参军令问之淮南觐省序》中说："你曾问我：'你的心肝五脏都是锦心绣口吗？不然，怎么能一开口就成文章，一挥笔就像雾散开呢？'"

宫体轻丽 《唐高祖纪》：东海徐摛文体轻丽，时人谓之宫体。

[译文]《资治通鉴·梁高祖纪》中说：东海的徐摛文章风格轻盈华丽，当时人称之为"宫体"。

自出机杼 祖莹以文学见重，常语人云："文章须自出机杼，成一家筋骨，何能共人作生活也！"

[译文] 祖莹凭借文学才华被人重视，曾经对别人说："写文章必须有自己的风格和体裁，成就自己的文风，怎么能和别人一样混生活般地胡乱写作呢！"

倚马奇才 桓温北征鲜卑，召袁宏倚马前作露布，手不停笔，俄得七纸，殊可观。

[译文] 桓温往北方征讨鲜卑人的时候，召来袁宏靠着战马撰写公告，手里的笔写个不停，一会儿就写满了七张纸，文辞非常可观。

文不加点 江夏太守黄祖大会宾客，有献鹦鹉者，命祢衡曰："愿先生赋之。"衡揽笔而作，文不加点，辞采甚丽。

[译文] 江夏太守黄祖大摆宴席招待宾客，有人进献了一只鹦鹉，黄祖对祢衡说："希望先生能给这只鹦鹉写一篇赋。"祢衡提笔就写，文章一气呵成，文辞非常华美。

干将莫铘 李邕文名天下，卢藏用曰："邕之文如干将莫铘，难与争锋，但虞其伤缺耳。"

[译文] 李邕的文名遍布天下，卢藏用说："李邕的文章如同干将莫邪剑一样，谁都难以和它争锋，只是担心它会自己损伤自己罢了。"

洛阳纸贵 左思作《三都赋》，豪贵之家竞相传写，洛阳为之纸贵。邢劭文章典丽，每文一出，京师传写，为之纸贵。

[译文] 左思写作了《三都赋》，豪门贵族之家竞相传抄，洛阳的纸价都因此而变得昂贵起来。邢劭的文章典雅华丽，每写好一篇文章，京师人就到处抄写，纸张也因此而涨价。

此愈我疾 陈琳少有辩才，草檄成以呈曹公。公先苦头疯，是日卧读琳檄，翕然而起，曰："此愈我疾！"

[译文] 陈琳小时候就有辩论的才华，起草的一篇檄文被人拿给曹操。曹操正被头痛病所苦，这天躺在床上读到陈琳的檄文，突然就坐了起来，说："这篇文章治好了我的头痛病啊！"

台阁文章 欧阳文忠曰："文章有两等，有山林草野之文，有朝廷台阁之文。"王安石曰："文章须官样，岂亦谓有台阁气耶？"

[译文] 欧阳修说："文章有两类，一类是山林草野之类，一类是朝廷台阁之类。"王安石说："文章要有官样，难道说的不就是台阁

之气吗？”

捕龙搏虎　柳宗元曰：人见韩昌黎《毛颖传》，大叹以为奇怪。余读其文，若捕龙蛇，搏虎豹，急与之角，而力不敢暇。

[译文]　柳宗元说：人们看到韩昌黎写的《毛颖传》，大为惊叹，觉得很奇怪。我读这篇文章，就好像去抓龙捕蛇，搏虎斗豹，急切地和它角逐，而力量上不敢有丝毫懈怠。

捕长蛇骑生马　唐孙樵书玉川子《月蚀歌》、韩吏部《进学解》，莫不拔地倚天，句句欲活，读之如赤手捕长蛇，不施鞍勒骑生马。

[译文]　唐朝的孙樵书写了玉川子卢仝的《月蚀歌》和韩愈的《进学解》，没有一个字不拔地而起、直倚青天，每句话都像要活过来似的，读时就像用空手去抓捕长蛇，没有准备缰绳和马鞍就去骑一匹没被驯服的马。

驱屈宋鞭扬马　《李翰林集》序：驰驱屈宋，鞭挞扬马，千载独步，惟公一人。

[译文]　《李翰林集》的序言称赞李白说："调遣屈原与宋玉，鞭挞扬雄与司马相如，千年独步的，只有您一个人。"

点鬼簿、算博士　唐王勃、杨炯、卢照邻、骆宾王，皆有文名，人议其疵曰：杨好用古人姓名，谓之"点鬼簿"。骆好用数目作对，谓之"算博士"。

[译文]　唐朝的王勃、杨炯、卢照邻、骆宾王都有写文章的声名，当时人议论他们的缺点说：杨炯写文章喜欢用古人的姓名，可以说他是"点鬼簿"；骆宾王喜欢用数字来作对偶，可以说他是"算

博士”。

玄圃积玉　时人目陆机之文犹玄圃积玉，无非夜光。

［译文］同时代的人看待陆机的文章就像是昆仑山聚集的宝玉，无处不闪烁发出夜光。

造五凤楼　韩浦与弟洎，皆有文名。洎尝曰：“予兄文如绳枢草舍，聊庇风雨。予文是造五凤楼手。”浦因寄蜀笺与洎，曰：“十样鸾笺出益州，近来新寄浣溪头。老兄得此全无用，助汝添修五凤楼。”

［译文］韩溥与弟弟韩洎都有写文章的声名。韩洎曾经说：“我哥哥的文章就像贫家陋舍，只是暂且遮挡风雨。而我的文章却是如同建造五凤楼的手笔。”韩溥因此给韩洎寄了一些蜀地的笺纸，说：“十样鸾笺出益州，近来新寄浣溪头。老兄得此全无用，助汝添修五凤楼。”

梦涤肠胃　王仁裕少时，尝梦人剖其肠胃，以西江水涤之，见江中沙石，皆为篆籀之文。由是文思并进，有诗百卷，号《西江集》。

［译文］王仁裕小时候，曾梦到有人剖开他的肠胃，用西江的水清洗，看到江中的沙土石头，都是篆字与籀文的形状。从此以后文章思致都有提高，著有诗集一百卷，叫作《西江集》。

鼠坻牛场　扬雄曰：雄为《太玄经》，犹鼠坻之与牛场也，如其用，则实五谷饱邦民；否则，为坻粪，弃之于道已矣。

［译文］扬雄《答刘歆书》中引用张竦的话说：“我写的《太玄经》，就像鼠窝和牛圈，如果能派上用场，可以结出五谷养育人民；如

果没有用上，那就只是粪土，被抛弃在路旁。”

帖括 帖者簿籍之义，以帖籍赅括义理而诵之。

[译文] 帖就是书籍的意思，用总括书籍的义理加以背诵。

诗痴符 和凝为文，以多为富，有集百卷，自镂板以行，识者非之，曰:“此颜之推所谓诗痴符也。”

[译文] 和凝写文章，凭借数量多而自认为丰富，著有文集一百卷，自己雕版印刷并发行，有识之士都不认同这种做法，说:“这就是颜之推所说的诗痴符啊。”

焚弃笔砚 陆机天才秀逸，辞藻宏丽，张茂先尝谓之曰:“人之为文章，常患才少，而子患才多。”机弟云曰:“茂先见兄文，辄欲焚弃笔砚。”

[译文] 陆机天生才华俊秀飘逸，文辞大气清丽。张茂先（张华）曾经对他说:“人家写文章，都担心自己的才华太少了，而你却担心才华太多了。”陆机的弟弟陆云说:“张茂先看到我哥哥的文章，就想烧毁、扔掉自己的笔砚了。”

齐丘窃谭峭 五代时，宋齐丘欲窃谭景升《化书》以为己作，乃投景升于江。后渔人撒网，获景升尸，手中持《化书》三卷，遂改《齐丘子》为《谭子化书》。

[译文] 五代时期，宋地的齐丘想要窃取谭景升的《化书》占为己有，就把谭景升扔到了长江里。后来渔人撒网捕鱼，捞出了谭景升的尸体，手中还持有三卷《化书》，于是世人就把《齐丘子》改成了《谭子化书》。

郢削　《庄子》：郢人垩（音恶）漫其鼻端，若蝇翼，使匠石斫之。匠石运斤成风，斫之，尽垩而鼻不伤。故求人笔削其诗文，曰郢削。

［译文］《庄子》中说：郢地有个人，有白垩泥沾在他的鼻子尖上，就像苍蝇的翅膀一样薄，他让一位制作石材的匠人为他砍削掉。匠人挥起斧头，就像一阵风一样，把白泥砍掉却没有伤及他的鼻子。所以，请求别人修改自己的诗文，称为“郢削”。

藏拙　梁徐陵使于齐，时魏收有文学，北朝之秀录其文集以遗陵，命传之江左。陵还，渡江而沉之，从者问故，曰：“吾与魏公藏拙。”

［译文］梁朝的徐陵到北齐出使，当时北齐的魏收很有文学才能，在北朝颇为出众，北齐那些出色的文人于是就抄录魏收的文集赠给徐陵，让他带回江东流传。徐陵返回梁朝，渡过长江时把书沉到江里去了，随从问他其中的缘故，他说我是为魏收先生掩藏拙劣的文字。

韩山一片石　庾信自南朝至北方，惟爱温子昇所作《韩山碑》。或问北方何如，信曰：“惟韩山一片石堪与语，馀若驴鸣犬吠耳。”

［译文］庾信从南朝到了北朝，只喜欢温子昇所写的《韩山碑》。有人问北方的文章怎么样，庾信回答说：“只有韩山一片石还可以说说，其他的就是驴鸣犬叫罢了。”

福先寺碑　裴度修福先寺，将求碑文于白居易。判官皇甫湜怒曰：“近舍湜，而远取居易，请从此辞。”度亟谢，随以文属湜。

湜饮酒，挥毫立就。度酬以车马玩器约千缗，湜怒曰:“碑三千字，每字不直绢三匹乎？”度又依数酬之。湜又索文改窜，度笑曰:“文已妙绝，增一字不得矣！”

[译文] 裴度修建福先寺，想请求白居易给他写一篇碑文。他的判官皇甫湜大怒说:“我皇甫湜就在您身边，您却舍近求远去找白居易写，那我现在就请求辞职。”裴度马上给他道歉，随即就请皇甫湜写作这篇碑文。皇甫湜喝了酒，一挥笔就写完了。裴度赏给他车辆、马匹和各种赏玩的东西大约价值一千缗钱，皇甫湜又大怒，说:“碑文有三千字，每个字还不值三匹绢吗？”裴度就又按照他说的字数给他酬劳。皇甫湜还要索回文章修改，裴度笑着说:“文章已经美妙绝伦了，一个字也加不了。”

聪明过人 韩文公尝语李程曰:“愈与崔丞相群同年往还，直是聪明过人。”李曰:“何处过人？”韩曰:“共愈往还二十余年，不曾说着文章。”

[译文] 韩文公（韩愈）曾经对李程说:“我与丞相崔群同年考中进士，交往多年，觉得他真是聪明过人。”李程问:“有什么地方超过别人呢？”韩愈说:“和我交往二十多年，从来不曾说过文章的事。”

金银管 湘东王录忠臣义士文章，笔有三品：忠孝全者，金管书之；德行精粹者，银管书之；文章华丽者，斑竹管书之。

[译文] 湘东王辑录有关忠臣义士的文章，用的笔有三种：忠孝两全的人，用金管笔书写；德行纯粹的人，用银管笔书写；文章华丽的人，用斑竹管笔书写。

杜撰 五代广成先生杜光庭，多著神仙家书，悉出诬罔，如《感遇传》之类。故人以妄言谓之杜撰。或云杜默，非也。杜默以前遂有斯语。

［译文］ 五代时期的广成先生杜光庭，写了许多关于神仙的书，都是伪造编撰的，比如《神仙感遇传》之类的。所以人们把胡说八道称为“杜撰”。有人说是杜默，这是不对的。在杜默之前就有这个说法了。

千字文 梁散骑员外周兴嗣犯事在狱，梁王命以千字成文，即释之。一夕文成，须鬓皆白。

［译文］ 梁朝的散骑员外周兴嗣因犯罪被关进监狱，梁武帝让他用一千个字写成一篇文章就可以放了他。他用了一个晚上写成，胡须与鬓角都变白了。

兔园册 汉梁孝王有圃名兔园，孝王卒，太后哀慕之。景帝以其园令民耕种，乃置官守，籍其租税，以供祭祀。其簿籍皆俚语之字，故乡俗所诵曰《兔园册》。

［译文］ 汉朝的梁孝王有个园圃名叫兔园，梁孝王死后，窦太后很思念他。汉景帝就把这个园子交给了农民用来耕种，并设置了官府管理园子，收取租税，用以供应祭祀的费用。他们的账簿和户籍都用的是市井俚语，所以乡村地区所读的书被叫作“兔园册”。

书肆说铃 扬雄曰：“好学而不要诸仲尼，书肆也；好说而不要诸仲尼，说铃也。”

［译文］ 扬雄说：“喜欢学习却不遵循孔子的方法，就像是个只会装书的书店一样；好发议论但不遵循孔子的方法，就像是个铃铛一样。”

昭明文选六臣注 六臣：李善、吕延济、刘良、张铣、李周翰、吕向，并唐人；铣、向、周翰皆处士。

［译文］ 六臣分别是：李善、吕延济、刘良、张铣、李周翰、吕向，此六人都是唐朝人。张铣、吕向、李周翰都是没有官位的读书人。

艾子 东坡有《艾子》一编，并是笑话。初不解其书，后见《杂记》云：宋仁宗灼艾，令优人竞说笑话，以忘其痛。艾子命书，亦此意也。或云子由灼艾，东坡作此，以分其痛。

［译文］ 苏东坡有一部《艾子》，收录的都是一些笑话。最初不了解此书命名的含义，后来见《杂记》里说：宋仁宗点燃艾草来治病，让优伶们比赛讲笑话，来忘掉痛苦。用"艾子"命名这本书，也就是这个意思吧。又有人说，是他的弟弟苏辙点燃艾草治病，苏轼编写了此书，来分担弟弟的痛苦。

四本论 钟会撰《四本论》始毕，甚欲使嵇公一见，置怀中，既定，畏其难，怀不敢出，于户外遥掷，便回急走。

［译文］ 钟会刚写完《四本论》，特别想让嵇康看一看这书，放在怀里，决定之后，又有些难为情，不好意思拿出来，就在嵇康家外面远远地扔进了墙里面，于是赶快往回跑。

庄子郭注 晋向秀注庄子《南华经》，剖析玄理。郭象窃之，以己名行世。

［译文］ 晋朝的向秀注解庄子的《南华经》，剖析书中的玄妙的道理。郭象偷窃了这部书，用自己的名字流传于世。

叙字 东坡祖名序，故为人作序，皆用“叙”字。

[译文] 苏东坡的祖父名字叫苏序，所以苏轼为人写序的时候，都用“叙”字代替。

颜鲁公书 颜鲁公所著书，有《大言》《小言》《乐语》《滑语》《谗语》《醉语》，皆不传。

[译文] 颜鲁公（颜真卿）所撰著的书，有《大言》《小言》《乐语》《滑语》《谗语》《醉语》，都没有传本。

无字 《周易》“無”作“无”。晋王述曰：“天屈西北为无。”今于“无”上加一点，是古“既”字。

[译文]《周易》中的“無”字写作“无”。晋朝的王述说：“天往西北方向倾斜就是‘无’。”如今在“无”字上加一点，就是古代的“既”字。

三都赋序 徐文长曰：皇甫谧序《三都》，足以重左太冲，而陈师锡之序《五代史》，不足以当欧阳永叔。则予虽无序，可也。

[译文] 徐（渭）文长说：皇甫谧为《三都赋》作序，足以为左太冲（左思）的文章增色，而陈师锡为《五代史》作的序，却配不上欧阳修的史才。那么我的文章即使没有序，也是可以的。

诗词

代羲始为长短句诗，汉武帝始为联句诗，曹植始为绝句诗，沈佺期始为律诗。

舜始为四言。汉唐山夫人始为三言诗。枚乘十九首始为五言诗。唐始为排句，宋始为集句。

颜延年、谢元晖始唱和，元微之、李白始唱和次韵，颜鲁公始押韵。

宋周颙始为四声切韵（又沈约《四声谱》、夏侯该《四声韵略》），唐孙愐始集为《唐韵》。

魏孙炎始为反切字（本西域二合音，如“不可”为“叵”，“而已”为“耳”之类），僧守温始为三十二字母。

［译文］ 伏羲开始写长短不齐的句子的诗，汉武帝开始写联句诗，曹植开始写绝句诗，沈佺期开始写律诗。

舜开始写四言诗，汉代的唐山夫人开始写三言诗，枚乘的古诗十九首是五言诗的开始，唐代开始写排律，宋代开始写集句诗。

颜延年、谢元晖开始作唱和诗作，元微之、李绅、白居易开始唱和并依对方诗作的韵脚来押韵，颜真卿开始严格按照对方的韵脚押韵。

南朝宋代的周颙开始发明四声切韵（另外还有沈约的《四声谱》、夏侯该的《四声韵略》），唐朝的孙愐开始辑集成《唐韵》。

魏国的孙炎开始用反切法来为字注音（原本是西域二合音，如“不可”为“叵”，“而已”为“耳”之类），五代时的僧人守温开始制定三十二个字母。

乐府 汉武帝始郊庙燕射，咸著为篇章，无总众体。制乐府，本《骚》《九歌》《招魂》。

李延年始造乐府新声二十八解（本胡曲造），古为章，魏晋以来皆为解。

唐始变乐府为词调，宋始变词调为长短篇。

晋荀勖始为清商三调，本周房中为平调、清调、瑟调。汉房中为楚调。又侧调生于清调，总为相和调。

清商传江左，为梁宋新声，始尚辞（谓歌辞汉时但有其音耳。夷、伊、那、何之类则声也）。大曲有艳（在曲前），有趋有乱（在曲后）。隋炀帝始倚声命辞（或云起于唐之季世）。王涯始曲中填辞（一云张泌，然六朝已有之）。李白始为小辞。

［译文］ 汉武帝开始在郊庙祭祀和燕射时，都写成诗篇，总结了很多的文体。乐府诗，是以《离骚》《九歌》《招魂》为依据制作的。

李延年开始创作乐府新声二十八解（根据胡人的乐曲而改编），古代叫作“章”，魏晋以来称为“解”。

唐朝开始把乐府变化为词调，宋朝开始把词调变化为长短句。

晋朝的荀勖开始制作清商三调，根据周朝的《房中乐》，制作了平调、清调与瑟调。汉朝的《房中乐》是楚调。另外，侧调衍生于清调，总称为“相和调”。

清商曲流传到江东，成为梁朝、宋朝新的乐曲，才开始崇尚歌词（因为汉朝只有音律，没有歌词。夷、伊、那、何之类的只是声音而已）。大曲前有“艳”（在曲子前面），后面有“趋”和“乱”（在曲子后面）。隋炀帝最早按照乐声来填词（有人说这起源于唐代末年）。王涯开始在乐曲中填词（一种说法是张泌，但是这种事情六朝时期就有了）。李白开始创作小词。

诗体 严沧浪云：诗体始于国风、三颂、二雅，流为《离骚》，古乐古选（十九首）。后有建安体（汉万年曹氏父子及邺中七才子之诗）、黄初体（魏年号，与建安相接，其体一也）、正始体（魏年号，嵇、阮诸公之诗）、太康体（晋年号，左思、潘岳、二张、二陆之诗）、元嘉体（宋年号，颜、鲍、谢诸公之诗）、永明体（齐年号，齐诸公之诗）、齐梁体（通两朝而言之。杜云："恐与齐梁作后尘"）、南北朝体（通魏周而言之，与齐梁一体也）、初唐体（谓袭陈隋之体）、盛唐体（开元、天宝之诗）、中唐体、晚唐体、宋元祐体（黄山谷、苏东坡、陈后山、刘后村、戴石斋之诗）。

《唐诗品汇》总论曰：略而言之，则有初唐盛中晚之不同。详而言之，贞观、永徽之时，虞（世南）、魏（徵）诸公稍离旧习，王（勃）、杨（炯）、卢（照邻）、骆（宾王）因加美丽，刘希夷（庭芝）有闺帷之作，上官（昭容）有婉媚之姿，此初唐之制也。神龙以还，洎开元初，陈子昂古风雅正，李巨山（峤）文章宿老，沈（佺期）、宋（之问）之新声，苏（颋）、张（说）之大笔，此初唐之渐盛也。开元、天宝间，则有李翰林（白）之飘逸，杜工部（甫）之沉郁，孟襄阳（浩然）之清雅，王右丞（维）之精爽，储光羲之真率，王昌龄之隽拔，高适、岑参之悲壮，李颀、常建之雄快，此盛唐之盛者也。大历、贞元间，则有韦苏州（应物）之澹雅，刘随州（长卿）之闲旷，钱（起）郎（士元）之清赡，皇甫（冉曾）之竞秀，秦公绪之山林，李从一（嘉祐）之台阁，此中唐之再盛也。下暨元和之际，则有柳愚溪（宗元）之超然复古，韩昌黎（愈）之博大沉雄。张籍、王建乐府得其故实，元、白叙事务得分明，与夫李贺、卢仝之鬼怪，孟郊、贾岛之瘦寒，此晚唐之变也。降而开成以后，则有杜牧之（牧）之豪纵，温飞卿（庭筠）之绮靡，李义山（商隐）之隐癖，许用晦（晖）之对偶，他若刘沧、马戴、李频、李群玉，此晚唐变态之极矣。

[译文] 严羽（号沧浪）说：诗体开始于《国风》、三《颂》、二《雅》，演化成《离骚》、古乐府、古诗十九首。后来又有了建安体（汉朝末年的年号，曹氏父子和邺中七才子的诗）、黄初体（魏国年号，和建安相接续，和建安体是一样的）、正始体（魏国的年号，嵇康、阮籍等人的诗）、太康体（晋朝

的年号，左思、潘岳、二张、二陆的诗）、元嘉体（南朝宋的年号，颜延之、鲍照、谢灵运等人的诗）、永明体（齐朝的年号，齐朝各位诗人的诗）、齐梁体（齐梁两朝的诗。杜甫有诗说“恐与齐梁作后尘”）、南北朝体（北魏、北周的诗，和齐梁体是一样的）、初唐体（指沿袭陈朝、隋朝体制的诗）、盛唐体（开元、天宝时期的诗）、中唐体、晚唐体、宋元祐体（黄庭坚、苏东坡、陈师道、刘克庄、戴石斋的诗）。

《唐诗品汇》的总论里说:简单地说，唐诗可分初唐、盛唐、中唐、晚唐不同的四个阶段。细致地说，贞观、永徽年间，虞世南、魏徵等人略微改变了齐梁时期的旧习气，王勃、杨炯、卢照邻、骆宾王为诗歌的创作增加了华美的一面，刘希夷有写闺情之作，上官婉儿的诗有婉媚的风格。这是初唐诗歌作品的体制。神龙以后，到开元初年起，陈子昂的诗作古体诗风格雅正，李峤是文坛宿老，沈佺期、宋之问创立了格律诗这种新诗体，苏颋、张说已有大手笔的气象。这是初唐的诗歌创作开始兴盛了。开元、天宝年间，有李白的飘逸，杜甫的沉郁，孟浩然的清雅，王维的精爽，储光羲的真率，王昌龄的隽拔，高适、岑参的悲壮，李颀、常建的雄伟明快，这就是盛唐的盛况了。大历、贞元年间，则有韦应物的淡雅，刘长卿的闲旷，钱起、郎士元的清赡，皇甫冉、皇甫曾的竞秀，秦公绪的山林之气，李嘉祐的台阁之风，这就是中唐的再次兴盛了。再到元和之际，又有柳宗元的超然复古，韩愈的博大沉雄，张籍、王建的乐府写得平实，元稹、白居易的乐府叙事分明，至于李贺、卢仝的鬼怪气息，孟郊、贾岛的瘦寒之态，这些都是晚唐诗风变化的开端了。再到开成年间以后，又有杜牧的豪纵，温庭筠的绮靡，李商隐的隐癖，许晖的对偶，其他像刘沧、马戴、李频、李群玉等人，这些都是晚唐诗风变化的极致了。

诗评 敖陶孙评：魏武帝如幽燕老将，气韵沉雄。曹子建如三河少年，风流自赏。鲍明远如饥鹰独出，奇矫无前。谢康乐如东海扬帆，风日流丽。陶彭泽如绛云在霄，舒卷自如。王右丞如秋水芙蕖，倚风自笑。韦苏州如园客独茧，暗合音徽。孟浩然如洞庭始波，木叶微脱。杜牧之如铜瓦走坡，骏马注坡。白乐天如山东父老课农桑，言言着实。元微之如李龟年说天宝遗事，貌悴而神不伤。刘梦得如镂冰雕琼，流光自照。李太白如刘安鸡犬，遗响白云，核其归存，恍无定处。韩退之如囊沙背水，惟韩信独能。李长吉如武帝食露盘，无补多欲。孟东野如埋泉断剑，卧壑寒松。张籍如优工行乡，饮酬献秩，时有诙气。柳子厚如高秋独眺，霁晚孤吹。李义山如百宝流苏，千丝铁网，绮密瑰妍，要非适用。本朝苏东坡如屈注天潢，倒连沧海，变眩百怪，终归浑雄。欧阳文忠如四瑚八琏，止可施之宗庙。王荆公如邓艾缒兵入蜀，要以险绝为功。黄山谷如陶弘景祇诏入官，析理谈玄，而松风之梦故在。梅圣俞如关河放溜，瞬息无声。秦少游如时女步春，终伤婉弱。陈后山如九皋独唳，深林孤芳，冲寂自妍，不求识赏。韩子苍如梨园按乐，排比得伦。吕居仁如散圣安禅，自能奇逸。其它作者，未易殚陈。独唐杜工部，如周公制作，后世莫能拟议。

语觉爽俊，而评似稳妥，惟少为宋人曲笔耳，故全录之。

［译文］ 敖陶孙评论说："魏武帝的诗就像幽燕之地的老将，气度风韵沉着雄健。曹植如同三河地区的少年，风流倜傥。鲍照如同饥饿的雄鹰冲出天际，奇特矫健。谢灵运如同在东海之上扬起风帆，风格流丽。陶渊明如同轻云在天，舒卷自如。王维如同秋天水中的芙蓉花，在风中含笑。韦应物如同园客独茧，暗里与音律

相合。孟浩然如同洞庭湖的细波，树叶微落。杜牧如同铜做的弹丸在斜坡上滚落，或者像骏马冲下山坡。白居易如同山东父老劝农种桑一样，每一个字都很踏实。元稹如同李龟年说天宝年间的往事，容貌憔悴但神情不伤。刘禹锡如同在冰和玉上雕刻，流光照人。李白如同淮南王刘安家的鸡犬，声音都在白云之上，想确定所在，却恍然不定。韩愈如同囊沙堵水，只有韩信这样的名将才能够做到。李贺如同汉武帝吃承露盘上的露水，却无补于事。孟郊如同隐蔽在泉水中的断剑、躺卧在山谷的寒松。张籍如俳优在乡间卖笑，应酬交往，时时流露出诙谐之气。柳宗元如同秋高气爽时登高独自眺望，傍晚时分吹奏笛子。李商隐如同上百种宝物装饰的流苏帷帐，千丝编织的铁网，绮丽厚密，但并不适用。本朝的苏轼如同水流天河，再接沧海，变化眩目，千奇百怪，终究还是归于浑雄。欧阳修如同瑚琏祭器，可以放在宗庙高堂。王安石如同邓艾把天兵降落入蜀国，靠险绝而出类拔萃。黄庭坚如同陶弘景进入皇宫，析理谈玄，但松风之梦仍在。梅尧臣如同黄河上任由船只漂流，瞬息无声。秦观如同女孩子春游，终究伤于纤弱。陈师道如同仙鹤独自鸣叫于九皋，深林之中孤芳独赏。韩驹如同梨园演奏音乐，各得其宜。吕本中如同散仙坐禅，自有奇逸。其他作者，不容易详细叙述了。只有唐代的杜甫，就像周公的制乐制度一样，后世都没有谁能够评议比拟。”

敖陶孙的语言爽直俊逸，评价也算稳妥，只是稍微为宋代作者回护照顾而已，所以全部抄录下来。

苦吟 孟浩然眉毛尽落，裴祐至袖手皆穿，王维则走入醋瓮，皆苦于吟者。

[译文] 孟浩然的眉毛都掉完了，裴祐的袖子都磨烂了，王维则是

走进了醋瓮里，这些都是苦于吟诗的人。

警句 杨徽之能诗，太宗写其警句于御屏。僧文莹谓以天地浩露涤笔于金瓯雪盘，方与此诗神骨相投。

［译文］ 杨徽之擅长写诗，宋太宗把他诗歌中的警句写在皇宫的屏风上面。僧人文莹说，用天地之间的露水在金瓯、雪盘里洗涤毛笔，才能与这些诗句的神气、骨格相符合。

推敲 贾岛于京师驴背得句："鸟宿池边树，僧敲月下门。"既下"敲"字，又欲下"推"字，炼之未定，引手作推、敲势。时韩愈权京兆尹，岛不觉冲其前导。拥至尹前，具道所以。愈曰："敲字佳矣。"与并辔归，为布衣交。

［译文］ 贾岛在京师的驴背上想到两句诗："鸟宿池边树，僧敲月下门。"先用了"敲"字，又想用"推"字，锤炼不定，用手来做"推""敲"的姿势。当时韩愈正暂代京兆尹的职务，贾岛不知不觉冲犯了韩愈前边的卫队，被士兵抓到韩愈面前，详细解释了原因。韩愈说："还是'敲'字好些。"然后就与贾岛一起骑马回去，成了布衣之交。

柏梁体 七言诗始于汉柏梁体。武帝作《柏梁台》，诏群臣能诗者得上座，凡七言，每句用韵，各述其事。

［译文］ 七言诗开始于汉朝的柏梁体。汉武帝修建柏梁台，下诏书说，群臣中擅长写诗的人可以坐上座，都用七言句，每句押韵，各自记述这件事。

古锦囊 李贺工诗，每旦出，骑款段马，从小傒奴辈，背古锦囊，遇所得，即内之囊中。母见之曰：“是儿呕出心肝乃已！”

[译文] 李贺擅长写诗，每天天亮出去，骑着一匹走得慢悠悠的马，几个小仆人跟随着，背着古旧的锦囊，若想到新的诗句，就写下来装到锦囊里。他母亲见了说：“这个孩子要把心肝吐出来才算完啊。”

压倒元白　唐宝历中，杨嗣复大宴，元稹、白居易亦与赋诗，惟杨汝士后成，最佳，元、白叹服。汝士醉归，语其子弟曰：“我今日压倒元白！”

[译文] 唐代宝历年间，杨嗣复大宴宾客，白居易也在宴会上参加了赋诗，只有杨汝士最后写成，写得最好，元稹、白居易也都佩服。杨汝士大醉而归，对子弟说：“我今天写诗压倒了元、白啊！”

诗中有画　王维工于诗画。东坡曰：“味摩诘之诗，诗中有画，观摩诘之画，画中有诗。”

[译文] 王维擅长写诗和绘画。苏东坡说：“体味王摩诘的诗，诗中有画的意境；观看王摩诘的画，画中有诗的味道。”

枫落吴江冷　崔信明、郑世翼遇诸江中，世翼谓曰：“闻君有‘枫落吴江冷’之句，愿见其余。”信明欣乐，出众篇，翼览未终，曰：“所见不逮所闻！”投诸水，引舟遽去。

[译文] 崔信明、郑世翼在江上相遇，郑世翼对崔信明说：“听说您有‘枫落吴江冷’的诗句，希望看看您另外的诗作。”崔信明很高兴，就把其他的诗作都拿了出来，郑世翼没等看完就说：“看到的没有听到的那样好！”于是把崔信明的诗稿都扔到了江中，开船离开了。

依样葫芦　宋陶榖久在词林，太祖曰："颇闻翰林皆简旧本换词语，此俗谓之依样葫芦。"后陶榖作诗，书玉堂壁曰："官职须由生处有，才能不管用时无。堪笑翰林陶学士，年年依样画葫芦。"

［译文］　宋代的陶榖在翰林任职了很长时间，宋太祖说："听说翰林们作诗都是挑选前人的旧本改换些词语，这就是所谓的依样画葫芦吧。"后来陶榖写诗题在翰林院的玉堂壁上，诗中说："官职须由生处有，才能不管用时无。堪笑翰林陶学士，年年依样画葫芦。"

卖平天冠　宋廖融精于诗学，多有生徒。太宗曰："词赋策论取士，融生徒多引去。"融曰："岂知今日之诗道，一似大市卖平天冠，并无人问。"

［译文］　宋代的廖融精通《诗经》的学问，收了很多学生。宋太宗说："现在用词赋和策论来选取读书人，廖融的学生大多都跑了。"廖融说："怎么会想到现在研究《诗经》的学问，竟然像在闹市中卖平天冠一样，无人问津。"

技痒　《懒真子》云：老杜哀郑虔诗，有"荟蕞何技痒"之句，谓人有技艺不能自忍，如人之搔痒也。

［译文］《懒真子》中说：杜甫《哀郑虔》一诗中有"荟蕞何技痒"的句子，说的是一个人有技艺忍不住想要表现出来，就像人的身上痒了要搔痒一样。

投溷　李贺有表兄与贺有笔砚之仇，恨贺傲。忽贺死，复绐取其稿，尽投溷中。

[译文] 李贺有一位表兄，与李贺在写文章的事情上结了怨仇，痛恨李贺的傲慢。李贺忽然死掉了，他就把李贺的诗稿骗过来，全部扔到了厕所中。

点金成铁　梁王籍诗云:“蝉噪林逾静，鸟鸣山更幽。”王荆公改用其句曰:“一鸟不鸣山更幽。”山谷笑曰:“此点金成铁手也。”

[译文] 南朝梁的王籍在诗中有“蝉噪林逾静，鸟鸣山更幽”的句子，王安石把这个句子改成了“一鸟不鸣山更幽”，黄庭坚嘲笑他说:“这是点金成铁的手啊。”

易吾肝肠　张籍爱杜甫诗，取其集，焚取灰烬，副以膏密，顿饮之，曰:“令吾肚肠从此改易。”

[译文] 张籍喜欢杜甫的诗歌，拿来杜甫的诗集，烧成灰后用蜜调成膏，一下子把它喝了，说:“这会让我的文思从此改变。”

贾岛佛　李洞慕贾浪仙诗，铸铜像事之如神，尝念贾岛佛。

[译文] 李洞仰慕贾岛的诗，为贾岛铸造了一个铜像，把他当神一样侍奉，经常在铜像前念叨“贾岛佛”。

偷诗　杨衡初隐庐山，有窃其诗以登第者。衡后亦登第，见其人问曰:“‘一一鹤声飞上天’在否？”答曰:“此句知兄最惜，不敢偷。”衡曰:“犹可恕也。”

[译文] 杨衡刚开始在庐山隐居的时候，有人偷了他的诗作而进士及第。杨衡后来也进士及第了，见到那个人问:“‘一一鹤声飞上天’这一句还在吗？”那个人回答说:“这一句我知道老兄你最珍视，就没敢偷用。”杨衡说:“那还是可以原谅的。”

诋诗 张率年十六，作颂赋二千余首，虞讷见而诋之。率乃一旦焚毁，更为诗示之，托云沈约。讷更句句嗟称无字不妙。率曰："此率作也。"讷惭而退。

[译文] 张率十六岁的时候，就已经写了二千多首颂赋，虞讷看到后就贬损这些颂赋。张率就将它们都烧了，再写诗给虞讷看，假装说是沈约写的。虞讷就句句夸奖，简直没有一个字写得不好。张率说："这就是我写的。"虞讷羞惭地走了。

爱杀诗人 唐宋之问爱刘希夷诗，有"年年岁岁花相似，岁岁年年人不同"之句，恳乞不与，之问怒以土囊压杀之。

[译文] 唐代的宋之问非常喜欢刘希夷的诗，见到"年年岁岁花相似，岁岁年年人不同"的句子，恳求把这个句子让给他，刘希夷不答应，宋之问大怒，用土囊把刘希夷给压死了。

出诗示人 殷浩少与桓温齐名，常有竞心。桓问殷："卿何如我？"殷曰："我与我周旋久，宁作我。"殷尝作诗示桓，桓玩侮之曰："卿慎弗犯我；犯我，当出汝诗示人也！"

[译文] 殷浩小时候和桓温齐名，常常有和桓温比试的心思。桓温问殷浩："你跟我相比怎么样？"殷浩说："我与自己交往时间长了，还是宁愿做我自己。"殷浩曾写诗给桓温看，桓温看后侮辱他说："你小心不要得罪我，假使得罪了我，我就把你的诗拿给别人看！"

歌赋

古歌谣 伏羲氏有网罟之歌，始为歌。葛天氏操牛尾，投足，歌八阕，始分阕。孔甲作《破斧》之歌，始为东音。涂山氏（禹妃）歌侯人，始为周南、召南。有娀氏感飞燕，始为北音。周昭王时，西瞿徙宅西河，始为西音。（今歌曲统谓南北音。凉州、伊州、甘州、渭州皆西音，并为北歌曲。）

［译文］ 伏羲氏时有网罟的歌谣，是创作得最早的诗歌。葛天氏手拿着牛的尾巴，蹦蹦跳跳，唱八段歌词，是最早分段的歌曲。孔甲创作了《破斧》的歌谣，是最早的东方音乐。涂山氏（大禹的妃子）唱《候人歌》，最早作《周南》《召南》。有娀氏有感于飞翔的燕子，是最早的北方音乐。周昭王的时候，西瞿迁家到西河，创作了最早的西方的音乐。（现在的歌曲统称为南北音。《凉州》《伊州》《甘州》《渭州》都是西方的音乐，并且是北方的歌曲。）

鼓吹 黄帝命岐伯为鼓吹。凯歌，汉为铙歌，本鼓吹。

［译文］ 黄帝让岐伯制作了鼓吹曲。凯歌，汉代称为铙歌，是根据鼓吹曲而创作的。

相和歌 汉始有杂歌、艳歌、倚歌、蹈歌，始为相和歌，本讴谣丝竹相和，执节而歌。

［译文］ 汉代有杂歌、艳歌、倚歌、蹈歌，最初都是相和歌，源于民间歌谣和丝竹乐器的配合，拿着木板打着节拍歌唱。

乐府采诗 汉武帝立乐府采诗，夜诵则有赵代秦楚之讴，始以声为主尚歌。

[译文] 汉武帝建立乐府机关，到民间采诗，在晚上唱诵，有赵国、代国、秦国、楚国等地的歌谣，最初以乐声为主，重视歌唱。

白纻歌 梁武帝本吴歌《白纻》，始改子夜吴声四时歌。

[译文] 梁武帝最早根据吴歌中的《白纻》歌，改作《子夜吴声四时歌》。

薤露蒿里 田横从者始为《薤露》《蒿里》歌。魏缪袭始以挽歌为辞。

[译文] 田横的追随者最早创作了《薤露》《蒿里》等歌谣。魏国的缪袭最早开始为挽歌写作歌词。

郊祀歌 三言四言。谢庄歌五帝，三言九言，依五行数。汉歌篇八句转韵。张华、夏侯湛两三韵转。傅玄改韵颇数。王韶之、颜延之始四句转韵，赊促得中。

[译文] 郊祀歌有一句三字和一句四字的。谢庄为《五帝》创作歌词，有一句三字一句九字的，以五行作为排列的行数。汉代的歌词每篇八句就要换韵。张华、夏侯湛写的歌词每两三句就转一次韵。傅玄改韵太频繁。王韶之、颜延之最早四句转一次韵，急缓正好适中。

铙吹 唐柳子厚作铙歌鼓吹曲十二篇，歌唐战功。

[译文] 唐代的柳宗元创作了十二篇《铙歌鼓吹曲》，来歌颂唐朝的战功。

檀来歌 周世宗南征军士作《檀来歌》，声闻数十里。

[译文] 周世宗南征的士兵歌唱《檀来歌》，歌声能传出几十里远。

阳春白雪 《文选》：客有歌于郢中者，始为《下里》《巴人》，国中和者数千人。为《向阳薤露》，和者数百人。为《阳春》《白雪》，和者数十人。引商刻羽，杂以流徵，和者不过数人。其曲弥高，其和弥寡。

[译文] 《文选·宋玉〈对楚王问〉》一文中说：有一个客人在郢中唱歌，最早唱的是《下里》《巴人》，国都中有几千人应和着唱；唱《向阳》《薤露》，只有几百人应和着唱；唱《阳春》《白雪》的时候，仅仅有几十个人应和着唱；曲调高古的乐曲，并夹杂着流徵的音调，应和的只有几个人。他的曲调越高，应和的人就越少。

填词柳三变 柳耆卿为屯田员外郎，初名三变，自作词云："才子词人，自是白衣卿相。"后有荐于朝者，仁宗曰："此人风前月下，且去填词。"由是不得志。自称奉圣旨填词柳三变。

[译文] 柳永担任屯田员外郎的官职，开始时他的名字叫作柳三变，自己写词说："才子词人，本是平民中的卿相。"后来有人将他推荐给朝廷，宋仁宗说："这个人喜欢风前月下的生活，且让他去填他的词吧。"因此仕途不顺。他自称是"奉圣旨填词柳三变"。

纂组成文 司马相如曰：合纂组以成文，列锦绣而为质，一经一纬，一宫一商，此赋之迹也。赋家之心，包括宇宙，总揽人物，斯乃得之于内，不可得而传也。

[译文] 司马相如说：把精美的织锦合织成美丽的图案，把锦绣排列起来成里子，有经有纬，有宫有商，这就是作赋的过程啊。作

赋者的心胸，要能够包罗宇宙，要囊括人与物，这只能用自己的内心去体会，没办法传授给他人。

登高作赋 古者登高能赋，山川能祭，师旅能御，丧纪能诔，作器能铭，则可以为大夫矣。

[译文] 古时候的人如果登上高山就能写出诗，面对高山大河就能祭祀，率领军队就能打仗，遇到丧事时能作诔文，制作器物时能写铭文，那就可以做大夫了。

五经鼓吹 孙绰博学，善属文，绝重张衡、左思赋，每云:“《三都》《二京》，五经鼓吹。”

[译文] 孙绰非常博学，擅长写文章，非常重视张衡、左思写的赋文，他经常说:“《三都赋》《二京赋》，那是发扬‘五经’经义的大作。”

雕虫小技 或问扬子云曰:“吾子少而好赋？”曰:“然。童子雕虫篆刻。”既而曰:“壮夫不为也。”

[译文] 有人问扬雄说:“先生您从小就喜欢作赋吗？”扬雄回答说:“是的。作赋是小孩子才学的雕虫小技。”接着又说:“成人就不要做这种事了。”

风送滕王阁 都督阎伯屿修滕王阁，落成设宴，属婿吴子章预作《滕王阁赋》，出以夸客。王勃自马当顺风行七百余里，至南昌与宴。及逊作赋，受笔札而不辞。都督大怒，命吏伺其落句即报。至“落霞秋水”句，都督曰:“此天才也！”命其婿辍笔。

[译文] 都督阎伯屿重新修建了滕王阁，落成后宴请宾客，叮嘱女

婿吴子章预先写了一篇《滕王阁赋》，到时候出示给大家以夸耀文采。当时王勃从马当往南行了七百多里地，到了南昌，正好赶上了这场宴会。等到主人谦让地让诸位宾客作赋，他接受了纸笔毫不推辞。阎伯屿非常生气，回到屋子里，让手下的小吏等王勃写出句子立即汇报。等看到"落霞与孤鹜齐飞，秋水共长天一色"一句时，他说："这个人是个天才啊！"就让他的女婿放下笔不要再写了。

张融海赋　张融为《海赋》，徐凯之曰："卿此赋实超玄虚，但不道盐耳。"融即援笔增曰："漉沙构白，熬波出素。积雪中春，飞霜暑路。"

[译文]　张融写了一篇《海赋》，徐凯之说："你这篇赋确实写得高超玄虚，只是没有说到盐啊。"张融随即提笔增加了两句："漉沙构白，熬波出素。积雪中春，飞霜暑路。"

木华海赋　木华作《海赋》，思路偶涩，或告之曰："何不于海之上下四旁言之？"华因其言，《海赋》遂成。

[译文]　木华创作了一篇《海赋》，思路偶有不通畅的地方，有人告诉他说："你为什么不从大海的上下和四方来写呢？"木华按照他说的，就写成了《海赋》。

八叉手　温庭筠工赋，每人试作赋，八叉手而八韵成。又言庭筠作赋，未尝起草，一吟一韵，场中号温八吟，亦号温八叉。

[译文]　温庭筠擅长写赋，每次别人要他作赋，手叉八次就完成了八韵的赋文。又说温庭筠写赋的时候，从来不写草稿，吟诵一声就写成一韵，科场中称他为"温八吟"，也叫"温八叉"。

书简

伏羲始制契，以木刻书。黄帝始以刀书。舜始以漆书。中古磨石汁书。

黄帝始铸文于鼎彝。周宣王始刻文于石。五代和凝始刻书于梨板。

[译文] 伏羲最早制作了契文，把字刻在木头上。黄帝最早开始用刀来书写。舜最早用漆来书写。中古时代开始用石头磨墨汁来书写。

黄帝时期最早在鼎、彝等祭器上铸造文字。周宣王最早在石头上刻字。五代时的和凝最早在梨木板上刻字印书。

印板 隋文帝为印板。冯道请唐明宗行印板，始印五经，始依石经文字，刊九经板。宋真宗始摹印司马、班史诸史板。

[译文] 隋文帝最早制作了印书用的木板。冯道请求后唐明宗颁行印板，最早印了《五经》，开始依据的是唐代开成石经的文字，刊刻了《九经》的印板。宋真宗时最早摹写印刷了司马迁的《史记》、班固的《汉书》等史书的印板。

鲤素 《古乐府》："客从远方来，遗我双鲤鱼；呼童烹鲤鱼，中有尺素书。长跪读素书，书中意何如？上有加餐饭，下有长相思。"

[译文] 《古乐府》诗中说："客从远方来，遗我双鲤鱼。呼童烹鲤鱼，中有尺素书。长跪读素书，书中意何如？上有加餐饭，下有长相思。"

云锦书 李白诗："青鸟海上来，今朝发何处？口衔云锦书，为我忽飞去。鸟去凌紫烟，书留绮窗前。开缄方一笑，乃是故人传。”

[译文] 李白《以诗代书答元丹丘》中说：“青鸟海上来，今朝发何处。口衔云锦书，与我忽飞去。鸟去凌紫烟，书留绮窗前。开缄方一笑，乃是故人传。”

青泥书 后汉邓训为上谷守。故吏知训好青泥封书，遂从黎阳步推鹿车，载青泥至上谷，以遗训。

[译文] 东汉的邓训担任上谷的郡守。故吏知晓邓训喜欢用青泥密封书信，就从黎阳步行推着小车，装着青泥送到上谷，来赠给了邓训。

飞奴 张九龄家养群鸽，每与亲知书，系鸽足上投之，呼为飞奴。

[译文] 张九龄家中养了一群鸽子，每当要给亲朋好友送信时，就将信系在鸽子的脚上放出去，称之为“飞奴”。

代兼金 陆机诗：“愧无杂佩赠，良讯代兼金。”

[译文] 陆机《赠冯文罴》诗里说：“愧无杂佩赠，良讯代兼金。”

寄飞燕 江淹诗：“袖中有短札，欲寄双飞燕。”孟郊诗：“欲写加餐字，寄之西飞翼。”

[译文] 江淹有诗句说：“袖中有短札，欲寄双飞燕。”孟郊有诗句说：“欲写加餐字，寄之西飞翼。”

白绢斜封 卢仝《谢孟简惠茶》歌：“日高丈五睡正浓，将军扣门惊周公，口传谏议送书信，白绢斜封三道印。”

[译文] 卢仝的《谢孟简惠茶歌》：“日高丈五睡正浓，将军扣门惊

周公。口传谏议送书信，白绢斜封三道印。”

十部从事　晋刘弘为荆州刺史，每发手书郡国，丁宁款密，莫不感悦，咸曰：“得刘公一纸书，贤于十部从事！”

[译文]　晋代的刘弘担任荆州刺史时，每次给郡国传递亲手写的书信，都殷切叮咛关照，无人不感动喜悦，都说：“能得到刘公的一封信，胜于做十部从事官。”

家书万金　王筠久住沙阳。一日，得家书，曰：“抵得万金也。”杜诗：“烽火连三月，家书抵万金。”

[译文]　王筠住在沙阳很长时间。一天，得到一封家信，说：“这封信抵得上一万两黄金啊。”杜甫诗中说：“烽火连三月，家书抵万金。”

风月相思　周弘让答王褒书：“苍雁赪鳞，时留尺素，清风明月，俱寄相思。”

[译文]　周弘让在《答王褒书》中说：“大雁鲤鱼，常常给我留下书信，清风明月，都寄托了我们的相思之情。”

千里对面　唐高祖曰：“房玄龄每为吾儿陈事，千里外犹如面谈。”

[译文]　唐高祖说：“房玄龄每次为我的儿子陈述事理，即使在千里之外犹如在当面谈心。”

不为置书邮　晋殷浩迁豫章太守，都下人士因其致书者百余，行次石头，皆投之水中，曰：“沉者自沉，浮者自浮，殷洪乔不能为致书邮。”

[译文] 晋代的殷浩转任豫章郡的太守，都城里有上百人托他捎信，当他走到石头城的时候，把这些书信全都扔到了水里，说："沉者自沉，浮者自浮，我殷浩绝不给人当邮差。"

字学汇入群书文章

神农始为历日。

文王始为经书。周公始为政书。

黄帝受玄女始为《兵符》。吕望始为《韬略》。

周公始为《四方志》。李悝次诸国律，始为《法经》。

周公始为稗官。战国时始为小说。宋高宗始为词话。

神农尝百药，始著方书。黄帝与岐伯问答。雷公受业，著《内外经》。巫妐占六岁以下小儿寿夭，著《颅囟经》。

[译文] 神农氏最早制定了历法。

周文王最早编订了经书。周公旦最早撰作了政书。

黄帝接受玄女的指导开始撰作了《兵符》。吕望最早撰作了《韬略》。

周公旦最早撰作了《四方志》。李悝编撰了各诸侯国的法律，最早撰作了《法经》。

周公最早设置了稗官。战国时最早出现了小说。宋高宗时最早出现了词话。

神农氏亲自尝各种草药，最早撰作了药书。黄帝和岐伯互相问答。雷公被传授了这些知识，撰著了《内外经》。师巫占卜六岁以下小孩的生死，撰著了《颅囟经》。

汉甘公始为命书，唐举始为相书，郭璞始为风水书。

景虑始口授，大月氏王使尹存浮屠经。蔡愔、秦景始奉使得天竺佛书，梁武帝合五千四百卷为三藏。

黄帝使史甲作戒，始著书。成汤始撰书名（凡书各有名）。黄帝始为铭、为箴。帝喾始为颂。

伏羲始为记事。司马迁始为纪。沈约始为类事。

［译文］汉代的甘公最早撰著算命的书籍，唐举最早撰著看相的书籍，郭璞最早撰著了看风水的书。

景虑从大月氏王的使者尹存那里学习了《浮屠经》。蔡愔、秦景最早奉皇帝之命到天竺国求取佛经，梁武帝把五千四百卷佛经总称为《三藏》。

黄帝让史甲写作戒文，这才有了最早的著书。成汤最早制定了书名（凡是书籍都各有名字）。黄帝最早制作了铭文和箴文。帝喾最早制作了颂。

伏羲最早让史官记载大事。司马迁最早撰作帝王的本纪。沈约最早编撰类书。

子夏始为序。公羊高始为注。郑玄始为笺释。赵岐始为题跋。

庄周始为说。田骈始为辨。荀卿始为论解。

夏启始为檄，伊尹始为训。

黄帝始为传。

周公始为诔。

鬻熊始为子。庾仲容始为钞。刘歆始为集。

南朝始为文、为笔（今诗文通称文笔）。晋宋始为文受礼。隋始受钱，唐始盛。

汉始称贾逵为舌耕，唐始称王勃为笔耕（以为文取丰金也）。高颎始索润笔（时为郑译草封沛国制）。王隐君始歌卖文（段湛卖文）。

［译文］　子夏最早撰作了序文。公羊高最早为经书做注。郑玄最早撰作笺释。赵岐最早写作题跋。

庄周最早撰作说文。田骈最早撰作辨文。荀卿最早撰作论解。

夏启最早撰作檄文，伊尹最早撰作训文。

黄帝最早撰作传记。

周公最早撰作诔文。

鬻熊最早撰作诸子文。庾仲容最早撰作钞文。刘歆最早编订文集。

南朝开始弄清了文、笔的区别（现在诗文通称为文笔）。晋朝至刘宋时最早为文章而收礼金。隋朝最早受钱，唐代开始盛行。

汉代最早称贾逵为"舌耕"，唐朝最早称王勃为"笔耕"（因为写文章可以取得优厚的报酬）。高颎最早向人索要润笔的费用（当时为郑译撰《封沛国制》）。王隐君最早唱歌卖文（段湛卖文）。

任昉《文章缘起》：三言诗，晋散骑常侍夏侯湛作。四言诗，前汉楚王傅韦孟谏楚王戊诗。五言诗，汉骑都尉李陵与苏武诗。六言诗，汉大司农谷永作。七言诗，汉武帝柏梁台连句。九言诗，魏高贵乡公作。赋，楚大夫宋玉作。歌，荆轲作《易水歌》。《离骚》，楚屈原作。

诏，起秦时玺文。秦始皇传国玺。

册文，汉武帝封三王册文。表，淮南王安谏代闽表。让表，汉东平王苍上表让骠骑将军。上书，秦丞相李斯上始皇书；汉太史令司马迁《报任少卿书》。对贤良策，汉太子家令晁错。上疏，汉大中大夫东方朔。启，晋吏部郎山涛作选启。作奏记，汉江都相诣公孙弘奏记。笺，汉护军班固说东平王笺。谢恩，汉丞相魏相诣公车谢恩。令，汉淮南王谢群公令。奏，汉枚乘奏书谏吴王濞。驳，汉吾丘寿王驳公孙弘禁民不得挟弓。议论，王褒四子讲德论，汉韦玄成奏罢郡国庙议。弹文，晋刘州刺史王深集杂弹文。

[译文] 任昉的《文章缘起》里说：三言诗是晋朝散骑常侍夏侯湛最早写作的。四言诗是西汉楚王的老师韦孟的《谏楚王戊》诗。五言诗是汉代骑都尉李陵的《和苏武》诗。六言诗是汉代大司农谷永最早写的。七言诗，最早是汉武帝的《柏梁台》联句。九言诗，最早是魏国的高贵乡公所作。赋是楚国大夫宋玉所作。歌始于荆轲作的《易水歌》。《离骚》是楚国的屈原所作。

诏令，最早起源于秦朝的玺文。秦始皇最早有传国玉玺。

册文，最早起于汉武帝封赐三王的册文。表，最早的是淮南王刘安的《谏代闽表》。让表，最早的是汉代东平王刘苍的《上表让骠骑将军》。上书，最早的是秦国的丞相李斯的《上始皇书》，以及汉代的太史令司马迁的《报任少卿书》。对贤良策，最早起源于汉代太子家令晁错。上疏，最早起源于汉代大中大夫东方朔。启，最早的是晋代吏部郎山涛作的《选启》。奏记的撰作，最早的是汉代江都相的《诣公孙弘奏记》。笺，最早起源于汉代护军班固的《说东平王笺》。谢恩，最早是汉代丞相魏相的《诣公车谢恩》。令，最早是汉代淮南王的《谢群公令》。奏，最早的是汉代枚乘的《奏书谏吴王濞》。驳，最早的是汉代吾丘寿王的《驳公孙弘禁民不得挟弓》。议论，有王褒的《四子讲德论》和汉代韦玄成的《奏罢郡国庙议》。弹文最早的是晋朝刘州刺史王深的《集杂弹文》。

骚，汉扬雄作。荐，后汉云阳令朱云荐伏湛。教，京兆君王尊出教，告属县。封事，汉魏相奏霍氏专权封事。白事，汉孔融主簿作白事书。移书，汉刘歆移书谏太学博士，论《左氏春秋》。铭，秦始皇会稽山刻石铭。箴，扬雄《九州百官箴》。《封禅书》，汉文园令司马相如。赞，司马相如作《荆轲赞》。颂，汉王褒《圣主得贤臣颂》。序，汉沛郡太守作《邓后序》。引，琴操有《箜篌引》。《志录》，扬雄作。记，扬雄作《蜀记》。

碑，汉惠帝四皓碑。碣，晋潘尼作潘黄门碣。

诰，汉司隶从事冯衍作。誓，汉蔡邕作《艰誓》。露布，汉贾弘为马超伐曹操作。檄，汉丞相祭酒陈琳作檄曹操文。

[译文] 骚，最早的是汉代扬雄所作。荐，最早的是东汉云阳令朱云的《荐伏湛》。教，最早是京兆尹王尊的《出教告属县》。封事，最早是汉代魏相的《奏霍氏专权封事》。白事，最早是汉代孔融主簿作的《白事书》。移书，最早的是汉代刘歆的《移书谏太学博士》。论，最早的是《左氏春秋》。铭，最早的是秦始皇会稽山的刻石铭。箴，最早的是扬雄的《九州百官箴》。封禅书，最早的是汉代文园令司马相如所作。赞，最早的是司马相如作的《荆轲赞》。颂，最早的是汉代王褒作的《圣主得贤臣颂》。序，最早的是汉代沛郡太守作的《邓后序》。引，最早的琴操有《箜篌引》。《志录》，是扬雄所作。记，最早也是扬雄作的《蜀记》。

碑，最早的是汉惠帝作的《四皓碑》。碣，最早的是晋代的潘尼作的《潘黄门碣》。

诰，最早的是汉代的司隶从事冯衍所作。誓，最早的是汉代蔡邕作的《艰誓》。露布，最早的是汉代贾弘为马超伐曹操时作的。檄文，最早的是汉代的丞相祭酒陈琳作的《檄曹操文》。

明文，汉泰山太守应劭作。对问，宋玉《对楚王问》。传，汉东方朔作《非有先生传》。上章，孔融上章缴。《大中大夫解嘲》，扬雄作。训，汉丞相主簿繁钦祠其先生训。乐府，即古诗各体。词，汉武帝《秋风词》。旨，后汉崔骃作《达旨》。劝进，魏尚书令荀攸《劝魏王进文》。喻难，汉司马相如《喻巴蜀》，并《难蜀父老》文。诫，后汉杜笃作《女诫》。吊文，贾谊《吊屈原文》。告，魏阮瑀为文帝作《舒告》。传赞，刘歆作《列女传赞》。谒文，后汉别部司马张超谒孔子文。析文，后汉傅毅作高阙析文。祝文，董仲舒祝日蚀文。

行状，汉丞相仓曹傅朝幹作《杨元相行状》。哀策，汉乐安相李亢作《和帝哀策》。哀颂，汉会稽东郡尉张纮作《陶侯哀颂》。墓志，晋东阳太守殷仲文作从弟墓志。诔，汉武帝公孙弘诔。悲文，蔡邕作悲温舒文。祭文，后汉车骑郎杜笃作祭延钟文。哀词，汉班固梁氏哀词。挽词，魏光禄勋缪袭作。

发，汉枚乘作《七发》。离合词，孔融作四言离合诗。《连珠》，扬雄作。篇，汉司马相如作《凡将篇》。歌诗，枚乘作丽人歌诗。遗命，晋散骑常侍江统作。图，汉河间相张人作《玄图》。势，汉济北相崔瑗作《草书势》。约，王褒作《僮约》。

伏羲命仓颉、沮诵始造字。仓颉造字，天雨血，鬼夜哭，龙乃潜藏。

[译文] 明文，最早的是汉代泰山太守应劭所撰作。对问，最早的是宋玉撰作的《对楚王问》。传，最早的是汉代东方朔撰作的《非有先生传》。上章，最早的是孔融撰作的《上章谢大中大夫》。《解嘲》，是扬雄所撰作。训，最早的是汉代丞相主簿繁钦撰作的《祠其先生训》。乐府，即各种风格的古诗。词，最早的是汉武帝撰作的《秋风词》。旨，最早的是东汉崔骃撰作的《达旨》。劝进，最早的是魏国尚书令荀攸撰作的《劝魏王进文》。喻难，最

早的是汉代的司马相如撰作的《喻巴蜀》，以及《难蜀父老文》。诫，最早的是东汉杜笃撰作的《女诫》。吊文，最早的是贾谊撰作的《吊屈原文》。告，最早的是魏国阮瑀为魏文帝撰作的《舒告》。传赞，最早的是刘歆撰作的《列女传赞》。谒文，最早的是东汉别部司马张超撰作的《谒孔子文》。析文，最早的是东汉的傅毅撰作的《高阙析文》。祝文，最早的是董仲舒撰作的《祝日蚀文》。

行状，最早的是汉代丞相仓曹傅朝干撰作的《杨元相行状》。哀策，最早的是汉代乐安相李亢撰作的《和帝哀策》。哀颂，最早的是汉代会稽东郡尉张纮撰作的《陶侯哀颂》。墓志，最早的是晋代东阳太守殷仲文撰作的《从弟墓志》。诔，最早的是汉武帝撰作的《公孙弘诔》。悲文，最早的是蔡邕撰作的《悲温舒文》。祭文，最早是东汉车骑郎杜笃撰作的《祭延钟文》。哀词，最早的是汉代的班固撰作的《梁氏哀词》。挽词，最早的是魏光禄勋缪袭撰作的。发，最早的是汉代的枚乘撰作的《七发》。离合词，最早的是孔融撰作的《四言离合诗》。《连珠》是扬雄所撰作。篇，最早的是汉代的司马相如撰作的《凡将篇》。歌诗，最早的是枚乘撰作的《丽人歌诗》。遗命，最早的是晋散骑常侍江统所撰作。图，最早的是汉代的河间相张人撰作的《玄图》。势，最早的是汉代的济北相崔瑗撰作的《草书势》。约，最早的是王褒撰作的《僮约》。

伏羲最早让仓颉和沮诵创造文字。仓颉造出文字，上天下起了红色的雨，有鬼在夜里号哭，龙也潜藏了起来。

六书　仓颉造字，有六书：一曰象形（谓日月之类，象日月之形体也），二曰假借（谓令长之类，一字两用也），三曰指事（谓上下之类，人在一上为上，人在一下为下，各指其事，以为言也），四曰会意（谓武信之类，止戈为武，人言为信，会合人意也），五曰转注（谓考老之类，左右相转，以为言也），六曰谐声（谓江河之类，以水为形，以工可为声也）。

[译文] 仓颉造字的方法，有六种：一是象形（指“日”“月”之类的字，依照日、月的形体造字），二是假借（指“令”“长”之类的字，一字两用），三是指事（指“上”“下”之类的字，“人”在“一”上边是“上”字，“人”在“一”下边是“下”字，分别指示它的意义，成为新的文字），四是会意（指“武”“信”之类的字，“止戈”就是武字，“人言”就是“信”字，用两个字合在一起表示一个字），五是转注（指“考”“老”之类的字，可以互相代替，分别代表新的文字），六是谐声（指“江”“河”之类的字，用“水”作为形旁，用“工”“可”作为声旁）。

字祖 蝌蚪书乃字之祖。庖牺氏有龙瑞，作龙书。神农有嘉穗，作穗书。黄帝因卿云作云书。尧因灵龟作龟书。夏后氏作钟鼎，有钟鼎书。朱宣氏有凤瑞，作凤书。周文王因赤雁衔书，武王因丹鸟入室作鸟书，因白鱼入舟作鱼书。

周宣王史籀始为大篆，名籀篆。李斯始为小篆，名玉箸篆。

[译文] 蝌蚪书是汉字的最早的形态。庖牺氏时出现了龙的祥瑞，就产生了龙书。神农氏时有嘉穗的祥瑞，就产生了穗书。黄帝时因为有了卿云的祥瑞而产生了云书。尧帝时因为出现了灵龟的祥瑞而产生了龟书。夏后氏时制作了钟鼎铜器，就产生了钟鼎书。朱宣氏因为出现了凤凰的祥瑞而产生了凤书。周文王时有红色的大雁衔着书飞来，周武王时有红色的鸟进入室内，所以产生了鸟书，因为白鱼跳入舟中而产生了鱼书。

周宣王时，史籀最早创造了大篆书，称为“籀篆”。李斯最早创造了小篆，称为“玉箸篆”。

历朝断书　仓颉而降，凡五变：古文，蝌蚪，籀篆，隶，草。

[译文]　仓颉以后，书写的字体共有五种变化，分别是：古文，蝌蚪文，籀篆文，隶书，草书。

秦书八体　大篆、小篆、刻符（鸟有云脚，印符用），虫书、摹印（曲体印用，亦名缪篆），署书（即萧何题笔未央），殳书（随势书），隶书。

[译文]　秦代书写的字体，有八种，分别是：大篆、小篆、刻符（这种字体有鸟头云脚，印符所用）、虫书、摹印（字体弯曲，用于刻印章，也叫缪篆）、署书（就是萧何题写未央宫匾额的字体）、殳书（按照兵器的形状所书写的字体）、隶书。

汉六体　试吏古文、奇字、篆、隶、缪篆、虫书。

[译文]　官吏考试所用的六种字体：古文、奇字、篆书、隶书、缪篆、虫书。

唐定五体　古文、大篆、小篆、虫书、隶。

[译文]　唐代规定的五种字体是：古文、大篆、小篆、虫书、隶书。

张怀瓘十体断书　古文、大篆、籀文、小篆、八分、隶、章、草、行书、飞白。

[译文]　分别是：古文、大篆、籀文、小篆、八分书、隶书、章、草、行书、飞白。

唐度之十体　古文、大篆、小篆、八分、飞白、薤叶（本务光）、悬针、垂露（表章用，三曹喜作）、鸟书、连珠。

[译文]　分别是：古文、大篆、小篆、八分、飞白、薤叶（源于隐士务

光）、悬针、垂露（用于表章，三曹喜欢写这种字体）、鸟书、连珠。

宋十二体 殳书、传信、鸟书、刻符、萧籀、署书、芝英书（汉武帝植芝作）、气候直时书（相如采日辰虫形作）、鹤头书（汉诏板用）、偃波书（鹤头纤乱者）、转宿篆（司马子韦以荧惑退舍作）、蚕书（秋胡妻作）。

［译文］ 分别是：殳书、传信、鸟书、刻符、萧籀、署书、芝英书（汉武帝种植灵芝时所创作）、气候直时书（司马相如选取日月星辰和虫子的形状而制作）、鹤头书（汉朝颁发诏令时所用）、偃波书（鹤头书纤细凌乱）、转宿篆（宋国的星官司马子韦因火星退三舍而制作）、蚕书（秋胡的妻子制作）。

小篆体八鼎 小篆、薤叶、垂露、悬针、缨络（刘德昇观星作）、柳叶（卫瓘作）、剪刀（韦诞作）、外国胡书（阿马儿抹王授）。

［译文］ 分别是：小篆、薤叶、垂露、悬针、缨络（刘德昇夜观星象而制作）、柳叶（卫瓘创作）、剪刀（韦诞制作）、外国胡书（是阿马儿抹王所传授）。

韵之字数 沈约韵一万一千五百二十字，《广韵》二万六千一百九十四字。

［译文］ 沈约制定的韵部有一万一千五百二十字，《广韵》有二万六千一百九十四字。

八分书 蔡文姬言，割程隶字八分，取二分；割李篆字二分，取八分，故名八分书。

［译文］ 蔡文姬说，割取程邈所创造隶书的八分，取用二分；舍李斯小篆的二分，取其八分，因此叫作“八分书”。

章草 汉元帝时黄门令史游作《急就章》，解散隶体，谓之章草。

[译文] 汉元帝时，黄门令史游撰写了《急就章》，解构改变了隶书的字体，叫作“章草”。

书画

兰亭真本　王右军写《兰亭记》，韵媚遒劲，谓有神助。后再书数十余帧，俱不及初本。右军传于徽之，徽之传七世孙智永，智永传弟子辨才，辨才被御史萧翼赚入库内，殉葬昭陵。

[译文] 王羲之书写的《兰亭集序》，有妩媚而遒劲的韵味，仿佛是有神仙相助。后来他又写了几十本都不及第一次写的。王羲之把这幅字传给了王徽之，王徽之传给第七代孙智永和尚，智永传给弟子辨才，辨才被御史萧翼哄骗，这幅字进了皇家内库，最后殉葬在唐太宗的昭陵里面。

草圣草贤　唐张旭善草书，饮酒大醉，呼叫狂走，或以发濡墨而书，人称之草圣。崔瑗善章草，人称之草贤。

[译文] 唐朝的张旭擅长书写草书，喝酒后大醉，喊叫着狂奔，有时用头发蘸着墨汁写字，人们称之为“草圣”。崔瑗擅长写章草，人们称之为“草贤”。

怒猊渴骥　唐徐浩书《张九龄告身》，多渴笔，谓枯无墨也，在书家为难。世状其法如怒猊决石，渴骥奔泉。

[译文] 唐朝的徐浩书写了《张九龄告身》，用很多发干的笔法，就是说干枯没有墨的样子，对书法家来说比较难写。世人形容他的

书法就好像愤怒的狻猊撞击石头，口渴的良马奔向清泉一样。

家鸡野鹜 晋庾翼少时，书与右军齐名，学者多宗右军。庾不忿，与都人书云：“小儿辈乃厌家鸡，反爱野鹜，皆学逸少书。”

[译文] 晋朝的庾翼年少的时候，书法和王羲之齐名，而学书法的人都以王羲之为正宗。庾翼很不服气。他在给都下友人的信中说：“小儿辈们竟然看不起家鸡，反而喜欢野鸭子，都去学王羲之的法帖。”

伯英筋肉 晋卫瓘、索靖俱善书，时谓瓘得伯英之筋，靖得伯英之肉。

[译文] 晋朝的卫瓘、索靖都擅长书法，当时人说卫瓘学到了张伯英之筋骨，而索靖学到了张伯英之皮肉。

池水尽黑 张奂长子芝，字伯英，好草书，学崔、杜法，家之布帛，必书而后练。临池学书，池水为之尽黑。

[译文] 张奂的长子张芝，字伯英，喜欢写草书，学习崔瑗和杜度的笔法，家中的布帛都一定要先用来写字然后再去练染。他靠着水池学习写字，在池里洗笔，池水全都变黑了。

游云惊鸿 晋王羲之善草书，论者称其笔势，飘若游云，矫若惊鸿。

[译文] 晋朝的王羲之擅长草书，讨论书法的人称赞他的笔势，飘忽如同游动的白云，矫健得如同惊飞的大雁。

龙跳虎卧 晋王右军善书，人谓右军之书如龙跳天门，虎卧凤阙。

[译文] 晋朝的王羲之擅长书法，人们说王右军的书法如同龙跳天门、虎卧凤阙一样有气势。

风樯阵马 宋米芾善书。东坡云:“元章平生篆隶真行草书，分为十卷，风樯阵马，当与钟、王并行，非但不愧而已。”

[译文] 宋朝的米芾擅长书法。苏东坡说:“米元章平生所写的篆、隶、真、行、草等书法作品，共分为十卷，如同顺着风的帆船、临阵的战马，可以和钟繇、王羲之并驾齐驱，不仅仅是不比他们差而已。”

柿叶学书 郑虔好书，常苦无纸，遂于慈恩寺贮柿叶数屋，逐日取以学书，岁久乃尽。

[译文] 郑虔喜欢书法，常常苦于没有纸张练习，于是就在大慈恩寺贮藏了几屋子的柿树的叶子，每天取来练习写字，时间长了就把柿叶用完了。

绿天庵 怀素喜学书，种芭蕉数万株，取其叶以代纸，号其所曰“绿天庵”。

[译文] 怀素喜欢练习书法，种了几万株芭蕉，摘取芭蕉的叶子来代替纸张，就把他所住的地方称为“绿天庵”。

驻马观碑 欧阳率更行见古碑是索靖所书，驻马观之，良久而去，数百步复还，下马伫立，疲倦则席地坐观，因宿其下，三日乃去。

[译文] 欧阳询在赶路时见到有一块古碑是晋代的索靖书写的，停下马观看，很久才离开，走了几百步又返了回来，下马站在碑

前，疲倦了就坐在地上继续看，还歇宿在石碑的下面，看了三天才离开。

铁户限 智永，右军七世孙，精于书法。人来觅书，并请题额者如市，所居户限为穿，乃用铁叶裹之，人号“铁户限”。

[译文] 智永和尚是王羲之的七世孙，精通书法。人们争相来向他求字，或请求题写匾额，人多得就像集市一样，所住的地方的门槛都被踩坏了，于是只好用铁皮包起来，人们称之为“铁户限”。

溺水持帖 赵子固常得姜白石所藏定武不损本《禊帖》，乘舟夜泛而归，行至霅之升山，风起舟覆，行李襆被皆淹溺无余。子固方披湿衣立浅水中，手持《禊帖》，语人曰:“《兰亭》在此，馀不足问也。”

[译文] 赵子固曾经得到了姜白石所收藏的定武未损本《兰亭集序》的法帖，乘船晚上回家，船走到霅之升山的时候，大风把船吹翻了，行李和包裹都被淹没在水中。赵子固却披着湿衣服站在浅水中，手里抓着《兰亭集序》法帖，对人说:“《兰亭集序》在这里，其他的都用不着管了。”

钟繇掘墓 魏钟繇问蔡伯喈笔法于韦诞，诞吝不与，繇乃自捶胸呕血，魏祖以五灵丹救活之。及诞死，繇使盗掘其墓，得之。由是书法更进，日夜精思。卧画被穿过表，如厕终日忘归。每见万类，皆画。繇之子会，字士季，书有父风。

[译文] 魏国的钟繇向韦诞请教蔡邕书写的笔法，韦诞吝惜不肯给他说，钟繇就捶打自己的胸口以至于口吐鲜血，魏武帝曹操就用五灵丹救活了他。等到韦诞死后，钟繇让盗墓贼去挖开了韦诞的

坟墓，得到了法帖。因此书法大为长进，日夜精心思考书法的事。躺在床上时在被子上写字竟把被面都划破了，上厕所琢磨写字一整天都忘了从厕所出来。见到自然万物，都照着比画。钟繇的儿子钟会，字士季，书法也有他父亲的风格。

字以人重　书法擅绝技者，每因品重，非其人只贻玷耳。故曹操书法虽美不传，褚仆射、颜鲁公、柳少师则家藏寸纸，珍若尺璧，不专以字重也。

［译文］　在书法上有高超绝技的，往往是因为品行高洁而被人看重，要是品行不好则只会留下污点罢了。所以曹操的书法虽然很好但却没有流传于世，而褚遂良、颜真卿、柳公权的书法却只要家里藏有一小块纸片，也如同径尺的玉璧一样被人珍视，不只是因为字写得好就受到这样的重视啊。

换羊书　王鲁直谓东坡曰："昔王右军书为换鹅书。韩宗儒每得公一帖，即干殿帅姚麟许换羊肉十数斤。可名公书为'换羊书'矣。"一日，坡在翰苑，以圣节撰著纷冗，宗儒日作数简以图报书，使人立庭下督索甚急。公笑语之曰："传语：本官今日断屠。"

［译文］　黄庭坚对苏东坡说："从前王羲之的法帖被称为'换鹅书'。现在韩宗儒每次得到您的一张书法作品，就去向殿帅姚麟换取十几斤羊肉。可以把您的书法称为'换羊书'了。"一天，苏东坡在翰林院，因为皇帝的诞辰临近，有很多东西要写，韩宗儒一天里写了好几封信希望能得到苏轼的回信，让人立在庭院里急急催促。苏东坡笑着对那人说："请你给韩宗儒捎个话，我今天不杀羊了。"

见书流涕　王羲之十岁善书，十二，见前代《笔说》于其父枕中，窃而读之。父曰:“尔何来窃吾所秘？”不盈期月，书便大进。卫夫人见之，语太常王荣曰:“此儿必见用笔诀，近见其书，便有老成之法。”因流涕曰:“此子必蔽吾名。”

[译文]　王羲之十岁时就擅长书法。十二岁，在他父亲的枕中看到前代的《笔说》，就偷偷地读了一遍。他的父亲说:“你为什么来偷我所秘藏的东西？”不满一个月，王羲之的书法就有很大进步。卫夫人看到他的书法，对太常王荣说:“这孩子一定看到了书法秘诀，近来看到他写的字，已经有成熟的笔法了。”因而流泪说:“这个孩子将来一定会盖过我的名声。”

书不择笔　唐裴行俭工草隶，每曰:“褚遂良非精纸佳笔未尝肯书，不择笔墨而研捷者，惟予与虞世南耳。”

[译文]　唐代的裴行俭擅长书写草书和隶书，常常说:“褚遂良如果没有精美的纸和上好的笔就不肯写字，不挑拣笔墨写得又快的，只有我和虞世南吧。”

五云佳体　唐韦陟封郇公，善草书，使侍妾掌五彩笺，裁答授意，陟惟署名。人谓所书“陟”字，若五朵云，号“郇公五云体”。

[译文]　唐代的韦陟被封为郇公，擅长书写草书，让侍妾手持五彩的笺纸，按他的意思写回信，韦陟只是署上自己的名字。人们说他写的“陟”字，好比五朵云一样，号称“郇公五云体”。

登梯安榜　韦诞能书。魏明帝起殿，欲安榜，使诞登梯书之。既下，头鬓皓然，因敕儿孙勿复学书。

［译文］ 韦诞擅长书法。魏明帝建造大殿时，想要写一幅匾额，让韦诞登上梯写。写完下来之后，头发和鬓角都变白了，于是命令儿孙们不要再学习书法了。

换鹅书　山阴一道士养好鹅，右军往观，意甚喜，因求市之。道士云："为我写《道德经》，当举鹅相赠耳。"右军欣然写毕，笼鹅以归。或问曰："鹅非佳品，而公爱之，何也？"右军曰："吾爱其鸣唤清长。"

［译文］ 山阴有一位道士养了一群漂亮的大白鹅，王羲之前去观赏，看过之后内心很欢喜，因而请求买几只。道士说："您如果能够帮我写一部《道德经》，我就把鹅赠送给您。"王羲之高兴地写了一部，写完后，把鹅装到笼子里就带回去了。有人问他说："这些鹅并不是什么珍稀的东西，而您却这么喜欢，是什么原因呢？"王羲之说："我喜欢它清脆悠长的鸣叫声。"

寝食其下　阎立本观张僧繇江陵画壁，曰："虚得名耳。"再往，曰："犹近代名手也。"三往，于是寝食其下数日而后去。

［译文］ 阎立本观赏张僧繇在江陵画的壁画，说："浪得虚名罢了。"第二次去看时，说："还算得上是近代的名家。"第三次去看，就在壁画前面睡觉吃饭，过了好几天才离开。

画龙点睛　张僧繇避侯景来奔湘东，尝于天皇寺画龙，不时点睛。道俗请之，舍钱数万，落笔之后，雷雨晦冥，忽失龙所在。

［译文］ 张僧繇为了躲避侯景之乱而奔向湘东地区，曾经在天皇寺画龙，没有马上画上龙的眼睛，僧人和百姓都请求他画上去，施舍的润笔有好几万，他刚刚画完，天上就打雷下雨，天色变暗，

墙上的龙就消失不见了。

画鱼 唐李思训画一鱼甫完，方欲点染藻荇，有客叩门，出看，寻失去画鱼。使人觅之，乃风吹入池，拾起视之，鱼竟失去，止剩空纸。后思训画大同殿壁，明皇谕之曰：“卿所画壁，常夜闻水声，真入神之手。”（思训开元中除卫将军，与其子道昭俱得山水之妙，时号大李、小李。）

［译文］ 唐朝的李思训刚画完一条鱼，正想点染一些藻荇水草，听到有客人敲门的声音，出门去看，回屋就找不到刚才画的鱼了。让人寻找，原来是让风吹到池子里了，拾起来一看，鱼竟然没有了，只剩一张白纸。后来李思训在大同殿的墙壁上作画，唐明皇对他说：“你在墙壁画的画，常常在夜里能听到流水的声音，真是出神入化的手笔啊。”（李思训在开元年间被授予卫将军的职务，与他的儿子李道昭都深得山水画的妙境，当时人称之为“大李”“小李”。）

画牛隐见 唐太宗时，李至献画牛，昼则啮草栏外，夜则归卧栏中，莫晓其故。僧赞宁曰：“此幻药所画。倭国有蚌泪，和色着物，昼见夜隐。沃焦山有石，磨色染物，昼隐夜见。”

［译文］ 唐太宗时，李至献画的牛，白天在围栏外边吃草，晚上就回到围栏里面卧下休息，没有人知道是怎么回事。赞宁法师说：“这幅画是用幻药画的。倭国有一种蚌的眼泪，混到颜料里面画东西，白天显现而晚上消失。沃焦山有一种石头，用它研磨颜料画东西，白天隐藏起来，晚上可以看见。”

滚尘图 唐宁王善画马，花萼楼壁上画《六马滚尘图》，明皇最爱玉面花骢，后失之，止存五马。

[译文] 唐朝的宁王擅长画马，他曾在花萼楼的墙壁上画《六马滚尘图》，唐明皇最爱其中一匹玉面花骢马，后来这匹马竟然消失了，只留有五匹马。

画龙祷雨　曹不兴尝于溪中见赤龙，夭矫波间，因写以献孙皓。至宋文帝时，累月旱暵，祈祷无应。帝取不兴画龙，置之水傍，应时雨足。

[译文] 曹不兴曾在小溪中看到一条红色的龙，在波浪间飞腾，就画了出来献给孙皓。到宋文帝时，接连好几个月干旱无雨，祈祷求雨也没有结果。文帝把曹不兴画的龙放在水边，马上就降下了充足的雨水。

画鹰逐鸽　润州兴国寺，苦鸠鸽栖梁上污秽佛像。张僧繇乃就东壁上画一鹰，西壁上画一鹞，皆侧首向檐外，自是鸠鸽不敢复来。

[译文] 润州的兴国寺，对于斑鸠、鸽子之类的鸟栖息在房梁上而污染弄脏了佛像感到很忧虑。张僧繇于是在东边的墙壁上画了一只鹰，西边的墙壁上画一只鹞，都侧着头向着房檐外面，从此以后斑鸠、鸽子都不敢再来了。

李营丘　李成，营丘人，善画山水林木，当时称为第一，遇目矜贵。生平所画，只用自娱，势不可逼，利不可取，传世者不多。（郭熙是其弟子。）

[译文] 李成，是营丘人，擅长画山水树木，在当时被称为第一，能亲眼看到他的作品的人都夸耀其珍贵。他平生所画的东西，只是用来自娱自乐，他不畏权势逼迫，不受利益诱惑，流传于世的

作品不多。（郭熙是他的弟子。）

范蓬头　范宽居山林，常危坐终日，纵目四顾，以求其趣。北宋时，天下画山水者，惟宽与李成，议者谓李成之笔，近视如千里之遥；范宽之笔，远望不离坐外，皆造神奇。

［译文］　范宽住在山林里面，经常端坐一整天，放眼往四周看，以寻求山林的意趣。北宋时，天下画山水的名家，只有范宽和李成，议论者说，李成的画，近看也有千里之遥；范宽所画的，远看也觉得没有在座席外面，他们都达到了神奇的境界。

董北苑　沈存中云南中士，时有北苑董源善画，尤工秋岚远景，为写江南山水，可为奇峭。其后建康僧巨然，祖述绵法，皆臻妙理。

［译文］　沈括说：南唐中主时期，有个叫董北苑的人非常擅长作画，尤其擅长画秋山的云雾的远景，给人画的江南山水，可以被称为奇特峻峭。后来建康的僧人巨然，学习这种画法，也都达到了绝妙的境界。

王摩诘　唐王维字摩诘，别墅在辋州，常画《辋州图》，山谷盘郁，云水飞连，意在尘外，怪生笔端。秦太虚云："予病，高符仲携《辋川图》示予曰：'阅此可愈病。'予喜甚，恍然若与摩诘同入辋川，数日病愈。"

［译文］　唐代的王维字摩诘，在辋川有别墅，他曾经画过一幅《辋川图》，山谷盘桓，云彩和水面相连，意境超凡脱俗，奇妙的景象从他的笔端涌出。秦观说："我生病时，高符仲带着《辋川图》来给我看，说：'看这个可以治病。'我非常喜悦，仿佛和王维一起走进入辋川山水，几天后病就好了。"

李龙眠　舒城李公麟号龙眠，工白描，人物远师陆、吴，牛马斟酌韩、戴，山水出入王、李。作画多不设色，纯用澄心堂纸为之。唯临摹古画，用绢素。著色笔法，如行云流水，当为宋画中第一。

【译文】舒城的李公麟号为“龙眠”，擅长白描，画人物学习陆探微、吴道子，画牛马学习韩干、戴嵩，画山水学习王维、李思训。他画的画大多不上色，只用澄心堂的纸来画。只有临摹古画时，才用绢素。他的上色和笔法技巧，如同行云流水，应当是宋画中的第一。

画仕女　仕女之工，在于得其闺阁之态。唐周昉、张萱，五代杜霄、周文矩，下及苏汉臣辈，皆得其妙，不在施朱傅粉、镂金佩玉以为工。

【译文】仕女画得工巧，关键是要画出仕女的闺阁情态。唐代的周昉、张萱，五代的杜霄、周文矩，以及到后面的苏汉臣等人，都能够掌握其中的玄妙之处，不在于涂抹颜色、点缀金玉当作精致。

画人物　人物于画，最为难工，顾陆世不多见。吴道子画家之圣。至宋李龙眠一出，与古争先，得龙眠画三纸，可敌道子画二纸，可敌虎头画一纸，其轻重相悬类若此。

【译文】画人物画，最难以画好。顾恺之、陆探微的画世上人很少见到，吴道子是画家中间的圣人。等到宋朝的李龙眠出现，可以和古人一比高低，得到李龙眠的三张画，相当于得到吴道子的两张画，或者顾恺之的一张画，他们的画的价值就是这样悬殊。

扇上图山水 《南史》：萧贲，竟陵王子良之孙。善书画，常于扇上为图山水，咫尺之内，便觉万里为遥。矜慎不传，自娱而已。

［译文］《南史》记载：萧贲是竟陵王萧子良的孙子。擅长书法和绘画，常在扇子上画山水画，在尺寸的画幅内，就觉得有万里般的广阔。但是他为人矜持慎重不往外传，只是自娱自乐罢了。

画圣 北齐杨子华画马于壁，每夜必踶啮长鸣，如索水草。人谓之“画圣”。

［译文］北齐的杨子华在墙上画马，每到晚上这些马就跳跃鸣叫，好像要求吃水草一样。人们称他为“画圣”。

颊上三毛 顾上康画裴叔则，颊上三毛，神采愈俊。画殷荆州像，荆州目眇，顾乃明点瞳子，飞白拂其上，如轻云之蔽日，殷贵其妙。

［译文］顾恺之给裴楷画像，脸颊上画上三根毫毛，神情风采更加显得俊逸。画殷仲堪的像时，因为殷仲堪有眼疾，顾恺之就画出瞳子，并用飞白的笔法轻轻在上面拂过，就像淡淡的云彩遮蔽了太阳，殷仲堪也称赞这一妙法。

周昉传真 周昉善传真。郭令公为其婿赵纵写照，令韩幹写，复令昉写，莫辨其优劣。赵国夫人曰：“二画俱似。前画空得赵郎形貌，后画兼得其神气、性情、笑语之姿。”

［译文］周昉擅长给人画像。郭令公要为他的女婿赵纵画像，让韩幹画，又让周昉画，没人能分辨出画得好坏。赵国夫人说：“两幅画都很像。前面一幅只画得了赵郎的形貌，后面一幅有形貌、神

气、性情、说笑时的样子。”

一丘一壑 顾长康画谢幼舆在岩石里，人问其所以，顾曰：“谢云：‘一丘一壑，自谓过之。’此子宜置丘壑中。”

[译文] 顾恺之给谢幼舆画像，把他画在了岩石里，有人问他原因，顾恺之说：“谢幼舆说过：‘一丘一壑，自谓过之。’这个人就适合放在丘壑之中。”

郑虔三绝 唐郑虔善画山水，尝自写其诗并画，以献帝，大署其尾，曰：“郑虔三绝”。

[译文] 唐代的郑虔擅长作山水画，曾经在自己的画上题了诗，来进献给皇帝，皇帝在画的末尾用大字题写：“郑虔三绝”。

传神阿堵 顾长康画人，或数年不点目睛。人问其故，顾曰：“四体妍蚩，本无关于妙处，传神写照，正在阿堵中。”

[译文] 顾恺之画人物，有的画好几年都不往上画眼睛。有人问他缘故，顾恺之说：“四肢画得美或丑，本来就和妙处没有关系，传神写照的地方，正在这个东西里面。”

画风鸢 郭恕先寓岐山下，有富人子喜画，日给醇酒，待之甚厚，久乃以情言，且致匹素。郭为画小童，持线车放风鸢，引线数丈，满之。富人子大怒，与郭遂绝。

[译文] 郭恕先在岐山下居住，有个富人的儿子喜欢绘画，每天给他美酒喝，很好地对待他，时间长了，就告诉他想要求取一幅画，并给他送来一匹画布。郭恕先就给他画了一个小孩儿，正拿着线车放风筝，线拉开有几丈长，把画布都填满了。富人的儿子

非常生气，于是就不再和郭恕先来往了。

维摩像 顾恺之于瓦棺寺画一维摩相，闭户揣摩百余日。画毕，将欲点睛，谓僧曰：“第一日开者，令施十万，第二日五万，第三日开，如例。”及开，光明照寺，施者填门。

［译文］ 顾恺之将要在瓦棺寺画一幅维摩诘的像，关上门思考了一百多天。画完之后，将要画眼睛的时候，对寺院里的和尚说：“开光的第一天，要让参观的人布施十万钱，第二天布施五万，第三天按照你们的旧例就行了。”等到开光那天，画像的光芒照耀着整座寺庙，布施的人挤满了庙门。

画花鸟 五代时，黄荃与子居寀，并画花卉，谓之写生。妙在傅色不用笔墨，俱以轻色染成，谓之没骨图。

［译文］ 五代时期，黄荃和他的儿子黄居寀都擅长画花卉，称之为“写生”。他们绘画的妙处在于上色时不用笔墨，都是用轻色染成，称为“没骨图”。

画枝叶蕊萼 江南徐熙，先落笔以写其枝叶蕊萼，然后著色，故骨气丰神，为古今绝笔。

［译文］ 江南的徐熙，画画时先下笔勾勒出枝叶花朵，然后才上色，所以他的画作骨气丰满极具神韵，是古今无与伦比的绝妙之笔。

韩幹马 唐明皇令韩幹睹御府所藏画马，幹曰：“不必观也，陛下厩马万匹，皆是臣师。”

［译文］ 唐明皇让韩幹去看皇宫内府所收藏的马的画，韩幹说：“不用去看了，陛下马厩中养的上万匹骏马，全都是我的老师啊。”

戴嵩牛 戴嵩善画牛。画牛之饮水，则水中见影。画牧童牵牛，则牛瞳中有牧童影。

［译文］ 戴嵩擅长画牛。画的牛正在喝水，那么水中就能看到牛的影子；画牧童牵着牛走，那么牛的瞳仁中就有牧童的影子。

错画斗牛尾 《东坡志林》：蜀中杜处士，好书画，所宝以百数。有戴嵩牛一轴，尤所爱，锦囊玉轴，常以自随。一日，曝书画，有一牧童见之，抚掌大笑曰："此画斗牛也，斗力在角，尾夹入两股间，今乃掉尾而斗，谬矣！"处士笑而然之。古语云"耕当问奴，织当问婢"，不可改也。

［译文］《东坡志林》中说：蜀地有个姓杜的处士，喜欢书画，收藏有上百件珍贵的书画作品。其中就有戴嵩画的一幅牛，特别喜爱，用锦囊、玉轴来装饰它，并且常常带在身边欣赏。有一天，他正在晾晒书画，被一个牧童看到，拍着手大笑说："这画的是斗牛啊，牛相斗之时力气显现在牛角上面，尾巴应该夹在两腿中间，这幅画却画它们摇着尾巴打斗，这是不对的啊！"杜处士笑着表示同意。古人说"耕地的事情应该问奴仆，织布的事情应该问奴婢"，这是不可改变的道理啊。

鲍鼎虎 宣城鲍鼎每画虎，扫室屏人声，塞门牖穴屋，取明饮斗酒，脱衣据地，卧起行顾，自视真虎也。

［译文］ 宣城的鲍鼎每次画老虎的时候，要打扫干净屋子，不许别人说话，还堵上门窗，从屋顶开个小洞采光，喝一斗酒，脱了衣服趴在地上，卧倒、起立、来回观察，看着自己像一头真的老虎。

画竹 文与可画竹，是竹之左氏也，子瞻却类庄子。又有息斋李衎者，亦以竹名。所谓东坡之竹，妙而不真；息斋之竹，真而不妙者是也。梅道人始究极其变，流传既久，真赝错杂。

[译文] 文与可画的竹子，是竹子中的左丘明，而苏东坡画的竹子却如同人中的庄子。又有号为“息斋”的李衎，也以画竹子而被人所知。苏东坡画的竹子，奇妙而不真实；李衎画的竹子，真实而不美妙。梅道人吴镇经过彻底研究而达到了画竹的极致，但流传时间太长，就又真假难以辨别了。

画梅花 衡州花光长老善画梅花，黄鲁直观之曰：“如嫩寒春晓，行孤山水边篱落间，但欠香耳。”又杨补之墨梅清绝。

[译文] 衡州的花光长老擅长画梅花，黄庭坚看到后说：“如同微冷的春天的早晨，走在西湖孤山水边的篱墙之间，只是缺少了一点香气。”另外，杨补之的墨梅也画得清新孤绝。

花竹翎毛 唐崔白、艾宣工花竹翎毛。唐人花鸟，边鸾画如生。

[译文] 唐朝的崔白、艾宣擅长画花鸟画。唐朝人画花鸟画的，边鸾画得栩栩如生。

画草虫 吴僧善画草虫，以扇送司马君实，因谢云：“吴僧画团扇，点染成微虫，秋毫皆不爽，真窃天地功。”

[译文] 吴地有一位僧人擅长画草虫，画了一个扇面送给司马光，司马光感谢他说：“吴僧画团扇，点染成微虫。秋毫皆不爽，真窃天地功。”

米南宫 米芾字元章，天姿高迈。初见徽宗，进所画《楚山清晓图》，大称旨。枯木松石，时出新意，然传世不多。其子友仁，字元晖，能传家学，作山水，清致可掬，成一家法。

［译文］ 米芾字元章，超凡脱俗，骨气高远。第一次拜见宋徽宗时，进献了他画的《楚山清晓图》，徽宗皇帝非常满意。即便画的是枯木松石，也常有新的意趣，但是他的作品流传于世的不多。他的儿子米友仁，字元晖，能继承他的学问艺术，画的山水画，清雅美好，能够自成一家。

名画家 宋四大家：南宋以后，李唐、刘松年、马远、夏珪四家，俱登祇奉，名著艺苑。

［译文］ 宋代四大家：南宋以后，李唐、刘松年、马远、夏珪四家，都进入宫廷，在画坛上都很著名。

元四大家 赵子昂字孟頫，号松雪。吴镇字仲圭，号梅花道人。黄公望字可久，号大痴，又号一峰老人。王蒙字叔明，一号黄鹤山樵。俱胜国时人，以画名世。

［译文］ 赵子昂，字孟頫，号松雪。吴镇，字仲圭，号梅花道人。黄公望，字可久，号大痴，又号一峰老人。王蒙，字叔明，一号黄鹤山樵。都是元朝时的人，以绘画显名于世间。

不学

没字碑 五代任圜曰："崔协不识文字，虚有其表，号没字碑。"

［译文］ 五代的任圜说："崔协不认识文字，空有外表，人们称他为

‘没字碑’。”

腹负将军　晋党进官太尉，目不知书。一日，扪腹语曰：“吾不负汝！”一家妓应曰：“将军不负此腹，但此腹负将军耳。”

［译文］晋朝的党进担任太尉的职务，却不识字。有一天，他摸着肚子说：“我可没有辜负你！”家里的一个婢女回应说：“将军没有辜负这个肚子，只是这个肚子辜负了将军您呐。”

视肉撮囊　庄子曰：“人而不学，谓之视肉；学而不行，谓之撮囊。”

［译文］庄子说：“人如果不学习，就如同禽兽一样；学习了却不去做，就是挂着不用的袋子。”

马牛襟裾　人不通古今，牛马两襟裾。

［译文］韩愈的诗中说：“人如果不通晓古今的事理，就是穿着衣服的牛马。”

书簏　晋傅迪广读书而不解其义，唐李德淹贯古今，而不能属辞，皆谓之书簏。

［译文］晋朝的傅迪读书广博但却不理解其中的含义，唐朝的李德博古通今，却不会写文章，他们都可以称为藏书的书箱。

杕杜　李林甫不识杕杜字，谓韦陟曰：“此云杕杜，何也？”陟俯首，不敢应。

［译文］李林甫不认识“杕杜”这两个字，就对韦陟说：“这里说的‘杕杜’，是什么意思？”韦陟低下头，不敢回答。

金根车　韩退之子昶，性暗劣，为集贤校理。史传有“金根车”，昶以为误，改“根”为“银”，愈责之。

［译文］　韩愈的儿子韩昶，生性愚昧低劣，担任集贤校理。史传中有“金根车”的词语，韩昶误以为是错字，就把“根”字改成了“银”字，韩愈斥责了他。

弄獐　唐姜度生子，李林甫手书贺之曰:“闻有弄獐之喜。”客视之，掩口笑。东坡诗:“甚欲去为汤饼客，却愁错写弄獐书。”

［译文］　唐朝的姜度生了儿子，李林甫亲手写了一封信来向他道喜说:“听说您家有弄獐之喜。”（古人庆贺别人生子为“弄璋之喜”）客人看到后，捂着嘴嘲笑他。苏东坡诗歌《贺陈述古弟章生子》中说:“甚欲去为汤饼客，却愁错写弄獐书。”

蹲鸱　张九龄一日送芋于萧炅，书称“蹲鸱”。萧答云:“惠芋拜嘉，惟蹲鸱未至。然寒家多怪，亦不愿见此恶鸟也。”九龄以视座客，无不大笑。

［译文］　张九龄有一天给萧炅送山芋，信里用芋的代称“蹲鸱”。萧炅回信说:“您送的山芋我已经收到了，只是那个‘蹲鸱’还没收到。不过我们贫寒人家很少见到奇怪的东西，也不希望看见这样的恶鸟。”张九龄把信拿给在座的宾客看，没有不大笑的。

纥字　鲁臧武仲名纥，孔子父叔梁纥（纥音恨发切，恨兴轩辖），而世多呼为“核”。萧颖士闻人误呼武仲名，因曰:“汝纥字也不识！”

［译文］　鲁国的臧武仲的名字叫纥，孔子的父亲叫叔梁纥（纥读作恨发的反切，恨兴轩辖），可是世人大多都读为“核”。萧颖士听到有人读错了臧武仲的名字，就说:“你竟然连‘纥’字都不识！”

伏猎 萧炅为侍郎，不知书，常与严挺之书，称伏腊为伏猎。挺之笑曰：“省中岂容伏猎侍郎乎？”乃出之。

[译文] 萧炅担任侍郎的职务，不太认字，曾经给严挺之写信，把“伏腊”误称为“伏猎”。严挺之笑着说：“朝廷中怎么能够容纳伏猎侍郎这种连字都不认识的人呢？”于是告知了张九龄将他赶出了朝廷。

春菟 桓温篡位，尚书误写“春蒐”为“春菟”，自丞相以下皆被黜。

[译文] 桓温篡位的时候，尚书将“春蒐”误写成“春菟”，从丞相以下的大臣全都被罢免。

目不识丁 唐张弘靖曰：“天下无事，尔辈挽两石弓，不如识一个字！”“个”字误书“丁”字，以其笔画相近也。

[译文] 唐朝的张弘靖说：“天下没有战争的时候，你们能拉开两石的弓箭，还不如去学着认一个字。”“个”字误写成了“丁”字，因为这两个字笔画相近。

行尸走肉 《拾遗记》：“任末曰：人而不学，乃行尸走肉耳！”

[译文] 《拾遗记》中记载：任末说：“一个人如果不懂得去学习，那他就如同行尸走肉啊！”

心聋 《列子》：人不涉学，犹心之聋。

[译文] 《列子》中说：人如果不学习，就像是心灵的聋子。

白面书生　宋太祖欲北征，沈庆之谏不可。江湛之曰："耕当问奴，织当问婢。今欲伐国，而与白成书生谋之，曷克有济？"

［译文］　宋太祖想要向北征讨，沈庆之进谏劝阻。江湛之说："耕种的事情应该问奴仆，织布的事情应该问婢女。现在想要讨伐外国，却与白面书生谋划，有什么用？"

口耳之学　《杨子》："小人之学也，入乎耳，出乎口；口耳之间，则四寸耳，曷足以美七尺之躯哉！"

［译文］《杨子》里说："小人的学问，是从耳朵里进去，从嘴巴里出来；嘴巴和耳之间只有四寸的长度而已，哪里能显扬男子七尺的身躯呢！"

文具

毛笔　舜始造羊毛笔，鹿毛为柱。蒙恬始造兔毫笔，狐狸毛为柱。

［译文］　大舜开始制造了羊毛笔，用鹿毛做笔柱。蒙恬开始制作兔毫笔，用狐狸毛做笔柱。

毛颖　《毛颖传》：毛颖，中山人，蒙恬载以归，始皇封诸管城，号"管城子"，累拜中书令，呼为"中书君"。

［译文］　韩愈撰写的《毛颖传》中说：毛颖，是中山人，蒙恬把他带回了朝廷，秦始皇把他封在管城，所以号称为"管城子"，多次升迁担任中书令的官职，被称为"中书君"。

蒙恬造笔 蒙恬取中山兔毫造笔。右军《笔经》：诸郡毫，惟赵国中山山兔肥而毫长可用，须在仲秋月收之，先用人发杪数茎，杂青羊毛并兔毛，裁令齐平，以麻纸裹至根令治；次取上毫薄薄布柱上，令柱不见。恬始造笔，以枯木为管，鹿毛为柱，羊皮为被，所谓苍毫。

[译文] 蒙恬取了中山的兔毛来制造毛笔。王羲之的《笔经》中说：各地的兔毛中，只有赵国中山一带的山兔肉质肥美，兔毛较长，可以用来制造毛笔。要在仲秋八月时割取，先用几根人的头发，夹杂着黑羊毛和兔毛，将它们裁断并对齐，再用麻纸裹到根部来制作；接着再取上等的兔毛薄薄地覆盖在笔柱上，让笔柱看不见。蒙恬最早制作毛笔时，用枯木做笔管，鹿毛做笔柱，羊皮做笔被，就是所说的苍毫。

毛锥 《五代史》：弘肇曰："安朝廷，定祸乱，直须长枪大戟，若毛锥子安足用哉？"三司使王章曰："无毛锥子，军赋何从集乎？"肇默然。

[译文]《五代史》中记载：弘肇说："安定朝廷，平定祸乱，只需要长枪大戟，像那些笔杆子能干些什么呢？"三司使王章回答说："没有笔杆子，军费从哪里来收取呢？"弘肇默不作声了。

椽笔 晋王珣梦人以大笔如椽与之，既觉，曰："此当有大手笔事。"俄，武帝崩，哀策谥议，皆珣所草。

[译文] 晋代的人王珣梦见有人把一根像椽子一样的大笔送给他，醒来后，说："这应该有用大手笔的事情发生了。"过了一会儿，晋武帝就驾崩了，写哀悼的策文和拟定谥号的论文，都是由王珣起草的。

鼠须笔　王羲之得用笔法于白云先生，先生遗之鼠须笔。张芝、钟繇亦皆用鼠须笔，笔锋强劲，有锋芒。

[译文]　王羲之从白云先生那里得到了用笔的方法，白云先生赠给他鼠须笔。张芝、钟繇也都用鼠须笔，这种笔的笔锋强劲有力，写出字来很有锋芒。

鸡毛笔　岭外少兔，以鸡雉毛作笔亦妙，即东坡所谓三钱鸡毛笔。东坡书《归去来辞》，颇似李北海，流便纵逸，而少乏遒劲，当是三钱鸡毛笔所书者。

[译文]　岭南地区兔子很少，用野鸡的毛来制作毛笔也很奇妙，就是苏东坡所说的三钱鸡毛笔。苏东坡书写的《归去来辞》，很像李邕的字，流丽飘逸，但是缺乏力道，应该就是用三钱鸡毛笔写的。

呵笔　李白召对便殿，撰诏诰。时十月大寒，笔冻。帝敕宫嫔十人，侍白左右，令各执牙笔呵之。

[译文]　李白被皇帝召见，在便殿应对策问，撰写诏令诰命。当时正值十月，天气大寒，毛笔都被冻住了。皇帝让十个宫女在李白旁边侍奉，并让她们拿着毛笔呵气。

笔冢　长沙僧怀素得草圣三昧，弃笔堆积，埋于山下，曰笔冢。

[译文]　长沙的和尚怀素得到了草圣的精义，写完扔弃的笔堆积起来，埋在山下边，叫作“笔冢”。

右军《笔经》　昔人用琉璃象牙为管，丽饰则有之，然笔须轻便，重则踬矣。近有人以绿沈漆竹管及镂管见遗，用之多年，颇可爱玩，讵必金宝雕饰，方为遗乎！

[译文] 以前有人用琉璃和象牙作为笔管，美丽的装饰是有了，但笔管应该轻便才好，重了就显得笨拙了。近来有人把绿沈漆的竹管和镂管的笔送我，用了很多年，很是喜欢，难道一定要是黄金珠宝装饰的笔，才可以作为赠品吗！

梦笔生花 李白少时，梦笔头上生花，后天才赡逸，名闻天下。

[译文] 李白少年时候，梦见笔头上长出了鲜花，后来文才丰盈飘逸，名动天下。

五色笔 江淹梦人授以五色笔，由是文藻日丽。后宿野亭，梦一人自称郭璞，谓淹曰:“吾有笔在君处多年，可见还。”淹乃探怀中，得五色笔以授之。嗣后为诗，绝无佳句，时人谓之才尽。

[译文] 江淹梦见有人送他一支五色的毛笔，从此以后辞藻日益华丽。后来在野外一座亭子那里休息留宿，梦见有一个人自称叫郭璞，对江淹说:“我有一支笔在你那里放了很多年了，可以还给我了。”江淹于是从怀里取出一支五色笔还给那人。从此以后写的诗，再也没有好的句子了，当时人都说他的文才用完了。

笔匣 汉始饰杂宝为笔匣，犀象琉璃为管。王羲之始尚竹管。

[译文] 汉朝时开始用各种宝物来装饰笔匣，用犀牛角、象牙、琉璃来制作笔管。王羲之最早崇尚用竹子制作笔管。

笔床 梁简文帝始为笔床，笔四矢为一床。

[译文] 梁朝的简文帝最早制作了笔床，把四支笔放在一起作为

一床。

大手笔　唐苏颋封许国公，张说封燕国公，皆以文章显，称望略等，时号燕许大手笔。

[译文]　唐朝的苏颋被封为许国公，张说被封为燕国公，都是因为文章写得好而显扬，他们的声望相当，当时人称许他们为“燕许大手笔”。

研　黄帝得玉，始治为墨海，文曰“帝鸿氏研”。孔子为石研，仲由为瓦研，汉漆研，晋铁研，魏银研。

[译文]　黄帝得到一块玉，最早制作成了墨海砚台，上面刻着“帝鸿氏研”。孔子制作了石砚台，仲由制作了瓦砚台，汉代制作了漆砚台，晋代制作了铁砚台，魏代制作了银砚台。

溪研　唐玄宗时，叶氏始取龙尾溪石为研，深溪为上。南唐时始开端溪坑石作研，北岩为上，有辟雍样、郎官样。宋仁宗时，端溪石、龙尾溪石并竭。

[译文]　唐玄宗年间，一个叶姓的人最早选取龙尾溪上的石头来制作砚台，深溪的石头是制作砚台的上等材料。南唐时最早挖掘端溪坑里的石头制作砚台，北边的岩石是制作砚台的上等材料。制作的砚台样式有辟雍样、郎官样。宋仁宗时，端溪的石材、龙尾溪的石材都被挖掘完了。

研谱　端溪三种岩石，上中下三岩。西坑、后历、下岩无新，上中岩有新旧。旧坑则龙岩、汲绠、黄圃三石；新坑则后历、小湘、唐窦、黄坑、蚌坑、铁坑六处，俱山东。其最佳子石出水中者，次鸲鹆眼，赤白黄色点，绿绦、环金线纹，脉理黄。白绦、青绦、青纹，眼筋短纹，火黯微斑。赤裂、黄霞、铁线、白钻、压矢，色斑。龙尾佳者金星，次罗纹眉子，水舷，枣心，松纹，豆斑，角浪，刷丝，驴坑。又《研谱》称：最佳者红丝，出土中者，次黑角、褐金、紫金、鹊金、黑玉。

［译文］ 端溪有三种岩石，分为上岩、中岩、下岩三种。西坑、后历、下岩没有新的岩石，而上岩、中岩也有新旧之别。旧坑的有龙岩、汲绠、黄圃三种石头；新坑的有后历、小湘、唐窦、黄坑、蚌坑、铁坑六个地方，都在山的东边。其中最好的子石出自水中，其次是鸲鹆眼，有红、白、黄色的斑点，绿绦、环绕着金线纹，纹理为黄色。还有白绦、青绦、青纹，眼筋短纹，火黯微斑。赤裂、黄霞、铁线、白钻、压矢，都有色斑。龙尾溪最好的岩石是金星石，次一等的是罗纹眉子、水舷、枣心、松纹、豆斑、角浪、刷丝、驴坑等等。另外，《研谱》里说:最好的是红丝，从土中挖出，次一等的叫黑角、褐金、紫金、鹊金、黑玉等。

苏易简《研谱》 端溪研，水中者石色青，山半者石色紫，山顶者石尤润，色如猪肝者佳。若匠者识山之脉理，凿一窟，自然有圆石，琢而为研，其值千金，谓之紫石研。东坡铭曰：“孰形无情，石亦卵生。黄膘胞络，以孕黝赪。”

［译文］ 端溪的砚台，用水里的石头制成的砚台颜色是青色的，用山中的石头制成的砚台颜色是紫色的，用山顶的石头制成的砚台颜色则极其温润，颜色像猪肝的为佳。如果匠人了解山的脉理，开凿一孔石窟，会得到天然的圆石，制成砚台，其价值可以卖得千金，叫作“紫石砚”。苏轼的一篇铭文里说：“什么形态没有真情，石头也是由卵而生。黄膘胎衣，孕育着黑红色的佳砚。”

即墨侯　文嵩《石虚中传》：南越人，姓石，名虚中，字居然，拜即墨侯。薛稷为研，封石乡侯。

［译文］　文嵩的《石虚中传》中说：南越有一个人，姓石，名虚中，字居然，被封为即墨侯。有个叫薛稷的人制了佳砚台，被封为石乡侯。

马肝　汉元鼎五年，郅支国贡马肝石，和丹砂为丸，食之，则弥年不饥。以拭白发，尽黑。用以作研，有光起。

［译文］　汉朝元鼎五年（公元前112年）时，郅支国向汉朝进贡了马肝石，调和丹砂做成药丸，吃了之后，就一整年不会感到饥饿；拿它来擦拭白发，白发会全部变黑；用它制成砚台，墨就会发出光芒。

凤咮　东坡诗："苏子一研名凤咮，坐令龙尾羞牛后。"（龙尾，溪名，出石可为研。）

［译文］　苏东坡的诗里说："苏子一研名凤咮，坐令龙尾羞牛后。"（龙尾，是溪水的名字，这条溪水出产的石头可以制砚。）

龙尾研　李后主留意翰墨，所用澄心堂纸，李廷珪墨、龙尾研，三者为天下冠，当时贵之。龙尾石多产于水中，故极温泽，性本坚密，扣之其声清越，宛若玉振，与他石不同，色多苍墨。亦有青碧者，石理微粗，以手擘之，索索有锋芒者，尤发墨。

［译文］　李后主对书画特别属意，所用的澄心堂纸、李廷珪墨、龙尾砚，这三样都是天下最好的东西，当时就被人们珍视。龙尾石大多出产于水中，所以极其温润，性质坚硬又细密，敲打它声音

清越，就像玉发出的响声一样，与其他的石头不一样，颜色大多是苍黑色的。也有青绿色的石头，但纹理稍微粗糙一点，用手抚摸它，隐隐约约会感到些锋芒，特别发墨。

鸲鹆眼 《东坡笔录》：黄墨相间，墨睛在内，晶莹可爱者活眼；四傍漫渍，不甚精明者为泪眼；形体略具，内外皆白，殊无光彩者为死眼。活胜泪，泪胜死。

［译文］《东坡笔录》记载：纹理黄黑相间的砚台，黑眼睛在里面的，晶莹剔透惹人爱怜的称之为活眼；而四边的纹理散乱的，不太清晰的称之为泪眼；形状大体良好，里外都是白色的，完全没有光彩的称之为死眼。活眼比泪眼的好，泪眼比死眼的好。

澄泥研 米元章云：绛县人善制澄泥研，以细绢二重淘洗，澄之，取极细者磻为研，有色绿如春波者细滑，着墨不费笔。

［译文］ 米芾说：绛县人擅长用澄泥制作砚台，用细绢淘洗两遍，澄清后选取极其细腻的制成砚台，有颜色绿如春水的，质地细滑，蘸墨时不损耗毛笔。

铁研 《艺文志》：青州以熟铁为研，甚发墨。五代桑维翰初举进士，主司恶其姓与丧同，故斥之。维翰铸一铁研，示人曰："研敝则改业。"卒举进士及第。

［译文］《艺文志》中说：青州用熟铁制作砚台，非常发墨。五代时的桑维翰刚参加进士考试的时候，主考官因厌恶他的姓氏发音与"丧"字同音，就没录取他。桑维翰制作了一个铁砚台，出示给别人说："这方砚台用坏了就不再参加考试了，另择职业。"最终进士及第。

铜雀研　魏铜雀台遗址，人多发其古瓦，琢研甚工，贮水数日不燥。世传云，其瓦俱陶澄泥，以绨绤滤过，加胡桃油埏埴之，故与他瓦异。

［译文］　魏国时铜雀台的遗址，人们经常去挖掘那里的古瓦片，很细致地雕琢打磨，贮水好几天都不会干燥。世人们传说，这里的瓦都是用陶澄泥烧制的，还以纱布过滤过，加上胡桃油和土制作，所以和其他的瓦不一样。

结邻　李卫公收研极多，其最妙者名结邻，言相与结为邻也。按结邻，乃月神名，其研圆而光，故取以为喻。

［译文］　李卫公收藏的砚台非常多，其中最美妙的一个叫作“结邻”，意思是互相结为邻居。按：结邻是月神的名字，这方砚台样子浑圆又光泽，所以取了这个名字。

纸　古帛书汉幡纸。蔡伦为麻纸，又捣故鱼网为网纸，木皮为穀纸。王羲之为穀藤皮纸。王玙始以竹草造纸。晋桓玄始造青赤嫖姚笺纸。石季龙造五色纸。薛涛始为短笺。

［译文］　古代用帛来写字，汉代用幡纸写字。蔡伦创造了麻纸，又捣烂破旧的渔网做成网纸，用树皮做穀纸。王羲之制作了穀藤皮纸。王玙最早开始用竹子和草料造纸。晋代的桓玄最早制造出青赤嫖姚笺纸。石季龙制造了五色纸。薛涛最早制出了短笺纸。

笺纸　蔡伦玉版、贡余，俱杂零布、破履、乱麻为之。经屑表光纸。晋密香纸。大秦国出唐硬黄纸，黄柏染。段成式云蓝纸。南唐后主澄心堂纸。齐高帝凝光纸。萧诚斑文纸（采野麻、土穀）。蜀王衍霞光纸。宋黄白经笺，碧云春树笺，龙凤笺，团花笺，金花笺，乌丝栏。颜方叔宋人杏红笺，露桃红笺，天水碧，俱砑花竹翎鳞及山水人物，元春膏笺，冰玉笺，两面光蜡色茧纸，越剡藤苔笺，即汉时侧理纸，南越海苔为之。蜀麻面、薛骨、金花、玉屑、鱼子十色笺，即薛涛深红、粉红、杏红、铜绿、明黄、深青、浅绿云笺。

［译文］蔡伦制造的玉版纸、贡余纸，都是用碎布、旧鞋子和乱麻为材料制造的。还有经屑表光纸。晋代密香纸也一样。古罗马帝国出过唐代的硬黄纸，是用黄柏染色的。段成式还记载了一种云蓝纸。南唐后主李煜用澄心堂纸。齐高帝时还有凝光纸。萧诚的斑文纸是用野麻、土穀制造的。蜀地的王衍制造有霞光纸。宋代有黄白经笺、碧云春树笺、龙凤笺、团花笺、金花笺、乌丝栏等。颜方叔是宋朝人，制有杏红笺、露桃红笺、天水碧，都在纸上压制了花、竹、鸟、鱼及山水、人物，还有元春膏笺、冰玉笺、两面光的蜡色茧纸。越剡藤苔笺，就是汉代的侧理纸，用南越的海苔来制作。蜀地有麻面、薛骨、金花、玉屑、鱼子十色笺，就是薛涛的深红、粉红、杏红、铜绿、明黄、深青、浅绿云笺。

密香纸　以密香树皮为之，微褐色，有纹如鱼子，极香而坚韧，水渍之不溃。

［译文］用密香树的树皮制成，颜色呈微褐色，上面还有鱼一样的花纹，非常香并且坚韧，被水浸泡也不烂。

玉版　成都浣花溪造纸，光滑，以玉版为名。东坡诗：“溪石作马肝，剡藤开玉版。”

[译文] 成都浣花溪造的纸，纸面光滑，取名叫“玉版”。苏轼有诗句说：“溪石作马肝，剡藤开玉版。”

剡藤　剡溪古藤极多，造纸极美。唐舒元舆作吊剡溪藤文，言今之错为文者，皆大污剡藤也。

[译文] 剡溪一带古藤条非常多，造出来的纸也非常美观。唐代的舒元舆写《吊剡溪藤》文，说现在胡乱写文章的人，都太玷污剡溪的古藤了。

蚕茧纸　王右军书《兰亭记》，用蚕茧纸。纸似茧而泽也。

[译文] 王羲之书写的《兰亭集序》，用的就是蚕茧纸。这种纸像蚕茧一样而有光泽。

赫蹄　赫蹄，薄小纸也。《西京杂记》称薄蹄。

[译文] 赫蹄，是指一种薄而小的纸。《西京杂记》中称之为“薄蹄”。

蔡伦纸　汉和帝时，中常侍蔡伦典作上方，乃造意，用树肤、麻头及敝布、鱼网以为纸。奏上之。故天下咸称“蔡侯纸”。

[译文] 汉和帝时，中常侍蔡伦掌管为皇帝制作器物的尚方署，于是别出心裁，用树皮、麻头和破布、渔网来造纸。进献给皇上。所以天下人都称它为“蔡侯纸”。

侧理纸　张华著《博物志》成，晋武赐于阗青铁研，辽西麟角笔，南越侧理纸，一名水苔纸，南人以海苔为之，其理纵横邪侧，故以为名。

[译文] 张华撰写《博物志》完毕，晋武帝赐给他于阗的青铁砚，

辽西的麟角笔，南越的侧理纸，这种纸又叫作“水苔纸”，是南方人用海苔制作的，纸的纹理交错斜侧，所以取了这个名字。

澄心堂纸　李后主造澄心堂纸，细薄尤润，为一时之甲。相传淳化帖皆此纸所拓。宋诸名公写字，及李龙眠画，多用此纸。

【译文】　李后主创制了澄心堂纸，细腻匀薄，特别光润，是当时最好的纸了。相传《淳化帖》都是用这种纸拓成的。宋代许多名家写的字，以及李龙眠画的画，大多用这种纸。

薛涛笺　元和初，元稹使蜀，营妓薛涛以十色彩笺遗稹，稹于松花纸上写诗赠涛。蜀中有松花纸、金沙纸、杂色流沙纸、彩霞金粉龙凤纸，近年皆废，惟绫纹纸尚存。（薛涛笺狭小、便用，只可写四韵小诗。）

【译文】　元和初年，元稹出使蜀地，军营的官妓薛涛将十色彩笺纸赠送给元稹，元稹在松花纸上写诗回赠给薛涛。蜀地有松花纸、金沙纸、杂色流沙纸、彩霞金粉龙凤纸，近年都被废弃不用了，只有绫纹纸还存在。（薛涛纸笺狭小，方便使用，只能写下一首四韵的小诗。）

左伯纸　左伯与蔡伦同时，亦能为纸，比蔡更精。上召韦诞草诏，对曰：若用张芝笔、左伯纸及臣墨，兼此三具，又得臣手，然后可以成径丈之势。

【译文】　左伯和蔡伦是同一个时代的人，也会造纸，比蔡伦造的纸更加精美。皇上召见韦诞草拟诏书，韦诞回答说：要是用张芝制的笔、左伯造的纸和我造的墨，三种都齐备了，又由我来写，就可写出直径一丈的大字了。

《墨谱》 上古无墨，竹板点漆而书。中古以石磨汁，或云是延安石液。至魏齐，始有墨丸，乃漆烟松煤夹和为之。所以晋人多用凹心研，欲磨墨储沉耳。

［译文］ 上古时代没有墨，就用黑色的漆在竹子和木板上书写。中古时用石头来磨成墨汁，有人说是延安府出产的石液。到了魏、齐时期，才开始出现了墨丸，是用漆烟和松煤混合做成的。所以晋代人大多使用中心凹陷的砚台，想在磨好墨后存留一些沉淀下来的墨汁罢了。

麦光 苏诗："麦光铺几净无瑕。"东坡诗："香云蔼麦光。"（麦光，纸名。香云，墨也。）

［译文］ 苏轼诗中有"麦光铺几净无瑕"的句子，还有"香云蔼麦光"的句子。（麦光，是纸的名称；香云，是墨的名称。）

李廷珪墨 唐李超易水人，与子廷珪亡至歙州。其地多松，因留居，以墨名家，其坚如玉，其纹如犀。其制：每松烟一斤、真珠三两、玉屑一两、龙脑一两，和以生漆，捣十万杵，故坚如玉，能置水中，三年不坏。

［译文］ 唐代的李超，是易水人，和他的儿子李廷珪逃亡到歙州。这个地方有很多松树，他们就留在此地住了下来，他们以制墨而著称于世，他们家制的墨像玉石一样坚硬，纹理像犀牛角一样。其制法是：松烟一斤、珍珠三两、玉屑一两、龙脑一两，用生漆调制，用杵捣十万次，所以坚硬如玉，能放在水中，三年也不会坏掉。

小道士墨 唐玄宗御案上墨曰"龙香剂"。一日，见墨上有小道士，似蝇而行。上叱之，即呼万岁，曰:“小臣墨精，黑松使者是也。世人有文章者，皆有龙宾十二随之。”上异之。乃以墨分赐掌文官。

[译文] 唐玄宗的御案上有一方墨叫“龙香剂”。有一天，唐玄宗看到墨上有一个小道士，像蝇蚊一样在行走。皇帝呵斥他，就立刻高呼万岁，说:“小臣我是墨精，叫黑松使者。世上凡是擅长写文章的人，都有十二个守墨的神龙跟随着他。”皇帝感到非常奇怪。就把这方墨分赐给主管写文章的官员。

陈玄 《毛颖传》：颖与绛人陈玄、弘农陶弘、会稽楮先生友善，其出处必偕。

[译文] 韩愈的《毛颖传》里说：毛颖与绛县人陈玄、弘农人陶泓、会稽的楮先生是好朋友，他们外出、居住一定都会在一起。

松滋侯 《长杨赋》借子墨客卿以为讽。又燕人易玄光，字处晦，封为松滋侯。

[译文]《长杨赋》里借子墨作为客卿来讽喻。另外，有个燕地人叫易玄光，字处晦，被封为松滋侯。

麋腧 麋腧，墨也。唐高丽贡松烟墨，和麋鹿胶造墨，名麋腧。

[译文] 麋腧，是指的墨。唐代时高丽进贡的松烟墨，是用麋鹿胶调制成的，取名为“麋腧”。

夜航船

文白对照经典全译

【三】

【明】张岱 著
杨四平 杨柏林 译

贵州出版集团
贵州人民出版社

目录

卷十四　九流部

卷九　礼乐部

礼制 · 婚姻一

冠礼　古者冠礼，筮日筮宾，所以敬冠事也。冠乎祚，以著代也。醮于客位，三加弥尊（始加缁布冠，再加皮冠，三加爵弁），加有成也。已冠而字之，成人之道也。见于母，母拜之；见于兄弟，兄弟拜之，成人而与为礼也。玄冠玄冕，奠挚于君，遂以挚见于卿大夫、乡先生，以成人见也。

［译文］　古代举行冠礼的时候，需要占卜举行冠礼的日子和参加冠礼的宾客，来表示对冠礼的重视。在东边的主台阶加冠，来分清辈分。在客位行冠礼，加冠三次以显尊贵（先加缁布冠，再加皮冠，三加爵弁），加了冠并为他取了字表示被加冠的人已经走向成人了。拜见母亲，母亲也向他回拜；拜见兄弟，兄弟也向他回拜。因为已经是成人了所以要对他回拜。穿戴着黑色的冠冕，带着礼物并把礼物放在地上，不敢亲授，拜见国君，然后带着礼物拜见卿大夫、乡贤，都是用成人的礼节拜见他们。

鲁两生　汉叔孙通制礼，征鲁诸生三十余人。有两生不肯行，曰："礼乐必积德百年而后兴，今天下初定，何暇为此？"通笑曰："鄙儒，不知时变者也。"

［译文］　汉代的叔孙通制定了礼仪，朝廷征召了鲁地三十多位儒生。有两位不肯应征，说："礼乐制度一定是积累上百年的德行才会兴盛，现在天下刚刚安定，哪有空闲的时间来制定这个礼仪呢？"叔孙通笑着说："见识短浅的儒生，不知道世事变化的道理。"

应时而变 《庄子》：三皇五帝之礼义法度，不矜于同，而矜于治，譬犹柤梨橘柚，其味相反，而皆可于口。或礼义法度，应时而变也。

[译文] 《庄子》里说：三皇、五帝时代的礼仪与法度，并不在乎是否完全一样，而在乎是否能够用它们来治理天下，就好像山楂、梨子、橘子、柚子，它们味道虽然不同，但都很美味。所以礼仪法度也要随着时代变化而变化啊。

晋侯受玉 《左传》：天王使召武公、内史过赐晋侯命，受玉惰。过归，告王曰："晋侯其无后乎！王使之命，而惰于受瑞，先自弃也已，其何继之有？礼，国之幹也；敬，礼之舆也。不敬，则礼不行；礼不行，则上下昏，何以长世？"

[译文] 《左传》中记载：周天子派召武公和内史过到晋国给晋侯封赐。晋侯接受玉器的时候毫不在意。内史过回来，对周天子说："晋侯难道没有后代吗！对待天子的使者传授王命和玉器他竟然满不在乎，这是自己抛弃了自己啊，怎么会有后代继承宗庙呢？礼节，是国家的根本；恭敬，是行礼的准则。不恭敬，礼就无法推行；礼无法推行，那么上下尊卑就会发生混乱，凭借什么来绵延久长呢？"

绵蕞 叔孙通与其徒百余人为绵蕞野外，习之月余，礼成。高帝令群臣习肄长乐宫，成，群臣朝贺，莫不振恐肃敬。帝曰："吾今日知为皇帝之贵也。"

[译文] 叔孙通与他的一百多个弟子在野外制定朝廷礼仪和典章制度，练习了一个多月，礼仪形成了。汉高祖刘邦让群臣在长乐宫

学习，学成之后，群臣都来按照礼节向皇帝朝贺，没人不感到震撼惊恐、严肃敬畏的。汉高祖说："我今天才知道做了皇帝是多么尊贵啊。"

婚礼　人皇氏始有夫妇之道，伏羲始制嫁娶。女娲氏与伏羲共母，佐伏羲正婚姻，始为神媒。夏后氏始制亲迎礼。秦始皇始娶妇纳丝麻鞋一緉（取和谐也）。后汉始聘礼用墨。汉重墨，今答聘用之。始婚礼用羊（取羊者，祥也）。巫咸制撒帐厌胜。京房嫁女，翼奉子撒豆谷禳煞。张嘉贞嫁女，制绣幕牵红。唐新妇舆至大门，传席勿履地。晚唐制：新妇上车，以蔽膝盖面。五代始新妇入门跨马鞍。北朝迎婚，十数人大呼，催新妇上舆，妇家宾亲妇女打新郎，喜拳手交下。

［译文］从人皇氏起，开始有了夫妇之间的礼仪，伏羲最早制定了出嫁迎娶的规矩。女娲氏与伏羲是一母同胞，她辅佐伏羲确定了婚姻的礼节，所以成为掌管婚姻的神仙。夏后氏最早制定迎亲时的礼仪。秦始皇开始规定在娶妻时要给女方交纳一双丝麻做的鞋子（表示"和谐"的意思）。后汉开始用墨作聘礼。汉代重视墨，现在的答聘也使用它。开始在婚礼上用羊（羊与祥谐音，吉祥的意思）。巫咸制作了撒帐来抵御邪气。京房将女儿嫁给翼奉之子，翼奉用撒豆谷的方式来驱邪。唐代的宰相张嘉贞嫁女儿时，制作了绣幕，女儿在里面牵着红绳子出嫁。唐代新娘的车轿到了大门外时，要在地上铺席子，鞋子不能沾地。晚唐的制度是：新娘上车轿，要用遮膝的布盖着脸。五代时开始，新媳妇进门时要跨过马鞍。北朝时迎亲，十几个人大声喊着，催着新娘上车轿，新娘家的亲戚与宾客中的女子都来追打新郎，拳打脚踢以表示祝贺。

昏礼　昏礼者，将合二姓之好，上以祀宗庙，而下以继后世也，故君子重之。是以昏礼纳采、问名、纳吉、纳征、请期，皆主人筵几于庙，而拜迎于门外。入，揖让而升，听命于庙，所以敬慎重、正婚礼也。纳采者，纳雁以为采，择之礼也。问名者，问女生之母名氏也。纳吉者，得吉卜而纳之也。纳征者，纳币以为婚姻之证也。请期者，请婚姻之日期也。五者合亲迎，谓之六礼。亲迎，父亲醮子而命之迎，男先于女也。子承命以迎，主人筵几于庙，而拜迎于门外。婿执雁入，揖让升堂，再拜奠雁，盖亲爱之于父母也。降，出御妇车，而婿受绥，御轮三周，先俟于门外。妇至，婿揖妇以入，共牢而食，合卺而酳，所以合体同尊卑以亲之也。

［译文］　婚礼是把两家合为一家的大喜事，在上得以祭祀宗庙，在下得以后继有人，所以君子非常重视婚礼。因此婚礼有纳采、问名、纳吉、纳征、请期等仪节，都是主人在宗庙中举办筵席，并在门外拜迎宾客。进入大门，作揖退让升入正堂，在宗庙中行礼，以表示恭敬、慎重，从而使婚礼显得庄重。纳采，是用一只大雁作为求婚的礼物。问名，是问女子的姓名和生辰八字。纳吉，就是男方卜得吉兆而告诉女方。纳征，是给女方钱币作为婚姻的证明。请期，是男方把占卜好的结婚日期告诉女方以请求允许迎娶。这五种礼再加上最后的迎亲，叫作六礼。迎亲的时候，男方的父亲亲自给儿子斟酒，让儿子去迎接新妇，是因为男在女前。儿子接受父亲的命令去迎接新娘，新娘的父亲在宗庙中设筵，并在门外拜迎。新郎拿着大雁进来，作揖推让着上堂，拜两次然后把大雁放在地上，是因为地位不对等，不敢亲手奉上，表达亲爱之情就像对待自己的父母一样。下堂后，靠近女方的车子，女方的仆从将驾车的引绳交给新郎，驾车让车轮行驶三圈，

然后先回男方家在门外等候。新娘到了，新郎作揖请新娘进屋，共同进餐，并各拿着一只瓢一起饮酒，是要让结合以后的夫妻能够尊卑与共，亲密相待。

见舅姑　夙兴，妇沐浴以俟见。质明，赞见妇于舅姑，妇执笲枣栗、段脩以见，赞醴妇。妇祭脯、祭醴，成妇礼也。舅妇入室，妇以特豚馈，明妇顺也。质明，婚礼之次日。赞，相礼之人也。笲，竹器，以盛枣栗、段脩之贽。脩，脯也，加姜桂治之曰“段脩”。

［译文］次日清晨早早起身，新娘洗头沐身完毕等待公婆的接见。等到天亮了，赞礼的人引导新娘前去拜见公婆，新娘拿着装有枣子、栗子和特制的干肉的竹笲拜见公婆，赞礼的人代表公婆给新娘赐酒。新娘上祭肉干和甜酒，这样就完成了新娘拜见公婆的礼仪。这时公婆进入内室，新娘要献上一头小猪，表明新娘的孝顺。这里面说的天亮，指的是举行婚礼以后的第二天。赞，指的是主持礼仪的人。笲，是竹筐之类的器物，用来盛装枣子、栗子、肉干之类的东西。脩，就是肉干，加了姜、桂等调味料而制作的叫作“段脩”。

飨以一献　厥明，舅姑共飨妇，以一献之礼奠酬。舅姑先降自西阶，妇降自阼阶，以著代也。厥明，婚礼之二朝也。舅献姑酬，共成一献。阼者主人之阶，妇之代姑将以为主于内也。

［译文］天明时，公公婆婆要共同款待新娘吃饭，以一献之礼来奠酬，主人敬酒，客人不用举杯。公婆先从西阶下堂，新娘则从东边的台阶下堂，用来表明辈分的不同。厥明，指婚礼第二天早上。公婆每人斟一杯酒，共同完成一献之礼。阼阶是升堂时的主

台阶，表明新娘将要代替婆婆成为这个家庭的主妇了。

结缡三命 女嫁，父戒之曰：“谨慎，从舅之言！”母戒之曰：“谨慎，从尔姑之言！”诸母施鞶绅，戒之曰：“谨慎，从尔父母之言。”

［译文］女儿出嫁的时候，父亲告诫她说：“在婆家言行要谨慎，听从公公的话！”母亲告诫说：“在婆家言行要谨慎，听从婆婆的话！”伯母、叔母等人要为她系上盛佩巾用的丝囊，并告诫说：“要言行谨慎，听从你父母的话！”

四德三从 是以古者妇人先嫁三月，祖庙未毁，教于公宫；祖庙既毁，教于宗室，教以妇德、妇言、妇容、妇功。教成祭之，牲用鱼，芼之以苹藻，所以成妇顺也。三从，谓妇人在家从父，出嫁从夫，夫死从子。

［译文］因此古代的女子出嫁前三个月，如果高祖之庙还没有迁出，就在宗子的祠堂里中教育她；如果高祖之庙已经迁出，就在支子的祠堂教育她，教给她妇德、妇言、妇容、妇功四种德行。教完后进行祭祀，用鱼作为牲礼，用苹藻作为芼菜，表示可以成就妻子顺从丈夫的意思。三从，指的是女子在家里要服从父亲，出嫁后要服从丈夫，丈夫死后要服从儿子。

伉俪 《左传》：齐侯请继室于晋，韩宣子使叔向对曰：“寡君未有伉俪，君有辱命，惠莫大焉。”

［译文］《左传》中记载：齐侯向晋国请求迎娶一位宗室的女子作为继室，晋国卿大夫韩宣子让叔向回答对方说：“我们国君尚且还没有妻子呢，您有这样的请求，对我们来说没有比这个更大的

恩惠啊。”

朱陈　白乐天诗：“徐州古丰县，有村曰朱陈。去县百余里，桑麻青氛氲。一村惟两姓，世世为婚姻。”

［译文］　白居易的诗：“徐州古丰县，有村曰朱陈。去县百余里，桑麻青氛氲。一村惟两姓，世世为婚姻。”

撒帐果　汉武帝李夫人初入宫，坐七宝流苏辇，障凤羽长生扇，帝迎入帐中，共坐卺饮。预戒宫人遥撒五色同心花果，帝与夫人以衣裾盛之，云“得多”，得子多也。故后世有撒帐之遗。

［译文］　汉武帝迎娶李夫人初入皇宫的时候，乘坐着七宝流苏辇，手里握着凤羽长生扇，武帝迎接她进入帐中，一起坐下喝合卺酒。事先让宫女们远远地抛撒五色的同心花果，武帝与李夫人用衣襟接住，叫作“得多”，也就是多多生子的意思。所以后代也有撒帐的遗俗。

月老检书　唐韦固旅次宋城，遇老人向月检书，谓固曰：“此天下婚姻簿也。”因问韦妻何氏，答曰：“尔妻乃店后卖菜陈妪女耳。”翌日往视，见妪抱三岁女，甚陋。遂使人刺之中眉。后十四年，相州刺史王泰妻以女，姿容甚丽，眉间常贴花钿。细问之，曰：“妾郡守侄女也。父卒于宋城。襁褓时为贼所刺，痕尚在眉。”宋城宰闻之，名其店曰“定婚店”。

［译文］　唐代的韦固在旅途中暂时在宋城留宿，碰到一位老人在月下翻书，并对韦固说：“这是天下所有人的婚姻登记簿。”韦固就问他自己的妻子是什么姓氏，老人回答：“你妻子就是旅店后边卖菜的那个陈婆婆的女儿。”韦固第二天就去旅店后面探看，看

到一个老太婆抱着一个三岁的女孩，长得很丑陋。于是就让人去杀了她，但只刺中女孩的眉心。十四年后，相州刺史王泰把自己的女儿嫁给韦固做妻子，容貌非常美丽，但是常常在眉心贴着花钿。韦固仔细询问她，她说："我是刺史王大人的侄女。我的父亲在宋城去世。我在襁褓中的时候被贼人刺伤，伤痕还在眉心处。"宋城的长官知道后，就把当年韦固住过的旅店命名为"订婚店"。

金屋贮之　汉武帝幼时，景帝问："儿欲得妇否？"长公主指其女曰："阿娇好否？"武帝曰："若得阿娇，当以金屋贮之。"

[译文]　汉武帝小时候，汉景帝问他说："儿子，你想娶个妻子吗？"汉武帝的姑姑长公主指着自己的女儿说："把阿娇嫁给你好不好？"武帝说："如果能得到阿娇，那我要用金子做的屋子给她居住。"

丹桂近嫦娥　袁筠娶萧安女，言定，未几，擢进士第。罗隐以诗赠之，曰："细看月轮还有意，定知丹桂近嫦娥。"

[译文]　袁筠将要迎娶萧安的女儿，婚事定了下来，过了没多久，袁筠考中了进士。罗隐给他赠诗说："细看月轮还有意，定知丹桂近嫦娥。"

女萝附松柏　李靖谒杨素，一伎执红拂侍侧，目靖久之。靖归逆旅，夜半有紫衣人扣门，延入，脱衣帽，乃美人也。靖惊诘之，告曰："妾杨家红拂妓也。女萝愿附松柏。"遂与之俱适太原。

[译文]　李靖去拜见杨素时，一个侍妾手拿红色的拂尘侍立在一边，看了李靖很长时间。李靖回到旅馆，半夜时忽然有个穿紫色衣服

的人来敲门，请她进来，那人脱下衣帽，竟然是个美女。李靖非常惊讶，问她为何来这里。她告诉李靖说："我就是杨素家那个手拿红色拂尘的侍妾。女萝愿意依附在松柏之上。"于是就和李靖一起回到太原。

续断弦　《十洲记》：凤麟州以凤喙麟角作胶，能续断弦。

［译文］《十洲记》记载：凤麟州用凤凰的嘴和麒麟的角来制作胶水，可以把断了的琴弦粘接在一起。

门楣　唐玄宗宠礼杨氏，其从兄国忠加御史大夫，铦鸿胪卿，女兄弟韩国、虢国、秦国三夫人。时谣曰："男不封侯女作妃，君看女却为门楣。"

［译文］唐玄宗宠爱礼敬杨贵妃一家，杨贵妃的堂兄杨国忠加封为御史大夫，杨铦被封为鸿胪卿，姐妹们也分别被封为韩国夫人、虢国夫人、秦国夫人。当时的民谣说："男不封侯女作妃，君看女却为门楣。"

冰人　令狐策梦立冰上，与冰下人语。占者曰："在冰上与冰下人语，为阳语阴，当为人作媒，期在冰判。"太守田豹为子求张徵女，使策为媒，仲春成婚。故称媒人为冰人。

［译文］令狐策梦见自己站在冰上，和冰下面的人说话。占卜的说："在冰上面和冰下面的人说话，是阳间的人向阴间的人说话，应当是将要给人做媒，时间在冰块将要消融的时候。"太守田豹为自己的儿子求娶张徵的女儿，让令狐策做媒人，仲春的时候成婚。所以后来把媒人称为"冰人"。

卖犬嫁女 唐吴隐之将嫁女，谢石知其贫，遣女必率薄，乃令移厨帐助其经营。使人至，见婢牵一犬卖之，此外萧然无办。

[译文] 晋代的吴隐之将要嫁女儿时，谢石知道他家里穷困，为女儿准备的陪嫁肯定很少，就让自己的厨房和账房人员去帮他筹划婚礼。派去的人到了他家，看到有一个婢女牵着一条狗准备去卖掉，除此之外就没有置办任何东西了。

练裳遣嫁 汉逸民戴良有五女，练裳竹笥木履而遣之。东坡诗："竹笥与练裳，愿得毕婚嫁。"

[译文] 汉朝的隐士戴良有五个女儿，他用白布衣服、竹筐和木鞋子就把她们嫁了出去。苏轼有诗说："竹笥与练裳，愿得毕婚嫁。"

葭莩 汉中山靖王封群臣，非有葭莩之亲。（葭莩，竹上薄衣。）

[译文] 汉代的中山靖王封赏手下群臣，不讲一点私情。（葭莩，指竹子内壁上的薄膜。）

潘杨 晋杨经，潘岳作诔文云："藉三叶世亲之恩，而子之姑，予之伉俪焉。潘杨之睦，有自来矣。"

[译文] 晋代的杨经，潘岳为他写的诔文里说："凭借三代亲人的恩情，你的姑姑，是我的妻子。潘杨两家的和睦，是渊源有自的。"

凤占 《左传》：陈公子完奔齐，齐侯使为卿。齐大夫懿氏欲妻以女，卜之曰："凤凰于飞，和鸣锵锵。有妫之后，将育于姜，五世其昌。"

[译文] 《左传》中记载：陈国的公子完跑到齐国，齐侯让他担任卿职。齐国的大夫懿氏想把女儿嫁给他做妻子，占卜得到的卦辞

是:“凤凰于飞，和鸣锵锵。有妫之后，将育于姜，五世其昌。”

结缡　《诗》:“之子于归，皇驳其马。亲结其缡，九十其仪。”（缡，妇人之袆也。）

［译文］《诗经·东山》中说:“之子于归，皇驳其马，亲结其缡，九十其仪。”（缡，指的是古代女子出嫁时所系的佩巾。）

示之以礼　马超奔蜀，轻视先主，常呼先主字。关羽怒，请杀之。先主曰:“人穷来归，以其呼字而杀之，何以示天下？”张飞曰:“如是当示之以礼。”次日，大会诸将，请超入，羽、飞并伏刀立直。超顾坐席，不见羽、飞，见其直也。乃大惊，遂尊事先主，不敢呼字。

［译文］马超投奔到蜀国时，看不起刘备，经常直呼刘备的大名。关羽非常生气，请允许他杀了马超。刘备说:“马超因为走投无路才来投奔我，仅仅因为叫了我的名字就杀了他，这怎么给天下人交代呢？”张飞说:“即使这样也应该让他知道什么是礼节。”第二天，刘备大摆宴席宴请各位将领，请马超入席，关羽、张飞却都拿着刀在一旁站立侍卫。马超环顾一周座席，没看见关羽和张飞，却看见他们在站立着做侍卫。大吃了一惊，因此尊敬地侍奉刘备，不敢再直呼他的名字了。

议礼聚讼　汉章帝欲定礼乐，班固曰:“诸贤多能说礼，宜广招集。”帝曰:“谚云‘筑舍道旁，三年不成’。会礼之家，名为聚讼。”

［译文］汉章帝想要改定礼乐制度，班固说:“很多贤德的人都能讲礼乐制度，应该广泛召集他们来。”汉章帝说:“俗话说:‘在大路边盖房子，人们议论纷纷三年也盖不成。’如果把大家都召来商

议礼乐，那就是让大家来像打官司一样争论不休了。”

礼制·丧事二

丧礼 黄帝始制棺椁。周公制翣。周制俑。虞卿制桐人。左伯椀制明衣（新衣褰尸）。史佚制下殇棺衣。夫差为冥帽，而始制面帛。夏制明器。五代制灵座前看果。舜制吊礼。晋制，吊客至丧家鸣鼓为号。

巫咸制纸钱（名寓钱）。汉铸神瘗钱。王玙始丧祭焚纸钱。

周制方相先驱。汉制魌头，俗开路显道神。始嫘祖道死，嫫姆监护因制。

商始制铭旌以书姓名。魏始书号。后汉始制墓碑，为文字辨识。

黄帝封京观，始制墓。周公始合葬。周桓王始改葬。秦武公始人殉葬。宋文公始殉葬用重器。

秦称天子墓为山。汉始为陵。汉文帝始预造寿陵。少康封其子祀。禹始设守陵人。

秦始皇制皇寝石麟、辟邪、兕马，臣下石人羊虎柱罔象，好食亡者肝，因制。宋真宗始给民义冢，制漏泽园。

［译文］ 黄帝最初制作了棺椁。周公制作了棺材外的装饰。周代制作了殉葬的陶俑。虞卿制作了殉葬的桐木偶。左伯椀制作了明衣（给尸体穿的新衣服）。史佚制作了下葬时用的棺衣。夫差制作了冥帽，并最早开始制作覆盖在死者脸上的面帛。夏代规定了专门用于随葬的明器。五代规定了灵座前用以祭祀的果品。舜规定了吊丧的礼仪。晋代规定，吊丧的宾客到有丧事的人家以鸣鼓作为

信号。

巫咸制作了送葬时用的纸钱（名叫寓线）。汉代向神灵祈祷的时候要埋钱。王玙最早在丧礼祭奠的时候焚烧纸钱。

周代规定，在丧事中要驱除疫鬼和山川精怪的神灵方相来作为丧事的前驱。汉代规定，改为戴面具的魌头，俗称为开路显道神。这起源于嫘祖死于大路边上，嫫姆监护时制定了这个礼节。

商代开始制作铭旌来书写死者的姓名。魏国时开始书写死者的字号。东汉最早制作墓碑，上面刻写着文字易于辨认。

黄帝最早修建了京观，开始建造坟墓。周公开始有了合葬。周桓王开始有改葬的礼仪。秦武公最早用活人来殉葬。宋文公开始用贵重的器物殉葬。

秦朝把天子的坟墓称为山。汉代开始称为陵。汉文帝开始在生前预先建造寿陵。少康封儿子祭祀。大禹开始设置了看守陵墓的人。

秦始皇建造了皇帝死后寝宫旁的石麟、辟邪、兕马，臣子的墓则有石人和石羊、虎柱：据说水怪罔象喜欢吃死人的心肝，所以制作这些东西来驱逐罔象。宋真宗开始给无主的尸体建造公墓，称为漏泽园。

服制　黄帝始制丧礼。禹始制五服。尧始定三年丧，父斩衰，母齐衰。唐武后制，父在为母三年，同父丧。宋太祖制，舅姑三年丧。

周公制，生母齐衰三月。鲁昭公制，慈母服（他妾养己）。唐玄宗加母党服。

魏徵制，叔嫂小功服。戴德制，朋友缌麻服。晋襄公制，起复始，伯禽征徐戎卒哭，汉唐沿之。始大臣夺情。

汉元帝始令博士丁忧。汉文帝始易月。景帝为三十六日释服。唐肃宗始定二十七日之服。

[译文] 黄帝最初制定了丧葬的礼节。大禹最初制定了五等以亲疏为差等的丧服制度。帝尧最初制定三年的守丧期限，如果是父亲的丧事要穿粗麻布制成不缝边缘的丧服，为母亲服丧要穿粗麻布制成而下摆缝齐的丧服。唐代武则天规定，如果父亲还在而母亲去世，则为母亲守丧三年，和为父亲守丧的制度一样。宋太祖规定，为公公和婆婆也要守丧三年。

周公规定，对于自己的生母要穿三个月的齐衰丧服。鲁昭公制定了为慈母服丧的制度（慈母指的是生母去世无人照料，父亲将孩子交予养活的小妾）。唐玄宗又增加了为母族服丧的制度。

魏徵制定，叔嫂关系使用小功服。戴德制定，朋友关系穿缌麻服。晋襄公制作了守丧期未满就应召做官的起复的礼节，源于伯禽征讨徐戎时，兵卒虽在丧期仍然应征出兵，汉代、唐代都沿用了这项制度。从这开始有了对大臣的夺情任用的礼仪制度。

汉元帝最初让博士回家为父母守丧。汉文帝最初用天数换月数来计算守丧的时间。汉景帝以三十六日作为守丧的期限，期满可以脱去丧服。唐肃宗开始规定服丧期为二十七日。（按，此两处三十六日、二十七日都是指大臣为皇帝服丧除服的时间，民间丧服制度与此不同。）

丧礼五服 斩衰三年，子为父母。女在室，并已许嫁者，及已嫁被出而反在家者，与子之妻同。子为继母，为慈母，为养母，子之妻同。

庶子为所生母，为嫡母，庶子之妻同。为人后者与妻同，嫡孙为祖父母、高曾祖父母，承重同。妻为夫妾，为家长同。

[译文] 儿子为父母服丧，需要穿三年斩衰的丧服。女儿如果还未

出嫁，或者已经订了婚但还没有出嫁，或者出嫁了却被休而仍在父母家的，为父母服丧时穿的丧服和时间和兄弟的妻子相同。儿子为继母、慈母、养母守丧也用斩衰的丧服，儿子的妻子为上边的人守丧的丧服和时间与儿子一样。

庶子为自己的生母，为名分上的嫡母守丧也用斩衰的丧服，庶子的妻子与儿子相同。作为大宗之后的男子与妻子相同，嫡孙为自己的祖父母、高曾祖父母守丧也用斩衰，若这个人和父亲都是嫡长子，但是父亲先去世，那么继承宗庙与丧祭的重任的孙子为祖父母守丧也同样用斩衰。妻子为丈夫用斩衰，妾为丈夫也用斩衰的丧服。以上情况，穿着用粗麻布制成的、左右下边不缝的丧服守丧三年。

齐衰杖期　嫡子众子为庶母，其妻亦如之。子为嫁母，为出母；夫为妻；嫡孙，祖在，为祖母承重。

［译文］ 嫡子、众子为父亲的庶母即妾守丧要穿齐衰并手拿哭丧棒，他们的妻子也一样用齐衰的丧服。儿子为已经改嫁了的母亲，为已经被休了的母亲；丈夫为妻子；嫡孙，如果祖父还在世，而父亲已经不在世时，为祖母也穿齐衰的丧服并拿哭丧棒。以上情况，穿着粗麻布制成、下面缝边的丧服守丧一年。

齐衰不杖期　祖为嫡孙，父母为嫡长子及嫡长子妇，及众子，及女在室，及子为人后者。

继母为长子，众子侄为伯叔父母，为亲兄弟，及亲兄弟之子女在室者。

孙为祖父母，孙女在室，与出嫁同。为人后者，为其本生父母。女出嫁，为其本生父母。妾为家长之正妻，妾为家长父母，妾为家长之子与其所生子。

齐衰五月，曾孙为曾祖父母，曾孙女同。齐衰三月，玄孙为高祖父母，玄孙女同。

［译文］ 祖父为嫡孙，父母为嫡长子及嫡长子的妻子，以及为其他儿子，包括没有出嫁的女儿，还有过继给别人做继承小宗的儿子，以上都要穿齐衰的丧服，但不用丧棒。

继母为长子，子侄辈为伯叔父母，亲兄弟之间，亲兄弟没有出嫁的女儿或没有分家的儿子，以上都要穿齐衰的丧服，但不用丧棒。孙子为祖父母，孙女已经出嫁和未出嫁的都一样。过继给别人的为他的亲生父母。出嫁的女儿，为她的亲生父母。妾为丈夫的正妻，小妾为丈夫的父母，小妾为丈夫的儿子以及与自己所生的儿子，以上都要穿齐衰的丧服，但不用丧棒。

穿齐衰的丧服守丧需要五个月的，适用于曾孙为曾祖父母，曾孙女也一样。穿齐衰的丧服守丧三个月的，适用于玄孙为高祖父母，玄孙女也一样。

大功九月 祖父母为众孙，孙女在室者。父母为众子妇，及女已出嫁者。伯叔父母为侄妇，及侄女已出嫁者。妻为夫之祖父母，妻为夫之伯叔父母。夫为人后，其妻为夫之本生父母。

［译文］ 祖父母为嫡长孙之外的其他孙子们，以及还没有出嫁的孙女们。父母为长子妻子之外的其他儿媳和已经出嫁的女儿。伯叔父母为侄媳妇和出嫁的侄女；妻子为丈夫的祖父母，妻子为丈夫的伯叔父母；丈夫过继给别人的儿子，他的妻子为丈夫的亲生父母。以上情况，穿着用熟麻布做成的针脚较粗的丧服守丧九个月。

小功五月　为伯叔祖父母，为堂伯叔父母，为再从兄弟，为兄弟之妻，祖为嫡孙妇，为外祖父母，为母之兄弟姊妹。

[译文]　为伯叔的祖父母，为堂伯叔的父母，为同曾祖的兄弟，为兄弟的妻子，祖父为嫡孙的妻子，为外祖父母，为母亲的兄弟姐妹。以上情况，穿着用熟麻布做成的，较细的丧服守丧五个月。

缌麻三月　祖为众孙妇，曾祖父母为曾孙，祖母为嫡孙，众孙妇为乳母，为妻之父母，为婿，为外孙，为同堂兄弟之妻。

[译文]　祖父为除了嫡长孙媳以外的其他孙媳，曾祖父母为曾孙，祖母为嫡孙，众孙媳为乳母，为妻子的父母，为女婿，为外孙，为叔伯兄弟的妻子。以上情况，穿用细麻布制成的丧服守丧三个月。

三父　同居继父，不同居继父，从母嫁继父。诸继父，谓父死母再嫁他人随去者，同居有期年服，不同居者无服。随继母嫁继父，有齐衰杖期。

[译文]　指的是共同居住的继父，没有共同居住的继父，以及跟着母亲改嫁后的继父。这些继父中，说的是父亲死后母亲再改嫁儿子随母去的，如果住在一起，那么要服一年的丧期，没有住在一起的就不用服丧。而跟随继母改嫁给继父的，则应该穿齐衰丧服并持丧棒守丧一年。

八母　嫡母、继母、养母（谓自幼过房与人）、慈母（谓生母死，父令别妾抚育者）、嫁母（谓妾母因父死再嫁他人者）、出母（谓亲母被父所出）、庶母（父妾之生子女者）、乳母（即奶母，亦服缌麻）。

[译文]　指的是嫡母、继母、养母（说的是从小过继给别人的）、慈母（说

的是亲生母亲去世后，父亲让别的妾来抚养长大的）、嫁母（说的是亲生母亲因父亲去世而再嫁他人的）、出母（指亲生母亲被父亲所休的）、庶母（父亲的妾生了子女的）、乳母（即奶妈，也要穿细麻布制的丧服）。

七出 无子，淫佚，不孝，多言，盗窃，妒忌，恶疾。三不去：与更三年丧；前贫贱后富贵；有所娶，无所归。

[译文] 指的是七种休妻的情况：没有生儿子，纵欲享受，不孝顺父母，挑弄是非，盗窃钱物，妒忌别人，身患恶疾的。以下三种情况不可休妻：曾经和丈夫一起为公婆守丧三年的；婚前贫贱而婚后富贵的；丈夫可以再娶，但是妻子的娘家绝后，被休后无家可归的。

读礼 《曲礼》曰：居丧未葬读葬礼，既葬读祭礼。

[译文]《礼记·曲礼》记载：在家守丧但还没有下葬的，要读下葬的礼仪，已经下葬了，要读祭祀的礼仪。

弥留 疾革之时，气尚未绝，目不即瞑，谓之弥留。

[译文] 病危的时候，呼吸尚未断绝，眼睛还没有闭上，这叫作“弥留”。

属纩 属，付也。纩，绵也。以绵轻而易动，故付置于口鼻上，以验气之有无也。

[译文] 属，是放置的意思。纩，是指新的丝绵。因为新丝绵很轻盈容易被吹动，因此把它放置在临死者的口和鼻子上，来检验临死的人是否还有呼吸。

易箦　曾子疾病，曾元、曾申坐于足，童子隅坐而执烛。童子曰：“华而皖，大夫之箦与？”曾子曰：“然。季孙之赐也，我未之能易也。元，起易箦！”举扶而易之，反席未安而殁。

［译文］曾子重病之后，他的儿子曾元、曾申坐在曾子的脚头，童仆拿着蜡烛坐在墙角里。童仆说：“这个席子华丽而平滑，是大夫才能享用的竹席吧？”曾子说：“是啊，这是大夫季孙氏赏赐给我的，我还没有时间来更换它。曾元，扶我起来换掉这张席子！”扶他起来换席子，还没能把曾子再放到新席子上他就去世了。

捐馆　《苏秦传》：奉阳君死，捐馆舍而去。

［译文］《史记·苏秦列传》中记载：奉阳君死了，抛弃了自己的馆舍离开了。

鬼录　魏文帝《与吴质书》：昔年疾病，亲故多罹其灾，观其姓名，已登鬼录。

［译文］魏文帝在《与吴质书》中说：往年的疾病流行，我的亲人朋友大多都遭灾难，现在看到他们的姓名，都已经登上了鬼的名录了。

就木　晋文公奔狄，娶季隗，将适齐，谓隗曰：“待我二十五年，不来而后嫁。”对曰：“我又如是而后嫁，则就木矣。”

［译文］晋文公逃窜到狄国时，娶了季隗为妻，他将要到齐国去，对季隗说：“等我二十五年，如果我不回来你就另改嫁吧。”季隗回答说：“我要是再过二十五年，恐怕已经快要进棺材了。”

盖棺论定　晋刘毅云：“丈夫盖棺论方定。”

［译文］ 晋代的刘毅说："大丈夫死后合上棺材盖之后，对他的评价才能确定。"

修文郎 春秋时，苏韶卒，后从弟节昼见韶，因问幽冥事。韶曰："颜回、卜商死，俱为地下修文郎。"

［译文］ 春秋时期，苏韶死后，后来他的堂弟苏节在白天见到苏韶，就询问他阴间的事情。苏韶说："颜回、卜商死了之后，都在阴间担任修文郎的职务。"

白玉楼 李贺将死，有绯衣人贺赤虬，奉雷版召贺曰："帝成白玉楼，立召为记。天上差乐，不苦也。"

［译文］ 李贺快要死的时候，有穿着红色衣服的人驾着红色的虬龙，捧着雷版来召唤李贺说："天帝刚建成了一座白玉楼，召你马上去写记文。天上的差事很快乐，并不痛苦。"

一鉴亡 魏徵卒，帝临朝叹曰："以铜为鉴，可照妍媸；以人为鉴，可明得失。……今魏徵逝，一鉴亡矣。"

［译文］ 魏徵死后，唐太宗在上朝时叹息着说："以铜为镜，可以照出人的美丑；以人为镜，可以让人明白得失。……现在魏徵死了，我的一面镜子没了。"

月犯少微 谢敷隐居剡中。时月犯少微，占云"处士当之"。吴国戴逵名重于敷，甚以为忧。俄而敷死，时人语曰："吴中高士，求死不得。"

［译文］ 谢敷在剡中隐居。当时月亮冲犯少微星，占卜的结果是"对隐居的人不吉利"。吴国戴逵的名气比谢敷大，就非常担忧。

不久，谢敷死了，当时人就说：“吴中的高士，想求死都不能得到。”

岁在龙蛇　郑玄梦孔子告之曰：“起，起，今年岁在辰，明年岁在巳。”既寤，以谶合岁，知命当终。谶云：“岁在龙蛇贤人嗟。”

［译文］郑玄梦见孔子告诉他说：“起来，起来，今年岁星在辰，明年岁星在巳。”郑玄醒来后，因为有一句谶语与孔子的话相合，就知道自己将不久于人世。那句谶语是：“岁在龙蛇，贤人感叹。”

梦书白驹　杜牧之梦书“白驹”字，或曰：“过隙也”。俄而悉毁其所为文章诗籍，果卒。

［译文］杜牧做梦时梦到自己在写“白驹”两个字，有人说，这是在写“白驹过隙”啊。不久杜牧烧毁了自己全部的文章诗词，果然就死掉了。

一朝千古　唐薛收卒，秦王曰：“吾与伯褒共军旅，岂期一朝成千古也！”

［译文］唐代的薛收死后，秦王说：“吾和伯褒（薛收的字）一起沙场征战，哪里能想到有一天竟成千古之别！”

脱骖　孔子遇旧馆人之丧，入而哭之哀；出，使子贡脱骖而赙之。

［译文］孔子遇到以前掌管馆舍的人的丧事，进去哀伤痛哭；出来之后，让子贡把马解下来送给他作为助葬的礼物。

麦舟　范尧夫舟有麦五百斛，悉与故人石曼卿，以助其葬。

［译文］范尧夫的船中有五百斛麦子，全部送给了老朋友石曼卿，

来帮助他办理丧事。

生刍一束　郭林宗有母忧，徐稺往吊之，置生刍一束于闾前而去之。众怪不知其故。林宗曰："此必南州高士徐孺子也。诗不云乎：'生刍一束，其人如玉。'吾有何德足以当之？"

［译文］郭林宗的母亲去世了，徐稺前去吊唁，在门前放了一把鲜草就离开了。众人都感到奇怪，不知是什么原因。郭林宗说："这一定是南州的高士徐孺子来吊唁了。《诗经》不是说'生刍一束，其人如玉'吗？我有何德何能，当得起这样的夸奖呢？"

素车白马　范式巨卿、张劭元伯相与为友。元伯卒。式梦劭呼曰："巨卿，吾已某日死，某日葬。"式驰往赴之。未及到而劭已发引。将至圹，而柩不前。其母曰："元伯，岂有望耶？"停柩。移时，乃见素车白马，号哭而来。母曰："是必范巨卿也。"式因执绋而引，其柩乃前。

［译文］范式字巨卿、张劭字元伯，两人是好朋友。元伯死了，范巨卿梦见张元伯喊他说："巨卿兄，我已经在某一日死了，某日下葬。"范巨卿驾着车子赶去吊唁。还没到达，张元伯就已经开始出殡了。棺材到了墓穴前面，就怎么也无法移动了。他母亲说："元伯啊，难道你还有什么愿望没有实现吗？"就放下棺材。过了一会儿，看到有人乘着素车白马，大哭着奔了过来。他母亲说："这一定是范巨卿啊。"于是范巨卿在前面拉着牵引棺材的绳索，棺材这才可以向前移动了。

归见父母　陈尧佐临终，自志其墓，曰：有宋颍川生尧佐，字希先，年八十二不为夭，官一品不为贱，卿相纳录不为辱祖，可归见父母栖神之域矣。

[译文] 陈尧佐临终的时候，给自己写了墓志铭，说：大宋颍川的书生陈尧佐，字希先，享年八十二岁，不算是夭折，官居一品，也不算是低贱了；卿相名册中也有名字，也没有辱没了祖先，可以到灵魂栖息的地方去归见父母了。

翁仲　《水经注》：鄗南千秋亭坛庙东枕道，有两石翁仲。山谷诗："往者不可言，古柏守翁仲。"

[译文]《水经注》中说：鄗南的千秋亭坛庙东边的枕道上，有两个石翁仲。黄庭坚有诗说："往者不可言，古柏守翁仲。"

九京　文子曰："是全要领以从先大夫于九京也。"

[译文] 晋献文子说："这是希望保全性命，去九泉之下追随先祖啊！"

佳城　汉滕公驾至东都门，马悲鸣不进。命掘之，得石椁，有蝌蚪书云："佳城郁郁，三千年见白日，吁嗟滕公居此室。"公叹曰："天乎！吾死，其安此乎？"后葬其处。

[译文] 汉代的滕公驾车到东都门时，马悲声鸣叫着不向前走。滕公让人挖掘地面，得到一副石棺，上面用蝌蚪文写着："佳城郁郁，三千年见白日，吁嗟滕公居此室。"滕公叹息着说："老天啊！我死后难道是要埋葬在这里吗？"后来果然埋葬在了这里。

牛眠　晋陶侃，初家将葬，忽失一牛，不知所在。遇一老父，谓曰："前冈见一牛，眠处，其地若葬，位极人臣。"侃寻牛得之，因葬焉。

[译文] 东晋的陶侃，当初家中举行葬礼时，忽然丢失了一头牛，

不知道到哪里去了。碰到一个老翁，对陶侃说："前面的山冈上有一头牛在那里卧着，如果把那个地方作为先人的墓地，子孙以后一定会位极人臣。"陶侃在那里找到了走失的牛，就把先人葬在了那里。

寿藏 唐姚崇自立寿藏于万安山，兆曰："安居穴以土为床，曰化台。"

[译文] 唐代的姚崇生前在万安山给自己修建了一座墓地，题名叫"安居穴"，用土在里面堆建了一张睡床，叫作"化台"。

挽歌 汉高帝时，田横死，从者不敢哭，随扳叙哀，故承以为挽歌。汉武时，李延年分为二:《薤露》，送王公贵客;《蒿里》，送士大夫庶人。

[译文] 汉高祖时，田横自杀后，追随他的人都不敢哭丧，只是对着他的灵柩诉说悲哀之情，后人就继承这种方式将之称为"挽歌"。汉武帝时，李延年把挽歌分为两类:《薤露》，用来为王公贵客送葬;《蒿里》，用来为士大夫和平民送葬。

吊柳七 柳永死日，家无余财，群妓合金葬之郊外，每春月上冢，谓之"吊柳七"。

[译文] 柳永死的时候，家里没有多余的钱财来办理丧事，一群妓女凑钱把他葬在了郊外，每年的春天都来上坟祭奠，称为"吊柳七"。

漆灯 唐沈彬居有一大树，尝曰："吾死可葬于此。"既葬穴之，巧一古冢，其间一古灯，台上有漆篆文曰："佳城今已开，虽开不葬埋。漆灯犹未灭，留待沈彬来。"

［译文］ 唐代的沈彬的住处有一棵大树，他曾经说："我死后可以葬在这里。"等他死后要在这里埋葬的时候，发现下面正巧有一个古墓，里面还有一盏古灯，灯台上有用漆书写的篆文："佳城今已开，虽开不葬埋。漆灯犹未灭，留待沈彬来。"

金粟冈 唐玄宗幸桥陵，见金粟冈有龙盘凤翥之势，谓侍臣曰："吾千秋万岁后宜葬于此。"及升遐，群臣依旨葬焉。

［译文］ 唐玄宗驾临桥陵，看到金粟冈有龙飞凤舞的地势，就对身边的臣子说："我死后可以埋葬在这里。"等到去世后，大臣们依照他的旨意将他葬于此地。

马鬣封 《礼记》子夏曰："昔夫子言之曰，吾见封之若堂者矣，见若坊者矣，见若覆夏屋者矣，见若斧者矣，马鬣封之谓也。"

［译文］《礼记》记载，子夏说："以前孔夫子曾说，我见过封土像堂一样高的坟墓，也见过又长又窄好像堤防一样的坟墓，见过旁广但较低好像夏代房屋一样的坟墓，也见过像斧头那样的形状的坟墓。像斧头一样就是所说的'马鬣封'。"

长夜室 东坡《赠章默》诗："章子亲未葬，余生抱羸疾，朝吟噎邻里，夜泪腐茵席。愿求不毛田，亲筑长夜室。"

［译文］ 苏轼的《赠章默》诗里说："章子亲未葬，余生抱羸疾。朝吟噎邻里，夜泪腐茵席。愿求不毛田，亲筑长夜室。"

土馒头 范石湖《重九日行营寿藏之地》诗："家山随地可松楸，荷锸携壶似醉刘。纵有千年铁门限，终须一个土馒头。"

[译文] 范成大的《重九日行营寿藏之地》诗中说："家山随地可松楸，荷锸携壶似醉刘。纵有千年铁门限，终须一个土馒头。"

要离冢 梁鸿卒，弟伯通等为求葬地，乃葬之要离冢傍。曰："梁鸿高贤，要离烈士，政相类也。"后人遂以其所居名梁溪，今无锡是也。

[译文] 梁鸿死后，弟伯通等人为他寻找坟茔，于是就埋葬在了要离墓的边上。说："梁鸿是高尚的贤士，要离是烈士，正好是一类的人。"后人就把那个地方叫梁溪，就是今天的无锡。

玉钩斜 在吴公台下，隋炀帝葬宫人处也。唐窦巩《宫人斜》诗："离宫路远北原斜，生死恩深不到家。云雨今归何处去？黄鹂飞上野棠花。"

[译文] 在吴公台下，曾是隋炀帝埋葬宫女的地方。唐代窦巩的《宫人斜》诗中说："离宫路远北原斜，生死恩深不到家。云雨今归何处去，黄鹂飞上野棠花。"

葬龙耳 晋元帝闻郭璞为人葬坟地，微服往观，谓主人曰："此葬龙角，必灭族。"主人曰："璞云此是龙耳，三年当有天子至。"帝曰："出天子耶？"曰："非也，能致天子问耳。"

[译文] 晋元帝听说郭璞为别人挑选墓地，就穿着便服前去观看，对那家的主人说："这个葬地叫龙角，如果在此地安葬一定会有灭族之祸。"主人说："郭璞说这里叫龙耳，三年之中会有天子到来。"元帝问："是会出一个天子吗？"回答说："不是，是能让天子亲自来访问。"

方相　《周礼》：方相氏殴罔象，好食亡者肝，而畏虎与柏，故墓上列柏树，路口置石虎，本此。

［译文］《周礼》记载：方相氏驱逐水怪罔象，因为罔象喜欢吃死人的肝，但却害怕老虎和柏树，所以在坟墓周围种上柏树，路口设置石虎，源于这件事。

不慭遗一老　孔子卒，哀公诔之曰："昊天不吊，不慭遗一老，俾屏余一人以在位，茕茕余在疚。呜呼哀哉尼父！无自律。"子贡曰："君其不没于鲁乎！"

［译文］孔子死后，鲁哀公作诔文说："上天不仁德啊，不留下一位国老，留下我一个人居于君位，使我孤独无依忧愁成病。呜呼哀哉尼父！我失去榜样了。"子贡说："国君怕是不能在鲁国善终了吧。"

五谷瓶　《丧服小记》：鲁哀公曰："五谷囊起伯夷叔齐，不食粟而死，故作五谷囊。吾父食味含哺而死，何用此为？"今人遂为五谷瓶。

［译文］《礼记·丧服小记》中记载，鲁哀公说："五谷囊起源于伯夷、叔齐，他们不愿吃周朝的粮食而情愿饿死，因此制作了五谷囊。我父亲是有饭吃而死的，要这来干什么呢？"现代的人于是就制作了五谷瓶。

青蝇为吊客　虞翻字仲翔，放弃海南，自恨疏节，骨体不媚，犯上获罪，当长殁海隅。生无可与语，死以青蝇为吊客，使天下一人知己者，足以不恨。

［译文］虞翻，字仲翔，被流放到海南，自己遗憾节操孤高与世不

和，身心不媚俗，触犯皇上而犯罪，要死在天涯海角了。感慨活着的时候没有人可以交谈，死后只有黑色的苍蝇来凭吊他，假如天下有一个人能作为自己的知己，也可以死而无憾了。

墓木拱 《左传》秦伯使谓蹇叔曰："尔何知？中寿，尔墓之木拱矣。"

[译文] 《左传》中秦穆公派使者对蹇叔说："你懂得什么？即使你活到一般人的寿命，你坟上的树都有两臂合抱那么粗了。"

瓜奠 唐莱国公杜如晦薨，太宗诏虞世南制碑文。后因食瓜美，怆然悼之，遂辍食，遣使奠于灵座。

[译文] 唐代的莱国公杜如晦去世后，唐太宗下诏让虞世南撰写墓志铭。后来唐太宗吃了个甜美的瓜，怆然泪下，想起了杜如晦，于是就不吃了，派人把甜瓜放在杜如晦的灵前祭奠他。

哀些 宋玉《招魂》曰："光风转蕙，汜崇兰些。"些，语词。宋玉《招魂》语末皆云"些"，故挽歌亦曰"哀些"。

[译文] 宋玉的《招魂》里说："光风转蕙，汜崇兰些。"些，是虚词。宋玉《招魂》的句末都有"些"字，所以挽歌也称为"哀些"。

长眠 《广记》：郑尤路逢一冢，有二竹。郑为诗曰："冢上两竿竹，风吹常袅袅。"冢中人续曰："下有百年人，长眠不知晓。"

[译文] 《太平广记》中说：郑尤在路边遇到一座坟，上有两棵竹子。郑尤就写诗说："冢上两竿竹，风吹常袅袅。"墓里的人接续着他的诗说："下有百年人，长眠不知晓。"

赙赗 赙，助也。赗，报也。所以助生送死，副至意也。货财曰赙，车马曰赗。玩好曰赠，衣服曰襚。

［译文］ 赙赗，赙是帮助的意思。赗，是回报的意思。以此来帮助活着的人、送别死去的人，并表达自己的情意。钱物叫作“赙”，车马叫作“赗”。赏玩的物件叫作“赠”，衣服叫“襚”。

铭旌 铭，明也，以死者为不可别已，故以其旌识之。杜牧之诗云:“黄壤不沾新雨露，粉书空换旧铭旌。”

［译文］ 铭，就是明的意思，因为死者无法认清送葬的人，所以用这样的旗帜作为标识。杜牧的诗说:“黄壤不沾新雨露，粉书空换旧铭旌。”

谥 太公周公相嗣王，始作谥法。人主谥始黄帝。加谥至十数字，始唐玄宗。太子谥始申生。卿大夫谥始周。处士谥始陶弘景。公卿无爵而谥始王导。宦者谥、方伎谥，始北魏公卿大夫。祖父谥始元。妇人谥始穆天子谥盛妃。哀后谥始汉高祖尊母昭灵。公主谥始唐高祖谥女平阳公主昭。生而赐谥始卫侯赐北宫喜贞，析朱组成。私谥始黔娄。妇人私谥其夫始柳下惠。

［译文］ 姜太公和周公旦辅佐周成王的时候，开始制定了谥法。天子有谥号源于黄帝。增加谥号达到十几字的，始于唐玄宗。太子有谥号始于申生。卿大夫有谥号始于周朝。处士有谥号始于陶弘景。公卿没有爵位而有谥号的始于王导。宦官有谥号，术士有谥号，始于北魏时的公卿大夫。祖、父有谥号的始于元朝。妇人有谥号的始于穆天子给盛妃加赠谥号。哀悼皇后的谥号始于汉高祖尊谥母亲为“昭灵”。公主的谥号始于唐高祖给女儿平阳公主取谥号为“昭”。活着就赐给谥号的，始于卫侯赐谥号给北宫喜的

谥号为“贞”，析朱鉏的谥号为“成”。非官方授予谥号的始于黔娄。妻子私下为丈夫取谥号的始于柳下惠。

窀穸 《左传》：获保首领以殁于地，惟是春秋窀穸之事。

［译文］《左传》中说：得以保全性命直到死去，此后就是这些祭祀安葬的事情。

襄事 《左传》：葬定公，雨，不克襄事，礼也。

［译文］《左传》中说：安葬鲁定公的时候，因为下雨，没能够把丧礼办完，因而稍微搁置，这是符合礼的。

葛茀 《左传》：葬敬嬴。旱，无麻，用葛茀。

［译文］《左传》中说：埋葬敬嬴的时候，天气大旱，没有麻可用，只好用葛茀。

祖载 《白虎通》：祖载者，始载柩于庭，乘辆车而辞祖祢，故曰祖载。

［译文］《白虎通义》中说：祖载的意思是，最初将灵柩装车，置于庭中，乘着出丧的车在祖庙向祖先辞别，所以叫作“祖载”。

命终 天子死曰崩，诸侯曰薨，大夫曰卒，士曰不禄，庶人曰死。在床曰尸，在棺曰柩。羽鸟曰降，四足曰渍。死寇曰兵。

［译文］天子去世称为崩，诸侯去世称为薨，大夫去世称为卒，士人去世称为不禄，庶人去世称为死。死后在床上称为尸，在棺材中称为柩。飞鸟死了称为降，四脚的兽死了称为渍。死于敌手的称为兵。

执绋　《礼记》：吊于葬者必执引，若从柩及圹皆执绋。

[译文]《礼记》中说：在出殡的时候去吊丧一定要帮助牵拉柩车，如果跟着柩车到墓穴旁，就要帮忙拉着绋绳下葬。

礼制·祭祀三

祭法　有虞氏禘黄帝而郊喾，祖颛顼而宗尧。夏后氏亦禘黄帝而郊鲧，祖颛顼而宗禹。殷人禘喾而郊冥，祖契而宗汤。周人禘喾而郊稷，祖文王而宗武王。

少昊始制宗庙，周公始为七庙，舜始制庙号。舜受终，文祖始大事告庙。伏羲始制祀先，少昊始制四时庙祭。舜始制禘祭，帝槐始制不迁宗祭。殷制五年祫祭。周三年文王祭忌日。北齐始制别室，加荐爇味。殷太甲始制功臣配享。禹作世室，始立尸。伊尹制祏（宅也。即今木主，古用石函，故名）。宋真宗制板位（贮以漆匣舁床覆缘）。左彻刻黄帝制木像。秦始皇始制寝墓侧，汉因之，为起居、衣冠象生之备，上饭。天子正月上陵，始祭扫。王导拜元帝陵，始人臣谒陵。祭神，伏羲始于冬夏至郊社，祭皇天后土。殷汤始制祭感生帝。周公始制祭神州地祇。舜始制禘郊配食。秦始皇制三岁一郊。汉平帝始南郊，合祀天地，位皆南向，地位差东（时王莽宰衡主之）。神农始制大享五天帝于明堂。尧制五人帝、五人神，配五天帝。舜制五郊，祭五方天帝迎气。黄帝始制坛畤。秦献公制畦畤（如韭畦于畤中，名为一土封也）。秦始皇始制四畤，本襄公西畤，文公鄜畤（俱白帝）。宣公密畤（青帝）。灵公上下畤（上黄帝，下炎帝）。

汉高帝始增制五畤。汉武帝始祀太乙（五帝之主）。自昏至明，始立泰畤。

汉文帝始制五帝庙同宇（一屋之下为五庙各门）。晋武帝始诏五帝同称昊天，除五帝座（从王肃议）。秦始皇始制郊祀爟火（爟，举也。不同祠所举火为节而遥拜也）。帝喾始制六宗，祭日月星辰寒暑四时风雨雷云。无怀氏始封禅。黄帝制四坎，祭川谷水泉，四坛祭山林丘陵。舜制秩，祭四岳四渎。黄帝始制社祭五土，制稷于五土之中，特指原隰之祇（稷为殳长，旌异其处，能生谷也，非但祭其谷粒）。秦制守始郡县祠社稷。宋真宗始定郡县祭社稷仪。神农始制蜡。少昊制祭先农蚕。舜制祭四方百物。禹祭司寒冰神。秦德公祭伏。汤旱，始迁稷神柱祀弃。汤始五祀，户、灶、门、路、中霤。周公制七祀，加泰厉司命。汉高祖废户祭井。汉高祖始祭蚩尤。唐玄宗始祭九宫神（于千秋节设坛修祀）。颛顼制祃祭。舜制类祭。禹制大旅。神农始制祝文。汉武帝始郊祀，立乐府。黄帝始沐浴，修斋戒。后魏始行香（以香末散行或熏手）祷祈。太康失邦，始日食，始救日。神农始制禖求子。汤制雩祷旱。周公制大雩祈谷。神农始制请雨之法。汤制土龙祈雨。隋文帝制祈雨断屠宰，禁施扇。

［译文］ 有虞氏用禘礼祭祀黄帝，用郊礼祭祀帝喾，以颛顼为祖而以帝尧为宗。夏后氏也用禘礼祭祀黄帝，用郊礼祭祀鲧，以颛顼为祖而以大禹为宗。殷人用禘礼祭祀帝喾，用郊礼祭祀冥，以契为祖而以汤为宗。周人用禘礼祭祀帝喾，用郊礼祭祀稷，以文王为祖而以武王为宗。

少昊氏最早建造了宗庙，周公开始建造七庙，舜最早制定庙号。舜在庙中接受禅让，从此有大事一定要在祖庙里祭祀。伏羲最早制定祭祀祖先的礼仪，少昊氏最早制定了四季的庙祭礼仪，舜最早制定了帝王的禘祭，夏朝的帝槐最早制定不迁宗的祭礼。殷商规定五年举行一次祫祭。周代每三年在文王庙中祭祀一次。北齐最早制定了别室，加献烤肉等祭品。殷朝的太甲最早规定功臣可以在太庙中接受合祭。大禹最早设立了祖宗的灵位，制定了神主。伊尹制定宗庙里收藏神主的石头盒子（石室，就是现在的木主，古代用石头制作的函盒，所以这样称呼）。宋真宗最早制定了百官从祭的位次牌（用油漆过的匣子贮存，放置在床上，覆盖一层缣布）。左彻最早用木头刻制了黄帝的像。秦始皇最早制定宿于陵墓侧边建造寝室的规矩，汉朝沿用了它的做法，并布置了死者生前起居、衣冠等物品，并进献饮食。天子正月登上陵墓，开始祭扫。王导去拜祭元帝的陵墓，才有了大臣拜祭帝王陵墓的做法。伏羲开始在冬、夏到郊外祭祀皇天后土。殷汤最早制定对感生帝的祭祀礼仪。周公最早制定祭祀神州地祇的礼仪。舜最早制定了禘祭与郊祭的祔祭。秦始皇制定了三年一次的郊祭礼仪。汉平帝最早在南郊合祀天地，位置都是面向南方，地位偏东（当时是王莽担任宰相主持这件事）。神农氏最早制定在明堂大祭五方天帝。尧帝最早制定了五人帝、五人神，来配享五天帝。舜制定了五郊，祭祀五方天帝以迎接四季，祈求丰年。黄帝最早制定设坛祭祀。秦献公最早制定了祭祀白帝的畦畤（在田中划出像韭菜地的部分，叫作“一土封”）。秦始皇最早制定四畤，源于襄公的西畤，文公的鄜畤（都是为了祭祀白帝）。宣公密畤（是祭祀青帝），灵公的上下畤（上是祭祀黄帝，下是祭祀炎帝）。汉高祖最早增加制定五畤。汉武帝最早祭祀太乙（五帝的主人）。从晚上进行到天亮，开始设立了泰畤。

汉文帝最早规定五帝庙同在一个大殿里面（也就是在一个大殿下面开五扇门）。晋武帝最早下诏书规定五帝都被尊为昊天，废除了五帝座（是听从了王肃的建议）。秦始皇最早规定郊祀时举火为号（爟，是举的意思。不同的祠庙用举火作为信号，就可以远远地祭拜了）。帝喾开始制定尊祀的六神，祭日月、星辰、寒暑、四时、风雨、雷云。无怀氏最早制定封禅的礼仪。黄帝最早制定了四坎来祭祀川、谷、水、泉，设四坛以祭祀山、林、丘、陵。舜最早制定秩祭，以祭祀四岳和四水。黄帝最早制定社祭五土，规定稷在五土之中，以表彰原野能使谷物生长的神灵（稷是百谷之首，表彰原野之中生长谷物，不只是祭祀它出产的粮食）。秦朝规定了郡县建庙祭祀土神和谷神。宋真宗最早制定了郡县祭祀土神和谷神的礼仪。神农最早制定了年终的蜡祭。少昊制定了祭祀先农和蚕。舜规定祭祀四方的百物。大禹祭祀掌管寒冷的冰神。秦德公祭祀三伏天。商汤时因为大旱，最早将稷神的庙宇迁移并弃祀。商汤最早制定五种祭祀：户祭、灶祭、门祭、路祭、中霤祭。周公制定了七祀，增加了泰厉祭和司命祭。汉高祖废除了户祭又增加了井祭。汉高祖最早祭祀蚩尤。唐玄宗最早祭九宫神（在千秋节设坛祭祀）。颛顼制定在军队驻地进行祃祭。舜制定了祭天与五帝的类祭。大禹制定了祭天的大旅。神农最早制定祝文。汉武帝最早举行郊祀，并设立了乐府。黄帝最早在祭祀前沐浴、斋戒。后魏最早在拜祭时行香（用香末撒匀或者熏手）之后开始祭祀。太康被后羿篡位失去君位，最早记录了日食，也最早有了救日的祭祀。神农最早制定了拜祭来求子的礼仪。商汤制定了求雨的雩祭，驱走干旱。周公制定了在雩祭时祈祷丰年。神农氏最早制定求雨的方法。商汤制作了土龙来求雨。隋文帝规定求雨时禁止屠宰牲口，也禁止用障扇。

宗伯　职掌凡祀大神、享大鬼、祭大祇，师执事命龟卜日，次位筑鬻、省牲、告洁、告备、受釐、锡嘏。

［译文］　宗伯的职位掌管：祭祀大神、享大鬼、祭祀大祇时，带着执事者用龟占卜日期，其次是到祭祀的地方煮香草、审查祭祀用

的牲畜、向主祭报告牲畜洁净、报告准备就绪、把祭祀余下的肉送归皇帝并赐福。

九祭六器　《周礼》：太祝掌办九祭六器。六器者，苍璧、黄琮、青珪、赤璋、白琥、玄璜。九祭，一曰命，二曰衍，三曰炮，四曰庙，五曰振，六曰擩，七曰绝，八曰燎，九曰共。

［译文］《周礼》中记载：太祝掌管着九祭六器。六器分别是：苍璧、黄琮、青珪、赤璋、白琥、玄璜。九祭，一是命，二是衍，三是炮，四是庙，五是振，六是擩，七是绝，八是燎，九是共。

郊祀　燔柴于泰坛，祭天也。瘗埋于泰圻，祭地也，用骍犊。

［译文］　在南郊的泰坛将玉帛、牺牲放在柴火上焚烧，是祭天；将玉帛、牺牲埋在北郊泰的圻，是祭地。牺牲要用红色牛犊。

六宗　埋少牢于泰昭，祭时也。祖迎于坎坛，祭寒暑也。王宫祭日也。夜明祭月也。幽宗祭星也。云宗祭水旱也。

［译文］　在泰昭埋下少牢猪、羊等祭品，是祭祀节气；在坎坛进行祖祭，是祭寒暑；在日坛设王宫之祭是祭奠太阳；在月坛设夜明之祭是祭月亮；设星坛作幽宗之祭是祭星星；设云坛作云宗之祭是祭水旱。

五畤祠　青帝曰密畤祠，黄帝曰上畤祠，炎帝曰下畤祠，白帝曰畦畤祠，黑帝曰北畤。

［译文］　密畤祠是指祭祀青帝，上畤祠是指祭祀黄帝，下畤祠是指祭祀炎帝，畦畤祠是指祭祀白帝，北畤是指祭祀黑帝。

五祀 春祀户，夏祀灶，秋祀门，冬祀行，季夏祀中霤。

［译文］ 春季时祭祀户，夏季时祭祀灶，秋季时祭祀门，冬季时祭祀行，季夏时祭祀中霤。

七祀 王立七祀，曰司命、曰中霤、曰国门、曰国行、曰泰厉、曰户、曰灶。诸侯立五祀，曰司命、曰中霤、曰国门、曰国行、曰公厉。大夫立三祀，曰族厉、曰门、曰行。士二祀，曰门、曰行。庶人立一祀，或立户，或立灶。

［译文］ 天子有七种祭祀，分别是：司命、中霤、国门、国行、泰厉、户、灶。诸侯有五种祭祀，分别是：司命、中霤、国门、国行、公厉。大夫有三种祭祀，分别是：族厉、门、行。士人有两种祭祀，分别是门、行。平民有一种祭祀，有的祭祀户，有的祭祀灶。

八蜡 天子大蜡八：一先啬（神农），二司啬（后稷），三农（田畯），四邮表畷（田畔屋），五猫（食田鼠）虎（食田豕），六堵（蓄水，亦以障水），七水庸（沟受水，亦以泄水），八昆虫（螟螽之类）。

［译文］ 天子有八种大型蜡祭：一是祭祀先啬（神农），二是祭祀司啬（后稷），三是祭祀农（掌管农事的神灵），四是祭祀邮表畷（田地边上的屋子），五是祭祀猫（因为可以吃田鼠）虎（因为可以吃野猪），六是祭祀堵（可以蓄水，也可以防水），七是祭祀水庸（水沟可以盛水，也可以排水），八是祭祀昆虫（螟虫蝗虫等害虫）。

祀典 夫圣王之制祭祀也，法施于民则祀之，以死勤事则祀之，以劳定国则祀之，能御大菑则祀之，能捍大患则祀之，是故厉山氏之有天下也。其子曰农，能殖百谷。夏之衰也，周弃继之，故祀以为稷。共工氏之霸九州也，其子曰后土，能平九州，故祀以为社。帝喾能序星辰以著众。尧能赏均刑法以义终。舜勤众事而野死，鲧障洪水而殛死，禹能修鲧之功。黄帝正名百物以明民共财，颛顼能修之。契为司徒而民成，冥勤其官而水死。汤以宽治民而除其虐，文王以文治，武王以武功去民之菑，此皆有功烈于民者也。及夫日月星辰，民所瞻仰也。山林川谷丘陵，民所取财用也。非此族也，不在祀典。

［译文］ 圣王制定祭祀的方法是，有法令普施于民的就要祭祀他，勤于事务而死的要祭祀他，辛勤劳苦来安邦定国的要祭祀他，为民众抵御灾祸的要祭祀他，捍卫国家免于战乱的祭祀他。这就是炎帝厉山氏能够拥有天下的原因啊。他的儿子叫农，能教导百姓种植百谷。夏朝衰亡后，弃继承农的位置，所以他们被后人当作稷来祭祀。共工氏称霸九州，他的儿子叫作后土，能平定九州，所以后人把他当作社来祭祀。帝喾按照星辰的运行来安排时间，让民众知道。尧帝能够做到公平赏善惩恶，并且最后让位给贤人。舜帝勤于国事而死于荒野，鲧为堵截洪水未成而被流放至死，大禹改变鲧治水的方法而建立功业。黄帝制定人民的身份、职业，使人分工合作，颛顼能继承并增益之。契做舜的司徒而使百姓得到教化。冥身为水利之官而殉职。商汤以宽治民众而除掉了夏桀的暴政。文王用教化百姓人文、武王用武力去除民众的祸患，这些都是有益于人民的丰功伟绩。此外，还有日月星辰被民众所瞻仰。山林、川谷、丘陵是人民汲取财物及日用的来源。不是这里提到的事物，都不在祭祀的范围之内。

祭主　天子祭天地、祭四方、祭山川、祭五祀，岁遍。诸侯方祀，祭山川、祭五祀，岁遍。大夫祭五祀，岁遍。士祭其先。

[译文] 天子要祭祀天地、祭祀四方、祭祀山川、祭祀五祀，每年祭祀一次。诸侯各祭一方的神祇，祭祀山川、祭祀五祀，每年祭祀一次。大夫祭祀五祀，每年祭祀一次。士人只祭祀自己的祖先。

祭孔庙 唐玄宗始封孔子王号。宋太祖始诏孔子庙立戟，仁宗始诏用祭歌，徽宗始从蒋靖请（时官司业），用冕十二旒、服九章。汉武帝始封孔子后为侯奉祀。成帝始谥孔子后。周始诏孔子后为曲阜令。宋仁宗始诏孔子后为衍圣公。

[译文] 唐玄宗最早赐予孔子王的封号。宋太祖最早下诏书在孔庙中竖立戟的仪仗，宋仁宗最早下诏书在祭孔时使用祭歌，宋徽宗开始听从蒋靖（当时担任司业的职务）的奏请用有十二条垂饰的礼冠、九种花纹的礼服。汉武帝开始封孔子的后人为侯来负责祭祀孔子。汉成帝开始赐予孔子的后代谥号。北周开始下诏书让孔子的后人担任曲阜令。宋仁宗开始下诏书封赠孔子的后人为衍圣公。

丁祭用鹿 汉高祖过曲阜，以大牢祀孔子。今制，郡县祭孔子以鹿。

[译文] 汉高祖访问曲阜的时候，用太牢之礼祭祀了孔子。现在的制度是，郡县用鹿来祭祀孔子。

淫祀 凡祭，有其废之，莫敢举也。有其举之，莫敢废也。非其所祭而祭之，名曰“淫祀”。淫祀无福。

[译文] 凡是祭祀的礼仪，有被废除掉的，就没有人敢再复起。有该举行的，就没有人敢废除。不该祭祀却去祭祀的，就叫作“淫祀”。淫祀是不被神明保佑的。

牺牲　天子以牺牛，诸侯以肥牛，大夫以索牛，士以羊豕。

[译文]　天子用纯色的牛祭祀，诸侯用肥牛祭祀，大夫用仔细挑选出来的牛祭祀，士人用羊或猪祭祀。

祭礼　凡祭宗庙之礼，牛曰一元大武，豕曰刚鬣，豚曰腯肥，羊曰柔毛，鸡曰翰音，犬曰羹献，雉曰疏趾，兔曰明视。脯曰尹祭，槁鱼曰商祭，鲜鱼曰脡祭。水曰清涤，酒曰清酌，黍曰芗合，粱曰芗萁，稷曰明粢，稻曰嘉蔬，韭曰丰本，盐曰咸鹾，玉曰嘉玉，币曰量币。

[译文]　凡是祭礼宗庙的礼仪，牛叫作“一元大武”，大猪叫“刚鬣”，小猪叫“腯肥”，羊叫“柔毛”，鸡叫“翰音”，狗叫“羹献”，野鸡叫“疏趾”，兔叫“明视”。干肉叫“尹祭”，干鱼叫“商祭”，鲜鱼叫“脡祭”。水叫“清涤”，美酒叫“清酌”，黍叫“芗合”，高粱叫“芗萁”，稷叫“明粢”，水稻叫“嘉蔬”，韭菜叫“丰本”，食盐叫“咸鹾”，玉石叫“嘉玉”，钱币叫“量币”。

方诸明水　方诸，大蛤也，摩拭令热以向月，则生水，古人取以庙祭，谓之“明水”。

[译文]　方诸，就是大蛤，摩擦变热后让它向着月亮的方向，就会生出水来，古人汲取这种水用于庙祭，称之为“明水”。

祭号　祭王父曰皇祖考，王母曰皇祖妣。父曰皇考，母曰皇妣，夫曰皇辟。

[译文]　祭祀祖父叫皇祖考，祖母叫皇祖妣。父亲叫皇考，母亲叫皇妣，丈夫叫皇辟。

庙制 天子七庙，三昭三穆，与太祖之庙而七。诸侯五庙，二昭二穆，与太祖之庙而五。大夫三庙，一昭一穆，与太祖之庙而三。士一庙，庶人祭于寝。

[译文] 天子有七庙，三昭三穆，加上太祖的庙一共有七庙。诸侯有五庙，二昭二穆，加上太祖的庙一共有五庙。大夫有三庙，一昭一穆，加上太祖的庙一共有三庙。士人有一庙。普通人在寝室祭祀。

祭时 天子诸侯宗庙之祭，春曰礿、夏曰禘、秋曰尝、冬曰蒸。天子犆礿祫、禘祫、尝祫、蒸祫。诸侯礿则不禘，禘则不尝，尝则不蒸，蒸则不礿。诸侯初犆礿一，犆一祫，尝祫，蒸祫。

[译文] 天子诸侯宗庙的祀祭，在春天举行的叫礿，在夏天举行的叫禘，在秋天举行的叫尝，在冬天举行的叫蒸。天子可以进行礿祭、禘祭、尝祭、蒸祭。诸侯举行了礿祭就不再举行禘祭，举行了禘祭就不再举行尝祭，举行了尝祭就不再举行蒸祭，举行了蒸祭就不再举行礿祭。诸侯的礿祭也是特祭，诸侯的禘祭，一年为特祭、一年为合祭，尝祭与蒸祭都是合祭。

牲制 天子社稷皆太牢，诸侯社稷皆少牢。大夫、士宗庙之祭，有田则祭，无田则荐。庶人春荐韭，夏荐麦，秋荐黍，冬荐稻。韭以卵，麦以鱼，黍以豚，稻以雁。

[译文] 天子祭祀土神谷神都用牛、羊、猪太牢，诸侯祭祀土神谷神都用猪和羊的少牢。大夫和士人祭祀宗庙，有田地的举行祭礼，没有田地的举行荐礼。平民春天用韭菜献荐，夏天以小麦献荐，秋天以黍献荐，冬天以稻献荐，韭菜要配蛋，小麦要配鱼，黍米要配小猪，稻米要配大雁。

牛制　祭天地之牛，角茧栗；宗庙之牛，角握；宾客之牛，角尺。

〔译文〕　祭祀天地所用的牛，牛角要像蚕茧或栗子那么小；宗庙祭祀所用的牛，牛角应有手一握的长度；宴请宾客用的牛，牛角有一尺长。

六礼　冠、婚、丧、祭、乡、相见。

〔译文〕　分别是：冠礼、婚礼、丧礼、祭礼、乡礼、相见礼。

七教　父子、兄弟、夫妇、君臣、长幼、朋友、宾客。

〔译文〕　七种伦理范畴，包括：父子、兄弟、夫妇、君臣、长幼、朋友、宾客。

八政　饮食、衣服、事为、异别、度、量、数、制。

〔译文〕　包括：饮食、衣服、工艺技术、五方所得用不同器物、长度、体积、数字、布帛的尺寸。

乡饮酒礼　主人拜迎宾于庠门之外。入，三揖而后至阶，三让而后升，所以致尊让也。盥洗扬觯，所以致洁也。拜至，拜洗，拜受，拜送。拜既，所以致敬也。尊让洁敬也者，君子之所以相接也。

〔译文〕　主人在乡学大门外拜见并迎接宾客，客人进门后，作揖三次走到台阶前面，相互推让三次然后登上台阶，这是为表达尊敬和礼让。洗手然后举杯饮酒，这是为了表示洁净。主人拜见并迎接宾客的到来、宾客拜谢主人洗杯和敬酒、主人拜送宾客取酒和干杯，这是为了表达尊敬。尊重、礼让、洁净、敬重，是君子交往的仪节。

五象 宾主，天地也。介僎，象阴阳也。三宾，象三光也。让之三也，象月之三日而成魄也。四面之坐，象四方也。

[译文] 宾和主，象征着天地。介和僎，象征着阴阳。主宾、介宾和众宾，象征着日月星三光。推让三次，象征着月朔后的三天才恢复光明。四面而坐，象征东西南北四个方向。

贵礼贱财 祭荐，祭酒，敬礼也。哜肺，尝礼也。啐酒，成礼也。于席末，言是席之正，非专为饮食也，为行礼也，所以贵礼而贱财也。

[译文] 宾客所献的酒和肉，是表示尊敬主人的待客之礼。咬一小口肺，表示接受主人的敬意；喝一小口酒，表示成全主人的礼节。喝酒时移到席的西边的末位，是为了表明设置这张席的真正用意不是专门为了饮食，而是为了行礼，这就是重礼轻财的意思。

别贵贱 主人亲速宾及介，而众宾自从之，至于门外，主人拜宾及介，而众宾自入，贵贱之义别矣。

[译文] 在举行乡饮酒礼之前，主人亲自到主宾及辅佐宾客的家中去邀请，其他宾客则自己到主宾家中，跟随着主宾一起前往。到达主人大门外时，主人拜迎主宾和介，其他宾客则自己进到里面。这样身份的贵贱也就区分出来了。

辨隆杀 三揖至于阶，三让以宾升，拜至，献酬，辞让之节繁。及介省矣。至于众宾，升受，坐祭，立饮，不酢而降。隆杀之义辨矣。

［译文］ 主宾三次作揖走到台阶前面，彼此再推让三次，之后主人引导主宾走上台阶，主人拜谢主宾的到来，又斟酒献宾，宾再回敬主人，这样辞让的礼节很烦琐；至于主人与介之间，礼节就简省了。至于那些普通的宾客，登台升受，坐着祭祀，站着饮酒，不回敬主人就可以下台去。这样礼节的隆重与简省就区分出来了。

和乐不流　工人，升歌三终，主人献之；笙入三终，主人献之；间歌三终，合乐三终，工告乐备。遂出。一人扬觯，乃立司正焉，知其能和乐而不介流也。

［译文］ 乐工进入屋子之后，升堂唱《诗经》中的《鹿鸣》《四牡》《皇皇者华》三篇后，主人给他们敬酒；吹笙的人进入屋子后，在堂下演奏《诗经》中的《南陔》《白华》《华黍》三篇之后，主人给他们敬酒；乐工与吹笙的又轮流唱一遍吹一遍，各自表演完三遍后，然后再合起来同时表演，表演三首后，乐工向主宾报告，乐歌已表演结束，然后就可以出去了。这时主人的属下有一人举杯向宾客敬酒，于是让一个人做司正，就知道在乡饮中能够和谐欢乐而不会放纵了。

弟长无遗　宾酬主人，主人酬介，介酬众宾，少长以齿，终于沃洗者焉，知其能弟长而无遗矣。

［译文］ 主宾先饮一杯，再劝主人饮一杯，主人又劝介宾饮一杯，介宾再劝众宾客饮一杯，以年龄的长幼为次序，直到那些负责清洗器具的人，就知道乡饮酒礼按年龄大小进行而不会遗漏任何人。

安燕不乱 降，说屦升堂，修爵无数。饮酒之节，朝不废朝，夕不废夕。宾出，主人拜送，节文遂终焉，知其能安燕而不乱也。

[译文] 撤下酒席之后，主宾都下堂脱掉鞋子，再登堂入座，彼此劝酒，不计算喝酒的杯数。饮酒的礼节是，早上饮酒不影响早朝，晚上饮酒不影响晚朝。宾客离去，主人拜送，仪节于是就结束了，就知道乡饮酒礼大家能够安静饮酒而不会发生混乱的事情。

律吕

伏羲始纪阳气之初，为律法。建日冬至之声，以黄钟为宫。（黄钟自冬至始，其余以次运行，当日者各自为宫，商、徵以类应焉。）黄帝听凤鸣，候气应，比黄钟之宫，而皆可以相生，始为本令。神瞽协中声，始为律度。武王伐纣，吹律听声，制七律。（各五位三所而用之，一同其数，以律和声。）汉武帝时，令张苍定音律，访律吕相生之变于京房，始制六十律。（十二律之外，中宫上生执始，执始上生去减，上下相生，终于南事。）五代钱乐之、沈重因京房而六之，制三百六十律。（日当一管，宫、徵旅韵，各以类从。）黄帝取嶰谷之竹，断两节间而吹律。京房以竹声微不可度调，始作准以定数。（准状如瑟，长丈，十三弦，分寸粗而易达。）后魏陈仲儒请以准代律。魏杜夔令柴玉铸钟。荀勖较杜夔钟律，造十有二笛。笛具五音，以应京房之术。（各以其律相因，以本宫管上行，则宫亢，因宫穴以本宫。徵上行，则徵亢。）梁主衍制为四通。（立为四器，名之为通，皆施二弦，因以通声，转通月气。）又用笛以写通声。沈重始为子声，以母命子，随所多少合一律。（一，部律数，为日，一中气所有日为子。）为变宫变徵。（羽、宫之间，近宫收一声，少高于宫。角徵之间，近徵收一声少下于徵。）四清声。（如黄钟为宫，蕤宾为之商，则减一律之半，为清声以应之。）隋郑译始立七调，以其七调勘较七声。七声之外，更立一声为应。姜宝常始为八十四调，百四十律，变化终于十声，（率下于译调二律。）何妥臣用黄钟一宫。（妥立议非古，旋相为宫之乐。）惟击七钟，五钟为哑钟。唐张文收与祖孝孙吹调，始十二钟皆应。唐末（“黄巢之乱”），工器俱尽。博士殷盈孙铸镈钟十二。处士萧承训较定石磬。（皆于金石求之。）王朴始寻古法，得十二律管，依律准十三弦，以宣其声。宋太祖命和岘下王朴乐二律。仁宗夏诏李炤较定。宋礼官杨杰请依人声制乐，以歌为本。蜀方士魏汉律用夏禹以身为度之文，取帝中指三寸为度。

［译文］ 伏羲最早记录阳气的初生，制定了音律的规则。建日冬至这天的声音，以黄钟为宫（黄钟从冬至开始，依次运行，每一天就分为宫、商、徵，以类相应）。黄帝听到凤凰的鸣叫声，节候与声音相应，就用黄钟宫相比照，就可以互相应和了，就这样确定了本令。神瞽协调中声，开始制定了律度。武王讨伐纣王的时候，吹律听声，制定了七律。（分别用年、月、日、辰五位和三所一起使用，统一它的数目，从而让音律和声音相合）。汉武帝时，让张苍制定了音律，他向京房学习了律吕相生的变化，制定了六十律（在十二律之外，中宫上生出执始，执始上生出去减，上下相生，在南事终结）。五代的钱乐之、沈重沿袭了京房的六十律又扩展了六倍，制成了三百六十律（每天对应一管，宫、徵等音旋转对位，分别以此类推）。黄帝取用嶰谷的竹子，从两节之间截断吹奏。京房认为竹管的声音太小无法确定调式，就制作了音准来确定音位（音准的形状像瑟一样，长一丈，有十三根弦，分寸较粗，容易定音）。后魏的陈仲儒请求用音准来代替律。魏杜夔让柴玉铸造了大钟。荀勖校订了杜夔的钟律，制造了十二支笛子。笛子都具备五音，以

此来对应京房的律法。（各自依凭律法，用宫音为基调上行，宫就是高音，在宫音处钻孔作为本宫。而用徵音为基调上行，徵就是高音）梁代的君主萧衍制定成四通。（设立四种乐器，命名为通，每种都安装两根弦，用来通声调，还转通月气）又用笛子模仿通的声音。沈重开始制定了半音，以正常的音来统摄半音，无论多少都可以合为一律。（一部中正常的律为母音，一中气所有的日为半音。）还可以有变宫、变徵音符。（在羽宫之间，靠近宫音的地方设一声，稍高于宫音，角音与徵音之间，靠近徵音的地方设一声，稍低于徵音，这就是变徵）还有四个清声。（假设黄钟调作为宫，蕤宾就是商，那么把一律的音符减去一半，作为清声来应和。）隋朝的郑译最早创立七调，用他创制的七调来校对七声。在七声之外，再立一声为应。姜宝常最早创立了八十四调，一百四十律，而变化则在十声这儿结束。（它的音比郑译所创的调低二律。）何妥奏请只用黄钟一个宫调。（他的提议否定了古代的音律规则，很快就又用回了相互为宫的乐律。）只击打七钟，而以其余五钟为哑钟。唐朝的张文收和祖孝孙二人吹调五钟，才使得十二钟都能应和。唐朝末年（“黄巢之乱”），工匠和乐器都散失了。博士殷盈孙铸造了十二面镈钟。处士萧承训校订了石磬的音准。（只能在金石的记载上寻找方法）王朴开始寻求古代的乐律，得到十二律管，依此律管校准了十三弦，以此来宣扬准声。宋太祖命令和岘把王朴的乐声调低了两个音符。宋仁宗又下诏让李炤校定。宋代的礼官杨杰请求依照人声来制定乐音，以歌声为根本。蜀地的方士魏汉律依据夏禹以自己的身体作为刻度的记载，选取了皇帝中指三寸作为刻度。

伏羲始作乐。黄帝臣伶伦始制六律、六吕。荣缓铸十二钟，协月篇，以和五音。周礼始奏鼓吹（大乐皆以钟鼓礼。钟师，掌金奏），制九夏。梁武帝本九夏为十二雅。（准十二律始定大乐，世世因之。）祖孝孙本十二雅为十二和。秦燔《乐经》。汉兴，高祖始为乐。武德文帝广为四时乐。叔孙通始定庙乐。武帝始定《郊祀》十九章。明帝始定四品。（郊庙上陵大予乐，辟雍燕射雅颂乐，燕飨黄门鼓吹乐，军中短箫铙歌乐。）汉东京之乱，乐忘。魏武始命杜夔创定雅乐，四箱乐具。晋永嘉之乱乐又忘。梁武帝更制。及周太祖、隋文帝详定雅乐，颇得其宜。至唐高宗，命祖孝孙考据古音，斟酌南北，始著为唐乐。汉武帝制乐府，始诸调杂舞悉被丝管。陈后主始制《玉树后庭花》新乐，隋炀帝《金钗两臂垂》。（云俱陈后主。）唐玄宗立部伎、坐部伎，三十六曲。隋文帝始分雅俗二部。唐玄宗始法曲，与胡部合奏。汉始立鼓吹署隶，北狄乐分二部。朝会用鼓吹，有箫笳者。军中马上用横吹，有鼓角者。隋以后，始以横吹用之卤簿，与鼓吹列为四部（掆鼓部、铙鼓部、大横吹、小横吹部），总为鼓吹，供大驾及皇太子王公。张骞入西域，得胡音，始为胡角以应。胡笳本黄帝吹角，战于涿鹿。魏时减为半鸣始衰。汉唐山姓夫人造房中祠乐，本周房中乐讽，用丝竹遗声为清乐。隋高祖制房内乐。炀帝始加歌钟、歌磬，丝竹副之。元魏孝文篡汉，获南音，始为清商乐，本汉三调。隋文帝笃好清乐，置清商署为七部。炀帝始定清乐九部。唐高祖仍设九部，太宗为十部，俱主清商。唐玄宗始制教坊隶。散乐始周，有缦乐、散乐。秦汉因之，为杂伎。武帝始沿为俳优百戏，总谓散乐。

[译文] 伏羲最早制作了音乐。黄帝的大臣伶伦最早制定六律、六吕。荣缓铸造了十二钟，协调月份与乐律的关系，并用五音配和。周朝最早在礼仪中奏鼓吹（大乐是用钟鼓演奏，钟师是掌管演奏编钟的），并制定了古乐九夏。梁武帝依据九夏制定十二雅（按十二律开始制定大乐，此后世代沿袭）。祖孝孙根据十二雅创制了十二和。秦朝焚烧了《乐经》。汉朝开国后，汉高祖开始制定《武德》乐。文帝

时扩充为四时乐。叔孙通最早制定了庙乐。汉武帝最早制定《郊祀》乐，共有十九章。汉明帝最早制定四种大乐。（郊庙上陵等祭祀演奏大予乐，辟雍等教育部门演奏燕射雅颂乐，燕飨演奏黄门鼓吹乐，军中演奏短箫铙歌乐。）汉末时洛阳一度战乱，正统音乐都遗失了，魏武帝曹操开始命令杜夔创作雅乐四个部类，正统音乐初步具备。到了晋朝永嘉之乱，雅乐又失传了。梁武帝改变了乐制。到了周太祖、隋文帝再详细校定雅乐，颇为恰当。到了唐高宗时，让祖孝孙考据古代的音律，再斟酌南北的方音，开始制作唐乐。汉武帝设立乐府，各种乐调和杂舞都用乐器伴奏。陈后主最早制作新乐《玉树后庭花》，隋炀帝时有《金钗两臂垂》（传说都是陈后主制作的）。唐玄宗时有立部伎、坐部伎，还有三十六曲。隋文帝开始分雅、俗二部乐曲。唐玄宗最早将法曲与胡部音乐合奏。汉朝开始设立鼓吹署隶，把北狄之乐分为二部。朝会时用鼓吹曲，也有用箫笳的。军中在战马上演奏横吹曲，也有用鼓角的。隋朝以后，开始把横吹曲用于皇帝的卤簿大驾的礼仪中，和鼓吹曲同列为四部（㧊鼓部、铙鼓部、大横吹部、小横吹部），总称为鼓吹，以供皇帝大驾及皇太子和王公们欣赏。张骞出使西域，获得胡人的音乐，开始用胡角来应和。胡笳本来是黄帝的吹角，在涿鹿之战时用过，魏时减成半鸣的乐音才开始衰落。汉朝唐山夫人创作了房中祠乐，来源于周朝的房中乐讽，是用丝竹遗声奏出的清乐。隋高祖制作了房内乐。隋炀帝开始增加了歌钟、歌磬，并用丝竹配合应和。元魏孝文帝篡汉，获得南音，最早作清商乐，来源于汉朝的三调。隋文帝最喜欢清乐，设置了清商署，分清乐为七部。隋炀帝最早规定清乐为九部。唐高祖仍然设置为九部，唐太宗设十部，都是以清商乐为主。唐玄宗最早设置了教坊隶。散乐始于周朝，有缦乐和散乐。秦、汉沿袭，变为杂伎。汉武帝最早用于俳优百戏，总称为散乐。

舜调八音，用乐器八百般。至周，改宫、商、角、徵、羽，减乐器五百般。唐又减三百般。周制乐，编悬钟磬各八，二八十六，而在一虡，半为堵，全为肆。（肆，陈也。堵，犹墙之堵，言一列也。）黄帝始煞夔作冒鼓，帝喾作鼗鼓，禹作鞀鼓（小鼓），倕作鼙鼓。周有瓦鼓，汉有杖鼓，唐有羯鼓。母句始作磬。南齐作云板。梁作方响（制些编磬以铁为之）。黄帝御蚩尤，作钲角，帝喾平共工，作埙篪、柷敔（即控揭）。神农始作钟，禹作铎，汤作镈（以钟以和鼓）。女娲氏作笙簧，随作竽，神农作籥，伏羲作箫（一云女娲，一云舜），师延作控箜篌，蒙恬作筝，沈怀远作绕梁（似箜篌）。伶伦伐昆溪之竹作笛，汉丘仲始充其制。女娲氏始作管，唐刘係作七星管。伏羲始作瑟，黄帝始使素女破二十五弦（伏羲瑟五十弦）。梁柳恽作击瑟击琴。唐道源作击瓯。李琬作水盏（二俱用箸击）。师旷制月琴。秦苦役弦鞉而鼓之，作琵琶。李伯阳入西戎，作胡笳。黄幡绰侍明皇，谱拍板琴。

[译文] 舜协调八音，用八百种乐器。到了周朝，改为宫、商、角、徵、羽五音，使用的乐器减到五百种。唐朝又减到了三百种。周朝制作音乐，编钟以及悬磬各有八种，二八一十六，全都悬挂在专用的木架上，一半叫堵，整体叫肆。（肆，是陈列的意思。堵，就像一堵墙那样，说的是一列。）黄帝杀死夔龙，用它的皮制作了冒鼓，帝喾制作了小摇鼓，禹做鼗鼓（就是小鼓），倕做鼙鼓。周代有瓦鼓，汉代有杖鼓，唐代有羯鼓。母句最早制作了磬。南齐时制作了云板。梁朝制作了方响（用铁制作了些编磬）。黄帝与蚩尤作战，制作了钲角，帝喾平定共工，制作了埙篪、柷敔（就是控揭）。神农最早制作了钟，大禹制作了铎，汤制作镈（用钟来应和鼓声）。女娲氏制作了

笙簧，随制作了竽，神农制作了籥，伏羲制作了箫（一种说法是女娲制作的，一种说法是舜制作的），师延制作了箜篌，蒙恬制作了筝。沈怀远制作了绕梁（像箜篌一样的乐器）。伶伦砍伐昆溪的竹子制作了笛子，汉朝的丘仲开始完善笛子的制法。女娲氏开始制作管。唐朝刘係制作了七星管。伏羲最早制作了瑟。黄帝最早让素女将瑟减为二十五弦（伏羲最初制作的瑟为五十弦）。梁朝的柳恽制作了可以敲击的瑟和琴。唐朝的道源制作了击瓯，李琬制作了水盏（两者都用筷子敲击演奏）。师旷制作了月琴。秦朝一个苦役在鞉鼓上加了琴弦弹奏，制作了琵琶。老子李伯阳进入西戎，制作了胡笳。黄幡绰侍奉唐明皇，制作了拍板琴。

弦琴 伏羲氏始削桐为琴，十弦。神农作五弦琴，具五音。文王始增少宫、少商二弦，为七弦。
伏羲始为《琴操》。师延始为新曲。赵定（汉宣时人）始为散操，九引十二操，皆以音相援，不著辞（或云琴曲皆魏晋人为之）。至梁始琴有辞。

[译文] 伏羲氏最早砍削桐木制作了琴，最初有十根弦。神农最早制作了五弦琴，五音齐备。文王开始增加少宫、少商二根弦，成为七弦琴。
伏羲最早制作了《琴操》。师延最早创作了新曲。赵定（汉宣帝时的人）最早创作散操，有九引十二操，都用乐音互相应和，没有歌词（也有人认为琴曲都是魏晋时的人所创作）。到了梁朝，琴曲才开始有了歌词。

古琴名 伏羲离徽，黄帝清角，帝俊电母，伊陟国阿，周宣王响风，秦惠文王宣和、闲邪，楚庄王绕梁，齐桓公鸣廉、号钟，庄子橘梧，闵损掩容，卫师曹凤嗉，鲁谢涓龙腰，魏师坚履杯，鲁贺云龙颔，魏杨英凤势，秦陈章神晖，赵胡言亚额（琴额女亚字），李斯龙腮，始皇秦琴（弦轸徽尾俱黑），司马相如绿绮，荣启期双月，张道响泉，赵飞燕凤凰，梁鸿灵机，马明四峰，宋蒙蝉翼，扬雄清英，晋刘安云泉，王钦古瓶，谢庄怡神、仙人，庄女落霞，李勉百纳，徐勉玉床，荀季和龙唇、枧敔，牧太古，赵孟頫震馀（许旌阳手植桐），吴思懿王洗凡（斫瀑布泉亭柱）。

［译文］ 伏羲的琴名字叫作离徵，黄帝的琴名字叫作清角，帝俊的琴名字叫作电母，伊陟的琴名字叫作国阿，周宣王的琴名字叫作响风，秦惠文王的琴名字叫作宣和、闲邪，楚庄王的琴名字叫作绕梁，齐桓公的琴名字叫作鸣廉、号钟，庄子的琴名字叫作橘梧，闵损的琴名字叫作掩容，卫国师曹的琴名字叫作凤嗉，鲁国谢涓的琴名字叫作龙腰，魏国师坚的琴名字叫作履杯，鲁国贺云的琴名字叫作龙颔，魏国杨英的琴名字叫作凤势，秦国陈章的琴名字叫作神晖，赵国胡言的琴名字叫作亚额（琴额上刻有女亚的字样），李斯的琴名字叫作龙腮，秦始皇的琴名字叫作秦琴（弦、轸、徽、尾都是黑色的），司马相如的琴名字叫作绿绮，荣启期的琴名字叫作双月，张道的琴名字叫作响泉，赵飞燕的琴名字叫作凤凰，梁鸿的琴名字叫作灵机，马明的琴名字叫作四峰，宋蒙的琴名字叫作蝉翼，扬雄的琴名字叫作清英，晋朝刘安的琴名字叫作云泉，王钦的琴名字叫作古瓶，谢庄的琴名字叫作怡神、仙人，庄女的琴名字叫作落霞，李勉的琴名字叫作百纳，徐勉的琴名字叫作玉床，荀季和的琴名字叫作龙唇、枧敔，祝牧的琴名字叫作太古，赵孟頫的琴名字叫作震馀（是用许旌阳亲手种植的梧桐树制作的），吴越王钱俶的琴名字叫作洗凡（是砍了瀑布泉亭的柱子制做的）。

琴操 雅度五等，伏羲、舜、仲尼、灵关、云和。十二操：孔子《将归》《猗兰》《龟山》，周公《越裳》，文王《拘幽》，太王《岐山》，尹伯奇《履霜》，牧渎《雉朝飞》，商陵牧子《别鹤》，曾子《残形》，伯牙《水仙》《怀陵》。九引：楚樊姬《烈女引》，鲁伯妃《伯妃引》，晋漆室女《贞女引》，卫女《思归引》，楚商梁《霹雳引》，樗里牧恭《走马引》，樗里子《箜篌引》，秦屠高门《琴引》。蔡邕五弄：《游春》《渌水》《幽居》《坐愁》《秋思》。师涓四时操：春操《离鸿》《去雁》《应苹》；夏操《明晨》《焦泉》《流金》；秋操《商风》《落叶》《吹蓬》；冬操《凝和》《流阴》《沉云》。

［译文］ 高雅的规则分为五等，依次是伏羲、舜、仲尼、灵关、云和。有十二种琴操，分别是：孔子的《将归操》《猗兰操》《龟山操》，周公的《越裳操》，周文王的《拘幽操》，周太王的《岐山操》，尹伯奇的《履霜操》，牧渎的《雉朝飞操》，商陵牧子的《别鹤操》，曾子的《残形操》，伯牙的《水仙操》《怀陵操》。九引，分别是：楚国樊姬的《烈女引》，鲁国伯妃的《伯妃引》，晋国漆室女的《贞女引》，卫女的《思归引》，楚国商梁的《霹雳引》，樗里牧恭的《走马引》，樗里子的《箜篌引》，秦国的屠高门的《琴引》。蔡邕有五弄：《游春弄》《渌水弄》《幽居弄》《坐愁弄》《秋思弄》。师涓有四时操：春操是《离鸿》《去雁》《应苹》；夏操是《明晨》《焦泉》《流金》；秋操是《商风》《落叶》《吹蓬》；冬操是《凝和》《流阴》《沉云》。

乐律

历代乐名　黄帝作《咸池》，颛顼作《六英》，帝喾作《五茎》，尧作《大章》，舜作《大韶》，禹作《大厦》，汤作《大濩》，武王作《大武》。

［译文］　黄帝创作了《咸池》，颛顼创作了《六英》，帝喾创作了《五茎》，尧创作了《大章》，舜创作了《大韶》，禹创作了《大夏》，汤创作了《大濩》，武王创作了《大武》。

嶰谷　黄帝命伶伦作律。伶伦取竹于嶰谷山，其窍厚薄之均者，断为两节间作六寸九分而吹之，以为黄钟之管。制十二筩以听凤凰之鸣，雄鸣六，雌鸣六，以为律吕。

［译文］　黄帝让伶伦创造了音律。伶伦在嶰谷选取竹子，选那些中间空隙与外壁的厚薄均匀的，在两节之间截断，制成六寸九分长的竹管吹奏，成为黄钟管。再制作了十二管来仿效凤凰的鸣声，雄凤的鸣声有六种，雌凰鸣声有六种，把它们作为律吕。

律吕　五声之本，生于黄钟之律。律有十二，阳六为律，阴六为吕。律以通气类物，一曰黄钟，二曰太簇，三曰姑铣，四曰蕤宾，五曰夷则，六曰无射。吕以旅阳宣气，一曰林钟，二曰南吕，三曰应钟，四曰大吕，五曰夹钟，六曰仲吕。有三统之义焉。职在太常，太常掌之。

［译文］　五声的根本，都是从黄钟律中生发而来的。黄钟律有十二音，其中六阳叫律，六阴叫吕。律用来统领气息，模仿外物，一叫黄钟，二叫太簇，三叫姑铣，四叫蕤宾，五叫夷则，六叫无射。吕用来集聚太阳的阳刚之气，以宣导气息，一叫林钟，二叫

南吕，三叫应钟，四叫大吕，五叫夹钟，六叫仲吕。律吕象征着朝代的正朔。它的职责在于太常，由太常掌管律吕。

葭灰气候 隋文帝取律吕，实葭灰以候气，问于牛弘，对曰：“灰飞半出为和气，全出为猛气，不出为衰气。”

［译文］ 隋文帝拿取律吕的竹管，往里面装入葭草的灰来观测节候，向牛弘询问，牛弘回答说：“假如草灰飞出一半就是和气，全部飞出就是猛气，一点都没有飞出来就是衰气。”

五音 宫为君，商为臣，角为民，徵为事，羽为物，五者不乱，则无怗懘之音矣。宫乱则荒，其君骄；商乱则陂，其臣坏；角乱则忧，其民怨；徵乱则哀，其事动；羽乱则危，其财匮。五者皆乱，迭相陵，谓之慢，如此则国之灭亡无日矣。

［译文］ 宫音象征着君王，商音象征着臣子，角音象征着民众，徵音象征着政事，羽音象征着万物，五音不混乱的话，就没有不和谐的音乐了。宫音混乱就会流于荒淫，代表着君主的骄纵；商音乱就会流于偏颇，代表着臣子败坏；角音混乱就会流于忧伤，代表着民众有怨气；徵音混乱就会流于悲哀，代表着劳役繁多；羽音混乱就会流于危险，代表着财物匮乏。如果这五音都发生混乱，互相侵犯，这就是散漫，这样的话离国家灭亡就不远了。

乱世之音 郑卫之音，乱世之音也，比于慢矣。桑间濮上之音，亡国之音也，其政散，其民流，诬上行私而不可止也。

［译文］ 郑、卫两国的音乐，是乱世之音，都接近于放纵散漫。桑间、濮上的音乐，都是亡国之音，国家政治离散，民众流亡，诬蔑君上怀着私心行事而无法制止。

溺音　魏文侯问："何谓溺音？"子夏对曰："郑音好滥淫志，宋音燕女溺志，卫音趋数烦志，齐音敖辟乔志。此四者皆淫于色而害于德，是以祭祀弗用也。"

［译文］魏文侯问："什么是溺音？"子夏回答说："郑国的音乐没有节制，宋国的音乐多有宴会和女子，所以会让人心志沉溺，卫国的音乐声音急促，让人厌烦，齐国的音乐放纵邪辟，使人心生骄横。这四种音乐都过于沉溺女色而有害德行，所以祭祀时是不能使用的。"

六声　钟声铿，铿以立横，横以立武。君子听钟声，则思武臣。石声磬，磬以立辨，辨以致死。君子听磬声，则思死封疆之臣。丝声哀，哀以立廉，廉以立志。君子听琴瑟之声，则思志义之臣。竹声滥，滥以立会，会以聚众。君子听竽笙箫管之声，则思畜聚之臣。鼓鼙之声讙，讙以立动，动以进众。君子听鼓鼙之声，则思将帅之臣。君子之听音，非听其铿锵而已也，彼亦有所合之也。

［译文］钟的声音铿锵有力，铿锵的声音可以使人意气蓬勃，意气蓬勃可以激起人的勇气。君子听到钟声，就会想起武将。石磬的声音平和，平和的声音可以让人爱憎分明，爱憎分明可以使人舍生忘死。君子听到石磬的声音，就会想起保卫疆土的大臣。丝弦的声音悲哀，悲哀的声音可以使人正直廉洁，正直廉洁可以使人充满志气。君子听琴瑟的声音，会想起有志气和大义的臣子。竹管可以发出多种声音，声音汇合就能使众人集聚，所以君子听到竽笙箫管的声音，就会想起能团结百姓的臣子。鼓鼙的声音欢快，欢快的声音可以使人激动，激动可以让人奋进，君子听到鼓

鼙的声音，就会想起统率大军的臣子。君子听音乐，不是仅仅听音乐的铿锵之声，而要从中生发共鸣。

学琴师襄 孔子学琴于师襄。孔子曰："丘习其曲，再习其数，今习其志，有所穆然而深思焉，有所怡然高望而远志焉。又得其人，黮然而黑，几然而长，眼如望羊，心如欲王四国，非文王，其谁能为此也！"师襄辟席，再拜曰："师盖云文王操也。"

[译文] 孔子向师襄学琴。孔子说："我学习了这支曲子，再练习弹奏的技法，现在又领悟到了它要表达的情志，也会很恭敬地静静地思索，也会欣然喜悦像登高望远一样。这样我就知道创作这首曲子的是一个怎么样的人了，黝黑的皮肤，高高的个子，眼睛像汪洋大海，胸襟好像要包容天下、统治四方的诸侯，如果不是周文王，还有谁能像这样呢？"师襄起身离席，对孔子拜了两拜说："我的老师就说这首曲子是《文王操》啊。"

四面 王宫县（四面宫县）、诸侯轩县（去其南面，以避王也）、大王判县（又去其北面，仅存其半也）、士特县（又去其西南，以示特立之意也）。

[译文] 王宫悬（就是四面墙都悬挂乐器）、诸侯轩悬（就是把南面悬挂的乐器去掉，以避免与君王相同）、大王判悬（就是除了去掉南面的，再去掉北面的，仅存一半）、士特悬（就是再去掉西面的，来表示特立之意）。

铜山崩 汉武帝时，未央宫殿前钟无故自鸣。诏问东方朔，对曰："臣闻铜者，山之子；山者，铜之母。子母相感，钟鸣，山必有应者。"居三日，南郡太守上书言山崩，延袤二十余丈。

魏帝殿前大钟，不叩自鸣，人皆异之，以问张华，华对曰："此蜀郡铜山崩，故钟鸣应之耳。"寻蜀郡上其事，如张华言。

[译文] 汉武帝时期，未央宫殿前的大钟无缘无故地响了起来。汉武帝召来东方朔询问，东方朔回答说：“我听说铜是山的儿子；山是铜的母亲。母子之间可以互相感应，钟自己鸣响，山肯定会有呼应。”过了三天，南郡太守上书说有座山崩塌了，崩塌的长度达到二十多丈。

魏国的宫殿前的一口大钟，没人敲击就自己鸣响了，人们都感到很奇怪，就拿这件事问张华，张华回答：“这是因为蜀地的铜山崩塌了，所以钟自鸣呼应。”不久蜀地的官员向朝廷上书说到这件事，和张华所说的一样。

錞于　孝武西迁，雅乐多缺，有錞于者，近代绝此。或有自蜀得之者，莫识之。斛斯徵曰：“此錞于也。”遂依干宝周礼法，以芒筒捋之，其声极振。

[译文] 北魏孝武帝向西迁都到长安，庙堂的雅乐多有缺失，有一种乐器叫錞于，这个时候失传了。有人在蜀地得到了这件乐器，但是没有人能认出来。斛斯徵说：“这是錞于啊。”于是依照干宝《周礼注》所说的方法，用芒筒来敲击它，声音非常洪大。

金錞　《周礼》：少师以金錞和鼓。其形象钟，顶大，腹口弇，以伏兽为鼻，内县铃子，铃铜舌。作乐，振而鸣之，与鼓相和（状似佛子铃）。

[译文] 《周礼》记载：少师用金錞应和鼓声演奏。金錞的外形像钟一样，上变大腹部合着，用蹲伏的兽类做鼻子，里面挂着铃铛，铃铛上有铜舌。演奏时摇动就会鸣响，可以和鼓声相应和。（形状与佛子铃类似）

蕤宾铁 乐工廉郊，池上弹蕤宾调，忽闻荷间有物跳跃，乃方响一片（方响以铁为之，用以代磬）。识者知其为蕤宾铁也，音乐之相感若此。

［译文］ 乐工廉郊，在池塘边弹奏蕤宾调，忽然听到荷叶间有东西在跳动，仔细一看是一片方响（方响是用铁做成的，用来代替磬）。有见识的人知道是蕤宾铁，音乐的感应能像这样神奇。

驷马仰秣 伯牙弹琴，而驷马为之仰秣。仰秣者，仰头吹吐，谓马笑也。

［译文］ 伯牙弹琴的时候，连驷马都为他仰起头。仰秣的意思是，仰着头吹气，意思是说马也笑了。

万壑松 郭伯山收唐琴万壑松，乃宣和御府物。李白诗："蜀僧抱绿绮，西下峨眉峰。为我一挥手，如听万壑松。客心洗流水，余响入霜钟。"

［译文］ 郭伯山得到了一把唐代的名琴，叫万壑松，是宋徽宗时皇宫的收藏。李白在诗中说："蜀僧抱绿绮，西下峨眉峰。为我一挥手，如听万壑松。客心洗流水，余响入霜钟。"

琴有杀心 蔡中郎赴邻人酌。至门，有客鼓琴，中郎潜听之，曰："以乐召我，而有杀心，何也？"遂返。主人知，自起追之。中郎具以告。客曰："我适鼓琴，见螳螂方捕蝉，惟恐失之，此岂杀心现于指下乎？"中郎笑曰："此足以当之矣。"

［译文］ 蔡邕应邻居的邀请去赴宴。到了门口，听到有人在弹琴，蔡邕暗中听了一会儿，心想："用音乐召我来，但乐声听着有杀人的意思，这是怎么回事呢？"于是就转身回去了。主人发现后赶

快起身去追他。蔡邕详细地说明了缘由。客人说:“我刚才弹琴的时候，看到有螳螂正在捕蝉，唯恐它失手，难道是杀心在乐声中流露出来了吗？”蔡邕笑着说:“这解释就说得通了啊。”

高山流水 伯牙鼓琴，钟子期听之。伯牙志在高山，子期曰:“善哉，峻若崧岳！”伯牙志在流水，子期曰:“善哉，泻若江河！”子期死，伯牙破琴绝弦，终身不复鼓琴。

[译文] 伯牙弹琴的时候，钟子期用心倾听。伯牙的心志在高山之上，钟子期说:“演奏得真好啊，高耸得如嵩山一样！”伯牙心志在于流水，钟子期说:“演奏得真美啊，如江河奔腾一样！”后来钟子期去世了，伯牙摔破琴弄断琴弦，一辈子都不再弹琴了。

濮水琴瑟 晋师延为纣作靡靡之乐，武王伐纣，师延自投濮水而死。后卫灵公夜止濮上，闻鼓琴声，召师旷听而习之。师旷曰:“此亡国之音也！”

[译文] 晋地人师延给商纣王创作了靡靡之音，周武王讨伐纣王的时候，师延自己跳到濮水里自杀了。后来卫灵公夜里途经濮水边上，听到有弹琴的声音，就召来师旷把音乐记录下来演奏。师旷说:“这是亡国之音啊！”

焦尾 蔡中郎在吴。吴人烧桐以爨，中郎闻其火爆声曰:“良木也。”请截为琴，果有美音。其尾犹焦，因名其琴曰“焦尾琴”。

[译文] 蔡邕在吴地的时候，吴地人用桐木烧火做饭，蔡邕听到着火的噼里啪啦的声音说:“这是好木头啊。”请求让他截一段来做琴，做好后果然琴声很优美。琴尾还是烧焦了的，所以把这把琴叫作“焦尾琴”。

相如琴台 司马相如有琴台，在浣溪正路金花寺北，魏伐蜀，于此下营掘堑，得大瓮二十余口，以响琴也。

[译文] 司马相如有一座琴台，在浣花溪正路的金花寺北边，魏国讨伐蜀国时，曾在这里安营挖筑战壕，挖出了二十余口大缸，这是用来扩大琴的音量的。

松雪 雷威作琴，不必皆桐。遇大风雪，独往峨眉山，着蓑笠入深松中，听其声连绵清越者，伐之以为琴，妙过于桐。世称雷公琴，有最爱重者，以“松雪”名之。

[译文] 雷威制琴，不一定都是用桐木。遇到大雪的天气，就独自一人前往峨眉山，穿戴着蓑笠到松林深处，听到有声音连绵清越的松树，就砍倒来做琴，做成的琴声音妙绝超过桐木所做的。世人称之为“雷公琴”。有一把是他最看重的，命名叫作“松雪”。

斫琴名手 晋雷威、雷珏、雷文、雷迅、郭亮并蜀人，沈镣、张钺并江南人，皆斫琴名手。

[译文] 晋代的雷威、雷珏、雷文、雷迅、郭亮都是蜀地人，沈镣、张钺都是江南人，这些人都是制琴的名家。

震馀 鲜于伯几以震馀琴送赵文敏，是许旌阳手植桐，为雷所击断，斫以为琴。琴背许旌阳印剑之迹宛然，盖人间至宝也。

[译文] 鲜于枢把一把叫震馀的琴送给了赵孟頫，这是许旌阳亲手种植的桐树做成的，桐树被雷击断，砍来做成了琴。琴背面还能清楚地看到许旌阳的印剑的痕迹，真是人间最珍贵的宝物啊。

绿绮　蔡中郎有琴名绿绮，云是峄阳孤桐所斫，一时名重天下。

［译文］　蔡邕有一把琴叫作绿绮，说是峄阳的一棵孤桐树砍伐后做成的，一时之间名声被全天下的人看重。

无弦琴　陶渊明不解琴，畜素琴一张，弦徽不具，常抚摩之，曰："但识琴中趣，何劳弦上声。"

［译文］　陶渊明不会弹琴，却收藏了一张素琴，弦徽都没有，他常常抚摸着琴，说："但识琴中趣，何劳弦上声。"

将移我情　伯牙学琴于成连，三年不成。乃引之东海蓬莱山之侧，刺船迎吾师方子春，旬日不返。伯牙延望无人，但闻海水澒洞崩折之声，山林杳冥，群鸟悲鸣，怆然叹曰："先生将移我情矣！"乃援琴而歌《水仙之操》。

［译文］　伯牙向成连学习琴技，三年都没学成。于是将伯牙领到东海蓬莱山的旁边，他自己说要撑船去迎接他的老师方子春，但走了十天半个月都没有返回。伯牙伸长脖子远望，也见不着人，只听到海水汹涌澎湃的声音，山林绵远而昏暗，群鸟悲鸣，伯牙怆然叹息说："先生是想这样来改变我的情志啊！"于是拿起琴弹唱出了《水仙之操》。

绕殿雷　冯道之子能弹琵琶，以皮为弦，世宗令弹，深喜之。因号绕殿雷。

［译文］　冯道的儿子擅长弹奏琵琶，用皮做琵琶弦，周世宗让他弹奏，听了之后非常喜欢。所以称之为"绕殿雷"。

游鱼出听　孙卿子云："瓠巴鼓瑟，游鱼出听。"

［译文］ 荀子说：“瓠巴一弹起瑟来，游鱼也会钻出水来倾听。”

箜篌 箜篌其形似瑟而小，用拨弹之。汉灵帝好之，体曲而长，二十三弦，竖抱于怀，两手齐奏之，俗谓之“劈箜篌”。

［译文］ 箜篌的形状像瑟一样但小一些，要用拨片来弹奏。汉灵帝特别喜欢箜篌，它外形弯曲修长，有二十三根弦，竖着抱在怀里，两只手一齐演奏，俗话称之为“劈箜篌”。

见狸逐鼠 孔子鼓琴，曾子、子贡侧门而听，曲终，曾子曰：“嗟乎！夫子琴声，殆有贪狼之志，邪僻之行，何其不仁！”子贡以告，子曰：“向者鼓琴，有鼠出游，狸见于屋，循梁微行，造焉而避，厌身曲脊，求而不得。丘以琴淫其声，参以为贪狼邪僻，不亦宜乎！”

［译文］ 孔子正在弹琴，曾子、子贡在门边倾听，一支曲子弹完了，曾子说：“哎呀！夫子的琴声竟然有贪狼的心志，邪恶的德行，这是多么不仁德啊！”子贡把这话告诉了孔子，孔子说：“刚才弹琴的时候，有一只老鼠出来，狸猫在屋子里看到后，就沿着屋梁跟踪，快跟上时又躲避开，压着身子弯着脊背，却没有抓到老鼠。我用琴来表达这种情况，曾参认为琴声贪狼、邪僻，不也是合适的吗？”

筑 筑状如琴而大头，十三弦，其项细，其肩圆，鼓法以左手抱之，右手以竹尺击之，随调应节。

［译文］ 筑的形状像琴一样，但头部稍大，有十三根弦，它的项部很细，肩部很圆润，弹奏的方法是用左手抱着筑，右手用竹尺来击打它，随着调子来打节拍。

寇先生　嵇中散常去洛数十里，有亭名华阳，投宿。一更，操琴。闻空中称善，中散呼与相见，乃出见形，以手持其头，共论音声，因授以《广陵散》。此鬼名“寇先生”，生前善琴，为宋景公所杀。中散得《广陵散》，秘不肯授人。后临刑叹曰：“《广陵散》于今绝矣！”

［译文］　嵇康曾经到离洛阳几十里地的华阳亭借宿。一更时，起来弹琴，听到空中有人说他弹得好，嵇康招呼他下来相见，于是就现出原形，用手托着他的头颅，和嵇康一起讨论音乐，后来就传授给嵇康《广陵散》。这个鬼的名字叫“寇先生”，生前很善于弹琴，被宋景公杀害。嵇康得到《广陵散》后，珍爱秘藏不肯教授给别人。后来临刑时叹息着说：“《广陵散》到今天就要绝迹了！”

楚明光　王彦伯尝过吴，维舟中渚，登亭望月，倚琴歌《泫露》之诗。俄有女郎披帷而进，乃抚琴挥弦，调韵哀雅。王问何曲，女曰：“古所谓《楚明光》也，嵇叔夜能为此声。自兹以后，得者数人而已。”彦伯请授教，女曰：“此非艳俗所宜，惟岩栖谷隐，可以自娱耳。”鼓琴而歌，歌毕，迟明辞去。

［译文］　王彦伯曾经路过吴地，把小舟靠在岸边，登上亭子赏月，弹琴唱着《泫露》的诗篇，过了一会儿，有一个女子掀开帷帐进来，把琴弹弦，音调哀婉而雅正。王彦伯问这是什么曲子，女子说：“这就是古人所说的《楚明光》，嵇叔夜会弹这个曲子。从那以后，会弹奏这个曲子的只有寥寥几个人罢了。”王彦伯请求传授给他，女子说：“这曲子并不适宜媚艳的俗世，只有隐居于山谷的隐士才可以用这首曲子自娱自乐。”于是弹琴而歌，等到唱完，

天已经大亮了，就辞别离开了。

天际真人想 桓大司马曰：“谢仁祖，企脚北窗下弹琵琶，有天际真人想。”

[译文] 大司马桓温说：“谢仁祖在北窗下跷着脚弹琵琶，有天上仙人的样子。”

拨阮 武后时，有人破古冢得铜器，似琵琶，身正圆，人莫能辨。元行沖曰：“此阮咸所作也。”命匠人以木为之，乐家遂名之“阮咸”。以其形似月，声似琴，遂名月琴。今人但呼曰“阮”，曰“拨阮”，曰“摘阮”，俱可。

[译文] 武则天当政的时候，有人挖掘古墓得到一个铜器，像琵琶一样，形体端正而圆润，没有人能够辨识出是什么东西。元行沖说：“这是阮咸制作的器物。”就让匠人用木头仿造制作出来，于是乐师就给它取名为“阮咸”。又因为它的形状像月亮，而声音像琴，所以又叫月琴。现在的人只称呼它为“阮”，或者叫“拨阮”“摘阮”，都可以。

柯亭竹椽 蔡中郎避难江南，宿柯亭，听庭中第十六条竹椽迎风有好音，中郎曰：“此良竹也。”取以为笛，声音独绝，历代相传，后折于孙绰妓之手。

[译文] 蔡邕前往江南躲避战乱，在柯亭住宿，听到庭院中第十六根竹椽迎风发出美妙的声音，蔡邕说：“这是上佳的竹子啊。”取下来做成笛子，声音特别绝妙，代代相传，后来被孙绰的侍妓折断了。

秦声楚声 李龟年至岐王宅，闻琴，曰:“此秦声。”良久，又曰:“此楚声。”主人入问之，则前弹者陇西沈妍，后弹者扬州薛满。二妓大服。

[译文] 李龟年到岐王的宅第，听到弹琴的声音，说:“这是秦地的音乐。”过好大一会儿，又说:“这是楚地的音乐。”主人请他进来询问他，果然前面弹琴的是陇西的沈妍，后面的是扬州的薛满。两个歌妓非常佩服。

好竽 齐王好竽，有求仕于齐者，操瑟而往，立于王之国三年，不得入。客曰:“王好竽，而子鼓瑟，瑟虽工，其如王之不好何！”

[译文] 齐王喜欢听竽，有个到齐国去求官的人，操着一张瑟前去，在齐王国都待了三年，也没能够进入王宫。有客人对他说:“齐王喜欢竽，而你却弹奏瑟，瑟弹得即使再好，齐王不喜欢有什么办法！”

羯鼓 唐明皇不好琴，一弄未毕，以琴者出。谓内侍曰:“速令花奴将羯鼓来，为我解秽。”

[译文] 唐明皇不喜欢听弹琴，一曲还没弹完，就把弹奏的人呵斥出去。并对内侍说:“快让花奴拿羯鼓来，给我除去污秽之气。”

渔阳掺挝 祢衡被魏武谪为鼓吏。正月十五，试鼓，衡扬枹（音孚）为《渔阳掺挝》（音伞查），渊渊有金石声，四座为之改容。（掺，击鼓法。挝，击鼓捶。）

[译文] 祢衡被魏武帝曹操贬为敲鼓的小吏。正月十五，要试鼓，祢衡扬起鼓槌奏出了《渔阳掺挝》，鼓声有金石的乐声，四座

宾客听后都为之动容。（掺，是击鼓的方法。挝，是击鼓用的槌子。）

回帆挝 王大将军尝坐武昌钓台，闻行船打鼓，嗟称其能。俄而一捶小异，王以扇柄撞几曰："可恨！"时王应侍侧曰："此回帆挝。"使视之，曰："船人入夹口。"

［译文］王敦大将军曾经坐在武昌的钓鱼台上，听过往的船只击鼓，感叹着称赞鼓声的奇妙。忽然有一捶声音和前面的稍微不同，王敦用扇柄敲着几案说："可恨！"当时王应在旁边陪侍，说："这是回帆时敲击的鼓声。"让人去看回报说："船正进入夹口。"

十八拍 蔡琰字文姬，先适河东卫仲道，夫亡。兴平中丧乱，为胡骑所获，没于南匈奴。左贤王十二年春月，登胡殿，感胡笳之声，作《胡笳十八拍》，后曹操以金帛赎之，嫁于董祀。

［译文］蔡琰字文姬，当初嫁给河东人卫仲道，后来丈夫卫仲道去世了。兴平年间遭遇战乱，被掳获到南匈奴。左贤王十二年的春天，登上匈奴人的宫殿，听到胡笳的声音深受感动，创作了《胡笳十八拍》，后来曹操用钱财赎回了她，把她嫁给了董祀。

簨虡 （音损巨。横曰簨，直曰虡）《周礼》：梓人为簨虡。天下大兽五，脂者、膏者、臝者、利者、鳞者。雕画于乐县之上，大声有力者，以为钟虡，清声无力者为磬虡。

［译文］《周礼》中记载：木工制作了簨虡。天下五种大型的兽类：牛羊类、猪类、虎豹类、飞禽类、鱼类。在悬挂的乐器上刻画这些动物的图案，那些声音洪亮有力的动物画在钟虡的上面，声音清弱无力的动物就画在磬虡的上面。

周郎顾曲　周瑜妙于音律，虽三爵之后，少有阙误，瑜必举目瞠视。时人语曰："曲有误，周郎顾。"

［译文］ 周瑜妙解音律，即使是酒过三巡之后，如果演奏有一点小小的失误，周瑜必然会抬头瞪着眼睛看。当时的人说："曲有误，周郎顾。"

击壤　击壤，石戏也。壤以木为之，前广后锐，长四尺三寸，阔三寸，其形如履，将戏，先侧一壤，于三四十步外，以手中壤击之，中者为吉。

［译文］ 击壤是一种用石头玩的游戏。壤用木头做成，前宽后窄，长度是四尺三寸，宽度是三寸，它的形状像鞋子一样。开始做游戏的时候，先把一个壤侧放在三四十步的距离之外，用手中的另一个壤去击打它，击中的就表示吉利。

禁鼓　一千二百三十声为一通，三千六百九十声为三通。更鼓三百六十挝为一通。千捶为三通。余鼓三百三十三为一通。角十二声为一叠。

［译文］ 响一千二百三十声叫一通，三千六百九十声叫三通。更鼓响三百六十挝叫一通。一千捶叫三通。其余的鼓三百三十三声叫一通。画角十二声叫一叠。

钟声　晨昏撞一百单八者，一岁之义也。盖年有十二月，有廿四气，又有七十二候，正得此数。越州歌曰："紧十八，慢十八，六遍共成一百八。"

［译文］ 早晚各撞钟一百零八下，是包含一年的含义。因为一年十二个月，有二十四个节气，又有七十二个节候，加起来正好是

这个数字。《越州歌》说:“紧十八，慢十八，六遍共成一百八。”

埙篪 埙以土为之，锐上平底，如秤锤，六孔，一云八孔，大如鸭卵，曰“雅埙”；小如鸡卵，曰:“颂篪”，以竹为之，大者长一尺四寸、八孔，小者长一尺二寸、七孔，横吹之，与埙声相应。埙篪二器，乃周昭王时暴辛公所作。

［译文］ 埙是用土做成的乐器，上边尖锐，底部扁平，像秤锤一样，有六个孔，有一种说法有八个孔。大的如鸭蛋大小，叫作“雅埙”。小如鸡蛋大小，叫作“颂篪”，用竹子制成，大的长一尺四寸、有八个孔，小的长一尺二寸、有七个孔，横着吹，与埙的声音可以相应和。埙、篪两种乐器，是周昭王时的暴辛公制作的。

柷敔 柷，状如漆桶，以木为之，方二尺四寸，深一尺八寸，中有椎柄，连底撞而击其傍，所以起乐也。方二四寸者，阴数也。敔，状如伏虎形，背上有二十七钼铻，刻以木，长尺许，以木戛之，所以止乐也。二十七钼铻者，阳数也。柷敔二器，乃舜时所作。

［译文］ 柷，形状像漆桶一样，是用木头做成的，直径二尺四寸，深一尺八寸，中间有椎柄，连接底部，用它撞击旁边的壁板，就可以奏乐了。直径二尺四寸，是阴数。敔，形状像伏虎一样，背上有二十七个栉齿形的东西，是用木头雕刻而成，长度有一尺左右，用木头敲击它，表示要停止演奏音乐的意思。二十七个栉齿，是阳数。柷、敔两种乐器，是舜帝时制作的。

洗凡清绝 吴越忠懿王得天台寺中对:“瀑布泉屋，柱斫二琴。”一曰洗凡，一曰清绝，为旷代之宝。后钱氏献之太宗，藏于御府。见《辍耕录》。

［译文］　吴越忠懿王钱俶用天台寺中正对着瀑布的泉亭的柱子，制成了两张琴。一张叫“洗凡”，一张叫“清绝”，是绝代的珍宝。后来钱俶把它们进献给宋太宗，收藏在皇宫内府。这件事见于《辍耕录》。

舞剑器　《剑器》，乃武舞之曲名。其舞用女妓而雄装之，其实空手舞也。见《文献通考》。

［译文］《剑器》是武术舞蹈的曲名。这种舞要让舞者女扮男装，它实际上是空手舞蹈。见于《文献通考》。

黎园子弟　唐明皇酷爱法曲，选坐部伎子弟三百人，教于黎园，谓之黎园子弟。居宜春北苑。时有马仙期、李龟年、贺怀智洞知音律。安禄山自范阳入觐，亦献白玉箫管数百事，皆陈于黎园。自是乐响不类人间。

［译文］　唐明皇特别喜欢法曲，挑选了坐部伎的子弟三百人，在梨园亲自教授他们，称之为梨园子弟，让他们住在宜春北苑。当时有马仙期、李龟年、贺怀智都通晓音律。安禄山从范阳入朝觐见，也进献了白玉箫管之类的几百种乐器，都陈列在梨园。从此之后，演奏的音乐不像人间所有的曲子。

李天下　唐庄宗自言一日不闻音乐，则饮食都不美。方暴怒鞭笞左右，一闻乐声，怡然自适，万事都忘。又善歌曲，或时自傅粉墨，与优人共戏。优名谓之“李天下”。

［译文］　后唐庄宗说一天不听音乐，那么饮食都没有味道。即使他正在用鞭子暴打左右的侍从时，一听到音乐就怡然自得，所有的

事情就都忘记了。他还擅长唱歌，有时亲自粉墨登场，和演员们一起演戏。艺名叫作“李天下”。

雍门鼓　雍门周以琴见孟尝君，孟尝君曰：“先生鼓琴，亦能令文悲乎？”雍曰：“千秋万岁后，台榭已坏，坟墓已下，婴儿竖子樵采者，踯躅其足而歌其上，曰：夫以孟尝君之尊贵，乃若是乎？”孟尝君泫然承睑，曰：“先生令文若破国亡家之人矣！”

［译文］　雍门周携带着琴来参见孟尝君，孟尝君说：“先生弹琴，也能让我田文悲伤起来吗？”雍门周弹唱道：“千秋万岁以后，楼台已损坏，坟墓已坍塌，小孩、年轻人和打柴的人都在上面徘徊唱歌，说：凭孟尝君那样的尊贵，竟也落到这种境地吗？”孟尝君泪流满面，说：“先生您让我田文感受到好像国破家亡一样了啊！”

桓伊弄笛　晋桓伊有柯亭笛，尝自吹之。王徽之泊舟清溪，闻笛称叹。人曰：“此桓野王也。”徽之令人请之，求为吹笛。伊即下车，据胡床，三弄毕，便上车去，主客不交一言。

［译文］　晋朝的桓伊有一支柯亭笛，常常自己吹奏。王徽之在清溪停船靠岸，听到笛声赞叹不已。有人告诉他说：“这是桓野王在吹笛子。”王徽之让侍从请他过来，为自己吹笛。桓伊下车，坐在胡床上，演奏了三段，就上车离开了，主客两人没交谈一个字。

皋亭石鼓　吴郡临平崩岸，得石鼓，扣之不鸣。问张华，华曰：“用蜀中铜材刻鱼形，扣之则鸣矣。”如其言，声闻数十里。

［译文］　吴郡临平堤岸崩塌，得到一面石鼓，敲击它却不鸣响。就问黄门侍郎张华，张华说：“用蜀中的铜材刻成鱼的形状，敲它就响了。”按照他说的去做，声音能在几十里外听到。

响遏行云　《列子》：薛谭学讴于秦青，未穷青之技，自谓尽之，遂辞归。青弗止，饯于郊衢，抚节悲歌，声振林木，响遏行云。薛乃谢，求反，终身不敢言归。

［译文］《列子》中说：薛谭向秦青学唱歌，还没有学完秦青的技艺，自以为学尽了，于是就告辞回家。秦青也不阻止，就在郊外喝酒告别，秦青打着节拍唱出悲壮的歌，声音振动林木，遏止流动的白云。薛谭于是道歉，请求回来学习，从此一辈子也不敢再说回家了。

余音绕梁　秦青曰：昔韩娥东之齐，匮粮，过雍门，鬻歌假食。既去，而余音绕梁欐，三日不绝。李诗："醉舞纷绮席，清歌绕飞梁。"

［译文］秦青说：从前韩娥往东方来到齐国，粮食吃完了，路过雍门的时候，卖唱来换取粮食。在她离开后，回旋的歌声绕着屋梁，三日都没有停止。李白的诗歌说："醉舞纷绮席，清歌绕飞梁。"

声入云霄　戚夫人善为翘袖折腰之舞，歌《出塞》《入塞》之曲，侍婢数百习之。后宫齐音高唱，声入云霄。

［译文］戚夫人擅长跳翘袖舞和折腰舞，歌唱《出塞》《入塞》的曲子，几百名侍女跟着她学习。后宫常齐声高唱，歌声向上直插云霄。

水调歌头　唐明皇爱水调歌，胡羯犯京，上欲迁幸，登花萼楼，命楼下少年有善水调者歌曰："山川满目泪沾衣，富贵荣华不几时。不见只今汾水上，惟有年年秋雁飞。”上闻潸然曰：“谁为此词？”左右曰：“宰相李峤。”上曰：“真才子也。”

［译文］ 唐明皇喜爱《水调歌》的曲子，安禄山攻打京城的时候，唐明皇想要逃跑到蜀地避难，他登上花萼楼，让楼下擅长歌唱《水调歌》的少年唱这个曲子，唱词是：“山川满目泪沾衣，富贵荣华不几时。不见只今汾水上，惟有年年秋雁飞。”明皇听了潸然泪下，说：“这是谁作的词？”左右回答说：“是宰相李峤。”明皇称赞说：“李峤真是个才子啊。”

卷十　兵刑部

军旅

黄帝征蚩尤始战，颛顼诛共工始阵，风后始演奇图，力牧始创营垒。黄帝战涿鹿始征兵，禹征有苗始传令，纣御周师始戍守。

黄帝制记里鼓，始斥候，汉武帝建墩台，黄帝制演武场，周公制辕门。黄帝制车以翼军，制骑以供伺候。

吕望始制战舰。武王会孟津，命仓兕具舟楫。公输班为舟战钩拒。伍子胥治水战，制楼船滩船。智伯决汾水，始水战。

蚩尤始火攻。孙子制火人、火积、火辎、火库、火队五法。魏马钧制爆仗起火。隋炀帝以火药制杂戏，始施药铳炮。

黄帝始制炮，吕望制铳，范蠡制飞石用机。

黄帝制纛、制五彩牙幢。禹制旂，悬车上为别。周公备九旗。

伏羲制干、制戈。挥制弓。牟夷制矢。舜制弓袋、制箭筒。黄帝制弩。

黄帝始采首山铜铸刀斧；蚩尤始取昆吾山铁制剑、铠、矛、戟、陌刀。

蚩尤始制革为甲。禹制函甲。

黄帝始制枪，孔明扩其制。舜制匕首。

黄帝制云梯，古名钩援。牟夷制挨牌，古名傍排。

孙武制铁蒺藜，刘馥（三国时人）制悬苫，今为悬帘。岳飞制藤牌。殷盘庚制烽燧告警。赵武灵王制刁斗传。魏制鸡翘报急，制露布、漆竿报捷。

［译文］　黄帝征讨蚩尤是最早的战争，颛顼诛杀共工才有了阵法，

风后开始有了奇异的阵图，力牧最早创建了营垒工事。黄帝在涿鹿大战时才开始征兵，大禹征讨有苗才开始有了传达传令，商纣王抵御周朝的军队才最早有了戍守。

黄帝创制了记录路程的里鼓，还最早设立了侦察兵，汉武帝设置了瞭望台，黄帝创建了演武场，周公设置了辕门。黄帝制造了战车来作为军队的辅助，还设置了骑兵作为侦察兵。

吕望最早制作了战舰。周武王在孟津大会诸侯，命仓兕制作了船只。公输班制作了船战的钩拒。伍子胥演练水上作战，制造了楼船、滩船。智伯挖开汾水，开始在战争里用水攻。

蚩尤最早使用火攻。孙子最早总结出火人、火积、火辎、火库、火队等五种火攻的方法。魏国的马均最早制作爆竹引火。隋炀帝用火药来制作杂戏，开始用有火药的枪炮。

黄帝最早制造了火炮，吕望制造了火铳，范蠡制造了能够射出飞石的机械。

黄帝制作了战旗、五彩的牙旗。大禹制作了战旗上的飘带，挂在战车上作为区别两军的标志。周公完善了九色旗。

伏羲制作了盾与戈。挥于制作了弓。牟夷制作了箭。舜制作了弓袋、箭筒。黄帝制作了弩。

黄帝最早用首山的铜铸造了刀、斧；蚩尤最早选取昆吾山的铁制作了剑、铠甲、矛、戟、长刀。

蚩尤最早用皮革制作了铠甲。大禹最早制作了函甲。

黄帝最早制作了长枪，诸葛亮扩张了长枪的体制。舜还制造了匕首。

黄帝制造了云梯，古时候名字叫作“钩援”。牟夷制作挨牌，古时候名字叫作“傍排”。

孙武制作了铁蒺藜，刘馥（三国时期的人）制作了悬苫，现在叫作“悬帘”。岳飞制作了藤牌。

殷商的盘庚制定了燃起烽火作为示警。赵武灵王制作了刁斗来传递警报。魏国规定用鸡翘旗来报警，并制造了露布与漆竿来传递捷报。

五兵　矛、戟、戈、剑、弓谓之五兵。

［译文］　矛、戟、戈、剑、弓被称为“五兵”。

专主旗鼓　吴起临战，左右进剑，起曰：“将专主旗鼓，临难决疑，挥兵指刃，此将事也。一剑之任，非将任也。”

［译文］　吴起在开战前，左右侍从给他献上宝剑，吴起说：“将帅必须专注掌管军旗和战鼓，面临困难时要能够做出决断，指挥军队的进退，才是将帅的职责。拿一把剑去杀敌，不是将帅的责任。”

授斧钺　国有难，君卜吉日，以授旗鼓。将入庙，趋至堂下，北面而立，主亲操斧钺，持斧头，授将军其柄，曰：“从此上至天者，将军制之。”复持斧头，授将军其柄，曰：“从此下至渊者，将军制之。”

［译文］　国家有危难的时候，君王要占卜一个吉日，授予将军军旗和战鼓。将军进入太庙，小步急行到堂下，面朝北方站立，君王亲手拿着斧钺，拿着斧头，把钺柄递给将军，说：“从这里一直到天上，都请将军来管制。”再拿着斧头，把斧柄递给将军，说：“从这里一直下到深渊，都请将军来管制。”

投醪　秦穆公伐晋，及河，将军劳之，醪唯一杯。蹇叔曰：“一杯可以投河而酿也。”穆公乃以醪投河，三军皆取饮之。

［译文］　秦穆公讨伐晋国，到了黄河，想慰劳军队，但是只有一杯

酒。蹇叔说："一杯酒也可以倒到黄河里，把河水都酿成酒。"秦穆公就把酒倒入黄河，三军将士都取来河水当酒喝。

吮疽 吴起为魏将攻中山。卒有患疽者，起为吮之。卒母闻而哭。人曰："子，卒也，而将军自吮其疽，何哭为？"答曰："往年吴公吮其父，其父战不旋踵，遂死敌。今又吮其子，妾不知死所矣。"后起之楚，卒果见杀。

［译文］ 吴起为魏国率兵去攻打中山国。士兵中有身上长了疮的，吴起亲自用嘴为他吸脓。士兵的母亲听到后就哭了。有人问她说："你儿子不过是个士兵罢了，而吴起将军亲自为他吸脓，你为什么还要哭呢？"回答说："往年吴将军为这孩子的父亲吸脓，孩子的父亲作战没多长时间，就战死了。今天又来为我儿子吸脓，我不知道他会死在哪里。"后来吴起到了楚国，那个士兵果然被杀死了。

纶巾羽扇 诸葛武侯与司马懿治军渭滨，克日夜战。司马懿戎服莅事，使人视武侯独乘素车，纶巾羽扇，指挥三军，随其进止。司马懿叹曰："诸葛君可谓名士矣！"

［译文］ 诸葛亮和司马懿在渭河边上操练士兵，约定日期要在夜里决战。司马懿穿着戎装视察军务，派人去看诸葛亮，只见他独自一人坐着素车，戴着青丝巾挥动鹅毛扇，指挥军队，三军随着他一起进退。司马懿赞叹说："诸葛先生可真是位名士啊。"

金钩 阖闾既宝莫邪，复令国中作金钩，令曰："能为善钩者赏千金。"有人贪赏，乃杀其二子，以血衅金，遂成二钩，献之，王曰："钩有何异？"曰："臣之作钩，贪赏而杀二子，衅以成钩，是与众异。”遂向钩而呼二子之名，曰：“吴鸿、扈稽，我在此！”声未绝，而两钩俱飞，著父之胸。吴王大惊，乃赏之。遂服之不去身。

［译文］　吴王阖闾把莫邪剑当作珍宝，又下令全国人制作金钩，说：“能做出好金钩的人赏赐千金。”有个人贪图赏赐，就杀掉了他的两个儿子，用血涂在金上，因此做成两只金钩，献给吴王。吴王说：“这钩有何特别的地方啊？”回答说：“我为了做这个钩求得赏赐，而杀了两个儿子，用鲜血铸成，所以它与众不同。”于是对着金钩叫自己两个儿子的名字：“吴鸿、扈稽，我在这里！”话音未落，两只钩一起飞了起来，贴在父亲的胸膛上。吴王大吃一惊，就赏赐了他。于是时时随身佩带着这两把钩。

七制　兵法七制，一曰征、二曰攻、三曰侵、四曰伐、五曰阵、六曰战、七曰斗。

［译文］　兵法有七制，一是征服、二是攻打、三是侵略、四是讨伐、五是列阵、六是大战、七是决斗。

挟纩　楚子围萧，申公巫臣曰：“师人多寒。”王巡三军，拊而勉之，三军之士皆如挟纩。

［译文］　楚王率领军队围攻了萧国，申公巫臣说：“兵士们大都感到很冷。”楚王巡视三军，拍着士兵们的肩膀勉励他们，三军将士都如同穿上了棉衣一样温暖。

呼庚癸　吴申叔仪乞粮于晋，公孙有山氏对曰：“粱则无矣，粗则有之。若登首山，以呼曰庚癸乎，则诺。”（庚，西方，主谷。癸，北方，主水。教以隐语也。）

[译文] 吴国的申叔仪到晋国请求借粮食，公孙有山氏对他说："精细的粮食没有了，粗粮还有一些。若你登上首山，大声呼喊'庚癸乎'，就能答应你的请求。"（庚，指的是西方的神灵，主掌谷物。癸，指的是北方的神灵，主掌水。这是用隐语来教他。）

盗马 秦穆公失右服马。见野人方食之，公笑曰："食马肉不饮酒，恐伤。"遂遍饮而去。及一年，有韩原之战，晋人环穆公之车。野人率三百余人疾斗车下，遂大克晋。

[译文] 秦穆公丢了他马车右边的一匹马，发现一个村野之人正在吃那匹马，秦穆公笑说："只吃马肉而不喝酒，恐怕会伤身体。"于是请他喝了个痛快才离开。过了一年，秦国和晋国发生了韩原之战，晋军包围了秦穆公的马车。那个村野之人率领三百多人迅速到秦穆公战车下参加战斗，于是大胜了晋军。

剑名 剑口曰镡，剑鼻曰璏（音位），剑握曰铗，剑鞘曰室，剑衣曰韬，亦曰裧（音绕），剑把绳曰蒯缑（音勾）。

[译文] 剑口叫作镡，剑鼻叫作璏（读作位），剑把叫作铗，剑鞘叫作室，剑衣叫作韬，也叫作裧（读作绕），剑把上的绳子叫作蒯缑（读作勾）。

五名剑 越王勾践有宝剑五，一曰纯钩、二曰湛卢、三曰豪曹、四曰鱼肠、五曰巨阙。

[译文] 越王勾践有五把宝剑：一叫纯钩、二叫湛卢、三叫豪曹、四叫鱼肠、五叫巨阙。

斩蛇剑 汉高帝于南山得一铁剑，长三尺，铭曰"赤霄"，大篆书，即斩蛇剑也。及贵，常服之。晋太康三年，武库火，中书监张华列兵防卫，见汉高斩蛇剑穿屋飞去，莫知所向。

［译文］ 汉高祖在南山得到一把铁剑，有三尺长，上面刻有铭文“赤霄”，是用大篆书写的，就是那把斩蛇的剑。等到他发迹后，经常佩带着它。晋朝太康三年（公元282年），武库失火，中书监张华派兵防卫，看到汉高祖的那把斩蛇剑穿破屋顶飞走，没有人知道飞到哪里去了。

佽飞　荆有佽飞者，得宝剑于江干。涉江，及至中流，两蛟夹舟。佽飞祛衣，拔剑刺蛟，杀之。荆王任以执圭。

［译文］ 荆地有个叫佽飞的人，在长江边上得到了一把宝剑。过江的时候，小船行到江心，有两条蛟龙夹着小舟。佽飞脱下衣服，拔剑刺向蛟龙，杀死了它们。荆王让他做了官。

干将莫邪　干将吴人，妻莫邪，为吴王阖闾铸剑，不成，干将曰：“神物之化，须人而成。”妻乃断发剪爪，投入炉中，金铁皆熔，遂成二剑，阳曰“干将”，阴曰“莫邪”。

［译文］ 干将是吴国人，妻子叫莫邪，两人为吴王阖闾铸造宝剑，没有铸成。干将说：“神物的造就，必须要有人的气息才能铸成宝剑。”妻子就剪下头发和指甲，投到火炉中，金属就都熔化了，于是铸成了两把宝剑，阳剑叫“干将”，阴剑叫“莫邪”。

龙泉太阿　张华见斗牛间有紫气，在丰城分野，乃以雷焕为丰城令。至县，掘狱深二丈，开石函，得二剑，一名龙泉，一名太阿，焕留其一，一以进华，且曰：“灵异之物，终当化去。”华死，剑飞入襄城水中。后焕子为建安从事，经延津，剑忽于腰间跃入水，使人汆水求之，见双龙。龙蜿蜒，不敢近。

［译文］ 张华看见天上牛、斗两星之间发出紫色的光芒，星象对应的地界是在丰城，就让雷焕担任丰城县令。到县里上任后，在监狱挖了二丈深的土坑，挖到一个石匣子，打开后得到两把宝剑，一把叫龙泉，一把叫太阿，雷焕留下其中一把，另一把献给了张华，说："这种灵异的宝物，终究会变化而离开。"张华死后，剑就飞入襄城的河水中。后来，雷焕的儿子担任建安从事，经过延津，宝剑忽然从腰间跳到河水中去了，让人跳入水中寻找，只看见水中有两条龙，盘旋蜿蜒，不敢靠近。

华阴土 雷焕丰城狱中得剑，取南昌西山黄白土拭之，光艳照耀，张华更以华阴赤土磨之，鲜光愈亮。

［译文］ 雷焕从丰城的监狱中得到宝剑后，取来南昌西山上的黄白土擦拭宝剑，剑光明亮耀人，张华又用华阴的红土擦拭它，剑光更加鲜亮。

金仆姑 箭名。《左传》：鲁庄公以金仆姑射南宫长万。

［译文］ 是箭的名字。《左传》记载，鲁庄公用金仆姑射杀了南宫长万。

石马流汗 安禄山乱，哥舒翰与贼将崔乾祐战，见黄旗军数百来助战，忽不见。是日，昭陵内石马皆流汗。

［译文］ 安禄山发动叛乱后，哥舒翰和叛将崔乾祐激战，看到几百名黄旗军赶来帮助作战，忽然又消失了。这天，唐太宗昭陵的石马身上都流了汗。

露布 军中有露布，乃后魏每征伐战胜，欲天下闻知，书帛建于漆竿上，名为露布，以扬战功。

[译文] 军中有了露布，是因为后魏时每次征讨攻伐得胜以后，想让天下人都知道，便在布帛上书写文字挂在漆竿上，取名叫露布，用来宣扬战功。

蒋庙泥兵 南京钟山，有汉秣陵尉蒋子文庙，盖因子文逐盗死此，孙权为立庙，封蒋侯。权避祖讳钟，改名蒋山。后孙权与敌人战，夜大雨，蒋侯助之，次日，见庙中泥兵皆湿。

[译文] 南京的钟山上面，有汉代秣陵尉蒋子文的庙，因为蒋子文追捕盗贼的时候死在这个地方，孙权为他立了庙，封为蒋侯。孙权为避讳祖父名字中的“钟”字，把这座山改名为蒋山。后来孙权和敌人交战，晚上下了大雨，蒋侯就来相助。第二天，看见庙里的泥兵身上都是湿的。

箭塞水注 刘锜善射。水斛满，以箭射斛，拔箭水注，随射一箭窒之，人服其精巧。

[译文] 刘锜擅长射箭。装满水的水桶，用箭去射，把箭拔出，水就如注流出，接着他再射一箭能把原来的孔堵上。人们都佩服他的箭法精妙。

檿弧萁服 檿，山桑也。木弓曰“弧”。服，乘箭具也。萁草似荻，细织之，而为服也。

[译文] 檿，就是山上的桑树。木制的弓叫作“弧”。服，是用来装箭的东西。萁草像荻草一样，细细地编织，可以用来做衣服。

娘子军 唐平阳公主，嫁柴绍。初，高祖起兵，与绍发家资招亡命。渡河，主引精兵万人与秦王会于渭北。绍与公主对置幕府，分定京师，号“娘子军”。

[译文] 唐朝的平阳公主，嫁给了柴绍。起初，唐高祖起兵，和柴绍一起将家产都散出来招募亡命之徒。渡过黄河后，平阳公主率领一万精兵和秦王在渭水的北边会师。柴绍和公主分别开设了幕府，分别攻进平定了京城，人们称之为“娘子军”。

夫人城 晋朱序镇襄阳，时苻坚遣兵攻之。序母见城西北角当先坏，领百余婢并女丁，斜筑城二十余丈。贼攻西北角，果溃，众守新城，贼遂引退，号“夫人城”。

[译文] 晋朝的朱序镇守襄阳，当时苻坚派遣军队前来攻城。朱序的母亲看到城西北角会最先被攻破，于是亲自率领一百来名婢女和女家丁，斜着修筑了一道二十多丈的新城墙。贼人进攻西北角，守城的军队果然溃败，众人退守新城，敌人于是退回，因此号称为“夫人城”。

紫电青霜 《滕王阁序》：“紫电青霜，王将军之武库。”

[译文] 王勃在《滕王阁序》中说：“紫电、青霜等宝剑，都是王将军的武库中所有之物。”

榻侧鼾睡 宋太祖欲伐江南，徐铉入奏乞罢兵。太祖曰：“江南主有何罪，但卧榻之侧，岂容他人鼾睡耶！”

[译文] 宋太祖想要征讨江南，徐铉入朝上奏请求罢兵。宋太祖说：“江南国主能有什么罪行，但我的卧榻边，岂能容忍别人沉睡呢！”

廉颇善饭　廉颇一饭斗米，肉十斤，披甲上马，以示可用。郭开谓赵王曰："廉将军虽老，尚善饭，然与臣坐，顷之，三遗矢矣。"王以为老，遂不召。

［译文］　廉颇一顿饭吃掉一斗米，十斤肉，披上铠甲，跨上战马，来表示自己还可以打仗。廉颇的仇人郭开对赵王说："廉将军虽然年龄大了，但是饭量还很好，然而和我坐在一起交谈，才一会儿的工夫，就上了三次厕所。"于是赵王认为廉颇年老，就没有再召见他。

杜彪　梁荆州刺史杜山从，膂力过人，便骋马，射不虚矢。所佩霞明朱弓，四石余力，每出挑战，魏军惮之，号为"杜彪"。

［译文］　梁朝的荆州刺史杜山从，臂力超过一般人，即使骑着奔驰的快马射箭，也是箭不虚发。他所佩带的霞明朱弓，拉力有四石多，每次出来挑战，北魏军队都很害怕他，称他为"杜彪"。

飞将　唐单雄信极勇，力事李密，人号为"飞将"。后周韩果破稽胡，稽胡惮果矫健，亦号"飞将"。

［译文］　唐朝的单雄信非常英勇，侍奉李密尽心尽力，人们称他为"飞将"。后周的韩果打败了稽胡，稽胡害怕韩果的矫健英勇，也称他为"飞将"。

铁猛兽　后周蔡祐与齐战，著明光铠甲，所向无敌，齐人畏之，号"铁猛兽"。

［译文］　后周的蔡祐和齐军交战，身穿明光铠甲，所向无敌。齐人害怕他，称他为"铁猛兽"。

熊虎将 周瑜尝谓孙权曰:“刘备有关张熊虎之将,有饮马长江之志。”又言羽、飞为万人敌。

[译文] 周瑜曾对孙权说:“刘备有关羽、张飞这样像熊虎一样勇猛的将领,则定有在长江边饮马的志向。”又说关羽、张飞,可抵挡一万人。

细柳营 汉文帝时,匈奴大入边。上使周亚夫军细柳,以备胡。上自劳军,先驱至军门,曰:“天子至!”都尉曰:“军中闻将军令,不闻天子诏。”上使使持节诏将军曰:“吾欲入劳军。”亚夫开壁门。天子按辔徐行。亚夫以军礼见。文帝曰:“嗟乎,此真将军矣!”

[译文] 汉文帝的时候,匈奴大举入侵边境。文帝让周亚夫在细柳驻扎军队,来防止匈奴的入侵。文帝亲自去细柳营犒劳军队,皇帝的先遣人员到达军营门口说:“天子驾到!”守门的都尉说:“军中只听从将军的命令,不听从天子的诏令。”文帝派遣使者持着节符下诏给将军周亚夫说:“我想进入军营犒劳军队。”周亚夫才打开营门。文帝拉着缰绳缓缓前行,周亚夫以军礼参见了文帝。文帝说:“哎呀,这才是真正的将军啊!”

飞将军 汉李广为北平太守,匈奴畏之,号曰“汉飞将军”,避之数岁。

[译文] 汉朝的李广担任北平太守时,匈奴人畏惧他,称他为“汉飞将军”,躲避他很多年。

贯虱 《列子》:纪昌学射于飞卫,卫曰:“视大如小,视微如著,而后告我。”昌以牦尾垂虱于牖间，南面而望之。旬日之间，渐大；三年之后，大如车轮。乃以弧矢射之，贯虱之心。

[译文]《列子》中说：纪昌向飞卫学习射箭，飞卫说：“要把大的东西看成小的，把细微的东西看成明显的，练成之后再告诉我。”纪昌用牛尾的毛绑一只虱子在窗口上，面向南方看着它。十来天之后，感觉虱子逐渐增大；三年以后，看到的就像车轮那么大。于是用弓箭去射它，一下子就射穿了虱子的心脏。

来嚼铁 唐来瑱为颍川太守，贼攻城，来射皆应弦而仆。贼拜城请降，称为“来嚼铁”。

[译文] 唐朝的来瑱担任颍川太守时，贼人来攻打城池，来瑱向下射箭，敌人纷纷应声而倒。贼人向城跪拜请求投降，称他为“来嚼铁”。

半段枪 唐哥舒翰为河西卫前将军，吐蕃大寇边，翰持半段枪当其锋，所向披靡。

[译文] 唐代的哥舒翰担任河西卫前将军，吐蕃大举侵略边境，哥舒翰手持半段枪抵挡敌兵的锋芒精锐，所向披靡。

黄驺少年 唐裴杲勇冠三军，与敌国战，乘黄驺当先，军中称“黄驺少年”。

[译文] 唐朝的裴杲勇力为三军之首，和敌兵交战的时候，骑一匹黄驺马冲在前面，军中人称之为“黄驺少年”。

白袍先锋 唐薛仁贵尝从太宗征伐，每出战，辄披白袍，所向无敌。太宗遥见，问白袍先锋是谁。特引见，赐马绢，喜得虎将。

[译文] 唐朝的薛仁贵曾跟随唐太宗出征作战。每次出战，总是身披一袭白色的袍子，所向无敌。唐太宗远远看见，问那个穿白袍的先锋是谁。于是特别召见了他，赐给他战马、布匹，很高兴得到一员虎将。

大树将军 后汉冯异性谦退不伐，诸将于所止舍，辄并坐论功，异常独屏树下，人号“大树将军”。

[译文] 东汉的冯异性格谦逊不善夸耀，别的将领到休息的地方，就坐在一起讨论军功，而冯异常常独自坐在大树下面，人们称他为“大树将军”。

霹雳闪电 唐长孙无忌父晟讨突厥，畏晟，闻其弓声，谓之“霹雳”；见其走马，谓之“闪电”。晋王笑曰：“将军振怒，威行域外。”

[译文] 唐朝的长孙无忌的父亲长孙晟讨伐突厥，突厥人害怕长孙晟，听到他的弓声，称之为“霹雳”;看见他骑马奔跑，称之为“闪电”。晋王杨广笑着说：“将军您一发怒，威名可以远播到域外啊。”

辕门二龙 唐乌承玼，开元中，与族兄承恩皆为平虏先锋，号“辕门二龙”。

[译文] 唐朝的乌承玼，开元年间，和同族的兄长乌承恩都担任平虏先锋，号称“辕门二龙”。

一韩一范 范文正公与韩魏公俱为西帅，边士谣曰：“军中有一韩，西贼闻之心胆寒；军中有一范，西贼闻之惊破胆。”元昊惧，遂称臣。

[译文]　文正公范仲淹和魏国公韩琦都当过西北边疆的元帅，边疆士兵传唱歌谣说："军中有一韩，西贼闻之心胆寒；军中有一范，西贼闻之惊破胆。"西夏皇帝元昊害怕他们，于是向宋朝称臣。

八遇八克　唐娄师德，武后时募猛士讨吐蕃，乃自奋，戴红抹额来应诏。后与虏战，八遇八克。

[译文]　唐朝的娄师德，武则天时期招募勇士讨伐吐蕃，就自告奋勇，戴着红色的抹额前来应诏。后来和敌人作战，八次遇到敌人，八次攻克了敌人。

七纵七擒　孔明与孟获战，凡七纵七擒。后乃叹服曰："公天威也，南人不敢复反矣！"

[译文]　诸葛亮和孟获交战，总共七次放了他，又七次抓住了他。后来孟获终于叹服说："您有这样的天威，我们南边的人不敢再反叛了。"

钲止兵进　狄青与西贼战，密令军中，钲一声则止，再声则严阵而阳却，钲声止则大呼而突之。虏大骇愕，以是胜之。

[译文]　狄青与西边的敌人交战，秘密在军中下令，钲敲响一声就停止进攻，响两声就保持阵型并假装撤退，钲声停止就大声呼喊向前冲锋。敌人大为惊愕，因此取得了胜利。

以少击众　唐马璘武艺绝伦，以百骑破卒五千。李光弼曰："吾未见以少击众，如马将军者！"人号为"中兴锐将"。

[译文]　唐朝的马璘武艺超出同类，用一百骑兵打败了五千敌人。李光弼说："我没见过能像马将军这样以少胜多的将军啊！"人们

称他为“中兴锐将”。

朕之关张 宋狄青京师呼为“狄天使”，上嘉其材勇，为泾原路兵马总管。上欲一见，诏令入朝。会寇逼平凉，乃令亟往，俾图像以进。上观其相曰：“朕之关张。”

［译文］ 宋朝的狄青，京师人都称他为“狄天使”，皇上嘉奖他的勇武，任命他担任泾原路兵马总管。皇上想见他一面，下诏让他入朝觐见。恰逢有敌军进逼平凉，就又下令让他赶快去前线迎敌，只好让人画了图像进献给皇上。皇上看了这幅画像后说：“这是我的关羽、张飞啊。”

立汉赤帜 韩信攻赵，令卒曰：“赵见我走，必空壁逐我，若等疾入，拔赵白帜，立汉赤帜。”信佯走。赵果逐之，回壁见赤帜，大乱。汉兵夹击，遂克赵军。

［译文］ 韩信进攻赵国时，命令兵士说：“赵军如果看见我们败逃，一定会倾巢而出追击我军，你们就赶快进入他们的营盘，拔掉赵国的白旗，竖立我们汉军的红旗。”于是韩信假装败逃，赵军果然追赶，等回营时看到红旗，顿时大乱。汉兵前后夹击，于是攻克了赵军。

下马作露布 《南史》：傅永拜安远将军，帝叹曰：“上马能杀贼，下马能作露布，惟傅修期能之耳！”

［译文］《南史》记载：傅永被授予安远将军，皇帝赞叹说：“上马能杀贼，下马能作露布，只有傅修期可以做得到啊！”

三箭定天山 薛仁贵为行军副总管。九姓众十余万，令骁骑挑战，仁贵发三矢，辄杀三人，虏气慑，皆降。

［译文］ 薛仁贵担任行军副总管。九姓部落的敌军有十余万人，他们让精锐的骑兵前来挑战，薛仁贵射了三箭，就杀死了三个骑兵，敌人的气焰被震慑住，就都投降了。

三鼓夺昆仑　狄青宣抚广西，侬智高守昆仑关，青至宾州，值上元节，大张灯火，首夜宴乐彻晓。次夜复宴，二鼓时，青忽称疾如内，命孙元规主席。少服药乃出，数使人劝劳坐客，至晓未散。忽有驰报云："是夜三鼓，狄将军已夺昆仑关矣。"

［译文］ 狄青担任广西宣抚使时，侬智高正镇守昆仑关，狄青的军队到达宾州的时候，正好遇到上元节，城中大肆张举灯火，第一天晚上通宵摆宴奏乐，第二天晚上又摆宴，二更时分，狄青忽然说身体难受，进入内室，让孙元规主持宴席。狄青说他稍微吃点药就出来，还多次让人给在座的宾客劝酒，到天亮酒席都没有散去。忽然有快马来报告："当晚三更时分，狄青将军已经夺取了昆仑关。"

顺昌旗帜　宋刘琦与兀术战于柘皋，虏远望见，大惊曰："此顺昌旗帜也。"即引兵而去。

［译文］ 宋朝的刘琦与金兀术在柘皋交战，敌人远远望见，大吃一惊，说："这是顺昌府的旗帜啊。"立刻就引兵撤退了。

每饭不忘巨鹿　汉文帝谓冯唐曰："昔有为我言李齐之贤，战于巨鹿下。今吾每饭，意未尝不在巨鹿也。"

［译文］ 汉文帝对冯唐说："曾经有人对我说李齐的贤能，说他在巨鹿作战。现在我每次吃饭，心思没有一次不在巨鹿啊。"

铸错 唐罗绍威以魏博牙兵骄甚，尽杀之，遂为梁朱温所制，乃谓亲吏曰：“聚六州四十三县铁，铸一个错不成！”

[译文] 唐朝的罗绍威因为魏博的卫兵太过骄横，就把他们全杀了，于是被后梁的朱温压制，他对亲近的属吏说：“把六州四十三县的铁都聚集起来，也铸造不出一个‘错’字啊！”

得陇望蜀 司马懿言于曹操曰：“今克汉中，益州震动，进兵临之，势必瓦解。”操曰：“人苦不知足，得陇复望蜀。”

[译文] 司马懿对曹操说：“现在攻克了汉中，益州就会受到震动，进兵攻打它，一定会瓦解。”曹操说：“人都苦于不知道满足，得到陇地还要想着蜀地。”

塞创复战 隋张定和，虏刺之中颈，定和以草塞创而战，神气自若，虏遂败走。

[译文] 隋朝的张定和，敌人刺中了他的脖子，张定和用草塞住伤口继续作战，神气自若，于是敌人大败而逃。

杜伏威 唐杜伏威与陈稜战，射中伏威额，怒曰：“不杀汝，箭不拔！”驰入稜阵，获所射将，使拔箭，已，斩之。

[译文] 唐朝的杜伏威和陈稜的军队交战，敌人的箭射中了杜伏威的额头，杜伏威大怒说：“不杀了你我发誓不把箭拔下来！”骑马冲进陈稜的阵地，擒获了那个射箭的将领，让他拔了箭，完了之后杀了他。

首级 秦法斩敌一首拜爵一级，故曰“首级”。后人云：“割一首，必割其势，以为一级者非。”

[译文] 秦朝的法令，斩下敌人一个头就授予一级爵位，所以叫“首级”。后人说：“割下一个头，一定要再割下他的生殖器，所以认为授予一级爵位是不对的。”

梓树化牛 秦文公伐雍，南山梓树化为牛，以骑击之，不胜。或坠地，解髻披发，牛畏之，入水。秦因置髦头，骑使之先驱。

[译文] 秦文公讨伐雍国时，雍国南山的梓树变成了牛，派骑兵去攻击它们，却无法取胜。有人从马上坠落到地上，头发披散，牛非常害怕，躲入水中。秦国因此设置了髦头的部队，让他们在骑兵前面充当先锋。

勒石燕然 燕然，山名，去塞三千里。窦宪大破单于，登燕然山，勒石纪功，颂汉功德。

[译文] 燕然，是山的名字，距离塞外还有三千里。汉朝窦宪大败单于，登上燕然山，刻石纪功，称颂汉朝的功德。

九章 管子曰：“举日章则昼行，举月章则夜行，举龙章则水行，举虎章则林行，举鸟章则行阪，举蛇章则行泽，举鹊章则行船，兴狼章则行山，举韓章则载食而驾。”

[译文] 《管子》中说：“举着有太阳图案的旗子则为白天行军，举着有月亮图案的旗子则为夜间行军，举着龙图案的旗子则为水中行军，举着老虎图案的旗子则为树林中行军，举着飞鸟图案的旗子则为山坡上行军，举着蛇图案的旗子则为沼泽中行军，举着鹊图案的旗子则为陆地上行军，举着狼图案的旗子则为山中行军，举着牲畜图案的旗子则为带着干粮行军。”

啼哭郎君 都统制曲端勇悍非常，每与虏战，呼裨将头目，备告以二帝蒙尘，今在五国城中青衣把盏，凡为臣子者闻之痛心，思之切骨，遂放声大哭。将佐军士皆哭，奋身上马，勇气百倍，虏人望之辟易，称为“啼哭郎君”。

［译文］ 都统制曲端非常勇猛强悍，每次与敌人交战，就叫来偏将的首领，对他说徽、钦二帝蒙受苦难，现在正在金人的五国城中充当金人的奴仆给金人倒酒，凡是做臣子的听到都感到痛心，想到这件事就有切骨的疼痛，于是放声大哭。全军将士都大哭起来，奋然飞身上马，勇气增添了一百倍，敌人远远望见就退后了，称他为“啼哭郎君”。

鸽笼分部 曲端军分五部，一笼贮五鸽，随点一部，则开笼纵一鸽往，则一部之兵顷刻立至，其速如神，见者气夺。

［译文］ 曲端的军队分为五部分，一笼养五只信鸽，随时召唤一部军队，就开笼放一只信鸽前往送信，于是一部兵马很快就能到达，速度之快如有神助，看到的人都十分吃惊，丧失勇气。

玉帐术 杜子美诗：“空留玉帐术，愁杀锦城人。”玉帐乃兵家厌胜之方位，主将丁其方置军帐，则坚不可犯。其法：黄帝遁甲以月建，后三位取之，如正月建寅，则巳为玉帐。

［译文］ 杜子美有诗说：“空留玉帐术，愁杀锦城人。”玉帐是统兵的人用巫术压制敌人的地方，主将若在这个方位设置军帐，就坚强得不可侵犯。方法出自黄帝遁甲，在月建后三位取之，如果正月是建寅之月，则巳位就是玉帐所在的方位。

寇来没处畔　陈后主兴齐云观，谣曰："齐云观，寇来没处畔。"故今人避人谓之"畔"。

［译文］　陈后主兴建了齐云观，有民谣说："齐云观，寇来没处畔。"所以现在人把躲避别人叫作"畔"。

府兵　西魏始作府兵。隋唐始有番次，入为兵，出为农。周太祖始刺面见。唐末刘仁恭刺民为兵，给廪食，军丁佥补。

［译文］　西魏最先设立了府兵。隋唐最早有了府兵的番号，进入军营就是士兵，出了军营就成农民。周太祖最初在士兵的脸上刺字。唐朝末年的刘仁恭抓住百姓在脸上刺字当作士兵，供给食物，来作为兵源的补充。

渠答　蒺藜也，以铁为之，匝营则撒之四外。

［译文］　就是蒺藜，用铁制成，扎下营寨后就撒到营帐的四周。

绕指柔　平望湖中掘得一剑，屈之则首尾相就，放手复直如故，锋铓犀利，可断金铁。识者曰："此古之绕指柔也。"

［译文］　有人在平望湖中挖出一把宝剑，弯曲后剑头可以与剑把相接，放开手后又可以恢复先前笔直的状态，剑锋犀利，可以砍断金属。有见识的人说："这就是古代的'绕指柔'啊。"

刑法

郑铸《刑书》，晋作《执秩》，赵制《国律》，楚作《仆区》（区，音欧），皆法律之名也。仆，隐也；区，匿也；作为隐匿亡人之法。

［译文］ 郑国制定了《刑书》，晋国制定了《执秩》，赵国制定了《国律》，楚国制定了《仆区》（“区”，读作“欧”），这些都是法律条文的名字。仆，是隐的意思；区，是藏匿的意思；是为隐匿逃亡者所制定的法律。

历代狱名 夏狱曰夏台，商狱曰羑里，周狱曰囹圄，汉狱曰请室。

［译文］ 夏朝的监狱叫夏台，商朝的监狱叫羑里，周朝的监狱叫囹圄，汉朝的监狱叫请室。

五听 《周礼》：少司寇以五声听讼狱，一曰辞听，二曰色听，三曰气听，四曰耳听，五曰目听。

［译文］《周礼》中记载：少司寇用五种方法来审判案件，一是观察言辞，二是观察脸色，三是观察呼吸，四是观察听人说话的反应，五是观察犯人的眼神。

三刺 听讼者以三刺，一刺曰讯群臣，二刺曰讯群吏，三刺曰讯万民。

［译文］ 判案者应该征求三方面的意见：一是征求群臣的意见，二是征求群吏的意见，三是征求万民的意见。

古刑 墨、劓、剕、宫、大辟，其后加流、赎、鞭、朴为九刑。

［译文］ 墨（用刀刺脸、染黑）、劓（割掉鼻子）、剕（砍断双脚）、宫（阉割生殖器）、大辟（死刑），后来又增加了流（流放）、赎（赎罪）、鞭（用鞭子打）、朴（用长棍子敲打），合称九刑。

古刑名　城旦、舂：城旦者，旦起行治城。舂者，舂米，四岁刑也。鬼薪、白粲：取薪给宗庙为鬼薪；坐择米使正白为白粲，三岁刑也。

［译文］　城旦、舂：城旦，就是早晨起来去修筑城墙；舂，就是舂米，这两种都是四年的刑罚。鬼薪、白粲：鬼薪，就是为宗庙砍柴；白粲就是把白米都挑选出来，这两种都是三年的刑罚。

五毒　械颈足曰桁扬，械颈曰荷校，械手足曰桎梏，锁系曰锒铛，鞭笞曰榜掠。考逼曰五毒俱备，言五刑皆用也。

［译文］　给脖子和脚戴上枷锁叫作桁杨，只给脖子带枷锁叫作荷校，给手足戴枷锁叫作桎梏，用锁链绑住叫作锒铛，用鞭子抽打叫作榜掠。拷打逼供叫作五毒俱备，意思是说五种刑罚都用到了。

三木　三木者谓杻械枷锁及手足也。

［译文］　三木指的是用枷锁铐住脖子和手脚的刑罚。

三宥　一宥曰不识，二宥曰过失，三宥曰遗忘。

［译文］　第一种可以宽恕的情况是不知道这是犯罪，第二种可以宽恕的情况是因不小心而犯罪，第三种可以宽恕的情况是记忆不好。

三赦　一赦曰幼弱，二赦曰老耄，三赦曰愚蠢。

［译文］　第一种可以赦免的是年幼的人，第二种可以赦免的是年纪大的人，第三种可以赦免的是愚蠢的人。

虞芮争田　周文王时，虞、芮之君争田不决，相与质成于文王。入其境，见其民耕者让畔，行者让路。二君相谓曰："我等小人，不可以履君子之庭。”乃让其所争之田为闲田。

[译文] 周文王时，虞国和芮国君主互相争夺土地而没有结果，一起去请周文王裁决。进入周文王的辖境后，看到那里耕田种地的人都让出田界，赶路的人都互相让路。两位君主互相看着对方说:“我们这些度量狭小的人，不可以踏进君子的庭院啊！”于是就让出了互相争夺的土地当作了闲田。

除肉刑 汉太仓令淳于意，无子，有五女。罪当刑，骂曰:“生女不生男，缓急无可使！”其幼女缇萦上书，言死者不可复生，刑者不可复赎。愿没入为官奴，以赎父罪。文帝怜之，并除肉刑。

[译文] 汉朝的太仓令淳于意没有儿子，有五个女儿。淳于意犯了罪应当判刑，就骂道:“生女儿不生儿子，遇到急事没有可以指望上的！”他的小女儿缇萦就向朝廷上书，说人死了就不能再活过来，处刑后也不可能再赎罪。自己愿意卖身作为官奴，来抵偿父亲的罪行。汉文帝很同情她，就一并废除了肉刑。

后五刑 肉刑既除，后以笞、杖、徒、流、死为五刑。

[译文] 肉刑被废除之后，又把笞（用鞭子打）、杖（以木板击打）、徒（强制劳动）、流（流放）、死五种刑罚合称为“五刑”。

髡钳 髡，削发也。钳，以铁束头也。钳钛，《陈咸传》谓私解脱。钳钛，钳在首，钛在足，皆以铁为之也。

[译文] 髡，就是剃去头发。钳，就是用铁做成的箍子罩住头。钳钛，《汉书 · 陈咸传》中说“私自解开脱下钳钛”。钳钛，钳罩住头，钛锁住脚，都是用铁制成的刑具。

胥靡　胥，相也；靡，随也；联系之，使相随而服役也。犹今之役囚徒，以铁索联缀之耳。

［译文］胥，是互相的意思；靡，是跟随的意思；二者合起来，就是相互跟随服役。犹如现在服役的囚徒，用铁索把他们串联起来服劳役。

弃市　汉景帝改磔曰弃市，勿复磔。磔谓张其尸也，弃市，谓投之于市。

［译文］汉景帝把车裂的刑罚改成了弃市，不再使用车裂了。磔，就是分裂尸体。弃市，是在人群集聚的闹市执行死刑。

刑具　汉刑法志：大刑用甲兵，其次用斧钺，中刑用刀锯，其次用钻凿，薄刑用鞭朴。

［译文］《汉书·刑法志》中记载：最重的刑罚要用军队，其次用斧钺，中等的刑罚用刀锯，稍轻点的刑罚用钻凿，最轻的刑罚用鞭子或大板。

锻炼　锻，锤也。锻炼犹言精熟也。深文之吏入人之罪，犹锻炼铜铁，使之成熟也。

［译文］锻，就是反复捶打。锻炼就是说精熟。深文周纳的官吏给人定罪，就好像锻炼捶打铜铁，让它成熟起来。

钳网　李林甫为相，起大狱以诬陷异己者，宠任吉温、罗希奭为御史，锻炼人罪。时人谓之罗钳吉网。

［译文］李林甫担任宰相的时候，兴起大案来诬陷与自己政见不同的人，宠信并任用吉温、罗希奭二人为御史，给他人罗织罪名。

当时人称之为“罗钳吉网”。

罗织 武后任用来俊臣、周兴二人，共撰《罗网经》数千言，教其徒罗织人罪，无有脱者。

[译文] 武则天任用来俊臣、周兴二人，共同撰写了几千字的《罗网经》，教唆他们的下属给别人罗织罪名，无人能够逃脱。

蚕室 受腐刑者必下蚕室，盖蚕宜密室，以火温之。新受腐者最忌冒风，须入密室，乃得保全，因呼其室为蚕室。

[译文] 受了阉割刑罚的人一定要进入蚕室，因为蚕适合生存在密闭的屋子里，生火保持室内温暖。新受刑罚的人最害怕吹风，在密室里才能够保全性命，因此把这种密室称为“蚕室”。

庾死 汉宣帝诏曰:“系者苦饥寒庾死狱中，朕甚痛之。”

[译文] 汉宣帝下诏书说:“被捕入狱的人忍饥受冻而病死于狱中，我很痛惜他们。”

枭首 百劳名枭，以其食母不孝，故古人赐枭羹，悬其首于木，故刑人以首示众者曰枭首。

[译文] 百劳鸟的名字叫枭，因为它长大后会吃掉它的母亲，非常不孝。于是古人赐给臣下枭做的肉汤，将它的脑袋悬挂在树上。所以处决犯人后，将头颅悬挂起来示众，就叫作“枭首”。

缿筩 赵广汉为颍川守，恨朋比为奸，乃许相讦或匿名相告者，置缿筩，令投书于其中。

[译文] 赵广汉担任颍川太守时，痛恨别人狼狈为奸，就允许互相

揭发或匿名告发，设置了ము箭，让大家把告状信投到里面。

铜匦　武后自李敬业反后，恐人图己，盛开告密之门。有鱼保家者请铸铜为匦，其式一室四隅，上各有窍，可入不可出，武后善之。未几，其仇家投匦告保家曾为敬业造兵器，遂伏诛。

［译文］　武则天自从李敬业叛乱以后，唯恐有人谋害自己，就大开告密的途径。有个叫鱼保家的人奏请用铜做成一个盒子，它的式样是盒子有四面，四面上各有一孔，可以向里面投信但无法取出来，武则天认为很好。不久，鱼保家的仇人就向里面投信，告发他曾为李敬业制造兵器，于是鱼保家就被处死了。

请君入瓮　武后金吾丘神勣以罪诛，有人告右丞周兴通谋，后命来俊臣鞫之。俊臣与兴方推事对食，问兴曰：“囚多不承，当为何法？”兴曰：“此甚易耳！取大瓮，以炭四围炙之，令囚入其中，何事不承？”俊臣索大瓮，如兴法，起谓兴曰：“有内状推君，请君入此瓮。”兴惶恐服罪。法当死，宥之，流岭南。

［译文］　武则天时，左金吾大将军丘神勣因犯罪被诛杀，有人告发右丞周兴和丘神勣勾结，武则天让来俊臣去审理。来俊臣和周兴在审案中对坐着吃饭，就问周兴：“囚犯若不招认罪状，应该用什么办法呢？”周兴说：“这很容易啊！取一只大瓮，用炭火在四周烤它，让犯人进到里面，还有什么事不肯招认的？”来俊臣立刻拿来一只大瓮，按周兴所说的方法生火架起来，起身对周兴说：“有人秘密告发了你，请你进到这个瓮里去吧。”周兴惶恐而服罪。按照法律应当判处死刑，从轻发落，最终被流放到了岭南。

炮烙之刑　商纣暴虐，百姓怨望，诸侯有叛者，妲己以为罚轻，威不立。纣为铜柱，以膏涂之，加于炭火上，令有罪者行，辄堕炭中，以取妲己一笑，名曰“炮烙之刑”。

［译文］ 商纣王残暴酷虐，老百姓对他极为怨恨。有诸侯反叛，妲己认为处罚太轻，没有办法树立威信。纣王就做了一个铜柱，在上面涂上油脂，架在炭火上面，然后让有罪的人在上面行走，立刻就会掉到炭火之中，以此博取妲己一笑，称之为“炮烙之刑”。

苍鹰 郅都行法严酷，不避权贵。列侯宗室见都，侧目而视，号曰“苍鹰”。

［译文］ 郅都执行法令严峻苛刻，不回避权要贵戚。列侯以及宗室看到郅都，都不敢正眼看他，称他为“苍鹰”。

乳虎 宁成好气，为小吏，必凌其长吏；为人上，操下如束湿薪，滑贼任威。稍迁至济南都尉，其治如狼牧羊，民不堪命。后拜关都尉，凡郡国出入关者，号曰：“宁见乳虎，无值宁成之怒。”

［译文］ 宁成容易发脾气，当小吏时，一定会欺凌他的长官；而做别人上司时，对待下属就如捆绑潮湿的柴火一样，奸猾如贼，任性逞威。升迁济南都尉后，他的治理方式就好像让狼去牧羊一样，民众都不堪忍受他的政令。后来担任关都尉，凡是郡国中有要出关入关的人，都说：“宁愿碰到小老虎，也不愿遇到宁成发怒。”

鹰击毛挚 义纵为定襄太守，以鹰击毛挚为治，其所诛杀甚多，郡中人不寒而栗。

［译文］ 义纵担任定襄太守时，用老鹰捕捉猎物时张开翅膀的架势来治理定襄人民，他诛杀的人非常多，郡中人都不寒而栗。

掘狱讯鼠　张汤儿时，父命守舍，鼠盗其肉，父怒，笞汤。汤掘窟得鼠及余肉，为具狱辞，磔之堂下。其父见之，视其文辞如老狱吏，大惊，遂使治狱，后为酷吏。

[译文]　张汤小的时候，父亲让他看门，老鼠偷了肉吃，父亲大怒，用鞭子打了张汤。张汤挖了老鼠洞，找到了老鼠以及还没吃完的肉，为此写了判词，并把老鼠在堂下分尸。他的父亲看到这种情形，见他的判辞就像熟练的狱吏写的一样，大为吃惊，就让他审理案件，后来他就成了有名的酷吏。

十恶不赦　一曰谋反（谓谋危社稷），二曰谋大逆（谓谋毁宗庙山陵及宫阙），三曰谋叛（谓谋叛本国，潜从他国），四曰谋恶逆（谓殴及谋杀祖父母，父母及夫），五曰不道（谓杀一家非死罪三人，及支解人，若采生造畜蛊毒厌魅），六曰大不敬（谓盗大祀神御之物及乘舆御物），七曰不孝（谓告言咒骂祖父母及夫之祖父母，父母在，别籍异财，若奉养有缺），八曰不睦（谓谋杀及卖缌麻以上亲，殴告夫及大功以上尊长、小功尊属），九曰不义（谓部民杀官长，军士杀所属指挥守把），十曰内乱（谓奸小功以上亲，父祖妾与和者）。

[译文]　第一叫谋反（说的是谋划颠覆国家政权），第二叫谋大逆（说的是谋划毁掉宗庙陵墓以及宫殿），第三叫谋叛（说的是谋划叛变国家，暗地里投向别国），第四叫谋恶逆（说的是殴打或者谋杀祖父母、父母以及丈夫），第五叫不道（说的是杀害没有死罪的一家三口以及肢解尸体，或者凭空捏造，蓄养蛊毒，用迷信方法祈铸鬼神以迷惑或伤害别人），第六叫大不敬（说的是偷盗国家祭祀器具以及皇帝车辇等器物的），第七叫不孝（说的是诅咒祖父母以及丈夫的祖父母；父母在世就分家，或者不能赡养父母的），第八叫不睦（说的是谋杀以及贩卖缌麻以上的亲属，殴打丈夫以及大功关系以上的长辈、小功关系以上的亲属），第九叫不义（说的是百姓谋杀当地地方官，士兵谋杀首长），第十叫内乱（说的是强奸小功关系以上的亲属、父亲祖父的妾以及与之发生性行为的）。

八议 一曰议亲（谓皇家袒免以上亲，及太皇、太后、皇太后缌麻以上亲，皇后小功以上亲，皇太子妃大功以上亲），二曰议故（谓皇家故旧之人素得侍见，特蒙恩待日久者），三曰议功（谓能斩将夺旗，摧锋万里，或率众来归，宁济一时，或开拓疆宇有大勋劳，铭功太常者），四曰议贤（谓大有德行之贤人君子，其言行可以为法则者），五曰议能（谓有大才业，能整军旅，治政事，为帝王之辅佐人伦之师范者），六曰议勤（谓有大将吏谨守官职，蚤夜奉公，或出使远方，经涉艰难，有大勤劳者之谓），七曰议贵（谓爵一品及文武职军官三品以上，散官二品以上者），八曰议宾（谓承先代之后为国宾者）。

[译文] 八种可以减轻处罚的情况，一叫议亲（说的是皇家五服以上的亲人，还有太皇、太后、皇太后缌麻以上的亲人，皇后小功以上的亲属，皇太子妃大功以上的亲属），二叫议故（说的是与皇家有故旧交情且常常侍见者，特别蒙受皇恩时间很长的人），三叫议功（就是那些斩将杀敌，夺取敌人军旗，在万里之外抵御敌人，或者率领部下归降，使得国家太平安康，或者开疆拓土有大功勋的，在太常寺记有军功的人），四叫议贤（说的是德行高尚的贤人君子，其言行可以作为世人的法则规范的人），五叫议能（就是富有才干，能整治军队，处理政务，为帝王辅佐、人间伦理表率的人），六叫议勤（说的是大将官吏谨慎守职，日夜奉公，或出使远方，历经艰难的人，劳苦功高的人），七叫议贵（说的是官爵一品以及文武职的军官三品以上、散官二品以上的人），八叫议宾（就是前朝国君的后代被当朝尊为宾客的人）。

例分八字 以（以者，与真犯同。谓如监守贸易官物，无异真盗，故以枉法论，以盗论，并除名、刺字，罪至斩绞并全科）。准（准者，与真犯有间矣。谓如准枉法论，准盗论，但准其罪，不在除名、刺字之例，罪止杖一百，流三千里）。皆（皆者，不分首从，一等科罪。谓如监临主守职役同情盗，所监守官物并赃满数皆斩之类）。各（各者，彼此同科此罪。谓如诸色人匠拨赴内府工作，若不亲自应役，雇人冒名私自代替，及替之人，各杖一百之类）。其（其者，变于先意。谓如论人议罪犯先奏请议。其犯十恶，不用此律之类）。及（及者，事情连后。谓如彼此俱罪之赃及应禁之物，则没官之类）。即（即者，意尽而复明。谓如犯罪事发在逃者，众证既明白，即同狱成之类）。若（若者，文虽殊而会上意。谓如犯罪未老疾，事发以老疾论。若在徒年限内，老疾者亦如之之类）。

[译文] 以（以，就是和主犯相同。说的是监守者买卖公家的东西，就与真正的盗贼没有不同，所以要以枉法论罪，或者以盗贼论处，并可除名、刺字，罪大的还可以处斩、绞刑以及其他所有刑罚）。准（准，就是和主犯有区别。按枉法论处，盗窃论处，但只按其罪论处，却不除名、刺字，只杖一百，流放三千里）。皆（皆，即使不分首犯还是从犯，都按相同的罪论处。监护、守卫等职以及与盗贼勾结者，他所监守的官物和赃物达到斩首范围者）。各（各，就是彼此都一样定罪。如让各种匠人到宫内工作，如果不亲自去，却雇人冒名顶替，那么与代替的人都各杖一百）。其（其，就是如果讨论一个人的定罪而与此前奏请的不同就需要请求改变。犯有十恶不赦之罪的，不用这一律条）。及（就是定罪还要考虑此后的事。彼此都是犯罪的赃物及应禁的物品，可以直接充公）。即（即，意思是如果犯罪者事发在逃，众人证词却非常明白的，那就可以定罪）。若（若，文辞虽然不一样，却能领会上面的意思。犯罪时并不老或无病，但被发现时却已老或有病。如果还在判刑年限，那么老了的和有病的也应该和别人一样）。

顾山钱　女子犯罪并放归家，但令一月出钱三百，顾人于山伐木，谓之顾山钱。

[译文] 女子犯罪被释放回家，只让她每月出三百个铜钱，雇人在山上伐木，叫作“顾山钱”。

平反　隽不疑尹京兆。每行县录囚还，母辄问：“有所平反（音幡），活几人耶？”平，谓平其不平也；反，言反罪人辞，使从轻也。

[译文] 隽不疑担任京兆尹。每次到属县去核录囚犯后回家，母亲总是问：“有被平反的吗？救活几个人了？”平，就是公平地判决

原来不公平的案件；反，说的是罪犯翻供，从轻定罪。

录囚 北人言以录为虑。今言录囚，误以为虑囚者，非是。

［译文］ 北方话把“录”说成“虑”。现今所说的“录囚”，有人误认为是“虑囚”，这是不对的。

颂系 景帝著令年八十以上，十岁以下，及孕者未乳，盲师，侏儒，当鞫问者，皆颂系之。“颂”读曰“容”，宽容之，不桎梏也。

［译文］ 汉景帝规定，年龄在八十以上、十岁以下的，怀孕但是尚未哺乳的，盲人，侏儒，审问这些人时，都要颂系。“颂”读作“容”，即宽容他们，不给他们戴上枷锁。

爰书 爰，换也，以文书代换其口辞也。

［译文］ 爰，是换的意思，用文书来代替口供。

末减 罪从轻也。末，薄也；减，轻也。

［译文］ 罪责从轻处罚。末，是薄的意思；减，是轻的意思。

狱吏之贵 周勃下狱，狱吏侵辱之。勃后出，曰：“吾常将百万兵，然安知狱吏之贵也！”

［译文］ 周勃被捕入狱，狱吏侮辱他。周勃出狱后，说：“我常率领上百万的士兵，但哪里知道狱吏竟如此尊贵啊！”

死灰复然 韩安国坐法抵罪，狱吏田甲辱之。安国曰：“死灰独不复然乎？”甲曰：“然即溺之。”

［译文］ 韩安国犯法获罪受到处罚，狱吏田甲侮辱他。韩安国说：

“难道熄灭的火灰不会再燃烧起来吗？”田甲说：“如果再燃烧起来就用水浇灭它。”

六月飞霜　邹衍事燕惠王尽忠，左右谮之，王系之狱。衍仰天而叹，六月天为之降霜。

[译文]　邹衍特别忠心地侍奉燕惠王，但燕惠王左右的人诬陷他，燕惠王把他关进了监狱。邹行仰天长叹，六月的天气为他而下来霜。

太子断狱　汉景帝时，防年因继母杀其父，遂杀继母。廷尉以大逆谳，帝疑之。武帝年十二为太子，侍侧，对曰：“继母如母，缘父之故，今继母杀其父，下手之时，母道绝矣！是父仇也，不宜以大逆论。”

[译文]　汉景帝的时候，防年因为继母杀了他父亲，于是就杀了继母。廷尉以大逆之罪给他定罪，景帝为此感到疑惑。汉武帝当时十二岁，做了太子，侍奉在景帝旁边，回答说：“继母之所以如同母亲，是因为父亲的关系。现在继母杀了他父亲，下手杀的时候，已经不再有母亲的道义了！她仅仅只是父亲的仇人，不应该被判处大逆。”

钱可通神　张延赏欲理一冤狱，案上有一帖云：“奉钱三万，乞不问其狱。”公恚，悉收左右讯之。明日，于盥洗处得一帖云：“奉钱五万。”又于寝门所得一帖云：“奉钱十万。”公叹曰：“钱至十万，可通神矣！吾以惧祸也。”乃不问。

[译文]　张延赏想要审理一件冤案，在桌子上看到一张纸条：“奉上三万钱，请不要再审理此案。”张延赏大怒，把身边的人都抓来

审问。第二天，又在洗漱的地方看到一张纸条："奉上五万钱。"之后又在寝室的门上看到一张纸条："奉上十万钱。"张延赏长叹着说："送钱达到十万，可以通神了！我也害怕有大祸啊。"于是就不再审问这件案子了。

祭皋陶 范滂坐党锢，系黄门北寺狱。吏谓曰："凡坐系皆祭皋陶。"滂曰："皋陶贤者，知滂无罪，将理之于帝；有罪，祭之何益！"

［译文］ 范滂受党锢之祸的连累，被关押在黄门北寺的监狱。狱吏对他说："凡是因罪入狱的都要祭祀皋陶。"范滂说："皋陶是个贤能的人，如果知我没有罪，就会向皇帝澄清；如果我有罪，祭奠他又有什么好处！"

刮肠涤胃 齐高帝有故吏竺景秀，以过系作坊，常云："若许某自新，必吞刀刮肠，饮灰涤胃。"帝善其言，乃释之。

［译文］ 齐高帝有一个老部下叫竺景秀，因为犯了过失被捕下狱，常常说："如果允许我改过自新，我一定吞下刀子刮干净肠子，饮下热灰来清洗肠胃。"齐高帝认为他说得很真诚，就放了他。

青衣报赦 苻坚屏人作赦文，有大蝇入室，声甚厉，驱之复来。俄而，人皆知有赦，诘所从来，云有青衣童子呼市中，乃蝇也。

［译文］ 苻坚赶走众人，自己撰写赦文，有只大苍蝇飞了进来，声音很吵，赶出去后又飞了进来。不久后，人们都知道了要有大赦，苻坚就责问大家是从哪里听到的，他们说有一个穿青衣的童子在闹市中呼叫，原来就是那只大苍蝇。

于门高大 前汉于公，门闾坏，父老治之。公令高大门闾，可容驷马，且言："我治狱多阴德，子孙必有兴者。"后子定国为丞相。

［译文］ 西汉的于公家里的大门坏掉了，乡亲父老来帮他修理。于公让把门扩建得高大一些，可以容纳四马的马车通过，并说："我断案积累很多阴德，子孙后代一定会有做大官的。"后来他的儿子于定国果然做了丞相。

论囚渭赤 秦商君性极惨刻，尝论囚渭水之上，其水尽赤。

［译文］ 秦国的商鞅性情残忍刻毒，曾在渭水边上处决囚犯，河水全部被染成了血红色。

肉鼓吹 伪蜀李匡远性苛急，一日不断刑，则惨然不乐，尝闻锤挞声，曰："此一部肉鼓吹也。"

［译文］ 五代后蜀的李匡远性情严苛切峻，一天不断刑事案件，就怏怏不乐，他曾在听到用板子打犯人的声音时说："这是一部人肉演奏出来的乐曲啊。"

无冤民 张释之、于定国为廷尉，克尽其职，朝廷称之曰："张释之为廷尉，天下无冤民；于定国为廷尉，民自以为不冤。"

［译文］ 张释之和于定国担任廷尉的时候，能够恪尽职守，朝廷称赞他们说："张释之担任廷尉时，天下没有被冤枉的百姓；于定国担任廷尉时，百姓自认为没有被冤枉的。"

疏狱天晴 宋淳熙二年，天久雨，上御笔批问，欲行下诸路疏遣狱囚。是日天霁，上大悦。

［译文］ 宋代淳熙二年，阴雨连绵多日，皇帝亲笔批示，准备让天

下各地疏遣监狱中的囚犯。这一日天空放晴，皇帝十分高兴。

上蔡犬　秦李斯为赵高所谮，二世收之。父子临刑，叹曰："吾欲牵黄犬出上蔡东门逐狡兔，其可得乎！"遂夷其三族。

［译文］秦朝的李斯被赵高诬陷，秦二世将他抓捕入狱。李斯父子二人将被行刑时长叹着说："我想牵着黄狗从上蔡的东门出来猎取狡猾的兔子，还能再有机会吗！"后来夷灭了他的三族。

华亭鹤　陆机仕晋，为孟玫谮于成都王颖，王即使人收机，机叹曰："华亭鹤唳可得闻乎？"遂遇害。

［译文］陆机在晋朝做官，被孟玫在成都王司马颖前构陷，成都王就让人抓捕了陆机，陆机长叹着说："华亭鹤叫的声音还能够听得到吗？"于是就被害了。

走狗烹　韩信为吕后所诛，叹曰："高鸟尽，良弓藏；狡兔死，走狗烹。敌国破，谋臣亡。"

［译文］韩信被吕后诛杀时，叹息着说："飞得高的鸟没有了，好的弓也就收藏起来了；狡猾的兔子死了，追逐兔子的猎狗也被煮来吃肉；敌国被攻破了，那出谋划策的臣子也会被杀。"

支解人　齐景公时，民有得罪者，公怒缚至殿下，召左右支解之。晏子左手持头，右手持刀而问曰："古明王支解人，从何支解起？"景公离席曰："纵之。"

［译文］齐景公时，有人犯了罪，齐景公非常生气，把罪犯绑到了王宫的大殿前面，让手下肢解他。晏子左手抓住那人的头，右手拿着刀，问齐景公："古代明君肢解人的时候，是从哪里开始下刀

的？”齐景公赶忙离开坐席说：“放了他。”

屦贱踊贵　齐景公烦刑。有鬻踊者（踊，刖足所用），公问晏子曰：“子之居近市，知孰贵贱？”对曰：“踊贵屦贱。”公悟，为之省刑。

［译文］　齐景公时制定的刑罚繁多。所以有很多卖踊的人（踊，被砍了脚的人穿的鞋子）。齐景公问晏子说：“你住的地方紧邻闹市，你知道什么东西贵什么东西便宜吗？”晏子说：“踊贵而鞋子便宜啊。”齐景公马上醒悟了，因此减省了刑罚。

同文馆狱　章惇起同文馆狱，欲杀刘挚及梁焘、王岩叟等。后为元祐党碑，皆始于此。

［译文］　章惇兴起了同文馆的大案，想要杀死刘挚、梁焘和王岩叟等人。后来竖立元祐党人碑，全都是因此而起的。

金鸡集树《唐书》：中书令供赦日，值金鸡于仗南，竿长七尺，鸡高四尺，黄金饰首，衔幅七尺，盛以绛幡，将作供焉。武后封嵩山，大赦，坛南有树，置鸡其杪，号金鸡树。

［译文］《新唐书·百官志》记载：中书令在皇帝大赦天下的那一日，在仪仗的南面竖立一只金鸡，竿子长七尺，鸡高四尺，用黄金装饰着鸡头，鸡口中咬着七尺长的布幅，用红色的旗子来装饰，用来作为供物。武则天封嵩山的时候，大赦天下，坛南边有树，就把金鸡放在了树梢上，称为“金鸡树”。

天鸡星动　古称金鸡放赦，至今诏书于五凤楼，以金鸡衔下之。三国异典，司马膺之曰：“案海中有占，天鸡星动皆有赦。故主王以金鸡建赦。”

［译文］ 古代称之为“金鸡放赦”，现在皇帝在五凤楼上写下诏书，然后用金鸡衔着诏书垂下来。《三国异典》中记载，司马膺之说：“据《海中星占》所载，天鸡星一动天下就会有大赦。所以君王用金鸡宣布赦命。”

雀角鼠牙 《诗经》：“谁谓雀无角，何以穿我屋？谁谓女无家，何以速我狱？谁谓鼠无牙，何以穿我墉？谁谓女无家，何以速我讼！”

［译文］《诗经》中说：“谁说鸟雀没有角，它怎么啄穿我的房屋？谁说女儿没婆家，她怎么催我入狱？谁说老鼠没有牙，它怎么咬穿我的墙？谁说女儿没婆家，她怎么急着告我状？”

吹毛求疵 汉武帝时，天下多冤晁错之策，务摧抑诸侯王，数奏其过恶。吹毛求疵，笞服其臣，使证其君。

［译文］ 汉武帝时，天下人大多都曲解了晁错的政见，认为他一定要去抑制诸侯王，就多次上奏说诸侯王的过错，吹毛求疵，拷打各诸侯国的臣子，让他们指证君主。

犴狴 狱也。犴，胡地犬也。野犬所以守，故谓狱为犴狴。造狱用肺嘉之石，故狱又名肺嘉。（《周礼》：以肺石达穷民。肺石，赤石也，使之赤心，不妄告，以嘉石平罢民。嘉，文石也，使之思其文理以折狱。）

［译文］ 犴狴指的是监狱。犴，是胡地的狗类。野狗可以当作守卫，所以称监狱为犴狴。建造监狱需要用到肺石和嘉石，所以监狱又叫作“肺嘉”。（《周礼》记载：用肺石上达贫困人民的意见。肺石，是红色的石头，用这种石头是为了使人保持赤心，不冤枉好人。用嘉石来安定不听教化的百姓。嘉，是

指有纹理的石头，意思是让掌管监狱的狱吏像石头一样有条理地判案。）

子代父死　梁吉翂父为原乡令，为奸吏所诬，罪当死。翂年十五，挝登闻鼓，乞代父命。武帝疑人教之，廷尉盛陈刑具，不变，乃宥父罪。

［译文］　梁朝吉翂的父亲担任原乡令时，被奸诈的小吏诬陷，被判处死罪。吉翂当时才十五岁，就去敲击登闻鼓，请求代父亲受死刑。梁武帝怀疑有人教唆他，就让廷尉把刑具摆满吓唬他，他仍然不改心意，于是就宽恕了他父亲的罪行。

发奸摘伏　摘，挑也，言为奸而隐匿者，必摘发之。

［译文］　摘，是“挑”的意思，说的是做了坏事而隐匿的，必然会被人揭发出来。

请谳　谳，议也，谓罪可疑者谳于廷尉。

［译文］　谳，就是商议，是说判罪有可疑之处的需要再和廷尉加以商议。

刑狱爰始　黄帝始制刑辟，制流、笞、杖、斩。蚩尤制劓、刵、黥、椓。纣制烹、醢、辗、剐。周公制绞。黄帝斩蚩尤始枭首。秦文公始族诛。公孙鞅始连坐。禹制城旦、舂。周公制徒。唐太宗始加役、流。周太祖始加刺配。

［译文］　黄帝最早创造了刑罚，制定了流放、鞭打、杖击、斩首等刑罚。蚩尤制定了割鼻、割耳、刺面、宫刑等刑罚。纣王制定了烹煮、剁酱、车裂、凌迟等刑罚。周公制定了绞刑。黄帝斩杀蚩尤时开始割下头颅挂起来示众。秦文公最早制定了灭族的刑罚。

公孙鞅最早制定了连坐的刑罚。大禹制定了城旦和舂的刑罚。周公制定了徒刑。唐太宗增设了服役、流放的刑罚。周太祖最早增设了刺配的刑罚。

赎刑　舜始制赎止鞭朴。周穆王始制五刑之疑各得赎。汉宣帝始制女徒雇役。宋太祖始制折杖。

[译文]　舜最早制定了拿钱赎罪来代替鞭刑的规则。周穆王最早制定五种刑罚都可以拿钱赎罪的方法。汉宣帝最早制定女子徒刑可以出钱雇用别人服刑的规则。宋太祖最早规定了各种刑罚的杖刑数量。

三法司　隋文帝始死罪三奏行刑。唐始大狱诏刑部尚书、都御史、大理寺正卿三司鞫问。

[译文]　隋文帝最早制定死罪要上奏三次后才可以行刑。唐朝开始，大的案件要诏令刑部尚书、都御史、大理寺正卿三司一起会审。

越诉　隋文帝令伸理由下达上，始禁越诉。

皋陶始制狱。汉诏以周囹圄为狱。北齐制狱囚于治。

皋陶始制律。萧何制九章律，张仓复定。

[译文]　隋文帝规定申诉案情要由下到上，并始禁止越级上诉。

皋陶最早建立了监狱。汉朝下令用周朝的囹圄作为监狱。北齐将犯人囚禁在官府的治所。

皋陶最早制定了律法。萧何最早制定了《九章律》，张仓又进行了修订。

卷十一 日用部

卷十一　日照话

宫室

房屋　有巢氏始构木为巢。古皇氏始编槿为庐。黄帝始备宫室。黄帝制庭、制楼、制阁、制观。神农制堂。燧人氏制台。黄帝制榭。尧制亭。汉宣帝制轩。唐虞制宅。周制房、制第。汉制邸。六朝后始加听事为厅。秦孝公始制殿，乃有陛。萧何治未央宫，立东阙、北阙，始沿名阙。梁朱温按河图制五凤楼。魏始制城门楼，名丽谯。张说制京城鼓楼。鲧作城郭。禹作宫室。

[译文]　有巢氏开始用木头搭建了鸟巢一样的屋子。古皇氏开始用木槿做成草庐。黄帝开始制作了完善的宫室。黄帝制作了庭、楼、阁、观。神农制作了堂。燧人氏制作了台。黄帝制作了榭。尧帝制作了亭子。汉宣帝制作了轩。唐虞制作了宅。周朝制作了房子和府第。汉代制作了官邸。六朝后开始增加了听事作为厅。秦孝公开始制作了宫殿，才有了陛，也就是台阶。萧何建造了未央宫，建立了东阙、北阙，这才有了后代相沿用的宫阙。后梁的朱温按照《河图》建造了五凤楼。魏开始建造了城门楼，名字叫丽谯。张说建造了京城的鼓楼。鲧建造了城郭。禹建造了宫室。

寺庙　左彻制祠庙，汉宣帝制斋室。周穆王召尹轨、杜仲居终南尹真人草楼，始名道居为观。汉明帝时，摩腾、竺法兰自西域止鸿胪寺，始名僧居为寺。隋炀帝制道场，改观为玄坛，五代宋改制宫。孙权始为佛塔。东晋何充舍宅始为尼寺。

[译文]　左彻创建了祠庙，汉宣帝建造了斋室。周穆王让尹轨、杜

冲住在终南山尹真人的草楼上，最早把道士居住的地方称为“观”。汉明帝的时候，摩腾、竺法兰从西域来到鸿胪寺，最早把僧人所居住的地方称为“寺”。隋炀帝制作了道场，把“观”改称为“玄坛”，五代和宋朝改制为“宫”。孙权最早修建了佛塔。东晋的何充最早把自己的住宅施舍出来做僧尼的寺庙。

书院 唐玄宗制书院。后汉刘淑制精舍。殷仲堪制读书斋。欧阳修燕居，始为户室相通，名画舫斋。

[译文] 唐玄宗修建了书院。东汉的刘淑建造了精舍。殷仲堪建造了读书的斋房。欧阳修退朝后闲居时，开始用门户把房间连通起来，名叫“画舫斋”。

门户 黄帝制门户，文王制璧门，周公制戟门、辕门（车相向以表门）、人门（立长大之人以表门）。秦始皇制走马廊，制千步廊。黄帝制阶、制梯。尧制墙。伊尹制亮槅。神农制窖。伏羲制厨。黄帝制灶、制蚕室。周制暴室。黄帝制囿。尧制池。秦始皇制汤池。

[译文] 黄帝建造了大门，文王建造了璧门，周公建造了戟门、辕门（战车互相对着当作大门）、人门（让长得高大的人站着当门）。秦始皇建造了走马廊、千步廊。黄帝修造了台阶和梯子。尧建造了墙。伊尹制作了能透光的窗格。神农制作了地窖。伏羲制作了厨房。黄帝制作了灶台和蚕室。周代建造了染衣料的暴室。黄帝建造了圈养禽兽以供观赏打猎的园林。尧建造了城池。秦始皇修造了护城河。

公署 汉制开府，制九卿治事之寺。北齐始以官名寺。隋制监。唐制院、制省、制局。汉制南宫。唐制东台。玄宗制黄门省。周制馆。汉制藁街（即今四夷馆，汉武帝制）。宋置马铺，制递站。夏制府藏文书财货。汤武制库藏。

［译文］汉代设立了开府，创设了九卿办公的官府。北齐时开始用官名来称呼寺。隋代设立了监。唐代设立了院、省、局。汉代设立了南宫。唐代设立了东台。唐玄宗时设立了黄门省。周代设立了馆。汉创设立了藁街（相当于现在的四夷馆，是汉武帝所创设）。宋朝设置了马铺，设立了驿站。夏代建立了官府来收藏文书和财物。商汤、周武修造了仓库来收藏东西。

平泉庄　李赞皇平泉庄周回十里，建堂榭百余所，天下奇花、异卉、怪石、古松，靡不毕致。自作记云："鬻平泉者，非吾子孙也！以一石一树与人者，非佳子弟也！吾百年后，为权势所夺，则以先人所命泣而告之。"

［译文］李德裕的平泉庄占地方圆十里，修建了上百所的庭堂楼榭，天下的奇花、异卉、怪石、古松，无所不有。自己写的记文里说："如果子孙后代有人把平泉庄卖了，那就不是我的子孙！如果把平泉庄中的一块石头一棵树出卖给别人的，也不是这个家的好子弟！我去世后，如果这片庄园被权贵夺去，就把我的这番话哭着告诉他。"

午桥庄　张齐贤以司空致仕归洛，得裴晋公午桥庄，凿渠通流，栽花植竹，日与故旧乘小车携觞游钓。

［译文］张齐贤在司空的职位上退休回到了洛阳，买到裴度的午桥庄，于是开挖水渠疏通流水，栽种花草绿竹，每天和老朋友乘坐着小车带着酒，在庄园里游玩垂钓。

辋川别业 在蓝田，宋之问所建，后为王维所得。辋川通流竹洲花坞，日与裴秀才迪浮舟赋诗，斋中惟茶铛、酒臼、经案、竹床而已。

［译文］ 位于蓝田，最初是宋之问建造的，后来王维得到了它。辋川的水流贯通连接竹洲和花坞，王维每天和秀才裴迪泛舟赋诗，斋中只有茶铛、酒臼、经案、竹床罢了。

高阳池 汉侍中习郁于岘山南，依范蠡养鱼法作鱼池，池边有高堤，种竹及长楸，芙蓉缘岸，菱芡覆水，是游燕名处。山简每临此池，未尝不大醉而返，曰:“此是我高阳池也。”

［译文］ 汉代的侍中习郁在岘山的南面，按照范蠡养鱼的方法建造了鱼池，池边有高堤，种着竹子和高大的花楸树，岸边种有许多芙蓉花，水面上则覆盖着菱芡，是有名的游玩胜地。山简每次来到这个池边，没有不大醉而归的，他说:“这是我的高阳池啊。”

迷楼 隋炀帝无日不治宫室，浙人项陞进新宫图，大悦，即日召有司庀材鸠工，经岁而就，帑藏为之一空。帝幸之，大喜曰:“使真仙游其中，亦当自迷也。”因署之曰“迷楼”。

［译文］ 隋炀帝没有一天不在营建宫室。浙江人项昇进献了一幅新宫图，隋炀帝很高兴，当天就召集有关官吏准备材料、召集工匠，用了一年时间就建成了，但是国库一下子全被用完了。炀帝驾临后非常高兴地说:“即使是真的神仙来这里赏玩，他也会迷路的。”因此给它署名叫作“迷楼”。

西苑 隋炀帝筑西苑，周三百里，其内为海，周十余里，为方丈、瀛洲、蓬莱诸山岛，高出水百余丈，有龙鳞筑萦回海内，缘筑十六院门皆临渠，每院以四品夫人主之。殿堂楼观，穷极华丽，秋冬凋落，则剪彩为花，缀于枝干，色渝则易以新者，常如阳春。上好以月夜从宫女数千骑游西苑，作《清夜游曲》，于马上奏之。

［译文］ 隋炀帝修筑了西苑，方圆有三百里，里面是一个大湖，方圆有十多里，还有方丈、瀛洲、蓬莱等仙山和岛屿，高出水面一百多丈，其中有龙鳞筑在湖内蜿蜒环绕，沿着这个龙鳞筑修建了十六个都临着水渠的院门，每个院子都让一个四品夫人来主掌。殿堂楼观，穷极奢华，秋冬时候树木凋零，就裁剪彩布做成花朵，点缀在树枝上，颜色消退了就换成新的，常常像阳春三月的气候一样。隋炀帝喜欢在有月的夜晚，带着几千宫女来西苑赏玩，创作了《清夜游曲》，在马背上表演。

阿房宫　东西五百步，南北五十丈，上可以坐万人，下可以建五丈旗。周驰为阁道，自殿下直抵南山。表山颠以为阙。复道，渡渭，属之咸阳。役隐宫徒刑者七千余人。卢生说帝为微行所居，毋令人知，然后不死之药可得。乃令咸阳宫三百里内宫观复道相连，帷帐钟鼓美人不移而具，所行幸，有言其处者死。

［译文］ 东西有五百步宽，南北有五十丈长，上面可以坐下一万人，下面可以竖立五丈高的旗子。环绕宫殿修建了阁道，从殿下一直抵达终南山。在山上修了门楼作为山门。从空中的阁道上就可以渡过渭水，连接咸阳。为建造宫殿，役使七千多受过宫刑或徒刑的人。卢生曾劝说秦始皇不要让人知道行踪和居住的地方，这样的话才能得到长生不老的灵药。于是秦始皇下令，咸阳宫三百里内的宫观都用复道连接起来，帷帐、钟鼓、美人遍布宫内，这些不用移动就可以具备，他所驾临的地方，如果有人透露他的行

踪，就要被处死。

驾霄亭 张功甫为张循王诸孙，园池声伎服玩甲天下，常于南湖园作驾霄亭，于四古松间，以巨铁絙之半空，当风月清夜，与客梯登之，飘遥云表。

[译文] 张功甫是循王张俊的孙子，他家里的池塘园林、声乐歌伎和衣服珍玩都是天下第一，他曾经在南湖园修建了一座驾霄亭，在四棵古松中间，用巨大的铁索连接在半空之中，在风清月明的晚上，和客人顺着梯子登上驾霄亭，就像在云彩上面飘荡一样。

水斋 羊侃性豪侈。初赴衡州，于两艖䑠起三间水斋，饰以珠玉，加以锦缋，盛设围屏，陈列女乐。乘潮解缆，临波置酒，缘塘倚水，观者填塞。

[译文] 羊侃性情豪放奢侈。最初去往衡州的时候，将两艘船连接在一块，在上面建造了三间通梁水斋，以珠玉来装饰，并在上面用锦缎缠绕修饰，设置了很多帷帐，陈列歌舞女乐。潮水涨起时，就解开缆绳，对着江水摆酒设宴，沿着塘堤前来观看的人们都填满了道路。

清秘阁 倪云林所居，有清秘阁、云林堂。其清秘阁尤胜，前植碧梧，四周列以奇石，蓄古法书名画其中，客非佳流不得入。尝有夷人入贡，道经无锡，闻云林名，欲见之，以沉香百斤为贽，云林令人绐云："适往惠山饮泉。"翌日再至，又辞以出探梅花。夷人不得一见，徘徊其家。倪密令开云林堂使登焉，东设古玉器，西设古鼎彝尊罍，夷人方惊顾，问其家人曰："闻有清秘阁，可一观否？"家人曰："此阁非人所易入，且吾主已出，不可得也。”夷人望阁再拜而去。

［译文］ 倪瓒（号为云林）居住之所，有清秘阁、云林堂等建筑。其中清秘阁尤为有名，前面种着碧绿的梧桐树，四周排列着各种奇形怪状的石头，里面收藏着古代的书法字帖、名画，不是清雅的客人，就不可以进到里面。曾经有一个外国人来朝进贡，路过无锡，听说倪瓒的大名，想要拜见他，就拿一百斤沉香作为见面礼，倪瓒让人骗他说：“主人恰好去惠山饮泉水去了。”第二天又来，又说出去看梅花了。那个外国人没能够和云林见上一面，在倪家门口徘徊。倪瓒偷偷让人打开了云林堂让他登堂观赏，东边陈列着古代的玉器，西边陈设着古代的鼎、彝、尊、罍等器物，外国人正在惊奇地四面观看，又问倪瓒的家人说：“听说还有清秘阁，可以看一看吗？”家人说：“清秘阁不是轻易可以让人进去看的。况且我家的主人已经外出了，所以不能让您进去看。”外国人望着清秘阁拜了两次才离开。

泖湖　杨铁崖晚居泖，尝曰：“吾未七十，休官在九峰三泖间，殆且二十年，优游光景过于乐天。有李五峰、张句曲、周易痴、钱思复为唱和友，桃叶、柳枝、琼花、翠羽为歌歈伎。风日好时，驾春水宅（先生舟名）赴吴越间，好事者招致，效昔人水仙舫故事，荡漾湖光鸟翠，望之呼铁龙仙伯，顾未知香山老人有此无也。”客有小海生贺公为“江山风月神仙福人”，且貌公老像，以八字字之，又赋诗其上曰：“二十四考中书令，二百六字太师衔，不如八字神仙福，风月湖山一担担。”

［译文］ 杨铁崖晚年居住在泖湖，他曾经说：“我还不到七十岁，辞官居住在九峰三泖之间，大约已经有了二十年，闲适快活的时间超过了白居易。又有李五峰、张句曲、周易痴、钱思复等人和我

作诗唱和，桃叶、柳枝、琼花、翠羽做我的歌伎。风光明媚的日子，驾着我的春水宅（杨铁崖的小舟的名字）前往吴越之间，热心人召集，仿效前人水仙舫的故事，在湖光山色与绿岛之间荡漾，望见的人称我为‘铁龙仙伯’，只是不知道香山老人白居易有没有这样的福分啊。”客人中有一个叫小海生的道贺杨先生是“江山风月神仙福人”，并画出杨铁崖老年时的肖像，用这八个字题写在上面，又在上面题写了一首诗：“二十四考中书令，二百六字太师衔。不如八字神仙福，风月湖山一担担。”

咸阳北阪　秦始皇灭六国，写其宫室，作之咸阳北阪上，自雍门以东至泾、渭交处，殿屋覆道，周围相属，然各自为区。虽一瓦一甓之造，亦如其式。各书国号，不相雷同，皆布其所得诸侯美人居之。

【译文】　秦始皇灭掉六国之后，让人画下六国的宫室，在咸阳北阪上重新修建，从雍门以东到泾水与渭水的交界处，大殿楼阁由阁道环绕相连接，但又各自独立。即使一砖一瓦的造型也和原来的一样。上面各自写着六国的国号，互相也不雷同，还把从六国俘获的后宫美女都安置居住在这里。

花萼楼　唐玄宗友爱至厚，设五王幄，与诸王同处。后于宫中造楼，题曰：“花萼相辉之楼”。

【译文】　唐玄宗对兄弟友爱，做了一张五王幄，和兄弟们住在一起。后来在皇宫中修建了一座楼，就题名为“花萼相辉之楼”。

黄鹤楼　晋时有酒保姓辛，卖酒江夏，有道士就饮，辛不索钱，如此三年。一日，道士饮毕，以橘皮画一鹤于壁，以箸招之即下舞，嗣是贵客皆就饮，辛遂致富，乃建黄鹤楼。后道士骑鹤而去。

［译文］ 晋朝时有一个姓辛的酒保，在江夏卖酒，有个道士来喝酒，酒保没有向他要钱，这样持续了三年的时间。有一天，道士喝完酒，用橘子皮在墙壁上画了一只仙鹤，用筷子招呼它，它就从墙上飞下来跳舞，从此贵客们都来这里喝酒宴饮，姓辛的酒保很快就致富了，于是建了一座黄鹤楼。后来道士就骑着仙鹤离开了。

滕王阁 滕王，唐高帝之子，武德中出为洪州刺史，喜山水，酷爱蝴蝶，尤工书，妙音律。暇日泛青雀舸，就芳渚建阁登临，仍以王名阁焉。

［译文］ 滕王，是唐高祖皇帝李渊的儿子，武德年间出任洪州刺史，喜欢游山玩水，特别喜欢蝴蝶，尤其擅长书法，喜欢音乐。闲暇的时候，就驾着画着青雀的船只游玩，在芳草丛生的水中小岛上建造了一座楼阁，登临眺望，后来就用滕王的名字来命名它。

轮奂 晋献文子成室，晋大夫贺焉。张老曰:“美哉轮焉，美哉奂焉！歌于斯，哭于斯，聚国族于斯。”是全首领以从先大夫于九京也。君子谓其善颂、善祷。

［译文］ 晋献文子赵武的宫室建成后，晋国大夫都前往祝贺。张老说:“美轮美奂啊！既可以在这里祭祀歌唱，也可以在这里居丧哭泣，还可以在这里宴请宗族宾客。”是希望能够保全性命，到九泉之下去追随我的先人啊。君子都称他善于歌颂，也善于祈福。

爽垲　齐景公欲更晏子之宅，谓晏子曰："子之宅近市，不可以居，请更诸爽垲（地名）。"晏子如晋，公更宅焉。反，则成矣。既拜，乃复旧宅。

［译文］齐景公想更换晏子的住所，就对晏子说："你的住宅离闹市太近，不适合居住，请换到爽垲（地名）去吧。"晏子到晋国出使，景公就更换了他的住所。等晏子回来，已经换好了。晏子拜谢了齐景公之后，仍然回到了自己的旧宅子里。

绿野堂　唐裴度以东都留守加中书令，不复有经世之意，乃治第东都集贤里，名绿野堂，竹木清浅，野服萧散。

［译文］唐代的裴度以东都留守的身份兼任了中书令的职位，他已经不再有经世致用的理想了，于是在洛阳的集贤里修建了一所府第，取名叫绿野堂，竹子树木清爽翠绿，穿着便服萧散闲适。

铜雀台　在彰德县，曹操所筑。上有楼，铸大铜雀，高一丈五尺，置之楼颠。临终遗命，施繐帐于上，使宫人歌吹帐中，望吾西陵。西陵，操葬处也。

［译文］位于彰德县，是曹操所建造的。上面有一座楼，铸造了一个大铜雀，有一丈五尺高，放在楼顶上。他临终遗言说："在上面挂好帷帐，让宫女们在帷帐里面唱歌奏乐，守望着我的西陵。"西陵，就是埋葬曹操的地方。

华林园　梁简文帝入华林园，顾谓左右曰："会心处政不在远，翳然林木，便自有濠濮间想，觉鸟兽禽鱼自来亲人。"

［译文］梁简文帝进入华林园，就回头对侍从们说："会心之处不一定在远处，身处浓密的树林中，就让人自然产生像庄子那样在濠

间濮上那种闲适的感觉，觉得连鸟兽禽鱼都会过来和我亲近。”

金谷园　石崇为荆州刺史时，劫远使商客，致富不赀。有别馆，在河阳之金谷，一名梓泽园，中有清泉茂林，竹柏药草之属，莫不毕备。尝与众客游宴，屡迁其处，或登高临下，或列坐水滨，琴瑟笙筑合载车中，道路并作，令与鼓吹递奏，昼夜不倦。后房数百，俱极佳丽之选，以殽羞精丽相高，求市恩宠。

[译文]　石崇担任荆州刺史的时候，劫掠远行的使者和商旅，积累了许多财富。他有一处别墅，在河阳的金谷，又叫作“梓泽园”，其中有清流的泉水、茂密的树林，竹子、柏树、药草之类的植物，无所不有。他曾经和客人游乐宴饮，多次更换地方，有时登高临下，有时列坐在水边，琴瑟笙筑等乐器都装在车子里，在路上就开始一齐演奏，还让他们和鼓吹音乐交替演奏，通宵达旦。石崇的后房也有几百人，都是极为美丽的女子，她们用美食佳肴相互攀比高下，以求获得石崇的宠幸。

衣冠

冠　辰氏始教民绚发闿首。尧始制冠礼。黄帝始制冠冕。女娲氏始制簪导。尧始制缨。伏羲始制弁，用皮韦。鲁昭公始易绢素。周公始制幅巾。汉末始尚幅巾，制角巾。晋制接䍦诸巾及葛巾，始以巾为礼。秦始皇加武将袢袙，以别贵贱，始为帻。汉元帝额有壮发，始服帻。王莽秃，加屋帻上，始为头巾。古无巾，止用羃尊罍。

[译文] 辰氏开始教化民众用绳子束起头发并用帽子覆盖头部。尧最早制定了男子的加冠礼。黄帝开始制作冠冕。女娲氏开始制作簪导。尧开始制作了系冠的缨绳。伏羲开始制作了弁髦，用经过加工的熟牛皮。鲁昭公开始换成白色的绢。周公开始制作了幅巾。汉末开始流行幅巾，并制作了角巾。晋代制作了接䍦诸巾和葛巾，并开始用巾作为礼物送人。秦始皇为武将加上了袢袙，用来区别等级的贵贱。汉元帝的额前有丛生的头发，就开始使用帻巾。王莽因为秃头，开始在帻上加屋，从此开始用头巾。古代没有头巾，巾只用来盖住尊罍等酒器。

帽 荀始制帽，舜制帽冠。汉成帝始制贵臣乌纱帽，后魏迄隋因之。唐太宗始制纱帽，为视事见宾，上下通用。秦汉始效羌人制为毡帽。晋始以席为骨而挽之，制席帽。隋始制帷帽障尘，为远行，用皂纱连幅缀油帽及毡笠前。唐制大帽。后魏孝文始赐百官。魏文帝始赐百官立冬暖帽。今赐百官暖耳，本此。

[译文] 黄帝的大臣荀始最早制作了帽子，舜最早制作了帽冠。汉成帝开始制作了显贵大臣戴的乌纱帽，后来从魏国到隋朝一直都沿用下来。唐太宗开始制作纱帽，为上朝理事或会见宾客，君民上下都可以使用。秦、汉时期开始仿效羌人制作毡帽。晋代开始用竹片做帽骨来制作席帽。隋朝开始制作了帷帽来遮挡灰尘，为远行的人所使用，制作的方法是用黑纱布连接在油帽或毡笠前面。唐代创制了大帽。后魏孝文帝开始在立冬时给百官赐帽。现在赐给百官暖耳朵用的耳套，本源于此。

幞头 北朝周武帝裁布始制幞头。一云六国时赵魏用全幅向后幞发，通谓头巾，俗呼幞头。

[译文]　北朝的周武帝裁剪布料开始制作幞头。另一种说法是六国时赵魏用全幅的布向后边扎住头发，通称为“头巾”，俗称“幞头”。

帽　魏武制帽，始燕居着帽（帙帢同裁缣布为之，以色别贵贱）。荀文若始制帽有岐，因触树枝成岐，后效之。

[译文]　魏武帝曹操制作了帽帽，在闲居时戴着它（都是裁剪缣布来做成，用不同的颜色来区别贵贱）。荀文若开始制作了有分叉帽尾的帽帽，是因为他的发巾被树枝划破，后人纷纷仿效他。

纵　周公制纵，以缅韬发。宋太祖制网巾，明太祖颁行天下。

[译文]　周公旦制作了纵，用来捆扎头发。宋太祖制了网巾，明太祖在全国推行。

古冠名　尧黄收、牟追；汤哻；武王委貌；秦始皇远游冠；汉高祖通天冠、高山冠、鹊尾冠、长冠、竹皮冠；唐太宗翼善冠、交天冠；宋平天冠，并入君冠。殷章甫冠；汉梁冠（以梁数分别），后汉进贤冠；唐太宗进德冠；楚王獬豸冠；汉却非冠；赵武灵王惠文冠，饰金珰豹尾。汉武弁效惠文加蝉、鵔鸃冠、繁冠、鹖冠。秦孝公武帻，汉文帝介帻。西汉翠帽，唐縠帽，李晟绣帽，沈庆之狐皮帽、汝阳王琎砑光帽，南汉平顶帽，后周独孤帽、侧帽，韩熙载轻纱帽，萧载小博风帽。唐乌匼纱巾、夹罗巾，员头、平头、方头巾，宋云巾、鹖鸱巾，汉文帝平巾，唐中宗踣养巾，昭宗珠巾，诸葛孔明纶巾，谢万白纶巾，祢衡练巾，石季伦紫纶巾，桑维翰蝉翼纱巾。张孝秀縠皮巾，陶弘景鹿皮巾，王衍尖巾，顾况华阳巾，山简白鹭巾，高九万渔巾，程伊川阔幅巾，苏子瞻加辅方巾，牛弘卜桐巾，王邻菱角巾，罗隐减样平方巾。

［译文］ 尧有黄收冠、牟追冠；汤有哻冠；周武王有委貌冠；秦始皇有远游冠；汉高祖有通天冠、高山冠、鹊尾冠、长冠、竹皮冠；唐太宗有翼善冠、交天冠；宋有平天冠，这些都是皇帝所戴的冠帽。商朝有章甫冠；汉代有梁冠（用帽梁数量来区分），东汉有进贤冠；唐太宗有进德冠；楚王有獬豸冠；汉代有却非冠；赵武灵王有惠文冠，用金珰、豹尾做装饰。汉武帝的弁帽仿效惠文冠而增加了蝉翼，还有鵔鸃冠、繁冠、鹖冠。秦孝公有武帻，汉文帝有介帻。西汉有翠帽，唐代有縠帽，李晟有绣帽，沈庆之有狐皮帽，汝阳王琎有砑光帽，南汉有平顶帽，后周有独孤帽、侧帽，韩熙载有轻纱帽，萧载有小博风帽。唐代有乌匼纱巾、夹罗巾，员头巾、平头巾、方头巾，宋代有云巾、鹖鸥巾，汉文帝有平巾，唐中宗有踣养巾，唐昭宗有珠巾，诸葛孔明有纶巾，谢万有白纶巾，祢衡有练巾，石季伦有紫纶巾，桑维翰有蝉翼纱巾。张孝秀有縠皮巾，陶弘景有鹿皮巾，王衍有尖巾，顾况有华阳巾，山简有白鹭巾，高九万有渔巾，程伊川有阔幅巾，苏轼有加辅方巾，牛弘有卜桐巾，王邻有菱角巾，罗隐有减样平方巾。

履 黄帝臣於则始制履（单底），周公制舄（复底）、制屦（施带）、制屧。伊尹制草屝，周文王始制麻履，秦始用丝，始皇始制靸金泥飞头鞋，始名鞋。汉始以布缱上脱下加锦饰，东晋始以草木巧织成如澼芙蓉为履是也。

［译文］ 黄帝的大臣於则最早制作了单底的履，周公制作了复底的履、有鞋带的单底履以及木屐。伊尹制作了草履，周文王制作了麻履，秦朝开始用丝来做鞋，秦始皇开始制作靸金泥飞头鞋，并开始起名为鞋。汉代开始用圆形的丝带在上面和下面作为鞋的装

饰，东晋开始用草木编织成履，像是漂洗的芙蓉花做成的一样。

靴　赵武灵王制靴，短靿。隋炀帝制皂靴，始长靿。马周加毡及絛，始着入殿省敷奏。

[译文]　赵武灵王制作了短靿的靴子。隋炀帝制作了皂靴，开始用长靿。马周加了鞋垫和丝带，最早穿着上朝奏事。

三代冠制　夏曰母追（音牟堆），周曰委貌。衡，维持冠者；纨，冠之垂者；弦缨，从下而上；綖，冠之上覆者，皆冠饰也。

[译文]　夏代叫母追（读作“牟堆”），周代叫委貌。衡，是平衡帽冠的部件；纨，是冠两侧垂下来的丝绳；弦缨，是从下而上的绳子，用来固定冠；綖，是盖在冠上面的部分。这些都是冠上的装饰。

冕制　有虞氏曰皇，夏后氏曰收，商汤氏曰冔，周武王曰冕。衮冕，一品服鷩冕，二品服毳冕，三品服希冕，四品服玄冕，五品服平冕。郊庙武舞郎之服，爵弁六品以下、九品以上，从祀之服，武弁武官参殿廷，武舞郎、堂下鼓人鼓吹按工之服、弁服，文官九品公事之服。

[译文]　有虞氏的冕叫作皇，夏后氏的冕叫作收，商汤氏的冕叫作冔，周武王的叫作冕。一品官戴鷩冕；二品官戴毳冕；三品官戴希冕；四品官戴玄冕；五品官戴平冕；郊庙武舞郎所戴，爵弁是六品以下、九品以上的官员随从祭祀时所戴；武弁是武官参殿廷、武舞郎、堂下鼓人鼓吹按工所戴；弁服是九品文官处理公事时所戴。

旒制　汉明帝采《周官礼记》，以定冕制，广七寸、长一尺二寸，系白珠于其端，曰旒。天子十二旒，三公及诸侯九旒，卿七旒。

［译文］ 汉明帝采用《周官》和《礼记》中的记载，制定了冠冕的规格，宽七寸、长一尺二寸，在两端系上白色珍珠，称为旒。天子的为十二旒，三公和诸侯的为九旒，卿大夫的为七旒。

冠制 太白冠，太古之白布冠也。通天冠，天子冠名。惠文冠，汉法冠也，御史服之。葛巾，葛布冠也，居士野人所服。方山冠，乐人之冠也。铁柱冠，即獬豸冠也，后以铁为柱，取其执法如铁也，故御史服之。

［译文］ 太白冠，是远古时期的白布冠。通天冠，是天子的冠名。惠文冠，是汉代御史戴的法冠。葛巾，是用葛布制成的冠，是隐士和乡野的村民穿戴的。方山冠，是乐舞演员所戴的。铁柱冠就是獬豸冠，后来用铁来做冠柱，取它执法如铁的意义，所以御史戴这种冠。

鵔鸃冠 汉惠帝时，郎中皆冠鵔鸃冠，傅脂粉。岸帻，起冠露额曰岸。

［译文］ 汉惠帝的时候，郎中都戴着鵔鸃冠，还要涂脂抹粉。岸帻，掀起冠帽露出额头叫作“岸”。

雄鸡冠 子路性鄙，好勇力，冠雄鸡，佩豭豚，凌暴孔子，孔子设礼稍诱子路。子路后服，委贽因门人请为弟子。

［译文］ 子路性子粗鄙，喜欢逞勇斗力，曾经戴雄鸡冠，佩戴着公猪带，欺凌孔子，孔子用礼乐慢慢来教导子路。子路后来敬服，送上拜师的礼物，通过门人请求做孔子的弟子。

竹皮冠 汉高祖为亭长，以竹皮为冠。及贵，常服之，所谓

“刘氏冠”也。诏曰：爵非公乘以上，不得冠刘氏冠。公乘，第八爵也。

［译文］ 汉高祖当亭长的时候，用竹皮做成冠帽。成为皇帝之后，也常常戴着这种冠，就是所谓的“刘氏冠”。还下诏说：“爵位不在公乘以上的，不允许戴刘氏冠。”公乘，是指第八等爵位。

弁髦　男子始冠则用弁髦，既冠则弃之。故凡物弃之不用，则曰弁髦。

［译文］ 男子到加冠时先用弁髦，加冠之后就抛弃不用。所以凡是被弃置之物，就被称为“弁髦”。

帽制　接䍦，白帽也。浑脱，毡帽也。褦襶，即今暑月所戴凉帽也，内以笠为之，外以青缯缀其檐而蔽日者也。

［译文］ 接䍦，指的是白色的帽子。浑脱，指的是毡帽。褦襶，指的是现在暑季所戴的凉帽，里面用笠作帽骨，外面用青布垂在帽檐下遮蔽太阳光。

进贤冠　今文臣所著纱帽，即古之进贤冠也。

［译文］ 当今文臣所戴的纱帽，就是古代的进贤冠。

貂蝉冠　为侍中、中常侍所服之冠，黄金铛附蝉为文，貂尾为饰，侍中插左，常侍插右。

［译文］ 是侍中、中常侍所佩戴的冠，用黄金作耳饰，并附有蝉样的花纹，用貂的尾毛作装饰，侍中插在左边，常侍插在右边。

鹖冠　楚人居于深山，以鹖为冠，著书十六篇，号《鹖冠子》。

[译文] 有一个楚人住在深山里，用鹖鸟的羽毛来做成冠帽，写了一本书，共有十六篇，起名为《鹖冠子》。

虎贲冠 虎贲插两鹖尾，竖左右。鹖，鸷鸟中之劲果者，秦汉施之武人。

[译文] 虎贲冠上要插两支鹖鸟的尾毛，竖在左右两边。鹖鸟是一种刚毅果断的猛禽，因此秦汉时期让武士佩戴这种冠。

黄冠 道士冠也。文文山愿黄冠归故乡，以备顾问。

[译文] 是道士所用的冠。文天祥（字文山）希望戴着黄冠回故乡，来充当顾问。

椰子冠 苏东坡有椰子冠，广东所产，俗言茄瓢是也。

[译文] 苏东坡有椰子冠，是广东所出产的物种，俗称为“茄瓢”。

束发冠 古制也。三王画像多著此冠，名曰束发者，亦以仅能束一髻耳。

[译文] 是古代的制度。古代三王的画像大多戴着这种冠，名字虽然叫作束发冠，也只能扎住一只发髻罢了。

折角巾 后汉郭林宗常行梁陈之间，遇雨，巾一角沾雨而折。三国名士著巾，莫不折其角，号“林宗巾”。其见仪则如此。

[译文] 东汉的郭林宗常常在梁、陈二地之间行走，遇到下雨时，头巾有一角被雨水沾湿而折起来。此后三国的名士戴头巾，没有不折角的，称作“林宗巾”。郭林宗被大家效仿就是这种情况。

折上巾　汉魏以前戴幅巾，晋、宋用幂䍦，后周以三尺皂绢向后幞发，名折上巾。

[译文]　汉魏以前的人头戴幅巾，晋宋时期开始用幂䍦，后周时期用三尺长的皂绢把头发向后面笼起来，叫作“折上巾”。

方巾　元杨维祯被召入见，太祖问：“卿所冠何巾？”对曰：“四方平定巾。”太祖悦其名，召中书省，依此巾制颁天下尽冠之。

[译文]　元代的杨维桢被皇帝征召觐见，元太祖问他说：“你戴的是什么头巾？”杨回答说：“四方平定巾。”元太祖喜欢这个头巾的名字，下诏让中书省依照此巾的样式颁行，让天下人都戴这种“四方平定巾”。

网巾　明太祖一日微行至神乐观，有道士结网巾，问结此何用，对曰：“网巾用以裹头，则万发俱齐。”明日有旨命道官取网巾一十三顶，颁行天下，无贵贱，皆令裹之。

[译文]　明太祖有一天微服到了神乐观，看见有个道士扎着网巾，明太祖问扎这个头巾有什么用，道士回答说：“扎网巾用来裹头，有了它上万根的头发就都整齐了。”第二天，朝廷就有旨意，令掌管道士的官员取来十三顶网巾，颁行于天下，无论贵贱，都让用这种网巾来裹头。

衣裳

有巢氏始衣皮。轩辕妃嫘祖始兴机杼，成布帛。尧始加絺苎木棉草布毛罽。黄帝臣胡曹始作衣，伯余始作裳，始衣裳加垂以衣皮，短小也。舜制韨（冕服之韠，古字，从韦，今从丝），三代增画文；汉明帝用赤皮；魏晋始易络纱。黄帝始制衮，舜始备，周始详。

［译文］有巢氏最早开始用毛皮制作衣服。轩辕的妃子嫘祖开始用织布机做布帛。尧帝开始增加制作了缔苎、木棉、草布和毛罽。黄帝的臣子胡曹开始制作了上衣，伯余开始制作了下装，还给衣裳添加了短小的皮饰。舜创制了韨（冕服的“韠”是古字，是韦字旁，现在变成了丝字旁），夏商周三代时增加了纹样；汉明帝使用红色的皮；魏、晋时期开始改用络纱。黄帝开始制作衮袍，到舜时才完备起来，至周代才更加周详。

袍　傅说制袍，长至足。隋制大袍，宇文护始加襕。舜制深衣。马周制襕衫。汉制方心曲领，唐制圆领。

［译文］傅说制作了袍子，长到脚。隋代制作了大袍，宇文护开始增加了上衣下摆的横幅为襕。舜制定了上下衣裳连接着的衣服。马周制作了襕衫。汉代制作了衣服的方心和曲领，唐代制作了圆领衣。

公服　唐太宗制朝参拜表朝服，公事谒见，公服始分别。北齐入中国，始胡服，窄袖。唐玄宗始公服，褒博大袍。

伏羲制裘（一云黄帝）。禹制披风（如背子制较长，而袖宽于衫）、制襦（短衣）。伊尹制袂襖。汉高祖制汗衫（小仅覆胸背，即古中单帝与楚战汗透，因名）。唐高祖制半臂（隋文帝时半臂余，即长袖也；高祖减为秃袖，如背心）。马周制开骻（即今四骻衫）。周文王制裈，禹始制袴，周武王改为褶，以布；敬王以缯；汉章帝以绫，始加下缘。

晋董威制百结（碎杂缯为之）。宋太祖制截褶、制海青（俱仿南番作）。

宇文涉制毡衫。

[译文] 唐太宗制作了在朝廷参拜用的朝服，公事谒见时穿戴，从此公服和便服开始有了分别。北齐进入中原地区才有了胡服，短肩窄袖。唐玄宗开始有了宽襟大袍的官服。

伏羲创制了裘衣（一种说法是黄帝）。大禹制作了披风（和背子的形制相似而长，袖子比衫宽）、襦（短衣）。伊尹制作了夹袄。汉高祖制作了汗衫（短小仅能覆盖前胸后背，就是古代的单衣，汉高祖与项羽争战，汗把衣服湿透了，所以得名）。唐高祖制作了半袖（隋文帝时有半臂长的衣衫，就是长袖。唐高祖缩短为秃袖，像背心一样）。马周制作了开骻（就是现在的四骻衫）。周文王制作了满裆裤，大禹制作了分腿的裤子，周武王改为褶裤，用布料制成；敬王用缯制作；汉章帝用绫制作，才开始增加了下摆。

晋朝的董威制作了百衲衣（用杂色小碎布做成）。宋太祖制作了截褶、海青（都是仿照南番的式样做的）。宇文涉制作了毡衫。

防雨服　陈成子制雨衣、雨帽。宇文涉制雨笼。於则制角袜（前后两只相承，中心系带）。魏文帝吴妃始裁缝如今样。后魏始赐僧尼偏衫。

[译文] 陈成子制作了雨衣、雨帽。宇文涉制作了雨笼。於则制作了角袜（前后两只相承接，中间用带子系住）。魏文帝的吴妃开始裁制成现在的样子。后魏开始赐给僧尼偏衫。

天子服　黄帝始定人君服，色随王运。周公始制天子服，四时各以其色。隋文帝始专尚黄。唐玄宗时，韦韬请天子服御皆用黄，设禁。

[译文] 黄帝开始制定了君王的服装，颜色随着王朝的五行之气变

化。周公开始制定天子的服饰，一年四季各依照不同季节变换颜色。隋文帝开始只崇尚黄色。唐玄宗时，韦韬奏请天子的服装和用具都使用黄色，并禁止其他人使用。

隋别服色　炀帝诏牛弘等始别服色，三、四品紫，五品朱，六品以下绿，胥吏青，庶人白，商皂。本秦始皇以紫、绯、绿三等服为制。

［译文］隋炀帝下诏让牛弘等人开始区分不同官员服装的颜色，三、四品穿紫色，五品穿红色，六品以下的穿绿色，胥吏穿青色，百姓穿白色，商人穿黑色。这源于秦始皇用紫、绯、绿三色的服饰制度。

僧衣　后魏制僧衣，赤布，后周易黄，宇文周易褐色。北齐忌黑，以僧衣多黑，始行师忌僧。

［译文］后魏制作了僧衣，用红布做成，后周改换成黄布，北周宇文氏换用褐布。北齐忌讳黑色，因为僧袍多为黑色，开始在出师时忌讳僧人。

鱼袋　即古鱼符，刻鱼，盛之以袋，而饰金银玉。三代为等袋，用韦。唐高祖始制鱼袋，饰金银。武后改制龟，盖为别；后复为鱼，加用铜；宋仁宗加用玉。唐玄宗敕品卑者借绯及鱼袋。

［译文］就是古代的鱼符，刻画着鱼的形状，用袋子装着，并用金、银、玉来装饰。三代制作了等袋，用熟牛皮制成。唐高祖开始制作了鱼袋，用金银来装饰。武则天改为龟，大概是为了和前代有所区别；后来又恢复用鱼，并增加了铜饰；宋仁宗增加了玉饰。唐玄宗下令品阶较低的官员可以借用红色的官衣和鱼袋。

笏　成汤始制笏，书教令以备忽忘。武王诛纣，太公解剑带，笏始制为等。周制诸侯用象笏。晋、宋以来，惟八座用笏，余执手板。周武帝始百官皆执笏朝参，以笏为礼。汉高祖制手板如笏，魏武帝制露板（奏事木简）。

［译文］　商汤开始制作了笏板，用来书写教化的诏命以防止疏忽和遗忘。武王诛杀殷纣王，太公解下宝剑带上笏板，开始定制等级。周代规定诸侯使用象牙做的笏板。晋、宋以来，只有朝廷的八位大臣才可以使用，其余的都只能执着手板。周武帝开始百官都拿着笏来上朝参拜，并且用它来行礼。汉高祖制定了像笏板一样的手板，魏武帝制作了露板（上奏时用的木简）。

带绶　黄帝制衣带（用革反插垂头），秦二世名腰带。唐高宗始制金、玉、犀、银、鍮、铦、铜、铁等差。

［译文］　黄帝制作了衣带（用皮革反插在腰带的垂头上），秦二世称之为腰带。唐高宗开始制作了不同等级的金、玉、犀、银、鍮、铦、铜、铁等不同材料的衣带。

佩　尧始制佩，周制为等。七国去佩留襚，始以彩组连结子襚。转相受为绶（古绶以贯佩）制，更秦名，本三代。汉高祖制为等加缥。天子佩白玉而玄组绶，公侯佩山玄玉而朱组绶，大夫佩水苍玉而纯组绶，世子佩瑜玉而綦组绶，士佩瑌玟而缊组绶，孔子佩象环五寸而綦组绶。

［译文］　尧开始创制佩饰，周代规定了不同的等级佩戴的饰品也不一样。七国去掉佩玉而留下了绶带，开始用彩色的丝线连接绶带，相互赠送接受叫“绶”（古代用绶来穿佩玉），改自秦代的名称，

源于三代。汉高祖规定不同等级，加有不同数量的青白色的丝带。天子佩戴白色的玉并用黑色的丝带，公侯佩戴黑色的玉并用红色的丝带，大夫佩戴水黑色的玉并用白色的丝带，世子佩戴美玉并用苍白色的丝带，士子佩美石并用赤黄色的丝带，孔子佩戴五寸的象牙环并用苍白色的丝带。

牙牌 宋太祖始制牙牌，给赐立功武臣悬带，令朝参官皆用之。颛顼制丝绦。汤制鞶囊，厕牏近身之小衫，即今之汗衫也。

[译文] 宋太祖开始制作了牙牌，赐给立功的武臣悬挂佩带，并命令上朝参拜的官员都要佩带它。颛顼制作了丝绦。商汤制作了革制的囊，厕牏是贴身的小衣服，也就是现在的汗衫。

绣髦 盖以羽衣为半臂，如《汉书》所谓诸子绣髦，其字不同，其义则一也。

[译文] 大概是用羽衣裁成半袖，就像《汉书》所记载的“诸子绣髦”一样，字虽然不一样，它的意义则是一样的。

襳褵 羽衣也。又曰氅衣。缊黂敝衣。袯襫，蓑衣，暆（音夷）喻，雨衣。

[译文] 就是羽衣。又叫氅衣。乱麻做成絮制成的衣服。袯襫，就是蓑衣。暆（读作夷）喻，就是雨衣。

襜褕（音谄遥） 单衣也。武安侯田蚡坐襜褕入宫，不敬，国除。

[译文] 就是单衣。武安侯田蚡因为穿着襜褕进宫拜见皇帝，被认为不敬，他的封地就被废除了。

吉光裘　汉武帝时，西域献吉光裘，裘色黄，盖神马之类，入水不濡，入火不燃。

［译文］　汉武帝的时候，西域有人进献了吉光裘，裘衣是黄色的，因为是用神马吉光的皮毛制成，所以入水不湿，遇火不燃。

雉头裘　大医程据上雉头裘，武帝诏据：此裘非常衣服，消费功用，其于殿前烧之。

［译文］　太医程据进献雉头裘，晋武帝下诏给程据说：这件裘衣不是一般的衣服，消耗浪费物力，于是就在殿前烧了它。

狐白裘　孟尝君使人说昭王幸姬求解，姬曰："愿得狐白裘。"此裘孟尝君已献昭王，客有能为狗盗者，夜入秦宫藏中，取以献姬，乃得释。

［译文］　孟尝君派人游说秦昭王的爱姬，请求释放了自己。爱姬说："我希望得到你的白狐裘衣。"这件裘衣孟尝君已经献给秦昭王了，孟尝君的门客中有人善于偷盗，就在晚上潜入秦国的宫中，把狐裘偷出来献给了秦昭王的爱姬，于是孟尝君就被释放了。

集翠裘　武后赐张昌宗集翠裘，后令狄仁杰与赌此裘。仁杰因指所衣紫拖袍，后曰："不等。"杰曰："此大臣朝见之服也。"昌宗累局连北，仁杰褫其裘，拜恩出，赐与舆前厮养。

［译文］　武则天赐给张昌宗一领集翠裘，并让狄仁杰和张昌宗用这领裘衣来打赌。狄仁杰就用自己的紫拖袍做赌注。武则天说："这两个价值不对等。"狄仁杰说："这可是大臣上朝觐见所穿的服装啊。"后来张昌宗接连几局都输了，狄仁杰夺了他的集翠裘，向武则天谢恩出来，赐给了自己轿前的仆人。

鹔鹴裘　司马相如初与文君还成都，居贫愁惫，以所着鹔鹴裘，就市人杨昌贳酒，与文君拨闷。

［译文］　司马相如起初和卓文君回到成都，贫困愁苦，就把身上穿的鹔鹴裘拿到商人杨昌那里换酒喝，和卓文君解闷。

深衣　古者深衣，盖有制度，短毋见肤，长毋被土。制有十二幅，以应十有二月；袂圆以应规；曲袷如矩以应方；负绳及踝以应直，下齐如权衡以应平。

［译文］　古代的深衣，有规定的形制，短的不能露出皮肤，长的不能拖到地上。制衣用十二幅布，照应一年十二个月；袖子是圆形的，象征着规；领子是方形，象征着矩；背缝长达到脚跟，象征着直；下摆如秤杆，象征公平。

黑貂裘　苏秦初说赵，赵相李兑遗以黑貂裘。及游说秦王，王不能用，黑貂之裘敝。

［译文］　苏秦起初到赵国游说，赵相李兑赠给他一件黑貂裘。等到苏秦再去游说秦王时，秦王不愿意任用他，他等得黑貂裘都破旧了。

通天犀带　南唐严续相公歌姬、唐镐给事通天犀带，皆一代尤物，因出伎解带呼卢。唐彩大胜，乃酌酒，命美人歌一曲而别，严怅然久之。

［译文］　南唐严续相公的歌姬和唐镐给事的通天犀带，都是当世的珍奇之物，二人分别拿出歌姬和犀带来打赌。结果唐镐博得彩头胜出，就给严续斟酒，让歌姬唱一首歌和严续告别，严续惆怅了

很长时间。

月影犀带　张九成有犀带，文理缜密，中有一月影，过望则见，贵重在通天犀之上，盖犀牛望月之久，故感其影于角也。

［译文］张九成有一条犀带，文理很细密，中间有一个像月亮的影子，过了每月十五就会显现，比通天犀带还贵重，因为犀牛望月时间很久，所以月亮的影子有了感应而留在了它的角上。

黄琅带　唐太宗赐房玄龄黄琅带，云服此带，鬼神畏之。

［译文］唐太宗赐给房玄龄黄琅带，据说佩戴了这个带子后，鬼神都会害怕他。

百花带　宗测春游山谷，见奇花异卉，则系于带上，归而图其形状，名“百花带”，人多效之。

［译文］宗测春天到山谷里游赏，看到奇花异草，就插在腰带上，回到家就画出它的形状，称之为“百花带”，人们纷纷效仿他。

笏囊　唐故事，公卿皆搢笏于带，而后乘马。张九龄体弱，使人持之，因设笏囊。笏囊自此始。

［译文］唐代旧例，公卿大臣都把笏板插在腰带上，然后才骑上马。张九龄身体虚弱，所以让人拿着笏板，因此制作了一个笏囊。笏囊从此出现。

只逊　殿上直校鹅帽锦衣，总曰“只逊”。曾见有旨下工部，造只逊八百副。

［译文］在大殿上值班的军官穿戴着鹅帽锦衣，总称为“只逊”。曾

经见圣旨下令给工部，缝制八百副只逊。

身衣弋绨 张安世尊为公侯，而身衣弋绨，夫人自绩。

[译文] 张安世身份尊贵，作为公侯，身上却穿着黑色的粗布衣服，都是他的夫人自己纺织做成的。

衣不重帛 晋国苦奢，文公以俭矫之，乃衣不重帛，食不兼肉。未几时，国人皆大布之衣，脱粟之饭。

[译文] 晋国被奢侈之风困扰，晋文公用俭朴之风来矫正它，于是穿衣服不穿超过两层的帛，每顿饭不吃两种以上的肉。没过多久，晋国的人都穿粗布衣，吃糙米饭。

袜韦跗注 袜，赤也。跗注，戎服，若袴而属于跗，与袴连，言军中君子之饰也。

[译文] 袜，为红色。跗注，是军服，像裤子一样垂到脚跟，和裤子相连，是军队中高官的服饰。

飞云履 白乐天烧丹于庐山草堂，制飞云履，立云为直，四面以素绢作云梁，染以诸香，振履，则如烟雾。常着示道友云，吾足下生云，计不久上升矣。

[译文] 白居易在庐山草堂烧炼仙丹，制作了一双飞云履，以黑色的绫子作为材料，四面用白色的绢做成云朵，再用多种香料熏染，穿着这双履，就像在烟雾中行走一样。白居易常穿这双鞋展示给他的道友，说我脚下生出云彩，估计不久后就可以成仙了。

襕衫 明朝高皇后见秀才服饰与胥吏同，乃更制儒巾襕衫，令太祖着之。太祖曰:“此真儒者服也。”遂颁天下。

[译文] 明朝的高皇后看到秀才所穿的衣服和小吏的一样，就让人制作了儒巾、襕衫，让明太祖试着穿上。太祖说:“这才是真正的儒士的衣服啊。”于是颁行天下。

毳衣 《诗经》:“毳衣如菼。”天子、大夫之服。纨袴，贵家子弟之服。逢腋，肘腋宽大之衣，为庶人之服。

[译文] 《诗经》里说:“毳衣如菼。”这是天子、大夫的服装。纨袴，是贵家子弟的服装。逢腋，是肘部和腋窝非常宽大的衣服，是平民穿的服装。

初服 初，始也，谓未仕时清洁之服，故致仕归，曰得遂初衣。

[译文] 初，就是开始的意思，说的是没有出仕做官时的清爽洁净的衣服，所以退休回到家乡时，叫作“得遂初衣”。

轻裘缓带 羊祜在军中尝服之。偏裻，戎衣名；肠夷，甲名；皆从军所服之饰。

[译文] 羊祜在军队中曾经穿着轻裘缓带。偏裻，是军装的名字；肠夷，是铠甲的名字；这都是从军的人所穿的服饰。

赤芾 芾，冕之饰也。大夫以上，赤韨乘轩。

[译文] 芾，是冕上的饰品。大夫以上品阶的官员，可穿着红色的蔽膝乘坐轩车。

饮食

有巢氏始教民食果。燧人氏始修火食，作醴酪（蒸酿之使熟）。神农始教民食谷，加于烧石之上而食。黄帝始具五谷种（地神所献）。烈山氏子柱始作稼，始教民食蔬果。燧人氏作脯、作胾。黄帝作炙。成汤作醢。禹作鲞，吴寿梦作鲊。神农诸侯夙沙氏煮盐，嫘姐作醷，神农作油，殷果作醯，周公作酱，公刘作饧。（后汉谓饴饧即《楚辞》怅惶也。方言：江东为糖作蜜）。唐太宗煎蔗作沙糖。黄帝作羹、作菹。少昊作齑。神农作炒米。黄帝作蒸饭、作粥。公刘作餈、作麻团、作糕。周公作汤团。汝颓作粽。诸葛亮作馒头、作饫馁。石崇作馄饨。秦昭王作蒸饼。汉高祖作汉饼。金日磾作胡饼。魏作汤饼。晋作不托（即面。简于汤饼）。

[译文] 有巢氏最早开始教化民众食用果子，燧人氏开始教百姓吃用火烧的东西，发明了醴酪（通过蒸酿让食物变熟）。神农氏开始教化百姓吃五谷，放在烧热的石头上烧熟再吃。黄帝开始有了五谷的种子（地神所进献）。烈山氏之子柱开始种植庄稼，并教化百姓吃蔬菜瓜果。燧人氏开始制作干肉和肉块。黄帝开始制作烤肉。成汤开始制作肉酱。大禹开始制作干鱼，吴国的寿梦开始制作鱼酱。神农时的诸侯夙沙氏开始煮出食盐，嫘祖开始制作了醷浆，神农氏制作了油，殷果制作了醋，周公制作了酱，公刘制作了蜜糖。（东汉时有人说麦芽糖就是《楚辞》中说的“怅惶”。《方言》中说，江东地区用糖来制作成蜜）。唐太宗煎煮甘蔗制作成砂糖。黄帝制作羹汤与腌菜。少昊制作了肉羹。神农制作了炒米。黄帝制作了蒸饭和稀粥。公刘制作了糕饼、麻团和糕。周公制作了汤圆。汝颓制作了粽子。诸葛亮制作了馒头和饫馁。石崇制作了馄饨。秦昭王制作了蒸饼。汉高祖制作了汉饼。金日磾制作了胡饼。魏代制作了汤饼。晋代

制作了不托（就是面条，比汤饼简单一点）。

酒　始自空桑委余饭郁积生味。黄帝始作醴（一宿），夷狄作酒醪，杜康作秫酒。周公作酎，三重酒。汉作宗庙九酝酒（五月造，八月成）。魏文侯始为觞。齐桓公作酒令。汝阳王琎著《酒法》。唐人始以酒名春。刘表始以酒器称雅。（有伯仲季雅称。雅集本此。）晋隐士张元作酒帘。南齐始以樗蒲头战酒。宋武帝延萧介赋诗置酒，始称即席。

［译文］　最早源于空桑树中的剩饭，积聚时间长了生出酒味。黄帝开始制作醴酒（一个晚上就可以做好），仪狄开始制作酒醪，杜康制作了米酒。周公反复多次酿出了三重酒。汉代制作了宗庙祭祀用的九酝酒（五月开始制作，八月做好）。魏文侯开始制作酒杯。齐桓公制作了酒令。汝阳王李琎撰写了《酒法》。唐代人开始用“春”字给酒命名。刘表开始给酒器起雅称（有伯、仲、季等雅称。“雅集”一词就是来源于此）。晋代的隐士张元制作了酒帘。南齐开始以樗蒲头赌酒喝。宋武帝延请萧介吟诗摆酒，始称“即席”。

名酒　齐人田无已（一云狄希）中山酒，汉武帝兰生酒（采百味即百末旨酒），曹操缥醪，刘白堕桑落酒（成桑落时）、千里酒（六月曝日不动），唐玄宗三辰酒，虢国夫人天圣酒（用鹿肉），裴度鱼儿酒（凝龙脑刻鱼投之），魏徵翠涛，孙思邈屠苏（元日入药），隋炀帝玉薤（仿胡法），陈后主红粱新酝，魏贾锵昆仑觞（绛色以瓢接河源水酿之），房寿碧芳酒，羊雅舒抱瓮醪（冬月令人抱而酿之），向恭伯芗林、秋露，殷子新黄娇，易毅夫瓮中云，胡长文银光，宋安定郡王洞庭春（以柑酿），苏轼罗浮春、真一酒，陆放翁玉清堂，贾似道长春法酒，欧阳修冰堂春。

[译文] 齐人田无已（一说是狄希）的中山酒，汉武帝的兰生酒（采集百草的花做成的美酒），曹操的缥醪酒，刘白堕的桑落酒（此酒在桑叶凋落时酿成）、千里酒（六月暴晒，不移动），唐玄宗的三辰酒，虢国夫人的天圣酒（用鹿肉来制作），裴度的鱼儿酒（用凝固的龙脑香刻成鱼形放入酒中），魏徵的翠涛，孙思邈的屠苏（在正月初一时入药），隋炀帝的玉薤（仿照胡人的制作方法），陈后主的红梁新酝，魏国贾锵的昆仑觞（绛紫色，用瓢取河源的水来酿造），房寿的碧芳酒，羊雅舒的抱瓮醪（冬天让人抱着酿造），向恭伯的芗林、秋露，殷子新的黄娇，易毅夫的瓮中云，胡长文的银光，宋代安定郡王的洞庭春（用柑来酿造），苏轼的罗浮春、真一酒，陆游的玉清堂，贾似道的长春法酒，欧阳修的冰堂春。

茶 成汤作茶，黄帝食百草，得茶解毒。晋王蒙、齐王肃始习茗饮（三代以下炙茗菜或煮羹）。钱超、赵莒为茶会。唐陆羽始著《茶经》，创茶具，茶始盛行。唐常衮，德宗时人，刺建州，始茶蒸焙研膏。宋郑可闻剔银丝为水牙，始去龙脑香。唐茶品，阳羡为上，唐末北苑始出。南唐始率县民采茶，北苑造膏茶腊面，又京铤最佳。宋太宗始制龙凤模，即北苑时造团茶，以别庶饮，用茶碾，今炒制用茶芽废团。王涯始献茶，因命涯榷茶。唐回纥始入朝市茶。宋太祖始禁私茶，太宗始官场贴射，徐改行交引。宋始称绝品茶口斗，次亚斗。始制贡茶，列粗细纲。

[译文] 商汤制作了茶叶，黄帝试尝百草，得到茶叶可以用来解毒。晋代的王蒙、齐代的王肃开始学习喝茶（夏商周三代以后都用茶叶烧菜或者煮羹）。钱超、赵莒举办了茶会。唐代的陆羽最早撰写了《茶经》，制作了茶具，喝茶才开始盛行。唐代的常衮，是唐德宗时期的人，担任建州刺史，开始将茶叶蒸、焙并研磨成末。宋代的郑可闻剔出银丝叶制成水牙，最早去除了龙脑香。唐代的茶叶以

阳羡为最好，唐末北苑才开始出产茶叶。南唐开始奖励县民采集茶叶，北苑造出膏茶、腊面，而以京铤为最好。宋太宗时开始制作了龙凤形的茶叶，也就是北苑里造出的团茶，和普通人用的相区别，并用茶碾，现在炒制用茶芽，废除了团茶。王涯开始献茶，朝廷命令王涯掌管茶叶国家专卖。唐代回纥最早入朝交易茶叶。宋太祖开始禁止民间私自贩卖茶叶，宋太宗开始官府贴射税收以决定茶叶的交易权，后来慢慢改为用交引凭证的方法。宋代开始称绝品的茶为斗，次一级的称为亚斗。开始制作了进贡的茶叶，列出粗细不同的品类。

蒙山茶　蜀蒙山顶上茶多不能数，片极重，于唐以为仙品。今之蒙茶，乃青州蒙阴山石上地衣，味苦而性寒，亦不易得。

［译文］　蜀地蒙山顶上的茶叶多得数不过来，叶片都很重，在唐代被认为是极品。现在的蒙茶，是青州蒙阴山石头上的地衣，味道发苦而生性寒冷，也不容易得到。

密云龙　东坡有密云龙茶，极为甘馨。时黄、秦、晁、张号“苏门四学士”，子瞻待之厚，每来，必令侍妾朝云取密云龙饮之。

［译文］　苏轼有密云龙茶，非常甘甜芳香。当时黄庭坚、秦观、晁补之、张耒号称为“苏门四学士”，苏轼待他们很亲厚，每次他们来访，都一定会让侍妾朝云取密云龙茶给他们饮用。

天柱峰茶　李德裕有亲知授舒州牧，李曰：“到郡日，天柱峰可惠三四角。”其人辄献数斤，李却之。明年罢郡，用意精求，获数角，投之赞皇，阅而受之，曰：“此茶可消酒肉毒。”乃命烹一瓯沃于肉，以银盒闭之，诘旦开视，其肉已化为水矣，众服其广识。

［译文］ 李德裕有一个亲信担任舒州刺史，李德裕说："到任之后，把天柱峰茶给我送上三四封。"那个人就给李德裕送了好几斤，李德裕却没有接受。第二年那人要卸任了，特意精心挑选，得到几角好茶，献给了李德裕，李德裕看后接受了，说："这种茶可消解酒肉的毒素。"于是命人煮了一碗，倒在肉上，用银盒密封住，第二天早上打开看，肉已经化成水了，众人都佩服李德裕的见识广博。

惊雷荚 觉林院僧志崇收茶三等，待客以惊雷荚，自奉以萱草带，供佛以紫茸。香客赴茶者，皆以油囊盛余沥以归。

［译文］ 觉林院的和尚志崇把收集的茶叶分成三个等级，用惊雷荚款待客人，萱草带留给自己喝，紫茸用来供奉佛祖。香客凡是来赴茶会的，都用油布口袋把喝剩下的残茶装好拿回家。

石岩白 蔡襄善别茶。建安能仁寺有茶生石缝间，名石岩白，寺僧遣人遗内翰王禹玉。襄至京访禹玉，烹茶饮之，襄捧瓯未尝，辄曰："此极似能仁寺石岩白，何以得之？"禹玉叹服。

［译文］ 蔡襄擅长区分茶的好坏。建安的能仁寺在石缝之间长出了茶叶，名叫石岩白，寺里的僧人派人送给内翰王禹玉。蔡襄到京城拜访王禹玉，王禹玉煮茶款待他，蔡襄刚捧起茶杯还没有品尝，就说："这茶非常像能仁寺的石岩白，你是怎么得到的？"王禹玉十分赞叹佩服他。

仙人掌 荆州玉泉寺，近清溪诸山，山洞往往有乳窟，窟中多玉泉交流，其水边处处有茗草罗生，枝叶如碧玉，拳然重叠，其状如手，号仙人掌，盖旷古未睹也。惟玉泉真公常采而饮之，年八十余，颜色如桃色。此茗清香酷烈，异于他产，所以能还童振枯，扶人寿也。

［译文］ 荆州的玉泉寺，靠近清溪的山上，山洞里往往长着很多石钟乳，溶洞里有很多玉泉流出，水边茶苗丛生，枝叶翠绿如玉，形状则像人的手握着拳头一样重重叠叠，号称“仙人掌”，这是自古以来都没有见过的茶。只有玉泉寺的真公经常采来煮着喝，年龄都八十多了，脸色还像桃色一样红润。这种茶清香浓烈，与其他茶大为不同，所以能使人返老还童，延年益寿。

水厄　晋司徒长史王濛好饮茶，客至辄命饮，士夫皆患之，每欲往候，必曰：“今日有水厄。”

［译文］ 晋代的司徒长史王濛喜欢喝茶，客人到他家后就劝茶喝，士大夫都对此很害怕，每次前往他家的时候，一定会说：“今天有水灾啊。”

汤社　和凝在朝，率同列递日以茶相饮，味劣者有罚，号为汤社。

［译文］ 和凝在朝廷做官的时候，和同僚们轮流带茶相互饮用，比试茶品，谁带了味道不好的茶，就要接受处罚，号称“汤社”。

茗战　建人以斗茶为茗战。

［译文］ 建阳人将斗茶称为“茗战”。

卢仝七碗　卢仝歌：一碗喉吻润，二碗破孤闷；三碗搜枯肠，惟有文字五千卷；四碗发轻汗，平生不平事，尽向毛孔散；五碗肌骨清，六碗通仙灵；七碗吃不得也，惟觉两腋习习清风生。

［译文］ 卢仝有一首诗说：“一碗喉吻润，二碗破孤闷；三碗搜枯肠，

惟有文字五千卷；四碗发轻汗，平生不平事，尽向毛孔散；五碗肌骨清，六碗通仙灵；七碗吃不得也，惟觉两腋习习清风生。”

九难 《茶经》言茶有九难：阴采夜焙，非造也；嚼味嗅香，非别也；膻鼎腥瓯，非器也；膏薪庖炭，非火也；飞湍壅潦，非水也；外熟内生，非汤也；碧粉缥尘，非茶也；操艰搅遽，非煮也；夏兴冬废，非饮也。

[译文] 《茶经》中说，茶有九种难处：阴天采摘晚上烘焙，不是制茶的好方法；大嚼着品尝味道、用鼻子闻取香味，不是品茶的好方法；膻腥的茶具，不是饮茶的好用具；普通的厨房木柴炭火，不是烘焙茶叶的好火；飞奔的急流和停滞的水，不是冲茶的好水；没有烧透的水，不是冲茶的好水；青绿色的茶粉不是好茶；操作生疏又快速搅拌，不是煮茶的好方式；夏天饮茶而冬天不喝，不是喝茶的好习惯。

六物 《月令》：乃命大酋，秫稻必齐，曲蘖必时，湛炽必洁，水泉必香，陶器必良，火齐必得，兼用六物，大酋监之，无有差忒。

[译文] 《礼记·月令》中记载：于是命令酿酒的大酋，高粱大米一定要齐备，放酒曲发酵一定要在适当的时间，浸泡和蒸煮米曲一定要清洁干净，一定要用香甜的泉水，陶器一定要精良，火候一定要充足。这六项都要注意到，还要有大酋的监督，不可以有差错。

昆仑觞 魏贾锵有苍头善别水，常令乘小艇于黄河中流，以瓠匏接河源水，一日不过七、八升，经宿，色如绛，以酿酒，名昆仑觞。芳味世间所绝。

［译文］魏国的贾锵有一个仆人擅长区别水的优劣，贾锵经常让他驾着小船去黄河中游，用瓢舀取河源的水，一天才七八升，放置一夜后，变成了绛色，用来酿酒，名叫“昆仑觞”，酒的芳香味道是世间所罕有的。

白堕鹤觞　河东刘白堕善酿，六月以罂贮酒，暴于日中，经一旬，其酒不动，饮之者香美，醉而经月不醒。朝贵相飧，逾于千里。以其远至，号曰鹤觞，如鹤之一飞千里也。

［译文］河东人刘白堕擅长酿酒，他常在六月时用罂瓶盛酒，暴晒在太阳下，经过十天，里面的酒看上去没有移动，喝了它会感觉清香醇美，喝醉后一个月都不会醒。朝廷显贵互相馈赠，甚至被送到千里之外。因为这种酒被送到很远的地方，所以号称为“鹤觞”，是说像鹤那样能一飞千里。

椒花雨　杨诚斋退居，名酒之和者曰金盘露，劲者曰椒花雨。

［译文］杨诚斋（杨万里）退休居家后，把温和的酒叫作“金盘露”，性烈的酒叫“椒花雨”。

鲁酒　楚会诸侯，鲁赵皆献酒于楚王。主酒吏求酒于赵，赵不与，吏怒，乃以赵厚酒易鲁薄酒献之，楚王以赵酒薄，遂围邯郸。故曰:“鲁酒薄而邯郸围。”

［译文］楚国会盟诸侯，鲁国、赵国都向楚王敬献美酒。管理酒的小吏向赵国索取美酒，赵国不给他，小吏很生气，就把赵国味道醇厚的酒换成了鲁国味道淡薄的酒进献上去，楚王因为赵国进献的酒味淡薄，于是发兵围攻赵国的邯郸。所以说:“鲁酒薄而

邯郸围。”

酿王 汝阳王琎，自称“酿王”。种放号“云溪醉侯”。蔡邕饮至一石，常醉，在路上卧。人名曰“醉龙”。李白嗜酒，醉后文尤奇，号为“醉圣”。白乐天自称“醉尹”，又称“醉吟先生”。皮日休自称“醉士”。王绩称“斗酒学士”，又称“五斗先生”。山简称“高阳酒徒”。

[译文] 汝阳王李琎，自称为“酿王”。种放号称为“云溪醉侯”。蔡邕能喝一石酒，常常喝醉躺在路边，人称“醉龙”。李白非常喜欢喝酒，喝醉后写的诗尤其奇妙，号称“醉圣”。白居易自称为“醉尹”，又称“醉吟先生”。皮日休自称“醉士”。王绩号称“斗酒学士”，又称“五斗先生”。山简称为“高阳酒徒”。

狂花病叶 饮流，谓睚眦者为狂花；谓目睡者为病叶。

[译文] 对于饮酒的人，喝醉后争吵打架的是“狂花”；醉后闭目而睡觉的是“病叶”。

八珍 龙肝、凤髓、豹胎、猩唇、鲤尾、鸮炙、熊掌、驼峰。

[译文] 分别是：龙肝、凤髓、豹胎、猩唇、鲤尾、鸮炙、熊掌、驼峰。

内则八珍 一淳熬，二淳母，三炮豚，四炮牂，五捣珍，六渍，七熬，八肝膋。盖烹饪之八法，养老所用也。

[译文]《礼记·内则》记载，八珍分别是：一是淳熬（用肉酱浇饭）；二是淳母（用肉酱浇小米）；三是烤炸炖猪肉；四是烤炸炖羊肉；五是捣珍（捶捣并除去牛羊鹿肉的筋腱后再蒸煮）；六是渍（把新鲜牛肉用酒腌制）；

七是熬（捶打牛肉后用盐和调料腌制后再放在炭火上烤熟）；八是肝膋（把肝涂油烤熟）。这是烹饪的八种方法，赡养老人时所使用。

麟脯　王方平至蔡经家，与麻姑共设肴膳，擗麟脯而行酒。

［译文］　王方平来到蔡经家里，和麻姑一起设宴，撕下麒麟的胸脯肉来下酒。

牛心炙　王右军年十三，谒周顗，顗异之。时绝重牛心炙，座客未啖，顗先割以啖之，于是始知名。

［译文］　王羲之十三岁的时候，拜见周顗。周顗感到非常惊异。当时都极其推崇烤牛心这道菜，席上的其他宾客还没有开始吃，周顗就先割取了牛心炙给王羲之吃。于是王羲之开始被世人所知。

五侯鲭　王氏五侯，各署宾客，不相来往。娄护传食五侯间，尽得其欢心，竞致奇膳，护合以为鲭，世称五侯鲭，为世间绝味。

［译文］　汉成帝的舅舅王氏有五侯，都独自宴请宾客，互不往来。娄护轮流在五侯家吃饭，深得五侯的欢心，五侯家都竞相摆珍馐美味，娄护合五侯家珍膳而烹饪成的杂烩，世人称之为“五侯鲭”，成为世间的顶级美味。

醒酒鲭　齐世祖幸芳林园，就侍中虞悰求扁米粣，虞献粣及杂肴数十舆，大官鼎味不及也。上就虞求诸饮食方，虞秘不肯出，上醉后，体不快，悰乃献醒酒鲭一方而已。

［译文］　齐世祖来到芳林园，向侍中虞悰索要扁米粽子，虞悰献上了粽子和几十车各种菜肴，宫中的菜都比不上。齐世祖向虞悰要这些美味的秘方，虞悰秘藏不肯外传。齐世祖喝醉后，身体不

适，虞悰仅仅献上了一道醒酒鱼汤的秘方。

甘露羹 李林甫婿郑平为省郎，林甫见其须鬓斑白，以上所赐甘露羹与之食，一夕而须鬓如黳。

[译文] 李林甫的女婿郑平是省部的郎官，李林甫看见郑平的胡须鬓毛都白了，就把皇帝赐给他的甘露羹给他吃。过了一个晚上，郑平的胡须鬓发就变黑了。

玉糁羹 东坡云:“过子忽出新意，以山芋作玉糁羹，色香味皆奇绝。天上酥酡则不可知，人间决无此味也。”诗曰:“香似龙涎仍酿白，味如牛乳更全清。莫将南海金齑脍，轻比东坡王糁羹。”

[译文] 苏轼说:“儿子苏过忽然想出新方法，用山芋做玉糁羹，色、香、味都奇妙绝伦。天上的酥酡不知道什么味，但人间是绝对没有这种美味的。”写诗道:“香似龙涎仍酿白，味如牛乳更全清。莫将南海金齑脍，轻比东坡玉糁羹。”

三升良醪斗酒学士 唐王绩，字无功，武德初，待诏门下省。故事官给酒日三升，或问:“待诏何乐耶？”答曰:“三升良酝可慰耳。”侍中陈叔达闻之，日给一斗，号“斗酒学士”。

[译文] 唐代的王绩，字无功，武德初年时，在门下省做官。按照旧例，门下省的官员每天供给三升酒。有人问:“做官有什么乐趣吗？”他回答说:“每天给配的三升美酒是最好的安慰呀。”门下省长官侍中陈叔达听说了这件事，命令每天给王绩供给一斗美酒，于是王绩号称“斗酒学士”。

六和汤 医家以酸养骨，以辛养节，以苦养心，以咸养脉，以甘养肉，以滑养窍。

［译文］　医生用酸味的食物疗养骨骼，用辛辣的食物疗养关节，用苦味的食物疗养心脏，用咸味的食物疗养经脉，用甜味的食物疗养肉身，用柔滑的菜肴疗养七窍。

段成式食品　有寿木花，玄木叶，梦泽芹，具区菁，杨朴姜，招摇桂，越略困，长泽卯，三危露，昆仑萍、蒲叶菘、竹根粟、麻湖菱、绿施笋。

［译文］《酉阳杂俎》中，记载有寿木花，玄木叶，梦泽芹，具区菁，杨朴姜，招摇桂，越略困，长泽卯，三危露，昆仑萍、蒲叶菘、竹根粟、麻湖菱、绿施笋等食品。

伞子盐　朐䏰县盐井，有盐方寸中央隆起，如张伞，名曰“伞子盐”。

［译文］　朐䏰县的一口盐井，有一块方寸大的盐，中间隆起，像一把打开的伞，名字叫作“伞子盐”。

鸡栖半露　晋苻朗善识味。会稽王道子为设精馔。讫，问关中味孰若于此。朗曰：“皆好，唯盐少生。”即问宰夫，如其言。或杀鸡以飨之，朗曰：“此鸡栖恒半露。”问之，亦验。

［译文］　晋代的苻朗擅长区分不同的味道。会稽王司马道子为他准备了一桌精致的宴席。吃完后，问他这些菜和关中的相比怎么样。苻朗说：“都好，只是盐下得稍微有些晚，有点生。”司马道子马上问了厨师，果然像他所说的那样。有人杀鸡招待他，苻朗说：“这只鸡栖息时经常有一半是露在外面的。”问养鸡的人，也的确如此。

崖蜜　一名石饴，味甘，润五脏，益气强志，疗百病，服之不饥，即崖石间蜂蜜也。

[译文]　又叫作石饴，味道甜美，能滋润五脏，补气强心，治疗百病，服用后就不会感到饥饿，就是石崖缝间的蜂蜜。

豆腐　为淮南王鸿烈所造，故孔庙祭器不用豆腐。

[译文]　是汉代淮南王刘安最初制作出来的，所以孔庙祭祀的容器里不用豆腐。

五谷　稻，黍，稷，麦，菽。黍，小米。稷，高粱。菽，豆也。

[译文]　指的是稻、黍、稷、麦、菽。黍，是小米;稷，是高粱;菽，是大豆。

昆仑瓜　茄子一名落苏，一名昆仑瓜。

[译文]　茄子又叫落苏，又叫昆仑瓜。

莼　八月以前为绿莼，冬至为赭莼，秋时长丈许，凝脂甚清。张季鹰秋风所思，正为此也。

[译文]　八月以前的叫绿莼，冬至的叫赭莼，秋天时长到一丈多长，莼的汁液很清澈。张季鹰秋风吹起时想起故乡，思念的就是这种秋莼。

食宪章　段文昌丞相精馔事。第中庖所榜曰“练珍堂”，在途号“行珍馆”。文昌自编《食经》五十卷，时称《邹平公食宪章》。

[译文]　段文昌丞相精于厨艺。府第中的厨房题名为“练珍堂”，传

菜的地方题名为“行珍馆”。段文昌自己编写了《食经》五十卷，当时人称《邹平公食宪章》。

郇公厨　韦陟袭封郇国公，性侈纵，尤穷治羞馔。厨中饮食，香味错杂，入其中者，多饱饫而归，时人语曰：“人欲不饭筋骨舒，夤缘须入郇公厨。”

[译文]　韦陟继承了祖上的封号为郇国公，本性奢侈放纵，尤其喜欢钻研各种美食。厨中饮食香味错杂，能进到他府上的人，都会大饱口福而归。当时人说：“人欲不饭筋骨舒，夤缘须入郇公厨。”

遗饼不受　王悦之少厉清节。为吏部郎时，邻省有会同者遗以饼一瓯，辞不受，曰：“所费诚复小，然少来不欲当人之意。”

[译文]　王悦之小时候就能秉持清逸的节操。担任吏部侍郎的时候，邻省来朝会的人赠他一盒饼，他推辞了，没有接受，说：“这点东西的确微不足道，但我不愿因此而考虑迎合别人。”

嗟来食　齐大饥。黔敖为食于路，以待饥者而食。有饥者蒙袂辑屦，贸贸而来。黔敖左奉食，右执饮，曰：“嗟！来食！”饥者扬其目而视之，曰：“予唯不食嗟来之食，以至于斯也。”从而谢焉；终不食而死。

[译文]　齐国遭受了大饥荒。黔敖在路上准备了食物，等待饥民来吃。有一个饥饿的人用袖子蒙着脸，拖着鞋子，双眼昏昏地走来。黔敖左手捧着食物，右手端着茶水，说：“哎，来吃饭！”那人抬眼看着黔敖，说：“我就是因为不愿意吃嗟来之食，才落到这个地步的。”于是便辞谢了，这人最终不吃东西饿死了。

馒头 诸葛武侯南征孟获，泸水汹涌，不得渡。有云须杀人以头祭之，武侯曰：“吾仁义之师，奚忍杀人以代牺牲？”于是用面为皮，裹猪羊肉于内，象人头而祭之。后之有馒头，始此。

[译文] 诸葛亮往南方征讨孟获的时候，泸水汹涌，没法渡过。有人说需要杀了人用人头祭奠才可以过去，诸葛亮说：“我们是仁义之师，怎么忍心杀人来代替祭祀用的供品呢？”于是就用面做成皮，在里面裹上猪羊肉，模仿人头的形状来祭祀河神。后世的馒头就源于此。

五美菜 诸葛武侯出军，凡所止之处，必种蔓菁，即萝卜菜，蜀人呼为诸葛菜。其菜有五美：可以生食，一美；可菹，二美；根可充饥，三美；生食消痰止渴，四美；煮食之补人，五美。故又名五美菜。

[译文] 诸葛亮率军出征，凡是在扎营的地方，就会种上蔓菁，也就是萝卜菜，蜀人称之为诸葛菜。这种菜有五个优点：一是可以生吃；二是可以做腌菜；三是根茎可以充饥；四是生吃可以消痰止渴；五是煮着吃能进补。所以又叫“五美菜”。

酪奴 鼓城王勰谓王肃曰：“君弃齐鲁大邦，而受邾莒小国，明日请为设邾莒之飧，亦有酪奴。”故号茗曰酪奴。

[译文] 彭城王元勰对王肃说：“您放弃齐、鲁大邦一样的羊肉，而接受邾、莒小国般的鱼肉，明天请允许我为您设下如邾、莒小国一样的宴，也准备有酪奴。”所以称茶叶为“酪奴”。

龙凤团 古人以茶为团饼，上印龙凤文，供御者以金妆龙凤，凡八饼重一斤。庆历间，蔡君谟始造小片，凡二十片重一斤。天子每南郊致祭，中书、枢密院各赐一饼，宫人镂金其上。

[译文] 古人把茶做成团饼，印上龙凤形状的花纹，供给皇帝的用金镂刻龙凤，每八块饼重有一斤。庆历年间，蔡君谟开始制作了小片的团饼，每二十片重一斤。天子每次到南郊祭祀时，给中书、枢密院各赐一饼，宫女们常常在这些茶饼上镂刻金花图案。

茶异名 《国史》：剑南有蒙顶石花，湖州有霍山嫩笋，峡州有碧涧明月。

[译文]《国史》记载：剑南有一种茶叫作“蒙顶石花”，湖州有一种茶叫“霍山嫩笋”，峡州有一种茶叫“碧涧明月”。

露芽 陶弘景《杂录》：蜀雅州蒙山上顶有露芽，火前者最佳，火后者次之。火，谓禁火，寒食节也。

[译文] 陶弘景的《杂录》里说：蜀地雅州蒙山上顶有一种茶叫“露芽”，寒食节前的最好，寒食节后的稍差一点。火，指的是禁火，也就是寒食节。

雪芽 越郡茶有龙山、瑞草、日铸、雪芽。欧阳永叔云，两浙之茶，以日铸为第一。

[译文] 越郡的茶有龙山、瑞草、日铸、雪芽。欧阳修说，两浙的茶叶，日铸为第一。

反复没饮 郑泉尝曰：“原得美酒满五百斛船，以四时肥甘置两头，反复没饮之，不亦快乎！”

[译文] 郑泉曾经说：“希望能够有一艘装满五百斛美酒的大船，在船头船尾摆上一年四季所需要的鲜美的菜肴，然后反复痛饮，不

也是很快活的吗！”

上樽 《平当传》：稻米一斗得酒一斗为上樽，稷米一斗得酒一斗为中樽，粟米一斗得酒一斗为下樽。

［译文］《汉书·平当传》记载：一斗稻米酿造出一斗酒，称为上樽；一斗稷米酿造出一斗酒，称为中樽；一斗粟米酿造出一斗酒，称为下樽。

梨花春 杭州酿酒，趁梨花开时熟，号梨花春。

［译文］ 杭州所酿的酒，趁着梨花开放的时候酿成，号称为“梨花春”。

碧筒劝 荷叶盛酒，以簪刺柄与叶通，屈茎轮囷如象鼻，持吸之，名碧筒劝。

［译文］ 用荷叶装酒，再用簪子刺通叶柄和叶心，把叶茎弯曲绕成象鼻的形状，手拿着叶茎就可吸酒了，这个叫作“碧筒劝”。

蕉叶饮 东坡尝谓人曰：“吾兄子明饮酒不过三蕉叶。吾少时望见酒杯而醉，今亦能蕉叶饮矣。”

［译文］ 苏轼曾经对人说：“我的族兄苏子明喝酒不能超过三蕉叶杯。我小时候看见酒杯就醉了，现在也可以用蕉叶杯喝酒了。”

中山千日酒 刘玄石于中山沽酒，酒家与千日酒饮之，大醉，其家以为死，葬之。后酒家计其日，往视之，令启棺，玄石醉始醒。

［译文］ 刘玄石在中山买酒喝，酒家给他喝千日酒，他喝得大醉，他家的人以为他死了，就把他埋葬了。后来卖酒的人计算着到了

日子，去他家看他，让家人打开棺材，刘玄石刚从大醉中醒来。

青州从事　《世说》：桓温主簿善别酒，好者谓青州从事，盖青州有齐郡，言饮好酒直至腹脐也。恶者谓平原督邮，盖平原有鬲县，言恶酒饮至膈上住也。

[译文]《世说新语》里说：桓温的主簿擅长识别酒的优劣，把好酒称为青州从事，因为青州有一个齐郡，说的是好酒可以一直下潜到腹脐部位；劣酒叫平原督邮，因为平原有一个鬲县，是说劣酒酒劲只能到达膈上。

防风粥　白居易在翰林，赐防风粥一瓯，食之，口香七日。

[译文]　白居易在翰林院任职的时候，皇上赐给他一碗防风粥，他吃了以后，七天嘴里都有香气。

胡麻饭　晋刘晨、阮肇入天台山采药，迷路，流水中得一杯胡麻饭屑，二人相谓曰："此去人家不远。"因穷源而进，见二女，曰："郎君来何暮也！"邀至家，待以胡麻饭、山龙脯，结为夫妇。逾月，二人辞归，访于家，子孙已七世矣。

[译文]　晋代的刘晨、阮肇进到天台山去采药，迷了路，在流水中看到一杯胡麻饭的碎屑，两人互相说："这里应该离人居住的地方不太远。"就沿水流向源头寻找，看见两个女子，女子说："两位郎君，怎么这么晚才来！"然后邀请他们到家，用胡麻饭、山龙脯来款待他们，并与他们结为夫妻。过了一个月，两人告辞回家，找到自己的家，发现他们的子孙后代已经过了七代人了。

青精饭　道士邓伯元受青精石，为饭食之，延年益寿。

[译文] 道士邓伯元得到一块青精石，拿它当饭吃，可以延年益寿。

莼羹 昔陆机诣王济，济指羊酪谓机曰："吴下何以敌此？"机曰："千里莼羹，未下盐豉。"

[译文] 从前陆机去拜访王济，王济指着羊酪对陆机说："吴下有什么东西能和它媲美呢？"陆机说："千里湖的莼羹不用加盐豉调味就可以和它匹敌。"

锦带羹 荆湘间有草花，红白如锦带，苗嫩脆，可作羹。杜诗："滑忆雕胡饭（即胡麻饭），香闻锦带羹。"

[译文] 荆州、湘水之间有一种草花，红白相间就像锦缎的带子，花苗鲜嫩清脆，可以做羹。杜甫的诗里说："滑忆雕胡饭（就是胡麻饭），香闻锦带羹。"

安期枣 安期生琅琊人，卖药海上，自言寿已千岁，所食枣其大如瓜。

[译文] 安期生是琅琊人，在海边卖药，自己说已经有一千岁了，吃的枣像瓜那么大。

韭萍齑 石崇遇客，每冬作韭萍豆粥，咄嗟而办。王恺密问其帐下，云豆最难熟，预炊熟，客来，但作白粥，投之韭萍齑，是时以其根杂麦苗耳。

[译文] 石崇款待客人时，常常在冬天做韭萍齑和豆粥，很快就能做好。王恺私下询问石崇的手下，回答说豆子最难煮熟，所以要事先煮熟，等客人来了，只做白粥放到里面就可以了。韭萍齑是韭菜夹杂着麦苗捣碎做成的。

金齑玉脍　南人作鱼脍以细缕，金橙拌之，号为金齑玉脍。隋时吴郡献松江鲙，炀帝曰："所谓金齑玉鲙，东南佳味也。"

[译文] 南方人做鱼鲙时用切成细丝的金橙搅拌，号称为"金齑玉鲙"。隋朝时，吴郡进献松江鲙，隋炀帝说："这所说的金齑玉鲙，是东南的美味啊。"

玉版　苏东坡邀刘器之参玉版禅师。至寺，烧笋，觉味胜，坡曰："名玉版也。"作偈云："不怕石头路，来参玉版师。卿凭锦珠子，与问箨龙儿。"

[译文] 苏轼邀请刘器之参见玉版禅师。到了寺里，吃烧竹笋，觉得味道鲜美，苏轼说："这道菜就叫玉版吧。"并作一首偈语说："不怕石头路，来参玉版师。聊凭锦珠子，与问箨龙儿。"

碧海菜　《汉武内传》：王母曰："仙之上药，有碧海之琅菜。"

[译文]《汉武内传》中说，西王母说："仙界最上乘的药，是碧海上的琅菜。"

肉山酒海　魏曹子建与季重书曰："愿举泰山以为肉，倾北海以为酒。"又古纣王以肉为林，以酒为池。

[译文] 魏国的曹植在《与季重书》中说："希望把泰山做成肉，倾倒东海里的水作为酒。"另外，殷纣王曾用肉做成林子，把酒填满池子。

石髓　嵇康遇王烈，共入山，见石裂，得髓食之，因携少许与康，已成青石，扣之琤琤。再往视之，断山复合矣。

[译文] 嵇康遇到王烈，和他一块进山，看到山中有石头裂开，取到了石髓吃了。然后拿了一点给嵇康，但是已经凝结成了青石，敲击它发出琤琤的声音。再去看它的时候，发现断裂的山石已经重新合起来了。

松肪 东坡诗:“为探松肪寄一车。”又松花为松黄，服之轻身。

[译文] 苏轼有诗说:“为探松肪寄一车。”另外，松花就是松黄，吃了可以让身体变得轻盈。

杯中物 晋吴术好饮酒，因醉诟权贵，遂戒饮。阮宣以拳殴其背，曰:“看看老逼痴汉，忍断杯中物耶？”乐饮如初。

[译文] 晋代的吴术喜欢喝酒，因为一次喝醉后辱骂了权贵，就戒酒了。阮宣用拳头打他的背部，说:“眼看就老成了傻子了，怎么忍心戒酒呢？”于是他又像当初一样高兴地喝了起来。

惩羹吹齑 唐傅奕言:“唐承世当有变更，惩沸羹者吹冷齑，伤弓之鸟惊曲木。”陆贽奏议：昔人有因噎而废食，惧溺而自沉者。

[译文] 唐代的傅奕说:“唐朝接续隋朝后应该有变化，被热羹烫过的人对着冷菜吹气，被弓箭射伤过的鸟看到弯曲的木头也会受到惊吓。”陆贽的奏议里说：从前有人因为吃饭时噎了就不再吃饭，也有人因为害怕被淹死就投水自杀了。

酒肉地狱 东坡倅杭，不胜杯酌。奈部使者重公才望，朝夕聚首，疲于应接，乃目杭倅为酒肉地狱。后袁榖代倅，僚属疏阔，袁语人曰:“闻此郡为酒肉地狱，奈我来，乃值狱空。”传以为笑。

[译文] 苏轼担任杭州通判，酒量不大。怎奈同僚敬重他的才华声

望，早晚都聚会宴饮。苏轼疲于应对接待，所以把杭州通判的官署视为酒肉地狱。后来袁毂代替了苏轼担任通判，而同僚及下属却很疏远他，袁毂对人说："听说这里是酒肉地狱，怎么我一来，正好遇到地狱空无一人啊。"这句话传为笑谈。

齑赋　范文正公少时作《齑赋》，其警句云："陶家瓮内，腌成碧、绿、青、黄；措大口中，嚼出宫、商、角、徵。"盖亲处贫困，故深得齑之趣味云。

[译文]　范仲淹少年时写了一篇《齑赋》，其中有警句说："陶家瓮内，腌出碧、绿、青、黄的颜色；在果子的口中，嚼出宫、商、角、徵的音节。"因为他曾亲身经历过贫困的生活，所以能发现齑中深藏的趣味吧。

绛雪嵰雪　《汉武传》：仙家妙药，有玄霜绀雪。又，西王母进嵰山红雪，亦名绛雪。又，雪糕一名甜雪。

[译文]《汉武帝内传》中说："神仙的灵丹妙药，有玄霜和绛雪。"另外，西王母进献的嵰山红雪，也叫作"绛雪"。此外，雪糕也叫"甜雪"。

冰桃雪藕　周穆王方士集于春霄宫，王母乘飞辇而来，与王讌会，进万岁冰桃、千年雪藕。

[译文]　周穆王的方士们在春霄官聚会，西王母乘着飞辇到来，和周穆王宴饮相会，进奉了万岁冰桃、千年雪藕。

玉食珍羞　《书经》："惟辟玉食。"李诗："金鼎罗珍羞。"

[译文]《尚书·洪范》中有"惟辟玉食"的句子；李白诗中也说

“金鼎罗珍羞”。

竹叶珍珠 杜诗:“三杯竹叶春。”李诗:“小槽酒滴真珠红。”

[译文] 杜甫诗有“三杯竹叶春”的句子;李贺诗中有“小槽酒滴真珠红”的句子。

鸭绿鹅黄 李诗:“遥看春水鸭头绿,恰似葡萄初泼醅。”杜诗:“鹅儿黄似酒。”东坡诗:“小舟浮鸭绿,大勺泻鹅黄。”

[译文] 李白有诗说:“遥看春水鸭头绿,恰似葡萄初泼醅。”杜甫有诗说:“鹅儿黄似酒。”苏轼有诗说:“小舟浮鸭绿,大勺泻鹅黄。”

白粲 长腰米曰白粲。东坡诗:“白粲连樯一万艘。”江南有“长腰粳米、缩项鳊鱼”之谚。

[译文] 长腰米叫作“白粲”。苏轼有诗说“白粲连樯一万艘”。江南有“长腰粳米、缩项鳊鱼”的谚语。

钓诗扫愁 东坡呼酒为钓诗钩,亦号扫愁帚。

[译文] 苏轼把酒称为“钓诗钩”,也称为“扫愁帚”。

太羹玄酒 《礼记》:“太羹不和。”玄酒,明水也,可荐馨香。

[译文] 《礼记》记载:“太羹不和。”玄酒,就是清水,可以用于祭祀。

僧家诡名 《志林》:僧家谓酒为般若汤,鱼为水梭花,鸡为穿篱菜。人有为不义,而义之以美名者,与此何异!

[译文] 《东坡志林》中说:僧人把酒称作“般若汤”,把鱼叫作“水

梭花”，把鸡叫作“穿篱菜”。有人做了不义的事情，却用仁义赞美它，和这有什么不一样呢！

饕餮 《左传》：缙云氏有不才子，贪于饮食，不可盈厌，天下之人谓之饕餮。

[译文] 《左传》记载：缙云氏有个不成器的儿子，贪溺饮食，不知满足，天下人称之为“饕餮”。

欲炙 《晋史》：顾荣与同僚饮，见行炙者有欲炙之色，荣彻己炙与之。后赵王伦篡位，荣在难，一人救之，获免，即受炙之人也。

[译文] 《晋书》记载：顾荣与同僚宴饮，看到端送烤肉的人非常想吃烤肉，顾荣就将自己那份撤下来给他吃。后来赵王司马伦篡位，顾荣在危难之中，被一个人救了，得以不死，救他的那个人正是接受烤肉的那个人。

半菽不饱 《史记》：汉文帝曰：“吾每饭，意未尝不在巨鹿也。”

[译文] 《史记》记载：汉文帝说：“我每次吃饭，心思没有不在巨鹿的。”

白饭青刍 杜诗：“与奴白饭马青刍。”

[译文] 杜甫有诗说：“与奴白饭马青刍。”

炊金爨玉 骆宾王谓盛馔为炊金爨玉，言饮食之美，如金玉之贵重也。

[译文] 骆宾王称赞丰盛的宴席叫作“炊金爨玉”，是说精美的饮食，像金玉一样贵重。

抹月批风 东坡诗:“贫家无可娱客,但知抹月披风。”

[译文] 苏轼有诗说:“贫家无可娱客,但知抹月披风。”

敲冰煮茗 《六帖》:王休居太白山,每冬月取瀎冰煮茗,待宾客。

[译文]《白氏六帖》里说:王休住在太白山,每年冬天的时候就敲开冰块取水煮茶,招待宾客。

酒囊饭袋 《荆湖近事》:“马氏奢僭,诸院王子,仆从烜赫;文武之道,未尝留意。时谓之酒囊饭袋。”

[译文]《荆湖近事》记载:“马氏奢侈僭越,各院的王子,都仆从众多;但对于文武之道,却从不在意。当时人称他们为‘酒囊饭袋’。”

卷十二　宝玩部

卷十二 匡济策

金玉

历代传宝　赤刀、大训、弘璧、琬琰，在西序，太玉、夷玉、天球、河图，在东序，八者皆历代传宝。

[译文]　红色的刀、先王的遗训、大玉璧、玉圭，放置在宫室的西厢；华山进献的玉器、夷人进献的玉器、雍州进献的玉器、河图洛书，放置在宫室的东厢，这八种都是历代传承的珍宝。

九鼎　九鼎者，昔夏方有德，远方图物贡金，九牧铸鼎象物，使民知神奸。故民入川泽山林，而魑魅魍魉莫能逢之。

[译文]　从前夏朝还有德政的时候，边远地区的人画图、进献金玉，九州的长官铸造大鼎象征万物，让民众了解那些神灵鬼怪。所以民众进入沼泽山林的时候，那些魑魅魍魉之类的怪物就不敢出现了。

四宝　周有砥砨，宋有结绿，梁有县黎，楚有和璞，此四宝者，天下名器。

[译文]　周朝有一块美玉叫砥砨，宋国有一块美玉叫结绿，梁国有一块美玉叫县黎，楚国有一块美玉叫和璞，这四件宝物是天下名贵的器物。

六瑞　王执镇圭，公执桓圭，侯执信圭，伯执躬圭，子执穀璧，男执蒲璧。

[译文] 被封王的人上朝时手拿“镇圭”，被封公爵的人上朝时手拿“桓圭”，被封侯爵的人上朝时手拿“信圭”，被封伯爵的人上朝时手拿“躬圭”，被封子爵的人上朝时手拿“榖璧”，被封男爵的人上朝时手拿“蒲璧”。

环玦 聘人以圭，问士以璧，召人以瑗，绝人以玦，反绝以环。

[译文] 下聘礼订亲时要用玉圭，咨询士人时用玉璧，召见下臣时用玉瑗，断绝关系时用玉玦，恢复关系要用玉环。

琬琰 桀伐岷山，岷山献其二女曰琬，曰琰，桀爱之，琢其名于苕华之玉，苕是琬，华是琰。

[译文] 夏桀讨伐岷山国时，岷山王献上他的两个女儿：一个叫琬、一个叫琰。夏桀非常喜爱她们，把她们的名字刻在苕、华两块玉上，苕玉上刻着“琬”，华玉上刻着“琰”。

鼎彝尊卣 不独饕餮示戒，凡虿鼎防刺也，同舟防溺也，奕车瓢防覆也。

[译文] 这些祭器，不只是刻上饕餮来警诫人们，在鼎上刻毒虫来防备被毒虫啮咬，刻上船来防止溺水，刻上奕车瓢的花纹来防止车子倾覆。

照胆镜 秦始皇有方镜，照见心胆。凡女子有邪心者，照之，即胆张心动。

[译文] 秦始皇有一面方镜，可以照见人的心胆。凡是女子有邪恶的心思的，照着她，会发现她胸胆张开、心脏震动。

辟寒金　魏明帝朝，昆明国献一鸟，名漱金鸟，常吐金屑如粟，古人以金饰钗，谓之辟寒金。

[译文] 魏明帝时期，昆明国进献了一只鸟，名字叫作“漱金鸟”，常常会吐出如同粟米大小的金屑，古人用这种金屑装饰头钗，称为“辟寒金”。

火玉　《杜阳编》：武宗时，扶余国贡火玉，光照数十步，置室内，不必挟纩。

[译文] 《杜阳杂编》记载：唐武宗时，扶余国进贡了一种火玉，光芒可以照到数十步之外，放在屋子里，就用不着穿丝绵的衣服。

尺玉　《尹文子》：魏田父得玉径尺，邻人曰：“怪石也。”取置庑下，明旦视之，光照一室，大怖，反弃于野。邻人取献魏王，玉工曰：“此无价以当之。”王赐献玉者千金，食上大夫禄。

[译文] 《尹文子》中说：魏国的农夫得到一块直径一尺的玉，邻居说：“这只是一块怪石头。”农夫把它放到了房廊下面，第二天早上发现宝玉的光芒照亮了整个房子，非常恐惧，就返回去把玉扔到了野外。邻居拿来献给魏王，玉工说：“这是无价之宝啊。”魏王赐给献玉者千金，让他享受上大夫的俸禄。

玉燕钗　《洞冥记》：汉武帝时，起招灵阁有二神女，各留一玉钗，帝以赐赵婕妤。至元凤中，宫人犹见此钗，谋欲碎之。明旦视匣中，惟见白燕升天，因名玉燕钗。

[译文] 《洞冥记》记载：汉武帝时建造了招灵阁，有两位神女各自留下了一支玉钗，武帝把它们赐给了赵婕妤。到了元凤年间，宫女们还见过这两支玉钗，谋划把它们砸碎。第二天早晨打开匣

子，只见两只白色的燕子飞上天去，因此把它们叫作“玉燕钗”。

解肺热《天宝遗事》：杨贵妃常犯热躁，明皇使令含玉咽津，以解肺热。

[译文]《天宝遗事》记载：杨贵妃常犯热燥之症，唐明皇让她口含美玉咽下津液，来解除肺热。

麟趾马蹄 汉武帝诏曰：往者太山见金，又有白麟神马之瑞，宜以黄金铸麟趾马蹄，以协瑞焉。

[译文] 汉武帝下诏说：先前在泰山发现了金子，又有白色麒麟和神马的祥瑞，应该用黄金来铸造白麟的爪子和神马的蹄子，来呼应祥瑞。

碧玉 有云碧、西碧二种，其色枯涩者曰云碧，产于云南；其色娇润，有蛇蚤斑者曰西碧，产于西洋。

[译文] 有云碧和西碧两种，那种颜色枯涩的叫云碧，出产于云南；颜色娇嫩润泽的，上面有跳蚤大小斑点的叫作西碧，出产自西洋。

五币 珠、玉为上，黄、白为次，刀布为下。

[译文] 珠币、玉币是上品，黄币、白币稍差一些，刀币是下品。

瓜子金 宋太祖幸赵普第，时吴越王俶方遣使遗普书及海错十瓶，列庑下。上曰：“此海错必佳。”命启之，皆满贮瓜子金。普惶恐，顿首谢曰：“臣实不知。”上笑曰：“彼谓国家事，皆由汝书生耳。”

[译文] 宋太祖来到赵普的府第，当时吴越王钱俶正好派遣使者给赵普送书信以及十瓶海产，陈列在檐廊下面。宋太祖说：“这些海

产一定很好。”让人打开，里面全部都装满瓜子大小的金粒。赵普非常惶恐，磕头谢罪说：“我实在不知道真实情况。”宋太祖笑着说：“他们觉得国家大事，都是由你们书生来做主吧。”

鼂采　鼂，古“朝”字；采，光彩也。言美玉每旦有白虹之气，光彩上腾，故曰鼂采。

［译文］鼂，是古代的“朝”字；采，就是光彩。是说美玉每天早上会发出白虹之气，光彩向上升腾，所以叫“鼂采”。

十二时镜　范文正公家古镜，背具十二时，如博棋子，每至此时，则博棋中，明如月，循环不休。

［译文］范文正家有一面古代的铜镜，背部刻有十二时辰，大小如同博弈用的棋子。每到背面所写的时刻，对应的那个棋子就像月亮一样明亮，循环不止。

碔砆乱玉　碔砆，石之似玉也，其状每能乱玉。

［译文］碔砆是非常像玉的石头，它的样子常会被人混淆，误认为是玉。

燕石　宋人以燕石为玉，什袭而藏，识者笑之。

［译文］宋国有人把一种燕山产的石头当作美玉，世代珍藏，有见识的人都嘲笑他。

削玉为楮　《列子》：宋人以玉为楮叶，三年而成。

［译文］《列子》中记载：有一个宋国人用玉石雕刻成一枚楮树的叶子，三年的时间才完工。

怀瑾握瑜 《楚辞》:“怀瑾握瑜兮，穷不知所示。”

[译文] 《楚辞》里面说:“拿着瑾瑜这样的美玉，却处境困窘到不知该向谁展示。”

钓璜 半璧曰璜。《尚书中侯》: 文王至磻溪，见吕望钓得玉璜，刻曰:“姬受命，吕佐之。”

[译文] 玉璧的一半叫作璜。《尚书·中侯》中记载:周文王到了磻溪，看到吕望垂钓时得到一块玉璜，上面刻着“姬受命，吕佐之”。

抛砖引玉 砖以自谓，玉以誉人，谓以此致彼。

[译文] 砖用来指称自己，玉用来赞誉别人，是说用自己的话来引出别人的话。

匹夫怀璧 《左传》: 虞公求虞叔之玉，叔弗献。后乃悔曰:“匹夫无罪，怀璧其罪。焉用此以贾祸乎?”复献之。

[译文] 《左传》记载: 虞公索要虞叔收藏的美玉，虞叔不肯进献给他。事情过后，虞叔后悔地说:“百姓没有罪，但怀揣贵重的东西就是罪。我为什么因这个东西来给自己招惹灾祸呢?”就又把这块美玉献给了虞公。

璠瑜 《逸论语》: 璠瑜，鲁之宝玉也。孔子曰: 美哉璠玙，远而望之焕若也; 近而视之瑟若也。一则理胜，一则孚胜。

[译文] 《逸论语》中说: 璠瑜，是鲁国的宝玉。孔子说: 璠瑜多么美啊，远远望去宝光灿烂; 近而观之纹理细腻。一则有美好的纹理，一则有灿烂的光华。

珍宝

十二时盘　唐内库有一盘，色正黄，围三尺，四周有物象。如辰时，草间皆戏龙，转巳则为蛇，午则为马，号十二时盘。

［译文］　唐代的宫中内库有一个盘子，颜色为正黄，周长三尺，四周刻着十二生肖的图案。如果到了辰时，上面刻画的草丛中都是游戏的龙，到了巳时就是蛇，午时就是马，称为“十二时盘”。

游仙枕　龟兹国进一枕，色如玛瑙，枕之则十洲、三岛、四海、五湖，尽在梦中，帝名游仙枕。

［译文］　龟兹国进贡了一个枕头，颜色像玛瑙，枕着它睡觉，十洲、三岛、四海、五湖，都会进入梦中，皇帝把它命名为“游仙枕”。

火浣布　外国有火林山，山中有火光兽，大如鼠，尾长三、四寸，或赤或白。山可三百里，晦夜即见此山林，乃有此兽光照。外国人取其兽毛织布，衣服垢秽，以火烧之，垢落如浣，故谓之火浣布。

［译文］　外国有座火林山，山里有一种火光兽，大小如老鼠一般，尾巴长有三四寸，有的红有的白。火林山大约绵延三百里，昏暗的夜里就能看到这里的山林，是因为有这种火光兽的光芒照着。外国人用它的兽毛来织成布，衣服有了污垢，用火烧一下它，污垢就像洗过一样自然落下来，所以叫它“火浣布”。

冰蚕丝　东海员峤山有冰蚕，长七寸，黑色，有鳞角，以霜雪覆之，然后作茧。茧长尺一，其色五彩，织为文锦，入水不濡，入火不燎，暑月置座，一室清凉。唐尧之世，海人献之，尧以为黼黻。

［译文］ 东海的员峤山上有一种冰蚕，七寸长，黑色，身上长有鳞和角，用霜雪将自己包裹起来，然后变成茧。茧长一尺一寸，颜色五彩斑斓，如果织成有花纹的锦缎，放到水里不会被沾湿，放到火里也点不燃，夏天的时候放置一个在座位上，整个屋子都会变得清凉。在唐尧的时代，有海上的人进献了冰蚕，尧帝让人把它织成花纹华美的衣服。

耀光绫 越人于石帆山中，收野茧缫丝，夜梦神人告曰："禹穴三千年一开，汝所得茧，即《江淹集》中壁鱼所化也，织丝为裳，必有奇文。"果符所梦。

［译文］ 越地有个人在石帆山里收集野茧抽丝，夜里梦到有神人告诉他说："禹穴三千年就会打开一次，你所得到的茧，就是《江淹集》中所说的"壁鱼"变化而成的，用它来抽丝织布做成衣裳，一定会有奇特的花纹。"后来果然和梦中说的相符合。

各珠 龙珠在颔，蛟珠在皮，蛇珠在口，鱼珠在目，蚌珠在腹，鳖珠在足，龟珠在甲。

［译文］ 龙的珠子在下巴里，蛟龙的珠子在皮里，蛇的珠子在嘴中，鱼的珠子在眼睛里，蚌的珠子在肚子里，鳖的珠子在脚里，乌龟的珠子在龟甲里。

九曲珠 有得九曲珠，穿之不得其窍。孔子教以涂脂于线，使蚁通之。

［译文］ 有人得到一颗九曲珠，想要穿到绳子上，却找不到九曲珠

的孔在哪里。孔子教他在线上涂上油脂，让连着线头的蚂蚁爬过去就穿好了。

木难　大径寸，出黄支金翅鸟，口结绿，所成碧色珠也，古绝夜光者即此。

［译文］　直径大小有一寸，产自黄支国，是金翅鸟嘴里的唾液凝结成的碧色宝珠，古代所说的夜光珠就是这个。

火齐（音霁）　赤色珠也，一名玫瑰，盖珠品之下者也。

［译文］　指的是红色的珍珠，也叫作玫瑰，是珍珠中品质最差的一种。

火珠　《孔帖》:南蛮有珠如卵，日中以艾著火上，辄火出，号火珠。

［译文］《白孔六帖》中记载：南蛮有一种珍珠大小如鸡蛋一般，正午时分把艾绒放在珠子上面，就会有火喷出，所以叫作“火珠”。

水珠　唐顺宗时，拘弘国贡水珠，色类铁，持入江海，可行洪水之上，后化为龙。

［译文］　唐顺宗的时候，拘弘国进贡了一颗水珠，颜色和铁类似，拿着它进到江海里，就可以在洪水上面行走，之后珠子就会变化成龙。

记事珠　张说为相，有人献一珠，绀色有光。事有遗忘，玩此珠，便觉心神开悟，名曰记事珠。

［译文］　张说担任宰相的时候，有人献上了一颗珍珠，深青并透着红色的光芒。如果有遗忘的事情，把玩这颗珍珠，就会觉得心神

开朗，想起遗忘了的事，所以叫作“记事珠”。

定风珠 蜘蛛腹中有珠，皎洁，持以入江海，遇大风，握珠在手，则风自定，故名“定风珠”。

[译文] 蜘蛛的肚子里有一种珠子，颜色洁白明亮，拿着它到江海中去，遇到大风，把珠子握在手里，大风就会停息，所以叫作“定风珠”。

鲛人泣珠 《博物志》：鲛人从水中出，曾寄寓人家，积日卖绡，临去，主人索器，泣而出珠。

[译文]《博物志》中记载：鲛人从水中出来后，曾经寄住在一户人家里，每天都在贩卖绫绡，将要离开的时候，向主人索要了一个器皿，哭泣时的眼泪变成了珍珠。

宝贝 贝为海中介虫，大者名宝，交趾以南海中皆有。

[译文] 贝是海中的介虫，大的叫作“宝”，交趾以南的海里面都有这种宝贝。

红鞣鞨 大如巨栗，赤烂若珠樱，视之若不可触，触之甚坚，不可破，佩之者为鬼神所护，入水不溺，入火不燃。

[译文] 大小如同巨大的栗子，红色灿烂像樱桃一样，看上去像是不能触摸，但真正摸着却感觉非常坚硬，摔不烂，佩戴的人可被鬼神护持，进到水里不会淹死，跳进火里也不会被烧着。

青琅玕 生海底，云海人以网得之。初出时，红色，久而青黑，枝柯似珊瑚，而上有孔窍如虫蛀，击之有金石声。

[译文] 生长在海底，据说是海边的人用网打捞上来的。刚从海里捞出来的时候是红色的，时间长了就变成青黑色，枝杈像是珊瑚，但是上面有像虫蛀的小洞，敲击它会发出金石般的声音。

金刚钻　形如鼠，粪色青黑，生西域百丈水底磐石上，土人没水觅得之，以之镌镂，无坚不破，唯以羚羊角击之即碎。

[译文] 金刚钻的形状像老鼠，它的粪便是青黑色的，生长在西域一百丈深水底的磐石上，当地的土著潜到水下去捕捞它，用来镌刻东西，没有什么不能镌刻，只有用羚羊角来敲击它才会马上碎掉。

奇南香　一作迦南。其木最大，枝柯窍露，大蚁穴之。蚁食石蜜，归遗于中，木受蜜气，结而成香，红而坚者谓之生结，黑而软者谓之糖结。木性多而香味薄者，谓之虎斑结、金绿结。

[译文] 奇南香也叫作“迦南”。这种树木最为高大，树枝之间有树洞露在外面，大蚂蚁在这里挖洞居住。蚂蚁吃了石蜜，回到洞里留下粪便，树木受了蜜的香气，凝结成了香木。颜色发红且质地坚硬的叫作“生结”，颜色发黑而质地稍软的叫作“糖结”。木质多而香味淡薄的叫作“虎斑结”、“金绿结”。

猫儿眼　宝石也。其状色酷似猫眼，内光一线，如猫睛一般，可定时辰。

[译文] 是一种宝石。它的形状和颜色都非常像猫的眼睛，宝石里有一道光线，就像猫眼中的瞳仁一样，可用来确定时辰。

祖母绿　亦宝石。绿如鹦哥毛，其光四射，远近看之，则闪烁变幻，武将上阵，取以饰盔，使射者目眩，箭不能中。

[译文] 也是一种宝石。绿得像鹦鹉身上的毛一样，它发出的光，光芒四射，远近观看距离不同，宝石的光芒就会闪烁变幻。武将上阵打仗，用它来装饰头盔，就会让对方的弓箭手头晕目眩，无法射中目标。

刚卯 《王莽传》：刚卯，长三寸，广一寸四分。或用金玉，刻作两行书曰："正月刚卯。"又曰："疾日刚卯。"凡六十六字。以正月卯日作此佩之，以袚除不祥。

[译文] 《汉书·王莽传》中记载：刚卯，有三寸长，一寸四分宽。有的用金，有的用玉做成，上面分作两行刻写着"正月刚卯"，又刻着"疾日刚卯"。共有六十六个字。在正月的卯日做这种饰物来佩戴，可以去除不祥的事。

镔铁 西番有镔铁，面上作螺旋花，或芝麻雪花。凡造刀剑器皿，磨令光，用金丝矾泽之，其花益现，价过于银。

[译文] 西番有一种镔铁，铁面上做出螺旋花或芝麻雪花的花纹。凡是用它来制造刀剑器物的，把它的表面打磨光亮，用金丝矾来擦拭它，上面的花纹就会更加清晰地显现出来，价格比银还贵。

聚宝盆 明初沈万三有聚宝盆，凡金银珠宝纳其中，过夜皆满。太祖筑陵南门，下有龙潭，深不可测，以土石投之，决填不满；太祖取盆投之，下石即满，且诳龙以五更即还。今南门不打五更，至四更即天亮。

[译文] 明朝初年，沈万三家里有一个聚宝盆，凡是把金银珠宝放到里面，过一夜聚宝盆就变满了。明太祖在南门修造陵墓时，下

面有龙潭，深度不可测量，用土石来往里面填埋，怎么也填不满。明太祖取来沈万三的聚宝盆扔了进去，再往下填石头，立刻就满了。太祖还欺骗龙说到五更就把龙潭归还给它。现在南门都不打五更，到四更就天亮了。

钱名　《通典》：自太昊以来，则有钱矣。太昊氏、高阳氏谓之金；有熊氏、高辛氏谓之货；陶唐氏谓之泉；商周谓之布；齐莒谓之刀。又曰教。与俗改币，与世易。夏后以元具。周人以紫石，后世或金钱、刀布。

［译文］《通典》中记载：自从太昊以来，就出现了钱币。太昊氏、高阳氏称之为金；有熊氏、高辛氏称之为货；陶唐氏称之为泉；商朝、周朝称之为布；齐、莒二国称之为刀。又说：教化随着风俗而变易，货币随着时代而变化。夏朝用黑色的贝壳，周朝则用紫色的石头，后面的朝代有的用金钱，有的用刀布。

朱提　县名。属犍为。出好银。即今四川嘉定州犍为县。

［译文］　是县的名字，隶属于犍为郡，出产上等白银。就是现在的四川嘉定州犍为县。

青蚨　《搜神记》：青蚨似蝉而稍大，母子不离，生于草间，如蚕，取其子，母即飞来。以母血涂钱八十一文，以子血涂钱八十一文，每市物，或先用母钱，或先用子钱，皆复飞归，循环无已。

［译文］《搜神记》中说：青蚨像蝉但是稍微大一点，母子不分离，生活在草丛中，像蚕一样，如果抓了幼子，它的母亲就会马上飞过来。用青蚨母亲的血液涂抹八十一文铜钱，再用青蚨幼子的血涂抹八十一文铜钱，每次买东西，有时先用母钱，有时先用子

钱，这些钱都会再飞回来，永远循环不停。

阿堵物 晋王衍妻喜聚敛，衍疾其贪鄙，故口未尝言钱。妻欲试之，令婢以钱绕床，使不得行，衍早起见钱，谓婢曰："举此阿堵物去！"

[译文] 晋代王衍的妻子喜欢聚敛财物，王衍厌恶她的贪婪浅薄，所以口中从来不说"钱"字。妻子想试试他，让婢女用钱绕床堆放，让他不能走路。王衍早上起床看到这些钱，对婢女说："把这些阿堵物拿开！"

鹅眼 《宋略》：泰始中通私铸，而钱大坏，一贯长三寸，谓之鹅眼钱。

[译文]《宋略》记载：南朝宋明帝泰始年间，有人私铸铜钱，钱制遭到极大的破坏，一贯钱仅三寸长，被人称为"鹅眼钱"。

明月夜光 《南越志》：海中有明月珠、水精珠。《魏略》：大秦国出夜光珠、真白珠。

[译文]《南越志》记载：海中有明月珠、水精珠。《魏略》中记载：大秦国出产夜光珠、真白珠。

剖腹藏珠 《唐史》：太宗曰：西域贾胡得美珠，剖腹而藏之，爱珠不爱其身也。

[译文]《唐史》中记载：唐太宗说："西域有一个商人得到非常华美的珍珠，就剖开肚子秘藏珍珠，这是爱惜珍珠而不爱惜自己的身体啊。"

钱成蝶舞　《唐史》：穆宗时，禁中花开，群蝶飞集，上令举网张之，得数万；视之，乃库中金钱也。

[译文]《唐史》记载：唐穆宗时，皇宫中花儿开放，有一群蝴蝶聚集到花上。皇帝命人用网把蝴蝶网住，捕得数万只，仔细一看，竟然是国库中的铜钱。

玩器

柴窑　柴世宗时，所进御者，其色碧翠，赛过宝石，得其片屑，以为网圈，即为奇宝。

[译文]　柴世宗时进献给皇帝的瓷器颜色碧绿，赛过绿宝石，如果能得到这种瓷器的碎屑，用网圈定，就是奇异的宝贝了。

定窑　有白定、花定，制极质朴，其色呆白，毫无火气。

[译文]　定瓷有白定、花定，形制样式非常质朴，颜色呆白，没有一点被火烧过的气息。

汝窑　宋以定州白瓷有芒不堪用，遂命于汝州造青色诸器，冠绝邓、耀二州。

[译文]　宋代时因为定州白瓷有没有被釉覆盖的芒，不能够使用，于是让人在汝州烧制青色的瓷器，这种瓷器冠绝邓州和耀州。

哥窑　宋时处州章生一与弟章生二，皆作窑器。哥窑比弟窑色稍白，而断纹多，号白级碎，曰哥窑，为世所珍。

[译文] 宋朝时处州人章生一和弟弟章生二都会制作瓷器。哥哥章生一制造的瓷器比弟弟烧制的颜色稍微白一些，且断纹很多，号称为“白级碎”，叫作“哥窑”，被当世的人所珍爱。

官窑 宋政和间，汴京置窑，章生二造青色，纯粹如玉，虽亚于汝，亦为世所珍。

[译文] 宋代政和年间，汴京开设窑场，章生二烧制的青色瓷器，颜色纯粹像玉一样，虽然比汝窑差一点，也被世人所珍爱。

钧州窑 器稍大，具诸色，光采太露，多为花缸、花盆。

[译文] 钧州窑烧制的瓷器稍微大些，各种颜色都具备，但是光彩太过显露，大多用作花缸、花盆。

内窑 宋郁成章为提举，于汴京修内司置窑，造模范，极精细，色莹澈，不下官窑。

[译文] 宋代的郁成章做提举官，在汴京修内司开设窑场，所造模子非常精细，烧制出的瓷器颜色晶莹清澈，不在官窑之下。

青田核 《鸡跖集》：乌孙国有青田核，莫知其木与实，而核如瓠，可容五、六升，以之盛水，俄而成酒。刘章曾得二焉，集宾设之，一核才尽，一核又熟，可供二十客，名曰青田壶。

[译文] 《鸡跖集》中说：乌孙国有一种青田核，没人知道它的树木和果实的形状，但是它的核像瓠一样，可以装五六升东西，用来装水，不久就会变成酒。刘章曾经得到两个青田核，会集宾客后把它展示出来，一个核里的酒刚喝完，另一个核里的酒又熟了，可以供给二十位客人喝，名字叫作“青田壶”。

金银酒器　李适之有蓬莱盏、海山螺、瓠子卮、幔卷荷、金蕉叶、玉蟾儿，俱属鬼工。

[译文]　李适之的酒器有蓬莱盏、海山螺、瓠子卮、幔卷荷、金蕉叶、玉蟾儿，都是鬼斧神工的奇珍异宝。

金叵罗　李白诗:“葡萄酒，金叵罗，吴姬十五醉马驮。”

[译文]　李白有诗句说:“葡萄酒，金叵罗，吴姬十五醉马驮。”

银凿落　韩公联句:“泽发解兜鍪，酡颜倾凿落。”白乐天诗:“金屑琵琶槽，银含凿落盏。”

[译文]　韩愈有联句诗说:“泽发解兜鍪，酡颜倾凿落。”白居易有诗句说:“金屑琵琶槽，银含凿落盏。”

婪尾杯　宋景诗云:“迎新送旧只如此，且尽灯前婪尾杯。”又乐天诗:“三杯蓝尾酒。”改“婪尾”为“蓝尾”耳。

[译文]　宋景有诗句说:“迎新送旧只如此，且尽灯前婪尾杯。”另外，白居易也有诗句说:“三杯蓝尾酒”，只把“婪尾”改成了“蓝尾”罢了。

高丽席　不甚阔大，长一丈有余，花纹极精，坚紧不坏。

[译文]　不是很宽大，有一丈多长，花纹极其精美，坚牢细密，不易损坏。

韭叶簟　蕲州出美竹，制梅花笛、韭叶簟。白乐天诗:“笛愁春梦梅花里，簟冷秋生韭叶中。”

[译文] 蕲州出产漂亮的竹子，可以用来制成梅花笛、韭叶簟。白居易有诗句说：“笛愁春梦梅花里，簟冷秋生韭叶中。”

博山炉 《初学记》：丁谖作九层博山炉，镂以奇禽怪兽，自然能动。山谷诗：“博山香霭鹧鸪斑。”

[译文] 《初学记》中说：丁谖制作了九层高的博山香炉，在上面雕刻有奇禽怪兽，自己就能动。黄庭坚有诗句说：“博山香霭鹧鸪斑。”

偏提 元和间，酌酒壶谓之注子。后仇士良恶其名同“郑注”，乃去其柄安系，名曰偏提。

[译文] 元和年间，斟酒的酒壶被称作“注子”。后来宦官仇士良厌恶这个名字和郑注读音相同，就去掉了一边的手柄，称之为“偏提”。

三代铜 花觚入土千年，青绿彻骨，以细腰美人觚为第一，有全花、半花，花纹全者身段瘦小，价至数百。山陕出土者，为商彝、周鼎；河南出土者，为汉器，以其地有潟卤，铜质剥削，不甚贵，故铜器有河南、陕西之别。

[译文] 花觚埋到土中一千年，就会从内到外变成青绿之色，其中以细腰美人觚为最好，有的是全花、有的是半花，花纹全的形制较小，但价格可以达到几百两。山西、陕西出土的多为商彝、周鼎；河南出土的大多为汉朝的器物，因为河南地下盐碱较多，器物上的铜都剥落了，价格也就不贵。所以出土的铜器有河南、陕西的区别。

灵壁石 米元章守涟水，地接灵壁，蓄石甚富，一一品目，入玩则终日不出。杨次公为廉访，规之曰："朝廷以千里郡付公，那得终日弄石！"米径前，于左袖中取一石，嵌空玲珑，峰峦洞穴皆具，色极青润，宛转翻落，以云杨曰："此石何如？"杨殊不顾，乃纳之袖。又出一石，叠峰层峦，奇巧又胜，又纳之袖。最后出一石，尽天画神镂之巧，顾杨曰："如此那得不爱？"杨忽曰："非独公爱，我亦爱也！"即就米手攫得之，径登车去。

［译文］ 米芾担任涟水太守的时候，涟水和灵壁相接壤，他收藏了很多石头，常把这些奇石拿出来一一欣赏，进到屋子里把玩它们，一整天都不出来办公。杨次公担任廉访使，规劝他说："朝廷把方圆千里的大郡托付给您，怎么能整天把玩石头呢！"米芾径直走到他面前，从左袖中取出一块石头，体态玲珑剔透，峰峦洞穴都有，颜色极其青翠润泽，他把石头翻来覆去，对杨杰说："这块石头怎么样？"杨杰不理会。米芾就把它放回袖中，又拿出来一块石头，层峦叠嶂，奇巧又好过前边那块石头，然后又放回袖中。最后又拿出一块石头，极尽鬼斧神工之妙，对杨杰说："像这样的石头哪能不喜欢呢？"杨杰忽然说："不只是您喜爱，我也很喜爱啊。"说完就从米芾手上夺走了那块石头，径直登上车子离去。

无锡瓷壶　以龚春为上，时大彬次之，甚规格大略粗蠢，细泥精巧，皆是后人所溷。

［译文］ 以龚春所造的紫砂壶为最好，时大彬所造的稍差一点，规格大体上粗糙笨拙。那些精巧的细泥所制的都是后人伪造的。

成窑　大明成化年所制。有五彩鸡缸，淡青花诸器茶瓯酒杯，俱享重价。

[译文] 明朝成化年间所制。有五彩鸡缸，淡青花的各种瓷器，如茶瓯、酒杯等，都有极高的价值。

宣窑 大明宣德年制。青花纯白，俱踞绝顶，有鸡皮纹可辨。醮坛茶杯，有值一两一只者，有酒字枣汤、姜汤等类者稍贱。

[译文] 明朝宣德年间所制。青花瓷和纯白瓷的工艺都已经达到顶峰，瓷面上有鸡皮纹隐约可以辨识。醮坛用的茶杯，有价值一两银子一只的，上面有“酒”“枣汤”“姜汤”字样之类的稍稍便宜点。

靖窑 大明嘉靖年所制。青花白地，世无其比。

[译文] 明朝嘉靖年间所制。质地为白色，上面有青花，世间没有能够和它相比的。

万历初窑 万历之官窑，以初年为上，虽退器无不精妙，民间珍之。

[译文] 万历年间官窑的瓷器，以万历初年的为最好，即使是被淘汰下来的次品都没有不精妙的，民间都很珍视它。

厂盒 古延厂，永乐年间所造，重枝叠叶，坚若珊瑚，稍带沉色。新厂宣德年间所造，雕镂极细，色若朱砂，鲜艳无比，有蒸饼式、甘蔗节二种，愈小愈妙，享价极重。

[译文] 古延厂，是永乐年间所制造的，重枝重重叠叠，像珊瑚一样坚硬，稍带些沉色。新厂是宣德年间所造，雕刻极为细致，颜色像朱砂一样，鲜艳无比，有蒸饼式、甘蔗节两种，形制越小越是精妙，价格极为高昂。

宣铜 宣德年间三殿火灾，金银铜熔作一块，堆垛如山。宣宗发内库所藏古窑器，对临其款，铸为香炉、花瓶之类，妙绝古今，传为世宝。

［译文］ 宣德年间三殿发生了火灾，金、银、铜都熔成了一块，堆积得像山一样。明宣宗打开内府仓库，拿出收藏的古代窑器，仿效其形状，铸成香炉、花瓶之类的器物，古往今来堪称妙绝，世代传为珍宝。

倭漆 漆器之妙，无过日本。宣德皇帝差杨瑄往日本教习数年，精其技艺。故宣德漆器比日本等精。

［译文］ 漆器的精妙，没有比得过日本的。宣德皇帝派杨瑄去日本学习好几年，精熟地掌握了他们的技艺。所以宣德年间的漆器和日本的一样精美。

宣铁 宣德制铁琴、铁笛、铁箫，其声清皦，非竹木所及。

［译文］ 宣德年间所制造的铁琴、铁笛、铁箫等乐器，声音清脆响亮，不是那些用竹木所制的能比得上的。

照世杯 洪武初，帖木儿遣使奉表，有“钦仰圣心，如照世杯”之语。或曰其国旧传有杯，光明洞彻，照之可知世事，故云。

［译文］ 洪武初年，帖木儿派遣使者给皇帝上表，上面有“钦仰圣心，如照世杯”的话。有人说他们国家以前流传有一种杯子，剔透明彻，照着它看就可以知世间的事情，所以在上表里这样说。

嘉兴锡壶 所制精工，以黄元吉为上，归懋德次之。初年价钱极贵，后渐轻微。

［译文］锡壶制造得十分精妙，以黄元吉所造的为最好，归懋德所造的稍差些。开始的时候价格很高，后来渐渐就便宜了。

螺钿器皿 嵌镶螺钿梳匣、印箱，以周柱为上，花色娇艳，与时花无异。其螺钿杯箸等皿，无不巧妙。

［译文］嵌镶螺钿的梳妆匣、印箱等器物，以周柱所造的为最好，花色娇嫩鲜艳，和鲜花一样。他造的螺钿杯箸等器皿，没有不精妙的。

竹器 南京所制竹器，以濮仲谦为第一，其所雕琢，必以竹根错节盘结怪异者，方肯动手，时人得其一款物，甚珍重之。又有以斑竹为椅桌等物者，以姜姓第一，因有姜竹之称。

［译文］南京所制造的竹器中，以濮仲谦造的为最好，他所雕琢的器物，一定要用那些竹根盘结怪异的竹子，才肯动手制作。当时人得到他的一件作品，都非常珍视。另外，有用斑竹来制作桌子椅子的，以姓姜的一家制作的为最好，因此人们称之为“姜竹”。

夹纱物件 赵士元制夹纱及夹纱帏屏，其所劂翎毛花卉，颜色鲜明，毛羽生动，妙不可言，扇扇是黄荃、吕纪得意名画。

［译文］赵士元制作的夹纱以及夹纱的帷帐和屏风，他所刻绘的翎毛和花卉，颜色鲜亮明艳，毛羽生动逼真，妙不可言。每一扇上都是黄荃、吕纪的得意名画。

卷十三　容貌部

卷十三　答疏帖

形体

圣贤异相　尧眉八彩。舜目重瞳。文王四乳。苍颉四目，禹耳三漏，是谓大通，兴利除害，决江疏河。

[译文]　帝尧的眉毛有八种色彩。帝舜的眼睛有两个瞳仁。文王长了四个乳头。仓颉长了四只眼睛。大禹长了三个耳洞，被称为大通，可以带来好处、除去祸害，疏通江河。

四十九表　仲尼生而具四十九表：反首，洼面，月角，日准，河目，海口，牛唇，昌颜，均颐，辅喉，骈齿、龙形，龟脊，虎掌，骈胁，参膺，圩项，山脐，林背，翼臂、窒头，隆鼻，阜胦，堤眉，地足，谷窍，雷声，泽腹，面如蒙倛，两目方相也，手垂过膝，眉有十二彩，目有二十四理，立如凤峙，坐如龙蹲，手握天文，足履度字，望之如仆，就之如升，修上趋下，末偻后耳，视若营四海，耳垂珠庭，其颈似尧，其颡似舜，其肩类子产，自腰以下不及禹三寸，胸有文曰“制作定世符”，身长九尺六寸，腰六十围。（见《祖庭广记》）

[译文]　孔子出生时就具备四十九个外表特征：披头散发，凹脸，额角像月亮，鼻子像太阳，眼眶平长，大嘴巴，厚嘴唇，脸面阔大，方下巴，两个喉结，牙齿重叠，身形像龙，脊背像龟，手如虎爪，肋骨相连，三块胸肌，头顶凹陷，肚脐像山，骨头像树林，手臂像鸟翼，头凹陷，高鼻梁，耸肩，眉毛像河堤，扁平足，像山谷一样裸露的七窍，声音如雷鸣，腹部如沼泽，面部像

蒙倛（可以驱逐鬼怪），双眼如方相，手下垂能过膝盖，眉毛有十二种色彩，眼睛有二十四种纹理，站着如同凤凰耸立，坐着仿佛巨龙蹲着，手掌里面有天文，脚底踏着“度”字，远望像要摔倒，近看像要飞升，上身长下身短，伸领驼背，耳朵后翻，目光高远，耳垂大天庭饱满，脖子像帝尧，额头像帝舜，肩膀像子产，从腰以下比大禹短了三寸，胸前有文字“制作定世符”，身高九尺六寸，腰有六十围。（见于《祖庭广记》）

老子有七十二相，八十一好。（见《法轮经》）如来有三十二相。（见《般若经》）

［译文］ 老子有七十二种面相，八十一种优点。（见于《法轮经》）如来佛祖有三十二种面相。（见于《般若经》）

昭烈异相 蜀先主长七尺五寸，目顾见耳，臂垂过膝。

［译文］ 蜀国的先主刘备身高七尺五寸，眼睛可以回看到自己的耳朵，手臂下垂能过膝盖。

碧眼 孙权幼时眼碧色，号碧眼小儿。

［译文］ 孙权小时候眼睛是绿色的，人们称他为“碧眼小儿”。

猿臂 汉李广猿臂善射。

［译文］ 汉代的将军李广手臂像猿猴一样长，擅长射箭。

独眼龙 李克用一目眇，时号“独眼龙”。

［译文］ 李克用一只眼睛失明了，当时人称他为“独眼龙”。

胆大如斗　姜维死后剖腹视之，胆如斗大。张世杰亦胆大如斗，焚而不化。

[译文]　姜维去世后被剖开肚子查看，发现他的胆有斗那么大。张世杰也是胆大如斗，焚烧也不能化掉。

半面笑　贾弼梦易其头，遂能半面啼，半面笑。

[译文]　贾弼梦见自己换了个头，于是可以半边脸哭，半边脸笑。

玉楼银海　东坡《雪》诗："冻合玉楼寒起栗，光摇银海眩生花。"王荆公曰："道家以两肩为玉楼，两眼为银海。"东坡曰："惟荆公知此。"

[译文]　苏东坡的《雪后书北台壁》诗里说："冻合玉楼寒起栗，光摇银海眩生花。"王安石说："道家把两肩称作玉楼，把两眼称为银海。"苏东坡说："只有荆公知道这个啊。"

缄口　孔子观周庙有金人焉，三缄其口，而铭其背曰：古人慎言人也。戒之哉！戒之哉！毋多言，多言，多败。毋多事，多事，多患。

[译文]　孔子看到周室的宗庙里有一座铜铸的人像，人像的口被封了三层，于是在人像的背后写了篇铭说：古代的人说话慎重啊。大家谨慎啊！谨慎啊！不要多说，言多必失。不要多事，多事就多祸患。

舌存齿亡　常摐有疾，老子曰："先生疾甚，无遗教语弟子乎？"摐乃张其口，曰："舌存乎？"曰："存。岂非以软耶？""齿亡乎？"曰："亡。岂非以刚也？"常摐曰："天下事尽此矣！"

[译文] 常枞生了病，老子说："先生您病得这么严重，有遗言要教给弟子吗？"于是常枞张开嘴，说："我的舌头还在吗？"老子回答说："在。难道不是因为它很软吗？"常枞说："我的牙齿没了吧？"老子回答说："没了。难道不是因为它太硬了吗？"常枞说："天下的事情道理都包含在这里了。"

芳兰竟体 梁武帝平建业，朝士皆造之。谢览时年二十，为太子舍人，意气闲雅，瞻视聪明。武帝目送良久，谓徐勉曰："觉此生芳兰竟体。"

[译文] 梁武帝平定了建业，朝廷大臣都来拜访他。谢览当时年仅二十岁，担任太子舍人，气度闲适风雅，看上去非常聪慧。梁武帝看了他很长时间，对徐勉说："感觉这个少年满身都是兰花的香气。"

眼如岩电 王戎字濬冲，形状短小，而目甚清照，视日不眩。裴楷曰："王安丰眼烂烂如岩下电。"

[译文] 王戎字濬冲，身段矮小，但眼睛非常清朗明亮，看着太阳都不会眩晕。裴楷说："王戎的目光灿烂，就好像山岩下的闪电。"

面如傅粉 何宴美姿仪，面至白。魏明帝疑其傅粉，夏月，与热汤面。既啖，大汗出，以朱衣自拭，色转皎然。

[译文] 何晏容颜俊美，脸很白。魏明帝怀疑他涂了脂粉，盛夏的时候，赐给何晏一碗热汤面。何晏吃过后，大汗淋漓，他就用所穿的红色衣服擦拭脸上的汗水，脸色却变得更白净了。

璧人 卫玠少时，乘白羊车于洛阳市上，咸曰："谁家璧人？"

[译文] 卫玠少年时候，乘坐白羊驾的车在洛阳的市集上行走，人们都问:“这是谁家仪容如此美好的美少年啊？”

看杀卫玠 卫叔宝从豫章至都下，人久闻其名，观者如堵墙。玠先有羸疾，体不堪劳，遂成病而死。时人谓看杀卫玠。

[译文] 卫玠从豫章来到京城，京城的人很早就听说过他的名声，来看他的人围得像一堵墙一样。卫玠先前身体就虚弱易得病，身体不堪劳累，竟然得重病死掉了。当时人都说是“看死了卫玠”。

觉我形秽 王济是卫玠之舅，隽爽有丰姿。每见玠，辄叹曰:“珠玉在侧，觉我形秽。”

[译文] 王济是卫玠的舅舅，长得俊逸潇洒。每次看到卫玠，就会赞叹说:“珠玉在我旁边，我就觉得自惭形秽。”

渺小丈夫 孟尝君过赵，赵人闻其贤，出观之，皆大笑曰:“始以薛公为魁梧也，今视之，乃渺小丈夫耳。”

[译文] 孟尝君访问赵国时，赵国人听说他是贤德的人，就出来观看他，看后都大笑着说:“起初以为孟尝君是一个身材魁梧的大汉，现在看来，只不过是一个瘦小的男子而已。”

妇人好女 司马迁曰:“余以为留侯其人必魁梧奇伟，至见其图，状貌如妇人好女。”

[译文] 司马迁说:“我原以为留侯张良一定是一个身材魁梧高大的男子，直到看到他的画像，才发现他的相貌像一个俊美的女子。”

精神顿生 张九龄风仪秀整，帝于朝班望见之，谓左右曰:“朕每见九龄，使我精神顿生。”

[译文] 张九龄风度仪态秀丽严整，皇帝在上朝时的大臣班列中望见他，对侍从说：“朕每次看到张九龄，都会让朕顿时来了精神。”

琳琅珠玉 有人诣王太尉，遇安丰、大将军、丞相在坐。往别屋，见季胤（名诩）平子（夷甫子）。还，语人曰：“今日之行，触目皆琳琅珠玉。”

[译文] 有人拜访王太尉，遇到王戎、大将军王敦、丞相王导在座。到了另一个屋子里，看见了王诩与王衍的儿子王澄。回去之后，那人对别人说：“今日之行，看到的全是琳琅珠玉。”

若朝霞举 李白见玄宗于便殿，神气高朗，轩轩若朝霞举。

[译文] 李白在便殿拜见了唐玄宗，他神情气度高妙清朗，光彩焕发如同朝霞上升。

倚玉树 魏明帝使后弟毛曾与夏侯玄并坐，时人谓蒹葭倚玉树。

[译文] 魏明帝让皇后的弟弟毛曾和夏侯玄坐在一起，当时人称为“芦苇倚着玉树”。

掷果 潘安甚有姿容。少时挟弹乘小车出洛阳道，妇人遇者，无不连手共萦之，竟以果掷盈车而返。

[译文] 潘安非常英俊漂亮。少年时拿着弹弓乘坐小车走在洛阳道上，遇到的女子，没有不拉起手来围住他的，争着往他的车里扔水果，车子装满了水果回家。

屋漏中来 祖广行恒缩颈。桓南郡始下车，桓曰：“天甚晴明，祖参军如从屋漏中来。”

[译文] 祖广走路的时候总是缩着脖子。南郡公桓玄刚到任的时候，就对他说：“天气晴朗，祖参军却好像从漏雨的屋子里出来一样。”

四肘　成汤之臂四肘。《韵会》：一肘二尺。又云一尺五寸为肘。

[译文] 成汤的手臂有四肘。《韵会》里记载：“一肘是二尺。”也有一种说法是，一尺五寸是一肘。

姬公反握　周公手可反握。

[译文] 周公的手可以反过来握住。

骈胁　骈，联也。晋文公名重耳，其胁骈。

[译文] 骈，是联的意思。晋文公的名字叫重耳，他的肋骨是连在一起的。

铄金销骨　西汉文：“众口铄金，积毁销骨。”谓谗言诽谤之利害也。

[译文] 西汉有一篇文章中说：“众人的言语能够熔化金子，积累的坏话可以销蚀骨头。”这是说的是谗言诽谤的可怕啊。

敲肤吸髓　髓，骨髓也。敲其肤而吸其髓，喻虐政之诛求也。

[译文] 髓，是指的骨髓。敲开骨头吸食骨髓，比喻的是朝廷横征暴敛的暴政。

掣肘　《说苑》：鲁使子贱为单父令，子贱借善书者二人使书，从旁掣其肘，书丑，则怒，欲好书，则又引之。书者辞归，以告鲁君。君曰："若吾扰之，不得施善政。"令毋征发单父。未几，教化盛行。

[译文]《说苑》中记载：鲁国派遣宓子贱担任单县的县令，宓子贱向鲁国的国君借了两个擅长书写的人，让他们抄写文书，在他们写字时从旁边拉他们的胳膊，结果字写得不好看，就对他们发怒，他们想要重新好好写，宓子贱就又拉住他们胳膊。抄写文书的人告辞离去，告诉了鲁国国君。国君说："这就好比我总是干扰他，让他不能施善政啊。"于是下令不要向单县征发摊派劳役。过了不久，单县就政治修明，教化昌盛。

厚颜 《书经》："颜厚有忸怩。"谓愧之见于面也。

[译文]《尚书》中说："颜厚有忸怩。"这是说羞愧的神色在脸上显露出来。

摇唇鼓舌 《庄子》：摇唇鼓舌，擅生是非。

[译文]《庄子》里说：耍嘴皮，嚼舌头，专门生出是非。

怒发冲冠 秦王许以十五城易赵王和氏璧，蔺相如捧璧入秦，见秦王无意偿城，怒发冲冠，英气勃勃。

[译文] 秦工答应用丨五座城池来换赵土的和氏璧，蔺相如捧着和氏璧来到秦国，看到秦王没有诚意交与城池，生气得头发竖了起来顶着帽子，英雄气概勃然而生。

生而有髭 《皇览》：周灵王生而有髭，谓之髭王。

[译文]《皇览》记载：周灵王生下来时就有髭须，所以被称为"髭王"。

注醋囚鼻 《唐史》：酷吏来俊臣鞫囚，每以醋注囚鼻。

[译文]《旧唐书》记载：酷吏来俊臣审问囚犯的时候，经常把醋灌到囚犯的鼻子里面迫使就范。

春笋秋波 言纤指如春笋之尖且长，媚眼如秋波之清且碧也。

[译文] 说的是纤细的手指像春笋一样又尖又长，妩媚的眼睛如同秋天的水波一样清澈。

蓝面鬼 卢杞号蓝面鬼，常造郭汾阳家问病。闻杞至，悉屏姬侍，独隐几待之。家人问故，汾阳曰："杞外陋而内险，左右见之必笑，使后得权，吾族无噍类矣。"

[译文] 卢杞号称为"蓝面鬼"，曾经有一次到郭子仪家去探病。郭子仪听说卢杞到了，就让所有的姬妾侍女都退了下去，自己靠着几案等待卢杞。家人问其原因，他说："卢杞外貌丑陋而内心险恶，家里的侍从见了他一定会嘲笑，假如他日后掌了权，我们这一族就没人能活着了。"

善用三短 后魏李谐形貌短小，兼是六指，因瘿而举颐，因跛而缓步，因謇而徐言。人谓李谐善用三短。

[译文] 后魏的李谐身材矮小，而且手上长了六个手指头，因为他脖子上长了个肉瘤子，所以走路时要仰着头，因为跛脚，所以要缓步行走，因为口吃，所以说话总是要慢慢说。人们都说李谐善于利用他的三个短处。

乱唾掷瓦石 左太冲绝丑，亦效潘安乘车游市中，群姬乱唾之，委顿而返。张孟阳亦丑，每行，小儿以瓦石掷之，满车。

［译文］ 左思长相极为丑陋，他也仿效美男子潘安那样在闹市乘车而行，遇到一群妇女都向他吐唾沫，于是就神情萎靡地返回。张载也很丑陋，每次出行，小孩子都用瓦片、石块来扔他，能够装满一车。

龙虎变化 韩文公撰《马燧志》云：当是时见王于北亭，犹高山深林，龙虎变化不测，魁杰人也。退见少傅，翠竹碧梧，鸾停鹄峙。

［译文］ 韩愈写的《马燧志》中说：那个时候在北亭拜见北平庄武王，觉得他就像在高山深林中的龙虎一样变化莫测，是豪杰人士。再回来拜见他的弟弟太子少傅，觉得他像翠竹碧梧中亭立的凤凰天鹅一样。

长人 苻坚拂盖郎申香、夏默、护磨那三人，俱长一丈九尺，每饭食一石、肉三十斤。

［译文］ 苻坚的侍卫申香、夏默、护磨那三个人，都有一丈九尺高，每顿饭吃一石粮食、三十斤肉。

矮短人 王蒙长二尺，张仲师长二尺五寸。

［译文］ 王蒙身高三尺，张仲师身高二尺五寸。

重人 安禄山重三百五十斤，司马保八百斤，孟业一千斤。

［译文］ 安禄山体重三百五十斤，司马保重八百斤，孟业重一千斤。

澹台灭明 李龙眠所画七十二子像，澹台灭明猛毅甚于子路，则夫子所谓失之子羽者，谓其貌武行儒耳。

［译文］　李龙眠画的孔门七十二门徒像中，澹台灭明看上去比子路勇猛刚毅，于是孔子说的“以貌取人，失之子羽”，就是指澹台灭明外貌看似武生，而行为却是个儒生。

祖龙　秦始皇虎口，日角，火目，隆準，鸷鸟膺，豹声，长八尺六寸，大七围，手握兵执矢，号曰祖龙，侯生数其淫暴，谓万万均朱，千千桀纣。

［译文］　秦始皇的嘴像老虎的嘴，额头隆起，眼睛里好像有火燃烧，高鼻梁，胸部像猛禽，声音像豹子，身高八尺六寸，腰有七围，手能够握兵器、拉弓射箭，号称为“祖龙”。秦始皇的方士侯生数说他的贪淫暴虐，比商均、丹朱更甚一万倍，比夏桀、商纣更甚一千倍。

好笑　陆士龙好笑。常着缞绩上船，水中自见其影，便大笑不止，几落水。

［译文］　陆云字士龙，喜欢笑。曾经穿着丧服上船，在水中看到自己的倒影，于是大笑不停，差点落到水里。

笑中有刀　李义府，貌足恭，与人言，嬉怡微笑，而阴贼褊忌，凡忤其意者，皆中伤之。时号义府笑中有刀。

［译文］　李义府面相极为恭敬，和人说话时，会高兴和善地微笑，但背地里却非常阴险，气量狭窄。凡是不称他意的人，都被他诬蔑中伤。时人称他“笑中有刀”。

方睛　管辂云：“眼有方睛，多寿之相。”陶隐居末年，其眼有时而方。

[译文] 管辂说:“眼中有方形的瞳仁，是长寿的面相。”陶弘景晚年的时候，眼中的瞳仁有时会变成方形。

百体五官 人身有百骸，故曰百体。官，司也。五官，耳、目、口、鼻、心也。

[译文] 人体有一百块骨骼，所以叫百体。官，是掌管的意思。五官指的是耳朵、眼睛、嘴巴、鼻子、心脏。

须发所属 发属心，禀火气，故上生。须属肾，禀水气，故下生。眉属肝，禀木性，故侧生。男子肾气外行，上为须，下为势。女子黄门无势，故无须。

[译文] 头发属于心脏管辖，秉承着火气，所以向上生长。胡须属于肾脏管辖，秉承着水气，所以向下生长。眉毛属于肝脏管辖，秉承着木性，所以向两边生长。男子的肾气向外扩散，在上面变成胡须，在下边变成阴茎。女人和宦官因为没有阴茎，所以没有胡须。

重瞳四乳 舜重瞳，项羽重瞳，隋鱼俱罗，朱梁康，王友敬，永乐中楚王子，亦俱重瞳。文王四乳，宋范镃百、常文子，明倪文僖谦，俱四乳。

[译文] 帝舜的每只眼睛都有两个瞳仁，项羽也是重瞳，隋朝的鱼俱罗、朱梁康、王友敬，永乐年间的楚王之子，也都是两个瞳仁。周文王有四个乳头，宋代的范镃百、常文子，明代的倪谦，也都有四个乳头。

身长一丈 中国之人长一丈者，人君则黄帝、尧与文王；人臣则吴伍员、汉巨毋霸，俱十尺。毋霸腰大十围，员眉间一尺。孔子长十尺，又云九尺六寸。按《庄子》所谓自腰而下不及禹三寸，则后说是矣。宋《桯史》载，有唐某者与其妹各长一丈二尺。

［译文］ 中原地区的人身高一丈的，君主中有黄帝、尧帝和周文王；臣子中有吴国的伍子胥、汉代的巨毋霸，都是身高十尺。巨毋霸腰围有十围，伍子胥两眉之间的距离有一尺。孔子身高十尺，另有一说是九尺六寸。按：据《庄子》中说的“孔子从腰以下比大禹短三寸”，那么后一种说法是对的。宋代《桯史》中记载，有一个姓唐的人和他妹妹身高都是一丈二尺。

身长七尺以上 禹长九尺九寸，汤九尺，秦始皇八尺七寸，汉高祖七尺八寸，光武七尺三寸，昭烈七尺五寸，宋武帝七尺六寸，陈武帝七尺五寸，宇文周太祖八尺，项王八尺二寸，韩王信八尺九寸，王莽七尺五寸，刘渊八尺四寸，刘曜九尺四寸，慕容皝七尺八寸，姚襄八尺五寸，曹交九尺四寸，冉闵、什翼健、宇文泰皆八尺，慕容垂七尺四寸，慕容德八尺二寸。自唐以后，人臣长者故少。韦康成十五长八尺，姜宇十五长七尺九寸，刘曜子胤十岁长七尺五寸，美姿貌，眉须如画。人固有少而长若此者，胤止八尺四寸，不能如其父也。

［译文］ 大禹身高九尺九寸，商汤身高九尺，秦始皇身高八尺七寸，汉高祖身高七尺八寸，光武帝刘秀身高七尺三寸，昭烈帝刘备身高七尺五寸，宋武帝身高七尺六寸，陈武帝身高七尺五寸，北周太祖宇文泰身高八尺，项羽身高八尺二寸，韩王韩信身高八尺九寸，王莽身高七尺五寸，刘渊身高八尺四寸，刘曜身高九尺四寸，慕容皝身高七尺八寸，姚襄身高八尺五寸，曹交身高九尺

四寸，冉闵、什翼健、宇文泰身高都是八尺，慕容垂身高七尺四寸，慕容德身高八尺二寸。唐朝之后，个子高的臣子就少了。韦康成十五岁时就身高八尺，姜宇十五岁时高七尺九寸，刘曜的儿子刘胤十岁时身高七尺五寸，而且姿容与面貌极为俊美，眉目像画的一样。本来就很少有人小小年纪就长到这么高，但刘胤最后只长到八尺四寸，没能长到他父亲那么高。

丈六金身　佛长一丈六尺以为神，然其小弟阿难与徒弟调达俱长一丈四尺五寸，彼时天竺之长者故不少也。

[译文]　如来佛高一丈六尺，大家把他当作神仙，而他的小弟阿难和徒弟调达都高一丈四尺五寸，那时候印度的高个子固然还是不少的。

谗国　沈颜《谗论》曰：宰嚭谗子胥而吴灭，赵高谗李斯而秦亡，无极谗伍奢而楚昭奔，靳尚谗屈原而楚怀囚。故曰：人知佞之谗谗忠，不知佞之谗谗国。

[译文]　沈颜的《谗论》中说：宰嚭谗害伍子胥而导致吴国灭亡，赵高谗害李斯而导致秦国灭亡，无极谗害伍奢而导致楚昭王败逃，靳尚谗害屈原而导致楚怀王被囚禁。所以说，人们都知道佞臣的谗言会谗害忠良，却不知道他们的谗言谗害的是国家。

舌本间强　俗语曰："三日不言，舌本强。"殷仲堪言，三日不读《道德经》，便觉舌本间强。

[译文]　俗话说："三天不说话，舌根就会变硬。"殷仲堪说，三天不读《道德经》，就觉得舌根发硬。

皮里阳秋　晋褚裒字季野，桓彝目之曰："季野皮里阳秋。"言其外无臧否，而内有褒贬也。

［译文］　晋朝的褚裒，字季野，桓彝看着他说："褚季野是皮里阳秋。"说的是他表面看来不评价别人的是非好坏，其实心里褒贬分明。

断送头皮　宋真宗东封，得隐者杨朴。上问："卿临行，有人作诗否？"对曰："臣妻一首云：'更休落魄耽杯酒，切莫猖狂爱作诗。今日捉将官里去，这回断送老头皮。'"

［译文］　宋真宗往东岳举行封禅后，寻访到隐士杨朴。宋真宗问他："你临走时，有人写诗送你吗？"杨朴回答说："我的妻子送了一首诗说：'更休落魄耽杯酒，切莫猖狂爱作诗。今日捉将官里去，这回断送老头皮。'"

唾掌　公孙瓒曰："天下兵起，谓可唾掌而决九州耳。"李集："太平可覆掌而致。"

［译文］　公孙瓒说："天下狼烟四起，都觉得江山唾手可得。"李集说："天下太平如把手掌反过来一样容易。"

扪膝　后魏贾景兴栖迟不仕，葛荣陷冀州，称疾不拜，每扪膝曰："吾不负汝，以不拜荣故也。"又赵宋喻如砺号"扪膝先生"。

［译文］　后魏的贾景兴隐居不愿做官，葛荣攻陷冀州时，贾景兴称病不去拜见他，常常摸着膝盖说："我没有辜负你们，这就是不去拜见葛荣的原因。"另外，宋朝的喻汝砺号称为"扪膝先生"。

鸡肋　晋刘伶尝醉，与俗人相忤，其人攘臂奋拳。伶曰："鸡肋不足以安尊拳！”其人笑而止。曹操入汉中讨刘备，不得进，欲弃之。乃传令曰“鸡肋”。官属不知何谓。杨修曰：“鸡肋，弃之则可惜，啖之则无所得，比汉中，王欲去也。”乃白操，遂还。

[译文] 晋朝的刘伶曾有一次喝得大醉，和一个庸俗之人争吵起来，那个人撸起袖子要打他。刘伶说：“我的这几根鸡肋骨哪里抵挡得住您的老拳啊！”那人大笑着住了手。曹操率军进入汉中讨伐刘备，没办法进一步攻打，想要放弃，于是传号令为“鸡肋”。官吏部下不知道是什么意思。杨修说：“鸡肋，扔了很可惜，要吃也没什么肉，这就好比是汉中，大王是想要班师回朝了。”于是向曹操报告，率军回去了。

噬脐 楚文王伐申，过邓。邓侯曰：“吾甥也。”止而享之。骓甥、聃甥、养甥请杀楚子。邓侯弗许。聃甥曰：“亡邓国者，此人也。若不蚤图，后君噬脐无及。”

[译文] 楚文王讨伐申国，路过了邓国。邓国的国君说：“这是我的外甥啊。”就让楚军停下来款待他们。邓祁侯的几个外甥骓甥、聃甥、养甥都请求杀死楚文王，但邓侯没有答应。聃甥说：“今后灭掉邓国的一定是这个人。如果不及早计划，以后大王您会像用嘴咬肚脐够不着一样而后悔莫及。”

交臂 《庄子》：颜渊问于仲尼，曰：“夫子步亦步，趋亦趋。夫子绝尘而奔，回瞠乎其后矣。”夫子曰：“吾终身于汝，交一臂而失之，不可哀欤？”

[译文] 《庄子》中说：颜渊向孔子问道：“老师您慢走我也慢走，您急走我也急走。但您若狂奔，我就只能干瞪着眼睛落在您后面了。”孔子说：“我终身和你朝夕相处，而你却错过了，难道不是

很可悲吗？”

三折肱　晋范氏、中行氏将伐晋定公，齐高彊曰：“三折肱知为良医，我以伐君为此矣。”

[译文]　晋国的权臣范氏和中行氏将要讨伐晋定公，齐国的高彊说：“折断三次胳膊的人就会成为良医。我就是因为攻打国君才成了这样的人啊。”

髀里肉生　刘玄德于刘表坐，慨然流涕曰：“平常身不离鞍，髀肉皆消；今不复骑，髀里肉生。日月如流，老将至矣，而功业未建，是以悲耳。”

[译文]　刘备在刘表的身边坐着，感慨地流着眼泪说：“平时我的身子不离开马鞍，大腿上的肉都消瘦了下去；现在长时间不骑马，大腿上的肉又长起来了。时间像流水一样，暮年即将到来，但还没有能够建功立业，所以才会感到悲哀啊。”

炙手可热　唐崔铉进左仆射，与郑鲁、杨绍、段复環、薛蒙颇参议论。时论曰：“郑、杨、段、薛，炙手可热；欲得命通，鲁、绍、環、蒙。”

[译文]　唐代的崔铉升任左仆射，和郑鲁、杨绍、段复環、薛蒙等人参议国家大事。当时的人说：“郑、杨、段、薛，炙手可热；想要命运亨通，就要交接鲁、绍、環、蒙。”

如左右手　韩信亡去，萧何自追之。人告高祖曰：“丞相何亡。”高祖大怒，如失左右手。

[译文]　韩信逃跑离开刘邦，萧何亲自去追赶他。有人就向汉高祖

报告说:“丞相萧何逃跑了。”汉高祖大怒，就好像失去了自己的左右手一样。

高下其手 言人断狱徇私，高下其手。

[译文] 这说的是有人断案的时候徇私舞弊，玩弄手法。

幼廉一脚指 北齐李幼廉为瀛州长史，神武行部征责文簿，应机立成。神武责诸人曰:“卿等作得李幼廉一脚指否?”

[译文] 北齐的李幼廉担任瀛州长史的时候，高欢巡行要求核查文书账簿，李幼廉领命后立刻就办完了。高欢责问其他的人说:“你们能比得上李幼廉一个脚指头吗？”

握拳啮齿 东坡帖云:张睢阳生犹骂贼，啮齿穿龈。颜平原死不忘君，握拳透爪。

[译文] 苏东坡写对联说:“张睢阳生犹骂贼，啮齿穿龈；颜平原死不忘君，握拳透爪。”

豕心 《左传》:昔有仍氏生女，乐正后夔娶之，生伯封，实有豕心，贪婪无厌。人谓之封豕。

[译文] 《左传》记载:以前有个仍氏生了个女儿，乐官后夔娶了她做妻子，生下了伯封，这个伯封实在是长了一颗猪心，贪婪又不知满足。人们都叫他“封猪”。

锁子骨 李邺侯少时身极轻，能于屏风上行。既长，辟谷，导引，骨节俱戛戛有声。人谓之锁子骨。

[译文] 李邺侯小时候身体很轻盈，能在屏风上行走。长大之后，

又修炼道家的辟谷和导引术，身上的骨节都嘎嘎作响。人们称他为“锁子骨”。

一身是胆　赵子龙与魏兵战，追至营门，魏兵疑有伏，引去。翌日，玄德至营视之，曰：“子龙一身都是胆。”

［译文］　赵子龙和魏国的军队交战，魏兵一直追到军营的大门口，怀疑有埋伏，才退兵离开。第二天，刘备到军营来视察，说：“子龙全身都是胆啊。”

抽筋绝髓　郭弘霸讨徐敬业云：“誓抽其筋，食其肉，饮其血，绝其髓。”武后悦，授御史。时号“四其御史”。

［译文］　郭弘霸讨伐徐敬业的时候说：“我发誓要抽掉他的筋，吃了他的肉，喝了他的血，吸干他的骨髓。”武则天很高兴，授予他御史的职位。当时人称他为“四其御史”。

铁石心肠　皮日休云：“宋平广为相，疑其铁石心肠，不解吐软媚词。观其《梅花赋》，便巧富艳，殊不类其为人。”

［译文］　皮日休说：“宋广平担任丞相，人们怀疑他长着铁石一样坚硬的心肠，根本不懂得说一点温和的话语。但是看他的《梅花赋》，却精巧富艳，完全和他的为人不一样。”

伐毛洗髓　《汉武记》：黄眉翁指东方朔曰：“吾三千年一反骨洗髓，三千年一剥皮伐毛。吾今已三洗髓，三伐毛矣。”

［译文］《汉武记》中记载，黄眉翁指着东方朔说：“我每三千年就要清洗一次身上的骨髓，每三千年换一次身上的皮毛。我现在已经洗了三次骨髓、换了三次毛了。”

笑比黄河清 宋包孝肃极严冷，未尝见其笑容，人谓其笑比黄河清。

[译文] 宋代的包拯非常严肃冷峻，从没见过他的笑容，人们说要想看到他的笑容就好像让黄河变清一样困难。

连璧 晋潘岳与夏侯湛并美姿容，行止同舆接茵。京都谓之连璧。

[译文] 晋代的潘岳和夏侯湛都长得英俊潇洒，两人出行静坐，同一辆车同一张席，京城人称他们为“连璧”。

乳臭 汉王以韩信击魏王豹。问郦食其：“魏大将谁？”对曰：“柏植。”王曰：“是儿口尚乳臭，安能敌吾韩信？”

[译文] 刘邦派韩信去攻打魏王豹。刘邦问郦食其说：“魏豹的大将军是谁？”回答说：“是柏植。”刘邦说：“这人不过是个乳臭未干的小孩子，怎么能敌过我们的韩信呢？”

貌不扬 晋叔向适郑，鬷蔑貌不扬，立堂下，一言而善。叔向闻之，曰：“必然明也！”下执其手以上，曰：“子若不言，吾几失子矣。”

[译文] 晋国的叔向到郑国去，鬷蔑其貌不扬，站在堂下，说了一句很有道理的话。叔向听了就说：“这一定是鬷蔑啊！”就下堂拉着他的手上堂来，说：“你如果不说话，我差点就错失了你啊。”

貌侵 汉田蚡，孝景帝皇后母弟也，为丞相，为人貌侵，言短小而丑恶也。

[译文] 汉代的田蚡，是孝景帝皇后同母异父的弟弟，担任丞相的

职务，他为人貌侵，意思是说他长得矮小而丑陋。

獐头鼠目　唐苗晋卿荐元载。李揆轻载相寒，谓晋卿曰："龙章凤姿士不见，獐头鼠目子乃求官耶？"载衔之。

［译文］　唐代的苗晋卿推荐了元载做官。李揆看不起元载，因为他长得不好看，对苗晋卿说："有龙凤那样相貌的人没见到，长得獐头鼠目的却要来求官？"元载就对他怀恨在心。

龙钟　裴晋公未第时，羁旅洛中，策驴上天津桥。时淮西不平，有二老人倚柱语曰："蔡州何时平？"见晋公，愕然曰："适忧蔡州未平，须待此人为相。"仆闻告公，公曰："见我龙钟，故相戏耳！"后裴度于宪宗时果为相，平淮、蔡。

［译文］　裴度没有及第的时候，有一次羁留在洛中，骑着驴走上了天津桥。当时淮西很不安定，有两个老人靠着桥上的柱子说："蔡州什么时候才能太平啊？"看到裴度，非常惊讶地说："刚才还担心蔡州难平，看来得等这个人做了宰相才行呢。"仆人听说后告诉裴度，裴度说："这是看到我龙钟失意，故意戏弄我。"后来裴度在唐宪宗时果然做了宰相，并平定了淮西和蔡州。

牙缺　张玄祖八岁，缺齿，先达戏之曰："君口何为开狗窦？"玄祖曰："欲使君辈从此中出入。"

［译文］　张玄祖八岁时，掉了牙齿，前辈和他开玩笑说："你的嘴为什么开了个狗洞呢？"张玄祖回答说："是想要让你们这些人从中间进出啊。"

口吃　汉周昌争立太子，曰："臣期期不奉诏。"邓艾自称艾艾。韩非、扬雄俱口吃，善属文。后刘贡父、王汾在馆中，汾口吃，贡父为之赞曰：“恐是昌家，又疑非类；未闻雄名，只有艾气。”

[译文] 汉代的周昌在争论拥立太子的时候说：“臣期期不能奉命。”邓艾说话时因为口吃常常自称“艾艾”。韩非和扬雄也都有口吃，但擅长写文章。后来刘贡父、王汾在史馆中，王汾口吃，刘贡父为他写了评语：“恐是昌（周昌）家，又疑非（韩非）类；未闻雄（扬雄）名，只有艾（邓艾）气。”

吾舌尚存 张仪常从楚相饮，相亡璧，意仪盗，执仪笞之。仪归，而其妻诮之。仪曰：“视吾舌尚存否？”妻笑曰：“在。”仪曰：“足矣！”

[译文] 张仪曾经和楚相一块宴饮，楚相丢失了一块玉璧，认为是张仪偷的，抓住并鞭打了张仪。张仪回家后，他的妻子讥诮他。张仪说：“看看我的舌头还在不在？”妻子笑着说：“还在。”张仪说：“这就足够了。”

借听于聋 韩昌黎《答陈生书》：足下求速化之术，乃以访愈，是所谓借听于聋，问道于盲，未见其得者也。

[译文] 韩愈在《答陈生书》中说：足下是想求得快速羽化成仙的道术，竟然来询问我，可以说是让聋子帮助听东西，向盲人问路啊，没见过有结果的。

青白眼 阮籍能为青白眼，见礼法之士，以白眼待之。母终，嵇喜来吊，籍作白眼。喜弟康乃挟琴赍酒造焉，籍大悦，乃见青眼。

[译文] 阮籍能做出青眼、白眼，看到遵守礼法的俗士，就用白眼

来看待他。他的母亲过世了，嵇喜前来吊唁，阮籍就给他翻白眼。嵇喜的弟弟嵇康抱着琴带着酒来拜访，阮籍非常高兴，于是就露出了青眼。

邯郸学步　班氏序：传昔有学步于邯郸，曾未得其仿佛，又复失其故步，遂匍匐而归耳。

［译文］班固的《汉书叙传》中说：传说以前有人学习邯郸人走路，一点也没有学到，还忘记自己以前的走路方式，于是只能爬着回去。

美须　谢康乐须美，临刑，施为南海祇洹寺维摩诘像须。唐中宗时，安乐公主端午斗草，欲广其地，驰驿取之。又恐为他所得，剪弃其余。

［译文］谢灵运的胡须很美，他被施刑的时候，把胡须舍给了南海祇洹寺维摩诘像。唐中宗时，安乐公主在端午节玩斗草的游戏，想要扩大战胜的可能，就派人骑驿站的马去取这些胡须，又怕被别人取走，就把其余的都剪了扔掉。

貌似刘琨　桓温自以雄姿风气，是宣帝、刘琨之俦，及伐秦还，于北方得一巧作老婢，乃刘琨婢也。一见桓温，便潸然曰："公甚似刘司空。"温大悦，出外，整理衣冠，又呼问之，婢曰："面甚似，恨薄；眼甚似，恨小；须甚似，恨赤；形甚似，恨短；声甚似，恨雌。"温于是褫冠解带，昏然而睡不怡者累日。

［译文］桓温自认为雄姿飒爽，是和司马懿、刘琨一类的人物，等到讨伐前秦回朝的时候，在北方遇到一个手工活做得很好的老婆婆，曾是刘琨的婢女。她一看到桓温，就潸然流泪说："您的相貌

很像我们刘司空。”桓温非常高兴，来到外面，整理了一下衣冠，再叫来仔细询问她，那个老婆婆说：“脸很像，可惜福薄了点；眼睛很像，可惜小了点；胡须很像，可惜有些发红；身形很像，可惜矮一点；声音也很像，可惜有些女气。”桓温听完于是扔掉帽子解衣就睡，接连好几天都不开心。

补唇先生 方干唇缺，有司以为不可与科名。连应十余举，遂隐居鉴湖。后数十年，遇医补唇，年已老矣。人号曰“补唇先生”。

［译文］ 方干是兔唇，有关部门认为不能给他科举功名。他连着参加了十几次科举考试都没有及第，就在鉴湖隐居了。过了几十年，他遇到一个医生给他把兔唇补好了，但是已经年老了。人们称他为“补唇先生”。

眇一目 湘东王眇一目，与刘谅游江滨，叹秋望之美。谅对曰：“今日可谓帝子降于北渚。”《离骚》：“帝子降于北渚，目渺渺而愁予！”王觉其刺己，大衔之。后湘东王起兵，王伟为侯景作檄云：“项羽重瞳，尚有乌江之败；湘东一目，宁为赤县所归？”后竟以此伏诛。

［译文］ 南齐的湘东王萧绎一只眼睛失明了，在和刘谅游览长江的时候，赞叹美丽的秋景。刘谅回答说：“今天可以称得上是帝子降于北渚了。”因为《离骚》中说：“帝子降于北渚，目渺渺而愁予！”湘东王觉得这是在讽刺自己，于是怀恨在心。后来湘东王起兵叛乱，王伟给侯景写檄文说：“项羽有两个瞳仁，尚且还有乌江的战败；湘东王仅有一只眼睛，难道还能成为天子吗？”后来竟然因为这个原因被湘东王杀了。

半面妆　徐妃以帝眇一目，知帝将至，为半面妆。帝见之大怒而出。

[译文] 徐妃因为梁元帝萧绎一只眼睛失明，知道皇帝要来，就只画了半面妆。梁元帝看到后大怒离开。

塌鼻　刘贡父晚年得恶疾，须眉堕落，鼻梁断坏。一日，与东坡会饮，引《大风歌》戏之，曰："大风起兮眉飞扬，安得猛士兮守鼻梁！"

[译文] 刘贡父晚年得了重病，胡须和眉毛都掉落了，鼻梁也塌陷了。有一天，他和苏轼一起喝酒，苏轼引用刘邦的《大风歌》来和他开玩笑说："大风起兮眉飞扬，安得猛士兮守鼻梁！"

头有二角　隋文帝生而头有两角，一日三见鳞甲，母畏而弃之。有老尼来，育哺甚勤。尼偶外出，嘱其母视儿。母见须角棱棱，烨然有光，大惧，置诸地。尼疾走归，抱起曰："惊我儿，令吾儿晚得天下！"后帝果六十登极。

[译文] 隋文帝生下来头上有两只角，一天之内身体长三次鳞片，他的母亲害怕就把他丢弃了。有一位老尼姑来到，悉心喂养他。尼姑偶尔外出时，叮嘱他的母亲照看。他的母亲看到他长出了须发，头上有角，熠熠发光，非常惊恐，就把他扔到了地上。尼姑赶快跑了回来，抱起来说："惊着我的孩子了，这要导致他晚好多年才能得天下。"后来他果然六十才登基当上皇帝。

岐嶷　《诗经》云："克岐克嶷，以就口食。"美后稷也。岐嶷，峻茂之状也。

[译文]《诗经》里说："克岐克嶷，以就口食。"这是赞美后稷的。

岐嶷，就是山峰高峻丰茂的样子。

口有悬河 晋郭象能清言。王衍云："每听子玄之语，如悬河泻之，久而不竭。"

[译文] 晋朝的郭象擅长清谈。王衍说："每次听到郭子玄的讲话，就像高悬着的大河向下倾泻一样，很长时间都不会枯竭。"

侏儒 《左传》：臧纥败于狐骀。国人曰："侏儒侏儒，使我败于邾。"注：狐骀，地名。侏儒，短小也。

[译文]《左传》中记载：臧纥被狐骀打败。国人说："侏儒侏儒，使我败于邾。"注释说：狐骀，是一个地名。侏儒，是短小的意思。

捷捷幡幡 《诗经》："捷捷幡幡，谋欲谮言。"

[译文]《诗经》里说："伶牙俐齿，喋喋不休，是想要进谗言啊。"

胸中冰炭 语云：不作风波于世上，自无冰炭到胸中。

[译文] 俗话说：不在世上掀起是非风波，心中自然不会有烦恼。

唇亡齿寒 《左传》：晋侯复假道于虞以伐虢。宫子奇谏曰："虢，虞之表也。谚所谓辅车相依，唇亡齿寒者，其虞之谓也。"

[译文]《左传》记载：晋国的国君又想要向虞国借道去攻打虢国。宫子奇劝谏说："虢国是虞国的屏障。谚语说，辅车相依，唇亡齿寒，这说的就是虢国和虞国啊。"

足上首下 《庄子》：失信于俗，谓之倒置之民，犹足上首下，倒置尊卑也。

[译文]《庄子》中说：失信于世俗，说的就是把人民颠倒着放置，就好像是脚朝上而头朝下，把尊贵和卑下弄颠倒了。

扬眉吐气　李白《与韩朝宗书》：今天下以君侯为文章之司命，人物之权衡，一经品题，便作佳士。何惜阶前盈尺之地，不使白扬眉吐气，激昂青云耶！

[译文]　李白的《与韩朝宗书》中说：现在全天下的人都把君侯您看作是评判文章优劣的司命、衡量人物高下的权威，一得到您的品评，便被认为是著名人士。您又何必吝惜台阶前一尺大的地方，而不让我李白扬眉吐气、激昂青云呢！

推心置腹　《史记》：萧王推赤心，置人腹中。

[译文]《史记》中记载：萧王刘秀把自己真诚的心给别人看，好像把自己的心放到别人肚子里一样。

方寸已乱　《三国志》：徐庶母为曹操所获，庶辞先主曰："本欲与将军共图王霸之业，今失老母，方寸乱矣，请从此辞。"

[译文]《三国志》中记载：徐庶的母亲被曹操抓获，徐庶向先主刘备告辞说："本来想和将军您共同开创统一天下的伟大基业，如今我失去了老母亲，我的方寸已乱了，请允许我在这里向您告辞吧。"

黑甜息偃　东坡诗："三杯软饱后，一枕黑甜余。"《诗经》："或偃息在床。"

[译文]　苏轼的《发广州》诗中说："三杯软饱后，一枕黑甜余。"《诗经》中说："或偃息在床。"

肉眼　《唐摭言》：郑光业赴试，夜有人突入邸舍，郑止之宿。其人又烦郑取水煎茶，郑欣然从之。后郑状元及第，其人启谢曰："既取杓水，又煎碗茶，当时不识贵人。凡夫肉眼，今日俄为后进，穷相骨头。"

[译文]《唐摭言》记载：郑光业去赶赴科举考试，夜里有人突然闯进宿舍来，郑光业留他住下。那人又让郑光业给他端水煮茶，郑光业愉快地照做了。后来郑光业状元及第，那人送信谢罪说："既帮我端水，又帮我煮茶喝。当时没看出您是贵人，因为我肉眼凡胎；今天成为您的后辈，我真是个穷骨头。"

青睛　《南史》：徐陵目有青睛，人以为聪慧之相。

[译文]《南史》记载：南朝诗人徐陵的眼中有乌黑的眼珠子，人们都认为这是聪慧的面相。

丹心　又心曰丹府，心神曰丹元。

[译文]　心又叫作"丹府"，心神叫作"丹元"。

腆颜　《文选》："明目腆颜，曾无愧畏。"

[译文]《文选·奏弹王源》中说："明目张胆，厚颜无耻，难道就不感到惭愧和畏惧吗？"

可口　《庄子》："樝梨橘柚，皆可于口。"

[译文]《庄子》中说："樝梨橘柚，都很可口。"

置之度外　《汉史》：光武帝曰："当置此两子于度外。"谓隗嚣、公孙述也。

[译文] 《汉史》记载，光武帝说："不要把这两个人放在心上。"这是说的隗嚣和公孙述。

秦人视越 韩文：秦人之视越人，忽言不加喜戚于其心。

[译文] 韩愈的《争臣论》中说：秦国人看到越国人，无论胖瘦，毫不在意，心里没有一点喜悦或忧伤。

行尸走肉 《拾遗记》：任末曰："好学者虽死犹存，不学者虽存，行尸走肉耳！"

[译文] 《拾遗记》中说，任末说："好学的人，即使死了也和活着一样，不好学的人即使活着，也是行尸走肉罢了。"

颜甲 《琐言》：进士王光远，干索权豪无厌，或遭挞辱，略无改悔。时人云："光远颜厚如十重铁甲。"

[译文] 《琐言》中说：有一个进士王光远，拜求干谒权势豪门不知满足，有时遭到鞭笞的羞辱，也一点不知悔改。当时的人说："王光远的脸皮有十层铁甲那么厚。"

高髻 后汉马廖疏云："吴王好剑客，百姓多疮瘢；楚王好细腰，宫中多饿死。""城中好高髻，四方高一尺；城中好广眉，四方且半额；城中好大袖，四方全匹布。"

[译文] 后汉的马廖上奏说："吴王喜欢剑客，所以老百姓身上多有剑伤。楚王喜欢细腰，于是宫中多有故意不吃饭而饿死的宫女。""京城中如果流行高高的发髻，地方的妇女就会把发髻增高一尺；京城中如果流行修长的眉毛，地方的妇女的眉毛就会画半

个额头那么长。京城中流行宽袍大袖，地方上就会用整匹布帛来做衣服。”

面谩 樊哙愿得十万众，横行匈奴中。季布曰：“哙妄言，是面谩！”

[译文] 樊哙说：“我愿意率领十万大军，在匈奴的土地上驰骋。”季布说：“樊哙说大话，这是当面欺骗陛下！”

掉舌 汉郦生说齐王与汉平。蒯彻言于韩信曰：“郦生一士，伏轼掉三寸舌，下齐七十余城。”

[译文] 汉代的郦食其游说齐王和汉王和议。蒯彻对韩信说：“郦食其不过是一个儒生，扶着车栏用三寸不烂之舌说一说，就降服齐国七十多座城池。”

妇女

妲己赐周公 五官将既纳袁熙妻，孔文举与曹操书曰：“武王伐纣，以妲己赐周公。”曹以文举博学，信以为然。后问文举，答曰：“以今度之，想当然耳。”

[译文] 五官中郎将曹丕娶了袁熙的妻子，孔融给曹操写信说：“武王讨伐商纣王后，把妲己赐给了周公。”曹操因为孔融非常博学，就信以为真。后来问孔融，孔融回答说：“用现在的事推测，想着应该是这样吧。”

效颦 西子心痛则捧心而颦，其貌愈媚。丑女羡而效之，曰“效颦”。山谷诗：“今代捧心学，取笑类西施。”

[译文] 西施心痛的时候就用手捧着心口皱着眉头，她的容貌愈发显得娇媚。一个丑女子羡慕并效仿她，这就叫“效颦”。黄庭坚的诗里说：“今代捧心学，取笑类西施。”

新剥鸡头肉　杨贵妃浴罢，对镜匀面，裙腰褪露一乳，明皇扪弄曰：“软温新剥鸡头肉。”安禄山在旁曰：“润滑犹如塞上酥。”

[译文] 杨贵妃洗完澡后，对着镜子梳妆打扮，衣裙褪下来露出了一个乳房，唐明皇用手抚摸着说：“软温新剥鸡头肉。”安禄山在旁边说：“润滑犹如塞上酥。”

长舌　《诗经》：“妇有长舌，维厉之阶。”

[译文]《诗经》里说：“妇女多嘴多舌，就会造成祸患。”

守符　楚昭王夫人，齐女也。昭王出游，留夫人于渐台。江水大至，遣使迎夫人，忘持符。夫人曰：“王与约，召必以符。”今使者不持符，不敢行。使者还取符，台崩，夫人溺死。

[译文] 楚昭王的夫人，是齐国女子。昭王外出巡游，把夫人留在了渐台这里。长江的洪水大肆奔涌而来，昭王派遣使者迎回夫人，却忘了拿符节。夫人说：“大王和我约定，召见我一定会用符节。”现在使者没有拿符节，就不敢跟着走。使者返回去取符节，这时渐台崩塌，夫人就被江水淹死了。

女博士　甄后年九岁时，喜攻书，每用诸兄笔砚。兄曰：“欲作女博士耶？”后曰：“古者贤女未有不览经籍，不然，成败安知之？”

[译文] 甄皇后九岁的时候，非常喜欢读书，常常使用她哥哥们的

笔砚。哥哥说："你是想做女博士吗？"她说："古代贤德的女子没有不观看经书典籍的，不是这样的话，怎么能了解事情的成败呢？"

灵蛇髻 甄后入魏宫，宫廷有绿蛇，口中恒有赤珠，若梧子大，不伤人；人欲害之，则不见。每日后梳妆，则盘结一髻形，后效而为髻，巧夺天工。故后髻每日不同，号为"灵蛇髻"。宫人拟之，十不得其一二。

［译文］ 甄皇后进到魏国皇宫以后，宫廷里有一条绿色的蛇，嘴里常常衔着一颗赤色珠子，像梧桐籽那么大，但是并不伤人；如果有人想要伤害它，它就消失不见了。每天皇后梳妆的时候，它就盘结成一个发髻的形状，皇后就仿效它的形状来盘发髻，巧夺天工。因此皇后的发髻每天都不一样，号称"灵蛇髻"。宫女也纷纷仿效甄皇后，但十个里面连一两个学得像的都没有。

女怀清台 《货殖传》：巴蜀寡妇清，其先得丹穴，而擅其利数世，家亦不赀。用财自卫，不见侵侮。始皇为筑"女怀清台"。

［译文］《史记·货殖列传》记载：巴蜀地区有个寡妇叫清，她的祖先得到一个产丹砂的洞穴，于是几代人都获利，家里很富有。他们用财产来保护自己的家族，没有受到侵犯与欺辱。秦始皇为她修造了"女怀清台"。

国色 《战国策》：郦姬者，国色也。《天宝遗事》：都下名妓楚莲香，国色无双，每出则蜂蝶相随，慕其香也。

［译文］《战国策》记载：郦姬是一个绝色女子。《开元天宝遗事》记载：京城的名妓楚莲香，貌美无匹，每次出门都有蜜蜂和蝴蝶

追随着她，都是爱慕她身上的香气。

长女子　明德马皇后和熙邓皇后俱七尺三寸，刘曜刘皇后七尺八寸，俱以美称。

[译文] 东汉明帝的马皇后，和东汉桓帝的邓皇后都身高七尺三寸，刘曜的刘皇后身高七尺八寸，都以美貌著称。

妇人有须　李光弼之母李氏，封韩国太夫人，有须数十茎，长五寸，为妇人奇贵之相。

[译文] 李光弼的母亲李氏，被封为韩国太夫人，有几十根胡须，有五寸长，这是妇女极为显贵的面相。

夜辨绝弦　蔡琰六岁，夜听父邕弹琴，弦绝。琰曰："一弦断也。"复故断一弦，琰曰："第四弦也。"邕曰："偶中耳。"琰曰："季札观风，知四国兴衰；师旷吹律，知南风不竞。由是言之，安得不知乎？"

[译文] 蔡琰六岁的时候，夜里听到父亲蔡邕弹琴，正弹着的时候弦断了。蔡琰说："一根弦断了。"蔡邕又故意弄断了一根，蔡琰说："这次断的是第四根弦。"蔡邕说："这不过是偶然猜中罢了。"蔡琰说："季札观察国风，就知道四方的兴衰；师旷吹奏律管，从南风乐音微弱知道楚国一定战败。从这些事情来看，怎么能不知道断的是哪根弦呢？"

尤物　《左传》叔向欲娶申公巫臣女，其母曰：汝何以为哉？夫有尤物，足以移人。苟非礼义，则必祸及。

[译文]《左传》记载：叔向想要娶申公巫臣的女儿，他的母亲说：

“你为什么要这样做呢？绝色美女，足以改变一个人的情志。如果行为不合于礼义，就一定会招致祸端。”

钩弋宫　钩弋夫人，齐人，右手拳。望气者云：“东方有贵人气。”及至，见夫人姿色甚伟，帝批其手，得一钩，手遂不拳。故名其宫曰钩弋宫。

［译文］　钩弋夫人是齐地人，右手紧握无法伸展。会望气的术士说：“东方有贵人气。”汉武帝到了齐地发现钩弋夫人容貌俊美，武帝将她的手展开，得到一个玉钩，此后她的手就不再握拳了。因此把她住的宫殿叫“钩弋宫”。

花见羞　五代刘鄩侍儿王氏，有绝色，人号“花见羞。”

［译文］　五代时期刘鄩的侍妾王氏，美貌无四，人们称之为“花见羞”。

疗饥　隋炀帝每视降仙，顾内使曰：“古人谓秀色可餐。若降仙者，可以疗饥矣。”

［译文］　隋炀帝每次看到妃子吴绛仙，就回头跟宦官们说：“古人说秀色可餐。像吴绛仙这样的美人，就可以解饥了。”

倾城倾国　李延年歌曰：“北方有佳人，绝世而独立，一顾倾人城，再顾倾人国。宁不知倾城与倾国，佳人难再得！”

［译文］　李延年的《佳人歌》说：“北方有佳人，绝世而独立。一顾倾人城，再顾倾人国。宁不知倾城与倾国，佳人难再得！”

远山眉　赵飞燕为妹合德养发，号新兴髻；为薄眉，号远山黛；

施小朱，号慵来妆。又《玉京记》："卓文君眉色不加黛，如远山。人效之，号远山眉。"

[译文] 赵飞燕为她的妹妹赵合德蓄了长发，称为"新兴髻"；修了淡眉，称为"远山黛"；点小一点的朱砂，称为"慵来妆"。另外，《玉京记》中说："卓文君的眉毛不用黛色来画，看上去像远处的青山一样。人们都效仿她，称之为'远山眉'。"

鸦髻　巴陵鸦不畏人，除夕，妇人各取一只，以米粱喂之。明旦，各以五色缕系于鸦顶，放之，视其方向，卜一年休咎。其占云："鸦子东，兴女红；鸦子西，喜事齐；鸦子南，利桑蚕；鸦子北，织作息。"甚验。又元旦梳头，先以栉理其羽毛，祝曰："愿我妇女，黰发髟髟。惟有斯年，似其羽毛。"楚人谓女髻为鸦髻。

[译文] 巴陵的乌鸦不害怕人，除夕的时候，女子各抓一只来，用粮食来喂它。第二天早上，用五色的丝线系在乌鸦的头上，然后放飞，看它们的去向，来占卜一年运气的恶好坏。占卜到的卜辞说："鸦子东，兴女红；鸦子西，喜事齐；鸦子南，利桑蚕；鸦子北，织作息。"非常灵验。另外，在元旦那天梳头的时候，先用梳子梳理乌鸦的羽毛，祷告说："希望我家好，长着浓密的长发，人生百年，就像乌鸦的羽毛一样乌黑发亮。"楚地的人把女子的发髻称为"鸦髻"。

淡妆　《杨妃传》：虢国夫人不施妆粉，自有容貌，常淡妆以朝天子。白乐天诗："虢国夫人承主恩，平明上马入宫门，却嫌脂粉污颜色，淡扫蛾眉朝至尊。"

[译文]《杨妃传》中说：杨贵妃的姐姐虢国夫人不用脂粉化妆，仗着自己容貌美丽，经常只画了淡妆就去朝见天子。杜甫的诗说：

“虢国夫人承主恩，平明上马入宫门。却嫌脂粉污颜色，淡扫蛾眉朝至尊。”

嫫母　黄帝妃嫫母，貌仳傕（音灰），丑面也而贤，帝甚爱之。《文选》：“及蒙华衮褒如。”誉嫫母贤也。

[**译文**]　黄帝的妃子嫫母，容貌丑陋，但却很贤惠，黄帝非常喜欢她。欧阳修《答原父》诗中说：“及蒙华衮褒，如誉嫫母艳。”这是赞美嫫母的贤德啊。

无盐　《列女传》：无盐者，齐之丑女，自诣宣王，陈时政，王拜为后。

[**译文**]《列女传》中记载：无盐是齐国的一个丑女，她自请拜见齐宣王，陈述齐国的时政，齐宣王封她为王后。

书仙　《丽情集》：长安中有妓女曹文姬，尤工翰墨，为关中第一，时号“书仙”。

[**译文**]《丽情集》中说：长安城中有个叫曹文姬的妓女，擅长书法，是关中第一高手，当时号称“书仙”。

钱树子　《明皇杂录》：许子和，古州永新人，以倡家女入宫，因名永新，能变新妆。临卒，谓其母曰：“阿母，钱树子倒矣！”

[**译文**]《明皇杂录》中说：许子和，是吉州永新人，以歌妓的身份进入皇宫，取名为永新，能创造出新的化妆方法。临死的时候，对她母亲说：“阿母，摇钱树要倒了呀！”

章台柳　唐韩翃与妓柳姬交稔，明，淄青节度使侯希逸奏以为从事。历三载离别，乃寄诗云：“章台柳，章台柳，往日青青今在否？纵使长条似旧垂，亦应攀折他人手。”柳答云：“杨柳枝，芳菲节，所恨年年赠离别。一叶随风忽报秋，纵使君来岂堪折！”

〔译文〕唐代的韩翃和妓女柳姬交情极熟，第二年，淄青节度使侯希逸上奏朝廷，任命韩翃为属官。经过了三年的分别，韩翊寄诗给柳姬：“章台柳，章台柳，昔日青青今在否。纵使长条似旧垂，也应攀折他人手。”柳姬答诗说：“杨柳枝，芳菲节，所恨年年赠离别。一叶随风忽报秋，纵使君来岂堪折！”

桐叶题诗　蜀侯继图，倚大慈寺楼，见风飘一大桐叶，上有诗：“拭翠敛蛾眉，为忆心中事。搦管下庭除，书作相思字。天下有心人，尽解相思死。天下负心人，不识相思意。有心与负心，不知落何地？”后二年，继图卜任氏为婚，乃题叶者。

〔译文〕蜀地的侯继图倚在大慈恩寺楼上的栏杆上，见到一大片随风飘落的桐叶，上面写有诗：“拭翠敛蛾眉，为忆心中事。搦管下庭除，书作相思字。天下有心人，尽解相思死。天下负心人，不识相思意。有心与负心，不知落何地。”过了两年，侯继图娶了任氏为妻，原来她就是在桐叶上写诗的人。

白团扇　晋中书令王珉与嫂婢情好甚笃，嫂鞭挞过苦。婢素善歌，而珉好持白团扇，其婢制《团扇歌》云：“团扇复团扇，许持自障面。憔悴无复理，羞与郎相见。”

〔译文〕晋朝中书令王珉和他嫂子的婢女感情很好，但嫂子却经常用鞭子痛打这个婢女。婢女向来擅长唱歌，而王珉又喜欢拿着白团扇，婢女就作了一首《团扇歌》，说：“团扇复团扇，许持自障面。憔悴无复理，羞与郎相见。”

金莲步 齐东昏侯凿金为莲花以贴地，令潘妃行其上，曰:“此步步生金莲也。”

[译文] 南齐的东昏侯把金子凿制成莲花贴在地面上，让潘妃在上面行走，说:“这是步步生金莲啊。”

邮亭一宿 陶穀学士出使江南，韩熙载命妓秦若兰诈为邮卒女，拥帚扫地，陶因与之狎，赠词名《风光好》云:“好因缘，恶因缘，只得邮亭一夜眠，别神仙。琵琶拨尽相思调，知音少。待得鸾胶续断弦，是何年?”

[译文] 陶谷学士出使江南，韩熙载让妓女秦若兰假装是驿吏的女儿，拿着笤帚扫地，陶谷就和她发生了关系，并赠了一首《风光好》的词给她:“好因缘，恶因缘。只得邮亭一夜眠，别神仙。琵琶别尽相思调，知音少。待得鸾胶续断弦，是何年?”

司空见惯 唐杜鸿渐为司空，镇洛时，韦应物为苏州刺史，过洛，杜设宴待之，出二妓歌舞，酒酣，命妓索诗于韦。韦醉甚，就寝。中夜见二妓侍侧，惊问故，对以席上作诗，司空命侍寝。令诵其诗，曰:“高髻云鬟宫样妆，春风一曲杜韦娘。司空见惯浑闲事，恼乱苏州刺史肠。”

[译文] 唐代的杜鸿渐担任司空，镇守洛阳的时候，韦应物担任苏州刺史，路过洛阳，杜鸿渐设宴款待，叫来两个歌妓唱歌跳舞，喝酒到酣畅处，就让歌妓向韦应物求诗。韦应物醉倒了，上床大睡。半夜醒来看到有两个歌妓在旁边侍奉，大吃一惊，就问她们缘故，歌妓回答说，因为酒席上他作了诗，所以司空大人命她们来侍寝。韦应物让她们读一下他作的诗，她们读道:“高髻云鬟宫

样妆，春风一曲杜韦娘。司空见惯浑闲事，恼乱苏州刺史肠。”

媚猪　南汉主刘鋹得波斯女，黑腯而妖艳，鋹嬖之，赐号媚猪。

［译文］　南汉国主刘鋹得到一个波斯女子，长得黑胖且妖艳，刘鋹非常宠爱她，赐给她封号叫“媚猪”。

燕脂虎　陆慎言妻朱氏，沈惨狡妒。陆宰尉氏，政不在己，吏民谓之燕脂虎。

［译文］　陆慎言的妻子朱氏，为人阴沉残忍又忌妒狡诈。陆慎言担任尉氏的县尉，但是政事却不能自己做主，官民都称她为“燕脂虎”。

燕脂　纣以红蓝花汁凝作脂，以为桃花妆。盖燕国所出，故名燕脂。今写“燕”字加“月”，已非；甚有“因”旁亦加“月”者，更大谬矣。《日记》云：美人妆，面既傅粉，复以燕脂调匀掌中，施之两颊，浓者为酒晕妆，浅者为桃花妆，薄施朱以粉罩之，为飞霞妆。唐熙时，都下竞事妆唇，妇女以分妍否，其有名石榴娇、大红春、小红春十七种。

［译文］　商纣王用红蓝花的汁液凝结成脂，来做成桃花妆。因为出自燕国，所以叫作燕脂。现在写作“燕”字加“月”字旁，已经不对了；甚至有人写成“因”字加“月”字旁，那就更是大错了。《留青日札》中记载说：美人妆，是在脸上先搽底粉，再在手掌中把燕脂调匀，轻抹在两颊上，浓的叫“酒晕妆”，浅的叫“桃花妆”，如果薄薄地抹一些朱砂，再用粉覆盖，就叫作“飞霞妆”。唐代僖宗和昭宗时，京城都争相为嘴化妆唇，妇女们用这来区分是否美丽。其中较为有名的有“石榴娇”“大红春”“小红春”等

十七种。

偷香 晋韩寿美姿容，贾充辟为掾史，充女窥寿悦之，遂与通。是时，外国贡异香，袭人衣经月不散，帝以赐充；充女偷以赠寿，充觉，以女妻之。

[译文] 晋朝的韩寿容貌俊美，太尉贾充让他担任属吏。贾充的女儿偷偷看了韩寿，很喜欢他，于是和他私通。当时，外国进贡一种奇特的香料，染到衣服上一个月香气都不会散去，皇帝把它赐给贾充。贾充的女儿偷出来送给韩寿，贾充发现了这件事，就把女儿嫁给韩寿做妻子。

宿瘤女 《列女传》：初齐王出游，百姓尽往观，宿瘤女采桑如故。王怪问之，对曰："妾受父母命教采桑，不受教观大王。"王以为贤，欲载之后车，女曰："父母在堂，不受命而往，是奔也。"王奉礼往聘之。父母惊，欲洗沐加衣裳，女曰："变容更服，王不识也。"遂如故至宫，王以为后。

[译文]《列女传》记载：最初，齐王外出游玩，百姓都前去观看，只有一个脖子长瘤子的女子却像平常一样去采桑。齐王觉得奇怪，问她原因，她回答说："小女受父母之命来采桑，没有让我来观看大王。"齐王认为她很贤惠，就想让她坐在后面的车子上，她说："有父母在高堂上，如果没有得到他们的允许就跟人走了，这是淫奔啊。"齐王就让人带着聘礼去她家下聘。她父母很吃惊，想要让她沐浴更换新衣，她说："改变容貌和衣服，齐王就不认识了。"于是就和采桑时一样到了宫里，齐王封她为王后。

飞天纷 唐末宫中髻号"闹扫妆"，形如焱风散鬈，盖盘鸦、堕马之类。宋文元嘉中，民间妇人结发者，三分抽其鬟，向上直梳，谓“飞天紒”。

[译文] 晚唐时期宫中流行的发型叫“闹扫妆”，形状好像被大风吹散的样子，大概是“盘鸦髻”“堕马髻”之类的样子。宋文帝元嘉年间，民间有女子挽发髻的时候，把十分之三的头发从发髻中抽出来，向上梳直，叫作“飞天紒”。

流苏髻 轻云鬓发甚长，每梳头，立于榻上犹拂地，已绾髻，左右余发各粗一指，束结作同心带，垂于两肩，以珠翠饰之，谓之流苏髻。富家女子多以青丝效其制。

[译文] 轻云的头发特别长，每次梳头的时候，站在榻上头发还会垂到地面，挽完发髻后，左右两边剩下的头发还各有一指粗，就再结成同心带，垂在两边的肩膀上，用珠宝装饰发髻，这就叫作“流苏髻”。富贵人家的女子大多用黑色丝线来模仿这种发式。

断臂 五代王凝妻李氏，凝家青、齐之间，为虢州司户参军，以疾卒于官。凝素贫，一子尚幼。李氏携其子，负骸以归，过开封，旅舍主人不与其宿。适天暮，李氏不肯去，主人牵其臂而出之，李氏恸曰：“我为妇人，不能守节，此手为人所执耶！不可以此手并辱吾身。”遂引斧断其臂。开封尹闻之，厚恤李氏，而笞其主人。

[译文] 五代时王凝的妻子是李氏，王凝家住在青州和齐州之间，担任虢州司户参军的官职，因病在官署去世。王凝向来清贫，有一个儿子年纪还小。李氏带着小孩子运送他的骸骨回乡，经过开封的时候，旅店主人不让他们住宿。正值天晚了，李氏不肯离开，主人拉着她的胳膊把她拽了出去。李氏痛哭着说：“我是个妇

女，却不能保守贞洁，这只手被人拉扯！我不能让这只手来侮辱我的身体。”于是拿起斧头砍断了自己的胳膊。开封府尹听说这件事，优厚地抚恤了李氏，并鞭笞了那个店主。

截耳断鼻 夏侯令女，谯人曹爽从弟文叔妻。文叔早死，恐家必改嫁，乃断发为信。后家果欲嫁之，令女复以刀截两耳。及爽被诛，夫家夷灭已尽，父使人讽之，令女复断鼻，而不改其执义之志。

［译文］ 夏侯令的女儿，是谯国人曹爽堂弟曹文叔的妻子。曹文叔死得早，她怕家里一定会逼她改嫁，就割断头发誓不改嫁。后来家里果然要她改嫁，她又用刀割去了两只耳朵。等到曹爽被诛杀，她丈夫的家人已被诛杀殆尽，她父亲又让人来劝她改嫁，她又割了自己的鼻子，表示不改变她坚持守节的志向。

割鼻毁容 高行，梁之节妇，荣于色，美于行。夫早死，不嫁。梁王使相聘焉，再三往。高行曰:“妇人之义，一醮不改。忘死而贪生，弃义而从利，何以为人？”乃援镜持刀割其鼻，曰:“王之求妾者，求以色耶。刑余之人，殆可释矣。”相以报王，旌之曰“高行”。

［译文］ 高行，是梁国的一个节烈妇女，相貌艳丽，行为端正。她丈夫死得早，她没有改嫁。梁王派丞相去求婚，去了好几次。高行说:“妇女的节操，在于出嫁一次就不再改变。如果贪生怕死，见利忘义，怎么算是人呢？”于是对着镜子拿刀割下了自己的鼻子，说:“梁王之所以要娶我，不过是贪求我的美貌罢了。现在我已经是残废的人，大王可以放过我了吧。”梁王的丞相回去报告梁王，梁王为了表彰她，赐予她“高行”的称号。

守义陷火　伯姬，宋共公夫人，鲁宣公之女。共公卒，伯姬寡居。夜失火，左右曰："夫人可避乎？"伯姬曰："妇人之义，保傅在前，夜始下堂。"顷之，左右又曰："夫人少避乎？"伯姬曰："越义而生，不若守义而死！"遂陷于火。

［译文］　伯姬是宋共公的夫人，鲁宣公的女儿。宋共公死了，伯姬守寡独自居住。有天夜里住所失火，侍从们说："夫人可以出去避一下火吗？"伯姬说："妇人的节操，就是有保傅在前，才会在夜里走下高堂。"过了一会儿，侍从们又问："夫人能否稍微出来避一下火呢？"伯姬说："越过妇女应该守的道义而活着，还不如保守节操而死去！"于是就被大火烧死了。

请备父役　女娟。赵简子伐楚，与津吏期；吏醉，不能渡，简子欲杀之。女娟请以身代，曰："妾父尚醉，恐心知非而体不知痛也。"简子释其父。将渡，少楫者一人，娟请备父役，简子不许，娟曰："汤伐夏，左骖牝骊，右骖牝黄而放桀；武王伐殷，左骖牝骐，右骖牝骝而克纣。主君渡，用一妇何伤？"因发《河激之歌》，以明其意。简子悦，曰："昔者不穀梦娶，岂此女耶？"将使人祝祓，以为夫人。娟曰："妇人之道，非媒不嫁。妾有严亲在，不敢闻命。"乃纳币于其亲，而娶为夫人。

［译文］　有个名叫女娟的女子。赵简子攻打楚国的时候，和度口的小吏约好了日期。小吏却在约好的这天喝醉了，不能过河，赵简子想要杀了他。小吏的女儿女娟请求让自己来代替父亲接受刑罚，说："我父亲还在醉着，恐怕心里知道做错了事情，但身体却不知道痛。"赵简子释放了她的父亲。将要渡河时，少了一个人划船，女娟请求担负父亲的任务划船，赵简子不允许，女娟说：

"商汤讨伐夏朝的时候，左边是雌黑马，右边是雌黄马，最后仍然把夏桀流放了；周武王讨伐殷商的时候，左边是雌青黑马，右边是两匹红色身体黑色鬃毛的母马，仍然打败了殷纣王。主君您渡河，用一个女子又有什么关系呢？"并唱了一首《河激之歌》，来说明自己的想法。赵简子很高兴，说："以前我在梦里娶妻，难道就是这个女子吗！"他就让人祈祷上天赐福，娶女娟为夫人。女娟说："按照女子应保守的礼仪，如果没有媒人就不能出嫁。小女子有父亲在堂，所以不敢听从您的命令。"于是赵简子给她父亲送上聘礼，然后娶她为妻。

以身当熊 冯昭仪，冯奉世女，汉元帝选入宫。上幸虎圈，熊逸出，左右皆惊走。惟婕妤当熊而立，熊见杀。上问冯曰："人皆惊惧，汝何当熊？"对曰："妾闻猛兽得人而止，恐至御座，故以身当之。"上嗟叹良久，立为昭仪。

［译文］ 冯昭仪是冯奉世的女儿，汉元帝选她入宫做婕妤。元帝驾幸虎圈，有只熊跑了出来，侍从们都惊慌逃跑，只有冯婕妤站在熊面前，熊后来被侍卫杀死。元帝问冯昭仪说："别人都害怕而逃跑，你为什么挡在熊面前呢？"她回答："我听说猛兽抓住一个人就会停止攻击别人，我担心熊会冲撞了皇上，所以用身体挡住它。"元帝感叹了很长时间，册封她为昭仪。

速尽为幸 皇甫规妻善属文，工草篆。规卒，董卓厚聘之，骂曰："君羌胡之种，毒害天下犹未足耶！皇甫氏为汉忠臣。君其走吏，敢非礼于上！"卓怒，悬其头庭中，鞭朴交下。规妻谓持杖者曰："速尽为幸。"

［译文］ 皇甫规的妻子擅长写文章，而且精于书写草书和篆书。皇

甫规死后，董卓用厚礼聘娶她，她大骂着说："你这羌胡的杂种，毒害天下还不够吗？皇甫氏是汉室的忠臣，你不过是大汉的一个奔走小吏，竟敢对上面的人无礼！"董卓大怒，把她的头部吊在院子里，用鞭子和棍子交替抽打。皇甫规的妻子对拿板子的人说："快把我打死，是我的荣幸。"

义保　鲁孝公之保母。初，鲁武公生三子，长括，次戏，少称。武公朝周宣王，带子括、戏同往。宣王见戏端重，命武公立为世子。及武公薨，国人立戏，是为懿公。括子伯御弑懿公而自立，并欲求公子称而杀之。义保闻，即以己子卧公子床上，将公子易服而藏他所。伯御遂杀床上公子。义保抱所易服者，奔公子之母家。众大夫感其义，合词请于周天子，命戮伯御以立称，是为孝公。诸侯咸高保母之行，而呼为"义保"。

[译文] 鲁孝公的保姆。当初，鲁武公生了三个儿子，长子叫括，次子叫戏，幼子叫称。鲁武公去朝拜周宣王，带着括、戏一起去。周宣王看到戏端庄稳重，就命鲁武公立戏为太子。等到鲁武公死后，国人就拥立了戏，这就是鲁懿公。括的儿子伯御杀了鲁懿公自立为国君，还四处搜寻公子称并想杀了他。公子称的保姆听到后，就把自己的儿子放在公子的床上躺着，让公子换了衣服藏在别的地方。伯御就杀了床上的公子。保姆抱着换了衣服的公子，逃到公子的母亲家里。鲁国的大夫们都被她的义气感动，一起上书请求周天子诛杀伯御，并立称为君，这就是鲁孝公。诸侯们都很敬重保姆的高尚的德义，于是称她为"义保"。

作歌明志　陶婴，鲁国陶门之女也，夫早死，以纺织抚孤。鲁人闻其少美，皆欲求聘之。婴闻而作歌以明志，曰："黄鹄之早寡兮七年不双，鹓颈独宿兮不随众翔，半夜悲鸣兮故雄系肠，天命早寡兮独宿可伤！寡妇念此兮泣下数行。呜呼哀哉兮死者不可忘！飞鸟尚然兮况于贞良，虽有贤匹兮终不重行。”鲁人闻而起敬，无复敢言往聘者。

［译文］ 陶婴，是鲁国陶门的女儿，她的丈夫去世得早，她靠纺织为生抚养孤儿。鲁国人听说她年轻貌美，都想向她求婚。陶婴听说后写了一首歌来表明心志：“黄鹄之早寡兮七年不双，鹓颈独宿兮不随众翔，半夜悲鸣兮故雄系肠，天命早寡兮独宿可伤！寡妇念此兮泣下数行。呜呼哀哉兮死者不可忘！飞鸟尚然兮况于贞良，虽有贤匹兮终不重行。”鲁人听到后都肃然起敬，没有敢再说去求婚的人了。

天子主婚 胡氏者，学士广之女。解缙与广同邑，同科，同入翰林。一日，同侍建文帝侧。帝曰：“闻二卿俱得梦熊之兆，朕为主婚，联作姻娅。”广对曰：“昨晚缙已举子，臣亦生男，奈何！”帝笑曰：“朕意如此，定当产女。”后果是女。建文逊国，解缙为汉邸谮死，妻子谪戍，广遂寒盟。氏泣曰：“女命虽蹇，实天子主婚，何敢自轻失身？”乃割去左耳以明志。仁宗登极，诏赠缙爵，荫子中书舍人，给假与胡氏合卺；复赐金币添妆，闻者荣之。

［译文］ 胡氏是学士胡广的女儿。解缙与胡广是同乡，同年中进士，一起进入翰林院。有一天，两人一起在建文帝身边侍奉。建文帝说：“听说两位爱卿都要生孩子了，我为你们主婚，让你们两家结为亲家吧。”胡广回答说：“昨天晚上解缙已经生了儿子，如果我也生个男孩，怎么办呢？”建文帝笑着说：“我已有这样的主意，你一定会生一个女儿。”后来胡广家果然生了一个女儿。后来建文帝被迫退位，而解缙又被汉王诬陷而死，妻子与子女都被流放

辽东，胡广就想解除婚约。胡广的女儿哭着说：“女儿虽然命运不好，但这是天子亲自主婚，怎么能够轻视自己呢？”所以就割去左耳来表明心志。仁宗登基后，下诏封赠解缙爵位，还荫封他的儿子担任中书舍人，给他放假让他和胡氏结婚；还赐给胡氏金币增加嫁妆，听到这件事的人都为他们感到荣耀。

卷十四　九流部

道教

道家三宝　《太经》曰：眼者神之牖，鼻者气之户，尾闾者精之路。人多视则神耗，多息则气虚，多欲则精竭。务须闭目以养神，调息以养气，坚闭下元以养精。精气充则气裕，气裕则神完。是谓道家三宝。

［译文］《太经》中说：眼睛是精神的窗户，鼻子是气息的门户，尾闾穴是精气的通道。用眼过多就损耗精神，呼吸过多就会导致气息虚弱，欲望太多就会精气枯竭。所以必须闭目以养神，调理呼吸以养气，养心节欲来养精。精气充足气息也就充裕，气息充裕神气也就完足。这就是道家所说的"三宝"。

三全　《洞灵经》曰：导筋骨则形全，剪情欲则神全，靖言路则福全。保此三全，是谓圣贤。

［译文］《洞灵经》里说：疏导筋骨就可以使身体健康，去除情欲就可以使精神饱满，谨慎少言就可以使福气保全。如果能够保有这三全，就是人们所说的圣贤了。

铅汞　《东坡志林》曰：人生死自坎离，坎离交则生，分则死；离为心，坎为肾。龙者，汞也，精也，血也，出于肾肝，藏之坎之物也。虎者，铅也，气也，力也，出于心肺，藏之离之物也。不学道者，龙常出于水，离飞而汞轻，虎常出于火，虎走而铅枯。故真人曰："龙从火里出，虎向水中生。"人生能正坐瞑目，调息以久，则丹田湿而水上行，翕然如云蒸于泥丸。火为水妃。妃，配也，热必从之，所谓龙从火里出也。龙出于火，则龙不飞而汞不干，旬日后，脑满而腰足轻，常卷舌舐悬雍上腭也。久则汞下入口，咽送直至丹田，久则化为铅，所谓火向水中生也。

［译文］《东坡志林》中说：人的生死都依赖于坎离两卦所关联的水和火。坎离相交就生，分开就死；离是心脏，坎就是肾脏。所说的龙，就是汞，也就是精血，它从肾肝生出，是藏在坎中的东西。所说的虎，就是指的铅，也就是气力，它从心肺生出，藏在离中。不修习道术的人，龙就经常从水中出来，龙飞走，汞就变轻了；虎经常从火中出来，虎离开火，那么铅就枯了。所以得道的真人说："龙从火里出，虎向水中生。"人如果能正坐闭目，慢慢调息，那么丹田就湿润而水气上行，就会像云一样蒸腾在泥丸宫。火是水的"妃"，"妃"就是配的意思，热气必然跟从，这就是"龙从火里出"。龙出于火，那么龙就不飞，所以汞就不干，十天半月后，觉得脑髓充盈而腰足轻健，再经常卷起舌头舔上腭。时间长了汞就进入口中，咽下去送到丹田，久后就化为铅，这就是所谓的"火向水中生"。

三闭　收视，返听，内言。

［译文］　就是不看东西，不听声音，不言语。

八禽　《道经》有熊经、鸟申、凫浴、猨躩、鸱视、虎顾、鸫息、龟缩，谓之八禽。

［译文］　道家的经书记载有熊罴悬挂在树上的方法、飞鸟伸脚的方法、凫雁泳游的方法、猿猴攀援的方法、鸱鸮紧盯猎物的方法、老虎回头的方法、鸫鸟引气的方法、乌龟伸缩的方法，总称为

“八禽之术”。

五气朝元 以眼不视，而魂在肝；以耳不听，而精在肾；以舌不声，而神在心；以鼻不嗅，而气在肺；以四肢不动，而意在脾：名曰五气朝元。

［译文］ 眼睛不向外看，魂魄就藏在肝里；耳朵不听外界的声音，精就藏在肾里；舌头不妄说言语，神就藏在心里；鼻子不闻外面的气味，魄就藏在肺里；四肢不妄自运动，意就藏在脾里。这就叫作“五气朝元”。

三华聚顶 以精化气，以气化神，以神化虚，曰三华聚顶。

［译文］ 把精变成气，把气变成神，把神化为虚，这就叫作“三华聚顶”。

九易 王母谓汉武曰：子但爱精握固，闭气吞液。一年易气，二年易血，三年易精，四年易脉，五年易髓，六年易皮，七年易骨，八年易发，九年易形。形易则变化，变化则道成，道成则为仙人。

［译文］ 西王母对汉武帝说：你只要能够守住你的精气，再闭气吞咽下唾液。这样的话一年就可以换气，两年就可以换血，三年就可以换精，四年就可以换脉，五年就可以换骨髓，六年就可以换皮肤，七年就可以换骨骼，八年就可以换头发，九年就可以换形体。换了形体就可以随意变化，可以随意变化就修成道了，修成道就成为仙人了。

三关 华阳真人曰：子时肺之精华并在肾中，号曰金晶。晶者，金水未分，肺肾之气，合而为一。当时用法，自尾闾穴下关搬至夹脊中关，自中关搬至玉京上关，节次开关以后，一撞三关，直入泥丸。三关者，海波对大骨节为尾闾下关，腰内两肾对夹脊为中关，一名双关，左右两肩正中，于胸顶下会处高骨节为玉枕上关。此谓之三关。

[译文] 华阳真人说：午夜子时肺的精华都在肾里，号称为金晶。晶，就是金和水还没有分开，而肺、肾的气合二为一。当时运功的方法如下：从尾闾穴的下关搬到夹脊的中关，从中关搬到玉京的上关，按次序开关之后，一下子冲过三关，直入泥丸宫。所谓的三关，海波对着大骨节的地方是尾闾下关，腰内两肾对着夹脊的地方是中关，又称为双关，左右两肩的正中间，在胸顶部下会处的高骨节处是玉枕上关。这就叫作“三关”。

三尸 刘很遇异人，告之曰：“必欲长生，先去三尸。人身中有神，皆欲人生，而三尸只欲人死。人死则神变，而尸成鬼，子息祭享，得歆享之。人梦与恶人争斗，皆尸与神战也。”

[译文] 刘很遇到一个奇特的人，对他说：“如果一定想要长生不老，就要先除去三尸。人的身体中有神，都想让人活着，而三尸却只想让人死去。人死了神也就变化了，尸变成鬼魂，子孙后代祭祀的时候，鬼魂也同样享受了祭祀。人若梦到和恶人打斗，其实都是尸和神在战斗。”

鸣天鼓 道书：“学道之人须鸣天鼓，以召众神。”左相叩为天钟，右相扣为天磬，上下相扣为天鼓。若陆却不祥，则鸣钟，伐鬼灵也；制伏邪恶，则鸣磬，集百神也；念道至真，则鸣鼓，朝真圣也。要闭口缓颊，使声虚而响应深。

[译文]《道书》中说:“学道的人要会鸣天鼓,来召唤众神。”左边的牙齿互相叩击叫作鸣天钟,右边的相互叩击叫作鸣天磬,上下两边的牙齿相互叩击就叫作鸣天鼓。如果要驱除不祥的事情就去鸣天钟,讨伐鬼怪精灵;如果要制伏邪恶就鸣天磬,可以召集百神;如果要修道养性,就鸣天鼓,可以见到真人和圣人。鸣天鼓的时候要闭上嘴巴、放松双颊,让声音空灵且响应深远。

三清　玉清,元始天尊;上清,玉宸道君,即灵宝天尊;太清,混元老君,即道德天尊。

[译文]　玉清,是元始天尊;上清,是玉宸道君,也就是灵宝天尊;太清,是混元老君,也就是道德天尊。

老君　即老聃李耳,著《道德经》五千言,为道家之宗。以其年老,故号其书曰《老子》。亳州南宫九龙井前,有升仙桧、炼丹井,皆其遗迹。

[译文]　就是老聃,名字叫作李耳,撰著了五千字的《道德经》,是道家的开山祖师。因为他的年纪很大,所以把他的书称作《老子》。在亳州南宫的九龙井前,有升仙桧、炼丹井,都是他留下来的遗迹。

羡门　紫阳真人周义山入蒙山中,遇羡门子乘白鹿,佩青髦之节,再拜乞长生诀。羡门曰:“子名在丹台,何忧不仙?”

[译文]　紫阳真人周义山进到蒙山中,遇到仙人羡门子骑着白鹿,佩戴着青髦节,他下拜两次乞求长生不老的秘诀。羡门子说:“你的名字位列神仙所居的丹台,还忧虑成不了神仙吗?”

偓佺 《列仙传》：偓佺，槐里采药人也，食松实，形体生毛四寸，能飞行捷足。

[译文] 《列仙传》中说：偓佺是槐里的采药人，吃松果，身上长出四寸长的毛，能够飞行，跑得很快。

壶公 汉壶公卖药，悬空壶于市肆，夜辄跳入壶中。费长房于楼上见之，知其非常人，乃日进饼饵，公语曰："随我跳入壶中，授子方术。"

[译文] 汉代的壶公贩卖草药，在集市上挂着空壶，晚上就跳到壶中去。费长房在楼上看到了这件事，知道他不是普通人，就每天给他赠送食物，壶公对他说："跟着我跳到壶里去，我传授给你道术。"

广成子 黄帝闻广成子在崆峒山，往问长生之术。广成子曰："必静必清，毋劳尔形，无摇尔精，可以长生。"

[译文] 黄帝听说广成子在崆峒山，就前去询问长生不老的方法。广成子说："一定要保持清静，不要劳累你的形体，不要撼动你的精气，就可以长生不老。"

许飞琼 西王母降汉武帝殿，有侍女四人。帝问其名，曰："许飞琼，董双成，贾陵华，段安香。"

[译文] 西王母降临到汉武帝的宫殿里，带着四名侍女。汉武帝问她们的名字，她们回答说："许飞琼，董双成，贾凌华，段安香。"

安期生 卖药海边，秦始皇东游，请与言，三日三夜，赐金璧数千万，出置阜乡亭而去，留玉舄为报，遗书与始皇曰："后数十年求我于蓬莱山下。”生以醉墨洒石上，皆成桃花。

［译文］ 安期生在海边卖药，秦始皇往东方巡游的时候，请求和他聊天，聊了三天三夜，赏赐给他数千万的黄金美玉，他出来买了阜乡亭然后就离开了，留下一双用玉做的鞋子作为报答，并留了一封信给秦始皇说：“过几十年后到蓬莱山下找我。”安期生在喝醉的时候把墨汁洒在了石头上，墨迹都变成了桃花。

隔两尘 韦子威师事丁约，一日辞去，谓子威曰：“郎君得道尚隔两尘。”儒家曰世，释家曰劫，道家曰尘，言子威尚有两世尘缘也。

［译文］ 韦子威以侍奉老师的礼节侍奉丁约，有一天他告辞离开，丁约对韦子威说：“你离得道还隔着两尘。”儒家把一生叫作一“世”，佛家叫作一“劫”，道家叫一“尘”，这是说韦子威还有两辈子的人世尘缘。

地行仙 张安道生日，东坡以拄杖为寿，有诗云：“先生真是地行仙，住世因循五百年。”

［译文］ 张安道生日的时候，苏轼用一支拐杖作为礼物为他贺寿，并写诗说：“先生真是地行仙，住世因循五百年。”

仙台郎 《续仙传》：晋侯道华晨起，飞上松顶，谢众曰：“玉皇召我为仙台郎，今去矣。”

［译文］《续仙传》中说：晋代的侯道华早晨起床，就飞上了松树的树梢，向众人告别说：“玉皇大帝征召我担任仙台郎，现在要离开了。”

仙人好楼居 《郊祀志》：汉武帝以道士公孙卿言仙人好楼居，于是作首山宫，建章安宫、光明宫，千门万户，皆极侈靡，欲神仙来居其上也。

［译文］《郊祀志》记载：汉武帝因为道士公孙卿说仙人喜欢住在楼房上面，于是就修造了首山宫，又修造了章安宫、光明宫，门户万千，都极为奢华，就是想让神仙居住在上面。

画水成路 吴猛好道术，携弟子回豫章，江水大急，人不得渡。猛以手中扇画江水，横流遂成陆路，徐行而过。少顷，水复如初。

［译文］吴猛喜欢道术，带着弟子回豫章的时候，江水流得非常急，人们没有办法渡江。吴猛用手里的扇子在江面上划了一下，横流的江水就变成了大路，大家慢慢地走了过去。过了一会儿，江水又恢复成原来的样子。

噀酒救火 后汉栾巴为尚书郎，正旦，上赐酒，向蜀噀之，有司奏不敬，巴谢曰："臣以成都失火，故噀酒救之。"后成都奏失火，得雨而灭，雨中有酒气。

［译文］东汉的栾巴担任尚书郎，元旦的时候，皇帝赐酒给他，他喝后向着蜀地的方向喷吐出来，官府弹劾他大不敬。栾巴谢罪说："我是因为成都发生火灾，所以喷酒来救火。"后来成都果然上奏朝廷说发生大火，但正好下了一场雨把火扑灭，雨中还带有酒的气味。

吐饭成蜂 《列仙传》：葛玄从左元放受《九丹经》。仙与客对食，吐饭成大蜂数百，复张口，蜂飞入口，嚼之，又成饭。大旱时，百姓忧之，乃飞符着社，天地晦暝，大雨如注。

［译文］《列仙传》中说：葛玄跟随左元放修习《九丹经》。仙人与客人正面对面吃饭，吐出来的饭变成了几百只大蜜蜂，又张开口，蜜蜂又飞进了嘴里，嚼了嚼，又变成了饭。发生大旱的时候，百姓们很担忧，于是写了符书放在土地庙里，天很快就暗了下来，接着就下了大雨。

叱石成羊　《神仙传》：黄初平年幼牧羊，有一道士引入金华山石室中，数年，教以导引。其兄初起遍索之，后问一道士，曰："金华山有牧儿。"兄随往，与初平相见，问羊何在？曰："在山东。"兄同往，见白石遍山下，平叱之，皆起成羊。

［译文］《神仙传》中说：黄初平小的时候放羊，有一个道士把他带到了金华山的石室里面，用了几年的时间，教他学习导引之术。他的哥哥黄初起四处去找他，后来问了一个道士，那道士说："金华山里有一个放羊娃。"哥哥就跟着前去，和初平见了面，问他羊在哪里，初平回答说："在山的东面。"哥哥和他一起去山的东边，只见山下遍布都是白色的石头，初平大喊了一声，这些石头全都起来变成了羊。

钻石成丹　《真诰》：傅先生入焦山，老君与之木钻，使穿一石，厚五尺，云穿此便当得道。傅日夜钻之，经四十七年，石穿，遂得丹升仙。

［译文］《真诰》中说：傅先生进入焦山，太上老君给了他一把木钻，让他把一块有五尺厚的石头钻透，说如果钻透了石头就可以得道成仙。傅先生日夜不停地钻，过了四十七年，终于把石头钻透了，于是获得仙丹飞升成仙了。

剪罗成蝶 宋庆历中，有九哥者，浪迹市丐中，燕王呼而赐之酒，因请以技悦王。乃乞黄罗一端，金剪一具，叠而剪碎之，俄成蜂蝶无数，或集王襟袖，或乱栖宫人鬓鬟。九哥复呼之，一一来集，复成一匹罗。中有一空如一蝶之痕，乃宫人偶捉之耳。王曰:“此蝶可复完罗否？”九哥曰:“不必，姑留以表异。”

[译文] 宋代庆历年间，有个叫九哥的人，混迹在市集的乞丐中，燕王唤他来并且赐酒给他喝，他趁机请求用技艺术取悦燕王。于是他要了一匹黄罗绮，一把金剪刀，把罗绮叠起来用剪刀剪碎。过了一会儿，那些碎布头就变成了无数的蜜蜂和蝴蝶，有的飞到燕王的衣袖上，有的胡乱停在宫女的头发上。九哥召唤它们，就又都飞了回来，又变成了一匹绸缎。但中间有一个蝴蝶形状的小孔，原来是有一个宫女不经意捉住了一只蝴蝶。燕王问:“这只蝴蝶还能变回去，恢复成原先的模样吗？”九哥回答说:“不用了，姑且留着它来见证神奇的技艺吧。”

羽客 唐保大中，道士谭紫霄，号金门羽客。

[译文] 南唐保大年间，有个叫谭紫霄的道士，号称“金门羽客”。

外丹内丹 道家所烹鼎金石为外丹，吐故纳新为内丹。

[译文] 道家把烹鼎金石的方法叫作“外丹”，把吐故纳新的导引方法叫作“内丹”。

黄冠 唐李淳风之父名播，仕隋，弃官为道士，自号黄冠子。

[译文] 唐代李淳风的父亲名字叫李播，曾在隋朝做官，后来弃官做了道士，自号为“黄冠子”。

卧风雪中　谭峭字景升，冬则衣绿布衫，或卧雪中；父常遣家僮寻访，寄冬衣及钱帛。景升得之，即分给贫寒者；或寄酒家，一无所留。

[译文]　谭峭字景升，冬天就穿一件绿布衫，有时躺在雪地里；他父亲常常让家里的仆人出来找他，并寄给他冬天的衣物和钱财。但谭峭得到这些东西，就把它们分给了贫穷饥寒的人，或者留在酒家，自己一点都不留下。

八仙　汉钟离，名权，字云房，以裨将从周处与齐万年战，败，逃终南山，遇东华王真人。至唐始一出，度吕岩，自称天下都散汉。

吕纯阳，名岩，字洞宾。举进士不第，遇钟离，同憩一肆中，钟离自起炊爨。吕忽昏睡，以举子赴京，状元及第，历官清要，前后两娶贵家女，五子十孙，簪笏满门，如此四十年。后居相位，独相十年，权势熏灼，忽被重罪，籍没家资，押赴云阳，身首异处。忽然惊醒，方兴浩叹，钟离在傍，炊尚未熟，笑曰："黄粱犹未熟，一梦到华胥。"吕惊曰："君知我梦耶？"钟离曰："子适来之梦，升沉万态，荣瘁多端，五十年间，止为俄顷，非有大觉，焉知人世真一大梦也。"洞宾感悟，遂拜钟离求其超度。

蓝采和，不知何许人，常衣破蓝衫，黑木腰带，跣一足，靴一足，醉则持三尺大拍板，行歌云："踏踏歌，蓝采和，世界能几何？红颜一春树，光阴一掷梭。古人滚滚去不返，今人纷纷来更多。朝骑鸾凤到碧落，暮见桑田生白波。"词多率尔而作。后至濠梁，忽然轻举，掷下靴带拍板，乘云而去。

韩湘子，昌黎从侄，少学道，落魄他乡，久而始归。值昌黎诞日，怒其流落，湘子曰："无怒也！请献薄技。"因为顷刻花，每瓣书一联云："云横秦岭家何在？雪拥蓝关马不前。"昌黎不悟，遣之去。后果谪潮州，至蓝关，湘子来候。昌黎乃悟，因吟三韵，以补前诗，竟别。

张果老，隐恒州中条山，见召于唐。开元中，宠遇与叶静能比。自言尧时官侍中，叶公密识曰："此混沌初分白蝙蝠精也。"授银紫光禄大夫，放归。天宝时尸解。《明皇杂录》：张果老隐于中条山，常乘白驴，日行万里，夜即叠之，置箱箧中，乃纸也，乘则以水噀之，复成驴。

曹国舅，不知其名，言丞相曹彬之子，皇后之弟，故称国舅。少而美姿，安恬好静，上及皇后重之。一旦求出家云水，上以金牌赐之。抵黄河，为篙工索渡直急，以金牌相抵。纯阳见而异之，遂拜从得道。

何仙姑，零陵市人，女也。生而紫云绕室，住云母溪，梦神人教食云母粉，遂行如飞。遇纯阳，以一桃与之，仅食其半，自是不饥。颇能谈休咎。唐天后召见，中路不知所之。

铁拐李，质本魁梧，早岁闻道，修真岩穴。一日，赴老君华山之会，嘱其徒曰："吾魄在此，倘游魂七日不返，以火化之。"徒以母病遄归，忘其期，六日化之。七日果归，失魄无依，乃附一饿殍之尸而起，故形骸跛恶，非其质矣。

［译文］ 汉钟离，本名权，字云房，以副将的身份跟随周处和齐万年交战，打了败仗后逃进终南山，遇到东华王真人。到了唐朝他才重回世间一次，点化吕洞宾成仙。自称是"天下都散汉"。

吕纯阳，名岩，字洞宾。参加进士科考试没考中，遇到汉钟离。他们在同一家旅店休息，汉钟离自己起来做饭。吕洞宾却忽然昏睡了过去，梦到自己以参加科考的举子身份进京，并考上了状元，历任要官，前后两次娶了权贵之家的女儿，有五个儿子十个孙子，全家的子孙都做了大官，这样过了四十年。后来担任宰相，并且一人独揽大权长达十年，权势熏天。忽然犯了重罪，被抄没家产，押到云阳砍了头。在被砍头的刹那间，他忽然从梦中惊醒，于是大声叹息。汉钟离在他旁边，饭还没有做熟，就笑着说："黄粱饭还没有做熟，而你却已经梦到了华胥国。"吕洞宾大吃一惊说："你知道我做梦了吗？"汉钟离说："你刚才做的梦，在官场升沉起浮，荣辱无数，五十年来，也不过是一瞬之间的事情，如果没有大的智慧觉悟，怎么会知道人世才是一场真正的大梦啊！"吕洞宾听后忽然就感悟了，于是向汉钟离跪拜，请求他超度自己。

蓝采和，不知是哪里人氏。经常穿着一件破烂的蓝色长衫，系着黑木腰带，一只脚光着，另一只脚穿着鞋，喝醉后就拿着一个三尺长的大拍板，边走边唱："踏踏歌，蓝采和，世界能几何。红颜一春树，光阴一掷梭。古人滚滚去不还，今人纷纷来更多。朝骑鸾凤到碧落，暮见桑田生白波。"歌词大多数是随口所作。后来到了濠梁，忽然轻盈地飞身而起，扔下靴子、腰带和拍板，乘着云彩离开了。

韩湘子，是韩愈的堂侄，小时候开始修习道术，流落异乡，过了很久以后才回到老家。正赶上韩愈的生日，韩愈对于他在外流浪很生气，韩湘子说："不要生气！请允许我献上学到的小技艺。"于是就为韩愈种了一枝顷刻花，在每片花瓣上都写了一联诗："云横秦岭家何在？雪拥蓝关马不前。"韩愈不明白是什么意思，就把他打发走了。后来韩愈果然被朝廷贬到了潮州，到蓝关的时候，韩湘子前来问候。韩愈这才感悟，于是又作了三联诗，来补足前边那一联，最后告别离开。

张果老，在恒州的中条山隐居，唐朝时被朝廷征召。开元年间，受到可以和道士叶静能相媲美的宠爱和恩遇。他自己说在尧帝的时候担任侍中，叶静能暗地里辨认出来："这是混沌初开时的白蝙蝠精啊。"朝廷授予他银紫光禄大夫的官衔，然后任他归隐山林。天宝年间留下肉身成仙而去。《明皇杂录》里说：张果老在中条山隐居，经常乘着白驴，日行万里，晚上就把驴折叠起来，放在箱子里，原来只是一张纸，骑乘的时候用水喷一下，就又变成了驴。

曹国舅，不知他叫什么名字，有人说是丞相曹彬的儿子，曹皇后的弟弟，所以称他为国舅。小时候长得俊美，喜欢平淡安静，皇上和皇后都很看重他。有一天他请求出家四处漫游求道，皇上赐给他一枚金牌。到了黄河，因为船家索要渡船钱，慌忙之中就用金牌来抵了船费。吕洞宾看到这情景便告诫他，于是他便拜吕洞宾为师，得道成仙。

何仙姑，零陵集市上一个商人家的女儿，出生的时候就有紫色祥云绕着屋子，家住在云母溪，梦见有神人教她吃云母粉，于是变得行走如飞。遇到吕洞宾，给了她一个桃子，她只吃了一半，从此就不再感到饥饿了。她能说出事情的吉凶。唐代的武则天召见她，但来的途中不知道她到哪里去了。

铁拐李，本来身体魁梧，早年就领会了修道的道理，然后在山洞里修炼。一天，去赶赴太上老君的华山大会，叮嘱他的徒弟说："我的魄在这里，如果我的魂七天不回来，就把魄火化了。"徒弟因为母亲生病赶快回了家，忘了约定的日子，在第六天时就把魄火化了。而铁拐李第七天回来，没有魄可以附着，就附在一个饿死的人的尸体上站了起来，所以形体一走一瘸，颇为丑陋，其实这并不是他原来的样子。

化金济贫　王霸，梁时渡江入闽，居西郊之外，凿井炼药，能化黄金。岁饥则售金市米，遍济贫者。

［译文］　王霸，在梁代的时候渡过长江进入闽地，住在西郊外面，挖凿水井炼制丹药，能变化出黄金。发生饥荒的时候就把金子拿出来买大米，广泛地救济穷人。

擗麟脯麻姑　王方平尝过蔡经家，遣使与麻姑相闻，俄顷即至。经举家见之，是好女子，手似鸟爪，衣有文章而非锦绣。坐定，各进行厨，香气达户外，擗麟脯行酒。麻姑云："接待以来，东海三为桑田矣，蓬莱水又浅矣。"宴毕，乘云而去。姑为后赵麻胡秋之女，父猛悍，人畏之。筑城严酷，昼夜不止，惟鸡鸣稍息。姑恤民，假作鸡鸣，群鸡皆应。父觉欲挞之，姑惧而逃入山洞，后竟飞升。

［译文］　王方平曾经去拜访蔡经家，并派人去把麻姑请来相见，不一会儿她就到了。蔡经的全家都看到了，麻姑是个美丽的女子，手长得像鸟的爪子一样，衣服上有花纹但却并不是锦绣。坐定之后，各自进献美味佳肴，香气飘到了门外，分了麒麟肉来下酒。麻姑说："承蒙你接待我，这段时间以来，东海已经多次变成桑田了，蓬莱的水也又变浅了。"宴会结束后，就乘云而去。麻姑是后赵麻胡秋的女儿，她父亲非常凶悍，人们都害怕他。他下令修筑城墙，非常严苛残酷，日夜都不能停下来休息，只能在鸡鸣时稍稍休息一下。麻姑心疼百姓，就模仿鸡叫的声音，全城的鸡都跟着鸣叫。她父亲发觉后就要拿鞭子打她，麻姑害怕就逃进了山洞，最终飞升成仙。

蓑衣真人　何中立，淮阳书生。一旦焚书裂冠，遁至苏，结庐天庆观，披一蓑衣，坐卧不易，妄谈颇验。凡瘵者，与蓑草服之，立愈；不与者，疾必不起。因称之蓑衣真人。宋孝宗遣珰赍问，不言所求。中立掉首曰："有华人即有番人，有日即有月。"珰复命，上曰："诚如吾心。"盖所求者，恢复大计、中宫虚位两事也。

［译文］何中立，是淮阳的一位书生。有一天，他焚毁书，撕扯了帽子，然后逃到了苏州，在天庆观建了一座茅草庐，披着一件蓑衣，坐着、睡觉都不换下来，随口说的预言也都很灵验。凡是得病的人，把蓑衣上的草给他吃，立刻就能被治愈；如果不给对方草，那人的病就一定好不了。因此人称他为"蓑衣真人"。宋孝宗派宦官拿着礼物来询问，却不说求取什么，何中立转过头说："有华夏族的人，就有别族的人；有太阳就有月亮。"宦官回去禀报，宋孝宗说："确实说出了我心中所想。"原来他想要问的，是北伐中原和册封皇后这两件事。

自举焚身　颜笔仙，宋建炎初，日售笔十则止。遇转运使，饮以斗酒。饮毕，长揖而去，遗笔篮。使左右取而还之，尽力不能胜。凡得其笔者，管中有诗或偈，祸福无不验。年九十七，积苇坐上，自举火焚之，人见其乘火云飞去。

［译文］颜笔仙在宋代建炎初年卖毛笔，每天卖十支就不再卖了。有一回遇到转运使，给了他一斗酒喝，喝完后，作了个揖就离开了，留下了他的笔篮。转运使派侍从拿去还给他，但是侍从用尽全力都拿不起来。凡是买到他的笔的人，笔管中有诗或有偈语，里面所说的祸福之事没有不灵验的。他九十七岁的时候，堆了芦苇坐在上面，自己点火烧着了芦苇，有人见到他乘着火云飞升离开。

金书姓名　广陵人李珏，以贩籴以业，每斗惟求利两文，以资父母。有籴者授以升斗，俾自量。丞相李珏节制淮南，梦入洞府，见石填金书姓名，内有李珏字，方自喜。有二仙童云："此乃江阳部民李珏尔。"

[译文] 广陵人李珏，以卖粮食为生，每斗米只赚两文钱，用来赡养父母。有来买米的，他就把斗给他们让他们自己称量。和他同名的丞相李珏到淮南做节度使时，梦到自己进入一个洞府，看到有块石头上刻着金色的姓名，其中有"李珏"二字，正高兴的时候，有两个仙童说："这是江阳的百姓，叫李珏。"

独立水上　葛仙公，名玄，有仙术。尝从吴主至溧阳，风大作，舟覆；玄独立水上，而衣履不湿。后白日冲举。勾漏令洪，即其孙也。

[译文] 葛仙公叫葛玄，会仙术。曾经跟随吴国的国君到了溧阳，狂风大作，船被大风刮翻了。葛玄独自站立在水上，衣服和鞋子都没沾湿。后来白天就飞天升仙。勾漏县令葛洪就是他的孙子。

李白题庵　许宣平隐城阳山，绝粒不食，颜如四十，行及奔马。时负薪卖于市，尝独吟曰："负薪朝出卖，沽酒日西归。借问家何处，穿云入翠微。"李白入山寻之，不见，题其庵以归。

[译文] 许宣平在城阳山隐居，一点东西都不吃，但容颜像四十岁的一样，走路快得能够赶上奔跑的骏马。常常背着柴到市场上卖。曾经独自吟诗说："负荆朝出卖，沽酒日西归。借问家何处，穿云入翠微。"李白入山去寻找他，没有见到，就在他住处的墙上题了字后离开。

使聘不出　墨子名翟，宋人。外治经典，内修道术，著书十篇，号《墨子》。年八十有二，汉武帝遣使聘之，不出，视其颜色，如五十许人。

[译文] 墨子名字叫墨翟，是宋国人。既研习经典，又修炼道术，写了十篇文章，名为《墨子》。八十二岁时，汉武帝派使者礼聘他出山，他没有答应，看他的脸面气色，像是五十来岁的人。

冬日卖桃 李犊子历数百岁，其颜时壮时老，时好时丑。阳都酒家有女，眉生而连耳，细而长，众异之。会犊子牵一黄犊过，女悦之，遂随去，人不能追也。冬日，常见犊子卖桃李市中。

[译文] 李犊子活了好几百岁，他的容貌有时年轻有时苍老，有时好看有时丑陋。阳都的酒家有一个女儿，生来眉毛就连着耳朵，又细又长，大家都觉得很怪异。正好李犊子牵了一头小黄牛经过这里，那个女子喜欢他，就跟着他离开了，人们都追赶不上。冬天，还常常看到李犊子在市集上卖桃子和李子。

真一 司马承祯事潘师正，传辟谷导引之术。唐睿宗召问其术，对曰："为道日损，损之又损，以至于无。"帝曰："治身则尔，治国若何？"对曰："国犹身也，游心于淡，合气于漠，与物自然而无私焉，则天下治。"帝嗟叹曰："广成之言也！"谥"真一先生"。

[译文] 司马承祯拜潘师正为师，修习辟谷、导引的道术。唐睿宗召见他来询问这些仙术，他回答说："修道就是每天减损一些，减少再减少，直到没有。"唐睿宗说："修身要这样，那治国应该怎么样呢？"他回答说："国家就像人的身体一样，悠游让心境自在，淡然处之，神气淡漠，顺应自然而达到没有私心的境界，这样天下就能大治了。"皇帝叹息说："这是广成子的言论啊！"最后赐给他"真一先生"的谥号。

点化天下　贺兰，善服气。宋真宗召至，问曰："人言先生能点金，信乎？"对曰："臣愿陛下以尧舜之道点化天下，方士伪术，不足为陛下道。"赐号宗玄大师。

[译文]　贺兰擅长吐纳延年之术。宋真宗召见他，问道："人们都说先生能点石成金，这是真的吗？"他回答说："我希望陛下用尧舜治理天下的方法来点化天下，方士那些虚假的法术，是不值得对陛下说的。"宋真宗就给他赐号为"宗玄大师"。

临葬复生　张三丰居宝鸡县金台观。洪武二十六年九月二十日，自言辞世，留颂而逝。民人杨轨山等置棺殓讫，三丰复生。

[译文]　张三丰居住在宝鸡县的金台观。洪武二十六年（公元1393年）九月二十日，自己说要离开世间，留下颂辞后就去世了。当地百姓杨轨山等人买来棺材，把他装殓进棺材，准备下葬的时候，他又复活了。

弘道真人　周思得，钱唐人，得灵官法，先知祸福。文皇帝北征，召扈从，数试之不爽。号弘道真人。先是，上获台官藤像于东海，朝夕崇礼，所征必载以行；及金川河，舁不可动，就思得秘问之。曰："上帝有界，止此也。"已而，果有榆川之役。

[译文]　周思得是钱塘人，得到灵官法，可以预测吉凶祸福。明成祖北征的时候，征召他随军，试验几次都很灵验，称他为弘道真人。在这之前，皇帝在东海获得一个灵官的藤像，于是早晚都崇敬礼拜，征战的时候也一定带着它一起行军；到了金川河时，藤像却怎么也抬不动，就悄悄地问周思得，周思得回答说："上帝是划有界限的，就在这里。"不久，果然就发生了榆川之役。

瓶中辄应 冷谦，洪武初为协律郎，郊庙乐章，皆其所撰。有友酷贫，谦于壁间画一门，令其友取银二锭。友入恣取而出，遗其引。他日，内库失银，惟二锭不入册。吏持引迹捕，因并执谦。谦渴求饮，拘者以瓶水汲与之。谦跃入瓶中，拘者惶急。谦曰："无害，第持瓶至御前。"上呼谦，瓶中辄应。上曰："汝何不出？"对曰："臣有罪，不敢出来。"击碎之，片片皆应。

［译文］ 冷谦，在洪武初年担任乐官协律郎，朝廷祭祀演奏的乐章都是由他撰写的。他有一个朋友家很穷，冷谦就在墙壁上画了一扇门，让他朋友进去取两锭银子。朋友进去却肆意拿取了很多出来，又不小心把通行证弄丢了。过了几天，朝廷发现内府丢失了银子，只有两锭没有被登记在案。小吏按照通行证追查，将那人和冷谦一起缉拿归案。冷谦借口口渴要求喝水，狱卒给他舀了一瓶水喝，冷谦就跳进了瓶中，狱卒惊慌失措，冷谦说："没事，你只要把瓶子拿到皇上面前就行了。"皇帝召唤冷谦，瓶子里有声音回答。皇帝说："你为什么不出来？"他回答说："我犯了罪，不敢出来。"皇帝命人把瓶子打碎，每一片碎片都能发出回应。

入火不热 周颠仙，明初，上至南昌，颠仙谒道左，必曰："告太平，打破一个桶，另置一个桶。"随之金陵。尝曰入火不热。上命覆以巨瓮，积薪焚之。火灭揭视，寒气凛然。后辞去庐山，莫知所之。

［译文］ 周颠仙，明朝初年的时候，皇帝驾临南昌，周颠仙在路旁拜见皇帝，说："告太平，打破个桶，另置一个桶。"并跟随皇帝到了金陵。他曾经说自己能够钻进火中也不会感到热。皇帝让人用大瓮罩住了他，堆集木柴来烧大瓮。火灭之后，打开大瓮一看，

里面寒气逼人。后来他告辞离开去了庐山，没有人知道他的踪迹。

指李树为姓　老子母见日精下落如流星，飞入口中，因怀娠。后七十二年，于陈国涡水李树下，剖左腋而生。指李树曰："此为我姓。"耳有三漏，顶有日光，身滋白血，面凝金生，舌络锦文，身长一丈二尺，齿有四十八。受元君神箓宝章变化之方，及还丹、伏火、冰汞、液金之术，凡七十二篇。

［译文］　老子的母亲看见太阳精像流星一样降落，飞进自己的嘴里，因而怀孕。过了七十二年，在陈国涡水的李子树下，剖开左腋窝把孩子生了下来。孩子一生下来就指着李树说："这就是我的姓。"他的耳朵有三个洞，头顶上有太阳的光芒，身上到处是白血，脸上凝结着金色，舌头上布满了锦绣文字，身高一丈二尺，牙齿有四十八颗。得到了元君神箓宝章变化的法术，还有还丹、伏火、冰汞、液金之术，共有七十二篇。

陆地生莲　尹文始先生住室中，陆地生莲花。结草为栖，精思至道。

［译文］　尹文始出生的时候，住室里的地上生出了莲花。他就用草盖了一座房子居住，在里面沉思大道。

白石生　生煮白石为粮，问之何不霞举，笑曰："天上多有至尊相奉事，更苦于人间尔。"时号为隐遁仙人。

［译文］　白石生煮白色石头作为粮食，有人问他为什么不飞升成仙，他笑着说："天上有太多权贵的神仙要侍奉，比人间更辛苦。"当时人称他为"隐遁仙人"。

古丈人　嵩华松下古丈人、女子二，曰："老人，秦之役者，二女宫人，合为殉，幸脱骊山之役，匿此。”

［译文］ 嵩华松下有一位古代的老人和两个女子，有人说：“那位老人是秦朝的差役，那两个女子是秦朝的宫女，本该殉葬，但幸运地逃脱了骊山的劳役，藏匿在这里。”

掌录舌学 董谒乞犬羊皮为裘，编棘为床，聚鸟兽毛而寝。性好异书，见辄题掌，还家以片箨写之，舌黑掌烂。人谓谒掌录而舌学。

［译文］ 董谒向人家求得犬羊的皮做成裘衣，用棘草编成床，把鸟兽的毛铺在上面睡觉。他生性喜欢奇异的书，一看到就记在手掌上，回家后再往竹片上抄写，写完后用舌头把手上的字舔掉，后来他的舌头变黑、手掌变烂。人们都说董谒是在用手掌记录而用舌头学习。

负图先生 季充号负图先生。伏生十岁，就石壁中受充《尚书》，授四代之事。伏生以绳绕腰领，一读一结，十寻之绳皆结矣。充饵菊术，经旬不语，人问何以，答曰：“世间无可食，亦无可语之人。”

［译文］ 季充号称为“负图先生”。伏生十岁的时候，到石壁中向季充学习《尚书》，季允向他传授了四代的史事。伏生用绳子缠绕住腰和脖子，读一遍《尚书》就打一个结，不久十寻长的绳子就打满了结。季充常食菊花和白术，十天都不说一句话，有人问他缘故，他说：“这世界上没有什么可以吃的东西，也没有什么可以说话的人。”

目光如电 涉正闭目二十年。弟子固请之，正乃开目，有声如霹雳，而闪光若电。已，复还闭。

［译文］　涉正在二十年的时间里都闭着眼睛，他的弟子坚持请求他睁开眼，后来涉正睁开眼，就发出霹雳震动的声音，其眼中透出的光芒像闪电一样明亮。完了之后，涉正又闭上了眼睛。

守天厕　淮南王安见太清仙伯，以坐起不恭，谪守天厕。

［译文］　淮南王刘安去拜见太清仙伯的时候，因为坐立的姿势不够恭敬，被贬谪去看管天上的厕所。

墨池　梅福在南昌县，水竹幽蔚，王右军典临川郡日，每过此盘礴不能去，因号墨池。先是，福种莲花池中，叹曰:“生为我酷，身为我梏，形为我辱，妻为我毒。”遂弃妻，入洪厓山。

［译文］　梅福住在南昌县，那里的水竹清幽深蔚。王羲之任官临川郡的时候，每次路过这里都徘徊很久不忍心离开，因此这里号称“墨池”。在此之前，梅福在池中种了莲花，叹息着说:“活着对我来说是一件残酷的事情，身体就是我的桎梏。形体给我带来耻辱，妻子是毒害我的东西。”于是抛弃了妻子，进入洪厓山修道。

青童绛节　张道陵居渠亭山，见青童绛节前导，曰:“老君至矣。”从者二人，隽以弱冠。或指曰:“此子房，此子渊。”

［译文］　张道陵在渠亭山居住，他看到穿着青衣的童子手持红色节杖在前面引路，说:“太上老君到了。”有两个随从，都是二十岁左右。有人指着他们说:“这是子房和子渊。”

金莲花　元藏机有驯鸟三，类鹤，时翔空中，呼之立至，能授人语，常航海飘至一岛。人曰:“此沧州也。”产分蒂瓜，长一尺;

碧枣丹栗，大如梨。池中有足鱼，金莲花，妇人采为首饰。曰："不戴金莲花，不得在仙家。"

[译文] 元藏几有三只驯服的鸟，和鹤相似，经常在空中翱翔，一呼唤它们，就立刻就飞到跟前，还能学人讲话，他曾经在出海的时候漂流到一个小岛，有人说："这是沧州。"这个地方出产一种分蒂瓜，有一尺长；绿枣红栗，像梨那样大。水池中有长着脚的鱼和金色的莲花，女人采来作为首饰，她们说："不戴金莲花，不得在仙家。"

刺树成酒 葛玄遇亲朋，辄邀止，折草刺树，以杯盛之，汁流如泉，杯满即止，饮之皆旨酒。取瓦砾草木之实劝客，皆脯枣。指虾蟆、飞龟使舞，应节如神。为人行酒，杯自至客前，不尽，杯不去。

[译文] 葛玄遇到亲朋好友，就邀请他们留下来，折草扎进树中，并用杯子接着，树汁就像泉水一样流下，到杯满为止，喝着味道像美酒一样。取来土石瓦砾和草木的果实劝客人吃，吃着就像果脯一样。指着蛤蟆、飞龟让它们跳舞，也都随着节拍而跳，非常神奇。给人斟酒的时候，杯子自动来到客人面前，杯中的酒没喝完，杯子就不会离开。

林樾长啸 黄野人游罗浮，长啸数声，递响林樾。宋咸淳中，有戴乌方帽着靴，往来罗浮山中，见人则大笑，反走，三年不言姓氏。他日醉归，忽取煤书壁云："云意不知沧海，春光欲上翠微；人间一堕十劫，犹爱梅花未归。"孟野人之俦云。

[译文] 黄野人到罗浮山游览，长啸了几声，响声传遍林木。宋代咸淳年间，有一个人戴着乌方帽、穿着靴子，在罗浮山里走动，

见人就大笑，回头就跑，三年了都没有说过自己的姓氏。有一天喝醉回来，忽然拿一块煤在墙上写道："云意不知沧海，春光欲上翠微。人间一堕十劫，犹爱梅花未归。"这也是如同黄野人一类的人吧。

脑子诵经　司马承祯善金剪刀书，脑中有小儿诵经声，玲玲如振玉；额上小日如钱，耀射一席。

［译文］　司马承祯擅长一种叫"金剪刀书"的字体，他的脑中有小孩诵读经书的声音，清脆的声音如同敲击美玉；额上有一块铜钱大小的光亮，可以照耀一席在座的人。

许大夫妇　许大为许旌阳扫爨。夫妇隐于西山，不欲人识姓，改姓曰午，又改姓曰干。夫妇皆解诗。许大诗云："不是藏名混世俗，卖柴沽酒贵忘言。"妻续云："儿家只在西山住，除却白云谁到门！"

［译文］　许大为许旌阳打扫做饭。夫妇俩都在西山隐居，不想被人知道他们的姓氏，就改姓"午"，后来又改姓为"干"。夫妻两个都会写诗歌。许大曾写诗说："不是藏名混世俗，卖柴沽酒贵忘言。"妻子接了吟道："儿家只在西山住，除却白云谁到门！"

服石子　单道开服细石子，一吞数枚。唐子西赞曰："世人茹柔，刚则吐之。匙抄烂饮，牛口如饲。至人忘物，刚柔一致。其视食石，如啖饼饵。北平饮羽，出于无心。食石之理，于此可寻。我虽不能，而识其理。庶几漱之，以砺厥齿。"

［译文］　单道开吃小石子，一次可以吃好几粒。唐子西为他写了一首赞辞说："世人茹柔，刚则吐之。匙抄烂饮，牛口如饲。至人

忘物，刚柔一致。其视食石，如啖饼饵。北平饮羽，出于无心。食石之理，于此可寻。我虽不能，而识其理。庶几漱之，以砺厥齿。”

驱邪院　判官白紫清曰：“颜真卿今为北极驱邪院左判。”

［译文］　白紫清说：“颜真卿现在担任北极驱邪院的左判官。”

符钉画龙　毒龙潭二龙飞入殿，与张僧繇画龙斗，风雨震沸。丁玄真画铁符镇潭龙，穿山而去；复钉画龙之目，其患乃止。

［译文］　毒龙潭有两条龙飞进大殿里，和张僧繇所画的龙打斗，一时间雷电交加、风雨大作。道士丁玄真画了一道铁符来镇压毒龙潭的龙，那两条龙穿过山墙逃走了；他便再用铁符钉住画龙的眼睛，这次祸患才停止。

模先生　先生束双髻于顶，携小竹笥卖药，有疾者手摸之辄愈，人呼为“模先生”。

［译文］　先生在头顶梳着两个发髻，背着一个小竹筐卖草药，遇到生病的人，用手摸一下就立刻痊愈。人们都称他为“模先生”。

尊号道士　周穆王求神仙，始尊号道士。西王母授帝元始真容，始有道士行礼之文。汉桓帝迎老子像入宫，用郊天乐祀道教，始崇与释并。

［译文］　周穆王求仙修道，这才开始尊称他们为“道士”。西王母让周穆王看到元始天君的真正的容貌，才开始有了道士行礼的仪式。汉桓帝把老子的画像迎入宫中，并用郊天乐来祭祀，道教这才开始和佛教一起被崇奉。

天师　魏世祖拜寇谦之天师，立道场，受符箓。周武帝封国公，唐中宗加金紫阶，玄宗赐号先生，宋神宗赐号处士。寇谦之修张鲁法，始为音诵科仪，及号召百神导养丹砂之术。唐高祖始授道官。宋太宗增置道副录都监。宋太祖始令道士不得畜妻孥。

［译文］　魏世祖拜寇谦之担任天师，设立道场，授予符箓。周武帝又封他为国公，唐中宗增加了金紫官阶，唐玄宗赐号为先生，宋神宗赐号为处士。寇谦之修炼张鲁的法术，开始只是用音诵的礼仪，后来便召唤百神导引炼丹的法术。唐高祖开始授予道士官职。宋太宗增设道副录都监。宋太祖开始命令道士不可娶妻生子。

改称真人　张道陵子孙，世袭天师，掌道教。至明，太祖曰："至尊者天，何得有师？"诏改真人。初，道陵学长生于蜀之鹤鸣山。山有石鹤，鸣则有得道者。道陵居此，石鹤乃鸣。

［译文］　张道陵的子孙世袭道教的天师，掌管着道教。到了明朝时，明太祖说："天是至尊，怎么会有师呢？"于是下诏书把"天师"改称为"真人"。最初，张道陵在蜀地的鹤鸣山学习长生不老的法术。山上有一只石鹤，石鹤一鸣叫就表明有得道的人要来。张道陵居住在这里，石鹤才鸣叫。

真武　净乐国王太子，遇天神，授以宝剑，入武当山修道。久之，无所得，欲出山。见一老妪操铁杵磨石上，问磨此何为，曰："为针耳。"曰："不亦难乎？"妪曰："功久自成。"真武悟。遂精修四十二年，白日冲举。

［译文］　净乐国王的太子，遇到了天神，授给他一把宝剑，他来到武当山修习道术。过了很久，都没有什么成果，就想出山。看到

一个老婆婆正拿着铁棒在石头上磨，问她磨这个干什么，她说："要把它磨成针。"问她："这不是很困难的事吗？"老太婆说："用功的时间长了自然就会成功。"太子突然醒悟，于是就继续精进修行了四十二年，终于在大白天得道升仙了。

陈抟 字图南，亳州人。四五岁，遇一青衣媪乳之。自是颖异，书一目十行。邂逅孙君仿，谓武当九室岩可居，遂往，辟谷二十余年。忽夜见金人持剑呼曰："子道成矣。"后徙华山。宋太宗召见，赐号"希夷先生"。

[译文] 陈抟字图南，亳州人。四五岁的时候，遇到一个青衣妇人来用奶喂养他。从此以后就异常聪慧，读书一目十行。偶遇孙君仿，告诉他说武当山的九室岩可以居住，他就去了，修行辟谷之术二十多年。忽然夜里看到有一个金人拿着剑对他说："你的道术已经修成了。"后来搬到华山。宋太宗召见他，赐号为"希夷先生"。

周颠仙 周颠者，举错诡谲，人莫能识。每见明太祖，必曰："告太平。"上厌之，命覆之瓮，积薪以煅。火息启视，颠正坐宴然。上亲为作《传》。

[译文] 周颠此人，举止行为诡异奇怪，人们都不能理解。每次见到明太祖，一定会说："告太平。"皇上讨厌他，让人把他盖在大瓮底下，在边上聚集柴火烧大瓮。火灭之后打开大瓮看，周颠很悠闲地在那里坐着。皇上亲自为他写了传记。

张三丰 又名邋遢张。明太祖求之，不得。人有问仙术者，竟不答；问经书，则津津不绝口。一啖数斗，辟谷数月亦自若。隆冬卧雪中。

[译文] 张三丰又叫作“邋遢张”。明太祖寻访他却没有找到。有人问他仙术，他也不回答；问他经书，却说得滔滔不绝。他一顿可以吃好几斗米，但是几个月不吃饭也仍然谈笑自若。隆冬季节常躺在雪地里。

佛教

禅门五宗　南岳让禅师法嗣南岳，下三世百丈海禅师，四世沩山灵祐禅师，五世仰山慧寂禅师，称沩仰宗。南岳下四世黄蘗希运禅师，五世临济义玄禅师，称为临济宗。青原思禅师法嗣青原，下六世曹山本寂禅师，七世洞山道延禅师，称为曹洞宗。青原下五世德山宣鉴禅师，六世雪峰义存禅师，七世云门文偃禅师，称为云门宗。青原下八世罗汉琛禅师，九世清凉文益禅师，称法眼宗。凡五宗，今天下惟曹洞、临济为盛。

[译文] 南岳让禅师的衣钵传承人：南岳让禅师后三代是百丈海禅师，四世是沩山灵祐禅师，五世是仰山慧寂禅师，称为沩仰宗。南岳让禅师后四代是黄蘗希运禅师，五代是临济义玄禅师，称为临济宗。青原行思禅师的衣钵传承人：青原行思禅师后六代是曹山本寂禅师，七代是洞山道延禅师，称为曹洞宗。青原行思禅师后五代是德山宣鉴禅师，六代是雪峰义存禅师，七代是云门文偃禅师，称为云门宗。青原行思禅师后八世是罗汉琛禅师，九世是清凉文益禅师，称为法眼宗。这五宗之中，现在全天下只有曹洞宗、临济宗最为兴盛。

佛入中国 汉明帝梦金人长丈余，飞空而下。访之群臣，傅毅曰:“西域有神，其名曰佛。”乃使蔡愔等往天竺求其道，得其书及沙门，由是教流中国。

[译文] 汉明帝梦到一个身长一丈多的金人，从空中降落下来。他询问群臣，傅毅说:“西域有神灵，名字叫作佛。”于是汉明帝就派蔡愔等人前往天竺国寻求佛道，得到了佛家的经典及传法的僧人，从此佛教传入了中国。

象教 如来既化，诸大弟想慕不已，遂刻木为佛，瞻敬之。杜诗曰:“方知象教力。”

[译文] 如来佛圆寂之后，他的弟子们都非常想念他，用木头雕刻成佛陀的样子，用来瞻仰敬奉他。杜甫的诗里说:“方知象教力。”

优昙钵 《法华经》：是人希有过于优昙钵。优昙，花名，应瑞三千年一现，现则金轮王出。

[译文]《法华经》中说：这样的人比优昙钵还要稀少。优昙，是一种花名，三千年才应瑞开放一次，开放的时候金轮王就会出现。

般若航 清凉禅师云:“大般若者，苦海之慈航，昏衢之巨烛。”

[译文] 清凉禅师说:“所谓‘般若’，就是苦海中的慈航，昏暗大路上的巨大的蜡烛。”

兜率天 《法苑珠林》：兜率天雨摩尼珠，护世城雨美膳，阿修罗天雨兵仗，阎浮世界雨清净。雨者，被其惠，犹言赐也。

[译文]《法苑珠林》中说：兜率天像下雨一样落下摩尼珠，护世

城则落下各种佳肴，阿修罗天则像雨一样落下兵器，阎浮世界像雨一样落下清净。说像下雨一样，是说人们承受恩惠，就像是说“赐”一样。

西方圣人　《列子》：太宰嚭问孔子：“孰为圣人？”子曰：“西方有圣人，不治而不乱，不言而自信，不化而自行，荡荡乎民无能名焉。”

［译文］《列子》中说，太宰嚭问孔子说：“谁是圣人？”孔子说：“西方有圣人，不治理天下但是天下却不混乱，不说话但大家都能信任他，不施行教化但百姓却自己知道怎么去做，宽广博大而百姓无法说出来。”

不二法门　《文选》：文殊谓维摩诘曰：“何为是不二法门？”摩诘不应，文殊曰：“乃至无有文字言语，是真入不二法门。”

［译文］《文选·头陀寺碑文》的注解引用《维摩诘经》所载，文殊菩萨对维摩诘说：“什么是不二法门？”维摩诘没有回答，文殊菩萨说：“已经达到了不用文字和语言来表达的境界，这才是真正的不二法门。”

即心即佛　《传灯录》：有僧问大梅和尚见马祖得个恁么，大梅曰：“马祖向我道即心即佛。”曰：“马祖近日又道非心非佛。”大梅曰：“这老汉惑乱人，任汝非心非佛，我只管即心即佛。”其僧白于马祖，祖曰：“梅子熟矣。”

［译文］《传灯录》中说，有僧人问大梅和尚说：“你见到马祖，得到了什么？”大梅和尚说：“马祖对我说‘此心就是佛心’。”僧人就说：“马祖最近又说‘不是心也不是佛’。”大梅和尚说：“这老

汉说这话来扰乱人，不管你说‘不是心也不是佛’，我只管‘此心就是佛心’。”那个僧人把这话告诉马祖，马祖说：“梅子成熟了。”

舍利塔 《说苑》：阿育王所造释迦真身舍利塔，见于明州鄞县。太宗命取舍利，度开宝寺地，造浮屠十一级以藏之。

[译文]《说苑》中说：阿育王所造的释迦牟尼的真身舍利塔，出现在明州的鄞县。宋太宗命人求取舍利子，在开宝寺中开辟了一块地方，建造了十一层的佛塔来收藏它。

沙门 《汉记》：沙门，汉言“息心”，息欲而居于无为也。梵云“沙门那”，或曰“桑门”，汉言“勤息”，译曰“勤行”。又曰“善觉”，又称“沙弥”，又称“比丘”。秦言“乞士”，又曰“上人”。

[译文]《汉记》中记载：沙门是汉语中的“息心”的意思，说的是止息欲望而处于无为的状态。梵语叫“沙门那”，有的叫“桑门”，汉语叫“勤息”，也译为“勤行”，又叫“善觉”，又叫“沙弥”，又叫“比丘”。秦地叫“乞士”，又叫“上人”。

苾刍 《尊胜经》：苾刍，草名，有五义：生不背日；冬夏常青；性体柔软；香气远腾；引蔓旁布。为佛徒弟，故以名僧。

[译文]《尊胜经》中说，苾刍，是一种草的名字，有五种内涵：生长不背着太阳；常年都是绿色的；它的外表与本质都非常柔软；香气飘散得很远；周围长满蔓草。它是佛的徒弟，所以用来称呼僧人。

紫衣吏 《史略》曰：唐武则天朝，赐僧法朗等紫袈裟。僧之赐紫衣，自武后始。

[译文]《史略》中记载，唐代武则天当政时，赐给僧人法朗等人紫色的袈裟。给僧人赐紫色的衣服，是从武则天开始的。

五戒 凡出家，师已许之，乃为受五戒，谓之一不杀生，二不偷盗，三不邪淫，四不妄语，五不饮酒。

[译文] 凡是出家人，师父已经准许的，就要接受五戒，即一是不杀生，二是不偷盗，三是不邪淫，四是不妄语，五是不饮酒。

传灯 释书以灯喻，谓能破暗也。六祖相传法曰传灯。今有《传灯录》。杜诗曰:“灯传无白日。”

[译文] 佛家的书都用灯来做比喻，是说它们能破除昏暗。六祖所传的佛法就叫作“传灯”。现在有《传灯录》一书。杜甫的诗说:“灯传无白日”的句子。

飞锡 《高僧传》：梁武时，宝志爱舒州潜山奇绝，时有方士白鹤道人者亦欲之。帝命二人各以物识其地，得者居之。道人以鹤止处为记，宝志以卓锡处为记。已而，鹤先飞去，忽闻空中锡飞声，遂卓于山麓，而鹤止他处，遂各以所识筑室焉。故称行僧为飞锡，住僧为卓锡，又曰挂锡。

[译文]《高僧传》中记载：梁武帝的时候，僧人宝志非常喜爱舒州潜山奇绝的景色，当时有个叫白鹤道人的方士，也想来这个地方。梁武帝让两人各自用法器来标记这个地方，得到哪里就居住在哪里。道人用仙鹤栖息的地方作为标记，宝志以禅杖停下的地方作为标记。过了一会儿，仙鹤先飞走了，忽然听到空中有禅杖飞来的声音，就看到禅杖立在了山坡上，仙鹤只好停在别处，于

是他们各自到停止的地方建造了房屋。所以称远行的僧人为“飞锡”，住下的僧人为“卓锡”，又叫作“挂锡”。

祝发 贺僧披剃从教，顶相堂堂。《唐书》：“祝发划草。”僧剃发曰划草。

［译文］ 祝贺僧人剃去头发皈依佛教，头顶明亮。《唐书》记载：“祝发划草。”僧人剃去头发叫作“划草”。

檀那、檀越 梵语陀那钵底，唐言施主称檀那者，即讹“陀”为“檀”，去“钵底”，故曰檀那也。又称檀越者，谓此人行檀施，能越贫穷海。

［译文］ 梵语是“陀那钵底”，唐代人称“施主”为“檀那”，就是把“陀”读为“檀”，又去掉了“钵底”二字，所以就变成了“檀那”。又有叫作“檀越”的，是说此人能够施行“檀施”，能渡过贫穷之海。

伊蒲馔 后汉楚王映诣阙以缣赎罪，诏报曰：王好黄老之言，尚浮屠之教，还其赎以助伊蒲塞桑门之馔。

［译文］ 东汉的楚王刘英到京城来献缣布以赎罪，朝廷下令回复他说：楚王你爱好黄老的学说，崇尚佛陀的教化，把这些东西拿回去帮助供给“伊蒲塞桑门”也就是在家居士的食物吧。

风幡论 《传灯录》：六祖惠能初寓法性寺，风扬幡动。有二僧争论，一云风动，一云幡动。六祖曰：“风幡非动，动自心耳。”

［译文］《传灯录》中记载：六祖惠能刚到法性寺的时候，风吹动了旗杆上的经幡。有两个僧人争论，一个说是风动，一个说是幡

动。六祖说:“风和幡都没有动，是你们的心动了。”

传衣钵　五祖欲传衣钵，乃集五百僧谓曰:“谁作无像偈，即付与衣钵。”首座云:“身似菩提树，心为明镜台，时时勤拂拭，何处染尘埃？”卢惠能改曰:“菩提本非树，明镜亦非台，不劳勤拂拭，何处惹尘埃？”五祖惊曰:“此全悟道，脱然无像，且无虑矣。”即以法宝及所传袈裟，尽以付之。

[译文]　五祖想要传授自己的衣钵，就召集了五百名弟子僧人说:“谁能作出无像偈，就传授给他衣钵。”首座写的偈语是:“身似菩提树，心为明镜台。时时勤拂拭，勿使染尘埃。”卢惠能把这个偈语改成:“菩提本非树，明镜亦非台，不劳勤拂拭，何处惹尘埃？”五祖大吃一惊说:“这首偈语全是悟道之言，而且超然且毫无像迹，我没有什么需要顾虑的了。”就把法宝和所传的袈裟全都交付给了卢惠能。

得真印　梁达摩奉佛衣来，得道者传付以为真印。六祖卢惠能受戒韶州，曹溪说法，乃置其衣而不传，后谥为大鉴。

[译文]　梁朝时达摩捧着佛衣来到中国，得道的人把这件佛衣当作真印一直传了下去。六祖卢惠能在韶州受了法戒，在曹溪说法，把佛衣收置起来，不再传授了，后来惠能被赐予“大鉴禅师”的谥号。

杨枝水　佛图澄天竺人，妙通玄术，善诵咒，能役使鬼神。石勒闻其名，召试其术。澄取钵盛水烧香，须臾，钵中生青莲花。勒爱子暴病死，澄取杨枝洒而咒之，遂苏。

[译文]　佛图澄是印度人，精通玄妙的法术，善于念诵咒语，能差

使鬼神。石勒听说他的名声，召见他试验法术。他取钵盛水然后烧香，过了一会儿，钵中就生出了青色的莲花。石勒最心爱的儿子突然得病死掉了，他取来杨树枝洒水并对着他念咒，病人就马上苏醒了。

披襟当箭 《传灯录》：石巩和尚常张弓架箭，以待学者。义思禅师诣之，石巩曰："看箭！"师披襟当之。巩笑曰："三十年张弓架箭，只射得半个汉。"

［译文］《传灯录》中记载：石巩和尚经常拉开弓支好箭，来迎接前来求学的人。义思禅师去拜访他，石巩和尚说："看箭！"义思禅师解开衣襟面对着他。石巩和尚笑着说："三十年张弓架箭，只射得半个汉子。"

一坞白云 广严院咸泽禅师逍遥自足。僧曰："如何是广严家风？"师曰："一坞白云，三间茅屋。"

［译文］广严院的咸泽禅师逍遥自在。有僧人问："什么是广严家风？"咸泽禅师回答说："一坞白云，三间茅屋。"

安心竟 可大师问初祖达摩曰："诸佛法印，可得闻乎？"祖曰："诸佛法印，匪从人得。"可曰："我心未宁，乞师与安。"祖曰："将心来，与汝安。"可良久曰："觅心了不可得。"祖曰："与汝安心竟。"

［译文］可大师问初祖达摩说："诸佛的法印，可以讲给我听吗？"初祖说："诸佛的法印，不是从别人那里得来的。"可大师说："我的心还没有安宁，请师父帮我安心。"初祖说："把心拿来，我给你安定好。"可大师过了好久才说："我的心完全找不到。"初祖

说:“我已经把你的心安置好了。”

求解脱　信大师礼三祖曰:“愿和尚慈悲，乞与解脱法门。”祖曰:“谁缚汝?”曰:“无人缚。”祖曰:“既无人缚，何更求解脱乎?”信于言下有省。

[译文]　信大师向三祖行礼说:“愿和尚大发慈悲，请求您告诉我解脱的法门。”三祖说:“谁绑你了?”信大师说:“没人绑我。”三祖说:“既然没有人绑你，又何必来寻解脱呢?”信大师听了之后就开悟了。

入门来　世尊见文殊立门外，曰:“何不入门来?”殊曰:“我不见一法，在门外何以教我入门来?”

[译文]　世尊看见文殊菩萨站在门外，就说:“为什么不进来呢?”文殊菩萨说:“我在门外没有看到任何的法，为什么让我进门来呢?”

再转法轮　世尊临入涅槃，文殊请佛再转法轮。世尊咄云:“吾住世四十九年，不曾有一字与人。汝请吾再转法轮，是谓吾已转法轮耶?”

[译文]　世尊快要涅槃的时候，文殊菩萨请求佛再转法轮。世尊呵斥说:“我住在世间四十九年，不曾给人说过一个字的佛法。你请我再转法轮，是说我已经转过一次法轮了吗?”

汝得吾髓　达摩将灭，命门人各言所得道。副曰:“如我所见，不执文字、不离文字而为道。”师曰:“汝得吾皮。”总持曰:“我今一见，更不再见。”师曰:“汝得吾肉。”道育曰:“四大本空，五阴非有，而我所见无一法可得。”师曰：“汝有吾骨。”最后慧可礼拜依位而立，师曰：“汝得吾髓。”

[译文] 达摩将要圆寂的时候，让门人各自说说自己所获得的道。副座说：“我所得到的是，不执着于文字，也脱离开文字就是道。”达摩说：“你得到了我的皮。”总持僧说：“我今天看到一次，以后就不会再看到了。”达摩说：“你得到了我的血肉。”道育说：“四大皆空，而我所看到的，没有一法可以得到。”达摩说：“你得到了我的筋骨。”最后慧可依礼拜了达摩后，站在自己的位子上，达摩说：“你得到了我的精髓。”

不起无相 般若尊者问达摩：“于诸物中何物无相？”曰：“于诸物中不起无相。”

[译文] 般若尊者问达摩说：“在各种事物中什么是无相的？”达摩回答说：“在各种事物中没有无相。”

洗钵盂去 僧问赵州，学人初入丛林，乞师指示。州曰：“吃粥了也未？”曰：“吃了也。”州曰：“洗钵盂去。”其僧乃悟入。

[译文] 有僧人问赵州和尚：“求习佛法的人刚来寺庙，请求禅师开示。”赵州和尚说：“吃粥了没有？”回答说：“吃过了。”赵州和尚说：“那洗碗去吧。”那个僧人一下子就悟了。

使得十二时 僧问赵州：“十二时中如何用心？”师曰：“汝被十二时使，老僧使得十二时。”

[译文] 有僧人问赵州和尚：“在一天十二个时辰里应该怎么用心呢？”赵州和尚说：“你被十二个时辰所役使，老僧我可以役使十二个时辰。”

天雨花　梁高僧讲经于天龙寺中，天雨宝花，缤纷而下。徐玉泉赠诗云："锡杖飞身到赤霞，石桥闲坐演三车（三车谓三乘，大乘、小乘、上乘）。一声野鹤仙涛起，白昼天风送宝花。"

［译文］　梁代有一个高僧在天龙寺里讲经，天上下起了宝花，纷纷落下。徐玉泉赠诗说："锡杖飞身到赤霞，石桥闲坐演三车（三车说的是三乘，就是大乘、小乘、上乘）。一声野鹤仙涛起，白昼天风送宝花。"

石点头　梁有异僧玉生者，又名竺道生，人称曰生公。讲经于虎丘寺，人无信者。乃聚石为徒，坐而说法，石皆点头。

［译文］　梁代有一个叫作玉生的奇异的僧人，又叫作竺道生，人们尊称他为生公。他在虎丘寺讲经，没有相信他的人。于是他就把石头聚在一起作为他的徒弟，然后坐下来说法，石头听了都点头称妙。

龙听讲　梁有僧讲经，有一叟来听，问其姓氏，乃潭中龙也，云"岁旱得闲，来此听法"。僧曰："能救旱乎？"曰："帝封江湖，不得擅用。"僧曰："砚水可乎？"曰："可。"乃就砚吸水径去，是夕大雨，水皆黑。

［译文］　梁代有一个僧人讲经，有一个老头来听，问他姓氏，原来是潭中的龙，说"今年大旱，所以很闲，便来这是听法"。僧人说："能解救干旱吗？"它说："天帝封了江湖，不可以擅自使用。"僧人说："砚台里的水可以用吗？"它说："可以。"于是在砚台上吸水后直接离开，这天晚上就下了大雨，水都是黑色的。

离此壳漏子 《传灯录》：洞山良价和尚将圆寂，谓众曰："离此壳漏子，向什么处相见？"众不对，师俨然坐化。

［译文］《传灯录》中记载：洞山良价和尚将要圆寂的时候，对众弟子说："离开这个壳漏子，到什么地方再相见？"众人都回答不出，他就神情庄重地坐化了。

只履西归 后汉二十八祖达摩，中天竺国佛法，起自初祖迦叶尊者，至达摩乃二十八祖。梁武帝天通元年始至中国，是为东土始祖，端居而逝。后三载，魏宋云使西域，归遇师于葱岭，手持只履，翩翩独逝，问师何往，曰："西天去。"明帝启其圹，惟一革履存焉。

［译文］东汉时二十八祖达摩，中天竺国的佛法，源于初祖迦叶尊者，到达摩是第二十八祖。梁武帝天通元年才传到中国，成为东方禅宗的始祖，后来安然地去世。过了三年，北魏的宋云出使西域，回来时在葱岭遇到了达摩祖师，手里拿着一只鞋，翩然独行，问他到哪里去，他说："西天去。"北魏孝明帝打开他的坟墓，发现只有一只鞋在里面。

阇维荼毗 天竺第九祖入灭，众以香油旃檀阇维真体。僧亡火化曰阇维，又曰荼毗。东坡宿曹溪，借《传灯录》读，灯花落烧一僧字，即以笔记台上："曹溪夜岑寂，灯下读传灯。不觉灯花落，荼毗一个僧。"

［译文］天竺国的第九祖将要圆寂时，众人都用香油和檀香来涂抹他的身体。僧人去世后被火化，称作"阇维"，又叫"荼毗"。苏轼在曹溪留宿，借《传灯录》来阅读，灯花落下烧了一个"僧"字，苏轼就用笔在台上写道："曹溪夜岑寂，灯下读传灯。不觉灯

花落，茶毗一个僧。”

截却一指　天龙合掌顶礼拜问于古德，曰:“敢问佛在何处？”古德曰:“佛在汝指头上。”天龙竖一指朝夕观看。古德从背后截去其一指，天龙豁然大悟。后人曰:“天龙截却一指，痛处即是悟处。”

［译文］天龙和尚合掌顶礼拜问古德说:“请问佛在什么地方？”古德说:“佛在你的指头上。”于是天龙竖起一个指头从早看到晚，古德从背后截断了他那一根手指头，天龙豁然大悟。后人便说:“天龙被截断一根手指头，痛处就是悟处。”

吃在肚里　有老僧吃饭，人问之曰:“和尚吃饭与常人异否？”僧曰:“老僧吃饭，口口吃在肚里。”

［译文］有一位老和尚正吃饭，有人问他说:“和尚吃饭和普通人有什么不一样的吗？”和尚说:“老僧我吃饭，口口都吃在了肚子里。”

放生　北使李谐至梁，武帝与之游历。偶至放生处，帝问曰:“彼国亦放生否？”谐曰:“不取亦不放。”帝大惭。

［译文］北朝的使者李谐到了梁朝，梁武帝和他一起参观游览。偶然走到放生的地方，梁武帝问他说:“你们国家也放生吗？”李谐说:“不抓也不放。”梁武帝大为惭愧。

海鸥石虎　佛图澄依石勒、石虎，号大和尚。以麻油涂掌，占见吉凶数百里外，听浮屠铃声，逆知祸福。虎即位，师事之，时谓澄以石虎为海鸥鸟。

［译文］佛图澄依附石勒、石虎，号称为大和尚。他用麻油涂在手

掌上，可以占卜出几百里之外事情的吉凶。听寺庙的铃声，就可以预料祸福。石虎即位，把他当作老师来侍奉，当时人说佛图澄把石虎当作海鸥鸟。

帝言日中　虎丘生公于石上讲经，宋文帝大会僧众施食，人谓僧律日过中即不食。帝曰："始可中耳。"生公曰："日丽天，天言中，何得非中？"即举箸而食。

[译文]　虎丘的生公在石头上讲经，宋文帝召集很多僧人来施舍食物，有人说僧人的戒律是太阳过了正午就不能再吃东西了。宋文帝说："才刚到正午。"道生说："太阳依附于天，天如果要说中的话，哪里不是中呢？"于是拿起筷子就开始吃。

碎却笔砚　李泌在衡山事明瓒禅师，师瓒云："欲学道者，先将笔砚碎却。"

[译文]　李泌在衡山拜明瓒禅师为师，明瓒禅师说："想要学习佛法，先把毛笔和砚台砸碎了才可以。"

六道　释家有六道轮回之说，曰天道、人道、魔道、地狱道、饿鬼道、畜生道。

[译文]　佛家有六道轮回的说法，说的是大道、人道、魔道、地狱道、饿鬼道、畜生道。

捱日庵　善导和尚庵名捱日，示众云："体此二字，一生受用。"

[译文]　善导和尚所住的庵名叫作"捱日"，给众人指着说："如果能体会这两个字的意义，就可以受用一生了。"

抱佛脚 云南之南一番国，俗尚释教。有犯罪当诛者，趋往寺中，抱佛脚悔过，愿髡发为僧，使贳其罪。今谚曰："闲时不烧香，急来抱佛脚。"本此。

[译文] 云南的南边有一个番国，那里的风俗是崇尚佛教。如果有人犯了罪，应当受到处罚时，就跑到寺庙中，抱着佛脚忏悔自己的过错，并愿意剃发为僧，就会被赦免罪过。现在有谚语说"闲时不烧香，急来抱佛脚"，就源于此。

九日杜鹃 唐周宝镇润州，知鹤林寺杜鹃花奇绝，谓僧殷七七曰："可使顷刻开花副重九乎？"七七曰："诺。"及九日，果烂熳如春。

[译文] 唐代的周宝镇守润州时，知道鹤林寺的杜鹃花非常奇特妙绝，就对僧人殷七七说："你可以让这些花立即开放来配合重阳节吗？"殷七七说："好。"到了九月九日，杜鹃花果然开得烂漫如春天一样。

摩顶止啼 宋安东人娄通者，生有异相，掌中一目，中指七节，长为承天寺僧。尝召入大内，适仁宗生，啼哭不止，摩其顶曰："莫叫莫叫，何似当初莫笑。"啼遂止。

[译文] 宋代安东有个人叫娄通，出生时就有奇异的面相，手掌里有一只眼睛，中指有七个关节。长大后成为承天寺的僧人。曾经被召入皇宫，正好宋仁宗刚刚出生，啼哭不止，他摸着宋仁宗的头说："莫叫莫叫，何似当初莫笑。"宋仁宗马上就停止了哭泣。

玉带镇山门 了元号佛印，住金山寺，苏轼访之。了元曰："内翰何来？此间无坐处。"轼戏曰："借和尚四大作禅床。"了元曰："四大本空，五蕴非有。”轼投以玉带镇山门，了元报以一衲。

［译文］ 了元和尚法号为佛印，住在金山寺，苏轼去拜访他。了元说:“内翰大人为什么来这里？这里没有坐的地方。”苏轼戏谑地说:“借和尚你的‘四大’（佛教称人的身体为‘四大’）当作禅床。”了元和尚说:“四大本空，五蕴非有。”苏轼就赠给他一条玉带镇守山门，了元和尚用一套僧衣回赠苏轼。

白土杂饭 新罗国僧金地藏，唐至德间渡海，居九华山，取岩间白土杂饭食之。九十九日忽召徒众告别，坐化函中。后三载开视，颜色如生，舁之，骨节俱动。

［译文］ 新罗国的僧人金地藏，在唐代至德年间渡过大海，居住在九华山，取用岩石间的白土来就着饭吃。九十九天后忽然召来各位徒弟告别，然后就在棺材中坐化了。三年后打开棺材看，脸色还和活着一样，抬起他时，骨节都可以活动。

涤肠 小释迦保昌黎氏子，九岁入山，精修五载得悟。一日归省其母，啖之肉，出至溪中，以刀刳肠涤净，唐赐号澄虚大师。

［译文］ 小释迦是保昌姓黎的人家的儿子，九岁时进山，精心苦修五年而悟道。有一天回家探望他的母亲，母亲给他吃肉，他出来后就到了小溪里，用刀切开肠子冲洗干净。唐代给他赐号为澄虚大师。

释解 文通慧姓张，弃家祝发，师令掌厕盥盆。忽有市鲜者沃于盆，文偶击之，仆地死。文惧，奔西华寺，久之，为长老。忽曰:“三十年前一段公案，今日当了。”众问故，曰:“日午自知之。”一卒持弓至法堂，瞠目视文，欲射之。文笑曰:“老僧相候已久。”卒曰:“一见即欲相害，不知何仇?”文告以故，卒悟曰:“冤冤相报何时了，劫劫相缠岂偶然，不若与师俱解释，如今立地往西天。”视之立逝矣，文即索笔书偈而化。

[译文] 文通慧本姓张氏，后来离开家剃发为僧，师父让他负责厕所的洗手盆。忽然有一个卖鱼的在盆中洗东西，文通慧打他一下，对方倒在地上就死掉了。文通慧非常害怕，就逃到了西华寺。过了很久，他成为西华寺的长老。有一天忽然说:“三十年前有一段公案，今天应当做个了结。”众人问他是什么，他说:“到中午自然就会知道。”中午时分，一个兵卒拿着弓箭到了法堂，瞪着眼睛看文通慧，就想用箭射他。文通慧笑着说:“老僧我已经等了你很久了。”兵卒说:“我一看到你就想害死你，不知道和你有什么冤仇?”文通慧告诉了他原因。那个兵卒顿悟了，说:“冤冤相报何时了，劫劫相缠岂偶然。不若与师俱解释，如今立地往西天。”再看发现他已经站着去世了，文通慧要了笔写下偈语后也坐化了。

冤家亦生 宝志，梁武帝师事之。皇子生，志曰:“冤家亦生矣。”后知与侯景同日生。

[译文] 宝志和尚，梁武帝像侍奉老师一样侍奉他。皇子出生后，宝志说:“冤家也出生了。”后来知道皇子和侯景是同一天出生的。

正大衍历 一行从普寂禅师为徒。唐玄宗召问曰:“卿何能?”对曰:“善记览。”即以宫人籍试之，一无所遗，玄宗呼为“圣人”。汉洛下闳造大衍历云:“历八百岁当差一日，有出而正之者。”一行当其期，乃定大衍历。

[译文] 一行禅师拜普寂禅师为师。唐玄宗召他来问说:“你会做些

什么？”他答说：“擅长阅览记忆。”唐玄宗就拿宫女的名册试验他，果然记得一个不漏，唐玄宗称他为圣人。汉代的洛下闳制定《大衍历》时说：“经过八百年，历法会出现一天的误差，那时会有人出来修正它。”一行正好生在八百年后，于是就修订了《大衍历》。

雨随足注 莲池名袾宏，沈氏子，为诸生，辞家祝发。见云栖幽寂，结茅以居，绝粮七日，倚壁危坐。云栖多虎，皆远徙。岁旱，击木鱼循田念佛，雨随足迹而注。人异之。遂成兰若，专以净土一门普摄三根，著述甚多，诸方尊为法门周、孔。

[译文] 莲花大师俗名叫袾宏，是沈家的儿子，原本是儒生，后来出家落发为僧。他看到云栖这个地方非常清幽安静，就在这里盖了一座茅屋住了下来，七天都没有吃饭，靠着墙壁正襟危坐。云栖这个地方有很多老虎，都迁徙到别的地方去了。大旱的年份，他敲击着木鱼绕着田地念佛，雨就随着他的足迹落下来。人们都觉得神异，于是在这里建造了一座寺庙，专门以净土门作为修行的普遍法门，他的著述很多，各方都尊他为佛门的周公、孔子。

为让帝剃发 南州法师名博洽，山阴人，禅定之余，肆力词章。居金陵，靖难时，金川门开为建文君剃发。文皇闻而囚之十余年。姚荣靖临革，上临视，问所欲言，于榻上叩首曰：“博洽系狱久矣。”上即日出之。仁宗即位，数被召问，宣德中留偈而化。

[译文] 南州法师的俗家名字叫博洽，是山阴人，修禅养性的闲暇，还努力学习词章。他居住在金陵，靖难之役时，曾打开金川门为建文帝剃发。明成祖朱棣听到后把他囚禁了十多年。姚广孝病重时，皇帝来看他，问他想说什么，他在床上叩头说：“博洽在监

狱里关太久了。”皇帝当天就把博洽放了出来。后来明仁宗即位，博洽多次被召见询问。在宣德年间留下偈语后就坐化了。

赍药僧　住得号赤脚僧，常居庐山。洪武间，上不豫，住得赍药诣阙，谓天眼尊者及周颠仙所奉，上服之，立愈，御制诗赐之。

[译文] 住得被称为赤脚僧，曾经在庐山居住。洪武年间，皇帝身体不舒服，住得送药来到京城，说这药是天眼尊者和周颠仙奉上的。皇帝服用后，立刻就痊愈了，于是写了诗赐给他。

乞宥沙弥　冰蘖名维则，洪武二十五年，上命凡天下僧人有名籍者，皆要俗家余丁一人充军。维则时进偈七章，其七曰：“天街密雨却烦嚣，百稼臻成春气饶。乞宥沙弥疏戒检，袈裟道在祝神尧。”上览偈，为收成命。

[译文] 冰蘖名叫维则。洪武二十五年（公元1392年），皇帝下令全国有名籍的僧人，都要有一个俗家人为之服兵役。维则当时奏上偈语七条，第七条说：“天街密雨却烦嚣，百稼臻成春气饶。乞宥沙弥疏戒检，袈裟道在祝神尧。”皇帝看到这些偈语，为此收回了之前的命令。

日月灯　王介甫尝见举烛，因言：“佛书有日月灯光明佛，灯光岂得配日月？”吕吉甫曰：“日昱乎昼，月昱乎夜，灯光昱乎昼夜，日月所不及，其用无差。”介甫大以为然。

[译文] 王安石曾经看到有人点亮蜡烛，就说：“佛书里有日月灯光明佛，灯光怎么能配得上日月的光辉呢？”吕吉甫说：“太阳照亮白天，月亮照亮夜晚，灯光却能日夜并照，这是太阳、月亮都做不到的，所以它们的作用并没有差别。”王安石觉得他说

得很对。

卧佛 《涅槃经》云:“如来背痛，于双树间北首而卧。”故后之图绘者为此像。晋庾公尝入佛图，见卧佛，曰:“此子疲于津梁。”于时以为名言。

[译文]《涅槃经》说:“如来背感到疼痛，就在两棵树之间头朝北躺了下来。”因此后来有人画如来佛时就画成这个样子。晋朝时庾亮曾经去过寺庙，见到卧佛，就说:“这位先生因普度众生而疲惫了。”当时人把这看作是一句名言。

佛像 张玄之、顾敷，是顾和中外孙，皆少而聪慧，和并知之，而尝谓顾胜于张。时张九岁，顾七岁。和与之俱至寺中，见佛般泥恒像，弟子有泣者，有不泣者。和以问二孙。玄谓:“被亲，故泣;不被亲，故不泣。”敷曰:“不然。当有忘情，故不泣;不能忘情，故泣。”

[译文] 张玄之和顾敷分别是顾和的外孙和孙子，都从小就很聪慧，顾和知道他们都很聪明，但曾说过顾敷比张玄之更聪明。当时张玄之九岁，顾敷七岁。顾和与他们一起到寺庙里，看到如来佛涅槃时的塑像，佛的弟子有的哭泣，有的不哭泣。顾和用这个来问两个孙儿原因。张玄之说:“被佛祖亲近的，所以哭泣，不被亲近的，没有哭泣。”顾敷说:“不是这样，应该是忘情的，没有哭泣，不能忘情的，所以哭泣。”

天女散花 《维摩经》云:会中有天女散花，诸菩萨悉皆堕落，至大弟子便著不堕。天女曰:“结习未尽，故花著身;结习尽者，花不著身。”

［译文］《维摩经》说，法会中有天女来散花，落到菩萨身上的又都落到了地上，而落到大弟子身上的，却沾在身上没落下。天女说："烦恼没有消尽，花就会沾在身上；消尽烦恼的，花就不会沾在身上。"

三乘 法门曰大乘、中乘、小乘。乘乃车乘之乘。阿罗汉独了生死，不度众人，故曰小乘；圆觉之人，半为人半为已，故曰中乘；菩萨为大乘者，如车之大者，能度一切众生。故曰三车之教。

［译文］ 佛家的法门有大乘、中乘、小乘三种。"乘"就是"车乘"的"乘"。阿罗汉只了却自己的生死，没有去度化别人，所以叫"小乘"；圆觉的人，一半为了别人，一半是为了自己，所以叫"中乘"；菩萨就是行"大乘"道的人，就像大车，可以度化一切众生。所以佛教这三乘又叫作"三车之教"。

三空 生、法、俱也。三慧，闻、思、修也。三身，法、报、化也。三宝，佛、法、僧也。三界，欲界、色界、无色界也。三毒，贪、瞋、痴也。三漏，欲漏、有漏、无明漏也。三业，身、口、意也。三灾，饥馑、疾疫、刀兵也。三大灾，火、水、风也。

［译文］ 分别是生、法、俱。三慧，分别是闻、思、修。三身，分别是法、报、化。三宝，分别是佛、法、僧。三界，分别是欲界、色界、无色界。三毒，分别是贪、嗔、痴。三漏，分别是欲漏、有漏、无明漏。三业，分别是身、口、意。三灾，分别是饥馑、疾疫、刀兵。三大灾，分别是火、水、风。

努目低眉 薛道衡游开善寺，谓一沙弥曰："金刚何以努目？菩萨何以低眉？"沙弥曰："金刚努目，所以摄服群魔；菩萨低眉，所以慈悲六道。”

［译文］ 薛道衡到开善寺游览的时候，对一个沙弥说：“金刚为什么怒目而视？菩萨为什么低眉顺眼？”沙弥说：“金刚怒目而视，是要镇服各种妖魔；菩萨低眉顺眼，是要用慈悲之心来度化六道众生。”

速脱此难 《大集》云：昔有一人避二醉众（生死），缘藤（命根）入井（无常），有黑白二鼠（日、月）嚼藤将断，旁有四蛇（四大）欲螫，下有三龙（三毒）吐火张爪拒之，其人仰望二象，已临井上，忧恼无托。忽有蜂过，遗蜜滴入口（五欲），是人接蜜，全忘危惧，知人见此，各宜修行，速脱此难。

［译文］《大集经》中说：从前有一个人要逃避两个灾难：一个是如醉的众生，一个是生死无常。于是攀缘在一根藤（象征命根）上进入井中（象征无常），发现有一黑一白两只老鼠（象征日、月）一直在啃咬藤条，都快咬断了，旁边还有四条蛇（象征物质世界）想要咬人，下面还有三条龙（象征三毒）吐着火张牙舞爪地对着他，这人仰头看天俯身看地，已经爬到井口边上了，忧愁和烦恼已经快要过去了。忽然一只蜜蜂飞过，一滴蜜掉入他的口中（象征人的五种欲望），这个人用嘴接了蜜，全然忘记了危险和恐惧。有智慧的人见到这种场面，定会各自用力修行，赶快逃离这个苦难。

五蕴皆空 五蕴者，就众生所执根身器界质碍形量之物名为色；以现前领纳违顺二境，能生苦乐者名受；以缘虑过现未三世境者名想；念念迁流，新新不住者名行；明了分别者名识。五者皆能盖覆真性，封蔀妙明，故总谓之蕴，亦名五阴，亦名五众。

［译文］ 五蕴，众生秉持的本质有形状与数量的物质叫“色蕴”；

用当前的领受顺、逆两种境界，能生出苦乐感受的叫“受蕴”；用因缘法考虑过去、现在、未来三世境界的名叫“想蕴”；把每个想法都付诸行动，任何新的行为都不停止叫“行蕴”；能明白地分辨叫“识蕴”。五蕴都可以掩盖人的真知本性，覆盖有真妙的明心，所以总称为“蕴”，也叫“五阴”，又叫“五众”。

慧业文人　会稽太守孟颚事佛精恳，而为谢灵运所轻。谢尝语颚曰：“得道应须慧业文人，卿生天在灵运前，成佛当在灵运后。”

［译文］　会稽太守孟颚侍奉佛法精勤诚恳，但却被谢灵运所轻视。谢灵运曾对孟颚说：“能得道的必须是有慧根的文人，你在谢灵运前面升天，但成佛却一定在我后面。”

拔絮诵经　佛图澄左乳旁有一孔，通彻腹内，常塞以絮。至夜欲诵经，则拔絮，一空洞明；或过水边，引肠洗之，复纳入。

［译文］　佛图澄左乳房的旁边有一个小孔，可以通到腹中，他常常用棉絮把孔塞住。到了夜里想要诵读佛经，就把棉絮拔出来，便会洞然明澈；有时走过水边，还把肠子拉出来洗一洗，然后再装进去。

世尊生日　《周书异记》：周昭王二十四年四月八日，山川震动，有五色光入贯太微。太史苏由奏曰：“有大圣人生于西方，一千年外，声教及此。”即佛生之日也。穆王五十三年二月十五日，天地震动，西方有白虹十二道连夜不灭。太史扈多曰：“西方有大圣人灭度，衰相现耳。”此时佛涅槃也。

［译文］《周书异记》记载：周昭王二十四年四月八日的时候，山脉河流发生大震动，有五色光芒穿过太微星。太史苏由上奏说：“有

大圣人在西方出生，一千年之后，他的名声和教义就会传来我国。”那天就是如来佛的生日。周穆王五十三年二月十五日，天地发生震动，西方有十二道白虹日夜都不消失。太史扈多说：“西方的大圣人去世了，所以现在显现出衰相。”当时正是佛祖如来涅槃的时候。

悉达太子 《异记》又云：天竺迦维卫国净饭王妃，梦天降金人，遂有孕，于四月八日太子生于右胁，名悉达多。年十九，入檀特山修行证道，至穆王三年明星出时成佛，号世尊。于熙连河说《大涅槃经》，以正法眼藏将金缕僧伽黎衣传与弟子大迦叶，为第一世祖。穆王五十三年二月十五日，往拘尸城娑罗树间入般涅槃，在世教化四十九年，是为释迦牟尼，姓刹利。

[译文] 《周书异记》还记载说：天竺迦维卫国的净饭王的妃子，梦见天上降下一个金人，于是就受到感应怀孕了，并在四月八日从右边的腋窝生下了太子，起名叫悉达多。悉达多十九岁的时候，进入檀特山修行悟道，在周穆王三年明星出现时成佛，号为“世尊”。在熙连河边讲说《大涅槃经》，用正法眼藏把金缕僧伽黎衣传给弟子大迦叶，这就是第一世祖。周穆王五十三年二月十五日，去往拘尸城娑罗树之间后涅槃，在世间教化众生四十九年，这就是释迦牟尼，姓氏是刹利。

六祖 初祖达摩，二祖慧可，三祖僧灿，四祖道信，五祖弘忍，六祖慧能。一祖一只履，二祖一只臂，三祖一罪身，四祖一只虎，五祖一株松，六祖一张碓。梁武通天元年，达摩来自西土，以袈裟授慧可，曰：“如来以正法眼藏付迦叶，展转至我，今付汝。吾灭后二百年，衣止不传。”遂说偈曰：“我本来兹土，传法救迷情。一花开五叶，结果自然成。”

［译文］　第一组祖是达摩，二祖是慧可，三祖是僧灿，四祖是道信，五祖是弘忍，六祖是慧能。一祖留下一只鞋，二祖只有一条胳膊，三祖有一身疮，四祖凭借一只虎说法，五祖原是栽松道人，六祖是碓房的伙夫。梁武帝大通元年，达摩从西方来到中国，把袈裟传授给慧可，说:“如来佛把正法眼藏传给了迦叶，又辗转传给了我，现在我再传给你。我死后二百年，袈裟就不再往下传了。”于是说了一个偈语:“我本来兹土，传法救迷情。一花开五叶，结果自然成。”

佛始生　周昭王之二十四年至孝王元年佛入涅槃，始佛著于经，汉武帝得休屠祭天金人，始佛像入中国。周穆王时，始西极国化人来。秦始皇时，始沙门室利房等至，皇囚之，夜有金人破户出。至汉明帝，始以僧天竺摩腾入中国，随文帝始西域大食入中国（回回教门）。元魏始作大佛像，高四十三尺，用黄金、铜。五代宗作罗汉像用铁。

后秦始尊鸠摩罗什为法师，宋徽宗称为德士。汉灵帝时安世高始立戒律，魏朱士行始中国人受戒。后魏始立戒坛，宋太祖别立尼戒坛。

汉明帝始听阳城侯刘峻女出家，石虎听民为僧、尼，唐睿宗度公主为道士。

后魏太祖始授僧官，隋文帝制僧官十统，唐制两僧录司，唐武后始令僧尼隶礼部，唐玄宗始给度牒。

汉章帝时，西域僧作数珠，象一年十二月、二十四气、七十二候，共一百单八。五代僧志林作木鱼。

汉武帝尚南越，始禁咒，唐中宗时西京始投筊。（时寿安墨石山有灵神祠，过客投筊仰吉。）

唐太宗遣玄奘往西域取诸经像。至罽宾国，道险不可过，玄奘闭室而坐，忽见老僧授以《心经》一卷，令诵之，遂虎豹潜迹。至佛国，取经六百部以归。

[译文] 周昭王二十四年到周孝王元年如来佛涅槃，佛的名字才被记录在经书上，汉武帝得到休屠王的祭天金人，佛像才传入中国。周穆王的时候，西极国才开始有僧人来到中国。秦始皇时，才最先有僧人室利房等人来到中国，但秦始皇把他们囚禁了起来，夜里有金人把门撞破，僧人才得以出来。到了汉明帝时期，才有天竺僧人摩腾来到中国，隋文帝时开始有从西域大食进入中国（穆斯林教徒）。元魏时开始修造巨大的佛像，高达四十三尺，用黄金和铜制成。五代时用铁做罗汉像。

后秦开始把鸠摩罗什尊称为法师，宋徽宗时把僧人称为德士。汉灵帝时安世高开始设立了戒律，魏国的朱士行开始中国人受戒出家为僧。后魏开始创立了戒坛，宋太祖另外创立了尼戒坛。

汉明帝开始听凭阳城侯刘峻的女儿出家，石虎听凭百姓出家为僧、尼，唐睿宗把公主（西域公主、隆昌公主）度为道士。

后魏太祖开始任命僧官，隋文帝开始制定僧官十统，唐代制定两处僧录司，唐代武则天开始把僧尼归于礼部管理，唐玄宗开始给僧人发放度牒。

汉章帝时，西域的僧人制作了念珠，象征一年的十二月、二十四气、七十二节候，共有一百零八颗珠子。五代时的僧人志林制作了木鱼。

汉武帝信从南越，才开始有了禁咒，唐中宗时西京才开始投筊占卜。（当时寿安的墨石山有一座灵神祠，过客都投筊以求吉利）。

唐太宗派玄奘到西域去求取各种经籍和佛像。到了罽宾国，道路艰险，无法通过，玄奘关起门打坐，忽然看到一个老和尚来向他传授了一卷《心经》，让他诵读，于是虎豹都消失了。玄奘到了佛国，取回来六百部经书。

孰为大庆法王 傅珪为大宗伯时，武宗好佛，自名“大庆法王”。番僧奏请腴田千亩为下院，批礼部议，而书大庆法王，与圣旨并。珪佯不知，劾番僧曰：“孰为大庆法王，敢与至尊并书，大不敬！”诏勿问。

[译文] 傅珪担任礼部尚书的时候，明武宗崇信佛教，自称为“大庆法王”。西域的僧人上奏请求赐给千亩良田做寺庙的产业，明武宗就批示让礼部讨论施行，并署名“大庆法王”，和圣旨放在一起。傅珪假装不知道，就向这个西域僧人问罪：“谁是大庆法王，竟敢和皇上书写在一起，这是大不敬的罪过！”明武宗下诏书让傅珪不要问罪。

医

《神农经·上药养命》谓五石之炼形，五芝之延年也。《中药养性》谓合欢之蠲忿，萱草之忘忧也。《下药治病》谓大黄之除实，当归之止痛也。

[译文] 《神农经》中记载“上等药物可以保养性命”，是说五石可以修炼形体，五种灵芝可益寿延年；“中等的药物可以修养性情”，是说像合欢可以除去愤怒、萱草可以忘记忧愁；“下等药物可以治疗疾病”，是说大黄可以除去积食、当归可以克制疼痛。

君臣佐使　凡药有上中下之三品，凡合药宜用一君、二臣、三佐、四使，此方家之大经也。必辨其五味、三性、七情，然后为和剂之节。五味谓咸、酸、甘、苦、辛。酸为肝，咸为肾，甘为脾，苦为心，辛为肺，此五味之属五脏也。三性谓寒、湿、热。七情有相刑，有相须者，有相使者，有相畏者，有相恶者，有相杀者，其用又有使焉。汤丸酒散，视其病之深浅所在而服之。

［译文］大凡是药，就都有上、中、下三等，配药时最好用一份君药、二份臣药、三份佐药、四份使药，这是专家开药时的标准。还要分辨出药的五味、三性、七情，然后才能制作药剂。五味指的是咸、酸、甘、苦、辛。酸属肝，咸属肾，甘属脾，苦属心，辛属肺，这五味属于五脏。三性是说的寒性、湿性、热性。七情有相互衬托的，有相互依存的，有相互役使的，有相互排斥的，有相互对立的，有相互制约的，它在应用时需要合理配合。以汤服丸还是以酒行散，要看病的深浅和所处部位的不同服用。

砭石　梁金元起欲上《素问》，访以砭石，王僧孺曰："古人常以石为针，不用铁；季世无佳石，故以铁代石。"

［译文］梁代的金元起想为《素问》所注，就砭石这件事向别人请教，王僧孺说："古代人往往用石头磨成针，而不用铁制作；后世没有好的砭石，所以用铁来代替。"

病有六不治　骄恣不论于理，一不治也；轻身重财，二不治也；衣食不能适，三不治也；阴阳并藏气不定，四不治也；形羸不能服药，五不治也；信巫而不信医，六不治也。

［译文］骄纵任性不讲道理，这是一不治；轻视身体而重视财物，

这是二不治；吃穿不能适当合理，这是三不治；阴阳不调、脉气不稳，这是四不治；身体弱得无法服药，这是五不治；相信巫师而不相信医生，这是六不治。

兄弟行医　魏文侯问扁鹊曰："子昆弟三人，孰最善为医？"对曰："长兄病视神，未有形而除之，故名不出于家。仲兄治病，其在毫毛，故名不出于闾。若扁鹊者，镵血脉，投毒药，副肌肤，故名闻于诸侯。"文侯曰："善！"

［译文］　魏文侯问扁鹊说："你们家兄弟三个人，谁最擅长医道？"扁鹊回："大哥为人看病只观察病人的精神，还没有发病就已经被治好了，所以他的名气传不出家门；二哥治病，在病情刚显露出来就治好了，所以他的名气传不出街巷；像我这样的，治病时穿透血脉，让人吃猛药，用药膏敷于皮肤上，所以名声连诸侯都知道。"魏文侯说："好！"

见垣一方　扁鹊少时遇长桑君，出怀中药，饮以上池之水，三十日，视见垣一方人。以此视病，尽见五脏症结，特以诊视为名耳。见垣一方，犹言隔墙见彼方之人也。

［译文］　扁鹊年少的时候遇到长桑君，长桑君拿出怀中的药，并拿上池的水让他喝，三十天后，扁鹊就可以看到墙另一面的人。他用这种方法给人看病，能透视五脏中的症结，只是用诊脉作为幌子罢了。见垣一方，意思是隔着墙也能看见另一边的人。

病在骨髓　扁鹊适齐，桓侯客之。入见，曰："君有疾在腠理，不治将深。"侯曰："寡人无疾。"后五日复见，曰："君之疾在血脉矣。"侯曰："无疾。"后五日复见，曰："君之疾在肠胃矣。"侯曰:“无疾。”后五日复见，望见桓侯，却走曰:“君之疾已在骨髓，此汤熨、针石、酒醪之所不及也。”数日后，侯病剧，召扁鹊，鹊已逃去。侯遂死。

[译文] 扁鹊到了齐国，齐桓侯把他作为客人招待。他进宫拜见桓侯，说:“您在肌肤纹理间有小病，不治疗恐怕要加重。”齐桓侯说:“我没有病。”过了五天，再次觐见齐桓侯，扁鹊说:“您的病已经在血脉之中了。”齐桓侯又说:“我没有病。”又过了五天再去见齐桓公，扁鹊说:“您的病已经在肠胃里了。”齐桓侯还是说:“我没有病。”又过了五天，扁鹊远远看见齐桓侯，连忙转身跑走，说:“您的病已经深到骨髓了，这是用汤药、针石或是酒药都无法达到的地方。”几天后，齐桓侯病情加重，召唤扁鹊，扁鹊已经逃走离开齐国。齐桓侯最终死掉了。

扁鹊被刺 扁鹊名闻天下。过邯郸，闻贵妇人，即为带下医；过洛阳，闻周人爱老人，即为耳目痹医；来入咸阳，闻秦人爱小儿，即为小儿医；随俗为变。秦太医令李醯，自知伎不如扁鹊，使人刺杀之。

[译文] 扁鹊名声被天下人所知。经过邯郸的时候，听说此地以妇人为贵，就做妇科医生；经过洛阳的时候，听说周朝故地的人很敬爱老人，就做治疗听力和视力的医生；来到咸阳，听说秦地的人爱护小孩，就做治疗小孩病的医生。总之，是随着不同风俗而改变自己的行医方向。秦地的太医令是李醯，知道自己医术比不上扁鹊，就派人刺杀了他。

病入膏肓 晋侯求医于秦，秦伯使医缓治之。未至，公梦二竖子曰:“彼良医也，惧伤我，焉逃之？”其一曰:“居肓之上、膏之下，将若我何？”医至，曰：“疾不可为也。在肓之上、膏之下，攻之不可达，针之不可及，药不至焉。”公曰：“良医也！”厚礼而归之。

［译文］晋侯向秦国寻求良医，秦伯让医生缓去给他治疗。缓还没到晋国时，晋侯梦到有两个小孩子说：“那人是个医术高明的医生，恐怕会伤到我们，我们逃到哪里去呢？”其中一个说：“藏在肓的上面、膏的下面，他能把我们怎么样？”医生缓到了之后，说：“您的病已经没办法治了。病在肓的上面、膏的下面，无法触及，针石、药力都到不了那里。”晋侯说：“你真是良医啊。”送了他很多礼物，让他回去了。

姚剂三解　后周姚僧垣善医。伊娄自腰至脐，似有三缚。僧垣处三剂，初服，上缚即解；次服，中缚即解；又服，三缚悉除。

［译文］后周的姚僧垣擅长治病。伊娄从腰部到肚脐，好像有三重束缚的感觉。姚僧垣开了三剂药，喝了第一剂药，上边那重束缚就解除了；喝了第二剂药，中间的束缚也解除了；再喝第三剂药，三重束缚全部都解除了。

太仓公　姓淳于，名意；为人治病，立决死生，多奇中，用药若神。

［译文］姓淳于，名字叫意。他给人治病，马上就可以判定是生还是死，大多都很准确，用药也很有效果。

东垣十书　《李杲传》：易州张元素之秘业，士大夫非危急之疾，不敢谒，时以神医目之。所著有《东垣十书》。

［译文］《李杲传》中记载：李杲继承了易州张元素的神秘药方，士

大夫如果不是很危急的病，都不敢请他来治疗，当时人都把他看作是神医。他著有《东垣十书》。

刮骨疗毒 华佗疾在肠胃不能散者，饮以药酒，割腹湔洗积滞，傅神膏合之，立愈。如割关侯臂而去毒，针曹操头风而去风是也。

[译文] 华佗说病在肠胃中不能驱散的，可以喝药酒来治疗，剖开肚子把积累的病因洗净，涂上有奇效的药膏缝合，立刻就能痊愈。就好像割开关公的胳臂疗毒、用针刺曹操的头可以治好头风病一样。

医国手 《国语》：晋平公有疾，秦伯使人视之，赵文子曰："医及国家乎？"对曰："上医医国，其次救人，固医职也。"

[译文] 《国语》记载，晋平公生了病，秦伯派人去看望他。赵文子问道："你能医治国家的病吗？"那人回答说："上等的医生医治国家，稍差的医生才治病救人，医治国家本来就是医生的职责。"

杏林 《庐山记》：董奉每治人病，病愈，令种杏一株，遂成林。奉后成仙，上升。

[译文] 《庐山记》记载：董奉每次为人治病，病好之后，就会让他种一棵杏树，后来就成了一片杏林。董奉最后也成了仙人，飞升了。

徙痈 薛伯宗善徙痈疽。公孙泰患背疽，伯宗为气封之，徙置斋前柳树上。明日疽消，而树起一瘤如拳大。稍稍长二十余日，瘤大溃烂，出黄赤汁斗许，树为委损矣。

[译文] 薛伯宗善于转移疮痈。公孙泰背上长了疮，薛伯宗用气把它封住，迁徙到了房子前面的柳树上。第二天疮就消了，但树上起了一个像拳头那么大的瘤。渐渐长了二十多天，瘤长大并且溃烂了，流出一斗多黄红色的汁液，树因此而枯萎了。

橘井　晋苏耽种橘凿井，以疗人疾。时病疫者，令食橘叶，饮井水，即愈。世号橘井。

[译文] 晋代的苏耽种橘子、凿井，用来给人治疗疾病。有得了传染病的人，就给他们吃橘树叶，服饮井水，马上就可以治愈。世人称为“橘井”。

肘后方　葛洪抄《金匮方》百卷，《肘后要急方》四卷。

[译文] 葛洪抄写了一百卷的《金匮方》、四卷的《肘后要急方》。

千金方　孙真人愈龙疾，授以《龙宫秘方》一卷，治病神验，后集为《千金方》传世。

[译文] 孙真人治好了龙的疾病，龙传授给他一卷《龙宫秘方》，治疗疾病，非常灵验，后来编集为《千金方》，流传于世。

照病镜　叶法善有铁镜，鉴物如水。人有疾以镜照之，尽见脏腑中所滞之物，然后以药治之，疾即愈。

[译文] 叶法善有一面铁制的镜子，映照物体就像水面一样清楚。拿镜照看生了病的人，就可清楚地看到脏腑里所滞留的东西，然后再用药来治疗，病立刻就痊愈了。

医称郎中　郎中知五府六部事，医人知五脏六腑事，故医人亦称郎中。北人因郎中而遂称大夫。

［译文］ 朝廷中的郎中要了解五府六部的事务，而医生也要知道人体内五脏六腑的状况，所以医生也被称为郎中。北方人因为称医生为郎中，于是又称医生为大夫。

鄞水名医 庞安常，宋神哲间驰名京邸，于书无所不读，而尤精于伤寒，妙得长沙遗旨。性豪俊，每应人延请，必驾四舟，一声伎，一厨传，一宾客，一杂色工艺之人，日费不赀。

［译文］ 庞安常，宋神宗、宋哲宗年间在京都闻名，博览群书，特别精通《伤寒论》，尽得张仲景的精华。他性格豪迈俊逸，每次受病人邀请，一定要驾四条船去，一条船上是歌伎，一条船上是厨师和传菜的人，一条船上是宾客，一条船上是杂七杂八的各种艺人，每天花费很多。

俞拊 始为医，割皮肌湔涤脏腑；后仓公解颅，卢医剖心，华佗祖之。黄帝始制针灸，神农始命僦贷，季岐伯师也，理色脉，巫彭始制丸药。伊尹始制煎药，秦和战国人，始制药方。

［译文］ 俞拊最先割开皮肤和肌肉来洗涤五脏六腑；后仓公最先解剖头颅，卢医最先剖开心脏，华佗效法他们。黄帝最先创制了针灸的方法，神农最先让僦贷，季岐伯的老师来调理面色和脉象，巫彭最先制作了丸药。伊尹最先制作了煎药，秦和战国时期的人最先创制了药方。

医谏 高鳌，正德时为太医院医士。上将南巡，鳌以医谏。上怒曰："鳌我家官，亦附外官梗朕耶？"命杖之百而戍乌撒。肃宗改元，召还复职。时有星官杨源，亦以占候谏死戍所。

［译文］ 高鏊是正德年间的太医院医士。皇帝将要南巡，高鏊以医道来劝阻。皇帝大怒说："高鏊是我的家官，难道也敢附和外官来阻碍我南巡吗？"命人把他打了一百杖发配到乌撒去戍守。明肃宗登基后，召他回朝复职。当时有一个掌管占星的官员杨源，也借用星象来进谏，结果死在了被流放的地方。

历代名医图赞

伏羲氏赞 茫茫上古，世及庖牺。始画八卦，爰分四时，究病之源，以类而推，神农之降，得而因之。

［译文］ 茫茫的上古时期，可以追溯到伏羲。他最早画出八卦的图形，以此把一年分成了四季。探求疾病的根源，以类相推，神农氏降生之后，继承了他的医道。

神农氏赞 仰惟神农，植艺五谷，斯民有生，以化以育，虑及夭伤，复尝草木，民到于今，悉沾其福。

［译文］ 仰望惟有神农氏，教会人们种植五谷，人民才得以活命，感受他的教化养育。考虑到短命伤痛，又遍尝草药。直到今天，百姓还享受着他的恩泽。

黄帝轩辕氏赞 伟哉黄帝，圣德天授，岐伯俞跗，以左以右，导养精微，日穷日究，利及生民，勿替于后。

［译文］ 伟大的黄帝，神圣的德行是上天所授予，医师岐伯俞跗，一直侍奉左右。细致入微地引导保养，每天穷究医道，利益泽被

人民，直到后代也不曾断绝。

岐伯全元起赞 天师岐伯，善答轩辕，制立《素问》，始显医源。

[译文] 天师岐伯，擅长回答轩辕黄帝的询问，创作了医书《素问》，才彰显了医道的本源。

雷公名教赞 太乙雷公，医药之宗，炙煿炮制，千古无穷。

[译文] 太乙雷公是医药之宗，炙煿炮制等众多制药的方法，千年以来百姓受用无穷。

秦越人扁鹊赞 秦神扁鹊，精研医药，编集《难经》，古今钦若。

[译文] 神医扁鹊，精心研究医药的道理，编集了《难经》，古今人都敬佩你。

淳于意赞 汉淳于意，时遇文帝，封赠仓公，名传万世。

[译文] 汉代的淳于意，当时遇到了汉文帝，被封为仓公，名字被万世传颂。

张仲景机赞 汉张仲景，伤寒论证，表里实虚，载名亚圣。

[译文] 汉代的张仲景，创作《伤寒杂病论》讨论病症。人体的表里实虚都被探究，青史留名，人称他为“亚圣”。

华佗赞 魏有华佗，设立疮科，刮骨疗疾，神效良多。

[译文] 魏国有华佗，设置了疮伤科，刮骨治疗疾病，有很多神奇的效果。

太医王叔和赞　晋王叔和，方脉之科，撰成要诀，普济沉疴。

［译文］　晋朝的王叔和，把诊断脉络写成了一部《脉诀》，救治了很多重病的人。

皇甫士安谧赞　皇甫士安，治法千般，经言甲乙，造化实难。

［译文］　皇甫士安，有上千种治病的方法，编撰《甲乙经》，实在是难能可贵。

葛稚川洪赞　隐居罗浮，优游养导，世号仙翁，方传《肘后》。

［译文］　隐居在罗浮山，悠闲自在导引保养。世人称之为“仙翁”，有《肘后方》流传后世。

孙思邈赞　唐孙真人，方药绝伦，扶危拯弱，应效如神。

［译文］　唐代的孙真人，医术超过同类人，扶助病危拯救弱小，灵验如神。

韦慈藏讯赞　大唐药王，德号慈藏，老师韦讯，万古名扬。

［译文］　大唐的药王，德行高远，号为“慈藏”，他的老师名叫韦讯，名垂万古。

相

相圣人　姑布子卿相孔子曰：“其额似尧，其顶类皋陶，其肩类子产，然自腰以下不及禹三寸，身长九尺三寸，累累然若丧家之狗。”

【译文】 姑布子卿看了孔子的面相后说："他额头像帝尧，头顶像皋陶，肩膀像子产，不过从腰部以下比大禹短了三寸，身高有九尺三寸，颓唐的样子像一条丧家狗。"

弹血作公 陶侃左手有文，直达中指上横节便止。有相者师圭谓："君左手中指有竖理，若彻于上，位在无极。"侃以针挑之令彻，血流弹壁，乃作"公"字。后果如其兆。

【译文】 陶侃的掌左手有一条纹理，一直抵达中指最上边的那个横指节才停止。有个叫师圭的相面人对他说："你左手中指上有竖纹，如果能一直贯通到指尖，以后你就会位极人臣。"陶侃就用针把皮肤挑开让纹线贯通，他把流出来的鲜血弹到墙上，成了一个"公"字。后来果然应验了这个征兆。

官至封侯 卫青少时，其父使牧羊，兄弟皆奴畜之。有钳徒相青曰："官至封侯。"青笑曰："人奴之生，得无笞骂足矣，焉得封侯？"

【译文】 卫青年少的时候，他父亲让他去放羊，他的兄弟都把他当作奴仆看待。有一个被施过钳刑的人给他相面后说："你今后一定会被封侯。"卫青笑着说："奴隶一样的生活，能不被打骂就已经很满足了，哪里能被封侯呢？"

须如猬毛 刘惔道桓温须如反猬毛，眉如紫石棱，自是孙仲谋、司马宣王一流人。

【译文】 刘惔说桓温的胡须就像倒着的刺猬毛，眉毛就像紫石棱，一定会是孙权、司马懿一类的人。

螣蛇入口　汉周亚夫为河南守，许负相之，曰:“君后三年为侯。八年为宰相，持国秉政。九年当饿死。”亚夫笑曰:“既贵如君言，又何饿死？”负指其口曰:“螣蛇入口故耳。”后果然。

[译文] 汉代的周亚夫担任河南守，许负给他相面后，说:“你三年之后当被封侯。八年后担任宰相，掌握国政。但再过九年就会被饿死。”周亚夫笑着说:“既然能做到你所说的那样的富贵，又为何会被饿死呢？”许负指着他的嘴巴说:“因为螣蛇入口啊。”后来果然如许负所说。

豕喙牛腹《国语》:叔鱼生，其母视之，曰:“是虎目而豕喙，鸢肩而牛腹，溪壑可盈，是不可餍也，必以贿死。”

[译文]《国语》记载:叔鱼出生后，他的母亲看到他，感叹道:“这孩子眼睛像虎，嘴巴像猪，肩膀像鸢鸟，肚子像牛。溪谷和沟壑能够被填满，但是他的贪欲是无法满足的。将来一定因受贿而被处死。”

虎厄　晋简文初无子，令相者遍阅宫人，时李太后执役宫中，指后当生贵子而有虎厄。帝幸之，生武帝，既为太后，服相者之验，而怪虎厄无谓。且生未识虎，命图形以观，戏击之，患手肿而崩。

[译文] 晋简文帝当初没有子嗣，让相面者把宫内女子全都相了一遍。当时李太后正在宫内做活，相面者指着李太后说她会生贵子，但会因老虎而带来灾祸。简文帝临幸了她，生下了晋孝武帝，她成了太后以后，非常佩服相面者的灵验，但却很奇怪相面者所说的老虎之祸却没有应验。而且她从来没有见过老虎的样子，于是简文帝命人画了老虎给她看，她开玩笑地用手打了一下

图，于是手就肿了，最终因此而驾崩。

蜂目豺声　潘滔见王敦少时谓曰：“君蜂目已露，但豺声未振耳。必能食人，亦当为人所食。”

[译文]　潘滔看到少年王敦，说：“你像蜜蜂一样的眼睛已经显露出来了，但豺狼一样的声音还没有发出来。以后你一定会害人，但也会被人所害。”

鬼躁鬼幽　管辂曰：“邓飏之行步，筋不束骨，此为鬼躁。何晏容若槁木，此为鬼幽。”

[译文]　管辂说：“邓飏走路的时候，筋无法约束住骨头，这是‘鬼躁’。何晏的脸色像枯槁的木头，这是‘鬼幽’。”

识武则天　唐袁天纲见武后母曰：“夫人当生贵子。”后尚幼，母抱以见，绐以男，天纲熟视之，曰：“龙瞳凤颈，若为男儿，当作天子。”

[译文]　袁天纲看到武则天的母亲时说：“夫人一定会生下贵子。”武则天当时还很小，她母亲抱她出来给袁天纲看，并诓骗说她是男孩，袁天纲仔细看了一下武则天，说：“这孩子长得像龙的眼睛凤凰的脖子，如果是男孩，一定会做天子。”

伏犀贯玉枕　袁天纲见窦轨曰：“君伏犀贯玉枕，辅角全起，十年且显，立功在梁、益间。”

[译文]　袁天纲看了窦轨说：“你的前额骨突起一直到脑后的玉枕处，下巴全部翻起，十年之内会显贵，会在梁州、益州一带建立功勋。”

盻刀　相者陈训背语甘卓曰:“甘侯仰视首昂，相名盻刀。目中赤脉自外入，必兵死。”

[译文]　相面者陈训背后说甘卓:“甘大人仰视时头颅高昂，在相术上叫‘盻刀’。眼睛里有红色脉络进入，所以一定会死在刀兵之下。”

识王安石　宋李承之在仁宗朝官郡守，因邸吏报包孝肃拜参政，或曰:“朝廷自此多事矣。”承之正色曰:“包公无能为也，今知鄞县王安石，眼多白，甚似王敦。他日乱天下者，此人也。”

[译文]　宋代的李承之在宋仁宗时担任郡守的职务，有个属吏报告说包拯担任了参知政事的职务，有人说:“朝廷从此要有很多事情发生了。”李承之严肃地说:“包公不会做出什么来，我现在知道鄞县的王安石，眼睛里眼白较多，长得非常像王敦。以后搅乱天下的，会是这个人。”

麻衣道人　宋钱若水谒陈希夷，希夷与老僧拥炉，熟视若水，以火箸画灰上，云:“做不得。”徐曰:“急流中勇退人也。”后再往，希夷曰:“吾始以子神清，谓可作仙。时召麻衣道人决之，云子但可作公卿耳。”

[译文]　宋代的钱若水拜见陈希夷时，陈希夷正和一个老和尚围着火炉坐着，老和尚仔细看了看钱若水，用火钳子在灰烟上写道:“做不得。”然后慢慢说:“是个急流勇退的人。”后来再去拜访，陈希夷说:“我开始时见你神气清朗，认为可以成神仙。当时请麻衣道人来辨识，他说你只可以做到公卿而已。”

耳白于面　欧阳公耳白于面，名满天下；唇不着齿，无事得谤。

[译文]　欧阳修的耳朵比脸还白，天下闻名；但嘴唇包不住牙齿，所以会没来由地遭到别人毁谤。

始相人　史佚始相人，一云姑布子卿风鉴，内史服唐举，吕公通其术，伯益始相马。

[译文]　史佚最先开始给人相面，另一种说法是姑布子卿开始通过观察人的风度相面，内史服唐举、吕公都精通这种相面的方法，伯益最先相马。

柳庄相　明袁珙遇僧道衍于嵩山寺，相之曰："目三角影白，形如病虎，性嗜杀人，他日刘秉忠之流也。"后衍荐珙于北平酒肆中，识燕王，即相为太平天子。其子忠彻亦善相，燕王命其遍相谢贵诸人，而后靖难。

[译文]　明代的袁珙在嵩山寺遇到了僧人道衍，袁珙给他相面后说："长着三角眼，眼白还多，体形像生病的老虎，天性喜欢杀人，以后一定是像刘秉忠一类的人物。"后来道衍推荐袁珙在北平的小酒馆里结识了燕王朱棣。袁珙给他相面后，称他为"太平天子"。袁珙的儿子袁忠彻也善于相面，燕王朱棣让他把谢贵等人全相了一遍，而后发动了靖难之役。

好相人　单父人吕公，好相人，见季状貌，奇之，因妻以女，乃吕后也。

[译文]　单父的吕公喜欢给人相面，看到刘邦的面貌，感到很惊奇，于是把女儿嫁给他，就是后来的吕后。

有封侯骨　汉翟方进少孤，事后母孝。尝为郡小吏，为诸掾所詈辱，乃从蔡父相，大奇之，曰:“小吏有封侯骨。”遂辞母，游学长安。母怜其幼，随之入京，织履以给，卒成名儒，举高第，拜相，封高陵侯。

［译文］　汉代的翟方进小时候就死了父亲，侍奉母亲非常孝顺。曾经在郡中当小吏，被其他小吏辱骂，于是就请蔡父给他相面，蔡父感到非常奇怪，说:“你这个小吏有封侯的骨相。”于是他辞别母亲，去长安游学。他母亲怜爱他年纪小，就随他一起进京，织鞋来供他读书，他最终成了有名的儒生，被举荐做官，后来担任丞相，被封为高陵侯。

五老峰下叟　五代黄损，与桑维翰、宋齐丘尝游五老峰，见一叟长啸而至，相维翰曰:“子异日作相，然而狡，狡则不得其死。”相齐丘曰:“子亦作相，然而忍，忍则不得其死。”独异损曰:“子有道气，当善终。”其后维翰相晋，齐丘相南唐，皆见杀，世以为前定。而损仕梁，官左仆射，雅以诗文名。

［译文］　五代时的黄损和桑维翰、宋齐丘曾经去游览五老峰，看见一个老者长啸着到来，看了桑维翰的面相后说:“你以后会做到宰相，但是太狡猾，狡猾就不得好死。”再看宋齐丘说:“你也会做宰相，但为人太残忍，残忍的人也会不得好死。”唯独觉得黄损很奇异，说:“你有修仙得道的气质，当会善终。”后来桑维翰担任后晋的宰相，宋齐丘担任南唐的宰相，但都被杀死了，世人都认为这是命中注定的。而黄损在后梁做官，担任左仆射的职务，向来以诗文著称于世。

贵不可言　蒯彻以相术说韩信曰:“相君之面，不过封侯；相君之背，贵不可言。”

[译文] 蒯彻用相面的方法来游说韩信，说：“看你的面相，只不过被封侯；但看你的背，则显贵得无法言说。”

龟息 李峤母以峤问袁天纲，答曰：“神气清秀，恐不永耳。”请伺峤卧，而候鼻息，乃贺曰：“是龟息也，必贵而寿。”

[译文] 李峤的母亲向袁天纲问儿子面相，他回答说：“神情气质清丽隽秀，只恐怕活不长。”然后他请求等到李峤入睡时听他鼻子发出的气息，听过就祝贺说：“这是‘龟息’啊，必然显贵且长寿。”

葬

客土无气 浮图泓师与张说市宅，视东北隅已穿二坎，惊曰：“公富贵一世矣，诸子将不终。”张惧，欲平之。泓师曰：“客土无气，与地脉不连，譬如身疮痏，补他肉无益也。”

[译文] 泓师和尚帮张说去买坟地，看到东北角已挖出了两道坎，大吃一惊说：“大人享受一辈子的富贵了，但您的儿子们将无法保全到最后。”张说很害怕，想要填平那两个坎。泓师说：“别处的土无地气，和地脉不相连接，就如同身上长了疮，用别处的肉来补也没有用。”

折臂三公 晋有术士相羊祜墓当有授命者，祜闻，掘断地势，以坏其形。相者曰：“尚出折臂三公。”祜后堕马折臂，位至三公。

[译文] 晋朝有一个术士看了羊祜的祖墓，认为会有接受天命的人出现，羊祜听了，就去挖断了地脉，破坏了风水。相士说：“即使这样做，也能出现断臂的三公。”羊祜后来从马上坠落到地上，摔断了手臂，但后来还是位居三公。

冢上白气 萧吉经华阴，见杨素冢上白气属天，密言之炀帝，曰：“素家当有兵祸，灭门之象。改葬，庶可免！”帝从容谓玄感，宜早改葬。玄感以为吉祥，托言辽东未灭，不遑私事。未几，以谋反灭。

[译文] 萧吉经过华阴的时候，看到杨素的坟墓上冒出白气，直连天上，就秘密地告诉隋炀帝，说：“杨素家会有兵祸发生，还有被灭族的迹象。如果改葬，或许可以避免。”隋炀帝就从容地告诉了杨玄感，并劝他应该早点改葬。杨玄感认为这是吉祥的兆头，就借口辽东还没有平定，没时间考虑私事。没多久，他就因为谋反而被杀掉了。

示葬地 孙钟种瓜为业。一日，三人造门，钟设瓜分饮，三人曰：“示子葬地，下山百步，勿反顾。”钟不六十步，回首见三白鹤飞去，遂葬其母，钟后生坚。

[译文] 孙钟把种瓜当作产业。有一天，有三个人来拜访，孙钟摆瓜设酒招待他们。三个人说：“告诉你一个葬人的宝地，下山走一百步，不要回头。”孙钟走了还不到六十步，回头看见有三只白鹤凌空飞去，于是就在那里安葬了他的母亲，孙钟后来就有了儿子孙坚。

相冢书 方回著《山经》，有曰：“山川而能语，葬师食无所；肺腑而能语，医师色如土。”

[译文] 方回撰著《山经》，书里说：“如果山川会说话，风水先生就没有吃饭的地方了。如果肺腑能说话，医生就会饿得脸色如土了。”

风水地理 禹始肇风水地理，公刘相阴阳，周公置二十四局，汉王况制五宅姓，管辂制格盘择葬地。

[译文] 大禹最先兴起了看风水地形的习俗，公刘最先观察阴阳，周公最先设置了二十四局，汉代的王况制定了五宅姓，管辂制作了格盘来选择安葬的地方。

不卜日 汉吴雄官廷尉。少时家贫，母死，葬人所不封之地，丧事促办，不择日。术者皆言其族灭，而子䜣、孙恭，并三世为廷尉。

[译文] 汉代的吴雄担任廷尉的职务。小时候家里很贫困，母亲去世，只好葬到别人不要的地方，丧事办得很急促，也没有占卜日期。风水先生都说他们的家族要灭亡了，但他的儿子吴䜣、孙子吴恭，三世都担任廷尉的官职。

真天子地 明王贤尝梦人授以书：读此可以绯，不读此止衣绿。数日于路得一书，视之，《青乌说》也。潜玩久之，乃以善地理闻。时为钧州佐，上取以往命相地，得窦五郎故址，曰：“势如万马，自天而下，真天子地也。”

[译文] 明代的王贤曾经梦到有人传授给他一本书，说：“读这本书可以做到穿绯红色衣服的大官，不读这本书只能做到穿绿色衣服的小官。”几天后，他在路边捡到一本书，看了一下，原来是

《青乌说》。藏起来读了很长时间，于是渐渐因为精通堪舆而知名。当时担任钧州的佐官，皇上召令他挑选陵墓之所，他看到了窦五郎以前的旧址，说："这里有万马奔腾之势，自天而降，真是安葬天子的好地方啊！"

鸟山出天子　梁武帝时谣曰："鸟山出天子。"故江左山以鸟名者皆凿，惟长兴雉山独完。后陈武帝霸先祖坟发此，其谣竟验。

[译文] 梁武帝时有童谣说："鸟山出天子。"因此把江南凡是用"鸟"来命名的山都凿开，只有长兴的雉山完好无损。陈武帝陈霸先的祖坟就在这里，那个童谣最终应验了。

堪舆　扬子："属堪舆以壁垒兮。"《注》："堪舆，天地总名也。"今人称地师曰堪舆。

[译文]《扬子》里说："属堪舆以壁垒兮。"注释说："堪舆，是天和地的总名。"现在人把"风水先生"称为"堪舆"。

凿方山　秦始皇时，术者言金陵有天子气，乃遣朱衣三千人凿方山，疏淮水，以断地脉。

[译文] 秦始皇时期，有相士说金陵有天子之气，秦始皇就派遣了三千人穿着红色衣服，前来凿断方山，疏通淮水，来掘断那里的地脉。

牛眠地　陶侃将葬亲，忽失一牛，不知所在。遇老父曰："前冈见一牛眠处，其地甚吉，葬之，位极人臣。"侃寻之，因葬焉。

[译文] 陶侃将要埋葬亲属，忽然丢失了一头牛，不知跑到了哪里。遇到一个老人说："前边山冈上有一头牛卧在那里睡觉，那个地方

非常吉利，把那里作为坟茔，后人一定会位极人臣。”陶侃找到牛的所在，就把亲人葬在了那里。

卜算

君平卖卜　汉严君平隐于成都，以卜筮为业，见人有邪恶者，借蓍龟为正言利害：与人子言依于孝，与人弟言依于悌，与人臣言依于忠。各因势导之，以善裁之。日阅数人，得百钱足自养，即闭肆下帘，讲《老子》。

［译文］　汉代的严君平在成都隐居，靠为人占卜为生，如果看到来占卜的人将要做坏事，就借着卦象用严肃的话来陈说利害：对儿子说要孝顺父母，对弟弟说要尊敬哥哥，对臣子说要尽忠君王。对待不同的人进行不同的引导，用善意来帮他们决断。每天要见好几个人，赚到一百个钱足够养活自己，就关门放下帘子，给弟子们讲解《老子》。

青丘传授　唐王远知善《易》，知人生死，作《易总》十五卷。一日雷雨，云雾中一老人叱曰：“所泄书何在？上帝命吾摄六丁追取。”远知跪地。老人曰：“上方禁文，自有飞天神王保卫，何得辄藏箱帙？”远知曰：“是青丘元老传授也。”老人取书竟去。

［译文］　唐代的王远知精通《周易》，能预知人的生死，撰写了十五卷的《易总》。有一天打雷下雨，云雾中出现一个老人呵斥他说：“那本泄露天机的书在哪里？上帝命我带领六丁来追取。”王远知跪在地上。老人说：“上天的禁书，自然有飞天神王来保卫，你怎

么敢偷偷藏在箱子里？”王远知说：“这书是青丘元老传授给我的。”老人取了书后就离开了。

青囊经　郭璞受业于河东郭公，公以《青囊书》九卷与之，遂洞五行、天文、卜筮之术，禳灾转福，通致无方。后《青囊书》为门人赵载所窃，未及开读，为火所焚。

［译文］　郭璞的老师是河东的郭公，郭公给了郭璞九卷《青囊书》，于是郭璞就精通了五行、天文、卜筮的道术，可以祛除灾祸，转为福禄，无所不会。后来《青囊书》被门人赵载偷走，还没来得及打开阅读，就被火焚烧了。

震厄　王丞相令郭璞作一小卦，卦成，意色甚恶，云：“公有震厄。”王问：“有何消弭否？”郭曰：“命驾西出数里，得一柏树，截断如公长，置床上常寝处，灾可消矣。”王从其语。果数日中震，柏粉碎。

［译文］　王丞相让郭璞算一个小卦，算成之后，郭璞看上去脸色很难看，他说：“大人会有雷击的灾祸。”王丞相问：“有什么办法可以消灾吗？”郭璞说：“请您坐着马车往西走几里路，会看到一棵柏树，照您的身高截下一段，拿回来放在床上您常睡觉的地方，灾祸就可以消除。”王丞相听从了他的话。几天后，果然打雷劈中了那段木头，木头被雷击得粉碎。

蓍筮掘金　晋隗炤，善《易》。临终，书板授妻，曰：“后五年春，有诏使姓龚者来，尝负吾金，即以板往责。”至期，果至。妻执板往。龚使惘然良久，乃悟，取蓍筮之，歌曰：“吾不负金，汝夫自有金。知我善《易》，故书板以寓意耳。金五百斤，在屋东，去壁一丈许。”掘之，如卜。

[译文] 晋代的隗炤，精通易理。他临终前在木板上写好字给妻子，说：“五年后的春天，皇上会下诏书让一个姓龚的使者来这里，他曾经欠了我的钱，你就拿这块木板去向他讨债吧。”到了日子，姓龚的使者果然来了。他的妻子拿着木板去了。龚使者迷茫了很久，才醒悟，就取出蓍草占卜，唱道：“我不欠你钱，你家自有钱。知道我擅长易理，因此写木板寄寓我的心意。有五百斤黄金，就在屋子东边，离墙有一丈远。”妻子挖掘，果然和占卜的一样。

占算辄应 唐闭珊居集，雟益人，精卜筵之学。其法用细竹四十九枝，或以鸡骨代之，占算辄应。夷中称为筵师。

[译文] 唐代的闭珊居集是雟益人，精通算卦的学问。他的方法是用四十九支细竹竿，或用鸡骨头来代替，算卦总是很灵验。夷中人称他为筵师。

京师火灾 郎颛父宗，治京房《易》，善风角星算，六日七分，能望气占候。为吴县吏，见暴风卒起，知京师有火灾，记时日，果如其言。

太卜郑詹尹尝为屈原决疑。

[译文] 郎颛的父亲郎宗，研究京房《京氏易》的学问，善于风角星算的道术以及六日七分之类的算封之术，还能观察气色占卜吉凶。他在吴县做小吏的时候，看到突然起了大风，就知道京城会发生火灾，记下当时的时间，后来果然像他说的一样。

太卜郑詹尹曾经为屈原解决疑难。

飘风哭子　管公明在王弘直坐，有飘风高二尺，在庭中，从申上来，幢帜回转。公明曰：“东方有马吏至，恐父哭子。”明日吏至，弘直子果死。

伏羲始制占卦卜龟，神农始制揲蓍。颛顼始设兆为玉兆，帝尧制瓦兆。师旷制谶，鬼谷子即王诩制镜听。汉武帝制鸡卜，令军中用之。张良制灵棋，十二子，分上中下掷。京房制易课，始钱卜。王远知制玄女课，邵尧夫拆字观梅数。后魏孙绍始推禄命，唐李虚中始探生人年月日时所值生旺死衰。一云李师中来自西域。

徐子平，名居易，作《子平今宗》。《宋史》：徐彦升、鬼谷子作纳音。赵达始阐《九宫算》。北齐祖亘作《缀术》。

[译文]　管公明在王弘直家里闲坐，突然庭院中起了高二尺的大风，从西南申方吹来，旗子被吹得旋转起来。管公明说：“东方有骑着马的小吏到来，恐怕有父亲要哭儿子了。”第二天就有小吏到来，王弘直的儿子果然去世了。

伏羲最先制作了算卦用的卜龟，神农最先制作了算卦用的蓍草。颛顼最先把龟甲上的裂缝称为玉兆，尧帝制作了瓦兆。师旷最先创作了谶语，鬼谷子也就是王诩发明了镜听的占卜法。汉武帝制作了用鸡骨头占卜的方法，让军中使用它。张良制作了灵棋，共有十二个子，分为上中下掷。京房制作了易课，开始用铜钱占卜。王远知制作了玄女课，邵尧夫用拆字和观梅数来占卜。后魏的孙绍最先推算人的禄命，唐代的李虚中最先研究一个人出生的年、月、日、时的生死兴衰，另外，有人说李虚中来自西域。

徐子平，名字叫居易，撰作了《子平今宗》一书。现在人使用的都是宋末徐彦升整理的《渊海子平》。鬼谷子撰作了《纳音》。赵达最先阐释了《九宫算》。北齐的祖亘撰作了《缀术》一书。

各卜　鸟卜者，东女国初岁入山，有鸟来集掌上，如雌雉，破腹视之，有粟年丰，砂石为灾。钱卜者，西蜀君平以钱卜。诗曰：岸余织女支机石，井有君平掷卦钱。瓦卜，病赛乌称鬼巫，占瓦代龟。棋卜者，黄石公用之行师。鸡卜，柳州洞民以鸡骨卜年。胡人以羊胫骨卜吉凶。苗人以鸡蛋卜葬地。响卜者，李郭、王建皆怀镜以听词。

［译文］　所谓鸟卜，是东女国初入山时，有一只鸟飞过来在手掌上停住，就像是母野鸡，剖开它的肚子来看，如果肚子里有粟米的话就表示今年是丰收之年，如果有砂石就表示会有饥荒。钱卜，是西蜀严君平用铜钱来占卜的方法。有诗曾说："岸余织女支机石，井有君平掷卦钱"。瓦卜，就像唐代元稹的诗里所说："病赛乌称鬼，巫占瓦代龟。"棋卜，是黄石公行军打仗时用的。鸡卜，是柳州的洞民用鸡骨来占卜年成的。胡人用羊胫骨来占卜吉凶。苗人用鸡蛋占卜葬地。所谓响卜，李郭、王建都怀揣着镜子来听卜辞。

为上皇筮　全寅，山西人。少瞽，学京房《易》，占断多奇中。上皇在北，遣使命镇守。太监裴当问寅，寅筮得《乾》之初九，附奏曰："大吉。龙，君象也，四，初之应也。龙潜跃，必以秋应，以庚午浃岁而更；龙，变化之物也，庚者，更也。庚午中秋，车驾其还乎！还则必幽勿用。故曰：或跃应焉。或之者，疑之也。后七八年必复位。午，火德之正也。丁者，壬之合也。其岁丁丑，月壬寅，日壬午乎！自今岁数更，九跃则必飞。九者，乾之用也，南面子冲午也，故曰大吉。"上复位，授寅锦衣卫百户。

［译文］　仝寅是山西人。小时候眼睛就失明了，学习《京氏易》，占卜往往很灵验。明英宗被瓦刺俘虏到北方以后，派遣使者镇守。

太监裴当来询问仝寅，仝寅占卜得到“乾”之初九的卦，就上奏说：“这是大吉的卦象。龙是君王的象征，四是最初的兆应。龙潜伏后跃起，一定是对应了秋天，在庚午浃岁时改变；龙，是善于变化的神物，庚就是更。庚午中秋大概陛下就会回来！回来一定会暂时幽闭而不能复位。所以说：‘或跃应焉’。说‘或’，就是表示怀疑。但再过七八年一定回复帝位。午是火德的正位。丁，是合于壬的。那一定是丁丑年，壬寅月，壬午日吧！从今年开始多次改变，九次跃起则一定会飞龙在天。九，是乾的运用，南面子冲午，所以说是大吉大利。”明英宗恢复帝位后，就授予仝寅锦衣卫百户。

占与仝合　万祺少与异人遇，相之曰：“有仙骨，否则极贵。”因与一书，乃禄命法也。于是研精于卜，以吏员办事吏部。公卿贵戚神其术，考授鸿胪寺序班，升主簿。景帝召见，有言辄验。赐白金、文绮。景帝不豫，太子未定，石亨以问祺，祺曰：“皇帝在南宫，奚事他求？”其占复辟日时，与仝寅合，后官至尚书。

［译文］　万祺小时候遇到一位奇人，那人给他相面后说：“你长得有仙骨，即使不成仙也可以极为尊贵。”于是给了他一本书，是《禄命法》。在这之后他精心钻研占卜，后来以吏员的身份到吏部任职。公卿贵戚都觉得他的占卜很神奇，考核后授予他鸿胪寺序班的职位，又升任了主簿。景帝召见他，他的占卜都应验了，景帝就赐给他白金、文绮。景帝身体不适，但太子还没有确定下来，石亨就来拿这件事问万祺，万祺说：“皇帝（明英宗）就在南宫，为什么还要到别的地方去寻找呢？”他所占卜的复辟的时间，和仝寅一样，后来他官至尚书。

当有圣母出　《东汉书》云：王翁孺徙魏郡委粟里。元城建公曰："昔春秋沙麓崩。晋史卜之，曰：后六百四十五年，当有圣母出。今翁孺徙居，正值其地，日月当之。"后翁孺子禁，生元后。平帝幼，后果临朝称制。

[译文]《汉书》记载：王翁孺迁到魏郡的委粟里。元城建公说："从前春秋时沙麓崩塌。晋国的史臣占卜说：六百四十五年后，当有圣母出。现在王翁孺搬迁，正好迁到这个地方，时间也和卜辞相一致。"后来王翁孺的儿子王禁生下了女儿，成为汉元帝的皇后。汉平帝年幼，她果然就上朝听政了。

占定三秦　汉扶嘉，其母于万县之汤溪水侧，感龙生嘉，预占吉凶，多奇中。高祖为汉王时召见，以占卜劝定三秦，赐姓扶氏，谓嘉志在扶诩也。拜廷尉，食邑朐䏰。

[译文]　汉代的扶嘉，母亲在万县汤溪的水边，因受到龙的感应而生下了扶嘉。他预测吉凶常常很灵验。汉高祖还是汉王时召见他，他占卜之后，劝刘邦平定三秦，所以刘邦给他赐姓扶，是说他有志于扶助汉室。后来被授予廷尉的职位，把朐䏰封作食邑。

拆字　杂技

朝字　开元时，有术士以拆字驰名。唐玄宗书一"朝"字，令中贵持往试之。术士见字，即端视中贵人曰："此非观察所书也。"中贵人愕然曰："但据字言之。"术士以手加额曰："朝字，离之为十月十日，非此月此日所生之人，天人，当谁书也！”一座尽惊，中贵驰奏。翌日召见，补承信郎，赐赍甚厚。

[译文] 开元年间，有个术士以擅长拆字而闻名。唐玄宗写了一个“朝”字，让一个宦官拿着去测试他。术士看到字，就仔细看了看宦官，说：“这不是您写的字啊。”宦官惊讶地说：“你只管根据字说吧。”术士把手放到额头上说：“‘朝’字，分拆开来就是十月十日，若不是这一月这一天出生的人，除了天子，还能是谁写的呢！”在座的人都大吃了一惊，宦官骑马回去禀报。第二天皇帝召见了他，补任承信郎，赏赐丰厚。

杭字 建炎间，术者周生，视人书字分配笔画，以判休咎。车驾往杭州时，金骑惊扰之余，人心危疑。执政呼周生，偶书“杭”字示之。周曰：“惧有惊报，虏骑相逼。”乃拆其字，以右边一点配“木”上，即为“兀术”。不旬日，果得兀术南侵之报。

[译文] 建炎年间，有一个叫周生的术士，可以根据别人写的字拆分笔画来判断吉凶。宋高宗逃往杭州的时候，在被金兵惊扰之下，人心惶惶。当时的宰相叫来周生，宋高宗随便写了一个“杭”字让他看。周生说：“恐怕有让人惊慌的事情禀报，金兵又要进逼了。”他拆解了这个字，把右边那一点配在“木”字上，就成了“兀术”。不到十天，果然就得到金兀术南下入侵的报告。

串字 一士人卜功名，书一“串”字问周生，生曰：“不特登科，抑且连捷。”以串字有两中字也。果应其言。下科一人侦知之，往问功名，亦书一“串”字，周生曰：“亲翁不特不中，还防有病”。士人曰：“如何一字两断？”周生曰：“前某公书串字，出于无心，故断其连捷；今书串字，出于有心，是‘患’字也，焉得无病！”

[译文] 有一个读书人占卜自己的科举功名，写了一个“串”字询问周生，周生说：“不但能够及第，而且会是连连高中。因为‘串’字里有两个‘中’字。”后来果然应验了他的话。考下一科的考生有一个人听了这个故事，也来问功名，也写了一个“串”字，周生说：“你不但不会考中，还要小心会生病。”那个读书人就问：“同样一个字为什么有两种解释？”周生说：“前边那个人写‘串’字，是出于无心，所以预言他会连中；现在你写这个串字，是有心的，所以就成了‘患’字，怎么能没有病呢！”

春字 高宗命周生拆一“春”字，周生言：“秦头太重，压日无光。”忤相桧，死于戍。

[译文] 宋高宗让周生拆解一个“春”字，周生说：“‘秦’字头太重，压得下面的‘日’没有了光芒。”因此忤逆了丞相秦桧，后来死在了被流放的地方。

奇字 贾似道有异志。一术士能拆字，贾以策画地作“奇”字与之。拆术者曰：“相公之事不谐矣！道立又不可立，道可又立不成。”公默不语，遣之去。

[译文] 贾似道有叛离之心。一个术士能拆字，贾似道就用马鞭在地上写了一个“奇”字给他拆。术士说：“大人的事办不成了！说‘立’又不可立，说‘可’又不可。”贾似道默不作声，打发他离开了。

也字 有朝士，其室怀娠过月，手书一“也”字，令其夫持问谢石。石详视谓朝士曰：“此尊阃所书否？”曰：“何以言之？”曰：

“为语助者‘焉哉乎也’，固知是内助所书。”问:“盛年卅一否?以也字上为卅，下为一也。”朝士曰:“吾官欲迁动，得如愿否？”石曰:“也字着水为池，倚马为驰。今池则无水，驰则无马，安能迁动？”又问:“尊阃父母兄弟当无一存者，即家产亦当荡尽。以也字着人则是‘他’字，今独见也并不见人；着土为‘地’，今不见土，故知其无人，并无产也。”朝士曰:“诚如所言。然此皆非所问者，所问乃怀娠过月耳。”石曰:“得非十三月乎?以也字中有‘十’字，并旁二竖为‘十三’也。”石熟视朝士曰:“有一事似涉奇怪，欲不言，则所问又正为此事，可尽言否？”朝士请竟其说。石曰:“也字着虫为虵（蛇）字，今尊阃所娠，殆蛇妖也。然不见虫，则不能为害，石亦有药，可以下之，无苦也。”朝士大异其说，固请至家，以药投之，果下数百小蛇。都人益共奇之，而不知其竟挟何术。

［译文］ 有一个朝廷官员，妻子怀孕超过了正常的月份，就手写了一个“也”字，让丈大拿着去询问谢石。谢石仔细看了看，对他说:“这是您夫人写的吗？”官员说:“为什么这么说呢？”谢石说:“因为写的是语助词‘焉哉乎也’中的字，所以就知道是您的贤内助所写的。”又问:“她的年龄是三十一岁吧?因为‘也’字上面是‘卅’，下边是‘一’。”官员问:“我的官位想要升迁，能够如我所愿吗？”谢石说:“‘也’字加水旁就是‘池’，靠着马就是‘驰’。现在‘池’却没有水，‘驰’也没有马，怎么能升迁呢？”又问说:“您夫人的父母兄弟应当没有人在世了吧，家产也差不多荡然无存了。因为‘也’字加人字就是‘他’，现在只见‘也’却不见‘人’；加土字就是‘地’，现在不见土，所以知道她既无‘人’，也无产业了。”官员说:“确实如你所说。不过这些都不是我想要问的问题，我要问的是怀孕超过月份的事情。”谢

石说:“难道要十三个月吗?因为‘也’字中间有‘十’字,加上旁边的两竖就是‘十三’。”谢石认真看了看官员说:“有一件事我觉得怪异,本想不说,但你问的又正好是这件事,我能全都说出来吗?”官员请他说完。谢石说:“‘也’字加‘虫’就是虵字,现在您夫人所怀的,恐怕是蛇妖。不过现在不见‘虫’字,就不会成为祸害。我这里有药,可以打胎,也不会痛苦。”官员对他的说法感到大为吃惊,坚持要请他到家里,用药给夫人服用,果然产下几百条小蛇。京城的人也都更加感到惊奇,不知道他到底用的什么方术。

囚字 郑仰田少椎鲁,不解治生,父母恶之,呼泣于野。老僧遇之,曰:“吾迟子久矣。”偕入山,授之青囊、壬遁诸之术,于是言祸福无不中。魏阉召之问数,指“囚”字以问。仰田曰:“此中国一人也。”阉大悦。出谓人曰:“囚则诚囚也!吾诡辞以逃死耳。”

[译文] 郑仰田年少时很愚笨,不懂得去经营生计,父母都很厌恶他,他就在野外哭泣。有个老和尚碰见他,说:“我等你很久了。”老和尚带他进山,传授给他青囊、壬遁等法术,于是他预测吉凶祸福没有不灵验的。宦官魏忠贤召见他询问运数,指着“囚”字来问他,郑仰田说:“这说的是国中第一人。”魏忠贤很高兴。郑仰田出来对人说:“囚就是囚犯的意思!我只不过是用假话逃命罢了。”

洴澼纩 《庄子》:宋人有善为不龟手之药者,世以洴澼纩(洴澼,洗也。纩,绵也。有不龟手之药,而以洗绵为业)。客闻之,请买其方百金。于是聚族而谋曰:“我世为洴澼纩,不过数金;今一朝为鬻技,得百金,请与之。”客得之,以说吴王。吴王使之将,冬与越人水战，大败越人，裂地而封。夫不龟手，一也；或以封，或不免洴澼纩，则所用之异也。

[译文]《庄子》中说：宋国有人善于制作不冻裂手的药，所以他家世代以漂洗丝绵为业（洴澼，是洗的意思。纩，就是丝绵。因为有不让手冻裂的药，所以以洗绵为业）。有客人听到了这件事，就请求用一百金购买他的秘方。他召集族人商量说："我们家世代漂洗丝绵，也只不过能赚得几金而已。现在一下把药方卖了，就可以得到一百金，请求大家允许卖给他吧。"客人买到了这个方子，去游说吴王。吴王让他做了将军，冬天和越国打水战，大败了越国人，并因此而得到封地。不龟裂手的药，是一样的；有人因它而获得封地，有人却不免用来继续洗丝绵，是因为用的地方不一样啊。

轮扁斫轮　《庄子》：齐桓公读书于堂上，轮扁斫轮于堂下，释凿问曰："君之所读者，古人糟粕已夫。臣斫轮，不徐不疾，得之于心，应之于手，口不能言，有数存焉。臣不能以喻臣之子，臣之子不能受之于臣，行年七十而老于斫轮。"

[译文]《庄子》中说：齐桓公在堂上读书，轮扁在堂下削制车轮，他放下凿子问道："您所读的书，是古人的糟粕罢了。我削制的车轮，不慢不快，心里明白，手里就能做出来，嘴里虽然说不出方法，但却心里有数。我教不会我的儿子，我的儿子也没法跟我学习，我已经七十岁了却还在削制车轮。"

屠龙技　《庄子》："朱泙漫学屠龙技于支离，殚千金之产，以学屠龙，三年技成，而无所用其巧。"

[译文]《庄子》中说：朱泙漫向支离益学习屠龙的技巧，用完了千金的家产，用来学习屠龙，三年后技能学成，却没有地方施展他

的技巧。

象纬示警 王振劝上亲征瓦剌也先，百官伏阙上章恳留，不听。少顷居庸至宣府败报踵至，扈从连章留驾。王振大怒，皆令掠阵。至大同，振进兵益急，钦天监彭德清斥振曰:“象纬示警，不可复前。若有疏虞，陷乘舆于草莽，谁执其咎？”振怒詈之，遂致土木之变。

［译文］ 宦官王振谏劝明英宗亲征讨伐瓦剌首领也先，文武百官在朝堂上叩头恳求皇帝留下，却不听从。过了不久，从居庸关到宣府，战败的消息接踵而至，随从的官员接连上奏章恳求皇上留下来。王振大怒，让这些人都到军中去压阵。到了大同，王振进兵更加急迫，钦天监彭德清斥责王振说:“天象示警，不可以再往前走。如果出现疏漏，把陛下陷于敌手，谁能承担这个罪过？”王振怒骂了他，最终导致了土木之变。

文白对照经典全译

【四】

【明】张岱 著

杨四平 杨柏林 译

贵州出版集团
贵州人民出版社

目录

卷二十　方术部

卷十五　外国部

夷语

撑梨孤涂　匈奴称天为“撑梨”，称子为“孤涂”。戎索，夷法也。鞮鞻，夷乐官名。倓，夷赎罪货也。喽丽，南方夷语也。象胥，译语人也。款塞，款，叩也。驰义，慕义而来也。区脱，胡人所作以备汉者也。阏氏（音胭脂），单于之后也。裨王，匈奴小王也。藁街，蛮席之馆，汉时所立。毤毼（音兜达），夷服。谷蠡（音鹿厘），匈奴名。雁臣，北方酋长秋朝洛阳，冬还部落，谓之雁臣。天兄日弟，倭国王以天为兄，以日为弟。未明时出听政，日出便停理务，曰“以委吾弟”。賨幪，蛮夷布也。鞠角，朝鲜列水之间曰鞠角。犛薄，旄牛。徼外，夷地。绝幕，幕，沙漠之地也；直度曰绝。白题，国名。汉颖侯斩白题将一人。戎狄荐居，聚而居也。魋结，匈奴束发之形也。休屠，匈奴君长。浑邪，亦匈奴之属。作丘蝃林（蝃音带），匈奴祭也。龟兹（音纠慈），国名。（《汉书》作丘慈；《后汉书》作屈沮。）乌孙，国名。（《吕氏春秋》作户孙。）焊粥（音熏育），《五帝纪》：“北逐焊粥。”冒顿（音幕突），匈奴名。日磾（音密底），人名。令支（令音零），国名。乌托（音鸦茶），国名。朝鲜（音招先），日初出，即照其地，故名。近读为“潮”，非。可汗（音克寒），匈奴主号也。唐时匈奴尊天子为天可汗。弓闾，出《卫青传》，即穹庐也。辒辌，匈奴车也。革笥木荐，《治安策》：匈奴之革笥木荐，盾之属也。左薁健，匈奴王号。强犷，戎夷强犷。犷，粗恶貌。呼韩邪，汉单于名。屠耆，匈奴俗谓贤曰屠耆。赞普，吐番俗谓强雄曰赞，谓丈夫曰普，故号其君长曰赞普。牙官，戎狄大官之称。叶护，回纥俗谓其太子曰叶护。南膜，胡人礼拜曰南膜，即今之称佛号曰“南无”也。徼人，界外之人也。那颜，华言大人也。者，华言是也。身毒（音捐烛），西域国名。熐蠡（音觅螺），匈奴聚落也。襜褴（音担蓝），一名临驷，代北胡名。三表五饵，三表，谓仁、信、义也；五饵，谓以声色、车服、珍珠、室宇娱幸，环其耳、目、口、腹、心也。二庭，谓南北单于也。卢龙，即里永也，属辽西，今属永平府。北人呼里为卢，呼永为龙。吐谷浑，慕容廆之庶兄也，后因号其国。丏月，突厥中有丏月城。越裳南蛮，即九真也。殊裔遐圻，言化协殊裔，风衍遐圻。竫人（竫音净），小人也。柳子厚诗：“竫人长九寸。”海外有竫人国。月氏（音肉支），西域国名。楼烦、白羊，匈奴地名。白登，今在大同，上有白登台。夜郎，夷地，今属贵州。蛮烟棘雨，夷地风景也。筰关，西南夷地。邛筰，今属叙州。冉駹，西夷二族。羌棘，西南夷地。龙城，西夷。朔方，今属宁夏。大宛，西域国名。于寘，西域国名。越隽，今属邛州。玄菟，朝鲜郡名。受降城，汉武帝遣公孙敖塞外筑城也。庐朐，匈奴中山名。渠犁，西域国名。楼兰，西域国名。鬴锼，《匈奴传》：多鬴锼爇炭，重不可胜。比棘，辫发之饰。径路留犁，径路，匈奴宝刀也；留犁，饭匕也。根肖速鲁奈奈，榜葛剌国歌舞侑酒者，曰根肖速鲁奈奈。坚昆国，其人赤发、绿瞳。李陵居其地，生而黑瞳者，必曰陵苗裔。阴山，汉武帝夺其地，匈奴过此者，未尝不哭。逻些城（些项），土番都城。徼外（徼音教）东北谓之塞，西南谓之徼。羸陵（音连篓），交趾地名。

［译文］ 匈奴人把天称作“撑梨”，把儿子称作“孤涂”。戎索，是夷人的法律。鞮鞻，是夷人乐官的名字。倓，是夷人赎罪的财物。喽丽，是南方夷人的语言。象胥，是翻译者。款塞，款，是

叩的意思。驰义，是仰慕仁义而来的意思。区脱，是胡人建造来防备汉人的工事。阏氏（读作“胭脂”），是单于的皇后。裨王，是匈奴的小王。藁街，蛮人所居住的地方，汉代建立。毾㲪（读作“兜达”），是夷人的服装。谷蠡（读作“鹿厘”），是匈奴的名字。雁臣，北方的酋长秋天到洛阳朝见天子，冬天返回自己的部落，所以称他们为“雁臣”。天兄日弟，倭国的国王把天当做兄长，把日当作弟弟。天还没有明的时候就上朝听政，太阳出来就停止处理政事，说“委托给弟弟”。賨幪，是蛮夷人的布匹。鞠角，朝鲜的列水之间叫作鞠角。氂薄，指的是旄牛。徼外，是夷人的地方。绝幕，“幕”，说的是沙漠，直接穿过叫作“绝”。白题，是国家的名字。汉代的颍阴侯曾斩过白题国一个将领。戒狄荐居，就是聚集居住的意思。魋结，是匈奴人捆扎头发的形状。休屠，是匈奴的君长。浑邪，也是匈奴之类。作丘蟒林（蟒读作带），是匈奴的祭祀。龟兹（读作“纠慈”），是国家的名字。（《汉书》写作“丘慈”；《后汉书》写作“屈沮”）。乌孙，国家的名字。（《吕氏春秋》写作“户孙”）。焊粥（读作“熏育”），《史记·五帝本纪》记载：“向北追赶焊粥。”冒顿（读作“幕突”），匈奴的名字。日磾（读作“密底”），人名。令支（“令”读作“零”），国家的名字。乌托（读作“鸦茶”），国家的名字。朝鲜（读作“招先”），太阳刚出来，就照在那片土地上，所以叫这个名字。近来读为“潮”，是不对的。可汗（读作“克寒”），匈奴君主的尊号。唐代时匈奴尊称唐代天子为天可汗。弓间，出自《卫青传》，说的是穹庐。辒辌，是匈奴的车子。革笥木荐，《治安策》中说：匈奴之革笥木荐，是盾一类的东西。左薁健，是匈奴的王号。强犷，戎夷强犷。犷，是粗野难看之状。呼韩邪，汉代单于的名字。屠耆，匈奴俗称“贤”为“屠耆”。赞普，吐蕃国俗称强大雄伟的人为“赞”，称丈夫为“普”，所以他们称他们的君王叫

“赞普”。牙官，戎狄国大官的称谓。叶护，回纥国俗称其太子为“叶护”。南膜，胡人称礼拜为“南膜”，就是现在口诵佛号时所说的“南无”。徼人，是界外之人。那颜，就是汉语中的“大人”。者，就是汉语中说的“是”。身毒（读作“捐烛”），是西域的国名。熐蠡（读作“觅螺”），是匈奴的部落。襜褴（读作“担蓝”），又叫作临驷，是代北胡人的国名。三表五饵，三表，说的是仁、信、义；五饵，说的是用声色、车服、珍珠、房屋、娱乐来败坏人的耳、目、口、腹、心。二庭，指的是南北单于。卢龙，就是里永，属于辽西，现在属永平府。北方人把“里”称作“卢”，把“永”称作“龙”。吐谷浑，是慕容廆的族兄，后来以此来称他的国号。丐月，突厥国中有丐月城。越裳南蛮，就是九真。殊裔遐圻，是说教化协调各种不同的民族，风气熏染了遥远的地方。竫人（“竫”读作“净”），说的是小人。柳宗元诗中说：“竫人长九寸。”海外有竫人国。月氏（读作“肉支”），是西域的国名。楼烦、白羊，都是匈奴的地名。白登，位于现在的大同，上面有白登台。夜郎，夷人的地方，现在属贵州。蛮烟棘雨，指夷地的风景。筰关，指西南的夷地。邛筰，现在属叙州。冉駹，是指西夷的两个民族。羌棘，指的是西南夷人的地方。龙城，西边夷人的地方。朔方，现在属于宁夏。大宛，西域的国名。于寘，西域的国名。越雋，现在属于邛州。玄菟，是朝鲜的郡名。受降城，汉武帝派公孙敖在塞外修筑的城池。庐朐，匈奴国的山名。渠犁，西域的国名。楼兰，西域的国名。鬴鍑，《汉书·匈奴传》记载：“多带大锅和柴火，重得不能忍受。”比棘，辫子的饰物。径路留犁，径路，指匈奴的宝刀；留犁，是吃饭用的匕首。根肖速鲁奈奈，榜葛剌国唱歌跳舞劝酒的人，叫作“根肖速鲁奈奈”。坚昆国，那里人长着红头发、绿瞳仁。李陵曾住在那里，生来是黑瞳仁的，都会说是李陵的后代。阴山，汉武帝所夺取的地方，匈奴人路过这里，没有不哭泣的。逻些城（“些”读作“琐”），是吐蕃的都城。徼外（“徼”读作“教”），东北叫作塞，西南叫作徼。羸陵（读作“连篓”），是交趾的地名。

外译

朝鲜国　周为箕子所封国。秦属辽东。汉武帝定朝鲜，置真番、临屯、乐浪、玄菟四郡，昭帝并为乐浪、玄菟二郡，汉末为公孙度所据。传至渊，魏灭之。晋永嘉末，陷入高丽。高丽本扶余别种，其王高琏居平壤城。唐征高丽，拔平壤，置安东都护府。后唐时，王建代高氏，并有新罗、百济，以平壤为西京，历宋、辽、金皆遣使朝贡。元时，西京内属。明洪武初，表贺即位，赐以金印，诰封高丽王。后其主昏迷，推门下侍郎李成桂主国事。寻诏更朝鲜，岁时贡献不绝。万历间，关白寇朝鲜，请救于朝，遣兵征复之。

[译文]　周朝时是箕子的封国。秦朝时属于辽东。汉武帝平定了朝鲜，设置了真番、临屯、乐浪、玄菟四个郡，汉昭帝把它们合并为乐浪、玄菟两个郡，汉朝末年被公孙度占据。传到公孙渊时，被魏国消灭。晋朝永嘉末年，被高丽消灭。高丽本是扶余的分支，他们的君王高琏居住在平壤城。唐朝时征讨高丽，攻克了平壤，设置安东都护府。后唐时期，王建代替高氏，并占有了新罗、百济，把平壤作为西京，经过宋、辽、金三个朝代，都派遣使臣前来朝贡。元朝时，西京归附。明代洪武初年，朝鲜上表祝

贺朱元璋即位，朱元璋赐给他们金印，封他们的君主为高丽王。后来他们的君主昏庸，让门下侍郎李成桂主持国事。不久下诏改名为朝鲜，每年进贡不断。万历年间，日本丰臣秀吉侵略朝鲜，朝鲜求救于明朝，明朝派遣军队征伐并帮助朝鲜复国。

日本国 古倭奴国，其国主以王为姓，历世不易。自汉武帝译通之，光武间始来朝贡。后国乱，人立其女子曰毕弥呼为王，其宗女又继之，后复立男，并受中国爵命，历魏、晋、宋、隋，皆来贡，稍习夏音。唐咸亨初，恶倭名，更名日本，以国近日所出，故名。宋时来贡者，皆礼也。元世祖遣使招谕之，终不至。明洪武初，遣使朝贡，自永乐以来，其国王嗣立皆授册封，其幅员东西南北各数千里，有五畿七道，附庸之国百余。

[译文] 是古代的倭奴国，他们的国主把王作为姓氏，历代都没有变化。从汉武帝时就有翻译来和中国沟通交流，到光武帝时才来朝贡。后来他们的国家发生内乱，国人拥立一个叫毕弥呼的女子为王，她的长女又继承了王位，后来又拥立了男子为王，并领受中国给他们赐封的爵位，经历魏国、晋朝、刘宋、隋朝，都来进贡，并且也稍微学习了些汉语。唐代咸亨初年时，因为不喜欢“倭”这个名字，就把国号改成了“日本”，因为这个国家距离太阳出来的地方很近，所以叫这个名字。宋朝时来进贡的，都是按照礼仪进行的。元世祖派使者告诉他们来进贡，却最终没有来。明代洪武初年，又派使者前来朝贡，从永乐皇帝以来，他们的国王登基都要接受明朝的册封，他们国土面积东西南北各有几千里地，有五畿七道，一百多个附庸国。

琉球国 国主有三：曰中山王，曰山南王，曰山北王。汉魏以来，不通中华。隋大业时，令羽骑朱宽访求异俗，始至其国，语言不通，掠一人还。历唐、宋、元，俱未尝朝贡。至明初，三王皆遣使朝贡。后至中山王来朝，许王子及陪臣子来游太学，其山南、山北二王，盖为所并云。

[译文] 琉球国的国君有三个：分别是中山王、山南王、山北王。汉魏以来，没有和中国往来。隋朝大业年间，隋炀帝让羽骑朱宽寻访海外的奇风异俗，才到了这个国家，因为语言不通，他就抓了一个当地人返回。经历唐、宋、元朝，都没有来中国朝贡。到了明代初年，三个国君都派遣使者来朝贡。后来中山王来中国朝拜，答应王子和陪臣的儿子来太学学习，山南、山北二王当时可能都已经被中山王吞并了。

安南国　古南交地，秦为象郡。汉初，南越王赵佗据之。武帝平南越，置交趾、九真、日南三郡。建安中改交州，置刺史。唐改安南都护府，安南之名始此。唐末为土豪曲承美窃据，寻为汉南刘隐所并，未几，众推丁涟为州帅。宋乾德初内附，寻黎桓篡丁氏，李公蕴又篡黎氏，陈日煚又篡李氏。宋以远译，置不问，皆封为交趾郡王。元兴讨之，遂归附，封安南国王。明洪武初，遣使朝贡，仍旧封号，赐金印。权臣黎季犛弑其主而立其子。永乐初，发兵进讨，俘黎氏父子，郡县其地，设府十七，州四十七，县一百五十七。嗣反叛不常，宣德中，陈氏后陈暠表恳嗣王安南，因弃其地，宥而封之。暠寻死，黎氏遂有其地。嘉靖中，莫登庸篡之，乞降于朝，乃降为安南都统使司，以登庸为使。万历间，黎氏复立，莫氏窜居高平，诏以黎维谭为都统使，莫敬用为高平令，世守朝贡，毋相侵害。

[译文] 古代的南交趾，秦朝时叫作象郡。汉朝初年时，被南越王

赵佗占据。汉武帝平定了南越，设置了交趾、九真、日南三个郡。建安年间改称交州，设置了刺史。唐代改为安南都护府，安南的名字就是从这个时候开始的。唐末被当地的土豪曲承美窃取占有，不久又被汉南的刘隐兼并，不久，众人推举丁涟担任州帅。宋代乾德初年归顺朝廷，不久黎桓篡夺了丁氏的政权，李公蕴又篡夺了黎氏的政权，陈日煛再篡夺了李氏的政权。宋朝因为这个地方偏僻遥远，就置之不理，都封为交趾郡王。元朝时兴兵讨伐，于是归顺，被封为安南国王。明代洪武初年，派遣使臣来朝贡，沿用从前的封号，赐给了金印。权臣黎季犛杀了君主拥立他的儿子做国君。永乐初年，发兵讨伐，俘虏了黎氏父子，设立郡县，设立了十七个府，四十七个州，一百五十七个县。此后常常发动叛乱，宣德年间，陈氏的后人陈暠上表恳请继续担任安南王，于是明朝放弃了这个地方，封给了陈氏。陈暠不久去世，黎氏于是占据了这个地方。嘉靖年间，莫登庸篡位，乞求归顺明朝，于是降为安南都统使司，让莫登庸担任都统使。万历年间，黎氏再次被拥立，莫氏逃窜到高平，朝廷下诏让黎维谭担任都统使，莫敬用担任高平令，世世代代守卫那里并向朝廷进贡，不要互相侵犯伤害。

占城国　古越裳氏界。秦为象郡林邑，汉属口南郡，唐号占城。至明洪武初入贡，诏封占城国王。

[译文]　是古代越裳氏的地界。秦朝时是象郡的林邑，汉代属于日南郡，唐代号称为占城。到明代洪武初年入朝进贡，下诏封之为占城国王。

暹逻国　本暹与罗斛二国，暹乃汉赤眉遗种。元至正间，暹降于罗斛，合为一国。明洪武初，上金叶表文入贡，诏给印绶，赐《大统历》，且乞量衡为中国式，从之。

［译文］ 本来是暹和罗斛两个国家，暹是汉代赤眉军的后代。元代至正年间，暹罗投降了罗斛，合并成一个国家。明代洪武初年，暹罗国向明朝呈交用金叶写的表文进贡，明朝下诏赐给印绶，并赐予《大统历》，他们请求也用明朝度量衡，朝廷答应了。

爪哇国　古阇婆国。刘宋元嘉中，始通中国，后绝。元时称爪哇。明洪武初朝贡，永乐二年，赐镀金银印。

［译文］ 古代的阇婆国。南朝刘宋元嘉年间，才和中国有了沟通，后来中断了。元代称之为“爪哇”。明代洪武初年，前来朝贡，永乐二年时，赐给他们镀了金的银质印章。

真腊国　扶南属国，亦名占腊。隋时始通中国，有水真腊，陆真腊，明洪武初入贡。

［译文］ 是扶南的附属国，也叫作“占腊”。隋朝开始和中国交往，有水真腊和陆真腊，明代洪武初年来朝贡。

满剌加国　前代不通中国，自明永乐初朝贡，赐印，诰封国王。九年，国王率其子来朝后，进贡不绝。

［译文］ 以前和中国没有交流，从明代永乐初年开始来朝贡，明朝赐给金印，并下诏册封他们的国王。永乐九年，满剌加国的国王带着儿子前来朝贡后，进贡就没有断绝。

三佛齐国　南蛮别种，有十五州。唐始通中国，明洪武初朝贡，赐驼纽镀金印。

[译文] 南蛮的另一支种族，有十五个州。唐代开始和中国通好，明代洪武初年开始来朝贡，朝廷赐予他们驼纽镀金印。

浡泥国 本阇婆属，所统十四州。宋太平兴国中，始通中国。明洪武中，进金表；永乐初，王率妻子来朝，卒于南京会同馆。诏谥恭顺，赐葬石子冈，命其妻子还国。

[译文] 本来是阇婆国的附属国，统辖十四个州。宋代太平兴国年间，开始和中国通好。明代洪武年间，来朝进献金表；永乐初年，国王带领妻儿来中国朝贡，在南京会同馆去世。永乐皇帝下诏赐给“恭顺”的谥号，赐他葬在石子冈，让人送他的妻儿回国。

苏门答剌国 前代无考。明洪武中，奉金叶表，贡方物；永乐初，给印诰封之。

[译文] 明代以前没有记载。明代洪武年间，奉上金叶表文，进贡了当地的特产；永乐初年，赐给金印并下诏书册封了它。

苏禄国 国分东西峒，凡三王：东王为尊，西峒二王次之。明永乐间，王率妻子来朝，次德州，卒。葬以王礼，谥曰恭定。遣其妃妾还国。

[译文] 苏禄国分为东西两峒，共有三个王：东王最为尊贵，西峒的两个王次之。明代永乐年间，国王率领妻儿来朝贡，住在德州，去世了。中国按照藩王的礼仪埋葬了他，赐谥号为“恭定”，并派人送他的妃妾回国。

彭亨国 其前无考。明洪武十一年，遣使表，贡方物。永乐十二年，复入贡。

［译文］明朝以前没有记载。明朝洪武十一年，派使者来上表文并进贡当地特产。永乐十二年，再次来进贡。

锡兰山　古无可考。明永乐间，太监郑和俘其王以归，乃封其族人耶巴乃那为王，国人以其贤，故封之。正统天顺间，遣使朝贡。

［译文］古代史书没有记载。明代永乐年间，太监郑和俘获他们的国王返回朝廷，于是册封他的族人耶巴乃那为国王，国人认为这个人贤德，所以明朝就册封了他。正统、天顺年间，派遣使者前来朝贡。

柯支　古槃国。明永乐二年，遣使朝贡。

［译文］是古代的槃国。明朝永乐二年，派遣使者前来朝贡。

祖法儿　亦名左法儿。前代无考。明永乐中入贡。

［译文］也叫作“左法儿”。明朝以前没有记载。明代永乐年间前来进贡。

溜山　前代无考。明永乐中，遣使入贡。

［译文］明朝以前没有记载。明代永乐年间，派遣使者前来进贡。

百花　前代无考。明洪武中入贡。

［译文］明朝以前没有记载。明代洪武年间前来进贡。

婆罗　一名娑罗，前代无考。明永乐中入贡。

［译文］也叫作“娑罗”，明朝以前没有记载。明代永乐年间前来

进贡。

合猫里　前代无考。明永乐中，同爪哇国入贡。

［译文］明朝以前没有记载。明代永乐年间，和爪哇国一起前来进贡。

忽鲁谟斯　前代无考。明永乐中入贡。

［译文］明朝以前没有记载。明代永乐年间前来进贡。

西洋古里国　西洋诸番之会。明永乐中，遣使朝贡，封古里国王。

［译文］是西洋诸国的交会处。明朝永乐年间，派遣使者前来朝贡，朝廷册封了古里国王。

西番　即土番也。其先本羌属，凡百余种，散处河、湟、江、岷间。唐贞观中，始通中国。宋时，朝贡不绝。元时，曾郡县其地。明洪武初，诏各族酋长，举故有官职者至京授职。自是，番僧有封灌顶国师及赞善王、阐化王、正觉大乘法王、如来大宝法王者，俱赐银印。三年一朝，或间岁赴京朝贡。其地为指挥司三、宣慰司一、招讨司六、万户府四，又宣慰司二千户所十七。

［译文］就是吐蕃。他们的祖先本来是羌族，一共有一百多个分支，散处在黄河、西宁河、长江、岷江之间。唐代贞观年间，开始和中国交往。宋代时，朝贡一直没有断绝。元代时，曾把吐蕃作为郡县。明代洪武初年，下诏给各族的酋长，让所有原本就有官职的人到京师来让皇帝授职。从此，吐蕃僧人有被封为灌顶国师以及赞善王、阐化王、正觉大乘法王、如来大宝法王的，都赐给了银质印章。每三年来中国朝贡一次，或者每隔一年就到京城朝贡。该地设置三个指挥司、一个宣慰使司、六个招讨司、四个万

户府，另外，有两个宣慰使司、十七个千户所。

撒马儿罕　汉罽宾国地。明洪武、永乐、正统间，俱遣使入贡。

[译文] 就是汉代的罽宾国的所在地。明代洪武、永乐、正统年间，都曾派遣使者来中国朝贡。

罕东卫　古西戎部落。于明洪武间通贡，置卫，以酋长锁南吉剌思为指挥佥事。

[译文] 古代的西戎部落。在明代洪武年间和明朝通好并来朝贡，明朝在那里设置了卫所，任命酋长锁南吉剌思担任指挥佥事。

安定卫　鞑靼别部。自明洪武中朝贡，赐织金文绮，立安定、阿端二卫。

[译文] 鞑靼的另一支部族。从明代洪武年间前来朝贡，明朝赐给他们织金绸缎，设立了安定和阿端两个卫所。

曲先卫　古西戎部落也。明洪武四年置卫。

[译文] 是古代西戎的部落。明代洪武四年在那里设置了卫所。

榜葛剌国　西天有五印度国，此东印度也，其国最大，明永乐初入贡。

[译文] 西域有五个印度国，榜葛剌国是东印度，这个国家最大，明代永乐初年前来朝贡。

天方国　古筠冲地。一名西域。明宣德中朝贡。

[译文] 古代筠冲的所在地。又叫作“西域”。明代宣德年间前来

朝贡。

默德那国 即回回祖国也。初，国王谟罕蓦德生而神灵佑，臣伏西域诸国。隋开皇时，始通中国。明宣德中，遣使天方国朝贡。

[译文] 也就是回回的祖国。当初，国王谟罕蓦德出生时受神灵保佑，平定了西域各国。隋朝开皇年间，和中国交好。明代宣德年间，派使者到天方国，前来朝贡。

哈烈 一名黑鲁。四面皆大山。维明洪武中，诏谕酋长，赐金币。永乐、正统间，遣使贡马。

[译文] 又叫作“黑鲁”。该国四面都是大山。明代洪武年间，下诏晓谕他们的酋长，赐给金币。永乐、正统年间，派遣使臣前来进贡马匹。

于阗 居葱岭北。自汉至唐，皆入贡中国。明永乐初，遣使贡玉璞。

[译文] 位于葱岭的北边。从汉代到唐代，都到中国朝贡。明代永乐初年，派遣使者进贡玉石。

哈蜜卫 古伊吾庐地。为西域诸番往来要地，汉明帝屯田于此。唐为西伊州。明永乐初设卫，封克安帖木儿为忠顺王，赐诰印。

[译文] 古代的伊吾庐所在地。是西域各国往来的交通要地，汉明帝曾经在这里屯田。唐代成为西伊州。明代永乐年间在该地设置了卫所，册封克安帖木儿为忠顺王，赐给诏书和金印。

火州 本汉时车师前后王地。汉元帝时，置戊己校尉，屯田于此，名高昌垒。前凉张骏置高昌郡，唐改为交河郡，后陷于吐番。其地为回鹘杂居，故又名回鹘。宋、元皆遣使朝贡。明朝名曰火州。永乐间、宣德间，俱遣使入贡马。

[译文] 本来是汉代时车师前后王所在地。汉元帝时期，设置了戊己校尉，在这里屯田，名字叫高昌垒。前凉时的张骏设置了高昌郡，唐朝改为交河郡，后来被吐蕃攻陷。这个地方有回鹘人杂居，所以又叫作回鹘。宋、元时期都曾派遣使者来朝进贡。明朝时名叫“火州”。永乐、宣德年间，都曾派遣使者来朝进贡马匹。

亦力把力　地居沙漠间，疑即焉耆，或龟兹地也。自明洪武以来，入贡不绝。

[译文] 此地处于沙漠之中，怀疑就是焉耆，或者龟兹所在地。从明代洪武年间以来，一直进贡，没有断绝。

赤斤蒙古卫　西戎地。战国时月氏居之，秦末汉初属匈奴，汉武帝时为酒泉、敦煌二郡地。唐没于吐番，宋入西夏。明永乐初，故鞑靼丞相率所部男妇来归。诏建千户所，寻升卫。正德时卫遂虚。

[译文] 是西戎的地界。战国时月氏国占据，秦末汉初时属于匈奴，汉武帝时是酒泉、敦煌二郡的属地。唐代被吐蕃攻克，宋代时并入西夏。明代永乐初年，以前的鞑靼丞相率领部众男女前来归降。明朝下诏建立了千户所，不久又升级为卫所。正德年间卫所被废弃。

土鲁番　汉车师前王地。唐置西州交河郡，析以为县，有安乐城，方一二里，地平衍，四面皆山。明永乐中入贡，至今不绝。

然侵夺哈密，犯嘉峪关外七卫，地大人众，晾昔悬绝矣。

[译文] 是汉代车师前王的旧地。唐代设置了西州交河郡，把此地分拆成县，有一个安乐城，方圆一二里，地势平坦，四面都是山。明代永乐年间来朝进贡，到现在都没有断绝。但是它入侵哈密，并进犯嘉峪关外的七个卫所，地广人多，和从前相比实力悬殊。

拂菻 前代无考。明洪武中入贡。

[译文] 明朝以前没有记载。明代洪武年间前来朝贡。

鞑靼 种落不一，历代名称各异。夏曰獯鬻，周曰玁狁，秦汉皆曰匈奴，唐曰突厥，宋曰契丹。自汉后匈奴稍弱，而乌桓兴，自鲜卑灭乌桓，而后魏蠕蠕独盛，自蠕蠕灭，而突厥起。自唐李靖灭突厥，而契丹复强。既而蒙古兼并之，遂代宋称号曰元。至于明兴，元主遁归沙漠，其遗裔世称可汗。永乐初，有马哈木、阿鲁台奉贡惟谨，因封马哈木为顺宁王，阿鲁台为和宁王。正统间，马哈木之孙也先大举入寇。成化中，也先之后称小王子复通贡，其次子曰阿著者先，子三：长吉囊、次俺答、次老把都，而俺答最犷桀。隆庆间执叛人来献，乃封顺义王，其子黄台吉等授都督官，开市通贡。

[译文] 该国的人种部落并非一个，历代名称也不尽相同。夏代叫“獯鬻”，周代叫“玁狁”，秦汉时叫“匈奴”，唐代叫“突厥”，宋代叫“契丹”。从汉代以后匈奴变得稍微衰弱，但是乌桓却兴起了，鲜卑消灭了乌桓。后魏时蠕蠕却独强。蠕蠕灭亡后突厥又兴起。唐代李靖战胜突厥后，契丹又开始变得强盛起来。随后蒙古把契丹兼并，就代替了宋朝而改国号为元。到了明代兴起，元代君主逃回到沙漠，他们的后裔世代称为可汗。永乐初年，马哈

木、阿鲁台两人极为恭谨地来朝进贡，于是封马哈木为顺宁王，阿鲁台为和宁王。正统年间，马哈木的孙子也先大举侵犯明朝。成化年间，也先的后人叫小王子的又开始来朝进贡，他的次子叫阿著者先，有三个儿子：长子叫吉囊、次子叫俺答、第三子叫老把都，俺答最为桀骜不驯。隆庆年间抓住叛变明朝的人来进献，被封为顺义王，他的儿子黄台吉等人被授予都督官，开始互市并来朝进贡。

兀良哈　古山戎地。秦为辽西郡北境，汉为奚所据，所属契丹。元为大宁路北境，明洪武间，割锦义、建刹诸州隶辽东，又设都司于惠州，领营兴，会合二十余卫所，北平行都司也。随封子权为宁王，筑大宁、宽河州、会州、富峪四城，留重兵居守，后以北和来降者众，诏分兀良哈地，置三卫处之，自锦义辽河至白云山曰泰宁，自黄泥洼逾沈阳铁岭至开原曰福余，自广宁前屯历喜峰近宣府曰朵颜，命其长为指挥，各领所部为东北外藩。靖难初，首劫大宁，召兀良哈诸酋长率部落从行有功，遂以大宁界三卫，移封宁王于南昌，徙行都司于保定，自撤藩篱，而朵颜分地尤最险，与北卤交婚，阴为响导，名曰外卫肘腋之忧。后二卫浸衰，朵颜独强盛，故称朵颜三卫云。

[译文]　是古代山戎旧地。秦朝时为辽西郡北境，汉代被奚族占据，后来归附契丹。元代为大宁路的北境，明洪武年间，割让锦义、建刹等州隶属辽东，又在惠州设置了都司，暂管营兴，共有二十多个卫所，属北平行都司管理。后来朱元璋的儿子朱权被封为宁王，修筑了大宁、宽河州、会州、富峪四座城池，留下重兵把守，后来因为北部讲和并来归降的人太多，朝廷便下诏把兀良哈的属地分开，设置了三个卫所，从锦义、辽河到白云山叫泰

宁，从黄泥洼经沈阳、铁岭到开原叫福余，从广宁前屯过喜峰近宣府叫朵颜，任命他们的首领为指挥使，这些所属部族就是东北外藩。靖难之初，朱棣先攻打下了大宁，就召来兀良哈各位酋长率领各自部落，跟随有功，就用大宁作为三卫的分界，把宁王移封到南昌，把行都司迁到保定，撤销屏障，但是朵颜属地特别险要，他们和北卤互相通婚，暗地里做向导，名义上是外卫，而实际上却成为内患。后来另二卫都变得衰弱了，只有朵颜卫独盛，所以称之为“朵颜三卫”。

女真 古肃慎地。在混同江之东，开原之北，即金人余裔也。汉曰挹娄，魏曰勿吉，唐曰靺鞨，元曰合兰府。明朝悉境归附，因其部族所居置都司一、卫一百八十有四、千户所二十，官其长为都督指挥、指挥千百户、镇抚等职，给之印，俾仍旧族统厥属，以时朝贡，其地面凡三十八城，二站九口、三河口。

吏部员外郎陈诚所记：洪武间来贡者，则有西洋琐里、琐里、览邦、淡巴。永乐间来贡者，则有古里班卒、阿鲁、阿丹、小葛兰、碟里、打回、日罗夏治、忽鲁母恩、吕宋、甘巴里、古麻剌（其王来朝，至福州卒。赐谥康靖，敕葬闽县）、沼纳扑儿、加异勒、敏真诚、八答黑商、别失八里、鲁陈、沙鹿海牙、赛蓝、火剌札、吃刀麻儿、失剌思、纳失者罕、亦思把罕、白松虎儿、答儿密、阿迷、沙哈鲁、黑葛达。又有同黑葛达来贡者，共十六国，曰南巫里、曰急兰丹、曰奇剌尼、曰夏剌北、曰窟察尼、曰乌涉剌踢、曰阿哇、曰麻利、曰鲁密、曰彭加那、曰舍剌齐、曰八可意、曰坎巴夷替、曰八答黑、曰日落。至于宣德中曾入贡，曰黑娄、曰哈失哈力、曰讨来思、曰白葛达。

［译文］ 古代肃慎旧地。在混同江的东边，开原的北边，是金人的

后裔。汉代叫作“挹娄”，魏国时期叫作“勿吉”，唐代叫作“靺鞨”，元代时叫作“合兰府”。明代时全境都归顺了朝廷，就在其部落所居住的地方设置了一个都司、一百八十四个卫所、二十个千户所，任命他们的长官担任都督指挥、指挥千百户、镇抚等职务，赐给他们官印，让他们仍旧统治他们的族属，按时来朝进贡。这个地方共有三十八座城池，二站九口、三河口。

吏部员外郎陈诚记载：洪武年间来朝贡的，有西洋琐里、琐里、览邦、淡巴。永乐年间来朝贡的，有古里班卒、阿鲁、阿丹、小葛兰、碟里、打回、日罗夏治、忽鲁母恩、吕宋、甘巴里、古麻剌（该国国王前来朝贡，到了福州就去世了。皇帝赐他“康靖”的谥号，赐他葬在闽县）、沼纳扑儿、加异勒、敏真诚、八答黑商、别失八里、鲁陈、沙鹿海牙、赛蓝、火剌札、吃刀麻儿、失剌思、纳失者罕、亦思把罕、白松虎儿、答儿密、阿迷、沙哈鲁、黑葛达等国。又有同黑葛达一起来朝贡的，共有十六个国家，分别是南巫里、急兰丹、奇剌尼、夏剌北、窟察尼、乌涉剌踢、阿哇、麻利、鲁密、彭加那、舍剌齐、八可意、坎巴夷替、八答黑、日落等。到了宣德年间曾经来朝进贡的，有黑娄、哈失哈力、讨来思、白葛达。

卷十六　植物部

卷十八　詩酬贈

草木

蓂荚 尧时有草生于庭曰蓂荚，十五之前，日生一叶，十五后，日落一叶，小尽则一叶厌而不落，观之可以知旬朔，故又名之历草。

[译文] 尧帝时期，庭院里长有一种草，叫作蓂荚。每月的十五日之前，每天会长出一片叶子，十五日之后，每天落下一片叶子，如果是小月，就会有一片叶子变蔫但是不会落下来。观察这种草就可以知道具体的日期，所以又被称作“历草”。

箑脯 尧时厨中自生肉脯，薄如箑形，摇鼓则生风，使食物寒而不臭。

[译文] 尧帝时期，厨房会自己长出肉脯，薄得如同扇子的样子，摇动就会生风，可以让食物变冷而不至于变臭。

佳谷 神农于羊头山（路安长子县）得佳谷，宋真宗始给民占城稻种（今糯米）。

[译文] 神农氏在羊头山（位于路安的长子县）找到了上等的谷种。宋真宗开始给百姓占城稻的种子（就是现在的糯米）。

屈轶 尧时有草生于庭，佞人入朝，此草则屈而指之，名曰屈轶。

[译文] 尧帝时期，庭院里生长出一种草，如果有奸佞之人进入朝廷，这种草就会弯曲而指着这个人，所以命名为“屈轶”。

峄阳孤桐 在峄县峄山之上，自三代至今，止存一截。天启年间，妖贼倡乱，取以造饭，形迹俱无。

[译文] 在峄县的峄山上面，从夏、商、周三代到现在，只留存有一截了。明朝天启年间，妖贼作乱，砍掉这一截树烧饭，桐树的形迹就全都没有了。

五大夫松 今人称泰山五大夫松，俱云五松树，而不知始皇上泰山封禅，风雨暴至，休于松树下，遂封其树为大夫。五大夫，秦官第九爵也。此言可订千古之误。

[译文] 现在的人称呼泰山的“五大夫松”，都说成五棵松树，却不知道秦始皇登上泰山封禅时，忽然刮起大风下了大雨，就躲在松树下面休息，于是就封这棵松树为五大夫。五大夫，是秦朝的第九等爵位。这段话可订正千年相传的谬误。

虞美人草 虞美人自刎，葬于雅州名山县，冢中出草，状如鸡冠花，叶叶相对，唱《虞美人曲》，则应板而舞，俗称虞美人草。

[译文] 虞美人自刎而死后，被埋葬在雅州的名山县，墓中长出一种草，形状像鸡冠花的样子，叶子相对生长，如果有人在旁边唱《虞美人曲》，就会随着节拍起舞，所以俗称为“虞美人草”。

蓍草 千岁则一本，茎其下必有神龟守之，用以揲蓍。多生于伏羲陵与文王陵上。

[译文] 蓍草每一千年才长出一株，草茎的下面一定有神龟守护着，用于数着蓍草占卜。大多生长在伏羲与文王的陵墓上面。

挂剑草　季札墓前生草，其形如挂剑，故名。可疗心疾。

[译文]　季札的坟墓前面生长着一种小草，形状就像挂着的宝剑，所以这样命名。这种草可以治疗心病。

斑竹　尧二女为舜二妃，曰湘君、湘君夫人。舜崩于苍梧，二妃哭泣，以泪洒湘竹，湘竹尽斑，故又名湘妃竹。

[译文]　尧帝的两个女儿是舜帝的两个妃子，分别叫湘君和湘夫人。舜在苍梧驾崩，二妃在那里哭泣，哭出的泪水洒到湘竹上面，湘竹都染上了泪点，所以又叫作“湘妃竹”。

梅梁　会稽禹庙有梅梁，雷雨之夜，其梁飞出，五鼓复还。晓视梁上常带水藻，后为梅太守易去。

[译文]　会稽山的大禹庙有一根梅梁，打雷下雨的夜晚，这根梁木就会飞出去，到五更时分又飞回来。第二天早上去看，梁上还常常带着水藻。后来被梅太守换了下来。

萍实　楚王渡江得萍实，大如斗，赤如日，剖而食之，甜如蜜。

[译文]　楚王渡过长江时得到了萍的果实，像斗一样大，像太阳一样红，剖开来吃，像蜜一样甜美。

孔庙桧　曲阜孔庙有孔子手植桧如降香，一株无枝叶，坚如金铁，纹皆左纽，有圣人生则发一枝，以占世运。按桧历周、秦、汉、晋千百余年，至怀帝永嘉三年而枯，枯三百有九年。至隋恭帝义宁元年复生五十一年。至唐高宗乾封三年再枯，枯三百七十四年。至宋仁宗康定元年再荣。至金宣宗贞祐三年，罹于兵火，枝叶俱焚，仅存其干。后八十一年，元世祖三十一年再发。至太祖洪武二十二年发数枝，极茂盛，至建文四年复枯。

[译文] 曲阜的孔庙有孔子亲手栽种的桧树，就像降香一样，整株树都没有一点枝叶，像钢铁般坚硬，树纹都向左旋转，如果有圣人出世，树就长出一个旁枝，可以来占卜时代的运势。按：桧树经历了周、秦、汉、晋千百年，到晋怀帝永嘉三年（公元309年）就枯萎了；枯萎了三百零九年后，到了隋恭帝义宁元年（公元617年），又复活了；过了五十一年到了唐高宗乾封三年（公元668年）又枯萎了；枯萎了三百七十四年到宋仁宗康定元年（公元1040年），又变得繁茂起来；到金宣宗贞祐三年（公元1215年），遭遇兵火，枝叶都被烧光了，仅留下了树干；后来过了八十一年，元世祖三十一年又萌发；到明太祖洪武二十二年（公元1389年）发了好几枝，非常茂盛，到了建文四年（公元1402年）就又枯萎了。

汉柏 泰安州东岳庙东庑，有汉武帝手植柏六株，枝叶郁苍，翠如铜绿，扣其余干，如击金石，硁硁有声。曹操时赤眉作乱，大斧斫之，见血而止。今有斧创尚存。

[译文] 泰安州东岳庙的东廊下面，有汉武帝亲手栽种的六棵柏树，枝叶繁盛，像铜绿一样碧绿，敲打它的树干，好像击打金属，发出硁硁的声音。曹操当政时，赤眉军作乱，用大斧子砍伐这些柏树，看到树流出了血就不再砍了。现在还存留有斧头砍过的痕迹。

唐槐 峄县孟子庙，有唐太宗手植槐，枝叶蓊郁，躯干茁壮而矮。

[译文] 峄县的孟子庙里面，有唐太宗亲手栽种的槐树，枝叶繁茂，树干粗壮，但树身矮小。

邵平瓜 邵平者，故秦东陵侯。秦破，为布衣，种瓜长安城东，瓜常五色，味甚甘美，世号“东陵瓜”。五代胡峤始以回纥西瓜入中国。

［译文］ 邵平是以前秦朝的东陵侯。秦朝被消灭后他成为平民，在长安城的东边种瓜，他种的瓜经常有五种颜色，味道很甜美，世人称之为“东陵瓜”。五代时期，胡峤最先把回纥的西瓜引入中国。

赤草　刘小鹤言：未央宫址，其地丈余，草皆赤色，相传为韩淮阴受刑之处，其怨愤之气郁结而成。

［译文］ 刘小鹤说：未央宫的旧地，有一块一丈见方的土地，长出的草都是红色的，相传是淮阴侯韩信被行刑的地方，他的怨恨愤怒之气郁结就形成了这种草。

桐历　桐知日月正闰。生十二叶，边有六叶，从下数一叶为一月，闰则十三叶，叶小者即知闰何月也。不生则九州异君。

［译文］ 桐树可以显示日期、月份和闰月。它长出十二片叶子，每边有六片叶子，从下往上数一片叶子是一月，如果是闰月就有十三片叶子，看到小的叶子就知道哪个月是闰月。如果长不出叶子，那天下就要改换国君了。

知风草　南海有草，丛生，如藤蔓。土人视其节，以占一岁之风，每一节则一风，无节则无风，名曰“知风草”。

［译文］ 南海生长有一种草，聚集而生，像藤蔓一样。本土的人看它的节，可以来占卜这一年的风，每有一节就会刮起一场风，没有节就不会刮风，所以称作“知风草”。

护门草 出常山。取置户下，或有过其门者，草必叱之。一名“百灵草”。

［译文］长于常山。取来放在门口，有人从门前经过，草就会给那个人打招呼。又叫作“百灵草”。

虹草 乐浪之东有背明之国，有虹草，枝长一丈，叶如车轮，根大如毂，花似朝虹之色。齐桓公伐山戎，国人献其种而植于庭，以表伯者之瑞。

［译文］乐浪的东边有一个叫背明的国家，长着一种虹草，草的枝叶有一丈长，叶子大得像车轮一样，草根大得像车毂一样，花朵的颜色像早上的彩虹。齐桓公征伐山戎的时候，那个国家的人进献了这种草的种子并种植在庭院中，用来表示霸者的祥瑞。

不死草 东海祖洲上有不死之草，一名养神芝，生琼田中，其叶似菰苗，丛生，长三四尺。人死者，以草覆之即活，一株可活一人，服之令人长生。

［译文］东海的祖洲上有一种不死草，又叫作养神芝，生长在琼田里，它的叶子像菰苗，聚集生长，有三四尺长。死了人，用这种草盖住死人就可以复活，一株草可以让一个人复活，吃了这种草可以让人长生不老。

怀梦草 钟火山有香草，似蒲，色红，昼缩入地，夜半抽萌，怀其草，自知梦之好恶。汉武帝思李夫人，东方朔献之。帝怀之，即梦见夫人，因名曰怀梦草。

［译文］钟火山有一种香草，像蒲草一样，红色，白天缩到地里面，半夜抽出嫩芽开始萌发，把这种草揣在怀里，就可以知道梦的好

坏。汉武帝思念李夫人，东方朔献上了这种草。汉武帝把它揣在怀里，就梦见了李夫人，所以称之为“怀梦草”。

书带草　郑玄字康成，居城南山中教授。山下有草如薤，叶长而细，坚韧异常，时人名为“康成书带”。

［译文］郑玄，字康成，住在城南的山里教授学生。山下有一种长得像薤的草，叶子又长又细，非常坚韧，当时人称之为“康成书带”。

八芳草　宋艮岳八芳草，曰金蛾，曰玉蝉，曰虎耳，曰凤毛，曰素馨，曰渠那，曰茉莉，曰含笑。

［译文］宋代的艮岳长有八种芳草，分别是：金蛾，玉蝉，虎耳，凤毛，素馨，渠那，茉莉，含笑。

钩吻草　生深山之中，状似黄精，入口口裂，著肉肉溃，名曰钩吻，食之即死。但其花紫，黄精花白；其叶微毛，黄精叶光滑，以此辨之。

［译文］在深山之中生长，形状像是黄精，吃到嘴里，嘴巴就会开裂，碰到身体，肉就会溃烂，名字叫作钩吻，人吃到肚子里会马上死去。只是这种草的花是紫色的，黄精的花是白色的；这种草的叶子有细小的绒毛，而黄精的叶子是光滑的，可以用这一点来区别它们。

金井梧桐　世尝言：“金井梧桐一叶飘。”梧桐叶上有黄圈文如井，故曰金井，非井栏也。

［译文］世上的人常说：“金井梧桐一叶飘。”梧桐叶上纹理像井一

样的黄圈，所以叫作“金井”，并不是说的井栏。

沙棠木 可以御水，其实曰蓂，状如葵，味如葱，食之已劳，又使人入水不溺。

［译文］ 沙棠木可以防水，它的果实叫作蓂，形状像葵，味道如葱，吃它可以让你解除劳累，又能让人进入水里不会被淹死。

君迁 《蜀都赋》:“平仲君迁。”皆木名，注缺。按司马温公《名苑记》云，君迁子如马奶，俗云牛奶柿是也。今之造扇用柿油，遂名柿漆。

［译文］《蜀都赋》中说:“平仲君迁”，说的都是树木的名字，但是没有注释。按：司马光《名苑记》里说，君迁的果实像马奶，就是俗称的牛奶柿。现在制造扇子要用柿油，所以被叫作“柿漆”。

芋历 芋艿生子十二子，遇闰则多生一子。时人谓之芋历。

［译文］ 芋艿结出十二个果实，遇有闰月就多结出一个。当时人叫它“芋历”。

肉芝 萧靖之掘地得“人手”，润泽而白，烹而食之，逾月齿发再生。一道士云：此肉芝也。《抱朴子》言：行山中见小人乘车马，长七八寸者，肉芝也，捉取服之，即仙矣。

桑木者，箕星之精神木也。蚕食之成文章，人食之老翁为小童。

肉树者，端山猪肉子也。山在德庆州，子大如茶杯，炙而食之，味如猪肉而美。

［译文］ 萧静之挖地的时候挖到一个“人手”，又润泽又白，就煮来吃了，过了一月，已经掉了的牙齿和头发又长了出来。一个道士

说:“这是肉芝啊”。《抱朴子》里说: 在山中行走，如果看见有七八寸的小人乘着车马的，那也是肉芝，捉住他们吃掉，就可以成仙。桑木是箕星的精灵，是一种神奇的树木。蚕吃了会吐出有漂亮花纹的蚕茧，人吃了老人会变成小孩。

肉树是端山的猪肉子，端山在德庆州，这种猪肉子有茶杯那么大，烤熟了吃，味道如同猪肉一样，还更鲜美。

哀家梨　哀仲家有梨，甚佳，大如升，入口即化。

[译文] 哀仲家有一棵梨树，结的梨子非常好，有像量器升那么大，放到口中就会化掉。

含消梨　汉武帝樊川园，有大梨，如五升瓶，落地则碎。欲取先以囊承之，名曰含消梨。

[译文] 汉武帝的樊川园里，有一种大梨，有五升的瓶子那么大，落到地上就会摔碎。要摘的话需要先用布囊在下面接着，给它起名叫“含消梨”。

涂林　张骞使安石国十八年，得涂林种而归，即安石榴也。又得胡麻，遍植中国。

[译文] 张骞出使安石国，用了十八年的时间，带回了涂林的种子，就是安石榴。又得到胡麻的种子，在中国到处都有种植。

阿魏树　出三佛齐国，其树有瘿，出滋最毒，着人身即糜烂，人不敢近。每采时，系羊于树下，骑快马自远射之，脂着于羊，羊即烂。故曰飞鸟取阿魏。

[译文] 产自三佛齐国，这种树上面长有树瘤，瘤子中的汁液毒性

很强，沾到人的身上，身体就会糜烂，人们不敢接近它。每到采摘的时候，把羊拴在树下面，骑着快马从远处射树，汁液沾到羊身上，羊就腐烂了。所以称为“飞鸟取阿魏”。

葡萄苜蓿 李广利始移植大苑国苜蓿葡萄。

[译文] 汉朝的李广利最先引进种植了大苑国的苜蓿和葡萄。

甘蔗 宋神宗问吕惠卿，曰:“蔗字从庶何也？”“凡草木种之俱正生，蔗独横生，盖庶出也，故从庶。”顾长康啖蔗，先食尾。人问所以，曰:“渐入至佳境。”

[译文] 宋神宗问吕惠卿，说:“‘蔗’字从‘庶’，这是因为什么？”吕惠卿回答说:“凡是草木种下之后都正向生长，只有甘蔗是横着生长，就像是庶出一样，所以从‘庶’。”顾恺之吃甘蔗时，先吃根部。有人问为他原因，他说:“这样可以渐入佳境。”

乌树 号柘树也。枝长而劲，乌集之，将飞，柘枝反起弹乌，乌乃呼号。以此枝为弓，快而有力，故名乌号之弓。

[译文] 称为又号柘树。枝条绵长而且坚硬，乌鸦停在树上，将要飞走时，压弯了的树枝会把乌鸦弹射出去，乌鸦就呼号起来。用这种树的树枝做弓，拉弓又快又有力量，所以叫它“乌号之弓”。

共枕树 潘章有美容，与楚人王仲先交厚，死则共葬。冢上生树，柯条枝叶，无不相抱。故曰共枕树。

[译文] 潘章有俊美的容貌，他和楚国人王仲先友情深厚，死后就埋葬在一起。墓上长了树，枝条和叶子都拥抱在一起。所以叫作“共枕树”。

木奴 李衡为丹阳太守，于龙阳洲上种橘千树。临终，敕其子曰：“吾州里有千头木奴，不责汝衣食。岁上一匹绢，亦足用矣。”

［译文］ 李衡担任丹阳太守时，在龙阳洲上种了上千棵橘树。临死的时候，告诉他的儿子说：“我的州里有千头木奴，不需要你负责衣食，每年给你供应一匹绢，也够你使用了。”

化枳 晏子曰：“橘生淮南则为橘，生于淮北则为枳。叶徒相似，其实味不同。水土异也。”

［译文］ 晏子说：“橘子长在淮水南面就是橘子，长在淮水北面就变成了枳。叶子徒然相似，它的果实味道却不相同。这是水土不同的缘故。”

七星剑草 草如剑形，上有七星，列如北斗。

［译文］ 七星剑草的形状像剑一样，上面有七颗星，排列得像北斗七星的形状。

骨牌草 叶上有幺二三四五六斑点，与骨牌无异。

［译文］ 草叶上有一二三四五六的斑点，和骨牌没有什么不同。

刘寄奴草 刘裕微时伐荻新洲，有大蛇数丈，裕射之。明日至此，见数童捣叶，裕问故，答曰：“我王为刘寄奴所伤，今合药敷之。”裕曰：“何不杀之？”曰：“刘寄奴王者，不死。”裕叱之，皆散走。裕得药，敷金创立效。遂呼其草为刘寄奴，裕之乳名也。

［译文］ 刘裕贫贱没有发迹的时候在新洲砍柴，见到一条好几丈长的大蛇，刘裕用箭射了它。第二天到了这个地方，看见几个小孩

子在捣树叶，刘裕问缘故，小孩回答说："我家大王被刘寄奴射伤了，现在弄草药来敷伤口。"刘裕说："为什么不杀了他呢？"回答说："刘寄奴是要称王的人，杀不死的。"刘裕大喝一声，这几个小孩子都跑走了。刘裕得到了药，往刀枪的创伤上敷抹立刻就见效。于是就称呼这种草为"刘寄奴"，"寄奴"是刘裕的乳名。

益智 叶如襄荷，茎如竹箭，子从中心出。一枝有十子，子内白骨，四破去之，取外度，蜜煮为粽子，味辛。卢循飨宋武，又飨远公，名益智粽。

[译文] 叶子像襄荷，茎像竹箭，果实从中心长出。一个枝条上有十颗果实，果实里面有白色的核，从四面剥开果实，去掉果肉，取下外皮，用蜂蜜煮熟后包成粽子，有辛辣的味道。卢循曾用它款待过宋武帝刘裕，还款待过慧远大师，叫作"益智粽"。

祁连仙树 祁连山有仙树一本，四味。其实如枣，以竹刀剖则甘，以铁刀剖则苦，以木刀剖则酸，以芦刀剖则辛。

[译文] 祁连山有一棵仙树，它的果实像枣，有四种味道。用竹子做的刀剖开，味道是甜的，用铁制的刀剖开，味道是苦的，用木做的刀剖开，味道是酸的，用芦做的刀剖开，味道是辣的。

桂 《南方草木状》：有三种，叶如柏叶，皮赤者为丹桂；叶如柿叶者为菌桂；叶似枇杷者为牡桂。今闽中多桂，四季开花有子，此真桂。其江南八九月开花无子者，此木樨也。

[译文]《南方草木状》记载：桂树有三种，叶子像柏树的叶子，树皮为红色的是丹桂；叶子像柿树的叶子的是菌桂；叶子像枇杷树的叶子的叫牡桂。现在福建地区有很多桂树，一年四季都开花结

子，这是真桂。江南那些八九月开花而不会结果的，是木樨。

酒树　《拾遗记》：顾逢国有树似石榴，采其花汁注瓮中，数日成酒，味甚美，名其树曰酒树。

［译文］《拾遗记》中说：顾逢国有一种长得像石榴的树木，采摘它的花的汁液放在瓮里面，几天后就变成了酒，味道很美，所以称这种树为“酒树”。

面树　名桄榔树。树大四五围，长五六丈，洪直无枝条，其颠生叶，不过数十，似栟榈；其子作穗，生木端；其皮可作绠，得水则柔韧。胡人以此联木为舟，皮中有屑如面，多者至数斛，食之，与常面无异。

［译文］　面树又叫作桄榔树。树有四五个人合抱那么粗，五六丈高，树干粗大直立没有枝条，树梢上长有叶子，但是不超过几十片，像栟榈；它的果实带穗，也生在树梢上面；它的皮可以制成绳子，沾上水就会更加柔韧。胡人用这种绳连接木头做成小船，树皮里有像面一样的碎屑，多的有好几斛，吃起来和平常的面没有区别。

杨柳　隋炀帝开河成，虞世基请于堤上栽柳，一则树根四出，鞠护河堤；一则牵舟之女获其阴樾；三则牵舟之羊食其枝叶。上大喜，诏民间进柳一株，赐一缣；百姓竞献之。帝自种一株，群臣次第种之。栽毕，上御笔赐垂柳姓杨，曰“杨柳”。

［译文］　隋炀帝开凿运河成功后，虞世基请求在河堤上栽种柳树，一来柳树的根四面伸展，可以保护河堤；二来拉纤的女子可以在树荫下休息；三来拉舟的羊也可以吃柳树的叶子。皇帝大喜，下诏书说，民间如果进献一棵柳树就赐予一匹缣；于是百姓争相进

献。隋炀帝亲自种了一棵，朝廷大臣也依次各种一棵。种完后，隋炀帝亲笔赐给垂柳杨姓，所以叫“杨柳”。

薏苡 马援在交趾，以薏苡实能胜瘴气，还，载之一车。及援死，有上书谮之者，以前所载皆明珠文犀。

[译文] 马援在交趾的时候，因为薏苡的果实可以防御瘴气，所以返回的时候，就载了一车回来。等到马援去世后，有人上书诬陷他，说他以前从交趾回来时车上拉的全是明珠文犀之类的珍宝。

橄榄 南威也。《金楼子》云：有树名独根，分为二枝，其东向一枝是木威树，南向一枝是橄榄树。其树高峻不可梯，刻其根下方□许，纳盐其中，一夕子皆落。此木可作舟楫，所经皆浮起。东坡诗：“纷纷青子落红盐，正味森森苦且严。待得余甘回齿颊，已输崖蜜十分甜。”三国吴时始贡橄榄，赐近臣。

[译文] 又叫作南威。《金楼子》中说：有一种树名叫作独根，树干分出两个大枝，其中向东的一枝是木威，向南的一枝是橄榄。这种树高得无法爬上去。在树根下面刻一个口子，把盐放进去，一个晚上它的果实就会全部掉落下来。这种树可以制作船和桨，到水里就会浮起来。苏轼的诗里说：“纷纷青子落红盐，正味森森苦且严。待得余甘回齿颊，已输崖蜜十分甜。”三国时的吴国最先进贡橄榄，皇帝将它赐给亲近的大臣。

瑞柳 唐中书省有古柳，忽一死枯，德宗自梁还，复荣茂，人谓之瑞柳。

[译文] 唐代的中书省有一棵古柳，忽然有一天就枯死了。唐德宗从梁回来，这棵古柳树又重新变得枝叶茂盛，人们叫它“瑞柳”。

义竹　《唐纪》：明皇后苑竹丛幽密，帝谓诸王曰："兄弟相亲，当如此竹。"因谓之义竹。

［译文］《唐纪》记载：唐明皇的后花园有稠密相拥的竹子，明皇对兄弟们说："兄弟们相亲相爱，就应该像这些竹子一样。"所以称这些竹子为"义竹"。

椰树　如栟榈，高五六丈，无枝条，其实大如寒瓜，外有粗皮，皮次有壳，圆而且坚，剖之有白肤，厚半寸，味似胡桃而极肥美，有浆，饮之，作酒气。俗人呼之"越王头"。其壳可镶杯壶，可作瓢。

［译文］　像栟榈树一样，有五六丈高，没有枝条，它的果实像西瓜一样大，外面有粗糙的皮，皮下还有壳，壳子滚圆又坚硬，剖开里面有白色的果肉，有半寸厚，味道像核桃且极为甜美，还有果浆，喝起来有酒的气味。俗人称它为"越王头"。它的果壳可以镶成杯子或水壶，也可以做成水瓢。

文林果　宋王谨为曹州从事，得林檎，贡于高宗，似朱柰。上大重之，因赐谨为文林郎，号文林果。一云，唐高宗时王方言始盛栽林檎。

［译文］　宋代的王谨担任曹州从事时，得到林檎果，进贡给宋高宗，这种果子长得像朱柰。宋高宗特别高兴，所以赐给王谨文林郎的职务，称这种果为"文林果"。另外有一种说法，唐高宗时的王方言最先大面积栽种林檎。

不灰木　《抱朴子》：南海萧丘之上，自生之火，春起秋灭。丘上纯生一种木，虽为火所着，但少焦黑，人或得以为薪者，炊熟则灌灭之，用之不穷。束皙《发蒙》曰：“西域有火浣之布，东海有不灰之木。”

[译文] 《抱朴子》里说：在南海的萧丘上，有火自己燃起，春天时燃烧，秋天时熄灭。萧丘上只长着一种树木，即使被火烧过，也只是稍微变得焦黑。有人得到这种木头来做柴火，把饭烧熟后就用水把火浇灭，可以一直使用。束皙的《发蒙》中说：“西域有用火来洗的布，东海有烧不成灰的木头。”

三槐 王旦父祐有阴德，尝手植三槐于庭，曰：“吾后世必有为三公者，植此所以志也。”

[译文] 王旦的父亲王祐积了阴德，曾经在庭院里亲手栽种了三株槐树，说：“我们家后代中一定有位列三公的人，我种这三棵树来当做标记。”

寇公柏 寇準初授巴东令，人皆以“寇巴东”呼之。手植双柏于庭，名“寇公柏”，人比邵伯甘棠。

[译文] 寇准最初被授予巴东令的职务，所以人们都以“寇巴东”来称呼他。他亲手在院子里种了两棵柏树，称之为“寇公柏”，人们把它比作邵伯的甘棠。

铁树 广西殷指挥家，有铁树高三四尺，干叶皆紫黑色，叶类石榴。遇丁卯年开花，四瓣，紫白色，如瑞香，较少圆。一开，累月不凋，嗅之有铁气。

[译文] 广西殷指挥使家中，有一棵铁树，有三四尺高，树干和树叶都是紫黑色，叶子与石榴叶相似。遇到丁卯年就会开花，每朵

花有四瓣，紫白色，就像瑞香，稍微圆一点。盛开一次，几个月都不凋谢，闻起来有铁的气味。

莱公竹　寇莱公死后，归葬西京。道出荆南公安县，人皆设祭哭于路，折竹植地，以挂纸钱。逾月视之，枯竹皆生笋，人号“莱公竹”。因立庙，号“竹林寇公祠”。

［译文］寇准去世后，要到西京去安葬。取道荆南的公安县，老百姓都在路边祭祀大哭，折下竹子插在地上，来悬挂纸钱。过了几个月再看，那些枯竹竟然都长出了竹笋，人们称之为“莱公竹”。因此人们在那里立了祠庙，号为“竹林寇公祠”。

迎凉草　李辅国夏日会宾客，设迎凉草于庭，清风徐来。草色碧，干类苦竹，叶细如杉。

［译文］唐代的李辅国夏天会见宾客时，在庭院里铺设迎凉草，于是院中有清凉的风缓缓吹来。这种草颜色碧绿，草茎与苦竹相似，叶子像杉树的叶子一样小。

荔枝　蔡君谟曰：闽中荔枝，兴化最为奇特，尤重陈紫。其树晚熟，其实广上而圆下，大可径寸有五分，香气清远，色泽鲜紫，壳薄而平，瓤厚而莹，膜如桃花红，核如丁香母，剥之凝如水晶，食之消如绛雪，其味之甘芳，不可得而名状也。

［译文］蔡君谟说：闽地的荔枝，以兴化出产的最为奇特，尤以陈紫荔枝最被看重。陈紫荔枝熟得较晚，果实上边大下边圆，直径大约有一寸五分，香气清新悠远，色泽是鲜艳呈紫色，果壳薄而平，果瓤醇厚而晶莹，果膜像桃花一样鲜红，果核像丁香母，剥开就如同凝结的水晶，口感就像绛雪一样易化，味道甘甜芬芳，

无法用语言来形容。

宋家香 宋氏尝以馈蔡君谟，君谟以《诗序》谢之曰：世传此植已三百年。黄巢兵过，欲伐之，时王氏主其木，媪抱木欲共死，得不伐。今虽老矣，其实益繁，其味益甘滑，真异品也。

[译文] 宋氏家族曾经拿他们的香荔枝赠给蔡君谟，蔡君谟写了《诗序》感谢他们说：世人传说这棵树已经有三百年了。黄巢的乱兵经过的时候，想要砍它了，当时一个姓王的人拥有这棵树，他的母亲想要抱着树一块儿去死，才没有被砍伐。现在这树虽然已经老了，但结的果实却更加繁密了，味道也更加甘甜爽滑了，真是奇异的品种啊。

瑞榴 邵武县学宋时有石榴一株，士人观其结实之数，以卜登第多寡，屡验，因名“瑞榴”。

[译文] 宋代时邵武的县学里有一棵石榴树，读书人通过观察它所结石榴的数目来占卜县学进士及第的人数，每每都很灵验，所以叫它“瑞榴”。

柯柏 柯潜官少詹，手植二柏于翰林苑后堂，号“学士柏”，复造瀛洲亭以临之。

[译文] 柯潜担任少詹事时，在翰林苑的后堂亲手栽种了两棵柏树，号称为“学士柏”，又挨着柏树建造了一座瀛洲亭。

种松 晋孙绰隐会稽山中，作《天台赋》，范荣期曰：“掷地有金石声矣。”绰于斋前种一松，恒手自壅治之。邻人高柔语曰：“松树子非不楚楚可怜，但无栋梁耳！”孙曰：“机柳虽合抱，亦复何施？”

[译文] 晋朝的孙绰在会稽山隐居，写了一篇《天台赋》，范荣期说：“这篇赋扔到地上会发出金声玉振的声音。”孙绰在书房前种了一棵松树，常常亲手培土浇水。邻居高柔说：“你种的松树并非不是楚楚可怜，只不过不是栋梁之材啊！”孙绰回答说：“枫树、柳树即使粗有合抱，又有什么用处呢？”

连理木　宋梁世基家，有荔枝生连理，神宗赐以诗曰：“横浦江南岸，梁家闻世贤。一株连理木，五月荔枝天。”

[译文] 宋代的梁世基家里，有荔枝树生长出连理枝，宋神宗皇帝赐诗给他说：“横浦江南岸，梁家闻世贤。一株连理木，五月荔枝天。”

树头酒　缅甸有树，类棕，高五六丈，结实大如掌。土人以面纳罐中，悬罐于实下，划实取汁成酒。其叶，即贝叶也，写缅书用之。

[译文] 缅甸有一种树，类似棕树，有五六丈高，结出的果实如手掌一般大。当地人把面放在罐子中，把罐子悬挂在果实的下面，划破果实取出汁液来就成了酒。它的叶子就是贝叶，是写缅甸的文字时使用的。

嗜鲜荔枝　唐天宝中，贵妃嗜鲜荔枝。涪州岁命驿递，七日夜至长安，人马俱毙。杜牧之诗：“一骑红尘妃子笑，无人知是荔枝来。”

[译文] 唐代天宝年间，杨贵妃特别喜欢吃新鲜的荔枝。涪州每年让驿站骑马递送，七天七夜就送到长安，但是人和马都要累死。

杜牧的诗里说："一骑红尘妃子笑，无人知是荔枝来。"

荔奴　龙眼似荔枝，而叶微小，凌冬不调，七月而实成，壳青黄色，文作鳞甲，形圆似弹丸，肉白有浆，甚甘美。其实极繁，一朵五六十颗，作穗如葡萄然。荔枝才过，龙眼即熟。南人目为"荔奴"。

[译文]　龙眼长得像荔枝，但叶子稍微小一些，在冬天也不会凋谢。七月结成果实，果壳是青黄的颜色，有鳞甲一样的花纹，形状滚圆如同弹丸，果肉白色并且有汁液，味道非常甜美。它的果实非常繁多，每一串有五六十颗，作穗状，就像葡萄一样。荔枝才过去，龙眼就成熟了。南方人把它看作是荔枝的奴仆。

此君　王子猷暂寄人空宅，便令种竹，人问之，曰："何可一日无此君！"

[译文]　东晋的名士王子猷暂时寄居在别人的空宅子里，就让人栽种竹子，有人问他，他说："怎么能一天没有竹子呢！"

报竹平安　李衡公守北都，惟童子寺有竹一颗，才长数尺。其寺纲维，每日报竹平安。

[译文]　李衡公说：北都太原只有童子寺有一丛竹子，只有几尺长。而寺庙的管事和尚每天都要向方丈汇报竹子是否平安。

蕉迷　南汉贵珰赵纯卿惟喜芭蕉，凡轩窗馆宇咸种之。时称纯卿为"蕉迷"。

[译文]　南汉受宠的太监赵纯卿只喜欢芭蕉，凡是轩窗馆宇全都栽种了芭蕉。当时人称他为"蕉迷"。

卖宅留松　海虞孙齐之手植一松，珍护特至。池馆业属他姓，独松不肯入券。与邻人卖浆者约，岁以千钱为赠，祈开壁间一小牖，时时携壶茗往，从牖间窥松，或松有枯毛，辄道主人，亲往梳剔，毕即便去。后其子林森辈养志，亟复其业。

［译文］海虞的孙齐之亲手种了一棵松树，非常珍惜爱护。家产已经卖给了别人，只有松树不肯卖掉。跟一个卖水浆的邻居约好，每年赠送他一千钱，请求他在墙上开一个小窗户，不时带着茶水去，从窗户里看那棵松树，如果树上有干枯的毛刺，就立刻告诉主人，孙齐之就亲自去清理干净，清理完就走。后来他的儿子孙林和孙森都很孝顺，很快就把家产买了回来。

青田核　《鸡跖集》：乌孙国有青田核，莫知其木与实，而核如瓠，可容五六升，以之盛水，俄而成酒，刘章得二焉。集宾客设之，一核才尽，一核又熟，可供二十客。名曰“青田壶”。

［译文］《鸡跖集》中说：乌孙国有一种青田核，没人知道这种树和它的果实长什么样，但这种核却像瓢一样，可以装五六升东西，用它来盛水，一会儿就变成了酒。刘章曾经得到两个，用它来招待宾客，一个核中的酒刚喝完，另一个核中的酒就又酿好了，可以供二十个客人饮用。给它起名为“青田壶”。

桃核　洪武乙卯出元内库所藏巨桃核，半面长五寸，广四寸七分，前刻“西王母赐汉武桃”及“宣和殿”十字，涂以金，中绘龟鹤云气之象，复镌“庚子甲申月丁酉日记”。命宋濂作赋。

［译文］洪武乙卯年出示过元朝宫廷内库所藏的巨型的桃核，半面长达五寸，宽四寸七分，前面刻着“西王母赐汉武桃”和“宣和殿”

十个字，用金粉涂在上面，中间画了龟鹤云气的图样，又刻了“庚子甲申月丁酉日记”这几个字。皇帝让宋濂作赋记录此事。

龙眼荔枝 汉高帝时，南粤王始献龙眼树，汉武帝时始得交趾荔枝，植上林。魏文帝始诏南方岁贡龙眼荔枝。

[译文] 汉高祖时期，南粤王最先进献了龙眼树，汉武帝时才得到交趾的荔枝，种在上林苑。魏文帝最先下诏书让南方每年进贡龙眼和荔枝。

药名 将离赠芍药，亦名可离。相招赠文无，文无一名当归。欲忘人忧，赠丹棘，一名忘忧。欲蠲人之忿，赠青棠，青棠一名合欢。后人折柳赠行，折梅寄远（见《古今注》及《董子》）。又帝不愁（见《山海经》），芍药养性（见《博物志》），皋苏释忿（见《王粲志》），甘枣不惑（见束皙《发蒙记》）。树有长生（见《邺中志》），木有无患（见《纂异文》）。

[译文] 将要分别的时候赠人芍药，所以芍药也叫作可离。召集朋友聚会就赠文无，所以文无也叫作当归。想让人忘记忧愁，就赠给丹棘，所以丹棘也叫作忘忧。想要让别人消除愤怒，就赠他青棠，所以青棠又叫作合欢。后代的人们折下柳枝来赠给远行的人，也有人折下梅花来寄给远方的游子（参见《古今注》和《董子》）。还有叫帝不愁的（参见《山海经》），芍药能修养性情（参见《博物志》），皋苏能释放愤愤的心情（参见《王粲志》），甘枣可以让人不迷惑（参见束皙《发蒙记》），有可以让人长生的树（参见《邺中志》），有可以辟鬼的无患木（参见《纂异文》）。

碧鲜赋 五代扈载游相国寺，见庭竹可爱，作《碧鲜赋》。世宗遣小黄门就壁录之，览而称善。刘宽夫《剿竹记》："坚可以配松柏，劲可以凌霜雪，密可以消清烟，疏可以漏霄月。"

［译文］　五代时的扈载游览相国寺时，看见寺院中的竹子很可爱，就作了一篇《碧鲜赋》。后周皇帝柴世宗就派遣小黄门到墙壁前抄写下来，看后大为称赞。刘宽夫的《剿竹记》里说："论坚实可以比得上松柏，论劲节可以超过霜雪。稠密的可以消散清烟，稀疏的又可以漏下霄月。"

榕城　福州有榕树，其大十围，凌冬不凋，郡城独盛，故号榕城。

［译文］　福州有很多的榕树，树有十围粗，冬天叶子也不会凋谢，郡城里的尤为茂盛，所以福州号称"榕城"。

相思树　潮凤凰山多相思树，树中有神，披发跣足。

［译文］　潮州的凤凰山上长有很多相思树，树里有树神，披着头发光着脚。

念珠树　在大理府，每穗结实百八枚。昔李贤者，寓周城，主人其妇难产，李摘念珠一枚使吞，珠在儿手中擎出。

［译文］　在大理府有念珠树，每个穗上能结出一百零八颗果实。曾经一位叫李贤的人，寓居在大理的周城，主人的妻子难产，他就摘下自己身上的一颗念珠让她吞服下去，于是孩子便生了出来，手里还拿着那颗念珠。

席草　储福靖难时卫卒，流于曲靖，不食，死。妻范氏奉姑甚谨，一日见涧边草类苏，织席以奉姑。姑卒后，草遂不生。

［译文］　储福是靖难之役时的守兵，流落在曲靖，不吃东西，饿死

了。他的妻子范氏侍奉婆婆非常恭敬，一天看见水边有一种长得像苏的草，就采来织成席子给婆婆用。她的婆婆死后，那种草就不再生长了。

蒌叶藤 叶似葛蔓附于树，可为酱，即《汉书》所谓蒟酱也，实似桑葚，皮黑、肉白、味辛，合槟榔食之，御瘴气。

[译文] 叶子像葛叶，藤蔓缠绕在树上，可以制成酱，就是《汉书》中所说的“蒟酱”，果实像桑葚，皮黑果白、味道辛辣，和槟榔一起吃下去，可以抵御瘴气。

神木 永乐四年，采楠木于沐川。方欲开道以出之，一夕，楠木自移数里，因封其山为神木山。

[译文] 明朝的永乐四年，朝廷派人在沐川采伐楠木。正要开道把楠木运出来，一天晚上，楠木自己移动了好几里地，所以封这座山为“神木山”。

独本葱 元初，马湖蛮岁以独本葱来献，郡县疲于递送，元贞初罢之。

[译文] 元代初年，马湖的蛮人每年都来进献独本葱，沿途的郡县因运送而辛劳不堪，元贞初年就停止进贡了。

邛竹 《蜀记》：张骞奉使西域，得高节竹种于邛山。今以为杖，甚雅。

[译文] 《蜀记》记载：张骞奉命出使西域时，在邛山得到高节竹的种子。现在用来做成手杖，非常清雅。

天符　容子山有木叶，名天符，叶如荔枝叶而长，其纹如虫蚀篆，不知何木，或以为刘真人仙迹。

［译文］　容子山有一种树的叶子，名字叫作天符，叶子像荔枝的叶但长一些，纹路好像虫子咬出来的篆文，不知这是什么树木，有人认为这是刘真人的仙迹。

吕公樟　松江之北禅寺，宋有回先生过之，手植一樟于殿。后数年樟死，回复造焉，问樟公安在，取瓢内药一丸，瘗诸根下，樟遂活，叶叶俱显瓢痕。人始悟吕仙也。

［译文］　松江的北禅寺，宋代有一个姓回的先生经过这里，亲手在殿前种了一棵樟树。过了几年树枯死了，回先生又来拜访，问樟公在哪里，然后从瓢里取了一丸药，埋到了树根下面，樟树就又活了，每片叶子上都显示出瓢的痕迹。人们才醒悟过来，这个回先生就是吕洞宾。

陈朝双桧　静安寺中有双桧，宋政和间，朱勔勒图以进，遣中使取之，风雨雷电震碎其一，遂止。

［译文］　静安寺里有两棵桧树，宋代政和年间，朱勔让人刻画成图进献给朝廷，朝廷派太监取来，正好这时暴雨雷电把其中一棵给劈碎了，于是就停止了砍伐。

竹诗　胡闰题诗于吴芮祠壁云：“幽人无俗怀，写此苍龙骨。九天风雨来，飞腾作灵物。”明太祖见而赏之，召拜大理卿。

［译文］　胡闰在吴芮祠的墙壁上题诗说：“幽人无俗怀，写此苍龙骨。九天风雨来，飞腾作灵物。”明太祖看见诗作后大为赞赏，召见他并授予大理卿的职位。

苦笋反甘 《梦溪笔谈》云：太虚观中修竹，相传陆修静手植，出苦笋而味反甘；归宗寺造盐虀而味反淡，盖中山佳物也。

[译文] 《梦溪笔谈》中说：太虚观有一丛高高的竹子，相传是陆修静亲手栽种的，生出的苦笋，味道反而甜美；归宗寺里制造的盐虀味道反而很清淡，这两种东西都是中山的佳品。

水晶葱 宋孝宗问周必大："吉安所产何物？"对曰："金柑玉版笋，银杏水晶葱。"

[译文] 宋孝宗询问周必大说："你的家乡吉安有什么物产？"周必大回答说："金柑玉版笋，银杏水晶葱。"

巨楠 赤城阁前有巨楠，高数十寻，围三十尺，世传范寂手植。寂得长生久视之术，先主累召不赴，封逍遥公。

[译文] 赤城阁前有一株巨楠，有几十丈高，三十尺粗，世人相传是范寂亲手栽种的。范寂得到了长生不老之术，先主刘备多次征召他做官他都没有去，于是就封他为"逍遥公"。

希夷所种 《方舆胜览》云：普州硗瘠，无异产，惟铁山枣、崇龛梨、天池藕三者，皆希夷所种。

[译文] 《方舆胜览》记载：普州土地贫瘠，没有什么特产，只有铁山枣、崇龛梨、天池藕这三种东西，都是陈抟老祖希夷先生种植的。

骑鲸柏 大邑凤凰山有紫柏十围，根盘巨石上，号骑鲸柏。

[译文] 大邑的凤凰山有一棵紫柏，有十围粗，树根盘旋在巨石上，号称"骑鲸柏"。

芦根　秦始皇以东南气王，凿连江之九龙山，得芦根一茎，长数丈，断之有血，因名其山曰荻芦峡。

[译文]　秦始皇因为在东南方发现有王气，所以让人凿开了连江的九龙山，得到一株芦根，有几丈长，砍断后还有血流出来，于是就把这座山命名为“荻芦峡”。

榕树门　桂林府之南门也。唐筑门时，榕一株，久跨门内外，盘错至地，生成门状，车马往来，径于其下。杨基诗云“榕树城门却倒垂”是也。

[译文]　是桂林府的南门。唐代修筑城门的时候，有一棵榕树横跨在城门里外，盘根错节长成城门的样子，车马往来，直接从树根下面穿过。杨基有句诗说“榕树城门却倒垂”，就是说的这个。

苴草　广西产，状如茅，食之令人多寿。暑月置盘筵中，蝇蚊不近，物亦不速腐，亦名不死草。又有木生子，形如猪肾，能解药毒，名猪腰子。

[译文]　苴草产于广西，形状像茅草，吃了会让人长寿。夏天放置在筵席上，苍蝇和蚊子就不会靠近，食物也不会腐烂，所以又叫作“不死草”。另外还有一种木生子，形状像猪肾，能解除药毒，叫作“猪腰子”。

罗浮橘　严州城南，其山峻险不易登，上有罗浮橘一株，熟时风飘堕地，得者传为仙橘云。

[译文]　严州城的南面，有一座山非常险峻，不易攀登，山上有一棵罗浮橘，果实成熟时就随风飘落在地上，捡到的人都说这是

仙橘。

玉芝 会稽陶堰岭出花生，叶下其根岁生一臼，取以面裹熟食，可辟谷。

[译文] 会稽山的陶堰岭出产一种花生，它叶子下面的根每年会生出一臼来，把它拿来用面裹住煮熟吃下去，可以达到辟谷（即不吃东西也不会感到饥饿）的作用。

百谷 《名物通》：粱者，黍稷之总名。稻者，溉种之总名。菽者，众豆之总名。三谷各二十种，为六十种。蔬果助谷各二十种，共为百谷。

[译文] 《名物通》中说：粱是小米、粟子之类的总称。稻是水田作物的总称。菽是各种豆类作物的总称。三种谷物各有二十种，总共六十种。蔬菜、水果辅助谷物，各有二十种，合起来就称为"百谷"。

君子竹 东坡诗："惟有长身六君子，猗猗犹得似淇园。"又筼筜亦竹之类，生水边，长数丈，围尺五寸，一节相去六七尺。

[译文] 苏东坡的诗里说："惟有长身六君子，猗猗犹得似淇园。"另，筼筜也是竹子的一种，生长在水边，有数丈高，一尺五寸粗，每个竹节就有六七尺长。

樗栎 《庄子》：吾有大树，人谓之樗。其大本，拥肿而不中绳墨；其小枝，卷曲而不中规矩。《通志》：南多槲，北多栎，似樗，即柞栎也。古云：社栎以不材故寿。

[译文] 《庄子》中说：我有一棵大树，人们都称之为樗。它的树干，因过于臃肿而无法做成平直的东西；它的小枝又过于弯曲而无法

去衡量。《通志》记载：南方多有槲树，北方多有栎树，长得像樗树，就是柞栎树。古话说："土地庙前的栎树因为没有用处，所以能够长寿。"

楩楠　《文选》：楩、楠、豫章皆名克胜大任之材也。

［译文］《文选》中说：楩木、楠木与豫章木都是能胜任栋梁的木材。

瓜田李下　《文选》：君子防未然，不处嫌疑间。瓜田不纳履，李下不整冠。

［译文］《文选》中说：君子防患于未然，不处于被人怀疑的境地。瓜田边不提鞋，李树下不正冠。

薰莸异器　《左传》：一薰一莸，十年尚犹有臭。《注》：薰，香草也；莸，臭草也。

［译文］《左传》中说：一薰一莸，十年之后还有臭气。注释说：薰，就是香草；莸，就是臭草。

蒲柳先槁　《世说》：顾悦之与简文帝同年，发蚤白。帝问之，曰："松柏之姿，经霜犹茂。蒲柳之姿，望秋先零。"

［译文］《世说新语》中说：顾悦之和简文帝同岁，头发却早已经白了。简文帝问他，他回答说："松柏经霜之后依然茂盛；而蒲柳秋天还没到来就已经凋零了。"

余桃　《韩子》：弥子瑕食桃而甘，以半啖卫君，君曰："爱我哉。"后子瑕得罪，君曰："是固啖我以余桃者。"

［译文］《韩非子》中说：弥子瑕吃了一个桃子觉得很甜，就把剩下

的半个给卫国国君吃，国君说:“他真是爱我啊。”后来弥子瑕犯了罪，国君说:“这就是那个把吃剩下的桃子给我吃的人。”

二桃杀三士 齐公孙接、田开彊、古冶子皆勇而无礼。晏子谓景公馈之二桃，令计功而食。三子皆自杀。

[译文] 齐国的公孙接、田开彊、古冶子都勇猛却没有礼节。晏子跟齐景公说，可以赏给他们三个人两个桃子，让他们论功来分吃。最终这三个人都自杀死掉了。

祥桑 亳里有桑榖共生于朝，七日大拱，伊陟曰:“妖不胜德。”于是太戊修先王之政，养老问疾，早朝晏退，三日而桑榖死。

[译文] 亳都里，有桑树和榖树共同生在朝堂上面，七天就长得有两手合抱那么粗大了。大臣伊陟说:“妖异不能打败德行。”于是商王太戊恢复先王的德政，供养老人、问候病人，很早就上朝听政，很晚才退朝休息。三天后桑树和榖树就死了。

金杏 流山出。如梨，黄于橘。汉武访蓬、瀛，有献此者，今呼“汉帝果”。

[译文] 出产于分流山。比梨子大，比橘子黄。汉武帝访求蓬莱、瀛洲的仙山时，有人进献了金杏，现在称之为“汉帝果”。

花卉

桂花 草木之花五出，雪花六出，朱文公谓地六生水之义。然桂花四出，潘笠江谓土之产物，其成数五，故草木皆五，惟桂乃月中之本，居西方，四乃西方金之成数，故四出而金色，且开于秋云。

［译文］ 草木的花有五个花瓣，而雪花是六个花瓣，朱文公说这是因为“地六生水”。但是桂花只有四个花瓣，潘笠江说，土里生长的东西，其成数是五，所以草木都是五个花瓣，只有桂花是月亮中生长的，居于西方，而“四”是西方属金的成数，所以是四个花瓣且呈现金色，并在秋天开放。

天花　生五台山，草本。花如牡丹而大，其白如雪，下有白蛇守之，人摘其花，必伤之。土人作法窃取，蛇见无花，则自触死。晒干，大犹如鲜牡丹，取数瓣点汤，甚美，其价甚贵。

［译文］ 出自五台山，是草本植物。花像牡丹，较大一些，花的颜色白得像雪，下面有白蛇守护着，如果有人来采摘花朵，一定会咬伤他。当地人想办法来偷花，蛇看见花没有了，就会自己撞死。把花晒干后，大得如同新鲜的牡丹，拿几片花瓣来放到汤里，味道非常鲜美，它的价格很昂贵。

琼花　王兴入秋长山，见琼花茎长八九寸，叶如白檀，花如芙渠，香闻数里，唐人植一株于广陵蕃釐观，至元时朽，以八仙花补之于琼花台前。

［译文］ 王兴进到秋长山里，看到了琼花，花茎有八九寸长，叶子像白檀的叶子，花像荷花，香气可以在几里外闻到。唐代时有人在广陵的蕃釐观种下过一株，到元代时枯死了，有人就用八仙花在原来的琼花台前补种。

金带围　江都芍药，凡三十二种，惟金带围者不易得。韩琦守郡时，偶开四朵。时王岐公珪为郡倅，荆公安石为幕官，陈秀公升之以卫尉丞适至，韩公命宴花下，各簪一朵。后四人相继大拜，乃花瑞也。

［译文］江都的芍药，共有三十二种，只有金带围这种是最不容易得到的。韩琦当郡守时，金带围偶然开放了四朵。当时王珪是韩琦的副职，王安石是幕官，陈升之担任卫尉丞，刚到任，韩琦让人在花下摆了宴席，四人各戴一朵花。后来四个人相继被授予宰相职位，这真是“花瑞”啊。

蔓花　胡人以茉莉为蔓花，宋徽宗时始名茉莉。

［译文］胡人把茉莉叫作蔓花，宋徽宗时才命名为茉莉。

洛如花　吴兴山中有一树，类竹而有实，似荚，乡人见之，以问陆澄。澄曰:“是名洛如花，郡有名士，则生此花。”

［译文］吴兴的山里有一棵树，长得像竹子但却结有果实，像皂荚一样，乡里人看见后，来问陆澄。陆澄说:“这种花叫作洛如花，州郡如果有名士，就会出现这种花。”

王者香《家语》:孔子见兰花，叹曰:“夫兰当为王者香，今与众花伍。”乃援琴作《倚兰操》。

［译文］《孔子家语》中说:孔子看见兰花，感叹道:“兰花本来应当是王者之花，现在却只能与普通的花混杂在一起。”于是取出琴创作了《倚兰操》。

伊兰花　金粟香特馥烈，戴之发髻，香闻十步，经月不散。西域以“伊”字至尊，如中国“天”字也，蒲曰“伊蒲”，兰曰“伊兰”，皆以尊称，谓其香无比也。大约今之真珠与木兰是也。

［译文］金粟花的香气非常浓烈，戴在头发上面，香气在十步之外就可以闻到，而且过一个月也不会消散。西域人把“伊”字看得最为尊贵，就像中国的“天”字一样，所以把“蒲”称为“伊蒲”，把“兰”称为“伊兰”，就是因为尊贵而这样称呼它们，是说它的香气没有别的花可以相比。大概就是现在的真珠和木兰。

断肠花　昔有妇人思所欢，不见辄涕泣，洒泪于北墙之下，后湿处生草，其花甚美，色如妇面，其叶正绿反红，秋开，即今之海棠也。

［译文］从前有个女子思念情人，无法见面就悲伤哭泣，在北墙下流下眼泪。后来被泪水打湿的地方长出一种草，它开出的花非常美丽，如同女子的面容，它的叶子正面是绿的，但背面是红的，秋天盛开，就是现在的海棠花。

蝴蝶花　在贵州玄妙观，春时开，花娇艳。至花落之时，皆成蝴蝶翩翩飞去，枝头无一存者。

［译文］贵州的玄妙观有蝴蝶花，春天的时候开花，花朵娇嫩艳丽。到花落的时候，就变成蝴蝶翩翩飞走了，枝头没有一朵留下来。

优钵罗花　在北京礼部仪制司，开必四月八日，至冬而实，状如鬼莲蓬，脱去其壳，其核成金色佛一尊，形相皆具。

［译文］北京礼部仪制司有优钵罗花，每次都在四月八日开放，到冬天结出果实，形状像鬼莲蓬，剥去果实的外壳，它的核像一尊金色的佛像，形体与相貌都完备。

娑罗 夏津为昌化令，有娑罗树一株，花开时，香闻十里。津笑曰:“此真花县也。”

[译文] 夏津担任昌化县令时，昌化有一棵娑罗树，开花时香气在十里外都可以闻到。夏津笑着说:“这里真是‘花县’呀。”

兰花 蜜蜂采花，凡花则足粘而进。采兰花则背负而进，盖献其王也。进他花则赏以蜜，进稻花则致之死，蜂王之有德若此。

[译文] 蜜蜂采花时，采普通的花就用脚把花粉沾走。采兰花时就背着花粉走，因为这是要献给蜂王的。如果进献其他的花，蜂王就会赏给它蜂蜜，如果进献稻花就会被赐死，蜂王的道德标准就是这样。

婪尾春 桑维翰曰：唐末文人以芍药为婪尾春者，盖婪尾酒乃最后之杯，芍药殿春，故名。唐留守李迪以芍药乘驿进御，玄宗始植之禁中。

[译文] 桑维翰说：唐末的文人把芍药称为“婪尾春”，是因为婪尾酒是酒席上最后一杯酒，而芍药春末时才开花，所以取了这样的名字。唐代的留守李迪把芍药装在驿车内进献给皇帝，唐玄宗开始把它种植在宫苑里面。

姚黄魏紫 《西京杂记》：牡丹之奇者，有姚家黄、魏家紫。

[译文] 《西京杂记》中说：牡丹花中最为奇特的，是姚家黄、魏家紫。

木莲 白乐天曰：予游临邛白鹤山寺，佛殿前有木莲两株，其高数丈，叶坚厚如桂，以中夏开花，状如芙蕖，香亦酷似。山僧云：花折时，有声如破竹然。一郡止二株，不知何自至也。成都多奇花，亦未常见。世有木芙蓉，不知有木莲花也。

[译文] 白居易说：我去临邛的白鹤山寺游览，佛殿前有两棵木莲，有几丈高，叶子坚实肥厚就如同桂树的叶子，在盛夏时开花，形状像荷花，香气也与荷花非常相似。山里的僧人说："折花时发出的响声就像破开竹子的声音。"整个临邛郡也只有两棵，不知道从哪里来的。成都有很多奇异的花草，但这种并不常见。世上有木芙蓉，却不知道有木莲花。

国色天香　唐文宗内殿赏花，问程修己曰："京师传唱牡丹者称首。"对曰："季正封云，国色朝酣酒，天香夜染衣。"帝因谓妃曰："妆镜前饮一紫金盏，正封之诗可见矣！"

[译文] 唐文宗在内殿赏花，问程修己说："京城传唱的牡丹诗中谁能称第一？"程修己回答说："季正封的诗：'国色朝酣酒，天香夜染衣'。"唐文宗于是对贵妃说："你在梳妆台前用紫金盏喝一杯酒，就可以看到季正封的诗句了。"

茶花　以滇茶为第一，日丹次之。滇茶出自云南，色似衢红，大如茶碗，花瓣不多，中有层折，赤艳黄心，样范可爱。

[译文] 茶花以滇茶为第一，日丹稍差一点。滇茶出于云南，大红色，大小像茶碗，花瓣不多，花瓣中间多有分层和皱褶，红花黄心，模样可爱。

佛桑　出岭南，枝叶类江南木槿，花类中州芍药，而轻柔过之。开时当二三月间，阿那可爱，有深红、浅红、淡红数种，剪插即活。

[译文] 出自岭南，枝叶的形状很像江南的木槿，花很像中州的芍药，但是比芍药更轻盈柔软。在二三月间开花，婀娜可爱，有深红、浅红、淡红等几种颜色，剪下枝条插在地上就可以成活。

花癖 唐张籍性耽花卉，闻贵侯家有山茶一株，花大如盎，度不可得，以爱姬换之。人谓之“张籍花淫”。

[译文] 唐代的张籍生性特别喜欢花草，听说某富贵人家有一株山茶花，花朵像瓦盆一样大，他想着没有办法得到，就用心爱的姬妾去换了回来。人们叫他“张籍花淫”。

海棠 宋真宗时始海棠与牡丹齐名。真宗御制杂诗十题，以海棠为首。晏元献公殊始植红海棠红梅，苏东坡始名黄梅为蜡梅。

[译文] 宋真宗时海棠才和牡丹齐名。宋真宗亲笔写了十首杂诗，《海棠》是第一首。从晏殊开始种植红海棠和红梅，苏东坡开始把黄梅称为蜡梅。

花品 周濂溪《爱莲说》：菊，花之隐逸者也；牡丹，花之富贵者也；莲，花之君子者也。

[译文] 周敦颐在《爱莲说》中说：菊花，是花中的隐士；牡丹，是花中的富贵之人；莲花，是花中的君子。

舍东桑 《蜀志》：先主舍东有桑树高丈余，垂垂如盖，往来者皆怪此树非凡，谓当出贵人。先主少与诸儿戏树下，言：“吾必当乘此羽葆车盖。”

[译文] 《三国志·蜀书》中说：先主刘备的房舍东边有一棵桑树，

有一丈多高，枝条垂下来如同华盖，经过这里的人都很奇怪这株树非同一般，说这里会出富贵之人。刘备小时候跟小孩子们在树下玩游戏，说："我以后一定要乘坐有这样车盖的车子。"

张绪柳　《南史》：齐武帝时，益州献蜀柳，枝条甚长，状似丝缕。帝以植于太昌灵和殿前，曰："此柳风流可爱，似张绪少年时也。"

[译文]《南史》记载：齐武帝时，益州进献蜀地的柳树，枝条很长，形状如同丝线。齐武帝把它种植在太昌灵和殿的前面，说："这棵柳树风流可爱，就像少年时候的张绪。"

美人蕉　其花四时皆开，深红照眼，经月不谢。

[译文]　这种花一年四季都会开放，颜色深红，明艳耀眼，一个月都不会凋谢。

海棠香国　昔有调昌州守者，求易便地。彭渊闻而止之，曰："昌，佳郡守也！"守问故，曰："海棠患，患无香，独昌地产者香，故号海棠香国，非佳郡乎？"

[译文]　以前有一个人被调到昌州做太守，但他希望换一个更方便的地方。彭渊才听到就劝阻他，说："昌州是个做州守的好地方啊！"那个州守问他原因，他说："海棠的缺失，在于没有香味，唯独昌州产的海棠有香气，所以被称为'海棠香国'，难道不是个好地方吗？"

思梅再任　何逊为扬州法曹，公廨有梅一株，逊常赋诗其下，后居洛，思梅花不得，请再任扬州。至日，花开满树，逊宾醉赏之。

[译文]　南朝的诗人何逊担任扬州法曹，公署旁有边一株梅花树，

何逊经常在树下写诗。后来他在洛阳居住，想念梅花却没法得到，于是请求再次到扬州做官。到任的那天，梅花开满了树枝，何逊请宾客到树下赏花喝酒。

榴花洞　唐樵者蓝超，于福州东山逐一鹿，鹿入石门，内有鸡犬人烟，见一翁，谓曰:“皆避秦地，留卿可乎？”超曰:“归别妻子乃来。”与榴花一枝而出。后再访之，则迷矣。

［译文］　唐代有叫蓝超的樵夫，在福州东山追逐一只鹿，鹿跑进了一个石门，里面有鸡狗和人烟。看到一位老翁，对他说:“我们都是躲避秦时战乱而来到这里的，你能留在这里吗？”蓝超说:“等我回去之后和老婆孩子道个别再来吧。”那个老翁赠他一枝石榴花，他就出来了。后来再去寻访，却迷路了。

桃花山　在定海，安期生炼药于此，以墨汁洒石上成桃花，雨过则鲜艳如生。

［译文］　桃花山在定海，安期生就在这里炼制丹药，把墨汁洒在石头上就成了桃花，下过雨后就会更加鲜艳，像真桃花一样。

攀枝花　广州产，高四五丈，类山茶，殷红如锦，一名木绵。

［译文］　出于广州，有四五丈高，像山茶花，颜色红得像锦缎一样，又叫作木棉。

一年三花　嵩山西麓，汉有道士从外国将贝多子来，种之，成四树，一年三花，白色，其香异常。

［译文］　在嵩山西边的山麓，汉代时有道士从外国带了贝多子来，在这栽种，成活了四棵，一年开三次花，花朵呈白色，它的香味

和别的花不一样。

白蒻 韩诗：太华峰头玉井莲，开花十丈藕如船，冷比雪霜甘比蜜，一片入口沉疴痊。

[译文] 韩愈《古意》诗里说："太华峰头玉井莲，开花十丈藕如船。冷比雪霜甘比蜜，一片入口沉疴痊。"

萱草宜男 《博物志》：萱号忘忧草，亦名宜男花。韩诗：萱草女儿花，不忘壮士忧。

[译文]《博物志》中说：萱草号称为忘忧草，也叫宜男花。孟郊的《百忧》诗中说："萱草女儿花，不解壮士忧。"

冰肌玉骨 袁丰之评梅曰："冰肌玉骨，世外佳人，但恨无倾城之笑耳。"

[译文] 袁丰之评论梅花时说："冰肌玉骨，世外佳人，只遗憾没有倾国倾城的笑容罢了。"

菊比隐逸 菊不竞春芳，后群卉而开，故以隐逸之士比之。

[译文] 菊花不去争夺春天的芳香，在百花开过之后它才开放，所以用隐逸之士来和它相比。

花似六郎 誉张昌宗者曰："六郎貌似莲花。"杨再思曰："乃莲花似六郎耳。"

[译文] 赞扬张昌宗的人说："六郎貌似莲花。"宰相杨再思说："是莲花长得像六郎才对啊。"

先后开　大庾岭上梅花，南枝已落，北枝方开，寒暖之候异也。

［译文］　大庾岭上的梅花，南枝上的花已经凋落了，而北枝上的花才开放，这是由于寒冷温热的气候不同的缘故啊。

卷十七　四灵部

飞禽

鸟社　大禹即位十年，东巡狩，崩于会稽，因而葬之。有鸟来为之耘，春拔草根，秋啄芜秽，谓之鸟社。县官禁民不得妄害此鸟，犯则无赦。

[译文] 大禹即位十年之后，往东方去巡狩，在会稽驾崩，于是就葬在了那里。有一种鸟飞来给他的坟头除草，春天拔除草根，秋天啄去杂草，所以称之为“鸟社”。官府命令百姓不得无故加害这种鸟，违犯者不会被宽恕。

精卫鸟　炎帝女溺死渤澥海中，化为精卫鸟，日衔西山木石，以填渤澥，至死不倦。

[译文] 炎帝的女儿淹死在渤海里，后来变成为精卫鸟，每天衔来西山的木头石块，来填充渤海，到死都不疲倦。

凤《论语谶》曰:“凤有六象九苞。”六象者，头象天，目象日，背象月，翼象风，足象地，尾象纬。九苞者，口包命，心合度，耳聪达，舌诎伸，色光彩，冠矩朱，距锐钩，音激扬，腹文户。行鸣曰归嬉，止鸣曰提扶，夜鸣曰善哉，晨鸣曰贺世，飞鸣曰郎都，食惟梧桐竹实。故子欲居九夷，从凤嬉。

[译文]《论语谶》中说:“凤凰有六象九苞。”“六象”，就是头像天，眼睛像太阳，脊背像月亮，翅膀像风，脚像大地，尾巴像星宿。“九苞”，就是口包命，心能合度，耳朵聪达，舌头可屈伸，

色彩光泽，冠为红色，脚有尖钩，声音激扬，腹有花纹。它行走时鸣叫被称为“归嬉”，栖止时鸣叫被称为“提扶”，夜里鸣叫称为“善哉”，早晨鸣叫称为“贺世”，飞行时鸣叫称为“郎都”。它只吃梧桐和竹子的果实。所以孔子想到九夷之地去居住，和凤凰嬉游玩耍。

鸾 瑞鸟也。张华注曰：鸾者，凤凰之亚，始生类凤，久则五彩变易，其音如铃。周之文物大备，法车之上缀以大铃，和鸾声也，故改为鸾驾。

[译文] 是一种祥瑞的鸟。张华的注释说：鸾鸟，仅次于凤凰，刚出生时像凤凰，时间长了身上的五彩会发生变化，它鸣叫的声音就像风铃。周代礼乐完备，法车上系有大的风铃，就像鸾鸣叫的声音，所以把法车改称为鸾驾。

像凤 太史令蔡衡曰：凡像凤者有五色，多赤者凤，多青者鸾，多黄者鹓雏，多紫者鸑鷟，多白者鹄。此鸟多青，乃鸾，非凤也。

[译文] 太史令蔡衡说：凡是长得像凤凰的鸟都有五种颜色。红色多的是凤凰，青色多的是鸾鸟，黄色多的是鹓雏，紫色多的是鸑鷟，白色多的是鹄。这只鸟身上青色较多，应该是鸾鸟，不是凤凰。

迦陵鸟 鸣清越如笙箫，妙合宫商，能为百虫之音。《楞严经》云：“迦陵仙音，遍十方界。”

[译文] 鸣叫的声音像笙箫一样清脆激越，奇妙地与五音的韵律暗合，能够模仿出各种虫子的声音。《楞严经》中说：“迦陵仙音，遍十方界。”

毕方鸟　《山海经》：章峨之山，有鸟，状如鹤，一足，赤文青质而白喙，名曰“毕方”。其鸣自叫。见则邑有讹火。

［译文］《山海经》中说：章峨山有一种鸟，样子像鹤，一只脚，羽毛是青色的、纹是红色的、嘴巴是白色的，名字叫毕方。它的鸣声就像在叫自己的名字。它出现的地方会有鬼火。

鸾影　宋范泰《鸾诗序》：昔罽宾王结罝峻卯之山，获一鸾，三年不鸣。其夫人曰：“尝闻鸟见其类则鸣，何不悬镜以照之？”王从其言。鸾观影悲鸣，冲霄一奋而绝。嗟乎慈禽！何情之深也。鸾血作胶，以续弓弩、琴瑟之弦。

［译文］　南朝宋时的范泰在他所著的《鸾鸟诗序》里说：从前罽宾国王在峻卯山用网抓住了一只鸾鸟，这只鸾鸟三年都不鸣叫。他的夫人说：“曾听说鸟见到自己的同类就会鸣叫，为何不悬挂一面镜子让它照一下呢？”国王听了她的话，鸾鸟看见自己的身影后就悲哀地鸣叫起来，然后冲天一飞就死掉了。哎呀，这是多么深情的鸟啊！鸾鸟的血可以制胶，用来接续弓箭、琴瑟的断弦。

吐绶鸡　形状、毛色俱如大鸡。天晴淑景，颔下吐绶，方一尺，金碧晃曜，花纹如蜀锦，中有一字，乃篆文“寿”字，阴晦则不吐。一名“寿字鸡”，一名“锦带功曹”。

［译文］　吐绶鸡的形状和毛色都像普通的大鸡。在天气晴朗、景色美好的时候，它的颔下就会吐出一条绶带，有一尺见方，金色碧色耀人眼目，上面的花纹就像蜀锦，中间有一个字，是篆文的“寿”字，阴雨天的时候就不吐绶带。这种鸡也叫作“寿字鸡”，又叫作“锦带功曹”。

孔雀 自爱其尾，遇芳时好景，闻鼓吹则舒张翅尾，盼睐而舞。性妒忌，见妇女盛服，必奔逐啄之。山栖时，先择贮尾之地，然后置身。欲生捕之者，候雨甚，往擒之。尾沾雨而重，人虽至，犹爱尾，不敢轻动也。

[译文] 孔雀很爱惜自己的尾毛，遇见好天气和好景色的时候，听到音乐声就会展开尾翼，摇头晃脑地翩翩起舞。生性妒忌，看见女人盛装打扮，会追上去啄她们。在山中栖息时，会先选择好安置尾巴的地方，然后再安置身体。人们要是想活捉它，要等下大雨时去抓它们。因为尾巴沾了雨水变得很重，即使看到捕鸟人到了，它却还爱惜自己的尾巴，不敢轻举妄动。

杜鹃 蜀有王曰杜宇，禅位于鳖灵，隐于西山，死，化为杜鹃。蜀人闻其鸣，则思之，故曰“望帝”。又曰杜鹃生子寄于他巢，百鸟为饲之。

[译文] 蜀地有一个国王叫杜宇，把王位禅让给了鳖灵，在西山隐居，死后变化成杜鹃。蜀人听到它的鸣叫声，就思念他，所以又叫他“望帝”。又有一说，杜鹃生了幼雏，寄放在别的鸟巢里，群鸟帮助它喂养幼鸟。

鸿鹄六翮 刘向曰：“今夫鸿鹄高飞冲天，然其所恃者六翮耳。”夫腹下之毳，背上之毛，增去一把，飞不为高下。

[译文] 刘向说：“现在鸿鹄可以高飞冲到天上，然而它所凭借的只是两翼罢了。”至于肚子下面或脊背上的毛，多一把或者少一把，也不会让它飞得更高或者更低。

号寒虫　五台山有鸟，名号寒虫。四足，有肉翅不能飞，其粪即五灵脂也。当盛暑时，文采绚烂，乃自鸣曰：“凤凰不如我。”至冬，毛尽脱落，自鸣曰：“得过且过。”

[译文]　五台山有一种鸟，名字叫作“号寒虫”。长有四只脚，长有肉翅膀却不能飞起来，它的粪就是五灵脂。盛夏时节，它的羽毛花纹与色彩非常绚烂，就鸣叫着说：“凤凰也没有我漂亮。”到了冬天，身上的毛都脱落了，就鸣叫道：“得过且过。”

秦吉了　岭南灵鸟。一名“了哥”。形似鸜鹆，黑色，两肩独黄，顶毛有缝，如人分发，耳聪心慧，舌巧能言。有夷人以数万钱买去，吉了曰：“我汉禽不入胡地！”遂惊死。

[译文]　是岭南一种灵鸟的名字。又叫作“了哥”。外形像八哥，身体为黑色，两个肩膀是黄色的，头顶上的毛有缝隙，就像人分开的头发一样。听力灵敏，心智聪慧，舌头能学人说话。有外国人用几万钱买了一只带走，吉了说：“我是汉禽，绝不去胡人的地方！”于是惊悸而死。

变化　《月令》：三月，田鼠化为鴽，八月鴽化为田鼠。二物交化，即今所谓鹌鹑也。二月鹰化为鸠，八月鸠化为鹰，亦交化也。

[译文]　《礼记·月令》记载：三月时，田鼠变化成鴽，八月时鴽再变为田鼠。这两种东西互相变化，就是现在所说的鹌鹑。二月时鹰变化成斑鸠，八月斑鸠再变化为鹰，也是互相变化。

赤乌　周武王伐纣，渡孟津，有火自上而下，至王屋，流化为乌，其色赤，其声丑。

[译文]　周武王讨伐纣王，渡过孟津时，有火球从天上降下，落在

了周武王住的屋子上，变成了乌鸦，颜色是红的，发出鬼哭狼嚎的响声。

布谷 即斑鸠。杜诗：“布谷催春种。”张华曰：农事方起，此鸟飞鸣于桑间，若云谷可布种也。又其声曰：“家家撒谷。”又云：“脱却破裤。”因其声之相似也。

[译文] 就是斑鸠。杜甫有诗说：“布谷催春种。”张华说：农事才开始的时候，这种鸟就在桑树间飞鸣，像是在叫“谷可布种”了。又有一说，它的声音像是在说“家家撒谷”。还有人说像“脱却破裤”。因为它的叫声很相似。

蠡母 大如鸡，黑色，生南方池泽葭芦中，其声如人呕吐，每一鸣，口中吐出蚊虫一二升。

[译文] 这种鸟像鸡一样大，黑色，生长在南方池塘沼泽的芦苇丛中，它的声音就好像人呕吐的声音，每一鸣叫，嘴里就吐出一两升的蚊子。

稚子 一名“竹团”。喜食笋，善匿，不使人见。故杜诗有“笋根稚子无人见”之句。

[译文] 又叫作“竹团”。喜欢吃竹笋，擅长隐藏，不让人看到自己。所以杜甫有“笋根稚子无人见”的诗句。

鹢 水鸟，能厌水神，故画于舟首，舟名“彩鹢”。

[译文] 是一种水鸟，能镇服水神，所以被画在船头，船也被称为“彩鹢”。

捕鹯　魏公子无忌，方与客饮。有鹯击鸠，走逃于公子案下，鹯追击，杀于公子之前。公子耻之，即使人多设罻罗，得鹯数十四，责让以杀鸠之罪，曰："杀鸠者死！"一鹯低头，不敢仰视；余皆鼓翅自鸣。公子乃杀低头者，余尽释之。

［译文］ 魏国的公子无忌正在和客人喝酒。忽然有一只鹯鸟追击一只斑鸠，斑鸠躲到了公子的桌子下面，鹯鸟追赶，并在公子面前杀了斑鸠。公子认为很可耻，就让人张设罗网，抓了十几只鹯鸟，斥责它们杀斑鸠的罪名，并说："杀斑鸠的要被处死。"有一只鹯鸟低下头不敢抬头看公子；其他的都拍着翅膀鸣叫着。于是公子就杀了那只低着头的，把其他的都释放了。

鹁鸽井　汉高祖庙，临城鹁鸽井旁，记云："沛公避难井中，有双鸽集井中，追者不疑，得脱。"

［译文］ 汉高祖的庙，在临城的鹁鸽井旁边，庙里的《碑记》上说："沛公曾在井中避难，有两只鸽子停在井边，追兵就没有怀疑，沛公得以逃了过去。"

雪衣娘　唐明皇时，岭南进白鹦鹉，聪慧能言，上呼之为"雪衣娘"。上每与诸王及贵妃博戏，稍不胜，左右呼雪衣娘，即飞入局中，以乱其行列。一日语曰："昨夜梦为鸷所搏。"已而，果为鹰毙，瘗之苑中，号"鹦鹉冢"。唐李繁曰：东都有人养鹦鹉，以甚慧，施于僧。僧教之能诵经，往往架上不言不动。问其故，对曰："身心俱不动，为求无上道。"及其死，焚之，有舍利。

［译文］ 唐明皇时，岭南进献了一只白鹦鹉，聪明伶俐会说话，皇上叫它"雪衣娘"。皇上常常与诸王以及贵妃玩博彩的游戏，如果皇帝将要输了，侍从们就会呼叫"雪衣娘"，它就飞到博局上，

把局弄乱。有一天它竟然说："昨夜梦见被猛禽击杀。"不久，果然被鹰杀死，死后被埋在宫苑中，称"鹦鹉冢"。唐代的李繁说：东都有人养鹦鹉，因为很聪明，就施舍给僧人。僧人教它诵读佛经。它时常在架上不说话也不动。问它原因，它回答说："身心俱不动，为求无上道。"等到它死了，火化了它，发现有舍利子。

白鹇 宋帝昺驻跸厓州山，为元兵所追，丞相陆秀夫抱帝赴海死。时御舟一白鹇，奋击哀鸣，堕水以殉。

[译文] 宋末皇帝跑到了崖州山，被元朝的军队追赶，丞相陆秀夫抱着小皇帝跳到海里殉国。当时皇帝的船上有一只白鹇鸟，奋然而飞，哀声鸣叫，然后也堕入海水中殉国了。

鹁鸽诗 宋高宗好养鸽，躬自飞放。有士人题诗云："鹁鸽飞腾绕帝都，朝收暮放费工夫。何如养个南来雁，沙漠能传二帝书。"帝闻之，召见士人，即命补官。

[译文] 宋高宗喜欢养鸽子，亲自放飞。有一个士人题诗说："鹁鸽飞腾绕帝都，朝收暮放费工夫。何如养个南来雁，沙漠能传二帝书。"宋高宗听到这首诗后，就召见了这个士人，马上让他补任了一个官职。

长鸣鸡 宋处宗尝买一长鸣鸡，著窗间。后鸡作人语，与处宗谈论，终日不辍。处宗因此学业大进。

[译文] 宋处宗曾经买了一只长鸣鸡，放在窗户前面。后来鸡竟然开始说人话，和宋处宗谈论，一整天都不停。宋处宗因此而学业大为精进。

宋厨鸡蛋 宋文帝尚食厨备御膳，烹鸡子，忽闻鼎内有声极微，乃群卵呼观世音，凄怆之甚。监宰以闻。帝往验之，果然，叹曰:“吾不知佛道神力乃能若是！”敕自今不得用鸡子，并除宰割。

[译文] 宋文帝的尚食厨准备御膳，正要煮鸡蛋的时候，忽然听到锅里有很细微的声音，原来是这些鸡蛋在呼喊观世音，非常凄怆。管事的人将此事报告给宋文帝，宋文帝亲自去查验这件事，果然如此，叹息着说:“我没想到佛道的神力竟然能达到这种地步！”就下令以后不许再煮鸡蛋，还停止宰杀牲畜。

雁书 苏武使匈奴，留武于海上牧羝。汉使求之，匈奴诡言武死。常惠教使者曰:“天子在上林射雁，雁足上系帛书，言武在某泽中。”单于惊谢，乃遣武还。《礼记》:“鸿雁来宾。”（先至为主，后至为宾。）

[译文] 苏武出使匈奴，匈奴扣留了他并让他在北海牧羊。汉朝派使者寻找他，匈奴谎称苏武已死。常惠教使者对单于说:“天子在上林射雁时，发现雁脚上绑着一封书信，说苏武在某大泽之中。”单于听后非常惊讶，慌忙谢罪，于是把苏武遣返回汉朝。《礼记》中说:“鸿雁来宾。”（先到的是主人，后到的是宾客。）

孤雁 张华曰：雁夜栖川泽中，千百成群，必使孤雁巡更，有警则哀鸣呼众。故师旷《禽经》曰:“群栖独警。”

[译文] 张华说：大雁晚上在大河或沼泽中栖息，成百上千只聚集在一起，一定会让一只孤雁巡逻守夜，如有危险就哀鸣着提醒其他的大雁。所以师旷的《禽经》里说:“群栖独警。”

飞奴 张九龄家养群鸽，每与亲知书，系鸽足上，移之，呼为“飞奴”。

[译文] 张九龄家里养了一群鸽子，每次给亲朋好友写信，就把信系在鸽子的脚上，让鸽子去送信，称之为“飞奴”。

鸩毒 《左传》:“宴安鸩毒，不可怀也。”鸩，毒鸟也，黑身赤目，食蝮蛇，以其毛历饮食则杀人。

[译文] 《左传》中说:“宴安鸩毒，不可怀也。”鸩，是一种毒鸟，身体是黑的，眼睛是红的，它喜欢捕食蝮蛇，用鸩毛沾过的饭菜，就可以把人毒死。

周周鸟 名周周。首重尾屈，将欲饮于河，则必颠，乃衔尾而饮。

[译文] 名字叫作周周。因为头很重，尾巴弯曲，想要在河里喝水，就会掉到河里，所以就用嘴衔着尾巴来喝水。

金衣公子 唐明皇游于禁宛，见黄莺羽毛鲜洁，因呼为“金衣公子”。

[译文] 唐明皇在禁苑游玩，看见黄莺鸟的羽毛鲜艳洁净，就称呼它为“金衣公子”。

黄鹂 戴颙春日携双柑斗酒，人问何之，答曰:“往听黄鹂声，此俗耳针砭，诗肠鼓吹。”

[译文] 戴颙在春天的时候带着两个柑子和一斗酒出门，有人问他去哪里，他回答说:“去听黄鹂的叫声，这是治疗俗耳的良药，激起诗情的音乐。”

养木鸡　《庄子》：渻子为宣王养斗鸡，十日而问之曰："鸡可斗乎？"曰："未也。犹虚憍而恃气。"十日又问之。曰："几矣。鸡有鸣者，已无变矣，望之似木鸡矣，其德全矣。异鸡无敢应者，反走矣。"

[译文]《庄子》中说：纪渻子给宣王饲养斗鸡，过了十天，宣王问道："鸡可以去斗了吗？"他回答说："还不行，它还虚浮骄矜，自恃气势。"过了十天又问他。回答说："差不多了，如果有别的鸡鸣叫，它已经没有什么反应了。看上去像木头做的，它的德行就完美了。别的斗鸡，没有敢来应战的，都转身逃走了。"

季郈斗鸡　《左传》：季郈之斗鸡，季氏介其羽，郈氏为之金距。刘孝威诗："翅中含白芥，距外曜金芒。"

[译文]《左传》中说：季平子和郈昭伯氏斗鸡，季氏在鸡的羽毛上撒上芥粉，郈氏给鸡的爪子上装了金距。刘孝威写诗说："翅中含白芥，距外曜金芒。"

乘轩鹤　卫懿公好鹤，鹤有乘轩者，及狄人伐卫，受甲者皆曰："鹤有禄位，何不使战。"是以卫亡。

[译文]　卫懿公喜欢鹤，以至于他让所养的鹤乘坐轩车，等到狄人来讨伐卫国时，那些兵士都说："鹤身居高位，为什么不派鹤去迎战呢？"因此卫国就灭亡了。

翮成纵去　僧支道林好鹤。有遗以双鹤者，林铩其羽，鹤反顾懊惜。林曰："鹤有凌霄之志，何肯为人耳目近玩！"养令翮成，置使飞去。

[译文]　和尚支道林喜欢鹤。有人送给他两只鹤，支道林剪去了它

们翅膀的羽毛，鹤常常低头回看自己的羽毛，感觉非常苦恼痛惜。支道林说："鹤有冲天飞翔的大志，怎么愿意成为人们身边观赏的玩物呢！"于是就养好了它们翅膀的羽毛，放它们飞走了。

羊公鹤 昔羊叔子有鹤善舞，尝向客称之。客试使驱来，氃氋而不肯舞。故比人之名而不实。

［译文］ 从前羊叔子有一只鹤，擅长跳舞，他曾向客人夸耀。客人试着让他把鹤赶出来，却羽毛松散，不肯跳舞。所以人们用"羊公鹤"来比喻有名无实的人。

斥鷃笑鹏 《庄子》：穷发之北，有鸟名鹏，抟扶摇而上者九万里，且适南冥，斥鷃笑之曰："彼且奚适也？我腾跃而上，不过数仞而下，翱翔蓬蒿之间，此亦飞之至也。而彼且奚适也？"

［译文］ 《庄子》中记载：在不生草木的极北之地，有一只鸟叫作鹏，乘着旋风可以上升到九万里的高空，它将要飞到南溟，小麻雀嘲笑它说："你为什么要到那里去？我往上飞腾跳跃，不超过几丈就落了下来，在蓬蒿之间翱翔，这就是我飞翔的极限了。你为什么要飞到那里去呢？"

打鸭惊鸯 吕士隆知宣州，好笞官妓。适杭州一妓到，士隆喜之。一日群妓小过，士隆欲笞之。妓曰："不敢辞责，但恐杭妓不安耳。"士隆赦之。梅圣俞作打鸭诗："莫打鸭，惊鸳鸯，鸳鸯新向池中落，不比孤州老鸹鸧。"

［译文］ 吕士隆担任宣州太守时，喜欢用鞭子打官妓。恰好一个杭州的官妓到宣州，吕士隆很喜欢她。一天，一群官妓犯了小错，吕士隆要鞭打她们。那些官妓说："我们不敢推卸罪责，只是怕会

让杭州来的那位官妓心里感到不安。”吕士隆就宽恕了她们。梅尧臣写了首《打鸭诗》：“莫打鸭，惊鸳鸯。鸳鸯新向池中落，不比孤州老鸹鸧。”

乌 燕太子丹质于秦，秦遇之无礼，欲归。秦王不听，谬言曰：“令乌白头马生角，乃可归。”丹仰天叹息，乌即头白，马为生角，秦王不得已而遣之。

［译文］ 燕国的太子丹在秦国做人质，秦王对待他没有礼节，太子丹就想要回到燕国。秦王不允许，就托词说：“等到乌鸦的头变白、马生出犄角来，你就可以回燕国了。”太子丹仰天叹息，乌鸦的头马上就变白了，马也长出了犄角，秦王没有办法，只好遣送他回燕国。

乌伤颜 乌纯孝，父亡，负土筑墓，群乌衔土助之，其吻皆伤，因以名县。《唐雅》曰：“纯黑而反哺者谓之乌，小而腹下白，不能反哺者谓之鸦。”

［译文］ 乌伤颜十分孝顺，父亲死后，他背着土去修筑坟墓，一群乌鸦也来衔土相助，乌鸦的嘴喙都受了伤，因此将这个地方命名为“乌伤”。《唐雅》中说：“纯黑色并且懂得反哺的叫作乌；形体小一些，肚子下面是白色，不会反哺的叫作鸦。”

燕居旧巢 武瓘诗：“花开蝶满枝，花谢蝶还希。惟有旧巢燕，主人贫亦归。”又唐诗：“旧时王谢堂前燕，飞入寻常百姓家。”

［译文］ 武瓘有一首诗说：“花开蝶满枝，花谢蝶还希。惟有旧巢燕，主人贫亦归。”另外，唐代诗人刘禹锡的《乌衣巷》说：“旧时王谢堂前燕，飞入寻常百姓家。”

斗鸭　陆龟蒙有斗鸭阑。一日，驿使过焉，挟弹毙其尤者。陆曰："此鸭善人言，欲进上，奈何毙之！"使者尽以囊中金窒其口，徐问人语之状，陆曰："能自呼其名耳。"使者愤且笑，拂袖上马，陆还其金，曰："吾戏耳。"

［译文］　陆龟蒙养了一群鸭子。有一天，驿站的使者乘船经过，用弹丸击毙了一只特别漂亮的鸭子。陆龟蒙对使者说："这只鸭子会说人话，我正准备献给皇上，你为什么要把它杀死？"使者把囊中所有钱都拿出来给了陆龟蒙想要封住他的口，然后慢慢地问陆龟蒙，这鸭子会说话的情况。陆龟蒙答道："能叫自己的名字罢了。"使者又好气又好笑，甩了甩袖子，上马要走。陆龟蒙把钱还给了他，说："我刚才是和你开个玩笑而已。"

孝鹅　唐天宝末，长兴沈氏畜一母鹅，将死，其雏悲鸣，不复食；母死，啄败荐覆之，又衔刍草列前，若祭状，向天长号而死。沈氏异之，埋于蒋湾，名"孝鹅冢"。

［译文］　唐朝天宝末年，长兴的沈氏养了一只母鹅，母鹅快要死了，小鹅悲伤地鸣叫，不再吃食；母鹅死后，小鹅就用嘴衔来破席子把母鹅盖住，又衔了刍草列在前边，好像祭祀的样子，然后向天长声叫着死去了。沈氏大为惊异，就把它埋在了蒋湾，叫作"孝鹅冢"。

蔡确鹦鹉　蔡确贬新州，有侍姬名琵琶，所蓄鹦鹉甚慧，每为确呼琵琶，及琵琶死，鹦鹉犹呼其名。确赋诗伤之。

［译文］　蔡确被贬到新州，有一个名字叫琵琶的侍妾，她养的鹦鹉非常聪明，经常为蔡确呼唤琵琶。琵琶死了之后，鹦鹉还不时唤

她的名字。蔡确写诗来表达对她的哀悼。

雁丘　金元好问过阳曲，见一猎者云：“捕得二雁，内一死，一脱网去，空中哀鸣良久，投地亦死。”好问遂以金赎二雁，瘗之汾水滨，垒土为丘。今为雁丘。

[译文]　金代的元好问经过阳曲，看见一个猎人说：“捕捉住两只大雁，一只死掉了，另一只逃出网罗，但在空中哀鸣很久，后来也撞到地面上死掉了。”元好问就用钱赎回了两只大雁，把它们埋在汾水的岸边，堆起土做坟。就是现在的雁丘。

见弹求鸮　《庄子》：长梧子曰：“汝亦太早计，见卵而求时夜，见弹而求炙鸮。”

[译文]《庄子》中说，长梧子说：“你计划得太早了，看见鸡蛋就想着夜里打鸣，看见弹弓就要烤好的鸟肉。”

燕巢于幕　季札如晋，将宿于戚，闻钟声曰：“夫子之在此也，犹燕之巢于幕上，而可以乐乎？”《吕氏春秋》：燕雀处堂，母子相爱，突厥栋焚，燕雀不知。

[译文]　季札要到晋国去，准备在戚邑留宿。忽然听到钟声，说：“孙文子在这里啊，就像燕子在帷幕之上筑巢那样危险，他怎么可以演奏音乐呢？”《吕氏春秋》里说：燕雀住在堂上，母子之间相亲相爱，灶里起了火烧了房子，它们却还不知道。

禽经　金得伯劳之血则昏，铁得鸊鷉之膏则莹，石得鹊髓则化，银得雉粪则枯。翡翠粉金，鸡鹊厌火。

[译文]　金子沾染上伯劳的血就会变得暗淡无光，铁器涂上鸊鷉的

油就光洁明亮，石头沾上鸟鹊的骨髓就会化掉，银子沾上野鸡的粪便就会变黑。翡翠可以让金子变碎，鸡鹊鸟可以灭火。

风雨霜露 《禽经》云：风翔则风。风，鸢也。雨舞则雨。雨，商羊也。霜飞则霜。霜，鹔鷞也。露翥则露。露，鹤也。又云：以豚谶风，以鼍谶雨。豚，江豚也。鹊知风，蚁知雨。

[译文] 《禽经》上说："风翔则风。"风，指的是鸢鸟。"雨舞则雨。"雨，指的是商羊。"霜飞则霜。"霜，指的是鹔鷞。"露翥则露。"露，指的是仙鹤。又说："用豚可以预测风，用鼍可以预测下雨。"豚，就是江豚。喜鹊能预测风，蚂蚁能预测雨。

禽智 陈所敏云：鸂鶒能敕水，故水宿之物莫能害。啄木遇蠹穴，能以嘴画字成符，蠹虫自出。鹤能步罡，蛇不敢动。鸦有隐巢，故鸷鸟不能见。燕衔泥常避戊己，故巢不倾。鹳有长水石，能于巢中养鱼，而水不涸。燕恶艾，雀欲夺其巢，即衔艾置巢中，燕遂避去。此皆禽之有智者也。

[译文] 工部郎中陈所敏说：鸂鶒鸟会游水，所以水中的动物无法伤害它。啄木鸟遇见蠹虫的洞穴，能用嘴画出符咒，蠹虫自己就出来了。鹤能走天罡七星的步法，蛇看见它就不敢移动。乌鸦有隐秘的巢穴，所以猛禽看不见。燕子衔泥筑巢时一般会避开戊己日，所以它的巢不会倾覆。鹳有一种可以长时间存水的石头，在自己巢穴里养鱼，水不会干涸。燕子厌恶艾草，雀鸟想占有它的巢穴，就衔来艾草放在燕巢里，燕子就只好避开。这都是有智慧的飞禽。

大鸟悲鸣 杨震将葬，先葬数日，有大鸟高丈余，集震丧次悲鸣，葬毕方去。上闻，乃悟震坐枉，遣使具祭，官其子。

［译文］ 东汉的杨震将要下葬的前几天，有一只一丈多高的大鸟，飞到杨震停丧的地方悲哀鸣叫，丧事办完后才离开。皇上听说后，才醒悟到杨震是受冤而死的，就派遣使臣前去祭祀，并封他的儿子做官。

化鹤 《职方乘》云：南昌洗马池，尝有年少见美女七人，脱彩衣岸侧浴池中。年少戏藏其一，诸女浴毕就衣，化白鹤去。独失衣女留，随至年少家，为夫妇，约以三年还其衣，亦飞去。故又名"浴仙池"。

［译文］《职方乘》中说：南昌有一个洗马池，曾经有个少年看见七个美女，把五彩衣脱在岸边，在池中沐浴。少年开玩笑地藏起来一件彩衣，美女们沐浴后穿上衣服，就变成白鹤飞走了。只有丢失衣服的那位女子留了下来，跟着那个少年来到他家，结成夫妻，约定三年后把彩衣还给她，后来她也穿上彩衣飞走了。所以洗马池又叫作"浴仙池"。

化为大鸟 王仲变仓颉旧文为今隶书。秦始皇尝征仲，不至，大怒，诏槛车送之。仲化为大鸟飞去，落二翮于延庆州，今有大翮山。

［译文］ 王仲把仓颉的旧字体改成现在的隶书。秦始皇曾经征召王仲做官，他不赴任，秦始皇大怒，下诏用囚车把他送来。王仲就变成大鸟飞走了，在延庆州落下两根羽毛，现在那里还有一座大翮山。

五色雀 出罗浮山。贵人至，则先翔舞。

[译文] 出于广东的罗浮山。如果有贵人到来，它就会先翩翩起舞。

鵔鸃鸟 产肇庆。形似山鸡，其羽有光，汉以饰侍中冠。

[译文] 出于广东肇庆。形状像山鸡，羽毛有光泽，汉代时用它的羽毛来装饰侍中的冠冕。

凤巢 永福隋时双凤来巢，宋初复至，守臣以闻，太宗遣使凿巢下石，得美玉，名其山曰“凤凰山”。

[译文] 永福在隋朝时有两只凤凰来这里筑巢，宋代初年又飞来了，当地太守向朝廷报告了这件事，宋太宗派使者挖开凤巢下面的石头，得到一块美玉，就把这座山命名为“凤凰山”。

群乌啼噪 海盐乌夜村，晋何凖寓此。一夕，群乌啼噪，凖生女。后复夜啼，乃穆帝立凖女为后之日。

[译文] 海盐的乌夜村，晋朝时的何准曾经在此居住。一天晚上，一群乌鸦一直乱叫，这时何准生了一个女儿。后来乌鸦又在晚上啼叫，正是晋穆帝立何准的女儿为皇后的日子。

问上皇 郭浩按边至陇，见鹦鹉一红一白鸣树间，问:“上皇安否？”浩诘其故，盖陇州岁贡此鸟，徽宗置之安妃阁。后发还本土，二鸟犹感恩不忘。

[译文] 郭浩巡查边境到了兰州，看见有一红一白两只鹦鹉在树林间鸣叫，问他:“上皇还安好吗？”郭浩询问原因。原来兰州向朝廷每年进贡这种鹦鹉，宋徽宗将它们放在安妃阁。后来送回了本土，这两只鸟仍然感恩戴德无法忘怀。

凤历　凤知天时，故以名历。凤鸣而天下之鸡皆鸣。凤尾十二翎，遇闰岁生十三翎。今乐府调尾声十二板，以象鸟尾，故曰尾声。或增四字，亦加一板，以象闰。

［译文］凤凰可以预知天时，所以用“凤”字来命名历法。凤凰一鸣叫天下的鸡都会跟着鸣叫。凤凰的尾巴有十二根翎毛，遇到闰年还会生出第十三根翎毛。现在乐府调尾声有十二板，是象征着凤凰的尾巴，所以叫尾声。有人又增加了四个字，又再加上一板，来象征着闰年。

鸡五德　《韩诗外传》:“头戴冠，文也。足搏距，武也。见敌敢斗，勇也。见食相呼，义也。守夜不失时，信也。”故又称“德禽”。

［译文］《韩诗外传》里说:“头上戴着鸡冠，象征着‘文’。脚上有搏斗的距，象征着‘武’。看见敌人敢于迎战，象征着‘勇’。看见食物相互呼唤，象征着‘义’。守夜时从来不错过时间，象征着‘信’。”所以鸡又被叫作“德禽”。

陈宝　秦穆公时，陈仓人掘地得一物以献，道逢二童子，曰:“此物名为蝹。”蝹曰:“彼二童子名为陈宝，得雄者王，得雌者霸。”陈仓人舍蝹逐童子，童子化为雉，飞入平林。以告于公。公大猎，果得其雌，化为石，置于汧渭之间，立陈宝祠，遂霸西戎。

［译文］秦穆公时，陈仓有人挖地时得到一个东西要进献给秦王，在路上遇见两个童子，说:“这个东西叫蝹。”蝹说:“那两个童子叫陈宝，得到雄的就可以称王，得到雌的就可以称霸。”这个陈仓人就舍弃了蝹而去追那两个童子，童子变成了野鸡，飞进树林。陈仓人把这事告诉了秦穆公，穆公就发动大规模的狩猎，果然得到了一只雌的，变化成了石头，穆公把它放在汧河与渭河之

间，并建了陈宝祠，于是秦国称霸于西戎。

腰缠骑鹤 昔有客各言其志。一愿为扬州刺史，一愿多资财，一愿骑鹤上升。其一人曰："吾愿腰缠十万贯，骑鹤上扬州。"

[译文] 从前有人在一起各自聊自己的志向。一个人说希望能够做扬州的刺史，一个人说希望有很多的财产，一个人希望乘鹤飞升成仙。还有一个人说："我希望能腰缠十万贯钱，骑鹤飞到扬州去。"

隋珠弹雀 古云，以隋侯之珠弹千仞之雀，世必笑之。盖所用者重，所求者轻也。

雀跃者，言人喜悦，如雀之跳跃也。

[译文] 古人说，用隋侯的宝珠去射击千仞高山上的麻雀，世人一定会笑话他。因为他所使用的东西很贵重，所求取的东西却很轻微。

雀跃，是说人在喜悦的时候，像麻雀一样高兴地跳跃。

爱屋及乌 《诗经》："瞻乌爰止，于谁之屋。"恐因乌而伤其屋也。

[译文] 《诗经》里说："瞻乌爰止，于谁之屋。"是恐怕因打乌鸦而损坏了房屋。

越鸡鹄卵 《庄子》："越鸡不能伏鹄卵。"谓其身小也。

[译文] 《庄子》中说："越地的鸡孵化不了鸿鹄下的蛋。"是说它的体形太小了。

燕贺 《淮南子》：大厦成而燕雀相贺。

[译文]《淮南子》中说：大厦将落成时燕子和麻雀都会来祝贺。

贯双雕　《唐史》：高骈见双雕飞过，祝曰："我贵当中之。"一发贯双雕，因号"双雕侍郎"。

[译文]《唐史》记载：高骈看见有两只大雕从天空飞过，心中祷告说："如果我以后会显贵，就让我一箭射中它们。"射了一箭就射中了两只雕，所以被称作"双雕侍郎"。

鹊巢鸠占　《诗经》："维鹊有巢，维鸠居之。"

[译文]《诗经》里说："喜鹊修造了巢窝，斑鸠却霸占了它。"

闻鸡起舞　祖逖与刘琨同寝，中夜闻鸡鸣，蹴琨觉曰："此非恶声也！"因起舞。

[译文]　祖逖与刘琨睡在一张床上，半夜听到鸡叫的声音，祖逖就把刘琨踢醒说："这不是难听的声音！"就起床去练剑。

走兽

药兽　神农时有民进药兽。人有疾，则拊其兽，授之语，语毕，兽辄如野外，衔一草归，捣汁服之即愈。帝命风后记其何草，起何疾。久之，如方悉验。虞卿曰："神农师药兽而知医。"

[译文]　神农氏的时候，有百姓进献了一头药兽。如果有人生了病，就摸一下这个兽，对它说话，说完，这个药兽就会到野外去，衔回一棵草药回来，把草药捣出汁液喝了病就好了。神农让风后记

住它衔回来的是什么草药，可以治疗什么病症。时间长了，这些药方都得到了验证。虞卿说："神农以药兽为师而懂得了医术。"

夔　黄帝于东海流波山得奇兽，状如牛，苍身无角，一足，能入水，吐水则生风雨，目光如日月，其声如雷，名曰夔。帝令杀之，取皮以冒鼓，撅以雷兽之骨，声闻五百里。

[译文] 黄帝在东海的流波山得到一只神奇的怪兽，形状像牛，身体是黑色，没有犄角，一条腿，能入水，它吐水的时候就会下雨，目光像日月一样明亮，声音大得像打雷，名字叫作夔。黄帝让人把它宰杀了，把皮做成了战鼓，并用它的骨头做鼓槌来敲打，鼓声能传到五百里以外。

觟鯱　皋陶治狱，有觟鯱游于庭（一角之兽，即今所画獬豸）。其罪疑者，令触之，有罪则触，无罪则不触，以定狱辞。

[译文] 皋陶判案的时候，有觟鯱在法庭上游走（一只角的怪兽，就是现在所画的獬豸），遇到罪行疑而不决的人，就让它触碰一下，有罪它就会用角来抵，没有罪它就不抵，就用这种方法来判案。

黄熊　舜殛鲧于羽山。鲧化为黄熊，入于羽泉。故禹庙祭品，戒不用熊。

[译文] 帝舜把鲧流放到了羽山。鲧变成了一只黄色的大熊，进入到羽泉。所以大禹庙里的祭品，不准用熊。

白狐　禹年三十未娶，行涂山，有白狐九尾造禹。涂山人歌曰："白狐绥绥，九尾庞庞。成子家室，乃都攸昌。"禹遂娶之，谓之女峤。

[译文] 大禹三十岁时没有娶妻，经过涂山的时候，有一只九尾白狐来拜访大禹。涂山有百姓唱道：“白狐绥绥，九尾庞庞。成子家室，乃都攸昌。”于是大禹就娶她为妻，称她为“女峤”。

野兔　文王囚于羑里七年，其子伯邑考往视父。纣呼与围棋，不逊，纣怒杀伯邑考，醢之，令人送文王食。命食毕，而后告，文王号泣而吐之，尽变为野兔而去。

[译文] 周文王在羑里被囚禁了七年的时间，他的儿子伯邑考前去探视父亲。纣王让伯邑考和他下围棋，伯邑考出言无礼，纣王一怒之下就杀了伯邑考，并把他剁成肉酱，让人送给周文王吃。并让人在周文王吃完再告诉他真相，文王痛哭后呕吐了出来，呕吐出的东西全都变成了野兔跑走了。

麟绂　孔子在娠，有麟吐玉书于阙里，文云：“水精之子，系衰周而素王。”孔母乃以绣衣系麟角，信宿而麟去。至鲁定公时，鲁人锄商田于大泽，得麟，以示孔子，系角之绂尚在。孔子知命之将终，抱麟解绂，涕泗滂沱。

[译文] 孔子在母亲怀孕的时候，有一只麒麟来孔子家吐出一本玉书，上面的文字说：“水精的子孙，来维系衰弱的周朝的无冕之王。”孔子的母亲就用绣花纹的丝带系在了麒麟的角上，两晚之后麒麟离开了。到了鲁定公时，鲁国人在大泽耕田时捕获了一只麒麟，让孔子来看，绑在角上的丝带还在上面。孔子知道自己的生命将要结束了，抱住麒麟解开丝带，泪水滂沱。

白泽　东望山有兽曰白泽，能言语。王者有德，明照幽远，则白泽自至。

[译文] 东望山有一种野兽叫作白泽，会说人话。如果君王有德行，圣德能够察微知著，那么白泽就会自己前来。

昆蹏 后土之神兽，英灵能言语，禹治水有功而来。

[译文] 昆蹏是大地的神兽，英明灵秀，能说人话，是因为大禹治水有功劳它才前来呈现祥瑞。

角端 元太祖驻师东印度，有大兽，高数丈，一角，如犀牛，作人语曰："此非帝王世界，宜速还。"耶律楚材进曰：此名角端，圣人在位，则奉书而至。能日驰一万八千里，灵异如鬼神，不可犯。

[译文] 元太祖把军队驻扎在东印度时，有一只很大的野兽，有几丈高，一只角，像犀牛一样，说着人话："这里不是帝王的世界，还是赶快回去吧。"耶律楚材进言说："这只野兽名叫角端，有圣人在位时，就会奉书前来。能日行一万八千里，像鬼神一样灵异，不可冒犯它。"

彖 豕类也。张口而腹脏尽露，故名曰彖。《易经》用"彖曰"，盖取此义。

[译文] 是猪一类的动物。张开嘴就会把五脏六腑全都露出来，所以名字叫作"彖"。《易经》用"彖曰"，大概就是这个意思。

狮子 一名狻猊。《博物志》：魏武帝伐冒顿，经白狼山，逢狮子，使人格之，杀伤甚众。忽见一物自林中出，如狸，上帝车轭。狮子将至，便跳上其头，狮子伏，不敢动，遂杀之。得狮子还，来至洛阳三十里，鸡犬无鸣吠者。

[译文] 又叫作"狻猊"。《博物志》中说：魏武帝曹操讨伐冒顿匈

奴的时候，经过白狼山，遇见了狮子，让人猎杀，被它咬死咬伤了很多人。忽然有一个东西从树木里出来，像狸猫一样，跳上魏武帝的车辕。狮子攻到这里时，它就跳到狮子的头上，狮子就趴下不敢动，于是就把狮子杀了。带着狮子回来时，洛阳方圆三十里内的鸡犬没有敢鸣叫出声的。

酋耳 身若虎豹，尾长参其身，食虎豹。王者威及四夷则至。

[译文] 身体像虎豹一样，尾巴的长度是它的身体的三倍，能吃掉老虎豹子。如果君主可以威服四夷，它就会到来。

虎伥 人罹虎厄，其神魂尝为虎役，为之前导。故凡死于虎者，衣服巾履皆卸于地，非虎之威能使自卸，实鬼为之也。

[译文] 人如果被虎吃掉，他的魂魄就会被老虎役使，当作老虎的前导。所以凡是被虎咬死的人，他的衣服、帽子、鞋都脱在地上，不是老虎的威风可以使人自己脱下，实际上是鬼魂让他脱下的。

虎威 虎有骨如乙字，长寸许，在胁两旁皮内，尾端亦有之，名“虎威”，佩之临官，则能威众。又虎夜视，一目放光，一目视物。猎人候而射之，弩箭才及，光随堕地成白石，入地尺余。记其处掘得之，能止小儿啼。

[译文] 老虎身上有一根像“乙”字的骨头，长一寸左右，位于两胁旁的皮肤里，尾巴的尖上也有，名字叫作“虎威”，如果做官时佩带它，可以威服众人。另外，老虎能在夜里看到东西，一只眼睛放光，一只眼睛来看猎物。猎人伺机射杀它时，箭刚刚射到，虎眼放出的光就让箭掉在地上变成白色的石头，并进到地下一尺多深。如果记下白石掉落的地方，把它挖出来，可以用来制

止小孩的啼哭。

仓兕 尚父为周司马，将师伐纣。到孟津之上，仗钺把旄，号其众曰："仓兕。"夫仓兕者，水中之兽也，善覆人舟，因神以化，令汝急渡，不急渡，仓兕害汝。

［译文］ 尚父为周朝的司马，率领军队讨伐纣王。到了孟津渡口上，举起斧钺手持军旗，号令部下说："仓兕。"仓兕是水中的一种兽类，善于弄翻船只，神奇多变，命令大家赶快渡河，若不急渡，仓兕就会祸害你们。

鬬穀於菟 《左传》：鬬伯比淫於邧子之女，生子文。邧夫人使弃诸梦泽中，虎乳之。邧子田，见而惧，归，夫人以告，遂收之。楚人谓乳为穀，谓虎为於菟，故曰："鬬穀於菟"。

［译文］《左传》中说：斗伯比和邧子的女儿发生关系，生下了子文。邧夫人让人把子文抛弃到梦泽的荒野中，老虎喂养了他。邧子打猎时，看见老虎在喂养孩子，很害怕，回来后，夫人告诉了他实情，于是把孩子收养了。楚语把"乳"叫"穀"，称"虎"为"於菟"，所以称子文"斗穀於菟"。

貘 貘者象鼻犀目，牛尾虎足，性好食铁，生南方山谷中。寝其皮辟湿，图其形辟邪。

［译文］ 貘的鼻子像大象，眼睛像犀牛，尾巴像牛，爪子像老虎，生性喜欢吃铁，生长在南方的山谷里。睡在它的皮上可以防潮，画它的图形可以辟邪。

穷奇 西北有兽，名曰穷奇，一名神狗。其状如虎，有翼能飞，食人，知人言语。逢忠信之人，则啮而食之；逢奸邪之人，则捕禽兽以飧之。

[译文] 西北有一种野兽，名字叫作穷奇，又叫作神狗。它的形状像老虎，长有翅膀可以飞翔，会吃人，能听懂人的语言。遇见忠诚信义的人，就咬死吃掉；遇见奸邪的人，却抓来禽兽送给他吃。

梼杌 西荒中兽也，状如虎，毛长三尺余，人面虎爪，口牙一丈八尺，好斗，至死不却，兽之至恶者。

[译文] 西方荒蛮之地的野兽，形状像老虎，毛有三尺多长，长着人的面容和老虎的爪子，嘴里的牙有一丈八尺长，喜欢打斗，到死都不后退，是最凶恶的野兽。

山都 形如昆仑奴，毛遍体，见人辄闭目张口如笑，好在深洞中翻石觅蟹啖之。

[译文] 山都形状像昆仑奴，满身都是毛，看见人就闭上眼睛，张开嘴巴像是在微笑，喜爱在深洞里翻开石头找螃蟹吃掉。

饕餮 羊身人面，其目在腋下，虎齿人爪，声如婴儿，钩玉山中有之。

[译文] 长着羊的身体人的面庞，眼睛长在腋窝下面，还有老虎一样的牙齿和人一样的爪子，声音像婴儿，钩玉山里就有它们的身影。

狼狈 二兽名。狼前二足长，后二足短；狈前二足短，后二足长。狼无狈不立，狈无狼不行。若相离，则进退无据矣。故世人言事之乖张，则曰“狼狈”。

[译文] 这是两种野兽的名称。狼的两条前腿长，后面的两条腿短；狈的两条前腿短，后面的两条腿长。如果没有狈，狼就站不起来，如果没有狼，狈就无法行走。如果它们分开了，就会进退两难。所以人们事情不顺，就会说“狼狈”。

风马牛 马喜逆风而奔，牛喜顺风而奔，故北风则牛南而马北，南风则牛北而马南。故曰风马牛不相及也。

[译文] 马喜欢逆着风奔跑，牛却喜欢顺着风奔跑，所以北风吹来时，牛向南跑而马向北跑，南风吹来时，牛向北跑而马向南跑。所以说“风马牛不相及”。

种羊 西域俗能种羊。初冬，择未日，杀一羊，切肉方寸，埋土中。至春季，择上未日，延僧吹胡笳，作咒语，土中起一泡，如鸭卵。数日，风破其泡，有小羊从土中出。此又胎卵湿化之外，又得一生也。

[译文] 西域有种羊的习俗。初冬时节，选择一个未日，杀一只羊，把肉切成方寸大小，埋到土里面。到了下一年的春季，选择上未日，请僧人来吹奏胡笳，口念咒语，土里就会冒起一个泡，像鸭蛋一样。几天之后，风吹破这个泡，就会有小羊从土里生出来。这是在胎生、卵生、湿生和化生之外另一种出生的方式。

猫 出西方天竺国，唐三藏携归护经，以防鼠啮，始遗种于中国。故“猫”字不见经传。《诗》有“貓”，《礼记》迎“貓”，皆非此猫也。

[译文] 出于西方的天竺国，唐三藏把它带回来用来保护经书，防止老鼠啃咬，这才在中国繁衍。所以“猫”字不见于经传的记

载。《诗经》有"貓"字，《礼记》中的"迎貓"，都不是指的这种猫。

万羊　李德裕召一僧问休咎，僧曰："公是万羊丞相，今已食过九千六百矣。数日后有馈羊四百者，适满其数。"公大惊，欲勿受。僧曰："羊至此，已为相公所有矣。"旬日后贬潮州司马，又贬连州司户，寻卒。

[译文]　唐朝的李德裕召来一个僧人询问吉凶，僧人说："您是万羊丞相，现在已经吃了九千六百只了。几天后会有人送给大人四百只羊，正好满一万。"李德裕吃了一惊，不想接受。僧人说："羊到了，已经为你所有了。"十天后就被贬为了潮州司马，又被贬为连州司户，不久就去世了。

艾豭　卫灵公夫人南子与宋朝通，野人歌曰："既定尔娄猪，盍归吾艾豭。"（娄猪，雌猪也。艾豭，雄猪也。）

[译文]　卫灵公的夫人南子和宋国的公子宋朝私通，乡野之人唱道："既然已经认定了你们的娄猪，为什么不归还我们的艾豭呢。"（娄猪指的是母猪，艾豭指的是公猪。）

辽东豕　辽东有豕，生子头白，异而献之。行至河东，见豕皆白头，怀惭而返。今彭宠之自伐其功，何异于是！

[译文]　辽东有一只猪，生的小猪的头是白色的，主人觉得很奇异就想进献给皇帝。走到河东时，看到这里的猪头都是白色的，就惭愧地回家了。现在彭宠夸耀自己的功劳，和这有什么不同呢？

李猫　李义府容貌温恭，而狡险忌刻，时人谓之"李猫"。

[译文] 李义府外表温和恭敬，但是内心狡猾阴险、妒忌刻薄，当时人称他为“李猫”。

麋鹿触寇 秦始皇欲大苑囿，优旃曰：“善。多纵禽兽于中，寇从东方来，以麋鹿触之，足矣！”

[译文] 秦始皇想要扩大皇家园林的规模，一个叫旃的演员说：“太好了。在园林里多养些禽兽，如果贼寇从东面来侵犯，我们就让麋鹿来抵抗他们，这就足够了！”

犹豫 犹之为兽，性多疑。闻有声，则豫上树，四顾望之，无人，才敢下。须臾又上，如此非一。故今人虑事之不决者曰“犹豫”。

[译文] 犹这种野兽，生性多疑。听到有声音，就先爬上树，向四周观望，看到没有人，才敢下来。过了一会儿又爬上去，像这样反复好多次。所以现在有人考虑事情无法做出决定，就被叫作“犹豫”。

沐猴 小猴也，出罽宾国。史言“沐猴而冠”，以“沐”为“沐浴”之“沐”者，非是。

[译文] 是一种小猴，出于罽宾国。史书中有“沐猴而冠”，把“沐”当作“沐浴”的“沐”，这是不对的。

刑天 兽名。即“浑沌”。见《山海经》。能挟干戚而舞。陶渊明诗“刑天舞干戚”，今误作“刑天無干戚”。

[译文] 是一种野兽的名字，就是“混沌”，见于《山海经》。能拿起盾、斧起舞。陶渊明有诗句说“刑天舞干戚”，现在误写成了“刑天無干戚”。

猬　形若彘，常在地食死人脑。欲杀之，当以柏插其墓。故今墓上多种柏树。一名“蝹”。秦缪公时，陈仓人掘地得之。

［译文］　形状像猪，经常在地下吃死人的脑髓。如果要杀掉它，就要用柏树插在坟墓上，所以现在坟墓上大多都栽种柏树。又叫作蝹。秦缪公的时候，陈仓人挖地时发现了一个。

猾　无骨，入虎口，不能噬，落虎腹中，则自内噬出。《书》曰：“蛮夷猾夏。”则取此义。

［译文］　猾没有骨头，进入老虎的嘴里，虎也没法咬，进入老虎的腹中，还会从里面咬着跑出来。《尚书》里说：“蛮夷猾夏。”就是取用的这个意思。

犀角　一名“通天”。一名“分水”。一名“骇鸡”。“通天”用以作簪，则梦登天，知天上诸事。“分水”刻为鱼形，衔以入水，水开三尺，可得气，息水中。“骇鸡”谓鸡见之，则惊却也。

［译文］　又叫作“通天”。也叫作“分水”。也叫作“骇鸡”。叫“通天”是说，用它来做簪子，就会做梦登上天，而知道天上的各种事情；叫“分水”是说，把它刻成鱼形，咬着进入水中，水就会分开三尺，可以呼吸空气；叫“骇鸡”是说，鸡看见它，就会被吓得往后退。

驯獭　永州养驯獭，以代鸬鹚没水捕鱼，常得数十斤，以供一家。鱼重一二十斤者，则两獭共畀之。

［译文］　永州人驯养水獭，用来代替鸬鹚到水里捉鱼，经常可以捕到几十斤的鱼，能够供应一家人的生活。有重达一二十斤的鱼，

可以用两只水獭一起抬出水面。

明驼 驼卧，足不帖地，屈足。漏明，则走千里，故曰明驼。唐制，驿有明驼使，非边塞军机，不得擅发。杨贵妃私发驼使，赐安禄山荔枝。

[译文] 骆驼卧在地上时，脚不会贴在地上，而是屈着脚。漏光，就可以行走千里，所以叫作“明驼”。唐代规定，驿站有明驼使，不是边塞的军情要务，就不能擅自使用。杨贵妃私下用明驼，给安禄山赐赠荔枝。

瘈狗 《左传》:“国狗之瘈，无不噬也。”杜预注云:“瘈，狂犬也。”今云“猘犬”。《宋书》云:“张收为瘈犬所伤，食虾蟆而愈。”又槌碎杏仁纳伤处即愈。

[译文] 《左传》记载:“国狗之瘈，无不噬也。”杜预的注释说:“瘈，就是狂犬。”也就是现在说的疯狗。《宋书》记载:“张收被疯狗咬伤了，吃蛤蟆后才治好。”另外，还可以把杏仁捣碎敷到伤口，会立即治好。

畜犬 《晋书》曰：白犬黑头，畜之得财；白犬黑尾，世世乘车。黑犬白耳，富贵；黑犬白前二足，宜子孙。黄犬白耳，世世衣冠。

[译文] 《晋书》记载：畜养长着黑色头的白色的狗能发财；畜养长着黑色尾巴的白色的狗就会世代做高官；畜养长着白色耳朵的黑色的狗会得到富贵；畜养浑身黑色但两条前腿是白色的狗，会给子孙带来好运；畜养浑身黄色但耳朵是白色的狗，可以世代为名门望族。

风生兽　生炎州，大如狸，青色。积薪数车以烧之，薪尽而兽不死，毛亦不焦，斫刺不入，打之如灰囊，以铁锤锻其头数十下，乃死，而张口向风，须臾复活。以石上菖蒲塞其鼻，即死。取其脑和菊花服之，尽十斤，得寿五百岁。

［译文］生长在炎州，大小如同狸猫，青黑色的身体。堆集几车木柴来烧它，木柴都烧完了它也不会死，毛也不会被烧焦，刀斧无法砍进它的身体，打它就像打在囊袋上一样，用铁锤打击它的脑袋几十下才会死掉，如果它张着嘴迎着风，一会儿就会复活。用石头上长的菖蒲塞住它的鼻子，就会立刻死掉。取出它的脑子和菊花一起服用，吃完十斤，就可以得到五百岁的寿命。

月支猛兽　汉武时，月支国献猛兽一头，形如五六十日犬子，大如狸而色黄。武帝小之，使者对曰："夫兽不在大小。"乃指兽，命叫一声。兽舐唇良久，忽叫，如大霹雳，两目如礲砕之交光。帝登时颠蹶，掻耳震栗，不能自止。虎贲武士皆失仗伏地，百兽惊绝，虎亦屈伏。

［译文］汉武帝时，月支国进献了一头猛兽，体形像生下来五六十天的小狗，大小如同狸猫而颜色偏黄。汉武帝认为它太小了，使者说："野兽不在于大小。"于是指着那只野兽，让它叫一声。那只野兽舐着嘴唇好久，忽然吼叫了一声，响声大得如同霹雳，两只眼睛有像闪电的光芒。汉武帝当时就被吓得摔倒了，震得战战兢兢，不能自已。连那些卫士也都吓得扔掉仪仗，趴在地上，所有的野兽都被吓跑了，就连老虎也吓得趴在了地上。

舞马　唐玄宗舞马四百蹄，分为左右部，有名曰"某家骄"，其曲曰《倾杯乐》。皆衣以锦绣，缀以金银，每乐作，奋首鼓尾，纵横应节。

[译文] 唐玄宗有一百匹舞马，分为左右两部，有的名叫“某家骄”，所演奏的乐曲叫《倾杯乐》。马身上都穿着锦绣的装束，佩戴金银饰物，音乐一响起，就扬头摇尾，踏着节拍前前后后跳舞。

舞象 唐明皇有舞象数十。禄山乱，据咸阳，出舞象，令左右教之拜。舞象皆努目不动，禄山怒，尽杀之。

[译文] 唐明皇有数十头舞象。安禄山叛乱时，占据了长安城，放出舞象，命令侍从教它们拜见自己。舞象都睁大眼睛不为所动，安禄山大怒，下令把舞象全都杀掉了。

弄猴 唐昭宗播迁，随驾有弄猴，能随班起居。昭宗赐以绯袍，号“供奉”。罗隐诗“何如学取孙供奉，一笑君王便著绯”是也。朱梁篡位，取猴，令殿下起居。猴望见全忠，径趋而前，跳跃奋击，遂被杀。

[译文] 唐昭宗出逃时，有一只玩把戏的猴子也跟随着皇帝的车驾，跟着文武百官一起朝见。唐昭宗赐给它绯红的官袍，号称为“供奉”。罗隐有诗句说“何如学取孙供奉，一笑君王就著绯”，说的就是这只猴子。朱全忠篡位建立后梁，得到了这只猴子，让它在殿下朝拜。猴子看到朱全忠，直接跑到前边，跳起来奋力袭击他，于是就被杀掉了。

忽雷驳 秦叔宝所乘马也。喂料时，每饮以酒。常于月明中试之，能竖越三领黑毡。叔宝卒，嘶鸣不食而死。

[译文] 是秦叔宝所乘坐的马。喂草料时，常常拿酒给它喝。秦叔宝曾经在月光明亮的时候试骑，它能一步跳过三个黑色的毡房。

秦叔宝死后，这匹马悲鸣绝食而死。

铁象　曲端下狱，自知必死，仰天长吁，指其所乘马名铁象，曰:“天不欲振复中原乎？惜哉！”铁象泣数行下。

［译文］南宋的曲端被捕入狱后，自己知道会死掉，就仰天长叹，指着他乘坐的那匹名叫铁象的马说:“老天不想让我收复中原吗？可惜啊！”铁象也流下了几行眼泪。

铸马　慕容廆有骏马，赭白，有奇相，饶逸力。至儁光寿元年，四十九矣，而骏逸不亏，儁奇之，比鲍氏骢，命铸铜以图其像，亲为铭赞，镌颂其旁，像成，而马死矣。

［译文］慕容廆有一匹骏马叫作赭白，骨相奇特，脚力非凡。到了光寿元年时，马已经四十九岁了，但仍然奔驰如飞，慕容廆很是惊奇，把它比作鲍宣那匹著名的骏马，命人为它铸造一个铜像，并亲自为它写了铭文和赞文，刻在铜像的边上，铜像铸成后，马就死掉了。

白獭　魏徐邈善画，明帝游洛水，见白獭爱之，不可得。邈曰:“獭嗜鲻鱼，乃不避死。”遂画板作鲻鱼悬岸，群獭竞来，一时执得。帝曰:“卿画何其神也！”

［译文］魏国的徐邈擅长绘画，魏明帝到洛水游览时，看到一只白獭，非常喜爱，却得不到。徐邈说:“白獭特别嗜好吃鲻鱼，为了吃鲻鱼死都不会躲避。”于是在木板上画了一条鲻鱼悬挂在岸边，一群白獭竞相跑来，一下子就抓住了。魏明帝赞叹:“爱卿你的画多么传神啊！”

赎马 周田子方尝出，见老马于道，询知为家畜也，叹曰："少尽其力，而老弃其身，仁者不为也。"赎之归。

[译文] 周代的田子方有次出门时，在路上看到一匹老马，一问才知道是一只家养的，叹息着说："它年轻时用尽了它的力气，老了就把它抛弃掉，仁义之人不会做这样的事情啊。"就把它买了带了回来。

袁氏 后唐有孙恪者，纳袁氏为室。后至峡山寺，袁持一碧环献老僧。少顷，野猿数十，扪萝而跃。袁乃命笔题诗，化猿去。僧方悟即沙门向所畜者，玉环其系颈旧物也。

[译文] 后唐有个叫孙恪的人，娶了袁氏为妻。后来到了峡山寺，袁氏拿了一个碧玉环献给老和尚。过了一会儿，有几十只野猴，攀着藤萝跳跃而来。袁氏就拿起笔题诗，然后变成猿猴离开了。老和尚才醒悟，这个袁氏就是以前寺庙里养的一只猿猴，那个玉环是以前戴在它脖子上的旧物。

果下马 罗定州出马，高不逾三尺，骏者有两脊骨，又呼双脊马，健而能行。以其可在果树下行，名曰"果下马"。

[译文] 罗定州出产一种马，不超过三尺高，好的马匹有两条脊梁骨，又叫作双脊马，体格强健，擅长奔跑。因为它可以在果树下行走，所以叫它"果下马"。

移鼠易肠 唐公房拔宅上升，鸡犬皆仙，惟鼠不净，不得去。鼠自悔，一日三吐，易其肠，欲其自洁也。

[译文] 唐公房全家都升天成仙，连鸡、狗都成了神仙，只有老鼠不洁净，不能离开。老鼠非常后悔，每天吐三次，想换掉肠子，

想让自己变得洁净一点。

八骏　穆天子八骏，一名“绝地”，足不践土；二名“翻羽”，行越飞禽；三曰“奔宵”，夜行万里；四名“超影”，逐日而行；五名“逾辉”，毛色炳燿；六名“超光”，一形十影；七名“腾雾”，乘云而奔；八名“挟翼”，身有肉翅。又有骅骝騄駬，亦古之良马也。

[译文]　周穆王有八匹骏马，第一匹叫绝地，奔跑时脚不挨地；第二匹叫翻羽，跑得比飞鸟都快；第三匹叫奔宵，能够夜行一万里；第四匹叫超影，能追着太阳奔跑；第五匹叫逾辉，毛色灿烂发亮；第六匹叫超光，因为跑得太快，会有十个影子；第七匹叫腾雾，可以乘着云雾奔跑；第八匹叫挟翼，身上长有肉翅膀。又有一匹骅骝騄駬，也是古代的良马。

黑牡丹　唐末刘训者，京师富人。京师春游，以观牡丹为胜赏。训邀客赏花，乃系水牛累百于门。人指曰:“此刘氏黑牡丹也。”

[译文]　唐末的刘训，是京师的富人。京师的人春游，以观看牡丹为最佳的娱乐活动。刘训邀请客人赏花，就把上百头水牛绑在门口。人们都指着水牛说:“这就是刘训家的黑牡丹啊。”

辟暑犀　《孔帖》：文宗延学士于内殿。李训讲《易》，时方盛暑。上命取辟暑犀以赐。

[译文]　《白氏孔帖》上说：唐文宗延请学士到朝廷的内殿。李训给学士们讲《易经》，当时正值盛夏，唐文宗让人拿辟暑犀赐给李训。

辟寒犀 《开元遗事》：交趾进犀角，色黄如金。冬月置殿中，暖气如熏。上问使者，曰："此辟寒犀也。"

[译文]《开元天宝遗事》记载：交趾进贡了犀牛角，颜色像黄金一样。冬天放在宫殿里，温暖得就像在熏笼里一样。唐玄宗问使者，回答说："这是辟寒犀。"

养虎遗患 汉王欲东归，张良曰："汉有天下大半，楚兵饥疲，今释不击，此养虎自遗患也。"王从之。

[译文] 汉王刘邦想要往东回到家乡，张良说："汉已经占据了大半的天下，而楚兵饥饿疲劳，现在放了他们不去攻击，就是养老虎给自己留下祸患。"刘邦听从了他的建议。

狐假虎威 楚王问群臣："北方畏昭奚恤，何哉？"江乙曰："虎得一狐，狐曰：'子毋食我，天帝令我长百兽。不信，吾先行，子随后观。'兽见皆走。虎不知兽畏己，以为畏狐也。今北方非畏昭奚恤，实畏王甲兵也。"

[译文] 楚王问群臣："北方诸侯害怕我的大臣昭奚恤，这是什么原因呢？"江乙回答说："老虎抓到一只狐狸，狐狸说：'你不要吃我，天帝让我掌管百兽。你若不信，我走前面，你跟在我后边观看。'野兽看见就都跑了。老虎不知道这些野兽害怕的是自己，还以为是害怕狐狸。现在北方的诸侯不是害怕昭奚恤，他们害怕的是大王您的军队啊。"

狐疑 狐疑者，狐性多疑，故心不决曰"狐疑"。

[译文] "狐疑"是说，狐狸生性多疑，所以把心中不能决断叫作"狐疑"。

黔驴之技　柳文：黔无驴，有好事者船载以入，放之山下。虎见庞然大物，环林间视之。驴一鸣，虎大骇，以为且噬己。然往来视之，览无异能。益习其声。稍近，宕、倚、冲、冒。驴不胜怒，蹄之。虎因喜，计之曰："技止此矣！"跳梁大啖，断其喉，尽其肉，乃去。

［译文］　柳宗元的《黔之驴》中说：黔地没有驴，有一个多事的人用船运来一头驴，把它放在山下。老虎看见这个庞然大物，就绕着树林窥视它。驴叫了一声，老虎大惊，以为它要来咬自己。但又反复仔细看它，看着也没有什么特殊的本领。于是就渐渐习惯了它的声音。就稍微靠近了一些，冲撞冒犯它。驴极为生气，就用蹄子来踢老虎。老虎于是很高兴，心里想："原来驴的技艺也不过是这样。"就跳起来咬断了驴的喉咙，吃光了它的肉，才离开。

马首是瞻　晋荀偃曰："鸡鸣而驾，塞井夷灶，惟余马首是瞻！"

［译文］　晋国的大将荀偃说："鸡一叫我们就出兵，填井平灶，全军都只看我的马头所向行进！"

不及马腹　楚伐宋，宋告急于晋。晋侯欲救之，伯宗曰："不可。古人有言曰：'虽鞭之长，不及马腹。'天方授楚，不可与争。"

［译文］　楚国讨伐宋国，宋国向晋国求救。晋侯想出兵救他们，伯宗说："不行。古人说过："马鞭即使长，但是也够不着马的肚子。"上天正授予天命给楚国，所以不可以和楚国作对。"

塞翁失马　《北史》：塞上翁匹马亡入胡，人吊之。翁曰："安知非福乎？"后马将骏马归。人贺之，翁曰："安知非祸乎？"后其子骑，折髀，人吊之，翁曰："又安知非福乎？"后兵，出丁壮者，免其子，以跛相保。

［译文］《北史》记载：塞上有一位老翁，他家一匹马跑到了胡地，人们都来安慰他。老翁说："怎么知道这不是好事呢？"后来那匹马领着胡人的骏马回来了。人们又来祝贺他，老翁说："怎么知道这不是祸事呢？"后来他的儿子骑这匹马，摔断了大腿。人们又来慰问他，老翁说："怎么知道这一次不是好事呢？"后来发生战争，每户都要出壮丁，他儿子却因为断了腿被免了兵役，因为跛脚得以保全了性命。

弃人用犬 晋灵公饮赵盾酒，伏兵将攻之，其右提弥明知之，趋登，扶盾以下。公嗾夫獒焉，明搏而杀之。盾曰："弃人用犬，虽猛何为？"

［译文］ 晋灵公请赵盾宴饮，预先埋伏士兵想要击杀他，赵盾的护卫提弥明知道了情况，就快步上堂，扶着赵盾走下堂。晋灵公放出猛犬，提弥明徒手搏击猛犬，把它打死了。赵盾说："抛弃人而用犬，虽然很凶猛但又有什么用呢？"

跖犬吠尧 汉高祖既杀韩信，诏捕蒯彻。既至，上曰："若教淮阴侯反乎？"对曰："然。秦失其鹿，天下共逐之。高材捷足者先得焉。跖之犬吠尧，尧非不仁，吠非其主也。"

［译文］ 汉高祖刘邦杀了韩信后，下诏捉拿蒯彻。捕获以后，汉高祖说："是你让淮阴侯韩信谋反的吗？"蒯彻回答说："是的。秦朝失去了政权，天下人都可以去争。才能高的、跑得快的人可以先得到而已。盗跖的狗对着尧帝狂叫，不是尧帝不够仁德，是因为他不是自己的主人。"

指鹿为马　秦赵高欲专权，乃先设验，持鹿献二世，曰："马也！"二世笑曰："丞相误也，谓鹿为马。"问左右，或默，或言。高阴中言鹿者以法。

［译文］秦朝的赵高想独揽大权，于是先试验一下，他把一头鹿献给秦二世，说："这是马。"秦二世大笑着说："丞相错了，把鹿当成了马。"问身边的侍从，有的人沉默，有的人说话。赵高暗中残害了那些说鹿的臣子。

守株待兔　《韩子》：宋人有耕者，田畔有株，兔走触之，折颈而死，因释耕守株，觊复得兔，为宋国笑也。

［译文］《韩非子》中说：宋国有一农夫在田里耕地，田边有个树桩，一只兔子跑来撞到树桩上，折断了脖子死掉了，于是这人就不再耕地而守着树桩，希望能再得到兔子，因此被宋国的人嘲笑。

多歧亡羊　《列子》：杨子之邻人亡羊，既率其党，又请杨子竖追之。杨子曰："嘻！亡一羊，何追之众？"众曰："多歧。"既反，问："获羊乎？"曰："亡之矣。"曰："奚亡之？"曰："歧路之中又有歧焉，吾不知所之，所以反也。"

［译文］《列子》中说：杨子邻居的羊走丢了，邻居不但率领自己的家人，还请来杨子的仆人一起去追赶。杨子说："丢了一只羊，为什么要这么多人去找呢？"邻居回答："因为有很多岔路。"回来之后，杨子问："追到羊了吗？"邻居说："没有找到。"杨子说："为什么找不到呢？"邻居说："岔路里面又有岔路，我不知道该向哪条岔路去追，所以就回来了。"

飞越峰 洪武初，夷人献良马十，其一白者，乃得之贵州养龙坑。坑旁水深而远，下有灵物，春和多系牝马，云雾晦冥，必有与马接，其产即龙驹。故此马首高九尺，长丈余，莫可控御。敕典牧者囊沙四百斤，压而乘之，行如电蹑，片尘不惊，赐名“飞越峰”，命学士宋濂赞。

燧人氏始著物虫鸟兽之名。鲧始服牛。相士始乘马。伏羲始畜牺牲。夏后氏始食卵。汉文帝始匍洁六畜。后魏始禁宰牛马。唐高祖始断屠。

[译文] 洪武初年的时候，有夷人进献了十匹良马，其中有一匹白色的马，是在贵州的养龙坑得到的。坑边的水非常深远，下面有灵物。春天天气晴朗时就在坑边拴一些母马，一会儿云雾弥漫昏暗之时，就有灵物来和马交配，产下的都是龙驹。所以这种马头有九尺高，身长一丈多，没有人可以控制驾驭。皇帝下令让养马的人用囊袋装上四百斤的沙子，压在马身上然后骑乘它，跑起来仍然像闪电一样迅速，连粒尘土都不会惊起，皇帝赐名为“飞越峰”，并让学士宋濂写了一篇赞文。

燧人氏开始给物、虫、鸟、兽起名字。鲧最先驯服了牛。相士最早乘马。伏羲最先用牺牲来祭祀。夏后氏开始吃动物下的蛋。汉文帝最先在养六畜时进行阉割。后魏开始禁止屠宰牛和马。唐高祖最先禁止屠宰动物。

黄耳 陆机有快犬曰“黄耳”，性黠慧，能解人语，随机入洛。久无家问，作书以竹筒戴犬项，令驰归，复得报还洛。今有“黄耳冢”。

[译文] 陆机有一只跑得很快的狗叫“黄耳”，非常聪明，能听懂人的话，跟随陆机来到洛阳。因为很久没有收到家信，陆机就写一

封信用竹筒装着戴在狗的脖子上，让它跑回去，还能带了回信再回到洛阳。现在还有“黄耳冢”。

白鹿夹毂　汉郑弘为淮阴守，岁旱，弘行田间，雨即至。时有白鹿在道，夹毂而行。主簿贺曰:“闻三公车轮鹿，明公必大拜矣！”果验。

[译文]　汉代的郑弘担任淮阴太守时，有一年大旱，郑弘在田间行走，就下起了大雨。当时有白鹿在路上，紧挨着郑弘的车轮行走。主簿祝贺他说:“听说三公的车轮上面画着鹿，您一定会升任三公！”后来果然应验了。

麈　出终南诸山。鹿之大者曰麈，群鹿随之，视麈尾为响道，故古之谈者挥焉。

[译文]　出自终南山。体型较大的叫作麈，群鹿都跟随着它，把麈的尾巴作为向导，所以古人用手拿着麈尾挥动着聊天。

飞鼠　其物飞而生子。难产者，以皮覆之则易，故又名“催生”。

[译文]　它可以在飞行时生产孩子。遇到有人难产，用飞鼠的皮盖住就会容易生下来，所以飞鼠又叫作“催生”。

糖牛　桂平出。里人知牛嗜盐，乃以皮裹手，涂盐于上，入穴探之。其角如玉，取以为器。

[译文]　出于桂平。当地人知道糖牛喜欢吃盐，就用皮把手裹住，在上面涂盐，伸到洞穴里去抓它。它的角像玉一样，取来可以做成器皿。

射鹿为僧 陈惠度于剡山射鹿，鹿孕而伤，既产，以舌舐子，干而母死，惠度遂投寺为僧。后鹿死处生草，名曰“鹿胎草”。

[译文] 陈惠度在剡山射鹿，这只鹿已经怀孕，又被箭射伤，生下小鹿后，用舌头舐着小鹿，舐干后母鹿就死掉了，陈惠度就去寺庙里出家做了和尚。后来在那只鹿死的地方长出一种草，名字叫“鹿胎草”。

野宾 宋王仁裕尝畜一猿，名曰“野宾”。一日放于嶓冢山。后仁裕复过此，见一猿迎道左，从者曰:“野宾也。”随行数十里，哀吟而去。

[译文] 宋代的王仁裕曾经养了一只猿猴，取名为“野宾”。后来一天，把它放生在了嶓冢山。后来王仁裕又经过这里，看见一只猿猴在道旁相迎，随从说:“这是野宾啊。”它跟随着走了几十里路，最后哀叫着离开了。

凭黑虎 卓敬年十五，读书宝香山，风雨夜归迷失道，得一兕牛，凭之归，入门，乃黑虎也。

[译文] 卓敬十五岁的时候，在宝香山读书，在风雨之夜回家时迷了路，看见一只兕牛，卓敬跟着它才回到了家，进到家门时，才发现那竟然是一只黑虎。

题《虎顾众彪图》 明成祖出图，命解缙题句。缙诗云:“虎为百兽尊，谁敢撄其怒？惟有父子恩，一步一回顾。”帝见诗有感，即令夏原吉迎太子于南京。

[译文] 明成祖取出《虎顾众彪图》，让解缙题诗。解缙的诗是:“虎为百兽尊，谁敢撄其怒？惟有父子恩，一步一回顾。”明成祖

读了这首诗很有感触，当即命令夏原吉去南京把太子接了回来。

熊入京城　弘治间，有熊入西直门，何孟春谓同列曰：“熊之为兆，宜慎火。”未几，在处有火灾。或问孟春曰：“此出何占书？”孟春曰：“余曾见《宋纪》：永嘉灾前数日，有熊至城下，州守高世则谓其倅赵允绾曰，熊于字‘能火’，郡中宜慎火。果延烧十之七八。余忆此事，不料其亦验也。”

［译文］　弘治年间，有一只熊进入西直门，何孟春对同僚们说：“熊是一种征兆，要谨慎用火。”过了不久，多处都出现火灾。有人问何孟春：“这个预言出自哪本占卜的书呢？”何孟春说：“我曾见过《宋纪》上说：永嘉大火前几天，就有熊来到城下边，当时永嘉太守高世则对通判赵允绾说，熊这个字是‘能火’，郡中要小心用火。后来果然烧掉了十之七八的地方。我想起这件事，没想到真的应验了。”

不忍麑　孟孙猎得麑使巴西持归。麑母随之啼泣，巴西不忍，与之。孟孙大怒，逐巴西。寻召为其子傅，谓左右曰：“天不忍麑，且吾子乎！”

［译文］　孟孙捕获一只麑子，让秦西巴带回去。母麑跟在后面哭泣，秦西巴内心不忍，就放了它。孟孙大怒，就驱逐了秦西巴。不久又召见他做自己儿子的老师，对侍从们说：“他天性善良，对一只麑都不忍心伤害，何况我的儿子呢！”

的卢　刘表赠备一马，名曰“的卢”。一日，遇伊籍，曰：“此马相恶，必妨主。”备未之信。表妻蔡氏忌备，嘱弟瑁设筵暗害。备觉，出奔，前阻檀溪，后为瑁兵所逼，乃下溪策马，曰：“的卢的卢，今日妨吾。”的卢于急流深处，一跃三丈，飞渡西岸。瑁惊骇而退。

［译文］刘表赠给刘备一匹马，名字叫“的卢”。有一天，遇到了伊籍，伊籍说：“这匹马的面相凶恶，一定会不利于主人。”刘备不信他的话。刘表的妻子蔡氏忌恨刘备，叮嘱弟弟蔡瑁设筵席暗害他。刘备发觉后，骑马逃跑，被檀溪挡住了去路，后有蔡瑁的追兵逼迫，只好入水打马，说：“的卢的卢，今天害了我啊。”的卢在急流深处，一跃而起跳了三丈远，跃到了西岸。蔡瑁既惊又怕地退兵了。

获两虎 《史记》：陈轸曰：卞庄子刺虎，馆竖子止之，曰：“两虎方共食一牛，牛甘必斗，斗则大者伤，小者亡，从而刺之，一举两得。”果获两虎。

［译文］《史记》记载，陈轸说：卞庄子准备刺杀虎，馆竖子阻止了他，说：“两虎正在共吃一头牛，牛肉鲜美它们就会争斗，一旦争斗起来大虎就会受伤，小虎就会逃跑，跟着刺杀它们，可以一举两得。”果然抓住了那两只虎。

牛羊犬豕别名 《礼记》：牛曰太牢。羊曰少牢。又牛曰“一元大武”。羊曰“柔毛”，又曰“长髯主簿”。豕曰“刚鬣”，又云“乌喙将军”。韩狆，六国时韩氏之黑犬。楚犷、宋猎，皆良犬也。又曰：“大夫之家，无故不杀犬豕。”家豹、乌圆，皆猫之美誉。

［译文］《礼记》记载：牛叫作“太牢”。羊叫作“少牢”。另外，牛也叫作“一元大武”，羊叫作“柔毛”，又叫作“长髯主簿”。猪叫作“刚鬣”，又叫“乌喙将军”。韩狆是六国时韩国的黑狗。楚犷、宋猎，都是良种犬。又说：“大夫家，没有原因不杀猪狗。”

家豹、乌圆，都是猫的美称。

鹿死谁手　石勒曰："使朕遇汉高，当北面事之。若遇光武，可与并驱中原，未知鹿死谁手。"

［译文］　石勒说："如果我遇见汉高祖刘邦，当会向他臣服。但若是遇见光武帝刘秀，我就可以和他中原逐鹿，但是不知道会鹿死谁手。"

续貂《晋书》：赵王伦篡位，奴卒亦加封秩。每朝会，貂蝉满座。语曰："貂不足，狗尾续！"

［译文］《晋书》记载：赵王司马伦篡位，奴仆兵卒都加官晋爵。每次朝会时，满座官员都佩戴着貂尾。当时人说："貂不足，狗尾续！"

拒虎进狼　《鉴断》：汉和帝年才十四，乃能收捕窦氏，足继孝昭之烈。惜其与宦官议之，以启中常侍亡汉之阶。语曰："前门拒虎，后门进狼。"此之谓也。

［译文］《鉴断》中说：汉和帝才十四岁的时候，就能抓捕窦氏，足可以继承汉昭帝的遗风。可惜他是和宦官一起商量大事，这也开启了中常侍灭亡汉朝的先声。有人说："前门拒虎，后门进狼。"说的就是这种事。

焉得虎子　《吴志》：吕蒙欲从里，母叱之。蒙曰："不入虎穴，焉得虎子？"又班超使西域，鄯善王广礼敬甚备。匈奴使来，更疏懈。超会其吏士三十六人，曰："不入虎穴，不得虎子。"遂夜攻虏营，斩其使。

［译文］《三国志·吴书》记载：吕蒙想要跟随姐夫邓当出征，他母

亲训斥了他。吕蒙说:“不入虎穴，焉得虎子?”另外，班超出使西域时，鄯善王对待他礼数很周到。匈奴的使者来了之后，鄯善王就马虎怠慢了起来。班超集合手下的三十六人，说:“不入虎穴，不得虎子。”于是夜里攻击敌人的营寨，斩杀了匈奴的使者。

羊触藩篱 《易经》:“羝羊触藩，羸其角。”

[译文] 《易经》里说:“公羊若强行去撞篱笆，羊角就会被缠住。”

制千虎 《宋史》:常安民遗吕公著书曰:“去小人不难，胜小人难耳。尝见猛虎负嵎，卒为人胜者，人众而虎寡也。今奈何以数千人而制千虎乎?”公著得书，默然。

[译文] 《宋史》记载:常安民写给吕公著的信里说:“离开小人不难，要战胜小人却很困难。我曾经见过猛虎负隅顽抗，却最终还是被人打败了，因为人多而虎少。现在为什么凭几千人去打几千只老虎呢?”吕公著收到这封信，默然无话。

搏蹇兔 《史记》:范雎谓秦昭王曰:“以秦治诸侯，譬犹走韩卢而搏蹇兔也。”

[译文] 《史记》记载，范雎对秦昭王说:“凭借强大的秦国来统治诸侯，就如同放出猛犬韩獹去追击瘸了腿的兔子那样容易。”

瞎马临池 《世说》:顾恺之与殷仲堪作危语，有一参军在坐，曰:“盲人骑瞎马，夜半临深池。”以仲堪眇一目故也。

[译文] 《世说新语》中说:顾恺之和殷仲堪比赛说惊险的事情，有一个参军也在旁边，说:“盲人骑瞎马，夜半临深池。”因为殷仲堪有一只眼失明了。

教猱升木　猱，猴属，性善升木，不待教而能者。《诗经》：毋教猱升木。

［译文］猱，属于猴类，生性擅长爬树，不用教就有这个本领。《诗经》里说：不要去教猱爬树。

城狐社鼠　《韩诗外传》："社鼠不攻，城狐不灼。"恐其坏城而伤社也。

［译文］《韩诗外传》中说："不要去捕捉庙里的老鼠，不要去烧城墙洞里的狐狸。"是因为害怕损坏了城墙和土地庙。

陶犬瓦鸡　《金楼子》："陶犬无守夜之警，瓦鸡无司晨之益。"

［译文］《金楼子》中说："用陶土做成的狗不能用来守夜，用泥土做成的鸡不能指望报晓。"

羊质虎皮　《杨子》："羊质而虎皮，见草而悦，见豺而战，忘其皮之虎也。"

［译文］《扬子法言》中说："羊披上老虎的外皮，看见草就会高兴，看见豺狼仍然会发抖，是因为它忘记了自己披着老虎的皮。"

九尾狐　宋陈彭年奸佞不常，时号"九尾狐"。

［译文］宋代的陈彭年阴险奸诈、没有操守，当时人称之为"九尾狐"。

猬务　猬似豪猪而小，其毛攒起如矢，言人事之丛杂似之。故事多曰"猬务"。

[译文] 刺猬长得像豪猪但体形较小，它的毛竖立着像箭一样，说事务繁多就像刺猬的毛。所以事情多称作“猬务”。

鳞介

龙有九子 一曰赑屃，似龟，好负重，故立于碑趺。二曰螭吻，好远望，故立于屋脊。三曰蒲牢，似龙而小，好叫吼，故立于钟纽。四曰狴犴，似虎，有威力，故立于狱门。五曰饕餮，好饮食，故立于鼎盖。六曰虮蝮，好水，故立于桥柱。七曰睚眦，好杀，故立于刀环。八曰金猊，形似狮，好烟火，故立于香炉。九曰椒图，似螺蚌，性好闭，故立于门楣。

[译文] 第一子叫赑屃，形状像乌龟，喜欢背负重物，所以被做成碑座。第二子叫螭吻，喜欢远望，所以装饰在屋脊上面。第三子叫蒲牢，长得像龙但小一些，喜欢吼叫，所以被刻在大钟上。第四子叫狴犴，长得像老虎，有威风力量，所以被立在监狱的大门口。第五子叫饕餮，喜欢大吃大喝，所以被刻在鼎的盖子上。第六子叫虮蝮，喜欢游水，所以被竖立在桥柱上面。第七子叫睚眦，嗜好杀戮，所以被刻在刀环上。第八子叫金猊，外形像狮子，喜欢烟火，所以被刻在香炉上。第九子叫椒图，形状像螺蚌，喜欢闭合，所以被刻在门楣上。

尺木 龙头上有一物，如博山形，名曰尺木。龙无尺木，不能升天。

[译文] 龙头上有一个东西，像博山的形状，名字叫作尺木。龙没

有尺木，就不能飞上天。

攀龙髯 黄帝采铜，铸鼎于荆山下。鼎成，有龙垂胡髯下迎帝骑龙上，群臣后宫从上者七十余人，小臣不得上，悉持龙髯，髯拔，堕弓，抱其弓而号。后世名其处曰“鼎湖”，名其弓曰“乌号”。

［译文］ 黄帝开采铜矿，在荆山下面铸造了大鼎。鼎造成以后，有条龙垂下胡须，迎接黄帝，并让他骑在身上，群臣和后宫有七十多个人跟着一起骑上龙，小臣没能够上去，就都抓住龙的胡须，胡须被拔了下来，掉下来一张弓。小臣就抱着那张弓号泣。后来就把那个地方叫作“鼎湖”，把那张弓叫“乌号”。

龙漦 夏后藏龙漦于匮，周厉王发之，漦化为鼋，入于王府。府中童妾娠之生女，弃于道，有夫妇窃之至褒。后褒人有罪，纳女于幽王，是为褒姒。

［译文］ 夏后把龙的唾沫藏在匣子里面，周厉王打开观看，龙的唾沫化成一条大鳖，进入周天子的王府，府中的一个宫女受到感应就怀了孕，生下一个女孩，被扔弃在道旁，有一对夫妇偷偷捡回家并带到了褒地。后来褒人获罪，给周幽王进献了一个美女，这就是褒姒。

痴龙 昔有人堕洛中洞穴，见宫殿人物九处，捋大羊髯，得珠，取食之。出问张华，华曰：“九仙馆也。大羊乃痴龙。”

龙不见石，人不见风。鱼不见水，鬼不见地。

［译文］ 从前有人掉到洛中的一个洞穴里面，在九个地方看见有宫殿和人物，抓住大羊的胡子，得到一枚宝珠，就吃了。出洞后询问张华，张华说：“那是九仙馆，那只大羊就是痴龙。”

龙看不见石头的形状，人看不见风的形状，鱼看不见水的形状，鬼看不见地的形状。

梭龙 陶侃少时，尝捕鱼雷泽，得一铁梭，还挂著壁。有顷，雷雨大作，梭变成赤龙，腾空而去。

[译文] 陶侃年少时，曾经在雷泽捕鱼，得到了一枚铁制的梭子，回家后挂在了墙上。过了一会儿，打雷下雨，铁梭变成一条红色的龙，腾空而去。

画龙 叶公子高好龙，雕文画之。一旦，真龙入室，叶公弃而还走，失其魂魄。故曰叶公非好真龙也，好夫似龙而非龙者也。

[译文] 叶公子高喜欢龙，家里到处都画着龙。有一天早上，真龙进到他家，叶公却被吓得从屋子里跑了出去，失魂落魄。所以说，叶公不是喜欢真的龙，他喜欢的是像龙而不是真龙的东西。

行雨不职 唐普闻师聚徒说法，有老人在旁，问之，答曰："某此山之龙，因病，行雨不职见罚，求救。"师曰："可易形来。"俄为小蛇，师引入净瓶，覆以袈裟。忽云雨晦冥，雷电绕空而散。蛇出，复为老人而谢："非藉师力，则腥秽此地矣。"出泉以报。

[译文] 唐代的普闻法师聚集徒弟说法，有一位老人在旁边，有人问他，他回答说："我是这座山上的龙，因为生了病，所以降雨不力而受到责罚，请求您救救我。"普闻法师说："你可以变身再来。"过了一会儿，他变成小蛇，普闻法师把他放到了净瓶里，用袈裟盖住瓶子。忽然天空变暗下起大雨，雷电在空中发出轰鸣后就消散了。小蛇从净瓶中出来，又变回老人感谢说："要不是借助大师您的法力，我就会死在这里，沾污您的净土了。"他引来

一泓泉水作为报答。

金吾　亦龙种，形似美人，首尾似鱼，有两翼，其性通灵，终夜不寐，故用以巡警。

[译文]　也是龙的一种。形体像美人，头和尾巴像鱼，有两个翅膀，能通灵性，整晚都不睡觉，所以用来巡逻警戒。

螺女　闽人谢端得一大螺如斗，畜之家。每归，盘餐必具。因密伺，乃一姝丽甚，问之，曰:“我天汉中白水素女。天帝遣我为君具食。今去，留壳与君。”端用以储粟，粟常满。

[译文]　福建人谢端得到一个大得像斗的田螺，养在家里。每次回到家，饭都做好了。于是他暗中察看，发现原来是一个很美的女子，问她，回答说:“我是天上银河中的白水素女。天帝派我来给你做饭。现在要离开了，把壳留给你吧。”谢端就用这个壳来储藏粮食，粮食常常会自己装满。

射鳝　越王郢于福州溪中，见一鳝长三丈，郢射中之，鳝以尾环绕，人马俱溺。

[译文]　越王郢在福州的小溪中，看见有一条鳝鱼，有三丈长，郢射中了它，但鳝鱼用尾巴把越王郢和马都缠绕捆住，连人带马都被拖到了溪水里淹死了。

鲙残鱼　出松江。昔吴王江行食鲙，以残者弃水面，化而为鱼。

[译文]　出于松江。以前吴王在长江上行船时吃鲙鱼，把吃剩的鲙鱼扔到水里，就变成了鲙残鱼。

横行介士 《抱朴子》：山中辰日称无肠公子者，蟹也。《蟹谱》："出师下岩之际，忽见蟹，称为横行介士。"

[译文] 《抱朴子》中说：在辰日那天山里有自称为"无肠公子"的，就是螃蟹。《蟹谱》中说："在下岩出兵的时候，忽然看见螃蟹，称它为'横行介士'。"

蛟龙得云雨 周瑜谓孙权曰："刘备有关张熊虎之将，肯久屈人下哉？恐蛟龙得云雨，终非池中物也。"

[译文] 周瑜对孙权说："刘备有关羽、张飞这样的熊虎般的猛将，怎么愿意长时间屈居于人下呢？恐怕就像蛟龙得到云雨的帮助，终究不会是池中之物了。"

生龟脱筒 金华俞清建云："荆公欲使脱逢掖著僧伽黎，遂去室家妻子之累，犹生龟脱筒，亦难堪忍。"

[译文] 金华的俞清健说："王安石想劝我脱去儒生的服装，穿上僧人的袈裟，这样就可以摆脱家室妻子孩子的拖累，这就好比把活乌龟剥掉壳一样，很难忍受啊。"

杯中蛇影 乐广为河南尹，宴客，壁上有悬弩照于杯中，影如蛇，客惊谓蛇入腹，遂病。后至其故处，知为弩影，病遂解。

[译文] 乐广担任河南府的府尹时，有一回宴请宾客，墙壁上挂的弓的影子映照在杯子里，就像蛇一样，客人吃惊地认为有小蛇在杯中，喝进了肚子，于是得了病。后来到了喝酒的地方，知道是弓的影子，病就痊愈了。

率然 《博物志》：率然一身两头，击其一头，则一头至；击其中，则两头俱至。故行军者有长蛇阵法。

[译文]《博物志》中说：率然，一个身体有两个头，如果攻击其中一个头，另一个头就会来反击；攻击中间的话两个头会一起来反击。所以行军打仗的阵法里有长蛇阵法。

鱼求去钩　汉武欲伐昆明，凿池习水战，刻石为鲸鱼，每雷雨至则鸣，鬐尾皆动。尝有人钓此，纶绝而去。鱼梦于武帝，求去其钩。明日，帝游池上，见一鱼衔钩，曰："岂非昨所梦乎？"取鱼去钩而放之。后帝复游池畔，得明月珠一双，叹曰："岂鱼之报也！"

[译文]　汉武帝想去讨伐昆明，就挖凿水池训练水上作战，把石头刻成鲸鱼的样子，每到打雷下雨时鸣叫起来，胡须和尾巴都会动。曾经有人在这里钓鱼，鱼挣断钓丝跑了。有鱼就给汉武帝托梦，请求帮它去掉鱼钩。第二天，汉武帝在池上游玩，看到有一条鱼衔着鱼钩，汉武帝说："难道这就是昨晚梦到的那条鱼吗？"于是为它把钩去掉放了它。后来汉武帝再到池边游玩，得到一双明月珠，感叹着说："难道是那条鱼来报答我的吗！"

打草惊蛇　王鲁为当涂令，赎货为务。会稽民连状诉主簿贪贿，鲁判曰："汝虽打草，吾已惊蛇。"

[译文]　王鲁担任当涂县令时，只把敛聚财物当作要务。恰逢会稽的百姓联名状告县里的主簿受贿，王鲁判案时说："你们虽然是打草，但是我这条蛇已经受了惊吓。"

干蟹愈疟《笔谈》：关中无蟹，有人收得一干蟹，土人怪其形以为异，每人家有疟者，借去悬于户，其病遂痊。是不但人不识，鬼亦不识矣。

[译文]《梦溪笔谈》中说：关中没有螃蟹，有人收得一只干蟹，当地人看到螃蟹的形状感到很怪异，常常有人家里患了疟疾的，就借去挂在门上，生病的人就痊愈了。这不但是人不认识它，连鬼也不认识它。

鱼婢蟹奴 《尔雅》：鱼婢，小鱼也，亦曰妾鱼。大蟹腹下有数十小蟹，名蟹奴。

[译文]《尔雅》中说：鱼婢，指的是小鱼，也叫作妾鱼。大螃蟹肚子下面的几十只小螃蟹，叫作蟹奴。

画蛇添足 陈轸对楚使曰：三人饮酒，约画地为蛇，先成者饮。一人先成，举酒而起，曰："吾先成，且添为之足。"其一人夺酒饮，曰："蛇无足，汝添足，非蛇也。"

[译文] 陈轸对楚国的使者说：有三人一起喝酒，约定在地上画蛇，先画成的人先喝酒，其中一个人先画好了，就拿着酒站了起来，说："我先画成了，让我再给它添上脚吧。"另一个人夺过了酒就喝，说："蛇本来没有脚，你添上脚，那就不是蛇了。"

髯蛇 长十丈，围七八尺。常在树上伺鹿兽过，便低头绕之，有顷，鹿死，先濡令湿，便吞食之，头角骨皆钻皮自出。

[译文] 有十丈长，七八尺粗。常常在树上窥伺着鹿经过，就低头缠绕住它，不一会儿，鹿就死掉了，就先用唾沫把鹿弄湿，然后就把它吞吃了，鹿的头、角、骨头都会从蛇的皮肤里钻出来。

珠鳖 广东电白海中出珠鳖，状如肺，有四眼六脚而吐珠。一曰

“文魮”，鸟头鱼尾，鸣如磬而生玉。

[译文] 广东电白的海里出产一种珠鳖，形状像肺，有四只眼睛和六只脚，并且会吐珍珠。又叫“文魮”，长着鸟的头和鱼的尾巴，鸣叫的声音像击磬的声音，能生出美玉。

鯈鱼 建昌修水出鯈鱼。郭璞云：有水名修，有鱼名鯈。天下大乱，此地无忧。俗呼西河。

[译文] 建昌的修水出产鯈鱼。郭璞说：有水名修，有鱼名鯈。天下大乱，此地无忧。世人把修水称作西河。

墨龙 抚州学有右军墨池。韩子苍《杂记》：池中忽时水黑，谓之黑龙。此物见，则士子应试者，得人必多。屡验。

[译文] 抚州的学校有王羲之的墨池。韩子苍的《杂记》中说：墨池中的水有时会突然变黑，称为黑龙。这种现象出现，应试的士人考中的就比较多。屡屡应验。

飞鱼 晋吴隶筑鱼塞于湖，忽闻空中云：“晚有大鱼攻塞，勿杀！”须臾，大鱼果至，群鱼从之。隶误杀大鱼，是夕风雨横作，鱼悉飞树上。

[译文] 晋朝的吴隶在湖中修造了一条鱼塞，忽然听到空中有人说：“今晚上会有大鱼攻击鱼塞，不要杀了它。”不一会儿，大鱼果然游了过来，一群鱼在后面跟着。吴隶误杀了大鱼，这天晚上风雨大作，湖中的鱼都飞到了树上。

咒死龙 石勒时大旱，佛图澄于石井冈掘一死龙，咒而祭之，龙腾空而上，雨即降。今有龙冈驿。

［译文］ 石勒当政时遇到大旱，佛图澄在石井冈掘到一条死龙，念着咒语祭奠它，龙就腾空而上，大雨马上就降了下来。如今还有龙冈驿。

四蛇卫之 开刑鲋鲷山。《山海经》云:颛顼葬其阳，九嫔葬其阴，四蛇卫之。

［译文］ 开刑有一座鲋鲷山。《山海经》记载：颛顼葬在这座山的南面，他的九个妃子葬在山的北面，有四条蛇在这里守卫着他们的陵墓。

白帝子 汉高祖微时，见白蛇当道，挥剑斩之。后有老妪泣曰：吾子，白帝子也，化蛇当道，为赤帝子所杀。

［译文］ 汉高祖还没有发迹的时候，看见有条白蛇挡着道路，就挥动着宝剑斩杀了它。后来看到一个老太婆哭着说：我儿子是白帝子，变蛇挡住了道路，却被赤帝子给斩杀了。

唤鱼潭 青神中岩有唤鱼潭，客至，抚掌，鱼辄群出。

［译文］ 青神县的中岩有一个唤鱼潭，客人到了那里，拍拍手，潭中的鱼就会成群结队地游出来。

斩蛟 隋赵昱为嘉川守。犍为潭中有老蛟作虐，昱持刀入水，顷之潭水尽赤，蛟已斩。一日，弃官去。后嘉陵水涨，见昱云雾中骑白马而下，宋太宗赐封“神勇”。

［译文］ 隋朝的赵昱担任嘉州太守。犍为县的水潭中有一条老蛟做恶事，赵昱拿着刀跳进水中，一会儿整潭水都变红了，老蛟已经被他斩杀了。有一天，他弃官离开。后来嘉陵江水上涨，有人

看见赵昱在云雾中骑着白马降落下来，宋太宗赐封他“神勇”的称号。

孩儿鱼　磁州出鱼，四足长尾，声如婴儿啼，因名“孩儿鱼”，其骨燃之不灭。

[译文]　磁州出产一种鱼，有四只脚和长长的尾巴，声音像婴儿的哭声，所以叫作孩儿鱼，它的骨头点燃就不会熄灭。

黄雀鱼　出惠州。八月化为雀，十月后入海化为鱼。

[译文]　出自惠州。八月时变化成雀，十月后进入大海变化成鱼。

五色鱼　陇州鱼龙川有鱼，五色，人不敢取。杜甫诗“水落鱼龙夜”，即此。

[译文]　陇州的鱼龙川中有一种鱼，身上有五种颜色，人们都不敢去捕捉。杜甫有诗句说“水落鱼龙夜”，说的就是这种鱼。

视龙犹蝘蜓　禹南巡狩，会诸侯于涂山，执玉帛者万国。禹济江，黄龙负舟，舟中人惧。禹仰天叹曰：“吾受命于天，竭力以劳万民。生寄也，死归也，余何忧于龙焉。”视龙犹蝘蜓，颜色不变。须臾，龙俯首低尾而逝。

[译文]　大禹往南方去巡狩，在涂山会盟诸侯，天下诸侯都拿着玉帛来进贡。大禹渡江时，有黄龙游来背着船，船上的人都很害怕。大禹仰天长叹说：“我承受天命，竭力为天下万民辛苦劳累。活着不过是暂时寄居于世，死了才是回到家乡，我对龙有什么害怕的呢？”看着龙就像看见壁虎一样，脸色一点都没有改变。不一会儿，黄龙低着头摇着尾巴就消失了。

双鲤 萧山县之城山，山颠有泉，嘉鱼产焉。阖闾侵越，勾践退保此山，意其乏水，馈以米盐。勾践取双鲤报之，吴兵夜遁。

[译文] 萧山县的城山，山顶有一汪泉水，泉中出产一种好鱼。吴王阖闾侵犯越国时，越王勾践退守此山，吴王认为山上缺水，就赠给勾践大米和盐。勾践从泉中取出一对鲤鱼来回报他，吴国的军队当晚就退去了。

石蟹 生于崖（海南岛）之榆林，港内半里许，土极细腻，最寒，但蟹入则不能运动，片时即成石矣，人获之，则曰石蟹。置之几案，能明目。

[译文] 生长在崖山（属海南岛）的榆林中，海港内有方圆半里左右的土地，土壤非常细腻，土性寒冷，螃蟹一来就不能动弹，很快就被冻成了石块，人们得到后，称此为石蟹。放在桌子上，可以使人眼睛明亮。

鲥鱼 一名箭鱼。腹下细骨如箭镞，此东坡有"鲥鱼多骨之恨"也。其味美在皮鳞之交，故食不去鳞。肋鱼似鲥而小，身薄骨细，冬月出者名"雪肋"，味最佳。至夏，则味减矣。

[译文] 又叫作箭鱼。肚子下有像箭一样的细小的骨头，这就是东坡所说的"鲥鱼多骨之恨"。这种鱼味道最鲜美的地方在鱼皮和鱼鳞之间，所以吃的时候不能刮掉鱼鳞。肋鱼很像鲥鱼但稍微小一些，身体单薄，鱼骨较细，冬天的叫雪肋，味道最佳。到了夏天，味道就变差了。

龟历 陶唐之世，越裳国献千岁神龟，方三尺余，背上有文，皆蝌蚪书，记开辟以来事，帝命录之，谓之龟历。

［译文］ 帝尧时期，越裳国进献了一只一千岁的神龟，有三尺见方，龟背上有文字，都是蝌蚪文，记录了开天辟地以来的事情。帝尧让人抄录下来，叫作龟历。

元绪　孙权时，永康有人入山，遇一大龟，载入吴，夜泊越里，缆舟于大桑树。宵中，树呼龟曰："劳乎元绪，奚事尔耶！"因呼龟为"元绪"。

［译文］ 孙权时，有个永康人进到山里，遇见一只大乌龟，就用船运到了吴地，夜晚船停泊在越里，把船系在大桑树下面。半夜时分，大桑树对乌龟说："辛苦了元绪，你准备干什么呢？"因此人们把乌龟叫作元绪。

河豚　状如蝌蚪，腹下白，背上青黑，有黄文，眼能开闭，触物便怒，腹胀如鞠，浮于水上，人往取之。河豚毒在眼、子、血三种。中毒者，血麻、子胀、眼睛酸，芦笋、甘蔗、白糖可以解之。

［译文］ 形状像蝌蚪，肚子下面是白色的，背部是青黑色的，有黄色的条纹，眼睛可以闭合，一碰到东西就会发怒，肚子就鼓得像球，漂浮在水上，人们就可以去抓取了。河豚的毒在它的眼睛、鱼子和血液里面。中毒的人，会感到血麻、肚子胀、眼睛酸，用芦笋、甘蔗、白糖可以解这种毒。

集鳣　杨震聚徒讲学，有雀衔三鳣，集讲堂前。皆曰："鳣者，卿大夫服之象也。数三者，三台也。先生自此升矣。"果如其言。

［译文］ 杨震聚集弟子讲课，有只鸟衔着三只鳣鱼停在讲堂前面。大家都说："鳣鱼是卿大夫所穿官服的图案。有三只，就是三公的

意思。先生从此要高升做官了。”后来果真这样了。

子鱼 宋显仁太后谓秦桧妻曰:“子鱼大者绝少。”桧妻曰:“妾家有大者。”桧闻，责其失言，乃以青鱼百尾进。太后笑曰:“我道这婆子村，果然!”

[译文] 宋代显仁太后对秦桧的妻子说:“子鱼很少有长得大一点的。”秦桧的妻子说:“我家的就有大的。”秦桧听说后，斥责她说错了话，就拿了上百头青鱼进献给了太后。显仁太后笑着说:“我说这个老婆子没见过世面吧，果然是这样!”

鲭鱼 长二丈，皮可镳物。其子旦从口出，暮从脐入，腹里两洞肠贮水以养子。肠容二子，两则四焉。

[译文] 有两丈长，鱼皮可以打磨东西。它的幼鱼早晨从它的嘴里出来，晚上从它的肚脐眼钻进去。它肚子里有两个洞肠，里面储存着水用来养育小鱼，一个肠子可以容下两条小鱼，两个肠子就可以养四条。

岩蛇 龟身、蛇尾、鹰嘴、鼍甲，下有四足，足具五爪，大如癞头鼋，硬似穿山甲，其壳极坚，其爪极利，茅竹青柴到口即碎，著人之肌肤，咬必透骨。台温山下，此物极多。

[译文] 有乌龟的身体、蛇的尾巴、鹰的嘴、鼍的外壳，下面有四只脚，脚上有五根爪子，大小像癞头鼋，如穿山甲般坚硬，它的壳非常硬，爪子非常锋利，竹子、木柴进到嘴里就被咬碎，咬人的肌肤，一定会把骨头咬透。台州和温州的山下，有很多这种蛇。

懒妇鱼 江南有懒妇鱼，即今之江豚是也。鱼多脂，熬其油可点灯。然以之照纺绩则暗，照宴乐则明，谓之“馋灯”。

[译文] 江南有一种懒妇鱼，就是现在所说的江豚。这种鱼含有很多脂肪，熬出来它身上的油可以点灯。但是这种油纺织时照明会很暗淡，宴饮时照明就会很明亮，所以称之为“馋灯”。

脆蛇 无胆，畏人。出昆仑山下。闻人声，身自寸断，少顷自续，复为长身。凡患色痨者，以惊恐伤胆，服此可以续命，兼治恶疽、大麻疯及痢。腰以上用首，以下用尾。

[译文] 这种蛇没有胆，畏惧人。出自昆仑山下。听到人的声音，身体就自动断成一寸一寸的小段，不一会儿，自己会再续上，重新变为长长的身体。凡是患上色痨病的人，因为惊吓恐惧伤了胆，吃了它可以延长寿命，它还兼治恶疽、大麻风和癞痢等疾病。腰以上有病服用它的头，腰以下生病就服用它的尾巴。

瓦楞蚶 宁海沿海有蚶田，用大蚶捣汁，竹筅帚洒之，一点水即成一蚶，其状如荸荠，用缸砂壅之，即肥大。

[译文] 宁海的沿海有蚶田，用大蚶捣成汁，用竹刷子蘸着汁洒出来，一点水就变成一只蚶，它的形状像荸荠，再用缸砂把它们围堵起来，就会变得又肥又大。

蟚蜞 陶縠出使吴越，忠懿王宴之，因食蟚蜞。询其名类，忠懿王命自蟚蜞以至彭越，罗列十余种以进。縠视之，笑谓忠懿王曰：“此谓一蟹不如一蟹也。”

[译文] 陶谷出使吴越时，忠懿王钱俶设宴款待他，于是在酒席上他吃到了蟚蜞蟹。询问它的名字和种类，忠懿王命人把蟚蜞到彭越，罗列了十几种呈上给他看。陶谷看后，笑着对忠懿王说：“这

就是所谓的‘一蟹不如一蟹’啊。”

牡蛎 一名蠔山。《本草》：牡蛎附石而生，磈礧相连如房。初生海岸，身如拳石，四面渐长，有一二丈者。一房内有蠔肉一块，肉之大小，随房所生。每潮来，则诸房皆开，有小虫入，则合之，以充饥腹。

［译文］ 又叫作蠔山。《本草衍义》里说：牡蛎附在石头上面存活，垒起来连在一起就像是房子一样。最初在海岸边出生，身体有一握拳的石头那么大，然后慢慢地向四面生长，有长到一两丈大的。一个小房间里有一块肉，肉块的大小，随着房子的大小而变化。每次海潮涨潮时，每间房子都会打开，有小虫子进入，就会合上，用来填饱饥饿的肚子。

绿毛龟 蕲州出。龟背有绿毛，长尺余，浮水中，则毛自泛起。压置壁间，数年不死，能辟飞蛇。

［译文］ 出于蕲州。龟的背部长有绿毛，有一尺多长，浮在水中时，它的毛会自己漂起来。把它压在墙壁之间，几年都不会死掉，还能驱除飞蛇。

蛤 隋帝嗜蛤，所食以千万计。忽有一蛤置几上，一夜有光。及明，肉自脱，中有一佛二菩萨像，帝自是不复食蛤。

［译文］ 隋炀帝好吃蛤蜊，吃过的蛤蜊成千上万。有一回把一只蛤蜊放在了几案上，一夜都发出亮光。到了天明，蛤蜊的肉自己脱落了下来，里面有一个佛像和两个菩萨的像，炀帝从此以后就不再吃蛤蜊。

蚌　沈宫闻戏于栖水，获一蚌。煮食时，中有一珠，长半寸，俨然大士像，惜煮熟失光，为徽人售去。

［译文］　沈宫闻在栖水玩耍时，得到了一只蚌。煮好准备吃的时候，发现中间有一颗珠子，有半寸长，俨然是观音菩萨的像，可惜煮熟后失去了光彩。被一个徽州人买走了。

舅得詹事　燕文贞公女嫁卢氏，尝为舅求官。公下朝，问焉。公但指支床龟视之。女拜而归，告其夫曰:“舅得詹事矣。”

［译文］　燕文贞公张说的女儿嫁给了卢氏，一次为公公求取官职。张说下朝，她来询问。张说只是指着支床的乌龟让她看。女儿拜了一拜就回去了，告诉她的丈夫:“公公得到詹事这个职位了。”

三足鳖　黄庭宣知太仓，民有食三足鳖而化地上，止存发一缕、衣服等物，如蜕形者，人以其妇杀夫报官。庭宣令捕三足鳖，召妇依前烹治，出重囚食之，亦尽化去。

［译文］　黄庭宣担任太仓的知府，有人吃了一个三只脚的鳖，就在地上化掉了，只留下一缕头发和衣服等东西，好像蜕了壳一样，有人说是他的妻子杀了丈夫就报告了官府。黄庭宣命人捕到一个三足鳖，叫来那个妇女按照先前的方法烹煮，然后给一个重刑犯吃，吃过后也化掉了。

鱼羹荆花　许襄毅官山左，有民布田，其妇馌之，食毕而死。襄毅询其所馌物，及所经道路。妇曰:“鱼汤米饭，度自荆林。”公乃买鱼作饭，投荆花于中，试之狗彘，无不死者。

［译文］　襄毅公许进在山左做官，有个农民去耕田，他的妻子到田里给他送食物，他吃完后就死掉了。许进问了她丈夫吃的食物以

及所经过的道路。那个妇女说:“是鱼汤和米饭，从荆林经过。”许进就买了鱼来做饭，并把荆花放到里面，用狗和猪来试验，吃了没有不死的。

毒鳝 铅山卖薪者性嗜鳝。一日，市归，烹食，腹痛而死。张昺治其狱。召渔者捕鳝，得数百斤，中有昂头出水二三寸者七条，烹与死囚食，亦腹痛而死。

[译文] 铅山有一个卖柴的人特别喜欢吃鳝鱼。有一天，买了鳝鱼回来，煮熟了吃，吃过后肚痛而死。张昺来断这个案件。他招来渔夫打捞鳝鱼，捕获了好几百斤，其中有七条长两三寸的鳝鱼，昂着头露出水面，把它们煮熟了给死刑犯吃，也都肚痛而死。

两头蛇 孙叔敖幼时遇两头蛇于路，杀而埋之。相传见此者必死，归泣告于母。母曰:“蛇今安在?”对曰:“恐害他人，已杀而埋之矣。”母曰:“汝有利人心，天必祐之!”果无恙。

[译文] 孙叔敖小时在路上遇见一条两头蛇，就杀了蛇埋在地里。传说见到两头蛇的人一定会死掉，他哭着回家告诉了母亲。母亲说:“蛇现在在哪里?”他回答说:“我担心它再害别人，已经杀死并埋在土里了。”他母亲说:“你有能替人着想的心意，上天一定会保佑你的!”果然没有什么事。

筝弦化龙 唐刺史韦宥，于永嘉江浒沙上获筝弦，投之江中，忽见白龙腾空而去。

[译文] 唐代的刺史韦宥，在永嘉江边的沙洲里得到了筝上的琴弦，就扔到了江里，忽然看见一条白龙腾空而去。

牒蚌珠之仇　夏原吉治浙西水患，宿湖州慈感寺，夜有妪携一女来诉曰："久窟于潮音桥下，岁被邻豪欲夺吾女，乞大人一字为镇。"公书一诗与之。公至吴淞江，有金甲神来告曰："聘一邻女已久，无赖赚大人手笔，抵塞不肯嫁，请改判。"公张目视之，神逡巡畏避。公忆曰："是慈感蚌珠之仇也。"牒于海神。次日，大风雨，震死一蛟于钱溪之北。

[译文]　夏原吉去治理浙西的水灾，在湖州的慈感寺借宿，夜里一个老妇人带着一个女孩来说："我久住在潮音桥下，每年豪强的邻居都要来抢夺我的女儿，乞求大人写一幅字来镇住他们。"夏原吉就给她写了一首诗。夏原吉到了吴淞江，有一个金甲神来告诉他说："我给一个邻居的女儿下聘礼很长时间了，但她要无赖骗来了大人的墨宝，抵赖不肯嫁过来，还请大人改判。"夏原吉瞪大眼睛盯着他，那个金甲神很害怕地躲闪。夏原吉突然回想起来："这就是慈感寺那个蚌珠的仇人啊。"就给海神写了一道牒文。第二天，风雨大作，在钱溪的北边响雷震死了一条蛟龙。

与蛇同产　窦武产时，并产一蛇，投之林中。后母卒，有大蛇径至丧所，以头击柩，若哀泣者，少间而去。时谓窦氏之祥。

[译文]　窦武出生的时候，他母亲也同时生出一条蛇，家人就把蛇放到了树林里。后来窦武的母亲死了，有一条大蛇直接来到办丧事的地方，用头撞击棺材，好像在悲伤地哭泣，过了一会儿才离开。当时人说这是窦氏吉祥的征兆。

得鱼忘筌　《庄子》："筌者所以得鱼，得鱼而忘筌。"比受恩而不知报也。

[译文]　《庄子》中说："鱼篓子是用来捕鱼的，捕得鱼后就忘了鱼

篓子。”比喻得到恩惠却不知道报答。

鱼游釜中 广陵张婴泣告张纲曰：荒裔愚民，相聚偷生，若鱼游釜中，知其不可久。今见明府，乃更生之辰也。

[译文] 广陵发动叛乱的张婴听了张纲的劝说，哭着说：“我们这些荒野愚民，集聚起来不过是为了苟且偷生，就像鱼在锅里游泳，自己也知道不可能长久。现在见到您，正是我们获得重生的时候啊。”

巴蛇 《山海经》：“巴蛇蚕象，三岁而出其骨。”

[译文] 《山海经》中说：“巴蛇吞吃大象，三年后吐出大象的骨头。”

虫豸

鞠通 孙凤有一琴能自鸣，有道士指其背有蛀孔，曰：“此中有虫，不除之，则琴将速朽。”袖中出一竹筒，倒黑药少许，置孔侧，一绿色虫，背有金线文，道人纳虫于竹筒竟去。自后琴不复鸣。识者曰：“此虫名鞠通，有耳聋人置耳边，少顷，耳即明亮。喜食古墨。”始悟道人黑药，即古墨屑也。

[译文] 孙凤有一把琴会自己鸣响，一个道士指出琴背面有蛀孔，说：“这里面有虫子，如果不除去的话，琴将会很快烂掉。”他从袖子中拿出一个竹筒，倒了一点黑色的药，放在蛀孔边上，有一条绿色的虫子就出来了，虫子的背上有金线一样的花纹，道士把虫子放到竹筒里就离开了。从此以后，琴就不再自己鸣响了。有

见识的人说:“这种虫子名字叫作鞠通，有人耳朵聋了，放在他的耳朵边上，一会儿，耳朵就能够听到声音了。这种虫子喜爱吃古墨。”孙凤这才醒悟那个道士的黑药其实就是古墨的碎屑。

蝗　有四种:食心曰螟，食叶曰蝥，食根曰蟊，食节曰贼。赵抃守青州，蝗自青、齐入境。遇风退飞，堕水而死。马援为武陵守，郡连有蝗，援赈贫羸，薄赋税，蝗飞入海，化为鱼虾。孙觉簿合肥，课民搏蝗若干，官以米易之，竟不损禾。宋均为九江守，蝗至境辄散。贞观二年，唐太宗祝天吞蝗，蝗不为祟。

[译文]　蝗虫有四种:吃花心的叫螟，吃叶子的叫蝥，吃根的叫蟊，吃枝干的叫贼。赵抃担任青州太守的时候，有蝗虫从青州、齐州飞入境内，遇见大风就向后飞，掉到水里淹死了。马援担任武陵太守的时候，当地连年发生蝗灾，马援赈济贫困，减轻赋税，蝗虫飞到海里，变成了鱼虾。孙觉担任合肥主簿的时候，让老百姓捕捉一定数量的蝗虫，官府用米和他们交换，于是蝗虫最终没有能损害庄稼。宋均担任九江太守的时候，蝗虫到了九江的边界就散去了。贞观二年(公元628年)，唐太宗祈求上天吞灭蝗虫，于是蝗虫就没有为害。

水母　东海有物，状如凝血，广数尺，正方圆，名曰水母。俗名海蜇，一名虾蛇(音射)。无头目，所处则众虾附之，盖以虾为目也。色正淡紫。《越绝书》云:“水母以虾为目，海镜以蟹为肠。”

[译文]　东海有一种动物，形状像凝固的血，有几尺宽，正方形或圆形，名字叫作水母，俗名为海蜇，也叫作虾蛇(读作“射”)。没有头和眼睛，它待的地方有很多虾跟随，原来他把虾当作自己的眼睛。颜色呈淡紫色。《越绝书》记载:“水母把虾作为眼睛，海

镜把螃蟹当作肠子。”

海镜 广中有圆壳，中甚莹滑，照如云母。壳内有少肉如蚌，腹中有小蟹。海镜饥，则蟹出拾食，蟹饱归腹，海镜亦饱。迫之以火，蟹即走出，此物立毙。

[译文] 广东的中部一种圆壳状的动物，叫作海镜，中间非常晶莹光滑，光照上去就像云母。圆壳里有少许肉，像蚌一样，肚子里有小螃蟹。海镜如果饿了，螃蟹就出去觅食，吃饱后回到海镜的肚子里，海镜也就吃饱了。如果用火来靠近它，螃蟹就会爬出来逃走，它就会马上死掉。

百嘴虫 温会在江州观鱼，见渔子忽上岸狂走。温问之，但反手指背，不能言。渔子头面皆黑，细视之，有物如荷叶，大尺许，眼遍其上，咬住不可取。温令以火烧之，此物方落，每一眼底有嘴如钉。渔子背上出血数斗而死，莫有识者。

[译文] 温会在江州看鱼的时候，看见有一个渔夫忽然上岸狂奔。温会问他原因，渔夫只能反过手指着脊背，说不出话来。他的头和脸都变黑了，仔细一看，有一种像荷叶一样的东西，一尺左右，上面全都是眼睛，咬住人就取不下来。温会让人用火来烧它，这个东西才掉下来，每一只眼下面都有一张像钉子一样的嘴。渔大的背上流了几升血后就死掉了。没人认识它是什么东西。

自缢虫 汉光武六年，山阴有小虫千万，皆类人形，明日皆悬于树枝，自缢死之。

[译文] 汉光武帝六年（公元30年），山阴出现成千上万的小虫子，都长得像人的样子，第二天都悬挂在树枝上，上吊而死。

螟蛉　诗曰:“螟蛉有子，蜾蠃负之。”螟蛉，桑虫也。蜾蠃，蒲芦也。蒲芦窃取桑虫之子，负持而去，养以成子。故世之养子，号曰螟蛉也。蜾蠃负螟蛉之子，祝曰:“类我，类我！”七日夜化为己也，故又谓之“速肖”。

[译文]《诗经》里说:“螟蛉有子，蜾蠃负之。”螟蛉，说的是桑虫。蜾蠃，是蒲芦蜂。蒲芦蜂偷了桑虫子，背着回去，养大后当作自己的孩子。所以世人把养子称作“螟蛉”。蒲芦蜂背着幼虫，祈祷着说:“像我，像我！”七天七夜后就变得像它了，所以又称之为“速肖”。

萤火　腐草所化。隋炀帝于景华宫，征求萤火，得数斛，盛以大囊，夜出游，如散火光遍于山谷。

[译文]　是腐烂的草变化而成的。隋炀帝在景华官时，下令征集萤火虫，得到好几斛，就用大袋子装着，夜里出游时，这些袋子就像遍布在山谷中的火光一样。

怒蛙　越王既为吴辱，思以报复。一日出游，见怒蛙而式之，左右问其故，王曰:“有气如此，何敢不式！”战士兴起，皆助越反矣。

[译文]　越王勾践被吴国侮辱之后，想要报仇。有一天出去游玩，看见一只鼓着气的青蛙，就向它行礼，侍从问为什么这样做，越王说:“它能鼓着这样一股气，我怎么能不向它行礼呢！”士兵们听了都激情高昂，都来帮助越国反击吴国。

守宫　蜥蜴，以器养之，喂以丹砂，满七斤，捣治万杵，以点女子体，终身不灭，若有房室之事则灭矣。言可以防闲淫佚，故谓之“守宫”。

[译文] 蜥蜴，用容器养起来，用丹砂来喂它吃，吃满七斤时，就用杵捣一万次，把它捣烂，点在女子身上，终身都不会消失，若是有了房事就会消失。据说可以防止女子做淫邪之事，所以叫它“守宫”。

绿螈 《二酉余谈》：一人为蛇伤，痛苦欲死。见一小儿曰：“可用两刀在水相磨，磨水饮之，神效。”言毕，走入壁孔中。其人如方服之，即愈。因号绿螈为“蛇医”。又云：蛇医形大色黄，蛇体有伤，此虫辄衔草傅之，故有医名。

[译文]《二酉余谈》中说：有一个人被蛇咬伤，痛苦得要死。看到一个小孩说：“可以用两把刀在水里相摩擦，然后喝磨过的水，会有神奇的效果。”说完，就变成绿螈，钻进墙壁上的洞里去了。那个人就照方子服药，马上就好了。所以称绿螈为蛇医。又一种说法是：蛇医形体很大，颜色为黄色，如果蛇身上有伤口，这种虫子就衔着草药给蛇敷上，所以有“蛇医”的称呼。

蜥蜴噏油 钱镠王宫中，使老媪监更。一夕，有蜥蜴沿银缸吸油，既竭，而倏然不见。次日王曰：“吾昨夜梦饮麻膏而饱。”更媪骇异。

[译文] 钱镠王的宫里面，让一个老太婆监督守夜。一天夜里，有一只蜥蜴沿着灯盏偷油吃，吃完油后却忽然间不见了。第二天钱镠王说：“我昨天晚上梦见喝芝麻油喝饱了。”那个老太婆又惊又怕。

寄居虫　形似蜘蛛，而足稍长。本无壳，入空螺壳中载以行。触之，缩足如螺，火炙之乃出。

［译文］　形体像蜘蛛，脚稍微长一点。自己本来没有壳，就钻进空的螺壳里背着壳行走。一触碰它，它就像螺一样把脚缩进壳中，用火烤它才会爬出来。

蛕虫　有蛕虫者，一身两口，争相啮也，遂相食，因自杀。人臣之争事，而亡其国者，皆蛕类也。

［译文］　有一种蛕虫，一个身体有两张嘴，相互撕咬，于是互相吃对方，因而自杀了。臣子之间互相争斗，并导致国家灭亡的，都是蛕虫一类的东西。

螳臂　螳螂，一名刀螂。前二足如刀而多锯齿，能捕蝉。见物欲以二足相搏，遇车辙而亦当之。故曰："螳臂当车"。

［译文］　螳螂，又叫作刀螂。前面两只脚像刀一样，有很多锯齿，会捕蝉。看见动物就想用两只前脚去搏击，遇见车轮也想去抵挡，所以有螳臂当车的说法。

蚬　一名缢女。长寸许，头赤身黑，喜自经死。云是齐东郭姜所化。

［译文］　又叫作缢女。长有一寸左右，头是红色，身体是黑色，喜欢吐丝上吊而死。据说是齐国大乱时东郭姜上吊而死后变化成的。

恙　毒虫也，能伤人。古人草居露处，故早起相见问劳，必曰："无恙乎？"又曰：恙，忧也。又：猛，食人兽。

［译文］　是一种毒虫，能伤害人。古时人们在草地上居住露天睡觉，

所以早上起来相见问候时，一定会说:“无恙吧？”又有人说，恙，是忧愁的意思。另外，㺊，是一种食人兽。

泥 南海有虫，无骨，名曰“泥”。在水中则活，失水则醉，如一堆泥。故诗人讥周泽曰“一日不斋醉如泥”。

［译文］ 南海有一种虫，没有骨头，名字叫作泥。在水中能存活，离开水就像醉了一样，像一堆泥。所以东汉时有人挖苦周泽说“一日不斋醉如泥”。

蜮 一名“短狐”。处于江水，能含沙射人，所中者头痛发热，剧者至死。一名“射影”。凡受射者，其疮如疥。四月一日上弩，八月一日卸弩，人不能见，鹅能食之。一曰以鸡肠草捣涂，经日即愈。

［译文］ 又叫作短狐。在江水里待着，能含着沙子射击人，被射中的人会头痛发热，严重的会死掉。又叫作射影。凡是被射中的人，就会生出像疥一样的疮。四月一日含沙开始射人，八月一日就不再射人，人看不见它，但鹅能吃掉它。又有一说，被射中的人生了疮后，用鸡肠草捣烂涂在疮口上，过一天就能痊愈。

蚁斗 殷仲堪父病疟，悸闻床下蚁动，谓是牛斗。

［译文］ 殷仲堪的父亲得了疟疾，听到床下有蚂蚁打架的声音就很害怕，说是牛在打斗。

书押 米芾守无为州，池中蛙声聒人，芾取瓦片书“押”字投之，遂不鸣。上有芾书“墨池”二字为额。

［译文］ 米芾担任无为州的太守时，池塘里青蛙的叫声很吵，米芾

拿了一片瓦写了一个“押”字，扔进池中，于是青蛙就不再叫了。池塘上还有米芾写的“墨池”匾额。

白鰕　赵抃镇蜀时，以白鰕寄余氏，放之池中，生息不绝；或畜他所，鰕色辄变白。鰕池在开化。

[译文]　赵抃镇守蜀地的时候，给妻子余氏寄去了一些白鰕。这些白鰕养在池子中，就可以不断地繁衍生息；有人养在别的地方，鰕的颜色就会变白。鰕池位于开化县。

西施舌　似车螯而扁，生海泥中，常吐肉寸余，类舌。俗甘其味，因名“西施”。

[译文]　长得像车螯，但稍微扁一些，生在海泥里面，经常会吐出一寸多长的肉，就像舌头一样。世人认为它的味道甜美，因此取名叫“西施”。

蛛鹰　方宽守淮安，有盗杀，无名。适蛛堕于几，鹰下于庭。宽曰:“杀人者岂朱英乎？”按籍捕之，果然。

[译文]　方宽担任淮安太守的时候，有人被强盗杀害，但不知道凶手的名字。正好有一只蜘蛛掉在了几案上，又见有老鹰停在庭院里。方宽说:“凶手难道是叫朱英吗？”就按照户口查访，果然是这样。

五蜂飞引　万鹏举为万安丞，有民妇诉其夫及五子为盗所杀，不知其尸者。一日，有五蜂旋绕行。万曰:“汝若真魂，宜前飞引。”蜂遥临掩骸处，得衣带上所系买布数人名姓，推鞫之，遂雪其冤。

[译文] 万鹏举担任万安县丞时，有一个妇女来告状，说自己的丈夫和五个孩子被强盗所杀，不知尸体在哪里。有一天，有五只蜜蜂盘旋飞行，万鹏举说：“你们如果真的是死者的魂魄，就在前面飞着带路。”蜜蜂就将人带到了埋尸体的地方，在死者身上发现了几个买布人的名字，将这些人抓来审问，为死者洗雪了冤屈。

水虎 沔水中有物曰“水虎”，如三四岁小儿，鳞甲如鲮鲤，射之不可入。七八月间好在碛上曝。膝头似虎，掌爪常没入水中，露出膝头。小儿不知，欲取戏弄，便杀人。

[译文] 沔水里有一种动物名字叫作水虎，如同三四岁的小孩，身上的鳞甲像穿山甲一样，用箭都射不进身体里面。七八月的时候喜欢在石头上晒太阳。膝盖像老虎，爪子经常藏在水下面，只露出膝盖。如果小孩子不知道，想拿来玩，就会被它杀掉。

商蚷 《庄子》曰：“是犹使蚊负山，商蚷驰河也，必不胜任也。”（商蚷，蚂蚁也。）

[译文] 《庄子》中说：“这就像是让蚊子背起大山，让商蚷渡过黄河，一定无法胜任啊。”（商蚷就是蚂蚁。）

偃鼠 《庄子》曰：“鹪鹩巢于深林，不过一枝；偃鼠饮河，不过满腹。”

[译文] 《庄子》中说：“鹪鹩在深林里筑巢，只不过是占据其中一个树枝；偃鼠在河中饮水，也只不过是把肚子喝饱而已。”

谢豹 虢郡有虫名“谢豹”，见人时，以前脚交覆其首，如羞状。故得罪于人，曰“负谢豹之耻”。

[译文] 虢郡有一种虫子名叫谢豹，看见人就用前脚交叉起来盖住它的头部，像是害羞的样子。所以在得罪别人的时候，就说“负谢豹之耻”。

玄驹　蚁也。河内人见人马数万，大如黍米，来往奔驰，从朝至暮。家人以火烧之，人皆成蚊蚋，马皆成大蚁，故今人呼蚊蚋曰“黍民”，名蚁曰“玄驹”。

[译文] 指的是蚂蚁。河内有人看到有数万兵马，仅有小米粒的大小，来回奔跑，从早上到晚上。家里人拿火来烧他们，人全都变成了蚊子，马全变成了大蚂蚁。所以现在人们还把蚊子叫作“黍民”，把蚂蚁叫作“玄驹”。

鼷鼠五技《荀子》:“鼷鼠五技而穷。”谓能飞，不能上屋；能缘，不能穷木；能游，不能渡谷；能穴，不能掩身；能走，不能先人。

[译文]《荀子》中说:“鼷鼠有五种本领但仍常陷入窘迫的境况。”说的是它会飞，但飞不上屋顶；会爬树，但爬不到树梢；会游泳，但游不到溪河的另一边;会挖洞穴，但自己的身子都藏不住;会跑，却跑不过人。

飞蝉集冠　梁朱异为通事舍人，后除中书郎。时秋日始拜，有飞蝉集于异冠上，或谓蝉珥之兆。

[译文] 梁代的朱异担任通事舍人，后来被授予中书郎。当时中书郎的职位要到秋天才任命，有飞蝉停在朱异的帽子上，有人说这是做中书郎的吉兆。

群蚁附膻　卢垣书:“今之人奔尺寸之禄，走丝毫之利，如群蚁之附膻腥，聚蛾之投爝火，取不为丑，贪不避死。”

[译文] 卢垣在信中说：“现在的人为了一点俸禄而奔波，为一丝一毫的小利而追逐，就像一群蚂蚁贴到膻腥的东西上，飞蛾跳进火把里面一样，争取利益不觉羞耻，贪恋财物不避死亡。”

萤丸却矢 萤，一名“宵烛”，一名“丹凤”，类聚曰“务”。戊子日以萤为丸能却矢。汉武威太守刘子南得其方，合而佩之，尝与虏战，为其所围，矢下如雨，离数尺辄堕地，不能中伤。虏以为异，乃解围去。

[译文] 萤，又叫作宵烛，也叫作丹凤。《艺文类聚》记载，务戊子用萤做弹丸可以抵挡弓箭。汉代的武威太守刘子南得到这个办法，做成弹丸带在身上，曾经和胡虏交战，被敌人包围，箭如雨下，但离他还有几尺远的时候就纷纷落在地上，无法射中他。胡虏觉得非常奇怪，就退兵离开了。

丈人承蜩 《庄子》：痀瘘者承蜩，犹掇之也。仲尼曰：“子巧乎？有道邪？”曰：“我有道也。五、六月累丸二而不坠，则失者锱铢；累三而不坠，则失者什一；累五而不坠，犹掇之也。”仲尼曰：“用志不分，乃凝于神。”

[译文] 《庄子》中说：一个驼背的人捕蝉，就像拾取东西一样容易。孔子说：“你是有技巧呢，还是有道呢？”驼背的人回答说：“我是有道啊。经过五六个月的练习能在竿上累两个弹丸而不掉下来，那么粘蝉就会很少失手；如果能累三个弹丸而不掉，失手的机会只有十分之一；如果累五个弹丸而不掉，粘蝉时就好像在地上捡东西一样容易。”孔子说：“心志专一，就会如有神助。”

以蚓投鱼　陈使傅縡聘齐，齐以薛道衡接对之。縡赠诗五十韵，衡和之，南北称美。魏收曰："傅縡所谓以蚓投鱼耳。"

[译文]　陈朝派傅縡去出使北齐，北齐让薛道衡来接待他。傅縡给薛道衡赠诗五十韵，薛道衡和他唱和，南北两国都称赞。太子太傅魏收说："傅縡这就是所说的用蚯蚓钓鱼啊。"

投鼠忌器　贾谊策："谚曰：'欲投鼠而忌器。'鼠近于器，尚惮而不投，况贵臣之近主乎！"

[译文]　贾谊的《治安策》里说："谚语云'欲投鼠而忌器'。老鼠靠近瓷器，尚且害怕打破瓷器而不敢去砸，何况那些权贵之臣离皇上那么近呢！"

蝶庵　李愚好睡，欲作蝶庵，以庄周为开山第一祖，陈抟配食，宰予、陶潜辈祀之两庑。

[译文]　李愚喜欢睡觉，一直想要建造一座蝶庵，把庄周作为开山的第一祖师，陈抟在旁边一同享受供奉，宰予、陶渊明等人就供在两边的廊屋里。

箕敛蜂窠　皇甫湜常命其子松，录诗数首，一字少误，诟詈且跃，手杖不及，则啮腕血流。尝为蜂螫手指，乃大噪，散钱与里中小儿及奴辈，箕敛蜂窠于庭，命捶碎绞汁以偿其痛。

[译文]　皇甫湜曾经让他的儿子皇甫松抄录几首诗，有一字稍微抄错一点，就跳起来大骂，来不及拿手杖来打，就用牙把皇甫松的手腕咬得鲜血直流。他曾经被蜜蜂螫了手指头，就大声呼喊，给乡里小孩和奴仆发钱，让他们把蜂窠拿到庭院里，命人把它捶碎绞成汁，来报被螫了手指头的仇。

石中金蚕　丹阳人采碑于积石之下，得石如拳。破之，中有一虫，似蛴螬状，蠕蠕能动，人莫能识，因弃之。后有人语曰："若欲富贵，莫如得石中金蚕，畜之则宝货自至。"询其状，则石中蛴螬耳。

［译文］　丹阳有个人在乱石堆中找可以制碑的石头，得到一块拳头大小的石头。把石头打破，里面有一只小虫子，像金龟子的样子，还能蠕动，没人知道是什么东西，于是就扔掉了。后来听人说："如果想要富贵，没有比得到石头里的金蚕更好的事情了，养一只金蚕，那金银财宝就会自己到来。"询问金蚕的形状，就是他在石头中看见的那种小虫子。

凤子　大蝶，一名凤子，见韩偓诗。《异物志》：昔有人渡海，见一物如蒲帆，将到舟，竞以篙击之，破碎堕地，视之，乃蝴蝶也。海人去其翅足，秤肉得八十斤，啖之，极肥美。

［译文］　是一种大的蝴蝶，又叫作"凤子"，见于韩偓的诗中。《异物志》记载：从前有人渡海的时候，看见一个像蒲草帆的东西，快到船前面了，大家竞相用船桨击打它，终于打碎在地上，仔细一看，原来是一只蝴蝶。渡海的人们除掉它的翅膀和爪子，称了一下，肉有八十斤，吃着它，味道极为鲜美。

蜈蚣　葛洪《遐观赋》：蜈蚣大者长百步，头如车箱，屠裂取肉，白如瓠。《南越志》曰：蜈蚣大者其皮可以鞔鼓，其肉曝为脯，美于牛肉。

［译文］　葛洪的《遐观赋》中说：大蜈蚣有一百步长，头就像马车的车厢，如果杀死它并割取它的肉，雪白的肉如同西葫芦。《南

越志》记载：大蜈蚣的皮可以拿来蒙鼓，把它的肉晒成肉干，比牛肉还鲜美。

蝶幸　唐明皇春宴宫中，使妃嫔各插艳花，帝亲捉粉蝶放之，随蝶所止者幸之。谓之蝶幸。后贵妃专宠，不复作此戏。

[译文]　唐明皇春天在宫中宴饮，让嫔妃们各自在头发上插上鲜花，唐明皇亲自捉了一只粉色的蝴蝶放飞，蝴蝶停在哪个妃子头上皇帝就临幸哪个妃子。这就叫作蝶幸。后来杨贵妃独享宠爱，就不再玩这个游戏了。

蠋　《埤雅》：蠋，大虫，如指似蚕，一名“厄”。《韩非子》：鳣似蛇，蚕似蠋，人见蛇则惊骇，见蠋则毛起。然妇人拾蚕，而渔者握鳣，故利之所在，皆为贲育。

[译文]　《埤雅》中说：蠋，是一种大虫，像手指头又像蚕，又叫作厄。《韩非子》中说：鳝鱼像蛇，蚕像蠋，人们看见蛇就害怕，看见蠋就汗毛竖了起来。但女子敢于拾蚕，渔夫敢于抓鳝鱼，所以说只要有利益可图，人人都会变得像孟贲和夏育一样勇敢。

蠁　《广雅》云：蠁，虫之知声者也。《埤雅》：蠁，善令人不迷。故从“嚮”。太冲“景福肸蠁而兴作”，言福如虫群起。

[译文]　《广雅》中说：这是能听懂声音的一种虫子。《埤雅》中说：蠁，擅长让人不迷路，所以这个字从“嚮”字而来。左思在《蜀都赋》中有“景福肸蠁而兴作”的句子，是说的福气就像一群虫子那样飞起来。

蟋蟀　贾秋壑《促织经》曰：白不如黑，黑不如赤，赤不如青麻头。青项、金翅、金银丝额，上也；黄麻头，次也；紫金黑色，又其次也。其形以头项肥，脚腿长，身背阔者为上。顶项紧，脚瘦腿薄者为上。虫病有四：一仰头，二卷须，三练牙，四踢脚。若犯其一，皆不可用。促织者，督促之意。促织鸣，懒妇惊。袁瓘《秋日诗》曰："芳草不复绿，王孙今又归。"人都不解，施荫见之曰："王孙，蟋蟀也。"

［译文］贾似道的《促织经》里说：蟋蟀，白色的不如黑色的，黑色的不如红色的，红色的不如青麻头。青色的脖子、金色的翅膀、额头上有金银丝的，是最上等的蟋蟀；黄麻头的是次等的；紫金黑色的是再次一点的。蟋蟀的形状以头和脖子肥大，腿长、身体和背部宽阔为佳，头和脖子很紧，脚瘦腿薄的为佳。蟋蟀的病有四种：一是仰头，二是卷须，三是练牙，四是踢脚。只要得了其中任何一种，就不能用了。蟋蟀就是促织，就是督促织布的意思。所以说"促织鸣，懒妇惊"。袁瓘的《秋日诗》中说："芳草不复绿，王孙今又归。"人们都不理解，施荫看到后说："王孙，就是蟋蟀。"

虱　苏隐夜卧，闻被下有数人齐念杜牧《阿房宫赋》，声紧而小，急开被视之，无他物，惟得大虱十余。

［译文］苏隐夜里躺在床上，听到被子下有一群人齐读杜牧的《阿房宫赋》，声音又急又小，急忙打开被子看，没有别的东西，只看到有十多只大虱子。

蠛蠓　一名"醯鸡"，蜉蝣之类。郭璞曰："蠓飞硙则风，舂则雨。"

［译文］又叫作"醯鸡"，属于蜉蝣之类动物。郭璞说："蠛蠓飞的样子如果像磨磨，就会刮风，如果像舂米，就会下雨。"

虮虱　《东汉记》：马援击寻阳山贼，上书曰："除其竹木，譬如婴儿头多虮虱，而剃之荡然，虮虱无所复附。"书奏，上大悦，出小黄门头有虱者皆剃之。

［译文］《东观汉记》里说，马援攻打寻阳山的盗贼时，他上书朝廷说："准备把山上的竹子全部砍掉，好比婴儿头上长了很多虱子，只要把头发剃了也就完全没有了，因为虱子就没有可以依附的地方了。"奏书上报后，皇上看了很高兴，把小太监拉出来，头发上有虱子的全都剃成了光头。

蚊　旧传有女子过高邮，去郭三十里，天阴，蚊盛，有耕夫田舍在焉。其嫂欲共止宿，女曰："吾宁死，不可失节。"遂以蚊嘬死，其筋见焉。人为立祠，曰"露筋庙"。

［译文］过去传说有个女子路过高邮时，离城还有三十里路，天气阴沉，蚊子很多，路边有农夫的田舍。她的嫂子想要与她一起在这留宿，女子说："我宁可死掉也不能失去贞节啊。"于是就被蚊子咬死了，身上青筋暴露。人们为她立了一座祠庙，名字叫作"露筋庙"。

当蚊　展禽者，少失父，与母居，佣工膳母。天多蚊，卧母床下，以身当之。

［译文］鲁国的司寇展禽，小时候就失去了父亲，和母亲居住在一起，给别人打工来赡养母亲。蚊子多的时节，就躺在母亲床下，用自己的身体喂蚊子。

官私虾蟆　晋惠帝尝在华林园，闻虾蟆声，谓左右曰："此鸣者为官乎？为私乎？”

[译文] 晋惠帝曾经在华林园，听见蛤蟆的叫声，对身边的侍从说：“这只鸣叫的蛤蟆，是为了公事还是为了私事呢？”

卷十八　荒唐部

卷十八 新留館

鬼神

伯有为厉　郑子皙杀伯有，伯有为厉。赵景子谓子产曰："伯有犹能为厉乎？"子产曰："能。人生始化曰魄。既生魄，阳曰魂。用物精多，则魂魄强，是以有精爽至于神明。匹夫匹妇强死，其魂魄犹能凭依于人，以为淫厉，况良霄，三世执其政柄而强死，其能为鬼，不亦宜乎！"

［译文］　郑国的子皙杀了伯有，伯有变为了厉鬼。赵景子对子产说："伯有真的还能变为厉鬼吗？"子产说："能。活着的人刚死去时被称为魄。变成魄之后，阳气被称为魂。在世的时候享受精致美好的衣食的人，魂魄就强健有力，因此能力不同寻常，可以达到神明的境界。普通男女若不得其死，他们的魂魄还能附在别人身上，惑乱他人，何况伯有的家族三代都执掌大政，却没能够得到善终，他能化成厉鬼，不也是很合理的吗？"

豕立人啼　齐侯田于贝丘，见大豕，从者曰："公子彭生也。"豕人立而啼。

［译文］　齐襄公到贝丘打猎，看到一头大猪，侍从说："这是公子彭生啊。"那头猪就站立起来悲伤地哭泣。

披发搏膺　晋侯杀赵同、赵括，及疾，梦大厉鬼披发搏膺而踊，曰："杀予孙，不义。余得请于帝矣！"

［译文］　晋侯杀了赵同、赵括，等到他生了病，梦见一个大大的厉

鬼披着头发拍打着胸脯，跳着说："你杀了我的孙子，不讲仁义。我已经向上帝请求为我做主了。"

何忽见坏 王伯阳于润州城东僦地葬妻，忽见一人乘舆导从而至，曰："我鲁子敬也，葬此二百余年。何忽见坏？"目左右示伯阳以刀，伯阳遂死。

[译文] 王伯阳在润州城的东边租了一块地来埋葬妻子，忽然看见一个人乘着轿子前呼后拥地来到这个地方，说："我是鲁子敬，埋在这里已经二百多年了，为什么忽然毁坏了我的坟墓？"说着给随从使眼色让王伯阳看刀，王伯阳就死掉了。

墓中谈易 陆机初入洛，次河南，入偃师。夜迷路，投宿一旅舍。见主人年少，款机坐，与言《易》，理妙得玄微，向晓别去。税驂村居，问其主人，答曰："此东去并无村落，止有山阳王家冢耳。"机乃怅然，方知昨所遇者，乃王弼墓也。

[译文] 陆机刚去洛阳的时候，路过河南，来到偃师。晚上迷了路，到一个旅店住宿。看到旅舍的主人是个年轻人，邀请陆机坐下，和陆机谈论《易经》，义理精妙玄微，第二天早上，陆机告别离开。到了一个村子里租马，向人询问那个旅舍主人的情况，村人回答说："从这里往东并没有村子。只有山阳郡的王家墓而已。"陆机很惆怅，这才知道昨晚投宿的地方，是玄学大师王弼坟墓。

生死报知 王坦之与沙门竺法师甚厚，每论幽明报应，便约先死者当报其事。后经年，师忽来，云："贫道已死，罪福皆不虚。惟当勤修道德，以升跻神明耳。"言讫，不见。

[译文] 王坦之与佛教的竺法师关系非常深厚，常常谈论阴阳轮回

及因果报应的事情，两人约定先死的人要给活着的人传达阴间的消息。后来过了一年，竺法师忽然来拜访王坦之，说：“我已经死了，轮回罪福都不是虚妄的。只有勤勉修习道德，才能登上神明的行列。”说完，就不见了。

乞神语　赵普久病，将危，解所宝双鱼犀带，遣亲吏甄潜谒上清宫，醮谢。道士姜道玄为公叩幽都，乞神语。神曰：“赵普开国勋臣，奈冤对不可避。”姜又叩乞言冤者为谁。神以淡墨书四字，浓烟罩其上，但识末“火”而已。道玄以告普。曰：“我知之矣，必秦王廷美也。”竟不起。

［译文］赵普病了很长时间，将要病危时，就解下自己所珍视的双鱼犀带，派家臣小吏甄潜到上清宫，去向神明祭祀谢罪。上清宫的道士姜道玄为赵普询问神灵的指示。神说：“赵普是开国勋臣，奈何冤家不肯放过他。”姜道玄又询问冤家是谁。神用淡墨写了四个字，但浓烟笼罩墨迹，只能看见最后一个是“火”字。姜道玄把这些话告诉了赵普。赵普说：“我知道这件事了，一定是秦王赵廷美。”最终没有能够病愈。

无鬼论　昔阮瞻素执无鬼论，自谓此理可以辨正幽明。忽有客通名谒瞻，瞻与言鬼神之事，辨论良久。客乃作色曰：“鬼神古今圣贤所共传，君何得独言无耶？仆便是鬼！”于是变为异形，须臾消灭。

［译文］从前阮瞻向来主张无鬼论，自己说这个道理可以辨明阴阳。有一天，忽然有个客人通报姓名要来拜见阮瞻，阮瞻和他谈论鬼神之事，互相争论了很长时间。客人忽然生气地说：“鬼神是古今圣贤都承认的，为何只有你偏偏说没有？我就是鬼！”说完就变

成别的样子，一会儿就不见了。

魑魅争光 嵇中散灯下弹琴。有一人入室，初来时，面甚小，斯须转大，遂长丈余，颜色甚黑，单衣革带。嵇熟视良久，乃吹火灭，曰："耻与魑魅争光！"

［译文］ 嵇康在灯下弹琴。有一个人进到屋里，刚进来的时候，脸很小，一会儿就变大了，身高有一丈多，脸色很黑，穿着单衣，系着皮带。嵇康仔细看了很久，就把灯吹灭了，说："我耻于和鬼争用一盏灯的光。"

厕鬼可憎 阮侃尝于厕中见鬼，长丈余，色黑而眼大，著皂单衣，平上帻，去之咫尺。侃徐视，笑语之曰："人言鬼可憎，果然！"鬼惭而退。

［译文］ 阮侃曾经在厕所中见到一个鬼，有一丈多高，脸色黑，眼睛大，穿着黑色的单衣，戴着平头巾，和阮侃距离咫尺。阮侃缓缓地看着他，笑着说："人们都说鬼长得难看，果然是这样。"那个鬼惭愧地离开了。

大书鬼手 少保冯亮少时，夜读书，忽有大手自窗入，公即以笔大书其押。窗外大呼："速为我涤去！"公不听而寝。将晓，哀鸣，且曰："公将大贵。我戏犯公，何忍致我于极地耶！公不见温峤燃犀事耶？"公悟，以水涤之，逊谢而去。

［译文］ 少保冯亮小时候，晚上读书时，忽然见一只大手从窗子上伸了进来，冯亮就用笔在他手上画了一个大大的花押。窗外大声喊着："快给我把花押洗掉！"冯亮并不理他，就去睡觉了。天快亮的时候，听到窗外还在悲哀地鸣叫，并且说："大人您将要大富

大贵了。我开玩笑冒犯了您，您又怎么忍心把我置于绝境呢！您难道没听说过温峤燃犀照水而死的故事吗？”冯亮明白了，就用水洗掉了字迹，鬼怪恭谨地道谢离开了。

司书鬼　名曰长恩。除夕呼其名而祭之，鼠不敢啮，蠹鱼不生。

［译文］　掌管书籍的鬼叫作长恩。除夕时呼叫它的名字来祭祀它，那么你的书老鼠就不敢咬，也不会长蠹虫。

上陵磨剑　汉武帝崩，后见形，谓陵令薛平曰：“吾虽失势，犹为汝君。奈何令吏卒上吾陵磨刀剑乎？自今以后，可禁之。”平顿首谢，因不见。推问陵傍，果有方石可以为砺，吏卒尝盗磨刀剑。霍光欲斩之，张安世曰：“神道茫昧，不宜为法。”乃止。

［译文］　汉武帝驾崩了，后来现身，对守墓的官员薛平说：“我虽然失去了权势，但仍然是你的君主。你为什么让士兵到我的陵墓上磨刀剑？从今以后要禁止做这样的事情。”薛平磕头谢罪，于是汉武帝消失不见了。薛平仔细查看陵墓周围，发现墓边上果然有一块方石可以当磨刀石，士兵曾经偷偷地在这上面磨刀剑。霍光想把磨刀的士兵斩了，大司马张安世说：“鬼神之道茫茫不清，不应该作为准则。”霍光于是就没再追究。

见奴为祟　石普好杀人，未尝惭悔。醉中缚一奴，命指使投之汴河。指使怜而纵之。既醒而悔。指使畏其暴，不敢以实告。居久之，普病，见奴为祟，自以必死。指使呼奴至，祟不复见，普病亦愈。

［译文］　石普喜欢杀人，从来没有惭愧后悔过。有一次喝醉了，绑了一个奴仆，让手下把他扔到汴河里去。手下可怜这个奴仆就放

了他。石普酒醒后就后悔了。手下人害怕他的残暴，不敢把实情告诉他。过了很长时间，石普生了病，看见那个奴仆变成鬼魂，以为自己一定会死掉。这时手下人把那个奴仆叫了过来，鬼魂就不再出现了，石普的病就痊愈了。

再为顾家儿 顾况丧一子，年十七，其子游魂，不离其家。况悲伤不已，因作诗哭之："老人苦丧子，日夜泣成血。老人年七十，不作多时别。"其子听之，因自誓曰："若有轮回，当再为顾家儿。"况果复生一子，至七岁不能言，其兄戏批之，忽曰："我是尔兄，何故批我？"一家惊异。随叙平生事，历历不误。

[译文] 唐代的诗人顾况一个儿子死了，才十七岁，这个儿子的灵魂不愿意离开家。顾况悲伤得不能自已，就写了一首诗来哀悼他说："老人苦丧子，日夜泣成血。老人年七十，不作多时别。"他的儿子听了，于是发誓说："如果有轮回的话，我要再做顾家的儿子。"后来顾况果然又生了一个儿子，到了七岁还不会说话，他的哥哥们开玩笑地拍打他，他忽然说："我是你们的哥哥，为什么要打我？"家人都很惊异。他就讲述自己的从前经历，清清楚楚没有差错。

鬼揶揄 襄阳罗友，人有得郡者，桓温为席饯别。友至独后，温问之，答曰："旦出门，逢一鬼揶揄云：'我但见人送人作郡，不见人送汝作郡'。"友惭愧却。

[译文] 襄阳有个叫罗友的人，有人得到了襄阳郡守的职位，桓温为他设宴送行，唯有罗友来得最晚，桓温问他原因，他回答说："早上出门，遇见一个鬼，讥讽我说：'我只见你送人去做郡守，却没见过别人送你去做郡守。'我觉得很羞惭。"桓温也惭愧地离

席了。

鬼之董狐 晋干宝尝病气绝，积日不冷。后遂悟，见天地间鬼神事如梦觉，不自知死。遂撰古今神祇灵异人物变化，名为《搜神记》，以示刘惔。惔曰:“卿可谓鬼之董狐。”

[译文] 晋朝干宝的哥哥曾生病而死掉了，很多天过去身体都没有变冷。后来竟然清醒过来，说见识了天地间各种鬼神的事，就好像梦醒了一样，不知道自己死了。所以干宝就撰写了古往今来鬼神灵异及人物变化的事情，起名为《搜神记》，把书拿给刘惔看。刘惔说:“你可以说是鬼的董狐啊。”

昼穿夜塞 孙皓凿直渎，昼穿夜复塞，经数月不就。有役夫卧其侧，夜见鬼物来填，因叹曰:“何不以布囊盛土弃之江中，使吾辈免劳于此！”役夫晓白有司，如其言，乃成，渎长十四里。

[译文] 孙皓要开凿一条水渠，白天挖开了晚上却又被堵上了，几个月都没有能够完工。有个工人晚上在运河旁边睡觉，夜里看见鬼怪来填土，还叹息着说:“为什么不用布袋装土扔在江里呢？也可以免去我们每夜堵得这么辛苦！”这个工人第二天早上把这个情况报告给有关部门，按照鬼说的那样去做，这条水渠才建成，长十四里地。

舌根生莲 西晋时，地产青莲两朵，闻之所司，掘得瓦棺。开，见一老僧，花从舌根顶颅出。询及父老，曰:“昔有僧诵《法华经》万，临卒遗言，命以瓦棺葬此。今造为瓦棺寺。”

[译文] 西晋的时候，某地长出两朵青莲花，报告给官府，官府在这里挖掘出一个瓦制的棺材。打开棺材后，发现里面有一个老和

尚，莲花从他舌头根部经过头顶长了出来。询问这里的父老长者，有人回答说：“从前有一个和尚通读了一万遍《法华经》，临死时留下遗言，要用瓦棺埋在这里。”现在这里建造了一座瓦棺寺。

卞壶墓 卞壶父子死难，葬于金陵。盗尝开墓，面如生，爪甲环手背。晋安帝赐钱十万封之。后明高祖将迁之，夜见白衣妇人据井而哭，已复大笑曰：“父死忠，子死孝，乃不能保三尺墓乎？”言已，遂跃于井。高祖感而遂止。

[译文] 东晋的卞壶父子二人在苏峻之乱时被杀，葬在了金陵。盗墓贼曾经打开了他们的墓穴，看到他们的脸色像活人一样，指甲长得环绕着手背。晋安帝赐了十万钱把这个墓封了起来。后来明高祖朱元璋想要把这座坟墓迁走，夜里发现一个穿白色衣服的妇人守在井边哭泣，哭完又大笑着说：“父亲尽忠而死，儿子尽孝而死，竟然还保不住三尺大的坟墓吗？”说完就跳到了井里面。朱元璋知道后感悟，就停止了迁墓的打算。

酒黑盗唇 李克用墓金时为盗所发，郡守梦克用告曰：“墓中有酒，盗饮之，唇皆黑，可验此捕之。”明日，获盗，寺僧居其半。

[译文] 李克用的坟墓在金朝时被盗墓贼打开，当地的郡守梦到李克用告诉他说：“我的墓里有酒，盗贼喝了，嘴唇都会变黑，可以用这个证据来抓捕他们。”第二天，抓住了盗贼，庙里的和尚占了一半。

为医所误 颜含兄畿客死，其妇梦畿曰：“我为医所误，未应死，可急开棺。”含时尚少，力请父发棺，余息尚喘。含旦夕营视，足不出户者十三年，而畿始卒。嫂目失明，含求蚺蛇胆不得。忽童子受一青囊，开视之，乃蛇胆也。童子即化青鸟去。

[译文]　颜含的哥哥颜畿客死他乡，他的妻子梦见颜畿说："我被医生误诊，不该现在就死掉，赶快打开棺材。"颜含当时年纪还小，竭力请求父亲打开哥哥的棺材，开棺后发现哥哥还有呼吸。颜含从早到晚照顾哥哥，十三年都足不出户，后来颜畿才去世。嫂子双目失明，颜含寻求蚺蛇胆医治，却一直没有能够找到。忽然有一个少年送给他一个黑色的布袋，打开一看，竟然是蛇胆。那个少年就变化成青鸟离开了。

柳侯祠　韩文公碑记：柳宗元与部将欧阳翼辈饮驿亭，曰："明岁吾将死，死而为神，当庙祀我。"及期死，翼等遂立庙。过客李仪醉酒，慢侮堂上，得疾，扶出庙门，即不起。

[译文]　韩愈的《柳州罗池庙碑》中记载：柳宗元和部将欧阳翼等人在驿亭饮酒，柳宗元说："明年我就要死了，死后会变成神，你们应当修造一座庙来祭祀我。"一年后柳宗元果然死了，欧阳翼等人就为他建了一座神庙。经过的客人李仪因为醉酒，在庙里说了不敬的话，就得了病，扶着出了庙门，就倒地不起。

义妇冢　四明梁山伯、祝英台二人，少同学，梁不知祝乃女子。后梁为鄞令，卒葬此。祝氏吊墓下，墓裂而殒，遂同葬。谢安奏封义妇冢。

[译文]　四明的梁山伯、祝英台两人，是少年时期的同学，梁山伯不知道祝英台是女子。后来梁山伯担任鄞县的县令，死后葬在了鄞县。祝英台来墓地凭吊，坟墓忽然裂开，祝英台就死掉了，于是人们把他们合葬一起。谢安向朝廷上奏封这座墓为义妇冢。

三年更生　梁主簿柳苌卒，葬于九江。三年后，大雨，冢崩，其子褒移葬。启棺，见父目忽开，谓褒曰:“九江神知我横死，遣地神以乳饲我，故得更生。”褒迎归，三十年乃卒。

[译文] 梁代的主簿柳苌死后，被葬在了江西九江。三年之后，下了大雨，坟墓崩坏，他的儿子柳褒将要移地下葬。打开棺材时，看到父亲睁开了眼睛，对柳褒说:“九江神知道我是意外而死，就派地神用乳汁养着我，所以能够再活过来。”柳褒把父亲接回了家，三十年后才去世。

开圹棺空　米芾书碑，云颜真卿之使贼也，谓饯者曰:“吾昔江南遇道士陶八，八受以刀圭碧霞，服之可不死。且云七十后有大厄，当会我于罗浮。此行几是。”后公葬偃师北山。有贾人至南海，见道士弈，托书至偃师颜家。及造访，则茔也。守冢苍头识公书，大惊。家人卜日开圹，棺已空矣。

[译文] 米芾写的碑记中说：颜真卿以使者的身份去劝降贼人时，对饯行的人说:“我从前在江南遇见道士陶八，陶八给了我一些仙药，说吃了可以不死。并且说我七十岁后有大难，会和我在罗浮山相会。应该就是这一次了。”后来颜真卿死后埋葬在偃师的北山上。有一个商人到了南海，看见有位道士在下棋，就托他带一封书信到偃师的颜家。等这位商人来颜家拜访时，却只看见了颜真卿的坟墓。守陵的仆人认识这是颜真卿的笔迹，大吃一惊。家人于是占卜了一个日子打开坟墓，发现棺材里已是空的了。

婢伏棺上　干宝父有嬖人，宝母妒甚。因葬父，推入藏中。数年而母丧，开墓，其婢伏棺上，微有息，舆还，遂苏。问其状，言宝父为之通嗜欲，家中事纤悉与之说，知与平时无异。

[译文]　干宝的父亲有一个宠爱的小妾，干宝的母亲妒忌得厉害。所以在埋葬丈夫时，把这个小妾也推进墓里。几年后干宝的母亲也去世了，打开坟墓，却看见那个小妾趴在棺材上，还有呼吸，抬回家，就苏醒了。问她情况，她说干宝的父亲给她提供饮食以及其他物品，还把家里的所有事都告诉了她，于是知道她和平常没有什么不同。

海神　秦始皇与海中作石桥，海神为之竖柱。始皇求与相见。神曰："我形丑，莫图我形，当与帝相见。"乃入海四十里，见海神。左右集画工于内，潜以脚画其形状。神怒曰："帝负约。速去！"始皇转马还，前脚犹立，后脚即崩，仅得登岸。画者溺死于海。又云：文登召山，始皇欲造桥度海，观日出处。有神人召巨石相随而行。石行不驶，鞭之见血。今山下石皆赤色。

[译文]　秦始皇在海里建造石桥，海神帮他竖立桥桩。秦始皇请求和海神相见。海神说："我样貌丑陋，你不要画我的形状，就可以和你相见。"于是秦始皇往海中行进了四十里，终于见到了海神。有些画工夹杂在随从当中，暗中用脚画出海神的形状。海神发怒说："皇帝违背约定，快快离开！"始皇掉转马头往回走，前脚还能正常着地，后脚就崩塌了，勉强登上了岸。而画工被淹死在了海中。又有人说：文登的召山，是秦始皇要造桥渡海去观看日出的地方。有神人召来巨石相随而行。石头如果不往前走，就用鞭子打它，可以打出血痕。现在山下的石头都是红色的。

黄熊入梦　晋侯有疾，梦黄熊入梦。于时子产聘晋。晋侯使韩子问子产曰："何厉鬼乎？"对曰："昔尧殛鲧于羽山，其神化为黄熊，入于羽渊，实为夏郊，三代祀之。今为盟主，其未祀乎？"

乃祀夏郊。晋侯乃间。

[译文] 晋侯生了病，梦见了一头黄熊。当时子产到晋国出使。晋侯派韩子问子产说:“梦到黄熊是因为什么厉鬼呢？”子产回答说:“从前帝尧流放鲧到羽山，他的元神变化成了黄熊，进入到羽渊，受到夏朝的郊祭，夏商周三代都一直祭祀他。现在晋国作为诸侯的盟主，难道是因为没有祭祀他吗？”晋侯于是赶紧在夏至日进行了祭祀。晋侯的病才慢慢痊愈。

辇沙为阜 秦始皇至孔林，欲发其冢。登堂，有孔子遗瓮，得丹书曰:“后世一男子，自称秦始皇，入我室，登我堂，颠倒我衣裳，至沙丘而亡。”怒而发冢。有兔出，逐之，过曲阜十八里没，掘之不得，因名曰兔沟。乃达沙丘，令开别路。见一群小儿辇沙为阜，问，曰“沙丘”。从此得病，遂死。

[译文] 秦始皇到了孔林，想要打开孔子的墓。登上堂屋，发现一个孔子留下来的瓮，里面有红色的字说:“后世一男子，自称秦始皇。入我室，登我堂，颠倒我衣裳。至沙丘而亡。”秦始皇大怒，就挖开了孔子的坟墓。有一只兔子从墓里跑了出来，让人去追，过了曲阜十八里就不见了，掘地三尺也没能找到，因此把这里叫作兔沟。在快到达沙丘的时候，让人另开了一条路。看见有一群小孩把沙子堆成小丘状，问这是什么地方，回答说是“沙丘”。秦始皇从此得了病，后来就死掉了。

钟馗 唐明皇昼寝，梦一小鬼，衣绛犊鼻，跣一足，履一足，腰悬一履，搢一筠扇，盗太真绣香囊。上叱问之，小鬼曰:“臣乃虚耗也。”上怒，欲呼力士，俄见一大鬼，顶破帽，衣蓝袍，系鱼带，靸朝靴，径捉小鬼。先刳其目，然后劈而食之。上问:“尔为谁？”奏云:“臣终南进士钟馗也。”

［译文］唐明皇白天睡觉时，梦到一个小鬼，穿着红色的短裤，一只脚光着，一只脚穿鞋，腰里挂着一只鞋，插着一把竹扇，偷取杨贵妃的绣香囊。明皇责问它，小鬼说:“小臣是虚耗。”明皇大怒，想要叫高力士，忽然看见一个大鬼，戴着破帽，穿着蓝袍，系着鱼带，趿拉着朝靴，直接来捉拿小鬼。先剜掉了它的眼睛，然后把它劈开吃了。明皇问:“你是谁？”他上奏说:“我是终南山的进士钟馗。”

藏璧　永平中，钟离意为鲁相，出私钱三千文，付户曹孔䜣，治夫子车。身入庙，拭几席剑履。男子张伯，除堂下草，土中得玉璧七枚。伯怀其一，以六枚白意。意令主簿安置几前。孔子寝堂床首有悬瓮，意召孔䜣，问:“何等瓮也？”对曰:“夫子遗瓮。内有丹书，人弗敢发也。”意发之，得素书曰:“后世修吾书，董仲舒。护吾车，拭吾履，发吾笥，会稽钟离意。璧有七，张伯藏其一。”即召问，伯果服焉。

［译文］东汉永平年间，钟离意担任鲁王的相国，拿出自己的三千文钱给户曹孔䜣，让他修缮孔子的马车。他还亲自进入孔庙，把孔子的桌子、席子、宝剑和鞋子都擦了一遍。又让男子张伯清除院子里的杂草，张伯在院子的土里捡到了七枚玉璧。他在怀中藏起来一枚，把剩下六枚交给了钟离意。钟离意让主簿安放在孔庙的桌子上。孔子寝室的床头挂着一个瓮，钟离意召来孔䜣，问这是什么瓮，孔䜣回答说:“这是孔夫子留下的瓮。里面装有丹书，人们不敢打开。”钟离意打开，得到素书，上面写着:“后世整理我的书的是董仲舒。养护我的马车、擦拭我的鞋子、打开我的箱子的是会稽的钟离意。有七枚玉璧，张伯藏起来其中的一枚。”

钟离意当即召张伯来问，张伯果然承认了。

灶神 姓张名禅，字子郭。一名隗。又云祝融主火化，故祀以为灶神。郑玄以灶神祝融是老妇，非灶神，于己丑日卯时上天，白人罪过，此日祭之得福。《五行书》云："五月辰日，猎首祭灶，治生万倍。"

［译文］ 姓张，名字叫禅，字子郭，又叫隗。又有一种说法是，祝融主管火，所以祭祀时把他当作灶神。郑玄认为被称为灶神的祝融是一个老妇人，这不是灶神。灶神在己丑日的卯时上天，汇报人间的罪过，这一天祭祀他会得到福气。《五行书》中说："在五月的辰日，用猪头来祭祀灶神，从事生产会有一万倍的利益。"

祠山大帝 父张秉，武陵人，一日行山泽间，遇仙女，谓曰："帝以君功在吴分，故遣相配。长子以木德王其地。"且约逾年再会。秉如期往，果见前女来归，曰："当世世相承，血食吴楚。"后生子㶿，为祠山神。神始自长兴自疏圣泽，欲通津广德，便化为豨，役使阴兵。后为夫人李氏所见，工遂辍，故避食豨。

［译文］ 父亲张秉，是武陵人，有一天在山间行走，遇见一位仙女，对他说："上帝因为你对吴地有功，所以派我来和你结为夫妻。生下的长子会以木德而在吴地称王。"并约定一年后再来相会。张秉如约前去，果然遇见上次的仙女来嫁给他，仙女说："以后会世代传承，并享受吴、楚两地的祭祀。"后来生下了一个儿子叫张㶿，成了祠山神。祠山神从长兴开山治水疏通圣泽，想要将水路通到广德，就变成了一头猪，指使阴兵做工。后来被他的夫人李氏看见了，工程停顿，所以他们都不吃猪肉。

泷冈阡表　欧阳修作《泷冈阡表》碑，雇舟载回，至鄱阳湖，舟泊庐山下，夜有一叟率五人来舟，揖而言曰："闻公之文章盖世，水府愿借一观。"赍碑入水，遂不见焉。修惊悼不已。黎明，泰和县令黄庭坚至，言其事，庭坚为文檄之。方投湖中，忽空中语曰："吾乃天丁也，押骊龙往而送至。"修归家扫墓，但见水洼中云雾蒙蔽，有大龟负碑而出，倏然不见，惟碑上龙涎宛然在焉。

［译文］欧阳修撰写了《泷冈阡表》的碑文，雇船把石碑运输回去。到了鄱阳湖，船停泊在庐山下，晚上有一位老人领着五个人来到船上，拱手作揖说："听说您文章盖世，龙宫里想借去欣赏一下。"就带着碑下到水里面，于是就不见了。欧阳修看到既惊恐又惋惜。天亮之后，泰和县令黄庭坚到了船上，说起这件事，黄庭坚当即写了文章声讨夺碑的人。刚把檄文投到湖里，忽然就听到空中有人说："我是天兵，押解骊龙送到永丰去。"欧阳修回家扫墓，看见水洼中云雾迷漫，有一只大龟背着石碑走了出来，忽然就不见了，只有龙涎还清晰地留在石碑上面。

五百年夙愿　张英过采石江，遇一女子绝色，谓英曰："五百年夙愿，当会于大仪山。"英叱之。抵仪陇任半载，日夕闻机声。一日，率部逐机声而往，忽至大仪山，洞门半启，前女出迎，相携而入，洞门即闭。见圆石一双，自门隙出，众取归。中道不能举，遂建祠塑像，置石于腹。

［译文］张英经过采石江的时候，遇到一个绝色的女子，对张英说："我们有五百年的夙缘，会在大仪山相见。"张英呵斥她。到达仪陇任职了半年，每天都能听到有织布机的声音。有一天，他率领部下循着织布机的声音前去寻找，忽然走到了大仪山，看到洞门半开着，半年前遇见的那个女子出来迎接，两人携手入洞，

洞门马上就关闭了。只见一对圆形的石头，从门缝里伸了出来，众人把圆石取了回去。半路上举不动了，就建了座祠庙，并塑了张英的神像，把圆石放在了塑像的肚子里面。

芙蓉城主　石曼卿卒后，其故人有见之者，恍惚如梦中言："我今为仙也，所主芙蓉城，欲呼故人共游。"不诺，忿然骑一素驴而去。

［译文］　石曼卿去世后，他的朋友有人见到他，仿佛在梦中，说："我现在成了神仙，主管的地方是芙蓉城，想邀请老朋友一块儿去游玩。"他的朋友不答应，他就生气地骑着一头白驴离开了。

文山易主　赵弼作《文山传》：既赴义，其日大风扬沙，天地尽晦，咫尺不辨，城门昼闭。自此连日阴晦，宫中皆秉烛而行，群臣入朝，亦爇炬前导。世祖问张真人而悔之，赠公"特进金紫光禄大夫、太保、中书令平章政事、庐陵郡公"，谥"忠武"。命王积翁书神主，洒扫柴市，设坛以祀之。丞相孛罗行礼初奠，忽狂飙旋地而起，吹沙滚石，不能启目。俄卷其神主于云霄，空中隐隐雷鸣，如怨怒之声，天色愈暗。乃改"前宋少保右丞相信国公"，天果开霁。按正史文集皆不载此事，传疑可也。信公至明景泰中，赐谥"忠烈"，人多不知，附记之。

［译文］　赵弼撰写了《文山传》：文天祥就义以后，那一天大风扬沙，天地都变得黯然无光，咫尺之间都不能分辨东西，城门大白天也紧闭着。从那以后连续几天都天气晦暗，皇宫里的人都拿着蜡烛走路，群臣上朝的时候，也都举着火把开道。元世祖询问张真人之后就感到后悔，下令封赠文天祥特进金紫光禄大夫、太保中书令平章政事、庐陵郡公，谥号为"忠武"。命令王积翁书写了牌

位，把文天祥就义的柴市打扫干净，设立祭坛来祭祀文天祥。丞相孛罗行礼进行初奠，忽然间狂风卷地大作，飞沙走石，人们无法睁开眼睛。一会儿大风把神主牌位卷上了天空，空中传来隐隐的雷声，像是怒吼的声音，天色更加暗淡了。于是只好把牌位改写成“前宋少保右丞相信国公”，天空果然又变得晴朗起来。考察正史和各家的文集都没有记载这件事，把这件有疑义的事情记录下来也就行了。到了明朝景泰年间，信国公又被赐给“忠烈”的谥号，人们大多都不知道，所以附记在这里。

杜默哭项王　和州士人杜默，累举不成名，性英傥不羁。因过乌江，谒项王庙。时正被酒沾醉，径升神座，据王颈，抱其首而大恸曰:“天下事有相亏者，英雄如大王而不得天下，文章如杜默而不得一官！”语毕，又大恸，泪如迸泉。庙祝畏其获罪，扶掖以出，秉烛检视神像，亦泪下如珠，揾拭不干。

[译文]　和州的读书人杜默，多次参加科举考试都没有考中，他的性格倜傥不羁。路过乌江时，去拜谒项王的祠庙。当时喝得有些微醉，就直接登上了神座，坐在项羽的脖子上，抱着他的头大哭说:“天下的事有这么不公平的，像您这样的英雄却不能得到天下，像我写的这样的好文章却得不到一官半职！”说完，又大哭起来，泪如泉涌。庙祝怕他得罪神灵，就把他扶了出去，举着蜡烛查看神像，发现神像竟然也泪如雨下，擦拭不完。

天竺观音　石晋时，杭州天竺寺僧，夜见山涧一片奇木有光，命匠刻观音大士像。

[译文]　五代后晋时期，杭州天竺寺的僧人，在夜里看见山涧有一片奇木发出光芒，就让匠人用这块木头刻成了观音大士像。

弄潮 吴王既赐子胥死，乃取其尸，盛以鸱夷之皮，浮之江上。子胥因流扬波，依潮来往。或有见其乘素车白马在潮头者，因为立庙。每岁八月十五潮头极大，杭人以旗鼓迎之，弄潮之戏，盖始于此。

[译文] 吴王把伍子胥赐死后，就把他的尸体装进了皮袋里，浮在钱塘江上。伍子胥凭借流水扬起波涛，顺着潮水来来往往。有人看见他坐着白车白马立在潮头，就为他修造了神庙。每年的八月十五潮头非常大，杭州人用旗鼓来迎接潮水，弄潮的游戏，大概就是从这时开始的。

黄河神 黄河福主金龙四大王，姓谢名绪，会稽人，宋末以诸生死节，投苕溪中。死后水高数丈。明太祖与元将蛮子海牙厮杀，神为助阵，黄河水望北倒流，元兵遂败。太祖夜得梦兆，封为黄河神。

[译文] 黄河的福主金龙四大王，姓谢名绪，是会稽人，宋朝末年以宋朝儒生的身份殉国，跳进苕溪自杀，他死之后水面高了好几丈。后来，明太祖和元朝的将领蛮子海牙作战，有神明前来为明太祖助阵，黄河水向北边倒流，元兵于是战败。明太祖夜里得到梦里的启示，封他为黄河神。

木居士 韩昌黎《木居士庙》诗：偶然题作木居士，便有无穷求福人。

[译文] 韩昌黎在《木居士庙》一诗中说：“偶然题作木居士，便有无穷求福人。”

显忠庙　吴使孙皓病甚，有神凭小黄门云：“金山咸塘风潮为害，海盐县治几陷。我霍光也，常统众镇之。”翌日，皓疾愈，遂立庙。

［译文］　吴主孙皓病得很厉害了，有神附体在一个小宦官身上说：“金山咸塘有风潮为害，海盐县城几乎要被淹没了。我是霍光，常常统率众人在那里镇守。”第二天，孙皓的病就痊愈了，于是就修造了一座显忠庙。

毛老人　南京后湖，一名玄武湖。明朝于湖上立黄册库，户科给事中、户部主事各一人掌之，烟火不许至其地。太祖时有毛老人献黄册，太祖言库中惟患鼠耗，喜老人姓毛，音与猫同，活埋于库中，命其禁鼠。后库中并不损片纸只字。太祖命立祠，春秋祭之。

［译文］　南京后湖，又叫作玄武湖。明朝时在湖上建立了黄册库，户科给事中、户部主事各出一个人来掌管，不允许带烟火到这里。明太祖时有一个毛老人进献黄册，明太祖说仓库中最害怕老鼠，很高兴这个老人姓毛，和“猫”读音相同，就把他活埋到档案库里，让他来镇压老鼠。后来仓中果然片纸只字都没有损坏。明太祖让人为毛老人建立了祠庙，在春秋两季时祭奠他。

怪异

贰负之骸　《山海经》：“贰负之臣曰危，与贰负杀窫窳。帝乃梏之疏属之山，桎其右足，反接两手与发，系石。”汉宣帝时，尝发疏属山，得一人，徒裸，被发反缚，械一足。因问群臣，莫能晓。刘向按此言之。帝不信，谓其妖言，收向系狱。向子歆自出救父，云:“以七岁女子乳饮之，即复活。”帝令女子乳之，复活，能言语应对，如向言。帝大悦，拜向为中大夫、歆为宗正。

[译文]《山海经》中记载:“贰负的大臣叫作危，和贰负一起杀死了窫窳。天帝就把他囚禁在疏属山，捆住他的右脚，把他的双手背起来用头发捆住，并系在一块大石头上。”汉宣帝的时候，曾经去开挖疏属山，见到一个人，赤身裸体，披头散发，被反绑着，一只脚上戴着桎梏。汉宣帝询问群臣，没有人知道是谁。刘向用《山海经》的记载来回答，汉宣帝不相信，认为刘向妖言惑众，就把他关到了监狱里面。刘向的儿子刘歆自己出来营救父亲，他说:“用七岁的女孩子的乳汁来喂那个人，立刻就会复活。”汉宣帝就让女子去喂他，果真复活了，能和人说话交流，和刘向所说的一样。汉宣帝很高兴，就授予刘向中大夫、刘歆宗正的职位。

旱魃　南方有怪物如人状，长三尺，目在顶上，行走如风。见则大旱，赤地千里。多伏古冢中。今山东人旱则遍搜古冢，如得此物，焚之即雨。

[译文] 南方有一种怪物形状像人，有三尺高，眼睛长在头顶上面，跑起来像风一样。它出现就会发生大旱，方圆千里颗粒无收。这种怪物大多躲藏在古墓里面。现在山东人遇到大旱就到处搜查古墓，如果查到这种怪物，把它焚烧了就会下雨。

两牛斗　李冰，秦昭王使为蜀守，开成都两江，溉田万顷。神岁取童女二人为妇。冰以其女与神求婚，径至神祠，劝神酒，酒杯恒澹澹。冰厉声以责之，因忽不见。良久，有两牛斗于江岸旁。有间，冰还，流汗谓官属曰：“吾斗疲极，当相助也。南向腰中正白者，我绶也。”主簿刺杀北面者，江神遂死。

［译文］李冰，秦昭王任命他担任蜀地的郡守，开凿了成都两江，灌溉了万顷良田。江神每年要娶两个少女做妻子。李冰就把自己的女儿派去和江神结婚，直接送到江神祠，劝江神喝酒，酒杯中的酒一直在晃荡。李冰大声斥责江神，忽然就消失了。过了很久，有两头牛在江边打斗。又过了一会儿，李冰回来了，流着汗对下属说：“我打斗得太疲惫了，你们应当助我一臂之力。面朝南腰中间有白色的，是我的绶带。”主簿就帮助他刺杀了面朝北的那头牛，江神就死掉了。

随时易衣　卢多逊既卒，许归葬。其子察护丧，权厝襄阳佛寺。将易以巨榇，乃启棺，其尸不坏，俨然如生。遂逐时易衣，至祥符中亦然。岂以五月五日生耶！彼释氏得之，当又大张其事，若今之所谓无量寿佛者矣。

［译文］卢多逊死后，朝廷允许他到原籍安葬。卢多逊的儿子卢察守护灵柩，暂且安置在襄阳的佛寺里。准备换一个大棺材，于是就打开棺材，发现他的尸体并没有腐坏，就像活着时一样。于是就不时地给他换衣服，直到大中祥符年间仍然这样。难道因为他是五月五日出生的吗？要是让那些佛门中人遇见这样的事，又该大张旗鼓，就像现在所说的无量寿佛一样了。

钱镠异梦　宋徽宗梦钱武肃王讨还两浙旧疆恳，且曰：“以好来朝，何故留我？我当遣第三子居之。”觉而与郑后言之。郑后曰：“妾梦亦然，果何兆也？”须臾，韦妃报诞子，即高宗也。既三日，徽宗临视，抱膝间甚喜，戏妃曰：“酷似浙脸。”盖妃籍贯开封，而原籍在浙。岂其生固有本，而南渡疆界皆武肃版图，而钱王寿八十一，高宗亦寿八十一，以梦谶之，良不诬。

［译文］宋徽宗梦到钱武肃王向他讨还两浙的旧地，态度诚恳，并说：“因为我们交好才前来朝见，为什么把我羁留在这里？我会派我的第三个儿子来住在这里。”宋徽宗醒来后对郑皇后说了这件事，郑皇后说：“我做的梦也是这样，这到底是什么兆头呢？”过一会儿，韦妃那里报告说生了个儿子，就是后来的宋高宗赵构。三天后，宋徽宗去看，把儿子抱到膝盖上，非常高兴，和韦妃开玩笑说：“这孩子长得像浙江人。”因为韦妃的籍贯是开封，但她的原籍却在浙江。难道他的出生确有根据吗？后来宋室南渡的疆界都是钱武肃王时的版图，而且钱镠活了八十一岁，宋高宗也活了八十一岁，用梦来预测这件事，确实不假。

马耳缺　欧公云：丁元珍尝夜梦与予至一庙，出门见马只耳。后元珍除峡州倅，予亦除夷陵令。一日，与元珍同泝峡，谒黄牛庙。入门，惘然皆如梦中所见，门外石马，果缺一耳，相视大惊。

［译文］欧阳修说：丁元珍曾经晚上梦见和我到了一座庙里，出了庙门就看见有匹马只有一只耳朵。后来丁元珍被授予峡州通判，我做了夷陵县令。有一天，和丁元珍一起在峡谷边上走，参拜黄牛庙。进入庙门，恍惚之间觉得好像在梦中见过，门外有一匹石马，果然缺了一只耳朵，我们二人面面相觑，都很吃惊。

见怪不怪　宋魏元忠素正直宽厚，不信邪鬼。家有鬼祟，尝戏侮公，不以为怪。鬼敬服曰：“此宽厚长者，可同常人视之哉？”

［译文］宋代的魏元忠向来正直宽厚，不相信鬼神邪说。家里有鬼

在暗中作祟，他也不觉得奇怪。鬼佩服地说："真是一位宽厚长者，怎能把他当成一般人对待呢？"

苌弘血化碧　苌弘墓在偃师。弘周灵王贤臣，无罪见杀。藏其血，三年化为碧。

［译文］苌弘的坟墓在偃师。苌弘是周灵王的贤臣，没有犯罪却被杀害。他死后血被收藏起来，三年后变化成了碧玉。

二尸相殴　贞元初，河南少尹李则卒，未殓，有一朱衣人申吊，自称苏郎中。既入，哀恸。俄顷，尸起，与之相搏，家人惊走。二人闭门殴击，及暮方息。则二尸共卧在床，长短、形状、姿貌、须髯、衣服一无异也。聚族不能识，遂同棺葬之。

［译文］贞元初年，河南少尹李则死了，还没有入殓时，有一个穿着红色衣服的人前来吊唁，自称是苏郎中。进来之后，悲伤地痛哭。过了一会儿，尸体站了起来，和这个人打斗，家人都吓跑了。两个人关上门打斗，打到晚上才停了下来。大家发现有两具尸体一起躺在床上，高低、形状、容貌、胡须、衣服没有一处不一样的。全族人都不能分辨出谁是谁，于是放在一个棺材里下葬了。

冢中箭发沙射　刘宴判官李邈有庄客，开一古冢，极高大，入松林二百步，方至墓。墓侧有碑断草中，字磨灭，不可读。初掘数十丈，遇一石门，因以铁汁计，累日方得开。开则箭雨集，杀数人，众怖欲出。一人曰："此机耳。"则投之以石，石投则箭出，投石十余，则箭不复发。遂列炬入，开第二门，有数十人，张目挥剑，又伤数人。众争击之，则木人也，兵仗悉落。四壁画兵卫，森森欲动。中以铁索悬一大漆棺，其下积金玉珠玑不可量。

众方惧，未即掠取。棺两角飒然风起，有沙迸扑人面，则风转急，沙射如注，而便没膝。众皆遑走，甫得出墓，门塞矣，一人则已葬中。

[译文] 刘宴的判官李邈有一个庄客，曾经挖开一座非常高大的古墓，进到松树林中两百步，才走到坟墓前面。坟墓旁边的荒草里有一块断了的墓碑，字迹已经被磨灭，不能辨识。开始挖掘了几十丈，遇到一扇石门，因为是用铁液浇铸的，所以好几天才被打开，一打开就射出来如雨一般的飞箭，射死了好几个人，众人都很害怕，想要出来。有一个人说："这只不过是个机关罢了。"就往墓里扔石头，扔了石头就会有箭射出来，扔了十几块后，箭就不再往外射了。于是又举着火把进去，打开了第二道门，又有几十个人，瞪着眼睛挥舞宝剑，砍伤了几个人。众人争相上去攻击，才发现都是木头人，手上的兵器都被打掉了。四周的墙壁上画着卫兵蠢蠢欲动。中间用铁索悬挂着一个很大的漆棺，棺材下堆放着不计其数的金银珠宝，众人正害怕，没来得及去收取。这时棺材两边忽然起了大风，有沙子迸射出来，扑到众人的脸上，风刮得更加急了，射出来的沙子就像下大雨一样，很快就淹没了膝盖。众人都仓皇逃走，刚从墓中出来，墓门就关上了，有一个人就已经被埋在了墓室里面。

公远只履　罗公远墓在辉县。唐明皇求其术，不传，怒而杀之。后有使自蜀还，见公远曰："于此候驾。"上命发冢，启棺，止存一履。叶法善葬后，期月，棺忽开，惟存剑履。

[译文] 罗公远的陵墓在辉县。唐明皇请他传授仙术，他不肯传授，唐明皇一怒之下就把他杀了。后来有使者从蜀地回来，说看见了罗公远，对使者说："我在这里等候陛下的车驾。"唐明皇让人挖

开罗公远的坟墓，打开棺材，发现里面只有一只鞋子。道士叶法善下葬以后，过了一个月，棺材忽然打开，里面只有剑和鞋子。

鹿女　梁时，甄山侧，樵者见鹿生一女，因收养之。及长，令为女道士，号鹿娘。

［译文］　梁代的时候，在甄山旁边，有个樵夫看到一只鹿生下一个女孩，于是收养了她。等到长大后，让她做了女道士，名字叫作鹿娘。

风雨失柩　汉阳羡长袁玘常言："死当为神。"一夕，痛饮卒，风雨失其柩。夜闻荆山有数千人啖声，乡民往视之，则棺已成冢。俗呼铜棺山。

［译文］　汉代阳羡的县长袁玘曾经说："我死后会变成神仙。"有一天晚上，喝了很多酒之后就死掉了，风雨中他的灵柩消失了。夜里听到荆山有几千人吃东西的声音，乡人前去察看，发现他的棺材已经下葬并已封好了坟墓。人们称这座山为铜棺山。

留待沈彬来　沈彬有方外术，尝植一树于沈山下，命其子葬已于此。及掘，下有铜牌，篆曰："漆灯犹未灭，留待沈彬来。"

［译文］　沈彬会仙术，曾经在沈山下面种了一棵树，让他的儿子把他埋葬在这里。等到挖墓坑的时候，挖到了一块铜牌，上面有篆文写着："漆灯犹未灭，留待沈彬来。"

辨南冷水　李秀卿至维扬，逢陆鸿渐，命一卒入江取南冷水。及至，陆以杓扬水曰："江则江矣，非南冷，临岸者乎？"既而倾水，及半，陆又以杓扬之曰："此似南冷矣。"使者蹶然曰："某自南冷持至岸，偶覆其半，取水增之。真神鉴也！”

[译文] 李秀卿到了扬州，遇到陆鸿渐，就让一个士兵到江中去取一些南冷水来。等到水打来后，陆鸿渐用木勺舀水说：“这倒确实是江水，但却不是南冷的水，是在岸边打到的吗？”然后他把水倒了出来，倒了一半时，又拿木勺舀水说：“这像是南冷水了。”取水的人惊讶地说：“我取了南冷水快到岸边了，却不小心洒出来一半，只好取了一些江水来补充。您真是英明啊！”

试剑石 徐州汉高祖庙旁有石高三尺余，中裂如破竹不尽者寸。父老曰：“此帝之试剑石也。”又漓江伏波岩洞旁，悬石如柱，去地一线不合。相传为伏波试剑。

[译文] 徐州汉高祖庙的旁边有一块三尺多高的石头，中间像破开的竹子一样裂开了一寸左右。乡老们说：“这是汉高祖的试剑石。”另外，漓江伏波岩洞的旁边，悬着一块像柱子一样的石头，离地有一条线的缝隙而没有和地面相接触。相传这是伏波将军马援的试剑石。

妇负石 在大理府城南。世传汉兵入境，观音化一妇人，以稻草縻此大石，背负而行，将卒见之，吐舌曰：“妇人膂力如此，况丈夫乎！”兵遂却。

[译文] 位于大理府城的南面。相传汉兵进入边界的时候，观音变化成一个妇人，用稻草捆着这块大石头，背着行走，汉兵将士看见她，都吐着舌头说：“连妇女都有这么大的力气，何况男子呢！”汉兵的部队于是就撤退了。

燃石 出瑞州。色黄白而疏理，水灌之则热，置鼎其上，足以烹。雷焕尝持示张华，华曰:“此燃石也。”

［译文］出于瑞州，颜色为黄白色，纹理较为稀疏，把水浇在上面就会发热，把锅放在上面就足以用来做饭。雷焕曾经拿给张华看，张华断定说:“这是燃石啊。”

他日伯公主盟　隋末温陵太守欧阳祐耻事二姓，拉夫人溺死。后人立庙，祈梦极灵。宋李纲尝宿庙中，梦神揖上座，纲固辞，神曰:“他日伯公主盟。”及拜相，值神加封，固署名额次。

［译文］隋朝末年的温陵太守欧阳祐以侍奉两个朝代为耻，于是拉着夫人投水自杀了。后人为他们修建了一座祠庙，在这座祠庙祈祷极为灵验。宋代的李纲曾经在这座庙中住宿，梦见有神灵邀请他坐在上位，李纲坚决推辞，神灵说:“来日还要仰仗您来主盟呢。”等到李纲担任丞相，正值此神受到加封，果然由李纲来题写了匾额。

天河槎　横州横槎江有一枯槎，枝干扶疏，坚如铁石，其色类漆，黑光照人，横于滩上。传云天河所流也。一名槎浦。

［译文］横州的横槎江有一个破旧的木筏，上面的枝条茂盛繁密，像铁石一样坚硬，颜色和漆相似，黑色的光能够照出人影，在河滩上横放着。传说是从天河上流下来的，又叫作槎浦。

愿留一诗　陆贾庙在肇庆锦石山下，宋梁竑舣舟于此，梦一客自称陆大夫，云:“我抑郁此中千岁余矣，君幸见过，愿留一诗。”竑遂题壁。

［译文］陆贾庙在肇庆的锦石山下边，宋代的梁竑曾经在这里停泊船只，梦见一个来客，自称是陆大夫，说:“我在这里抑郁无聊

已有一千多年了，今天幸而有先生路过我这里，希望能留下一首诗。”梁竑就为他在墙壁上写了一首诗。

请载齐志 元于司马钦尝梦有赵先生者谓钦曰：“闻君修齐志，仆一良友葬安丘，其人节义高天下，今世所无也，请载之以励末俗。”钦觉而异之，及阅赵岐传，始悟为孙嵩也。岐处复壁中著书以名世，固奇男子。非嵩高谊，其志安得伸也？钦之梦，不亦可异哉！

［译文］ 元代的司马于钦曾经梦见一个姓赵的先生对他说：“听说先生要编修《齐志》，我有一个好朋友葬在安丘，这人的节操和仁义超过天下的人，当世已经没有这样的人了，请把他记载下来以激励世俗的人。”于钦醒来后感到很奇怪，等到读《后汉书·赵岐传》时，才明白那人说的是孙嵩。赵岐避祸逃亡时被孙嵩藏匿在墙壁的夹层里，撰著《孟子章句》而闻名于世，本来就是奇男子，但如果没有孙嵩藏匿他的情谊，他的志向怎么能够实现呢？于钦的梦，不也值得惊奇吗！

三石 永安州伪汉时，有兵入靖江过此。黎明遇猎者牵黄犬逐一鹿，兵以枪刺鹿，徐视之，石也。已而，人犬与鹿皆化为石，鼎峙道旁。今一石尚有枪痕。

［译文］ 永安州在伪汉时期，有军队经过这里要进入靖江。黎明时分遇到一个猎人牵着黄狗追逐一头鹿，士兵用枪刺了那头鹿，仔细去看，原来是一块石头。过了一会儿，猎人以及狗和鹿都变成了石头，相对站在路边。现在有一块石头上面还有枪刺的痕迹。

悟前身 焦竑奉使朝鲜，泊一岛屿间，见茅庵岩室扃闭，问旁僧，曰:“昔有老衲修持，偶见册封天使过此，盖状元官侍郎者，叹羡之，遂逝。此其塔院耳。”竑命启之，几案经卷宛若素历，乃豁然悟为前身。

[译文] 焦竑奉命出使朝鲜，停泊在一个小岛上，看见有座茅屋，紧闭着大门，询问旁边的僧人，回答说:“从前有个老和尚在这里修行，偶然看到天子册封的使臣路过这里，是一位做侍郎的状元，老和尚叹息羡慕不已，然后就去世了。这就是他的塔院。”焦竑命人打开屋门，室内的桌子和上面摆放的经书，都像以前见过一样，于是忽然醒悟，那个老和尚就是自己的前身。

告大风　宋陈尧佐尝泊舟于三山矶下，有老叟曰:“来日午大风，宜避。”至期，行舟皆覆，尧佐独免。又见前叟曰:“某江之游奕将也，以公他日贤相，故来告尔。”

[译文] 宋代的陈尧佐曾经在三山矶下停泊船只，有一个老者说:“明天午时有大风，最好躲避一下。”到了时辰，所有的行船都翻了，只有陈尧佐的船幸免于难。又看到了那个老人来说:“我是长江中的巡逻兵，因为大人是来日的贤明宰相，所以先来告诉起风的消息。”

追魂碑　叶法善尝为其祖叶国重求刺史李邕碑文，文成；并求书，邕不许。法善乃具纸笔，夜摄其魂，使书毕，持以示邕，邕大骇。世谓之“追魂碑”。

[译文] 叶法善曾经请求刺史李邕为他的祖先叶国重写一篇碑文，文章写好后，又请求李邕写到石碑上，李邕没有答应。叶法善就准备好了纸笔，夜里摄来李邕的魂魄，让他写完，第二天拿给李邕看，李邕大为惊恐。世人叫它“追魂碑”。

牛粪金 东吴时，有道士牵牛渡江，语舟人曰：“船内牛溲，聊以为谢。”舟人视之，皆金也。后名其地曰金石山。

［译文］ 东吴时期，有一个道士牵着牛要渡过长江，对驾船的人说：“船里有牛粪，权当是对你的酬谢。”驾船人一看，全是金子。后来就把这个地方叫作金石山。

谓琯前身 房琯桐庐令，邢真人和璞尝过访。琯携之野步，遇一废寺，松竹萧森，和璞坐其下，以杖叩地，令侍者掘数尺，得一瓶，瓶中皆娄师德与永公书。和璞谓琯曰：“省此否？盖永公即琯之前身也。”

［译文］ 房琯担任桐庐县令时，邢和璞真人曾经来拜访他。房琯带他一起到郊野去散步，遇见一座废弃的寺庙，松树和竹子都很茂盛，邢和璞坐在树下面，用手杖敲着地，让侍从往地下挖了几尺，得到了一只瓶子，瓶里装的都是娄师德写给永公的信。邢和璞对房琯说：“你认识这个吗？因为永公就是房琯的前身。”

木客 兴国上洛山有木客，乃鬼类，形颇似人。自言秦时造阿房宫采木者，食木实，得不死，能诗，时就民间饮食。

［译文］ 兴国上洛山有一种木客，是鬼怪一类的东西，形状很像人的样子。自称是秦朝时建造阿房宫的伐木人，因为吃了树上的果实，所以能够长生不死，还会作诗，不时到民间来找些吃喝。

铜钟 宋绍兴间，兴国大乘寺钟，一夕失去，文潭渔者得之，鬻于天宝寺，扣之无声。大乘僧物色得之，求赎不许，乃相约曰：“扣之不鸣，即非寺中物。”天宝僧屡击无声。大乘僧一击即鸣，遂载以归。

[译文] 宋代绍兴年间，兴国大乘寺有一天晚上丢失了一口钟，文潭的渔夫得到了它，卖给了天宝寺，但是敲击起来没有声音。大乘寺的僧人到处寻找终于找到了，请求赎回去，但天宝寺不允许，就相互约定说:“如果敲不响，那就不是寺里的东西。”天宝寺的僧人多次敲击都没有响声，大乘寺的僧人敲了一下就响了，于是就运回了大乘寺。

驱山铎 分宜晋时，雨后有大钟从山流出，验其铭，乃秦时所造。又渔人得一钟，类铎，举之，声如霹雳，草木震动。渔人惧，亦沉于水。或曰此秦驱山铎也。

[译文] 分宜县在晋朝时期，大雨之后有一口大钟从山洪中流了出来，查验钟上的铭文，竟然是秦朝时铸造的。又有一个渔人得到一口钟，和铎相似，把它举起来，就会发出像雷一样的响声，草木都会被震动。渔人很害怕，就把钟扔到了水里。有人说，这是秦朝时期的驱山铎。

旋风掣卷 王越举进士，廷对日，旋风掣其卷入云表。及秋，高丽贡使携以上进，云是日国王坐于堂上，卷落于案，阅之异，因持送上。

[译文] 王越去参加进士考试，在朝廷作对策那天，一阵旋风把他的卷子吹到了云端。到了秋天，高丽的使臣来进贡，带来并进奏了一份试卷，说是有一天国王正坐在朝堂上，卷子就落在了国王的书案上，读后感到惊奇，于是就带来进献给皇上。

风动石 漳州鹤鸣山上，有石高五丈，围一十八丈，天生大盘石阁之，风来则动，名“风动石”。

[译文] 漳州的鹤鸣山上，有一块五丈高的石头，周长有十八丈，位于一块天生的大盘石上面，风吹过来就会摆动，名叫作“风动石”。

去钟顶龙角 宋时灵觉寺钟，一夕飞去，既明，从空而下。居人言江湾中每夜有钟声，意必与龙战。寺僧削去顶上龙角，乃止。

[译文] 宋代灵觉寺的钟，有一天晚上飞走了，天明之后，从空中降落下来。住在那里的人都说江湾中每夜都能听到钟声，想着一定是这口钟去和龙打斗了。于是寺里的僧人把钟顶上的龙角削了下来，钟就没有再飞走。

投犯鳄池 《搜神记》：扶南王范寻尝养鳄鱼十头，若犯罪者，投之池中，鳄鱼不食，乃赦之。诖误者皆不食。

[译文]《搜神记》里说：扶南王范寻曾经养了十头鳄鱼，如果有人犯罪，就把他扔到鳄鱼池里，鳄鱼若不吃他，就赦免他的罪过。被误判的人鳄鱼都不吃。

雷果劈怪 熊翀少业南坛，夕睹一美女立于松上，众错愕走，翀略不为意，以刀削松皮，书曰：“附怪风雷折，成形斧锯分。”夜半，果雷劈之。

[译文] 熊翀少年时在南坛求学，有一天晚上见一个美女站在松树上面，众人看到后都惊愕离开，熊翀一点也不在意，用刀削下一块松树皮，在树上写道：“附怪风雷折，成形斧锯分。”到了半夜，果然雷劈了松树。

飞来寺　梁时峡山有二神人化为方士，往舒州延祚寺，夜叩真俊禅师曰："峡据清远上流，欲建一道场，足标胜概，师许之乎？"俊诺。中夜，风雨大作，迟明启户，佛殿宝像已神运至此山矣。师乃安坐说偈曰："此殿飞来，何不回去？"忽闻空中语曰："动不如静。"赐额飞来寺。

［译文］　梁代时期，峡山有两个神仙变化成方士，前去舒州的延祚寺，夜里拜见了真俊禅师说："峡山位于清远的上流，要是建一个道场，可以标榜当地的风物，师父可以答应吗？"真俊禅师答应了。半夜时分，风雨大作，天明时打开门看，整座寺庙和塑像都已经被神仙运到峡山了。真俊禅师就坐下来说了一句偈语："这座大殿能飞过来，为何不飞回去？"忽然听见空中有人说："动不如静。"于是这座寺庙被赐封匾额为"飞来寺"。

橘中二叟　《幽怪录》：巴邛人剖橘而食，橘中有二叟弈棋。一叟曰："橘中之乐，不减商山。"一叟曰："君输我瀛洲玉尘九斛，龙缟袜八辆，后日于青城草堂还我。"乃出袖中一草，食其根，曰："此龙根脯也。"食讫，以水喷其草，化为龙，二叟骑之而去。

［译文］《幽怪录》中说：巴邛有个人剥开橘子来吃，发现橘子里有两个老人在下棋。一个老人说："橘子中的乐趣，不输给商山啊。"另一个老人说："你输给我瀛洲玉尘九斛，龙缟袜八双，后天在青城草堂还给我啊。"还从袖子里拿出一根草，吃了草根，说："这是龙根脯。"吃完后，用水喷了那根草，草就变化成龙，两个老人就骑着龙离开了。

牛妖　天启间，沅陵县民家牸牛生犊，一目二头三尾，剖杀之，一心三肾。

[译文] 天启年间，沅陵县的百姓家一头母牛生了一个小牛犊，有一只眼睛、两颗头、三条尾巴，把它杀了剖开来看，长了一颗心、三个肾。

猪怪 民家猪生四子，最后一子，长嘴、猪身、人腿、只眼。

[译文] 有个人家的猪生了四只小猪娃，最小的那只小猪，长着长长的嘴巴、猪的身子、人的腿、一只眼睛。

陕西怪鼠 天启间，有鼠状若捕鸡之狸，长一尺八寸，阔一尺，两旁有肉翅，腹下无足，足在肉翅之四角，前爪趾四，后爪趾五，毛细长，其色若鹿，尾甚丰大，人逐之，其去甚速。专食谷豆，剖腹，约有升黍。

[译文] 天启年间，有一种老鼠，长得像会捕鸡的狸猫，有一尺八寸长，一尺宽，两旁有肉翅膀，肚子下没有长脚，脚在肉翅的四个角上，前爪有四个脚趾，后爪有五个脚趾，毛又细又长，颜色像鹿，尾巴非常大，人追它的话，会跑得很快。专门吃谷子和豆类，剖开它的肚子，里面约有一升黍米。

支无祁 大禹治水，至桐柏山，获水兽，名支无祁，形似猕猴，力逾九象，人不可视。乃命庚辰锁于龟山之下，淮水乃安。唐永嘉初，有渔人入水，见大铁索锁一青猿，昏睡不醒，涎沫腥秽不可近。

[译文] 大禹治水时，到了桐柏山，捕获了一只水兽，名字叫作支无祁，形状像猕猴，力气比九头大象还要大，人不敢正眼看它。于是让庚辰把它锁在龟山下面，淮水才平静起来。唐代永嘉初年时，有渔人跳到淮水里，发现一根大铁索锁着一只青猿，昏睡不

醒，唾沫腥臭难闻，不可靠近。

饮水各醉　沉酿堰在山阴柯山之前，郑弘应举赴洛，亲友饯于此。以钱投水，依价量水饮之，各醉而去。因名其堰曰“沉酿”。

[译文]　沉酿堰在绍兴柯山的前面，郑弘要去洛阳参加科举考试时，亲友在这里给他设宴送别。把钱扔到水中，按照市价量水来喝，各自大醉后离开。所以把这个堰命名为“沉酿堰”。

林间美人　罗浮飞云峰侧有梅花村，赵师雄一日薄暮过此，于林间见美人淡妆素服，行且近，师雄与语，芳香袭人，因扣酒家共饮。少顷，一绿衣童来，且歌且舞。师雄醉而卧。久之，东方已白，视大梅树下，翠羽啾啾，参横月落，但惆怅而已。

[译文]　罗浮山飞云峰的旁边有个梅花村，赵师雄有一天傍晚经过这里，在树木间看见有个化着淡妆、穿着白色衣服的美女，走近时，赵师雄和她说话，芳香袭人，赵师雄于是带她到酒家去一起喝酒。不大一会儿，来了一个穿绿色衣服的童子，一边唱歌一边跳舞。赵师雄喝醉就躺了下来。过了很久，天色微明，赵师雄看见大梅树下，有一只翠鸟鸣叫，赵师雄抬头见参星横斜，月亮落下，内心只有惆怅罢了。

变蛇志城　晋永嘉中，有韩媪偶拾一巨卵，归育之，得婴儿，字曰“撅”。方四岁，刘渊筑平阳城不就，募能城者。撅因变为蛇，令媪举灰志后，曰：“凭灰筑城，可立就。”果然。渊怪之，遂投入山穴间，露尾数寸，忽有泉涌出成池，遂名曰“金龙池”。

[译文]　晋代永嘉年间，有一个姓韩的老妇人偶然拾到一个巨大的蛋，回家孵化出一个小孩，取名叫韩撅。四岁的时候，刘渊修筑

平阳城不能成功，招募能修城的人。于是韩撅就变成蛇，让婆婆拿着灰在它后边做记号，说："按照灰做的记号来修筑城墙，可以马上修好。"果然是这样。刘渊感到很奇怪，就把它放到山中的洞穴中，尾巴还露几寸时，忽然有泉水涌出来，流成一个池塘，于是命名为"金龙池"。

有血陷没 硕顶湖在安东，秦时童谣云："城门有血，当陷没。"有老姆忧惧，每旦往视。门者知其故，以血涂门。姆见之，即走。须臾大水至，城果陷。高齐时，湖尝涸，城尚存。

[译文] 硕顶湖在安东，秦代时有童谣唱道："城门上如果有血，城就会陷没。"有一个老婆婆担心害怕，每天早上都去城门那里看。守门的士兵知道原因后，就把血涂在了城门上，老婆婆看见后，马上就跑走。不一会儿，大水就冲了过来，城池果然被淹没了。北齐时期，硕顶湖曾经干涸，但城池还在那里。

张龙公 六安龙穴山有张龙公祠，记云：张路斯，颍上人，仕唐，为宣城令，生九子，尝语其妻曰："吾，龙也，蓼人。郑祥远亦龙也，据吾池，屡与之战，不胜，明日取决。令吾子射系鬣以青绡者郑也，绛绡者吾也。"子遂射中青绡者，郑怒，投合肥西山死，即今龙穴也。

[译文] 六安的龙穴山有一座张龙公祠，有记载说：张路斯是颍上人，唐朝时出仕做官，担任宣城县令，生了九个儿子。曾经对他妻子说："我是龙，蓼地的人。郑祥远也是龙，他占据了我的池塘，我多次和他打斗，都没有能够取胜，明天我们要决斗。到时候让我们的儿子们放箭射那个鬣毛上系着青绡的，他就是郑祥远，系着红绡的是我。"他的儿子就射中了系青绡的，郑祥远大

怒，跑到合肥的西山后死掉了，就是现在的龙穴。

城陷为湖　巢湖在合肥，世传江水暴涨，沟有巨鱼万斤，三日而死。合郡食之，独一姥不食。忽过老叟，曰：“此吾子也，汝不食其肉，吾可亡报耶？东门石龟目赤，城当陷。”姥日往窥之。有稚子戏以朱傅龟目。姥见，急登山，而城陷为湖，周四百余里。

［译文］　巢湖在合肥，世人传说有一次江水暴涨的时候，沟里留下一条一万斤重的大鱼，三天后死了。全合肥郡的人都去分吃它，只有一个老婆婆不吃。忽然来了一个老头，对她说：“这条大鱼是我儿子，你不吃他的肉，我怎能不报答你呢？东门石龟的眼睛如果变红了，这座城就会被水淹没。”老婆婆每天就去看那只石龟，有小孩玩耍时把石龟眼睛涂了红色。老婆婆看见后，急忙跑到了山上，这座城池就被水淹没，成了一个湖，方圆有四百多里。

人变为龙　元时，兴业大李村有李姓者，素修道术。一日，与妻自外家回，至中途，谓妻曰：“吾欲过前溪一浴，汝姑待之。”少顷，风雨骤作，妻趋视之，则遍体鳞矣。嘱妻曰：“吾当岁一来归。”欻然变为龙，腾去。后果岁一还。其里呼其居为李龙宅。

［译文］　元朝时期，兴业的大李村有一个姓李的人，向来修习道术。有一天，他和妻子从岳父家回来，到了半路，对妻子说：“我想到前边小溪中洗个澡，你姑且等我一会儿。”不一会儿，突然风雨大作，他的妻子赶紧跑过去看，发现他浑身都长满了鳞片。他嘱咐妻子说：“我会每年回家一次。”然后就忽然变成了龙，腾空离开。后来果然每年回家一次。他家乡的人把他住的地方叫作李龙宅。

妇女生须　宋徽宗时，有酒家妇朱氏，年四十，忽生须六七寸。

诏以为女道士。

[译文] 宋徽宗时期，一个卖酒人的妻子朱氏，四十岁时，忽然长出了六七寸长的胡须。朝廷下诏书让她去做了女道士。

男人生子 宋徽宗时，有卖菜男人怀孕生子。

[译文] 宋徽宗时期，有一个卖菜的男人怀孕生了个孩子。

童子暴长 元枣阳民张氏妇生男，甫四岁，暴长四尺许，容貌异常，皤腹臃肿，见人嬉笑，如俗所画布袋和尚云。

[译文] 元代枣阳的百姓张氏的妻子生了一个男孩，刚满四岁时，忽然长高了四尺左右，容貌异于常人，肚子硕大很臃肿，见到人就嬉皮笑脸，就像大家传说的布袋和尚一样。

男变为妇 明万历间，陕西李良雨忽变为妇人，与同贾者苟合为夫妇。其弟良云以事上所司奏闻。

[译文] 明代万历年间，陕西的李良雨忽然变成了女人，和一起经商的人偷偷结成了夫妻。他弟弟李良云把这事上报给了有关部门并上奏了朝廷。

卷十九　物理部

卷十八　惜墨略

物类相感

磁石引针。

琥珀摄芥。

蟹膏漆漆化为水。

皂角入灶突烟煤坚。

胡桃带壳烧红，其火可藏数日。

酸浆入盂，水垢浮。

灯芯能碎乳香。

撒盐入火，炭不爆。

用盐擂椒，椒味好。

川椒麻人，水能解。

带壳胡桃煮臭肉，肉不臭。

瓜得白梅则烂。

栗得橄榄则香。

猪脂炒榧，皮自脱。

芽茶得盐，不苦而甜。

井水蟹黄沙淋而清。石灰可藏铁器。

草索可祛青蝇。

焊炭可断蚁道。

香油杀诸虫。

狗粪之中米，鸽食则死。

桐油杀荷花。

江茶枯麦。

粉螯畏椒。

蜈蚣畏油。

松毛可杀米虫。

［译文］ 磁石能吸引铁针。

琥珀能吸住芥子。

把螃蟹的蟹黄放到漆里，漆就会变成水。

把皂角放到灶里，可以使烟囱里的煤灰脱落下来。

把核桃带壳烧红，里面的火可以保存几天都不熄灭。

将醋倒到坛子里面，可以清除水垢。

灯芯可以把乳香弄碎。

把盐撒到火里，炭就不会爆裂开。

碾花椒时放点盐，可以使花椒的味道更好。

四川的花椒很麻，喝水可以解除麻味。

用带壳的核桃煮发臭的肉，可以除去腥臭味。

瓜和白梅放在一起就会腐烂。

栗子和橄榄放在一起会变得更香。

用猪油炒榧子，外皮就会自动脱落。

芽茶中放一些盐，就不会苦反而会变甜。

井水洗螃蟹可以把螃蟹身上的沙子洗净。石灰可以用来储藏铁器。

草绳可以驱逐苍蝇。

烧完后的木炭可以阻断蚂蚁的道路。

香油可以杀死各种虫子。

狗粪里的大米，鸽子吃了就会死掉。

桐油可以杀死荷花。

江茶可以让菱角枯萎。

蜘蛛害怕花椒。

蜈蚣害怕油。

松毛可以杀死大米里的虫子。

麝香祛壁虱。

马食鸡粪，则生骨眼。

苍蝇叮蚕，生肚虫。

三月三日收荠菜花茎置灯檠上，则飞蛾蚊虫不投。

五月五日收虾蟆，能治疟，又治儿疳。

香油沫龟眼，则入水不沉。

唾沫蝶翅，则当空高飞。

乳香久留，能生舍利。

羚羊角能碎佛。

柿煮蟹不红。

橙合酱不酸。

麸见肥皂则不就。

荆叶辟蚊，台葱辟蝇。

唾津可溶水银，茶末可结水银。

薄荷去鱼腥。

荸荠煮铜则软，甘草煮铜则硬。

蝎畏蜗牛。

磬畏慈菇，斧怕肥皂。

螺蛳畏雪，蟹怕雾。

河豚杀树，狗胆能生。

灯芯能煮江鳅。

麻叶可辟蚊子。

酒火发青，布衣拂即止。

琴瑟弦久而不鸣者，以桑叶捋之，则响亮如初。

黑鲤鱼乃老鼠变成，鳜鱼乃虾蟆变成，鲫鱼乃人发变成。

燕畏艾，雀衔艾而夺其巢。

骡马蹄曝干为末，放酒中即成水。

柳絮经宿，即为浮萍。

杜大黄嫩子掷水化为萍。

庚午、癸卯二日舂米，不蛀。

[译文] 麝香可以驱除墙壁上的虱子。

马吃了鸡粪，就会长骨眼。

苍蝇叮了桑蚕，就会生出肚虫。

三月初三当天把收集的荠菜花的秆放在灯盏上，飞蛾和蚊虫就不会扑过来。

五月初五当天抓到的蛤蟆，能治疗疟疾，还能治小孩子的脾胃虚弱。

把香油抹在乌龟的眼睛上，它在水中就不会沉下去。

把唾沫涂抹到蝴蝶的翅膀上，它就可以当空高飞。

乳香放得时间长了，就可以生出舍利。

用羚羊角可以打碎佛牙。

用柿子煮螃蟹可以让螃蟹不变红。

把橙子放到酱里面酱就不发酸。

麦麸和肥皂放一起就变质了。

荆叶可以驱逐蚊子，台葱可以驱逐苍蝇。

唾液可以溶解水银，茶叶末可以凝结水银。

薄荷可以除去鱼的腥味。

荸荠在铜器里煮会变软，甘草在铜器里煮会变硬。

蝎子害怕蜗牛。

磬石害怕慈姑，斧头害怕肥皂。

螺蛳害怕下雪，螃蟹害怕起雾。

河豚能把树给杀死，但狗胆能让树再生。

灯芯可以用来煮江里的泥鳅。

麻叶可以用来驱逐蚊子。

如果酒点着的火发青的话，用布衣服拂一下就可以止住火。

琴瑟的弦长时间不弹，可以用桑叶抹一遍，就会像以前一样响亮。

黑鲤鱼是老鼠变成的，鳜鱼是蛤蟆变成的，鲱鱼是人的头发变成的。

燕子害怕艾草，麻雀衔来艾草就可以夺走燕子的巢穴。

把骡马的蹄子晒干研成细末，放在酒里，酒就会变成水。

柳絮经过一个晚上，就会变成浮萍。

把杜大黄的嫩子扔在水里就会变成浮萍。

在庚午、癸卯这两天舂米，米不会生蛀虫。

柳叶入水，即化为杨叶丝鱼。

人参与细辛同贮则不坏。

槿树叶和石灰捣烂，泥酒醋缸则不漏。

寻泉脉，以竹火循地照有气冲炎起，下必有泉。

试盐卤，以石莲子十个投卤中，浮起五个为五成，六个六成，七个七成。五成以下，味薄无盐矣。

以锈钉磨醋写字，浓墨刷纸背，名顷刻碑。

取乌贼鱼墨，书文券，岁久脱落成白纸。

灯盏中加少许盐，则油不速干。

油一斤，以胡桃一个捣烂投之，则省油。

造油烛，先以麻油浇其芯，则过霉不霉。

蜡烛风吹有泪，以盐少许实缺处，泪即止。

烧蜡有缺，嚼藕渣补之，即不漏。

写绢上字，以姜汁代水磨墨，则不沁。

蒲花和石灰泥壁及缸坛，胜如纸筋。

蓖麻子水研写字，只如空纸付去，以灶煤红丹糁之，字即现。

鸡子清调石灰粘瓷器，甚妙。

粘缀山石，以生羊肝研调面缀之，即坚牢。

池水浑浊，以瓶入粪，用箬包投水中则清。

金遇铅则碎。

核桃与铜钱同嚼，则钱易碎。

水银撒了，以锸青石引之，皆上石。

伏中不可铸钱，汁不消，名炉冻。

菟丝无根而生，蛇无足而行，鱼无耳而听，蝉无口而鸡。龙听以角，牛听以鼻。

石脾入水则干，出水则湿。独活有风不动，无风自摇。

［译文］ 柳叶落到水里，就会变成杨叶丝鱼。

把人参和细辛放在一起就不会腐烂。

槿树叶和石灰掺在一起捣烂，用来泥酒醋缸就不会漏。

寻找泉水的源头，用竹子做的火把往地上照，如果有气把火焰冲起来，下面一定有泉水。

要想试一下卤的盐味，把十个石莲子扔到卤里，浮起五个的话就是五成，六个是六成，七个是七成。五成以下，就说明味道淡薄少盐了。

用生锈的铁钉加醋磨墨写字，再用浓墨刷纸的背面，叫作顷刻碑。

用乌贼的墨汁来书写文书，时间长了文书的墨就会脱落下来变成白纸。

灯盏里加一点盐，灯油就不会很快烧干。

一斤油里扔进一个捣烂的核桃，能省油。

制造油烛时，先用麻油浇在灯芯上，经过梅雨天气也不会发霉。

蜡烛被风吹后会流下烛泪，用一点盐堵住流泪的缺口，泪就不会再流了。

点蜡时如果有缺口，嚼一些藕渣补上，缺口就不再漏了。

在绢上写字时，用姜汁代替水来磨墨，写的字就不会透到绢的背面。

用蒲花掺石灰来敷墙壁或者水缸、坛子，比使用纸筋效果更好。

用蓖麻子加水研磨后写字，看上去就像一张空纸，但只要用灶里的煤灰或者红丹涂到上面，字就会显现出来。

鸡蛋清调石灰粘接瓷器，效果非常好。

用生羊肝研细再和到面里然后粘连山石，就会很牢固。

如果池塘里的水浑浊，在瓶子里装上粪，再用竹叶包住扔到水里，水就会变清澈。

金子遇见铅就会破碎。

把核桃和铜钱放在一起嚼，铜钱就容易被咬碎。

水银撒了，用一块青石来吸引，撒了的水银就会被引到石块上来。

三伏天不可以铸造钱币，因为铁水不消融，叫作炉冻。

菟丝子没有根却能生长，蛇没有脚却能行走，鱼没有耳朵却能听到声音，蝉没有嘴却能鸣叫。龙用角来听，牛用鼻子来听。

石脾放到水里就会变干，出水后却显得湿润。独活有风时不动，无风时却自己摇摆。

鸺鹠昼暗夜明。鼠夜动昼伏。南倭海滩蚌泪著色，昼隐夜显。沃山石滴水著色，昼显夜隐。

睡莲昼开，夜缩入水底。蔓草昼缩入地，夜即复出。

以形化者牛哀为虎。以魄化者望帝为鹃，帝女为精卫。以血化者苌弘为碧，人血为磷。以发化者梁武宫人为蛇。以气化者蜃为楼台。以泪化者湘妃为斑竹。无情化有情者，腐草为萤，朽麦化蝶，烂瓜为鱼。有情化无情者，蚯蚓为百合，望夫女为石燕、为石蟹、为石。物相化者，雀为蛤，雉为蜃，田鼠为鴽，鹰为鸠，鸠为鹰，蛤仍为雀。松化为石。人相化者，武都妇人为男子，广西老人为虎。

人食矾石而死，蚕食之不饥。鱼食巴豆而死，鼠食之而肥。

风生兽得菖蒲则死。鳖得苋则活。蜈蚣得蜘蛛则腐。鸱鸮得桑椹则醉。猫得薄荷则醉。虎得狗则醉。橘得糯米则烂。芙蕖得油则败。番蕉得铁则茂。金得翡翠则粉。犀得人气则碎。漆得蟹则败。

萱草忘忧，合欢蠲忿。仓鹒疗妒，鵸鵌治魇，橐蜚治畏。

金刚石遇羚羊角则碎。

龙漦遇烟煤则不散。

雀芋置干地多湿，置湿地反干。飞鸟触之堕，走兽遇之僵。

终岁无乌，有寇。

鸡无故自飞去，家有虫。

鸡日中不下树，妻妾奸谋。屋柱木无故生芝，白为丧，赤为血，黑为贼，黄为喜。

鸡来贫，狗来富，猫儿来后开质库。

犬生獒，家富足。

鸦风鹊雨。

猫子生，值天德月德者，无不成。忌寅生人及子令生人见。

鼠咬巾衣，明日喜至。

鹳忽移巢，必有火灾。

鸡上窠作啾声，来日必雨。

凡鸡归栖蚤，则明日晴；归栖迟，则明日雨。

乌夜啼，主米贱。

［译文］ 鸺鹠白天看不见东西，晚上却能看见。老鼠夜里行动，白天休息。日本南部的海滩上的蚌流泪有颜色，白天看不见，晚上才能看见。沃山石滴水就有颜色，白天能看见，晚上看不见。

睡莲白天开放，夜晚就缩到水底。蔓草白天缩到地下面，夜里就会出来。

用身体变化的是，牛哀变成老虎。用魂魄变化的是，商朝时蜀国的君主望帝变成了杜鹃，炎帝的小女儿变成精卫鸟。用血变化的是，苌弘的血变成了碧玉，人的血变成磷。用头发变化的是，梁武帝时的宫女头发变成了蛇。用气变化的是，蜃龙用气变成楼台。用眼泪变化的是，湘妃的泪水变成了竹子上的斑点。无情之物变有情之物的是，腐草变成萤火虫，朽麦变成蝴蝶，烂瓜变成鱼。有情之物变成无情之物的是，蚯蚓变成百合花，望夫女变成石头，燕子变成石头，螃蟹变成石头。生物互相变化的有，麻雀变成蛤蟆，野鸡变成蜃龙，田鼠变成鹌鹑一类的小鸟，鹰变成斑鸠，斑鸠变成鹰，蛤蟆变成麻雀，松树变成石头。人互相变的有，武都的一个妇女变成了男子，广西的一个老人变成了老虎。

人吃了矾石就会死掉，但蚕吃了却可以充饥。鱼吃了巴豆会死掉，但老鼠吃了却会变肥。

风生兽被菖蒲塞住鼻子就会死掉。鳖遇到苋菜就会活过来。蜈蚣遇到蜘蛛会腐烂。猫头鹰吃了桑葚就会醉。猫吃了薄荷会醉。虎吃了狗就会醉。橘子和糯米放在一起就会腐烂。荷花碰到油就会枯萎。香蕉碰到铁器就会繁茂。金子碰到翡翠就会成为金粉。犀角碰到人的气息就会破碎。漆碰到蟹黄就会掉落。

萱草可让人忘掉忧愁，合欢可以让人平息怒气。鸧鹒可以治疗人的嫉妒，鵸鵌可以治疗做噩梦，橐蜚可以治疗胆子小。

金刚石碰到羚羊角就会碎裂。

龙的唾沫碰到烟煤就不会流散。

把雀芋放到干燥的地方它会显得很湿润，放到潮湿的地方会显得很干燥。飞鸟若碰到它会落下来，走兽碰到它就会变得僵硬。

如果整年看不到乌鸦，就一定会有强盗。

如果鸡无缘无故自已飞走，是因为家里有人被下了蛊。

如果鸡在中午时候还不下树，那是妻妾有奸计。屋子里的柱子无缘无故长了芝草，如果是白色就会有丧事，红色会见血，黑色会有盗贼，黄色会有喜事。

鸡跑进门会受穷，狗跑进门会变富，猫跑进门会开当铺。

如果狗生了獑（是一种比猿大一点的猴类），家就会变得富足。

乌鸦叫会刮风，喜鹊叫会下雨。

猫生小猫，如果正赶上天德和月德，那么万事可成。但忌让寅年出生的人看到，也忌讳让陌生人看到。

老鼠啃咬头巾和衣服，第二天会有喜事到来。

鹳鸟忽然搬家，会发生火灾。

鸡上窝时发出“啾啾”的声音，第二天一定会下雨。

若鸡回来得早，第二天是晴天；回来得晚，第二天会下雨。

乌鸦夜里鸣叫，预示米会降价。

鸦慢叫则吉，急叫则凶。一声凶，二声吉，三声酒食至。或动头点尾向人叫者，口舌灾患多凶。

鸡生子多雄，家必有喜。

夜半鸡啼，则有忧事。

燕巢人家，巢户内向，及长过尺者，吉祥。

雨时鸠鸣，有应者即晴，无应者即雨。

无故蚁聚及移窠者，天必暴雨。蚯蚓出，亦然。

白蚁虫，是日必吉辰。凡见蛇交，则有喜。

遇蛇会，急拜，求富贵必如意。

遇蛇蜕壳，急脱衣服盖之，凡谋大吉。

生鳖甲寸锉，以红苋覆之，尽成小鳖。

虾多，年必荒。蟹多，年多乱。

绩麻骨插竹园，四围竹不沿出。芝麻骨亦可。

梓木作柱，在下首，则木响叫，云争坐位。

杉木烰炭为末，安门臼中，则能自响。

钉楼板，用蹇漆树削钉，以米泔浸之，待干，钉板易入，其坚如铁。

荷花梗塞鼠穴，则鼠自去。

黄蜡与果子同食，则蜡自化去。

萝卜提硝，则硝洁白而光润。

灯芯蘸油，再蘸白矾末，能粘起炭火。

鸡蛋开顶上一小窍，倾出黄白，灌入露水，又以油纸糊好其窍，日中晒之，可以自升，离地三、四尺。

伏中收松柴，劈碎，以黄泥水中浸至皮脱，晒干，冬月烧之，无烟。竹青亦可。

竹篾以石灰水煮过，可代藤用。

［译文］ 乌鸦叫得缓慢表示吉利，叫得急促表示不祥。叫一声不吉

祥，叫两声吉利，叫三声会有酒席吃。要是点着头摇着尾巴向着人叫，就会有口舌之祸，多有不祥的事情。

鸡孵出的小鸡公的居多，家里一定会有喜事。

半夜鸡叫，一定有令人忧虑的事情发生。

燕子在人家里做巢，巢户穴的口向内，且长度超过一尺的，表示吉祥。

下雨时有斑鸠鸣叫，有应和的，天就会变晴，没有应和就会一直下雨。

蚂蚁无故聚集在一起以及搬家的，就一定会下暴雨。蚯蚓如果出来，也是这样。

有白蚁虫出现，这一天是良辰吉日。凡看见蛇交配的，就会有喜事。遇见蛇聚会，快快下拜，祈求富贵一定会如意。

遇见蛇蜕皮，赶快脱掉衣服盖住它，谋划的事情一定顺利大吉。

把生鳖甲切成一寸长的小段，用红苋盖住，就都会变成小鳖。

水里虾太多，一定是荒年。螃蟹太多，一定会发生动乱。

用麻秆插在竹园里，四周的竹子不会长到园子外面去。用芝麻秆也可以。

梓木作屋柱，如果放在下首，木柱就会有响声，说是要争座位。

杉木烧成炭再研成细末，放在门臼里，能自己发出声音。

钉楼板时，用蹇漆树削成木钉，再用淘米水浸泡，等放干后，钉子很容易钉进楼板，像铁钉子一样坚硬。

把荷花梗塞入老鼠洞里，老鼠自己就会离开洞穴。

黄蜡和果子一起吃，蜡会自动化掉。

用萝卜提炼硝，硝会变得洁白光润。

灯芯蘸点油，再蘸上一些白矾末，就能粘起炭火。

鸡蛋顶上凿一个小孔，把蛋黄和蛋清倒出来，灌进一些露水，再用油纸把小孔糊上，中午在太阳下面晒，可以自己升起来，离开地面三四尺。

夏天收集松木，劈碎后，用黄泥水泡到掉皮，再晒干，冬天烧的时候没有烟雾。青竹子也可以。

用石灰水煮竹篾片，可以用来代替藤条。

身体

身上生肉丁，麻花擦之。

飞丝入眼而肿者，头上风屑少许揩之。一云珊瑚尤妙。

人有见漆生疮者，用川椒三四十粒，捣碎，涂口鼻上，则漆不能害。

指甲有垢者，白梅与肥皂同洗则净。

弹琴指甲薄者，僵蚕烧烟熏之则厚。

染头发，用乌头、薄荷入绿矾染之。

食梅，牙软。吃藕则不软，一用韶粉擦之。

油手以盐洗之，可代肥皂。一云将顺手洗，自落。

脚根厚皮，用有布纹瓦或浮石磨之。

干洗头，以藁本、白芷等分为末，夜擦头上，次早梳之，垢秽自去。

狐臭以白灰、陈醋和傅腋下，一方以锻过明矾擦之尤妙。

女儿缠足，先以杏仁桑白皮入瓶内煎汤，旋下盐硝、乳香，架足瓶口熏之。待温，倾出盆中浸洗，则骨软如绵。

洗浴去身面浮风，以芋煮汁洗之，忌见风半日。

梳头令发不落，用侧柏叶两大片，胡桃去壳两个、榧子三个，同研碎，以擦头皮，或浸水常搽亦可。

取靨方桑灰、柳灰、小灰、陈草灰、石灰五灰，用水煎浓汁，入酽醋点之。

入鼻中气，阳时在左，阴时在右，候其时则气盛，交代时则两管皆微。

[译文] 若身上长出肉丁，可以用芝麻花擦拭。

飞丝进到眼里发肿的，可以用头上的一点头皮屑擦下来。又有人说用珊瑚效果更好。

有人看到漆树生了疮的，用三四十粒川椒，捣碎后涂在口鼻上，就不怕漆了。

指甲里有泥垢，用白梅和肥皂一起洗就洗干净了。

弹琴的人指甲太薄的话，用僵蚕烧烟熏指甲可以使之变厚。

染头发，可以用乌头、薄荷加入绿矾来染。

吃梅子时牙软，但吃藕牙不软，用铅粉一擦就好了。

油手用盐洗，可以代替肥皂。也有人说用顺水冲洗也可以洗干净。

脚跟长厚皮，可以用有布纹的瓦或钟乳石磨掉。

干洗头时，可以用蒿草根、白芷等研成粉末，晚上涂在头上，第二天早上梳头，脏东西就会自然消失。

如果有狐臭，可以把白灰和陈醋掺一起涂在腋窝下面。还有一个方法是用烧过的明矾擦拭，效果更好。

女孩缠足时，先把杏仁、桑白皮放入瓶子里熬汤，马上放入硝和乳香，把脚支放到瓶口蒸熏。待水温了，再倒到盆里泡洗，骨头就会柔软得像绵一样。

洗澡时要去除身体和脸上的风尘，可以用芋煮汁来洗，不过洗后半天不可见风。

梳头时不掉头发的方法是用两大片侧柏的叶子，两个去壳的核桃、三枚榧子，一起研成碎末，来擦头皮，或蘸着水经常搽也可以。

去掉黑痣的方法：将桑树灰、柳树灰、小灰、陈草灰、石灰共五种灰，用水煎成浓汤，再放入一点浓醋，用它来点痣就可以了。

吸进鼻子里的气息，阳盛时在左边，阴盛时在右边，等到那个时间气息就变得强盛，阴阳交换时两边的气息都会变得微弱。

妇人月信断三五日交接者是男，二四日交接者是女。

夏月面最热，扇面则身亦凉。冬月足最冷，烘足则身亦暖。

善睡者以淡竹叶晒干为细末，用二钱水一盏调服，则终夜不寐，可以防贼。如以热汤调服，则睡至晓。

附子末数钱，用水两碗煎数沸濯足，远行足不痛。

宣州木瓜治脚气，煎汤洗之。

面上生疮，疑是漆咬者，以生姜擦之，热则是，不热即非。

患咳逆，闭气少时即止。

脚麻，以草芯贴眉心，左麻贴右，右麻贴左。

蹉气筋骨牵痛则正坐，随所患一边，以足加膝上立愈。

脚筋抠，左脚操起右阴子，右脚操起左阴子，即止。

身上疖毒初起，以中夜睡觉未语时唾津涂之，涂数十次，渐消。

左边鼻衄，用带子缚七里穴。

脚转筋，款款攀足大拇指少顷，立止。

新为僧道，熬猎油涂网巾痕，数日后即一色。

［译文］　女人月经停止三天或五天后同房会生男孩，两天或四天后同房会生女孩。

夏天时脸最热，用扇子扇脸身体也会凉快起来。冬天脚最冷，用火烤脚身体也觉得暖和。

嗜睡的人可以把淡竹叶晒干研成细末，取二钱水置入一杯冲服下去，就能整夜不睡觉，可以用来防贼。如果用热水冲服，就可以一觉睡到天亮。

取几钱附子末，用两碗水煎沸后洗脚，即使走远路脚也不会疼痛。

宣州产的木瓜可以治脚气，用木瓜来煎汤洗脚就可以。

脸上长了疮，怀疑是因为漆过敏产生的，用生姜来擦拭，如果感觉发热就可确定是漆过敏，如果不热就不是。

打嗝的话，屏住一会儿呼吸就可以了。

腿脚麻木，把草芯贴在眉毛中间，左脚麻木贴右眉，右脚麻木贴左眉。

岔气了感觉筋、骨牵扯疼痛，就先坐正，在疼痛那一侧，把脚放在膝盖上马上就好。

男人脚抽筋，如果是左脚抽筋就抓起右边的睾丸，如果是右脚抽筋就抓起左边的睾丸，立刻可以停止抽筋。

身上刚生了疮毒，用半夜睡觉没说话前的唾沫涂抹几十次，就会逐渐消失。

左边鼻子流血，就用带子绑住七里穴。

脚转筋了，慢慢攀一会儿脚大拇指，就会停止。

刚成为僧人或道士的人，熬些猪油来涂抹以前戴网巾的痕迹，几天后头皮就变成一样的颜色了。

衣服

夏月衣霉，以东瓜汁浸洗，其迹自去。

北绢黄色者，以鸡粪煮之即白，鸽粪煮亦好。

墨污绢，调牛胶涂之，候干揭起，则墨与俱落，凡绢可用。

血污衣，用溺煎滚，以其气熏衣，隔一宿以水洗之，即落。

绿矾百草煎污衣服，用乌梅洗之。

鞋中著樟瑙，去脚气。用椒末去风，则不疼痛。

洗头巾，用沸汤入盐摆洗，则垢自落。一云以热面汤摆洗，亦妙。

［译文］ 夏天衣服发霉，用冬瓜汁浸泡后再洗，那些发霉的痕迹就自然消失了。

北绢若变黄，用鸡粪加水来煮就立刻变白，用鸽粪煮也很好。

墨汁污染了丝绢，调一些牛胶涂抹，等干了揭起来，墨迹就会和牛胶一起脱落下来，凡是绢类都可用这个办法。

血弄脏衣服，把尿液烧开，用它的蒸气熏衣服，隔一夜用水洗，就可以洗掉。

绿矾或各种草的汁液污染了衣服，可以用乌梅来清洗衣服。

鞋里放樟脑，可去除脚气。用椒末可以去除风邪，不会感到疼痛。

洗头巾的时候，在开水中放盐来漂洗，污垢就会自然脱落。还有一种说法是用热面汤来漂洗，效果也很好。

槐花污衣，以酸梅洗之。

绢作布夹里，用杏仁浆之，则不吃绢。

伏中装绵布衣，无珠；秋冬则有。以灯芯少许置绵上，则无珠。

茶褐衣缎，发白点，以乌梅煎浓汤，用新笔涂发处，立还原色。

酒醋酱污衣，藕擦之则无迹。

霉黴衣，以枇杷核研细为末，洗之，其斑自去。

毡袜以生芋擦之，则耐久而不蛀。

红苋菜煮生麻布，则色白如苎。

杨梅及苏木污衣，以硫黄烟熏之，然后水洗，其红自落。

油污衣，用蚌粉熨之，或以滑石、或以图书石灰熨之，俱妙。

膏药迹，以香油搓洗自落，后用罗卜汁去油。

墨污衣，用杏仁细嚼擦之。

洗毛衣及毡衣，用猪蹄爪汤乘热洗之，污秽自去。

葛布衣折好，用蜡梅叶煎汤，置瓦盆中浸拍之，垢即自落，以梅叶揉水浸之，不脆。

油污衣，用白面水调罨过夜，油即无迹。

去墨迹，用饭粘搓洗，即落。

罗绢衣垢，折置瓦盆中，温泡皂荚汤洗之，顿按翻转，且浸且折，垢秽尽去。弃前水，复以温汤浸之，又顿拍之，勿展开，候干折藏之，不浆不熨。

[译文] 槐花弄脏了衣服，可以用酸梅洗净。

用绢作布的夹里，用杏仁来浆洗，绢就不会脱落到布里。

夏天缝制棉布衣，棉花不会起球；而秋、冬季节缝制时就会起球。在棉絮上放一些灯芯，就不会起球。

茶弄脏了衣服，生出白点，用乌梅熬浓汤，再用新毛笔蘸汤涂在白点上，马上可以恢复原来的颜色。

酒、醋、酱污染了衣服，用藕擦拭一下就没有痕迹了。

霉斑弄脏了衣服，可以把枇杷核研成细末，来洗衣服，霉斑会自然消去。

用生芋头擦拭毡袜，就会耐久而且不会生蛀虫。

用红苋菜煮生麻布，布的颜色就会像白苎一样洁白。

杨梅或苏木弄脏了衣服，可以用硫黄烟熏，然后用水冲洗，那些红颜色就会自然消失。

油弄脏衣服，可以用蚌粉或用滑石粉、图书石灰熨烫，效果都很好。

膏药的污迹，用香油搓洗后会自然掉下来，然后再用萝卜汁洗去香油。

墨汁弄脏了衣服，可以用杏仁嚼烂擦拭。

洗毛衣或者毡衣时，用猪蹄熬的汤趁热来洗，就可以把脏东西洗掉。

葛布衣折叠好，用蜡梅叶熬汤，放在瓦盆里浸泡并且拍打，污垢就会自然脱落下来，把梅叶糅到水里浸泡衣服就不会太硬挺。

油弄脏了衣服，用白面水调好涂在油迹上盖一夜，油斑就会消失。

去除墨迹时，用饭粘住然后搓洗，墨迹就会掉下来。

罗绢质地的衣服染上污垢后，叠起来放在瓦盆里，用温水泡后再用皂荚汤清洗，提、按、翻、转，一边浸泡一边拍打，污垢就会全部被洗掉。倒掉脏水，再用温水浸泡，再搓洗、拍打，不要展开，等干了后就折叠收藏起来，不用上浆也不用熨烫。

颜色水垢，用牛胶水浸半日，温汤洗之。

洗白衣，白菖蒲用铜刀薄切，晒干作末，先于瓦盆内用水搅匀，捋衣摆之，垢腻自脱。

洗细绢衣，用萝卜汁煮之。

洗皂衣，浓煎栀子汤洗之。

黄泥污衣，用生姜汁搓了，以水摆去之。

洗油污衣，滑石天花粉不拘多少为末，将污处以炭火烘热，以末糁振去之。如未净，再烘，再振，甚者不过五次。

漆污衣，杏仁、川椒等分研烂揩污处，净洗之。

墨污衣，用杏仁去皮尖茶子等分为末糁上，温汤摆之洗，字则压去。油罗极细末糁字上，以火熨之。又法：以白梅捶洗之。

蟹黄污衣，以蟹脐擦之即去。

血污衣，即以冷水洗之即去。

洗油帽，以芥末捣成膏糊上，候干，以冷水淋洗之。

[译文] 被有颜色的水弄脏后，可以用牛胶水浸泡半天，再用温水洗净。

清洗白色的衣服时，将白菖蒲用铜刀切成薄片，晒干研成末，先放到瓦盆里用水搅匀，提着衣服在里面摆摆，污垢就自然消失了。

清洗丝绸和绢等质地的衣服，可以用萝卜汁来煮。

清洗黑色的衣服，可以用熬得较浓的栀子汤来洗。

黄泥弄脏了衣服，用生姜汁搓完一遍，再用清水摆洗一下就可以了。

清洗被油弄脏的衣服，用滑石粉、天花粉，不论多少研成细末，把弄脏的地方用炭火烤热，以粉末擦拭污点可以去掉污迹。如果还不干净，可再烤一回，再擦拭，最脏的也用不了五次。

漆弄脏的衣服，把等量的杏仁和川椒研烂涂在脏污的地方，用水清洗就可以了。

墨汁弄脏衣服，把等量的杏仁去皮和尖茶子一起研成细末敷在脏污的地方，温水漂洗，去除字迹则需要把杏仁的油压出来，用罗筛成非常细的末，涂在字上，用火熨它。另有一法，用白梅捶打清洗。

蟹黄弄脏衣服，用蟹脐擦拭，就可以除去。

血弄脏衣服，马上用冷水洗，就可以洗掉。

清洗沾油污的帽子，把芥末捣成膏糊在帽子上，等它晾干，再用冷水冲洗。

饮食

炙肉，以芝麻花为末，置肉上，则油不流。

糟蟹久则沙，见灯亦沙，用皂角一寸置瓶下，则不沙。

煮老鸡，以山楂煮即烂，或用白梅煮，亦妙。

枳实煮鱼则骨软，或用凤仙花子。

酱内生蛆，以马草乌碎切入之，蛆即死。

糟茄入石绿，切开不黑。

糟姜，瓶内安蝉，虽老姜亦无筋。

食蒜后，生姜、枣子同食少许，则不臭。

煮饭以盐硝入之，则各自粒而不粘。

米醋内入炒盐，则不生白衣。

用盐洗猪脏肚子则不臭。

腌鱼，用矾盐同腌，则去涎。

凡杂色羊肉入松子，则无毒。

藕皮和菱米同食，则甜而软。

芥辣，用细辛少许与蜜同研，则极辣。

晒胡芦干，以藁本汤洗过，不引蝇子。

杨梅核与西瓜子，用柿漆拌，晒干，则自开，只拣取仁。

[译文] 烤肉时，把芝麻花磨成末，放在肉上，肉里的油就不会流出来。

糟蟹放的时间长了就会变沙，见到灯光也会变沙。把一寸长的皂角放在瓶子下面，就不会变沙。

煮老鸡时，加些山楂煮就会煮烂，或者用白梅煮，也很好。

用枳实煮鱼，鱼刺会变软，也有人用凤仙花子。

酱内长了蛆，把马草乌切碎放进去，蛆就会死掉。

腌制茄子时放些孔雀石，茄子切开里面不会变黑。

腌制姜时，瓶里放些蝉壳，即使是老姜也不会有筋。

吃了大蒜后，把生姜和枣子放在一起吃一些，就不会有臭味。

蒸米饭时往里面放一些盐硝，米饭就不会粘在一起。

米醋里放一些炒过的盐，就不会长醋花。

用盐洗猪的内脏就不发臭。

用矾和盐一起来腌鱼，可以去除腥味。

杂色羊肉里放一些松子，就没有毒性了。

藕皮和菱米一起吃，就会又甜又软。

芥末味辣，加少许细辛和蜜一起研磨，会非常辣。

晒葫芦干的时候，用香草藁本所熬制的汤洗过，就不会招来苍蝇。

杨梅核和西瓜子，用柿漆搅拌，晒干后，就会自动裂开，就可以拣取果仁了。

鸭蛋以硇砂画花写字，候干，以头发灰汁洗之，则花直透内。

炒白果、栗子，放油纸撚在内，则皮自脱。

夏月鱼肉放香油，耐久不臭。萝卜梗同煮银杏，则不苦。

煮芋，以灰煮之则酥。煮藕，以柴灰煮之，则糜烂，另换水放糖。

榧子与甘蔗同食，其渣自软，与纸一般。

晒肉脯，以香油抹之，不引蝇子。

食荔枝，多则醉；以壳浸水饮之则解。

腌鸭蛋，月半日做，则黄居中。一云日中做。

韶粉去酒中酸味，赤豆炒热入之，亦好。

荷花蒂煮肉，精者浮，肥者沉。

鸭蛋以金刚根同煮，白皆红。

天落水做饭，白米变红，红米变白。

饮酒欲不醉，服硼砂末。

吃栗子，于生芽处咬破气，一口剥之，皮自脱。

竹叶与栗同食，无渣。

茄干灰可腌海蜇。

寸切稻草可煮臭肉，其臭皆入草内。

煮老鹅，就灶边取瓦一片同煮，即烂。

吃蟹后，以蟹脐洗手，则不腥。

豆油煮豆腐有味。

［译文］ 用火山灰在鸭蛋上画花写字，等干了之后，再用头发灰调制的水来清洗，花纹就可以直接透到蛋壳内面。

炒白果、栗子，在里面放些油纸，果壳会自行脱落下来。

夏天在鱼肉里放一些香油，可以保存很长时间不发臭。萝卜梗和银杏一起煮，就不苦。

用灰来煮芋头就会很酥，用柴灰来煮藕就会很烂，另换水再加糖。

榧子和甘蔗一起吃，它们的渣子会自行变软，像纸一样。

晒肉干时，抹一些香油，不会招来苍蝇。

吃荔枝，吃多了会醉；把荔枝壳泡在水里，喝了就会解除醉态。

腌鸭蛋时，在每月的月半时做，蛋黄就在正中。也有人说，要在一天的中午做。

铅粉可去除酒里的酸味，红豆炒热放到酒里，也很好。

煮肉时放些荷花蒂，瘦肉会浮起来，肥肉会沉下去。

鸭蛋和金刚根一起煮，蛋白会全变红。

用天上降下的雨水做饭，会让白米变红，红米变白。

想要喝酒而不醉，可以吃一些硼砂末。

吃栗子时，在栗子长芽的地方咬破，一口剥开，壳自然会脱落下来。

竹叶和栗子一起吃，就不会有渣。

茄干的灰可以腌制海蜇。

把稻草切成一寸长可以用来煮臭肉，肉的臭味都可进到稻草里面。

煮老鹅时，在灶边取一片瓦一起煮，很快就可以煮烂。

吃过螃蟹后，用蟹脐洗手，就不会有腥气。

用豆油来煮豆腐更有味道。

篱上旧竹篾缚肉煮，则速糜。

馄饨入香蕈在内不嗳。

食河豚罢，以萝卜煎汤涤器皿，即去其腥。

灯草寸断，收糖霜重间之为佳。

糖霜用新瓶盛贮，以竹箬纸包好，悬于灶上，两三年不溶。

糟姜入瓶中，糁少许熟栗子末于瓶口，则无滓。

糟姜时，底下用核桃肉数个，则姜不辣。

糟茄，须旋摘便糟，仍不去蒂萼为佳。

干蓼草上下覆铺，以贮糯米，则不蛀。

豆黄和松叶食之，甚美，可作避地计。

沙糖调水洗石耳，极光润。

食梅齿软，以梅叶嚼之，即止。生甜瓜以鲞鱼骨刺之，经宿则熟。

伏中合酱与面，不生蛆。

收椒，带眼收，不带叶收，不变色。

日未出及已没下酱，不引蝇子。

醉中饮冷水，则手颤。

造酱之时，缸面用草乌头四个置其上，则免蝇蚋。

[译文] 用篱笆上的旧竹片捆着肉来煮，肉很快就能被煮烂。

馄饨里放一些香菇，吃后就不会打嗝。

吃过河豚，用萝卜烧开水来洗碗筷，就可以去除腥气。

把灯草切成一寸长的小段，收藏白糖时一层白糖一层灯草最好。

用新瓶来装白糖，用竹叶纸包好，悬挂在灶上，两三年都不会消融。

腌制姜放在瓶里，在瓶口撒一些熟栗子末，就不会有沉渣。

腌制姜时，在下面放几个核桃仁，姜就不辣。

腌制茄子时，需要随摘随腌，不去掉茄子蒂为好。

用干的蓼草分别铺盖在糯米的上下两端来储藏，可以防虫蛀。

把豆黄和松叶放在一起吃，味道很好，还可以作为隐居时的食物。

水里放些砂糖来洗石耳，可以洗得很干净。

吃梅子牙齿会酸软，嚼一片梅叶，就可以防止。生甜瓜用腌鱼的刺扎一下，过一夜就熟了。

夏天做酱和面，不会生蛆。

收花椒，带着花椒籽一起收，不要带叶收，就不会变色。

日出前或日落后做酱，不会招苍蝇。

喝醉酒时喝凉水，手就会发抖。

做酱的时候，在缸面上放上四个草乌头，就可以防止苍蝇、蚊子飞来。

器用

商嵌铜器以肥皂涂之，烧赤后，入梅锅烁之，则黑白分明。

黑漆器上有朱红字，以盐擦则作红水流下。

油笼漆笼漏者，以马屁浡塞之，即止。肥皂围塞之，亦妙。

柘木以酒醋调矿灰涂之，一宿则作间道乌木。
漆器不可置莼菜，虽坚漆亦坏。
热碗足烫漆桌成迹者，以锡注盛沸汤冲之，其迹自去。
铜器或鍮石上青，以醋浸过夜，洗之自落。
针眼割线者，用灯烧眼。
锡器上黑垢，用焊鸡鹅汤之热者洗之。

［译文］ 加了镶嵌装饰的铜器涂上肥皂，烧红后，放到梅锅里烧，会黑白分明。
黑漆器上如果有朱红色的字，用盐擦拭字就会变成红水流下来。
油笼漆笼如果漏了，用马勃菌塞住，就不漏了。肥皂塞住，也很好。
柘木用酒醋调和矿灰涂抹，一夜间就变成了有缝隙的乌木。
漆器不可以用来装莼菜，即使是最好的漆也会损坏。
热碗底把漆桌上烫出痕迹，用锡器装上开水一冲，痕迹就消失了。
铜器和石头上如果有青斑，用醋泡一夜，再用水清洗就脱落了。
针眼如果会切断线，用灯烧一下针眼就不会断线了。
锡器上的黑色污垢，可以用鸡、鹅炖的热汤来清洗干净。

酒瓶漏者，以羊血擦之则不漏。
碗上有垢，以盐擦之。
水焊炭缸内，夏月可冻物。
刀锈，木贼草擦之。
皂角在灶内烧烟，锅底煤并烟突煤自落。
肉案上抹布，以猪胆洗之，油自落。
焊炭瓶中安猫食，不臭，虽夏月亦不臭。
藁本汤布拭酒器并酒桌上，蝇不来。

香油蘸刀则不脆。

琉璃用酱汤洗油自去。

铁锈以炭磨洗之。刀钝以干烰炭擦之则快。

泥瓦火煅过，作磨刀石。

洗刀洗铁皮，松木杉木铁艳粉为细末，以羊脂炒干为度，用以擦刀，光如皎月。

洗缸瓶臭，先以水再三洗净却，以银杏捣碎，泡汤洗之。

荷叶煎汤，洗锡器极妙。

［译文］ 酒瓶如果漏了，用羊血擦拭一下就不漏了。

碗上有污垢，可以用盐擦掉。

在木炭缸里倒上水，夏天也可用来冻东西。

刀生了锈，可以用木贼草来擦拭干净。

把皂角放在锅灶里烧出烟来，锅底的煤和烟囱里的煤灰就会自动脱落下来。

肉案上的抹布，用猪胆来清洗，上面的油污会自行脱落下来。

在炭瓶里放猫食，不会发臭，即使是夏天也不会变臭。

用香草藁本熬的热水擦酒器或者酒桌，苍蝇就不会飞过来。

用香油蘸刀，刀就不会发脆。

琉璃用酱汤清洗，就可以把上面的油渍清洗干净。

用炭可以打磨洗去铁锈。刀若用钝了可以用干炭擦拭，就会变得锋利起来。

用火煅烧过的泥瓦，可以当磨刀石来用。

洗刀或洗铁皮时，把松木、杉木、铁艳粉研为细末，用羊油炒干，用来擦拭，可让刀像月亮一样光洁。

洗缸瓶的臭味，可以先用水清洗几次，然后把银杏捣碎，用开水浸泡再洗。

用荷叶烧开水，来洗锡器最好。

釜内生锈，烧汤，以皂荚洗之如刮。

松板作酒榨，无木气。

镀白铜器，用萱草根及水银揩之如新。

锡器以木柴灰煮水，用木贼草洗之如银。或用腊梅叶，或用肥皂热水，亦可。

瓷器记号，以代赭石写之，则水洗不落。

竹器方蛀，以雄黄、巴豆烧烟熏之，永不蛀。

凡竹器蛀，以莴苣煮汤，沃之。

定州瓷器一为犬所舐，即有璺纹。

漆器以覆苋菜，便有断纹。

雨伞、油衣、笠子雨中来，须以井水洗之；不尔，易得脆坏。

[译文] 锅里面生了锈，烧上开水，用皂荚来洗，就像刮过的一样干净。

用松板来做压榨酒的工具，就不会有木头的气味。

镀了白铜的器皿，用萱草根或者水银擦拭会像新的一样。

锡器可以用木柴灰煮水，再用木贼草一起清洗，就会像银器一样亮。或者用腊梅的叶子，或者用肥皂热水，也可以。

瓷器上要做记号，用代赭石写在上面，即使用水来洗也不会掉。

竹器刚被虫蛀时，用雄黄、巴豆烧的烟来熏，永远不会有虫蛀。

凡是竹器被虫蛀，用莴苣煮开水，浇一遍就可以了。

定州的瓷器一旦被狗舔过，就会有裂纹。

用漆器来盖苋菜，就会有断纹。

雨伞、油衣、笠子如果淋了雨，要用井水清洗；否则，容易变脆损坏。

铜器不得安顿米上，恐霉，坏其声。

手弄地栗，不可弄铜器，击之必破。

新锅先用黄泥涂其中，贮水满，煮一时，洗净，再干烧十分热，用猪油同糟遍擦之，方可用。

漆污器物，用盐干擦。

酒污衣服，用藕擦。

器旧，用酱水洗。

藤床椅旧，用豆腐板刷洗之。

鼓皮旧，用橙子瓤洗之。

汤瓶生碱，以山石榴数枚，瓶内煮之，碱皆去。

桐木为轿杠，轻复耐久。

瓷器捐缺，用细筛石灰一二钱、白芨末二钱，水调粘之。

铁器上锈者，置酸泔中浸一宿取出，其锈自落。

松杓初用当以沸汤；若入冷水，必破。

试金石，以盐擦之，则磨痕尽去。

［译文］ 铜器不要放在米上面，害怕会发霉，会破坏它的声音。

手里拿着荸荠，就不可以拿铜器，不然的话，两者撞击一定会把铜器打破。

新锅先在里面用黄泥涂上，装满水后，再煮一个时辰，洗干净，再干烧到十分热，然后用猪油和酒糟擦拭一遍，才可以用。

油漆污染了器物，可以用盐来干擦。

酒弄脏了衣服，可以用藕来擦干净。

器物用旧了，可以用酱水来清洗。

藤床、藤椅用旧了，用豆腐板刷洗它们。

鼓皮旧了，可以用橙子瓤清洗。

水壶生了水垢，用几枚山石榴，放在水壶里煮，水垢就会全部除掉。

桐木做轿杠，又轻盈又耐久。

瓷器有缺损，用细筛子筛出一二钱的石灰、二钱白芨末，用水调和后可以粘好。

铁器生了锈，放在酸泔里浸泡一个晚上再取出来，铁锈就会自行脱落。

松木做的勺子刚开始用的时候应当盛热水；如果用来盛冷水，一定会破裂开。

试金石，用盐来擦，上面的磨痕就会全部去掉。

文房

研墨出沫，用耳膜头垢则散。

蜡梅树皮浸水磨墨，有光彩。

矾水写字令干，以五棓子煎汤浇之，则成黑字。

肥皂浸水磨墨，可在油纸上写字。

肥皂水调颜色，可画花烛上。

磨黄芩写字在纸上，以水沉去纸，则字画脱在水面上。

画上若粉被黑或硫烟熏黑，以石灰汤蘸笔，洗二三次，则色复旧。

蓖麻子油写纸上，以纸灰撒之，则见字。一云杏仁尤妙。

［译文］ 研墨时如果有泡沫，可以用耳屎或头垢放在里面就可以消去。

蜡梅树皮蘸水研出来的墨汁，很有光泽。

矾水写字晾干，再用五棓子煎汤浇它，就会变成黑字。

肥皂浸水后磨墨，可以在油纸上写字。

肥皂水调颜色，可以在蜡烛上画花。

磨黄芩在纸上写字，用水把纸脱去，字画就可以脱在水面上。

画上的粉如果被黑色或者硫烟熏黑，可以用笔蘸着石灰汤，洗两三次，颜色就可恢复原样。

用蓖麻子油在纸上写了字，用纸灰撒在上面，就可以看见字。还有人说用杏仁效果会更好。

冬月以酒磨墨，则不冻。

盐卤写纸上，烘之，则字黑。

冬月以杨花铺砚槽，则水不冰。

花研中入火烧瓦一片，则不臭。

收笔，东坡用黄连煎汤，调轻粉蘸笔，候干收之。

擦金扇油，用绵子渍鹿血，藏久擦之，甚妙。

补字，以新面巾一个，用石灰少许投入，即化为粘水，贴上，悠久又无迹。

洗字，扇头绫轴上讹字，用陈酱调水笔蘸，照字写上，须臾擦去，无痕。

取错字法，蔓荆子二钱，龙骨一钱，相子霜五分，定粉少许，同为末，点水字上，以末糁之，候干即拂去。

砚不可汤洗。真龙涎香烧烟入水，假者即散。夷使到本朝，本朝烧之，使者曰："此真龙涎香也。"烧烟入水，果如其言。

[译文] 冬天用酒来研墨，就不会上冻。

用盐卤在纸上写字，火烘烤后，字迹就变成黑色。

冬天在砚槽里铺上杨花，水就不会结冰。

花瓶中放一片火烧瓦，水就不会发臭。

收笔的方法，苏轼用黄连烧开水，再调些轻粉来蘸笔，等干了以后收起来。

擦掉金扇油污的方法，用绵团蘸一些鹿血，收藏的时间长一点，然后再来擦拭，效果非常好。

补字的方法，用一个新面巾，放少量的石灰进去，就会变成胶水，贴到要补的地方，既持久又没有痕迹。

洗字的方法，扇头或绫轴上若有错字，用笔蘸着陈酱调的水，照字的样子写上去，一会儿擦掉，不会有痕迹。

清除错字的方法，用蔓荆子二钱，龙骨一钱，相子霜五分，淀粉少许，一起研成末状，在字上点水，再用细末敷到上面，等干了就可以擦掉。

砚台不能用热水清洗。真的龙涎香烧出的烟可以进到水中，假的遇到水就会散开。外国的使者来到我国，朝廷烧了龙涎香，使者说:“这是真的龙涎香。”烧出的烟进到水中。果然和他说的一样。

裱褙打糊，入白矾、黄蜡、椒末和之，褙书画，虫鼠不敢侵。

裱褙书画，午时上壁，则不瓦。又云日中晒多日，亦不瓦。一云用罗卜汁少许打糊，则不瓦。

打碑纸，先以胶矾水湿过，方用。

新刻书画板，临印时，用糯米糊和墨，印两三次，即光滑分明。

打碑，挼皂荚水滤去滓，以水磨墨，光彩如漆。

鹿角胶和墨，最佳。和墨一两，入金箔两片，麝香三十文，则墨熟而紧。

造墨，用秋水最佳。

蓖麻子擦研，滋润。

洗油污书画法，用海漂硝、滑石各二分，龙骨一分半，白垩一钱，共为细末，用纸如污衣法熨之，大凡污多已干者，仍以油渍之。迹大，不妨。否则以水浸一宿，绞干，用药亦可。

瓶中生花，用草紧缚其枝，插在瓶中，可以耐久。

试墨点黑漆器中，与漆争光者，绝品也。

［译文］ 裱褙用的糨糊，放入白矾、黄蜡、椒末一起调和，用这种糨糊来装褙书画，蛀虫和老鼠都不敢来侵害。

裱褙书画时，如果在午时上墙，就不会凹凸不平。又有人说，在正午时多晒几天，也不会凹凸不平。还有人说用少量的萝卜汁来打糨糊，就不会凹凸不平。

拓碑的纸，需要先用胶矾水蘸湿一下，才可以使用。

新雕刻的书画印板，临到刷印时，用糯米糊和墨汁刷印两三次，雕版就会光滑分明。

拓碑的方法，揉搓皂荚水并滤去渣滓，用这种水来磨墨，拓出的墨色就光彩如漆。

用鹿角胶来调墨，效果最好。调一两墨，放入两片金箔，三十文麝香，那么墨就醇熟而紧致。

制作墨块，用秋天的水为最好。

用蓖麻子擦拭砚台，会让砚台很滋润。

洗去书画上油污的方法，用海漂硝、滑石粉各二分，龙骨一分半，白垩一钱，一起研成细末，像熨烫脏衣服一样去熨纸上的污垢，如果油污已经干了，还用油来点它。油迹即使大了也不要紧。不这样的话，还可以用水泡一晚上，绞干后，用药也可以除掉它。

在花瓶中养花，要用草紧紧地捆住花枝，然后插在瓶中，才可以耐久。

试墨时，把墨点在黑色的漆器中，如果可以和漆比出高下，那就是绝品了。

金珠

珍珠经年油浸，及犯尸气色昏者，团饭中以喂鸡或鸭或鹅，俟其粪下，收洗如新。

鹅鸭粪晒干烧灰，热汤澄汁，以油珠绢袋盛洗之光净。

银丝器不可用杉木作奁盛，久之色黑。

代赭石作末和盐煮金器，颜色鲜明。

玉器如打破，以白矾火上熔化，粘之，补瓷器亦妙。

象牙如旧，用水煮木贼令软，洗之。再以甘草煮水，又洗之，其色如新。

[译文] 珍珠被油浸泡多年或者被尸体的气息所冲犯而色泽变得昏暗的话，可以裹在饭里喂给鸡或者鸭或者鹅，等它们随粪便排出来，再拾回来清洗一下，就像新的一样。

鹅、鸭的粪晒干烧成灰，倒入热水中沉淀后，把油污的珍珠放在绢袋里用这种水清洗，就会光彩洁净。

银丝器不可以用杉木做的梳妆盒来装，时间长了银丝会变黑。

代赭石研成细末加盐一起煮金器，颜色会变得鲜艳明亮。

玉器如果被打破，用白矾在火上烧化，可以粘住破损的地方，用来修补瓷器也很好。

象牙如果用旧了，用水把木贼草煮软，用来清洗。再用甘草煮水，再洗一遍，颜色就会像新的一样。

多年玉灰尘，以白梅汤煮之，刷洗即洁。

珠子用乳汁浸一宿，洗出鲜明。

象牙笏曲者，用白梅汤煮绵，令热，裹而压即直。

旧象牙箸煮木贼草令软，擦之，再以甘草汤洗之。又法：以白梅洗之，插芭蕉树中，二三日出之，如新。

洗赤焦珠，木槵子皮热汤泡洗之。研，萝卜汁浸一宿即白。

煮象牙，用酢酒煮之，自软。

[译文] 放置多年的玉如果上面有灰尘，用白梅汤煮一下，刷洗一遍就会变得很干净。

珠子用乳汁浸泡一个晚上，清洗干净就会鲜艳明亮。

象牙如果像笏一样弯曲，用白梅汤煮棉布，加热后，裹住象牙压一压就可以使之变直了。

旧的象牙筷子，用煮软的木贼草擦拭，再用甘草汤清洗。还有一个方法，即用白梅洗它，插在芭蕉树里，两三天后再取出来，就会光亮如新。

清洗赤焦珠，用木槵子的皮加热水浸泡，然后清洗。也可以用榨萝卜汁，浸泡一个晚上就会变白。

煮象牙时，用醋或酒，象牙就会变软。

果品

收枣子，一层稻草一层枣，相间藏之，则不蛀。

藏栗不蛀，以栗篰烧灰淋汁，浸二宿出之，候干，置盆中，以沙覆之。

藏西瓜，不可见日影，见之则芽。

收鸡豆，晒干入瓶，箬包好，埋之地中。

藏金橘于绿豆中，则经时不变。

藏柑子，以盆盛，用干潮沙盖。木瓜同法。

收湘橘，用汤煮过，瓶收之，经年不坏。

藏胡桃，不可焙，焙则油。

藏梨子，用罗卜间之，勿令相著，经年不坏。

梨蒂插萝卜内，亦不得烂。藏香团，同法。

栗子与橄榄同食，作梅花香。

炒栗子、白果，拳一个在手，勿令人知，则不爆。

水杨梅入烰炭，不烂。

以缸贮细沙，藏柑橘、梨、榴之属于其中，久而不坏。如柑橘顿近米处，便速烂。

梨子纸裹入新瓶，可藏至二月。

石榴煎米泔百沸汤，淖过晾干，可至来年夏，不损坏。

[译文] 收藏枣子的时候，铺一层稻草放一层枣，互相间隔着收藏，枣子就不会被虫蛀。

若要储藏的栗子不被虫蛀，把栗蒲烧成灰用水调成汁，把栗子泡在里面两个晚上再拿出来，等晾干后，放在盆里，用沙子盖住就可以了。

贮藏西瓜时，不要让太阳照到，照到就会发芽。

收藏鸡头米时，晒干后再放入瓶中，要用竹叶包好，埋到地底下。

把金橘藏到绿豆里面，长时间不会变坏。

贮藏柑子，可以用盆子来盛，并用干潮的沙子盖住。贮藏木瓜，可用一样的方法。

收藏湘橘时，用开水煮过的瓶子收藏，多年都不会坏。

贮藏核桃，不可以烘焙，烘焙就会出油。

贮藏梨子，用萝卜将其分开，不要让梨子挨着，多年都不会坏。

把梨子的蒂插到萝卜里，就不会烂掉。贮藏香团，也可用一样的方法。

栗子和橄榄一起吃，会有梅花的清香。

炒栗子或白果，手里拿一个，不要让人知道，就不会爆锅。

水杨梅放到木炭中间，不会腐烂。

用缸装细沙，在里面贮藏柑橘、梨、石榴之类的水果，长时间不会腐烂。如果把柑橘放在靠近放米的地方，会很快腐烂。

梨子用纸裹好放入新瓶，可以贮藏达二个月。

石榴用煎米泔百沸汤过一遍晾干，可以放到第二年的夏天，不会腐烂。

梨子藏北枣中，可以致远。

榧子用盛茶瓶贮之，经久不坏。

藏生枣子用新沙罐，一层淡竹叶枝，古老铜钱数个，白矾少许，浸水井内，经年不坏。

藏桃、梅之属于竹林中，拣一大竹，截去上节，留五尺，通之，置果于竹中，以箬封泥涂之，隔岁如新撷。

摘银杏，以竹篾箍其根，过一宿，击篾则实尽落。

鸡豆子连蒲元水藏于新瓷器内，供时旋剥，甚妙。

蜜饯夏月多酸，可用大缸盛细沙，时以水浸湿，置瓶其上，即不坏。

梨子怕冻，须用沙瓮，著稻糠拌和藏之，以草塞瓶口，使其通气，可留过春。

松子用防风数两置裹中，即不油。

梨子每个以其柄插萝卜中，藏漆盒内，可以久留。

风栗，以皂荚水浸一宿，取出晾干，篮盛挂当风，时时摇之。

[译文] 梨子藏在北枣中，可以运到很远的地方去。

榧子用装茶的瓶子贮藏，可以很长时间都不坏。

用新沙罐贮藏生枣子，铺一层淡竹叶枝，再放入几个旧铜钱，再放一点白矾，浸到水井里面，多年都不会坏。

在竹林里贮藏桃、梅之类的水果，找一根大竹子，截去上面的竹节，留下五尺长，凿通中间的竹节，将水果放到竹子中，用竹叶封起来并用泥涂敷一遍，隔一年拿出来还像刚摘的一样新鲜。

采摘银杏时，用竹篾箍住根部，过一夜，敲一下竹篾，银杏果就会全部落下来。

鸡头子和蒲元水一起藏在新瓷器里面，随时都可以剥开，非常好。

蜜饯夏天时很容易发酸，可以用大缸装上细沙，经常用水浸湿，把装蜜饯的瓶子放在上面，就不会坏了。

梨子怕冻，需要用沙瓮加稻糠拌好贮藏，用草塞住瓶口，让它能够透气，就能留到春天以后。

贮藏松子时用几两防风一起放在包裹里，松子就不会出油。

贮藏梨子时把每个梨子的柄部都插到萝卜里，再放入漆盒内，可以放很长时间。

储藏风栗时，用皂荚水泡一晚上，取出晾干，然后用篮子装起来，迎着风挂起来，不时地摇一摇。

收柑橘，用黄砂坛，以晒燥松毛拌之，则不烂。松毛湿，则又晒燥换之。无松毛，早稻草铡断，亦好。

闽中藏生荔枝，六七分熟者，用蜜一瓮浸之，密扎，令水不入，投井中，用时取出，其色如鲜。

收胡桃松子，以粗布作袋，挂当风中。

收桃子，以麦麸作粥，先入少盐，盛盆内，候冷，以桃子纳其中，冬月取以侑酒极佳。

桃不可太熟，须择其颜色青红可爱者。

凡果品皆忌酒，酒气熏即损坏。

葡萄方熟，用蜡纸裹紧，扎封以蜡，可留到冬。

栗蒲安在壳中，可以久留。

食胡桃多者，令人吐血。

黄蜡同栗子嚼，成水。

栗子同橄榄嚼，其味甘清，名曰："风流脯"。

［译文］　收藏柑橘时，要用黄砂坛，用晒干的松针拌好，就不会腐烂。如果松针湿了，就换些晒干的。若没有松针，用铡断的早稻草，也很好。

福建闽中贮藏荔枝，那些六七分熟的，用一瓮蜂蜜浸泡，密封起来，不要让水进到里面，放到井里，用的时候取出来，颜色就像新鲜的一样。

收藏核桃、松子时，可以用粗布做成袋子，挂在迎风的地方。

收藏桃子时，把麦麸熬成粥，先放一点盐，装在盆里，等到冷却后，把桃子放到里面，冬天拿来下酒味道极好。

储藏桃子时，不可以采摘太熟的桃子，要选择颜色青红可爱的。

凡是果品都忌和酒接触，酒气一熏就会损坏。

葡萄刚成熟时，用蜡纸裹紧，再用蜡密封，可以留到冬天。

栗蒲安放在壳里，可以放很长时间。

吃核桃太多，会让人吐血。

黄蜡与栗子一起嚼，会变成水。

栗子和橄榄一起嚼，味道清甜，叫作风流脯。

菜蔬

收芥菜子，宜隔年者则辣。

生姜，社前收无筋。

茄子以淋汁过柴灰藏之，可至四五月。

小满前收腌芥菜，可交新。

葫芦照水种，则多生。或三四株，微去其薄皮，用肥土包作一株。麻皮扎好，其藤粗大生出者，止留一二个养老，其大如斗，可作器用。

［译文］ 收藏芥菜籽，最好收取隔年的，会很辣。

生姜，社日以前收取的没有连筋。

在茄子上洒一些水，放在柴灰里面贮藏，可以放到第二年的四五月份。

小满前采摘腌制芥菜，可以吃到新菜采摘的时候。

葫芦对着水种植，就会结出很多，有的有三四棵，稍微把它的薄皮去掉一些，用拌有肥料的土包成一棵。用麻皮捆扎好，那些藤很粗大并生出葫芦的，只可以留一两棵等它长老，会有斗那么大，可以用来做容器。

花木

冬青树接梅花，则开洒墨梅。

石榴树以麻饼水浇，则多生子。

养石菖蒲无力而黄者，用鼠粪洒之。

花树虫孔，以硫磺末塞之。

木樨蛀者，用芝麻梗带壳束悬树上。

竹多年生米，急截去，离地二尺通去节，以犬粪灌之，则余竹不生米矣。

海棠花以薄荷水浸之，则开。银杏不结子，于雌树凿一孔，入雄树一块，以泥涂之，便生子。

草木花枝羊食，并不发。

芝麻秆挂树上，无蓑衣虫。

牡丹花根下放白术，诸般颜色皆是腰金。

冬瓜蔓上，午时用苕帚打之，则多生。

天道尚左，星辰左旋。地道尚右，瓜瓠右累。

牡丹花每一朵十二瓣，闰月十三瓣。

凡果皆从下生上，惟莲子根从上生下。

［译文］冬青树用来嫁接梅花，就会开出很大的墨梅来。

石榴树用麻饼水来浇灌，就会多结果实。

养殖石菖蒲，如果看上去衰弱变黄，可以撒一点鼠粪。

花树如有虫孔，用硫黄末塞住就可以。

木樨有了蛀虫，把带壳的芝麻秆捆成一束悬挂在树上。

竹子年月长了会生竹米，赶快把生了竹米的竹子截断，把离地二尺的节打通，给里面灌些狗粪，其他的竹子就不会生竹米了。

海棠花用薄荷水浸泡，就可以泡开。银杏不结果，在雌树上凿开一个小孔，把雄树上的一块木头放进去，用泥涂上，就会结出银杏果。

草、树、花的枝条被羊啃吃，就都不会再萌发了。

芝麻秆挂在树上，树上就不会生蓑衣虫。

牡丹花根下面放些白术，所开的牡丹花所有的颜色都会带腰金。

午时用笤帚打冬瓜蔓，就会多结冬瓜。

天上的规则是崇尚左边，所以星辰都向左旋转。地上的规则是崇尚右边，所以瓜果都是右边结得多。

牡丹花每一朵有十二瓣，有闰月时就有十三瓣。

凡瓜果都是地下的供养地上的来结出果实，只有莲子根是地上的供养地下的来结出果实。

贯仲与柏叶同嚼，无苦味。

蜀葵枯枝烧灰，可藏火。

以干竹缚作火把，雨中不灭。

茄秆灰藏火，亦妙。

皂荚树有刺，不可上。每至秋实时，以大篾箍束木身，用木砧砧之令急，一夕自落。

油纸灯入荷花池，叶即腐烂。

杏接梅花，即成台阁梅。

桑树接梨树，生梨，甘脆。

红梨花接海棠成西府。樱桃树接海棠成垂丝。

麻骨插椑柿，一夕即熟。

枸橘树可接诸色佳橘佳柑。

柳树可接桃，桃树可接梅。

冬青树可接木樨。

[译文] 贯仲和柏叶一起嚼，就不会有苦味。

蜀葵的枯枝烧成灰，可以贮藏火。

用干竹子扎成火把，在雨里也不会被浇灭。

茄子秆烧成灰贮藏火，也很好。

皂荚树上面有刺，不能攀爬到上面。每到秋天结出果实时，先用大竹篾束住树身，再用木板敲击催促它，一晚上就会自行落下了。

把油纸灯放进荷花池，荷叶马上就会腐烂。

用杏树嫁接梅花，就会变成台阁梅。

用桑树嫁接梨树，结出的梨子又甜又脆。

用红梨花嫁接海棠，就成了西府海棠。用樱桃嫁接海棠，就成了垂丝海棠。

把麻秆插到椑柿里，柿子一晚上就熟了。

枸橘树可以嫁接各种好的橘子和柑子树。

柳树可以嫁接桃树，桃树可以嫁接梅子。

冬青树可以嫁接木樨。

鸟兽

小犬吠不绝声者，用香油一蚬壳灌入鼻中，经宿则不吠。

乌骨鸡舌黑者，则骨黑；舌不黑者，但肉黑。

鸡未挞翼者，以苕帚赶之，则翼毛倒生。

母鸡生子，与青（一作续）麻子吃，则长生，不抱子。

竹鸡叫，可去壁虱并白蚁。

鹘带帽飞去，立唤则高扬去，伏地叫则来。

鸡黄双者，生两头及三足。

［译文］ 如果小狗不停地叫，用一蚬壳香油灌进它的鼻子里面，一晚上都不会再叫。

乌骨鸡如果舌头是黑色的，那它的骨头也是黑色的；舌头如果不黑，那就只有肉是黑色的。

小鸡还没长翅膀的，用笤帚赶它，它翅膀上的毛就会倒着长。

母鸡生蛋后，和青（也作续字）麻子一起吃，就会一直生蛋，但不会孵出小鸡。

竹鸡的鸣叫，可以去除壁虱与白蚁。

鹘鸟要是叼了帽子飞走，站着叫它，就会高飞而去，趴在地上叫它，就会飞回来。

双黄的鸡蛋，孵出的小鸡会是两个头和三只爪的。

猫眼知时候，有歌曰："子午线，卯酉圆，寅申巳亥银杏样，辰戌丑未侧如钱。"

香狸有四个外肾。

鹰无膆而有肚，食肉故也。飞禽吃谷者有膆。

鸡吃猫饭，能啄人。

胡麻面啖犬，则黑光而骏。

虎至人家盗犬豕食，闻刀刮锅底声则去，盖闻声则齿酸故也。

牛尾短者寿长，尾长者寿短。

猫鼻惟六月六日一次热。

［译文］ 猫眼知道时间，有歌谣唱道："子午眼眯成线，卯酉睁得很圆，寅申巳亥像银杏，辰戌丑未侧如钱。"

香狸有四个外肾。

鹰没有胃却有肚，这是因为它吃肉的原因。吃粮食的飞禽都长有胃。

鸡吃了猫食，就会啄人。

胡麻面喂狗，狗身就会又黑又光而且神骏。

老虎跑到人家里偷猪狗吃，听到刀刮锅底的声音就会逃跑，因为这种声音会让它牙酸。

牛尾短的寿命长，牛尾长的寿命短。

猫的鼻子只有在六月六日这一天会热。

杏仁末与犬食之，即死。

狗欲褪毛，饲以糟，则易褪。

鹿群夜宿，大者角向外，小者在内，圈匝如寨。行兵者仿之，作鹿角寨。

虎豹皮只可焙，不可晒。

猢狲病，吃壁上蟢子，即愈。

狗身上发癞，虫蝇，百部汁涂之，即除。

马背鞍卷破脊梁，以渠中淤泥涂之，即愈。

辨牛黄真假，牛黄如鸡子大，重重叠叠，取置人指甲上磨之，其黄透甲，拭不落者，即真也。

猫癞以柏油擦之。再发，再擦。至三次，即除。猪癞，以猪油擦之，即好。

［译文］ 拿杏仁末给狗吃，会立即死掉。

狗要煺毛的时候，用酒糟来喂养它，毛就很容易煺掉。

鹿群晚上休息的时候，大鹿的犄角朝外，小鹿在里边，围得像营寨一样。打仗的人模仿它们，发明了鹿角寨。

虎豹的毛皮只能用火焙干，不能晒干。

猴子病了，吃墙上的蜘蛛，就会痊愈。

狗身上长癞疮，用虫蝇百部汁涂抹，很快就好。

马背上马鞍磨烂的地方，把车辙中的淤泥涂抹到上面，很快就会好。

区分牛黄真假的方法，牛黄像鸡蛋一样大，重重叠叠，拿来一些用指甲磨，黄色透过指甲，而且擦不掉的，就是真的牛黄。

猫生了癞疮，用柏油擦拭疮口。再长就再擦。擦到第三次，就会根除。猪若长了癞疮，用猪油来擦，马上就会好。

猫洗面至耳，必有客至。

人家燕雀顿绝者，必有火灾。

鹳仰鸣则晴，俯鸣必雨。

鹊巢低，其年大水。鹘初声，或卧闻之，则一年安乐。

猫犬所生皆雄者，其家必有喜事。

犬死，以葵根塞其鼻，良久活。

孔雀毛入眼，损人眼；胆大，毒杀人。

狗虱，用朝瑙擦毛内，以大桶或箱内闷盖之，虱即堕落，急令人掐杀之。

猫狗虱癞，用桃叶捣烂，遍擦其皮毛，隔少顷洗去之，一二次即除。

鸡病，以真麻油灌之。鸡哮，用白菜叶包鼠屎、香油挜之，即好。

鸡瘟，以猪肉切碎喂之。又将雄黄为末，拌饭喂之，立愈。

猪瘟，以萝卜菜连根喂之愈。牛马疥癞，用荞麦秆烧成灰，淋灰汁，浇之愈。

［译文］ 猫洗脸时如果超过了耳朵，家里就会有客人来。

家里的燕子、麻雀忽然消失，就会有火灾。

鹳鸟仰着脖子鸣叫就会是晴天，如果低下头鸣叫则会下雨。

喜鹊的巢若很低，这一年会发大水。鹌鸟初试鸣声，若是有人躺着听到，一年都会平安快乐。

猫和狗生下的都是公的，家里面一定会有喜事。

狗死后，用葵根塞住它的鼻子，过一段时间就会复活。

孔雀毛进入眼睛，会损伤人的眼睛；孔雀的胆很大，可以毒杀人。

狗身上长了虱子，用樟脑擦毛下的皮，再用大桶或箱子把狗盖在里面，虱子就会掉下来，赶快让人把虱子掐死。

猫和狗生了虱子和癞疮，用桃叶捣烂，擦干净它的皮毛，隔一会儿洗掉，一两次就可以除去。

鸡生病，用芝麻油浇到上面。鸡生了哮喘，可以用白菜叶包一些老鼠屎、香油喂给它吃，立刻就会好。

鸡生了瘟病，把猪肉切碎喂它。再把雄黄研成细末，拌到饭里喂它，立刻就会痊愈。

猪生了瘟病，用萝卜菜连根喂它就会痊愈。牛马生了癞疮，把荞麦秆烧成灰，淋成灰汁，浇到它身上，就会痊愈。

牛马瘟，用酒加麝香末些须在内，灌之。

牛马疥癞，用梨卢为末，水调涂之。

鹤病，用蛇或鼠或大麦煮熟喂之。

鹿病，用盐拌豆料喂之，常食菀豆则无病。

煨灶猫，用猪肠或鱼肠，入些须雄黄在内，煨熟饲之。

牛中暑，用胡麻苗捣汁灌之，即好。无苗，即用麻子二三两捣烂，和井水调匀，灌之。

牛马猪驴瘟，用狼毒、牙皂各一两，黄连一两五钱，雄黄、朱砂各五钱为末。猪擦入眼中，牛马驴吹入鼻中。

凡鸡鹅鸭欲其速肥，胡麻子拌饭，加硫磺少许，喂七日，其膘壮异常。

[译文] 牛马如果生了瘟病，用酒加一些麝香末和在里面，灌服。

牛马如果长了癞疮，把藜芦研成细末，用水调好后涂在患处。

鹤生了病，用蛇或老鼠或大麦煮熟喂它。

鹿生了病，用盐拌豆料喂它，经常吃豌豆就不会生病。

治疗煨灶猫，可以用猪肠或鱼肠，加入少许雄黄一起煨熟后来喂它。

牛如果中暑，用胡麻苗捣成汁灌服，就会痊愈。如果没有胡麻苗，也可以用二三两麻子捣烂，用井水调和匀，灌服。

牛、马、猪、驴生了瘟病，可以用狼毒、牙皂各一两，黄连一两五钱，雄黄、朱砂各五钱研成细末。若是猪就擦入它的眼睛中，若是牛、马、驴就吹到它的鼻子中。

如果想让鸡、鹅、鸭快点肥起来，可以用胡麻子拌饭，加一些硫黄，喂七天，它就会异常肥壮。

虫鱼

鱼瘦而生白点者，名虱，用枫树皮投水中，即愈。

鳖与蛸蛑被蚊子一叮，即死。

水中浮萍晒干，熏蚊子则死。

马蚿畏肥皂。蛇畏姜黄。

稻草索悬数条于壁上，则蝇不来。

蚕畏雷，亦畏鼓，闻鼓声，则伏而不起。

令蛙不鸣，三五日以野菊花为末，顺风吹之。

辟蝇，腊月猪油以瓶悬厕上。

麻叶烧烟，能辟蚊子。

陈茶末烧烟，蝇速去。

治壁虱，荞麦秆作荐，可除。

［译文］鱼变瘦并且身上长了白点，那就是长了虱子了，可以把枫树皮扔到水里，就会痊愈。

鳖和梭子蟹若被蚊子叮咬，立即就会死掉。

把水里的浮萍晒干，用来熏蚊子，蚊子立刻会死掉。

蚂蚁害怕肥皂。蛇害怕姜黄。

在墙上悬挂稻草绳索，苍蝇就不会飞过来。

蚕怕雷声，也怕鼓声，听到鼓声就趴到地上不起来。

要想让青蛙不鸣叫，月中的时候把野菊花研成细末，顺着风向吹撒开。

防蝇的方法，把腊月里的猪油装在瓶子里悬挂在厕所的墙上。

麻叶烧烟，能驱赶蚊子。

陈茶末烧烟，可以快速驱赶苍蝇。

用荞麦秆做成席子，可以驱除壁虱。

五月五日，取田中紫萍晒干，取伏翼血渍之又晒，又渍数次，为末作香烧之，大去蚊蚋。一云烧蝙蝠屎，可辟蚊子。

蚊蜃之属，得飞燕食之，则能变化。蜃之吐气成楼台，所以诱燕也。

凡鱼虾蟮入夜皆朝北方。

蜜蜂桶用黄牛粪和泥封之，能辟诸虫，蜜有收，蜂亦不他去，极妙。

收蜜蜂，先以水洒之，蜂成一团，遂嚼薄荷，以水喷之。再以薄荷涂手，徐徐拂拭，赶入桶中安干燥处。盖蜂畏薄荷，不螫人。
蚕食而不饮，二十二日而化蝉，饮而不食，三十日而蜕。蜉蝣不食不饮，三日而死。
辟蚊及诸虫，以苦楝子、柏子、菖蒲为末，慢火烧之，闻者即去。
辟蚊蚋，以干鳗鲡骨烧之，令化为水。

［译文］五月初五那天，取田中的紫萍晒干，再取蝙蝠血浸泡晒干，再浸泡几次晒干后，研成细末，制成香来烧，可以驱赶蚊虫。一种说法是烧蝙蝠屎也可以驱除蚊子。
蚊蜃之类的东西，捕住飞燕来吃，就会变化。蜃吐出的气会变成楼台，就可以用来引诱燕子。
凡是鱼、虾、蟮之类，到了晚上都会头朝着北方。
蜜蜂桶如果用黄牛粪和泥来密封，可以驱除各种虫子，把蜂蜜收了，蜜蜂也不到别的地方去，非常妙。
收蜜蜂时，先用水洒它们，蜜蜂会聚成一团，然后再嚼薄荷，用水来喷蜜蜂。再把薄荷涂在手上，慢慢拂拭，把蜂赶到桶中安放干燥的地方。因为蜜蜂害怕薄荷，所以不敢来螫人。
蚕只吃东西不喝水，二十二天后就会变化成蝉，只喝水不吃东西，三十天后就会蜕变。蜉蝣不吃不喝，三天后就会死掉。
驱除蚊子和其他虫子的方法，用苦楝子、柏树子、菖蒲研成细末，用慢火烧它，虫子闻到味道就跑开了。
驱除蚊子的方法，把鳗鱼的骨头烧干成灰，让它化成水。

干菖蒲切片，置床褥下，可除壁虱。
头上虱，藜芦为末，糁擦其发中，经宿，虱皆干死自落。
去头上虱，轻粉少许，糁头上一二日，自死。
八角虱，多在阴毛上，用轻粉敷之，脱去。

象粪能去壁虱，取其所食余草打荐，永无壁虱。

辣蓼晒干铺席上，除壁虱。

芸香置于帙中，辟蠹鱼；置席下，去壁虱。

虱入耳，以猪毛蘸胶卷入，粘出之。

断毡中蛀虫，鳗鱼骨烧烟熏之；置其骨于衣箱中，断白鱼诸虫咬衣服。烧烟熏屋舍，免竹木生蛀虫。

人为山中大蚁伤，急以地上土擦伤处，则不痛。

治厕中蛆，以莼菜一把投厕缸中，即无。

［译文］ 把干菖蒲切成片，放在床褥的下面，可以驱除壁虱。

头上生了虱子，把藜芦研成细末，撒在头发里，过一晚上，虱子就会干死掉落下来。

去头上虱子的方法，用少量轻粉，撒在头上一两天，虱子会自行灭绝。

八角虱，大多都在阴毛上，用轻粉敷上，就会跑掉。

大象的粪便可以用来驱除壁虱，把大象吃剩下的草编成席子，就永远不会有壁虱。

辣蓼晒干铺在席上，可以驱除壁虱。

芸香放在书盒里，可以驱除蠹鱼；放在席子下面，可以驱除壁虱。

虱子如果进到耳朵里面，可以用猪毛蘸一些胶卷着塞进去，就可以把它粘出来。

想要根治毛毡里的蛀虫，可用鳗鱼骨烧烟来熏它；把鳗鱼骨放在衣箱里，可以防止白鱼等虫子啃咬衣服。用鳗鱼骨烧烟熏房屋，可避免竹木生蛀虫。

人若被山里的大蚂蚁咬伤，赶快用地上的土来擦拭伤口，就不会感到痛了。

治理厕所中的蛆的方法，抓一把莼菜扔到厕缸里，就不会有蛆了。

卷二十　方术部

符咒

治脚麻法　口称木瓜曰:“还我木瓜钱，急急如律令！”一气念七遍，即止。

治疟咒饼法，先面东烧香虔诚，于油饼中书一“摊”字，以笔圈之，从左边圈三次，将饼于香上诵“乾元亨利贞”七遍。当发日，早掐取所书字，用枣汤嚼饼食之，无不效。

病痞，多念《秽迹咒》，愈。

辟百邪恶鬼，令人不病疫，常以鸡鸣时存心念四海神名三七遍，曰:“东海神阿明，南海神祝融，西海神巨来，北海神禺强。”每入病人宅，存心念三遍，口勿诵。

[译文]　治脚麻的方法，口里对着木瓜说:“还我木瓜钱，急急如律令！”一口气念七遍，就不会麻了。

治疟疾咒饼的方法，先面向东方虔诚地烧香，在油饼中写一个“摊”字，用笔画圈围住，从左边圈三次，把油饼拿到香上念诵七遍“乾元亨利贞”。在疟疾发作那天，早上把油饼写字的地方掐下来，和着枣汤嚼着吃下去，没有不灵验的。

如果生了腹内郁结的病，多念《秽迹咒》，就可以痊愈。

驱除各种邪鬼，令人不生病的方法，经常在鸡鸣时心里默念二十一遍四海神的名字，念道:“东海神阿明，南海神祝融，西海神巨来，北海神禺强。”每次进到病人家的时候，也要在心中默念三遍，但不要读出声来。

咒疟法，取梨一个，先吸南方气一口，将梨子咒曰："南方有池，池中有水，水中有鱼，三头九尾，不食人间五谷，唯食疟鬼。"咒三遍，吹于梨上，书"敕杀死"三字，令病人临发前食之。

一切疾患疼痛咒枣法，咒曰："金木水火土，五行助力，六甲同威，天罡大神，收入枣心，枣入肠中，六腑安宁，万病俱息。急速求荣！"用枣一个，念咒一遍，吸罡气一口入枣中。男去尖，女去蒂，用水嚼下，忌厌物七日。

咒齿痛，用纸一张，随大小方圆，折作七层，取三寸钉一枚，于屋栿或梁上，当纸中心钉之。下钉之时，先吸南方气一口，默咒曰："南方赤虫子，故来食我齿，钉在栿梁上，永处千年纸。"每咒一遍，令患人咳一声，及吸气一口，下钉锤一捶。如是咒七遍，即七吸气，七捶钉其齿，立效。

［译文］ 用咒除疟疾的方法，拿一个梨，先向南方吸一口气，拿着梨子念咒语说："南方有池，池中有水。水中有鱼，三头九尾。不食人间五谷，唯食疟鬼。"念三遍咒，吹于梨上，写上"敕杀死"三个字，让病人在要发病时吃了它。

所有疾病都可以用的咒枣方法，咒语是："金木水火土，五行助力，六甲同威，天罡大神，收入枣心，枣入肠中，六腑安宁，万病俱息，急速求荣！"拿一个枣，念一遍咒，吸一口罡气吹到枣子里。男子去掉枣尖，女子去掉枣蒂，和着水嚼着吃下，七天内忌讳看到让人憎恶的东西。

咒牙痛的方法，用一张纸，大小方圆都行，折成七层，取一枚三寸长的铁钉，在房屋的大梁上对着纸中心钉下。钉的时候，先向南方吸一口气，默念咒语说："南山赤虫子，故来食我齿。钉在栿梁上，永处千年纸。"每咒一遍，让病人咳嗽一声，并吸一口气，用钉锤砸一下。这样念七遍，吸七次气，捶七次钉，马上就会见效。

咒风疹，用纸一张，熟挪之于患人身体上下冒掠之。其初欲行时取东方气一口，默念曰：“东来马子，西来驴子，好面败客待文书，急急如律令！敕。”乃上下冒掠，弃乱纸于门外东道口而归。

如入山林，默念“仪方不见蛇”，默念“仪康不怕虎”。有蛇虺处，多以小瓦片书“仪方”二字，蛇自畏避。

凡被蜈蚣咬，急以手指于地上“乾上”中书一“王”字，于“王”字内撮土糁咬处，即愈。

“多求致怨憎，少求人不爱，梵智求龙珠，水不复相见。”书此四句，雕贴于墙壁间，可断蛇。

［译文］ 咒风疹的方法，用一张纸，揉成纸团后在病人身体上下大致绕上一遍。在开始作法时先向东方吸一口气，默念咒语道：“东来马子，西来驴子，好面败客待文书，急急如律令！敕。”于是浑身上下绕上一遍，再把纸扔到门外东边路口后回来。

如果进入山林，默念咒语“仪方不见蛇”，或默念“仪康不怕虎”。有蛇虫的地方，多用小瓦片写“仪方”二字，蛇就会害怕而躲避开。

凡被蜈蚣咬伤，迅速用手指在地上的“乾上”的方位写一个“王”字，并在“王”字里撮土敷在被咬的地方，就会痊愈。

“多求致怨憎，少求人不爱，梵智求龙珠，水不复相见。”把这四句，刻在或贴在墙壁上，就可以断绝蛇来惊扰。

辟蚊子，咒曰：“天地太清，日月太明，阴阳太和，急急如律令！敕。”面北阴念七遍，吸气吹灯草上，点之。

“唵地哩穴哩娑婆诃”，此咒，居人家每夜点烛了，面北立志，心念诵七遍，将剔灯杖子，灯焰上度过，搅油七匝，能免一切蛾蠓投焰之苦。

去壁虱法，上写“欠我青州木瓜钱”，贴床脚，即去。

倒念《揭谤咒》七遍，能使网罟无所得。

［译文］ 驱除蚊子时，可以念咒语：“天地太清，日月太明，阴阳太和，急急如律令！敕。”面向北默念七遍，吸一口气吹到灯草上，然后点燃灯草。

“唵地哩穴哩娑婆诃”，人家每天晚上点着蜡烛后，面向北默念七遍这条咒语，再用剔灯的木棍在灯焰上掠过去，再用它把油搅七遍，就能免除一切飞蛾投火的痛苦。

除去壁虱的方法，在纸上写“欠我青州木瓜钱”，写好贴在床脚上，壁虱就会离开。

倒着念七遍《揭谛咒》，可让打鱼人一无所获。

遇夜行或寝处惊怖恶梦，即咒曰：“婆珊婆，演底摄。”

脚转筋疼，书木瓜字于疼处，则止。

闭气念“乾元亨利贞”七遍，嚼钱即碎。

釜鸣，呼“婆女”七。

每闻鸦噪，默念“乾元亨利贞”七遍。

渡江者朱书“禹”字佩之，免风涛，保安吉。

蜂螫人，就地以竹写“丙丁火”三字七遍，取土揩螫处。

降犬法，左手挑寅剔丁掐戌，念“云龙风虎，降伏猛兽”。其犬不吠而去，不咬人。

［译文］ 遇到夜行或者睡觉做了噩梦，就念咒语：“婆珊婆演底，摄。”

腿抽筋的时候，在疼痛的地方写“木瓜”二字，就会马上止住疼痛。

屏气默念七遍“乾元亨利贞”，可以用嘴把钱咬碎。

锅中如果发出响声，大声念七遍“婆女”。

每次听到乌鸦乱叫，就默念七遍“乾元亨利贞”。

渡江出海的人用红笔写“禹”字带在身上，就可免除风浪的危险，保佑平安吉祥。

蜜蜂如果螫了人，就地用竹子写七遍“丙丁火”这三个字，再取土敷在被螫的地方。

降伏狗的方法，左手挑寅、剔丁、掐戌，念“云龙风虎，降伏猛兽”，狗就会默默离开，不会咬人。

降蛇法，咒曰:“天迷迷，地迷迷，不识吾时。天濛濛，地濛濛，不识吾踪。左为潭鹿鸟乙步，右为鸟鹞三二步。”又念曰:“吾是大鹏鸟，千年万年王。”

咒枣法治百病，咒曰:“华表柱。”念七遍，望天罡取气一口，吹于枣上，嚼吃汤水下。华表柱，鬼之祖名也。

遇人捕鱼鳖飞禽走兽之属，但念“南无宝胜如来”，捕者终无所获。

赌骰子咒云:“伊帝弥帝，弥揭罗帝。”

百鸟粪衣，念“护罗”七声。

[译文] 降蛇的方法，念咒语“天迷迷，地迷迷，不识吾时。天濛濛，地濛濛，不识吾踪。左为潭鹿鸟乙步，右为鸟鹞三二步。”还有一个咒语是:“吾是大鹏鸟，千年万年王。”

咒枣的方法，可以治百病，咒语是“华表柱”。要念七遍，看着天罡吸一口气，吹在枣上，和着热水嚼吃。华表柱，是鬼怪先祖的名字。

见有人捕鱼鳖、飞禽、走兽，只要念“南无宝胜如来”，捕东西的人就会一无所获。

赌骰子时可以念咒语:“伊帝弥帝，弥揭罗帝。”

若有各种鸟粪落到衣服上，可以念七遍“护罗”。

方法

妇人怀娠欲成男者，以斧密置床下，以刀口向下，必生男。鸡伏卵，用此法，亦多成雄。

皂荚水触人眼，痛不可忍，持衬衣角揩之，即愈。

凡患偷针眼者，以布针一条，对井以目睛睨视之。已而，折为两段，投井中，眼即愈，勿令人知。

有脚汗人，岁朝密立于捣衣石上，即愈。

护生草，清明绝蚤取荠菜花茎，阴干，暑月作挑灯杖，能令蚊蛾不至。

灯草于腊月内取溪河水浸七昼夜，阴干，夏月点灯，能去青虫。

禳鼠日，每月辰日塞穴，鼠当自死。

［译文］妇女怀孕如果想生男孩，可以把斧头悄悄放在床下面，刀口朝下，一定会生男孩；鸡孵蛋，用这个方法，也可以孵出很多公鸡。

皂荚水溅到人眼里，疼得无法忍受，拿衬衣的衣角擦一擦，就不会痛了。

凡是患了偷针眼病的，用布针一条，对着井水用眼睛斜着看它。看完后，折成两段，扔在井里，眼疾就好了，但不要让人知道。

有脚汗的人，元旦时偷偷站在捣衣石上，就可痊愈了。

护生草，清明那天早早取来荠菜花的茎，阴干，夏天用来做挑灯杖，可以使蚊子、飞蛾不再飞过来。

灯草在腊月里用溪水、河水浸泡七天七夜，阴干，夏天点灯，可以驱除青虫。

禳鼠日，每月的辰日这一天塞住老鼠洞，老鼠就会自己死掉。

翼日挂帐，无蚊子。

食鱼骨鲠，取罾覆头，即下。

除夜五更，使一人房中向窗扇，一人问云："扇恁么？"答云："扇蚊子。"凡七问七答，乃已。端午日五更，亦然。

树不生果，除夜着一人伏树下，一人持斧问云："你生果否？不生，斫汝作柴！"树下一人应云："我生！我生！"是年即结实。

辟火法，用绯红绢帛五尺至一丈，剪作幡形，悬竹竿上，投当风火中，风回火息矣。无绢帛，以绯衣服代之，亦可。

取逃走人衣服并带，用纸裹磁石，悬于井中，其人即回。

取霹雳木刻为鸟形，放在露天高处，众鸟皆集，不去。

[译文] 在翼日那天挂上帷帐，就没有蚊子。

吃鱼时被鱼刺卡喉，用渔网罩住头，鱼刺就下去了。

除夕夜五更时分，让一个人在房里朝着窗户往外扇，另一人问："扇什么？"回答："扇蚊子。"总共七问七答，再停下。端午节当天的五更，也是这样。

果树如果不结果，除夕夜时可以让一个人待在树下，一个人拿着斧头，问："你结果子不？不结果子，就把你砍了当柴烧！"树下的人回答："我结！我结！"这一年就可以结出果实。

辟火的方法，拿五尺到一丈长的绯红绢帛，剪成幡的形状，悬挂在竹竿上，扔到迎风的火里，风吹来火就会熄灭。若没有绢帛，用红色衣服代替也可以。

将逃走的人的衣服和腰带，用纸裹住磁石，悬挂在井中，逃走者就会回来。

取被雷击过的树木刻成鸟的形状，放在露天的高处，很多鸟就会聚集在这里，不会离开。

二麦秆顿于上流，水流入池塘中，可祛马蝗。

求雨法，命巫师入深山，择枫树有怪形者，以茅缆系之，喝问："有雨否？"一人应曰："必有雨！必有雨！"

猪尿胞贮萤火，缀网中沉之水底，则鱼聚观，夜举网则鱼必多。

取头垢涂针，及塞针孔，水上自浮。

取戎盐涂鸡鸭蛋上，相连十枚不落。

取蚕沙一石二升，用丁日就吉地埋，则蚕大熟。

取水獭胆，以篾子蘸画酒杯中，一半酒去，余半在盏，不倾。

置牛骨于地中，则水不涸。

削木令圆，举以向日，艾承其影，则得火。

［译文］ 将两根麦秆放在水的上流，让水流到池塘里，可以祛除蚂蟥。

求雨的方法，让巫师进入深山里，选择形状比较奇怪的枫树，用茅缆系住它，大声问："有雨吗？"一人回答说："一定有雨！一定有雨！"

在猪尿泡里放萤火虫，搁入渔网沉到水底，鱼就会聚集围观，夜里收网会捕到很多鱼。

把头上的污垢涂到针上，并塞住针孔，它可以在水上自己漂起来。

把戎盐涂在鸡鸭蛋上，十枚连起来都不会掉下。

取一石二升的蚕屎，在丁日找一块吉祥的地方埋下去，当年蚕茧就会大丰收。

取水獭的胆，用篾子蘸一蘸在酒杯中划一下，一半酒倒掉，剩一半在酒杯里，不会掉出来。

把牛骨埋地下，水就不会干涸。

把一块木头削圆，举起来对着太阳，艾绒接着它的影子，就会着火。

以黑犬血和蟹烧之，鼠悉去。

如值火灾，急以瓶甑覆炕上，火即灭。

以白矾煮灯芯，点之，省油。

猪血浸新砖，砖堕水中，引鱼自聚。

岁夜聚富贵家田内泥打灶，主招财。

桃树撑门辟邪，祟不敢入门。

月厌上，取土泥塞鼠穴，则鼠远去。

人发结挂果树上，鸟雀不敢食其实。

惊蛰日以灰糁门外，免虫蚁出。

七月上旬辰日斫木，不蛀。

熨斗内以纸衬之炒银杏，则不爆。

釜鸣，不得惊呼，男子作妇人拜，即止。或妇人作男子拜，亦可。

［译文］把黑狗的血和螃蟹一起烧，老鼠全都会跑走。

遇上火灾，马上用瓶子或罐子扣在炕上，火立刻可灭。

用白矾煮灯芯，点灯时，可省油。

猪血浸泡过的新砖，如果掉在水里，可以吸引鱼来聚集。

除夕夜用富贵人家地里的泥来砌灶台，可以招财。

用桃树抵着门可以辟邪，鬼祟不敢进门。

月厌时，用土塞住老鼠洞，老鼠就会逃走。

把人的头发结挂在果树上，鸟雀就不敢吃树上的果子。

惊蛰这天把灰撒在门外，虫蚁就不能出来。

七月上旬辰日砍的木料，不会生蛀虫。

在熨斗里衬着纸炒银杏，银杏就不会爆裂。

锅有响声，不要惊呼，男人做女人拜的姿势，就会停止。或者女人做男人拜的姿势，也会停止。

夜卧，以鞋一仰一覆，即无恶梦。

遇恶犬，以左手自寅吹一口气，轮至戌以指甲掐之，犬即退伏。

暗传书法，以杜仲末、白矾、蓖麻子各少许，研细，又入黄丹少许，少浸，写字候干，全不见字迹。以火烘之，即见字，看毕焚之。

鸡子白调白矾末刷纸，作铫子煎茶，沸而不烧其纸。

五棓子书壁上，以青矾水喷之，则字现。

竹内膜纯阴，将酥涂其上，见太阳即飞，名飞蝴蝶。

上丑日取土泥蚕室，宜蚕。

上辰日取道中土泥门户，辟官事。

读书灯香油一斤，入桐油三两，耐点，又辟鼠耗。以盐置盏中，省油。

以姜擦盏，则不晕。

[译文] 夜里睡觉，把鞋子一只正着放，一只扣着放，就不会做噩梦。

遇见恶狗，从左手自寅位吹一口气，轮到戌位，再用指甲掐住，狗就会退回去并卧下。

暗传书信的方法，用杜仲末、白矾、蓖麻子各少许，研成细末，再加入一点黄丹，稍微浸泡一下，写字等晾干以后，完全看不见字迹。用火烘烤，才会现出字迹，看过就烧了它。

用蛋清调白矾末刷纸，做成茶壶煎茶，茶开了纸却不会被烧着。

用五棓子在墙上写字，再用青矾水喷洒它，字迹就会出现。

竹子的内膜性质纯阴，在它上面涂酥，遇见太阳就会飞起来，叫作飞蝴蝶。

上丑日取土来泥蚕室，对蚕有好处。

上辰日取路上的土来泥门户，可以避开官事。

读书灯里每用一斤香油，加入三两桐油，会非常耐用，还能避开鼠患。在灯盏里放一些盐，也可以省油。

用姜擦拭灯盏，灯光就不会出现晕影。